中国石油化工集团公司年鉴

2011

《中国石油化工集团公司年鉴》编委会　编

中国石化出版社

图书在版编目(CIP)数据

中国石油化工集团公司年鉴. 2011 / 《中国石油化工集团公司年鉴》编委会编. —北京：中国石化出版社，2011.11

ISBN 978－7－5114－1245－4

Ⅰ. ①中… Ⅱ. ①中… Ⅲ. ①石油化工厂—中国—2011—年鉴 Ⅳ. ① F426.22-54

中国版本图书馆CIP数据核字（2011）第229713号

责任校对：王晓波

封面制作：北京世纪华海文化发展有限公司

中国石化出版社出版发行

地址：北京市东城区安定门外大街58号

邮编：100011 电话：(010)84271850

读者服务部电话：(010)84289974

http: //www.sinopec-press.com

E-mail: press@sinopec.com.cn

北京科信印刷有限公司印刷

全国各地新华书店经销

*

787×1092毫米 16开本 44.25 印张 98 彩页 1327 千字

2011 年11 月第1版 2011 年11 月第1 次印刷

定价：280.00元

《中国石油化工集团公司年鉴》2011版

编　委　会

崔国旗　集团公司总经理助理、办公厅主任、机关服务中心主任、百川经贸公司总经理

常振勇　股份公司副总工程师、化工事业部主任

温冬芬　集团公司财务部主任

周世良　人事部主任

冷泰民　资本运营部主任、资产管理公司总经理

王　强　安全环保局局长

袁政文　石油工程管理部主任

朱海兴　炼化工程公司总经理、工程企业管理部主任

唐苏欣　外事局局长

邹惠平　审计局局长

耿礼民　党组纪检组副组长、监察局局长

吕大鹏　思想政治工作部主任

张建军　离退休工作部主任

俞仁明　生产经营管理部主任

谢在库　科技开发部主任

张吉星　法律事务部主任

蒋振盈　物资装备部主任、国际事业公司总经理

李德芳　信息系统管理部主任

王子康　中国石化出版社有限公司总经理

《中国石油化工集团公司年鉴》2011版

编　辑　部

地　　址：北京市东城区安外大街58号

邮政编码：100011

电　　话：（010）84289951 84289953

传　　真：（010）84289951

电子信箱：jiangq@sinopec.com

The Editorial Department of 《CHINA PETROCHEMICAL CORPORATION YEARBOOK》

Add：58 Anwai Street， Dongcheng District， Beijing China

P.C：100011

Tel：86-10-84289951/84289953

Fax：86-10-84289951

Email：jiangq@sinopec.com

组织机构

（截至 2010 年底）

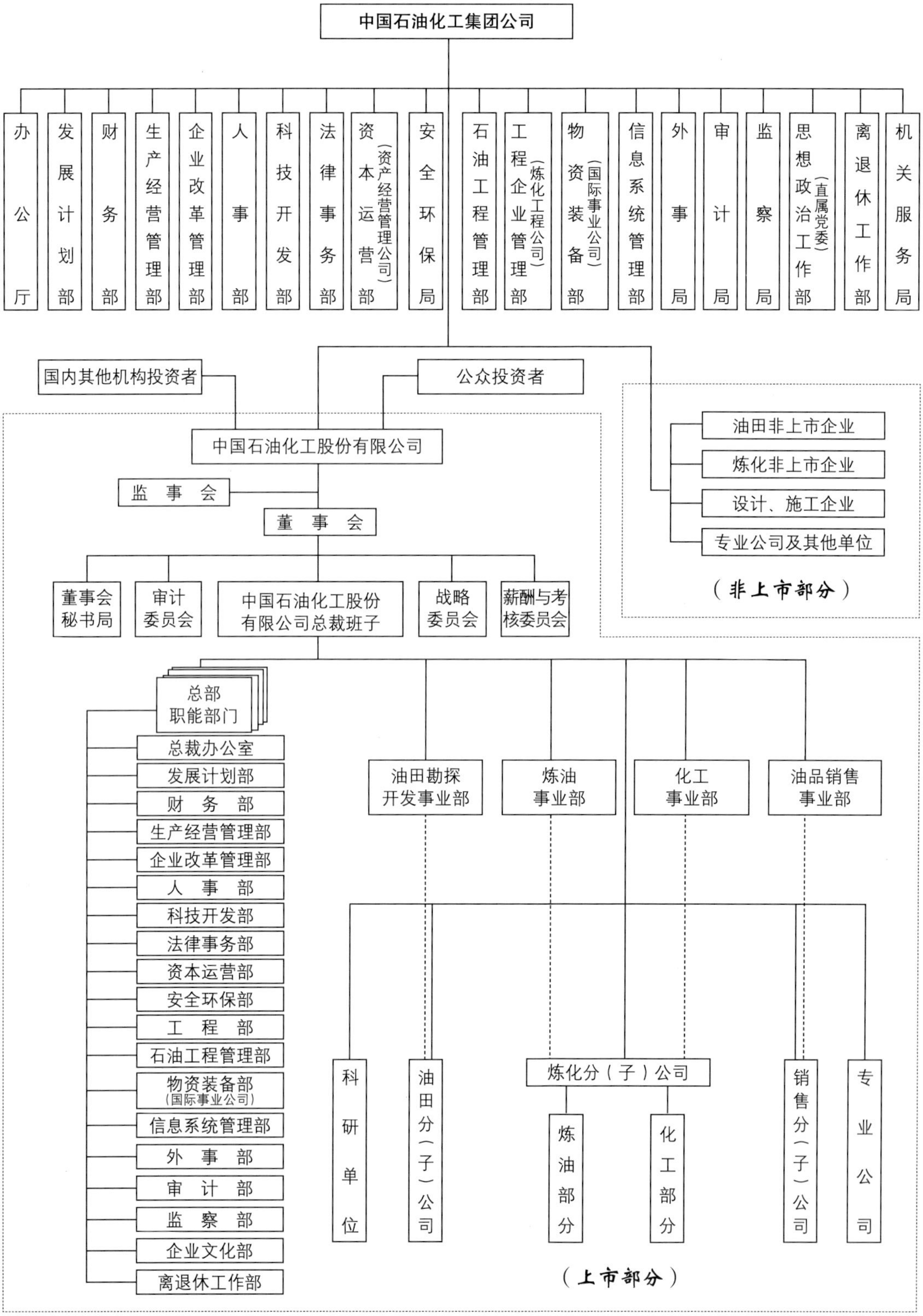

主营业务收入

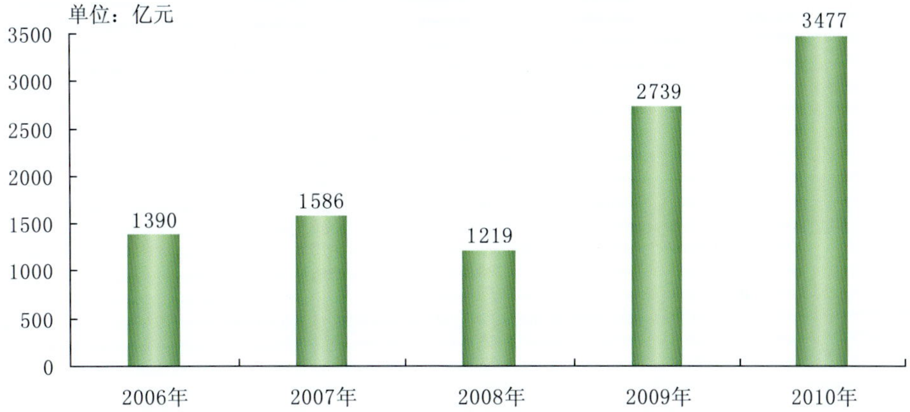

利税总额

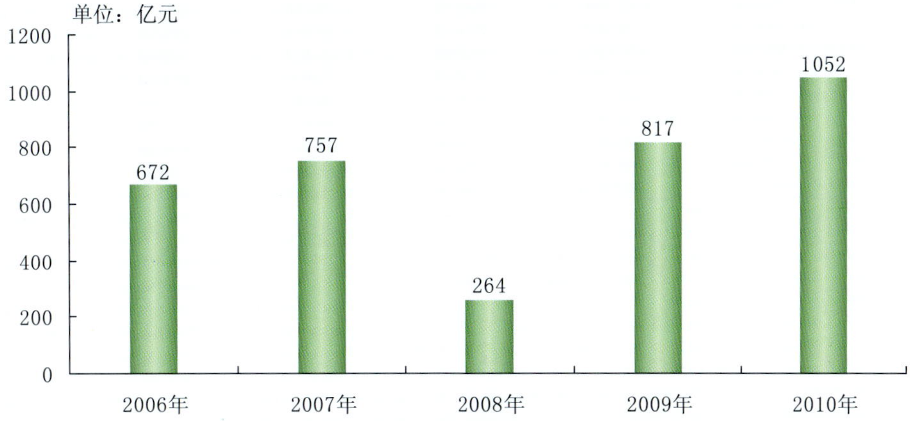

利润总额

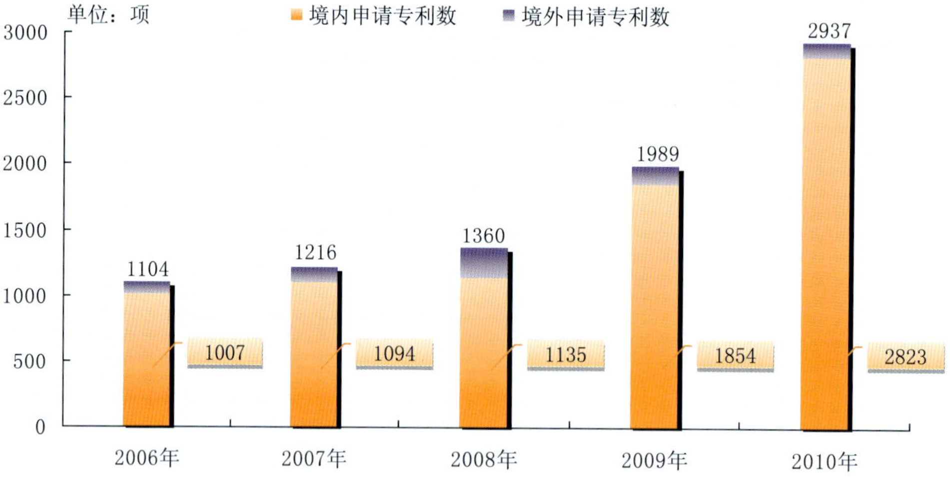

申请专利总数

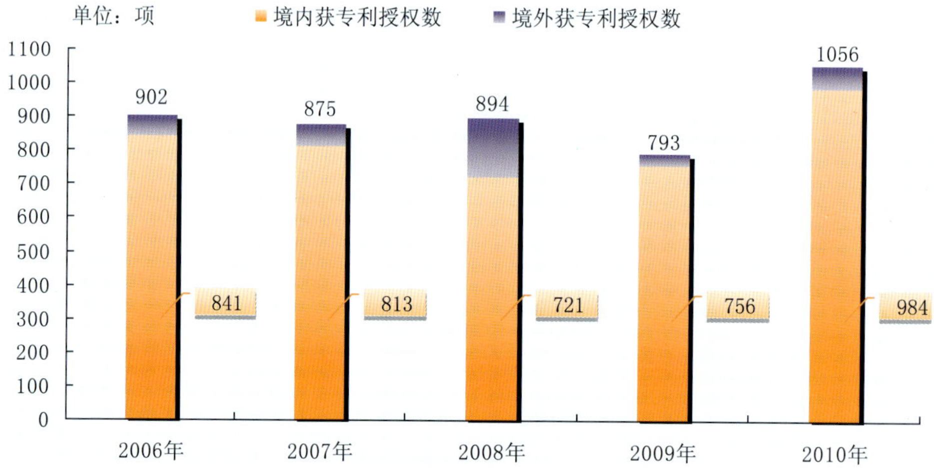

获得专利授权总数

2010 年，石化集团公司新增国内探明石油地质储量 2.7 亿吨，新建原油生产能力 592 万吨。油田开发继续保持东部硬稳定西部快上产的势头，全年原油产量达 4 256 万吨，其中东部老区 3 453 万吨，西部新区 803 万吨。图为塔河油田钻井施工现场

2010 年，石化集团公司境外油气资源规模快速扩大，油气资源开发实现了快速发展，全年实现权益油产量 1 840 万吨，同比增长 43.9%。图为中国石化哥伦比亚圣湖能源项目现场

2010 年，石化集团公司新增国内探明天然气地质储量 358 亿立方米，新建天然气生产能力 71 亿立方米，天然气业务实现了跨越式发展，天然气产量首次突破 100 亿立方米，达 125 亿立方米，增长 47.6%。图为普光气田天然气净化厂联合装置

榆济天然气管道是确保大牛地气田外输和大华北地区供气的关键性工程，榆济管道全线贯通，实现了大牛地气田直接向山东、河南市场供气，日供气量已达 600 万立方米以上。图为榆林天然气管道首站

2010年，石化集团公司炼油加工总量稳步增长，国内原油加工量首次突破2亿吨，达2.13亿吨，同比增长13.14%；生产汽煤柴成品油1.25亿吨，同比增长9.44%。图为天津石化千万吨炼油装置区夜景

2010年，石化集团公司S-Zorb装置陆续建成投产，生产出指标达到欧Ⅳ排放标准的低硫清洁汽油，为改善环境质量作出了巨大的贡献。图为广州石化150万吨/年S-Zorb装置

2010 年，石化集团公司生产乙烯 918.95 万吨，同比增长 36.88%；化工产品产量创历史新高；主要技术经济指标持续向好。图为天津石化 100 万吨 / 年乙烯装置夜景

2010 年，石化集团公司三大合成材料的中高端新产品研发和生产实现了新的突破。合成树脂专用料比例同比提高 4 个百分点，合成纤维差别化率同比提高 1.8 个百分点，竞争能力和抗风险能力进一步增强。图为仪征化纤高纤项目

2010 年，石化集团公司践行“每一滴油都是承诺”的社会责任口号，为社会提供优质足量的油品服务，全年实现境内成品油销售量 1.4 亿吨，同比增长 13.28%。持续推进网络发展，全年新发展加油站 1 893 座。图为中国石化最南端的加油站

2010 年，石化集团公司非油品业务发展迅猛，全年非油品营业收入同比增长 90%。1.6 万座加油站便利店在全国各地为顾客提供便捷的购物服务。图为干净整洁的重庆石油易捷便利店

2010 年，石化集团公司严格执行《安全生产禁令》，强化过程控制，层层落实 HSE 责任制。全年事故死亡率 0.005‰，事故重伤率 0.003‰，实现了安全平稳生产。图为广州石化成功承办全国危险化学品事故应急救援演练现场

2010 年，石化集团公司以 HSE 管理体系运行为主线，深入开展“我要安全”主题活动，极大提高了全员 HSE 意识和遵章守纪的自觉性。图为青岛炼化首届 HSE 知识竞赛现场

2010 年，石化集团公司积极推行清洁生产工作，在生产规模不断扩大的同时，COD 外排总量同比减少 2.1%，二氧化硫排放量同比减少 6.9%，环境保护水平稳步提高。图为花园式的茂名石化乙烯厂

石化集团公司坚持把节能减排放在突出位置，积极采取结构调整、技术进步、加强管理等措施，节能减排取得了实效。2010 年，工业取水量同比减少 2.0%，工业水重复利用率保持在 95% 以上。图为青岛炼化雨水回收设施

编 辑 说 明

《中国石油化工集团公司年鉴》(简称《年鉴》)是中国石油化工集团公司正式对外公布一定时期生产、经营、财务状况及有关数据资料的权威性出版物，向国内外公开发行。《年鉴》从1988年问世至今，已出版16卷。2011版《年鉴》为第17卷。

2011版《年鉴》全面、系统地记述了2010年石化集团公司在生产经营、深化改革、科技创新和企业管理等各方面的基本情况和重大事项，配有图表，图文并茂，直观反映了石化集团公司及其所属企事业单位的新变化、新成果，为各级领导科学决策和科学管理提供依据，为石化集团公司内部和社会各界人士了解石化集团公司提供翔实、可靠、可鉴资料。

2011版《年鉴》共设26个栏目:大事记、总述、油气勘探开发、石油工程、炼油生产、化工生产、公用工程、产品销售、国际化经营、重点工程建设、安全环保、节能减排、科研开发与管理、企业改革与管理、财务资产管理、人事管理、物资采购与管理、法律事务、审计与监察、党建与思想政治工作、新闻与出版、企事业单位、人物、重要规章制度、统计资料、附录。为便于读者查阅和检索，书中附中、英文目录，书后附主题词索引和表题索引。

《年鉴》所收录的数据表中，空格表示该项统计数据不详，“—”表示无该项统计数据，“…”表示该项数据不足本表最小单位数。“世界石油化工统计”中的中国数据未包括中国台湾。

《年鉴》中，“中国石油化工集团公司”简称“石化集团公司”或“中国石化”，“中国石油化工股份有限公司”简称“石化股份公司”。

《年鉴》中插图由各单位提供，图片版权归各单位所有。

在《年鉴》的编纂和出版过程中，承蒙有关单位领导、专家、管理人员的大力支持和帮助，在此，谨向为《年鉴》提供稿件和资料、对稿件进行审读把关以及给予《年鉴》各种帮助的人士，致以诚挚的谢意。对2011版《年鉴》存在的缺点和疏漏，诚请广大读者批评指正。

《中国石油化工集团公司年鉴》编辑部

二〇一一年八月

目　　录

大　事　记

总　　述

油气勘探开发

石 油 工 程

炼油生产

化工生产

公用工程

产品销售

油品销售

化工产品销售

国际化经营

重点工程建设

安全环保

节能减排

科研开发与管理

企业改革与管理

财务资产管理

人事管理

物质采购与管理

法律事务

审计与监察

内部审计

纪检监察

党建与思想政治工作

新闻与出版

企事业单位

油田企业

炼化企业

油品销售企业

重要规章制度

统计资料

附　　录

索　　引

CONTENTS

Personnel Management

Material Purchase & Management

Legal Affairs

Audit & Supervision

Internal Audit

企业形象宣传专版单位名单

封底　DSM

前　插　页

1. 嘉吉贸易公司
2. 巴斯夫公司
3. 法国兴业银行
4. 中国工商银行
5. 中国建设银行
6. 三角轮胎股份有限公司
7. 中国石化燃料油销售有限公司
8. 威立雅水务有限公司
9. Eneos Italsing Pte Ltd
10. Univation
11. 天津钢管集团股份有限公司
12. INEOS 英力士
13. 毕马威华振会计师事务所
14. 雪佛龙菲利普斯国际公司
15. 珠海振戎公司
16. 南光(集团)有限公司
17. 中外运长航集团有限公司
18. 液化空气(中国)有限公司
19. McQuilling Brokerage Partners Asia Pte Ltd
20. 国泰君安证券(香港)有限公司
21. 新加坡 PEC 股份有限公司
22. 连云港港口集团有限公司
23. 摩科瑞能源集团

中　插　页

1. 中国石化润滑油分公司
2. 中国石化国际石油勘探开发公司
3. 中国石化上海石化
4. 中国石化茂名石化
5. 中国石化天津石化
6. 中沙(天津)石化有限公司
7. 中国石化国际石油工程有限公司
8. 中国石化西北油田
9. 中国石化勘探南方分公司
10. 中国石化上海高桥石化
11. 中国石化金陵石化
12. 中国石化扬子石化
13. 中国石化仪征化纤
14. 中国石化广州石化
15. 中国石化石家庄炼化
16. 中国石化青岛炼化
17. 中国石化武汉石化
18. 中国石化北京石油分公司
19. 中国石化山东石油分公司
20. 中国石化石油化工科学研究院
21. 中国石化抚顺石油化工研究院
22. 中国石化上海石油化工研究院
23. 中国石化工程建设公司
24. 中国石化第五建设公司
25. 上海赛科石油化工有限责任公司
26. 扬子石化—巴斯夫有限公司
27. 石化盈科信息技术有限责任公司

后　插　页

1. 埃梯梯(中国)投资有限公司
2. 福斯流体技术(上海)有限公司
3. 丸红(北京)商业贸易有限公司
4. 上海石化物资交易中心有限公司
5. 中国石化黄金海景大酒店
6. 天津港实华原油码头有限公司
7. 香港海峡石化(亚洲)有限公司
8. 三井化学株式会社
9. 瑞穗实业银行
10. 东京三菱银行
11. 大华银行
12. 星展银行
13. 荷兰商业银行
14. 史密夫律师事务所
15. 上海卓然工程技术有限公司
16. 上海化学工业区发展有限公司

大事记

2010 年

1 月

11 日 国家科学技术奖励大会在京召开。中国石化 11 项科技成果获 2009 年度国家科学技术进步奖，其中一等奖 1 项，二等奖 10 项。

18 日 安庆石化 800 万吨/年炼化一体化项目暨安庆化学工业区开工奠基仪式在安徽举行。

24 日 中共中央政治局常委李长春视察天津石化百万吨乙烯及配套项目。

3 月

23 日 中国航天事业战略合作伙伴签约仪式在京举行。中国石化成为中国航天事业的首个战略合作伙伴。

26 日 中国和巴西战略合作的第一个项目——中国石化承建的巴西 GASENE 管道竣工。

29 日 中国石化宣布：国家“十一五”重大工程——川气东送工程建成投产。川气东送工程干线管道全长 1 700 多千米，设计能力年输净化天然气 120 亿立方米，总投资 626. 76 亿元。

4 月

12 日 中共中央政治局常委、国家副主席习近平视察海南炼化。

12—21 日 为配合国家主席胡锦涛访问巴西，苏树林率团访问巴西，先后拜会巴西国家石油公司总裁加布里埃利，签署两公司在勘探开发、石油工程、炼化工程、原油贸易、原材料装备等方面的《战略合作协议》和《BM - PAMA - 3 和 BM - PAMA - 8 区块权益转让协议》；拜会巴西 OGX 公司董事长巴蒂斯塔，签署有关上游区块权益转让的谅解备忘录。

14 日 青海玉树发生 7. 1 级地震，中国石化迅即启动应急预案，在第一时间积极投身抗震救灾工作，全力确保灾区用油需求，并于 4 月 15 日和 4 月 20 日两次捐助救灾款共计 1 500 万元。

20 日 镇海炼化 100 万吨/年乙烯工程龙头装置——乙烯裂解装置产出合格乙烯，实现一次开车成功。

27 日 2010 年全国劳动模范和先进工作者表彰大会在京举行。中国石化 28 名劳动者被授予“全国劳动模范”荣誉称号。

5 月

11 日 天津百万吨乙烯、千万吨炼油一体化项目正式投入商业运行暨表彰大会在天津大港区举行。

14 日 中共中央政治局常委、国务院总理温家宝视察天津石化百万吨乙烯项目。

14 日 中共中央政治局常委、中央纪委书记贺国强视察南京化学工业有限公司连云港碱厂。

29 日 中共中央政治局常委、全国政协主席贾庆林视察天津石化百万吨乙烯项目。

29 日 中国石化石家庄炼化 800 万吨/年油品质量升级项目开工仪式在河北石家庄循环化工示范基地举行。

6 月

5 日 中国石化燃料油公司成立揭牌仪式在北京国家会议中心举行。

9 日 苏树林陪同贺国强在冰岛外交部出席并见证了新星石油公司与冰岛 Geysir 公司《关于组建中冰合资绿源地热能源开发总公司的框架协议》签字仪式。

9—10 日 中共中央政治局常委、国务院总理温家宝来到河南省许昌等地实地查看小麦收割和收购情况，并亲切慰问了中国石化送油下乡小分队成员和“三夏”保供志愿者服务台工作人员，对中国石化在“三夏”期间支农、惠农方面所做的工作给予称赞。

13 日 中国石化向入汛以来遭受严重洪涝灾害的湖南、江西两省捐助救灾款 600 万元。

7 月

8 日 《财富》英文网发布 2010 年《财富》世界 500 强企业最新排名，中国石化名列第七位。

13 日 胡锦涛主席在人民大会堂会见来访的阿根廷总统克里斯蒂娜并出席双方政府和企业间合作协议签字仪式。苏树林与阿根廷国家能源公司(Enarsa)总裁埃斯皮诺萨签署《双方合作谅解备忘录》。

8 月

8 日 甘肃舟曲发生特大山洪泥石流自然灾害，给人民生命财产造成重大损失。中国石化于 8 月 12 日捐赠 500 万元用于舟曲灾区抗灾救援。

18 日 石化集团公司质量工作会议在京召开。会议明确提出“每一滴油都是承诺”的庄重承诺，确定了“质量永远领先一步”的质量方针和“质优量足，顾客满意”的质量目标。

31 日 川气东送工程建设总结表彰大会在总部举行，会议总结了川气东送工程的建设经验，表彰了国家级和集团公司级的先进集体和个人。

9 月

4 日 2010 年中国企业 500 强发布会在安徽合肥举行，中国石化以 1.39 万亿元营业收入居榜首。

16 日 国务院国资委在北京召开中央企业红旗班组（科室）和先进职工表彰大会。中国石化 62 个班组（科室）获中央企业红旗班组（科室）称号，其中 2 个班组（科室）获中央企业红旗班组（科室）标杆称号；62 名职工获中央企业先进职工称号，其中 2 名职工获中央企业先进职工标兵称号。

10 月

12 日 中国石化向遭遇 49 年来同期最强暴雨袭击的海南灾区捐款 800 万元，支持灾区人民抗灾自救，重建家园。

11 月

18—21 日 为配合国家副主席习近平出访并进一步密切和加深与合作伙伴的关系，苏树林率团访问安哥拉，与安哥拉国家石油公司董事长兼总裁文森特举行了高层会谈，签署了 31 区块权益转让协议和开展勘探开发联合研究与增加原油贸易量的谅解备忘录。

12 月

8 日 中国石化出资 700 万美元支持北京市成功获得 2015 年世锦赛举办权，成为国际田联官方合作伙伴。

16 日 “2010 中国·企业社会责任”峰会在人民大会堂举行。中国石化获中国企业社会责任榜杰出企业奖，排名第二。石化集团公司总经理、党组书记苏树林获中国企业社会责任榜杰出个人奖，排名第一。

18 日 扬子—巴斯夫公司成立 10 周年庆典在南京举行。

18 日 中国石化皖北煤电煤化一体化合作项目开工典礼在安徽淮南市举行。

25 日 石化集团公司 2010 年度工作会议在京召开。

总　述

加快转变发展方式 积极推进科学发展
努力建设具有较强国际竞争力的跨国能源化工公司

2010年，面对复杂多变的经营环境，在党中央、国务院的正确领导下，中国石油化工集团公司(简称石化集团公司)认真贯彻中央关于扩内需、保增长、调结构、转方式等方针政策，抓住机遇扩大资源、拓展市场，优化生产运行，努力挖潜增效，经营规模持续增长，经济效益显著提高。全年实现营业收入19 690亿元、同比(下同)增长41.5%；实现利税3 477亿元、增长27.0%，其中实现利润1 052亿元、增长28.8%；年末资产总额达到14 852亿元、增长15.2%。经济增加值、人均营业收入、流动资产周转率等指标完成较好。

安全生产总体稳定。在抓好经常性安全生产措施的同时，继续开展“我要安全”主题活动，通过细化《安全生产禁令》等措施，进一步强化全员安全意识。认真组织HSE大检查，围绕关键岗位、要害部位、重点装置和“三基”工作，深入查找问题，及时消除隐患，检查质量和效果明显提高。把承包商纳入甲方HSE管理体系，切实抓好工程建设和检维修施工现场安全。吸取石化集团公司内外一系列事故的教训，开展海(水)上安全生产及码头、管线、油库、危险化学品库专项检查，存在的问题得到及时发现和整改，各项防范措施得到进一步落实。经过努力，全年总体保持了安全生产。

国内油气勘探开发持续加强。围绕“新区打好进攻战、老区打好保卫战”，加强理论和技术创新，突出勘探重点，优化勘探部署，在塔里木、川西、川东南等地区获得重要发现。围绕提高储量动用率、油田采收率和单井产量，推进工程与地质协同攻关，开发水平进一步提升。全年国内生产原油4 256万吨、增长0.3%，生产天然气125亿立方米、增长47.6%。

炼油始终保持高负荷运行。围绕资源优化、运行优化和管理优化，以市场为基础及时调整产品结构，努力做大炼油加工总量。精心组织，积极推进，按时完成国Ⅲ汽油质量升级任务。全年加工原油2.13亿吨、增长13.1%；生产成品油1.25亿吨、增长9.4%；生产化工轻油3 512万吨、增长30.3%。

化工板块实现增产增效。面对石化集团公司乙烯产能增幅较大、市场需求增幅减缓的严峻形势，坚持以市场为导向、以效益为目标，强化供应链管理，加快产品结构调整和新产品开发，进口替代战略得到较好落实，基本实现全产全销，取得了较好效益。全年生产乙烯919万吨、增长36.9%；化工产品经营量达到3 619万吨、增长21.2%。

成品油销售有效保障市场供应。面对国内成品油市场资源前松后紧的形势，加强市场分析预测，及时调整营销策略，充分发挥库存、外采、进出口的调节作用，努力扩大经营规模。加强资源组织和调运，有效保障了抗旱、抗洪、“三夏”、青海玉树抗震救灾、上海世博会、广州亚运会等重点地区和重点时段的用油供应。全年境内成品油经营量达到1.4亿吨、增长13.3%，其中零售8 763万吨、增长11.1%，直销3 240万吨、增长26.5%，终端销售比例达到85.4%、提高1.2个百分点。针对四季度国内柴油供应紧张的情况，积极采取提负荷、调结构、停出口、增进口、挖库存等措施，全力增产增供柴油，保障了市场供应。

节能减排取得显著成效。坚持把节能减排工作放在突出位置来抓，采取结构调整、技术进步、加强管理等措施，加大能源资源优化利用力度，节能和“三废”治理水平进一步提高。全年万元产值综合能耗有所下降，超额完成“十一五”规划目标；COD总量减少2.1%，二氧化硫排放总量减少6.9%。各板块实物量节能指标完成较好，油气开采综合能耗下降1.98%；炼油综合能耗下降5.9%；在新建乙烯全部投产情况下，乙烯燃动能耗仍降至609千克(标油)/吨、下降2.1%；热电煤耗349克(标煤)/(千瓦·时)、下降1.1%。

国际化经营实现快速发展。在抓好已有境外油气勘探开发项目运行的同时，抓住机遇，完成加拿大Syncrude油砂项目9.03%权益、萨克斯坦CIR公司50%权益、Repsol巴西资产40%权益等7个项目的收购和交割，待交割项目2个。全年实现境外权益油产量1 840万吨、增长43.9%。同时，境外石油工程新签合同额28.23亿美元、完成合同额26.36亿美元，境外炼化工程新签合同额20.39亿美元、完成合同额11.37亿美元，均保持增长。国际贸易持续增长，全年原油和成品油第三方贸易量分别增长43.7%和79.5%。

结构调整步伐明显加快。始终把扩大资源放在首位，全年新增石油探明储量2.70亿吨、天然气探明储量358亿立方米。普光气田和川气东送管道建成投产，榆林—济南输气管道投入运行，山东LNG工程开工建设。天津炼油乙烯、镇海乙烯、塔河炼油改造、长岭炼油改造一期顺利建成，武汉乙烯、川维醋酸乙烯、中原甲醇制烯烃、北海炼油改造继续推进，启动石家庄、安庆等炼油改造项目。新发展加油站1 893座，一批储运设施建设顺利推进，成品油营销网络进一步完善。全年完成固定资产投资2 459亿元。

管理创新稳步推进。坚持继承和创新相结合，借鉴国内外先进管理经验，研究制定了塑造中国石化管理模式的总体方案，积极推进体制、机制和制度创新。按照上市与非上市一体化管理的要求，对总部职能进行了全面梳理，启动总部和企业两个层面的制度标准化、信息化改造，推进标准化制度体系建设，提高制度执行力。组织开展“比学赶帮超”活动，分专业深化对标评价工作，通过建标、对标、追标、创标，营造了“见红旗就扛，有第一就争”的良好氛围。完善全员成本目标管理的责任体系和指标体系，成本管理手段进一步丰富，全员成本意识进一步增强。确定4月7日为石化集团公司质量日，提出公司质量方针、质量目标和社会责任口号，质量管理得到全面加强。

科技创新能力进一步提升。重点推进了完善科技体制机制的工作。按照“统一计划、分类管理”的原则，实行科研项目矩阵式管理，建立起以科技部为主、事业部为辅的科研管理体制。整合企业研发资源，上游和化工业务初步形成以直属研究院—分院(企业研究院)管理模式为主的创新研发体系。研究制定科技创新功勋奖、优秀创新团队等评选管理办法，进一步完善了激励约束机制。科技创新取得一批重要成果。高精度三维地震、超深水平井等勘探开发技术进一步提升，重点区域钻井提速效果显著；催化汽油吸附脱硫技术应用良好，柴油液相循环加氢等完成工艺包开发；30 万吨/年气相聚乙烯等成套技术实现工业应用；生物柴油等研究进展顺利。全年共申请国内外专利 2 937 件，获取专利授权 1 056 件(其中国内 984 件、境外 72 件)，创历史新高。累计有效专利继续名列中央企业第一。

党的建设和队伍建设不断加强。按照中央的要求和中央企业创先争优活动领导小组的部署，结合自身实际，以"大力开展'比学赶帮超'活动，强'三基'、除'四害'，努力建设具有较强国际竞争力的跨国能源化工公司"为主题，认真组织开展创先争优活动，有力地促进了各项工作上水平。加强各级领导班子民主集中制建设，认真落实"三重一大"集体决策制度，切实推进科学决策、民主决策、依法决策。建立密切党群干群关系的长效机制，努力提高领导干部开展群众工作的水平。稳步推进人才成长通道建设试点，大力实施人才培训工程，广泛开展技能竞赛和技术比武，促进三支人才队伍素质不断提高。大力推进业务公开，充分发挥内部审计、纪检监察等监督作用，努力营造廉洁从业的新风正气。启动实施住房补贴和企业年金工作，进一步落实健康体检、疗养、休假等制度。公司上下团结和谐、干事创业、奋发向上的氛围更加浓厚。

总体上，经过"十一五"的发展，石化集团公司规模实力不断壮大、资产质量不断改善、市场竞争力不断提升、赢利能力和抗风险能力不断增强，在国家经济社会发展中的贡献和作用日益增大，在国内外同行中的影响和地位日益提升。5 年来，在勘探开发难度越来越大的情况下，国内上游业务实现了东部硬稳定、西部快上产、天然气大发展，海外油气储量产量持续大幅增长，打造上游"长板"成效显著。5 年来，在市场竞争形势错综复杂的情况下，炼化业务战略布局成功实施，生产规模跨上新台阶，装置结构更加优化，营销网络持续拓展，创效能力显著增强，国内最大成品油和石化产品供应商的地位更加巩固，炼油能力、加油站总数跃居世界第二，乙烯产能升至世界第四。5 年来，在起步较晚、基础较弱的情况下，国际化经营实现了跨越式发展，境外资产比例从 10.6% 上升到 31.4%，境外收入比例从 10.6% 上升到 27.3%，境外利润比例从 0.2% 上升到 13.1%，跨入了国际化公司行列。5 年来，石化集团公司资产总额从 7 299 亿元增加到 1.49 万亿元，增长 1 倍；营业收入从 8 269 亿元增加到 19 690亿元，增长 1.4 倍；实现利税从 1 100 亿元增加到 3 477 亿元，增长 2 倍，其中利润从 557 亿元增加到 1 052 亿元，增长 89%；累计上缴税费 8 033 亿元，占全国财政收入的比例由 2.5% 提高到 3.3%，成为国家财政的重要来源之一；成品油供应累计承担巨额政策性减收，为减缓国际高油价对国内经济的冲击作出了重要贡献。随着规模实力的不断增强，石化集团公司在《财富》全球500 强企业中的排名上升到第七位。5 年来，科技创新取得丰硕成果，内部管理不断创新进步，特别是广大干部职工在关键时刻、特殊时期，始终表现出很高的政治素质和过硬的作风，面对困难敢于"亮剑"，应对危机积极有效，工作标准高，出手过得硬，创造了卓越的经营业绩，积累了宝贵的精神财富。

实践再次证明，党中央、国务院关于国有企业改革发展的一系列方针政策是完全正确的。回顾“十一五”的实践，我们深刻认识到，推进公司持续有效和谐发展，必须把经济责任与政治责任、社会责任有机结合起来，坚持讲政治、顾大局、守纪律，认真贯彻党中央、国务院的方针政策和部署要求，增强搞好国有企业的信心和决心，牢记肩负的责任和使命，做到在国家全局中谋划公司发展，通过公司发展促进经济社会发展。必须把发展企业与贡献国家、回报股东、服务社会、造福员工有机结合起来，统筹兼顾各方利益关系，坚持依法治企，坚持以人为本，依靠员工发展企业，努力实现好、维护好、发展好职工群众的根本利益，促进企业和谐稳定。必须把国内外先进经验与公司自身实际有机结合起来，坚持解放思想、实事求是、与时俱进，继承不守旧，创新不忘本，学习但不照搬他人模式，立足但不局限自身现状，走符合中国石化实际的改革发展之路。必须把当前发展与长远发展有机结合起来，牢固树立安全发展、清洁发展、可持续发展理念，坚持不懈抓好安全生产、节能减排工作，努力扩大资源、拓展市场、调整结构，推进科技创新、管理创新和人才队伍建设，不断增强国际竞争力和可持续发展能力。必须把战略制定与战略实施有机结合起来，密切分析国内外发展形势，科学制定并适时完善公司发展战略，在此基础上，着力抓好战略目标任务的分解和重点措施的落实，坚持不懈地加以推进，确保公司发展始终沿着正确的方向前进，顺利实现发展战略目标。必须把自主发展与合作发展有机结合起来，适应经济全球化、竞争国际化的形势，充分运用市场机制，“引进来”、“走出去”，与合作伙伴互相尊重、兼容并蓄、取长补短、精诚合作，实现互利共赢、共同发展。必须把充分发挥总部功能与充分调动企业积极性有机结合起来，按照公司总体决策部署，总部和企业履行各自职能、有效发挥作用，上下同心，步调一致，各尽所能，共同推动事业发展。必须把党的建设与生产经营有机结合起来，坚持“抓生产从思想入手、抓思想从生产出发”，围绕推动企业发展、服务职工群众，不断改进并加强党建和思想政治工作，促进干部职工始终保持良好的状态，为公司发展提供有力的思想和组织保证。归结到一点，就是要在思想上和行动上始终贯彻落实科学发展观，以积极的态度、创新的精神和务实的作风，抓好各项工作的落实，促进又好又快发展。

2011 年是“十二五”开局之年，面临的经营形势仍很严峻，任务非常繁重。石化集团公司将紧紧围绕科学发展这个主题和加快转变经济发展方式这条主线，以市场为导向，以效益为中心，精心组织生产经营，扎实推进安全环保和节能减排，不断强化科技创新、管理创新和人才队伍建设，以“创先争优”为动力全面加强党的建设，切实提高发展的质量和效益，努力推动石化集团公司发展再上新台阶，以优异的成绩迎接建党 90 周年。

油气勘探开发

◇ 综述

◇ 油气勘探

◇ 油田开发

◇ 天然气管理

◇ 勘探工程

◇ 采油工程

◇ 油气集输

◇ 设备管理

◇ 基层管理

综　述

2010年是油田板块落实石化集团公司资源战略，全面完成"十一五"规划的关键一年。一年来，各油田认真贯彻落实石化集团公司的决策部署和工作要求，立足于上游发展，精心组织，科学管理，圆满完成了年初确定的任务指标，生产经营工作取得新成果和新进展。

一、主攻新区，深化老区，油气勘探不断取得新突破和新发现

2010年围绕新区突破和老区增储两大目标，通过抓新区风险勘探、老区精细勘探，加强勘探项目运行管理和非常规资源评价工作，油气勘探取得了"3个重大突破、3个重要进展、7个新发现与新进展"。

3个重大突破：①实现了川东南勘探的新突破，拓展了油气勘探领域，圈闭资源量1 339亿立方米，展示了涪陵地区良好的勘探前景。②玉北1井测试获工业油流，实现了塔里木盆地新区导向性突破，展现了石油资源接替大场面的好苗头。③川科1井测试获得高产工业气流，实现了四川盆地海相勘探突破，拓展了勘探领域。

3个重要进展：①济阳坳陷隐蔽油气藏勘探取得重要进展，预计新增石油三级储量3亿吨。②塔河奥陶系碳酸盐岩勘探取得重要进展，预计新增石油三级储量2亿吨。③元坝地区天然气立体勘探取得重要进展，预计新增三级储量3 000亿立方米以上。

7个新发现与新进展：年内分别在老区"三新"(新地区、新层系、新类型)领域、准噶尔盆地西缘、下扬子古生界海相层系、川西深层、内蒙古探区、杭锦旗及非常规资源评价7个方面取得了勘探新发现、新进展。

二、坚持科学开发，强化生产运行，油田开发继续保持东部硬稳定、西部快上产的势头

以"保增长、控成本、增效益"为目标，以调结构、抓优化为主线，持续推进大幅度提高储量动用、采收率和单井产能工作，保持了油田开发的持续稳定发展。

(1)努力克服自然灾害等影响，夺取原油生产主动权。2010年初，胜利油田遭遇了罕见的大风冰凌、暴风雪等灾害天气，给海上埕岛油田、滩海地区油田的生产造成了严重影响和重大损失。入夏以后，中原、河南等油田遭遇严重的雷暴和洪涝灾害，供电线路大面积停电，油井生产和工程作业受到严重影响。秋冬季节，部分油田又受到压电、限电的影响，部分注水泵停注，油井不能正常生产。面对严峻的生产形势，各油田企业顾全大局、自觉加压，奋力组织抗灾复产会战，调整工作部署，加大措施实施力度，抢夺生产主动权。东部老区通过科学组织、强化运行，全年生产原油3 455万吨，继续实现了硬稳定。西部油区通过加大新区上产，全年生产原油803万吨，继续保持了快速上产的态势。

(2)加大储量评价和动用力度，优化产能结构，加快产能建设节奏，全年新井产油360万吨。在产能建设实施上，加强部署、方案、设计等环节的优化，坚持推进滚动勘探、储量评价、产能建设一体化运行模式，产能建设节奏不断加快，质量不断提高。精心组织埕岛老区加密、塔河12区三期、托甫台二期、春风排601井区等重点产能项目实施。2010年新建产能592万吨，新区动用储量超过2亿吨，建设产能349万吨，占新建总产能的59%。

(3)以改善水驱为重点，强化老油田油藏分类调整治理和科学管理，油田开发水平持续提高。对于整装油藏，实施韵律层顶部精细挖潜、油水过渡带和小砂体局部挖潜；对中高渗断块油藏进行重组细分；对稠油油藏，以水平井为主要手段进行井网加密、低效水驱转热采、吞吐转蒸汽驱等调整。油田开发指标继续保持稳定，自然递减率16.5%，综合递减率7.7%，综合含水率88.5%。

(4)抓好重大先导试验项目的实施，提高采收率工作取得新进展。继续扩大化学驱规模，在孤岛、孤东、双河等区块新增实施4个工业化应用项目，新增覆盖储量3 431万吨，预计可提高采收率9.3%。9个重大先导试验项目进展顺利，已全部进入现场实施。三采助剂研发取得实质性进展，上海石油化工研究院研制出的阴—非离子表面活性剂已经开始中试生产，预计2011年上半年进入现场。

三、抓好重点项目建设和产销衔接，天然气业务加快发展，产量跃上新台阶

2010年天然气业务实现了跨越式发展，产量首次突破100亿立方米，达到125亿立方米，增长47.62%，天然气业务成为上游效益的增长点。

川气东送工程全面投产，保持了安全平稳运行。普光气田已完成投产试气34口井，开井31口，日产混合气已突破2 000万立方米，日外输商品天然气突破1 450万立方米，全年生产天然气41亿立方米。

元坝勘探开发一体化项目进展顺利。截至2010年底，共部署探井、评价井28口，其中完钻井14口、正钻井14口，已试气10口井，获得工业气流井8口，已陆续开展元坝204井、元坝11井的系统试气和试采工作。

榆济天然气管道全线贯通。该工程为国家“十一五”重点项目，是确保大牛地气田外输和大华北地区供气的关键性工程。管道全长1 045千米，设计年输气量30亿立方米。濮阳—济南段于2009年11月中旬投产，榆林—濮阳段于2010年11月试投产成功，至此，榆济管道全线贯通，实现了大牛地气田直接向山东、河南市场供气，截至2010年底，日供气量已达600万立方米以上。

天然气增效工作取得好成绩。充分发挥石化集团公司上中下游一体化优势，千方百计保内部企业用气，全年向中国石化内部企业供气达23亿立方米，同比增加10亿立方米，增效10亿元以上。积极落实国家天然气价格调整政策，全年增效12亿元以上。

四、加强瓶颈技术攻关和关键工艺先导试验，工程技术取得新进步

①东部老区高精度三维地震勘探技术的推广应用取得新进步，全年共完成13块、2 692平方千米的高精度三维地震，发现了一批新的圈闭目标。②西部沙漠地震勘探技术、海相碳酸盐岩储层预测与圈闭描述技术取得进展，为玉北1井、兴隆1井的油气发现提供了重要技术支撑。③元坝、川西、塔河等重点区域深井钻井提速初见成效，元坝地区阶段钻井周期同比平均缩短78天，川西地区同比缩短29天，托甫台地区同比缩短22天。④塔河超大规模酸压储层改造、川西深层大型加砂压裂技术取得新进展，其中塔河油田已实施超大规模酸压22井次，最大压裂规模达到6 000立方米以上。⑤稠油开采技术进一步完善，HDNS稠油吞吐技术在排601整体水平井开发中实现了新突破。

五、以“比学赶帮超”活动为载体，管理工作取得新成果

(1)不断优化“比学赶帮超”活动评价指标，使其进一步与企业绩效考核目标相结合，有效促进了企业日常生产经营工作和基础管理工作的开展。各企业结合自身特点，学习江苏油田“四精”管理经验，在基层单位推广纯梁采油厂“系统节点管理法”、河南第一采油厂“标杆管理法”等好的做法。通过加强管理工作，上游板块整体素质在提高，战斗力和内在活力在增强。

(2)加强投资和方案优化。根据玉北1井突破和加快页岩气评价的工作情况，下半年，石化集团公司及时调整了物探和非常规的投资部署。元坝一体化、大湾气田、排601井原油产能建设等重点项目通过专家论证并不断优化油气藏方案。在原油产能建设项目中，大力推广水平井、大型压裂、地面串联管网等工艺技术。通过部署、方案、工艺3个层面的优化，见到了较好的效果，油田勘探开发事业部审批项目110余项，与原方案相比减少投资8.5亿元。

(3)强化全面预算管理和经济活动分析，搭建了生产与经营相互融合的平台。在年度预算目标细化分解的基础上，强化月度预算监控，通过以月保季、以季保年的预算管理方法，确保了年度经营目标任务的完成。上游板块全年增效7亿元，其中天然气分公司增效3.6亿元，西北分公司增效2.4亿元，胜利油田增效1亿元。改进经济活动分析方式，对重点企业和重点问题进行深入分析，剖析原因，及时发现企业经营中的薄弱环节和漏洞，促进了经营状况的改善和经济效益的提高。

六、强化意识，落实措施，安全环保形势总体平稳，节能减排取得成效

各企业注重从基础抓安全、从源头防污染，从细节抓节能，通过深入开展“我要安全”主题活动，严格执行《安全生产禁令》，强化目标管理和过程控制，加强重点隐患排查和治理，安全环保形势总体平稳。节能减排工作取得新进展，与上年同口径相比，单位油气综合能耗下降了1.98%，万元产值综合能耗下降了2.28%，实现节能13.44万吨标煤。重点加大污水回注、回灌和外排管理，主要污染物减排指标达到石化股份公司要求。

(胡　宁　段昆荣)

油气勘探

【概述】 截至2010年底，石化集团公司在全国67个盆地(坳陷)拥有有效探矿权区块307个，面积96.82万平方千米。据第三次油气资源评价结果，石化集团公司在所属勘探区块上已评价的75万平方千米范围内，油气总资源量为石油266.66亿吨、天然气17.42万亿立方米。2010年，石化集团公司在油气勘探方面取得了3个重大突破、3个重要进展、7个新发现和新进展。

(何　斌)

【3个重大突破】 ①川东南礁滩相天然气勘探取得重大突破。川东南涪陵北部台缘礁滩相岩性圈闭兴隆1井在长兴组试获日产51.7万立方米的高产工业气流，同时精细描述评价了6个台缘、台内礁滩相复合圈闭，资源潜力较大，初步形成四川盆地新的资源接替阵地。②塔里木盆地麦盖提斜坡奥陶系石油勘探获得重大突破。针对奥陶系风化壳古岩溶圈

闭部署的玉北 1 井获日产 41.9 立方米的工业油流。研究认为，麦盖提斜坡区加里东中期—海西早期岩溶发育，并叠加断裂，有利于油气成藏和形成规模储量。有望成为塔里木盆地继塔河油田之后新的储量增长阵地。③川西海相天然气勘探取得重大突破。川西坳陷孝泉—丰谷构造带孝泉构造川科 1 井在中三叠统马鞍塘组试获日产 86.8 万立方米的高产工业气流，拓宽了四川盆地勘探领域。区带评价优选认为，孝泉—新场构造带位于马鞍塘组礁后浅滩有利相带，已发现孝泉、新场等大型构造，资源潜力大，有望成为川西地区天然气勘探战略接替领域。

（何　斌）

【3 个重要进展】 ①济阳坳陷隐蔽油气藏勘探取得重要进展。埕子口凸起北坡埕东 11 井首次获得日产 52.13 立方米的工业油流，开辟了济阳坳陷新的储量增长阵地。同时埕岛周缘、济阳红层、渤南凹陷深层、东营凹陷南坡等领域隐蔽油气藏勘探也取得重要进展，共探明石油地质储量 1.12 亿吨。②塔河油田奥陶系碳酸盐岩勘探取得重大进展。2010 年，针对奥陶系油藏展开勘探，在托甫 29—托甫 25 井区完钻探井 10 口，获得工业油流井 8 口，均为自喷井，新增探明石油地质储量 9 464.82 万吨。③川东北元坝地区立体勘探取得重要进展，海相长兴组、飞仙关组取得新发现。元坝 27 井长兴组酸压测试日产天然气 120.2 万立方米，元坝 204 井长兴组酸压测试日产天然气 126.46 万立方米，突破了元坝地区单井测试日产百万立方米的高产气流关。长兴组礁滩相储层厚度大，物性明显变好，为有利的高产富集带，2010 年探明天然气地质储量 405.1 亿立方米。同时，川东北中浅层陆相地层多口井、多套层系获得工业气流，有望形成千亿立方米增储领域。

（何　斌）

【7 个新发现和新进展】 ①老区“三新”领域取得新发现。梨树凹陷中深层勘探按照“下洼找油”思路，在高精度三维地震重新采集处理的基础上，在多口探井获得工业油气流，展示了梨树断陷中深层领域较大的勘探潜力。南阳凹陷白秋区带取得新发现，多口探井钻遇厚油层，新增探明石油地质储量 542 万吨。海安凹陷隐蔽油藏勘探多口探井获得工业油流。潜北断裂带利用老资料重新处理结合新施工的高精度三维地震，发现多种类型隐蔽圈闭。②川西深层勘探取得新进展。孝泉—新场构造带多口探井在须家河组须二段、须四段测试获工业气流，须四段新增探明天然气地质储量 450.47 亿立方米。③准噶尔盆地西缘车排子地区油气勘探取得新进展。排 601 井区新增探明稠油储量 1 038 万吨，已开始产能建设。④下扬子古生界海相层系勘探取得新发现。黄桥—如皋冲断凹陷通过老井复查，8 口井在二叠系龙潭组发现含油层位，优选华泰 3 井压裂测试，获日产 1.2 吨的工业油流，成为黄桥地区古生界第一口突破井，并具有形成规模油田的潜力。⑤内蒙古探区勘探取得新进展。白音查干凹陷加强了南部斜坡带下洼隐蔽油藏的探索，锡 26 井于腾格尔组白云质泥岩段压裂试油，获稳定日产 7.79 吨的工业油流，发现了白云质泥岩缝洞型油藏新类型，具有沿洼陷带呈环状分布的特点。查干凹陷毛 8 井区开展稠油热采攻关，吉 2－平 1 井稳定日产油 8 立方米，提交探明稠油地质储量 344 万吨。⑥杭锦旗地区什股壕区带勘探取得新进展，锦 26 井下石盒子组盒 2 段实钻水平井段 861.31 米，测井解释气层 234.1 米，放喷求产，日产气量 1.31 万立方米，预计储量规模可达 1 000 亿立方米。⑦非常规资源勘探取得新进展，2 口煤层气探井获工业气流。延川南区块延 1 井二叠系山西组 2# 煤层排采，日产气量 2 632 立方米；南方构造复杂区织 2 井龙潭组 20#、23# 煤层合采，稳定日产气 2 200 立方米以上。延 1 井获工业气流，有望成为中国石化煤层气产能建设阵地；织 2 井获工业气流，展示南方构造复杂区仍具有较好的勘探前景。

（何　斌）

【勘探效益】 2010 年共预探圈闭 268 个，完钻 240 个，新获工业油气流圈闭 82 个，圈闭预探成功率 34.2%。

平均每口探井（包括滚动井）探明油气地质储量为 62.76 万吨，每米进尺探明油气地质储量 211.9 吨；每口探井（包括滚动井）探明油气可采储量为 15.85 万吨，每米进尺探明油气可采储量 53.52 吨。探明每吨油气地质储量直接成本 42.17 元，探明每吨油气可采储量直接成本为 166.99 元，探明每桶油气可采储量当量直接成本为 3.61 美元。

（何　斌）

【非常规工作量】 2010 年完成二维地震 2 108.14 千米，是全年计划的 101.6%。完成钻井 37 口，进尺 4.04 万米，其中煤层气完成钻井 35 口，进尺 3.47 万米，分别占年计划的 90.2% 和 92.1%；页岩气完钻探井 2 口，进尺 5 685.2 米。完成煤层气测试 25 井层，压裂 39 井层，新井排采 35 口，分别为全年计划的 67.6%、97.5% 和 112.9%。完成页岩气老井复试3层，是全年计划的100%。

（龚 铭）

【页岩气主要进展】 建南地区建111井压裂获工业气流；南方海相页岩气勘探重点向四川盆地及周缘聚焦。①12月1日，对建南地区建111井下侏罗统自流井组东岳庙段610—646米进行压裂、复试。压裂后放喷点火可燃，火焰1—8米，利用测试瞬时气产量折算日产量为3 661立方米。气井生产平稳，日产气约2 200立方米，日产水11.4立方米。②在第一轮海相页岩气资源潜力分析和地质选区评价的基础上，增加了保存条件、地表地貌、埋藏深度、水资源条件和管网市场等评价参数进行综合选区评价，认为四川盆地及其周缘下寒武统、上奥陶统—下志留统烃源岩发育，构造相对稳定，有利于页岩气的形成和保存。老井复查及复试表明，气测显示较好、测试获得页岩气流的井也主要分布在四川盆地及其周缘，该地区天然气管网和市场已初具规模，有利于页岩气的开发利用。

（龚 铭）

油田开发

【概述】 2010年，油田开发系统坚持用“五个理念”推动观念转变、加强执行力建设，落实大幅度提高储量动用、大幅度提高采收率、大幅度提高单井产能的工作要求，以调结构、抓优化为主线，努力实现“保增长、控成本、增效益”，各项开发指标继续保持稳定，开发技术水平进一步提升，精细管理水平又上台阶，保持了油田开发的持续稳定发展。

油田开发资源动用情况。截至2010年底，中国石化所属油田企业投入开发油田201个，动用石油地质储量62.61亿吨，动用已探明石油地质储量的80%，在已有井网、工艺条件下标定可采储量16.98亿吨，采收率27.1%，已动用部分剩余可采储量为3.85亿吨，核定年原油生产能力为4 259万吨。未动用储量14.5亿吨，其中落实未动用储量5.2亿吨，待评价储量8.0亿吨，待核销储量1.3亿吨。试采储量0.82亿吨。

油田开发现状。截至2010年底，共有油水井数53 218口，其中油井开井32 659口，年均综合含水率88.5%，平均单井日产油3.6吨，采油速度0.7%，剩余可采储量采油速度11.36%，采出程度21.7%。注水开井11 112口，平均单井日注水74.8立方米，年注水3.07亿立方米，累计注水72.32亿立方米，月注采比0.75，累计注采比0.81。

（唐 磊）

【原油产量】 2010年，石化集团公司原油继续稳定增长，与上年相比增产14.4万吨。总体来看，东部油田继续保持产量稳定，西部保持持续上产。东部油区产量3 453万吨，继续保持在3 450万吨以上运行；西部油区产量803万吨，增长47.6万吨，其中塔河油田完成700万吨，同比增加40万吨。各油田企业原油产量见表1。

（唐 磊）

表1　石化集团公司各油田原油产量　　万吨

企业名称 \ 年份	2010	2009	2008	2007	2006	2005
石化集团公司合计	4 256.00	4 214.55	4 180.20	4 108.04	4 016.74	3 927.10
胜利油田	2 734.00	2 783.50	2 774.00	2 770.10	2 741.60	2 694.50
中原油田	272.50	289.20	300.30	305.00	310.60	320.05
河南油田	227.00	187.50	180.50	180.00	181.50	187.10
江苏油田	171.00	171.00	171.00	170.20	167.40	164.70
江汉油田	96.50	96.00	96.50	96.00	95.80	95.60
西北油田分公司	700.00	660.00	600.10	536.20	472.00	420.00
华东分公司	15.00	13.00	13.00	25.50	21.10	18.00
华北分公司	12.50	12.00	11.60	11.20	10.50	10.18
东北分公司	22.50	24.10	24.70	5.00	4.90	4.70
西南油气分公司	2.50	2.70	3.00	3.20	0.70	0.80
上海海洋油气分公司	2.50	2.50	5.50	5.50	6.10	7.60

【产能建设】 2010年，在开发产能建设投资项目管理上，针对产能建设区块地质条件越来越复杂、认识难度越来越大的特点，石化股份公司对产能建设项目分批下达实施计划，对重点产能建设项目实行专家审查制度，强化过程跟踪监督、及时调整，最大限度降低风险，提高投资效益。重点抓好部署、方案和单井设计三个环节的优化，同时针对复杂的油藏和地面条件，加大油田开发技术攻关与应用，取得了新的进展。全年石化股份公司油田开发工程共完钻新井2 934口(水平井622口)，进尺687万米，新老区合计新建、新增原油生产能力592万吨。其中，主体(不含胜利油田分公司)新增产能504.2万吨，钻井2 295口(水平井484口)，进尺529.7万米；胜利油田分公司新增产能46.6万吨，钻井331口(水平井113口)，进尺72.6万米；低品位储量开发建成产能40.9万吨，钻井308口(水平井25口)，进尺84.9万米。

重点油田：胜利油田分公司新增动用地质储量8 007万吨，完钻新井1 794口(含油藏评价和更新井)，进尺376.4万米，建成产能316.5万吨。当年投产新井1 662口，12月开井1 576口，日产油能力9 170吨，平均单井日产油5.8吨。西北油田分公司新增动用地质储量9 092万吨，完钻新井152口，进尺91.8万米，新建产能176.5万吨。

(唐　磊)

【油田开发进展】 (1)坚持把"部署、方案、设计"3个层面的优化作为开发工作的重要抓手，带动开发水平与开发效益全面提高。

部署优化：按照"储量、产量、工作量、投资、成本、效益"六统一的原则，分调研、对接、跟踪3个阶段组织抓好油田开发部署的制定和优化，投资和工作量始终向资源条件较好、效益较好、技术配套较好的重点地区、重点项目倾斜，确保总体开发效益。通过加强部署优化，强化了油田勘探开发事业部生产计划指导中心的职能，引导油田企业加强优化和控制，提高产能符合率、控制开发成本上升。

方案优化：坚持以开发方案为载体，将地质、油藏、钻井、采油、地面工程、经济评价等相关专业紧密结合起来，以"最佳的开发井网、最科学的油藏工程设计、最优的工程技术系列、最合理的地面流程"来确保"最好的经济效益"，通过方案审查向企业传递"优化无止境"的理念。2010年组织审查重点方案45个，否决4个，先评价再重新论证5个，作较大调整再组织实施的12个。

设计优化：通过组织引导、规范设计、交流推广，引导设计人员开展针对性、个性化设计，大幅度提高单井产能，增加可采储量、提高开发效益。2010年先后组织审查HH37平1井、SW8平1井、官9井、华东下扬子水平井等重点井单井设计，引领设计水平的提高；着手推广胜利油田井位设计平台；组织开展落空井的专题分析，减少单井设计的风险。

(2)抓滚动、增储量。积极倡导和推动以采油厂为主体的滚动勘探工作，进一步规范和加强油藏评价工作，通过组织每年两次讨论对接，做好"两个转变"(由单井管理向项目管理转变、由整体控制向分批次控制管理转变)，强化项目前期论证与部署优化，规避储量规模和品位不落实的风险。2010年通过滚动勘探探明储量5 235万吨，控制储量3 792万吨，动用储量2 097万吨，建产能40.6万吨，同时为2011年准备了2 444万吨可动用储量，为油田的稳产增储发挥了重要支撑作用。

(3)抓改善、强基础。坚持精细开发、效益开发，按照"精细描述、精细调整、精细管理、综合配套"的原则，以改善水驱为重点，强化老油田油藏分类调整治理和科学管理。整装油藏进行单砂体挖潜、韵律层顶部挖潜、油水过渡带挖潜，中高渗断块油藏进行重组细分，稠油油藏以水平井为主要手段进行井网加密、低效水驱转热采、吞吐转蒸汽驱等。塔河油田针对20个缝洞单元进行了综合治理。老区调整治理新增可采储量2 413万吨，扣除井况损坏等原因造成损失核减的729万吨可采储量，老区净增可采储量1 684万吨，相当于提高老区采收率0.28个百分点。

(4)抓技术、提水平。大力推动水平井技术应用。保持和扩大水平井应用规模。通过4年的推动和努力，水平井应用从以断块、稠油为主拓展到几乎所有油藏类型，从以胜利油田为主应用推广到所有油田。应用水平井提高产能已成为企业调整优化结构、转变发展方式的首选技术。2010年完成水平井622口，连续两年保持600口以上，占开发井数的21.2%；积极推广应用薄层稠油、特超稠油开发技术，2010年，HDNS稠油吞吐技术在排601整体水平井开发中实现了新突破；应用超大规模酸压储层改造技术，提高塔河油田缝洞型油藏储量动用程度，应用多级交替注入工艺并采用2 000立方米以上注入量大型深穿透复合酸压，单井最大注入量达到6 000立方米，沟通距井筒120 — 200米的有利储集体，提高了老井的利用率和增产效果；积极推动低渗透水平井和改造技术攻关。年内SW8平1井、HH37平1井先后获得成功，为特低渗低丰度油藏有效开发探索出一条有效的技术路线。

(5)抓试验、谋长远。紧紧围绕经济有效地扩大储量动用、经济有效地提高采收率，通过科研项目、开发先导、开发方案，把加强开发试验的理念落实到开发工作中。先后组织开展了盐22区块砂砾岩体油藏注水、樊144区块滩坝砂油藏小井距注水、樊142直井大规模压裂、镇泾低压特低渗油藏超前注水、稠油蒸汽驱等系列开发试验。胜利油田在樊142沙三、义7－6等深层滩坝砂特低渗油藏按“仿水平井”大型压裂进行井网优化，通过实现200米以上有效铺砂支撑半缝长，在油层中建立一条形似水平井段的渗流通道，增加油井泄油面积，提高单井控制储量，并进行注采完善，共压裂投产新井49口，与2009年相比，平均单井产能由4.6吨/日提高到7.0吨/日。

(唐　磊)

【油田开发管理】　以“十二五”规划前期研究项目为抓手，跟踪研究不同类型油藏开发趋势与潜力方向，系统梳理“十一五”工作成果与经验总结，科学谋划“十二五”规划部署。抓好改善水驱5年工作调查，开展水驱工作技术交流，为下步改善水驱工作夯实基础。制定8项技术指标体系，配套考评管理办法，提升油田板块开发精细化管理水平。开展水平井技术应用培训，开展2期地震正演模型应用培训，提高技术人员业务素质与方案设计水平。以信息化建设为手段，提高工作效率与水平。依托开发部署管理系统，强化总部与油田企业两个层面对开发项目的跟踪和过程监控；协调应用开发信息一体化平台，加强生产动态预警与及时调控；试运行方案决策系统，完善国内外典型油田开发实例库，提高方案的决策和设计水平。

(唐　磊)

【油田总体开发形势】　2010年，油田开发总体形势良好，资源总量扩大，产量稳步上升，储采形势好转，开发技术快速发展，为实现“十一五”期间“东部硬稳定、西部快上产”的宏观战略目标奠定了良好的基础。

“十一五”以来，上游储量、产量稳步上升，发展趋势向好。原油产量从2005年的3 927万吨上升到2010年的4 256万吨，年均增长66万吨以上。“十一五”期间新增可采储量2.6亿吨，在原油产量逐年增加的情况下连续10年实现了年度储采平衡，储量替代率保持在120%—140%之间，剩余可采储量逐渐上升，储采比保持稳定，为发展奠定了物质基础。

通过深化老区剩余油研究，调整治理与技术改造并重，油田开发基础得到恢复，综合含水率得到有效控制，“十一五”期间自然递减率保持在16.5%，综合递减率7.7%，年均含水率88.5%。近年来，由于东部老油田稳产基础工作的加强，油田开发的总体发展态势良好。

形成了滚动勘探开发配套技术、超稠油开发配套技术、二类油藏聚合物驱油技术、复杂小断块油藏开采技术、低渗透油藏配套开发技术、超深层碳酸盐岩缝洞型油藏开发配套技术等多项核心技术系列，特别在钻井技术方面，水平井、分支水平井、开窗侧钻井技术不断发展，水平井分段压裂技术获得突破，下步通过进一步优化开发部署，加大成熟、配套、适用技术的推广应用，还可进一步改善开发效果，提高开发效益。

油田开发仍面临一系列挑战：①新增储量品位进一步下降，产能建设主要集中在稠油、海上、低渗透油藏，保持每年2亿吨以上的新增动用储量规模越来越困难；②东部油区开发程度进一步提高，继续保持原油产量稳定的难度加大，西部油区规模建产的阵地不足，老井产量递减又比较快，今后几年原油上产幅度将有所下降，赢利能力也将下降；③油田开发精细管理仍有待进一步优化和改善。例如方案和实施环节还存在脱节的情况，企业之间技术发展和配套及管理水平存在较大差距，以提高赢利能力为目的的理念还需要在开发生产与经营的优化中进一步加强等。

(唐　磊)

【大幅度提高油田采收率工作】　紧紧围绕加强提高采收率工作，牢固树立坚定“资源有限、创新无限、挑战极限”的理念，抓长远谋划、抓技术发展、抓先导试验、抓化学剂研发、抓组织管理，不断促进大幅度提高采收率技术的发展。

组织召开石化股份公司2010年提高采收率工作推进会，有序推进了提高采收率工作。中国石化所属油田具有大幅度提高采收率的潜力，但提高油田采收率的重大技术措施和主导技术系列仍存在瓶颈，需要继续深化提高采收率机理研究，在夯实精细油藏描述和建立有效注采系统的基础上，坚持水驱、化学驱、热采和气驱4个技术方向，按照“完善推广一批、攻关突破一批、研究准备一批”的思路，推进大幅度提高采收率技术系列的形成发展与集成应用。

石化股份公司提高采收率重大先导试验项目进展顺利。2009—2010年共安排实施了9项提高采收率重大先导试验项目，涵盖了整装、复杂断块、低渗透、稠油、化学驱Ⅳ类、聚合物驱后油藏类型，包括了水驱、化学驱、热化学蒸汽驱、气驱等提高采收率的技术，项目实施后可以形成采收率达到40%、50%、60%的大幅度提高采收率技术系列，覆盖地质储量13亿吨。①2010年，4个项目通过方案审查，进入现场实施。在对2010年要开展的先导试验项目按地质条件具有代表性、主导技术具有先进性、推广应用具有规模性的原则进行选区论证的基础上，安排实施4项提高采收率重大先导试验项目，实施后采收率提高8.2%。经过多轮次的优化论证，项目全部通过方案审查，进入现场实施阶段。②2009年实施的现场项目按计划有序推进，并见到初步效果。项目新钻井工作量基本完成，储层钻遇率达到93%，投产初期单井日油能力8.6吨，比设计指标高1.9吨，投产效果好于设计。化学驱部分按项目运行节点扎实推进，孤岛中一区Ng3聚驱后项目已于2010年10月转化学驱段塞注入；孤岛中二北稠油热化学驱小井距试验区已于2010年10月转蒸汽驱，大井距试验区预计2011年一季度转蒸汽驱；双河化学驱地面建设基本就绪，正开展前期调剖段塞注入。东辛永3复杂断块油藏立体开发项目采用先进理念和工程技术，打破空间观念进行井网层系的优化设计，见到好效果，新钻井单井日产油10.3吨(方案设计6.4吨)，是老井的5.8倍，试验区日产油能力由18吨增加到182吨，建成产能3.3万吨。

上下游联合攻关，推进了化学剂研发工作。针对三次采油和稠油热采提高采收率技术中化学剂存在的瓶颈，北京化工研究院、上海石油化工研究院、石油化工科学研究院分工合作，协同推进了化学剂研发。北京化工研究院以耐温抗盐聚合物和新型功能聚合物研发为重点，已合成六大系列耐温抗盐聚合物、1 000余种样品，部分样品被送油田进行性能评价，其中2个样品性能指标基本达到要求。上海石油化工研究院承担耐温抗盐表面活性剂和低渗透油藏表面活性剂的研发工作，研制的适用于双河油田重大先导试验项目的样品已基本满足试验要求，正由南京化工公司负责放大生产。石油化工科学研究院负责稠油热化学剂和特超稠油降黏剂的研发，完成塔河稠油掺稀用油溶性降黏剂研制现场单井试验，节约稀油率35%。油田企业结合化学剂研究进展，开展化学剂性能评价工作，推进了化学剂研发工作。

编制了油田“十二五”提高采收率规划部署。油田“十二五”提高采收率规划是对“十二五”开发规划的补充和细化。在充分结合了油田“十二五”开发规划目标基础上，分单元剖析了采收率状况，分析了历年新投储量采收率变化；总结了不同采收率级别的储量和采取不同技术对策提高采收率效果；提出了提高采收率的目标、发展思路、重点工作及技术措施；统筹部署了提高采收率的先导试验，推进形成不同类型油藏、不同开发方式大幅度提高采收率的技术系列；推出了不同类型油藏提高采收率示范性单元，带动油田采收率整体水平的不断提高。

（薛兆杰）

【三次采油技术推广应用】 2010年，三次采油工作坚持持续发展，稳步扩大三次采油工业化规模，保持了三次采油年产油量、增油量基本稳定。重点抓了以下工作：①合理扩大三次采油工业化应用规模，搞好产量接替。2010年新投孤东六区Ng3－5二元驱、孤岛东区南部二元、孤东七区西54－61中北部二元驱3个工业化项目，地质储量3 348万吨，预计提高采收率9%。②加强正注聚项目的管理，提高增油效果。对快结束注聚段塞、正处于见效高峰期的6个项目适当延长注聚，年内多增产原油9万吨；对含水上升较快及时调减注聚段塞，减少表面活性剂用量3 207吨。加大完善井网、分层注聚、调剖等工作量，使年产量、年增油量递减趋势得到控制，胜利油田年增油超计划8万吨，河南油田年增油创历史最高水平，达到20万吨。③加强已转后续水驱项目管理，精细水驱，促进水驱油田开发效果不断改善，夯实提高采收率基础。

截至2010年底，共实施三次采油项目55个，地质储量4.37亿吨，2010年产油382万吨，年增油180万吨，年增油连续7年保持在170万吨以上，累计增油2 103万吨，提高采收率4.8%，为东部老油田控制递减、保持产量稳定起到了重要作用。

（薛兆杰）

天然气管理

【概述】 2010年，天然气开发系统按照石化集团公司“东部硬稳定、西部快上产、天然气大发展”的战略部署，贯彻“以科学发展观为指导，以效益为中心，以安全供气为保障”的经营理念，以提高储量动用率、提高气田采收率、提高单井产量和提高气田开发效益为主线，充分发挥产运销一体化的管理优势，圆满地完成了2010年度天然气产销各项任务。“十一五”期间天然气产量快速增长，2010年突破百亿立方米，较“十五”末实现产量翻番。

气田开发储量动用情况。截至2010年底，石化集团公司累计探明天然气地质储量1.84万亿立方米，可采储量8 834亿立方米，采收率47.91%，2010年新增探明地质储量358亿立方米；石化股份公司所属企业投入开发气田104个，累计动用天然气地质储量9 100.74亿立方米，储量动用率49.36%，可采储量4 301.82亿立方米，标定采收率47.27%，其中2010年新增天然气动用地质储量2 232.73亿立方米，新增可采储量1 353.16亿立方米。

气田开发现状。截至2010年底，共有天然气生产井3 287口，2010年气井开井2 514口，开井率76.48%，平均单井日产气1.66万立方米，采气速度1.54%。采出程度18.03%。剩余可采储量2 661亿立方米，储采比19.7。

（李广月　张　华）

【天然气产量、商品量】 2010年计划工业气产量120.0亿立方米，实际完成125.0亿立方米，完成年度计划的104.17%，同比增加40.32亿立方米，增长幅度47.62%。2010年计划天然气商品量104.40亿立方米，实际完成110.50亿立方米，完成年度计划的105.84%，同比增加38.95亿立方米，商品率88.40%，比2009年提高3.9个百分点。

（李广月　张　华）

【生产能力】 截至2010年底，石化集团公司天然气生产能力148.66亿立方米，同比增加59.63亿立方米；气层气生产能力137.15亿立方米，同比增加60亿立方米。2010年新建天然气生产能力69.02亿立方米(含普光气田主体生产能力60亿立方米)，老区核减生产能力9.02亿立方米。溶解气生产能力11.50亿立方米，同比减少0.38亿立方米。2010年新建溶解气生产能力1.54亿立方米，老区核减生产能力1.92亿立方米。

（李广月　张　华）

【天然气开发管理】 2010年，天然气主要围绕普光气田的投产及大湾区块和大牛地气田的产能建设项目，着力抓好方案优化，强化组织运行，推进水平井技术提高单井产量的攻关，发挥产销一体化优势，抓好产销衔接和运行管理，实现了安全生产、平稳供气。

普光高含硫气田成功投产。2010年3月，普光气田正式投产，气田动用储量1 811亿立方米，完钻38口开发井，建成混合气产能80亿立方米(净化气产能60亿立方米)，全年生产净化气41.43亿立方米，商品气量37.96亿立方米。普光气田主体的投产大幅度提高了石化股份公司天然气供应能力，为天然气产业大发展奠定了基础。

大湾区块和大牛地气田产能建设顺利推进。截至2010年底，大湾区块完钻开发井7口，正钻开发井1口，完成试气井1口；配套地面工程建设按计划运行。2010年，大牛地气田完钻新井122口，生产天然气22.36亿立方米，商品气量25.85亿立方米；新建产能4.18亿立方米，截至年底，大牛地气田生产能力达到25亿立方米。

抓好产销衔接和运行管理，确保市场的平稳供应。加强主力气田开发管理，加快产能建设，夯实资源基础；加强需求侧管理；加强产销平衡和应急管理。从而确保了中国石化所属山东、河南、四川、吉林及川气东送沿线市场的天然气稳定供应，2010年生产商品气量110.5亿立方米。

（李广月　张　华）

勘探工程

【地震工作量】 2010年完成地震项目62个，动用地震队78支，二维地震工作量1.94万千米，三维地震工作量8 573平方千米。

（于世焕）

【物探技术进步】 南方探区复杂山前带镇巴区块完成三维地震勘探面积146.7平方千米。基本采集观测系统20L10S300T2R120F正交束状观测系统，其中检波线距200米、检波距40米；炮线距200米、炮点距80米；地下反射面元20米×20米，覆盖次数150次。重点开展了叠前成像技术攻关，在近地表速度模型与深部速度模型融合方面加大研究力度，使低信噪比深度域资料成像得到较大改善。资料解释表明，嘉陵江组以上成像效果良好，膏盐岩上包络基本清楚，深层寒武系反射清楚，但中深部资料凌乱，信噪比低，偏移成像效果仍不理想，需进一步开展对叠前深度偏移处理技术攻关，寻求新突破。

西部复杂山前带哈山西完成三维地震勘探面积314.69平方千米。针对地下构造复杂，表层结构复杂类型多样，激发条件差异大等采集难点，采取岩性录井及地面调查等多种方法联合应用，划片分区进行激发因素优选。处理上采用基于横向构造约束和基于垂向速度分析的速度建模PSDM技术解决波场复杂和速度模型建立问题。通过强化采集处理解释的一体化，获得初步成果：新采集资料整体信噪比高，波组特征清晰，叠加剖面绕射丰富，偏移剖面能够反映该区的构造特征。

开展了西部新区二维及三维地震老资料重新处理攻关，包括准噶尔南缘区块、准噶尔青格里底山区块、准北缘三维、柴窝堡、柴达木、敦煌、六盘山、银川8个地区。重点对折射波静校正、层析静校正进行对比与分析，选择合适的近地表校正方法；针对干扰波问题，综合运用多域去噪技术对其进行有效去除，消除资料间的能量频率相位差异；针对速度问题，结合速度谱及速度扫描等方法拾取速度参数；针对偏移成像问题，重点测试了叠后偏移与叠前时间偏移。处理剖面效果改进较大，如柴窝堡601线西疙瘩构造带构造形态清晰。

（于世焕）

采油工程

【采油工程队伍状况】 截至2010年底，石化股份公司采油工程系统共有采油(气)厂55个，作业处(公司)2个，采油院9个；合计总人数147 679人，其中采油(气)厂141 956人，作业处(公司)2 653人，采油院3 070人。从队伍类型上看，采油工程一线及辅助队伍(队站)共有2 136支、108 760人，采油(气)厂科研单位126个、5 207人，其中主要采油队伍(采油队、采气队、注水队、注聚队、注汽队)657支、58 204人，主要作业队伍(作业队、大修队和试油试气队)434支、14 812人。

（任曙光　梁　涛）

【重点工艺技术措施工作量及效果】 2010年共实施油气水井大修作业1 385口(油井874口，气井20口，水井491口)，成功1 267口(油井822口，气井20口，水井425口)，成功率91.5%；平均修井天数26天。从大修工艺类型上看，大修主要以套损井修复、井下落物打捞、管柱解卡、复杂故障修复等复杂工艺为主，共实施1 172口，占大修成功井数的92.5%。其中，实施工作量最大的管柱解卡为366井次，占大修成功井数的28.9%。石化股份公司各油田共实施油气水井补孔改层措施4 900井次，有效3 860井次，有效率78.8%；油气水井压裂689井次，有效581井次，有效率84.3%；油气水井酸化1 690井次，有效1 404井次，有效率83.1%；油井泵升级972井次，有效833井次，有效率85.7%；油井防砂2 540井次，有效1 987井次，有效率78.2%。

（任曙光　梁　涛）

【采油工程综合管理】 2010年，采油工程系统立足科学优化，重视精细管理，紧密围绕产能建设、提高原油采收率、夯实油田稳产基础等，重点开展科研攻关、专项治理、先导试验、节能降耗、地面改造、新工艺新技术应用等工作，不断强化采油工程管理，着力提升重点采油工程技术水平和工艺技术配套能力，努力实现油田平稳可持续发展。

在深化工艺技术攻关、发挥采油工程支撑作用方面，中国石化各油田分公司采油工程强化基础研究和创新，加强技术攻关研究，优化、集成、推广工艺技术，为油气勘探开发提供技术保障，在稠油开采配套研究、水平井开采技术、储层改造、分层注水技术等方面都取得了显著成果。在进行专项治理、进一步夯实稳产基础方面，各油田分公司抓住水井专项治理这一有利政策，通过工程、地质和油藏紧密结合，在深入调查研究的基础上，强化综合分析评价与前期论证工作，并根据开发需要优化单井措施内容和工作量，制定施工方案，水井专项治理工程进展顺利。在加强工程技术方案优化研究与管理方面，不断提高采油工程决策效益与水平，2010年采油工程系统继续按照"方案设计精雕细刻，施工组织精益求精，实施过程精耕细作"的总体要求，坚持"效益第一、系统配套、前后衔接、因地制宜、先进适用、安全环保"的方针，抓好方案设计工作。在加强基础工作、提升采油工程管理水平方面，为进一步强化井下作业生产和技术管理，不断提升作业系统各项指标，实现井下作业工作量和作业成本有效控制，巩固井下作业精细管理活动成果，2010年在油田作业系统开展"比学赶帮超"活动，进一步提升了井下作业生产和技术管理水平，较好地完成了井下作业各项指标。

（任曙光　梁　涛）

【井下作业队伍状况】 截至2010年底，石化股份公司所属企业井下作业系统有从业人员22 176人，其中主要作业队伍621支，职工人数14 812人，辅助队伍187支，职工人数7 364人。

（薄启炜　赵崇镇）

【井下作业工作量情况】 2010年，石化股份公司共完成油气水井井下作业总工作量49 220井次，其中措施作业21 278井次，维护作业24 420井次，新井投转注3 522井次(口)，分别占总作业工作量的43.23%、49.61%、7.16%。油气水井年作业频次1.00次/口(不含新井和投注)，其中年措施作业频次0.47次/口，年维护作业频次0.53次/口。从生产井类型看，油井作业 39 898 井次，气井作业 507 井次，水井作业 8 815 井次，分别占油气水井井下作业总工作量的 81.06%、1.03% 和 17.91%。

（薄启炜　赵崇镇）

【井下作业施工能力】 截至 2010 年底，石化股份公司拥有小修队伍 406 个，年施工能力 36 093 口；大修队伍 36 个，年施工能力 547 口；试油(气)队伍 27 个，年施工能力 448 口。

（薄启炜　赵崇镇）

【井下作业装备现状】 截至 2010 年底，石化股份公司所属企业拥有井下作业设备 2 369 台(套)，原值 22.8 亿元，净值 10.8 亿元，设备综合新度系数 0.48；后勤场站 90 座，其中油管厂 25 座，年检测油管 2 519 万米，年修复油管 2 215 万米；抽油杆厂 13 座，年检修抽油杆 546 万米，年修复抽油杆 428 万米；配液站 6 座，年配液能力 13 万立方米。

（薄启炜　赵崇镇）

油气集输

【概述】 截至 2010 年底，油田原油集输处理系统共建有联合站 107 座，油库 13 座，接转站 229 座，原油稳定装置 37 套，原油储罐库容 145.81 万立方米，原油外输管道 1034.8 千米。设计原油稳定能力 5 380 万吨/年，原油外输能力 8 233 万吨/年。2010 年稳定原油 2 616 万吨。油田采出水处理系统建有污水处理站 150 座，设计含油污水处理能力 126.7 万米^3/日。2010 年处理含油污水 4.0 亿立方米。注水系统共有各类注水站 665 座、配水间 2 617 座。2010 年实际污水回注 2.85 亿立方米，污水处理站出口水质达标率 86.5%。

（王立坤）

【主要技术经济指标】 油气集输密闭率 82.0%，输油泵平均运行效率 51.3%，管网效率 70.5%，集输系统效率 36.2%；注水泵平均运行效率 71.3%，注水系统注水管网效率 73.2%，注水系统效率 52.2%。

（王立坤）

【海上油气开采设施及生产】 截至 2010 年底，石化股份公司海上油田(自营区块)共有各类海上采油平台 101 座，其中移动式采油平台 3 座、中心平台 2 座、井组平台 62 座、单井平台 34 座；海底输油管线 84 条，总长 177.37 千米；海底输气管线 1 条，总长 11.60 千米；海底注水管线 50 条，总长 67.97 千米；海底电缆 102 条，总长 239.74 千米。2010 年，海上油气水井共 528 口，开井 437 口，其中油井 387 口，开井 311 口，年生产原油 246.94 万吨、天然气 1.29 亿立方米；气井 8 口，开井 6 口，年产气量 0.16 亿立方米；注水井 133 口，开井 120 口，年注水量 503.32 万立方米。

（曾庆坤　孟凡中）

设备管理

【概述】 截至 2010 年底，石化股份公司在册设备原值 210.21 亿元，净值 85.94 亿元；设备新度系数为 0.41。设备管理人员 3 131 人，设备维修人员 6 826 人。共有主要专业设备 56 563 台(套)，其中钻采特车 2 340 台，注采设备 34 857 台，天然气处理设备 5 714台，起重搬运机械 204 台，运输车辆 1 413 台(套)，动力设备 5 286 台(套)，辅助专用车辆 1 209 台，工程机械 1 057 台。设备资产原值 158.54 亿元，净值 62.67 亿元，新度系数 0.42。装机总功率 436.03 万千瓦。

（王　飞）

【油田设备状况】 2010 年，石化股份公司各油田分公司主要设备平均新度系数见表 2。

（王　飞）

表 2　石化股份公司 2010 年各油田分公司主要设备平均新度系数

单位名称	钻采特车	注采设备	天然气处理设备	运输车辆	动力设备	合　计
石化股份公司	0.46	0.46	0.30	0.33	0.46	0.44
胜利分公司	0.41	0.45	0.40	0.24	0.40	0.44
中原分公司	0.37	0.47	0.30	0.29	0.38	0.43
河南分公司	0.54	0.43	0.50	0.43	0.24	0.41
江苏分公司	0.58	0.53	0.60	0.46	0.37	0.52

续表

单位名称	钻采特车	注采设备	天然气处理设备	运输车辆	动力设备	合　计
江汉分公司	0.51	0.45	0.50	0.52	0.38	0.45
东北分公司	0.60	0.51	0.50	0.59	0.60	0.52
华北分公司	0.99	0.99	0.60	0.95	0.86	0.78
西北分公司	0.04	0.62	0.20	0.12	0.64	0.35
西南分公司	0.56	0.45	0.50	0.37	0.59	0.50
华东分公司	0.57	0.64	0.70	0.50	0.79	0.69
上海分公司					0.62	0.62

【设备管理情况】 ①根据最新版国家明令淘汰电机产品目录及时淘汰高耗低效电机，对使用年限在14年以上并且经过3次以上大修的电动机进行综合治理。②组织召开2010年石化股份公司油田非安装设备技术交流及选型会。该会于2010年6月21—24日在河南郑州举行。本次会议对胜利、中原等10个油田的215个项目660台（套）设备进行了技术交流和选型。③根据石化集团公司的统一安排部署，组织2个设备检查组，历时20天，对胜利油田、中原油田、江汉油田、江苏油田、西南油气田、华东石油局（分公司）、天然气分公司等企业及川东北工区施工队伍的安全设备管理工作进行了检查。各单位围绕设备现场标准化、设备本质安全化、设备运行合理化做了大量扎实有效的工作，有效推动了设备管理上水平、出效益，为油气勘探开发取得新突破、为外闯市场提供了坚实的装备保障，为中国石化油气勘探开发建设作出了积极的贡献。④积极推进不压井修井机研究和推广使用。油田注水压力逐年升高，高压注水井越来越多，为解决油田高压注水井作业问题，提高注水作业技术水平，改善油田注水开发效果，需要开展带压作业技术研究并推广带压作业。在该项技术上胜利油田经过2年的研究，率先试制出适合不同压力工况的高压、中压、低压及热采4种带压作业设备。油田勘探开发事业部于2010年4月27日在胜利油田召开带压会议，对TJL－17－BY、XJ250－BYJ、XJ350－BYJ等型号油田带压作业设备进行了技术鉴定，认为这几种型号带压作业设备完全满足工艺、现场使用要求，可在油田推广使用。⑤积极推进电动作业机研发、推广。胜利油田历时3年研制的"TJ12－DBQ型交流变频电动通井机"达到国内领先水平，为确保油田作业清洁生产和降本增效提供了手段。

（王　飞）

基层管理

【五项劳动竞赛】 2010年3月4—12日，石化集团公司总部组成6个检查验收小组，由油田勘探开发事业部领导带队，对各单位申报的第四届"五项劳动竞赛"活动先进单位进行了检查验收。共评出红旗采油（采气）厂17个、优胜采油（采气）厂14个、金牌队（所）128个、五星级站库31个、银牌队（所）140个、四星级站库38个、优秀组织单位6个、先进工作者80名。

2010年4月19日，油田勘探开发事业部在河南洛阳组织召开了石化股份公司油田企业第四届"五项劳动竞赛"总结表彰暨"比学赶帮超"推进会。会上给石化股份公司2008—2009年度"五项劳动竞赛"先进单位和先进工作者颁奖，颁发奖金3 058.95万元，108名代表上台领奖。

油田勘探开发事业部组织编写了2008—2009年度石化股份公司油田企业第四届"五项劳动竞赛"活动《金牌风采录》，其中收录领导讲话4篇，油田分公司典型材料3篇、红旗采油厂17篇、金牌基层队128篇、五星级站31篇。由中国石化出版社出版发行。

2010年7月5日，油田勘探开发事业部下发了《关于推广胜利油田纯梁采油厂"系统节点"管理法的通知》。8月27日，为进一步掀起"比学赶帮超"热潮，推进"达标对标"工作，推广标杆管理方法，油田勘探开发事业部在河南油田组织召开了"标杆管理现场交流会"。

12月21日，油田勘探开发事业部修订下发了《中国石油化工股份有限公司油田企业"三基"工作管理办法》；12月24日，修订下发了《中国石油化工股份有限公司油田企业"五项劳动竞赛"管理办法》。

（马腾飞）

石油工程

综　　述

截至2010年底，石化集团公司石油工程板块拥有物探、钻井、测井、录井、井下作业、油建施工设计6个专业，2 430支队伍，资产总额567.79亿元，从业人员12.96万人，其中正式职工8.18万人。石油工程板块业务主要由石化集团公司未上市油田企业承担。

2010年，未上市油田企业积极开展“创先争优”、“比学赶帮超”活动，着力打造石油工程铁军，强化公用工程降耗增效工作，开展文明和谐示范小区创建活动，加强信访稳定工作，各项工作扎实推进，石油工程、矿区服务等未上市油田企业业务工作取得新进展。

一、强化专业化管理，石油工程特色管理模式初步形成

全面梳理石油工程管理职能，经过充分研究和论证，在原油田企业经营管理部的基础上，总部整合石化集团公司和石化股份公司市场管理与工程技术管理职能，组建了石油工程管理部，进一步强化了石油工程专业化管理职能。根据工作需要，按照提高工作效率的要求，合理划分和调整管理职能，增设科技信息、井筒技术、海工地面、装备管理等专业处室，加强了专业化管理力量。进一步梳理业务流程和制度体系，理顺管理关系，总部层面专业化、企业层面一体化的石油工程特色管理模式初步形成。

二、加强队伍建设，石油工程铁军建设机制基本形成

组织“比学赶帮超”活动。调查研究石油工程业务各项指标运行情况，对比国内外同行业的先进指标，根据石化集团公司发展目标和实力，研究确定了16类83项技术经济指标，分专业和层次制定控制目标和奋斗目标，完善了对标体系。开展以“比经营业绩、比技术指标、比队伍素质、比工作效率、比安全生产、比三基建设”为主要内容的“比学赶帮超”活动，加强工作督导，坚持定期通报各企业指标完成情况及经验做法，实施挂红旗排名，营造了“见红旗就扛、有第一就争”的良好氛围。评选、表彰金银牌队伍，树立了基层队伍典范。

制定石油工程铁军队伍管理办法。组织召开了打造石油工程铁军推进会，总结2009年铁军建设情况，交流近180篇经验材料，分析研究存在的问题，提出建立打造石油工程铁军长效机制的措施，深入推进了石油工程队伍建设。研究、出台石油工程铁军队伍管理办法，建立钻井、物探、测录井、油田地面建设等石油工程专业公司评价指标体系，初步形成了石油工程铁军建设的长效机制。

提高资质认证标准。修订石油工程队伍资质管理规定和石油工程市场准入办法，提高资质认证标准，规范市场准入，推进了各专业队伍的健康发展。根据定员、装备、业绩、工作量和安全环保要求，对物探队和录井队进行了资质认证，压缩物探队伍11支、录井队33支，控制了队伍规模，同时促进了队伍素质提升。

大力提升操作人员技能水平。以井控及相关工种岗位操作技能培训为重点，各企业组织井控培训2.44万人次，加大石油工程专业技术与技能操作培训力度，提升了石油工程基层队伍综合素质。

三、抓好施工协调，全面保证油气勘探开发工程需要

各企业紧紧围绕石化集团公司内部市场需要，配合勘探开发部署，加强生产组织与协调，积极调配队伍与装备，优化生产布局，优先保证重要区域和重点工程，为油田企业全面完成增储上产任务提供了有力支撑。全年创造石油工程新纪录48项。

技术指标总体进一步优化。物探平均动用队年效率7.53万张，同比增加28.28%；钻井平均队伍动用率同比提高1.8个百分点，钻井平均机械钻速为9.65米/时；测录井质量合格率均保持在100%。

四、加强技术研究与应用，工程技术保障能力持续提升

协调石油工程技术研究院与各油田企业工程技术研究力量，健全石油工程技术研发、引进、先导与推广应用体系，发挥了石油工程技术研究院的龙头作用，调动了企业科技攻关积极性，石油工程技术水平进一步提升。

继续推进先导试验。研究勘探开发需要，围绕制约勘探开发的技术瓶颈，确定科技先导项目，加强项目论证、评估、验收、实施等环节管理，所有先导项目进展顺利，解决问题的效果明显。2010年完成先导项目64项，实施先导项目198项。

加大成熟技术推广应用力度。完善推广复杂岩性气藏地震、大沙漠区三维地震、山地地震、多波多分量地震等高精度三维勘探技术，提高了不同地表地下勘探成功率。规模化推广应用气体钻井、水平井、分支井、欠平衡井等特殊工艺井，工艺技术水平不断进步，全年水平井完井706口、分支井12口、欠平衡井17口，泡沫钻井、大位移井取得重大突破，提高了勘探开发效率，其中高平1井创造了水平段长和位垂比两项陆上油田国内新纪录。完善随钻承压堵漏、交联成膜堵漏、化学堵漏等系列技术，基本解决了破碎地层堵漏成功率低的难题，在川东北、新疆等地区进行广泛应用，堵漏作业的一次成功率均超过80%。推行测试联作工艺，在川东北形成了“超深三高”储层高压改造技术系列和“超深三高”酸性气藏测试一体化工艺技术，创造了多项国际测试作业指标，有效加快了勘探节奏。完善推广测录井施工工艺技术，提高油气层识别评价、油藏动态监测技术水平，各种复杂井筒条件下的测录井施工能力明显提高。

加强石油工程设备制造与管理。完善设备管理信息系统，全面掌握钻井、物探、作业、测井、录井、海洋工程及地面施工七大类设备基本情况，本着先进适用的原则，淘汰落后设备，合理引进先进设备，加强内部研发与制造，设备结构进一步优化，自主研发能力进一步提升。适用不同环境钻井需要的钻头、捷联式自动垂直钻井系统、大直径膨胀筛管等关键工具和仪器满足了生产技术需要。

五、深化钻井提速提效活动，有效推进重点区域增储上产

在上年钻井提速提效的基础上，组织开展提速提效技术总结，分析技术难题，提炼成功经验与技术，推广成熟技术，明确攻关技术，加强集成应用，适用于不同地区、不同阶段的提速提效技术系列逐步形成。开展技术经济评价，以单井为单位，分析比较提速前后的效益变化、勘探开发投资降低情况、钻完井成本情况等，进一步推动了提速提效活动。

强化生产组织管理，进一步梳理制度、流程和标准，完善制度与标准体系，优化工程流程，确保各个生产组织环节衔接顺畅。建立激励机制，保护了甲乙双方的积极性。优化工程设计，加强以井控安全为重点的安全管理以及井下故障防范工作，启动巴麦地区提速提效，突出抓好重点区域提速提效，元坝、川西、塔河等重点区域深井钻井与上年相比提速效果显著。

六、组织开展文明和谐示范小区创建活动，为油田企业协调发展营造良好环境

坚持以持续改善职工群众工作生活条件、营造和谐稳定的发展环境为目标，坚持科学发展观的指导，全面加强矿区管理工作，精细管理水平和服务保障能力进一步提升，职工群众生活家园越来越美好、温馨。

组织开展文明和谐示范小区创建活动。着重抓好动员部署、现场推进、督导检查、考核评比等环节，进一步调动矿区服务系统干部职工的工作积极性，促成了“比学赶帮超”、“创先争优”的良好局面。通过创建活动，建立了8类39项对标评价体系；提升了精细化管理和服务保障能力，成本控制目标和措施得到落实，各企业矿区管理服务成本费用均控制在预算指标范围内；打造了绿色舒适的生活环境、健康向上的文化环境、平安稳定的人居环境；促进了职工队伍、矿区居民、矿区单位、职工群众与企业的“四个和谐”。2010年，油田企业产生了62个石化集团公司“文明和谐示范小区”。

修订完善矿区服务“十二五”规划。确立矿区服务系统“十二五”发展思路与目标，提出了创建文明和谐示范小区、改善人居环境等6项主要对策。

加强矿区服务体系建设研究。明确了以服务标准、费用价格、成本核算、考核评价“四个体系”为重点的矿区服务体系建设。确立了优化服务流程、简化服务程序、规范服务行为、提高服务效果体系建设基本原则。结合油田企业矿区的不同特点，提出矿区服务的专业化管理、委托管理、市场化管理和自治化管理“四种模式”，已在江苏石油勘探局和西南石油局试点推广运行。

七、着力抓好上游板块的信访稳定，油田企业总体保持稳定局面

严格贯彻落实石化集团公司党组要求，强化“发展是第一要务、稳定是第一责任”的理念，明确目标，落实责任，加强了组织领导，明确了处室分工和专职人员，出台了《石油工程管理部信访工作实施意见》，强化了信访稳定工作职能。加强对信访突出问题的分析研判、督察督办和矛盾纠纷排查化解，重点研究分析并向党组提出了部分利益群体问题的初步解决思路。促进离岗劳动家属养老被纳入社会统筹。针对东北石油局部分协解人员策划集体进京上访情况，积极应对，落实应急预案，领导亲临企业一线督阵指导，平息了事态。各企业建立小区事务协调机制、信访代理站等，及时掌握社情民意，调解居民纠纷，开展“送温暖”、“扶贫济困助残”活动，及时化解群众不稳定因素。年内进京集体上访由上年的7起111人次下降为1起7人次（非企业人员集体来访），维护了油田企业的总体稳定局面。

（吴思卫　范　勇）

石油地球物理勘探

【队伍情况】 截至2010年底，石化集团公司物探采集单位共有11家：胜利石油管理局地球物理勘探开发公司，中原石油勘探局地球物理勘探公司，河南石油勘探局地球物理勘探公司，江汉石油管理局地球物理勘探公司，江苏石油勘探局地球物理勘探处，西南石油局第二物探大队、第五物探大队、云南物探公司，华东石油局第六物探大队，华北石油局地球物理勘探公司，上海海洋石油局第一海洋地质调查大队。共有地震队伍 72 支，其中甲级队 36 支、乙级队 18 支；分布在集团内部 49 支，国内外部市场 7 支，国外市场 16 支。从业人员 1.46 万人，其中正式职工 0.91 万人，劳务派遣用工 0.55 万人。资产总额 44.56 亿元，固定资产原值 46.93 亿元，固定资产净值 27.32 亿元。全年实现营业收入 54.59 亿元，同比增加 6.9%。

截至年底，石化股份公司处理解释系统共有 20 家单位。

（李林新）

【主要装备】 截至 2010 年底，石化集团公司共拥有物探设备 5 405 台(套)，原值 45.82 亿元，净值 25.34 亿元，设备资产平均新度系数 0.55。其中，拥有数字地震仪主机共计 95 台(套)，接收道数 34.67 万道，其中常规数字地震仪器 89 台(套)，接收道数 32.12 万道，全数字地震仪器 6 台，三分量数字检波器 2.55 万点；海上采集系统 4 套，接收道数 3 324 道，物探船 3 艘，综合船 2 艘。

（李林新）

【工作量】 2010 年，完成二维地震 4.93 万千米，其中石化集团公司内部 2.48 万千米，国内外部市场 6 044 千米，国外市场 1.85 万千米；三维地震 1.62 万平方千米、同比增长 54.21%，其中石化集团公司内部 7 448 平方千米，国内外部市场 149 平方千米，国外市场 8 596 平方千米。

（李林新）

【工作能力】 截至 2010 年底，陆上具有年完成二维地震 6 万千米、常规三维地震 2 万平方千米、高精度三维 3 000 平方千米的能力，具备全数字三分量地震采集能力 300 平方千米。海上具有年完成二维地震 2.6 万千米、三维地震 1 000 平方千米的能力。

（李林新）

【主要技术进步】

1. 高精度三维地震采集技术效果明显

2010 年，主要在受黄河冲积沉积影响、表层吸收衰减严重的胜利油田史南—郝家地区，地质构造复杂的内蒙白音查干凹陷古尔东三维工区，受泌阳河及古河道影响的河南油田泌阳凹陷北部新庄地区，水网密集的江汉油田潜江凹陷、潜北工区，江苏油田苏北盆地复杂断裂带区域，新疆塔里木焉耆盆地四十里城地区，胜利油田滩浅海地区和鄂尔多斯盆地塔巴庙区块等地开展高精度三维地震采集技术先导试验和推广应用，取得一系列进展。

(1)在胜利油区形成了适用的高精度观测系统参数论证方法、高精度观测系统属性定量分析评价方法及冲积平原覆盖区近地表岩性探测方法，完成近地表调查 100 平方千米，高精度三维观测系统设计 100 平方千米，地震资料有效频带比老资料拓宽 10 赫兹。

(2)针对白音查干探区提出了炮检覆盖均匀性分析概念，形成了三维观测系统均匀性定量分析技术、“采集脚印”定量分析技术和三维观测系统聚焦性能分析技术，实现了三维地震观测系统设计分析评价技术升级，地震偏移成像效果好，地质效果、勘探效益明显。

(3)构建了泌阳凹陷北部工区地质模型，进行了成像研究、波动方程正演和照明分析，完成了试验区高精度三维观测系统优化设计，泌阳古河道钻井、激发攻关获得成功。新采集剖面波组特征清楚，目的层信噪比 >4，剖面缺口 <0.3 秒，最浅层能取得 50 毫秒的地震信息，500—1 000 毫秒主频 45—55 赫兹，频宽 8—110 赫兹。

(4)建立了适合于江汉油区地表水网特点的高精度三维地震资料采集技术系列，通过优选岩芯激发、双井大药量激发及可控震源的多种激发参数试验等方法，提高了地震采集资料的信噪比和分辨率，主要目的层主频提高 10—15 赫兹。

(5)探索了水网地区高分辨率地震波接收技术，形成了适用于苏北水网地区的检波器接收技术和小道距高精度地震采集技术。在苏北盆地复杂小断块区域采用高精度采集观测系统设计技术，较好解决了高倾角火成岩附近地层的成像问题。采用地震激发动态试验和参数优化动态设计技术提高了苏北盆地复杂表层结构模型的精度。对永安高精度三维地震采集观测系统进行后评估，优化了采集方案，新增探明储量 409 万吨，预测储量 314 万吨，预探井成功率提高到 66%。

2. 新疆山前地震技术取得进展

针对新疆山前带复杂地表，总结并完善了表层结构调查技术及建模方法、观测系统设计方法及激发技术、接受及压噪技术。表层结构调查采用逐点逼近的方法进行点位布设，在近地表变化剧烈的部位进行加密。在静校正大的地区，设计的观测系统尽量多与其接收线重叠，保证静校正耦合效果。用双井微测井进行虚反射界面的标定，优选激发岩性。

采用不同密度和爆速的炸药激发，真正做到炸药类型和井下围岩密度相匹配，进而有效改善激发效果。

在准噶尔盆地南缘和北缘的山前区块进行了推广应用，获得的地震资料单炮频宽提高了5—10赫兹，剖面整体信噪比有所改善。

3. 具有自主知识产权的处理软件日趋成熟

截至2010年底，中国石化持续投入研发形成的具有自主知识产权、比较有代表性的STseis、iCluster、PSI(地震数据处理系统集成)等软件系统已经比较成熟。

STseis和iCluster软件系统是中国石化自主研发并推出的叠前成像软件，使中国石化在叠前成像这一研究领域在国际上占领了重要一席。胜利油田应用自主研发的“STseis地震成像软件系统”完成了埕北30地区130平方千米的三维资料共方位角波动方程叠前深度偏移处理；中国石化物探院自主研发的“iCluster地震偏移成像系统”已在中国石化内部8家单位(共1 144个节点，3 248个核)推广应用，成功建立起了iCluster系统的远程应用与管理环境，实现了在IBMHS21集群机上的安装、运行及系统硬件配置支持和并行计算程序优化的系统支持，开展了提高速度建模精度和提高偏移处理效率的方法技术研究，完成了南方地区670平方千米以上大面积三维地震资料的叠前时间偏移处理。PSI是中原油田研制的一个多系统集成的软件平台，具有跨系统处理、资源共享、优势互补等特点，已在胜利油田、江汉油田和石油勘探开发研究院推广应用。

此外，中国石化还相继研发了多波多分量资料处理、井中(井间和VSP)地震资料处理、高密度资料处理关键模块以及非地震物探资料处理软件。

4. 自主的NEWS油气综合解释软件得到推广应用

NEWS油气综合解释系统是由中国石化推出的拥有完全知识产权的国产地震解释软件系统。它基于Linux操作系统，采用网络化分布式并行计算的体系结构，适合于各类盆地地质特点的油气藏勘探资料综合解释。NEWS系统利用地震、地质、测井和测试等多学科综合资料，为弄清油气藏的构造、地层、岩性和含油气性特征及分布提供实用的地质综合研究工具，为油气藏的储量计算和建立精细的油气藏地质模型提供基础性的资料。NEWS系统不仅可以自成体系，同时具备实用性、易用性、开放性、可扩展性和本地化语言环境等特点。

NEWS系统具有共享的专业数据平台NEWSBase和集成化的图形平台NEWSGraphic；拥有6个专业子系统(构造解释SeisEasy、测井解释LogEasy、层序地层和地震沉积学分析StratEasy、地震属性分析LithoEasy、储层综合评价ReserveEasy、地震岩石物理PetroEasy)，以及输入/输出子系统LoadEasy、地质成图子系统PlotEasy和含有三维可视化、等值线工具、用户管理、地质符号库等组成的实用工具库NEWSTools，能够满足油气藏描述的基本需要。

截至2010年底，NEWS系统已在中国石化各油田分公司和高校系统推广了46套共124个客户端。

5. 中国石化地震数据处理软件平台(π－Frame)开始研发

2010年，中国石化启动了地震数据处理软件平台π－Frame的研发。软件的目标为：建立开放的、面向未来业务需求的地震数据处理软件平台，实现海量数据快速存取、异构并行计算框架、大规模并行作业及工作流引擎等功能，支持勘探开发多学科数据的一体化管理与应用，为地球物理应用软件提供先进的集成开发环境。

π－Frame处理软件平台初步规划框架主要包括预处理、速度建模、速度体更新、并行处理、特殊处理、常规处理(叠前处理)、速度分析、速度拾取、地震成像、地震数据解释、油藏地球物理、批处理、交互处理等内容。

6. 微地震裂缝检测技术获得突破性进展

微地震裂缝检测技术是指在低渗透地层压裂过程中，将多级三分量井下检波器布放在压裂井旁的邻井中，接收由于压裂导致地下岩石断裂所产生的微地震信号，经过资料处理得到裂缝的空间位置的方法，其对掌握储层压裂改造中裂缝发育情况、压裂效果、改进后续压裂方案具有重要意义。

该项技术经过中国石化持续研究，2010年取得了突破性进展，具备了采集、处理和裂缝反演的能力，研发了专业的处理反演软件，并在胜利油田的樊142井和樊154－平1井进行试验应用，初步取得了良好的应用效果。

(李林新)

【主要获奖情况】 2010年，中原石油勘探局的“三维观测系统设计分析评价技术”、胜利油田分公司的“济阳坳陷第三系储层预测模式优化集成”、胜利油田分公司的“油藏综合地球物理技术应用先导试验”3个项目获石化集团公司科技进步二等奖；江汉油田分公司的“马王庙地区NEWS油气综合解释系统应用研究”、江汉石油管理局的“剩余油检测的电磁阵列新方法试验”、胜利油田分公司的“NEWS在胜利探区岩性油气藏储层预测、油气识别中应用”、胜利石油管理局的“南方复杂山地地震采集方法试验研究”、胜利油田分公司的“采油工区地震噪音产生机理分析及压制技术研究”5 个项目获石化集团公司科技进步三等奖。

（李林新）

【物探工程新纪录】 胜利石油管理局地球物理勘探开发公司 SGC206 队在沙特项目创可控震源最高队年炮数 800 567 炮、陆地最高队月炮数 78 449 炮、可控震源最高队日炮数 2 970 炮、陆地单次三维施工面积最大 13 362.65 平方千米等纪录。河南石油勘探局地球物理勘探公司 2235 地震队在中科院“松辽—虎林盆地深地震反射剖面探测技术实验”项目中创陆上地震反射时间剖面最深 60 秒的纪录。

（李林新）

钻 井 工 程

【队伍情况】 钻井系统主要分布在石化集团公司胜利石油管理局、中原石油勘探局、河南石油勘探局、江汉石油管理局、江苏石油勘探局、华北石油局、华东石油局、西南石油局和上海海洋石油局 9 个油田企业中，共有陆地钻井公司 24 个，海洋钻井公司 2 个，钻井研究、设计、专业技术服务及施工单位 20 多个。钻井系统用工总量 6.60 万人，其中在职职工 4.08 万人。

（郭元恒）

【主要技术经济指标】 2010 年，石化集团公司钻井队伍开钻 4 346 口(不含侧钻井)，完井 4 298 口、同比增长 4.07%。其中，探井开钻 655 口，完井 660 口；开发井开钻 3 691 口，完井 3 638 口。钻井进尺 1 124.9 万米、同比增长 8.81%，其中探井进尺 199.5 万米，开发井进尺 925.4 万米。年平均动用钻井队 486.79 支，钻机月速 2 310.9 米/台，机械钻速 9.65 米/时，平均井深 2 494.1 米/口，平均建井周期 55.1 天。井身质量合格率 100%。油层套管固井 4 158 口，固井质量合格率 100%。钻井取芯进尺 1.25 万米，岩芯长度 1.2 万米，取芯收获率 95.7%。

（郭元恒）

【重点工艺井应用】 2010 年，石化集团公司共施工深井完成井 311 口，平均井深 5 864 米，其中井深大于 6 000 米的超深井 157 口。施工水平井钻井全年动用钻井队 84.44 支，开钻 706 口，完井 724 口，钻井进尺 160.97 万米，平均井深 2 375.25 米。在 68 口井上施工欠平衡钻井，进尺 8.21 万米，其中空气钻井 33 井次，进尺 5.19 万米，平均机械钻速 9.2 米/时，雾化泡沫钻井 20 井次，进尺 1.41 万米，平均机械钻速 5.61 米/时。

（郭元恒）

【主要创新成果】 形成了较为成熟的长水平段、鱼骨状和深井水平井钻井技术，超高密度水泥浆技术，气体、泡沫/雾化钻井及控压降密度钻井技术，为东部老油田、鄂尔多斯低孔低渗气田和南方、川西深部气藏的高效开发提供了技术支撑，特殊工艺钻井技术的创新能力不断提升。高平 1 井完钻斜深 4 535 米，垂深 948.88 米，井底水平位移 3 814.32 米，水平段长 3 462.07 米，位垂比达 4.02，刷新了石化集团公司水平位移最大、水平段最长、位垂比最大等多项纪录，并创全国陆上油田位垂比最大新纪录。完成了埕北 326A－支平 1 井、孤东 9－支平 1 井鱼骨状分支井施工，在坨 142－支平 1 井进行了五级分支井现场试验。扭力冲击发生器、高速涡轮＋孕镶金刚石钻头技术、液动射流式冲击器、水力加压器辅助钻井技术、35 兆帕高压喷射钻井、捷联式自动垂直钻井工具取得了明显的防斜效果，高温、超高密度钻井液等多项新技术、新工具应用取得重大突破。

（郭元恒）

井 下 作 业

【队伍情况】 被纳入石化集团公司石油工程队伍管理的井下作业队伍有胜利石油管理局井下作业公司、中原石油勘探局井下特种作业公司、江汉石油管理局井下测试公司、华北石油局井下作业公司和西南石油局井下作业公司 5 家专业公司。共有一线作业队伍 248 支，其中试油队 66 支、试气队 27 支、测试队 26 支、大修队 45 支、侧钻队 25 支、作业队 20 支、酸压队 19 支、连续油管队 6 支、带压作业队 2 支。其他油田企业的井下作业队伍隶属石化股份公司。

（余刘应）

【工作量】 2010 年，被纳入石化集团公司石油工程队伍管理的井下作业公司共完成井下特种作业 6 209 井次、试油(气) 1 761 层次、地层测试 791 层次、大修 767 井次、侧钻 210 口、小修作业 1 680 井次、压裂 2 694 井次、酸化 247 井次。与上年相比，试油(气)减少 6.7%，地层测试增加 12.1%，大修减少 36.6%，压裂增加 45.7%，酸化减少 24.4%。其中，石化集团公司内部工作量分别为试油(气)981层次、地层测试416层次、大修547井次、侧钻208口、小修作业946井次、压裂1 791井次、酸化191井次。国内外部市场工作量分别为试油(气)710层次、小修作业340井次、压裂884井次。压裂的主要市场是中国石油，为659井次，其他单位225井次。国外市场试油(气)70层次、大修井218井次、小修作业296井次。

(余刘应)

【工程新纪录】 截至2010年底，井下特种作业及测试工程保持历史纪录22项，2010年新创纪录10项，其中测试新纪录3项、开窗侧钻新纪录3项、压裂新纪录4项。

江汉石油管理局井下测试公司在四川邛崃市丰卤1井裸眼中途测试中，创国内超饱和卤水井裸眼中途测试最大测试压差39兆帕纪录；在西北顺7井裸眼测试中，创造了6 912米的最深裸眼测试井段纪录。西南石油局井下作业公司在川西新沙21－6H井测试中，创造了最长测试水平井段1 002.06米的纪录。

西南石油局湖南钻井公司在川西大邑2－侧1井创造了最长开窗侧钻裸眼段2 209.50米的纪录；中原石油勘探局在沙特SDGM－65井创造了最长开窗侧钻水平位移1 820.19米和开窗侧钻水平段最长1 299.71米的两项新纪录。

中原石油勘探局井下特种作业公司在西北TH12312井压裂中创造了6 008.5立方米的单井压裂压入井液最大和单次压裂压入井液最大的两项新纪录；在西北克深5井压裂中创造了施工泵压最高达115兆帕的纪录。华北石油局井下作业公司在鄂北DP25H井压裂中创造了单井压裂最大加沙量220立方米的新纪录。

(余刘应)

石油地球物理测井

【队伍情况】 截至2010年底，石化集团公司共有测井队伍334支，其中裸眼井测井队195支，生产测井队46支，射孔队93支。分布在石化集团公司内部296支，国内外部30支，国外市场8支。共有员工6 401人。

(李宝同)

【主要装备】 地面系统中引进成像地面系统48套，24.6%的裸眼井测井队使用该系统，SL－6000型地面系统31套，数控测井设备仍是主流装备，以SL－3000、SKD－3000、HH－2530为主。井下仪器中引进成像下井仪62只，完整成像测井系统约12套。

(李宝同)

【工作量】 2010年，石化集团公司累计完成各类测井2.11万井次，射孔1.33万井次。其中，国内石化集团公司内部市场完成各类测井1.75万井次，国内外部市场完成各类测井3 345井次，国外市场完成各类测井331井次。在石化集团公司内部市场，测井曲线合格率100%。

(李宝同)

【主要技术进步】 勘探开发服务方面，瞄准海相碳酸盐岩复杂储层、复杂流体评价，继续推广应用成像测井技术，复杂储层评价能力明显提高；分别在元坝地区天然气勘探、川西海相地层勘探(川科1井)、玉北1井新区的奥陶系勘探及塔河地区的勘探开发中见到了明显的效果，为这些地区的勘探开发从测井的角度作出了突出的贡献。

非常规油气测井及其资料评价解释方面，华东石油局测井公司在煤层气测井资料评价方面取得了良好开端，评价的延川南延1井日产气2 600立方米，贵州织金1井日产气2 500多立方米，为大规模煤层气勘探开发积累了经验。

测井工艺技术方面，胜利石油管理局测井公司引进水平井测井引向器(俗称爬行器)，经过消化吸收，自主研发成功，大大提高了水平井测井能力；西南石油局测井公司推广存储式测井技术，提高了测井效率和复杂井况下的测井施工能力；中原石油勘探局测井公司推广无源生产测井技术；江汉石油管理局引进PNN剩余油测量技术，并自主研发改进的中子寿命测井技术，提高了老区剩余油测量能力，低阻油气层研究与识别评价技术趋于完善，老井资料复查取得明显效果；华北石油局测井公司创新研发的雷达测井技术取得进展，已提前进入室内实验阶段，为在塔河地区探测远距离的大缝大洞提供了手段。

(李宝同)

石油地质录井

【队伍和设备情况】 截至2010年底，石化集团公司录井系统共有7家地质录井公司、2家测录井公司、3家附属于钻井的单位。队伍644支，其中石化集团公司内部531支、国内外部73支、国外市场40支。

各类录井仪器 851 台(套)，其中综合录井仪 476 套(自主研发制造 123 套)。

(李一超)

【工作量】 2010 年完成录井 4 144 口，录井进尺 1 117.67万米，同比增加 116.21 万米。其中，石化集团公司内部市场完成录井 3 785 口，录井进尺 969.71 万米；国内外部市场完成录井 483 口，录井进尺 129.17 万米；国外市场完成录井 146 口，录井进尺 18.79 万米。石化集团公司内部录井质量合格率100%。

(李一超)

【主要技术进步】 拓展了多种录井新技术，录井定量评价技术系列初步形成。新技术为解决特殊钻井工艺条件及复杂地质条件下的岩性识别、油气水识别与评价等难题提供了有效的解决手段。在岩性识别方面发展了 X 射线元素录井、岩屑图像录井、岩屑伽马录井；在油气水识别与评价方面形成和发展了核磁共振录井、三维定量荧光录井、离子色谱录井、显微荧光录井等。

钻井新工艺下的地质录井技术有了较大发展。基本形成了 PDC 钻头钻井、欠平衡钻井等特殊钻井工艺下的岩性识别、地层流体检测、油气显示评价等系列录井方法和技术。完善了定向井、水平井、多分支井地质资料的录取方法。

复杂油气层处理解释技术进一步发展。基本形成了针对弱油气显示及砂砾岩体、碳酸盐岩等复杂储层的油气层处理、解释方法，形成了从有效储层识别、油气识别、含水识别到原油性质评价、产层类型评价、油气产能评价的技术系列，油气层综合解释符合率得到大幅度提升，如东营北带深层砂砾岩体的油气层解释符合率从73.5%升到91.9%。

(李一超)

【工程录井形成特色系列】 形成了定向井、水平井的录井地质导向技术。录井作为地质导向服务的主体，在 A 靶前的地层对比与预测、A 靶后的地质解释与导向方面发挥了重要的作用，并在定向井、水平井地质导向作业中发挥独特作用，形成了“定录一体化”(MWD + 综合录井仪)录井地质导向技术。华北石油局录井公司已组成 6 支“定录一体化”队伍，共完成25 口定向井的施工服务。胜利、中原、河南和西南等多家企业的录井公司根据多年定向井服务经验，总结了一套完整的录井地质导向技术，通过钻前准备、入窗准备、轨迹调整、完钻总结，可以根据地下油气情况，调整钻井轨迹，实现优化钻井。截至年底已完成1 000 余口井的服务。

初步形成了完善的工程服务技术体系，包括硫化氢等有毒有害气体录井检测与防范技术、空气钻井燃爆监控技术、钻井工程安全预警专家系统、异常压力随钻预测与监测技术等，为保障钻井安全、优化井身结构提供了有力的技术支撑。

(李一超)

【录井信息化建设】 完成了“井场数据中心”设计与搭建。围绕国内外工程作业流程，建立了井场源头数据采集标准，搭建了传输链路，实现了井场工程参数的信息融合，围绕现场施工，建立了井场数据中心。建立了集“现场参数采集、远程数据传输、基地资料处理、网络信息服务”于一体的录井信息服务体系。录井信息服务体系覆盖中国石化国内外探区，形成了1 000 口井以上的年信息传输服务能力。

(李一超)

【录井仪和软件自主研制】 完成进口仪器国产化。在消化吸收国外技术的基础上，掌握了录井仪研制的核心技术，实现了对 ALS、ADVANTANGE、DLS 综合录井仪国产化，硬件系统达到了100%国产化。通过中国石化内部资源整合，逐步形成 SINO - EXPLORER 综合录井仪系列。研制成功具有自主知识产权的录井仪。完成了综合录井仪和小型录井仪系列研制，仪器通过 DNV 认证，达到危险场所 1 级区域作业要求。自主品牌的 EXPLORER、NLS 综合录井仪成为石化集团公司录井服务的主流设备。小型综合录井仪在中东部油田开发井录井中发挥了良好的作用。具备了年产 60 台综合录井仪的生产能力。

(李一超)

设备管理

【概述】 截至2010 年底，石化集团公司石油工程专业共有在册设备 1.85 万台(套)，设备原值 298.61 亿元，净值 176.01 亿元。设备管理人员 5 007 人，设备维修人员 7 736 人。其中钻井设备 682 台(套)，钻采特车 1 425 台，地震物探设备 2 678 台(套)，测井设备 1 251 台(套)，录井设备 761 台(套)，工程机械 1 191 台，船舶 244 艘。

石化集团公司有江汉石油管理局、胜利石油管理局、中原石油勘探局和石油工程技术研究院 4 家油田企业所属的22 个二级单位开展石油机械装备和仪器工具研发制造业务。西南石油局和华北石油局等企业有关二级单位也开展了部分井下工具的研发制造。截至年底，石油机械研发制造业务从业人员有1.07万人，资产总额79.34亿元。全年实现制造销售收入54.8亿元。

（张巍巍）

【主要自主研制产品】 自主研制产品主要涉及钻井、测井、录井、固压、采油、集输、管杆和海洋8个领域120多个品种，其中60余种产品取得API会标使用权。成套固压设备、钻井测控设备、成套测井装备、成套录井装备、特色钻机设备、长输焊接钢管、钻完井作业关键工具和石油钻头等部分产品已达到世界先进水平。

（张巍巍）

【设备情况】 2010年，石油工程主要专业设备综合完好率98.06%，综合利用率83.59%，运转时率66.19%，故障停机率0.07%，特大设备责任事故发生率为零。各专业设备技术指标见表1。

（张巍巍）

表1 石化集团公司2010年石油工程主要专业设备技术指标

设备分类＼技术指标	设备数量/台(套)	综合完好率/%	综合利用率/%	运转时率/%	故障停机率/%	新度系数
钻井设备	682	96.53	87.22	74.19	0.08	0.62
钻采特车	1 425	99.20	86.11	61.59	0.01	0.64
地震物探设备	2 678	99.01	85.41	75.38	0.00	0.59
测井设备	1 251	99.17	87.29	69.03	0.00	0.59
录井设备	761	96.38	88.70	82.44	0.00	0.54
工程机械	1 191	98.06	72.67	58.55	0.00	0.56

【油田企业年度设备大检查】 组织油田企业开展年度设备大检查，并对各企业大检查发现的问题进行了跟踪分析和督促整改。通过检查达到了以检查督促进、以检查促设备顺畅运行的目的，设备管理基础工作进一步夯实，有效推动了基层设备管理水平的提升。该次检查共检查了石化集团公司油田企业所属的79个二级单位，抽查基层单位129个，抽查现场设备827台(套)，查出各类问题和隐患715个，对查出的问题分类分层次制定了整改措施。

（张巍巍）

【重大装备技术选型论证】 组织进行了2010年度上半年下达投资计划的重大石油工程采购装备技术选型、方案论证和技术谈判工作，确定了包括物探、钻井、测井、录井、固井、井下作业和随钻测量七大主体装备的采购技术方案，签订了212份技术协议。

（张巍巍）

【文本化管理】 组织编写了《集团公司油田设备管理实施办法》和《油田设备管理技术经济指标和基础数据统计规定》，提出并组织讨论审查了《网电钻机现场操作维护规范》、《钻井设备钢木基础规范》和《封隔器和筛管等辅助工具技术要求》3个石化集团公司级机械装备技术标准，同时按照总部统一部署对现有总部层面油田设备管理制度进行了梳理，提出并组织实施了油田各主体专业设备管理制度的标准化改造制修订准备工作，积极推进了设备管理基础工作。

（张巍巍）

石油工程队伍资质管理

【资质认证】 石油工程队伍资质认证分基层队认证和单位认证。已被纳入基层队认证的有钻井队、地震队、测井队（含射孔队）、录井队（含综合录井、地质录井）、井下作业队（含作业队、大修队、试油气队、侧钻队)、测试队。已被纳入单位认证的有钻井设计、井下设计、钻井液技术服务、定向井技术服务、欠平衡钻井技术服务、钻井取芯技术服务、井控技术服务、固井施工、酸化压裂施工、钻前施工等单位。

(于文平)

【市场准入管理】 按照"总部层面专业化、企业层面一体化"管理的要求，建立了新的石油工程队伍资质管理规定和石油工程市场准入办法，形成了石油工程队伍建设和市场管理的规范性文件，并以此规范市场准入，第一批准入了中国石化533支跨油区队伍和36支系统外队伍。

被纳入石油工程市场准入的区域有胜利油田分公司、中原油田分公司、河南油田分公司、江汉油田分公司、江苏油田分公司、西北油田分公司、华北分公司、华东分公司、西南油气分公司、东北油气分公司、勘探南方分公司。

(于文平)

油田地面建设和设计

【概述】 2010年，油田地面工程企业有从业人员2.73万人，其中施工单位2.47万人，设计单位2 617人。地面工程企业(单位)主要有23家，其中油建施工企业18家、设计院5家。

(张 滨)

【重点工程】 2010年，川气东送长输管道建成，油田地面工程企业承建的巴西GASENE管道竣工，承建的苏丹六区稀油管线建设等重大工程项目投产，在承揽国际EPC总承包方面积累了成功经验，保障了油田勘探开发建设，拓展了国内外工程市场。

(张 滨)

【主要工程技术】 针对高含硫、高含二氧化碳等气田开发，总结出适合高含硫、高含二氧化碳气田开发地面工程天然气脱硫及脱碳设计技术；形成了具有特色的高压大口径长输天然气管道工程设计及施工技术；形成了山区等复杂特殊地段管道和大型河流穿越、跨越工程技术；形成了全陆式、半海半陆生产模式等一系列浅海油田开发海洋工程技术。油田产能建设、长输管道、天然气处理、海洋开采等工程技术在油田地面工程中得到了全面提升。

(张 滨)

海洋石油工程

【工程装备】 2010年，胜利十号钻井平台、胜利作业五号平台、胜利705气枪震源船以及勘探六号钻井平台竣工，海洋一号钻井平台进入系统调试阶段，1.6万马力多用途工作船、胜利902铺管船、多缆物探船等大型海工装备建造工作进展顺利，海洋石油工程服务能力不断提升。

截至年底，拥有地震船6艘、地质工程船2艘；钻井平台13座(未含在建的海洋一号钻井平台)，其中半潜式平台2座、自升式平台8座、座底式平台3座，钻井平台最大作业水深610米，国内作业平台的最大作业水深200米。修井作业平台4座，其中自升式平台2座、座底式平台1座、吊装式修井模块1座，最大作业水深25米。工程服务船舶37艘(未含在建的5艘)，其中8 000马力以上7艘。

(李孟杰)

【装备建造与安装】 胜利石油管理局拥有胜利901铺管船、胜建151浮吊等海上施工专用船舶10艘以及分别位于胜利桩西内港池和龙口胜利港的2处海工建造基地。桩西内港池北岸海工建造基地占地约18万平方米，主要设施有5 000吨级滑道船台1座、4 000吨级滑道1座、2 000吨级滑道1座、900吨级滑道1座；内港池南岸建有海底管道施工作业线，主要包括小段预制场房、大段预制场地及发送设施等。桩西内港池航道水深仅4米，以建造滩浅海导管架、平台以及配套海底管线为主。龙口胜利港基地占地9.8万平方米，码头前沿水深7.5米，主要设施为1套8 000吨级平台建造滑道。

2010年7月成功建造了胜利作业五号自升式作业平台，掌握了重量在5 000吨以内、桩腿长度60米以内的齿轮齿条自升式平台的建造技术。9月，埕岛中心三号平台开工建造，项目由胜利勘查设计研究院有限公司实施EPC总承包，胜利石油化工建设有限公司负责施工建造。12月，胜利902铺管船顺利下水，该船能够进行最大水深100米、最大管径为1 524毫米海底管线的铺设以及海上吊装等海洋工程作业，海底管线的敷设能力将由40米水深提升到100米水深。

(李孟杰)

【海上油气开采设施及生产】 截至2010年底，石化集团公司海上油田(自营区块)共有各类海上采油平台96座，其中移动式平台3座、中心平台2座、井组平台59座、单井平台32座；海底输油管线83条，总长173.6千米；海底输气管线1条，总长11.60千米；海底注水管线49条，总长64.5千米；海底电缆100条，总长232.9千米。2010年，海洋工程建设进展顺利，CB11N采修一体化平台的C井组平台、CB1H采修一体化B井组平台、CB25G采修一体化A井组平台、CB326井组平台完工投产，CB326—CB30B海底电缆送电投运，CB326—CB30B海底输油管线完工投产。海上油气水井共511口，开井415口，其中油井379口，开井293口，年生产原油246.27万吨、天然气1.11亿立方米；气井8口，开井7口，年产气量0.16亿立方米；注水井124口，开井115口，年注水量500.6万立方米。

（李孟杰）

矿区管理服务

【概述】 截至2010年底，石化集团公司未上市油田企业共有专职社区管理服务单位41个，用工6.57万人，其中在岗正式职工3.88万人，年末资产总额124.66亿元，固定资产净值80.72亿元。共有住宅小区528个，职工住宅39.7万套、建筑面积2 999万平方米，物业服务面积3 752万平方米，供暖总面积3 901万平方米。服务总人口119.78万人。2010年，油田企业矿区服务系统以创建文明和谐示范小区为抓手，强化管理与服务，着力提升保障生产、服务生活、维护稳定的能力，改善职工群众工作生活条件，努力为企业营造了和谐稳定的发展环境。

（范　勇）

【服务油田生产】 配合主业夺油上产任务，主动与生产单位结合，解决生产需要；紧跟石油工程队伍，市场开发到哪里，保障服务跟进到哪里。强化办公区域物业服务，坚持日常考核与监督，保持服务高标准，着力打造舒适整洁的工作环境。倾力办好职工食堂，严把食品安全关口，注重营养科学配餐，为职工提供放心、健康、可口的工作餐。组织最强的医疗队伍和最先进的诊疗设备，全力做好职工健康体检、职业病防治和一线队伍基本医疗工作，保障了职工健康权益。深入前线职工家庭，了解职工家庭生活需要，建立固定帮扶关系，悉心照顾留守老人和儿童，帮助处理日常家务琐事，切实解决了前线职工的后顾之忧。

（范　勇）

【服务职工生活】 各企业积极推进在自有土地上开展集资建房，安置无房户、搬迁边远矿区、解决不达标住房；落实住房维修资金管理制度，加强职工住房共用部位维修和危房改造，改善了职工群众的居住条件。有计划地对小区道路、地下管网、公共活动场所、公共照明等基础设施进行改造完善，对矿区安全环保隐患、矿容矿貌进行集中治理，加强绿地养护、植树造林增绿，矿区环境面貌发生了很大变化，改善了职工群众的居住环境。加强矿区食品卫生检疫，保障了职工群众饮食安全。坚持流行病监测与防治，完善机制与措施，提升了突发卫生事件应急处理能力；强化社区医疗卫生服务，基本满足了职工群众基本卫生服务需要。贯彻落实“两个待遇”，确保“五老”落到实处。制定幼儿园安保措施与应急预案，添置、改造园内安保设施，维护幼儿教学环境安全；引进教学资源，加强内部培训，提高教师队伍素质，强化教学管理，提升幼教质量，幼儿教育工作让职工群众放心、满意。健全工作承诺、限时办结、首问责任和责任追究等服务制度，推行“一站式”综合服务，拓宽“440”承诺服务范围，加强水电气暖供应和矿区应急保障，最大限度方便居民生活，有效保证了矿区居民生活需要。

（范　勇）

【维护矿区稳定】 完善小区安防设施，加强小区安防措施，构建群防联控机制，构筑全天候安防格局，健全安全防范体系、完善突发事件应急预案，努力实现小区零集体上访、零重大安全事故和零恶性治安案件的“三零”治安目标，为职工群众提供安全的居住环境。加强小区无业人员培训与职业推介，帮助其实现就业。积极争取地方政策，推进离岗劳动家属归入社会统筹。开展扶贫济困，结对帮扶困难职工家庭；充分利用国家政策，为困难职工家庭申办最低生活保障金，帮助其缓解生活困难。通过及时掌握社情民意，专题研究住房、供暖、医疗卫生和社区服务等涉及群众切身利益的问题，研究政策，制定预案，加强政策解释、服务与管理等多种措施的实施，及时化解群众信访问题和矛盾，维护了小区安全与稳定。

（范　勇）

【繁荣社区文化】 各企业建立和完善社区文化活动阵地，积极搭建活动载体和平台，引导职工主动参与喜闻乐见、健康向上的社区文化活动，努力营造良好和谐的生活氛围，形成了特色鲜明的社区文化体系。改造和新建了一批能够满足矿区职工群众基本需要的文化、体育活动场所。结合矿区实际，开展了文明家庭、感动矿区先进人物等评先选优活动，营造了积极向上的社区环境，增强了矿区居民的凝聚力和对企业的认同感和归属感，增进了企业和谐。

（范　勇）

【开展文明和谐示范小区创建活动】 根据石化集团公司党组号召，油田企业组织开展了以创建“文明和谐示范小区”为主要内容的“比学赶帮超”活动。活动以“抓管理、重服务、促和谐”为主线，以推进管理创新、优化服务流程、加强运行协调、营造和谐氛围为主要内容，以加强管理、提升服务保障水平为目的，努力为打造上游“长板”营造和谐稳定的发展环境。总部成立了以石化集团公司党组领导为组长，由办公厅、思想政治工作部、企业改革管理部、发展计划部、集团财务部、油田勘探开发事业部、石油工程管理部、石化报社等部门和单位组成的领导小组，领导小组办公室设在石油工程管理部。3 月 29 日，召开油田企业文明和谐示范小区创建活动动员部署会，下发《关于开展油田企业文明和谐示范小区创建活动的通知》，公布《油田企业文明和谐示范小区评选办法》，提出了 8 类 39 项的评价标准。经过层层动员与广泛宣传，创建活动在 528 个职工住宅小区迅速展开。9 月 8 日，在胜利油田组织召开了创建活动现场会，总结阶段性工作，交流活动经验，深入推进创建活动。11 月下旬组织有关专家对各申报小区进行现场评审。经过自查自改、整改提高、现场观摩、交流学习、互评互检、初步遴选、考评验收、综合评审等工作措施，创建活动达到预期效果，涌现出了 62 个石化集团公司油田企业文明和谐示范小区，96 名创建活动先进个人。

（范　勇）

炼油生产

◇ 综述

◇ 工艺技术进展

◇ 装置达标

◇ 自销产品销售

◇ 设备管理

◇ 计量管理

◇ 质量管理

◇ 原油资源及储运

综　　述

2010 年以来，面对复杂的市场环境，炼油板块按照党组部署，以开展“创先争优”和“比学赶帮超”活动为契机，紧紧围绕年度工作目标，坚决贯彻执行“努力做大总量”和“两保三不降两提高”的生产经营方针，立足于扩大资源、拓展市场、降本增效，精心组织生产经营，实现了安全平稳生产，保障了国内市场稳定供应，炼油生产经营取得了长足进步。

“长板”地位更加巩固。炼油板块充分发挥上中下一体化优势，始终服从服务大局，精心组织生产，调整产品结构，积极开拓市场，实现了炼油加工总量的稳步增长，2010 年原油加工量首次突破 2 亿吨，同比增长 13.14%，高于国内成品油消费增幅，自产资源市场份额稳定在 55% 左右，巩固了炼油加工比例的优势地位。

安全生产平稳运行。面对运行高负荷、设备腐蚀加剧、加工方案频繁调整等困难，各企业认真开展“我要安全”主题活动，层层落实安全生产责任制，炼油非计划停工和安全事故明显减少，装置长周期运行水平不断提高，为圆满完成任务提供了坚实保障。

优化挖潜卓有成效。通过积极抢抓机遇，灵活应对挑战，炼油板块在降低采购成本、优化产销结构、提高资源利用效率、推进节能减排等方面做了大量工作，取得了很好的效果，全年降本增效 60 多亿元，在一批产品质量升级项目投产的情况下，加工成本得到了有效控制。

产品销售增效显著。2010 年，炼油产品销售实现了量价齐升，主要产品价格均高于原油价格涨幅，市场占有率不断扩大，高附加值产品比例明显提高，特别是液化气价格同比涨幅 38%，超原油涨幅 10 个百分点；沥青、石油焦整合优势显现，经营量取得重大突破，市场话语权明显提高。

运营指标进步很大。炼油业务竞争力快速提升，加工能力已位居世界第二，销售收入超亿元，轻油收率、综合商品率和综合能耗创历史最好成绩，加工损失、储运损失接近世界领先水平，炼油整体赢利能力再上台阶，部分企业已接近世界先进水平，炼油“长板”优势更趋明显，为实现“十二五”目标打下了基础，创造了条件。

（孟宪强）

工艺技术进展

【常减压蒸馏】 2010 年，中国石化 33 家炼油企业（不包括福建炼化和北海分公司）有 57 套常减压蒸馏装置运行。截至年底，一次加工能力为 2.35 亿吨/年，共加工原油 2.02 亿吨，同比增加 0.18 亿吨。常减压装置日平均运行负荷率为 92.3%；原料平均硫含量 1.34%，原料平均酸值 0.66 毫克(氢氧化钾)/克，能耗平均值为 9.2 千克(标油)/吨。常减压蒸馏工艺的技术进展主要集中在减压深拔、降低加工损失、节能降耗、减少设备腐蚀等方面。

减压深拔技术应用进一步推进。2010 年，减压深拔技术在中国石化得到推广普及，生产技术人员对减压深拔的认识有了进一步的提高。减压渣油中 500℃以上的含量持续降低，平均已降低到 4.2%；青岛炼化等采用减压深拔技术后，减压渣油的 500℃含量已降低到 2.5%。减压深拔技术的推广使全厂总物料流程呈优化趋势，为企业降本增效创造了条件。

强化工艺技术管理。针对常减压装置原料不断劣质化，2010 年强化了常减压装置的工艺管理，对原料品质进行了严格的控制，针对生产中出现的电脱盐效果变差等问题，组织技术攻关，较好解决了青岛石化、塔河分公司等企业电脱盐方面的问题。同时在生产中强化了工艺考核，为常减压装置的长周期运行打下了较为坚实的工艺基础。

新技术应用。2010 年继续开展常减压蒸馏装置的新技术应用工作，其中标杆加热炉技术得到了大力推广，加热炉效率可以达到 93%，节能效果明显，年内已在沧州炼化、茂名石化、齐鲁石化等企业推广应用。机械抽真空技术可以明显减少蒸汽使用量，节能降耗效果较突出，年内在济南炼化、胜利石化、金陵石化等企业得到进一步推广应用。

强化设备管理。2010 年，针对部分企业常减压装置出现较严重的腐蚀情况，石化集团公司进一步开展了腐蚀与防护专项工作。在设备方面，强化了检修管理，提高了检维修的质量；对部分腐蚀严重的设备进行了设备材质升级，此外还实施了全装置的在线腐蚀监控研究，较好地抑制了常减压设备腐蚀的情况。

强化“三剂”管理。2010 年，各炼油企业进一步加强对常减压装置所用化学药品的管理。通过“比学赶帮超”活动，加大各生产装置的“三剂”管理力度，优化“三剂”使用。通过对原油密度、酸值、硫含量、钙含量、盐含量等基础数据监测与收集，根据原油品种和性质选择合适的破乳剂、脱盐剂、高低温缓蚀剂、炉管清灰剂和渣油阻垢剂等化学药剂，取得了“三剂”消耗量降低、生产成本下降的良好效果。

（宫　超）

【催化裂化】 2010年在催化裂化装置节能降耗、优化运行等方面取得很大成效。年内中国石化运行的52套催化裂化装置总加工能力达到5 905万吨/年，同比增加275万吨/年。其中，处理能力在200万吨/年以上的有燕山3#、长岭2#、镇海2#、广州1#、青岛炼化、海南炼化6套装置，合计加工能力1 550万吨/年。

全年催化裂化装置共生产汽油2 290万吨、轻柴油1 291万吨、重柴油8万吨，液化气985万吨，丙烯373万吨。为保供市场、增加效益作出了较为突出的贡献。与此同时，一批新技术、实用技术在催化裂化装置中得到广泛应用。

装置能耗持续降低。2010年，催化裂化装置节能降耗进展顺利，在装置热联合、烟机节能、机泵变频等方面加大投入，取得了明显的效果。通过开展催化裂化装置与上下游装置间的热量联合、回收催化裂化装置低温热、开展节电节汽等工作，催化裂化装置能耗明显降低，平均能耗同比下降2.66千克(标油)/吨。

强化关键设备管理。2010年，针对催化裂化装置改造较多、设备隐蔽部位施工质量下降等问题，石化集团公司在全系统开展了有针对性的技术攻关，并强化了设计、施工管理，对设备内部隐蔽部位的施工、新改造装置的设计开展了专项治理工作。通过强化管理、总结各企业的经验教训，有效推动了催化裂化装置关键设备的管理工作，促进了“安稳长满优”运行。

强化工艺技术管理。2010年，针对催化裂化装置非计划停工增加的问题，石化集团公司开展了专项治理工作，组织9家企业召开了催化裂化装置座谈会。对少数事故多发装置，在深入调查的基础上，对其存在的管理、技术方面问题进行了通报。通过强化管理、总结各企业的经验教训，有效地强化了工艺运行管理，推动了装置长周期运行，有效地减少了非计划停工。

新技术应用。2010年，中国石化在实际生产中应用了一批较为成熟的催化裂化新技术，取得了较好的效果。其中，洛阳工程公司自主研发的新型预混合再生催化剂技术已获得发明专利，并在九江石化等企业工业应用。该技术具有催化剂混合均匀、催化裂化反应产品分布较好、干气与焦炭产率较低、投资少等特点。

催化烟气环保技术进展。2010年，中国石化催化裂化装置烟气脱硫技术研究开发取得较大进展。其中，抚顺石油化工研究院、中国石化宁波技术研究院与镇海炼化合作的重油催化裂化烟气脱硫及脱硝工艺已进入工业应用阶段。该技术较好地解决了催化裂化烟气中细粉难以去除、设备易腐蚀、运行周期短等问题，在关键设备结构、装置安全控制等方面具有一定的技术优势，形成了具有自主知识产权的烟气处理成套技术。

(宫 超)

【延迟焦化】 2010年，中国石化共有39套延迟焦化装置运行，年加工能力4 845万吨，年处理量4 352万吨。2010年是炼油板块的焦化年，重点抓焦化装置的安全运行、技术管理、流程优化、技术改造，装置总规模及加工量达到了历史最高水平。积极应对加工原料重质化、劣质化的变化趋势，焦化装置在配套完善、降低能耗、提高轻质油品收率等方面取得了一定的成果。

应用定向辐射、深度裂解技术取得较好效果。2010年，采用定向辐射、深度裂解等技术提升焦化装置的整体运行水平，8套装置实施改造，其中扬子石化、茂名石化和武汉石化3套焦化装置实施焦化炉深度裂解技术改造后效果明显。标定结果表明，液体收率平均提高2.03个百分点，能耗平均下降1.98个单位，加工能力也有不同程度的提高。

焦炭塔顺序控制系统应用进一步保障了装置的安全生产。沧州焦化装置应用顺序控制，系统安全可靠，做到了人机相互监督，发现问题可及时有效处理，处理完成后再投用，安全方便，缩短了操作阀门时间，降低了劳动强度，对焦化装置的生产运行与生产能力的提高起到了促进作用。

进一步细化装置节能措施。延迟焦化装置在低温热回收利用、机泵节电、工艺优化等措施的基础上，细化焦化加热炉节能改造，装置节能水平进一步提高。通过提高炼油厂干气脱硫深度、降低焦化加热炉燃料气硫含量，并采用新型烟气预热器，避免露点腐蚀，降低了加热炉排烟温度，提高了加热炉热效率。

分析影响焦化长周期运行原因，提高装置运行水平。分析企业焦化装置运行情况，影响延迟焦化装置长周期运行的主要因素还是结焦和设备故障。加热炉炉管结焦、分馏塔底结焦和油气挥发线结焦以及分馏塔内结盐仍然是限制装置平稳运行的主要因素；固定部位的设备腐蚀、磨损和电气、自控系统的故障等引发装置非计划停车。焦化装置的技术管理从设计、设备采购、现场施工等环节上加大管理力度，确定合理的、经济的烧焦周期，为装置平稳运行打好基础。

装置新建与改造情况。2010年，中国石化新增延迟焦化能力 600 万吨/年。塔河新建 140 万吨/年第二套焦化装置，通过对加热炉等改造，老焦化装置加工能力由 90 万吨/年扩到 120 万吨/年；沧州炼化焦化能力由 50 万吨/年扩至 120 万吨/年；金陵石化第一套焦化装置能力由 125 万吨/年扩到 155 万吨/年；青岛石化新增 160 万吨/年焦化装置；武汉石化第二套焦化装置能力从 120 万吨/年扩到 150 万吨/年；广州石化新建 140 万吨/年第三套焦化装置。

（许金林）

【催化重整】 2010 年，中国石化有 29 套催化重整装置运行，其中固定床重整 10 套，加工量 246 万吨，平均运行负荷 87.8%；连续重整 19 套，加工量 1 864 万吨，平均运行负荷 94.2%。

连续重整技术发展。通过对重整装置的工艺、设备、能耗和环境保护等技术的综合研究，以及催化剂再生及输送等工程开发和大型冷模试验研究，成功开发了超低压连续重整成套技术。作为“十条龙”攻关项目，2009 年在广州分公司首次实现工业应用，各项技术指标实现或超过攻关目标；2010 年 12 月完成项目鉴定，具有自主知识产权，达到国际先进水平。

连续重整催化剂的开发应用取得新进展。石油化工科学研究院开发的 PS 系列连续重整催化剂进一步推广应用。天津分公司 100 万吨/年连续重整装置采用了 PS－VI 催化剂，扬子石化 139 万吨/年、金陵分公司 60 万吨/年连续重整装置采用了 PS－VII 催化剂。截至 2010 年底，国内已投产的 42 套连续重整装置中，已有 26 套采用了 PS－VI 催化剂(其中中国石化 16 套)，1 套采用了 PS－VII 型催化剂(扬子石化)。

（周建华）

【润滑油生产】 2010 年，石化集团公司糠醛精制装置 8 套，能力 251 万吨/年，负荷率 95.80%；酮苯脱蜡装置 12 套，能力 271 万吨/年，负荷率 89.70%；白土补充精制装置 8 套，能力 97 万吨/年，负荷率 91.85%；加氢补充精制装置 3 套，能力 22 万吨/年，负荷率 57.50%；加氢改质装置 1 套，能力 20 万吨/年，负荷率 78.20%；润滑油全加氢装置 1 套，裂化段能力 30 万吨/年，负荷率 105.93%。基础油综合收率同比提高 1.29 个百分点，综合能耗同比下降 0.52%，综合物耗同比下降 16.96%。

2010 年，润滑油分公司共有 38 个新产品批量生产，涉及内燃机油、齿轮油、液压油、金属加工用油、润滑脂、复合添加剂等品种共计 1 298 吨；取得国际认证 22 项，被写入 OEM 设备产品说明书 52 项。

（朱永进）

装置达标

【概述】 2010 年，中国石化 33 家炼油企业(不含福建炼化和北海分公司)轻油收率同比提高 0.27 个百分点，综合商品率同比提高 0.29 个百分点，加工损失率同比降低 0.08 个百分点，综合能耗同比降低 3.09 千克(标油)/吨。

（李　鹏）

【炼油达标】 2010 年，中国石化轻质油收率、综合商品率、加工损失率、综合能耗、原油储运损失、吨油完全费用 6 项指标达到了年度达标考核要求，价值量化后中国石化炼油专业实现达标，这也是 2003 年以来中国石化炼油板块连续第八年实现专业达标。

1. 专业达标完成情况

33 家炼油企业实现专业达标的有 29 家企业，分别是：燕山、天津、石家庄、沧州、洛阳、河南、齐鲁、济南、胜利、安庆、九江、武汉、长岭、荆门、金陵、上海石化、镇海、茂名、海南、西安、塔河、扬州、泰州、清江、东兴、杭州、青岛炼化、青岛石化、巴陵。

2. 同类装置竞赛完成情况

常减压装置：中国石化 56 套运行的常减压装置，排名第一至第十的是青岛炼化、金陵 2#、海南、天津 3#、镇海 1#、茂名 4#、镇海 3#、九江 1#、茂名 3#、湛江。

催化裂化装置：中国石化 50 套运行的催化裂化装置，排名第一至第十的是茂名 2#、金陵 1#、安庆、镇海 1#、金陵 2#、青岛炼化、高桥 3#、燕山 3#、海南、广州 1#。

加氢裂化装置：中国石化 17 套运行的加氢裂化装置，排名第一至第三的是海南、金陵 2#、广州。3 套运行的渣油加氢装置，排名第一的是茂名。

延迟焦化装置：中国石化 36 套运行的延迟焦化装置，排名第一至第六的是金陵 3#、茂名 2#、青岛炼化、广州 2#、九江、塔河 1#。

催化重整装置：中国石化 19 套运行的连续重整装置，排名第一至第三的是青岛炼化、金陵 2#、海南。

半再生重整装置：中国石化 10 套运行的半再生重整装置，排名第一至第三的是青岛石化、塔河、九江。

蜡油加氢处理装置：中国石化14套运行的蜡油加氢处理装置，排名第一至第三的是青岛炼化、天津、广州。

柴油加氢精制装置：中国石化44套运行的柴油加氢精制装置，排名第一至第十的是镇海4#、青岛炼化、茂名3#、金陵3#、天津2#、燕山、广州3#、九江、荆门、沧州。

航煤加氢精制装置：中国石化11套运行的航煤加氢精制装置，排名第一至第二的是茂名、青岛炼化。

汽油加氢精制装置：中国石化15套运行的汽油加氢精制装置，排名第一至第二的是上海石化、武汉。

硫回收装置：中国石化39套运行的硫回收装置，排名第一至第六的是广州2#、金陵2#、茂名3#、洛阳、天津2#、九江。

制氢装置：中国石化29套运行的制氢装置，排名第一至第三的是石家庄2#、广州2#、塔河。

溶剂精制装置：中国石化8套运行的溶剂精制装置，排名第一至第二的是茂名3#、燕山2#。

溶剂脱蜡装置：中国石化12套运行的溶剂脱蜡装置，排名第一至第二的是茂名1#、高桥3#。

（李　鹏）

自销产品销售

【概述】 2010年，中国石化炼油自销产品(除汽油、煤油、柴油和石脑油以外)合计销量5 744万吨，同比增长19.2%；合计均价4 140元/吨(不含税，以下同)，同比上涨32.2%。炼油自销产品成为炼油企业创效增利的重要部分。

（张守良）

【销售管理】 完善炼油自销产品比价体系，开展月度比价考核，通过奖牌评比调动企业积极性；加强区域协调，适时推价稳价，2010年炼油自销产品销售管理工作再上新台阶。

（张守良）

【专业化公司管理】 加强润滑油、炼油销售两个专业化公司的管理。完善专业化公司的经营指标考核，加大考核力度，推动两个专业化公司向更高水平发展。润滑油经营总量同比增长20.1%，其中高档产品同比增长22.4%；包装产品同比增长14.8%，产品结构进一步优化。润滑油分公司积极拓展国际、国内两个市场，进一步扩大市场占有率和品牌影响力，完善销售网络，提高售后服务水平；润滑油市场占有率同比上升2.0个百分点；润滑油出口量同比增长44.6%；启动新加坡润滑油脂项目，中国石化润滑油的国际品牌知名度进一步提升。炼油销售公司加大营销策略的研究力度，进一步提高售后技术服务水平，积极开展进出口贸易，努力扩大经营总量。全年沥青经营总量同比增长43.1%，国内市场占有率同比上升2.0个百分点；实现石油焦销售业务整合，石油焦经营总量同比增长6.5%，国内市场占有率达到43.6%，石油焦价格比原油同期涨幅超出57个百分点，增效41.5亿元，整合优势进一步显现。

（张守良）

【品牌建设】 润滑油分公司把“高科技、高品质、国际化”作为品牌发展目标，在保持长城润滑油本土品牌的同时，提升其国际化品牌的感知度。长城润滑油品牌认知度列壳牌、美孚之后的第三位，品牌的提及率保持中国润滑油品牌第一名。2010年，在《中国500最具价值品牌》排行榜上，“长城”的品牌价值达143.76亿元，位列第52位。品牌价值比2006年的85.03亿元翻了近1倍，位次提升了5位，是唯一进入前百强的中国润滑油品牌。

“东海”牌沥青产品在获得国家名牌产品称号的同时，其影响力也得到了提升。通过成功中标包括京沪高铁、哈大高铁、世博中国馆、广州亚运工程等一大批国家重点工程，进一步提升“东海”牌沥青的品牌价值，同时获得了良好的经济效益和社会效益。

（张守良）

设备管理

【检维修管理】 2010年，炼油企业六大类主要生产装置计划检修118套，实际检修114套，是检修装置最多的一年，比2009年增加2套。其中，常减压24套、催化裂化23套、延迟焦化17套、加氢裂化13套、重整15套、加氢精制22套。

2010年，石化集团公司进一步加大检修管理力度，强调检修质量，要求企业加大预制力度，适当提高检修深度，不抢、不拖工期，114套检修装置全部做到了一次开车成功。海南炼化装置运行39个月后，首次进行三年一修，通过认真做好检修准备，明确检修队伍职责，抓好检修现场安全管理和检修质量监控，较好地完成了检修任务。装置检修后一次开车成功，运行情况良好。

各企业继续抓好装置运行管理，装置运行水平有了进一步提高。截至 2010 年底，在中国石化考核的主要炼油生产装置中，44 套装置实现了四年一修，同比增加 12 套；164 套装置实现三年一修，同比增加 21 套；被纳入考核范围的主要生产装置已全部实现两年一修。

根据实际工作需要和企业要求，石化集团公司坚持组织设备专家深入企业进行调研和开展各种技术服务活动，帮助企业解决实际问题。2010 年 7 次组织专家组到企业进行检修前的调研服务工作，同时根据企业要求 4 次派设备专家到现场进行技术服务，受到了企业的欢迎，促进了企业检修质量和设备运行水平的提高。

进一步加强烟机运行管理。2010 年，中国石化 42 台烟机的同步运行率 98.1%，累计负荷率 83%，累计做功 25.38 亿千瓦·时，回收效益 15.23 亿元，烟机同步运行率和负荷率保持了较高水平。

（任　刚）

【设备防腐蚀管理】 2010 年，设备腐蚀依然比较严重，腐蚀泄漏时有发生，因腐蚀导致的非计划停工 2 次，占总次数的 9.52%，同比减少 1 次；非主要生产装置因腐蚀泄漏造成的装置抢修 4 次。海南炼化、燕山石化、济南炼化、沧州炼化、清江石化等企业在装置大检修时发现设备腐蚀较为严重。

年内在加强设备腐蚀管理的同时，组织青岛安全工程研究院、合肥通用机械研究院的防腐蚀专家赴塔河分公司、青岛石化等企业开展了防腐蚀技术服务，针对设备腐蚀出现的问题，提出了具体解决方案，并帮助企业建立起全厂的防腐蚀管理体系。针对设备腐蚀明显加剧的情况，组织召开了炼油企业设备防腐蚀技术交流会议，对各企业出现的设备腐蚀事故进行了通报，总结了设备防腐管理好的经验和做法，交流了先进的防腐蚀技术，要求企业认真开展防腐蚀监督、检测工作，确保生产装置安全平稳运行。

（王一海）

【加热炉管理】 2010 年，炼油企业继续推进提高加热炉热效率的工作，取得了较好的效果。年内不仅对加热炉现场热效率进行了实测，而且对加热炉日常运行数据进行检查，通过调取加热炉 DCS 历史数据计算出日常运行时的热效率，充分掌握日常运行情况。全年共检查加热炉 304 台，总热负荷 4 872 兆瓦，加热炉加权平均热效率达到 90.30%，同比提高 0.43 个百分点，氧含量 4.1%，同比降低 0.3 个百分点，排烟温度 152.1℃，同比降低 8.2℃。

各企业对照每季度加热炉检查通报进行了整改，并加强加热炉岗位的操作培训，对影响加热炉热效率的重要参数注重调节，日常操作维护有所增强。天津石化、石家庄炼化、济南炼化等企业重视加热炉管理，定期检测加热炉热效率。通过加强考核，管理人员和操作人员责任心明显提高，加热炉运行和管理水平逐年提高。上海石化、武汉石化采取多种措施对加热炉进行节能降耗改造，充分利用装置检修机会，对加热炉空气预热器进行改造和检修，使排烟温度进一步降低，加热炉热效率不断提高。

（王一海）

计量管理

【概述】 各企业计量管理人员认真贯彻国家计量法律、法规，狠抓计量器具管理，强化计量数据管理，计量管理水平不断提高。同时，加大了计量设备改造力度，计量器具精确度和计量数据的准确性不断提高，为企业减少进出厂物料损耗提供了有利条件，取得了显著效益。

（任　刚）

【召开计量工作会议】 2010 年 2 月召开了炼油企业计量工作会议，总结 2009 年炼油企业计量工作，分析计量工作中存在的问题；决定从 2010 年开始，在炼油企业中广泛开展"计量管理工作上水平"活动，争取用 3 年的时间使计量管理上台阶，满足企业精细化管理要求，达到《炼油化工企业计量管理与考核规范》的标准；使原油降耗工作上台阶，原油储运损失率降至基准损失水平；使计量设备配备上台阶，进出厂和能源计量达到国家标准 GB/T 20901 — 2007《石油石化行业能源计量器具配备和管理要求》中规定的配备要求。

（任　刚）

【加强原油储运损失管理取得新突破】 2010 年，继续抓好原油储运工作管理，深化基准损失比对，将企业分为"优秀、良好、中等和较差"4 个等级并进行排序，加大了"比学赶帮超"力度，使企业及时发现差距，认真分析原因，抓好整改落实，储运损失率继续大幅度降低。石化集团公司平均原油途耗率同比下降 0.03 个百分点，原油储存损耗率下降 0.02 个百分点；减少原油损失 10.2 万吨，降低成本 3.67 亿元。金陵石化、镇海炼化、茂名石化、上海石化、青岛炼化、天津石化、广州石化、石家庄炼化和燕山石化9家企业的实际储运损失率达到“优秀”等级。储运损失同比下降幅度在0.08个百分点以上的有11家，下降幅度最大的前三名是荆门石化、巴陵石化和金陵石化，下降幅度分别为0.44、0.31和0.19个百分点。

（任　刚）

【开展计量专项整改】 2010年，根据《炼油企业计量设备配备指导性意见》和专家组意见，并考虑大修因素，确定了13家企业计量整改项目1 602项，合计投资6 689万元。通过整改，取得了较好效果。企业提高了蒸汽、水、燃料、电等能源介质计量设备完好率，计量损失率减少，为节能降耗工作提供了便利条件；提高了进出厂计量设备准确度，减少了进出厂计量损失；装置间计量设备配备水平有所提高。

（任　刚）

【计量信息化工作进一步推进】 继续做好计量信息系统推广工作，提升计量管理水平，满足ERP和MES等管理系统的数据要求。2010年，在青岛炼化、青岛石化和海南炼化3家企业完成计量信息系统的推广工作，为企业准确计量提供了条件。

（任　刚）

质量管理

【概述】 2010年，石化集团公司围绕企业质量发展的愿景，提出了“每一滴油都是承诺”的社会责任口号和“质量永远领先一步”、“质优量足、客户满意”的方针目标。5—6月组织开展了炼油企业质量检查工作。各炼油企业围绕强化质量管理，严格出厂产品质量控制，开展了形式多样的质量管理活动，质量管理水平不断提高。2010年，炼油产品质量总体保持稳定，出厂产品合格率100%，在国家、各级政府部门和石化集团公司对炼油企业产品质量监督抽查中，产品合格率均达到了100%。

（王新军）

【产品实物质量】 2010年，炼油产品实物质量总体稳定，质量升级工作稳步推进，完成了国Ⅲ车用汽油质量升级工作，加快了国Ⅲ车用柴油质量升级进度。随着国Ⅲ车用汽油质量升级项目的陆续完成和投产，从2009年10月开始，满足国Ⅲ车用汽油标准的产品被陆续投放市场，保证了国内市场的需要。为确保广州亚运会的顺利举办，广州、深圳等地区提出实施国Ⅳ排放标准的要求，从8月开始，广州石化、茂名石化等企业满足国Ⅳ标准的车用汽油被成功投放市场。至此，已有北京、上海、广州、深圳4个城市实施国Ⅳ汽油排放标准。完成了国Ⅲ车用柴油质量升级方案的制定并组织实施，新建或改造12套柴油加氢精制、加氢裂化、加氢改质装置，为2011年实施国Ⅲ车用柴油新标准奠定了基础。3#喷气燃料严格管理程序，保证了军队、民航的供给；供应香港机场航煤的6家企业均通过了香港机场年度质量保证能力检验。年内“东海”牌沥青新产品开发和市场开拓取得进展，金陵石化、齐鲁石化生产的高铁专用乳化沥青新产品被成功应用于京沪高速铁路等重点工程；齐鲁石化、茂名石化、镇海炼化通过了交通部产品质量的认证；在青兰和荣乌高速公路等重大项目建设中，“东海”牌沥青产品得到了广泛的应用。润滑油基础油质量稳中有升，高桥石化、燕山石化、荆门石化等企业通过优选原油和优化装置运行，高等级润滑油基础油比例明显提高；济南新投产的橡胶填充油装置成功生产出高质量的环保型橡胶填充油。

车用汽油：2010年，中国石化按照国家《车用汽油》、《车用乙醇汽油调和组分油》标准，北京市、上海市、广东省等地方《车用汽油》标准和出口汽油协议标准等产品标准系列，共计生产车用汽油3 639万吨。炼油企业出厂车用汽油按时达到国家标准，其中供北京市、上海市、广州市和深圳市的车用汽油达到地方标准。产品结构进一步优化，93#及以上高标号车用汽油比例达到了93.9%。

轻柴油：2010年，中国石化按照国家《轻柴油》、《车用柴油》、《军用柴油》标准，北京市、上海市地方《车用柴油》标准和出口柴油协议标准等产品标准系列，共计生产柴油7 656万吨。供应北京市、上海市的车用柴油达到了国Ⅳ标准要求，供应广州等城市的车用柴油达到了国Ⅲ标准要求。

道路沥青：2010年，高等级道路沥青产品产量稳步提升，齐鲁石化、镇海炼化、茂名石化、金陵石化、上海石化、塔河分公司等企业稳定生产交通部新规范A级沥青；镇海炼化、齐鲁石化、茂名石化、长岭炼化等单位加大了改性沥青攻关力度，SBS改性沥青被成功应用于国家重点工程，打造了中国石化“东海”沥青产品品牌。与铁道部合作开发了单元板低弹模阳离子乳化沥青和纵连板高弹模阴离子乳化沥青，成功应用于京沪、哈大等高速铁路，各项性能指标均达到了乳化沥青水泥砂浆技术条件要求。

（王新军）

【产品质量管理】 2010年，石化集团公司以落实炼油企业产品质量管理制度为重点，不断提高质量管理体系运行的有效性，全面提升企业质量管理水平。通过开展月度产品质量统计分析，严格质量投诉与质量事故处理程序，加大月度产品质量通报力度，使炼油产品质量的控制水平得到了提高。5—6月，石化集团公司组织开展了全面质量管理检查工作，检查了33家炼油企业和润滑油分公司共240个基层单位、160个机关处(科)室，查阅480个产品标准、800多个质量管理制度及相关规定，抽查各种资料6 400余份，现场抽测产品近300项次。8月18日召开了中国石化质量工作会议。各企业十分重视对查出问题的整改工作，除个别问题需要投资外，大部分问题已经整改完成，炼油质量管理工作水平得到了全面提高。充分利用信息化管理手段，提高质量管理、质量控制与质量分析的科学性与工作效率，炼油产品全面质量管理信息化迈上新台阶。

（王新军）

【质量管理体系】 2010年，以ISO 9000质量管理体系为基本构架的管理体系整合试点工作稳步推进。各企业从完善制度体系、传承管理经验、规范管理行为、强化执行力度、实现持续改进、提高管理水平等方面，重点开展了构建一体化管理体系工作，并提出2010年全面启动、2011年底前全面完成的进度要求。在各企业构建、完善一体化管理体系的过程中，开展了专项培训、建立一体化理念、指导具体工作、指导内审和管理评审等工作，组织专家对青岛石化、青岛炼化、炼油销售公司、金陵分公司等企业进行了现场服务。年内各炼油企业强化了质量管理体系的有效运行工作，组织开展了质量管理体系内审、管理评审和第三方年度监督审核，规范和提高了质量管理体系运行的有效性。

（王新军）

【质量检验培训】 实验室信息管理系统(LIMS)建设工作稳步推进，LIMS第二期项目推广应用，推动总部集成项目；组织对LIMS关键用户进行Sample Manager数据库和Atlas系统应用培训，开展总部编码对照工作，规范了实验室检验分析管理流程和数据上报工作，提高了产品检验分析的管理水平。持续开展实验室能力评价工作，组织汽油、柴油、3#喷气燃料、石油焦产品分析方法比对。举办化验分析技术专题培训，针对炼油化验分析技术应用过程中的难点，组织石油化工科学研究院、清华大学等单位的专家对各企业检验分析技术人员进行了色谱应用、3#喷气燃料主要分析方法、国Ⅲ车用柴油新增分析方法以及实验室认可管理程序等方面的专题培训。

（王新军）

原油资源及储运

【储运设施】 原油管道：截至2010年底，中国石化共拥有原油长输管道6 535千米，设计输油能力2.50亿吨/年。2010年完成原油输送量1.43亿吨，完成原油周转量556.16亿吨·千米。其中，管道储运分公司负责运营管理的原油长输管道5 555千米，设计输油能力1.52亿吨/年，2010年实际原油输送量1.03亿吨，完成原油周转量529.13亿吨·千米。油田企业负责运营管理的原油长输管道476.82千米，设计输油能力2 769.90万吨/年，2010年实际原油输送量1 462万吨，完成原油周转量9.61亿吨·千米。炼化企业负责运营管理的原油长输管道503千米，设计输油能力6 960万吨/年，2010年实际原油输送量2 908万吨，完成原油周转量17.42亿吨·千米。

原油储罐：截至2010年底，中国石化共拥有原油储罐2 167座，罐容合计2 762.32万立方米，其中10万立方米以上原油储罐117座，罐容合计1 232.5万立方米。中国石化共建成投产原油商业储备油罐41座，罐容合计475万立方米。负责运营管理国家储备原油储罐84座，罐容合计840万立方米。

原油码头：截至2010年底，中国石化拥有原油码头53座，一次靠泊能力319.79万吨。其中，20万吨级以上码头11座，分别是曹妃甸实华、天津实华、青岛实华、日照实华、宁波实华、舟山实华、镇海算山、福建青兰山、广石化惠州、茂名水东和海南洋浦原油码头。

（于　帅）

【原油资源】 2010年，中国石化共采购原油2.14亿吨，其中中国石化油田自产供3 513万吨，中国石油供510万吨，中国海洋石油供855万吨，进口原油1.65亿吨。2010年原油资源完成情况见表1。

（于　帅）

表1 中国石化原油资源统计 万吨

项目＼年份	2010	2009	2008	2007	2006	2005
原油资源总量	21 405. 25	18 521. 29	17 434. 82	16 614. 53	15 760. 02	15 077. 08
自产原油	3 513. 00	3 189. 60	3 088. 38	3 083. 00	3 074. 99	2 978. 24
石油供石化	510. 00	705. 24	613. 40	691. 47	881. 04	877. 17
海洋原油	855. 00	797. 17	904. 21	884. 06	793. 90	728. 78
进口原油	16 527. 25	13 829. 28	12 828. 84	11 955. 99	11 010. 09	10 492. 88

【自产原油销售流向】 2010 年，中国石化油田企业共完成商品原油配置量 4 087 万吨，其中供中国石化炼化企业 3 513 万吨，供中国石油 136 万吨，供地方炼油企业 387 万吨。2010 年商品原油配置流向见表 2。

（于 帅）

表2 中国石化自产原油销售流向 万吨

项目＼年份	2010	2009	2008	2007	2006	2005
原油配置量	4 087. 00	4 077. 03	3 994. 41	3 936. 68	3 838. 38	3 726. 14
石化企业	3 513. 00	3 189. 60	3 088. 38	3 083. 00	3 074. 99	2 978. 24
石油集团	136. 00	129. 94	117. 36	107. 88	134. 72	134. 18
地方企业	387. 00	352. 40	322. 79	327. 47	254. 60	267. 34
其　他	49. 00	406. 99	463. 34	412. 48	351. 17	324. 44
管道损耗及自用	7. 00	2. 67	2. 54	5. 85	9. 00	9. 25
库存(存油)增减	-5. 00	-4. 57	14. 80	2. 55	13. 90	12. 69

【管道储运分公司一次管输量突破 1 亿吨】 2010 年，在确保自产原油全产全销和满足炼化企业加工需求的前提下，按照“进口原油一程运输油轮大型化，国内二程运输管道化，其他运输方式作为补充”的原则安排原油运输。通过努力发挥原油长输管网优势，提高运行管理水平，采取各种措施，充分挖掘管道运输潜力，尽可能增加管输原油进厂量。全年中国石化共完成管输原油进厂量 1. 65 亿吨，占原油资源到厂总量的 77. 1%，同比增加 1 900 万吨，其中通过管道储运分公司管输进厂原油资源首次突破 1 亿吨，达 1. 03 亿吨。

（于 帅）

【降低进口原油接卸损耗】 为做好一程油轮接卸，降低原油接卸损失，2010 年制定并下发了《中国石化进口原油接卸与计量管理规定》，科学合理地组织进口原油接卸，加大对进口原油接卸的监督力度，制定科学合理的卸油措施，建立统计、分析制度，不断提高进口油轮卸净率，降低进口原油接卸损耗。各原油码头认真贯彻落实《中国石化进口原油接卸与计量管理规定》，开展降低原油损耗、争当卸净率标兵的“比学赶帮超”竞赛。年内一程接卸损耗进一步下降，卸净率明显提高。进口原油一程接卸损耗率由上年的 0. 151% 降低到 0. 118%，减少原油损耗 4. 94 万吨。

（于 帅）

【做好原油管道检测工作】 中国石化有近 1 800 千米原油长输管道建于20 世纪七八十年代，管线运行年限已经超过30 年，存在运行时间长、腐蚀老化严重、违章占压及第三方损害严重等问题，造成承压能力降低，输油能力下降，安全隐患增多。2010 年开展了老龄原油长输管道检测工作，先后完成了对鲁宁线内外检测，东黄线、临沧线、临濮线、魏荆线外检测工作。

（于　帅）

【努力降低原油采购成本】 2010 年国际市场原油价格总体呈现振荡盘升走势。一季度高低硫原油价差倒挂，布伦特原油价格低于迪拜基准原油价格；二季度开始高低硫原油价差逐渐恢复正常，轻重质、高低硫原油价差逐步拉大。炼油企业积极应对市场变化，及时调整采购策略，充分发挥加工潜力，降低原油采购成本。年内各炼油企业密切跟踪市场变化，根据高低硫、轻重质原油价差变化，灵活调整高硫、重质原油的采购策略，其中高硫原油突破7 000万吨，高酸原油超过 1 400 万吨。进口原油硫含量同比提高 0. 07 个百分点，API 度降低 0. 34 个单位，酸值提高 0. 03 毫克(氢氧化钾)/克。

（胡怀敏）

化工生产

综　　述

2010 年，化工板块各企业认真贯彻石化集团公司年度工作会议精神，以“创先争优”为先导，坚持“以市场为导向、以效益为中心”的生产经营方针，认真研判市场形势，紧紧抓住市场契机，产销一体密切协同，努力拓展市场，做大总量，实现了化工产品全产全销，经营业绩好于预期。

做大总量，经营规模迈上台阶。全年化工板块生产企业投入总量 3 750 万吨，完成经营总量 4 350 万吨，比年度计划多 129 万吨，同比增长 15.1%；生产乙烯 919 万吨，完成年计划的 104.4%，同比增长 37%；生产对二甲苯 402 万吨，完成年计划的 102.9%，同比增长 35%；均创历史新高。结合对标工作，深入开展“比学赶帮超”活动，主要技术经济指标继续改善，节能降耗措施进一步落实。经济效益明显好于预期，创历史最高水平。全年实现利润 197 亿元。此外，2010 年四季度，国内多个省市遭遇“柴油荒”，中国石化成品油市场保供任务繁重，各乙烯生产企业讲政治、顾大局，在化工市场效益好的情况下，根据总部统一部署，主动调整乙烯生产负荷，优化原料结构、顶出柴油组分，作出了化工板块应有的贡献。

一、产销一体积极拓展市场，优化生产组织，保证了生产经营的平稳运行

2010 年，中沙(天津)、镇海等新建装置投产后，乙烯产能增幅 30.06%。在提前做好新投产装置产品预销售工作的基础上，相关生产企业和化工销售强化产销衔接和物流对接，积极走访用户、了解需求，落实产品流向，充分调动营销人员积极性，实现了全产全销。一季度，利用化工产品价格企稳回升的机会，在抓好中沙(天津)乙烯投产和稳定运行的同时，各企业开足马力，为化工生产经营创造了良好开端；二、三季度，根据镇海乙烯投料试车进展情况，优化安排扬巴乙烯的检修，同时加大产品结构调整力度，优化下游装置生产负荷；四季度，柴油市场紧张，在限产乙烯，顶出柴油组分的情况下，通过适当进口乙烯、丙烯，优先开足赢利水平高的装置，抓住化工市场走强的良好时机，采取“贴近市场、顶替进口、低库存运行”策略，保持了化工板块的赢利势头。

二、狠抓新建项目的生产准备和投料试车，实现了新装置的顺利投产

会同总部有关部门，发挥集团优势，组织系统内的力量和资源，从人员的培训、技术资料和开工方案的审查、开工服务队伍的落实、开工物料的准备以及运行调整期内工艺、设备问题的整改和树脂牌号生产方案的优化等多个方面，重点帮助中沙(天津)、镇海两个百万吨级乙烯项目做好生产准备、投料试车、稳定运行和树脂牌号调整工作。中沙(天津)乙烯装置 1 月投产，在一系列设备问题被解决后，于 7 月基本达到设计负荷。镇海乙烯装置 4 月投产，在裂解气压缩机反转等设备问题得到整改之后，负荷稳步提高，2010 年 10 月可用产能负荷率达到 101.2%。

三、强化现场管理和技术服务，确保了装置的安稳长运行

①开展重要设备故障诊断技术服务。针对大机组，特别是新投产装置较普遍出现的压缩机反转、挤压造粒机断轴或断齿轮等异常设备问题，组织专家现场会诊，提供技术支持。②强化检修管理。组织系统内专家对检修计划严格审查把关，确保检修工作计划周密、准备充分；督促企业编制装置检修作业指导书，提供标准化、规范化的作业指导；要求企业对检维修队伍资质严格把关，特别是特殊工种作业人员必须通过专门考核、持证上岗，同时加强起重机具、专用检修工具等的专项检查验收；对大机组、裂解炉、加热炉、大型压力容器和储罐等重要检修项目，指派专家对检修过程及其质量控制进行现场督导。③重点强化煤气化装置的基础管理，制定《煤气化装置运行管理办法(试行)》，针对水煤浆、干粉煤两类煤气化装置的技术特点及工艺要求，总结、提炼实际运行经验，从技术、安全角度明确相关规定和要求，同时开展进一步的技术攻关。2010 年，金陵、齐鲁 2 套水煤浆气化装置运转率(剔除计划检修因素)保持在 98% 以上；巴陵粉煤气化装置运转率同比提高 15 个百分点，安庆粉煤气化装置最长运行周期 110 天，实现了第一阶段连续运行 100 天的攻关目标。

四、优化牌号分工，积极开发中高端产品，结构调整取得新进展

①合成树脂装置的牌号分工更加清晰。燕山 3 套聚丙烯装置分别形成了相对固定结构；上海 3 套聚丙烯装置实现了内部分工；扬子高密度聚乙烯装置实施技术改造后，增加了灵活性，3 条线分别确立了产品主线；广州、茂名等拥有多套同类装置的企业也向优势品种相对固定的方向逐步调整，实现与福建、湛江、海南等企业的分工生产；福建、中沙(天津)、镇海等企业新投产装置也被纳入到产品结构调整统筹优化范围，取得明显成效。②三大合成材料的新产品研发和生产实现新的突破。合成树脂

方面，高结晶聚丙烯、柔性聚乙烯、高熔纤维料聚乙烯、交联管材用聚乙烯等实现顶替进口，其中柔性聚乙烯还实现批量出口，汽车油箱用高密度聚乙烯完成在不同设备上的成型试验，三元无规共聚聚丙烯等生产难度大的新产品也实现了工业化生产。合成橡胶方面，溴化丁基橡胶装置试车成功，生产出300多吨产品供用户试用；环保型丁苯充油胶实现批量生产；稀土顺丁橡胶和异戊橡胶等新胶种完成工艺包开发，工业装置已启动建设，乙丙橡胶的国产化技术开发也在加速推进。合成纤维方面，仪征开发的部分差别化产品进入新的应用领域，有光缝纫线升级产品已成为国内制线企业的首选原料，实现顶替进口，部分聚酯膜片等优势产品也成功替代进口；上海在抗起球、原液着色两个高附加值腈纶产品的品质改进和生产、销售上都取得突破，并成功开发无重金属聚酯切片、阻燃聚酯切片和生物可降解聚酯切片，成为国内首家连续式工艺生产阻燃聚酯切片的企业，已形成系列产品；洛阳在涤纶长丝的开发上取得突破性进展；齐鲁增产仿羊绒产品专用料、三角大有光产品、阻燃纱线专用料、丝束等高附加值差别化腈纶产品。

五、持续推进节能减排，装置运行水平进一步提高

节能降耗方面，2010年有重点、有针对性地安排资金投入1.65亿元，主要在设备节能、蒸汽能级利用及蒸汽管网优化、提高加热炉热效率、保温保冷整改、公用工程系统优化、工艺流程优化、换热网络优化及低温热利用等方面实施节能改造，取得明显成效。年内扬子乙烯对SRT－Ⅲ型裂解炉实施节能改造；茂名、扬子启动裂解炉样板炉改造试点工作，茂名H－111炉的改造正在实施。扬子芳烃将重整、歧化单元反应进出料换热器更换为高效的板式换热器，为老区异构化单元加热炉群增加烟气余热回收系统。节水减排方面，重点针对循环水排污水的处理回用、污水处理场达标排放水的回用等技术难题，选择洛阳、石家庄两家企业开展试点，摸索经验，为下一步技术推广提供支持。

六、强化质量管理和用户投诉管理，产品质量和用户服务持续改善

积极落实年初化工质量工作会议精神，于2010年6月对16家化工企业组织质量大检查，该次检查共查出各类问题241项，相关企业积极进行了整改。会同化工销售、各生产企业进一步理顺投诉处理流程，用户投诉处理效率显著提高，2010年共收到客户投诉184件，处理完成率100%；平均处理时间为18天，同比减少11天。推进化工产品标准统一工作，重点推进聚丙烯命名规则和产品标准的实施，制定并发布《涤纶短纤维命名规则》和《缝纫线用涤纶短纤维》质量标准，完成《环己烷原料苯》质量标准的制定和《工业用纯苯》质量标准的修订工作。

七、深化专业化管理，精细管理水平进一步提升

①根据化工板块“十二五”发展目标要求，从生产经营实际出发，按照“目标明确、重点突出、全面展开、实事求是、创新方式、全程跟踪、持续改进”的总体思路，制定“创先争优”和“比学赶帮超”工作方案，特别是对乙烯装置，借鉴国外咨询机构绩效评价的理念，构建起乙烯装置月度绩效评价模型和“1+4”评价指标体系，并进行了有益的探索，有效地促进了乙烯装置“创先争优”工作。②在认真梳理相关需求的基础上，对TBM系统功能进行提升，完成了预算监控、小板块分析、月度预完成等功能的集中实施；初步拟定小板块模拟核算办法，为分小板块开展成本效益分析提供了依据，同时深化小板块经济活动分析，自6月开始每月重点剖析1个小板块，为生产经营决策和结构调整提供参考。③选择扬子、齐鲁两家企业作为化工板块改善经营管理建议试点单位，通过试点单位积极探索，摸索规律、总结经验，为此项工作的全面展开奠定了良好基础。

（张金萍）

有机原料

【概述】 石化集团公司有机原料主要产品有乙烯、丙烯、丁二烯、苯、甲苯、二甲苯、甲醇、丁醇、辛醇、环氧乙烷、环氧丙烷、环氧氯丙烷、乙醛、醋酸、苯酚、丙酮、丙烯酸、苯乙烯和苯酐等，其中乙烯、丙烯、丁二烯、苯、甲苯、二甲苯为基础有机原料，其余为主要中间原料。

2010年石化集团公司主要有机原料生产能力见表1。由表1可见，乙烯、丙烯、丁二烯、苯、甲苯、混合二甲苯、邻二甲苯、丁醇、环氧乙烷、环氧丙烷、苯酚、丙酮和苯乙烯的生产能力同比有所增加，其中乙烯、丁二烯、环氧乙烷、环氧丙烷、苯酚、丙酮和苯乙烯的生产能力增长幅度超过了30%；间二甲苯、对二甲苯、甲醇等其他产品的生产能力没有变化。

2010年石化集团公司主要有机原料产量见表2。由表2可见，除乙醛、醋酸和丙烯酸外，其他有机产品的产量同比有不同幅度的增加，其中乙烯、丁二烯、苯、甲苯、混合二甲苯、对二甲苯、甲醇、环氧丙烷、环氧氯丙烷、苯酚、丙酮和苯乙烯的产量增长幅度超过了30%。石化集团公司的乙烯、丙烯、丁二烯、对二甲苯等产品在中国大陆地区继续保持主导地位。

（姬伟毅）

【乙烯】 石化集团公司生产乙烯的企业有燕山分公司、上海石化股份公司、齐鲁分公司、扬子石化有限公司、茂名分公司、镇海炼化分公司、广州分公司、天津分公司、中原石化公司、上海赛科公司、扬巴公司、福建炼化有限公司、中沙(天津)石化有限公司和燕山石化公司共14家。

截至2010年底，石化集团公司乙烯生产能力为947.50万吨/年，同比增加219万吨/年，增长30.06%。各企业乙烯生产能力分别为：燕山分公司71万吨/年、上海石化股份公司84.5万吨/年(其中1#乙烯装置14.5万吨/年、2#乙烯装置70万吨/年)、齐鲁分公司80万吨/年、扬子石化有限公司70万吨/年、茂名分公司100万吨/年、镇海炼化分公司100万吨/年、广州分公司21万吨/年、天津分公司20万吨/年、中原石化公司18万吨/年、上海赛科公司114万吨/年、扬巴公司74万吨/年、福建炼化有限公司80万吨/年、中沙(天津)石化有限公司100万吨/年、燕山石化公司15万吨/年。2010年新增的219万吨/年乙烯生产能力包括：中沙(天津)石化有限公司新建100万吨/年乙烯装置于1月顺利投产，镇海炼化分公司新建100万吨/年乙烯装置于4月顺利投产，扬巴公司通过扩能改造乙烯生产能力增加14万吨/年，上海赛科公司乙烯生产能力核增5万吨/年。

2010年，石化集团公司实际生产乙烯918.95万吨，同比增长36.89%，约占中国大陆地区乙烯总产量的62%。福建炼化有限公司全年生产乙烯84.36万吨，同比增产63.37万吨，装置实现了头年投产、次年产量达标。中沙(天津)石化有限公司、镇海炼化分公司投产后分别生产乙烯85.49万吨和52.59万吨。上海赛科公司全年生产乙烯129.43万吨，同比增产41.90万吨，产量创历史新高，在中国大陆地区位列第一。以上4家是2010年石化集团公司乙烯产量增量的主要来源。燕山分公司、上海石化股份公司、齐鲁分公司、天津分公司全年分别生产乙烯84.16万吨、97.29万吨、85.57万吨和23.76万吨，均创历史新高。燕山石化公司乙烯装置在经历了19个月的长期停产后，于1月27日顺利恢复生产，但受下游乙烯消化能力的限制，全年维持低负荷运行，生产乙烯13.03万吨。各企业乙烯产量详见表3。

（姬伟毅）

【丙烯】 石化集团公司生产丙烯的企业有胜利油田分公司、石家庄炼化分公司、上海石化股份公司、扬子石化有限公司(包括泰州石化和清江石化)、镇海炼化分公司(包括杭州石化有限责任公司)、福建炼化有限公司、河南油田分公司、中原油田分公司、江苏油田分公司、燕山分公司、西安分公司、天津分公司、沧州分公司、高桥分公司、金陵分公司、安庆分公司、九江分公司、济南分公司、齐鲁分公司、青岛炼化公司、青岛石化公司、洛阳分公司、中原石化公司、武汉分公司、荆门分公司、长岭分公司、广州分公司、茂名分公司、湛江东兴公司、上海赛科公司、扬巴公司、中沙(天津)石化有限公司、海南炼化公司、燕山石化公司和巴陵石化公司共35家。

截至2010年底，石化集团公司丙烯生产能力为813.33万吨/年，同比增加159.66万吨/年，增长24.43%。丙烯生产能力变化的主要因素为：中沙(天津)石化有限公司在新建100万吨/年乙烯投产的同时增加丙烯生产能力48.2万吨/年，镇海炼化分公司在新建100万吨/年乙烯投产的同时增加丙烯生产能力50万吨/年、新增炼油丙烯生产能力8.34万吨/年，长岭分公司投资新增炼油丙烯生产能力8万吨/年。

2010年，石化集团公司实际生产丙烯752.97万吨，同比增产119.32万吨，增长18.83%。其中，炼油丙烯296.72万吨，同比减少1.68万吨；化工丙烯456.24万吨，同比增加121.00万吨。

（姬伟毅）

【丁二烯】 石化集团公司生产丁二烯的企业有上海石化股份公司、扬子石化有限公司、镇海炼化分公司、福建炼化有限公司、燕山分公司、齐鲁分公司、广州分公司、茂名分公司、上海赛科公司、中沙(天津)石化有限公司和燕山石化公司共11家。

截至2010年底，石化集团公司丁二烯生产能力为147.14万吨/年，同比增加37.50万吨/年，增长34.20%。丁二烯生产能力变化的因素为：中沙(天津)石化有限公司100万吨/年乙烯下游配套的20万吨/年丁二烯装置顺利投产，镇海炼化分公司100万吨/年乙烯下游配套的16万吨/年丁二烯装置顺利投产，上海赛科公司丁二烯生产能力核增1.5万吨/年。

2010年，石化集团公司实际生产丁二烯122.93万吨，同比增产36.21万吨，增长41.76%。

（姬伟毅）

表 1　　石化集团公司主要有机原料生产能力

万吨/年

产品名称＼年份	2010	2009	2008	2007	2006	2005
乙　烯	947.50	728.50	629.50	629.50	624.50	554.50
丙　烯	813.33	653.67	597.36	577.05	534.35	482.01
丁二烯	147.14	109.64	97.64	87.04	97.84	85.09
苯	410.34	370.52	277.92	240.30	237.80	194.95
甲　苯	117.44	103.45	80.09	80.09	80.09	73.44
混合二甲苯	146.52	119.96	83.49	83.49	83.49	76.07
邻二甲苯	34.52	30.52	30.52	25.32	25.32	25.32
间二甲苯	8.00	8.00	3.56	3.56	3.56	3.56
对二甲苯	406.81	406.81	276.81	216.81	216.81	186.81
甲　醇	44.50	44.50	47.50	47.50	47.50	48.50
丁　醇	17.00	15.00	15.00	15.00	15.00	15.00
辛　醇	41.50	41.50	41.50	41.50	41.50	41.50
环氧乙烷	49.46	35.46	33.96	31.56	23.56	23.56
环氧丙烷	36.50	8.00	8.70	8.70	8.70	8.70
环氧氯丙烷	5.60	5.60	5.60	5.60	5.60	5.60
乙　醛	11.20	11.20	11.20	11.20	11.20	11.20
醋　酸	13.00	13.00	13.00	13.00	13.00	48.00
苯　酚	59.40	35.00	35.00	35.00	35.00	35.00
丙　酮	36.27	21.00	21.00	21.00	21.00	21.00
丙烯酸	23.08	23.08	23.08	23.08	23.08	23.08
苯乙烯	195.40	133.40	108.40	108.40	109.20	109.20
苯　酐	12.00	12.00	12.00	12.00	12.00	12.00

表2 石化集团公司主要有机原料产品产量

万吨

产品名称 \ 年份	2010	2009	2008	2007	2006	2005
乙烯	918.95	671.33	635.94	669.39	633.10	549.63
丙烯	752.97	633.65	613.08	616.83	564.75	499.47
丁二烯	122.93	86.72	83.39	84.31	92.79	87.97
苯	352.15	248.81	214.36	249.67	226.27	188.29
甲苯	107.96	58.91	71.49	85.89	76.30	57.08
混合二甲苯	163.69	89.79	67.29	82.61	79.37	59.77
邻二甲苯	50.10	47.33	37.56	48.89	41.71	37.07
间二甲苯	3.79	3.43	4.00	4.25	3.59	3.03
对二甲苯	420.31	297.73	191.17	237.67	223.86	189.55
甲醇	32.97	19.71	28.49	31.48	30.53	37.90
丁醇	21.69	21.22	19.64	22.01	20.21	11.74
辛醇	44.21	42.11	42.46	42.91	40.66	37.66
环氧乙烷	52.22	41.46	33.40	33.00	26.79	24.90
环氧丙烷	20.61	8.62	9.43	9.44	9.58	9.52
环氧氯丙烷	4.61	3.36	5.62	6.54	6.14	5.59
乙醛	3.13	3.35	2.39	5.72	6.90	10.85
醋酸	0.30	2.36	2.78	5.70	5.59	35.82
苯酚	54.97	32.22	34.62	39.49	38.98	34.65
丙酮	34.10	20.11	21.65	24.62	24.26	21.63
丙烯酸	5.81	14.07	19.55	23.64	22.97	17.81
苯乙烯	163.68	109.94	109.94	114.17	108.71	101.30
苯酐	12.05	11.64	10.13	13.06	12.68	11.85

表 3　石化集团公司乙烯分企业产量

万吨

企业名称＼年份	2010	2009	2008	2007	2006	2005
石化集团公司合计	918.95	671.33	635.94	669.39	633.10	549.63
燕山分公司	84.16	84.13	78.40	74.85	82.00	81.18
上海石化股份公司	97.29	92.77	88.56	86.94	96.03	96.24
1#乙烯	16.00	13.52	11.97	15.84	16.81	15.10
2#乙烯	81.28	79.25	76.59	71.10	79.22	81.13
齐鲁分公司	85.57	76.01	80.04	84.68	83.88	82.52
扬子石化有限公司	67.85	79.60	74.36	80.11	75.50	77.58
茂名分公司	98.14	106.06	95.48	96.26	52.21	34.81
广州分公司	22.46	22.50	21.98	21.07	19.57	21.36
天津分公司	23.76	18.91	17.02	22.55	23.17	20.71
中原石化公司	21.20	20.58	17.48	21.15	21.45	19.16
上海赛科公司	129.43	87.53	93.46	100.29	97.80	64.20
扬巴公司	53.62	62.23	62.14	65.48	64.67	34.13
福建炼化有限公司	84.36	20.99	—	—	—	—
中沙(天津)石化有限公司	85.49	—	—	—	—	—
镇海炼化分公司	52.59	—	—	—	—	—
燕山石化公司	13.03	—	7.02	16.01	16.82	17.75

【苯】 石化集团公司生产纯苯的企业有石家庄炼化分公司、上海石化股份公司、扬子石化有限公司、镇海炼化分公司、福建炼化有限公司、燕山分公司、塔河分公司、天津分公司、沧州分公司、高桥分公司、金陵分公司、九江分公司、济南分公司、齐鲁分公司、青岛炼化公司、青岛石化厂、洛阳分公司、中原石化公司、武汉分公司、荆门分公司、长岭分公司、广州分公司、茂名分公司、湛江东兴公司、海南炼化公司、上海赛科公司和扬巴公司共27家。

截至2010年底，石化集团公司纯苯生产能力为410.34万吨/年，2010年实际生产纯苯352.15万吨，比2009年增加103.35万吨，同比增长41.54%。

2010年，石化集团公司新增纯苯生产能力39.82万吨/年，其中镇海炼化分公司新增生产能力28.47万吨/年、沧州分公司新增生产能力2.00万吨/年、福建炼化有限公司调增3.44万吨/年、塔河分公司调减1.00万吨/年、茂名分公司调增2.15万吨/年、湛江东兴公司调增4.76万吨/年。

（余富海）

【甲苯】 石化集团公司生产甲苯的企业有石家庄炼化分公司、上海石化股份公司、镇海炼化分公司、福建炼化有限公司、燕山分公司、天津分公司、金陵分公司、安庆分公司、九江分公司、齐鲁分公司、武汉分公司、长岭分公司、广州分公司、茂名分公司、上海赛科公司和扬巴公司共16家。

截至2010年底，石化集团公司甲苯生产能力为117.44万吨/年，2010年实际生产甲苯107.96万吨，比2009年增加49.05万吨，同比增长83.26%。

2010年，镇海炼化分公司新增甲苯生产能力13.99万吨/年。

（余富海）

【混合二甲苯】 石化集团公司生产混合二甲苯的企业有石家庄炼化分公司、上海石化股份公司、燕山分公司、天津分公司、金陵分公司、九江分公司、齐鲁分公司、青岛炼化公司、武汉分公司、长岭分公司、广州分公司、茂名分公司、湛江东兴公司、上海赛科公司和扬巴公司共15家。

截至2010年底，石化集团公司混合二甲苯生产能力为146.52万吨/年，2010年实际生产混合二甲苯163.69万吨，比2009年增加73.90万吨，同比增长82.30%。

2010年，石化集团公司新增混合二甲苯生产能力26.56万吨/年，其中镇海炼化分公司新增生产能力9.17万吨/年、湛江东兴公司调增17.39万吨/年。

（余富海）

【对二甲苯】 石化集团公司生产对二甲苯的企业有上海石化股份公司、扬子石化有限公司、镇海炼化分公司、福建炼化有限公司、天津分公司、金陵分公司、齐鲁分公司和洛阳分公司共8家。

截至2010年底，石化集团公司对二甲苯生产能力仍为406.81万吨/年，2010年实际生产对二甲苯402.31万吨，比2009年增加104.58万吨，同比增长35.12%。

（余富海）

【邻二甲苯】 石化集团公司生产邻二甲苯的企业有扬子石化有限公司、镇海炼化分公司、金陵分公司、齐鲁分公司和洛阳分公司共5家。

截至2010年底，石化集团公司邻二甲苯生产能力仍为34.52万吨/年，2010年实际生产邻二甲苯50.10万吨，比2009年增加2.77万吨，同比增长5.86%。

（余富海）

【间二甲苯】 石化集团公司生产间二甲苯的企业只有燕山分公司。

截至2010年底，石化集团公司间二甲苯生产能力仍为8.00万吨/年，2010年实际生产间二甲苯3.79万吨，比2009年增加0.36万吨，同比增长10.48%。

（余富海）

【甲醇】 石化集团公司生产甲醇的企业只有四川维尼纶厂。

截至2010年底，石化集团公司甲醇生产能力仍为44.50万吨/年，2010年实际生产甲醇32.97万吨，比2009年增加13.26万吨，同比增长67.28%。

（余富海）

【丁醇】 石化集团公司生产丁醇的企业有齐鲁分公司、燕山石化公司和扬巴公司。

截至2010年底，石化集团公司丁醇生产能力仍为17.00万吨/年，2010年实际生产丁醇21.69万吨，比2009年增加0.48万吨，同比增长2.26%。

（余富海）

【辛醇】 石化集团公司生产辛醇的企业有燕山石化公司、齐鲁分公司和扬巴公司。

截至2010年底，石化集团公司辛醇生产能力仍为41.50万吨/年，2010年实际生产辛醇44.21万吨，比2009年增加2.11万吨，同比增长5.00%。

（余富海）

【环氧乙烷】 石化集团公司生产环氧乙烷的企业有燕山分公司、扬子石化有限公司、上海石化股份公司、天津分公司、茂名分公司、燕山石化公司、镇海炼化分公司和中沙(天津)石化有限公司共8家。

截至2010年底，石化集团公司环氧乙烷生产能力为49.46万吨/年，2010年实际生产环氧乙烷52.22万吨，比2009年增加10.76万吨，同比增长25.95%。

2010年，石化集团公司新增环氧乙烷生产能力14.00万吨/年，其中镇海炼化分公司新增生产能力10.00万吨/年、中沙(天津)石化有限公司新增生产能力4.00万吨/年。

（余富海）

【环氧丙烷】 石化集团公司生产环氧丙烷的企业有高桥分公司和镇海利安德化学有限公司。

截至2010年底，石化集团公司环氧丙烷生产能力为36.50万吨/年，2010年实际生产环氧丙烷20.61万吨，比2009年增加11.99万吨，同比增长139.20%。

2010年，镇海利安德化学有限公司新增生产能力28.50万吨/年。

（余富海）

【环氧氯丙烷】 石化集团公司生产环氧氯丙烷的企业有齐鲁分公司和巴陵石化公司。

截至2010年底，石化集团公司环氧氯丙烷生产能力为5.60万吨/年，2010年实际生产环氧氯丙烷4.61万吨，比2009年增加1.26万吨，同比增长37.50%。

（余富海）

【乙醛】 石化集团公司生产乙醛的企业有上海石化股份公司和扬子石化有限公司。

截至2010年底，石化集团公司乙醛生产能力仍为11.20万吨/年，2010年实际生产乙醛3.13万吨，比2009年减少0.22万吨，同比降低6.57%。

（余富海）

【醋酸】 石化集团公司生产醋酸的企业有上海石化股份公司和扬子石化有限公司。

截至2010年底，石化集团公司醋酸生产能力为13.00万吨/年，2010年实际生产醋酸0.30万吨，比2009年减少2.06万吨，同比下降87.29%。

（余富海）

【苯酚】 石化集团公司生产苯酚的企业有燕山分公司、高桥分公司和中沙(天津)石化有限公司。

截至2010年底，石化集团公司苯酚生产能力为59.40万吨/年，2010年实际生产苯酚54.97万吨，比2009年增加22.75万吨，同比增长70.61%。

2010年，石化集团公司新增苯酚生产能力24.40万吨/年，其中高桥分公司新增生产能力2.40万吨/年，中沙(天津)石化有限公司新增生产能力22.00万吨/年。

（余富海）

【丙酮】 石化集团公司生产丙酮的企业有燕山分公司、高桥分公司和中沙(天津)石化有限公司。

截至2010年底，石化集团公司丙酮生产能力为36.27万吨/年，2010年实际生产丙酮34.10万吨，比2009年增加13.99万吨，同比增长69.57%。

2010年，石化集团公司新增丙酮生产能力15.27万吨/年，其中高桥分公司新增生产能力1.70万吨/年，中沙(天津)石化有限公司新增生产能力13.57万吨/年。

（余富海）

【丙烯酸】 石化集团公司生产丙烯酸的企业有燕山石化公司和扬巴公司。

截至2010年底，石化集团公司丙烯酸生产能力没有变化，仍为23.08万吨/年，2010年实际生产丙烯酸5.81万吨，比2009年减少8.26万吨，同比降低58.71%。

（余富海）

【苯乙烯】 石化集团公司生产苯乙烯的企业有燕山分公司、安庆分公司、齐鲁分公司、广州分公司、茂名分公司、镇海利安德化学有限公司、扬巴公司和上海赛科公司共8家。

截至2010年底，石化集团公司苯乙烯生产能力为195.40万吨/年，2010年实际生产苯乙烯163.68万吨，比2009年增加53.74万吨，同比增长48.88%。

2010年，镇海利安德化学有限公司新增苯乙烯生产能力62.00万吨/年。

（余富海）

【苯酐】 石化集团公司生产苯酐的企业有齐鲁分公司和金陵石化公司。

截至 2010 年底，石化集团公司苯酐生产能力仍为 12.00 万吨/年，2010 年实际生产苯酐 12.05 万吨，比 2009 年增加 0.41 万吨，同比增长 3.52%。

（余富海）

合成树脂

【概述】 2010 年，国内合成树脂市场消费量保持了进一步增长态势，由于国内合成树脂产品产量实现大幅度增长，全年合成树脂进口量同比 2009 年略有下降。

2010 年，石化集团公司有镇海炼化分公司 30 吨/年聚丙烯装置、45 吨/年聚乙烯装置建成投产，中沙(天津)石化有限公司 45 万吨/年聚丙烯装置、30 万吨/年线性低密度聚乙烯装置、30 万吨/年高密度聚乙烯装置建成投产，使合成树脂总产能同比大幅度增长。截至 2010 年底，石化集团公司合成树脂总生产能力为 1 330.26 万吨/年，同比增加 170.38 万吨/年，增长 14.69%。各种合成树脂生产能力见表 4。

2010 年，石化集团公司合成树脂装置保持了高负荷生产，合成树脂产量为 1 339.80 万吨，同比增产 249.07 万吨，增长 22.84%。各种合成树脂产量见表 5。

截至 2010 年底，聚乙烯、聚丙烯两大品种的总产能为 1 112.46 万吨/年，占石化集团公司合成树脂生产能力的 83.63%。2010 年，聚乙烯、聚丙烯总产量为 1 140.22 万吨，占石化集团公司合成树脂产量的 85.10%。

2010 年，全国合成树脂产量为 4 360.90 万吨，石化集团公司合成树脂产量占全国总产量的 30.50%。

（刘志武）

表 4　　石化集团公司合成树脂各品种生产能力　　万吨/年

年份 产品名称	2010	2009	2008	2007	2006	2005
合成树脂合计	1 330.26	1 159.88	1 032.18	1 013.68	994.80	873.45
聚乙烯	596.10	510.10	434.30	434.30	409.30	368.30
LDPE	117.80	137.80	143.80	143.80	118.80	118.80
HDPE	228.30	197.30	155.50	155.50	155.50	120.50
LLDPE	250.00	175.00	135.00	135.00	135.00	129.00
聚丙烯	516.36	437.78	385.78	365.28	372.60	325.35
聚氯乙烯	60.00	77.00	77.00	77.00	77.00	77.00
聚苯乙烯	75.00	77.90	77.90	77.90	75.90	67.60
ABS	20.00	20.00	20.00	20.00	20.00	—
AS	—	—	0.50	0.50	0.50	0.50
其他树脂	62.80	37.10	36.70	38.70	39.50	34.70

表5 石化集团公司合成树脂各品种产量 万吨

产品名称 \ 年份	2010	2009	2008	2007	2006	2005
合成树脂合计	1 339.80	1 090.73	1 025.93	1 062.65	957.92	858.14
聚乙烯	620.03	476.96	446.95	450.33	411.32	354.64
LDPE	137.82	141.76	141.10	128.04	121.89	109.22
HDPE	236.56	172.82	166.88	165.13	144.62	120.03
LLDPE	244.24	160.88	138.81	154.84	144.81	125.39
聚丙烯	520.19	440.48	407.24	412.94	366.17	339.89
聚苯乙烯	69.22	62.99	58.31	63.91	57.48	49.50
聚氯乙烯	59.63	51.37	57.46	67.18	72.06	72.79
ABS	16.62	14.24	13.50	13.37	—	—
AS	—	—	—	—	—	0.17
其他树脂	54.11	44.69	42.63	55.15	50.89	41.15

【聚乙烯】 截至2010年底，石化集团公司有28套聚乙烯装置，总生产能力为596.10万吨/年，其中单线能力最大的是镇海炼化分公司LLDPE装置，生产能力达到45万吨/年。

LDPE装置有釜式法工艺1套，管式法工艺7套；HDPE装置有淤浆法工艺6套，气相法工艺3套，环管加气相法工艺1套；LLDPE装置有气相法工艺10套。

（刘志武）

【低密度聚乙烯】 截至2010年底，石化集团公司LDPE生产装置产能为117.80万吨。装置总数为8套，分别是燕山分公司、上海石化股份公司、茂名分公司各2套，齐鲁分公司、扬巴公司各1套。

2010年，石化集团公司LDPE产量为137.82万吨，同比减产3.94万吨，减少了2.78%。LDPE产量见表6。

（刘志武）

表6 石化集团公司各企业LDPE产量 万吨

企业名称 \ 年份	2010	2009	2008	2007	2006	2005
石化集团公司合计	137.82	141.76	141.10	128.04	121.89	109.22
燕山分公司	39.51	43.43	44.68	42.73	46.35	45.96
上海石化股份公司	19.64	20.16	17.45	18.96	19.54	19.89
齐鲁分公司	17.51	15.84	17.32	18.13	18.22	17.56
茂名分公司	37.48	38.85	33.87	27.12	11.71	10.94
扬巴公司	20.46	23.48	27.78	24.51	26.07	14.87
北京华美聚合物有限公司	3.22	—	—	—	—	—

【高密度聚乙烯】 截至 2010 年底，石化集团公司 HDPE 装置生产能力为 228.30 万吨/年。石化集团公司共有 10 套高密度装置，包括燕山石化公司、扬子石化有限公司、齐鲁分公司、燕山分公司、茂名分公司、上海赛科公司、福建联合石化公司、中沙(天津)石化有限公司各 1 套，上海石化股份公司 2 套。其中中沙(天津)石化装置采用 INEOS 公司的双环管淤浆法工艺。

2010 年，石化集团公司 HDPE 产量为 236.56 万吨，同比增加了 63.74 万吨，增长 36.88%。详见表 7。

(刘志武)

表 7　　石化集团公司各企业 HDPE 产量　　万吨

年份 企业名称	2010	2009	2008	2007	2006	2005
石化集团公司合计	236.56	172.82	166.88	165.13	144.62	120.03
燕山分公司	20.73	19.25	18.57	16.93	18.53	18.03
上海石化股份公司	41.09	38.85	36.93	35.15	40.27	38.53
扬子石化有限公司	23.34	26.89	25.98	26.32	25.19	24.04
齐鲁分公司	16.74	15.35	16.23	17.45	17.38	17.74
茂名分公司	28.24	36.03	30.88	34.60	10.66	—
上海赛科公司	39.86	30.90	36.71	33.40	30.30	19.35
福建联合石化公司	39.96	4.50	—	—	—	—
中沙(天津)石化有限公司	25.29	—	—	—	—	—
燕山石化公司	1.31	1.04	1.58	2.42	2.29	2.35

【线性低密度聚乙烯】 截至 2010 年底，石化集团公司有 10 套 LLDPE 装置，包括天津分公司、齐鲁分公司、中原石化公司、茂名分公司、广州分公司、扬子石化有限公司、福建联合石化、镇海炼化分公司、中沙(天津)石化有限公司、上海赛科公司各 1 套，其中中沙(天津)石化有限公司采用自主开发的气相法工艺路线。

截至 2010 年底，石化集团公司 LLDPE 装置生产能力 250 万吨/年，同比增加了 75 万吨/年，增长了 42.86%。2010 年，石化集团公司 LLDPE 产量为 244.24 万吨，同比增产 83.36 万吨，增长了 51.82%。LLDPE 产量详见表 8。

(刘志武)

表 8　　石化集团公司各企业 LLDPE 产量　　万吨

年份 企业名称	2010	2009	2008	2007	2006	2005
石化集团公司合计	244.24	160.88	138.81	154.84	144.81	125.39
扬子石化有限公司	25.75	29.17	26.34	28.45	25.64	26.64
齐鲁分公司	13.33	11.92	11.47	13.01	13.01	11.85
广州分公司	21.50	21.82	20.65	19.30	18.30	19.54
茂名分公司	18.59	21.46	17.73	20.00	17.32	14.22
天津分公司	14.49	11.46	10.22	14.25	14.60	12.92
中原石化公司	22.38	21.71	18.48	22.48	22.78	20.46
上海赛科公司	36.78	28.52	33.91	34.87	33.16	19.76
福建联合石化公司	47.33	14.82	—	—	—	—
镇海炼化分公司	19.81	—	—	—	—	—
中沙(天津)石化有限公司	24.28	—	—	—	—	—

【聚丙烯】 截至2010年底，石化集团公司聚丙烯生产能力为516.36万吨/年，同比增加78.58万吨/年。增加产能为中沙(天津)石化有限公司45万吨/年装置、镇海炼化分公司30万吨/年装置。

截至2010年底，石化集团公司有31套连续法聚丙烯装置，生产能力为479万吨/年，同比增加75.00万吨/年；连续法聚丙烯装置生产能力占石化集团公司聚丙烯总生产能力的92.76%，同比提高0.48个百分点。石化集团公司有19套环管法聚丙烯装置，占聚丙烯装置的61.29%。其中，6套为引进海蒙特环管技术，单线能力最大为茂名分公司17万吨/年聚丙烯装置；13套为国产化环管技术，单线能力最大为镇海炼化分公司30万吨/年聚丙烯装置；其他12套装置中，5套为三井油化釜式法聚丙烯工艺，4套为BP(原阿莫科)气相法聚丙烯工艺，2套为"NOVOLENE"气相法聚丙烯工艺，1套为Bassel公司的多区反应聚合工艺。石化集团公司间歇法聚丙烯装置生产能力为37.36万吨/年，同比增加了3.58万吨/年。

2010年，石化集团公司聚丙烯产量为520.19万吨，同比增产79.71万吨。其中，连续法聚丙烯产量为485.39万吨，同比增加76.27万吨；间歇法聚丙烯装置产量为34.80万吨，同比增加了3.44万吨。产量详见表9。

2010年，聚丙烯装置总体运行稳定。各聚丙烯装置工艺攻关、工艺优化的成效明显，总体能耗、物耗等技术经济指标达到国内同行先进水平。镇海炼化分公司新建聚丙烯装置投产后，实现了平稳生产；中沙(天津)石化有限公司聚丙烯装置建成后生产平稳，在产品结构调整方面，体现出工艺路线优势。

(刘志武)

表9 **石化集团公司各企业聚丙烯产量** 万吨

企业名称＼年份	2010	2009	2008	2007	2006	2005
石化集团公司合计	520.19	440.48	407.24	412.94	366.17	339.89
连续法聚丙烯	485.39	409.12	373.87	374.42	332.29	299.34
燕山分公司	45.29	45.69	44.24	39.76	43.36	40.02
上海石化股份公司	48.24	46.85	42.47	44.86	45.87	45.65
扬子石化有限公司	38.78	45.27	42.38	47.64	40.69	42.18
福建联合石化公司	47.48	18.55	8.93	10.34	11.07	9.46
齐鲁分公司	9.22	8.51	8.24	9.11	9.43	9.25
武汉分公司	10.65	11.05	10.82	12.70	12.52	11.56
九江分公司	9.68	10.32	11.33	11.33	11.56	12.57
济南分公司	9.10	9.68	10.87	9.30	11.15	10.23
荆门分公司	12.37	12.25	11.63	11.97	12.60	12.40
长岭分公司	9.60	11.23	12.24	13.72	13.10	12.81
广州分公司	21.03	19.67	20.32	18.42	18.28	17.69
天津分公司	7.43	5.48	5.12	6.78	6.78	6.11
茂名分公司	49.50	55.64	47.36	50.37	25.85	15.06
洛阳分公司	9.14	8.26	6.62	9.45	9.14	8.00
中原石化公司	8.52	7.97	7.08	8.10	8.29	7.50
镇海炼化分公司	37.42	24.36	25.41	22.57	22.47	21.27
海南炼化公司	20.78	22.81	21.42	22.43	5.90	—
青岛炼化公司	21.17	18.61	10.34	—	—	—
湛江东兴公司	11.26	3.08	—	—	—	—
上海赛科公司	29.71	23.84	27.05	25.57	24.23	17.58
中沙(天津)石化有限公司	31.72	—	—	—	—	—
间歇式聚丙烯(总量)	34.80	31.36	33.37	38.52	33.88	40.55

【聚苯乙烯】 截至2010年底，石化集团公司有6套聚苯乙烯生产装置，都采用连续本体法工艺，其中燕山分公司、广州分公司、茂名分公司、上海赛科公司各1套，扬子中外合资企业2套。石化集团公司聚苯乙烯生产能力为75.00万吨/年，产能减少2.9万吨/年。齐鲁装置核减3.6万吨/年，扬巴2套装置产能增加0.7万吨/年。

2010年，石化集团公司聚苯乙烯产量为69.22万吨，同比增产了6.23万吨。详见表10。

（刘志武）

表10　　石化集团公司各企业聚苯乙烯产量　　万吨

企业名称 \ 年份	2010	2009	2008	2007	2006	2005
石化集团公司	69.22	62.99	58.31	63.91	57.48	49.50
燕山分公司	5.17	5.58	5.30	4.69	4.73	5.34
广州分公司	6.20	6.12	5.42	5.08	5.52	6.03
茂名分公司	7.31	7.78	6.72	6.15	5.53	6.89
上海赛科公司	27.84	21.73	19.97	25.14	19.87	11.05
扬巴公司	22.70	21.78	20.90	22.85	21.83	20.19

【聚氯乙烯】 截至2010年底，石化集团公司生产聚氯乙烯的企业只有齐鲁分公司1家，生产能力为60万吨/年。2010年核减了燕山石化公司17万吨/年产能。2010年，石化集团公司PVC产量为59.63万吨，同比增加8.26万吨。详见表4、表5。

（刘志武）

【ABS】 截至2010年底，石化集团公司生产ABS树脂的企业只有高桥分公司1家，产能为20万吨/年，同比没有变化。2010年，石化集团公司ABS产量为16.62万吨。详见表4、表5。

（刘志武）

【其他树脂】 石化集团公司生产的其他树脂包括聚醚树脂、乙烯醋酸乙烯共聚物（EVA）、环氧树脂等。2010年，石化集团公司其他树脂生产能力为62.80万吨/年，产量为54.11万吨。分品种产量见表11。

表11　　石化集团公司其他树脂产量　　万吨

产品名称 \ 年份	2010	2009	2008	2007	2006	2005
其他树脂合计	54.11	44.69	42.63	55.15	50.89	41.15
乙烯醋酸乙烯共聚物	22.72	16.03	16.10	16.12	13.05	6.17
AS树脂	—	—	—	—	—	0.17
环氧树脂	4.04	4.12	3.73	3.35	3.06	2.34
聚　醚	25.31	23.09	21.08	26.51	25.73	23.76
不饱和树脂	—	—	—	2.79	2.85	2.64
其他塑料或共聚物	2.04	1.46	1.72	6.38	6.20	6.07

石化集团公司生产乙烯醋酸乙烯共聚物的企业有扬巴公司、燕山石化公司、北京华美聚合物有限公司3家，截至2010年底，生产能力30万吨/年，2010年产量为22.72万吨，同比增加6.69万吨。生产环氧树脂的企业有巴陵石化公司1家，截至2010年底，生产能力为4.2万吨/年，同比没有变化；产

量为4.04万吨，同比减少0.08万吨。生产聚醚树脂的企业有2家。截至2010年底，聚醚生产能力为26.70万吨/年，同比没有变化。2010年聚醚总产量为25.31万吨，同比增产了2.22万吨。

（刘志武）

合成橡胶

【概述】 截至2010年底，石化集团公司合成橡胶生产能力129万吨/年，与上年持平。分胶种统计，丁苯橡胶能力（不含胶乳）39.7万吨/年，丁苯胶乳能力10万吨/年，顺丁橡胶能力35.8万吨/年，丁基橡胶能力4.5万吨/年，SBS能力36万吨/年，SIS能力1万吨/年，SEBS能力2万吨/年。石化集团公司合成橡胶各品种装置生产能力见表12。

2010年，石化集团公司合成橡胶产量为129.04万吨，同比增长10%。分胶种统计，石化集团公司顺丁橡胶产量为39.99万吨（包括低顺橡胶），丁苯橡胶产量为48.76万吨（包括丁苯胶乳），SBS产量为33.03万吨，丁基橡胶产量为3.69万吨，SIS产量为2.19万吨，SEBS产量为1.47万吨。石化集团公司合成橡胶产品产量见表13。

（楼峥芳）

表12 石化集团公司合成橡胶各品种装置生产能力 万吨/年

产品名称 \ 年份	2010	2009	2008	2007	2006	2005
合成橡胶合计	129.00	129.00	114.53	104.03	87.33	69.58
丁苯橡胶	49.70	49.70	43.15	46.15	31.65	24.95
胶　乳	10.00	10.00	10.45	10.45	5.95	5.95
充油胶	16.40	16.40	11.40	14.40	9.40	6.00
软　胶	23.30	23.30	21.30	21.30	16.30	13.00
顺丁橡胶	35.80	35.80	33.88	33.88	31.48	24.18
丁基橡胶	4.50	4.50	4.50	3.00	3.00	3.00
SBS热塑性弹性体	36.00	37.00	32.00	20.00	20.20	17.45
SIS	1.00	1.00	1.10	1.05	0.80	0.51
SEBS	2.00	2.00	1.00	1.00	1.00	—

表13 石化集团公司合成橡胶各产品产量 万吨

产品名称 \ 年份	2010	2009	2008	2007	2006	2005
合成橡胶合计	129.04	117.33	108.39	106.65	90.79	84.30
丁苯橡胶	48.76	39.96	38.96	35.89	23.27	21.81
胶　乳	9.18	8.15	8.97	7.88	6.70	6.21
充油胶	15.23	12.27	13.54	11.99	6.84	6.14
软　胶	24.34	19.54	16.45	16.02	9.73	9.46
顺丁橡胶	39.99	36.78	35.50	35.16	33.20	29.56
丁基橡胶	3.69	4.03	4.40	3.69	3.97	3.90
SBS热塑性弹性体	33.03	33.58	27.63	30.42	29.24	28.48
SIS	2.19	1.85	1.10	1.05	0.80	0.51
SEBS	1.47	1.12	0.79	0.40	0.30	0.03

【顺丁橡胶】 截至2010年底，石化集团公司顺丁橡胶生产能力为35.8万吨/年，生产企业有燕山分公司、高桥分公司、齐鲁分公司、巴陵石化公司4家，全部为镍系顺丁橡胶，其中高桥分公司还可以生产锂系低顺橡胶。2010年，石化集团公司共生产顺丁橡胶39.99万吨，同比增长8.7%。分企业产量见表14。

（楼峥芳）

表14　　石化集团公司各企业顺丁橡胶产量　　万吨

企业名称＼年份	2010	2009	2008	2007	2006	2005
石化集团公司合计	39.99	36.78	35.50	35.16	33.20	29.56
燕山分公司	14.70	14.36	14.41	13.42	13.66	13.17
高桥分公司	15.95	13.92	12.79	12.91	11.36	9.81
齐鲁分公司	5.24	4.74	4.87	5.14	4.80	5.07
巴陵石化公司	4.10	3.77	3.43	3.69	3.38	1.51

【丁苯橡胶】 截至2010年底，石化集团公司丁苯橡胶生产能力为49.7万吨/年，有4家丁苯橡胶生产企业，分别是高桥分公司、齐鲁分公司、高桥石化控股公司和扬子—金浦公司，除高桥分公司生产溶聚丁苯橡胶外，其余企业只能生产乳液丁苯橡胶或丁苯胶乳。2010年，石化集团公司共生产丁苯橡胶48.76万吨，同比增长22%。分企业产量见表15。

（楼峥芳）

表15　　石化集团公司各企业丁苯橡胶产量　　万吨

企业名称＼年份	2010	2009	2008	2007	2006	2005
石化集团公司合计	48.76	39.96	38.96	35.89	23.27	21.82
齐鲁分公司	29.39	20.15	16.31	16.12	15.79	15.60
高桥分公司	0.95	2.67	3.57	6.03	1.25	0.54
高桥石化控股公司	9.18	8.00	8.60	7.40	6.22	5.68
扬子—金浦公司	9.23	9.14	10.40	6.34	—	—
胶　乳						
石化集团公司合计	9.18	8.15	8.97	7.88	6.70	6.22
高桥分公司	—	0.15	0.37	0.48	0.48	0.5
高桥石化控股公司	9.18	8.00	8.60	7.40	6.22	5.68
充油胶						
石化集团公司合计	15.23	12.27	13.54	11.99	6.84	6.14
齐鲁分公司	10.92	7.08	6.73	6.36	6.41	6.14
高桥分公司	0.10	1.31	1.93	3.02	0.43	—
扬子—金浦公司	4.21	3.88	4.80	2.61	—	—
软　胶						
石化集团公司合计	24.34	19.54	16.45	16.02	9.73	9.46
齐鲁分公司	18.47	13.07	9.58	9.76	9.38	9.46
高桥分公司	0.85	1.21	1.27	2.53	0.34	—
扬子—金浦公司	5.02	5.27	5.60	3.73	—	—

【SBS热塑性弹性体】 截至2010年底，石化集团公司SBS生产能力为36万吨/年，2010年SBS产量为33.03万吨，同比减少1.6%。分企业产量见表16。

（楼峥芳）

表16 石化集团公司各企业SBS热塑性弹性体产量 万吨

企业名称＼年份	2010	2009	2008	2007	2006	2005
石化集团公司合计	33.03	33.58	27.63	30.42	29.24	28.48
燕山分公司	9.22	9.09	7.91	8.80	8.62	9.10
巴陵石化公司	15.38	14.21	11.10	14.08	13.28	13.93
茂名分公司	8.44	10.28	8.62	7.54	7.34	5.37

【丁基橡胶】 截至2010年底，石化集团公司只有燕山分公司生产丁基橡胶。2010年，中国石化采用自有技术建设了3万吨/年溴化丁基橡胶工业化生产装置，是国内唯一一套溴化丁基橡胶工业装置。2010年丁基橡胶产量为3.69万吨。

（楼峥芳）

【SIS橡胶】 石化集团公司只有巴陵石化公司生产SIS橡胶。2010年产量达到了2.19万吨。

（楼峥芳）

【SEBS橡胶】 石化集团公司只有巴陵石化公司生产SEBS橡胶。2010年生产SEBS 1.47万吨。

（楼峥芳）

合成纤维

【概述】 2010年，国内化学纤维总产量为3 089.70万吨，约占国内纺织纤维消费量的7成，其中合成纤维总产量为2 906.20万吨，比2009年增加401.94万吨，同比增长16.05%。

2010年，石化集团公司的合纤原料板块和合成纤维板块整体赢利。合成纤维原料与合成纤维聚合物的产能、产量比上年均同步增加；合成纤维的产能降低，而产量却比上年有所增加，装置的开工率和负荷率提高。

截至2010年底，石化集团公司合成纤维原料生产能力为644.16万吨/年，比2009年增加114.10万吨/年，增长21.53%，其中投资新增产能110.00万吨/年，技术改造增加产能4.10万吨/年；合成纤维聚合物生产能力为316.98万吨/年，比2009年增加6.85万吨/年，增长2.21%，其中技术改造增加产能6.30万吨/年，核减产能0.35万吨/年；合成纤维生产能力为155.53万吨/年，比2009年减少1.00万吨/年，降低0.64%，其中投资新增产能7.00万吨/年，技术改造增加产能2.10万吨/年，核减产能10.10万吨/年。

2010年，镇海炼化分公司投资新建的65万吨/年乙二醇装置建成投产；中沙(天津)石化有限公司的36万吨/年乙二醇装置建成投产；石家庄炼化分公司已内酰胺装置新增产能9万吨/年，已内酰胺合计产能增加到16万吨/年。石化集团公司所属企业主要合成纤维及原料生产装置的能力见表17。

2010年，石化集团公司生产合成纤维原料597.47万吨，比2009年增加90.91万吨，增长17.95%；生产合成纤维聚合物325.91万吨，比2009年增加21.01万吨，增长6.89%；生产合成纤维140.57万吨，比2009年增加9.17万吨，增长6.98%。

（周向进）

【合成纤维原料】 石化集团公司生产的合成纤维原料有精对苯二甲酸(PTA)、精间苯二甲酸(PIA)、丙烯腈(AN)、己内酰胺(CPL)、乙二醇(EG)5个品种。截至2010年底，石化集团公司合成纤维原料的生产能力为644.16万吨/年，比2009年增加114.10万吨/年，增长21.53%。

2010年，石化集团公司生产合成纤维原料597.47万吨，比2009年增加90.91万吨，增长17.95%。石化集团公司合成纤维原料产量见表18。

表 17

石化集团公司各企业主要合成纤维及原料生产装置能力

万吨/年

企业名称	合纤原料	PTA	己内酰胺	丙烯腈	乙二醇	合纤聚合物	聚酯	PVA	聚酰胺	合成纤维	涤纶	锦纶	腈纶	维纶	丙纶
燕山分公司	13.00	5.00①	—	—	8.00	—	—	—	—	—	—	—	—	—	—
天津分公司	40.66	34.40	—	—	6.26	20.00	20.00	—	—	10.00	10.00	—	—	—	—
石家庄化纤公司	16.00	—	16.00	—	—	2.50	—	—	2.50	0.50	—	0.50	—	—	—
上海石化股份公司	114.00	40.00	—	13.00	61.00	58.93	55.10	3.83	—	33.93	18.15	—	14.08	—	1.70
扬子石化有限公司	131.00	105.00	—	—	26.00	—	—	—	—	—	—	—	—	—	—
仪征化纤股份公司	100.00	100.00	—	—	—	175.35	175.35	—	—	74.70	74.70	—	—	—	—
镇海炼化分公司	65.00	—	—	—	65.00	—	—	—	—	—	—	—	—	—	—
安庆分公司	8.00	—	—	8.00	—	—	—	—	—	7.00	—	—	7.00	—	—
齐鲁分公司	4.00	—	—	4.00	—	—	—	—	—	5.40	—	—	5.40	—	—
巴陵分公司	14.00	—	14.00	—	—	4.60	—	—	4.60	0.00	—	0.00	—	—	—
洛阳分公司	32.50	32.50	—	—	—	24.00	24.00	—	—	21.20	21.20	—	—	—	—
上海赛科公司	26.00	—	—	26.00	—	—	—	—	—	—	—	—	—	—	—
扬巴公司	30.00	—	—	—	30.00	—	—	—	—	—	—	—	—	—	—
中沙(天津)石化有限公司	36.00	—	—	—	36.00	—	—	—	—	—	—	—	—	—	—
仪征分公司	—	—	—	—	—	22.80	22.80	—	—	—	—	—	—	—	—
燕山石化公司	4.00	—	—	—	4.00	2.80	—	2.80	—	—	—	—	—	—	—
四川维尼纶厂	—	—	—	—	—	6.00	—	6.00	—	2.20	—	—	—	2.20	—
茂名分公司	10.00	—	—	—	10.00	—	—	—	—	—	—	—	—	—	—
扬州石油化工厂②	—	—	—	—	—	—	—	—	—	0.60	—	—	—	—	0.60
合　计	644.16	311.90	30.00	51.00	246.26	316.98	297.25	12.63	7.10	155.53	124.05	0.50	26.48	2.20	2.30

①PIA 产能纳入合纤原料产能，未列入 PAT 合计产能。

②原属江苏石油勘探局。

表 18　石化集团公司合成纤维原料各品种产量　万吨

产品名称＼年份	2010	2009	2008	2007	2006	2005
合成纤维原料合计	597.47	506.56	472.01	523.41	452.17	407.56
PTA	338.28	328.90	289.44	333.53	283.83	266.54
PIA①	2.05	2.50	2.93	3.08	2.90	2.50
丙烯腈	57.03	49.63	49.40	54.26	52.50	41.82
己内酰胺	29.34	18.41	19.31	18.29	17.96	16.01
乙二醇	170.76	104.80	108.64	114.24	97.86	83.19

①PIA 产量 2005—2008 年未作为合纤原料加以统计。

1. 精对苯二甲酸

石化集团公司生产 PTA 的企业有天津分公司、上海石化股份公司、扬子石化有限公司、仪征化纤股份公司和洛阳分公司 5 家。

2010 年，仪征化纤股份公司通过技术改造增加 PTA 产能 4.1 万吨/年，PTA 合计产能增加到 100 万吨/年。

2010 年，石化集团公司 PTA 产能为 311.90 万吨/年，占中国大陆 PTA 产能的 20.24%；产量为 338.28 万吨，同比增加 9.38 万吨，增长 2.85%，占中国大陆 PTA 产量的 23.24%，同比下降 4.26 个百分点。石化集团公司 PTA 产量见表 19。

表 19　石化集团公司各企业 PTA 产量　万吨

企业名称＼年份	2010	2009	2008	2007	2006	2005
石化集团公司合计	338.28	328.90	289.44	333.53	283.83	266.54
燕山分公司①	2.05	2.50	2.93	3.08	2.90	2.50
天津分公司	32.83	24.76	22.46	32.10	32.02	28.50
上海石化股份公司	39.15	38.09	34.28	40.01	40.64	36.21
扬子石化有限公司	130.08	132.48	111.13	127.71	77.69	73.48
仪征化纤股份公司	104.12	102.33	98.79	102.49	100.39	97.05
洛阳分公司	32.10	31.24	22.78	31.22	33.09	31.29

①燕山石化公司 PTA 产量 2005—2008 年未作为合纤原料加以统计。

2. 丙烯腈

石化集团公司生产丙烯腈的企业有上海石化股份公司、安庆分公司、齐鲁分公司和上海赛科公司 4 家。

2010 年，石化集团公司生产丙烯腈 57.03 万吨，比 2009 年增加 7.40 万吨，增长 14.91%。石化集团公司丙烯腈产量见表 20。

表 20　石化集团公司各企业丙烯腈产量　万吨

企业名称＼年份	2010	2009	2008	2007	2006	2005
石化集团公司合计	57.03	49.63	49.40	54.26	52.50	41.82
上海石化股份公司	14.64	12.78	11.90	13.23	14.32	13.16
安庆分公司	8.64	8.57	8.39	8.64	8.50	8.59
齐鲁分公司	4.43	4.26	4.21	4.45	4.30	4.22
上海赛科公司	29.32	24.02	24.89	27.94	25.38	15.85

3. 己内酰胺

石化集团公司生产己内酰胺的企业有巴陵分公司和石家庄化纤公司 2 家，2 套装置的原始设计生产能力均为 5 万吨/年。

2010 年，巴陵分公司己内酰胺装置经过进一步改造，实际产能达到 20 万吨/年，由于产能增加和产品制造成本降低，该公司己内酰胺事业部历史上第一次实现赢利。2010 年，石家庄己内酰胺装置经过技术改造，产能从 7 万吨/年增加到 16 万吨/年。

2010 年，石化集团公司生产己内酰胺 29. 34 万吨，比 2009 年增加 10. 93 万吨，增长 59. 37%。其中，石家庄化纤公司的己内酰胺产量从 2009 年的 4. 60 万吨增加到 2010 年的 10. 05 万吨，增长 118. 16%。石化集团公司己内酰胺产量见表 21。

表 21　　石化集团公司各企业己内酰胺产量　　万吨

企业名称 \ 年份	2010	2009	2008	2007	2006	2005
石化集团公司合计	29. 34	18. 41	19. 31	18. 29	17. 99	16. 01
石家庄化纤公司	10. 05	4. 60	5. 69	6. 56	7. 19	6. 88
巴陵分公司	19. 29	13. 81	13. 60	11. 73	10. 80	9. 14

4. 乙二醇

石化集团公司生产乙二醇的企业有燕山分公司、燕山石化公司、天津分公司、上海石化股份公司、扬子石化有限公司、茂名分公司、扬巴公司和镇海炼化分公司、中沙(天津)石化有限公司 9 家企业。镇海炼化分公司、中沙(天津)石化有限公司的乙二醇装置为 2010 年投产的新装置，采用的都是美国陶氏化学公司的专利技术。

2010 年，石化集团公司生产乙二醇 170. 76 万吨，比 2009 年增加 65. 96 万吨，同比增长 62. 94%。石化集团公司乙二醇产量见表 22。

表 22　　石化集团公司各企业乙二醇产量　　万吨

企业名称 \ 年份	2010	2009	2008	2007	2006	2005
石化集团公司合计	170. 76	104. 80	108. 64	114. 24	97. 85	83. 19
燕山分公司	6. 34	6. 37	5. 98	6. 13	6. 61	7. 20
上海石化股份公司	41. 23	39. 40	42. 13	39. 13	19. 06	21. 33
扬子石化有限公司	15. 66	16. 00	16. 55	17. 17	17. 75	16. 29
天津分公司	3. 88	3. 30	2. 98	4. 11	4. 61	4. 25
茂名分公司	6. 61	3. 66	8. 33	9. 22	10. 24	8. 51
扬巴公司	29. 09	32. 61	29. 77	34. 20	35. 28	20. 87
燕山石化公司	3. 30	3. 46	2. 90	4. 28	4. 30	4. 73
镇海炼化分公司	30. 01	—	—	—	—	—
中沙(天津)石化有限公司	34. 64	—	—	—	—	—

5. 精间苯二甲酸

石化集团公司生产 PIA 的企业只有燕山分公司，也是国内唯一一家生产 PIA 产品的企业。燕山分公司的 PIA 装置是利用原来 5 万吨/年精对苯二甲酸装置改造的，改造后生产 PIA 的能力为 4 万吨/年。2010 年，该装置经过进一步技术改造，生产 PIA 的能力提高到 5 万吨/年。

2010 年，石化集团公司生产 PIA 产品 2.05 万吨，比 2009 年减少 0.45 万吨。

（周向进）

【合成纤维聚合物】 石化集团公司生产的合成纤维聚合物主要品种有聚酯（PET）、聚乙烯醇（PVA）、聚己内酰胺（PA6）、聚对苯二甲酸丁二酯（PBT）、纤维级聚丙烯（纤维级 PP）、纤维级聚乙烯（纤维级超高分子量 PE）。

2010 年，石化集团公司合成纤维聚合物的生产能力为 316.98 万吨/年，比 2009 年增加 6.85 万吨/年，同比增长 2.21%。

2010 年，仪征化纤股份公司通过技术改造增加聚酯产能 3.5 万吨/年，减少聚酯产能 0.35 万吨/年，合计增加聚酯产能 3.15 万吨/年。仪征分公司代表中国石化控股的海南瓶级聚酯切片项目（装置）通过技术改造增加聚酯产能 2.80 万吨/年，合计聚酯产能增加到 22.80 万吨/年。

从 2010 年开始，仪征化纤股份公司的 PBT 产能、产量纳入合成纤维聚合物统计。

2010 年，石化集团公司生产合成纤维聚合物 325.91 万吨，比 2009 增加 21.01 万吨，同比增长 6.89%。石化集团公司合成纤维聚合物各品种产量见表 23。

表 23　石化集团公司合成纤维聚合物各品种产量　万吨

产品名称 \ 年份	2010	2009	2008	2007	2006	2005
合成纤维聚合物合计	325.91	304.90	266.97	291.07	284.70	277.76
聚　酯	304.88	290.62	251.14	274.08	266.36	260.19
聚对苯二甲酸丁二酯	2.50	—	—	—	—	—
聚乙烯醇	12.68	9.68	11.55	12.64	12.84	12.67
聚己内酰胺	5.84	4.60	4.31	4.35	5.48	4.90

1. 聚酯

2010 年，石化集团公司生产聚酯 304.88 万吨，比 2009 年增加 14.26 万吨，同比增长 4.91%。石化集团公司聚酯产量见表 24。

表 24　石化集团公司各企业聚酯产量　万吨

企业名称 \ 年份	2010	2009	2008	2007	2006	2005
石化集团公司合计	304.88	290.62	251.14	274.08	266.35	260.19
上海石化股份公司	60.31	55.61	54.40	58.93	55.91	32.81
仪征化纤股份公司	173.57	173.66	166.60	171.53	165.38	162.86
天津分公司	28.55	22.48	10.72	26.02	24.38	23.25
洛阳分公司	19.90	18.30	11.36	17.60	20.68	19.08
仪征分公司	22.56	20.56	—	—	—	—

2. 聚乙烯醇

石化集团公司生产聚乙烯醇的企业有上海石化股份公司、四川维尼纶厂和燕山石化公司 3 家。2010 年生产聚乙烯醇 12.68 万吨，比 2009 年增加 3.00 万吨，同比增长 30.99%。石化集团公司聚乙烯醇产量见表 25。

表 25　　石化集团公司各企业聚乙烯醇产量　　万吨

企业名称 \ 年份	2010	2009	2008	2007	2006	2005
石化集团公司合计	12.68	9.68	11.55	12.64	12.84	12.67
上海石化股份公司	4.01	4.36	4.16	4.27	4.54	4.58
燕山石化公司	2.51	—	1.47	2.68	2.28	1.94
四川维尼纶厂	6.15	5.33	5.92	5.69	6.02	6.15

3. 聚己内酰胺

石化集团公司生产聚己内酰胺的企业有石家庄炼化股份公司和巴陵分公司 2 家。2010 年生产聚己内酰胺 5.84 万吨，其中石家庄炼化股份公司为 2.14 万吨，巴陵分公司为 3.71 万吨。

4. 纤维级聚丙烯和纤维级聚乙烯

纤维级聚丙烯和纤维级超高分子量聚乙烯的生产能力、产量均在聚丙烯和聚乙烯（合成树脂）中统计。

（周向进）

【合成纤维】 合成纤维的五大品种是涤纶、锦纶、腈纶、维纶、丙纶，俗称“五大纶”。

2010 年，石化集团公司合成纤维的生产能力为 155.53 万吨/年，比 2009 年减少 1.00 万吨/年，同比降低 0.06%。

2010 年，仪征化纤股份公司投资搬迁原属于天津分公司的涤纶短纤维装置，增加产能 7 万吨/年；通过技术改造增加中空涤纶短纤维生产能力 2.10 万吨/年，减少涤纶短纤维生产能力 2.00 万吨/年；核减涤纶长丝生产能力 1.70 万吨/年。上海石化股份公司核减涤纶长丝生产能力 1.40 万吨/年，核减腈纶纤维生产能力 5.00 万吨/年。

2010 年，石化集团公司生产合成纤维 140.57 万吨，比 2009 年增加 9.17 万吨，同比增长 6.98%。石化集团公司合成纤维各品种产量见表 26。

表 26　　石化集团公司合成纤维各品种产量　　万吨

产品名称 \ 年份	2010	2009	2008	2007	2006	2005
合成纤维合计	140.57	131.40	127.44	143.82	152.26	160.07
涤　纶	107.68	99.10	94.07	106.03	112.77	119.73
锦　纶	—	—	—	0.01	0.51	0.29
腈　纶	31.02	30.48	31.43	35.67	36.94	36.91
维　纶	1.29	1.25	1.48	1.57	1.50	1.48
丙　纶	0.58	0.57	0.46	0.55	0.55	1.67

1. 涤纶

2010 年，石化集团公司涤纶纤维生产能力为 124.05 万吨/年，比 2009 年增加 4.00 万吨/年，同比增长 3.33%。涤纶长丝的生产能力为 29.95 万吨/年，比 2009 年减少 3.10 万吨/年，同比降低 9.38%。

2010 年，仪征化纤股份公司利用该装置改造完成 7 万吨/年涤纶短纤维生产线。

2010 年，石化集团公司生产涤纶纤维 107.68 万吨，比 2009 年增加 8.58 万吨，同比增长 8.66%，其中涤纶长丝产量为 22.99 万吨，比 2009 年减少 0.44 万吨/年，同比降低 1.88%。石化集团公司涤纶产量见表 27。

表27 石化集团公司各企业涤纶产量 万吨

企业名称＼年份	2010	2009	2008	2007	2006	2005
石化集团公司合计	107.68	99.10	94.07	106.03	112.77	119.73
上海石化股份公司	8.72	8.06	8.52	8.90	10.39	12.37
仪征化纤股份公司	70.65	67.48	67.20	67.52	66.01	51.50
天津分公司	12.41	9.73	10.66	17.14	18.63	19.51
洛阳分公司	15.90	13.83	7.58	12.47	17.74	16.29
仪征分公司	—	—	—	—	—	0.51

2. 锦纶

石化集团公司生产锦纶的企业只有石家庄炼化股份公司1家，生产能力为0.5万吨/年，2010年没有生产锦纶纤维。

3. 腈纶

石化集团公司生产腈纶纤维的企业有上海石化股份公司、安庆分公司和齐鲁分公司3家。

2010年，上海石化股份公司核减腈纶纤维产能5.00万吨/年。

2010年，石化集团公司生产腈纶纤维31.02万吨，比2009年增加0.54万吨，同比增长1.77%。石化集团公司腈纶产量见表28。

表28 石化集团公司各企业腈纶产量 万吨

企业名称＼年份	2010	2009	2008	2007	2006	2005
石化集团公司合计	31.02	30.48	31.43	35.67	36.94	36.91
上海石化股份公司	16.64	16.07	18.48	21.89	22.61	22.74
安庆分公司	7.87	7.87	6.90	7.71	7.76	7.86
齐鲁分公司	6.52	6.50	6.05	6.07	6.57	6.30

4. 维纶

石化集团公司生产维纶纤维的企业只有四川维尼纶厂1家，生产能力为2.2万吨/年，2010年产量为1.29万吨，比2009年增加0.04万吨。

5. 丙纶

石化集团公司生产丙纶的企业有上海石化股份公司和扬州石油化工厂2家。2010年，石化集团公司丙纶生产能力为2.30万吨/年，其中上海石化股份公司为1.7万吨/年，扬州石油化工厂为0.60万吨/年。

2010年，石化集团公司生产丙纶0.58万吨（上海石化股份公司装置停产封存），比2009年增加0.01万吨。

（周向进）

精细化工

【概述】 随着化工产品的市场竞争激烈，效益下滑，中国石化集资源、市场、技术、人才等多方面的优势，对精细化工产品有重点有步骤地发展。

石化集团公司主要精细化工产品产量见表29。

（赵锦波）

表 29　　石化集团公司主要精细化工产品产量　　万吨

产品名称＼年份	2010	2009	2008	2007	2006	2005
催化剂						
炼油催化剂	119 616	104 585	101 256	95 258	84 139	78 914
化工催化剂	2 560	2 255	1 816	1 274	1 441	1 551
塑料助剂						
塑料增塑剂	40 763	36 800	53 237	76 521	63 041	48 948
塑料发泡剂	0	168	0	10 578	10 847	11 778
橡胶助剂						
橡胶促进剂	611	9	226	4 689	4 928	4 395
橡胶防老剂	47 486	35 824	22 206	36 693	37 353	27 992
表面活性剂	14 734	28 533	29 084	19 795	16 519	14 607
微晶蜡	21 330	9 881	12 494	14 332	16 793	9 809
专用蜡	53 581	35 541	22 775	19 475	14 584	11 344
凡士林	6 934	7 949	5 475	8 878	4 912	4 157

【催化剂】 2010 年，石化集团公司在新催化剂开发、生产和推广应用方面有了新的突破。成功开发了具有显著优先裂解重组分能力的 FC－32 加氢裂化催化剂和采用络合技术负载活性组元的 FHUDS－2 柴油超深度加氢脱硫催化剂；成功开发了 DQC 球形催化剂，经工业试验表明，该催化剂所生产细粉较 DQ 催化剂明显减少，完全可代替进口催化剂。催化裂化催化剂、催化重整催化剂、加氢催化剂、基本有机原料催化剂、聚烯烃催化剂、化肥催化剂六大类炼油和石油化工用催化剂的国产化率均超过 85%。

2010 年，石化集团公司共生产炼油和化工催化剂 12.22 万吨。催化剂分公司与石油化工科学研究院（RIPP）合作完成了 Catalyst5#、SGC－1、HGYP－1 等催化裂化催化剂的工业放大工作，与抚顺石油化工研究院合作完成了 FHUDS－5 等加氢催化剂的工业放大试验，与北京化工研究院合作完成了聚丙烯催化剂多组分球形载体等新产品的工业放大试验，与上海石油化工研究院合作完成了 MTO 甲醇制烯烃催化剂的工业放大试验。

2010 年，中国石化在加快新产品开发的同时，积极加大生产基地建设力度。齐鲁分公司 5 万吨项目一期工程经过 5 个多月的试生产，实现全面达标生产；催化汽油脱硫吸附剂生产装置投产运行，产品成功实现了工业应用；湖南长岭云溪炼油催化剂生产基地进入全面建设阶段。

（顾培蕾）

【表面活性剂】 石化集团公司研究开发和生产表面活性剂的企业主要是金陵石化公司、天津石化公司、高桥石化公司等。2010 年，石化集团公司共生产表面活性剂 1.47 万吨，主要有乳化剂（MOA、EL、Tx）、洗涤剂（低泡清洗剂、消泡剂等）和破乳剂等系列产品。

1. 聚醚多元醇

石化集团公司生产聚醚多元醇的企业为资产公司高桥分公司和天津石化。

资产公司高桥分公司加强科技开发和产品升级，结合节能减排和消除生产经营瓶颈，积极开拓市场，研制适应市场需求的新产品，取得了明显的经济效益。2010年聚醚产品产、销量分别达到17.73万吨和17.77万吨；组织了10个聚醚新产品的试生产，试产产量达到7 000余吨。2010年开发的新产品有GR－403G、GEP－828F、GE－304、GR－8348A、GJ－8G等。产品开发成功，产品质量良好。对GR－8345、GE－304等的配方进行不断更新，使产品的质量得到提高。借助汽车行业的发展，公司顺势加大了GEP－828、GPOP－H45、GEP－360N和GEP－2005等次新产品的推广力度，销量同比增加13%；特种聚醚GK－350D的销量同比增加了47%，销售收入同比增加了50%，产品附加值在聚醚产品中遥遥领先。

2010年，天津石化在聚醚新产品开发生产方面也取得了很大成绩。聚合物多元醇TPOPDL－25是线性分子结构，由于之前该类双官能POP国内尚无相关产品，天津石化聚醚部研发的该产品完全可以替代国内进口，满足相关行业需求。双官能POP主要用于半硬泡制品如汽车顶棚、扶手，特别适用于CASE制品等。由于双官能度聚醚多元醇的线性结构的原因，所得制品具有优异的柔软度和伸长率，已开始吨位订货，试销3.4吨，逐渐替代进口，并出口加拿大木桥及圣戈班、土耳其等聚氨酯公司。

2. 三次采油用化学品

由石油化工科学研究院和西北油田分公司联合开发的油溶性稠油乳化降黏剂已经完成现场工业试验，该技术可满足机抽井和自喷井井筒降黏的生产需要，最大掺稀降幅可达40%。

北京化工研究院合成的耐温聚合物和耐温抗盐聚合物的样品分别在河南油田和胜利油田进行了综合性能评价，各项指标均达到要求，准备进行模试放大工作。

（原 玲 赵锦波）

【合成胶黏剂】 石化集团公司生产的胶黏剂原料主要有环氧树脂、苯乙烯共聚物及醋酸乙烯聚合物。

1. 环氧树脂类

2010年，巴陵石化共生产各种牌号基础环氧树脂4.04万吨，净增利润6 221.4万元，其中全年实现新产品产销2 981.8吨（比上年同期多产销500吨），创造利润1 844.5万元，详见表30。

表30 巴陵石化2010年环氧树脂品种、产量及技术经济指标

产品名称	产量/吨	销量/吨	平均利润/万元	新增产值/万元	净增利润/万元
基础环氧树脂	40 379.20	39 705.10	1 566.90	76 793.00	6 221.40
CYDCN－195/2009	1 354.10	1 354.10	8 700.00	4 429.80	1 178.10
CYDW－113W50	241.30	241.30	12 500.00	555.00	301.60
CYDBN－240	34.70	34.70	3 870.00	127.90	13.40
800系列	1 351.70	1 351.70	2 600.00	2 328.40	351.40

2. 醋酸乙烯聚合物类

2010年新产品开发情况：①PVA。开发了PVA26－88、PVA03－88两个品种，PVA26－88形成批量生产和销售。②维纶纤维。开发了ZB长丝束专用纤维，生产88.35吨；新建成500吨/年水溶性纤维工业化试验装置，批量生产出20℃、40℃水溶纤维投放市场，分别生产51.24吨和298.32吨。③VAE。根据用户对产品环保要求的提高，成功开发出低甲醛含量的CW40－705A、CW40－707A，并形成批量生产和销售。

（原 玲 赵锦波）

【生物化工及可替代能源】

1. 甘油发酵生产1，3－PDO中试技术

已经完成中试试验，得到万吨级工艺包编制基础数据并通过抚顺石油化工院学委会技术评议。配合上海工程公司开展1万吨/年PDO工艺包编制工作，已提供基础数据和工艺包内容相关材料，通过多次交流双方已完成PFD图确定工作，正在开展PID图绘制工作。已申请中国专利11件，形成自主知识产权。

2. 油脂资源技术开发

微藻项目已进入实施阶段，参与中国石化—中

科院微藻制取生物柴油战略联盟项目子课题，开展东北地区藻种资源调查、藻株分离纯化及入库保藏等方面的工作，建立了微藻培养、分析评价研发平台。

（原　玲　赵锦波）

【石油化工溶剂及助剂】 南京化工公司是石化集团公司生产橡胶助剂的主要企业，生产的主要品种有防老剂 6PPD（原名防老剂 4020）、防老剂 4010NA、防老剂 RD 等，正在进行新型橡胶防老剂 4050、4030、3100，促进剂 NS 等新产品中试研究。2010 年南京化工公司橡胶助剂产品品种、产量、质量及技术经济指标见表 31。

（原　玲　赵锦波）

表 31　　南京化工公司 2010 年橡胶助剂品种、产量、质量及技术经济指标

产品名称	产量/吨	质量		主要技术经济指标					
				物耗		能耗			
		凝固点/℃	优级品率/%	物料名称	损耗/千克·吨$^{-1}$	汽(中/低)/吨·吨$^{-1}$	电/(千瓦·时)·吨$^{-1}$	水/吨·吨$^{-1}$	综合能耗/吨(标煤)·吨$^{-1}$
防老剂 RD	29 346	≥86.78（软化点）	≥98	苯胺 丙酮	535.25 722.02	0.21/4.60	112.12	3	0.39
防老剂 6PPD	14 445	≥46.54	≥95	RT 甲酮	719.99 473.08	2.15/1.00 3.00	116.66	5	0.46
防老剂 4010NA	3 694.90	≥72.13（熔点）	≥85	RT 丙酮	833.72 378.21	1.03/1.90	113.26	6	0.24
促进剂 CBS	610.17	≥98.07（初熔点）		促进剂 M	1 024.12	48.68	832.33	15	1.51
粗品促进剂 M	615.17			二硫化碳 苯胺 硝基铜	613.38 563.19 150.96	0.67/7.82	920.27	22	0.35

化　　肥

【概述】 截至 2010 年底，石化集团公司有 9 家化肥生产企业，合成氨生产能力为 269.20 万吨/年、尿素（实物量）363.40 万吨/年、复合肥 50 万吨/年、硫酸铵 42.25 万吨/年、硝酸铵 15 万吨/年，产能均没有变化。

2010 年，石化集团公司实际生产尿素 122.34 万吨，比 2009 年减少 30.18%。各企业尿素产量与 2009 年相比增减量分别为：齐鲁分公司达州化肥装置建成投产，增加尿素产量 8.72 万吨；金陵分公司化肥装置全年供氢，减少尿素产量 17.28 万吨；镇海炼化分公司尿素减产 21.73 万吨；九江分公司尿素减产 21.14 万吨；安庆分公司尿素减产 7.02 万吨；巴陵分公司尿素增产 6.48 万吨；湖北化肥分公司尿素减产 0.92 万吨。

2010 年，石化集团公司销售尿素 125.30 万吨，实现全产全销，平均销售价格为 1 695 元/吨，其中出口尿素 1.21 万吨，出口尿素含关税销售价格为 1 933元/吨。

2010 年，各化肥企业继续按照“减亏脱困、扭亏增盈和合理回报”三步走的思路，围绕扭亏脱困积极开展工作，优化组织生产，稳步推进结构调整，

坚持抓好装置“安稳长”运行，持续推进节能降耗。①优化化肥生产运行方式，根据化肥市场变化，及时调整生产负荷及产品结构，通过产品边际效益测算，确定经济合理的生产方式，相继安排产品无边际效益的达州、湖北、九江化肥装置限产停产，努力减少亏损。②稳步推进结构调整，逐步减少化肥产能，增加氢气产量。继2009年金陵分公司退出化肥改产氢气后，2010年，镇海炼化分公司、九江分公司也已停产化肥，巴陵分公司、安庆分公司按“先氢后氨再尿素”的方案组织生产。石化集团公司化肥装置全年供氢15.12万吨，同比增供3.13万吨，通过产品结构的调整，有效地实现了限亏、减亏。③强化生产装置基础管理，积极开展技术攻关和“比学赶帮超”、“对标”等活动，狠抓装置稳定运行和节能降耗工作。完善煤气化生产装置的基础管理，制定《煤气化装置运行管理办法(试行)》，针对干粉煤、水煤浆两类煤气化装置的技术特点及工艺要求，总结、提炼实际运行经验，从技术和安全角度作出了相关规定和要求，同时开展进一步的技术攻关，提高装置运行和管理水平。巴陵分公司通过加强原料煤质量控制、工艺优化操作和提高设备仪表使用寿命三条线系统的技术攻关，煤代油装置运行可靠性不断提高，装置运转率、负荷率同比分别提高15个百分点和7个百分点，变换采用低水汽比催化剂进行节能降耗改造，合成氨综合能耗大幅下降，月度最好达到55.61吉焦/吨，创造煤代油化肥装置投产以来的最好纪录。安庆分公司通过狠抓工艺、设备管理，强化了煤质监控及工艺调整工作，实现煤气化装置连续运行达到110天，创投产以来最高水平。通过运行管理经验的积累和技术攻关，金陵分公司、南京化工公司、齐鲁分公司3套水煤浆气化装置总体保持了较高的运行水平，气化炉单炉正常运行周期都在60天以上，金陵、齐鲁2套水煤浆气化装置运转率(剔除计划检修因素)保持在98%以上，齐鲁水煤浆气化装置最长运行周期达到235天，装置运行可靠性不断提高。

(吴昌保)

【新装置试车】 齐鲁分公司达州化肥装置2009年9月完成各项联动试车后停工待料，该装置以川气东输天然气为原料生产尿素。2010年装置完成了投料试车，1月5日合成氨装置投原料天然气，19日产出合成氨产品，20日产出合格尿素产品，随后转入试生产。因国家上调了天然气基准价，产品尿素受国内产能过剩影响价格下滑严重，装置不能发挥效益，于5月26日停工待产。

(佘振红)

【产量】 2010年，石化集团公司生产合成氨119.10万吨，为2009年同期的88.13%；生产尿素122.34万吨，为2009年同期的69.82%。详见表32、表33。

表32　石化集团公司各企业合成氨产量　万吨

企业名称	年份 / 设计能力/万吨·年$^{-1}$	2010	2009	2008	2007	2006	2005
石化集团公司合计	269.20	119.10	135.15	125.64	114.38	109.06	124.31
齐鲁分公司	29.20	6.59	—	—	—	—	—
金陵分公司	24.00	—	10.02	6.65	10.51	14.70	3.08
安庆分公司	32.00	15.82	20.34	20.10	13.85	0.66	13.10
巴陵分公司	43.00	25.94	18.55	21.13	7.64	0.00	8.91
湖北化肥分公司	30.00	21.74	18.58	14.79	12.67	18.61	24.38
镇海炼化分公司	34.50	6.01	18.30	19.57	27.30	29.99	33.81
九江分公司	30.00	12.97	26.53	26.48	25.57	31.77	25.80
南京化工公司	26.50	18.72	21.69	15.44	16.84	5.47	0.04
四川维尼纶厂	20.00	11.31	1.13	1.49	—	—	—

表 33　　**石化集团公司各企业尿素产量**　　万吨

企业名称	设计能力/万吨·年$^{-1}$	2010	2009	2008	2007	2006	2005
石化集团公司合计	363.40	122.34	175.22	164.86	156.46	160.91	177.96
齐鲁分公司	50.40	8.72	—	—	—	—	—
金陵分公司	40.00	0.00	17.28	11.33	18.36	25.61	4.92
安庆分公司	52.00	22.80	29.82	27.62	17.70	0.27	18.06
巴陵分公司	61.00	25.65	19.17	24.93	7.75	0.00	14.90
湖北化肥分公司	48.00	30.64	31.56	21.29	18.91	28.33	36.79
镇海炼化分公司	60.00	10.47	32.20	33.70	47.81	52.43	58.31
九江分公司	52.00	24.05	45.19	46.00	45.93	54.26	44.96

2010 年，全国合成氨产量为 4 963.20 万吨，同比减少 3.36%；尿素产量为 5 470.22 万吨(实物)，同比减少 14.19%。石化集团公司合成氨产量占全国总产量的 2.40%，同比下降 0.23 个百分点；尿素产量占全国总产量的 2.24%，同比下降 0.51 个百分点。

2010 年，石化集团公司实际生产复合肥 33.04 万吨，同比增产 3.93 万吨，增长 13.49%；农用硫酸铵 56.78 万吨，同比增产 17.49 万吨，增长 44.52%；硝酸铵 14.64 万吨，同比增产 1.87 万吨，增长 14.63%。

(吴昌保)

【**技术经济指标**】 2010 年，化肥装置主要技术经济指标中合成氨综合能耗、尿素优等品率完成较好，纯氮综合能耗和尿素耗氨略高于 2009 年同期值。其中，合成氨综合能耗为 56.57 吉焦/吨，同比下降 0.80 吉焦/吨；纯氮综合能耗为 83.29 吉焦/吨，同比上升 0.33 吉焦/吨；尿素耗氨为 578.08 千克/吨，同比上升 2.43 千克/吨；尿素产品优等品率为 95.08%，同比提高 0.74 个百分点。纯氮综合能耗和尿素耗氨上升的主要原因是以脱油沥青为原料、能耗相对较低的镇海炼化分公司、九江分公司化肥装置停产，影响总体能耗、物耗上升；安庆分公司煤代油化肥装置运行不稳定，九江分公司化肥装置 4—8 月维持 50% 负荷运行，能耗同比上升；齐鲁分公司达州化肥装置建成投产，投料试车消耗较高及尿素装置存在负荷瓶颈，运行期间能耗、物耗较高。

2010 年，各化肥装置均未发生环境污染和扰民事故，废水排放综合合格率均在 95% 以上，其中镇海炼化分公司化肥装置外排废水综合合格率继续保持 100%。

(吴昌保)

无机原料

【**概述**】 2010 年，石化集团公司生产无机原料的企业有南京化工公司、齐鲁分公司、巴陵分公司、巴陵石化公司、石家庄炼化分公司、江汉油田分公司、荆门分公司、长岭分公司等。主要无机原料为“三酸两碱”。石化集团公司主要无机原料生产能力见表 34，产量见表 35。

(吴昌保)

表 34　　**石化集团公司主要无机原料生产能力**　　万吨/年

产品名称	2010	2009	2008	2007	2006	2005
硫　酸	119.50	119.50	119.50	118.00	118.00	103.00
浓硝酸	22.00	22.00	21.00	17.50	20.00	10.00
盐　酸	35.23	48.33	48.33	25.53	25.53	25.53
烧　碱	80.30	92.30	90.30	88.30	94.30	84.30
纯　碱	120.25	120.25	120.25	120.25	120.25	100.25

表 35　　石化集团公司主要无机原料产品产量　　万吨

产品名称 \ 年份	2010	2009	2008	2007	2006	2005
硫　酸	100.29	78.90	71.71	88.00	84.01	75.87
硝　酸	20.56	15.60	11.32	10.36	9.26	9.64
盐　酸	30.80	26.43	21.61	30.92	29.48	33.88
烧　碱	80.31	67.80	74.70	83.66	87.26	88.66
纯　碱	106.11	102.30	116.23	117.61	106.09	100.04

【硫酸】 2010 年，石化集团公司生产硫酸的企业有南京化工公司、石家庄炼化分公司、巴陵分公司、荆门分公司和长岭分公司。截至 2010 年底，石化集团公司硫酸生产能力为 119.50 万吨/年，产能没有变化。2010 年实际生产硫酸 100.29 万吨，比 2009 年增加 21.39 万吨，同比增长 27.11%。

（吴昌保）

【硝酸】 2010 年，石化集团公司生产硝酸的企业仅有南京化工公司。截至 2010 年底，石化集团公司浓硝酸生产能力为 22.00 万吨/年，产能没有变化。2010 年实际生产浓硝酸 20.56 万吨，比 2009 年增加 4.96 万吨，同比增长 31.80%。

（吴昌保）

【盐酸】 2010 年，石化集团公司生产盐酸的企业有南京化工公司、巴陵分公司、齐鲁分公司和江汉油田分公司。截至 2010 年底，石化集团公司盐酸生产能力为 35.23 万吨/年，核减了燕山石化公司生产能力 13.10 万吨。2010 年实际生产盐酸 30.80 万吨，比 2009 年增加 4.37 万吨，同比增长 16.54%。

（吴昌保）

【烧碱】 2010 年，石化集团公司生产烧碱的企业有齐鲁分公司、南京化工公司、江汉油田分公司和巴陵分公司。截至 2010 年底，石化集团公司烧碱生产能力 80.30 万吨/年，比 2009 年减少 12 万吨/年，其中核减了燕山石化公司烧碱生产能力 16 万吨，增加了江汉油田分公司烧碱生产能力 4 万吨。2010 年实际生产烧碱 80.31 万吨，比 2009 年增加 12.51 万吨，同比增长 18.44%。

（吴昌保）

【纯碱】 2010 年，石化集团公司生产纯碱的企业为南京化工公司连云港碱厂，生产能力为 120.25 万吨/年，实际生产纯碱 106.11 万吨，比 2009 年增加 3.81 万吨，同比增长 3.72%。工业纯碱优级品率继续保持 100%；出口纯碱量 14.39 万吨，同比减少 1.64 万吨。

2010 年，全国累计生产纯碱 2 030 万吨，同比增长 8.44%，石化集团公司产量占全国总产量的 5.23%，同比下降 0.23 个百分点。

（吴昌保）

质量管理

【概述】 2010 年，化工板块宣传贯彻中国石化“质量永远领先一步”的质量方针和“质优量足、客户满意”的质量目标，积极履行“每一滴油都是承诺”的社会责任，牢固树立“大产品、大质量”的观念，不断强化质量管理和标准化管理，紧紧依靠科技进步，有力地促进了产品质量、服务质量和经济效益的提高。

各化工企业建立健全质量管理体系，截至 2010 年底，化工板块所有企业均通过了 GB/T 19001—2008 质量管理体系认证，另有 11 个实验室通过了实验室认可，规范了实验室管理。各化工企业不断提高质量管理体系运行的有效性，落实质量责任制，建立质量监督考核体系，在原料供应、过程控制及成品出厂各环节严把质量关，全年未发生重大质量事故。

（沈云辉）

【化工产品用户服务】 牢固树立客户至上的理念，积极为用户服务，不断提高客户服务效率和水平。2010 年 9 月举办了化工产品用户服务培训班，化工销售分公司、企业共 60 多人参加培训，引导企业树立以用户为中心的经营理念和以用户满意为标准的质量理念。年内总共收到客户投诉 184 件，同比减少 4 件，投诉处理完成率 100%，客户投诉平均处理时间为 18 天，同比缩短 38%。

（沈云辉）

【质量培训】 为培养一批具有较高专业技术水平、较强创新能力的分析检验高级专业技术人才，2010 年举办了第一期化工分析检验技术高级研修班，组织专家对培训方案进行审定，优化培训课程，精选培训教师，于 4 月 7—29 日在管理干部学院完成了集中培训，11 月 17—22 日在洛阳分公司现场实习，11 月 23—24 日在管理干部学院进行研修报告交流和答辩。共有 16 家企业 20 名学员参加了该次培训，所有学员通过了论文答辩准予结业，并且评选出 6 篇优秀论文。

（沈云辉）

【化工产品等级品率完成情况】 2010 年，合成树脂一级品以上比例 93.98%，同比提高 0.57 个百分点。分品种来看，高压聚乙烯 99.05%，同比降低 0.32 个百分点；低压聚乙烯 98.03%，同比降低 0.14 个百分点；线性聚乙烯 98.14%，同比降低 1.23 个百分点；聚丙烯 89.42%，同比降低 1.21 个百分点；聚苯乙烯 99.83%，同比提高 0.47 个百分点；聚氯乙烯 96.84%，同比持平。

2010 年，合成橡胶一级品以上比例 81.23%，同比降低 0.43 个百分点。分品种来看，丁苯橡胶（包括 SBS）73.21%，同比降低 0.61 个百分点；顺丁橡胶 98.21%，同比提高 1.05 个百分点；丁基橡胶 70.54%，同比降低 0.2 个百分点。

2010 年，合成纤维一级品以上比例 98.39%，同比基本持平。分品种来看，涤纶 98.54%，同比提高 0.1 个百分点；腈纶 99.89%，同比提高 0.22 个百分点；维纶 41.56%，同比提高 0.26 个百分点。

2010 年，合纤原料一级品以上比例 99.03%，同比降低 0.72 个百分点。分品种来看，丙烯腈 100%，同比提高 1.07 个百分点；PTA 99.69%，同比降低 0.17 个百分点；乙二醇 100%，同比持平；己内酰胺 86.52%，同比降低 10.9 个百分点。

2010 年，合纤聚合物一级品以上比例 86.68%，同比提高 2.82 个百分点。分品种来看，锦纶切片 99.80%，同比提高 0.1 个百分点；聚乙烯醇 99.98%，同比持平；聚酯 85.68%，同比提高 2.86 个百分点。

2010 年，尿素优级品率 99.58%，同比提高 5.23 个百分点。

（沈云辉）

【产品质量监督抽查情况】 2010 年，石化集团公司抽检样品 156 个，同比增加 20 个，合格率达 99.35%，维护了中国石化产品的良好信誉。

（沈云辉）

【企业质量管理检查】 为强“三基”、除“四害”，石化集团公司于 2010 年 6 月 23 日—7 月 7 日组织了 5 个检查组，在企业自查的基础上，按照《化工企业质量管理考核规范》，对燕山、天津、齐鲁、石家庄、洛阳、中原、巴陵、安庆、高桥、扬子、金陵、仪征、茂名、广州、上海、湖北化肥共 16 家企业质量管理工作进行了检查。检查涉及产品形成的全过程，包括机构与职责、标准化、质量计划、原辅材料、生产过程控制、分析检验、成品管理、出口产品、用户服务、质量统计、文件记录、质量事故、质量培训和持续改进 14 个方面 126 个条款。通过检查，全面了解了企业的质量管理现状，总结经验，发现不足，规范了企业质量管理。各企业针对检查发现的问题进行了认真整改。

（沈云辉）

设备管理

【概述】 2010 年，石化集团公司 20 家化工企业固定资产原值为 2 141.73 亿元，净值为 863.67 亿元，其中设备固定资产原值为 1 829.19 亿元，净值为 717.10 亿元，设备新度系数为 0.39。

20 家化工企业共有设备 1 259 340 台，完好设备 1 255 336 台，完好率 99.68%；其中主要设备 116 319台，完好设备 116 069 台，主要设备完好率 99.79%。设备静密封点数 26 851 940 个，泄漏点数 2 935 个，泄漏率为 0.11‰。

设备分类情况：塔类 3 900 台，反应器类 2 361 台，储罐类 31 220 台，炉类 521 台，换热设备类 21 213台，石油化工机械类 35 704 台，通用机械类 53 604 台，动力设备类 109 062 台，仪器仪表类 954 832台，机修设备类 4 944 台，化纤设备类 5 411 台，起重运输和施工机械类 7 070 台，其他 19 177 台。关键机组 986 台，其中各类气体压缩机（250 千瓦以上）723 台（电机驱动的 546 台，蒸汽透平驱动的 177 台），冷冻机（200 千瓦以上）199 台（电机驱动的 188 台，蒸汽透平驱动的 11 台），发电机（3 000千瓦以上）62 台，烟汽轮机（500 千瓦以上）2 台。在用压力容器 29 339 台。GC1、GC2、GC3 类工业管道 785.91 万米。总共 431 套主要生产装置，2010 年检修生产装置 44 套。

20家化工企业全年消耗新鲜水2.81亿吨，循环水供水总量124.22亿吨。

（刘国帅）

【设备会议】 为加强对设备安全运行管理，2010年，石化集团公司召开了一系列设备管理会议，如化工板块机动处长座谈会、化工企业RBI工作会议、PTA装置长周期运行技术交流会、化工企业转动设备专业技术研讨会、乙烯设备主任座谈会、裂解气压缩机防反转技术研讨会、炼化企业循环水管理工作研讨会等，取得了良好的效果。

（刘国帅）

【工作调研】 化工板块现场仪表使用及仪表隐患治理情况调研。2010年11月12—22日，石化集团公司组织了部分企业仪表专家对石家庄炼化分公司、燕山分公司、茂名分公司、扬子石化、仪征化纤公司进行了调研，涉及216套生产及辅助装置，共有各类仪表423 263台件、联锁回路22 857个、控制回路30 538个。仪表总体状况良好，基本能满足装置长周期运行需要。但也存在许多问题，集中体现在仪表设备老化和腐蚀严重，许多现场仪表和分析仪表等运行到寿命末期，逐渐进入故障高发期，部分控制阀门受介质腐蚀、冲刷等影响，出现损坏、内漏等现象，因现场仪表故障造成生产装置或单元非计划停工的现象时有发生。针对发现的问题提出了以下工作建议：①对重要仪表设备的更新改造确定规范和要求。②强化仪表设备技术管理，进一步提高运行可靠度。③加强仪表专业技术培训和技术人才的培养，提升仪表人员素质和管理水平。

对化工加热炉运行状况和运行水平进行了检测、调研和评比。2010年共对8家企业87台裂解炉进行了资料检查和现场测试。该次检查测试总设计热负荷为4 542兆瓦，实际运行热负荷4 113兆瓦，加权平均负荷率91.7%，实测加权平均热效率93.2%，加权平均排烟氧含量2.58%，加权平均排烟温度132.5℃，加权平均一氧化碳130.6×10^{-6}；热效率、排烟氧含量、排烟温度都达到石化集团公司“加热炉管理制度”要求，一氧化碳超标。针对裂解炉检查中发现的问题，提出以下几点建议：降低排烟氧含量，降低排烟温度，加大弯头箱绝热技术改造力度，及时校验和更换氧化锆，燃烧器要及时调节，定期进行露点测试，重视新建和改造裂解炉衬里的性能，重视裂解炉改造前后的测评工作。

（刘国帅）

达标管理

【企业达标】 2010年，被列入企业达标的企业共19家，全部实现企业达（保）标。

（蔡志强）

【专业达标】 2010年，通过价值量化测算，涉及乙烯、芳烃、合成树脂、合成橡胶、合纤原料及纤维、基本有机化工5个专业的企业第一次实现了全部达（保）标和连续两年企业板块达（保）标；化肥专业的镇海、金陵和九江3家企业实现了专业两年连续保标，巴陵装置煤气化改造后率先实现了预达标。

（蔡志强）

【节能专业达标】 2010年，在镇海乙烯投产用能显著增加的情况下，万元产值综合能耗完成1.62吨标煤，同比降低0.05吨标煤，同比下降2.29%。

（蔡志强）

【同类装置竞赛】 2010年，参加竞赛的16类107套装置基本运行平稳。竞赛共评出优胜装置42套，其中乙烯装置获得前三名的分别是上海石化公司2#、天津分公司、茂名分公司装置，乙二醇装置获得前三名的分别是茂名分公司、天津分公司和上海石化2#装置，苯乙烯装置获得前两名的是齐鲁分公司和广州分公司装置，高压聚乙烯装置获得前三名的是上海石化公司1#、茂名分公司2#和燕山分公司2#装置，低压聚乙烯装置获得前三名的是燕山分公司、齐鲁分公司和扬子石化公司装置，线性聚乙烯装置获得前三名的是齐鲁分公司、天津分公司和中原石化公司装置，化工连续法聚丙烯装置获得前三名的是燕山分公司1#、上海石化公司3#和茂名分公司1#装置，炼油连续法聚丙烯装置获得前三名的是青岛炼化公司、镇海炼化公司1#和济南分公司装置，顺丁橡胶装置获得奖励的是齐鲁分公司装置，SBS装置获得奖励的是燕山分公司装置，PTA装置获得前三名的是扬子石化公司3#、仪征化纤股份公司1#和洛阳分公司装置，丙烯腈装置获得奖励的是上海石化公司装置，聚酯装置获得前三名的是上海石化公司2#、洛阳分公司和天津分公司装置，涤纶短丝装置获得前三名的是天津分公司、仪征化纤股份公司2#和1#装置，腈纶装置获得前三名的是上海石化公司（北）、齐鲁分公司和安庆分公司装置，合成氨装置获得前三名的是金陵分公司、镇海炼化公司和巴陵分公司装置，己内酰胺装置获得奖励的是巴陵分公司装置。

通过在同类装置间持续开展“比学赶帮超”竞赛活动，装置综合水平显著提高，2010年，上海石化1#LDPE和茂名2#LDPE装置分别以194天和200天相继打破同类装置连续运行纪录。

（蔡志强）

【主要技术经济指标】 2010年，乙烯收率完成31.65%（石化股份公司口径），比年度指标高0.28个百分点，同比提高0.15个百分点；双烯收率46.53%，比年度指标高0.38个百分点，同比提高0.09个百分点；乙烯能耗608.46千克（标油）/吨，比年度指标低12.14个单位，同比降低14.18个单位；乙烯装置损失率0.49%，比年度指标高0.03个百分点，同比上升0.14个百分点（如果不计镇海乙烯的影响，石化股份公司损失率为0.32%）。芳烃装置三苯收率完成50.62%，比年计划多1.62个百分点，同比上升1.64个百分点；综合能耗完成719.33千克（标油）/吨，较年度指标低80.67千克（标油）/吨，同比降低56.47个单位。

其他主要化工装置的技术经济指标水平也有不同程度的提高，LDPE、LLDPE、连续PP、PTA、丙烯腈、聚酯、涤纶及腈纶等装置的物耗、能耗同比都有不同程度的进步，一部分指标创新的历史最好水平。

（蔡志强）

【新装置投产】 石化集团公司发挥集团优势，组织系统内的力量和资源，从人员的培训、技术资料和开工方案的审查、开工服务队伍的落实、开工物料的准备以及运行调整期内工艺、设备问题的整改和树脂牌号生产方案的优化等多个方面，重点帮助中沙（天津）、镇海两个百万吨级乙烯项目做好生产准备、投料试车、稳定运行和树脂牌号调整工作。中沙（天津）乙烯项目1月投产，在解决一系列设备问题后，乙烯装置于7月基本达到设计负荷，其中高密度聚乙烯装置已能稳定生产双峰产品和铬系产品，聚丙烯装置实现抗冲共聚产品的连续生产。镇海乙烯项目4月投产，针对裂解气压缩机反转等设备问题采取必要的整改措施之后，乙烯装置负荷稳步提高，10月可用产能负荷率达到101.2%，经12月短停消缺后，各生产装置运行状况良好。

（蔡志强）

【装置节能降耗】 2010年有重点、有针对性地安排资金投入1.65亿元，主要集中在设备节能、蒸汽能级利用及蒸汽管网优化、提高加热炉热效率、保温保冷整改、公用工程系统优化、工艺流程优化、换热网络优化及低温热利用等方面实施节能改造，取得明显成效。2010年，茂名、扬子启动裂解炉样板炉改造试点工作，茂名安排资金投入2 100万元完成了H－111炉的改造，热效率达到95.6%，超过预期效果。扬子芳烃将重整、歧化单元反应进出料换热器更换为高效的板式换热器，对歧化单元进行增加热高分的流程改造，为老区异构化单元加热炉群增加烟气余热回收系统。茂名、扬子利用检修机会，重点针对乙烯装置的分离冷区及其制冷系统实施保冷整改。茂名老区保冷工程投入1 500万元，新区保冷工程投入1 200万元；扬子石化新、老区保冷工程投入2 800万元。强化加热炉的运行管理，坚持对乙烯裂解炉、芳烃加热炉等的定期监测，及时发现问题，实施相应整改，2010年裂解炉实测加权平均热效率93.2%。针对部分企业仍大量在役使用国家明令淘汰的高耗能、低效率电气设备的情况，2010年安排6 868万元专项资金用于电机的设备更新。节水减排方面，重点针对循环水排污水的处理回用、污水处理场达标排放水的回用等技术难题，选择洛阳、茂名两家企业开展试点，摸索经验，为下一步技术推广提供支持。

（蔡志强）

【新技术应用】 乙烯专业。①强化企业内外部的资源优化，提高效率。天津分公司不断增加优质裂解原料供给量，2010年，乙烯装置轻烃（丙烷、丙丁烷）、尾油（BMCI小于10）、石脑油（正构烷烃含量大于33%）3种优质原料的用量达到90%左右，较上年增加10%。上海石化增加使用4#芳烃干气、催化丙烷，进口了3万吨丙烷资源，气体原料全年使用比例达到11.18%，同比提高3.15个百分点；中原石化进一步拓宽轻烃和液化气来源，全年碳二—碳五原料占比达到26.12%，同比提高7.93个百分点。②攻关装置节能，优化利用见成效。扬子石化通过对加热炉实施变频改造，增设烟气余热回收系统，加热炉平均炉效同比提高0.33个百分点，其中8500#余热回收改造项目投用后，炉群热效率达92.3%，比大修前提高3.5个百分点，年效益达800万元以上。

芳烃专业。①优化原料，提高目标产品收率。洛阳分公司通过不断优化连续重整装置催化剂再生操作，提高重整生成油品质，全年平均芳烃含量达75.23%，确保为芳烃抽提提供优质原料，全年三苯收率完成44.75%，较上年同期上升1.43%。上海石化芳烃干气送烯烃作裂解原料，总量达到10吨/时左右以优化乙烯裂解原料，提高效益。②攻关优化运行，保证技术经济指标受控。③实施新技术应用，实现装置节能。上海石化对1#重整装置1台反应炉(BA－301)及2台分馏再沸炉(BA－305/306)增设了余热回收系统，炉子热效率由87.5%提高到92.75%。齐鲁分公司芳烃装置大胆将DA－805、806、503、505四塔的塔顶气相线的保温(HC)拆除，改成防烫保温(PP)，DA－805塔已无尾气排往火炬系统，年创经济效益100万元以上。

树脂专业。积极推行企业内部装置间的生产运行优化、新技术应用、节能降耗措施，总体布局取得显著成效。燕山分公司1#聚丙烯装置采用国产20万吨/年造粒机设备取得开车成功，大幅度减少了装置开停工损失，装置能耗从2009年的136千克(标油)/吨降低到2010年的118千克(标油)/吨，成为进步最大的装置，在同类装置中排名上升到第一名；完善变压吸附技术流程，对三套聚丙烯装置的尾气回收系统进行二期改造，吸附罐加高并增加己烷吸附剂吸附层，在原有的2台真空泵入口前加1台罗茨泵，增加脱附效果等，与之前最好水平相比，日回收丙烯增加2.5吨以上。扬子石化1PE/C线聚合循环风机进行变频改造，在同等负荷和控制指标下风机运行电流降低了30%；从2PP装置再生单元引入热氮到1PP装置，停用了原来使用的10.0兆帕蒸汽。

合纤专业。针对PTA装置，洛阳分公司实施了凝液回收和空压机循环水系统改造两个节能项目，循环水降低约1 000吨/时，全年PTA综合能耗为158.97千克(标油)/吨，累计同比下降18.60千克(标油)/吨，实现了历史性突破，创开工以来最好水平。扬子石化PTA一、二线优化醋酸甲酯回用流程，实现了醋酸甲酯的高效回用，回用后单线HAC单耗同比下降4%；仪征化纤积极优化PTA反应工艺，利用富氧氧化技术提高PTA装置生产能力约150吨/日；同时在2#PTA实施压力过滤机替代压力离心机改造，实现全年节电450万千瓦·时。

针对聚酯装置，上海石化1#PET装置对热媒炉H511A/B空气预热器进行了改造，改造后热效率平均提高了2.58%。洛阳分公司通过不断优化真空系统操作，全年聚酯能耗为98.46千克(标油)/吨，较上年同期降低8.48千克(标油)/吨。仪征化纤天然气替代燃油项目顺利投运，热媒炉平均热效率由89%提高至93%；同时停用了燃料油雾化蒸汽，每年可节约3 247吨标煤，同时减排二氧化硫2 143.3吨，烟尘287.6吨，节约成本1.33亿元。

碳一及化肥专业。对水煤浆装置重点攻关提高烧嘴和耐火砖寿命，减缓煤浆管线磨损，维护高压煤浆泵和高压灰水泵安全长周期运行，优化磨煤系统运行减少水耗，运行水平显著提高。金陵煤气化装置系统最长连续运行周期达162天，气化炉单炉运行周期达到60—70天，气化炉烧嘴最长连续使用时间89天，最长使用时间106天，拱顶砖、筒身砖、锥底砖使用时间分别达到18 910小时、16 600小时、4 920小时，均超过设计使用周期。齐鲁煤气化系统连续运行最长达到236天，单炉连续运行时间已达65天。

3套壳牌粉煤气化装置围绕消除制约装置长周期稳定运行的瓶颈和提高气化系统操作水平进行攻关，3年来装置连续运行均突破100天，2010年最长达到110天，装置负荷平均在70%—85%，巴陵煤气化装置2010年最高负荷达100%。

(蔡志强)

计量管理

【计量管理与监督】 为了认真贯彻国家质量监督检验检疫总局2010年全国计量工作要点，开拓和扩大企业节能减排的工作领域，寻求企业在蒸汽、高低压燃气、火炬排放气及其他类型气体准确计量尚存问题的解决方法和手段，交流经验，促进企业节能减排的深入开展，2010年11月，化工事业部与中国计量协会能源计控工作委员会共同组织召开“炼化企业气体计量技术交流和研讨会”。

为加强企业测量管理体系建设，进一步推进企业提高产品质量、节能降耗和规范贸易交接，石化集团公司制定了中国石化一级企业标准《炼化企业计量管理信息系统技术规范》。

(沈云辉)

公用工程

◇ 热电

◇ 水务

◇ 油田水电

热　电

【概述】 2010年，热电系统面对国内煤炭价格高位上扬而蒸汽关联交易价格顺价不到位的不利形势，积极组织高负荷生产，扎实开展节能降耗工作，按时完成烟气治理，较好地满足了主业对电力和蒸汽的需求，为石化集团公司经营发展作出了积极贡献。

按照“企业一体化管理”要求，积极推进上市和非上市热电业务整合，优化热电装置生产运行。2010年3月，在石化集团公司热电水务工作会议上，交流推广燕山石化运行保障一体化管理经验，会后为了帮助重点企业消除公用工程分散管理的弊端，整体提升热电装置运行水平，先后两次组织系统内有关专家对齐鲁等重点企业开展专业交流和专题指导，不断深化专业化管理工作。

分析系统内存在的共性问题，有计划、分步骤地推进锅炉提效、凝汽系统治理等管理课题研究，提升整体技术经济指标水平。热电系统超额完成了“十一五”节能工作目标任务，2005—2010年，供电标煤耗从367.3克/(千瓦·时)下降到349.13克/(千瓦·时)，节能50万吨标煤，降低成本约5亿元。在推进锅炉达标提效治理方面，对全系统电站锅炉进行全面性能普查，组织技术力量分企业制定优化治理方案。组织启动全系统电站凝汽系统专项治理工作，研究制定治理标准，组织量化考核，开展专业对标，主力电厂凝汽系统运行指标进一步改善，成为热电降耗新的抓手。

紧盯现场，强化管理督导和现场技术服务，解决企业技术难题。2010年通过组织现场技术咨询，发挥石化集团公司专业化管理优势，先后研究解决巴陵动力事业部锅炉频繁爆管问题，帮助石家庄炼化分公司优化锅炉燃烧，对天津石化电站扩能后机组运行进行技术指导。

“比学赶帮超”工作不断深入。热电专业竞赛紧扣电站运营关键指标，评价考核力求公开公正，工作体系运转顺畅，对不断提升热电专业管理水平发挥了重要的引导作用。在加强日常管理分析的基础上，2010年开始坚持季度通报指标，及时发布各企业热电指标排序和管理动态。对98套汽轮机的凝汽系统运行状况从6个方面进行量化考评、分析、督导，推进了石化集团公司热电装置的节能降耗工作。

（段圣君）

【热电生产稳定运行】 2010年，热电系统生产安全稳定运行，未发生各类上报石化集团公司事故。全年共发生非计划停车126次，与2009年持平，其中锅炉95次，同比增加6次，汽轮发电机组31次，同比减少6次；石化集团公司热电机组发电设备平均利用时数为5 720小时，同比上升118小时，比全国火电行业平均水平高689小时。

2010年，石化集团公司共发电量306.4亿千瓦·时，同比增加26.5亿千瓦·时，增幅9.5%；总供热2.99亿吉焦，同比增加0.3亿吉焦，增幅10.2%。天津二电站、茂名热电车间新建机组投产，供热量同比增加0.18亿吉焦；上海石化由于主业生产负荷提升，用电需求增加较多，发电同比增加6亿千瓦·时；齐鲁热电厂2009年乙烯大修，用电需求减少，2010年生产恢复正常，发电量大幅回升。2010年石化集团公司热电生产经营完成情况见表1。

（段圣君）

表1　石化集团公司2010年热电生产经营完成情况

单位名称	发电量/万千瓦·时	上网电量/万千瓦·时	锅炉总产热量/万吉焦	对外总供热量/万吉焦
石化集团公司合计	3 064 236	193 124	54 098	29 910
胜利石油管理局胜利发电厂	649 920	20 812	2 154	616
燕山石化公司动力事业部一电站	35 957	0	1 233	960
燕山石化公司动力事业部三电站	8 664	0	543	512
高桥动力管理中心	101 508	79 635	1 894	1 142
扬子石化分公司热电厂	219 024	444	3 955	1 770
南京化工公司动力部	15 925	79	917	780

续表

单位名称	发电量/万千瓦·时	上网电量/万千瓦·时	锅炉总产热量/万吉焦	对外总供热量/万吉焦
南京化工公司碱厂热电车间	12 798	2	1 111	1 005
齐鲁石化分公司热电厂	381 678	3 680	5 348	2 119
安庆资产分公司热电部	89 052	8 531	2 013	1 269
荆门资产分公司动力厂	22 492	0	451	219
四川维尼纶厂锅炉与热电车间	43 719	15	1 422	1 075
武汉资产分公司热电车间	4 530	0	448	398
巴陵石化分公司热电事业部	69 802	0	1 227	667
巴陵石化分公司动力事业部	44 290	23	1 586	1 239
茂名石化公司动力厂	60 161	0	1 668	1 189
宜昌资产分公司动力分厂	10 907	2 946	350	262
齐鲁分公司炼油动力站	27 753	0	591	331
天津分公司热电部一电站	84 559	995	2 192	1 492
广州分公司动力事业部	137 239	9 823	3 179	1 190
金陵分公司热电运行部	136 136	65	2 413	1 163
长岭分公司动力厂	24 862	0	514	259
洛阳分公司热电站	41 823	5	1 061	653
九江分公司热电作业部	7 777	0	490	464
济南分公司动力车间	5 597	0	223	175
沧州分公司动力车间	6 446	0	191	107
上海石化股份公司热电事业部1# 装置	159 748	0	2 864	1 598
镇海炼化分公司公用工程部二电站	48 576	0	881	433
镇海炼化分公司化工部三电站	73 416	21	1 580	873
仪征化纤股份公司热电生产中心	146 853	17 546	2 121	650
石家庄炼化分公司动力站	16 910	0	962	666
燕山石化公司动力事业部动力车间	10 847	0	727	678
茂名石化公司第三热电车间	70 676	0	1 141	433
齐鲁分公司化肥动力站	33 116	22 452	985	693
青岛炼化公司动力中心	69 813	0	1 693	441
天津分公司热电部二电站	55 272	26 051	1 874	1 388
上海石化股份公司热电事业部2# 装置	136 391	0	2 095	1 001

【技术经济指标进一步改善】 2010年节能节水工作取得明显成效。全年完成供电标煤耗349.13克/(千瓦·时)，同比下降4克/(千瓦·时)，完成供热标煤耗38.45千克/吉焦，同比下降0.31千克/吉焦，两项指标均创历史最好纪录，共节约标煤20.63万吨/年。完成单位发电取水量2.79米^3/(兆瓦·时)，同比降低0.41米^3/(兆瓦·时)，节约水量1 265万立方米。入厂入炉煤热值差指标继续下降，达到590千焦/千克，同比下降56千焦/千克。安庆石化热电部2010年供电标煤耗指标342.81克/(千瓦·时)，同比降低18.04克/(千瓦·时)，供热标煤耗37.88千克/吉焦，同比降低0.40千克/吉焦，两项均刷新历史最好纪录，煤炭管理工作也得到巩固加强，全年入厂入炉煤热值差287千焦/千克，处于石化集团公司先进水平，为安稳经济运行提供了重要的保障。2010年石化集团公司热电主要技术经济指标完成情况见表2。

（段圣君）

表2 石化集团公司2010年热电主要技术经济指标完成情况

单位名称	供电标煤耗/克·（千瓦·时）$^{-1}$	供热标煤耗/千克·吉焦$^{-1}$	单位发电取水量/米^3·（兆瓦·时）$^{-1}$
石化集团公司合计	349.13	38.45	2.79
油田非上市	333.90	38.20	3.24
资产公司	346.30	38.70	2.74
股份公司	360.10	38.20	2.59
胜利石油管理局胜利发电厂	333.90	38.20	3.24
燕山石化公司动力事业部一电站	299.10	38.10	3.33
燕山石化公司动力事业部三电站	171.80	38.50	6.52
高桥动力管理中心	319.30	40.20	2.00
扬子石化分公司热电厂	354.00	38.30	3.90
南京化工公司动力部	355.60	37.20	3.21
南京化工公司碱厂热电车间	356.60	40.40	1.88
齐鲁石化分公司热电厂	354.00	38.70	2.49
安庆资产分公司热电部	342.80	37.90	1.52
荆门资产分公司动力厂	454.00	39.40	2.18
四川维尼纶厂锅炉与热电车间	339.90	39.70	3.44
武汉资产分公司热电车间	365.60	37.40	1.25
巴陵石化分公司热电事业部	337.40	38.50	3.20
巴陵石化分公司动力事业部	325.70	39.00	2.23
茂名石化公司动力厂	341.10	37.70	2.38
宜昌资产分公司动力分厂	332.00	38.70	1.25
齐鲁分公司炼油动力站	394.10	37.70	2.53

续表

单位名称	供电标煤耗/克·（千瓦·时）$^{-1}$	供热标煤耗/千克·吉焦$^{-1}$	单位发电取水量/米^{3}·（兆瓦·时）$^{-1}$
天津分公司热电部一电站	329.50	38.70	2.68
广州分公司动力事业部	365.10	38.60	2.50
金陵分公司热电运行部	364.10	38.50	3.63
长岭分公司动力厂	405.00	36.40	2.99
洛阳分公司热电站	384.10	40.60	3.20
九江分公司热电作业部	380.50	39.40	3.75
济南分公司动力车间	324.20	37.20	2.48
沧州分公司动力车间	481.20	35.50	4.73
上海石化股份公司热电事业部 1# 装置	329.10	38.30	2.10
镇海炼化分公司公用工程部二电站	389.60	37.80	1.53
镇海炼化分公司化工部三电站	404.30	37.80	2.94
仪征化纤股份公司热电生产中心	373.50	37.70	3.45
石家庄炼化分公司动力站	319.40	36.90	2.28
燕山石化公司动力事业部二电站	166.50	36.80	1.31
茂名石化公司第三热电车间	451.60	39.10	—
齐鲁分公司化肥动力站	381.60	38.90	3.17
青岛炼化公司动力中心	375.40	36.20	2.69
天津分公司热电部二电站	375.70	38.50	3.27
上海石化股份公司热电事业部 2# 装置	341.50	38.60	2.06

【扎实推进锅炉达标提效】 在 2009 年全系统电站锅炉性能普查的基础上，通过对照设计水平“找差距”，对照先进标杆“定目标”，分别从强化管理和技术改造两方面入手，研究制定了“三年锅炉达标提效工作计划”。2010 年，石化集团公司正式批复下达治理锅炉 24 台，安排资金 1.62 亿元，当年完成治理锅炉 20 台，重点解决了锅炉漏风、燃烧系统不完善、受热面配置不合理、吹灰设施不健全等突出问题。通过运行考验，预计锅炉效率总体达到 92% 以上。完成治理并测试的锅炉中，高桥动力管理中心 6#炉改造后效率为 92.51%，提升了 2.91%；巴陵动力事业部 1#炉改造后效率为 92.02%，提升了 2.94%；安庆热电部 4#炉改造后效率为 92.03%，提升了 3.12%；齐鲁热电厂 6#炉改造后效率为 92.01%，提升了 1.53%。

（段圣君）

【启动凝汽系统达标治理】 为进一步挖掘热电装置节能潜力，针对企业热电站凝汽系统真空度低、严密性差、端差大等问题，2010 年启动了全系统电站凝汽系统专项治理工作，编制下达了治理标准，组织了量化考核和专业对标工作。胜利、齐鲁、高桥、安庆、巴陵、天津等主力电厂凝汽系统真空指标明显改善，热电降耗工作获得实质性效果。齐鲁热电厂通过加大查漏频率、在空气管道上加装冷凝罐、投用低加疏水泵等措施，提高机组真空及严密性，全年真空度平均达到93.14%。安庆针对4#汽轮机凝汽器端差大、铜管泄漏次数多、真空低等问题，利用中修时机，将4#机甲侧凝汽器铜管更新为不锈钢管，大幅降低端差，真空度升高到95%。巴陵热电事业部针对真空系统严密性问题，进行多次调试，深入治理加热器空气管道、阀门泄漏等问题，真空全年保持在良好水平。

（段圣君）

【加强专业指导和技术服务】 2010年，总部多次组织系统内电站专家赴重点企业开展技术服务，及时解决大量现场运行管理问题。组织分析巴陵动力事业部锅炉频繁爆管问题，研究提出治理方案，进一步提升了锅炉运行稳定性；与石家庄炼化分公司一起详细研究困扰多年的锅炉燃烧不稳定等突出问题，邀请胜利发电厂对该厂燃烧系统配风进行调整优化，措施到位后，锅炉效率可大幅提升2%以上。根据石化集团公司现场办公会要求，针对天津石化电站扩能后燃料结构和价格严重偏离设计条件、电网结构不合理、热网系统供用不匹配以及7#机组地方电厂性质4个方面问题，提出了改善和提升天津石化热电管理的11项优化措施。按照“企业一体化管理”要求，先后两次组织系统内专家赴齐鲁石化开展专业交流和专题指导，督促企业不断深化专业化管理工作。

（段圣君）

【开展专业技术培训】 为促进热电厂（站）负责人理论素养与领导能力的全面提升，加强热电业务节能降耗工作，2010年，热电专业先后举办了29位热电厂（站）管理班子成员参加的热电厂（站）负责人培训班和74位主管锅炉达标提效工作负责人参加的电站锅炉节能技术改造培训班。通过采取该种实用性与指导性较强的集中培训方式，充分利用系统内、外的各种资源，达到了预期效果，有效地提升了相关人员的能力。

（蔡志强）

水 务

【概述】 2010年是石化集团公司水务专业化管理的起步年，按照党组关于“科学制定方案，一步到位，逐步完善”的指示，重点围绕摸清底数，建立专业化管理业务框架，开展水务专业竞赛，压降重点企业新鲜水漏损等，推动水务专业化管理。

（窦孟然）

【水务设施情况】 截至2010年底，被纳入管理范围的36家企业（5家油田企业、31家炼化企业）水务设施总资产167.27亿元，净资产66.51亿元，在岗人员1.20万人。其中，新鲜水系统115套，设计取水能力30.50亿米^3/年；循环水系统259套，设计循环能力330.33万米^3/时；化学水系统93套，设计制水能力4.28万米^3/时；污水处理系统110套，设计处理能力5.52亿米^3/年；水库14个，设计库容3.81亿立方米，水面面积102.11平方千米。2010年实际取水量12.53亿立方米。

（窦孟然）

【建立水务专业化管理体系】 研究制定了《集团公司水务专业化管理指导意见》，明确了水务专业化管理的总体思路、管理范围和总部有关部门的职责分工，提出了水务专业化管理要求，科学设计水务报表，建立了水务专业月报制度；要求企业明确水务专业主管领导和归口管理部门，强化基础管理。加强指导，帮助企业按照统一口径，准确组织填报水务专业月报。

（窦孟然）

【开展水务专业竞赛】 组织科研单位和企业的有关专家研究制定了《集团公司水务专业竞赛办法》，参照国标行标，并结合企业实际增加矫正系数，选取设计了供水自用损失率、循环水标准补新水率、化学水标准离子水耗等11项竞赛指标，较好地解决了水务系统差异性大、可比性差的问题。在二季度规范月报数据的基础上，利用下半年月报的基础数据，按照统一口径，开展了2010年水务专业竞赛，镇海炼化、燕山石化、胜利油田、湛江东兴、扬子石化、济南炼化等企业，分别在不同的水务系统取得了较好的成绩。

（窦孟然）

【压降新鲜水漏损】 以压降漏损为抓手，组织专家团队到新鲜水漏损率较高的企业开展技术咨询和管理咨询活动，从管理体制、管理基础、管理方法、工艺优化及重点投入等多方面帮助企业剖析原因，找出主要矛盾，制定有效措施，促进问题解决。通过主管部门和企业卓有成效的工作，石化集团公司水务系统年节水超过2 000万立方米，其中胜利油田节水1 516万立方米，齐鲁石化节水300万立方米，镇海炼化节水155万立方米。

（窦孟然）

【开发水务管理信息系统】 依托总部统一建设的生产营运指挥平台，开发水务管理信息系统，完成36家企业新鲜水、循环水、化学水及污水处理与回用4个系统180多个模板的设计，月收集基础数据1.1万多个，实现月报网上填报、报表未报提醒、数据基本甄别、数据汇总查询、竞赛指标计算等功能，有效规范水务专业月报填报，系统积累数据，提高管理效率和针对性。2010年，水务管理信息系统正式上线运行。

（窦孟然）

【组织开展水务专业培训】 举办了水务专业管理培训班，规范水务专业月报的填报，讲解水务专业竞赛活动安排以及竞赛指标设计考虑和统计计算规则；进行水务管理信息系统实施培训；举办了循环水和化学水操作技师培训班，就行业内典型水处理工艺、水质分析化验知识、水处理设备的维护管理等进行了培训。

（窦孟然）

油田水电

【概述】 截至2010年底，石化集团公司油田企业供水和电力系统从业人员1.37万人，其中供水系统0.48万人，供电系统0.64万人，发电系统0.25万人。

2010年，油田企业供水和电力系统以保障油气生产和职工生活为目标，加强技术改造，大力降本增效，强化生产运行，紧抓服务管理，深化节能环保，保障生产、服务生活的能力持续增强，供应可靠性进一步提高。

（范　勇）

【主要设施】 2010年，油田企业供水系统拥有取水泵房16座，水源井306口，供水站29座，水厂净化站26座，集输管线222千米，供水主管线1 263千米，小区供水管线1 532千米。油田电力系统有变电所232座，主变台数450台，主变容量6 394兆伏·安。其中，220千伏的变电所3座，主变台数8台，主变容量870兆伏·安；110千伏的变电所51座，主变台数132台，主变容量3 043.75兆伏·安；35千伏及以下变电所178座，主变台数310台，主变容量2 480.25兆伏·安。发电系统拥有火力发电厂1座，机组总容量1 040兆瓦。

（范　勇）

【工作量情况】 2010年，全系统累计供水1.93万吨，在保障油田生产和生活正常用水的前提下，同比减少供水量435万吨，减幅2.2%。供电83.5亿千瓦·时，同比增加1.9亿千瓦·时，增幅2.3%；发电65亿千瓦·时，同比增加1.1亿千瓦·时，增幅1.6%，保证了油田勘探开发增储上产和职工群众生活需要。

（范　勇）

【生产运行管理】 紧紧围绕勘探开发与矿区建设需要，抓好生产运行调度与协调，通过细化日常运行管理、加强生产超前分析、强化负荷预测监控与合理调配，进一步提升了生产运行管理水平。更新改造主要设施设备与运行网络，优化结构、提高性能、提升能力，水电暖供输保障能力进一步增强。创新方式方法，完善技术改造方案，加强设施设备检修工作，增加巡视次数，及时发现和处理设备隐患，优化调整检修工作区域和停供范围，有效减少了非计划停运次数。快速安排故障应急抢修，将检修对生产的影响降到最低程度。严格执行安全操作规程，通过实施电网精细检修、加强电力事故处理和考核等工作，集中实施技改和隐患治理项目，提高了设备本质安全水平和抗灾能力。

（范　勇）

【降耗增效工作】 胜利石油管理局认真查找水量漏损的原因，针对漏损率较大的干支管网、居民小区和农村用水户3个重点领域，采取水网改造、完善标准化计量、加装切断阀等措施；坚持政策宣传与媒体曝光相结合，重点治理偷盗水、恶意拖欠水费和占压供水管线行为，用水环境有所好转，降漏增收工作取得突出成绩。2010年漏损水量同比下降1 516万立方米，水量漏损率由2009年的27.74%下降到16.95%。河南石油勘探局针对供水管网损耗居高不下的问题，加强供用水管理基础工作，建立完善"四图、三率、二平衡，一查"基础工作，提高了水务管理水平；组织开展降低管网损失的"比学赶帮超"活动，对重点区域供水管网漏水进行探测调查，组织管网损失分析，改造小区管网，及时补漏，降低损耗工作见到了明显实效。部分小区管网漏失率从31.74%下降到8.59%。

（范　勇）

产品销售

◇ 油品销售

综述

经营管理

改革与管理

◇ 化工产品销售

综述

专业管理

销售网络建设

产品储运

市场行情

油品销售

综　　述

2010年，受宏观经济、国际油价、自然灾害以及社会重大事件的影响，国内成品油价格震荡起伏、市场阶段性供需矛盾突出，经营环境较为复杂。在石化集团公司的正确领导和总部各部门的大力支持下，油品销售企业以“比学赶帮超”、“强化经营管理年”等活动为抓手，发扬“见红旗就扛、有第一就争”的精神，全力以赴开拓市场、发展网络、强化管理，较好地完成了“两保三不降两提高”的目标任务。

在南方干旱，南方、吉林、海南暴雨洪涝，舟曲泥石流、玉树地震等灾情和“三夏”期间，销售企业冲锋在前，积极履行企业社会责任，采取开辟加油绿色通道、通过配送车主动送油等措施，为抗灾保供作出了贡献。青海石油分公司被党中央、国务院和中央军委授予全国抗震救灾英雄集体称号。

（苗雁辉）

经 营 管 理

【零售经营】 ①继续抓好加油站规范化服务。把全员销售竞赛与达标创星、优质服务月活动结合起来，进一步加强零售规范化管理和标准化服务，提高客户的进站率、加满率和回头率。②加强零售客户管理与维护。关注重点客户消费和需求变化，细分客户群体，开展客户等级评价管理，有效维护客户关系，提高客户忠诚度。③重点扩大柴油营销。针对柴油零售受经济波动、竞争态势影响较大的情况，在巩固和扩大汽油零售的基础上，积极开展专项营销和特色营销，促进柴油零售稳步增长。④以加油卡为载体抓好油非互促。开通加油卡积分优惠功能，开发推广加油卡充值卡、各类定额礼品卡，扩大油非通用使用范围，进一步提高发卡量、沉淀资金和持卡消费比例。与汽车厂家、汽车经销商、移动、电信、联通等企业合作，开展交叉营销，拓展加油卡销售渠道。⑤大力开展加油站小额配送。发挥零售网点数量优势和营销队伍地缘优势，灵活开展小额配送，将服务延伸到周边厂矿企业、楼堂馆所、建筑工地、运输车队等小型终端客户，弥补直销大客户和加油站零售之间的服务盲点，扩大市场覆盖范围。经过努力，2010年完成零售经营8 763万吨。

（苗雁辉）

【直销批发经营】 ①深挖客户潜力。开展多种形式的营销活动，对现有客户加强维系、对竞争性客户强化公关、对潜在客户加快开发，尤其是加强了集团大客户的开发维护，通过签订战略合作协议等形式锁定客户，进一步巩固和扩大市场份额。②完善配套服务保障。抓好直销营业室改造，统一营业室形象，为客户提供良好的服务环境。加强直销配送、回馈等服务，提升客户服务水平。③提升客户经理营销能力。建立分级培训体系，完善考评和激励制度，增强客户经理的业务素质和沟通能力，努力提高客户占有率和满意度，促进销量不断增长。④做大航煤经营。加强与民航等航煤用户的沟通协调，做好航煤市场的调研和开发，发挥航煤管道的作用，提升服务意识，扩大航煤经营规模。⑤加强合资与专项销售。密切与合资股东方、专项部门的沟通协调及战略合作，贴近市场灵活调整结算价格，调动合资、专项单位接纳石化资源的积极性，稳定重点行业、重点区域市场，为做大石化集团公司经营规模奠定基础。经过努力，2010年完成直销量3 240万吨，批发量2 047万吨。

（苗雁辉）

【非油品业务经营】 ①石化集团公司召开了非油品业务工作会，把非油品业务确定为中国石化主业之一和新形势下进一步做强营销网络的第三次战役。会议明确了业务发展方向、目标任务和工作思路，增强了做大、做强的信心。②突出经营重点，营业额大幅提升，经营质量有所提高。全年非油品营业额达到57.2亿元，同比增幅超过90%，实现非油品毛利9.9亿元，同比增幅55%。③规范非油品管理，促进业务有序开展。在进、销、存、食品安全等方面建立了管理制度，加强了便利店商品采购和销售管理，严禁假冒伪劣及不安全商品进店，维护企业商誉。④发展非油品网络，支撑业务扩张。年底在营便利店达到1.61万座，同比增加3 700多座。改造门店和提升形象，打造了易捷精品店2 000多座，基本形成了覆盖主要辖区市场的便利店服务网络。成立专家组，学习国际先进理念，探索高速公路服务区非油品开发。⑤坚持油非互促的原则，不断加快拓展快餐、彩票、汽服等非油服务项目，加大重点商品引进与销售力度，进一步扩大统采规模，适时推出促销商品与服务，将加油站打造成为“汽车生活驿站”，为在激烈的市场竞争中实现零售恢复性增长提供了有力支撑。

（苗雁辉）

【燃料油经营】 适应燃料油高度市场化的竞争要求，积极推进燃料油专业化经营管理体制改革，成立了燃料油销售公司，全面推进统进分销，实行“统一资源采购、统一营销策划、统一价格管理、统一物流优化、统一库存调配、统一业务核算”，强化资源统筹和经营管理职能，逐步建立起管理层次简洁、业务运行高效、市场反应灵敏的燃料油专业经营管理体制，努力做大做强燃料油业务。

（苗雁辉）

【润滑油经营】 ①扩大润滑油经营规模。在加强市场分析预判的基础上，准确把握进货时机，及时调整经营策略，灵活控制销售节奏，积极应对市场变化，增加润滑油经营品种，理顺资源采购渠道。②做精做强长城包装油销售。继续突出长城包装油经营，鼓励做大终端销售，提高经营能力和质量，增强区域市场的控制力和话语权。完善企业层面润滑油直销、零售考核激励办法，调动客户经理及加油站员工开拓市场的积极性。发挥销售系统网络、资源优势，进一步推进轻润组合营销工作。③强化品牌经营意识。借助现有销售渠道和网络，开展多种形式的品牌宣传推广活动，着力提升长城品牌的影响力和知名度。继续加强与润滑油分公司各层面的沟通协调，发挥其技术优势，共同做好长城润滑油技术服务和市场拓展工作。

（苗雁辉）

【网络发展】 积极落实“一放二管”政策，借助中国石化在项目投资、履行社会责任等方面与政府的战略合作，推进网络发展，加快新增站建设、证照办理及歇业站投营进度。继续开展打假维权，取缔假冒仿冒中石化加油站。优化储运设施，鲁皖西线郑州—汤阴段、福建管道北线、柳州—桂林和苏南管道建成投用；全年长输管道输油同比增幅16%。加大新建、收购、改扩建油库力度，一定程度上缓解了区外储运设施不足的矛盾。加快加油卡网络建设，增加区外、高速、水上联网站，扩大加油卡联网站和发卡网点数量。

（苗雁辉）

改革与管理

【完善体制机制】 开展区内企业改革“回头看”，就如何强化县片区职能进行调研，完善物流和数质量管理体制，理顺了条块关系。组织区外企业从区内招聘急需经营管理人才，建立区内外公司帮扶对子，对区外公司实行重点帮扶，提升了区外企业的经营管理水平。根据党组决策，在有关部门的配合下组建了燃料油销售公司，按照产销一体化模式，既稳定了经营规模，又在重点市场上取得了突破，保税油经营量快速增长。以石化集团公司非油品工作会议为契机，进一步统一思想，理清思路，运用灵活机制，促进了非油品业务发展。

（苗雁辉）

【完善内部管理】 以控制经营风险为核心开展“强化经营管理年”活动，完善管理制度及操作流程，梳理ERP系统角色和权限，落实了不相容岗位相分离。油品销售事业部领导班子成员分别带队对销售企业进行了“管理年”检查验收和网络专项检查。贯彻石化集团公司质量工作会议精神，开展质量和油品外采大检查，强化外采供应商管理，健全监督机制，完善管理流程，加大设备投入，强化了全员的质量意识。启动制度标准化、信息化试点工作。加大对未遂事故的分析和典型案例的共享力度，增强了员工HSE意识。推进信息化建设，实现了加油卡保平稳项目中的核心软件跨平台移植和历史数据拆分试点，全面启动加油卡区外提升项目，为建立大集中模式的加油卡数据中心奠定了基础。深化ERP应用，提升办公自动化系统，完善了零售管理系统。加强预算管理、内控执行和资金管理，启动全员成本目标管理和企业对标评价。以商品损耗管理和物流优化为重点推进节能达标，铁路罐车装载率同比提高1.45个百分点。通过一、二次物流优化，资源串换等措施，降低运杂费。积极争取政策，减免地方性收费和土地使用税。非上市部分加大清欠力度，盘活闲置资产。

（苗雁辉）

【党建思想工作】 按照“围绕经营抓党建、抓好党建促发展”的指导思想，继续落实“建班子、育队伍、促和谐、维稳定、强自身、保中心”6项工作任务，进一步加强了党建和思想政治工作。以优化领导班子结构为重点，配合人事部对19家销售企业领导班子进行了考核和调整。结合企业愿景和中长期发展规划，开展任务性、成长性、管理性、运营性和创优性5项对标，横比先进、纵比进步、全员参与、全程激励，既轰轰烈烈又扎扎实实地开展了“比学赶帮超”活动，为实现“两保三不降两提高”目标提供了强大动力。结合创建“四好”班子和创建“四好”处室活动，开展地市公司经理、书记“双十佳”评选活动，促进了地市公司领导干部能力素质的提升。结合劳动技能竞赛活动，开展了8个线条的技能竞赛和技术比武，全年培训员工30万人次，评出了32个集体奖项，134个个人奖项，授予5人石化集团公司技术能手、44人销售企业技术能手、85人销售企业技术比武优胜选手称号。深化企地联动维稳机制，完善省、地、县三位一体的维稳防线，实现了信访目标。突出源头治理、深化业务公开，强化网上巡视和监控，推进了效能监察。充分发挥培训站库的作用，加强教育培训的组织实施，突出对区外专业化管理人员的培训，妥善解决劳务工住房公积金，进一步提高了劳务工收入水平。

（苗雁辉）

化工产品销售

综　述

2010年，世界经济从危机中缓慢复苏，国际油价振荡向上，国内新增石化产能集中释放，产品价格起伏跌宕。中国石化化工销售企业紧盯市场、灵活应对、改进服务、完善网络、强化考核，积极应对市场剧变带来的挑战，有效化解了乙烯产能大幅增长的压力。通过前瞻性分析，统筹优化产品链，主动引导市场，及时提出优化排产、调整产品结构的建议，平衡区域资源分布，消化新增产能，顶替进口，保持合理库存，保证生产企业后路畅通。化工销售企业认真落实年初各项工作安排，扎实开展“服务提升年”和“比学赶帮超”主题活动，灵活调整营销策略，适应复杂市场环境，经营总量进一步增加，服务客户水平进一步提升，全面完成各项经营、改革和管理任务。全年经营化工产品3 619万吨，同比增加21%。进出口总量达到496万吨，同比增长23.4%。

（于治宇）

专业管理

【商情管理】 宏观经济和产业链分析全面加强，完成环氧乙烷、聚乙烯醇、丁辛醇等产品专项调研，为优化产业链发展提供参考依据；市场数据库有效提升，市场日报实现统一，为产品买断测算等营销管理提供支撑。对外交流日益频繁，与国内外咨询机构开展交流200多次，与国外石化企业开展商务会谈300多次，对亚洲、欧洲、中东等60多家石化企业和贸易商社进行了走访。客户开发力度加大，全年新增交易客户600余家。

（于治宇）

【客户关系维护】 石化集团公司党组领导亲自带队走访了30多家重点客户，与蓝星集团、三角集团签订战略合作协议。化工销售企业坚持客户日常走访，开展客户和物流服务满意度调查，客户服务满意度稳步提高。客服中心功能进一步显现，全年共受理客户电话2.4万个，外呼客户电话1.95万个，受理客户咨询1.76万件，建立商机近千笔；全年投诉处理完成率99.5%，平均处理周期18天，同比缩短11天，客服中心已经成为联系客户、沟通客户、服务客户的重要平台和渠道。组织生产企业技术专家，为国内外客户提供加工应用技术服务，组织客户参观中国石化生产企业，获得客户普遍好评。为客户提供配送服务，统销产品配送比例同比提高7个百分点。

（于治宇）

【管理与考核】 结合新的产品买断办法，创建以利润为导向的考核机制，对应得利润完成率进行考核，使各单位更加关注价格、成本和费用。优化专项奖设置，考核范围实现化工销售系统全覆盖。组织学习“落袋价格”知识，使业务人员更加关注隐含在销售价格内的各项成本。组织对所有客户性质进行了重新界定，为真实反映销售情况、做实直销比例奠定基础。

（于治宇）

【资源优化】 成立部分产品的营销协调小组，统一协调外采和销售，实行统一询价、统一采购，努力成为下游客户主力供应商。通过合理调配石化系统内产品资源，增加高品质和高附加值产品产量，为优化资源、增加效益提供新思路。

（于治宇）

【化工品期货业务】 开展化工品期货业务，打通PTA和LLDPE产品期货交易流程，为预测市场、规避风险、提高效益提供新工具。

（于治宇）

【精细化管理加强】 ①全员成本目标管理启动。制定实施《化工销售持续推进全员成本目标管理工作方案》，从考核指标、管理指标、监控指标3个方面，建立全员成本目标管理指标体系，明确了责任主体和激励办法，为工作开展奠定良好基础。②制度标准化实现突破。根据石化集团公司部署，扎实开展制度标准化试点工作，新建和修订了一批核心业务制度，完成企业层面相关制度标准化改造，建立化工销售核心业务流程体系，发布标准化制度成果。③财务管理基础水平提升，印发《财务管理细则》、《会计核算细则》和《内控实施细则》，财会管理进一步统一规范，创新资金管理，实现人民币跨境结算业务常态化，进口付汇 13 笔 800 余万美元，人民币 5 000 余万元；制定分公司经营部财务管理规定，为推进网点建设提供保障；组织参加全系统财会人员素质达标和竞赛比武活动，公司财会人员全部达标，优良率 98%，竞赛环节取得团体优胜奖。

（于治宇）

【信息化建设】 化工销售有限公司 ERP 系统和 OA 业务审批系统成功上线，江苏分公司 ERP 系统、CRM 系统和物流信息系统、分公司经营部 ERP 系统上线运行，完成跨区调拨、线上竞拍、保供计划管理、客户和合同审批等模块和平台开发；高桥和仪征 IC 卡上线运行，IC 卡推广企业达到 9 家。

（于治宇）

【风险控制】 顺利通过毕马威内控专项审计，抽样合格率 100%；认真开展线下审批项目、经济效益、物流费用、仓储项目建设等专项审计和效能监察，配合总部审计局，认真开展安保基金管理、新增应收款项、修理费、工会经费等专项审计，及时整改落实发现的各类问题；根据在线审计和在线监察报告，及时通报异常现象并限期整改，经营行为进一步规范。根据石化集团公司要求，完成“小金库、账外账”自查自纠，未发现违规现象。加强合同管理，强化普法教育培训，做到科学合理授权，法律工作基础进一步夯实。

（于治宇）

【党建和群众工作】 按照石化集团公司统一部署，结合化工销售企业工作实际，分“条”、“块”两个方面，以 7 项经营性指标和 7 项管理性指标为内容，积极开展“比学赶帮超”活动，通过开辟“红旗榜”专栏、制作“比学赶帮超”专刊等方式，加强宣传，深化考核，极大地调动了各部门和各区域分公司追求一流、止于至善的积极性，华东分公司获得“比学赶帮超”活动年度第一名，此外评选出化工销售 2010 年度先进基层党组织 11 个、优秀共产党员 19 名、优秀党务工作者 5 名、先进营销集体 26 个、营销能手 40 名。加强宣传工作，编发《化销信息》、《“比学赶帮超”专刊》，开展营销案例征集评选活动，并优选部分案例作为员工培训材料。积极参与组织各类文体活动，认真开展“送温暖、献爱心”和“帮扶救助”活动，积极帮助困难职工。

（于治宇）

【员工队伍建设】 依托石化集团公司和社会培训资源，组织培训班 131 期，培训 3 589 人次。认真研究推荐国际化后备人才，选送中青年干部参加总部高级管理人才培训班；完成香港公司补充人员选拔，并在对竞聘人员英语测试基础上，选拔优秀骨干 16 人，参加了石化集团公司国际贸易知识培训，为化工销售国际化人才储备提供支持。

（于治宇）

营销网络建设

【概述】 截至年底，国内营销网点达到 26 个，62% 的客户经理被派往网点。各营销网点经营区域初步明确，部分资源和客户落实到位，原来未实行分区销售的产品逐步开始分区销售，华北分公司和华南分公司还成功开展了零售业务。越南办事处平稳运行，成功召开中国石化树脂产品越南市场推介会，初步树立中国石化在越南市场的品牌形象；完成台湾办事处设立，为加强与台湾石化企业交流合作、了解周边国家和地区资源动态提供了平台。

（于治宇）

产品储运

【基础管理】 出台物流服务商管理体系文件，开展物流服务商标准化管理培训宣贯，明确物流服务商准入、考核和淘汰标准，为培育优质物流服务商提供依据。完善物流保险方案，保险费率进一步降低，为货物安全提供保障。

（于治宇）

【物流信息化建设】 物流信息系统（LIS）分析监控功能日益显现，成为物流管理和业务分析的核心抓手，为物流优化提供重要依据；在 4 700 多辆车船安装 GPS，具备对其实时监控能力。

（于治宇）

【运输车船管理】 12 家生产企业铁路专用线实现共用；开展北京局管内集中管理试点，实现芳烃类产品自备车多品种装运、部分车辆多点装卸，完成 200

多辆自备车集中优化调配，全年铁路运输统销产品183万吨。

购买了国内首艘乙烯船并顺利实现国内外首航，为优化系统内乙烯资源、拓展国内外乙烯船运业务、打造远洋运输能力提供条件。

（于治宇）

【物流优化】 在提高车辆装载率和重驶率、引进运输新技术方面取得突破，全年节约物流费用3 500万元。

（于治宇）

市场行情

【合成树脂市场】 2010年，国内合成树脂市场受到国内外诸多不确定因素的影响，总体表现先抑后扬，上半年受到产能大幅增加、欧洲主权债务危机、房地产调控等因素的影响，市场连续下滑，下半年受到美国第二轮宽松货币政策、全球通胀以及国内宏观调控政策影响，市场暴涨暴跌，企业经营面临很大的风险。2010年世界聚烯烃新增产能1 132万吨，增幅8.2%，主要集中在亚洲的中国、东南亚和中东地区。国内新建乙烯项目(福建、独山子、天津、盘锦、镇海)及煤化工等装置相继投产，中东产能释放以及来自东盟自由贸易区产品的冲击，给合成树脂市场带来很大的压力。全年国内合成树脂表观消费量同比增长8.3%。

（于治宇）

【合成橡胶市场】 2010年，国内汽车行业增长率超过30%，轮胎行业增速超过25%。下游行业的快速发展带动了对合成橡胶的强劲需求，天然橡胶和合成橡胶市场价格不断攀升，尤其是下半年，市场价格大幅度上涨，市场炒作气氛浓厚，到年底天然橡胶、顺丁橡胶和丁苯橡胶价格均创出历史新高，其中天然橡胶价格涨幅超过80%，顺丁橡胶价格涨幅高达56%，丁苯橡胶价格涨幅也超过了30%。

（于治宇）

【有机化工产品市场】 2010年，国内天津、镇海乙烯项目相继投入运行，有机化工产品供应能力大幅提升，同期国内需求也有相应提高，但幅度低于供应能力的增长。全年有机化工产品销量同比增长47%，国内表观需求增长为18%；有机化工及中副产品平均价格同比增长32%，其中有机化工产品平均价格同比增长34%，中副产品平均价格同比增长18%。

（于治宇）

【合纤原料市场】 2010年，随着需求的逐步恢复，市场价格不断升高，尤其是下半年，市场价格大幅度上涨，部分品种价位创出2006年以来的历史新高。国内PX、PTA、MEG、AN、PVA新建和扩建产能陆续投产，自给能力增强。

（于治宇）

【合成纤维市场】 2010年，合成纤维产能总体增长约10%，各品种差异较大，聚酯切片产能增长最快近18%，腈纶纤维产能则没有增长。主要聚酯产品价格涨幅均超过20%，其中纤维级切片上涨约22%，涤纶短纤上涨约28%，腈纶产品上涨约35%。

（于治宇）

【其他产品市场】 甲醇产品：2010年中国甲醇产能为3 500万吨，表观消费量为2 117万吨，同比增长7.6%和25%。受经济逐渐复苏、进口资源减少、下游二甲醚需求变化、人民币升值等影响，2010年国内甲醇市场呈现先抑后扬走势。

硫酸铵产品：2010年中国硫酸铵产品出口115万吨，同比增加31%。三季度以后，出口量、价均呈上扬走势。

纯碱产品：受纯碱下游玻璃行业需求疲软等因素影响，2010年国内纯碱出口150万吨，同比减少40%。受节能减排政策影响，10月以后国内纯碱减产较多，价格逐步上涨。

醋酸产品：2010年全国总产能为575万吨，行业年均开工率68.3%，处于供大于需的状态。受产能过剩，下游醋酸需求增长与产能扩大不匹配的影响，全年价格走势较为低迷。

（于治宇）

国际化经营

◇ 综述

◇ 对外经济合作

◇ 国际贸易

◇ 外事管理

综　　述

2010 年，中国石化紧紧围绕“建设具有较强国际竞争力的跨国能源化工公司”的战略目标，抓住机遇，加大力度，发挥集团化、一体化优势，坚持“引进来”与“走出去”协调发展，不断拓展国际化经营领域和规模，国际合作各项业务取得了新的丰硕成果。境内合资合作以促进海外业务发展、促进技术进步和结构调整为主线，中科广东炼化一体化项目、非常规油气勘探开发合作等取得了重要进展，合作层次和水平不断提升；成功收购加拿大 Syncrude 油砂 9.03% 权益等 7 个项目，境外石油权益储量、产量快速增长，境外油气勘探开发实现新的跨越式发展；新加坡润滑油脂项目获得国家发改委核准，中国石化境外中下游投资正式起步；境外工程技术服务坚持走高端和综合服务之路，企业品牌逐步确立，区域市场优势凸显；国际科技合作不断深化，提升科技创新能力；国际贸易坚持以国际石油贸易为龙头，加快发展国际成品油、设备材料、化工品、润滑油、催化剂等业务，市场份额和贸易规模持续扩大，国际市场统筹运作能力显著增强。

（孔自超　史保峰）

对外经济合作

【境内合资合作】 秉承“利用外资、引进技术、保障资源供应、优化石化产业结构”的指导方针，2010 年，中国石化境内对外合资合作工作得到进一步加强。中科广东炼化一体化项目、武汉大乙烯合资项目、扬子苯酚丙酮项目、高桥苯酚丙酮项目及乙丙橡胶项目、茂名空分项目等新建项目取得阶段性成果；扬巴二期扩建项目、赛科新一轮改扩建项目、福建联合石化脱瓶颈改造项目、中沙（天津）石化有限公司 PC 项目等现有合资公司经营规模扩大，竞争力进一步增强。页岩气、致密油等非常规油气资源勘探开发合作取得较大进展，先后与多家国际石油公司签署了合作备忘录或联合研究协议。与国内大型企业的合作得到进一步加强，先后成立了中安煤业化工股份有限公司、毕节中城能源有限责任公司、龙禹压缩天然气有限公司、中国石化青岛液化天然气有限责任公司等中中合资公司，增加了中国石化的煤炭资源储备，拓展了天然气终端销售市场。

（李小飞）

【境外油气勘探开发】 2010 年，积极把握后金融危机带来的机遇，大力开拓新项目，全年新签约项目 9 个，其中成功交割加拿大 Syncrude 油砂 9.03% 权益项目、哈萨克斯坦 CIR 公司 50% 权益、Repsol 巴西资产 40% 权益收购等 7 个项目，待交割项目 2 个，境外油气资源规模快速扩大。围绕获得商业发现和增加经济可采储量，优化部署，勘探成果显著，其中参股的安哥拉 15/06 区块具备宣布商业发现的资源基础，哈萨克斯坦 S 区块即将投入开发建设。开发生产持续稳定运行，全年实现权益油产量 1 840 万吨，同比增长 43.9%。

（孔自超　史保峰）

【境外炼化合资合作】 2010 年，紧紧围绕实施“走出去”战略，积极开展境外炼化项目的开发及相关工作，一批境外合资合作项目已展开工作并取得一定进展。新加坡润滑油/脂项目基础设计已完成，场平工作已启动；与沙特阿美合资建设延布炼厂项目的主要合作原则已经确定；俄罗斯西布尔丁腈橡胶项目的合作框架协议已具备签署条件；委内瑞拉卡布鲁塔炼油一体化项目及境外仓储项目等已开展前期工作。

（邹文智　杨　硕）

【境外石油工程技术服务】 坚持以做强做大海外市场为导向，切实转变发展方式，走高端和综合服务之路，不断提高综合管理水平，境外石油工程业务快速发展，中东、非洲、拉美、中亚等形成了比较稳定的市场份额，成为海外业务主要支撑点，中国石化品牌形象稳步提升。截至 2010 年底，上游企业在 35 个国家执行 448 个石油工程技术服务合同，合同额 94.8 亿美元。全年新签合同额 28.23 亿美元，完成合同额 26.36 亿美元。截至年底，有海外队伍 382 支，海外员工 18 764 人，其中中方员工 6 315 人，外籍员工 12 449 人。

（孔自超　史保峰）

【国际炼化工程技术服务】 2010 年，炼化工程板块在沙特、伊朗、哈萨克斯坦、阿联酋等国家承担 19 个工程承包项目建设，合同总额 62 亿美元。全年完工沙特延布 HDPE、沙特卡扬 EO/EG 等 7 个项目，完成合同额 11.37 亿美元。发挥中国石化特有优势，积极开拓新市场，全年新中标海外工程项目 12 个，新签合同额 20.39 亿美元。截至年底，炼化工程企业在海外执行项目管理和作业人员共 9 065 人，其中中方员工 2 386 人，外籍员工 6 679 人。

（孔自超　史保峰）

【国际科技合作】 与澳大利亚联邦科学院、美国休斯敦大学岩石物理实验室、丹麦技术大学、英国帝国理工大学油藏地球物理研究中心、美国科罗拉多矿业学院就油气勘探开发技术进行合作；与战略联盟伙伴美国康菲公司就炼油技术开展合作；与日本丰田公司在成品油、润滑油和树脂领域进行技术合作；与美国 Lummus 公司继续就推广新乙烯回收技术和扭曲片管强化传热技术开展合作；与 UOP 合作开发石脑油吸附分离工业技术；与绍尔公司合作在国外推广中国石化炼油技术。

（柳江琳）

国际贸易

【原油和成品油贸易】 充分发挥国内外一体化采购优势，在全球范围内开拓资源渠道，原油进口贸易坚持多元化战略，长期合同比例稳步提高，资源获取能力、市场运作能力和综合贸易实力显著增强，保障了国内需求，降低了采购成本，全年原油贸易总量 1.89 亿吨，其中第三方贸易量 5 589 万吨；灵活安排成品油进出口，稳定炼油加工负荷，调整平衡国内供需，巩固海外市场，全年实现成品油贸易总量 1 966 万吨，其中第三方贸易量 1 037 万吨。

（马　勇）

【化工产品进出口】 化工产品销售发挥内外贸一体化优势，积极实施顶替进口战略，增强产品获取和原料供应能力，促进国内资源平衡和海外市场开发，全年化工产品进出口量分别为 388 万吨和 108 万吨，同比增长 28.05% 和 9.53%；进出口额分别为 34 亿美元和 9.34 亿美元。进口炼油副产品、化工辅料 3.4 亿美元。

（孙　友）

【设备材料进出口】 2010 年进口设备、仪表及备品备件、钢材等合计 4.3 亿美元，较好完成了进口保供任务，确保了石化集团公司武汉乙烯、中原 MTO、柴油加氢等重点工程项目的顺利推进。紧盯中东、俄罗斯、非洲、东南亚等目标市场，取得了中国石化自有技术乙烯裂解炉首次出口马来西亚、天然气压缩机组首次出口非洲、高强度罐板首次出口中东、高技术绕管式换热器首次销往中国台湾等重大进展，全年出口设备材料 1.95 亿美元。

（杨　洋）

【技术引进】 2010 年技术引进累计签约金额 1.2 亿美元，按期完成了 LNG、煤气化、仪征精细化工等项目先进技术的引进工作。

（杨　洋）

【炼化产品出口】 以市场为导向，统一了主要炼化产品出口定价机制，全年实现炼化产品出口 5.2 亿美元，实现石油焦首次转口贸易、建筑沥青首次自营出口、催化剂首次出口美国市场。

（杨　洋）

外事管理

【概述】 2010 年，全系统各级外事部门认真落实石化集团公司工作会议精神，按照年初外事工作会议的要求，坚持树立“大外事”观念，紧密围绕中国石化发展和国际化经营中心工作，寓管理于服务之中，推动中国石化国际化经营快速发展，不断提高管理与服务水平。

（宋尚涛）

【外事规章制度宣贯】 根据 2010 年外事工作会议的要求，全系统各单位将外事规章制度宣贯作为全年外事管理的一项重要工作来抓，并在 3 个层面的宣贯工作都取得了成效。利用外事工作会议和到企业调研等各种机会，采取多种形式加强对全系统领导干部层面、外事干部层面、涉外人员层面的宣贯工作。在 3 月的外事工作会议上，对各单位领导和外事管理部门负责人共 288 人进行了宣贯；在 8 月的总部机关外事工作座谈会上，对总部机关各部门、专业公司外事部门共 41 名负责人进行了宣贯；外事局班子分别赴胜利油田、石油工程技术研究院、巴陵石化、长岭炼化等单位结合调研开展了形式多样的宣贯；通过外事处长培训班和专办员培训班，对 92 家单位 197 名外事部门和涉外部门负责人和工作人员进行宣贯和业务培训，提高基层外事干部队伍的政策水平。通过开展有声有色、丰富多彩的宣贯活动，使全系统干部职工提高了遵守外事规章制度的自觉性。

（宋尚涛）

【外事系统“比学赶帮超”活动】 2010 年，在石化集团公司党组的领导和各单位党委的组织安排下，外事系统积极开展“创先争优”和“比学赶帮超”活动，有力地促进了管理和服务水平的提高。经过一年的活动，境外代表处的职能作用得到了更好发挥，信息报送数量和质量有了明显提高，协调服务能力和水平有了改进，对外公关能力和维护中国石化整体利益的能力有了增强，接待水平也不断提升，年终评比中有 4 个代表处被评为先进集体，2 人被评为先进个人。

（宋尚涛）

【重要外事活动】 2010 年，石化集团公司对外交往进一步扩大，对外合作交流空前活跃。全年组织总部高层的外事活动 290 场，安排总部领导出访 44 次，涉及 36 个国家、地区，其中配合国家领导人出访 4 次，签署了相关能源合作协议，既配合国家整体外交需要，又巩固和拓展了石化集团公司与有关国家和公司的合作。

（宋尚涛）

【国际会展和对外交流】 通过有针对性地组织和参加国际会议、国际展览和技术交流活动，为各板块生产经营和科技进步服好务。安排总部领导参加境外国际会议 3 次、境内国际会议 6 次，组织境内国际会议 3 次，组织参加境内国际会议 5 次，协助专业公司举办国际会议 1 次，组织对外技术交流 10 次。如组织举办了“跨国公司经营管理模式”研讨会、美国 OTC 展、欧洲精细化工展等，对国外石化装备和化工行业新动向进行跟踪和了解，进一步推介了中国石化在装备和化工上的能力；邀请 BP 公司专家专题介绍“墨西哥湾漏油事故”的处理过程和经验等。各板块和企事业单位也积极开展对外交流，上游板块就提高采收率、开发非常规油气资源技术等专题进行了广泛的交流研讨；油品销售事业部组织有关企业的领导赴欧洲、北美考察成品油销售管理和非油品业务；外事局与炼油事业部一起分别在镇海炼化和茂名石化组织召开了“中国石化—日本国际石油交流中心（JCCP）炼厂节能与维修技术交流会”和“炼油企业对外交流工作座谈会”，推进炼油业务板块对外交流成果的共享。

此外，做好邀请外国人来华管理工作，全年共审核办理外国人来华邀请函 438 份，776 人次，按照外交部的新规定，认真办理来华邀请函业务并严格把关。

（宋尚涛）

【因公出国（境）管理】 2010 年，石化集团公司共批准各类团组 3 140 个、25 608 人次，同比分别增加 18.9% 和 21.6%；实际派出团组 2 789 个、20 175 人次，同比分别增加 16.4% 和 23.2%。在任务审批上严格把关，全年审批审核中有 20 个团组未予立项，有 17 个立项团组未予批准，另有 65 个团组要求其减少人员和压缩在外时间，总共压缩 2 738 人·天。在严把审核关的同时，对确需出访的团组，不仅迅速放行，还主动帮助其尽快成行。全年全系统因公出国（境）管理工作继续保持好的记录，未发生重大违纪违规事件。

加强出国（境）管理的基础工作，证照两级管理试点工作平稳进行。在进一步完善外事 OA 系统、初步实现总部与企业的证照信息共享等的基础上，引入了签证软件系统，提高准确性和申办效率。在原先 17 家委托保管护照单位的基础上又扩大了 10 家，共保管有效护照 9 143 本，占石化集团公司有效护照的 40%，在方便出国（境）人员的同时，做到管理规范有序。

外事教育得到加强，成效明显。针对新情况新问题，印发了《关于加强出访团组外事纪律教育的通知》，明确了加强出访团组外事教育的要求。通过举办专题培训、讲座等形式加强外事教育，在涉外人员和干部中起到了很好的普及外事知识、增强遵守外事纪律自觉性的作用。

利用各种手段，为出国（境）人员提供方便，包括提前办理护照签证的一年多次任务批件；争取外交部支持，使用公务护照享受部分国家免签证政策；通过做驻华使馆工作得到特殊支持；紧急情况请外交部发照会催办等。试行了亚太经合组织商务旅行卡（APEC 卡），为“走出去”人员提供方便，效果较好。

（宋尚涛）

【境外机构管理】 截至 2010 年底，中国石化共有境外机构 219 家，分布在 52 个国家和地区，境外总人数 23 579 人。按照“以人为本”的要求，从树立中国石化在外良好形象着眼，着力加强境外工作。

规范境外机构设立，按照相关规定对境外设立机构进行风险评估，并按程序进行审批。根据国家有关部委要求，外事局组织相关单位开展了境外机构和境外投资联合年检工作，全面摸清境外机构基本情况和存在的问题，对未按规定报批的境外机构重新补办手续，并明确规定了境外机构外事归口管理部门，把境外机构在境外再分设机构纳入了管理范畴。

抓境外人员的管理与服务，确保安全。外事局和各派出单位在风险评估、项目审批、安全培训、监督检查 4 项工作上狠抓落实，坚持每半年印发 1 期国家（地区）的风险评估报告，为项目的风险评估提供重要依据。4 月开始赴外人员必须在境内经过安全培训，要求“不培训、不派出”。下半年，外事局和部分专业公司、企业组织了5个境外公共安全检查组到一些境外重点项目进行了抽查和调研，起到了推动境外公共安全管理的作用。2010年全系统在境外没有发生因公共安全造成的死亡事件，连续两年保持了“零死亡”的目标。

发挥代表处公共平台作用，当好境外工作的支撑点。发挥窗口作用，积极搜集报送有价值信息。全年12个代表处共报送各类信息、情况反映和调研报告495份，外事局据此编发《外事简讯》117期，为总部和相关业务部门决策提供参考。发挥“桥梁”作用，开展对外联络和公关工作，为石化集团公司境外业务发展创造良好外部环境。发挥协调、管理和服务作用，更加注重安全和维护中国石化的整体利益。在安全形势不好的国家（地区）的代表处始终把在外人员的安全放在第一位，积极主动分析形势、提出预警，在中国驻外使领馆的指导下做好各种应急预案，确保人员安全。在中国石化项目多、人员队伍多的国家（地区），代表处主动在对外形象、资源利用、相互配合等方面发挥公共平台的作用。

（宋尚涛）

【涉外国家安全和保密管理】 认真落实石化集团公司党组和保密委员会的部署和要求，切实抓好全系统涉外国家安全和保密管理工作，保证中国石化国际化经营规范运作和谐发展。抓保密管理责任落实，及时传达上级文件精神和保密管理规定，抓保密意识的提高，落实保密责任。加强制度建设。2007年石化集团公司下发了《关于在涉外活动中进一步加强国家安全和保密工作的暂行规定》，对在涉外活动中加强国家安全和保密工作进行了统一规范，2009年又据此重新修订印发了《中国石油化工集团公司涉外国家安全和保密工作规定》，为规范管理提供了制度保障。同时，加强指导各企事业单位贯彻执行各项规定，始终把好涉外国家安全和保密关。加强宣传教育。利用年度外事工作会议和培训班、座谈会、调研等平台，对全系统涉外国家安全和保密工作进行专门布置，并要求各单位将其作为企业外事工作重要抓手，为石化集团公司国际化经营战略保驾护航，取得了较好的效果。此外，在临时因公出国（境）人员的外事教育以及外派常驻工作人员的岗前培训中，要求各单位将涉外国家安全和保密要求作为外事工作的一项重要内容来抓。年内全系统未发生在涉外工作中危害国家安全和严重泄密事件。加强保密监管。通过做好保密机的日常使用管理、严格文件运行管理、加强计算机保密检查、落实《保密承诺书》制度等具体措施，加强日常监管，确保不发生泄密事件。

（宋尚涛）

重点工程建设

综　　述

2010年，石化集团公司根据“十一五”发展规划纲要和三年滚动计划优化方案，按照“一个整体、控制总量、突出重点、远近兼顾、效益优先、从严从紧”的整体要求，本着保投产、保续建、保重点、调结构和严格控制新开项目的思路，遵循上中下游全面、协调、可持续发展和实现效益最大化的原则，坚持“量入为出、控制总量，集中决策、调整结构，优化项目、增加回报”的投资工作方针，从严从紧控制投资，优化调整投资方案，科学把握投资节奏，强化投资成本意识，精心组织项目建设，取得了较好投资成果，结构调整逐步深入，主业发展后劲显著增强。全年完成固定资产投资(不含进损益费用)2 459亿元，其中油气田企业(包括海外勘探开发)完成1 733亿元，炼化企业完成投资384亿元，油品销售企业完成投资262亿元，商储基地建设完成投资51亿元，科研信息等完成投资29亿元。全年共有35套炼化生产装置完成投料试车，1条成品油管道、1条天然气管道建成投用，56个限上项目完成竣工验收。确定重点工程19项，包括油田地面工程2项、炼化工程12项、储运工程5项。

油田地面工程。川气东送工程全面建成投产并转入商业运行。其中，普光地面集输自2009年投产20亿立方米产能后，后续85亿立方米产能全面完成施工并投入使用；普光天然气净化厂后4套联合装置陆续投产；全长2 150千米的长输管线，继2009年打通主干线后，包括南京支线、江西支线、金陵支线等所有支线全部投用。普光气田大湾区块30亿立方米产能地面集输建设工程开工建设，已完成设计和采购工作。胜利油田埕岛中心三号平台及海上配套工程的陆地预制工作全面展开。

炼化工程。天津和镇海100万吨/年乙烯工程完成投料试车。塔河重质原油改质项目建成投产。长岭800万吨/年炼油改造工程南区7套装置投料试车成功，北区土建交安。广州、沧州、齐鲁、长岭催化汽油吸附脱硫装置(S－Zorb)建成投产。川维30万吨/年醋酸乙烯建成中交。扬子BP醋酸项目建成投产。武汉80万吨/年乙烯，燕山润滑油、合成材料及橡胶，北海炼油异地改造，中原石化乙烯原料路线改造(MTO)，以及茂名、安庆、石家庄、上海等一批油品质量升级改造工程开工建设。

储运工程。青岛液化天然气(LNG)项目得到国家发改委核准建设。一批原油、天然气、成品油长输管道工程建设有序推进。日照—仪征原油管道组焊完成78%；湛江—北海原油管道准备开工建设；榆林—济南天然气管道榆林—濮阳段建成投产，至此，主干线全部投用；苏南、柳州—桂林成品油管道建成投产；鲁皖二期(西线)成品油管道最后一段郑州—汤阴段建成投产；福炼一体化配套成品油管线(一期)北线建成投产，南线基本建成；甬绍金衢成品油管道全长402千米，组焊98千米；全长498千米的珠三角成品油管道二期工程打火开焊；北海—南宁—百色成品油管道组焊完成60%。

固定资产投资项目实施管理。按照总部统一部署，对工程建设管理规章制度进行全面梳理和修订；严格“五大”控制，努力保证重点工程建设顺利实施；编制下发项目年度实施计划，跟踪落实并及时协调解决工程建设中发生的各种问题；帮助、指导企业制定项目管理手册、总体统筹控制计划等项目建设关键性文件，并通过组织工程建设管理现场交流会、各类工程管理培训等，不断提升中国石化项目管理整体水平。

工程建设监管。强化工程建设质量控制，正式启动工程质量监察工作；按照“规范程序、完善制度、信息共享、加强监管”工作方针，进一步加大对招投标行为的监管力度；标准定额工作继续遵循“立足行业、服务企业、国际接轨”的原则，不断完善石油化工标准定额体系。

工程建设企业管理。直属工程建设企业在全力保障石化集团公司重点工程建设的同时，努力开拓境内外炼化工程市场，全年实现营业收入371.44亿元、利润28.48亿元。

(王永焕)

油田地面建设项目

【川气东送工程投入商业运行】 川气东送工程主要包括普光及周边区块勘探、普光气田开发、天然气净化厂建设、长输管道施工以及达州化肥等一批天然气利用项目，跨越四川、重庆、湖北、江西、安徽、江苏、浙江、上海8个省市，总投资626.76亿元。工程于2007年4月9日获得国家核准，8月31日正式开工建设，2010年3月29日全面建成，8月31日正式投入商业运行。

(李长印)

【埕岛中心三号平台及海上配套工程开工建设】 该项目新建中心三号平台1座、生活动力平台1座，设计规模为液体处理4万米^3/日、气体处理15万米^3/日、污水处理2万米^3/日、注水3.8万米^3/日。

工程于2010年9月26日开工，截至年底，生活动力平台导管架主体安装及平面斜撑、立面斜撑、水平横撑等已安装并焊接完成，生产平台导管架厂内预制。

（冯红民）

【大湾区块地面集输工程开工建设】 该项目建设集气站7座、污水站1座，阀室18座，集气管线、燃料气管线各24千米，矿区道路45千米，山体隧道9条，生产管理点及应急救援分站1座。截至年底，9条隧道总长6 116.7米，其中8条已贯通，累计完成掘进5 943米；6处大中型跨越全部完工；线路23.8千米，累计开挖管沟5.36千米；8座集气站场进行征地及土建施工。

（冯红民）

炼油项目

【塔河350万吨/年重质原油改质项目建成投产】 该项目于2009年3月26日开工，总体设计批复总投资33.8亿元。2010年6月30日，项目中交。9月2日，制氢装置打通流程，9月9日生产出合格氢气产品。9月18日，加氢装置生产出合格精制柴油产品，焦化装置打通全部流程，生产出合格石油焦。9月20日，硫黄装置生产出合格硫黄产品，9月21日，生产出合格液化气产品。10月15日，完成铁路铺轨。

（谭　萍）

【长岭800万吨/年炼油改造工程部分建成投产】 该项目分南、北两个区域布置。2009年8月6日，南区7套新建炼油装置及系统配套工程开工建设。2010年5月，110千伏变电所、循环水场、火炬等系统配套工程陆续中交；7月31日，产品精制装置中交；8月20日，120万吨/年催化汽油吸附脱硫、50万吨/年气分装置中交；9月15日，6万吨/年硫黄回收装置中交；9月25日，280万吨/年催化裂化、240万吨/年汽柴油加氢装置中交；10月8日，800万吨/年常减压装置中交；11月26日，南区7套装置完成投料试车。北区2套装置于2010年6月15日开工建设。10月28日，170万吨/年渣油加氢装置土建交安；10月31日，5万米^3(标准)/时制氢装置土建交安。截至年底，南区装置生产运行正常；北区装置进行设备安装，管道开始预制。

（谭　萍）

【北海炼油异地改造项目开工建设】 项目一期工程加工量为500万吨/年，主要包括500万吨/年原料预处理、120万吨/年延迟焦化、170万吨/年催化裂化、260万吨/年柴油加氢、50万吨/年催化重汽油加氢、60万吨/年连续重整、40万吨/年气体分馏、2×3万吨/年硫黄回收和产品精制等装置以及配套的公用工程。总体设计批复总投资60.7亿元。

该项目于2010年3月3日土建开工。截至年底，整个项目53个单元中已开工48个，累计完成土方300万立方米、桩基5 569根、混凝土15.34万立方米、给排水管道安装64千米、金属结构安装8 539吨、静设备安装87台、工艺管道施工15千米。

（谭　萍）

【安庆含硫原油加工及油品质量升级项目启动】 项目主要包括“十建一改一配套”，即新建200万吨/年重油加氢、200万吨/年催化裂化、100万吨/年催化重整、220万吨/年柴油加氢、50万吨/年气体分馏、液化气和汽油双脱、4万吨/年硫黄回收、150吨/时酸性水汽提、220吨/时富液再生、5.5万米^3(标准)/时制氢(待定)10套炼油装置，异地改造Ⅱ套常减压装置并将其加工能力提升到500万吨/年，配套完善储运、公用工程及辅助生产设施。2010年10月30日，含硫原油加工适应性改造及油品质量升级工程总体设计获总部批复，批复总投资67.7亿元。截至年底，现场施工准备工作完成，地基强夯完成46%，开始试桩。

（刘美娟）

【上海石化炼油改造工程启动】 项目主要包括新建11套工艺装置及其配套公用辅助设施，即第一联合装置：390万吨/年渣油加氢装置、350万吨/年重油催化裂化装置(含双脱)、50万吨/年气分装置、150万吨/年催化汽油吸附脱硫装置(S－Zorb)、18万吨/年碳二回收装置、16万吨/年硫黄回收和130吨/时酸性水汽提，第二联合装置：170万吨/年石脑油预加氢处理装置、100万吨/年连续重整抽提装置、10万吨/年MTBE装置、5.5万吨/年制氢装置以及界区外公用工程及辅助设施等。2010年10月13日，总部批复项目总体设计，批准投资66.3亿元。12月28日桩基处理开工。

（刘美娟）

【金陵油品质量升级改造工程开工建设】 项目包括异地改建800万吨/年常减压蒸馏装置、新建加氢—催化联合装置(180万吨/年渣油加氢处理、350万吨/年催化裂化、50万吨/年气分)、10万吨/年硫黄回收、原7.5万吨/年MTBE改造至13.5万吨/年，及配套共用工程改造。2010年9月17日，总体设计获得批复，总概算为49.9亿元。12月14日，总部批复项目基础设计。截至年底，新区四通一平完成90%，常减压装置桩基施工。

（王永焕）

化 工 项 目

【镇海炼化100万吨/年乙烯工程项目建成投产】 该项目于2006年11月6日开工建设，2009年12月28日实现整体中间交接。2010年，乙烯工程项目中的最后3套生产装置中交：65万吨/年乙苯(EB)装置于1月30日中交；65万吨/年环氧乙烷/乙二醇(EO/EG)装置、28.5万/62万吨/年环氧丙烷/苯乙烯(PO/SM)装置于2月6日中交。4月20日，乙烯工程完成投料试车。截至年底，乙烯工程76个主项中，除“填平补齐”项目外，其余75个主项均已投入生产运行。

（谭 萍）

【川维30万吨/年醋酸乙烯项目续建】 该项目醋酸乙烯装置、聚乙烯醇装置、乙炔装置、合资空分装置和锅炉发电装置于2010年12月30日中交，甲醇装置工艺配管施工全面展开。

（刘美娟）

【燕山润滑油、合成材料及橡胶项目启动】 建设内容包括中国石化与三菱化学合资建设的15万吨/年双酚A和6万吨/年聚碳酸酯项目(BPA/PC联合装置)、燕山分公司9万吨/年丁基橡胶项目和润滑油系统提高产品质量技术改造项目。

BPA/PC联合装置总投资20.34亿元，合资双方各占50%股份，合资期限50年，其中三菱化学既是合资外方又是专利技术提供方，PC装置(采用非光气法熔融酯交换法聚碳酸酯生产技术)系国内第一套聚碳酸酯生产装置。丁基橡胶项目基础设计批复概算总投资20.3亿元。润滑油系统提高产品质量技术改造项目可研批复投资12.1亿元。

现场土建设计单位为中国石化工程建设公司和燕山玉龙工程公司，主要施工单位有北京天钲建筑公司、北京燕华建筑安装公司和中国石化集团第十建设公司。

（刘美娟）

【中原乙烯原料路线改造(MTO)项目开工建设】 建设内容包括新建60万吨/年甲醇制烯烃装置和10万吨/年聚丙烯装置，现有20万吨/年聚乙烯装置挖潜改造到26万吨/年，以及配套公用工程改造。2010年10月19日，总部批复项目基础设计，批复总投资14.71亿元。截至年底，桩基工程全部完成，给排水地管安装完成62%，框架、管廊及设备基础浇筑完成60%。

参建单位主要有中国石化工程建设公司、第四建设公司、第十建设公司等。

（刘美娟）

【武汉80万吨/年乙烯项目开工建设】 建设内容包括80万吨/年乙烯装置、55万吨/年裂解汽油加氢、13万吨/年丁二烯抽提、35万吨/年芳烃抽提、30万吨/年高密度聚乙烯、30万吨/年线性低密度聚乙烯、15万/28万吨/年EO/EG、(20+20)万吨/年聚丙烯、8万/3万吨/年MTBE/1-丁烯9套工艺装置和公用工程。总体设计批复投资165.63亿元。

2010年3月，地下主干管开工建设，9月15日，热电联产装置桩基开工，10月26日，乙烯装置桩基开工，12月1日，HDPE装置基础开工，12月8日，MTBE/1-丁烯装置桩基开工。截至年底，基础设计全部完成，9套生产装置及主要公用工程开始桩基施工。

（谭 萍）

物流储运项目

【榆林—济南输气管道工程基本建成】 管道全长1 045千米，设计输量30亿米^3/年。2010年10月22日开始进行投产置换，10月24日，南乐分输站成功点火，10月27日开始向河南省、山东省供气。站场部分正在进行工艺安装施工。

（李长印）

【鲁皖二期(西线)成品油管道工程全部建成投用】 鲁皖二期(西线)管道全长905千米，其中济南—邯郸480千米和石家庄—邯郸210千米分别于2009年5月17日和12月19日投油成功，郑州—汤阴178千米于2010年1月15日投油成功。

（李长印）

【柳州—桂林成品油管道工程建成投产】 管道总长172千米，管径273毫米，沿线设2座站场。工程试验段于2008年9月20日打火开焊，2010年3月27日投油成功。

（李长印）

【江苏成品油管道(江南线)建成投产】 管道全长

397千米，管径406毫米、323毫米，设计压力10兆帕和5兆帕，材质L360。全线设站场7座、油库6座，设计输量为300万吨/年。工程于2009年5月28日开工，2010年12月20日投油成功。

（李长印）

【福炼一体化配套成品油管线(一期)工程续建】 一期管道全长341.6千米，其中北线全长154.9千米，2010年1月29日，泉港油库开始进油。南线全长186.7千米，截至年底，除厦门东孚油库施工收尾和两条定向钻扩孔外，其余基本完工。

（李长印）

【甬绍金衢成品油管道及配套油库工程开工建设】 管道全长402千米，管径508毫米、457毫米，设计压力8.5兆—9.5兆帕，管道材质L415，全线共设6座站场、5座油库、18座截断阀室，设计输量580万吨/年。工程于2010年3月28日开工，截至年底，累计扫线100千米、焊接97千米、回填61.7千米；金华、绍兴站库开始土建施工。

（冯红民）

【珠三角成品油管道二期及配套油库工程开工建设】 管道全长498千米，管径323毫米、273毫米，设计压力9.5兆帕，材质L415和L360，全线共设5座站场、3座油库，设计输量235万吨/年。工程于2010年6月1日开工，截至年底，累计放线60千米、布管2千米、组焊1.5千米。

（冯红民）

【日照—仪征原油管道工程开工建设】 管道全长390千米，管径914毫米，设计压力8.5兆帕，材质L450，设计输量为2 000万—3 600万吨/年，全线设5座输油站场、17座线路截断阀室。工程于2010年3月26日开工，截至年底，累计扫线327.9千米、组焊304.9千米、二次回填265千米；定向钻穿越共28条，已完成18条，正施工10条；站场正在进行土建施工。

（李长印）

【山东LNG工程开工建设】 该项目分码头、接收站、输气管道三部分。码头工程主要建靠泊27万立方米LNG船的LNG泊位；接收站规模为300万吨/年，建设3座16万立方米LNG储罐；输气管道包括董家口—泊里—胶州—莱西、日照—临沂—曲阜两条管道，全长532千米，管径508毫米，设计压力6.3兆—8兆帕，输气能力40.5亿米^3/年。工程于2010年7月经国家发改委核准，9月10日举行开工仪式。截至年底，已完成项目陆上、海上初步设计阶段的钻探工作。

（李长印）

【金嘉湖成品油管道及油库配套设施通过竣工验收】 该项目于2005年12月28日开工，2007年5月26日投油，2007年12月30日全部建成投用试运，2010年11月26日通过竣工验收。

（冯红民）

工程建设管理

【重点工程】 中国石化2010年重点工程项目见表1。

（王永焕）

表1　中国石化2010年重点工程建设项目

序号	项目名称	建设单位
一	油田地面项目	
1	胜利中心三号平台工程	胜利油田分公司
2	普光气田大湾集输工程	中原油田分公司
二	炼化项目	
3	长岭800万吨/年炼油改造工程	长岭分公司
4	川维30万吨/年醋酸乙烯项目	四川维尼纶厂

续表

序号	项目名称	建设单位
5	镇海100万吨/年乙烯工程	镇海炼化分公司
6	塔河350万吨/年稠油加工项目	塔河分公司
7	S-Zorb及柴油质量升级	高桥广州、济南、镇海、沧州、齐鲁等
8	武汉80万吨/年乙烯工程	武汉分公司
9	北海炼油异地改造	北海炼油异地改造筹备组
10	茂名油品质量升级	茂名分公司
11	安庆油品质量升级	安庆分公司
12	石家庄炼油改造	石家庄炼化分公司
13	上海炼油改造	上海石化股份公司
14	燕山润滑油、合成材料及橡胶	燕山分公司
三	储运项目	
15	日照—仪征原油管道	管道储运分公司
16	榆林—济南输气管道	天然气分公司
17	苏南、甬绍金衢、珠三角二期、北海—南宁—百色成品油管道	销售公司
18	青岛LNG项目	天然气分公司
19	原油商业储备基地	石油储备公司

【设计管理】 2010年，设计管理工作重点是继续抓好石化集团公司重点工程设计协调，明确设计分工，设计界面划分；确定工程建设目标及里程碑控制点，落实设计、采购、施工工作衔接。先后组织召开茂名石化、安庆石化、扬子石化、上海石化、金陵石化、武汉石化炼油改扩建工程以及中原石化MTO、武汉乙烯等重点工程设计协调会，为项目的顺利实施奠定了基础。

协调总部主管部门，组织直属工程公司开展科技进步活动，购置国际通用先进软件。协助直属工程公司引进开发设计集成系统。开展设计单位压力管道设计审批人员培训、考核、换证；进行设计单位特种设备资质换证鉴定评审。结合重点工程建设项目，对扬子石化工程公司、金陵石化工程公司开展了设计质量检查。组织加油加气站模块化设计评选。在直属设计企业中推行模块化设计，开始对已有的设计成品进行梳理工作。完成中国石化“四优”评选的初审工作。完成了详细设计内容深度规定的修订稿。开展了中国石化工程材料编码在武汉乙烯和北海炼油项目上的试用工作。完成标准化设计的初步梳理工作。炼化装置及配套工程获得了61种装置、47种系统配套单元、6种单体设备共464项模块化设计单项成果。油田地面建设及配套工程获得了15类站(系统)的45种单元共103项模块化设计单项成果。

(申发祥)

【生产准备与投料试车】 2010年，共有35套炼化生产装置完成投料试车，1条成品油管道、1条天然气管道投入运营(见表2)。各企业按照石化股份公司《建设项目生产准备与试车》的要求，提前做好人员、物资、技术等7个方面的生产准备工作，做到了生产准备与工程建设无缝衔接同步进行，加强对项目生产准备和投料试车全过程管理，认真进行投料试车条件检查，保证了装置投料试车顺利进行。为保证投料试车一次成功，全年总部共组织项目总体试车方案审查12次、项目投料试车条件检查9次，成立开车队和专家组5个、现场服务组7个。

(黄月初)

表2　　工程建设项目2010年投料试车/建成投用情况

序　号	装置名称	建设规模/万吨·年$^{-1}$	投料试车/建成投用时间
一	天津石化		
1	乙　烯	100	1月16日
2	聚丙烯	45	1月6日
3	苯酚丙酮	35	2月24日
4	丁二烯抽提	20	1月14日
5	EO/EG	4/36	2月4日
二	广州分公司		
6	S－Zorb	120	1月10日
三	青岛石化		
7	延迟焦化	160	1月8日
8	汽柴油加氢	100	1月7日
9	制　氢	2万米^3/时	3月18日
四	普光净化厂		
10	第三联合装置	20亿米^3/年	1月20日
11	第四联合装置	20亿米^3/年	3月10日
五	镇海炼化		
12	乙　烯	100	4月20日
13	裂解汽油加氢	70	4月25日
14	丁二烯抽提	16	4月9日
15	芳烃抽提	60	4月6日
16	线性低密度聚乙烯	45	3月28日
17	MTBE/1－丁烯	11/4	2月26日
18	聚丙烯	30	2月10日
29	EO/EG	28.5/62	4月18日
20	环氧丙烷/苯乙烯	28.5/62	6月13日

续表

序　号	装置名称	建设规模/万吨·年$^{-1}$	投料试车/建成投用时间
六	洛阳分公司		
21	柴油加氢	260	10月16日
七	九江分公司		
22	催化汽油加氢	90	1月31日
八	沧州分公司		
23	S－Zorb	90	3月3日
九	齐鲁分公司		
24	常减压	800	3月30日
25	达州化肥	30	1月21日
26	S－Zorb	90	2月21日
十	长岭分公司		
27	S－Zorb	120	11月17日
28	硫　黄	14	11月22日
29	常减压	800	11月25日
30	柴油加氢	240	11月26日
31	催化裂化	280	11月22日
32	气体分离	50	11月23日
十一	塔河分公司		
33	延迟焦化	220	9月16日
34	柴油加氢	140	9月18日
十二	扬子BP公司		
35	醋　酸	33	7月14日
十三	油品销售公司		
36	江苏成品油管道江南线	300	12月22日
十四	天然气分公司		
37	榆林—济南天然气管道	30亿米^3/年	10月22日

【竣工验收】 2010 年，中国石化所属企业共完成 56 项限上(投资 3 000 万元及以上)固定资产投资项目的竣工验收(见表 3)。

（刘美娟）

表 3　　中国石化 2010 年固定资产投资竣工验收项目

序　　号	项目名称	验收时间
1	胜利油田纯梁集中供热工程	4 月
2	胜利油田建翔燃煤锅炉房工程	4 月
3	胜利油田河口集中供热工程	4 月
4	胜利油田临盘燃煤锅炉房工程	4 月
5	河南油田稠联污水锅炉回用工程	1 月
6	天然气分公司胶州—日照天然气管道工程	6 月
7	燕山 5 万吨/年 1－己烯装置	4 月
8	燕山牛口峪至炼油厂原油管道工程	11 月
9	燕山至长辛店成品油管道工程	11 月
10	燕山第一热电站锅炉改造项目	8 月
11	燕山 1 000 万吨/年炼油电气配套改造项目	8 月
12	齐鲁芳烃资源综合利用技术改造项目	12 月
13	齐鲁重油深加工及安全隐患治理项目	12 月
14	上海石化陈山码头 7#、8#泊位技术改造工程	12 月
15	上海石化热电一站停役后蒸汽优化改造项目	12 月
16	上海高桥烟气脱硫项目	7 月
17	上海高桥 120 万吨/年延迟焦化装置	7 月
18	上海高桥 12 万吨/年双酚 A 项目	7 月
19	金陵 2#常减压改造项目	4 月
20	镇海炼油含氢尾气氢气回收项目	5 月
21	镇海原油劣质化技术改造项目	5 月
22	镇海天然气利用技术改造项目	5 月
23	镇海Ⅰ、Ⅱ焦化低温位热利用项目	5 月
24	镇海杭炼 10 万吨/年白油加氢装置	5 月
25	天津石化余热利用供暖改造工程	12 月
26	扬子—金浦 10 万吨/年丁苯橡胶合资项目	12 月
27	扬子 220 千伏变电站工程	12 月

续表

序　　号	项目名称	验收时间
28	巴陵14万吨/年己内酰胺二期改造(第一步)项目	12月
29	巴陵煤码头项目	12月
30	仪征300吨/年高性能聚乙烯纤维项目	5月
31	广州热电站1#、2#锅炉烟气脱硫项目	12月
32	广州6#液化气罐隐患治理项目	10月
33	广州原油码头改扩建项目	4月
34	钟荆原油管道工程	9月
35	荆门8万吨/年苯抽提装置	9月
36	川维铁路专用线项目	8月
37	川维乙炔压缩机项目	8月
38	济南8万吨/年苯抽提装置	12月
39	青岛石化20万吨/年气体分馏项目	12月
40	青岛石化8万吨/年苯抽提项目	12月
41	海南炼化增设抽凝式蒸汽发电机组项目	5月
42	浙江石油金嘉湖成品油管道配套库项目	11月
43	浙江石油金嘉湖成品油管道工程	11月
44	洛阳热电站烟气脱硫项目	12月
45	石家庄1#130吨/时煤粉锅炉项目	4月
46	石家庄燃煤锅炉烟气脱硫项目	4月
47	石家庄1万吨/年制氢装置	12月
48	润滑油上海分公司调和设施改造项目	11月
49	润滑油天津分公司润滑脂扩能改造项目	11月
50	广东石油小虎岛成品油储备库	4月
51	湖南石油湖南长株成品油管道	4月
52	华北分公司大牛地10亿立方米产能建设地面工程	12月
53	华北分公司塔榆天然气管道工程	12月
54	塔河分公司稠油技改项目	12月
55	江苏石油苏州支线项目	11月
56	江苏石油苏州油库项目	11月

【检修改造】 2010 年，主要有济南分公司、燕山分公司、沧州分公司、扬子石化、茂名分公司等单位实施了停工检修改造工作。

济南分公司。全厂性停工大检修改造装置多、涉及面广，装置改造、安全隐患治理和设备更新工作同时进行。2010 年 3 月 26 日开始停工，2011 年 5 月 9 日完工。其中，重整、焦化、二加氢装置于 2010 年 4 月 23 日完工；一催化、聚丙烯装置于 4 月 22 日完工；常减压装置于 4 月 26 日完工；重油催化装置于 5 月 9 日开车成功，标志该次检修改造工作全面完成。

燕山分公司。新建 1 000 万吨/年炼油新区 5 套主装置外加火炬罐区系统，自 2007 年 6 月开车成功后，已连续运行 3 年。该次停工检修为装置首次检修。4 月 10 日开始检修，5 月 7 日罐区及配套、制氢装置完工；5 月 10 日三废装置完工；5 月 12 日高压加氢装置完工；5 月 18 日焦化、常减压装置完工。5 月 26 日，加氢裂化一次开车成功，标志着炼油新区停工检修全面完成。

沧州分公司。2010 年 7 月 25 日，开始实施全厂性的装置停工检修及改造；历时 90 天；常减压装置开工并生产出合格产品，随后各生产装置陆续开车。

扬子石化。该次检修是乙烯二轮改造以来首次包括公用工程系统在内的所有装置全面停车大修，也是扬子石化历史上检修范围最广、工作量最大、人员最多、组织难度最高的一次大修。8 月 11 日，烯烃厂 1# 乙烯等各主要装置相继停车；10 月 3 日，各装置先后投入正常运行，历时 53 天。

茂名分公司。化工分部 1# 装置大修改造以 2010 年 12 月 1 日 1# 裂解装置停进料为起点，以 2011 年 1 月 5 日产出合格乙烯为完工控制节点。该次化工装置大修共完成 1# 裂解、芳烃(1#加氢)、1# 高压、1#聚丙烯、全密度、1#丁二烯、乙二醇和苯乙烯 9 套生产装置以及储运、空分、净化水和包装 4 套辅助装置的检修改造。

（翁必生）

【南京项目管理中心】 截至 2010 年底，南京项目管理中心有职工 99 人。年内中心认真履行项目管理和人力资源“蓄水池”职责，重点加强了项目管理、人员培训、团队建设等方面工作。特别是通过在武汉乙烯、镇海乙烯、扬子醋酸、扬巴二期等项目中的管理实战，不断提升自身综合素质。

武汉 80 万吨/年乙烯项目。中心自 2008 年 5 月 15 日开始进驻，截至 2010 年底，已有近 50 名员工参与项目部的管理工作，占中心总人数的 50%，是中心派出职工最多的项目，而且大多在项目部各关键岗位上承担重要角色。

扬子石化合资 50 万吨/年醋酸项目和配套工程已结束并交付生产，相关结算和合同封闭工作已完成。镇海乙烯项目中交后，中心参与管理的人员全部被派往武汉乙烯现场，另外还有 8 人参与了扬巴二期项目的建设管理工作。

（周爱冬）

工程建设监管

【工程质量监督】 2010 年，石化工程质量监督机构按照年初监督工作会议的安排和部署，抓住机遇，强化管理，认真履行政府质量监督职能，努力当好石化建设工程的质量卫士。

强化过程监控，保证建设项目质量。石化工程质量监督机构坚持行为质量与实体质量监督并重的原则，强化参建单位质保体系检查，设备材料进场验收、复验与报验，焊接过程控制，无损检测质量核查，文件资料抽查等，有力地促进了现场质量管理水平的提高，确保了石化建设工程质量。

认真开展压力管道监督检验工作，维护石化集团公司利益，保证管道工程顺利进行。①建立健全压力管道相关制度，对《石油化工建设工程压力管道监督检验暂行规定》进行修订并发布实施。②在材料进场验收、复验及报验，管道预制、焊接、安装及无损检测，管道系统试验及冲洗，安全保护装置性能试验等环节加强监督检查与现场见证，在保证石化建设项目管道工程顺利进行的同时，也节省了监检费用。石化工程质量监督机构 2010 年实施监检的中国石化建设项目压力管道共计 7 446 千米，节省监检费用 5 956 万元。③积极协调解决压力管道监检工作中出现的问题。协调解决了齐鲁石化分站和第十建设公司压力管道监检问题。

积极参与项目质量问题处理，发挥监督系统的技术优势。石化工程质量监督机构在做好监督工作的同时，积极参与质量问题和突发质量事件的处理。处理解决了川气东送管道工程遗留问题。

抓好培训工作，提高相关人员的素质和水平。①对参建单位开展培训，组织了 24 期有关质量管理的培训考试班，参加人数约 3 700 人。通过相应的培训考试，使培训人员熟悉了国家有关工程质量法律法规、中国石化质量管理相关制度，提高了专业素质水平。②注重经验交流与总结，组织重点项目的监督组组长和专业人员进行经验交流、总结，为做好项目的监督工作奠定基础。③注重监督工作经验的积累与升华，编辑出版了《石油化工工程质量监督案例》(第一册)，收录案例107篇。

坚持标准化、信息化，打造规范、高效的监督队伍。①编写质量管理手册。完成了第一部分总论、第三部分建设单位管理、第四部分其他责任主体及有关机构管理和第五部分工程质量监督和内部监察中的工程质量监督的试行本，局部下发执行。试行本的发行，规范和指导了石化建设项目质量管理工作。②石油化工责任主体质量管理水平评价体系基本成形。实现了多条件任意组合、多种显示方式的查询，并能满足不同查询需要及层层深入的评价需要。小样本测试后，将测试结果与专家的认知进行比较、分析，进一步完善了系统评价的科学性、准确性，实现了项目的预期目标。

（胡国勇）

【工程质量监察】 石化工程质量监督机构从2010年起，在石化建设项目中正式启动了质量监察工作。

深入动员，积极组织开展工程质量监察自查自纠工作。各企业按照2010年初印发的《工程质量监察自查自纠阶段的具体实施意见》的要求，及时组织开展了工程质量监察自查自纠工作，83家企业涉及限上工程项目78个，发现各类质量问题4 000余项，并及时进行了整改，同时对活动中发现的创新经验及亮点进行了总结。

开展“质量月”专项监察活动，取得明显效果。各分站根据安排，积极开展以专项工程质量监察为主要内容的“质量月”活动，取得了实效。

精心安排，认真开展工程质量监察督导工作。2010年，总站组织对勘探南方分公司等4家企业以及润滑油武汉分公司和东北油气分公司的建设项目进行了7次工程质量监察，共查出质量问题263项，下发《工程质量管理不符合报告》22份。

（胡国勇）

【工程质量大检查】 2010年，总站组织了沧州分公司油品升级、茂名北山岭原油商业储备基地和日照原油商业储备基地项目质量管理体系文件专项检查等共28次。查出各类质量问题3 029项，其中质量行为问题1 302项，实体质量问题946项，资料问题781项，并由现场监督组及时督促对问题进行了整改。

（胡国勇）

【招标投标管理】 2010年，招标投标管理工作按照“规范程序、完善制度、信息共享、加强监管”的方针，结合中国石化工程建设项目的特点，严格执行招标方案、招标申请、招标文件、评委组成和招标结果等关键招标申报审批程序。石化集团公司招标投标办公室直接监管总投资3 000万元以上的工程项目招投标97个，包括武汉乙烯、北海异地炼油改造等重点项目，中标额约374亿元，共计560个标段(勘察设计16个标段、总承包32个标段、施工339个标段、监理111个标段、检测62个标段)。

依据“统一管理、有序竞争”的原则，逐步形成统一、有序、竞争、相对开放的中国石化工程建设市场，继续做好工程建设市场资源库成员单位审批工作，以加强、完善市场资源库建设为抓手，加强对招投标过程管理，规范市场秩序，建立良好的市场秩序和可靠的供方资源网络。审批公布了工程建设市场资源库A、B级成员名单，包括36家A级成员单位、381家B级成员单位。

加强学习培训，强化基础工作。为进一步提高评标质量，加强评标专家管理，组织了2期工程建设项目评标专家培训班，约700人参加培训。截至年底，评标专家库人员共计1 197人。

不断完善管理制度，完成修订《中国石化建设工程招标投标管理规定》、《中国石化工程建设市场资源库管理办法》、《中国石化建设工程评标专家库管理办法》、《中国石化工程建设项目分包发包管理办法》。

为了规范工程建设招标投标管理，实现其标准化、流程化、信息化，筹建了招标投标管理信息化系统，组织相关部门及企业研讨完成了需求分析，初步模型搭建完毕。

（杨　旭）

【标准管理】 石油化工工程建设国家标准和行业标准制修订工作。2010年在编国家标准和行业标准97项，完成标准报批稿27项，其中国家标准5项(见表4)、行业标准22项(见表5)。国家标准《石油化工装置防雷设计规范》、《石油化工工厂信息系统设计规范》以及《石油化工非金属管道工程施工质量验收规范》等完成报批，填补了相应专业工程技术标准方面的空白；行业标准《石油化工控制室设计规范》、《石油化工总图运输术语》、《酸性环境可燃流体输送管道施工质量验收规范》等标准即将报批。

推动企业标准《中国石化炼化工程建设标准》的实施。年初，组织召开了《中国石化炼化工程建设标准》(英文版和中英双语版)Q/SH 700 — 2009(E)发布与管理维护工作会议，明确了《中国石化炼化工程建设标准管理办法》的有关要求，与26家标准使用单位签订了保密协议，协调解决了标准印制出版中所提出的问题，保证了标准实施前的出版发行。

继续服务和支持重点工程项目。①组织开发的"普光气田地面集输工程特种钢管道焊接工艺评定开发项目"通过了中国石化科技开发部组织的科技成果鉴定，并经现场测试，管线安全运行，满足了设计要求。该项焊接技术填补了国内相应技术空白，被评为2010年中国石化科技成果二等奖。以普光气田的工程应用经验为基础编制的酸性环境可燃流体输送管道的相应行业标准已经完成。②启动了普光气田大湾区块国产抗硫管道焊接工艺开发试验工作。与项目部和供应部门一起聘请专家共同研究，协调解决国产抗硫管道壁厚和内径偏差超标、强度及硬度偏高，低温合金管道在耐腐蚀试验中氢鼓泡面积率过大等问题。③针对大连新港油库火灾事故，国标《石油储备库设计规范》编制组赶赴事故现场进行实地考察，针对事故所暴露的问题，研究通过标准规范提高安全水平、消除安全隐患切入点。在该项国标编制中，针对油罐总图布置、输油管道安全运行、消防道路、供电保障等方面的规定作了修改和完善。该项标准已通过了总部组织的报批稿专项审查。④鉴于福建炼厂厂区外管廊建设中出现的问题，组织召开了标准研讨会，分析了当前国家相应标准规范的实施状况，结合国内原油码头、原油库区发生的事故案例，研究了如何在中国石化系统内提高有关安全设计标准、加强防范措施，给出了原则方法和步骤。启动了《原油码头、原油库区、厂际输油管道设计安全技术规定》的编制工作，该标准作为中国石化企业标准通过了标准审查。⑤组织开发的"石油化工建设工程项目施工技术文件管理系统"通过了专家评审。结合武汉项目需求，在系统中又增加土建专业的国家标准表格和工程监理 SH 3903 表格，并开始试用。除武汉项目外，第十建设公司和工程建设公司、洛阳工程公司也在积极试用该系统。⑥进一步加强标准的宣贯工作。针对新版国标《石油化工可燃气体和有毒气体检测报警设计规范》、《石油化工全厂性仓库及堆场设计规范》、《石油化工金属管道工程施工质量验收规范》和行业标准《石油化工不锈钢复合钢焊接规程》等，在实施前均组织了宣贯，约600人先后参加了学习。

参与国际技术交流与认证工作。①电动汽车与充电站考察。国标《汽车加油加气站设计与施工规范》编制组于2010年8月和9月先后到日本和欧洲进行了为期14天电动汽车充电设施和电动汽车最新发展情况的调研。圆满完成了预定的任务，其考察报告已由中央电视台电动汽车栏目组推荐刊登于第25届国际电动汽车大会会议专刊。参与了北京市电动汽车标准体系和相应地方标准的建设，并将调研成果落实到加油充电合建示范站中，也在加油加气站国标修订中明确增加了充电设施等合建内容，以适应新能源汽车的发展。②给排水专业考察。国标《石油化工污水处理设计规范》和《石油化工循环水场设计规范》编制组于2010年11月到意大利、荷兰、丹麦等地进行了为期8天的考察，实地调研了相关企业在污水处理和循环水处理设施的设计、建设和运行管理方面的技术经验。③API 检验员认证工作。与中国石化工程质量监督总站一起在总部举办了"API 压力容器、工艺管道、地上储罐检验员认证"讲座，API 认证部经理到访，并通报了世界 API 检验员认证考试报名情况，双方就所关注的问题交换了意见。组织了 API 和 ASME 压力容器和压力管道标准的培训工作，中国石化有20名骨干技术人员参加了2010年 API 检验员认证(中国)考试。④继续发挥"国外标准信息库"的作用。信息库的用户近400个，已基本覆盖了业内工程技术骨干人员。

加强标准化制度和队伍建设。梳理标准化管理制度，修订了《中国石化炼化工程建设标准化管理办法》。加强标准化队伍建设，完成了机械技术中心站第二届技术委员会委员的换届工作。

(葛玉春)

表4　2010年向住房和城乡建设部报批的国家标准(石油化工工程建设)

序号	标准编号	标准名称	实施日期	主编单位
1	GB 50609 — 2010	石油化工工厂信息系统设计规范	2011年10月1日	工程建设公司
2	GB 50610 — 2010	车用乙醇汽油储运设计规范	2011年10月1日	工程建设公司
3	GB 50650 — 2011	石油化工装置防雷设计规范	2011年12月1日	工程建设公司

续表

序号	标准编号	标准名称	实施日期	主编单位
4	GB 50645 — 2011	石油化工绝热工程施工质量验收规范	2012 年 5 月 1 日	第四建设公司
5	待　定	石油化工非金属管道施工质量验收规范	待公告	胜利油田胜利石油化工建设有限责任公司

表 5　　2010 年完成向国家工业和信息化部报批的行业标准(石油化工工程建设)

序号	标准编号	标准名称	实施日期	主编单位
1	待　定	石油化工筑炉工程施工质量验收规范	待公告	天津金耐达筑炉衬里有限公司
2	待　定	石油化工筑炉工程施工技术规程	待公告	天津金耐达筑炉衬里有限公司
3	待　定	酸性环境可燃流体输送管道施工质量验收规范	待公告	第十建设公司
4	待　定	酸性环境可燃流体输送碳钢管焊接工艺规程	待公告	第十建设公司
5	待　定	石油化工总图运输术语	待公告	中国石油大庆石化工程公司
6	SH/T 3006 — 2011	石油化工控制室设计规范(代替 SH 3006 — 1999)	待公告	宁波工程公司
7	待　定	石油化工在线分析仪表系统设计规范	待公告	工程建设公司
8	SH/T 3516 — 2011	催化裂化装置轴流压缩机—烟气轮机能量回收机组施工及验收规范(代替 SH/T 3516 — 2001)	待公告	第十建设公司
9	待　定	石油化工建设工程项目施工技术文件编制规范	待公告	第四建设公司
10	SH/T 3535 — 2011	石油化工混凝土水池工程施工及验收规范(代替 SH/T 3535 — 2002)	待公告	第四建设公司天津众业石化建筑工程有限公司
11	SH/T 3010 — 2011	石油化工管道隔热工程设计规范(代替 SH 3010 — 2000)	待公告	洛阳工程公司
12	SH/T 3040 — 2011	石油化工管道伴管及夹套管设计规范(代替 SH 3040 — 2002)	待公告	上海工程公司

续表

序号	标准编号	标准名称	实施日期	主编单位
13	SH/T 3059 — 2011	石油化工管道设计器材选用规范(代替 SH 3059 — 2001)	待公告	工程建设公司
14	SH/T 3036 — 2011	一般炼油装置用火焰加热炉(代替 SH/T 3036 - 2003)	待公告	工程建设公司
15	SH/T 3078 — 2011	立式圆筒形钢制和铝制料仓设计规范(代替 SH 3078 — 1996)	待公告	上海工程公司
16	SH/T 3169 — 2010	加工高硫原油重点装置主要设备与管道设计选材标准(代替 SH/T 3096 — 2001)	待公告	洛阳工程公司
17	SH/T 3129 — 2010	加工高酸原油重点装置主要设备与管道设计选材标准(代替 SH/T 3129 — 2002)	待公告	洛阳工程公司
18	SH/T 3171 — 2010	石油化工生产建筑设计规范	待公告	宁波工程公司
19	SH/T 3077 — 2011	石油化工钢结构冷换框架设计规范(代替 SH 3077 — 1996)	待公告	工程建设公司
20	SH/T 3079 — 2011	石油化工焦炭塔框架设计规范(代替 SH 3079 — 1996)	待公告	工程建设公司
21	SH/T 3076 — 2011	石油化工建筑物结构设计规范(代替 SH 3076 — 1996)	待公告	工程建设公司
22	SH/T 3425 — 2010	石油化工给排水管道设计规范	待公告	宁波工程公司

【炼油化工定额和工程造价管理】 2010 年，完成并发布《石油化工建设工程工程量清单计价办法》(2011 版)，同时废止 2006 版。从 2009 年 8 月开始，由石化股份公司工程部组织、工程企业管理部等协助启动了修订工作。经过“修订技术统一规定”审查、方案审查、分工编制、集中编制、征求意见、修订稿审查、修改完善、会签、报批等工作程序，最终经总部领导批准发布，自 2011 年 1 月 6 日起施行。此版清单计价办法在之前版本附录 B 安装工程的基础上增补了附录 A 建筑工程内容，尤其是研发了配套应用软件，为推行清单计价铺平了道路。

组织编制《石油化工建筑工程概算指标》及《石油化工建筑工程综合预算定额》。编制目的是完善石油化工投资管理的定额、指标体系，统一建筑工程概算编制和计价方法，进一步规范建筑工程造价计价行为。经过深入研讨，确定基本编制原则：适应石油化工新建、改扩建的建筑工程计价，编制深度以《石油化工装置基础设计内容规定》为依据，与其他有关的石油化工建筑工程计价规则和依据相协调。经过方案审查、细则审查、数次现场调研、含量测算、内审讨论等工作环节，正在进行指标子目列项。

加大力度宣贯《石油化工行业检修工程预算定额》、《石油化工行业检修工程计价规则》(2009 版)和配套计价软件。新版定额总结了试行版自 2001 年施行以来的经验，针对施行中存在的问题作了修改和完善，编制了包括传动设备、静置设备、工业管道、电气设备等8册12本内容，基本涵盖了检修工程的常规工作内容。与试行版比较，新版定额有以下主要特点：突出体现了石油化工行业检修工程“检修周期短、不确定因素多、工作量变化大、作业空间受限、安全要求严格、施工难度大”等特点；突破传统的定额表现形式，编制了《石油化工行业检修工程计价规则》配套预算定额使用，以适应检修管理的需要；着重梳理、调整了定额适用范围，适用于石油化工行业有计划的装置停产检修及与检修同期进行的该装置技术改造，生产运行期间的检修，煤化工、天然气化工等其他项目参照执行；单独列项拆除和安装内容，补充了试行版缺项的内容；依据国家及石化集团公司现行安全环保规章制度，充实了与劳动保护、环境保护、文明施工、HSE培训等有关的内容。

结合造价人员资格培训工作，继续宣贯2007版《石油化工安装工程概算指标》、《石油化工安装工程预算定额》等6个计价文件和配套的“概算主材费指标”、石化建设工程造价管理信息应用系统，该信息系统顺利通过总部科技成果鉴定，并获得石化集团公司2008—2009年度优秀计算机软件二等奖。

跟踪使用、积极筹划维护定额修订工作。关注企业设备维护管理工作，搜集数据、解决定额使用遇到的问题，为适时修订《石油化工行业生产装置维护维修费用定额》(5册)、《石油化工行业自备热电(厂)站维护维修费用定额》、《石油化工行业自备码头维护维修费用定额(试行)》等作好准备。

跟踪市场行情波动，加强计价体系动态管理。根据物装部发布的采购指导价格，每2个月公布1次炼化工程主要材料的概算编制价格，1年2次合成、公布非标设备价格信息。全年完成《工程经济信息》和《工程造价信息》各6期。加强定额价格信息网站和工程计价网站建设。

积极配合重点项目建设，使定额指标计价依据成为强化工程造价管理的有效工具。积极参与了孟加拉凝析油项目估算审查、造价审计；参与扬巴二期项目公开账簿估算的编制、审查并组织总体院转换估算格式，及时答复项目咨询函、澄清造价问题；参与某些项目审查等。

加强国际国内横向联系。与国际石化公司和国内石化、煤化工企业开展交流。

石油化工工程造价从业人员实行资格管理制度。根据国家住房和城乡建设部《关于由中国建设工程造价管理协会做好建设工程概预算人员行业自律工作的通知》(建标〔2005〕69号)，中国建设工程造价管理协会《关于统一换发〈全国建设工程造价员资格证书〉的通知》、《全国建设工程造价员管理暂行办法》，按照《中国石油化工集团公司工程造价从业人员资格管理规定》(中国石化建〔2005〕405号)和《关于印发〈石油化工工程造价从业人员管理实施细则〉的通知》(中国石化建标〔2005〕246号)，积极调整石化行业工程造价从业资质管理定位，突出专业化管理。为提高造价从业人员队伍素质，监督掌握队伍人员流动情况，工程部统一部署换发2010版造价从业资格证，截至年底，持有炼油化工造价证的专业人员4 082人。全年共组织各类培训班8次，约1 200多人参加学习。

定额管理和造价管理贯穿项目建设全过程，与各项目参与方密切相关。加强与招投标管理、项目管理及审计等职能部门的衔接，宣传全过程造价管理理念，服务于项目解决实际问题是加强定额管理和造价管理的重要措施。

(余晓花)

【石油工程造价管理】 2010年，石油工程造价管理中心重点加强了定额管理、造价管理与分析、基础建设等方面工作。

定额管理。石油安装工程消耗量定额编制工作基本完成，制定了石油建设安装工程定额标准、工程量计算规则，是消耗量定额在石油行业首次应用。配合油气勘探部署，组织编制完成中原油田内蒙白音查干和查干探区钻井定额、川东北大湾—毛坝探区钻井定额，完成了华北采气成本定额编制工作。结合实际，深化精细管理，补充、修订部分定额，完成胜利海洋钻井定额修订，补充西北分公司井下作业定额和钻时定额，修订西南分公司钻井定额，完成部分定额项目补充调整。继续加强定额推广应用和物探定额试行并跟踪工程定额应用情况，配合有关部门开展投资测算。组织完成工程量清单计价规则宣贯和培训，为下一步推广应用打下基础。

造价管理与分析。在预结算管理中，保持和发扬多年来的工作传统，认真履行职责，充分发挥应有作用，严格程序、规范计价，扎实有效地提高预结算编审质量，全面完成预结算管理任务，为加强投资管理奠定了基础。据统计，2010年胜利、中原、河南、江汉、江苏、西北、西南、华北、华东、东北、南方勘探、川气东送指挥部、天然气分公司13个上游企业共完成工程结算审查总额439.35亿元，其中物探工程36.93亿元，钻井工程230.24亿元，测井工程13.05亿元，射孔工程3.88亿元，录井工程9.92亿元，试油工程15.88亿元，井下作业68.10亿元，地面工程61.35亿元。配合投资测算，配合总部加强投资管理，完成分油区、分定额区块投资规模预测工作，测算定额调整和主要材料价格变化对工程造价和投资的影响，为投资管理服务。重点项目造价分析，改进造价分析的提纲、共同挑选了部分有代表性的项目开展重点项目造价分析，进一步细化重点项目投资和造价管理的潜力点，在分析内容和方法等方面有了新认识，分析质量进一步提升。

基础工作。根据采购价格和市场价格波动，加强主要材料预算价格管理，调整石油专用管预算价格和成品油预算价格。信息化建设着眼于提高工作效率和质量，完成西部石油专业工程招议标管理系统的开发与应用，进一步完善地面工程造价管理软件。贯彻石化集团公司部署和要求，结合实际，重视加强业务建设，发挥人员资质管理和培训工作的作用，促进人员素质的不断提升。

（王　珞）

【中价协石化分会管理】 受国家住房和城乡建设部及中国建设工程造价管理协会（简称中价协）委托，中价协石油化工工作委员会（简称石化分会）挂靠石化股份公司工程部，负责中国石化系统内（包括改制单位）甲级造价咨询企业及注册造价工程师的资质管理工作。

造价咨询企业资质管理。依据《工程造价咨询企业管理办法》（建设部第149号部令）的规定，结合企业改制的需要，2010年共受理完成下辖13家甲级造价咨询单位的资质延续、变更事项；参与了由国家住房和城乡建设部组织的全国范围内造价咨询企业资质升级的专家评审工作；完成了东营中胜工程造价咨询有限公司的升级审批。截至年底，在中国石化注册管理的甲级造价咨询企业共18家（见表6）。

表6　　18家甲级工程造价咨询企业

序号	企业名称	序号	企业名称
1	中国石化咨询公司	10	中国石化集团南京设计院
2	工程建设公司	11	江苏中核华纬工程设计研究有限公司
3	北京燕山玉龙石化工程有限公司	12	胜利油田胜利勘察设计研究院有限公司
4	上海工程公司	13	山东齐鲁石化工程有限公司
5	上海众一石化工程有限公	14	洛阳工程公司
6	扬子石化	15	宁波工程公司
7	南京金凌石化工程设计有限公司	16	濮阳中原建设工程咨询有限公司
8	华东管道设计研究院	17	镇海石化工程股份有限公司
9	北京巴吉特工程咨询有限公司	18	东营中胜工程造价咨询有限公司

注册造价工程师资质管理。截至年底，石化专委会共有700余名注册造价工程师。全年共办理初始注册10人、延续注册230余人、变更110人次(内部变更67人次、跨机构转入15人、转出28人)。

加强与国内外造价行业组织机构的联系、交流，扩大中石化造价协会的影响，借鉴国外先进的管理理念。

会员管理。受中价协委托，石化专委会负责石化系统内18家协会单位会员和600余名个人会员的管理工作，包括会费的收缴、会员信息汇总、优秀会员的推荐等，其中北京巴吉特工程造价咨询有限公司被评为2010年度先进工程造价咨询企业称号。年内加强宣传会员管理制度建设，为造价咨询企业和造价工程师完成会员资格申请，协助中价协为会员提供优质服务，解答会员在有关资质管理和继续教育工作方面的问题，使协会切实起到桥梁纽带作用。

注册造价工程师继续教育培训。按照中价协继续教育的工作部署，结合工程建设和企业分布特点，根据石化行业发展要求，采用中价协组织的网络培训和自行举办的集中学习相结合的方式，完成了76家单位的600余名造价工程师的继续教育工作，其中410余人次进行了网络培训，200余人次完成了规定学时的集中培训内容。完成了2011年度集中培训的教材选题及研究，增强实用性和权威性，使得培训内容满足造价行业变化的需求，采用灵活的培训方式，获得更好的学习效果。

(李燕辉)

工程建设企业管理

【生产经营】 2010年，直属工程建设企业新签咨询设计合同29.2亿元、总承包合同198.4亿元、施工合同112.9亿元。全年完成设计投资额889.06亿元，自行施工产值59.41亿元。全年实现营业收入371.44亿元，其中系统内占56.8%，境内系统外占19.6%，境外占23.6%。全年实现利润总额28.48亿元。

直属工程建设企业主要技术经济指标见表7。

(夏　欣)

表7　　石化集团公司直属工程建设企业主要技术经济指标

单　位	年　份	设计投资额/亿元	设计合同额/万元	施工产值/万元	利润/万元	产值利润率/%
工程建设公司	2010	365.32	343 087	146 213	—	
	2009	360.85	163 860	144 320		
	2008	259.05	133 710	96 946		
	2007	124.97	88 998	29 997		
	2006	121.28	32 778	28 648		
	2005	111.00	27 160	19 999		
上海工程公司	2010	86.48	37 086	—	8 198	—
	2009	71.97	35 349		6 014	
	2008	66.80	22 181		5 832	
	2007	56.03	9 213		5 005	
	2006	56.66	11 367		3 635	
	2005	81.50	18 734		2 648	
洛阳工程公司	2010	262.68	85 310	—	105 234	—
	2009	228.20	71 027		97 857	
	2008	206.38	49 078		49 685	
	2007	164.74	32 775		47 897	
	2006	120.68	26 433		17 322	
	2005	65.50	17 400		4 976	

续表

单 位	年 份	设计投资额/亿元	设计合同额/万元	施工产值/万元	利润/万元	产值利润率/%
宁波工程公司	2010	73.11	8 851	63 211	12 008	—
	2009	64.22	18 071	107 960	6 607	
	2008	99.04	18 718	60 374	6 511	
	2007	88.23	15 022	70 403	3 258	
	2006	38.84	19 660	110 586	2 765	
	2005	27.50	7 741	49 191	168	
南京工程公司	2010	101.47	16 238	92 558	4 914	—
	2009	—	—	144 107	1 858	1.29
	2008	—	—	110 455	1 816	1.64
	2007	—	—	104 487	1 251	1.20
	2006	—	—	83 759	1 055	1.26
	2005	—	—	52 019	516	1.20
第四建设公司	2010	—	—	158 538	1 809	1.14
	2009			150 586	2 070	1.37
	2008			131 122	2 560	1.95
	2007			114 768	1 754	1.53
	2006			104 369	555	0.53
	2005			96 013	216	0.30
第五建设公司	2010	—	—	97 505	4 403	4.52
	2009			103 000	1 504	1.46
	2008			86 600	902	1.04
	2007			66 468	233	0.35
	2006			66 960	383	0.57
	2005			51 633	233	0.60
第十建设公司	2010	—	—	182 248	2 011	1.10
	2009			166 626	1 655	0.99
	2008			130 697	1 105	0.85
	2007			104 196	182	0.17
	2006			91 705	1 008	1.10
	2005			90 209	676	0.70
小 计	2010	889.06	343 087	594 060	284 790	1.23
	2009	725.24	288 307	672 279	261 885	1.25
	2008	631.27	223 687	519 248	165 357	1.39
	2007	433.97	146 008	460 322	89 577	0.88
	2006	337.46	90 238	457 379	55 371	0.87
	2005	285.48	71 035	339 065	29 422	0.70

【勘察设计企业资质管理】 根据国家住房和城乡建设部的整体部署，结合石化集团公司所属工程设计企业体制改革的具体情况，继续开展会员企业工程设计资质换证工作，2010 年组织会员企业有计划、有组织、平稳有序地完成了工程设计企业资质换证工作以及个别企业的资质升级、增项、核定工作。共组织完成 4 家企业升级、3 家企业换证、3 家企业资质核定材料的初审与申报工作，10 家企业均顺利通过国家住房和城乡建设部组织的最终资质审查，并取得相应工程设计资质证书，其中直属企业 2 家，企属企业 2 家，改制企业 6 家。截至年底，石化集团公司工程设计资质换证工作圆满结束，协会所有勘察设计会员企业的工程设计甲级资质均得到延续与保持，部分企业的资质得到进一步升级。同时，指导会员企业通过地方政府换发了工程设计乙级资质证书。

（胡瑞玲）

【勘察设计人员执业资格】 国家住房和城乡建设部于 2010 年 4 月 1 日起启动了注册公用设备工程师、注册电气工程师、注册化工工程师等专业的执业注册工作。石化集团公司 40 余家勘察设计会员企业的近 200 名工程技术人员参与了注册工程师的申报与注册工作。

（胡瑞玲）

【优秀勘察设计评选】 完成了石化集团公司 2008—2009 年度工程勘察设计“四优”项目的最终评审，并对获奖企业与个人颁发了荣誉证书。经石化集团公司评优委员会审议、评选，共评出优秀工程设计 53 项，其中一等奖 11 项、二等奖 25 项、三等奖 17 项，缓评 4 项；优秀工程勘察 9 项，其中一等奖 2 项、二等奖 4 项、三等奖 3 项；优秀计算机软件 11 项，其中一等奖 1 项、二等奖 4 项、三等奖 6 项，缓评 1 项。

由原中国石化勘察设计协会推荐的石化集团公司 22 项工程勘察设计以及软件开发项目申报国家优秀设计奖，其中 9 项分获国家金、银、铜奖，1 项获计算机软件开发行业奖。

（胡瑞玲）

【工程建设监理】 截至 2010 年底，中国建筑业协会石化建设分会共有会员监理企业 47 家，包括综合资质 2 家、专业甲级资质 40 家、专业乙级资质 5 家。2010 年重点完成以下工作，①组织工程监理培训，举办培训班 8 期共 657 人。其中，石油化工监理工程师执业资格培训班 3 期，20 家单位 208 人参加，有 125 人考试合格取得执业资格；注册监理工程师继续教育培训班 5 期，24 家单位 449 人参加。②开展石油化工监理工程师执业资格延续注册工作，共完成 32 家单位 1 292 人次。③按照中国建设监理协会的总体部署，积极开展监理行业调研活动。问卷调查 10 家监理企业，并牵头中石油和化工组成联合调研组，对 3 个行业的 8 家监理企业进行实地调研，编写调研报告。④组织评先工作。在各单位申报材料的基础上，进行综合考评，山东齐鲁石化工程有限公司、胜利油田胜利建设监理有限责任公司、北京金海湾工程建设监理公司、镇海石化工程有限责任公司、南阳市油田工程建设监理有限责任公司、天津市石建工程建设监理有限责任公司、安徽万纬工程管理有限责任公司和北京毕派克工程建设监理公司共 8 家企业被评为 2009 年度石化集团公司先进工程建设监理单位；授予郝幼淮、汪志平等 12 人优秀项目总监理工程师称号。

（张欣华）

【施工企业资质管理】 2010 年共有 4 家 7 项施工企业资质经初审上报后获国家住房和城乡建设部批准。包括第十建设公司申报的钢结构工程专业承包一级、环保工程专业承包一级，中原油田建设集团公司申报的化工石油工程施工总承包一级，胜利油田胜利工程建设(集团)有限责任公司申报的消防设施工程设计施工一体化一级、化工石油工程施工总承包二级、机电安装工程施工总承包二级，燕化天钲建筑工程有限责任公司申报的机电安装工程专业承包二级等。

（张虹薇）

安全环保

◇ 综述

◇ 安全与健康监督管理

◇ 环保监督管理

◇ 油气田及输油气管道安全保护

综　述

2010年，石化集团公司认真贯彻落实党中央、国务院关于加强安全环保工作的指示精神，以科学发展观统领HSE工作全局，始终坚持“安全第一、预防为主、综合治理”的安全生产方针，以扎实开展“我要安全”主题活动为主线，进一步细化《安全生产禁令》，严格落实安全环保责任制，狠抓各项工作落实，继续保持了安全生产总体平稳态势，环境治理水平得到了稳步提高。

2010年，石化集团公司HSE工作面临新的挑战，突出表现在：①成品油及化工市场风云变幻，为了保市场、增效益，油气勘探开发任务很重，炼化装置高负荷运行，安全风险和压力大；②随着西北和川东北地区勘探开发的不断深入，井控、硫化氢防护等面临的压力越来越大；③随着劣质原油加工比例的不断提高，生产装置腐蚀不断加剧，配套环保装置(设施)的运行压力不断加大；④大量承包商、分包商进入石化工程建设及检维修领域，大批安全意识不强、业务技能不高的施工人员进入生产和施工作业环节；⑤随着一些原来隶属企业的石油作业、检维修、后勤服务等队伍的改制分流，其管理模式发生了较大变化，管理难度增大。⑥企业用工形式发生变化，劳务工、季节工等临时用工逐渐进入到生产经营的各个环节，增大了安全风险。

面对新的安全环保形势，石化集团公司继续坚持“五个避免”HSE奋斗目标，以防范安全、环境污染事故为重点，最大限度地避免重大井喷失控事故、重大死亡事故、重大火灾爆炸事故、重大责任事故、重大环境污染事故。

为实现上述奋斗目标，石化集团公司广大干部职工以科学发展观统领HSE工作全局，以HSE管理体系为主线，在上年工作基础上，继续开展“我要安全”主题活动。通过细化实施《安全生产禁令》，认真开展HSE观察管理，加强未遂事故管理，进一步强化了全员安全意识，规范了作业行为。组织开展HSE领域“比学赶帮超”活动和创建“平安工地”竞赛活动，极大地激发了各单位做好HSE工作的积极性。组织开展“安全生产月”、“世界环境日”宣传教育活动，举办了1期直属企业主要领导、主管领导HSE培训班，提高了领导干部的责任意识。持续开展隐患排查治理，落实“四定”管理。全年投资26.16亿元，对664项安全环保隐患进行了集中治理，装置设施的本质安全水平得以提高。继续坚持传统有效的安全环保监督管理办法，组织开展了年度HSE大检查、设备大检查以及井控、海(水)上作业、液态烃罐区、轻质油储罐、原油库、码头及输转设施、危险化学品、地下管线等专项检查和风险评估，促进了现场HSE管理水平的提高；每季度召开HSE工作视频会议，通报事故、传递压力、部署工作，促进了安全环保责任制的层层落实。持续改进职业健康工作，开展了职业卫生管理和职工身体健康情况调查，稳步推进海外员工心理健康调研工作。全面开展《中华人民共和国石油天然气管道保护法》(简称《管道保护法》)宣传教育，依法推动油气田及输油气管道安保工作，石化集团公司公共安全形势进一步转好。加强了上海世博会、广州亚运会期间驻沪、驻粤企业的安保工作，实现了预定目标。

（杜红岩）

安全与健康监督管理

【安全事故情况】 2010年，石化集团公司职工全员事故死亡率为0.005‰，重伤率为0.003‰，均低于年初下达的考核指标。石化集团公司发生上报事故12起，死亡3人，企外死亡3人，重伤2人。其中，石化股份公司发生上报事故7起，企外死亡1人，重伤1人。

（杜红岩）

【“我要安全”主题活动】 2010年是石化集团公司“我要安全”主题活动强化年，重点是巩固2009年活动成果，突出重点，突破难点，进一步强化全员安全意识，牢固树立“我要安全”理念，落实各级安全生产责任制，规范全员安全行为，夯实安全发展的基础。总部及各企业精心组织，紧密结合“创先争优”和“比学赶帮超”活动，不断将“我要安全”主题活动向纵深推进。出版石化集团公司简报20期、专刊17期，刊载各企业简报1 324期；组织了78家直属企业参加2010年的全国安全生产应急知识答题活动，共收到答题卡35万余份；把《HSE观察卡》和《未遂事件报告》上升为石化集团公司安全制度予以发布，将安全管理关口前移，有效降低事故发生概率；举办各类操作标准化培训班600余期，培训3万余人次，共形成了40多个专业的操作标准化文本，制作30多个专业的标准化操作DV片；在HSE领域开展了“六评比、争红旗”活动。

（李永俭）

【安全环保大检查】 2010年，石化集团公司先后组织开展了井控、海(水)上作业、液态烃罐区、轻质油储罐、原油库、码头及输转设施、危险化学品、地下管线等专项检查，组织开展了设备大检查，同时在企业自查自改工作的基础上，总部集中组织了年度 HSE 大检查。

8 月 20 日至 9 月 10 日，石化集团公司组织 217 人，分成 17 个组，对直属企业进行了石化集团公司历年来规格最高、检查单位最多、时间最长、质量较高的一次 HSE 大检查。石化集团公司、石化股份公司领导全部参加，涉及 90 家直属企业、634 个二级单位和 1 477 个基层单位，共发现问题和隐患 4 978个，总结经验 39 条，提出建议 121 条。通过细致检查、认真总结、狠抓整改，进一步提升了 HSE 管理水平。

（杜红岩）

【安全先进单位和先进个人】 勘探南方分公司、江苏石油勘探局、中原石油勘探局、仪征化纤公司、管道储运公司、镇海炼化分公司、济南分公司、上海石油分公司、浙江石油分公司、河南石油分公司、洛阳工程公司、第五建设公司等 45 家企业被评为石化集团公司 2010 年度安全生产先进单位。胜利石油管理局消防支队、西北油田分公司治安消防中心、天津分公司消防支队、燕山分公司消防支队、齐鲁分公司消防支队等 15 支消防队被评为石化集团公司 2010 年度优秀消防队。郭旭升、朱平、田以民、江正洪、杨棣等 103 人被评为石化集团公司安全生产先进管理者。宋俊海、王屹、刘亚东等 387 人被评为石化集团公司安全生产先进职工。荣书阁、周志忠等 197 人被评为“我要安全”主题活动安全卫士。

（杜红岩）

【安全教育培训】 2010 年，石化集团公司举办各类安全教育培训班 5 800 余期，培训员工 23 万余人次。8 月，石化集团公司在青岛举办了企业高级管理人员 HSE 培训班，59 名直属企业主要负责人、主管负责人参加了培训。培训班由石化集团公司党组领导和国内知名专家、学者授课，收到了较好效果。此外，还举办了安全处(科)长岗位资格培训班、安全高级研修班、安全工程师培训班、安全管理干部培训班等，提高了专业人员的安全技能，使其具备了上岗资格。各企业按照石化集团公司的教育培训计划，举办了各类安全干部、安全技术人员、职工、外来施工人员、特种作业人员的培训班，开展岗位安全资质、安全技能培训，专题安全培训，事故演练，消防演练等。

（杜红岩）

【安全活动】 2010 年 6 月，按照国家安全生产监督管理总局等有关部门的总体部署，石化集团公司认真开展了“安全生产月”活动，主题是“安全发展、预防为主”。石化集团公司专门下发有关文件，石化集团公司党组成员，石化股份公司副董事长、总裁王天普在《中国石化报》发表书面讲话，对活动开展提出了明确要求。各企业按照总部统一部署，结合“我要安全”主题活动，充分利用广播、电视、报刊等媒体，采取办学习班、安全考试、安全咨询、专题讲座、讲演、展览等形式，开展了形式多样的安全宣传教育活动，营造了安全生产氛围。组织开展了全系统安全隐患排查治理活动，重点针对石化集团公司上半年安全设备大检查查出的问题，按照举一反三的原则认真落实整改工作。

（杜红岩）

【隐患治理】 在 2010 年隐患治理工作中，石化集团公司认真贯彻执行“安全第一、预防为主、综合治理”的安全生产方针，继续加大隐患治理力度，先后分 3 批下达石化集团(股份)公司隐患治理项目及资金计划，收到较好效果。

按照突出重点、分级监管和全程跟踪的隐患治理原则，2010 年继续推行总部领导重点监管、总部部门重点监管和企业重点监管的分级重点监管以及安全环保局重点监督检查的方法，并严格考核评比，确保了项目按计划实施，并取得了较好的经济效益和社会效益。

认真汲取墨西哥湾“4 · 20”钻井平台爆炸事故和兄弟企业“1 · 7”液化烃球罐爆炸事故的经验教训，结合国内外安全形势和石化集团公司生产实际，2010 年重点开展了海(水)上和液化烃球罐隐患专项安全评估，并将评估出的重大隐患分别列入石化集团公司当年或次年隐患治理计划。组织开展了隐患治理项目后评估工作，重点对总部领导和部门重点监管的 52 个项目进行了治理后评估，效果明显。

（郝志强）

【安全“三同时”监督管理】 2010 年，石化集团公司继续严格贯彻落实国家有关建设项目“三同时”监督管理的法律、法规和政策，针对国家政府部门对建设项目“三同时”的要求，进一步修改完善石化集团公司建设项目建审程序，落实相关方安全责任。对新改扩建项目设立安全审查、安全设施设计审查、总体开工方案备案、投料试车条件确认及竣工验收全过程实施严格的“三同时”监督管理。对总部重点工程实施企业初审、专家内审的监督审查程序，保证建设项目能严格履行国家建审程序、符合国家有关法律法规和规范要求，完成茂名石化、金陵石化、石家庄炼化、长岭炼化4家企业油品质量升级改造工程的安全许可和金陵石化60万吨/年PX项目、湖北化肥煤代油改造项目的安全设施验收工作。

（王 宁）

【职业健康管理】 2010年，石化集团公司进一步加大深入贯彻落实《职业病防治法》的力度，在安全环保局设置了职业健康处，配备了人员，明确了职业健康管理责任与要求。制定并实施了《销售企业职业卫生工作方案》，将销售企业职业卫生工作纳入石化集团公司一体化管理，使得石化集团公司职业卫生工作实现了全覆盖。发布了《劳动保护费用及个体劳动防护用品管理规定（试行）》，劳动保护费用实现了预算管理，个体劳动防护用品管理进一步规范。对《职业卫生管理规定》、《职业卫生管理工作考核规定》、《高毒物品管理规定》、《职工听力保护规定》、《放射防护管理规定》、《血吸虫病预防及控制管理规定》6项管理规定进行了标准化改造，组织召开了《职业卫生技术规范》培训班，进一步规范了职业卫生管理和技术工作。探索开展心理健康调研，将职业健康工作范畴进一步延伸。健全完善了职业卫生档案、健康监护档案、培训档案和个人防护用品发放登记档案的管理，切实做好建设项目职业卫生"三同时"审查、职业健康体检、工作场所职业病危害因素检测、监测工作。全年有毒有害岗位检测覆盖率达98.3%，监测点合格率99.6%，职业健康体检率97.6%，在岗员工职业病发病率控制在0.1‰以下，杜绝了1次3人以上急性职业中毒事故的发生，职业健康工作稳步发展。

（王 坤）

【安全科技】 2010年，石化集团公司安全科技工作结合安全生产工作的实际需要，共确定了45项安全科研项目，制（修）订国家、行业和中国石化标准共33项，投入资金7 500万元。重点对氧化工艺安全、事故分析研究与事故应急响应、设备安全等方面开展研究。在直属科研院所和直属企业两个层面展开安全科技攻关，取得了新的成果。"HSE管理系统建设一期"项目通过了总部信息系统管理部的验收。"氧化工艺安全操作和控制技术开发及工业应用"和"加氢裂化装置防腐成套技术研究"获2010年度石化集团公司科技进步二等奖。

（朱 红）

环保监督管理

【概述】 2010年，石化集团公司以科学发展观为指导，积极实施可持续发展战略，促进经济与环境的协调发展。以杜绝特大环境污染事件、实现稳定达标为奋斗目标，在打造具有较强国际竞争力的跨国能源化工公司的过程中，高度重视环境保护工作，严格遵守国家的环保法规、政策、标准，恪守保护环境的社会承诺，认真履行石化集团公司的社会责任，维护良好的企业形象。石化集团公司以深化HSE管理体系建设为主线，按照"谁主管，谁负责"的原则落实各级环保责任，全面开展清洁生产，实施环保隐患综合整治，保证环保投入，在产能扩大、原油劣质化不断加剧的情况下，整体环保节水指标稳步提高。2010年工业取水量同比减少2%，COD排放量同比下降2.1%，二氧化硫排放量同比下降6.9%。"十一五"期间，COD排放总量下降14.6%，二氧化硫排放总量下降26.9%，提前实现国家"十一五"减排目标。

（韩作斌）

【环保现状评估】 2010年，石化集团公司组织对石家庄炼化、荆门分公司、九江分公司等7家重点炼化企业开展了环保现状评估工作，对企业的环保管理、污染物治理设施运行、环保技术适用性等方面进行了综合评估，帮助企业提出了解决现存环保管理和技术问题的对策，指导企业进一步提升环保管理水平。

（韩作斌）

【清洁生产】 2010年，石化集团公司持续开展创建清洁生产企业活动，组织修订《中国石化炼化企业清洁生产标准》，制定了更加严格的指标，并按照修订后的标准开展清洁生产企业评估工作。年内有3家企业通过石化集团公司组织的清洁生产企业评估。截至年底，共计21家企业通过了中国石化组织的清洁生产企业验收，各企业通过清洁生产的推行提高了自身的环保水平，实现了节能、减排、降耗和增效的目标，取得了明显的成效。"十一五"期间，中国石化共实施清洁生产方案4 655个，污水削减量3 962.34万吨/年，CODcr削减量1 718吨/年，废气削减量8.71亿立方米，二氧化硫削减量2.31万吨/年、废渣削减量1.40万吨/年。

（李 昕）

【环境保护先进单位和先进工作者】 江苏石油勘探局(分公司)、燕山石化公司(分公司)、北京石油分公司、宁波工程公司等22家企业被评为2010年度环境保护先进单位。朱平、王永健、刘雄华、邵建雄等68人被评为2010年度石化集团公司环境保护先进管理者，宋俊海等173人被评为2010年度石化集团公司环境保护先进工作者。

(韩作斌)

【聚酯清洁生产评价指标体系】 2010年，石化集团公司贯彻落实《中华人民共和国清洁生产促进法》，指导和推动聚酯企业依法实施清洁生产，提高资源利用效率，减少或者避免生产过程中污染物的产生和排放，以减轻或者消除对人类健康和环境的危害。接受国家发展和改革委员会的委托，由北京化工研究院编制完成了聚酯清洁生产评价指标体系，用于评价全国聚酯生产企业的清洁生产水平，作为创建清洁生产先进企业的主要依据，并为企业推行清洁生产提供技术指导。

(齐红卫)

【资源综合利用】 2010年，石化集团公司积极开展资源综合利用工作，组织制定相关管理办法和鼓励政策，要求各企业认真学习国家有关政策法规，并调动企业的积极性，切实做好资源综合利用工作。“十一五”期间，石化集团公司通过实施火炬气回收、硫黄回收和油气回收等综合利用项目，累计实现产值达224亿元，减免税约12亿元，取得明显的经济效益和环境效益。

(李　昕)

【环保专项治理】 2010年，石化集团公司继续加强环保隐患治理，特别是在大气污染治理、污水达标治理、监测设备和仪器的购置等方面。全年安排环保投资(不含新建项目投资)14.83亿元，其中环保隐患治理项目103项，投资3.54亿元。

(李　援)

【环境在线监测信息管理系统投用】 2010年，石化集团公司环境在线监测信息管理系统投入使用，首期完成了24家企业外排主要污染物实时数据上线工作，为实现环保信息集成化管理、数据自动化计算和外排污染物实时监控奠定了基础，全面提高了石化集团公司的环保管理自动化水平。

(韩作斌)

油气田及输油气管道安全保护

【概述】 2010年，根据党中央、国务院指示精神和全国部际联席会议部署要求，石化集团公司积极应对新形势、新任务对油气安全保护工作提出的新挑战、新要求，将油气田及输油气管道安全保护工作纳入HSE工作议事日程，与HSE管理体系同部署、同落实、同检查、同考核，研究办法，落实措施，各项工作取得了新的成绩。

(刘　坤)

【推进油气安全保护工作基础建设】 为切实落实中国石化党组确定的“大安全”工作要求，总部及所属企业积极将HSE管理与公共安全工作有机结合，深入推进管道运行(建设)与安全保护“七个同步”机制的落实，通过大力开展“公共安全工作红旗评选”等活动，将开展日常工作与解决突出问题相结合，将严密防范与严打整治相结合，将夯实基础与探索创新相结合，严格落实安全生产责任制。连续两年将“新建、在建管道施工安全保护工作同步运行机制审查合格率100%；新建管道‘零占压’，已建管道无新增违章占压”作为总部与企业签订的年度HSE责任书的重要内容，对企业进行严格监督和考核，各项工作的制度化和规范化建设取得了明显进步。

(刘　坤)

【提炼企业内部治安防范的新举措】 石化集团公司认真总结北京奥运会、国庆60周年庆典、全国第11届运动会、上海世博会和广州亚运会安全保卫工作的成功经验，及时提炼好做法和新措施。各企业本着“企地联防”、“专群结合”的原则，在实战中不断健全组织，狠抓落实，固化措施，强化“三防”，完善应急，逐步形成了紧张有序的工作状态，全面提升了油气基础设施治安保卫和防恐能力。2010年，中国石化安全环保局着手研究制定了《关于中国石化集团公司防恐工作指导意见》，将防恐工作纳入石化集团公司HSE管理体系，努力推进油气基础设施安全保护和防恐工作制度化、规范化建设，最大限度地保障企业安全生产、市场供应和人民群众生命健康。年内国家反恐怖工作协调小组为表彰中国石化在上海世博会期间缜密部署、靠前督战、积极协调开展安保工作所作出的成绩，特授予安全环保局上海世博会反恐怖工作先进单位称号并颁发了奖牌。

(刘　坤)

【整治重点地区的突出安全问题】 2010年，石化集团公司高度重视油气及其重要基础设施的安全保护工作，党组领导亲自主持召开会议部署相关工作。各有关企业紧抓强化内部管理、促进企地警联防联治长效机制建设等重点工作，制定完善工作方案，集中整治突出问题。全年配合公安机关共侦破刑事案件3 466起，打掉涉油团伙230个，抓获违法犯罪嫌疑人3 378人，取缔非法涉油厂点34处，清理重大管道违章占压174处，查扣非法贩运油品车辆1 007台，取缔窃电点、窃气点1 582处，挽回可计经济损失5 154余万元。全年发生打孔盗油365次，同比下降40%，圆满实现了部际联席会议制定的同比下降30%以上的目标。特别是在中国石化成品油管道大规模发展、工作范围不断扩大的情况下，山东、河南境内成品油管道打孔盗油案件高发的趋势得到了有效遏制，全年打孔盗油案件数同比下降36%。江苏油田、西南油田、西北油田发生打孔和开井放油均为零次。天然气管道，镇杭、荆荆、金闵、金嘉湖、江西、湖南、福建等成品油管道没有发生打孔盗油气案件；中洛、魏荆原油管道实现“零占压”。

（刘　坤）

【落实完成督办事项】 2010年，根据全国部际联席会议部署要求，石化集团公司加大对完成督办事项的跟踪力度，定期督察通报，对企业遇到的重大问题及时帮助、协调。各企业把完成督办事项作为年度工作的重要指标，落实责任领导和负责单位，明确工作进度时间表，明确工作保障措施，强势推动落实。管道储运分公司、销售华北分公司还在山东、河南等地开拓省地分级挂牌督办工作方法，努力将问题解决在当地，收到了良好的效果。年内全国部际联席会议挂牌督办事项总体完成情况较好。

（刘　坤）

【加强“三防”和队伍建设】 2010年，石化集团公司有关企业开展了“长输油气管道科技防范措施调研与评估”课题研究工作，力求尽快为中国石化长输油气管道预警监控技术的选择提供改进依据，提高长输油气管道的操作安全水平和预防破坏技术水平。各企业坚持“人防、物防、技防并重”的工作要求，结合实际情况进一步完善职能设置，增加相应力量，安全保护管理模式进一步规范。在落实重大活动期间安保工作的过程中，研究和推广适应当前工作特点的技防措施，在提高管道检测、门禁管理、视频监控防盗预警系统等技术水平方面取得长足发展和提升。总部结合实际举办了综治保卫干部培训班，适时召开专项调研督办会，学习法律法规及相关专业知识，交流工作经验和方法，提高了综治保卫队伍的业务素质和战斗力。

（刘　坤）

【强化重点涉油地区企地联防工作】 石化集团公司一贯重视油区公安机关的发展，2010年，定期组织油区公安机关有关人员召开座谈会，总结经验，交流情况，对企业内保和油区公安工作整合资源、强化联动，共同做好油气安全保护工作起到了积极推动作用。各企业坚持“企地结合、专群结合”的原则，进一步巩固“以地方政府负责制为核心，以密切企地协作为基础，以发挥部门职能作用为关键，以解决涉油突出问题为切入点”的长效机制建设，不断探索新形势下开展警企联防，组织群防群治的新模式、新形式。胜利、中原、江汉、河南、西北油田等充分发挥油区治安联合整治工作协调机构的作用；管道储运分公司、销售华南分公司等坚持召开管道安全保护企地联防联护联治工作会议；销售华北分公司继续完善鲁、豫、冀成品油管道企地联动机制，企地联合共同丰富、巩固和推进了长效工作机制。

（刘　坤）

【深化管道保护法宣传教育工作】 2010年，石化集团公司印发《关于开展〈中华人民共和国石油天然气管道保护法〉专项宣传教育活动的通知》，通过举办全系统（视频）专题辅导讲座、组织对企业相关人员集中培训、举行总部机关网络答题等方式，高调启动学习宣贯管道保护法活动。各企业积极行动，召开宣贯活动启动会和推进会，主要领导亲自部署，相关部门共同参与、各负其责，保障了各项工作落到实处。通过协调油区和管道沿线的多地电视台法治频道联合制作和播放公益广告、开展“说法进井场、宣传进村组、送法进农户、讲法进单位、授法进校门”活动、发动宣传标语有奖征集活动、邀请管道巡线人员讲述管道保护真实事例等活动，迅速掀起学法、用法的高潮。全年向油区和管道沿线群众发放宣传单30万余份、宣传品20万余件，发放举报联系卡4万余张，制作宣传版画近1 000版，粉刷标语3 000余条，播放宣传片300场次，制作广告牌500余块，出动宣传车2 000余台次，有力地推进了整治行动深入扎实开展。

（刘　坤）

节能减排

◇ 综述

◇ 节能管理

◇ 节水减排

综　　述

2010年，石化集团公司认真贯彻落实国务院国资委中央企业节能减排工作视频会议精神和石化集团公司工作会议精神，坚持把节能减排放在突出位置，积极采取结构调整、技术进步、加强管理等措施，切实提高资源利用、“三废”治理水平，节能减排工作取得了实效。

一、节能减排指标超额完成“十一五”目标任务

节能减排指标同比均有下降。2010年，石化集团公司万元产值综合能耗为0.77吨标煤，同比下降0.08%，折合节约6.70万吨标煤；工业取水量同比下降2.01%，外排废水COD含量同比减少2.17%，二氧化硫排放总量同比减少6.85%，工业水重复利用率保持在95%以上。

超额完成国家“十一五”节能目标任务。与2005年相比，石化集团公司万元产值综合能耗累计下降0.14吨标煤，下降15.38%，累计节能量为1 444万吨标煤，超额完成了与国家发改委签订的“十一五”节能目标任务(到2010年底实现节能量778.57万吨标煤)。

主要技术经济指标进步明显。油田油气综合能耗100.40千克(标煤)/吨，同比下降1.98%；原油商品率96.66%，同比提高0.02个百分点；天然气商品率88.40%，同比提高3.07个百分点。炼油综合能耗58.25千克(标油)/吨，同比降低3.09千克(标油)/吨；轻质油收率75.70%，同比提高0.16个百分点；综合商品率94.81%，同比提高0.29个百分点；加工损失率0.57%，同比降低0.08个百分点。化工乙烯燃动能耗609.28千克(标油)/吨，同比降低13.35千克(标油)/吨；乙烯收率31.66%，同比提高0.16个百分点；双烯收率46.56%，同比提高0.12个百分点；乙烯装置损失率0.50%，同比升高0.14个百分点。油品销售成品油吨油运杂费68.90元，同比持平；分环节油品损耗率均控制在3‰以内。热电供电标准煤耗349.13克/(千瓦·时)，同比下降4克/(千瓦·时)，降幅1.13%。

二、调整产业结构，促进产业结构优化升级

“十一五”期间，石化集团公司深入贯彻落实科学发展观，以结构调整和转变发展方式为主线，突出内涵发展和自主创新，突出结构调整和节能减排，实现了中国石化持续有效和谐发展。

通过加快大型原油码头和原油、成品油长输管道建设，优化物流运输，减少运输环节污染物排放，实现降本增效。截至2010年底，25万吨级以上原油接卸码头达13座，年接卸能力为2.24亿吨以上；原油长输管道长度达到6 710千米；成品油管道13条，管道长度达8 420千米，管道输送量为4 000万吨/年。

淘汰落后产能，加强扩能和技术改造，提高能源利用效率。“十一五”期间，石化集团公司关停落后炼油能力1 620万吨/年；关停几十套小化工装置及小型燃油锅炉；更新淘汰性能低劣电气设备2.5万多台(套)；优化调减油库500多座。截至2010年底，炼厂年平均规模为730万吨；原油年加工能力为2.24亿吨，炼油能力全球排名第二位，原油加工量为2.13亿吨；乙烯产能为947.50万吨/年，乙烯生产企业平均产能为63万吨/年。2010年，加氢裂化和加氢处理能力占一次加工装置比例为25.7%，重整装置能力比例为10.2%，延迟焦化能力比例为21.3%；在加工原油API下降、硫含量上升的情况下，轻油收率由2005年的73.5%提高到2010年的75.7%。

三、推进技术进步，努力为节能减排提供技术支撑

石化集团公司坚持以技术进步为动力，加大节能减排技术研发和应用力度，有效促进了节能减排工作。

应用火炬气回收技术，实施了熄灭火炬计划。截至2010年底，中国石化所属炼化企业实现正常工况下火炬全部熄灭的目标，每年可回收瓦斯80万吨以上，减少二氧化碳排放400万吨以上。

实施二氧化碳驱油技术，提高油田采收率。已经在中原濮城、华东草舍、胜利高89低渗透油藏、东北腰英台4个油田开展了二氧化碳驱油小型矿场实验，4个项目每年合计封存二氧化碳7万吨，其中胜利油田高89区块已累计注入4.3万吨二氧化碳，累计增产原油7 967吨，取得了良好的环境效益和经济效益。

油田开发并应用网电钻机技术。通过对传统柴油驱动的链传动机械钻机进行网电改造，节约了大量柴油资源，改善了作业环境，减小了工人劳动强度，降本减费50%。已完成网电打井414口，累计进尺118.9千米，替代成品油3.72万吨。

推广样板加热炉技术。集成了低过剩空气系数、低氮氧化物油气联合燃烧器、自动点火器等10余项单项节能技术，通过应用，加热炉热效率可由87.4%提高到92%，排烟温度为131℃，排放烟气中氮氧化物含量小于88×10^{-6}，炉区噪声83分贝，节约燃料2 288吨(标油)/年，减少烟气排放3 400万米^3(标准)/年。已在多家炼化企业推广应用。

全面应用扭曲片强化传热技术。该技术使裂解炉辐射段炉管的管壁温度下降20℃以上，裂解炉的运转周期延长50%以上。已在中国石化系统内70余台乙烯裂解炉上推广使用，应用效果良好。

重点试行油气回收技术。2004年11月在北京石油分公司沙河油库使用该技术成功后，装置处理能力15万米^3/年，装置平均效率为99.2%，年回收油气约113吨；排放浓度为900—1 400毫克/米^3。已广泛推广到各省市地区油库，节能环保效果十分突出。

全面实施节水减排技术。经过4家炼化企业3年时间的实施应用，可节约新水量3 045万吨/年，减少排污水量1 459万吨/年，生产吨乙烯取水从20吨降低到12吨左右，共节省开支1.25亿元，申请国家专利24项。

四、发展循环经济，努力提高资源利用水平

石化集团公司坚持“减量化、再利用、资源化”原则，注重发挥上中下游一体化优势，不断优化资源利用，发展循环经济，提高资源利用效率和效益。“十一五”期间，石化集团公司通过实施火炬气回收、硫黄回收和油气回收等综合利用项目，累计实现产值达224亿元，减免税约12亿元，取得明显的经济效益和环境效益。

炼厂气综合利用。采用催化裂化干气提浓作乙烯原料，年产提浓乙烯气60万吨/年，增产烯烃约30万吨/年；利用催化裂化干气中稀乙烯气发展苯乙烯，可利用稀乙烯资源12.5万吨/年。

氢气资源优化利用。通过制氢原料气体化和富氢气体回收利用，可顶替制氢原料中石脑油约38万吨，回收氢气约13.7万米^3(标准)/时。

回收焦化装置液化气组分。相继完成10套焦化吸收稳定配套改造，每年可回收液化气约20万吨。

液化石油气(LPG)综合利用。2010年，186.6万吨饱和LPG被用作乙烯料，MTBE装置消耗LPG 52.8万吨，燕山、高桥、武汉等烷基化装置利用LPG 17万吨。

五、发展低碳能源，优化能源结构

石化集团公司积极开发替代能源和新能源，优化和完善能源结构，已基本形成包括技术开发、工业生产和产品销售在内的较为完善的业务产业链。

努力提高天然气产量，积极组织LNG进口。2010年，川气东送工程建成投产，山东LNG项目开工建设。按照川气东送管道输气能力120亿立方米测算，相当于每年提供超过1 457万吨标煤的清洁能源，减少二氧化碳排放1 697万吨。

积极开发生物质燃料，推广使用生物燃料乙醇。开发SRCA法生物柴油生产技术，已完成工业化试验，正在进行纤维素乙醇的技术开发工作。2010年，使用变性燃料乙醇93万吨左右，销售乙醇汽油910万吨。石化集团公司在贵州建设的5万吨/年生物柴油示范项目已开展原料基地建设。

积极开发利用煤层气和页岩气。2010年，煤层气排采获得突破，拥有煤层气地质资源量11万亿立方米，可采资源量3.75万亿立方米；拥有页岩气地质资源量15万亿立方米，可采资源量4万亿立方米。

地热能开发初步实现商业化。2006年10月，石化集团公司所属新星石油公司与冰岛绿源公司合作，开展地热资源规模化和产业化开发利用。截至2010年底，累计投资2.9亿元，利用地热能实现冬季采暖和夏季制冷的建筑面积总计达到312.6万平方米，占全国地热直接利用供冷暖的建筑面积的10%，2010年10月国家发改委批准咸阳地热项目为CDM项目(国内第一个获批)。

布局电动汽车充电站。石化集团公司计划在13个省市建设加油充电综合服务网络。2010年已在北京和深圳各建成了2座充电站。

六、加大资金投入，实施重点节能减排项目

2010年是“十一五”节能减排工作的收官之年，石化集团公司共安排节能减排项目235项，投资11.11亿元，实现节能33.26万吨标煤，节约资金2.38亿元。其中，胜利油田投资8 436万元，共实施节能项目8项，年节能能力1.48万吨标煤，当年节能量1 460吨标煤，实现降本增效966万元；江苏油田投资7 794万元，实施江都油区110千伏输变电工程、网电钻机应用等节能项目共10项，形成年节约能源折合标煤6 846.12吨的能力，其中节约电力459.13万千瓦·时，节约自用原油289.71吨，节约柴油1 833.88吨，节约新鲜水10.99万立方米，实现年累计节约3 758.12吨标煤，节约资金1 636.25万元；江汉油田投资1 625万元，实施项目5个，已竣工3个，可节约天然气360米^3/日，年节电15万千瓦·时，节约成本128万元；燕山分公司投资4 181万元，实施9项主要节能技术改造项目，每年可节约能源约2.97万吨标煤，可实现效益约3 744万元；齐鲁石化投资2 307万元，实施节能项目6个，每年可节电920万千瓦·时，节约蒸汽9.3万吨，节约燃料油2 000吨，共折合标煤1.67万吨/年；茂名石化投资6 633万元，实施节能项目19个，年节约1.79万吨标煤；天津石化投资3 410万元，实施节能、节水减排项目14项，实现节能量1.68万吨标煤；上海石化投资2 872万元，实施节能项目11项，实现节能量8 194吨标煤、降本增效1 565万元。

（贾文杰）

节能管理

【概述】 2010年，面对国内外复杂多变的形势，石化集团公司紧紧围绕全年的生产经营目标，不断强化责任意识和忧患意识，树立节能新理念，积极采取结构调整、科技创新、资源优化、加强管理等措施，以达标、对标活动为抓手，通过强化目标管理、过程监督和考核评比，扎实推进石化集团公司节能减排工作，确保超额完成“十一五”节能减排目标任务。

（贾文杰）

【主题宣传活动】 2010年6月15日，王天普总裁在《中国石化报》上发表了《践行责任，精细管理，全力打好节能减排攻坚战》的重要文章，要求全系统干部职工以开展节能宣传活动为契机，结合“创先争优”和“比学赶帮超”活动，深入开展“我为节能减排作贡献”活动。石化集团公司组织编撰《“十一五”节能减排工作回顾》，发放《节能减排从我做起——全民节能实用手册》100余册，在全系统内开展以“节能减排全民行动”为主题的节能减排知识答题活动。《中国石化报》、《中国石化新闻》也对茂名石化、镇海炼化、扬子石化等企业坚持精细管理，持续优化，狠抓节能降耗等典型事例进行了系列播报。各企业积极行动，深入开展“我为节能减排作贡献”活动。胜利油田开展“节能自愿承诺签名”活动和“节能减排知识答卷”活动，进一步增强全员节约意识，形成了创建节约型企业的良好氛围；江苏油田紧扣“我为节能减排作贡献”主题，组织重点耗能单位进行节能达标工作交流，进一步创新节能管理思路，推进节能达标工作的有效开展；镇海炼化以2010中国（宁波）节能环保技术与产品博览会为契机，结合“五进班组”竞赛活动，积极开展“我为节能作贡献”合理化建议活动；茂名石化以“精细管理促节能”为主题制作节能宣传板报，组织节能技术培训，开展技能创新成果展评，从46项中评出15项优秀成果，组织提合理化建议活动，共提出合理化建议388条。2010年，中国石化被国家工业和信息化部授予节能减排“两化融合”先进企业，胜利油田被评为首批中国资源综合利用十佳企业，镇海炼化获中国节能减排功勋企业称号。

（贾文杰）

【强化精细管理】 切实加强领导，建立健全节能减排组织体系。作为“重点型”中央企业，石化集团公司成立了由总裁任组长的节能减排工作领导小组，并设立了节能减排办公室，具体负责制定石化集团公司节能减排工作方针、管理制度和阶段目标，以及综合管理、统一协调、检查监督和考核奖惩工作。总部机关各相关管理部门及各事业部、管理部和所属企业均确定了节能减排主管处室和节能减排管理岗位，明确了岗位职责，已形成了协调高效的节能减排管理网络。所属各企业也按以上模式组建了节能减排工作管理机构，形成了一个多层次、上下衔接、运转有效的节能减排管理工作体系。

强化目标管理，建立节能减排工作问责制。石化集团公司按照国务院国资委建立节能减排工作问责制的要求，建立起目标明确、责任落实、措施到位、一级抓一级、一级考核一级的节能目标责任和考核制度。依据《中华人民共和国节约能源法》、国务院《关于加强节能工作的决定》、国务院国有资产监督管理委员会《中央企业节能减排监督管理暂行办法》、国家发展和改革委员会《固定资产投资项目节能评估和审查暂行办法》、国务院《关于加快推行合同能源管理促进节能服务产业发展意见的通知》和石化集团公司《总经理奖励管理办法》的有关规定，制定下发了《中国石化节约能源管理办法》和《中国石化节能与达标目标责任评价考核办法》。在制定《中国石化高层管理人员业绩奖金考核兑现办法》时，加大了节能减排考核指标的权重，对没有实现节能减排目标的单位和单位领导实施问责，扣减效益工资，并实行“一票否决”，不得参加石化集团公司各类年度评奖、不授予各种荣誉称号。对事业部和企业的节能目标、节能措施、节能基础管理等各项指标进行全方位考核，并将考核结果纳入到经济责任制考核体系，直接与干部职工收入挂钩。同时，建立完善了企业内部排污计费制度，把污染治理设施的运行费用和排污费纳入排污单位的成本进行考核，督促排污单位精细管理、从源头减少排污。

逐步完善能耗考核体系。2010年，制定下发《中国石化节能与达标目标责任评价考核办法》，进一步加强节能考核工作。

强化基础管理，扎实做好基础工作。建立了节能减排季度例会制度，总裁班子每季度组织一次节能减排季度例会，分析总结前一阶段工作，查找问题，研究对策，落实措施，有力地加强了对节能减排工作的指导、检查和监督，扎实地推进了公司整体节能减排工作有效开展。制定了《资源综合利用工作管理办法》，要求各企业认真学习国家的有关法规、政策，做好资源综合利用工作。建立节能达标基础信息档案管理，夯实管理工作基础。

（贾文杰）

【推行清洁生产和污染防治】 石化集团公司特别重视生产过程的清洁化，力争从源头上控制污染物的产生。2010 年修订了《中国石化炼化企业清洁生产标准》，设置了更加严格的指标，并据此开展评估工作。有 3 家企业通过公司评审。截至年底，共有 21 家炼化企业通过了清洁生产企业验收工作，占炼化企业的 52.5%。

截至 2010 年 5 月 1 日，所产车用汽油全部达到国 III 及以上标准。按中国石化 2010 年汽油产量计，可减少消费环节二氧化硫排放 2.5 万吨。

中国石化河南油田自主设计、制作成密闭循环装置，使修井液通过回收管线流入泥浆罐，进行集中处理，实现了清洁生产。

（贾文杰）

【科技节能工作】 2010 年，在公用工程节能技术开发工作方面，中国石化重点完成了胜利油田丛式井双井节能抽油技术开发、1.14 千伏油井集中供电系列技术开发等工作。胜利油田利用双井抽油机节能技术完成 4 套 8 口井现场试验工作，平均节电率达 40% 以上，日节电 207 千瓦·时，累计节电 32 万千瓦·时。1.14 千伏油井集中供电系列技术是配合中国石化油田企业电气隐患治理工作的重要内容之一，经过两年的开发试验运行，已在河南油田、中原油田、江汉油田等油田得到推广应用。运行表明，配电室功率因数达到 0.9，综合节电率达到 15%，并可有效防止窃电，提高供电半径，降低配电线路投资改造费用。

（王　乐）

【油田板块节能工作】 2010 年，油田企业逐级分解落实指标，明确重点工作和要求，开展节能树标、对标和“比学赶帮超”活动，下发 2009 年度能耗测试公报，实施 2010 年度能耗测试，部署“十二五”中国石化企业节能标准的制修订工作，开展企业能耗调研分析，交流节能达标对标管理体系、“标杆”管理法、油井枝状管网优化供热技术等管理经验和节能新技术，举办节能管理技术培训班。重点安排供电及电网系统改造、国家明令淘汰电机及配套设备更新、天然气回收、集输系统工艺优化等节油、节气、节水、节电项目共 23 个，投资 2 亿元，项目设计新增年节油能力 800 吨，节气能力 89 万立方米，节电能力 1.33 亿千瓦·时，节煤能力 548 吨，节水能力 135 万立方米，降本能力 2 990 万元。当年实现节油 40 吨，节气 29.2 万立方米，节电 1 976 万千瓦·时，节煤 108 吨，降本 669 万元。

2010 年，按同口径统计，油田企业共消耗能源 491.91 万吨标煤，单位油气综合能耗 100.40 千克（标煤）/吨油当量，与 2009 年相比下降 2.03 千克（标煤）/吨油当量，万元产值综合能耗 0.410 吨标煤，与 2009 年相比下降 0.009 吨标煤。实现节能量 11.48 万吨标煤。

（谭　宁）

【炼油板块节能工作】 2010 年，炼油企业不断强化节能减排精细化管理，完善炼油能耗考核体系，严格执行能耗定额管理办法；积极推进低温余热综合利用、减顶机械抽真空和焦化专项优化等节能专项工作；开发并推广应用炼油企业燃料—动力模型，提高公用工程运行效率和管理水平，成效显著。2010 年炼油板块万元产值能耗为 0.340 吨标煤，同比降低 5.86%，节约 149 万吨标煤。

（谢小华）

【化工板块节能工作】 2010 年，化工板块万元产值综合能耗为 1.62 吨标煤，同比下降 0.05 吨标煤，比年计划低 0.17 吨标煤，节能率 3.29%，节能量 132 万吨标煤。

2010 年安排节能项目 51 项，项目总投资 1.65 亿元，可节约 9.48 万吨(标煤)/年，其中工艺流程优化项目 3 项，设备节能项目 13 项，蒸汽能级利用及蒸汽管网优化项目 11 项，低温热利用项目 2 项，提高加热炉热效率项目 8 项，公用工程系统优化项目 4 项，换热网络优化项目 2 项，电机变频项目 3 项，保温保冷项目 5 项。安排的项目重点突出，节汽、完善保温和保冷、提高加热炉热效率的项目占总项目的 47%。

组织实施了化工能耗统计分析系统二期项目建设和培训。系统二期以服务基层为目的，满足企业详细需求 27 项。2010 年 6—7 月，分 2 批对 18 家企业进行了新内容培训，并安排了对系统数据的平衡校核。对数据缺失、移动模型关系有误、平衡图不完整的进行了补录和修改，完善后的能源实物平衡表有助于掌握企业具体能源消费状况。

（黄志壮）

【油品销售企业节能工作】 2010 年，油品销售企业以降低油品损耗和优化物流为重点，扎实开展树标、对标工作，全面实现节能降费。在降低油品损耗上，通过落实油品采购、运输、接卸、贮存全过程监控，强化责任追究和岗位问责，从严制定一次物流损耗指标，加强承运商管理，强化现场操作，落实保量运输等措施，分环节油品损耗率同比下降。在优化物流上，通过提高管输量、优化物流运行、加大资源串换、推进跨省提油、实现运价与油价联动、提高铁路罐车装载率、全面核查配送运距等措施，2010年成品油吨油运杂费68.9元，同比持平。

（金　津）

【油田存续企业节能工作】 2010年，未上市油田企业节能考核指标控制在年度计划之内，各企业全面完成了2010年节能任务，工业万元产值综合能耗0.719吨标煤，比考核指标低0.032个单位，同比下降0.013单位，下降率为1.8%，相当于节约5.74万吨标煤。

（李一超）

【公用工程板块节能工作】 2010年，公用工程板块整体综合能源消费量847.11万吨标煤，比2009年增长99.64万吨标煤，增幅13.33%。万元产值综合能耗指标完成1.68吨标煤，比石化集团公司下达年度目标低0.11吨标煤，比年度目标节约9.33万吨标煤。石化集团公司供电标煤耗指标349.13克/(千瓦·时)，同比降低4.13克/(千瓦·时)，合计节约11.03万吨标煤。

组织开展年度热电专业总结评比工作。系统总结1月份热电专业现场检查工作，提出现场评价结论。按照制度规定，会同有关部门完成热电专业竞赛总评工作。启动电站锅炉达标提效专项治理工作。认真总结锅炉测试工作，在前期与资产公司、石化股份公司、油田存续等企业对接工作的基础上，从强化管理和技术投入两个方面入手，提出电站锅炉达标提效专项治理2010—2012年三年滚动计划。总结分析热电业务生产经营情况，全面启动水务专业化管理、电站锅炉达标提效专项治理、国家明令淘汰和高耗低效电动机治理等工作。组织企业认真落实党组关于热电、水务两项专业管理的一系列精神，扎实开展专业板块“比学赶帮超”活动。

进一步加大节能降耗工作力度。深化热电专业管理，逐项分析成本构成，有针对性地强化燃料等各项成本控制。组织电站凝汽系统达标治理工作对接。细化分解治理目标和进度，落实真空消漏、凝汽器提效等重点措施；组织胜利、齐鲁、高桥等企业专家，就巴陵石化动力事业部锅炉受热面频繁爆管等问题进行现场技术诊断。组织企业按计划完成锅炉效率监测普查，安排专门技术小组加强测试数据的分析和研究，针对企业的个性特点，逐一对其提出管理改进、设备整治、技术改造等滚动计划，使在役锅炉运行效率有一个明显提升。做好节能技术改造工作。重点推进化工工艺优化、锅炉提效、蒸汽梯级利用、机泵调速等技术措施，总结推广巴陵电站技术改造的成功经验，支持川维、南化、高桥强化电站设备治理和技术改造工作。

（陈董清）

节水减排

【废水治理技术】 2010年，针对南京化工公司所排废水，北京化工研究院与南京化工公司一道开展了技术攻关。开发了硝基氯苯废水强化氧化治理技术，提出了硫磷部废水技术改造减排方案，开发了废水水相聚合制备水煤浆添加剂技术，形成了全厂废水综合生化处理工程成套技术工艺包，编制完成了南京化工公司水污染治理项目总体可研报告，全厂综合治理工程已经全部展开。

（栾金义）

【膜分离系统污染预防与控制技术】 结合中国石化膜应用企业，研究了超滤和反渗透膜面污染物的组成及分析方法，建立了循环水处理药剂对膜影响的评价装置及评定方法，确定了对膜系统造成污染的水处理药剂种类及药剂用量限值。建立了反渗透膜非氧化性杀菌剂、阻垢剂的快速选择评价方法，为企业膜装置非氧化性杀菌剂和阻垢剂的筛选应用提供了技术支持。编制了污水回用系统膜污染控制及性能恢复手册，可为石化企业膜装置的工艺设计、参数选择、清洗及运行管理提供参考。

（栾金义）

【二氧化硫控制减排】 石化集团公司高度重视二氧化硫的减排工作。截至2010年底，共投资近30亿元对全公司19家自备电站、107台燃煤锅炉实施烟气脱硫改造。2010年，二氧化硫排放总量同比减少6.85%，“十一五”期间二氧化硫排放量减少了20.4万吨，降幅为35.7%。

（李　援）

【烟气脱硝技术】 抚顺石油化工研究院等单位承担的中国石化烟气脱硝技术攻关获重大进展。2010年，采用自主研发的氨选择性催化还原(SCR)催化剂、工艺和设备，完成了催化裂化烟气脱硝工业侧线试验，氮氧化物去除率可达95%。正在开展燃煤电厂烟气脱硝工业侧线试验、催化裂化烟气脱硝脱硫工业化试验。

（刘忠生）

【炼厂尾气综合治理技术】 针对金陵分公司炼厂尾气，抚顺石油化工研究院和金陵分公司共同开展“炼厂尾气综合治理技术”攻关。金陵分公司针对酸性水罐区、污油罐区、粗汽油和粗柴油罐区、氧化脱硫醇装置尾气先后建成惰性气安全防护、气体减排、硫化氢等恶臭气体吸收净化、低温馏分油吸收油气回收等装置，将尾气中的硫化氢浓度从5万毫克/米^{3}净化到1毫克/米^{3}以下，氮气去除率达80%—90%，有机硫化物、苯系物去除率接近100%，油气回收率可达95%以上。

（刘忠生）

科研开发与管理

◇ 综述

◇ 科技成果

◇ 新产品开发

◇ 石化知识产权

◇ 技术监督

综　　述

2010年，科技系统认真学习实践科学发展观，围绕主业，突出重点，强化科技管理，完善体制机制，着力自主创新，加快成果推广，科技创新"推进器"作用有效发挥，有力支撑了石化集团公司主业发展。

一、"十条龙"科技攻关项目形成工业化成果

胜利油区主力油田注水开发关键技术、南方复杂深井钻井关键技术、汽油选择性加氢技术(RSDS－Ⅱ)、超低压连续重整成套技术、中国石化国Ⅲ车用汽油质量升级解决方案及实施、异丙苯成套技术、对位芳纶工业试验成套技术、大型聚乙烯成套技术、新型高性能丁苯树脂成套工业技术、川气东送管道工程技术10个项目完成预定攻关任务，并在生产过程中得到应用和推广。

二、油气勘探开发技术进展

元坝地区礁滩储层勘探技术进一步提升，形成了适合托甫台—艾丁地区的储层预测技术，提出了巴麦地区的重点勘探领域。东部主力油田注水开发技术趋向成熟，低渗透油藏二氧化碳驱、超稠油油藏蒸汽驱先导试验取得阶段成果。捷联式自动垂直钻井系统开发成功，三维三分量地震、新一代单点高密度地震技术取得突破。海外支撑项目研究力度逐步加大。研制了稠油降黏剂，试产了阴非两性表面活性剂，产品性能可满足先导试验要求。

三、石油炼制技术进展

催化汽油吸附脱硫(S－Zorb)、催化汽油选择性加氢等技术得到推广应用，提升了油品质量。超低压连续重整装置完成考核标定。柴油超深度加氢脱硫(RTS)等技术完成工艺包开发，开展了工业试验。选择性催化裂化与选择性加氢集成技术完成中试，可提高炼厂处理劣质原油的适应性。环保型橡胶填充油工业试验取得成功。

四、石油化工技术进展

以自有技术为主的天津、镇海百万吨乙烯装置建成投产。与大型乙烯配套的乙苯、异丙苯、聚乙烯等成套技术实现工业应用。碳四烯烃催化裂解制丙烯技术实现工业应用。采用自主开发技术的溴化丁基橡胶装置建成投产。煤化工技术取得新进展。

五、公用工程技术进展

形成了川气东送管道工程成套技术。PO/SM废气催化氧化处理技术、炼油企业恶臭气体治理技术、次声波法管道泄漏检测技术等实现工业应用。研制了大型高密度聚乙烯装置环管反应器。大型管道内检测器(管道猪)技术取得新突破，完成了鲁宁管线全线内检测，为老管道改造投资和安全运行提供了依据。完成了催化裂化再生烟气脱硫脱硝中试。蒸汽动力系统优化技术在5家企业推广应用。

六、新能源、新材料技术进展

1 000吨/年合成气制乙二醇中试装置基本建成。纤维素乙醇用秸秆预处理设备研制取得重大突破。与中国科学院合作筛选出数百株生物油藻藻种，建成连续光反应器，形成吨级藻液培养规模。

七、调整完善科技体制机制

按照"统一计划、分类管理"的原则，实施了研究开发项目分类管理，提高了科研效率和水平。完成了北京化工研究院与燕山分公司研究院的整合，成立了10家直属研究院分院，调整了材料应用研究的管理与研发机构。制定了直属院分院管理办法、直属院专业考核实施细则、科技项目后评估、科研项目退出等管理办法，完善了科技创新机制。

八、组织开展"比学赶帮超"活动

开展了石化集团公司科技创新功勋奖、优秀创新团队和重点实验室评选。开展了建设世界一流研究院的研究，明确了直属研究院"五个一流"的建设目标。研究院之间、企业之间在科研管理、创新效率、专利申请、成果转化等方面展开竞赛，尤其在专利申请、油田化学品开发与应用等方面呈现出你追我赶、百花齐放的良好局面。

九、强化重大科研项目管理

国家油气科技重大专项进展良好，管理工作获得国家有关部门好评。积极推广"十条龙"攻关经验，成立油煤共炼、非茂聚乙烯催化剂、合成气制乙二醇、天然气制合成油(GTL)、煤气化及煤制天然气(SNG)等技术联合攻关组，强化了项目组织领导。努力发挥地质学家与化学家结合的优势，加大原油驱采输脱炼一体化、油田化学品、油田钻井液等项目协调力度，加快了创新速度。加强了中试项目协调，沸腾床渣油加氢、丙烯双氧水法制环氧丙烷(HPPO)等项目进展顺利。

十、知识产权及成果管理工作进一步深化

修订完善了《专利管理办法》、《科技专家库管理办法》、《科技创新功勋奖管理办法》，加强了对外技术许可管理。2010年共申请国内外专利2 937项，获得授权1 056项，较上年分别增长47.7%和33.2%。获国家科技进步奖和技术发明奖12项，其中"塔河奥陶系碳酸盐岩特大型油气田勘探与开发"获国家科技进步一等奖。评选出石化集团公司科技进步奖和技术发明奖112项。

十一、深化战略性研究和前瞻性基础性研究

完成了《"十二五"科技进步规划》的编制工作，围绕公司发展战略，理清思路，明确了科技发展方向。前瞻性基础性研究方面持续加大力度。二氧化碳捕获与封存(CCS)技术实现示范应用。

十二、标准化、质量管理工作迈上新台阶

召开了石化集团公司质量工作会议，发布了"质量永远领先一步"的质量方针、"质优量足、客户满意"的质量目标和"每一滴油都是承诺"的社会责任口号，开展了以"每一滴油都是承诺"为主题的"质量月"活动，推进了质量管理工作。制定和发布40余项企业标准。编制了《油田化学剂和炼化三剂采购技术要求手册》，为公司三剂采购提供了检验标准。

十三、催化剂产业及技术贸易快速发展

2010年催化剂销量达到12.2万吨，同比增长10%，国内市场占有率近70%，出口催化裂化、聚烯烃等催化剂突破2万吨，其中催化裂化催化剂出口美国，品牌知名度与影响力进一步提升。催化裂化、延迟焦化、裂解炉成套技术实现出口，开创了特色技术出口的新局面。

（林 源）

科技成果

【概述】 2010年，石化集团公司完成科技成果鉴定172项。石化集团公司授予技术发明奖6项，其中一等奖1项、二等奖3项、三等奖2项，授予科技进步奖106项，其中一等奖12项、二等奖33项、三等奖61项。2010年度国家授予石化集团公司技术发明奖二等奖1项，科技进步奖一等奖1项、二等奖10项。2010年度国家授予石化集团公司科学技术奖励项目和石化集团公司科学技术奖励项目见附录1。

（杨维先 徐 青）

【自动垂直钻井系统】 该系统采用动态推靠方式实现钻进过程中的主动防斜、纠斜。项目对自动垂直系统方案的确定、捷联式测控短节的设计、垂钻系统井下闭环控制技术、防斜执行机构的设计、旋转密封和液压平衡系统以及地面测试系统及检测技术等展开研究，研制了2套具有自主知识产权的自动垂直钻井系统样机。开展了5轮30多次的地面测试和1次井口功能试验，进行了4次现场试验，验证了工具的可行性、稳定性及可靠性，并形成了配套的钻井工艺技术。该项目申请并获受理发明专利9项，已授权3项；申请并获受理新型实用专利6项，已全部授权。自动垂直钻井技术的研究成功，使中国石化成为国内第一家、国际第四家拥有该项技术的公司。在坨181井宣页1井应用，解决了高陡构造及大倾角地层的防斜打快问题。该技术打破国外技术垄断，降低钻井成本，缩短钻井周期，不仅能够产生显著的直接经济效益，而且能够促进钻井工艺的完善和发展，从而产生更大的间接经济效益。该项目获2010年度石化集团公司技术发明一等奖。

（杨维先 徐 青）

【胜利油田强化泡沫驱提高采收率技术】 项目主要针对胜利油田Ⅳ类"大孔道"油藏和聚合物驱后油藏开展强化泡沫驱提高采收率技术攻关研究，主要研究内容包括高效泡沫剂的研发、强化泡沫驱油配方设计、驱油机理及油藏适应性评价、数值模拟软件开发、油藏工程方案优化、地面注采工艺设计、矿场实施及效果评价等。通过攻关研究解决了强化泡沫驱提高采收率的关键技术难题，取得了多项创新性研究成果。该项目申请专利12项，已授权7项。在聚驱后和Ⅳ类油藏开展了强化泡沫驱应用，均取得显著增油效果。聚驱后油藏试验区日产油由71.2吨上升到140.9吨，Ⅳ类油藏试验区日产油由4.5吨上升到23.6吨，最终可提高采收率12.7%。截至2009年底，Ⅳ类油藏强化泡沫驱试验已累计增油1.9万吨，最终增加可采储量5.3万吨。该项目获2010年度石化集团公司技术发明二等奖。

（杨维先 徐 青）

【超重力技术用于炼厂干气脱硫化氢的工业应用】 该项目采用自主研发的磁力驱动超重力机代替塔作为脱硫设备，以胺液为脱硫溶液，采用自主研发的超重力气体脱硫新工艺。超重力技术用于炼厂催化裂化干气脱硫化氢的工业应用结果表明，脱后干气中硫化氢含量小于20毫克/米^3(标准)，90%以上检测结果小于10毫克/米^3(标准)，脱硫选择性好，二氧化碳共吸率低，为8.9%，明显降低解吸塔负荷；磁力驱动超重力机体积小、传质强度高、脱硫效率高、安全无泄漏、适用于中高压生产过程，且稳定性好，可以满足工业生产长周期运行的需要，是一项具有同内外先进水平的新技术。项目申请并获授权中国发明专利4件。该项目获2010年度石化集团公司技术发明二等奖。

（杨维先 徐 青）

【钛系聚酯催化剂的研制】 该项目成功研发了一种环境友好的可用于工业化应用的新型钛系聚酯催化剂(简称钛系催化剂)，在国内首次实现了无重金属

(不含锑)的钛系聚酯切片的工业化生产，实现了钛系聚酯产品商业化销售。采用创新工艺合成的新型钛系催化剂为液态，与乙二醇互溶后具有良好的光照稳定性和储存稳定性；该催化剂活性高，钛用量只需 5×10^{-6}(基于聚酯)；该钛系催化剂用于聚酯生产可使酯化反应温度大幅降低，预聚釜和终聚釜工艺温度也有所下降，且省去了催化剂加温溶解调制程序，达到了降低生产能耗、节约生产成本的目的。该钛系催化剂工业化应用证明，工艺可控，稳定性好，所生产的有光、半消光和膜级聚酯切片与采用锑系催化剂制备的聚酯切片相比，L值有明显提高，b值无明显变化，产品质量达到聚酯优等品标准，且符合欧盟、美国食品级标准。采用钛系催化剂制备的聚酯切片经用户使用后反应，可纺性好，各项指标达标，染色均匀，部分产品已经出口到欧盟国家。该项目共申请中国发明专利9项，授权5项。该项目获2010年度石化集团公司技术发明奖二等奖。

(杨维先　徐　青)

【高邮凹陷复杂断块油藏断层控藏作用及勘探关键技术】 该项目是江苏油田分公司针对高邮凹陷复杂断块油藏的勘探难点和重点问题设立的重大科研攻关项目。创新点：①建立了箕状断陷斜坡带差异性控藏模式；②创建了断层封闭评价量版；③开发了以侵入岩地震相断层识别法为特色的复杂断块识别技术。经鉴定总体达到国际领先水平。该成果为中国石化所有，无产权纠纷。成果直接应用于生产，断层控藏理论指导勘探选区选带、定目标；断层封闭评价，提高了复杂断块圈闭钻探成功率；应用复杂断块精细识别评价技术，新发现一批富集油藏。成果也在苏北盆地其他凹陷得到广泛应用。通过勘探应用，发现圈闭资源量1.92亿吨，钻探成功38口井，获探明储量3 757万吨，控制储量1 388万吨，预测储量1 390万吨，三级储量合计6 535万吨，新建产能30.6万吨，经济效益显著。该项目获2010年度石化集团公司科技进步奖一等奖。

(杨维先　徐　青)

【川东北地区大型气田勘探目标及关键技术】 该项目开展了石油地质、地球物理、地球化学、油藏工程、计算机技术等相关学科的交叉研究，阐明了海相深层碳酸盐岩层系油气成藏和富集规律，形成了深层碳酸盐岩优质储层预测与有效含气性判识等核心技术，建立了海相深层碳酸盐岩油气勘探的理论体系和技术系列，确定了川东北地区具有3种不同类型礁滩沉积模式，建立了海相碳酸盐岩储层成岩演化序列与孔隙发育模式，总结了2种不同类型成藏富集模式，形成了5项海相碳酸盐岩大型岩性气藏勘探评价关键技术。项目研究成果无知识产权纠纷。川东北地区实现新增天然气探明储量2 498.65亿立方米，整体探明普光气田，勘探新发现元坝大型礁滩岩性气藏，川西海相、川东北中浅层及山前带勘探获得重大突破，涪陵、通南巴礁滩相带取得重大进展，取得了良好的勘探效果。部署实施探井33口，已完成试气19口，获工业气流14口，成功率73.68%；形成碳酸盐岩储层保护、改造及提高产能的技术系列，酸压改造获得工业气流15口井19层，成功率100%；新增天然气探明储量2 498.65亿立方米，累计实现探明储量5 009.35亿立方米。该项目获2010年度石化集团公司科技进步奖一等奖。

(杨维先　徐　青)

【中国石化油气勘探目标评价及决策系统】 该项目在充分调研前人对勘探目标评价研究成果的基础上，围绕建立具有中国石化油气勘探特点的目标评价系统的总体目标，开展了区块、区带、圈闭、储量等方面的系统分析，优选评价方法，建立了多项工作规范。创建了定量划分勘探程度的方法，并针对不同勘探程度下评价目标的需求，优选了各类评价目标的参数及评价体系，同时注重价值、平衡风险，建立了各目标的风险—价值二维评价模型、设计功能模块，开发了软件系统1.0版，实现了石化集团公司层面上的区块、区带、圈闭与储量等勘探目标的技术经济评价与优选决策。成果及开发软件系统具自主知识产权，无产权纠纷。通过应用，该系统为勘探目标快速评价、优化部署、科学决策提供了先进的技术思路和方法，对合理制定勘探规划计划和实施方案起到了重要的促进作用，并且评价结果符合勘探实际。2008—2009年对34个重点增储区带、7个重点突破区带进行评价，为新增探明石油储量3.19亿吨，天然气1 880亿立方米作出贡献。对2007—2009年重点钻探目标进行评价和优选，优选42个重点钻探目标，探明石油8 058万吨、天然气61亿立方米。该项目获2010年度石化集团公司科技进步奖一等奖。

(杨维先　徐　青)

【川东北高温高压高含硫井试气工艺配套技术】 针对川东北高温高压高含硫深井气藏，在对其腐蚀机理、管柱力学分析、酸岩反应机理等基础理论深入研究的基础上，以创新创效为指导，以保证测试全过程安全有效为核心，以创新完井试气工艺技术、管柱科学设计技术、综合安全控制技术、创新酸液体系及酸压工艺技术为关键技术，以安全高效勘探开发川东北气藏为目标，攻关形成了川东北高温高压高含硫井安全高效的试气工艺配套技术。通过理论研究、室内实验、现场实验相结合，研制并形成了具有低腐蚀速率、耐高温高剪切的胶凝酸、加重酸酸液体系，自主开发了管柱力学分析技术，形成了高温高压高含硫深井的胶凝酸闭合酸压工艺技术、震荡酸压(化)工艺技术、超正压射孔酸压测试、TCP + APR + 酸化(压)三联作等工艺技术系列，集成创新形成了超高压高温高产气井综合安全控制技术，制定了川东北酸性气井试气和井控方面的规范标准。该项目形成了"超深三高"酸性气藏射孔、酸压和测试一体化工艺技术，形成了"超深三高"储层超高压加重酸压及多级闭合酸压技术；创新开发了 FF 级 105 兆帕三级地面流程等系列高端技术装备。以上技术已在普光、元坝等探区全面推广应用，解决了"超深三高"气井安全快速测试的难题，新增探明地质储量 1 881.45 亿立方米、控制储量 4 105.03 亿立方米，节约投资 1.02 亿元。该项目获 2010 年度石化集团公司科技进步奖一等奖。

（杨维先　徐　青）

【普光气田产能建设关键技术】　针对普光气田产能建设所面临的开发、防腐、安全、环保等技术难题，石化股份公司立项组织开展关键技术科研攻关。通过科研攻关，取得超深层礁滩相储层含气性预测技术、硫沉积预测模型、双向双效多级分段延时起爆射孔技术、多级注入酸压增产技术、高含硫气田山地湿气集输技术、四级联锁关断安全控制系统等科研成果。该项目获专利 7 项，中国石化具有自主知识产权，无产权纠纷。项目成果有力支撑了普光气田产能建设，使钻完井、试气、压裂、集输施工等产能建设工作安全顺利实施。单井产能 80 万—100 万米^3/日，腐蚀速率低于部颁标准，安全监控及联锁关断系统高效可靠，保证了高酸气田生产安全平稳运行。通过优化方案，减少开发井 12 口，节约开发投资 24 亿元；实现年产天然气 100 亿立方米、硫黄 200 万吨，年产值 125 亿元。该项目获 2010 年度石化集团公司科技进步奖一等奖。

（杨维先　徐　青）

【稠油热采油藏非达西渗流机理研究及工业化应用】　为探索稠油老区大幅度提高采收率技术，结合室内试验和矿场实践，开展稠油渗流机理研究，创建了以"黏渗组合控制、油水差异渗流"为核心的稠油热采非达西渗流理论，建立了稠油非达西渗流方程及启动压力梯度求取方法，建立了稠油热采非达西渗流模式及蒸汽吞吐"三场"分布模式。编制了具有自主知识产权的非达西渗流稠油热采软件，明晰了稠油油藏水淹机制及剩余油规律，建立了不同类型稠油油藏剩余油分布模式；明晰了稠油油藏"整体富集、条带水淹"的剩余油分布模式，高含水并不意味着低含油饱和度。在稠油热采非达西渗流理论及剩余油分布模式的指导下，实现井距转换，配套了稠油热采井网加密技术；实现井型及开发方式转换，形成了常规开发底水稠油油藏整体调整技术；实现开发方式转换，发展了高含水井化学辅助蒸汽吞吐技术；研制了耐 300℃的高性能高温泡沫剂，配套集成了不同类型稠油油藏老区高效调整技术。该项目在胜利稠油油田的 31 个单元得到了应用，共钻加密调整井 592 口，覆盖地质储量 1.59 亿吨，新增原油生产能力 141.5 万吨，增加可采储量 1 140 万吨，提高采收率 7.2%，已累计增油 305.8 万吨，为胜利稠油产量上升发挥了重要作用。2007—2009 年运用上述技术增产原油 287.01 万吨。该项目获 2010 年度石化集团公司科技进步奖一等奖。

（杨维先　徐　青）

【大型蒸馏装置高轻收深总拔低能耗成套技术】　该项目通过典型原油深拔条件实验，形成系列典型原油不同深拔程度下的馏分油以及重油的性质数据及数据库；通过重油结焦评价实验，积累并系统地建立了系列典型原油不同深拔程度下的油膜温度与炉管中的停留时间关系数学模型，从而确定典型原油深拔操作时炉管的安全操作区域；对已知原油或混合原油，可模拟出该原油的常压重油在减压炉中的安全操作曲线，可为设计和生产确定安全的非结焦操作区域。该项目系统地提出提高轻质油收率、降低能量消耗及减压深拔的综合技术措施，在追求能耗降低和低碳排放的前提下通过关键技术集成，能够达到柴油与蜡油的清晰分割、蜡油与渣油的清晰分割和提高大型蒸馏装置的轻油收率与总拔出率的目的。该项目具有自主知识产权。该技术在广州分公司常减压装置上 3 年多的工业应用表明，装置运行平稳，总拔出率提高 3%，按 2008 年加工量 713 万吨计，增加净利润 1.57 亿元，达到或优于开发课题各项技术指标。该项目获 2010 年度石化集团公司科技进步奖一等奖。

（杨维先　徐　青）

【PE100 聚乙烯管材树脂和燃气管材专用料技术开发】 该项目针对国内 PE100 管材树脂和燃气管专用料的发展不能满足市场需要，燃气管材料为进口料所垄断的情况，从研究结构—性能关系及结构表征入手，提出影响燃气管材料核心性能的关键结构因素，完成了高性能 PE100 管材料分子结构设计。在扬子和燕山 2 套三井淤浆工艺装置上确定了合理的工艺参数，首次采用共聚性能优良、低聚物生成量少的国产 BCE 催化剂，解决了专用料生产装置管线易堵、生产负荷低及长周期运行困难等三井工艺特有的难题，得到的管材料具有适宜的双峰分子量分布和共聚组成，兼顾了耐久性、刚性、韧性及加工性等多种要求，达到了管材料蠕变破坏强度、耐快速裂纹扩展性与耐慢速裂纹增长性等核心性能之间的综合平衡，实现了高性能 PE100 管材料的工业化、长周期稳定生产。通过配方研究，成功地开发出综合性能优良的 PE100 级燃气管专用料，并建成 2 套 2 万吨/年混配料生产线，形成了三井工艺 PE100 专用料成套技术。产品通过了国内外权威机构的 PE100 等级认证，性能指标完全符合国家给水管和燃气管指标要求，并首次实现了国产 PE100 管材料在燃气领域的应用。该项目申请了中国发明专利和中国石化专有技术各 1 项，成果具有自由运作权。该项目获 2010 年度石化集团公司科技进步奖一等奖。

（杨维先　徐　青）

【15 万吨/年碳五分离装置工业化成套技术开发】 在 2.5 万吨/年碳五分离装置技术的基础上，结合历次改扩建和脱瓶颈以及技术进步，开发了 15 万吨/年碳五分离成套技术工艺包，并以此为依据新建了 15 万吨/年碳五分离装置。该装置于 2009 年 10 月 25 日投料开车，一次开车成功，产出产品全部合格，技术经济指标达到设计目标值，标志 15 万吨/年碳五分离装置工业化成套技术开发取得成功。该项目申请发明专利 7 项，获得授权 6 项，形成了拥有自主知识产权的碳五分离技术。项目于 2009 年 11 月在上海石化一次开车成功，装置运行稳定，产品质量合格。研究成果和工程化成果都在装置上成功应用，效果明显，技术达到国际先进水平。该项目获 2010 年度石化集团公司科技进步奖一等奖。

（杨维先　徐　青）

【聚乙烯管材专用树脂和抗冲聚丙烯基础研究及工业应用】 该项目是中国石化作为依托单位的国家“973”项目，由大学、科学院的学者和中国石化共同完成。该项目研究了聚乙烯链结构及加工工艺条件与最终材料性能之间关系，提出了满足高性能 PE100 管材的分子链结构特征，从而提出了 PE100 树脂制备技术的新理论。通过对抗冲聚丙烯复杂链结构和多重相形貌的分析表征以及理论模拟计算，提出了高刚高韧抗冲聚丙烯应具备的相形貌特征及关键控制参数，从而提出了抗冲聚丙烯制备技术的新理论。属原创性知识创新和技术创新成果。首次提出高性能 PE100 树脂中应含超高分子量均聚物，给出了其含量和分子量的控制范围，通过理论模型计算出了共聚单体含量的最佳值；提出高抗冲聚丙烯树脂应为四相结构，提出了控制相结构的关键结构参数。在上述理论的指导下，开发并产业化了性能超过进口产品、刚韧平衡的聚乙烯管材树脂 4903T；开发了高刚高韧抗冲聚丙烯树脂，并进行了中试验证。成果可应用到双峰聚乙烯及共聚聚乙烯的生产，提升聚乙烯生产技术水平；抗冲聚丙烯的成果可提升抗冲聚丙烯的刚韧性能水平及市场竞争力；理论成果在开发高性能 PE 管材树脂及抗冲聚丙烯新工艺方面有重要的应用价值。该项目获 2010 年度石化集团公司科技进步奖一等奖。

（杨维先　徐　青）

【化工装置节水减排成套技术开发】 该项目是中国石化“十条龙”攻关项目。通过燕山、天津、茂名、齐鲁 4 家企业与石油化工科学研究院、北京化工研究院 2 个科研单位的协同攻关，针对大型石化装置用水工艺特点，开发了化工外排污水适度处理回用循环水、双膜法深度处理回用锅炉、蒸汽凝液回收等 42 项节水减排技术和系列水处理药剂，形成了化工装置节水减排成套技术。该项目创新地开发出达标污水适度处理回用工艺、双膜法高含盐达标污水脱盐工艺、高硬度碱度高浓缩倍数运行的水处理剂配方、化工污水生物增效处理技术、化工节水减排工程技术。该项目申请专利 24 项（发明专利 23 项、实用型专利 1 项）。开发的技术在燕山分公司、茂名分公司、齐鲁分公司、天津分公司的化工装置应用后，茂名节水 1 235 万吨/年，天津减排污水 427 万吨/年，燕山吨乙烯取水降低到 9.67 吨，齐鲁浓缩倍数达到 5.49，4 个企业共节水 3 045 万吨/年，减排污水 1 459 万吨/年，生产吨乙烯取水降低约 40%；新水价按 4.1 元（税后）计，共节省开支 1.25 亿元。该项目获 2010 年度石化集团公司科技进步奖一等奖。

（杨维先　徐　青）

【**散装硫黄储存与消防关键技术**】 川东天然气净化厂硫黄设计正常产量为 8 500 吨/日，最大产量为 1.08 万吨/日，最大年产量超过 300 万吨，属世界级规模。该项目开发了大型圆形料场储存散装硫黄及自动堆料和取料系统、皮带输送系统、变频拖动自动定位牵引系统和快速精确计量和装车系统，系统自动化程度高，可实现无人值守全天候运行；创新提出散装硫黄储存、输送、装卸过程中安全消防的整体性技术方案；研制出了适用于大空间散装成型硫黄料场的粉尘防爆型水雾消防炮；首次采用了喷雾抑尘、湿式除尘器及“散料抑尘落料管”等除尘组合工艺技术；提出并应用了防静电、防雷、通风、烟雾监测、粉尘浓度监测、硫黄温度监测、硫化氢监测、火灾报警等一系列控制可燃物、消除点火源的技术措施，提高了大规模硫黄储存过程中的消防安全水平和系统整体安全性。首次对硫黄的火灾危险性进行系统的实验研究，确定了不同状态硫黄的火灾危险性类别，研究结论已被国家规范《石油化工企业设计防火规范》2008 修订版采纳。该项目研究成果为国内外首创，总体技术达到了国际先进水平。该项目申请发明专利 2 项；申请实用新型专利 1 项，授权 1 项。该项目获 2010 年度石化集团公司科技进步奖一等奖。

（杨维先　徐　青）

新产品开发

【**合成树脂新产品**】 2010 年开发的合成树脂新产品品种主要有 2 种。

1. 氢调法生产的高流动性均聚、无规共聚、抗冲聚丙烯系列产品

采用高流动性聚丙烯，可使注射制品易成型加工，减少注射缺陷和废品率。在制品加工生产过程中可降低加工温度、注射压力、合模力等，从而降低能耗，缩短制品的成型周期，提高制品产量。此外，由于树脂的流动性提高，可进行薄壁制品的生产，减少原材料的使用，符合低碳环保的新理念。

与传统可控流变工艺生产的同类聚丙烯产品相比，中国石化开发的采用氢调法生产的高流动性均聚、无规共聚、抗冲聚丙烯系列产品溶体流动速率（MFR）最高可达到 110 克/10 分，具有更优异的白度、良好的色度稳定性和较低的 VOC 含量，已形成 9 个牌号（K1840、K4930、K7726H、K7735H、K7760H、K7780、K7100、K9820H、K9829H）的系列产品，均已通过 FDA、RoHS 认证，可广泛应用于食品、家居、汽车等领域，累计生产 8 万余吨。

该产品在巴赛尔聚烯烃工程塑料（苏州）有限公司、金发科技股份有限公司、聚菱燕塑料有限公司、海尔集团、青岛琴科工程塑料有限公司、格洛瑞医疗器械有限公司、广东佛山瑞嘉塑料制品有限公司、北京琪利达塑料制品有限公司、青岛百家塑胶有限公司等众多企业进行了应用试验，结果表明氢调法高流动聚丙烯各牌号达到了国外同类产品的先进水平。

2. 高性能低热封温度三元共聚聚丙烯系列产品

中国石化开发的三元共聚聚丙烯（流延膜镀铝膜 C5908、流延膜复合膜 C5608、热收缩膜 F5606、BOPP 烟膜 F5006）系列产品可分别应用于流延膜镀铝膜热封层、流延膜热封层、聚烯烃热收缩膜热封层，烟膜热封层等领域。C5908、C5608、F5606、F5006 的起始热封温度分别为 110℃、115℃、110℃、113℃。综合性能达到或优于进口产品。

工业化产品经浙江众成包装股份有限公司、天津天胜包装材料有限公司、河北泰达包装有限公司、青岛庆昕包装有限公司、济宁东美包装有限公司、北京天宇鹏塑料制品有限公司、天津大阳工贸有限公司、黄山永新股份有限公司、浙江光华化工有限公司等用户试用，结果表明三元共聚聚丙烯产品具有很好的流动性，加工性能好，制成的膜具有颜色白、挺度高、透明性好及热封温度低等优点，能满足加工工艺要求。

（赵　红）

【**纤维新产品**】 2010 年，中国石化生产合成纤维共计 140.57 万吨，包含四大类上百个品种，合纤聚合物及合纤差别化率达 60%。各企业抓住化纤市场行情上升的有利时机，统筹产品开发、技术研究、生产、质量、服务等各个环节，进行新产品性能及其应用的深度开发，取得了较好的经济效益。

1. 抗起球腈纶

2010 年，作为国内最大的腈纶生产基地，上海石化腈纶事业部顺应市场需求，进行 NaSCN 一步法腈纶工艺路线的研究工作，开发出既具有优异抗起球性，又有良好染色性能的抗起球腈纶纤维，扩大生产量，迅速投放市场，实现了顶替进口的目标。全年，上海石化生产抗起球腈纶 2 664 吨，实现销售 2 640 吨，实现销售收入 5 171 万元，创利 1 480 万元。

2. NEP 聚酯切片

2010 年生产 NEP 聚酯切片 1 103 吨。年内，欧洲公司采用 100% 上海石化 NEP 切片制成的 PET 膜经国际测试机构 Pira 检测，满足欧盟法规 2007/72/

EC 对用于接触食品塑料（聚酯）迁移限值的要求。NEP 具有很好的市场发展前景，并将逐步促进聚酯产品升级换代。

3. 高速拉膜用聚酯切片开发

2010 年，高速拉膜用聚酯切片 F620，产品拉膜速度达到了 415 米/分，质量满足了用户需求。通过不断优化工艺配方及市场开拓，产品质量进一步提高，产销量进一步放大，全年销售 10.31 万吨，占 350—415 米/分高速生产线市场用量的 70% 以上，成为布鲁克纳高速生产线（机械速度唯一大于 400 米/分的生产线）开车指定原料。

4. 有光缝纫线升级产品

2010 年，有光缝纫线升级产品 FR211 的主要品质指标断裂强度进一步提高，干热收缩率进一步降低，从下半年起销量逐月提高，被英国高士集团的津英工厂、泰国协联、上海七棉、华美线业正常使用，全面顶替了日本东丽 T353 产品和帝人的产品。2010 年生产有光缝纫线升级产品 1.68 万吨，较常规产品多增加效益 831 万元。

5. 水刺无纺布用涤纶短纤维

2010 年开发出高清洁水刺专用料 WF313，主要应用于医疗用品，实现销售 3 375 吨，全年较常规产品多增加效益 446 万元。全年生产和销售水刺无纺布专用涤纶短纤维 6.37 万吨，较常规产品多增加效益 2 239 万元。

（原　玲）

石化知识产权

【专利申请和授权情况】 2010 年，中国石化科技创新水平和知识产权保护能力得到大幅提高。2009 年 11 月 1 日—2010 年 10 月 31 日期间，中国石化共提出专利申请 2 937 项，其中中国专利申请 2 823 项（其中发明专利 2 199 项，实用新型专利 608 项，外观设计专利 16 项，发明专利申请量占总申请量的 78%），在全国排名第三；境外专利申请 114 项；新增专利授权 1 056 项，其中中国专利授权 984 项，境外专利授权 72 项。截至 2010 年 10 月 31 日，中国石化已累计申请专利 19 001 项，获得专利授权 10 587 项，其中向境外累计申请专利 1 584 项，获得专利授权 745 项。中国石化整体知识产权保护水平在国有大企业中处于领先水平。

（查芷琦）

【文本管理】 针对 2009 年 10 月 1 日起实施的新《专利法》以及在知识产权管理方面遇到的问题，中国石化制修订了《中国石化专利管理办法》、《科技专家库管理办法》、《科技创新功勋奖管理办法》，并对包括《技术贸易管理办法》、《专有技术管理办法》等在内的 11 个已有管理办法进行了标准化改造。同时制定下发了《技术开发（合作）合同》等 11 个协议范本。

（查芷琦）

【专利管理】 2010 年，中国石化专利管理委员会继续从技术先进程度、工业化前景、与主业相关程度、市场保护力度、对竞争对手的制约力等角度，对 1 450项中国专利和 575 项境外专利及专利申请进行了维持与否的论证，最终同意放弃中国专利 411 项、境外专利 61 项。

（查芷琦）

【人才培训】 继续开展知识产权人才培养培训工作。举办了 2 期针对企业知识产权管理人员的为期 2 周的“知识产权基础知识和操作技能”培训班；分派 2 批共 4 人去美国专利代理事务所进行为期 45 天的“美国专利法及实务操作”培训；与中国知识产权培训中心合作，开通了中国知识产权远程教育平台中国石化分站，供相关知识产权人员和科技人员学习使用。

（查芷琦）

【知识产权保护检查】 2010 年，中国石化要求所属单位进行知识产权保护的自查工作，并重点对 22 家单位的自查工作进行了专项检查。针对检查中遇到的问题，制定了《员工保密协议》和《员工保密及竞业限制协议》等法律文本并继续完善现有的规章制度，以加强中国石化知识产权的保护工作。

（查芷琦）

技术监督

【质量管理与监督】 2010 年对油田企业的采购物资、炼油化工企业生产的石油产品、化工产品和销售企业经销的油品进行了质量监督抽查。抽查石油和石油化工产品 1 564 个，合格 1 544 个，合格率为 98.7%，同比提高了 0.1 个百分点。抽检油田企业采购的 5 类物资样品 320 个，合格 288 个，合格率为 90%，其中抽检采油助剂样品 79 个，合格 69 个，合格率为 87.3%；抽检机电产品样品 39 个，合格 35 个，合格率为 89.7%；抽检油套管样品 42 个，合格 39 个，合格率为 92.9%；抽检钻井液化学剂样品 92

个，合格80个，合格率为87%；抽检井下工具样品68个，合格65个，合格率为95.6%。根据监督抽查结果，下发了《关于2010年石油和石油化工产品质量监督抽查结果的通报》和《关于2009年油田企业采购物资质量监督抽查结果的通报》，督促企业进一步加强质量管理，保证采购物资产品质量和出厂产品质量，树立中国石化良好的产品质量形象。

2010年8月召开了中国石化质量工作会议。会议发布了中国石化“质量永远领先一步”的质量方针、“质优量足，客户满意”的质量目标和“每一滴油都是承诺”的社会责任口号。通过此次会议的召开，进一步提高了企业领导人员的质量意识，对提高中国石化的产品、工程和服务质量起到有利的推动作用。

9月开展全国“质量月”活动。下发了《关于转发中共中央宣传部等五部委〈关于开展全国质量月活动的通知〉的通知》，各直属企业围绕活动主题，开展内容丰富、形式多样的“质量月”活动，有效地推进了各企业的质量管理工作。

举办了第一期炼化企业领导人员的质量管理培训班。该班于2010年10月26—29日在管理干部学院举办。参加该次培训的人员共计40人，其中35人是来自炼油和化工企业的主要负责人或主管质量工作的副经理。通过开展质量管理专业培训，使企业领导人员的质量管理意识得到了普遍的提高，对先进的质量管理方法有了更加深入的了解，为提升企业质量管理水平打下了良好的基础。

2010年7月1—20日，举办了第七期质量处(科)长岗位资格培训班。参加该次培训的学员共35人，分别来自中国石化下属企业的30家单位。

修订完善了《中国石化质量管理办法》，该办法进一步明确了机关各部门和企业的质量职责，对加强和规范企业的质量管理工作具有指导意义；新制定了《中国石化质量事故管理规定》，该规定涵盖了质量事故的定义和分类，质量事故报告、调查、处理、分析、改进的管理程序，质量事故的考核与处罚等内容，规范了中国石化质量事故的管理工作。

（秦士珍）

【计量管理与监督】 2010年，石化集团公司加强直属计量技术机构建设、外购原油交接计量监督管理、计量人员培训和计量技术交流工作，为企业生产经营提供支撑。

中国石化直属计量技术机构建设。12月31日，石化股份公司向国家质量监督检验检疫总局提交了《关于建立国家石油天然气大流量计量站东营、武汉分站及成品油质量流量计在线检定授权的请示》，申请开展相关工作。

外购原油交接计量监督管理。为统一中国石化外购原油交接计量监控标准，明确监管职责分工，提高监督管理水平，9月10日下发《中国石化外购原油交接计量监督管理办法(试行)》。该办法明确外购原油交接计量监督管理由科技开发部主管，由科技开发部、生产经营管理部、炼油事业部、货主企业以及进口原油外贸代理公司按权限分工负责并具体实施。

计量人员培训。根据人教部《关于印发2010年各类培训班计划的通知》的安排，为提高企业计量管理人员的业务水平，8月25日—9月13日，在北京燕化教培中心举办计量部门负责人岗位培训班，对28家企业的32位计量管理骨干进行了培训。分别于5月、10月、12月，在天津石化举办可燃及有毒有害气体检测报警仪、流量计、压力变送器计量检定员培训班，为石化集团公司计量工作培养了技术人才。

举办“2010中国油气计量技术论坛”。为加强油气计量技术交流，提高国内油气计量技术水平，经中国石化、中国石油和中国海洋石油三大公司计量主管部门共同研究，于5月20—21日在山东青岛举办了“2010中国油气计量技术论坛”，论坛主题为“计量与低碳经济”。

（尉忠友）

【标准化管理】 以石化集团公司为主成立的全国石油产品和润滑剂标准化技术委员会(TC280)归口管理9个石油和石油化工标准化分技术委员会，具体负责组织本专业的国家标准、国家军用标准、石油化工行业标准的制修订及管理工作。截至2010年底，全国石油产品和润滑剂标准化技术委员会归口管理的石油和石油化工产品标准(含试验方法标准)共1 224项，其中国家标准369项、石油化工行业标准800项、国家军用标准49项、国家实物标准6项。

2010年，全国石油产品和润滑剂标准化技术委员会组织完成制定和修订并上报国家标准化管理委员会的国家标准27项；国家标准化管理委员会批准发布38项石油化工国家标准(见表1)。中国石化组织完成制定和修订石化行业标准共26项，分别上报国家工业和信息化部和国家能源局批准，其中已批准发布的石油化工行业标准64项(见表2)，完成制定和修订并批准发布的石化集团公司企业标准共计74项(见表3)。

（付　伟　华祖瑜　刘慧敏）

表 1　　2010 年批准发布的石油化工国家标准

序号	标准编号	标准名称	实施日期
1	GB/T 254—2010	半精炼石蜡	2010 年 12 月 1 日
2	GB/T 446—2010	全精炼石蜡	2010 年 12 月 1 日
3	GB/T 511—2010	石油和石油产品及添加剂机械杂质测定法	2010 年 12 月 1 日
4	GB/T 4985—2010	石油蜡针入度测定法	2010 年 12 月 1 日
5	GB/T 6144—2010	合成切削液	2010 年 12 月 1 日
6	GB/T 6538—2010	发动机油表观黏度的测定(冷启动模拟机法)	2010 年 12 月 1 日
7	GB/T 7324—2010	通用锂基润滑脂	2010 年 12 月 1 日
8	GB/T 8029—2010	柴油机喷油泵校泵油	2010 年 12 月 1 日
9	GB/T 12692. 1—2010	石油产品　燃料(F 类)分类第 1 部分：总则	2010 年 12 月 1 日
10	GB/T 12692. 2—2010	石油产品　燃料(F 类)分类第 2 部分：船用燃料油品种	2010 年 12 月 1 日
11	GB/T 1632. 3—2010	塑料　使用毛细管黏度计测定聚合物稀溶液黏度第 3 部分：聚乙烯和聚丙烯	2011 年 8 月 1 日
12	GB/T 25260. 1—2010	合成胶乳第 1 部分：羧基丁苯胶乳(XSBRL)56C、55B	2011 年 8 月 1 日
13	GB/T 25277—2010	塑料均聚聚丙烯(PP－H)中酚类抗氧剂和芥酸酰胺爽滑剂的测定(液相色谱法)	2011 年 8 月 1 日
14	GB/T 25278—2010	塑料　用毛细管和狭缝口模流变仪测定塑料的流动性	2011 年 8 月 1 日
15	GB/T 25199—2010	生物柴油调和燃料(B5)	2011 年 2 月 1 日
16	GB/T 262—2010	石油产品和烃类溶剂苯胺点和混合苯胺点测定法	2011 年 5 月 1 日
17	GB/T 386—2010	柴油十六烷值测定法	2011 年 5 月 1 日
18	GB/T 494—2010	建筑石油沥青	2011 年 5 月 1 日
19	GB/T 2013—2010	液体石油化工产品密度测定法	2011 年 5 月 1 日
20	GB/T 3146. 1—2010	工业芳烃及相关物料馏程的测定第 1 部分：蒸馏法	2011 年 5 月 1 日

续表

序号	标准编号	标准名称	实施日期
21	GB/T 3406—2010	石油甲苯	2011年5月1日
22	GB/T 3407—2010	石油混合二甲苯	2011年5月1日
23	GB/T 4508—2010	沥青延度测定法	2011年5月1日
24	GB/T 4509—2010	沥青针入度测定法	2011年5月1日
25	GB/T 6536—2010	石油产品常压蒸馏特性测定法	2011年5月1日
26	GB 7189—2010	食品级石蜡	2011年7月1日
27	GB/T 7607—2010	柴油机油换油指标	2011年5月1日
28	GB/T 8028—2010	汽油机油换油指标	2011年5月1日
29	GB/T 9169—2010	喷气燃料热氧化安定性的测定(JFTOT法)	2011年5月1日
30	GB/T 11147—2010	沥青取样法	2011年5月1日
31	GB/T 13377—2010	原油和液体或固体石油产品密度或相对密度的测定(毛细管塞比重瓶和带刻度双毛细管比重瓶法)	2011年5月1日
32	GB/T 15180—2010	重交通道路石油沥青	2011年5月1日
33	GB 18351—2010	车用乙醇汽油(E10)	2011年7月1日
34	GB/T 25961—2010	电气绝缘油中腐蚀性硫的试验法	2011年5月1日
35	GB/T 25962—2010	高速条件下汽车轮毂轴承润滑脂漏失量测定法	2011年5月1日
36	GB/T 25963—2010	含脂肪酸甲酯中间馏分芳烃含量的测定(示差折光检测器高效液相色谱法)	2011年5月1日
37	GB/T 25964—2010	石油和液体石油产品采用混合式油罐测量系统测量立式圆筒形油罐内油品体积、密度和质量的方法	2011年5月1日
38	GB 25989—2010	炉用燃料油	2011年7月1日

表 2　　2010 年批准发布的石油化工行业标准

序号	标准编号	标准名称	实施日期
1	NB/SH/T 0752.2—2010	无水难燃液压液抗腐蚀性测定法	2010 年 10 月 1 日
2	NB/SH/T 0808—2010	在用柴油机油中稀释柴油含量测定法(气相色谱法)	2010 年 10 月 1 日
3	NB/SH/T 0809—2010	天然蜡和合成蜡酸值测定法	2010 年 10 月 1 日
4	NB/SH/T 0810—2010	绝缘液在电场和电离作用下析气性测定法	2010 年 10 月 1 日
5	NB/SH/T 0811—2010	未使用过的烃类绝缘油氧化安定性测定法	2010 年 10 月 1 日
6	NB/SH/T 0812—2010	矿物绝缘油中 2 - 糠醛及相关组分测定法	2010 年 10 月 1 日
7	NB/SH/T 0813—2010	沥青表观黏度测定法　平行板黏度计法	2010 年 10 月 1 日
8	NB/SH/T 0814—2010	沥青材料测力延度试验法	2010 年 10 月 1 日
9	NB/SH/T 0815—2010	沥青燃烧性能测定(氧指数法)	2010 年 10 月 1 日
10	NB/SH/T 0816—2010	橡胶沥青弹性恢复率的测定(球入度法)	2010 年 10 月 1 日
11	NB/SH/T 0817—2010	半固体和固体沥青密度的测定(镍坩埚法)	2010 年 10 月 1 日
12	NB/SH/T 0818—2010	橡胶沥青	2010 年 10 月 1 日
13	NB/SH/T 0819—2010	热拌用沥青再生剂	2010 年 10 月 1 日
14	NB/SH/T 0820—2010	阻燃道路沥青	2010 年 10 月 1 日
15	NB/SH/T 0821—2010	路用阻燃改性沥青	2010 年 10 月 1 日
16	NB/SH/T 0822—2010	润滑油中磷、硫、钙和锌含量的测定(能量色散 X 射线荧光光谱法)	2010 年 10 月 1 日
17	NB/SH/T 0823—2010	润滑脂在稀释合成海水中防腐蚀性试验法	2010 年 10 月 1 日
18	NB/SH/T 0824—2010	润滑油中添加剂元素含量的测定(电感耦合等离子体原子发射光谱法)	2010 年 10 月 1 日
19	NB/SH/T 0825—2010	脂肪酸甲酯氧化安定性的测定(加速氧化法)	2010 年 10 月 1 日
20	NB/SH/T 0826—2010	发动机油挥发度的测定(毛细管气相色谱法)	2010 年 10 月 1 日

续表

序号	标准编号	标准名称	实施日期
21	NB/SH/T 0827—2010	轻质石油馏分中含硫化合物的测定(气相色谱和硫选择性检测器法)	2010年10月1日
22	NB/SH/T 0828—2010	发动机冷却液中硅与其他元素含量的测定(电感耦合等离子体原子发射光谱法)	2010年10月1日
23	NB/SH/T 0829—2010	沸程范围174℃—700℃石油馏分沸程分布的测定(气相色谱法)	2010年10月1日
24	NB/SH/T 0830—2010	非石油基和石油基液压油磨损特性叶片泵测定法	2010年10月1日
25	NB/SH/T 0831—2010	生物柴油中脂肪酸甲酯及亚麻酸甲酯含量的测定(气相色谱法)	2010年10月1日
26	NB/SH/T 0832—2010	润滑油热表面氧化的测定(压力差示扫描量热法)	2010年10月1日
27	NB/SH/T 0833—2010	HFAE型、HFAS型和HFC型难燃液压液pH值测定法	2010年10月1日
28	NB/SH/T 0834—2010	发动机油适度高温活塞沉积物的测定[热氧化模拟试验法(TEOSTMHT)]	2010年10月1日
29	NB/SH/T 0835—2010	石油馏分黏重常数(VGC)计算法	2010年10月1日
30	NB/SH/T 0836—2010	绝缘油酸值的测定(自动电位滴定法)	2010年10月1日
31	NB/SH/T 0837—2010	矿物绝缘油低温运动黏度测定法	2010年10月1日
32	NB/SH/T 0838—2010	未使用过的润滑油基础油及无沥青质石油馏分中稠环芳烃(PCA)含量的测定(二甲基亚砜萃取折光指数法)	2010年10月1日
33	NB/SH/T 0207—2010	绝缘液中水含量的测定(卡尔·费休电量滴定法)	2010年10月1日
34	NB/SH/T 0509—2010	石油沥青四组分测定法	2010年10月1日
35	NB/SH/T 0522—2010	道路石油沥青	2010年10月1日
36	NB/SH/T 0586—2010	工业闭式齿轮油换油指标	2010年10月1日
37	NB/SH/T 0652—2010	石油沥青专业名词术语	2010年10月1日
38	NB/SH/T 0741—2010	汽油中烃族组成的测定(多维气相色谱法)	2010年10月1日
39	SH/T 1770—2010	塑料　聚乙烯水分含量的测定	2011年3月1日
40	SH/T 1771—2010	生橡胶玻璃化转变温度的测定[差示扫描量热法(DSC)]	2011年3月1日
41	SH/T 1159—2010	丙烯腈—丁二烯橡胶(NBR)溶胀度的测定	2011年3月1日

续表

序号	标准编号	标准名称	实施日期
42	NB/SH/T 0839—2010	汽车轮毂轴承润滑脂低温转矩测定法	2011 年 5 月 1 日
43	NB/SH/T 0840—2010	四冲程摩托车汽油机油离合器摩擦特性试验方法	2011 年 5 月 1 日
44	NB/SH/T 0841—2010	汽油发动机燃油经济性评定法	2011 年 5 月 1 日
45	NB/SH/T 0842—2010	汽油和柴油中硫含量的测定(单波长色散 X 射线荧光光谱法)	2011 年 5 月 1 日
46	NB/SH/T 0843—2010	石化行业分析测试系统的评价(统计技术法)	2011 年 5 月 1 日
47	NB/SH/T 0844—2010	涡轮机油腐蚀性和氧化安定性测定法	2011 年 5 月 1 日
48	NB/SH/T 0845—2010	传动润滑剂黏度剪切安定性的测定(圆锥滚子轴承试验机法)	2011 年 5 月 1 日
49	NB/SH/T 0846—2010	抗磨液压油高压柱塞泵试验法	2011 年 5 月 1 日
50	NB/SH/T 0847—2010	极压润滑油摩擦磨损性能的测定(SRV 试验机法)	2011 年 5 月 1 日
51	NB/SH/T 0848—2010	聚乙烯蜡表观黏度测定法	2011 年 5 月 1 日
52	NB/SH/T 0849—2010	汽车空调和成冷冻机油	2011 年 5 月 1 日
53	NB/SH/T 0850—2010	精密机械和光学仪器润滑脂流散性测定法	2011 年 5 月 1 日
54	NB/SH/T 0851—2010	精密机械和光学仪器用润滑脂	2011 年 5 月 1 日
55	NB/SH/T 0852—2010	在用油和含烟炱的发动机油在低温下的黏温关系测定法	2011 年 5 月 1 日
56	NB/SH/T 0853—2010	在用润滑油状态监测法〔傅里叶变换红外(FT—IR)光谱趋势分析法〕	2011 年 5 月 1 日
57	NB/SH/T 0059—2010	润滑油蒸发损失的测定(诺亚克法)	2011 年 5 月 1 日
58	NB/SH/T 0324—2010	润滑脂分油的测定(锥网法)	2011 年 5 月 1 日
59	NB/SH/T 0401—2010	石油蜡粘点和结点测定法	2011 年 5 月 1 日
60	NB/SH/T 0467—2010	合成工业齿轮油	2011 年 5 月 1 日
61	NB/SH/T 0474—2010	在用汽油机油中稀释汽油含量的测定(气相色谱法)	2011 年 5 月 1 日
62	NB/SH/T 0521—2010	乙二醇型和丙二醇型发动机冷却液	2011 年 5 月 1 日
63	NB/SH/T 0556—2010	石油蜡溶剂抽出物测定法	2011 年 5 月 1 日
64	NB/SH/T 0704—2010	石油和石油产品中氮含量的测定(舟进样化学发光法)	2011 年 5 月 1 日

表3 2010年批准发布的石化集团公司企业标准

序号	标准编号	标准名称	实施日期
1	Q/SHPRD 325—2010	LPG客车发动机油	2010年6月1日
2	Q/SHPRD 326—2010	软膜防锈油	2010年6月1日
3	Q/SHPRD 327—2010	4502合成压缩机油	2010年6月1日
4	Q/SHPRD 328—2010	4524合成冷冻机油	2010年6月1日
5	Q/SHPRD 329—2010	4511合成压缩机油	2010年6月1日
6	Q/SHPRD 330—2010	4512合成压缩机油	2010年6月1日
7	Q/SHPRD 331—2010	4607合成液压油	2010年6月1日
8	Q/SHPRD 332—2010	7019系列高温润滑脂	2010年6月1日
9	Q/SHPRD 333—2010	铁道车辆滚动轴承Ⅳ型润滑脂	2010年6月1日
10	Q/SHPRD 334—2010	PR-1型铁道车辆车轴轴颈卸荷槽专用防锈脂	2010年6月1日
11	Q/SHPRD 335—2010	长城复合锂基润滑脂	2010年6月1日
12	Q/SHPRD 336—2010	长城二硫化钼锂基润滑脂	2010年6月1日
13	Q/SHPRD 337—2010	长城低噪音轴承润滑脂	2010年6月1日
14	Q/SHPRD 338—2010	长城中小型电机轴承润滑脂	2010年6月1日
15	Q/SHPRD 339—2010	长城ES-A润滑剂	2010年6月1日
16	Q/SHPRD 340—2010	长城MP润滑脂	2010年6月1日
17	Q/SHPRD 341—2010	长城特种白色润滑脂	2010年6月1日
18	Q/SHPRD 342—2010	长城HTHS轴承润滑脂	2010年6月1日

续表

序号	标准编号	标准名称	实施日期
19	Q/SHPRD 343—2010	长城 HSB 低噪音轴承润滑脂	2010 年 6 月 1 日
20	Q/SHPRD 344—2010	长城 TSA－L 低温长寿命轴承润滑脂	2010 年 6 月 1 日
21	Q/SHPRD 345—2010	长城 FPNR 润滑脂	2010 年 6 月 1 日
22	Q/SH 0346—2010	圈闭评价技术规范	2010 年 8 月 15 日
23	Q/SH 0347—2010	地质档案元数据及著录规则	2010 年 8 月 15 日
24	Q/SH 0348—2010	地质资料电子文件制作细则	2010 年 8 月 15 日
25	Q/SH 0349—2010	缓速酸技术要求	2010 年 7 月 1 日
26	Q/SH 0350—2010	驱油用泡沫剂技术要求	2010 年 7 月 1 日
27	Q/SH 0351—2010	水基压裂用交联剂技术要求	2010 年 7 月 1 日
28	Q/SH 0352—2010	酸化缓蚀剂技术要求	2010 年 7 月 1 日
29	Q/SH 0353—2010	酸化用铁离子稳定剂技术要求	2010 年 7 月 1 日
30	Q/SH 0354—2010	油田采出水处理用除氧剂技术要求	2010 年 7 月 1 日
31	Q/SH 0355—2010	油田采出水处理用杀菌剂技术要求	2010 年 7 月 1 日
32	Q/SH 0356—2010	油田采出水处理用防垢剂技术要求	2010 年 7 月 1 日
33	Q/SH 0357—2010	油田常规采出水处理用絮凝剂技术要求	2010 年 7 月 1 日
34	Q/SHPRD 358—2010	工业用轻质溶剂	2010 年 6 月 1 日
35	Q/SH 0359—2010	原油生产能源消耗指标要求	2011 年 6 月 1 日
36	Q/SH 0360—2010	裸眼井测井质量控制规范	2011 年 6 月 1 日
37	Q/SH 0361—2010	钻井液氯离子测量：离子滴定法	2011 年 6 月 1 日
38	Q/SH 0362—2010	海洋石油工程现场用焊接材料保存及使用规定	2011 年 6 月 1 日

续表

序号	标准编号	标准名称	实施日期
39	Q/SH 0363—2010	天然气输送管道用 X70 钢级埋弧焊钢管技术条件	2011 年 6 月 1 日
40	Q/SH 0364—2010	钻井液完井液滤饼性能测定方法	2011 年 6 月 1 日
41	Q/SH 0365—2010	钻井液用腐殖酸类降黏剂评价程序	2011 年 6 月 1 日
42	Q/SH 0366—2010	钻井设备钢木基础	2011 年 6 月 1 日
43	Q/SH 0367—2010	煤层气井钻井工程设计格式	2011 年 6 月 1 日
44	Q/SH 0368—2010	煤层气井钻井工程施工作业规程	2011 年 6 月 1 日
45	Q/SH 0369—2010	封隔器辅助筛管完井工艺推荐作法	2011 年 6 月 1 日
46	Q/SH 0370—2010	水处理剂　羟基亚乙基二膦酸技术要求	2010 年 9 月 1 日
47	Q/SH 0371—2010	水处理剂　2－膦酰基－1，2，4－三羧酸丁烷技术要求	2010 年 9 月 1 日
48	Q/SH 0372—2010	水处理剂　丙烯酸/2－甲基－2′－丙烯酰胺基丙磺酸类聚合物技术要求	2010 年 9 月 1 日
49	Q/SH 0373—2010	水处理剂　异噻唑啉酮衍生物技术要求	2010 年 9 月 1 日
50	Q/SH 0374—2010	水处理剂　复合阻垢缓蚀剂技术要求	2010 年 9 月 1 日
51	Q/SH 0375—2010	001×7 强酸性苯乙烯系阳离子交换树脂技术要求	2010 年 9 月 1 日
52	Q/SH 0376—2010	201×7 强碱性苯乙烯系阴离子交换树脂技术要求	2010 年 9 月 1 日
53	Q/SH 0377—2010	D113 大孔弱酸性丙烯酸系阳离子交换树脂技术要求	2010 年 9 月 1 日
54	Q/SH 0378—2010	D301 大孔弱碱性苯乙烯系阴离子交换树脂技术要求	2010 年 9 月 1 日
55	Q/SH 0379—2010	涤纶短纤维命名规则	2011 年 1 月 1 日
56	Q/SHPRD 380—2010	缝纫线型涤纶短纤维	2011 年 1 月 1 日
57	Q/SH 0381—2010	炼化企业计量管理信息系统技术规范	2011 年 3 月 1 日
58	Q/SH 0382—2010	水力压裂井温测井工艺规程	2011 年 6 月 1 日

续表

序号	标准编号	标准名称	实施日期
59	Q/SH 0383—2010	注水泵操作保养规程	2011 年 6 月 1 日
60	Q/SH 0384—2010	油(气、水)井套铣、磨铣修井工艺推荐作法	2011 年 6 月 1 日
61	Q/SH 0385—2010	油水井酸化用硫化氢吸收剂性能指标与评价方法	2011 年 6 月 1 日
62	Q/SH 0386—2010	酸液胶凝剂评价方法	2011 年 6 月 1 日
63	Q/SH 0387—2010	水基压裂液伤害实验评价方法	2011 年 6 月 1 日
64	Q/SH 0388—2010	大地电磁测深法勘探技术规程	2011 年 6 月 1 日
65	Q/SH 0389—2010	地震资料特殊处理技术规程	2011 年 6 月 1 日
66	Q/SH 0390—2010	复杂近地表结构调查技术规程	2011 年 6 月 1 日
67	Q/SH 0391—2010	地震勘探资料归档及保管要求	2011 年 6 月 1 日
68	Q/SHPRD 392—2010	石油焦	2011 年 1 月 1 日
69	Q/SH 0393. 1—2010	中国石化加油站形象设计要求第 1 部分：视觉形象技术规范	2011 年 3 月 1 日
70	Q/SH 0393. 2—2010	中国石化加油站形象设计要求第 2 部分：标准件工艺技术规范	2011 年 3 月 1 日
71	Q/SH 0393. 3—2010	中国石化加油站形象设计要求第 3 部分：装饰施工工艺技术规范	2011 年 3 月 1 日
72	Q/SH 0393. 4—2010	中国石化加油站形象设计要求第 4 部分：罩棚檐口工艺技术规范	2011 年 3 月 1 日
73	Q/SH 0393. 5—2010	中国石化加油站形象设计要求第 5 部分：罩棚吊顶工艺技术规范	2011 年 3 月 1 日
74	Q/SH 0393. 6—2010	中国石化加油站形象设计要求第 6 部分：照明设计及灯具技术规范	2011 年 3 月 1 日

企业改革与管理

◇ 综述

◇ 体制机制建设

◇ 企业管理

◇ 制度建设

◇ 绩效考核

◇ 内部控制与风险管理

◇ 资本运作

◇ 信息化建设与管理

综　　述

2010 年，石化集团公司围绕总体发展战略，以塑造中国石化管理模式为主线，进一步强化基础、改进管理、推进创新，公司发展的内在活力和动力进一步增强，管理水平显著提升，从体制机制和管理方面有力支撑了中国石化的科学发展和战略目标实现。

落实“一体化”战略要求，大力推进管理体制一体化和专业化管理，进一步激发了体制机制的内在活力。推进总部机构整合，重新梳理和界定管理职能，在从体制方面解决重复交叉管理企业问题的同时，进一步精兵简政放权，调动了企业的积极性。创新科技体制机制，以项目管理为主线，初步建立了科技与生产管理部门“分工明确、各有侧重、相辅相成”的矩阵式科技管理体制，以及“直属院—分院”管理模式，促进了科研与生产的有机结合，并进一步健全完善了科研项目管理、科研资源优化配置和激励约束等运行机制。按照一个国家(地区)树一面旗帜、建立一个公共服务平台、业务垂直管理的原则，开展海外管理体制调整试点工作，强化国际化经营管理。深化天然气、燃料油、区外油品、化工产品、水务等专业化管理，进一步优化了资源，提高了市场竞争力和影响力，特别是区外油品销售体制的调整和燃料油公司的组建，实现了销售业绩的成倍增长，充分展现了体制整合带来的生产力释放效应。

进一步强化基础，推进创新，努力塑造中国石化管理模式。根据总体工作部署，统筹和协调推进管理体制一体化、制度标准化信息化、“三基”管理常态化、成本管理精细化、绩效考核长效化、风险控制系统化、企业文化内在化等重点工作，均取得阶段性成果。特别是稳步推进了制度的标准化信息化，初步搭建了统一的标准化制度体系框架，在制度标准化改造、制度管理信息系统建设和制度信息化方面取得突破性进展，并结合业务流程体系建设，进一步提升了管理的标准化、规范化和精细化水平。以提高执行力为重点，不断深化“三基”工作，建立企业和基层单位两个层面的“三基”工作评价体系，细化 6 个方面的量化评价标准，总结推广基层单位典型经验，有效促进塑造中国石化管理模式各项重要工作的深入落实。同时，探索经营管理自我完善机制，开展改善经营管理建议工作，取得较好成效，进一步提升了经营管理的质量和水平。

围绕总体发展战略和塑造中国石化管理模式，不断创新绩效考核内容和方式，着力发挥绩效考核的“指挥棒”作用。以提升价值创造水平为主要内容的考核指标体系不断完善，激励约束机制进一步健全，在引导全集团上下围绕增强整体赢利能力、发展能力、营运能力等方面发挥了积极的促进作用，特别是在年度绩效考核的基础上，开展对党组管理的领导班子任期绩效考核，使领导人员既关心当期目标，又关心中长期持续健康发展，从考核机制方面进一步推动了科学发展观的贯彻落实。坚持开展安全、环保、质量、稳定等约束性指标考核，进一步增强了广大员工的社会责任意识，营造了石化集团公司和谐稳定的良好局面。对标评价指标树管理体系初步形成，通过开展多层次对标、追标和创标，大力推进“短板”考核，在石化集团公司内形成了“见红旗就扛、有第一就争”的浓厚氛围，有效推动了“比学赶帮超”和创先争优活动的深入开展，提升了核心竞争力。全员绩效考核理念逐步深入人心，闭环考核管理流程日趋规范，初步形成了工作有标准、管理全覆盖、考核无盲区、奖惩有依据的全员绩效考核体系，在不断促进员工个人成长的同时，较好地推动了石化集团公司整体绩效的持续提升和战略目标实现。在国务院国资委对中央企业的考核中，石化集团公司连续 6 年和连续 2 个任期均获得 A 级，并获得业绩优秀企业称号。

进一步强化内部控制和风险管理，不断提升整体管控能力。着重按照“一体化”管理的要求，以贯彻落实国家五部委发布的《企业内部控制基本规范》及配套指引为契机，推进上市与非上市部分内控制度“一体化”建设，并推进总部层面内控与风险管理职能的统一归口，进一步构建集中管控平台。内部控制持续完善，范围不断扩大，渗透到各项经营管理活动中，比较完整的“家规家法”逐步形成，有力保障了石化集团公司持续、稳定、快速、健康发展。内控工作受到财政部、国务院国资委的高度肯定。在狠抓内控工作的同时，按照《中央企业全面风险管理指引》的有关规定，探索开展全面风险管理工作，初步建立了全面风险管理的组织机构及工作机制，建立了风险管理相关标准及风险清单，并建立与内部控制的对应关系，进一步优化控制流程，完善控制措施，初步实现将风险管理要求融入内控制度，进一步增强集团化风险管控能力。

（李召雪）

体制机制建设

【调整总部机关职能】　为进一步明确总部机关职责，

理顺管理关系，提高工作效率，2010年3月8日，石化集团公司下发《关于总部机关职能调整的通知》(中国石化企〔2010〕113号)，调整理顺了16项管理职能，明确26个部门(单位)的主要职责，实现了审计、信息、内控与风险管理等职能的统一归口管理。

(王晓辉)

【组建石油工程管理部】 2010年3月16日，石化集团公司下发《关于成立石油工程管理部的通知》(中国石化企〔2010〕141号)，在油田企业经营管理部的基础上成立石油工程管理部，撤销油田企业经营管理部。石油工程管理部主要负责石化集团公司物探采集施工作业、钻井、测井、录井、井下特种作业、油田地面工程和海洋工程建设等业务管理工作。

(王晓辉)

【组建资本运营部】 2010年4月，石化集团公司、石化股份公司分别下发《关于成立资本运营部的通知》，决定设立石化集团公司资本运营部、石化股份公司资本运营部。资本运营部主要负责公司资本运作、投资管理、股权管理、热电管理、水务管理等工作。

(王晓辉)

【深化完善科技体制机制】 按照进一步理顺科技管理体制、完善研发体系、健全运作机制的总体要求，2010年2月，石化集团公司下发《关于印发〈调整完善中国石化科技体制总体方案(要点)〉的通知》(中国石化企〔2010〕83号)。

(1)以项目管理为主线，推进矩阵式管理。进一步明晰科技部与事业部(管理部)科研管理职责，初步形成科技部整体统筹、事业部(管理部)协助本专业领域管理、企业科技部门强化基础管理的矩阵式科技管理体制，强化事业部(管理部)对生产应用类项目的管理，明确考核管理职责，促进科研与生产的有机结合。

(2)实施燕山分公司研究院和北京化工研究院业务重组。将燕山分公司研究院整体划入北京化工研究院管理，涉及燕山分公司研究院正式职工403人，总资产1.09亿元。8月，北京化工研究院燕山分院按照新体制运行。整合后进一步强化了北京化工研究院在橡胶等领域的整体研发实力。

(3)构建“直属院—分院”管理模式。调整实施10家企业研究院业务管理方式，积极探索“直属院—分院”科研管理模式。设立石油工程技术研究院胜利分院和中原分院，加强石化集团公司在石油工程技术领域的业务统筹；以北京化工研究院为核心，构建以烯烃及合成树脂和合成橡胶等衍生物为技术特色的研发中心，设立北京化工研究院齐鲁分院、燕山树脂所、扬子分院3家分院；以上海石油化工研究院为核心，构建以芳烃、碳一化工、合纤原料以及短纤为技术特色的研发中心，设立上海石油化工研究院天津分院、仪征分院、巴陵分院、川维分院、南化分院5家分院。各分院同时保留原名称，按照“一套机构、两块牌子”方式管理。

(4)调整完善科研运作机制。按照“统一计划、分类管理”的原则，加强对科研项目的全过程管理，明确项目管理的关键环节与管理权责，制定下发科研项目分类管理、后评估、终止退出、联合攻关等管理办法和指导意见，逐步完善科研项目管理机制。强化科研资源配置与管理，制定下发直属院分院、重点实验室、科技创新、科研资源共享、考核奖励等管理办法，不断提高科研资源利用效率。以建立健全科技人才选拔、培养、使用、激励等环节为重点，研究畅通科技人才成长通道、高层次人才引进和人才流动配置，推进完善科技人员激励约束机制。

(周　炜)

【开展海外管理体制调整试点】 按照一个国家(地区)树一面旗帜、建立一个公共服务平台、业务垂直管理的原则，2010年7月28日，石化集团公司下发《关于设立中国石化集团公司巴西有限公司的通知》(中国石化企〔2010〕436号)，开展海外管理体制调整试点。将巴西有限公司作为石化集团公司在巴西统一的对外窗口和工作平台，统筹石化集团公司在巴西有关业务，并承担石化集团公司南美代表处在巴西的职责，石化集团公司除国际石油勘探开发公司以外的其他业务板块在巴西不再单独设立分支机构，巴西有限公司暂由国际石油工程公司托管。

(周　炜)

【成立中国石化石油勘探开发研究院有限公司】 2010年2月9日，石化股份公司下发《关于设立中国石化石油勘探开发研究院有限公司的通知》(石化股份企〔2010〕42号)，决定设立中国石化石油勘探开发研究院有限公司。中国石化石油勘探开发研究院有限公司是石化股份公司全资子公司，注册地北京市，业务归口科技开发部管理，主要承担海外规划与部署、新项目评价、重点勘探开发项目技术支撑和技术服务等相关工作，以及国内上游发展战略研究，规划计划编制，资源和区块评价，西北、华北、东北等地区勘探开发技术支撑等工作。该公司与中国石化石油勘探开发研究院实行“一套机构、两块牌子”的管理方式。

（王晓辉）

【调整完善燃料油经营管理体制】 2010 年 3 月 8 日，石化股份公司下发《关于调整燃料油经营管理体制的通知》（石化股份企〔2010〕75 号），决定对燃料油经营管理体制进行调整，设立中国石化燃料油销售有限公司，负责石化股份公司燃料油集中销售，下设 7 家分公司、2 家子公司，注册地北京市。2010 年 6 月 23 日，石化股份公司下发《关于印发〈燃料油集中销售实施方案〉的通知》（石化股份企〔2010〕235 号），明确了燃料油集中销售业务运作模式。

（王晓辉）

【完善区外油品销售管理体制】 2010 年 4 月 13 日，石化股份公司下发《关于设立西藏石油分公司通知》（石化股份企〔2010〕132 号），决定设立中国石油化工股份有限公司西藏石油分公司（简称西藏石油分公司）。西藏石油分公司为石化股份公司直属油品销售企业，注册地西藏自治区拉萨市。此外，2010 年 2—5 月，石化股份公司先后批复甘肃、黑龙江、四川、辽宁、青海、陕西、新疆、内蒙古等省（自治区）石油分公司关于设立地市公司的请示。全年共设立 36 家地市石油分公司，进一步完善了区外油品销售管理体制。

（王晓辉）

【调整完善化工销售管理体制】 2010 年 4 月 22 日，石化股份公司下发《关于设立化工销售江苏分公司的批复》（石化股份企〔2010〕153 号），重组设立化工销售江苏分公司，将中国石化化工销售有限公司江苏分公司和华东分公司所属的南通东海石油化工有限公司人员、资产整体划入，注册地江苏省南京市。化工销售江苏分公司主要负责化工销售物流设施建设和物流业务操作，开展非统销化工产品及部分统销化工产品的零售业务。

（王晓辉）

【组建天然气工程项目管理部】 2010 年 5 月 17 日，下发《关于组建中国石油化工股份有限公司天然气工程项目管理部的通知》（中国石化企〔2010〕256 号），以川气东送建设工程指挥部的工程技术、现场施工、安全环保技术和管理人员为主，组建“中国石化股份有限公司天然气工程项目管理部”（简称天然气项目部）。天然气项目部作为石化股份公司下属非法人机构，是石化股份公司在酸性气田勘探开发部署的监督管理、技术支持及协调服务机构，归口油田事业部管理。

（周　炜）

【加强天然气销售管理】 为进一步贯彻天然气市场发展战略，2010 年 6 月 28 日，石化股份公司下发《关于天然气分公司设立天然气扬子加气母站的批复》（石化股份企〔2010〕245 号），设立天然气扬子加气母站，经营压缩天然气生产销售等业务；7 月 6 日，下发《关于设立中国石化胜利油田天然气销售有限公司的批复》（石化股份企〔2010〕252 号），设立中国石化胜利油田天然气销售有限公司，负责胜利油区天然气供应和销售，拓展天然气终端市场；10 月 19 日，下发《关于设立中国石化东北天然气销售有限公司的批复》（石化股份企〔2010〕417 号），设立中国石化东北天然气销售有限公司，负责东北地区除东北油气分公司现有直销业务以外的天然气销售等业务，拓展天然气终端市场。

（王晓辉）

【调整保定石油化工厂管理隶属关系】 为进一步调整企业结构，推进持续有效和谐发展，2010 年 5 月 10 日，石化集团公司下发《关于调整保定石化厂管理隶属关系的通知》（中国石化企〔2010〕238 号），将保定石油化工厂划归燕山石化有限公司，作为其二级单位管理，资产经营管理有限公司不再直接管理保定石油化工厂。

（王晓辉）

【推进水务专业化管理】 2010 年 5 月 12 日，石化集团公司下发《关于中国石油化工集团公司水务专业化管理的指导意见》（中国石化资〔2010〕247 号），明确了水务专业化管理的总体思路、管理范围、职责分工和工作要求；建立了水务专业月报制度。8 月 20 日，下发《关于印发〈中国石油化工集团公司水务专业竞赛管理办法（试行）〉的通知》（中国石化资〔2010〕492 号），建立了供水自用损失率、循环水标准补新水率、化学水标准离子水耗等 11 项竞赛指标体系，稳步推进水务专业化管理工作。

（王晓辉）

【推进业务流程体系建设】 根据管理标准化信息化工作的总体要求，在职能梳理的基础上，开展业务流程体系建设工作。2010 年 10 月 14 日，石化集团公司下发《关于印发〈中国石化业务流程体系建设指导意见〉的通知》(中国石化企〔2010〕567 号)，按照先试点后推广、自上而下建设的工作思路，稳步开展试点工作，重点选择物资供应、财务、油品销售、化工销售 4 条业务主线进行试点，并延伸到中原油田、西北油田分公司、镇海炼化、青岛石化和北京石油、河北石油 6 家试点企业。

(王晓辉)

【石化出版社转制】 按照中央的决策部署，依据有关政策规定，石化集团公司开展中国石化出版社转企改制工作。2009 年 9 月 15 日，石化集团公司向中央各部门各单位出版社体制改革工作领导小组办公室报送了石化出版社转制工作方案，2009 年 10 月 31 日得到批复。2010 年开展了清产核资、资产评估等工作；12 月 14 日，国家新闻出版总署下发《关于同意中国石化出版社更名为中国石化出版社有限公司的批复》(新出审字〔2010〕957 号)，12 月中旬，中国石化出版社有限公司完成工商注册登记；12 月 24 日，中央机构编制委员会办公室下发《关于中国石化出版社不再列入事业单位序列的批复》(中央编办复字〔2010〕347 号)。年内石化出版社转企改制工作顺利完成。

(王晓辉)

企业管理

【稳步推进塑造中国石化管理模式工作】 在 2009 年工作的基础上，2010 年 3 月，石化集团公司下发《塑造中国石化特色管理模式指导意见》(中国石化企〔2010〕135 号)，明确了塑造中国石化特色管理模式的指导原则、总体思路、目标、主要措施以及 2010 年启动实施的重点工作，并落实了相关责任部门和考核措施。根据总体部署，各项重点工作均取得阶段性成果：①在总部和企业层面大力推进一体化管理和专业化管理，进一步理顺了管理关系；②对总部制度进行系统梳理和全面评估，初步构建了中国石化标准化制度体系框架，并开展总部层面制度标准化改造，为下一步制度信息化奠定了基础；③深化“三基”工作，初步建立岗位责任履行、经验传承等长效机制，开始探索与改善经营管理建议等工作的有机融合；④初步建立横向和纵向相结合的指标树管理体系，完善考核制度体系和对标评价工作长效机制，进一步发挥了考核管理“指挥棒”作用；⑤持续完善内控制度，使其渗透于各项经营管理活动，初步形成较为完整的管控体系，同时，积极开展风险识别和评估活动，探索全面风险管理工作；⑥发布实施企业文化纲要，通过多种形式进行纲要的宣传引导，加深员工对企业文化的认识，并将企业文化融入管理业务工作，强化核心价值理念的培育、渗透和养成。

(李雪峰)

【改善经营管理建议工作】 为大力倡导“员工的每一项建议都有价值”的理念，调动全体员工参与企业生产经营管理的积极性，建立经营管理自我完善机制，2010 年，石化集团公司在原管理办法基础上，进一步修订完善了《中国石化改善经营管理建议管理办法(试行)》，明确总部和企业分级管理职责、机制建设、工作流程、奖励办法等内容。在奖励标准上，石化集团公司按年度工资总额和劳动报酬总额 0.5% 的额度，实行专项奖励。为积极稳妥推进该项工作，选择中原油田、江苏油田、齐鲁石化、扬子石化、江苏石油等 12 家企业先行试点。试点期间，12 家试点企业共征集各类改善经营管理建议 1.1 万多项，经筛选后采纳 8 282 项，其中上报石化集团公司级建议项目 150 项，企业级短周期建议项目 3 000 多项，已组织实施近 2 000 项，预计年降本增效 7 亿元左右。

(朱好生)

【“三基”工作】 为进一步推进新形势下的“三基”工作，经过 2009 年试行和企业反馈意见，2010 年，石化集团公司修订完善了“三基”工作先进基层单位评价标准，初步建立了“三基”工作评价体系，有效促进了“三基”工作与制度建设、全员成本管理、改善经营管理建议、“比学赶帮超”等重要工作的紧密结合，提升了基层单位执行力。同时，为鼓励先进，树立典型，营造“比学赶帮超”的良好氛围，石化集团公司开展了“三基”工作评选表彰，对胜利油田等 12 家先进组织单位、燕山分公司顺丁车间等 115 家先进基层单位以及 107 名先进个人予以表彰。

(朱好生)

【管理现代化创新工作】 2010 年，石化集团公司完善了管理创新领导班子考核加分标准，进一步调动了直属单位领导班子管理创新的积极性。组织了第 19 届管理现代化创新成果评审工作，共有 305 项成果被审定为石化集团公司级成果，其中一等 44 项、二等 121 项、三等 140 项。由石化集团公司推荐上报的 5 项成果被评为第 17 届国家级企业现代化创新成果，其中石化集团公司“大型石化集团母子公司体制下的资金集中管理”被审定为一等管理成果，胜利油田分公司“提升运营质量的大型油田增效管理”、中原石油勘探局“石油企业以人为本的基层建设管理”、扬子石化有限公司“成本控制与绩效导向的企业基层一体化管理体系建设”、茂名分公司“实现百万吨乙烯稳产高效的生产优化管理”、河北石油分公司“石油销售企业促进市场稳定的优质服务管理”被审定为二等管理成果。

（赵　楠）

制度建设

【梳理评估总部制度】 根据塑造中国石化管理模式和《中国石化管理标准化信息化总体方案》的有关要求，石化集团公司从 2010 年 4 月开始，集中人员、集中办公，并建立相应工作机制，重点从制度体系、制度建设、制度管理、制度与信息化结合等方面以及从执行角度征求企业意见，对总部印发的 1 500多件制度进行集中梳理和全面评估，形成制度评估报告，并提出下一步加快标准化制度体系构建、完善制度管理机制、强化制度与信息系统深度融合、全面推进中国石化制度标准化信息化建设的意见和建议。

（张国正）

【构建中国石化标准化制度体系框架】 2010 年，石化集团公司结合自身管理实际，借鉴国内外先进管理实践，研究形成中国石化标准化制度体系建设方案，初步构建起中国石化标准化制度体系框架。其中，在制度体系架构上，以业务分类为基础，将公司制度横向上分主营业务制度和管理与支持服务制度共 30 个大类、162 个中类，纵向上分基本制度、通用业务制度、板块业务制度、企业制度 4 个层级，同时设计不同层级类型的标准化制度模板，实现了横向上制度与业务类别紧密结合、纵向上清晰界定和落实各层级制度管理责任。在制度管理机制上，按照“归口管理、分层负责”的制度全生命周期闭环管理要求，对制度管理的内容与流程进行规范设计，进一步明确相关方在各环节的职责与分工，落实制度归口管理方、制度制定方、信息系统管理方、制度执行方共同参与、协调运作的“3 + 1”联动机制。

（张国正）

【开展总部层面制度标准化改造】 2010 年，在全面梳理评估总部制度的基础上，根据中国石化标准化制度体系建设方案，按照先总部后企业、自上而下推进的工作思路，石化集团公司组织开展总部层面的集中宣贯培训，推动总部层面制度标准化改造工作。通过集中改造，总部层面制度总数由原来的 1 500多件减少为 1 000 件左右，减少了 1/3，其中集中废止了相关业务已终止、不合时宜的制度（文件）238 件，合并、存档备查 300 多件，梳理出来的一些问题大部分得到解决和落实，为制度标准化工作扩大延伸到全部企业奠定了基础。

（张国正）

【推进制度信息化建设】 2010 年，在总部职能梳理、制度梳理和业务流程梳理的基础上，石化集团公司研究提出了《中国石化制度信息化指导意见》，并集中开展物资供应、财务、销售等有关业务领域制度信息化功能的设计完善工作，为实现制度、业务与信息系统的高度融合进行积极探索。同时，按照“归口管理、分层负责”以及立项、起草、预审、会签、审核、签发、执行、监督考核、评估、动态优化等制度全生命周期闭环管理的要求，积极推进制度及流程管理信息系统建设工作，完成相关模块和系统的初步设计，并在总部有关部门进行技术调试和模拟运行，为 2011 年实现总部层面制度部分环节的在线运行管理，以及做好与企业制度运行管理的衔接奠定了基础。

（张国正）

绩效考核

【制定《中国石化直属单位及总部机关部门领导班子任期绩效考核管理暂行办法》】 为建立系统、科学的绩效考核体系，完善激励约束机制，提高可持续发展能力，2010 年 11 月 1 日，石化集团公司制定下发《中国石化直属单位及总部机关部门领导班子任期绩效考核管理暂行办法》（中国石化企〔2010〕603 号）。以 3 年为考核期，对直属单位、总部机关部门的领导班子任期绩效实行整体考核。任期绩效考核遵循分类分级、突出重点、控制过程、强化“短板”、推进对标、公开公正、科学规范的原则。在考核内容方面，直属单位领导班子任期绩效考核内容由任期考核指标和任期内各年度绩效考核结果两部分组成，其中任期考核指标由成长性指标、竞争力指标和基础管理指标 3 项组成；总部机关部门领导班子任期绩效考核内容主要由执行力、工作质量和任期内各年度绩效考核结果 3 个部分组成。在考核结果应用方面，任期绩效考核结果与直属单位、总部机关部门领导班子的薪酬及中长期激励挂钩，并作为领导班子总体评价、领导人员职务调整的重要依据。

（董西增）

【制定《中国石化年度绩效考核指标计分细则》】 按照对标考核、精准考核的理念，从增强考核的导向、激励、约束作用出发，在对《中国石油化工集团公司年度绩效考核管理暂行办法》（中国石化企〔2009〕54号）及实施情况进行分析梳理的基础上，2010年9月9日，石化集团公司制定下发《中国石化年度绩效考核指标计分细则》（中国石化企考〔2010〕18号），总体原则是突出实际贡献、先进水平及自身进步情况，鼓励企业追求更高目标。该细则将利润指标与绝对贡献、目标值选择分档和预算目标完成率、板块内部横向比较情况3个方面挂钩，引导企业既要科学合理地自树目标，又要横向"比学赶帮超"，提高整体效益。对于成本费用、分类指标，该细则参照利润指标计分的思路确定计分办法：体现精准考核，与预算目标完成率挂钩；鼓励纵向对比，提高水平，与自身进步情况挂钩；强调横向对标，与指标完成情况在业务板块的排序对比结果挂钩。

（董西增）

【制定《中国石化全员绩效考核管理指导意见》】 为进一步规范和加强全员绩效考核管理工作，充分调动全体员工的积极性、主动性和创造性，健全员工个人绩效和组织绩效持续提升机制，推动实现石化集团公司战略目标，根据国务院国资委《关于进一步加强中央企业全员业绩考核工作的指导意见》，2010年10月14日，石化集团公司制定下发《中国石化全员绩效考核管理指导意见》（中国石化企〔2010〕569号）。《中国石化全员绩效考核管理指导意见》明确了全员覆盖、分级分类、业绩导向、客观公正、闭环管理、激励约束6个方面基本原则，适用于石化集团公司除正职领导人员以外的全体在岗员工的绩效考核管理。在考核内容上，根据"三支队伍"的特点以及员工的岗位性质，分别确定石化集团公司副职领导人员、党组管理的领导人员、中层及以下经营管理人员、专业技术人员、技能操作人员的主要考核项；细化了总部机关和直属单位组织实施绩效考核的责任分工，明确实行全员绩效考核的闭环管理程序，重视考核结果应用，突出物质激励与精神激励相结合、短期激励与长期激励相结合、激励与约束相结合；从加强组织领导、研究制定管理办法、推进工作信息化、加强监督检查等方面提出了具体要求。

（董西增）

【制定《中国石化对标评价工作指导意见》】 为促进深入开展"比学赶帮超"活动，建立企业管理水平持续提升机制，促进公司核心竞争力的不断提高，2010年5月31日，石化集团公司制定下发《中国石化对标评价工作指导意见》（中国石化企〔2010〕286号）。明确了开展对标评价的主要目的、原则和组织分工，提出构建"357"指标树管理体系的具体内容："3"是指从事业部、分（子）公司、装置3个层面重点对标；"5"是指从赢利能力、成本控制、生产经营、资产运营、发展能力5个维度进行指标设计，全方位对企业进行评估诊断；"7"是指对标的范围覆盖油田、炼油、化工、油品销售、石油工程、炼化工程、公用工程7个主要业务领域。其中，对事业部的评价突出赢利能力和发展能力，对分（子）公司的评价突出成本控制、生产经营和资产运营能力。同时，为便于多层次、标准化与国际领先、国内先进、公司先进水平对比，意见提出了对标评价的主要方法和评价标准以及建立对标评价长效机制。

（董西增）

【制定《中国石化特别贡献奖管理办法（试行）》】 为表彰有关单位为石化集团公司发展作出的特别贡献，推动石化集团公司持续有效和谐发展，2010年5月31日，石化集团公司制定下发《中国石化特别贡献奖管理办法（试行）》（中国石化企〔2010〕298号），明确了在相关具体领域实现新跨越、新突破，取得重大经济效益和社会效益的单位，可授予其特别贡献奖。特别贡献奖原则上每年评选1次、评选数量1个，特殊情况下可以超过1个或者空缺。对特别贡献奖获奖单位，在石化集团公司范围内通报表彰，颁发奖杯，并给予一次性奖励。年度奖励总额原则上控制在500万元以内。

（董西增）

【制定《中国石化持续推进全员成本目标管理考评奖励办法（试行）》】 为持续推进全员成本目标管理，建立成本目标管理工作激励约束长效机制，2010年8月27日，石化集团公司制定下发《中国石化持续推进全员成本目标管理考评奖励办法（试行）》（中国石化企〔2010〕506号）。奖励对象为在全员成本目标管理方面建立长效机制、并且降本成效显著的石化集团公司直属单位、石化股份公司分（子）公司。在评价奖励条件及标准方面，依据各业务板块全员成本目标管理重点评价指标的考评结果，分贡献程度、进步程度、领先程度3个方面和2个档次进行奖励，具体根据重点评价指标年度实际完成值的排名结果、年度实际完成值较上年进步程度的排名情况、年度实际完成值对标结果发生显著变化的程度确定。在评价奖励程序方面，明确全员成本目标管理奖励纳入总经理专项奖励。每年度奖励总额根据当年成本降低节约情况，由石化集团公司全员成本目标管理领导小组提出建议，专项报石化集团公司党组审定。

（董西增）

内部控制与风险管理

【推进内控制度一体化建设】 为全面落实国家财政部等五部委发布的《企业内部控制基本规范》、《企业内部控制应用指引》、《企业内部控制评价指引》，结合一体化管理需要，2010 年，石化集团公司以原有的上市、非上市部分内部控制手册为基础，充分吸收现行国内外内控管理经验和成熟做法，编制完成石化集团公司一体化《内部控制手册（2011 年版）》，实现内容统一、标准统一、体例结构安排统一，构建了适合中国石化发展的一体化内控制度体系，从根本上解决了上市、非上市部分内控管理分割的问题。整合后的内控手册主要包括公司层面控制、业务层面控制等 6 个部分，其中公司层面控制包括内部环境、风险评估、信息与沟通、内部监督等内容；业务层面控制包括 20 个业务大类、67 项具体业务控制矩阵，内容涵盖资金活动、采购及生产、销售、研发、工程项目、信息系统管理等与公司经营管理相关的各个方面。同时，考虑到企业是事实上的利润中心，编制了《企业内部控制实施细则指导意见》，指导企业层面建立健全内控制度体系。

（卞长茹）

【改进内控检查和强化内控日常监控】 2010 年，为提高内控检查的效率与质量，石化集团公司改进内控检查方式，由内控办每年组织的内控集中检查改为“审计局（部）检查为主、内控办重点抽查和专项检查为辅”，即审计局（部）根据外部监管要求，每年抽取一定数量的企业进行内部控制检查评价，内控办根据管理需要对重点业务进行专项抽查，并对审计检查的企业进行补充测试等。另外，内控办重点组织协调建立总部、企业两级内控日常监控体系，总部部门及企业各专业管理部门每半年对相关业务的内部控制情况进行测试，企业内控办公室每年组织 1 次内控综合检查评价。

（卞长茹）

【编制内控评价报告】 2010 年，按照境内外资本市场的监管要求并遵循美国《萨班斯法案》、中国香港《企业管治常规守则》、中国内地《企业内部控制基本规范》及其配套指引的相关要求，石化集团公司在汇总分析内控检查评价结果、整改内控缺陷的基础上，编制了《内部控制自我评价报告》。《内部控制自我评价报告》经石化股份公司董事会、监事会审议通过后，作为其年度报告的一部分对外披露。外部审计师按美国上市公司会计监管委员会（PCAOB）第 5 号审计准则进行了与财务报告相关的内部控制审计并出具了无保留意见。

（王　蕾）

【研究制定石化集团公司风险管理相关标准】 按照国家五部委《企业内部控制基本规范》及其配套指引以及国务院国资委《中央企业全面风险管理指引》有关规定，2010 年，石化集团公司在内控手册修订中，研究制定了风险管理相关标准，形成了由战略风险、财务风险、市场风险、运营风险和合规风险 5 个一级风险、65 个二级风险和 453 个三级风险构成的石化集团公司风险清单，统一制定了风险评估的方法和标准，初步建立了石化集团公司风险评估的方法和标准体系，为进一步开展全面风险管理工作奠定了基础。

（李军航）

【开展重点领域的风险管理】 2010 年，石化集团公司全面梳理了已开展的各类金融衍生品业务，对相关风险进行识别和评估，制定加强风险控制的相关措施，对有效防范金融衍生品业务风险起到积极作用；组织对经营模式、信用证、财务管理、金融工具等的相关风险进行识别和评估，完善有关控制措施，确保主要风险处于受控状态；以墨西哥湾漏油事件为鉴，结合石化集团公司实际，对海（水）上项目、含硫化氢气田等高风险领域，组织胜利油田、上海海洋油气分公司、管道储运公司、国际石油勘探开发公司等相关企业开展风险评估，研究制定相关风险管理措施，建立完善相关风险预警机制及定期检测跟踪监督机制，努力防范重大风险事件发生。

（李军航）

资 本 运 作

【概述】 2010 年，石化集团公司围绕改革发展总体思路，深入总结上市 10 年来的成功经验，借鉴跨国能源化工公司的先进成果，不断改进和加强收购兼并、资本市场融资以及权益运作等工作，持续提升资本运作工作的系统性、科学性和效益水平。完成了中国石化集团国际石油勘探开发有限公司所持安哥拉18区块对应权益注入石化股份公司、石化股份公司成功向社会公开发行面值总额230亿元可转换债券以及多项其他资本运作工作。

（郑子翔）

【石化股份公司收购安哥拉18区块对应权益】 2010年3月26日，石化股份公司第四届董事会第五次会议审议了《关于收购中国石化集团国际石油勘探开发有限公司所持部分股权及债权》的议案，确定将中国石化集团国际石油勘探开发有限公司持有的SSI公司（对应安哥拉18区块50%权益）55%的权益注入股份国勘公司，并提呈股东年会审议。2010年5月18日，石化股份公司股东年会审议通过该议案，8月18日，项目获得国家发改委的批复，9月17日获得商务部的批复，9月29日获得北京外汇管理局的批复，9月30日完成交割。

根据2010年3月26日签署的收购协议，收购标的股权的对价为16.78亿美元，收购标的债权的对价为7.79亿美元，收购对价合计24.57亿美元。安哥拉18区块东区属于石化股份公司的新增探明和概算储量为9 235万桶，西区或有资源量87.84万桶；2010年前3个季度原油产量按SSI 100%口径合并为315万吨。

（郑子翔）

【石化股份公司发行230亿元人民币可转债】 根据长期发展规划和资本市场融资战略，石化股份公司向社会公开发行面值总额230亿元的可转换公司债券。2010年3月26日，石化股份公司第四届董事会第五次会议审议了《关于发行A股可转换公司债券及相关事宜》的议案并提呈股东年会审议。5月18日，石化股份公司股东年会审议通过该议案，6月7日上报证监会，12月14日获得国家环保部审核通过，12月29日，可转债发行获得中国证监会发行审核委员会审核通过。2011年2月12日获得中国证监会《关于核准中国石油化工股份有限公司关于公开发行可转换公司债券的批复》（证监许可〔2011〕214号），2月18日正式启动A股可转债发行工作，3月1日，可转债发行顺利完成。3月7日，可转债在上交所上市交易。

该次可转债发行总额为人民币230亿元，票面金额100元/张，按面值发行；发行对象为除控股股东以外的原A股股东及社会公众；可转债期限为2011年2月23日—2017年2月23日；票面利率为第一年0.5%、第二年0.7%、第三年1.0%、第四年1.3%、第五年1.8%、第六年2.0%；初始转股价格为9.73元/股。

（郑子翔）

信息化建设与管理

【概述】 2010年，中国石化信息化紧紧围绕“资源、市场、一体化、国际化”的公司发展战略，坚持“六统一”原则和“建用结合，以用为主”方针，大力开展“比学赶帮超”活动，一手抓完善提升，努力提高系统集中集成水平；一手抓创新应用，全面提升信息化应用水平。年内中国石化信息化各项工作取得新进展，信息化综合水平又上了一个新台阶。基本建成了以ERP为核心的经营管理平台、以生产执行系统（MES）为核心的生产营运平台和信息基础设施与运维平台的信息化“三大平台”。信息系统正在成为公司生产运营和经营管理的“中枢神经系统”，发挥着日益重要的作用。

（王景涛）

【ERP系统建设与应用】 ERP和会计集中核算系统建设持续推进。完成石化股份公司物资装备部（国际事业公司）、中国石化香港代表处、国际石油勘探开发公司等5家一级并表单位、17家二级控股单位和资产公司南化、巴陵等5家单位的ERP推广上线。截至2010年底，ERP系统已经在101家企业上线运行。石化集团非上市企业会计集中核算系统在4家企业试点上线，石化股份公司数据仓库和财务报表合并项目（BW&BCS）完成57家企业推广。通过开展“比学赶帮超”活动，推进ERP深化应用工作，总部和企业ERP应用水平得到进一步提升。ERP应用范围不断扩大，6万余名业务人员依托系统处理日常业务，各级管理人员通过系统开展管理和分析。ERP与业务融合不断加深，总部和企业通过ERP系统优化业务流程，固化管理制度，管控核心业务，提高了内部控制力。ERP在经营管理中的地位进一步提升，深化应用成效显著。①推进了业务流程优化，提升了管理效益和效率。油田企业利用ERP优化了废旧油管的回收、修复和再利用管理流程，加强了业务薄弱环节管理，降本效果明显；炼化企业利用ERP优化了销售管理流程，合同会签在线运行，审批时间由3天缩短到1天；物资供应各业务环节全程受控，自有库存持续下降；销售企业利用ERP优化和固化了客户信用、量价控制和已售未提等重点业务流程，应收账款大幅减少。②促进了管理创新和精细化管理。油田企业将相关专业管理系统与

ERP 集成，实现了井下作业从预算、设计、运行、结算到评价的全过程管理，提高了井下作业的管理水平；炼化企业将 MES 日平衡数据集成到 ERP 系统，实现了即时快速进行产品盈亏平衡分析，提高了经营管理效率；销售企业将加油（IC）卡、油库发油系统与 ERP 集成，方便了客户，提高了服务质量。③总部、企业集成应用格局初步形成。以 ERP 为基础的数据仓库系统为总部及时了解企业经营情况、进行综合分析提供了手段。利用系统对企业的预算执行、产品销售、物资采购及供应商管理等情况进行监控和分析，提高了总部集中管控和决策能力。ERP 深化应用取得阶段性成果，企业 ERP 应用迈上了新台阶，实现了 ERP 应用 100% 达标，涌现出 6 家 ERP 综合应用典型和 18 家 ERP 模块应用典型。

（王景涛）

【资金集中管理系统建设与应用】 资金集中管理系统全面建成并在石化集团上市和非上市企业全面应用，“统一运作、统筹调控”的资金集中管理模式基本形成，境内境外“资金池”作用进一步发挥。2010 年，对外收付款的集中度超过了 86%，实现了资金收入实时汇集、资金支付归口办理、资金运行统筹调控，保证了资金运行的安全、高效。

（王景涛）

【重点业务公开系统建设与应用】 重点业务公开系统在石化集团公司总部和直属单位建成应用，实现了主要对外经营业务的网上公开常态化，已成为中国石化惩防体系重要组成部分。2010 年公开重点业务信息 400 多万条，涉及合同金额 1.53 万亿元人民币、603 亿美元。通过网上巡视发现问题，通过业务监督促进解决问题，发挥了“以公开促清廉、以公开促效益”作用，重点业务公开系统的作用得到了中央领导和有关部委的赞扬。

（王景涛）

【物资采购电子商务系统建设与应用】 物资采购电子商务系统覆盖了石化集团公司下属全部企业及 2 万多家供应商。网上交易物资涉及 56 个大类 70 多万种，其中 95% 以上实现了网上采购。系统在规范采购业务、降低采购成本方面作用明显，在打造物资采购“阳光工程”中发挥了重要作用。

（王景涛）

【全面预算管理系统建设与应用】 全面预算管理系统进一步完善提升，实现了由事业部到企业生产单元的分层级预算编制和在线汇总审批，提高了预算的时效性，实现了预算执行监控、分析和考核的全过程闭环管理。化工板块建立了基于市场价格的装置获利分析体系，为领导层的分析和决策化工产品经营方向提供了可靠数据，支撑了企业精细管理。

（王景涛）

【生产营运系统建设与应用】 生产营运系统功能进一步提升，提高了石化集团公司整体资源优化能力。总部生产营运指挥系统实现了 430 套炼化主要装置的实时监控和成品油管线运行监控，扩展了油轮运行跟踪和加油站经营动态监控范围，系统已覆盖 11 家油田企业、48 家炼化企业、19 家重点销售企业，实现了总部对整个产业链的生产运行动态跟踪和实时监控，支撑了总部集中调度、统一指挥，在优化方案、调整结构、做大总量、库存控制、缩短滞期等方面取得明显效果。各专业板块调度系统进一步完善，为优化运行和管理决策提供了有效支撑。原油资源调运指挥系统实现了原油资源集中统一管理，“采收输销储”信息被及时掌握；炼油生产调度指挥系统实现了生产计划、调度管理、执行跟踪和统计分析闭环管理；化工生产调度指挥系统实现了分装置、分产品牌号的精细运营管理。HSE 管理系统在总部和 5 家企业试点应用初见成效，利用系统开展了隐患管理、职业卫生和应急指挥等管理，促进了 HSE 业务管理的规范化和标准化，为总部 HSE 动态监管和应急指挥提供了数据信息支撑。总部层面“三剂”专业管理系统上线投用，促进了“三剂”管理方式转变，规范了业务，实现了“三剂”全生命周期管理。

（王景涛）

【供应链与物流管理系统建设与应用】 在资源配置优化方面，生产计划优化系统（PIMS）已覆盖 35 家炼油企业、19 家化工企业和 7 家炼化一体化企业，利用优化模型进行网络排产，提高了排产计划的准确率和管理效率，降低了管理成本；实现了原油资源和生产方案的整体优化，综合降本增效效果显著。依托 PIMS 建立的化工生产计划管理平台，涵盖了 57 家企业的近 200 种原料、2 000 多种产品，实现了全口径、分小板块的化工生产计划精细管理。在物流管理方面，成品油二次物流系统和化工销售物流运行管理系统的全面推广，有效提升了物流精细化管理水平，取得了显著效益。成品油二次物流系统上线后，使加油站库存水平下降，车辆使用效率提高，运输成本可下降 0.10 元/（吨 · 千米）。化工销售物流运行管理系统实现了物流全流程掌控，截至2010年底，估算节约物流成本累计约7 500万元。

（王景涛）

【其他业务系统建设与应用】 审计信息集成管理系统在各级审计部门全面应用，有力支撑了总部与企业审计部门之间的日常沟通协作和信息集成共享，远程审计与现场查验相结合，提高了工作效率和质量。2010年的审计项目全部线上运行，实现了审计业务全流程在线管理。人力资源管理系统在13家企业扩大试点，制度管理信息系统在总部层面试点运行，远程教育系统完成了中心和远程教育站两级部署。

（王景涛）

【油田企业信息化建设与应用】 数据资源等建设和应用成效显著。勘探开发数据资源建设稳步推进，已在中原、江苏、华北等6家油田企业推广，实现了近6万口油气水井勘探开发源头数据的规范采集，提高了数据收集和应用的效率。胜利油田数据中心试点建成应用，每日新增数据量9 000条，入库数据量已达1万亿条，基本实现了企业层面勘探开发数据集中管理。集输与注水生产优化系统在江苏油田、中原油田二厂和五厂继续试点，取得了较好的节能降耗效果。油气藏综合解释、钻井工程设计等一批具有自主知识产权的软件系统的推广应用为勘探开发综合研究与生产管理业务提供了有效支撑，应用钻井工程设计系统使单井设计工期大幅缩短，利用开发部署管理系统实现了开发方案管理和动态跟踪，应用勘探决策支持系统实现了井位部署和探井生产管理网上协同。

（王景涛）

【炼化企业信息化建设与应用】 生产执行等系统提升了管理水平。完成了上海石化等8家企业MES建设，24家炼化企业MES推广应用，为企业优化运行、降本增效、节能降耗提供了支撑。完成了22套装置的先进过程控制（APC）系统建设，并进行了20套装置APC的远程监控系统建设，APC已在65套装置应用，增强了装置运行稳定性，实现了产品质量优化控制，提高了目的产品收率。实验室信息管理系统（LIMS）已在炼化企业和科研单位推广完成，在生产数据监控、质量追溯、分析统计等方面发挥了重要作用。企业级生产运营实时监控和分析系统试点工作顺利开展，燕山、天津、青岛炼化等5家试点企业上线运行。

（王景涛）

【销售企业信息化建设与应用】 加油（IC）卡等系统为市场营销提供了有力支撑。加油卡系统保持了平稳运行，新系统完成了设计、开发和网络部署。“十一五”期间，卡机联动加油站数量由1.5万座增加到2.25万座，发卡量增长5倍，达到4 800多万张，持卡消费比例由9%增长到30%，实现了“一卡在手，各地加油”。零售管理系统和非油品业务经营管理系统在销售企业推广应用，提高了油品零售经营管理水平，支持了非油品经营业务快速发展。

（王景涛）

【科研和工程建设单位信息化建设与应用】 集成应用，提高了效率。完成了勘探开发软硬件系统集中部署、实现了勘探开发数据资源、地震资料等数据共享使用，为油气增储上产提供了科研技术支撑。利用钻井远程专家系统实现了三维的多井连井剖面对比，支持了远程辅助决策。炼油加氢装置技术分析及远程诊断系统通过了技术鉴定并开始在炼化企业推广应用。工程单位加大了三维工厂设计、智能工艺管道等专业软件的集成应用，初步形成了“设计、采购、施工”一体化的工作模式，提高了工程设计质量和工作效率。

（王景涛）

【信息基础设施与安全建设】 信息基础设施建设进一步完善。完成了11家区外销售企业信息基础设施建设，信息网络已覆盖国内全部企业，并延伸到境外企业，企业到总部的主干网带宽达到10兆以上。改造了总部和92家企业的高清视频会议系统。对总部三级应用系统和重要应用系统实施了信息安全防护措施，通过了公安部等国家部门组织的等保检查。建立了PKI/CA数字证书管理系统，通过身份认证、网络加密、数据签名等手段，增强了ERP、生产运营、资金集中、业务公开等40多个重要系统的安全防护能力，签发了9 000多张用户证书。建立了统一的防病毒和终端安全管理系统，对总部和企业桌面计算机实现了统一策略管理、补丁同步升级、风险集中管控、资产分级管理，强化了计算机终端安全性。组织对20家企业进行了信息安全检查。

（王景涛）

【信息化管理】 信息化管理体系得到完善，制定发布了企业信息化水平评价办法，开展了信息化水平等级评价，2010年共评出A类企业24家、B类企业34家、C类企业16家。系统运维支持能力得到提升，整合了信息基础设施和应用系统的运维管理，形成了总部和企业两级运维支持体系，近 5 000 人的运维队伍支持了经营管理、生产营运和基础设施三大平台的平稳运行。信息系统应用管理进一步加强，组织开展了系统操作、信息安全、正版软件等多层次信息化培训工作，2010 年培训各级人员达 2 万人次以上。组织开展了 ERP 达标竞赛、信息基础设施及运维技能比武等“创先争优”活动，营造了良好的信息化“比学赶帮超”氛围，促进了企业规范操作、深化应用水平的进一步提升。标准化管理进一步强化，ERP 大集中模板设计与制度标准化、业务流程梳理等同步开展，建立了勘探开发一体化数据模型，编制发布了源头数据采集、业务数据模型等 44 项油田信息标准。自主知识产权软件应用管理进一步加强，制定发布了《中国石化自主知识产权产品目录》，共收录 4 个大类(勘探、开发、工程、综合)24 套自主知识产权软件产品，为勘探开发综合研究与生产管理业务提供了有效支撑。根据石化集团公司总体发展规划和信息化发展趋势编制完成了公司“十二五”信息化专项规划。

(王景涛)

财务资产管理

◇ 综述

◇ 全员成本目标管理

◇ 预算管理

◇ 资金管理

◇ 会计管理

◇ 资产管理

◇ 土地管理

◇ 年金管理

◇ 财会政策研究

◇ 总部机关财务管理

◇ 财会队伍建设

◇ 财务状况

综　　述

2010 年，财务系统紧紧围绕石化集团公司发展战略目标，以经济效益为中心，深入开展“比学赶帮超”和“创先争优”活动，认真组织实施全员成本目标管理，全力推进会计集中核算，优化完善资金集中管理，积极争取财税政策支持，加大财会队伍培训力度，财务管理的水平和绩效都有了新的提升，公司效益水平不断提高，税收贡献大幅增长，财务状况保持稳健，综合实力显著增强。

财务绩效再创历史新高。认真贯彻执行中央“扩内需、保增长、调结构、转方式”的方针政策，努力开拓市场，挖潜增效，增收节支，精心组织生产运行，营业收入和经济效益大幅提升。利润、经济增加值(EVA)、人均营业收入、流动资产周转率等指标达到或超过国务院国资委考核目标值。

全员成本目标管理持续推动。通过层层完善成本管理责任体系、指标体系和考评奖励机制，开展“建标、对标、追标、创标”活动，持续推进全员成本目标管理工作，公司上下加强成本管理的责任体系、运行机制和浓厚氛围初步形成。

预算管控能力显著增强。紧紧围绕年度生产经营目标，不断优化预算编制流程，加强经济活动分析，预算对经济运行的引导能力明显增强，经济活动分析的广度和深度不断拓展，企业预算执行力不断增强。

融资成本继续保持较低水平。发挥财务公司、盛骏公司境内外“资金池”作用，依托资金管理信息系统，大力推进资金集中管理，强化筹融资统筹运作，不仅满足了生产建设和“走出去”的资金需求，而且取得了较好的资金管理效益。

会计集中核算取得阶段性成果。强化统筹衔接，加快运行节奏，会计制度统一、信息系统开发完善、企业试点、BW&BCS 企业推广等工作进展顺利，为信息系统上线运行作好了准备。

资产、土地管理基础明显强化。编制形成产权关系图，制定固定资产分类标准，统一固定资产折旧年限，集中整改产权登记不到位问题，资产管理基础不断夯实。土地工作在规范新增建设用地管理、解决土地热点难点问题等工作中得到加强，上游企业 6 万余亩(40 余平方千米)“用而未批”土地问题基本解决。

财税政策取得多项成果。加强与国家有关部委和地方政府的沟通协调，推动国内成品油按机制调价 4 次，争取到人民币跨境结算试点、关联交易文教卫社区费用税前扣除等多项政策，全年财政支持资金为近年来最高，支持了公司发展。

（巩祎昌）

全员成本目标管理

【形成健全有力的组织运行体系】　石化集团公司成立多级全员成本目标管理工作领导小组和运行办公室，构建“总部搭台、事业部导演、企业唱戏”工作运作模式，形成总部—事业部—企业—基层班组多级成本管理责任体系，将成本管理责任细化分解落实到各个层级、各项业务。

（巩祎昌）

【建立运行、考评、奖惩机制】　精心制定运行方案，对工作的思路、目标、重点以及保障措施进行了全面部署安排。建立工作例会制度和定期报告制度，定期召开领导小组工作例会听取工作进展情况、协调解决运行中出现的矛盾和问题。制定成本目标管理考评奖励办法和细则，成本管理激励约束机制初步建立。8 个业务板块的 62 家企业分别获得领先程度奖、贡献程度奖、进步程度奖等 97 项次的全员成本目标管理奖，有 7 家基层单位获得成本管理优秀项目称号。

（巩祎昌）

【开展“建标、对标、追标、创标”活动】　在细化成本管理单元的基础上，按照不同业务类型建立分层级的树本管理指标体系。在事业部、管理部层面建立了对标信息平台，定期对企业对标情况进行排名和通报。将“创先争优”、“比学赶帮超”与全员成本目标管理工作相结合，深入开展对标工作，定期利用经济活动分析会、预算通报等形式对开展情况进行通报，调动了企业加强成本管理的积极性。

（巩祎昌）

【狠抓宣传发动】　利用财务工作会、成本管理座谈会等形式，狠抓工作发动。利用《中国石化报》、网站等媒体大力宣传推介企业成本管理的好经验、好做法，编发工作简报 4 期近万字，组织系列报道 32 期 10 万字。积极深入企业，对 18 家单位进行了现场督导，及时提炼和总结企业成本管理工作中的新鲜经验，帮助企业解决工作中的矛盾和问题，营造了浓厚的工作氛围。

（巩祎昌）

预算管理

【…算管理】 从理念、目标对接、考核、…对预算工作进行全方位创新。引入EVA…改进预算编制，引导企业更加关注资本…值创造，对促进经济发展方式转变、促进…稳定运行发挥了重要作用。兼顾原则性与…，对预算目标对接机制进行创新，设置基本、…、奋斗3个档次的预算目标，实行不同的考核兑现政策，预算目标确定机制逐步完善。不断提高月度预算管理的时效性，把月度预算编制时间缩短了2—3天。狠抓预算目标分解、资源配置、监控运行，特别是将对标管理引入企业月度绩效考核通报，把企业重点财务指标进度、预算执行符合率、位次排名等情况纳入通报内容，预算执行力和预算执行符合率不断提升。

（巩祎昌）

【加强经济活动分析】 对经济活动分析的形式、内容、方法、机制进行了改进和加强，把分析重点转向了寻找指标差异、深度剖析成因、制定改进措施上，分析的针对性和有效性不断增强。认真分析和查找生产经营中的短板和矛盾，加强对国际石油勘探开发公司、胜利油田等重点企业的跟踪指导，强化对收入、成本、费用、EVA等重点指标的监控分析，有针对性地制定改进措施，对确保年度预算目标的实现和经济运行质量的提升发挥了重要作用。举办经济活动分析会12次，分析专题48个。

（巩祎昌）

资金管理

【信息管理系统不断完善】 针对年初存在的部分企业个别资金业务线下运行、操作运用规范化程度不高等问题，把资金集中管理重点放在了实现信息系统规范化管理和运作上，通过不断完善和提升系统功能、开展规范化操作培训、实施资金集中管理达标考核、加大企业银行账户清理力度等措施，全力推进资金集中管理，资金集中管理信息系统的易用性、可靠性和安全性不断增强，企业操作运用信息系统的规范化程度不断加深。

（巩祎昌）

【深化资金占用管理】 以深入推进资金集中管理为抓手，以从严控制各项资金占用、控制付息债务增长为重点，及时分析把握国内外宏观经济形势、汇率和利率变化趋势，强化资金预算管理，加强资金统筹平衡，合理调节资金余缺，逐月跟踪、分析、通报企业资金预算执行情况，加强往来资金清理，加大银行账户清理力度，严格控制资金占用，资金集中管理效益逐步显现，财务公司“资金池”作用日益显现。截至2010年底，总分账户收支集中度分别达到94.15%和94.7%。资金集中管理成果获得国家企业管理现代化创新成果一等奖。

（巩祎昌）

【强化筹融资运作】 加强与战略合作银行以及29家国际知名外资银行的沟通合作，强化保证业务、授信业务的集中统一管理，努力争取银行授信支持，积极开拓长期、稳定、低成本的资金来源，筹融资能力进一步提升。克服国内银根紧缩、国际市场美元利率不断走高等困难，加强筹融资统筹运作，紧盯利率汇率市场变化，提前归还境外借款，及时归还项目贷款，扩大低成本美元贷款规模，在海外油气资源收购贷款大幅增加情况下，不仅完成了安哥拉31、32区块，加拿大油砂项目，哈萨克斯坦CIR项目，巴西REPSOL项目等国际化项目的融资工作，满足了生产建设和“走出去”的资金需求，而且取得了较好的资金管理效益。全年付息债务综合成本率2.58%，为多年来最低。

（巩祎昌）

会计管理

【会计集中核算稳步推进】 通过定期召开工作例会，强化工作协调，组织开展技术攻关，精心组织企业试点，会计集中核算工作顺利推进。截至2010年底，石化集团公司会计标准基本建立形成，为实施集中核算提供了统一、翔实、标准化的会计管理制度；会计核算标准化强制管理机制基本建成，实现了公司“一套标准”的系统固化和强制执行；构建形成包括BW&BCS系统、内部交易平台、非上市会计核算系统在内的会计集中核算信息平台，特别是通过创新开发内部交易平台，实现了内部交易过程规范管理和封闭运行，为实现境内外各级会计信息时时集中、会计报表自动生成提供了信息技术支撑；在胜利油田、南京化工公司、国际石油工程公司、燕山石化4家企业的试点工作取得圆满成功，为全面推广上线运行作好了准备。

（巩祎昌）

【会计信息质量不断提高】 加强对境外子企业等重点企业的规范管理，不断完善决算集中会审方法，强化财务决算审计，财务决算管理水平不断提升。优化会计报表编报流程，狠抓月度报表质量管理，将企业、总部月度会计报表完成时间提前了 5 天。加强财务信息标准体系库建设，编制形成石化集团公司及所属企业 1998 — 2010 年收入、效益、资产负债等主要财务指标对比资料，努力服务生产经营和领导决策。

（巩祎昌）

资 产 管 理

【推进资产基础管理工作】 充分利用国家财税政策，开展了统一固定资产折旧年限政策调研分析论证工作，提出了统一上市、非上市固定资产折旧年限，缩短部分固定资产折旧年限的方案，石化集团公司平均折旧率可上升至 6.5%。以 2009 年石化集团公司产权登记年检为基础，组织企业集中处理了多年来改革重组形成的产权登记不到位的遗留问题，组织企业上报并完成审核 950 项，产权登记管理基础工作得到夯实。

（巩祎昌）

【推进资产重组】 根据国务院国资委关于分离重组中央企业非主业宾馆酒店工作的要求，对石化集团公司范围内的宾馆酒店类单位情况进行了调查，对已有 72 家宾馆酒店类单位进行了梳理分析，并结合石化集团公司规模大、地域分布广的特点，确定了分类处置标准。按照国务院国资委的要求，在对石化集团公司房地产企业情况进行调查分析的基础上，区分不同情况，对 4 家房地产企业分别制定了退出方案并上报国务院国资委。在认真摸排情况、测算转让价格和进行转让可行性研究的基础上，加强与华润公司的沟通协调，认真组织运作华泰等 3 家保险公司股权转让工作。制定清理整顿个别认定项目清退计划，加强工作督促。2010 年完成清退项目 42 个。

（巩祎昌）

【支持资本运作】 基本完成国际石油勘探开发公司安哥拉区块注入石化股份公司相关工作，重点参与完成了方案优化设计、资产评估组织与备案、税收问题研究、交易对价确定与支付等工作。

（巩祎昌）

土 地 管 理

【强化基础管理】 利用土地管理信息[illegible]清了土地家底，对公司土地资源配置[illegible]分布、企业用地结构和动态变化、现[illegible]比较清晰的掌握。截至 2010 年底，石化[illegible]自有土地 111 231 宗，面积 223.6 万亩（1 490[illegible]米）。研究制定新增建设用地管理实施细则，[illegible]新增建设用地“进口”管理流程。召开公司首次土地管理工作会议，总结了工作，部署了任务，表彰了先进。

（巩祎昌）

【着力解决土地热点难点问题】 着力研究销售企业待用土地盘活问题，提出“着眼长远、服务主业、区别对待、积极应对”的对策建议。加强与国土资源部及 15 个省（市、区）国土资源管理部门的协调沟通，上游企业 6 万余亩（40 余平方千米）“用而未批”建设用地的投资费用问题基本解决。协调“川气东送”管道征地工作，全力支持“川气东送”工程按时竣工。深入到胜利油田、管道公司等 20 多家企业进行现场调研，帮助企业依法合理处理了 30 多个热点难点问题，有效避免了土地资产流失。认真组织调研活动，加强用地政策研究，积极承办国土资源部矿业用地政策调研课题，提出了具有中国石化用地特色的政策措施建议。

（巩祎昌）

年 金 管 理

【年金管理组织运行体系逐步建立】 成立石化集团公司企业年金理事会，选调配备相应人员，为企业年金基金安全有效运营提供组织保障。经过认真筛选确定工商银行为企业年金基金托管人，确定华夏基金等 8 家机构为企业年金投资管理人，企业年金组织运营框架体系初步搭建完成。

（巩祎昌）

【年金管理制度逐步建立】 制定《企业年金理事会章程》、《企业年金基金管理办法》、《企业年金缴费归集实施细则》、《企业年金基金风险管理办法（试行）》等制度，对企业年金的运营管理、风险控制等作出了明确规定，为企业年金工作的稳步启动和规范运作奠定了基础。

（巩祎昌）

【年金基金运营逐步展开】 坚持安全第一、稳健操作的原则，加强与年金投资管理人的沟通协商，分别与企业年金基金托管人和年金投资管理人签订企业年金托管合同和投资管理合同，研究制定企业年金投资政策，对投资目标、投资范围和限制、监督考核、止损机制等内容进行明确规定，为企业年金投资规范运作提供了依据。本着合法合规、稳妥操作、安全完整的原则，如期完成48家下属企业年金基金和账户移交工作。截至2010年底，共办理移交单位116户，涉及职工个人账户55.49万个。

（巩祎昌）

财会政策研究

【争取国家政策支持】 2010年，对财税政策争取工作进行了全面梳理，研究确定了持续重组税收支持政策、提高石油特别收益金起征点等7项重点向国家争取的财税政策，并围绕争取重点做了大量协调沟通工作。截至2010年底，落实"十一五"财政支持资金245亿元，为历年之最，保障和支持了石化集团公司"走出去"和原油储备工作。积极争取外汇管理局支持，石化集团公司内保外贷额度由90亿美元提高到200亿美元，为国际化经营和"走出去"提供了保障和支持。抓住国家扩大人民币跨境结算范围的机遇，研究争取人民银行人民币跨境结算支持政策，石化集团公司成为跨境结算试点单位，通过香港盛骏公司开展人民币贸易跨境结算达到479亿元。加强汇率、利率问题研究，先后3次发布人民币汇率、欧元汇率和人民币升值风险提示，汇率风险得到有效控制。

（巩祎昌）

【内部财务政策研究】 研究制定住房改革资金财务处理意见，促进了住房改革方案的顺利实施。研究拟定公司绩效考核计分办法和有关财务指标，研究完善年度考核的计分办法，对引导和激励企业自树目标、自加压力发挥了作用。开展金融衍生业务问题研究，制定了公司2010年金融衍生业务计划。组织指导国际石油工程公司编制完成境外14个国家的税务手册，为国际化经营提供财税操作指南。会同会计学会组织开展了财务系统统筹管理、财务能力建设等6项课题研究，在打造财务管理一体化优势、提升管理科学化和精细化水平等方面提出了很多建议。组织开展与台塑企业、大亚湾核电站、鞍山钢铁集团和中铝集团的财务管理交流活动，学到了好经验、好做法。

（巩祎昌）

【财务战略谋划】 以十七届五中全会精神为指导，根据石化集团公司"十二五"发展规划，研究提出了"十二五"财务工作思路，即坚持国际化、集约化、精细化、信息化、标准化方向，推进财务管理创新，强化财务风险管控，加强财务国际化建设，提高队伍素质，加快提升财务管理水平，构建与建设具有较强国际竞争力的跨国能源化工公司相适应的财务管理体系，推动财务工作实现新提升、新发展、新跨越。"十二五"期间财务工作的7个着力点是：更加注重战略执行、更加注重财务资源集团化运作、更加注重成本费用控制、更加注重财务基础建设、更加注重财务风险防范、更加注重财务国际化建设、更加注重财会队伍建设。在明确"十二五"工作思路的基础上，研究提出2011年的财务工作思路，并且将上述工作思路在财务工作会议上进行了部署安排，对统一全系统财会人员意志、激励斗志、促进财务工作持续有效发展发挥了引领作用。

（巩祎昌）

总部机关财务管理

【总部机关预决算】 通过解决决算中遇到的问题、及时协调审计调整事项等工作，按期完成了2009年总部机关财务决算工作。坚持保证总部机关工作正常运转和合理控制费用的原则，审核总部机关各部门工作经费和专项费用预算，按时编制完成了总部机关2010年财务预算编制工作，并首次以财务部正式文件的形式向各部门下达了预算指标。

（巩祎昌）

【加强机关财务制度化建设】 认真清理总部机关往来款项，规范了核算，解决了历史遗留问题。按照石化集团公司《关于开展"小金库"专项治理工作的通知》，完成了总部"小金库"专项治理自查自纠工作。认真执行北京市住房公积金管理中心文件精神，积极做好总部机关员工住房公积金提取工作。重新建立了机关服务局财务预算管理和会计核算模式。制定《关于总部机关内部接待用餐和举办会议有关事项的通知》，对内部用餐以及在内部会议地点举办会议有关程序、费用支付流程、预算考核作出了明确规定。在总部机关全面实施财务POS系统办理报销业务，提高了工作效率，降低了财务风险。

（巩祎昌）

财会队伍建设

【深入开展“比学赶帮超”、“创先争优”活动】 在财务系统深入开展“比学赶帮超”、“创先争优”活动，广大财会人员密切结合全员成本目标管理、会计集中核算、资金集中管理等重点工作的推进，发扬“见红旗就扛、有第一就争”的精神，立足本职岗位，对标先进，查找差距，研究办法，细化措施，努力争创一流业绩，有效推动了各项工作向纵深推进。

（巩祎昌）

【加强队伍培训】 以提高总会计师领导力和战略管理能力为目标，以项目运作的形式举办总会计师培训班，35 人参加培训。财务系统有 40 多人参加人事部门举办的资本运作、处级干部轮训等各类培训班。石化集团公司总部层面举办会计集中核算、资金集中管理、处科级财务干部培训等各类培训班 7 期，420 人次参加培训。

（巩祎昌）

【开展大规模的财会技能素质达标竞赛】 组织开展大规模的素质达标竞赛活动，历时 7 个月时间，经过普及达标、分赛区选拔、最后决赛等环节，50 名优胜个人选手和 6 支代表队从 1.97 万名财务人员和 77 支企业参赛队伍中脱颖而出，最终在决赛中获奖。通过竞赛活动，不仅达到了振奋精神、锤炼素质、提升能力、推动工作的目的，而且对更好地发现、选拔、培养和使用人才发挥了重要作用。

（巩祎昌）

财务状况

【概述】 2010 年，石化集团公司合并报表实现营业收入 19 690.42 亿元，同比增长 41.46%；实现利润 1 052.16 亿元，同比增长 29.2%；实现净利润 721.24 亿元，同比增长 24.66%。截至 2010 年底，合并报表资产合计 14 852.41 亿元，同比增长 15.02%；负债合计 8 516.37 亿元，同比增长 14.90%；所有者权益合计 6 336.04 亿元(其中归属于母公司权益 5 043.71 亿元，占股东权益的 79.6%)，同比增长 15.17%；资产负债率为 57.34%，比年初下降了 0.06 个百分点；总资产周转率、流动资产周转率和存货周转率分别为 1.4 次、6.31 次、8.59 次，同比分别增加 0.22 次、0.86 次和 1.75 次，应收账款周转率为 35.86 次，同比减少 0.43 次。

石化集团公司 2008 — 2010 年合并会计报表见表 1 和表 2。

（刘海燕　巩祎昌）

表1　　2008—2010年石化集团公司合并利润表　　百万元

项　目	2010年	2009年（调整后）	2009年（调整前）	2008年
营业收入	1 969 042.21	1 391 951.96	1 391 951.96	1 466 489.72
主营业务收入	1 947 869.60	1 375 430.95	1 375 430.95	1 450 922.04
其他业务收入	21 172.61	16 521.01	16 521.01	15 567.68
营业总成本	1 873 200.96	1 313 092.79	1 312 838.36	1 500 427.37
营业成本	1 556 403.34	1 047 770.08	1 047 515.65	1 317 451.98
主营业务成本	1 539 253.60	1 029 259.83	1 029 005.41	1 299 365.89
其他业务成本	17 149.75	18 510.25	18 510.25	18 086.09
营业税金及附加	166 614.67	139 050.95	139 050.95	60 280.11
主营业务税金及附加	165 899.58	138 435.10	138 435.10	59 777.86
销售费用	33 681.97	29 218.86	29 218.86	26 629.49
管理费用	71 233.60	61 073.01	61 073.01	53 528.92
勘探费用	17 484.05	13 909.19	13 909.19	10 693.36
财务费用	9 967.21	9 507.73	9 507.73	11 433.90
资产减值损失	17 816.11	12 562.97	12 562.97	20 409.60
加：公允价值变动收益	-166.61	-363.35	-363.35	3 960.89
投资收益	8 693.25	5 113.19	5 113.19	4 633.71
对联营企业和合营企业的投资收益	7 325.91	4 033.44	4 033.44	1 093.18
营业利润	104 367.89	83 609.00	83 863.43	-25 343.05
加：营业外收入	3 681.27	2 587.22	2 587.22	54 447.66
减：营业外支出	2 833.19	4 759.90	4 759.90	3 253.98
利润总额	105 215.96	81 436.32	81 690.75	25 857.00
减：所得税费用	33 091.51	23 578.76	23 705.71	6 310.31
净利润	72 124.46	57 857.56	57 985.03	19 546.69
减：少数股东损益	20 484.20	18 667.89	18 667.89	6 418.39
归属于母公司所有者的净利润	51 640.26	39 189.67	39 317.14	13 128.30

注：石化集团公司执行财政部《关于企业住房制度改革中有关财务处理问题的通知》发放一次性住房补贴以及按照《企业会计准则》有关规定对2009年有关数据进行了追溯调整。

表 2　　**2008—2010 年石化集团公司合并资产负债表**

项　目	2010 年	2009 年（调整后）	2009 年（调整前）	2008 年
流动资产：				
货币资金	35 398. 09	30 795. 88	30 795. 88	26 615. 44
交易性金融资产	2 478. 22	10. 22	10. 22	157. 41
应收票据	18 326. 90	3 731. 40	3 731. 40	3 552. 44
应收账款	58 361. 74	44 315. 85	44 315. 85	24 147. 94
预付账款	12 601. 53	10 079. 39	10 079. 39	12 919. 91
应收利息	240. 30	142. 99	142. 99	123. 51
应收股利	23. 82	110. 39	110. 39	342. 13
其他应收款	9 323. 67	15 254. 46	15 781. 25	18 302. 52
存　货	187 158. 30	168 295. 62	168 278. 13	120 864. 97
原材料	48 916. 89	48 146. 19	48 146. 19	36 794. 26
库存商品（产成品）	74 021. 04	65 756. 37	65 738. 89	45 416. 50
一年内到期的非流动资产	5 463. 14	10 759. 71	10 759. 71	7 936. 18
其他流动资产	2 590. 34	1 728. 29	1 201. 50	4 822. 72
流动资产合计	331 966. 06	285 224. 21	285 206. 72	219 785. 18
非流动资产：				
可供出售金融资产	9 206. 57	10 649. 70	10. 649. 70	5 830. 84
持有至到期投资	658. 23	156. 87	156. 87	110. 38
委托贷款	138. 50	209. 00	209. 00	109. 14
长期应收款	37 223. 86	32 890. 24	32 890. 24	38 857. 94
长期股权投资	111 220. 79	48 504. 14	48 504. 14	37 672. 77
投资性房地产	935. 77	729. 30	729. 30	786. 27
固定资产原价	816 714. 69	743 034. 36	743 034. 36	671 866. 21
减：累计折旧	359 711. 79	327 264. 85	327 264. 85	304 172. 38
固定资产净值	457 002. 90	415 769. 51	415 769. 51	367 693. 82
减：固定资产减值准备	22 148. 33	17 128. 57	17 128. 57	12 754. 01
固定资产净额	434 854. 57	398 640. 94	398 640. 94	354 939. 82
油气资产原价	593 522. 91	502 283. 12	498 653. 55	342 163. 21
减：油气资产折耗	252 273. 12	213 417. 80	213 155. 29	164 146. 51
油气资产净值	341 249. 80	288 865. 32	285 498. 26	178 016. 69
减：油气资产减值准备	14 158. 24	11 131. 51	11 131. 51	7 204. 57
油气资产净额	327 091. 56	277 733. 81	274 366. 76	170 812. 13
工程物资	1 437. 83	1 012. 17	1 012. 17	464. 99
在建工程	116 922. 25	134 163. 04	134 163. 04	133 246. 99
固定资产清理	8. 37	0. 94	0. 94	112. 37
油气资产清理	0. 65	0. 65		
无形资产	50 392. 22	46 301. 25	46 233. 42	44 130. 04
土地使用权	42 882. 55	39 836. 77	39 836. 77	39 242. 91
开发支出	58. 25	63. 84	63. 84	98. 67
商　誉	33 414. 24	28 922. 55	29 928. 31	17 019. 79
长期待摊费用	12 494. 33	11 435. 26	11 435. 26	11 591. 40
递延所得税资产	16 002. 09	14 012. 20	14 012. 20	13 889. 87
其他非流动资产	1 215. 09	686. 92	686. 92	1 122. 41
特准储备物资				
非流动资产合计	1 153 274. 51	1 006 112. 83	1 003 683. 70	830 795. 81
资产总计	1 485 240. 57	1 291 337. 04	1 288 890. 42	1 050 580. 99

注：石化集团公司执行财政部《关于企业住房制度改革中有关财务处理问题的通知》发放一次性住房补贴以及按照《企业会计准则》有关规定对 2009 年有关数据进行了追溯调整。

百万元

项　目	2010 年	2009 年（调整后）	2009 年（调整前）	2008 年
流动负债：				
短期借款	88 236. 99	64 096. 71	64 096. 71	59 819. 13
交易性金融负债	1 000. 00	31 000. 00	31 000. 00	15 000. 00
应付票据	5 896. 26	25 590. 09	25 590. 09	18 562. 94
应付账款	162 291. 99	129 166. 72	129 166. 72	78 852. 77
预收账款	79 331. 21	53 418. 75	53 418. 75	49 408. 05
应付职工薪酬	23 407. 49	22 184. 66	21 103. 43	17 665. 53
应付工资	12 442. 31	12 508. 55	13 508. 55	12 732. 42
应付福利费	293. 83	311. 51	311. 51	458. 23
应交税费	39 838. 34	20 534. 61	20 534. 61	9 475. 30
应交税金	31 890. 64	14 865. 50	14 865. 50	84. 61
应付利息	2 004. 86	1 625. 38	1 625. 38	1 071. 27
应付股利	224. 42	165. 49	165. 49	196. 79
其他应付款	67 285. 13	67 164. 66	69 179. 57	52 972. 91
一年内到期的非流动负债	6 403. 43	19 543. 56	19 543. 56	22 981. 45
其他流动负债	16 537. 79	26 614. 95	24 600. 10	26 698. 20
流动负债合计	492 457. 91	461 105. 59	460 024. 41	352 704. 36
非流动负债：				
长期借款	157 926. 06	111 116. 72	111 116. 72	110 257. 37
应付债券	121 160. 32	103 728. 50	103 728. 50	66 192. 26
长期应付款	9 102. 66	8 660. 01	8 660. 01	8 350. 21
专项应付款	975. 67	950. 45	950. 45	2 307. 56
递延收益	2 004. 16	1 926. 71	1 926. 71	950. 02
预计负债	18 820. 88	14 036. 56	14 036. 56	9 616. 82
递延所得税负债 83	48 998. 24	39 589. 89	37 015. 75	9 943. 96
其他非流动负债 84	190. 90	58. 13	58. 13	8 342. 26
特准储备基金				
非流动负债合计	359 178. 90	280 066. 97	277 492. 83	215 960. 45
负债合计	851 636. 82	741 172. 56	737 517. 23	568 664. 81
所有者权益：				
实收资本	206 997. 62	182 029. 35	182 029. 35	167 342. 81
国家资本	206 997. 62	182 029. 35	182 029. 35	167 342. 81
集体资本				
法人资本				
国有法人资本				
集体法人资本				
个人资本				
外商资本				
实收资本净额	206 997. 62	182 029. 35	182 029. 35	167 342. 81
资本公积	44 327. 97	44 656. 91	44 656. 91	42 194. 01
专项储备	1 049. 50	51. 33		
盈余公积	131 218. 90	109 155. 12	109 155. 12	88 558. 49
一般风险准备	568. 48	556. 69	556. 69	544. 69
未分配利润	123 778. 08	97 760. 58	98 969. 29	81 629. 92
外币报表折算差额	-3 569. 96	-1 805. 79	-1 805. 79	-1 273. 75
归属于母公司所有者权益合计	504 370. 59	432 352. 85	433 561. 56	379 047. 49
少数股东权益	129 233. 16	117 811. 63	117 811. 63	102 868. 69
所有者权益合计	633 603. 75	550 164. 48	551 373. 19	481 916. 18
负债和所有者权益合计	1 485 240. 57	1 291 337. 04	1 288 890. 42	1 050 580. 99

人事管理

◇ 综述

◇ 领导班子和干部队伍建设

◇ 人才队伍建设

◇ 劳动与薪酬管理

◇ 人才培训开发

◇ 总部机关人事管理

◇ 综合与信息管理

◇ 离退休人员管理

综　述

2010年，石化集团公司深入学习贯彻党的十七届四中全会、五中全会以及全国国有企业党建工作会议精神，紧紧围绕公司发展战略和中心工作，进一步加强领导班子建设，促进干部工作的科学化、规范化和制度化；以畅通人才成长通道为主线，健全完善选才、育才、用才、聚才工作机制，全面推进人才队伍建设，为实现公司发展战略目标提供了坚实的组织保证和人才支持。

石化集团公司在统筹抓好领导班子思想政治建设、组织建设、作风建设、能力建设和反腐倡廉建设的同时，紧紧围绕提高选人用人公信度这条主线，切实在国际化、市场化、年轻化、制度化“四个重点”上下功夫，领导班子和干部队伍建设取得了新成效。一是围绕中国石化实施国际化战略要求，大力加强国际化领导人才的选拔培养。对Addax公司等海外机构领导班子进行了考察调研，完善了境外机构领导班子的配备。坚持以开阔国际视野、培养战略思维、增强国际化经营管理和跨文化沟通能力为重点，加强对国际化领导人才的针对性培训，提高了领导人员的国际化素质。强化国际化经营管理人才后备队伍管理，搭建了“分散管理、统筹使用”的国际化人才共享平台。二是围绕中国石化实施市场化战略要求，配班子、建队伍。健全完善销售企业领导班子配备，落实有关销售企业干部协管及党组织关系隶属问题。积极推进直属企业党政正职“双向进入、交叉任职”，加大总会计师和炼化企业设备副职的配备力度，企业领导班子的专业结构得到进一步优化。三是围绕推进干部队伍年轻化目标，稳步加强对优秀年轻干部的培养使用。努力营造年轻干部健康成长的良好环境，在推进“老中青三结合”、用好各个年龄段干部的同时，坚持同等条件下优先使用年轻干部，年轻干部的比例逐步提高，干部队伍年龄梯次不断优化。四是围绕干部工作制度化、规范化要求，着力抓好制度建设和贯彻执行。在认真落实《中国石化领导班子和领导人员管理暂行规定》等9个制度文件的基础上，进一步丰富了领导干部管理监督制度体系。组织干部选拔任用知识竞赛，达到了以赛促学的目的。利用考察领导班子、巡视等方式，加强对制度执行的督促检查。石化集团公司干部选拔任用工作的公信度和满意度不断提高，得到中组部、国务院国资委中管企业选人用人工作监督检查组的肯定和认可。

石化集团公司牢固树立科学人才观，将人才资本作为企业的核心资产来管理，以国际化经营人才、高层次人才为重点，大力推进人才队伍建设。认真贯彻落实全国人才工作会议精神和中央企业人才工作会议精神，召开了石化集团公司人才工作会议，编制出台了《中国石化“十二五”及未来十年人才发展规划纲要》及系列配套文件，部署了当前和今后一个时期的人才工作任务。认真研究人才成长通道建设实施意见和完善薪酬分配制度方案，组织部分单位开展试点工作，取得了明显效果。加强高层次人才队伍建设和青年骨干人才培养。稳步实施海外高层次人才引进“千人计划”，充分发挥引进人才的作用。坚持树立正确导向，组织开展高层次人才评选表彰。全面开展业务竞赛活动，成功举办了以经营管理、专业技术人员为主体的财会、营销、信息等专业技术比武活动，以技能操作人员为主体的几十个工种的职业技能竞赛活动，涌现出了一批先进集体和优秀人才。注重优化配置内部人才资源，为重点项目统筹配置骨干人才。同时，适应国际化经营发展需要，加强海外人力资源管理，加大国际化经营人才培养力度，积极推行海外员工配置多元化，海外员工队伍建设取得了长足进步。

加强用工总量管控，进一步规范用工管理。组织全面开展核定各直属单位用工总量控制目标的工作，核定下达多数单位用工总量控制目标。基本完成劳动定员标准体系研究工作、有关劳动定员标准制定工作。研究制定《关于进一步调整用工结构的有关意见》，组织部分单位开展试点，取得较好成效。建立劳动用工管理检查评比制度，督促各单位进一步加强用工总量管控、完善劳动合同管理、加强劳动规章制度建设、规范用工行为。按照国务院国资委预算管理要求，建立完善工资总额与经济效益的联动机制。强化人工成本调控，保持员工收入稳步增长。对建立与人才成长通道相适应、体现行业特点的薪酬制度进行深入研究，提出了统一基本薪酬制度、建立正常增长机制的实施方案。全面实施石化集团公司统一的企业年金制度，进一步完善了薪酬福利结构，增强了中长期激励和约束作用。

加强培训宏观管理和培训基础建设，大力实施“三项人才培训工程”。强化业务部门培训职责及运行管理，发挥了业务部门在重点人才培训、专业培训方面的重要作用。完善培训基地建设规划，稳步推进远程教育系统建设，组织开展培训项目评估。强化培训需求调研及培训计划管理，创新培训内容、方式和手段，培训工作的针对性、实效性进一步提高。深入实施“三项人才培训工程”，加大重点人才和骨干人才培训力度，促进了员工队伍整体素质的提高。

组织实施总部机构编制调整和考核聘任工作，建设精干高效总部机关。在全面梳理总部机关职能工作基础上，组织完成了总部机关职能、内设机构及编制定员的调整工作。按照分层实施、积极稳妥的思路，组织完成总部机关处级及以下员工的考核聘任工作，充实优化了总部机关干部队伍，调动了总部机关员工的积极性。

稳步推进人力资源信息化建设。按照“统筹规划、合理定位、先进适用、资源共享”的总体思路，组织开展需求调研分析，认真做好系统功能的调整完善，形成系统实施的标准模板。2010 年 6 月，SAP－HR 系统的 13 家扩大试点单位上线试运行，截至年底已全部转入正式运行。通过在 13 家扩大试点单位的实施应用，系统实现的各项功能基本达到了规划设计的预期效果，具备全面推广的条件。

扎实开展“讲党性、重品行、作表率”活动，推动组织人事部门自身建设。开展以“比工作、比学习、比奉献，学先进、赶先进、当先进”为主要内容的“三比三先”活动，把“创先争优”与推进重点工作、加强自身建设结合起来，进一步形成了“比学赶帮超”的浓郁氛围。对全系统近三年“讲重作”活动进行了总结表彰，宣传了组织人事部门加强自身建设的先进经验和典型事迹，进一步树立了组织人事部门和组织人事干部的良好形象。

（钟文标）

领导班子和干部队伍建设

【围绕实施国际化战略要求配班子建队伍】 ①及时配齐境外机构领导班子。适应国际化经营需要，将境外机构班子配备作为领导班子建设的头等大事，组建海外考察组，通过现场考察、召开座谈会、个别访谈、查阅资料等方式，先后对 Addax 公司、伊朗雅达项目等海外机构领导班子进行了考察调研，完善了境外领导班子的配备。②研究提高部分境外机构及有关领导人员管理规格。顺应海外事业发展需要，为进一步调动境外领导人员的积极性，认真研究了部分境外机构管理规格提高的原则和标准，提出了国际石油勘探开发公司 6 个海外项目、国际工程公司 3 个海外项目、联合石化 5 个境外机构等单位的升格意见，经党组会讨论通过后，完成了有关人选的考察配备工作。③建立国际化人才信息库。首次将国际化人才作为后备干部队伍的重要组成部分，初步建立起覆盖不同板块、层次和专业的国际化后备人才信息库，搭建了“分散管理、统筹使用”的国际化人才共享平台。④加强对国际化人才的针对性培训。选送具有良好语言基础和综合素质的领导人员分别赴哈佛商学院、瑞士洛桑国际管理发展学院、欧洲工商管理学院等参加国际化经营培训。组织 232 名国际化后备人才参加了英语水平测试，择优选出 10 人派往国际石油勘探开发公司境外项目，进行为期 1 年的“实地实战”锻炼。

（牟蔚亭）

【围绕实施市场化战略要求配班子建队伍】 ①健全区外销售企业领导班子配备和党群组织设置。从服务市场竞争需要出发，切实把那些思想解放、思路开阔、勇于开拓、市场应变能力强的优秀干部选用到市场竞争的第一线，进一步加大上中下游板块之间的干部交流，组建了燃料油公司领导班子，完成了西藏石油分公司正职以及甘肃、宁夏、青海、吉林、黑龙江 5 家区外中 Ⅰ 型销售企业副职的配备。②理顺领导关系。通过与企业所在地方党委组织部反复沟通协商，较好地落实了 12 家区外销售企业干部协管及党组织关系隶属问题。③合理调整企业管理规格。适应油品和化工销售等企业发展需要，先后调整了销售华北分公司等 8 家企业管理规格，做好相关班子和领导人员的考察调整工作。

（牟蔚亭）

【围绕干部队伍年轻化目标配班子建队伍】 ①坚持在调整班子结构中推进年轻化。针对党组管理的领导班子中年轻干部比例偏低的问题，在推进“老中青三结合”、用好各个年龄段干部的同时，坚持同等条件下优先选拔年轻干部、班子有空缺岗位优先使用年轻干部，努力营造年轻干部健康成长的良好环境。全年完成了 69 家单位（部门）领导班子及后备干部的考察工作。截至 2010 年底，党组管理的现职领导人员 952 人，40 岁以下占 2.63%，同比上升 0.83%；大学本科以上占 92.01%，同比上升 0.08%，领导人员队伍结构进一步优化。②坚持在完善班子配备中推进年轻化。积极推进企业党政正职“双向进入、交叉任职”，加大企业总会计师和炼化企业设备副职的配备力度，按照“同等优先”原则，切实重视把那些政治强、业务精、素质高、潜力大的年轻干部选拔到领导岗位上。③高度重视有潜质年轻干部的培养。在后备干部选拔中，明确要求各单位上报的被列入远期培养的后备干部年龄不得超过 40 周岁，新增后备干部中 40 岁以下占 32.91%，形成了较为合理的梯次配备。

（牟蔚亭）

【加大干部选拔任用制度建设和执行力度】 ①进一步健全完善干部管理制度体系。顺应企业改革发展形势需要和干部队伍建设实际，制定出台了《中国石化境外机构外籍高层管理人员聘任暂行办法》、《中国石化控股(参股)企业专职董事、监事管理暂行办法》及《党组管理的领导人员异地交流若干规定(试行)》，修订完善了《党组管理的领导人员职务名称表》。②切实抓好《中国石化领导班子和领导人员管理暂行规定》等“1+7+1”制度文件的贯彻落实。组织干部选拔任用制度知识竞赛，全系统共计18 155人参赛，达到了以赛促学的目的。《党政领导干部选拔任用工作责任追究办法(试行)》等4项监督制度下发后，利用到企业考察领导班子、巡视、召开座谈会等方式，重点加强对各单位干部选拔任用制度执行情况的检查，有力推动了全系统干部选拔任用工作的制度化、规范化。严格执行《中国石化直属单位中层领导人员职数总量管理暂行办法》，规范直属单位增设中层机构的归口管理及报批程序，加强对中层领导人员退出现职规定的监督检查，对个别单位中层领导人员退出政策执行不到位问题进行督促整改。③配合做好中管企业选人用人工作监督检查组对石化集团公司选人用人工作检查。检查组反馈结果显示，石化集团公司选人用人工作满意和基本满意率平均为94.7%，新提拔领导人员满意和基本满意率平均为67%，选人用人工作的公信度和职工群众满意度得到了中央检查组的肯定和认可。

(牟蔚亭)

人才队伍建设

【人才工作会议】 2010年12月27—28日，石化集团公司人才工作会议在北京召开。会议认真学习贯彻党的十七届五中全会、全国人才工作会议精神，总结部署了石化集团公司人才工作。会议研究出台了《中国石化“十二五”及未来十年人才发展规划纲要》及人才流动配置、高层次人才引进、青年骨干人才培养、业务竞赛、人才成长通道建设等系列配套文件，对石化集团公司2010年度科技创新功勋奖获得者、中国高技能人才楷模、中华技能大奖获得者、全国技术能手进行了表彰，胜利油田、镇海炼化、上海石油化工研究院、油品销售事业部等12家单位作了人才工作经验交流。

(丁新兴)

【海外人力资源管理】 人事部成立海外人力资源管理处，进一步加强海外人力资源制度化、系统化、规范化管理。组织召开推进国际化经营人才队伍建设工作座谈会，研讨政策措施，全面部署加快国际化经营人才队伍建设各项工作。研究制定《关于加快国际化经营人才队伍建设的若干意见》，明确对国内员工、外派员工、国际员工和当地员工实行分类管理，明确通过加强引进、统筹配置、大力培养、有效激励等措施，大力加强国际化经营人才队伍建设。研究制定《派驻海外工作员工薪酬福利管理办法》，通过建立增长机制、强化激励机制、完善保障机制，进一步提高薪酬福利竞争力，吸引、激励和稳定国际化经营人才。

(董 烨)

【人才成长通道建设】 在审慎研究、试点探索、反复听取意见的基础上，完善石化集团公司人才成长通道建设方案，形成了经营管理、专业技术和技能操作3个序列4个层次若干职级的职位序列。组织中原油田、镇海炼化、金陵石化3家单位完成了试点工作，指导江苏油田、济南炼厂、南京工程公司、上海石油化工研究院等单位开展了模拟试点工作。

(丁新兴)

【高层次人才引进】 稳步实施海外高层次人才引进“千人计划”，推荐2名人选参加国家“千人计划”评审，协调石油勘探开发研究院、北京化工研究院做好国家“千人计划”人选黎茂稳博士、罗水源博士的引进使用工作。

(丁新兴)

【博士后工作】 胜利油田和中原油田的博士后科研工作站获全国优秀博士后科研工作站称号。新增石油工程技术研究院和江汉石油管理局第四机械厂2个博士后科研工作站。中国石化有25家博士后科研工作站(流动站)。2010年在站182人，出站67人，有50人出站后留在中国石化工作；承担省部级科研课题68项，博士后科研成果获省部级奖10项，地市级奖27项；申请专利69项；在核心期刊发表论文185篇。选拔1名博士服务团成员支援西部大开发工作。

(丁新兴)

【职称评审工作】 修订完善了石化集团公司职称评审工作规定、评审条件和高级职务任职资格评审会评审工作办法，补充起草了加强评审组织建设、在高级职务任职资格评审中开展量化评价的指导意见等文件，进一步规范了申报评审材料要求，健全完善了中国石化职称评审工作模式和制度体系。坚持重能力业绩导向，组织开展了全系统任职资格外语考试和评审工作，评审教授级任职资格 243 人，高级任职资格 3 527 人。

（丁新兴）

【职业技能鉴定】 组织开展职业技能鉴定工作检查，换发 57 个鉴定机构的鉴定许可证，新增中原石化、广东石油分公司、销售华南分公司 3 个国家职业技能鉴定站。全年共鉴定 11.2 万人，2 588 人获得技师、高级技师资格。高技能人才总量达 14.5 万人，占技能操作人员比例为 46.0%。

（丁新兴）

【职业技能竞赛】 举办了采油工、制氢装置操作工、乙烯装置操作工、油品储运调和操作工、维修电工、焊工、冷作钣金工 7 个工种的竞赛，55 家单位 471 名选手参加了决赛，其中 105 名选手受到表彰，15 个单位分获团体奖，8 个单位获优秀组织奖，35 人被授予石化集团公司技术能手称号。

（丁新兴）

【技术能手评审】 中组部等 10 部委推选胜利油田代旭升为第二批“中国高技能人才楷模”（全国共 10 人），要求在全国学习他们的先进事迹。组织开展优秀技能人才推荐和评选活动，经国家人力资源和社会保障部批准，江汉油田龙景庆被授予第十届中华技能大奖，汤海东（胜利油田）、卢建强（中原油田）、吴吉高（江汉油田）、凌振忠（江汉油田）、田明（江苏油田）、侯振林（荆门石化）、罗莉（川维厂）等 7 人获全国技术能手称号，齐鲁分公司获国家技能人才培育突出贡献奖（单位），王绍智（胜利油田）获国家技能人才培育突出贡献奖（个人）。另有 160 人被授予 2009—2010 年度石化集团公司技术能手称号。

（丁新兴）

【岗位练兵先进评选表彰】 组织开展石化集团公司岗位练兵先进集体和优秀个人评选表彰活动，共表彰 20 家岗位练兵先进单位、100 家岗位练兵先进集体、300 名岗位练兵标兵、100 名岗位练兵突出贡献个人。

（丁新兴）

劳动与薪酬管理

【用工总量管控和规范用工管理】 开展核定各直属单位用工总量控制目标工作，核定下达多数单位用工总量控制目标。基本完成劳动定员标准体系研究工作、有关劳动定员标准制定工作。研究制定《关于进一步调整用工结构的有关意见》，组织部分单位开展试点，取得较好成效。组织开展规范人事代理行为工作。研究制定《境内合资公司劳动用工管理暂行办法》、《党组管理的领导人员劳动合同管理办法》及相关配套文本，组织企业研讨完善。制定印发《劳动用工管理检查评比暂行办法》，建立劳动用工管理检查评比制度，督促各单位进一步加强用工总量管控、完善劳动合同管理、加强劳动规章制度建设、规范用工行为。加强政策研究、争取地方政策支持，统筹协调推进部分地区企业劳动家属参加养老保险社会统筹工作取得重大进展。

（董　烨）

【工资总额和人工成本管理】 按照国务院国资委要求，完成石化集团公司 2009 年度工资总额预算执行情况清算评价、2010 年度工资总额预算编制工作。逐步建立工资总额与经济效益的联动机制，工资总额管理总体符合国务院国资委预算管理要求。按照《人工成本管理办法》要求，进一步加强工资总额和人工成本管理，有效调控各单位工资总额和人工成本总量，投入产出水平明显提高。

（董岚峰）

【完善薪酬分配制度】 对建立与人才成长通道相适应、体现行业特点的薪酬制度进行了研究，提出了统一基本薪酬制度、建立正常增长机制的实施方案。并广泛征求意见，在部分单位进行模拟试点。

（董岚峰）

【实施企业年金制度】 根据国家政策，结合石化集团公司实际，制定了《企业年金管理办法》、《实施企业年金制度有关规定》、《企业年金个人账户管理办法》等 5 个文件，以及《企业年金手册》等 6 个配套材料，全面实施了石化集团公司统一的企业年金制度，进一步完善了薪酬福利结构，增强了中长期激励和约束作用。

（董岚峰）

人才培训开发

【概述】 以提高培训针对性和实效性为重点，深化实施“三项人才培训工程”。总部组织培训各类重点人才 3 175 人次，举办各类关键人才培训项目 41 个，各类短期适应性培训班200多期。各单位结合实际，分层分类实施大规模全员培训，培训经营管理人员30.1万人次，培训专业技术人员29.1万人次，培训技能操作人员114.4万人次，培训劳务工70.4万人次。

（邹　强）

【培训宏观管理和基础建设】　结合总部机关管理职能梳理，进一步调整、明确业务部门培训工作职责。组织对12个培训机构的51个项目进行了评估。稳步推进远程教育系统建设，完成了“中国石化人才培训课程体系建设”课题的研究，提出了培训课程开发的框架和培训教材开发三年计划草案。印发了《班组长培训大纲》，组织了新员工入职教育课程大纲的开发工作。

（邹　强）

【高层经营管理人员培训】　围绕培养和造就优秀的社会主义企业家队伍，培训高层管理人员550人次。举办了第二期直属单位党政正职培训班，选派高层管理人员到延安、井冈山干部学院开展党性教育。组织了第九、十期高层管理人员国内短期工商管理培训，选派40人赴国外知名商学院参加高级工商管理培训和全球公开课。举办了总会计师、设备管理等5期业务分管领导培训班，完成了区外销售企业领导人员轮训。

（邹　强）

【高层次专业技术人才培训】　围绕推进产业发展和科技创新，培训高层次专业技术人才819人。选拔50人参加访问学者英语强化培训，派出访问学者28人。组织了炼化企业首席专家及炼油化工4个专业领域专家新技术培训班。完成了上游8个专业领域中青年领军后备人才、青年拔尖人才第四阶段教学任务。举办了钻井技术、乙烯技术等18个专业高级研修班。组织了物探、油藏等6个专业领域高层次专业技术人才班赴国外进行短期培训。

（邹　强）

【高级技能人才培训】　围绕提高解决实际问题和革新创造能力，培训高级技能人才736人。举办了石油地震勘探工等3个工种技能拔尖人才培训班，并组织聚丙烯等2个工种技能拔尖人才班赴国外进行短期培训。新开发仪表安装工高级技师培训方案，组织采油工等30个石油石化主体及主要辅助工种高级技师资格培训班。

（邹　强）

【国际化人才培训】　围绕提高国际市场开拓和跨国经营能力，培训国际化人才1 070人次，其中选派153人赴国外进行专业培训。分勘探开发、炼油化工领域组织2期国际化领军人才培训班。举办了国际金融与资本运作培训班。开展了国际石油工程项目管理、海外项目人力资源管理等专业国际化骨干人才培训及海外项目法律合同管理、跨文化沟通等短期专题培训。继续加大储备人才培训力度，举办了西班牙语等外语培训班。组织了第一期优秀外籍员工培训班。

（邹　强）

【毕业生引进】　2010年引进毕业生9 040人，其中本科及以上毕业生7 620人，大专高职毕业生1 420人；“985”、“211”院校毕业生占本科及以上毕业生人数的43.5%，石油石化主体专业毕业生占84.30%，引进毕业生的综合素质进一步提高、专业结构进一步优化。开发并运用了中国石化毕业生招聘网站系统，实施了毕业生网上公招，毕业生引进工作进一步规范，管理水平进一步提升。继续在重点院校和石化主体专业院校开展重点宣讲和专场招聘活动。加大对优秀在校生鼓励和支持力度，在清华、北大等19所高校设立“中国石化英才奖学金”，奖励优秀在校生245名。

（邹　强）

总部机关人事管理

【机构编制定员管理】　在全面疏理管理职能的基础上，印发《总部机关各部门、有关单位内设机构及编制定员调整意见》。调整后，石化集团公司暨石化股份公司总部机关设26个部门，其中15个部门实行“一个机构、两块牌子”，2个部门与专业公司实行“一个机构、两块牌子”，3个部门与专业公司实行“一个机构、三块牌子”。日常管理中，在满足工作需要的基础上从严从紧控制机构及编制定员。

（徐　庆）

【员工队伍建设】　组织开展了新一轮处级人员考核聘任工作。处级人员考核聘任工作由人事部统一组织实施，共考核处级领导人员368人。在考核的基础上，组织开展了空缺处级领导岗位竞聘，共选拔聘任处级领导人员99人，其中处室正职45人，处室副职54人，并对12名处级干部进行了轮岗交流。为进一步提高员工积极性，发挥岗位成长通道的激励作用，调整了业务岗位类别的比例，业务主管、业务主办、业务员由30%、50%、20%调整为40%、50%、10%。在此基础上，组织实施了业务人员考核聘任工作，重新聘任业务人员290人。通过考核聘任工作，充实优化了总部机关干部队伍，调动了总部机关员工的积极性。截至2010年底，总部机关直接管理的员工982人，其中硕士研究生以上占26.27%，大学本科占63.75%；正高级职称占13.95%，副高级职称占54.68%，中级职称占21.69%；平均年龄42.5岁。

（徐　庆）

综合与信息管理

【组织人事部门自身建设】 按照中组部部署，制定下发了《关于深入推进集团公司组织人事系统“讲党性、重品行、作表率”巩固提高活动，带头创先争优的意见》，并组织部分单位组织部长参加了两个片区研讨会，切实将“讲重作”活动进一步引向深入。组织开展以“比工作、比学习、比奉献，学先进、赶先进、当先进”为主要内容的“三比三先”活动，结合组织人事工作的重点难点，有针对性地开展检查评比、对标评价、项目评估等8项工作，着力破解难题、提升管理水平，进一步形成了“比学赶帮超”的良好氛围。在总结近三年“讲重作”活动的基础上，评选表彰了15家“讲重作”活动先进集体和64名优秀组织人事干部，宣传了组织人事部门加强自身建设的先进经验和典型事迹，进一步树立了组织人事部门和组织人事干部的良好形象。

（钟文标）

【人力资源信息系统建设】 项目建设按照“统筹规划、合理定位、先进适用、资源共享”的总体思路，积极组织开展需求调研分析，认真做好系统功能的调整完善，形成系统实施的标准模板。2010年6月，SAP－HR系统的13家扩大试点单位上线试运行，2010年末已全部转入正式运行，系统实现的各项功能都基本达到了规划设计的预期效果。为保证SAP－HR系统平稳运行和有效应用，制定了《中国石化SAP－HR系统运行应用管理规定》、《中国石化SAP－HR系统用户权限管理规定》等制度。根据试点运行情况，进一步优化系统功能和项目实施策略，为系统推广实施奠定了基础。

（李利芝）

【人事档案管理】 为进一步理顺管理体制，规范党组管理的领导人员干部人事档案管理工作，2010年8月，将由油品销售事业部管理的销售大区公司、省石油公司的领导人员干部人事档案收归人事部集中管理。同时，不断加强人事档案制度建设，使人事档案管理工作更加规范化、制度化、标准化，为组织人事工作提供了坚实的基础和保障。

（栾志青）

离退休人员管理

【概述】 石化集团公司认真贯彻落实党和国家离退休工作方针政策，坚持围绕中心，服务大局，认真落实离退休干部的政治、生活待遇，加强离退休人员党支部建设和思想政治工作，丰富离退休人员精神文化生活，保持了离退休人员队伍的和谐稳定。截至2010年底，石化集团公司共有离退休人员380 220人，其中离休干部6 498人，退休干部123 979人，退休工人249 743人；另有内退人员27 981人。离退休人员和内退人员总计408 201人。离退休人员党员总数124 699人，设有94个离退休人员党委，236个党总支，3 386个党支部。专职离退休工作人员5 512人，兼职工作人员915人。

（崔文生）

【召开石化集团公司离退休工作会议】 2010年3月24—25日，召开了石化集团公司离退休工作会议。会议总结了石化集团公司4年来的离退休和关心下一代工作，部署了今后一个时期的任务，表彰了离退休工作先进单位和先进个人。会议要求各单位要深刻认识面临的新形势新要求，进一步增强做好离退休工作的责任感和使命感；大力弘扬尊老爱老优良传统，更好地落实尊重、关心和学习老职工的要求；切实加强组织领导，不断开创离退休工作新局面。

（崔文生）

【加强离退休人员“两项建设”】 各单位以“支部班子好，党员队伍好，组织设置好，活动开展好，群众反映好”为目标，加强离退休人员党支部建设。按照中央组织部老干部局和石化集团公司“创先争优”领导小组的要求，在离退休人员党员和离退休工作部门中认真开展“创先争优”活动。组织离退休人员党员深入学习中国特色社会主义理论，特别是党的十七届四中、五中全会精神，抓好理论武装。通过宣讲会、报告会、辅导班等形式，增强学习效果；以“政治坚定、思想常新、理想永存”为目标，加强离退休人员思想政治建设。在广大离退休人员中深入开展形势任务、道德法制、科学知识等教育，使老职工不断更新观念，理解支持改革，自觉维护稳定。注重组织教育与自我教育相结合，经常性思想工作与解决实际问题相结合，传统教育与创新形式相结合，提高了思想政治工作的针对性和实效性。

（崔文生）

【关心下一代工作】 组织直属单位关工委工作先进代表，参加了中国关工委成立20周年暨全国关心下一代工作表彰大会。会上，江苏石油勘探局关工委等4个集体、中原石油勘探局关工委常务副主任任宗声等28名个人受到中央文明办和中国关工委的表彰。总结了中国石化关工委19年来所取得的成绩，并制成了图文并茂的12块展板，参加了中央文明办和中国关工委联合举办的中国关工委成立20周年成果展。

（崔文生）

【组织开展老干部政策业务知识竞赛活动】 按照中央组织部老干部局的要求，在全系统离退休工作人员中组织开展了老干部工作政策业务知识竞赛系列活动。据统计，全系统参加各类学习竞赛活动的离退休工作人员达6 100余人次，参与率达97%。一些单位还选派代表队参加所在省市的老干部工作政策业务知识竞赛，并取得优异成绩。在参加全国老干部工作政策业务知识竞赛活动中，石化集团公司被中央组织部评为组织一等奖。

（崔文生）

物资采购与管理

- ◇ 综述
- ◇ 物资采购
- ◇ 业务改造
- ◇ 物资供应管理
- ◇ 重大装备国产化

综　　述

2010年，物资供应系统以科学发展观统揽全局，以保供降本为中心，全面推进科学理性采购，深入推进传统采购业务改造，持续优化物资供应管理体制和运行机制，全力推进集团化采购，不断强化物资供应监管，各项工作都取得了较好的成绩。

有力保障了生产建设物资供应。面对复杂多变的市场环境，物资供应系统广大干部职工加强市场研究，把握采购工作主动权，强化过程控制，切实保证了生产建设物资供应。

深入推进传统采购业务改造工作。全面开展科学理性采购，深入推进专业化分工流程化操作运行机制建设、供应商动态量化考核和业绩引导订货机制建设、框架协议采购、库存资金占用责任主体调整工作，物资供应传统业务改造效果已初步显现。

集团化采购取得新发展。坚持发挥总部和企业两个层面的积极性，进一步加大集团化采购力度，不断完善集团化采购模式，集团化采购结构进一步优化，质量进一步提高。

物资供应信息化建设取得新进展。物料编码转换工作顺利完成，网上采购质量持续提高。

重大装备国产化攻关取得新成效。坚持重要设备、材料的国产化，彻底扭转了重大设备和关键材料长期依赖进口、受制于人的被动局面，有力支持了民族装备制造业的发展。

（罗　智）

物资采购

【生产建设物资供应】 2010年，面对复杂多变的供应形势，物资供应系统广大干部职工以保供降本为中心，着力强化过程控制，千方百计保证石化集团公司生产建设所需的1 989亿元的化工原辅料、设备材料的安全供应、及时供应和经济供应。

加强供应市场研究，较好地把握了采购工作主动权。物资供应系统将市场供需关系分析和市场规律研究放在了更加突出的位置，密切掌握主要物资供应形势和价格变化趋势。各企业定期开展经济活动分析，对大宗原料、煤炭和钢材等主要物资的采购成本和市场行情进行分析研判，为科学确定采购价格、实现理性采购提供了有力的支撑。

强化工程项目供应协调和过程控制。针对石化集团公司重点工程建设实际，及时调整和组建了武汉乙烯、中原MTO等9个项目协调部，进一步加大了项目现场供应协调服务力度。全年组织企业召开专题协调会累计40次，协调指导制造厂、总承包单位和业主解决存在的重大进度和质量问题，并组织相关企业到一重、沈鼓等制造厂联合催交催运，为新建24套加氢装置和长岭S－Zorb装置按时中交，为武汉乙烯、川维醋酸乙烯等工程如期建设提供了强有力的供应服务保障。

（罗　智）

【集团化采购】 2010年，集团化采购规模1 209亿元，集团化采购率60.8%，同比增加3.5个百分点，首次突破60%，节约资金48.7亿元，采购资金节约率4%。

集团化采购结构进一步优化。全年总部直接集中采购439亿元、总部组织集中采购770亿元，总部直接集中采购和总部组织集中采购比例由2008年的1.3 ：1优化为0.57 ：1，确立了总部组织集中采购在总部集中采购中的主导地位，更好地调动了企业层面的积极性。

集团化采购模式持续优化，效果显著。①战略采购占总部直接集中采购比重进一步提高。全年战略采购比率61.0%，同比增加9.3个百分点。2010年11月，召开了第三轮战略供应商会议，先后与宝钢、鞍钢、神华集团、一重、二重、沈鼓等22家国内大钢厂、大矿厂、大型制造厂和3家国外供应商签订了为期5年的战略合作协议，为进一步提升资源获取能力和市场议价能力奠定了重要基础。②总部组织集中采购持续向框架协议采购转化。全年总部组织集中采购的框架协议采购率75.2%，同比增加19.4个百分点。90%的电气专业物资、28个品种的油田化学剂和53个品种的炼化三剂都实现了框架协议采购，工作效率明显提高，采购成本进一步降低。③总部授权集中采购工作稳步推进。全年累计组建了14个授权集中采购中心，涉及物资品种20个，不仅充分调动了企业参与采购决策的积极性和主动性，而且进一步集合了企业需求，形成了批量优势，采购价格大幅降低，其中锻钢闸阀下降了40%，常用国标闸阀下降了28%，抽油杆下降了10%，抽油泵下降了6%。

（罗　智）

【网上采购】 2010年，网上采购规模1 890亿元，网上采购率达到95%。截至年底，中国石化网上采购规模累计已突破9 090亿元。中国石化物资采购电子商务系统已经发展成为国内最大的B2B电子商务平台，4月被列入首批中央企业信息化示范工程。

网上采购质量持续提高。全年网上采购达标率96%，同比增加 10 个百分点，其中上网采购率95%，网上业务处理及时率 98%，采购方式合理率98%，接口使用率93%。各企业网上、网下采购“两张皮”和网上业务处理不及时的问题得到有效解决，23 家企业网上采购达标率超过 99%。

电子商务系统应用范围不断拓展。10 月 18 日，中国石化一宝钢数据交换接口项目上线。首次通过中国石化物资采购电子商务系统与宝钢生产、销售信息系统的互联和数据交换，实现了供需双方信息共享，为深化两大企业集团战略合作创造良好条件，同时为下一步与其他战略供应商实现信息交换互联积累了经验。

（罗　智）

业务改造

【概述】 自 2008 年启动传统采购业务改造以来，各企业持续深入推进物资供应管理专业化分工流程化操作运行机制建设、业绩引导订货机制建设、框架协议采购、库存资金占用责任主体调整等业务改造工作，2010 年取得显著进展。

（罗　智）

【专业化分工流程化操作运行机制建立】 2010 年，物资供应管理专业化分工流程化操作运行机制基本建立。各企业基本建立了采购决策与采购执行相分离的业务运行模式，优化调整了物资供应部门的机构(岗位)设置，完成了采购业务的专业化分工，实现了供应商选择、价格确定和付款申请权的分置。物资供应工作的重心正由询比价、招投标、签合同等简单的商务操作活动向物资需求管理、市场分析和过程控制等管理控制活动转移，工作效果不断提升。

（罗　智）

【业绩引导订货机制建设稳步推进】 2010 年，优化完善供应商动态量化考评机制，实现信息系统对供应商业绩的自动统计分析，进一步提升供应商动态量化考核质量；根据供应商综合实力评价和动态量化考核结果，全面推进供应商分类分级管理，大力培育主力供应商群体，提升合作层次，更好地控制资源风险。

各企业不断细化供应商动态量化考核标准，优化考核方式，深化考核结果运用，不断提高供应商动态量化考核质量，采购决策的科学理性化水平得到了明显提高。全年累计对 17.99 万份采购合同对应的 1.05 万家交易供应商从质量、价格、交货期和售后服务 4 个方面进行了量化评分，考评结果在石化集团公司范围广泛共享，平均每天有 493 份合同的供应商动态量化考核得分进入供应商管理系统，实时提供动态、量化的考核数据，为各级采购管理人员采购提供决策依据。

（罗　智）

【框架协议采购】 2010 年，中国石化框架协议采购率达 64.7%，同比增加 12.5 个百分点，在采购总额同比增长 43.3% 情况下，采购合同总数同比下降了 20% 以上，交易供应商平均供应份额同比提高了 23%。通过全面推行框架协议采购，大幅提高了物资采购工作效率、集合了采购需求、浓缩了采购渠道。

（罗　智）

物资供应管理

【概述】 2010 年，物资供应系统全面推进科学理性采购，进一步巩固完善物资供应管理体制，强化物资采购监管，大力推进管理标准化、信息化工作，全面梳理优化物资供应业务流程，积极开展队伍培训，显著提升物资供应管理水平。

（罗　智）

【全面推进科学理性采购】 着力强化宣贯工作。先后组织召开了华北、华东、中南 3 个片区的物资供应工作会议，华北区域传统业务改造对接会和 51 家企业主管经理研讨会，全面宣贯了“安全供应、及时供应、经济供应”的价值取向和“性能价格比最优，供应总成本最低”的科学理性采购理念，并将这些理念逐步落实到具体工作之中。建立了总部直采催化剂、煤炭、石油地质专用管定价机制，成立了炼化催化剂、煤炭、石油地质专用管、压缩机等 10 个品种的总部直采专家组。

（罗　智）

【全面推行开门采购】 2010 年，中国石化物资供应系统全面推行开门采购。主动地将计划、生产、技术、机动等部门和用户单位请进来，吸纳各方意见，共同把性能价格比最优、供应总成本最低的要求落到实处。各企业全面推进业务公开，将每笔业务在业务公开信息系统公开，主动接受监督。各企业利用会议、简报的形式将重要的采购业务情况向外公布。

（罗　智）

【强化采购策略研究】 2010年，中国石化加快将传统的战术型、业务操作型的采购转变为以把控供需关系、过程控制为主的策略型、管理控制型采购。改造了传统的物资集中分交管理方式。将工作重心由确定供应商和物资范围等具体事项转移到对物资采购的统筹安排、网络计划控制和采购策略的研究制定上来。全年累计制定武汉乙烯、中原MTO等17个项目总体采购策略，改变了物资供应管理工作的被动局面，物资采购工作的计划性和主动性进一步提高。

（罗 智）

【巩固完善物资供应管理体制】 西南油气分公司将分散在原石油工程西南分公司和原西南油气分公司的2个采购部门整合成了1套机构；南京工程公司完成了原南化设计院和原第二建设公司的2个物资供应部门的整合；南京化工公司将原分散在化工机械厂和连云港碱厂的供应商管理职能归口到供销处实施集中管理，并且把原化工机械厂采购的大型设备、工业气体、劳保和消防器材等物资纳入集中采购；华东分公司将存续钻井公司的物资供应归口到分公司采购中心，实现了归口管理和集中采购；高桥分公司将供应商管理职能由设备动力处和技术质量处归口到供应销售部实施统一管理，实现了供管结合。

（罗 智）

【推进物资供应制度流程建设】 全面开展制度标准化、信息化工作。对现行72项规章制度进行梳理，完成了17项制度标准化改造工作。对191项物资供应管理业务流程进行了梳理、优化和完善，确定了物资供应业务流程框架。大力推行集中会审制。对框架协议和重大采购合同，组织法律、财务、设计、生产、机动等部门和用户单位进行集中会审，增强业务透明度，强化采购监管，提高审批效率。修改完善2011年内控制度，增加采购策略编制、框架协议采购集中会审、违约索赔等采购环节的监控内容，简化采购计划审批、框架协议项下订单审批等流程。

（罗 智）

【强化供应商关系管理】 截至2010年底，中国石化网络供应商为1.94万家。其中，生产商1.35万家，占69.4%，同比增加2.4个百分点；中间商5 932家，占30.6%。共制定完成了化工辅料、煤炭、材料、设备4个专业、8种类型供应商准入与现场考察标准，进一步规范和提高了供应商准入门槛，中间商入网得到了严格控制。优化确定了240家总部直接集中采购供应商，比2008年的425家减少了43.5%，显著增强了集团化采购的话语权和谈判砝码。进一步加大了违约供应商处理力度，全年累计处理质量缺陷、延迟交货、服务不到位、现场考察不合格等问题的供应商98家，其中取消供应商网络成员资格40家、暂停交易资格14家，石化集团公司内通报33家、书面警告11家，并将违约处理情况向所有中国石化网络供应商进行了通报，增强了对供应商的警示力。

（罗 智）

【采购成本控制】 2010年，物资供应系统全面宣贯“性能价格比最优，供应总成本最低”的科学理性采购理念，各企业定期开展物资采购经济活动分析，着力强化采购策略研究，积极推进主要物资成本分析，重视供应市场研究，重点分析大宗通用物资市场供需状况和价格变化趋势，充分发挥集团化采购优势，大力推进战略采购、框架协议采购、授权集中采购和区域协同采购，在保证物资安全供应、及时供应的前提下，全年共节约物资采购成本112亿元，采购节约率达到5.6%。

（罗 智）

【物资供应质量管理】 修订完善了《中国石化重要设备材料监造管理办法》，编制完成了离心压缩机等19类重要设备制造过程验收检验大纲和石油地质专用管等9类重要物资的入库质量验收检验大纲。全年对18个品种、433个规格的三剂产品进行了筛选检验，暂停了不合格的26家供应商、33个三剂产品权限以及未参加筛选检验的137家供应商、268个产品权限。强化了境外供应商质量控制，全年累计提供境外过程控制报告31期，涉及境外制造厂43家、合同79份、设备793台(套)。

（罗 智）

【物资供应管理信息化建设】 完成14家企业的转换和ERP系统二次上线，截至2010年底，31家ERP服务器分散部署企业物料编码转换工作全部完成。通过对64家ERP上线企业逐家测试，完成了BW系统的上线运行，实现了对整个物资供应全过程数据实时进行监控分析和穿透查询，并首次实现了所有ERP上线企业物资报表的自动生成。中国石化三剂管理系统在完成了37家企业的系统功能培训和历史数据补录工作后，于2010年9月正式上线运行，提升了三剂管理的信息化水平。以电子商务系统为依托，改造过程控制信息平台并投入运行，实现了过程控制工作全程追溯，显著提高了过程控制工作信息化水平。

（罗　智）

【物资供应监管】 组织开展物资供应管理大检查。共组织成立了7个检查组，对23家企业就落实科学理性采购、推进传统业务改造和规范网上采购等方面的工作开展了物资管理大检查。通过检查，全面掌握了企业物资供应管理工作的开展情况，并督促企业对存在的问题进行整改。

强化了物资供应采购监管，每月按装置对部分三剂的吨产品加工成本的高低进行排序通报，通报品种由6种炼油助剂扩大到14种炼油助剂和2种化工助剂，为企业优选品种、控制成本提供了更为客观、理性的性价比分析数据。

加大了炼化三剂和油田化学剂独家采购通报力度。每月对企业独家询价和独家报价情况进行通报，督促企业分析原因，加强整改落实。2010年累计通报发生独家采购企业36家，涉及采购金额5 883万元，独家采购情况明显好转。

（罗　智）

【储备管理工作】 2010年末，中国石化总库存130.1亿元，同比减少1.9亿元。全年平均库存140.5亿元，同比减少12.2亿元。

加强储备调研。对20家企业的库存物资进行了现场调查核实，基本摸清了企业库存及积压物资、特殊储备、利用供应商库存等情况。

加大了库存考核力度。每月从库存规模、积压物资、库存资金周转率3个方面进行考核通报，督促企业进一步降低库存规模。全年累计利用供应商库存82.2亿元、改代利用7.3亿元、调度调剂4.0亿元，分别同比增加4%、135%和321%。

总部集中储备力度进一步加大。建成投用了汽轮机备件集中储备库，实现了中国石化在用汽轮机备件的集中储备。秦皇岛港、芜湖港和南京港3个煤炭物流基地全年供应煤炭787万吨，同比增加57%，增强了煤炭综合保供能力。

（罗　智）

【物资供应系统培训工作】 完成了《石油石化物资供应管理》和《中国石化物资采购技术手册》两本培训教材的编写、印发工作，全面开展了物资供应系统岗位练兵活动。举办了物资供应主管经理研讨会，加大重点工作推进力度。加强了新入职人员岗位适应性培训，全年组织了2期针对从事物资供应工作3年以下人员的培训班。组织了物资供应主管经理、第三期物流工程硕士出国（境）考察团组，学习和借鉴境外知名石油石化企业好的做法和经验，开阔了视野，提升了物资供应管理水平。

（罗　智）

重大装备国产化

【概述】 2010年，中国石化千万吨级炼油装置国产化率达到了95%，百万吨级乙烯工程装备国产化率达到了80%以上。

重点国产化攻关项目取得重大进展。2010年共立项研制12项，2009年结转重点项目4项，其中百万吨乙烯装置重大装备——天津裂解气压缩机组、镇海丙烯制冷压缩机组、大型四列迷宫压缩机组和冷箱4个项目已投入使用，运行情况良好、性能稳定。20万吨/年聚丙烯挤压造粒机组正式投料，标志着中国首次具备了大型挤压造粒机组的制造能力。7项国产化项目通过成果鉴定。2500型压裂机组、高寒地区石油装备与材料研究、800HP大排量轻便型橇装五缸泥浆泵组、X70钢级大口径厚壁直缝埋弧焊管及弯管、钢连续抽油杆地面作业成套装备、油罐油泥处理成套设备和2D125大型往复式新氢压缩机7个重大装备国产化项目在经过了1年的现场运行考验后，通过了成果鉴定。

国产化成果推广成绩显著。2010年，大力推广应用了DCS控制系统、低温钻机、高镍基合金油管和2500型压裂机组等国产化成果，打破了国外厂商的垄断地位，降低了采购成本，推进了设备的出口。武汉500万吨/年炼油装置DCS系统国产化成功后，又先后在塔河、长岭、川维等重点项目上多次运用，合同金额近1亿元，相比进口节约采购成本40%以上。中国石化国际事业公司先后向俄罗斯欧亚钻井公司和奥伦堡钻井公司出口了11台国产低温钻机，共计1.2亿美元，充分体现了重大装备国产化工作对设备出口的巨大推动作用。

（罗　智）

法律事务

◇ 综述

◇ 体系建设

◇ 合同项目

◇ 法律纠纷

◇ 公司事务

◇ 普法培训

◇ 法律资源

综　　述

2010 年，法律系统紧紧围绕年初制定的“加快实现两个根本转变，业务国际化，细节管理信息化”年度工作思路和目标，切实贯彻“强化使命意识和责任意识，按照既定目标思路全力推进工作，进一步加强班子和员工队伍建设”的要求，扎实推进“两个根本转变”，落实法制工作三年目标计划，强化基础管理，深化“五五”普法，着力加强部门班子建设、制度建设、队伍建设和作风形象建设，部门精神面貌、团队意识、作风风气和凝聚力都发生很大转变，各项工作有条不紊、按计划、有序地顺利推进并取得积极进展。

法制工作“三年目标计划”提前完成。根据年度工作计划，对总法律顾问和法律机构未到位的 18 家重点企业实行逐家专项督导，并召开专题会议予以推进。企业重要决策、经济合同、规章制度的法律审核把关率 100% 被纳入规范程序，得到有效落实。因违法经营发生的新的重大法律纠纷案件基本消除，历史遗留的重大法律纠纷案件基本解决。国务院国资委在 2010 年 11 月召开的中央企业法制工作座谈会上对中国石化的成绩给予了充分肯定。

“两个根本转变”扎实推进。认真落实“管理是第一位”的工作定位，加强宣贯、考核和机制构建，不断强化法律基础工作，深化制度建设，加快标准示范合同文本建设，大力推进合同管理信息系统建设，加强重点项目审核把关，扎实推进法律工作从事务型向管理型、从事后救济型向事前防范和事中控制型的根本转变。“两个根本转变”已深入人心，成为各级法律主管领导和法律人员工作的指南，正在逐级落实、持续扎实推进。

业务国际化取得重要进展。深入调研、积极探索海外业务法律工作机制。加强涉外重点、热点、敏感案例和事件研究，持续跟踪研究美国制裁伊朗法案、BP 墨西哥湾漏油事件等，剖析案例、事件等对中国石化“走出去”的影响，提出应对建议及可借鉴之处。进一步深化国别法律环境研究，加强与政府有关部门的联系，加快涉外法律人才培养步伐。

法律风险管理不断深入。妥善处理应对重大案件，避免和挽回经济损失 16.1 亿元人民币，加强对案件的总结、提炼和积累。总部与企业共同完成物资采购、产品销售、工程建设《案例汇编》。针对物资采购、产品销售、油品购销，按领域、分专题深入开展法律风险防控工作；针对非油品业务、加油站委托管理、国内油田区块合作等开展法律风险调研分析。对油气勘探开发及石油、炼化工程的海外业务法律风险进行梳理。

不断加强知识产权和品牌保护。会同有关部门对 22 家企业开展知识产权大检查，形成专题报告；组织完成了《技术开发(合作)合同》、《保密协议》等 11 类标准示范合同文本的起草和修订工作。完善知识产权保护制度和措施，加大品牌保护和商标打假维权力度。会同油品销售事业部共同召开“中国石化油品销售企业实施商标战略暨打假维权工作会议”，有力推动打假维权工作不断深入。2010 年，中国石化被国家工商总局授予商标战略实施示范企业称号。

法制宣传教育亮点纷呈。2010 年是“五五”普法收官之年，以全面落实“五五”普法规划为目标，认真制定、落实年度工作要点。加强对新提拔党组管理领导人员法律培训。组织全系统《侵权责任法》、《保密法》、《中华人民共和国石油天然气管道保护法》(简称《石油天然气管道保护法》)讲座。面向总部机关和各企事业单位开展各类法律知识讲座，开办法律骨干人员、企业法律顾问知识、新法新规、合同管理员等各类培训班。完成“五五”普法检查验收工作。在全系统成功举办“创先争优、与法同行”法律知识竞赛。

“创先争优”和“比学赶帮超”活动务实开展。制定下发《关于在中国石化法律系统开展“比学赶帮超”活动的通知》，在法律系统开展以“改进作风、改进管理”为重点的“比学赶帮超”活动。在法律门户网站开辟“创先争优”专栏，推出《扛红旗、争第一，身边的榜样系列报道》，挖掘、宣传、推广不同领域、不同专业、不同板块企业法律工作亮点、先进典型和经验做法，形成了浓厚的你追我赶的氛围。

(王　栋)

体系建设

【概述】 2010 年，法律系统以完成法制工作三年目标计划为重点，以加快实现“两个根本转变”为主线，强化国际化业务，深化“创先争优”、“比学赶帮超”活动，大力加强部门班子建设、制度建设、队伍建设、作风形象建设，取得积极成效。

(王　栋)

【法制工作“三年目标计划”提前完成】 2010 年，石化集团公司下文聘任了总法律顾问，74 家重要子企业全部设立总法律顾问和法律事务机构。全系统 93 家企业设立了总法律顾问和法律事务机构，占全系统企业总数的76%，其中专职总法律顾问29家，占已设立总法律顾问企业总数的31%，法律事务机构独立设置28家，占已设立法律事务机构企业总数的30%。

截至年底，全系统各级法律从业人员有1 375人，包括总部及直属企事业单位两级法律事务机构共有法律专职人员460人，其中364人取得了企业法律顾问执业资格证，持证率达到79.13%；184人取得法律职业资格证（或律师执业资格证），148人取得双证。专职人员中具有大学本科以上学历的人员有297人，研究生以上学历111人；有186人取得中级职称，114人取得高级经济师以上职称。有52家企业法律机构人员持证率达到100%。

（王 栋）

【加快实现“两个根本转变”】 2010年，在杭州、北京、青岛、武汉、成都、上海、乌鲁木齐7个片区召开共有86家企业参加的座谈会，围绕如何深化法律事务工作，实现法律事务工作“两个根本转变”问题，广泛听取企业代表的意见和建议，并进行逐项梳理和专题研究，将其安排到来年工作计划中，以进一步深化“两个根本转变”。将法律工作纳入企业绩效考核指标体系。制定下发《法律事务工作考评标准》，从总法律顾问、法律事务机构、制度建设、合规经营、法律风险、制度审核、合同签订率、合同送审率、合同审核率、授权管理、违法经营、新发案件、历史遗留案件处理、合同管理员持证率、法律顾问持证率、工作报告制度执行方面量化15项具体考评指标。组织企业开展自查考评，进一步调动法律事务人员重点加强基础工作，提高管理水平，落实工作目标的积极性，推动法律事务工作加快实现“两个根本转变”。

（王 栋）

【推进业务国际化】 2010年9月28日，在石化集团公司国际化经营研讨会上提交了《在中国石化国际化经营中法律工作应起的作用》的专题报告，提出境外机构配备专职法律顾问或法律代表、法律人员全程参与海外项目、对外派和涉外人员进行法律培训等建议，得到公司领导的充分肯定和大力支持。

先后深入国际石油勘探开发公司、国际石油工程公司、炼化工程公司、SEI等涉外企业广泛调研，牵头组织团组赴新加坡、哈萨克斯坦、伊朗、厄瓜多尔、巴西、沙特、尼日利亚重点项目，与驻外大使馆、代表处、项目一线人员、当地律师事务所交流，收集国别法律研究素材和案例，全面考察海外法律环境、合同项目管理和法律风险防控工作；走访有关兄弟企业及一些国际石油公司和国家石油公司，了解跨国公司法律管理体制和做法，研究中国石化海外业务的法律风险防控、法律管理模式、存在的问题等，探索两级法律机构业务国际化的工作思路、工作界面和工作重点。持续跟踪研究美国制裁伊朗法案、BP墨西哥湾漏油事件、丰田召回事件、中日海域划界争端等。专门组织墨西哥湾漏油事件法律分析专题研讨会，反响强烈，收到良好效果。编发《石化法制简报》，剖析案例、事件等对中国石化“走出去”的影响，提出应对建议及可借鉴之处，得到领导的高度肯定。法律事务部与企业共同努力，为37个海外油气勘探开发、炼化工程、资本运作、融资担保等重点项目提供法律审核、法律咨询和法律意见。在外事局等部门和单位大力支持下，完成沙特、伊朗、哈萨克斯坦、尼日利亚、新加坡、巴西、加拿大7个国家的《投资贸易法律指南》分册的编写工作。

下发《关于开展涉外法律工作人员调查的通知》，进行专项摸底调查，以便开展有针对性的人才培训和培养，确保“十二五”期间在全系统建立起一支拥有200名懂外语的涉外法律人才的队伍。64家企业共上报涉外法律工作人员284人。

（张晓锋 王 栋）

合同项目

【概述】 2010年，合同项目管理工作紧紧围绕深化“两个根本转变”，推进法律业务国际化，为建设具有较强国际竞争力的跨国能源化工公司提供有力的法律支撑和保障的目标，以国际化业务建设、合同管理信息系统、热点敏感问题研究和“创先争优”活动为重点，以制度、文本、队伍和项目法律服务等日常工作为主线，扎实推进各项合同管理工作。

（张晓峰）

【加快合同管理信息系统建设】 2010年，以“打造国内领先、国际一流的中国石化合同管理信息系统”为目标，认真落实党组“要充分做好合同系统项目的需求分析”的指示，加快系统建设速度。与总部机关部门和企业充分对接，不断细化需求分析，完善和优化设计方案。组织企业关键用户进行系统功能测试，细化合同系统与ERP相关模块接口方案以及与门户的集成。编写系统专用术语辞典，为后续培训工作做好了准备。

（张晓峰）

【开展合同管理竞赛】 2010 年，法律事务部组织开展合同管理竞赛活动，挖掘和宣传企业合同管理典型事例和亮点工作，21 家单位的特色做法在《石化法制简报》、《扛红旗、争第一，身边的榜样系列报道》和《合同管理主题活动竞赛》栏目被登载。编发《"比学赶帮超"合同管理》简报 11 期，在国家级杂志《施工企业管理》上刊发稿件 1 篇，在《中国石化报》刊登非油品业务法律风险防范稿件 10 篇、照片 3 张，组织国际化经营合同管理稿件 10 篇。"比学赶帮超"、"创先争优"活动在合同管理系统有行动、有措施，见到了成效。

（张晓峰）

【合同管理制度建设】 2010 年审核、批复了 83 家直属企事业单位上报的合同管理制度，修订了《集团公司内控手册（2011 年版）》的合同管理业务流程、权限指引和矩阵内容，并对合同管理制度进行了标准化改造。

（张晓峰）

【标准合同示范文本建设】 2010 年共完成 191 个标准合同示范文本的开发，编制完成合同文本索引，实现了标准合同示范文本资源库系统整体上线；开发 11 类合同文本课件，并将其广泛应用于合同管理培训。加强合同文本的推广使用，中原油田、齐鲁石化、镇海炼化、催化剂分公司等一批企业的标准合同示范文本使用率达到 95% 以上。

（张晓峰）

【合同检查与总结】 2010 年，合同送审率和签订率均达到 100%。参加石化集团公司重点工程项目效能监察和中央投资项目实施以及工程治理工作检查，对 16 家企业重点工程项目进行检查，并形成检查报告。先后收集了 106 家单位 2009 年和 2010 年合同统计报表、108 家单位"十一五"合同统计报表以及 103 家单位合同管理检查自检报告，针对各单位合同管理基本情况、合同业务类型、管理亮点、存在的问题、整改措施、需要总部法律事务部协助解决的问题进行了归纳汇总，完成了石化集团公司"十一五"合同统计分析报告。

（张晓峰）

【重大项目法律服务】 积极为企业中外合资、改扩建等重大项目提供法律服务，2010 年重点经办 57 个资本运作、融资担保、中外合资、收购兼并等重大项目，审查重大合同 138 份，为项目顺利实施起到了有力的支撑和保障作用。

（张晓峰）

【总部机关合同管理】 严格总部机关合同审核、盖章和归档，2010 年度共审核、归档总部机关合同 546 份。从审查情况看，涉外合同项目、融资和工程担保等项目数量逐渐增多，法律关系更趋复杂，新型业务领域不断出现。

（张晓锋　王　栋）

法律纠纷

【概述】 2010 年，办结重大案件 33 起。在办案过程中，进一步落实和加强发案单位负责制，明确总部对重大法律纠纷的管理、指导、协调职能定位。全力指导支持相关企业的工作，组织多方资源，创造有利外部环境。推进法律纠纷处理的体系建设，强化重大案件月度动态上报制度，敦促发案单位及时通报案件最新情况，做到应报尽报。对于授权办理的案件，加大管理力度，完善授权方式和过程管理，做到全程跟踪，关键环节受控。

（秦　禾）

【重大外部纠纷案件】 2010 年，按照石化集团公司纠纷诉讼管理相关制度，总部督办的重大外部纠纷和专项（包括未进入诉讼程序的相关事项）主要包括中康案、德国吉玛版权诉讼案、胜利油田海洋污染系列案、SEI 技术秘密侵权纠纷案等。

（秦　禾）

【内部法律纠纷调解处理】 2010 年，调解处理了第十建设公司与广州分公司工程结算等内部纠纷。调解处理坚持公平公正、合情合理的原则，保证纠纷双方充分的申辩权利和举证机会，依据法律，尊重事实，公平处理。通过内调机制，有效避免了内部法律纠纷外部处理的做法，既节约了诉讼成本，又帮助企业解决了矛盾，理顺了关系，促进相互之间的理解，维护了中国石化整体形象。

（秦　禾）

【不良债权（股权）核销法律审核】 2010 年，审核石化集团公司河南油田、南京化工公司、广东石油等 38 家单位 1 900 笔债权，新星石油公司、西南石油局、销售华北等 17 家单位 20 笔股权；审核石化股份公司胜利油田、湖北石油、巴陵分公司等 47 家单位 2 446 笔债权，物装公司、广东石油、福建石油 3

家单位5笔股权。通过加强坏账核销的法律审核、加大维权争效力度，从源头上有效解决历史遗留问题，账销案存，提醒企业深度挖掘财产线索的方法和途径，积极寻找和发现可以继续追索的财产线索，接续诉讼时效，最大限度维护企业合法权益。

（秦　禾）

【知识产权保护】 2010年，法律事务部与科技开发部、工程企业管理部、人事部对所有科研、工程设计单位以及相关油田、炼化企业联合开展知识产权大检查，就全系统知识产权管理经验、教训和法律建议形成专题报告；组织完成了《技术开发（合作）合同》、《保密协议》等11类标准合同示范文本的起草和修订工作。

（秦　禾）

【案例分析总结】 2010年，在纠纷处理工作中更加注重对案件的总结、提炼和积累，使案例分析总结不断深化。做好企业典型案例的征集工作，强调案例上报的期限性，突出时效性，及时反映新发案件的特点和趋势。作为一项日常工作，赴有关单位进行座谈交流，收集案例信息，按物资采购、产品销售、知识产权、工程建设等专题进行案例汇编，重点总结和提炼对经营管理和法律事务工作的有益启示。

（秦　禾）

公司事务

【概述】 2010年，公司事务工作紧紧围绕深化“两个根本转变”和建设具有较强竞争力的跨国能源化工公司的目标，着力加强立法研究、工商事务、商标管理以及服务资本运营和各项改革工作，取得积极进展。

（詹　溪）

【法律研究与规章制度审查】 2010年立法意见征询数量多、门类广，石化集团公司和有关立法机关、国家部委建立了有效的沟通机制，共对36部法律法规进行研究，提出110余条修改意见，分别向全国人大法制工作委员会、国务院法制办公室、国务院国资委政策法规局、国家能源局政策法规司等相关部门进行反馈。研究并反馈意见的重要立法主要有能源资源法律类6项、环境安全类8项、民商法律类4项、经济法律类12项、其他法律（行政、公共事务）6项。共对103项公司规章制度进行合法性审查，审核率达到100%。石化集团公司积极参与有关专项立法活动，重点针对《石油天然气管道保护法》和《海洋石油天然管道保护条例》进行长期的跟踪研究，分析其对中国石化的影响并提出应对措施建议。

（詹　溪）

【工商事务】 2010年办理了石化集团公司、石化股份公司、资产公司年检，办理了石化集团公司、石化股份公司增加注册资本和资产公司章程及法定代表人变更的工商登记。推进中国石化“家族图谱”建设，收集了全系统各单位工商登记信息，初步形成中国石化较为完整的企业工商信息数据库。全年共办理工商登记手续83件，单项授权文件244份。

（詹　溪）

【商标管理】 2010年，石化集团公司被国家工商行政管理总局授予国家商标战略实施示范企业称号，并出席工商总局商标战略实施示范企业经验交流暨商标运用保护会议。积极推进打假维权，共处理和协助处理商标侵权案件545件。

全年商标核准注册877件，其中境内注册316件，境外注册561件。在国内注册方面，就注册过程中出现的被抢注或被异议的情况展开调查，积极应对，及时解决。就“EASYJOY”商标被抢注向商标局提出异议，就“满天星”商标第四类被抢注向商标评审委员会提起复审。在国际注册方面，全年共有8个国家和地区商标主管部门对商标注册申请提出审查意见，法律事务部在征求各方意见并充分论证的基础上及时给予答复，保证了注册工作的顺利进行。依法办理了“SINOPEC”商标国际注册地址变更手续。

（詹　溪）

【资本运营及专项事务】 2010年共审核各类资本运作项目近40项，审核过程中重点就中国石化处于小股权地位时如何保护权益进行了认真研究，并提出建议。深入研究小站委托经营中中国石化与受托公司之间的法律关系、受托公司资质、劳动用工风险等问题，为小站委托经营改革提供服务。

（詹　溪）

普法培训

【概述】 2010年，在石化集团公司法制宣传教育领导小组的领导下，石化集团公司普法办公室和各单位认真贯彻党的十七大精神和石化集团公司党组对法制宣传教育工作提出的要求，按照年度工作安排，精心组织，扎实工作，较好地完成法制宣传教育各项任务。加大法律人员培训工作力度，着力提高法律人员的法律素质和工作水平，带动广大干部职工的法律意识、法制观念进一步增强，企业运用法律手段维护合法权益以及防控法律风险的能力和水平进一步提升。

（孙黎明）

【认真开展“五五”普法检查验收】 按照全国普法办的部署和要求，2010 年 3 月 3 日，石化集团公司下发《关于组织开展集团公司“五五”普法检查验收工作的通知》（中国石化法〔2010〕110 号），组织各单位进行自查整改。7 月 6—23 日，从石化集团公司法制宣传教育领导小组成员单位和部分直属企业抽出 36 人，组成 9 个检查验收组，按区域深入 103 家企事业单位听取普法工作整体情况汇报，查看企业自查报告 103 份、普法现场近 200 个，查阅反映法制宣传教育活动开展情况的资料万余份，访谈 523 人，测评 1 827 人，就各单位法制宣传教育工作开展情况进行了全面检查验收。检查结果表明，5 年来，在全国普法办和国务院国资委普法办的指导下，中国石化认真实施“五五”普法规划，取得了较好成果。

（孙黎明）

【举办“创先争优、与法同行”法律知识竞赛】 2010 年 9—12 月，石化集团公司在全系统组织举办“创先争优、与法同行”法律知识竞赛活动，近 60 万员工参加初赛，103 个单位的 306 名选手参加复赛，24 支代表队参加决赛。经过激烈角逐，南京化工公司获团体一等奖，湖南石油分公司、销售有限公司获团体二等奖，中原石油勘探局、江苏石油勘探局、扬子石化、江苏石油分公司、燃料油销售公司 5 支代表队获团体三等奖。竞赛还产生了天津石化等 16 个团体优胜奖、广西石油分公司等 12 个优秀组织奖。根据个人复赛笔试成绩，6 人获金奖，17 人获银奖，32 人获铜奖。

（孙黎明）

【深入开展社会主义法治理念教育】 将社会主义法治理念作为 2010 年第一季度领导干部学法主题，列入党委理论学习中心组学习计划，组织广大党员干部特别是中层以上领导干部认真学习。组织普法讲师团先后在管道储运公司、总部机关、西北石油局、河南石油勘探局、管理干部学院等单位举办“社会主义法治理念的基本理论、内涵与要求”专题讲座，就社会主义法治理念进行辅导。举办 2 期普法骨干人员学习社会主义法治理念培训班。在系列普法教材《边学边练（新颁企业管理法律法规）》中，分别阐述了社会主义法治理念的基本概念、基本特征、本质属性、理论渊源、实践基础、地位和作用、基本内涵和基本要求等内容，供广大职工学练。

（孙黎明）

【开展知识产权法制宣传教育活动】 组织开展总部机关“4·26”世界知识产权日法律知识答题活动，总部机关各级经营管理人员近 1 200 人参加。

（孙黎明）

【举办“五五”普法系列讲座】 从 2010 年 3 月开始，面向总部机关和在京单位的经营管理人员举办“法律风险管理——贸易领域法律风险手册”、“社会主义法治理念基本理论、内涵与要求”、“企业领导人员的法律意识、法律责任及法律风险防范”、“《侵权责任法》解读”、“《石油天然气管道保护法》解读”、“《保守国家秘密法》解读”、“油田企业常见法律风险防范”、“合同管理制度概况、物资采购法律风险提示”、“物资采购法律风险提示”等主题的法律知识讲座 12 场。

（孙黎明）

【法制宣传教育渠道进一步拓展】 2010 年，在《中国石化报》开辟《学法守法用法身边事》、《“五五”普法石化行》、《“五五”普法》等专栏。在《中国石化电视新闻》动态报道各单位法制宣传教育工作开展情况。在新法颁布后，购买《侵权责任法》和《石油天然气管道保护法》各 2 400 本，发放给总部机关各部门和有关在京直属企事业单位。自主编发《普法讲坛》系列第二分册，向总部机关各部门和各直属企事业单位发放 2 000 本。自主编发《边学边练（新颁企业管理法律法规）》20 万册，组织各企事业单位广大职工认真学练。开通“中国石化法制宣传教育网”，开辟“要闻动态”、“总部速递”、“企业传真”、“经验交流”、“通知公告”、“组织机构”、“重要文件”、“专项活动”、“知识集成”、“信息快报”、“普法工作简讯”、“法律法规链接”、“友情链接”、“短信功能”14 个栏目，使之成为中国石化法制宣传教育工作的又一重要窗口。

（孙黎明）

【举办法律骨干人员培训班】 根据企业实际需求，2010 年 7 月 26 日—8 月 15 日，在管理干部学院举办了法律骨干人员培训班。来自油田、炼化、销售、科研、工程等不同板块企业的57名学员参加了培训。该次培训突破以法律专业课程为主的培训方式，加大企业管理知识、综合素质、中国石化业务介绍、现场教学、案例研讨等课程的比重。授课内容紧贴中国石化生产经营实际，既讲授了知识，又加深了交流，为学员搭建了学习交流、分享经验的平台。

（郭　飞）

【举办企业法律顾问知识培训班】 为实现在岗专职从事法律工作的人员企业法律顾问执业资格持证率达到100%的目标，加大培训力度，2010年共举办3期企业法律顾问知识培训班，培训学员321人次，其中第一、二期辅导班系统讲授综合法律知识、民商与经济法律知识、企业管理知识和企业法律顾问实务4门考试课程，第三期冲刺班集中封闭学习，进行考前冲刺，取得显著培训效果。

（郭　飞）

【开展合同管理员资格培训】 2010年，先后举办18期合同管理员资格培训班，油田、炼化、销售、科研和工程各板块共计928名合同管理人员参加培训。培训班系统讲授法律概论与当代中国的法律体系、民商与合同法基础理论、中国石化合同管理制度及实务、合同示范文本、合同管理信息化操作流程等课程，并在课程结束后组织上机考试，通过考试者获得合同管理员任职资格。

（郭　飞）

【举办《侵权责任法》培训班】 2010年6月8—11日在管理干部学院举办了学习《侵权责任法》培训班，共122名学员参加培训。全国人大法制工作委员会、中国人民大学、最高人民法院的多位资深专家从多角度、多侧面为专职法律工作人员深入剖析《侵权责任法》，提升了法律人员专业素养，为石化集团公司防范相关法律风险夯实了理论基础。

（郭　飞）

【举办《石油天然气管道保护法》专题培训班】 为落实宣贯《石油天然气管道保护法》，2010年9月14—16日，在管道储运公司会议中心与安全环保局共同举办了《石油天然气管道保护法》专题培训班。主管油气田及输油气管道安全保护工作部门的人员和35名法律部门人员同时参加培训。

（郭　飞）

法律资源

【外聘法律中介机构管理】 2010年，石化集团公司制定《法律中介机构聘用管理流程》，公开、公正、公平地择优选聘中介机构，规范和加强对中介机构的选聘管理和过程监督。根据业务部门和企业对外聘中介机构的服务需求，先后为石化集团公司保险股权转让、联合石化债权追索、胜利油田合同纠纷再审、广西石油合同纠纷再审等项目或案件选聘法律中介机构。在广泛调研、总结经验的基础上，起草《中国石化法律中介机构聘用管理办法》，并征求意见，着手建立包括石化集团公司境内外业务、涵盖总部和全系统的法律中介机构的资源库，把中介机构选聘和管理工作打造成“阳光工程”。

（范　辉）

【加强与同行交流】 参加国务院国资委中央企业法制工作研讨会。国务院国资委副主任黄淑和在工作报告中特别表扬中国石化在总法律顾问制度建设、法律风险防范方面取得的显著进展，对中国石化实行重大涉外项目两级法律审核制度，由总部和项目公司法律部门共同进行法律审核把关，有效防范“走出去”过程中法律风险的做法给予了肯定。加强与外交部条约法律司、边界与海洋事务司，商务部条法司、公平贸易局，国家工商总局、国务院国资委等国家部委相关司局交流；走访中国石油、中国海洋石油有关兄弟企业及一些国际石油公司和国家石油公司，了解跨国公司法律管理体制和做法等，探索两级法律机构业务国际化的工作思路、工作界面和工作重点。

（范　辉）

【法律中介机构交流】 与安理、洛克、富布莱特、爱宾格林、高林、世达、史密夫、美邦、SCBD、佳利、瀚宇、昆毅、安卓等国际律师事务所，海问、国浩、大成等国内律师事务所开展20余次业务交流，积极探索业务合作、国别法律环境研究和员工业务培训的有效途径。与常年法律顾问英国史密夫律师事务所等对接法律培训计划和工作安排。组织赴美知识产权法律培训班，派员赴英国邓迪大学进行国际上游合同培训，参加第二届“中非合作论坛——法律论坛”和国际律师事务所工程法律专题讲座，参加INCOTERM 2010培训。中国石化法律事务部获得《China Law & Practice》最佳中国公司法律团队大奖。

（范　辉）

【上下联动和区域法律资源共享】 总部和企业共同搭建业务交流平台，发挥两级法律部门的积极性，调动和整合全系统的法律资源，形成有效的工作合力。针对系统内企业异地办案难度大的问题，着眼于区域法律资源的互助共享，利用各方资源，发挥整体优势，协调当地企业，为企业的异地办案提供大力支持，取得了积极的协同效应。

（王　栋）

审计与监察

◇ 内部审计

- 综述
- 管理和效益审计
- 经济责任审计
- 内控审计评价
- 工程投资审计
- 财务收支审计
- 涉外审计
- 审计基础管理工作
- 其他工作

◇ 纪检监察

- 综述
- 惩防体系建设
- 源头治理
- 领导人员廉洁自律
- 反腐倡廉教育
- 效能监察
- 执纪办案工作

内部审计

综　　述

2010 年，石化集团公司审计部门在党组的正确领导下，在总部各部门和各企业的支持配合下，以科学发展观为指导，紧紧围绕管理和效益主线，抓住对外经济活动和影响成本效益的源头，传承创新，认真履职，科学审计。开展各类审计项目 7 414 项，查出了一些违规违纪问题，促进增收节支31.38亿元，审计提出意见和建议并被采纳 2 176 条。审计工作在促进石化集团公司规范管理、堵塞漏洞、防范风险、提高效益、健康发展等方面发挥了重要作用。

（李青山）

管理和效益审计

【概述】 2010 年，审计部门紧紧围绕石化集团公司中心任务，以促进规范、加强精细管理以及防范经营管理风险为目标，组织开展管理和效益审计 504 项，除了查出违反财经纪律的问题金额外，还促进增收节支 1.23 亿元，改进和完善了管理，堵塞了漏洞，防范了风险。

（李青山）

【总部组织实施的管理和效益审计】 总部采取统一审计方案、组织企业自查和分局、兼职审计专员重点抽查的方式，统一组织开展了炼化企业修理费使用及管理情况、企业安保基金提取管理及使用情况等 7 个专项审计。通过专项审计，揭示和反映了油田、炼化、销售企业相关业务管理中存在的体制性障碍、制度性缺陷和管理漏洞，及时向党组提交了专项审计报告，并提出了切实可行的建设性意见和建议，引起党组领导和总部有关部门的高度重视，为领导全面深入掌握情况和实施正确决策提供了可靠依据。

总部组织各有关企业开展了企业年金、住房补贴发放情况、对外并购以及与民营企业合作情况等专项审计调查。通过专项审计调查，揭示了上述业务管理中存在的问题，同时与有关部门共同研究、深入调研，提出了解决问题的措施和办法，有力促进了相关工作的开展。

总部首次尝试开展了茂名石化的整体管理和效益审计，全面系统地总结了茂名石化的经营管理经验，首次以审计公告形式向所属企业和总部各部门发布了审计报告，同时以《审计简报》形式分 11 个专题系列报道了茂名石化的精细化管理经验，在全系统引起了很好的反响，不少企业组织所属部门、单位认真学习借鉴，为石化集团公司深化精细管理和深入开展“比学赶帮超”活动起到了推动作用。

（李青山）

【企业组织实施的管理和效益审计】 各企业在完成上述专项审计及审计调查的基础上，结合本单位实际和领导关心的重点问题，积极开展了其他管理效益专项审计，如胜利油田开展了合同管理风险审计，齐鲁石化开展了账外物资和废旧物资处置的专项审计，江汉油田、茂名石化、浙江石油等企业对领导重视、群众关心的表外资金、青苗赔偿费、二次物流运杂费等开展专项审计。上述审计各有侧重，反映和揭示了企业相关业务中存在的问题和隐患，为企业进一步提升管理水平和提高经济效益起到了重要的促进作用。

（李青山）

经济责任审计

【概述】 2010 年，审计部门认真执行企业领导人员经济责任审计制度，不仅把领导干部履行经济责任作为审计重点，而且关注影响和制约企业管理发展的重大问题，主动引入主题审计，提升了审计目标和层次。全年开展经济责任审计 235 项，查出一些违反财经纪律的问题，促进增收节支 12.77 亿元。

（李青山）

【总部组织实施的经济责任审计】 总部通过对企业原主要负责人的离任审计和企业现任主要领导的任中审计，查出会计核算、资金管理、投资管理不规范等问题以及影响和制约企业管理发展的重大问题，针对性地提出规范整改的审计意见和建议，有力地促进了企业经营者依法规范经营、有效履行经济责任，并为公司客观公正考核和评价经营者提供了依据。如总部在开展江汉油田分公司和原西南工程公司原主要领导的离任审计中，对一些普遍性、重要性或典型性问题深入展开审计调查，并以专题报告形式向党组有关领导深度反映，引起领导重视；同时对江汉油田好的管理经验和做法及时总结提炼，并通过《审计简报》予以宣传推广，有效发挥了审计的监督、服务和预警免疫作用。

（李青山）

【企业组织实施的经济责任审计】 为提高审计效果，不断总结经验，中原油田、江苏油田等企业除实行三年任期必审和即离即审制度外，还把经营绩效考核兑现审计成果纳入到经济责任审计范围，进一步拓宽了经济责任审计领域，强化了对关键岗位人员履职情况的监督。

（李青山）

内控审计评价

【概述】 2010年，审计部门以促进公司控制力、企业执行力的提高为目标，对照《内控手册》和相关监督办法，开展内控独立审计评价157项，提出审计意见和建议并被采纳504条。

（李青山）

【总部组织实施的内部控制审计评价】 总部通过对25家股份分(子)公司和5家非上市企业的内控独立审计评价，揭示了部分企业内控设置存在缺陷、执行不到位以及会计信息存在质量风险等问题，剖析了问题产生的原因，提出了改进和完善公司内部控制工作的意见和建议。

（李青山）

【企业组织实施的内部控制审计评价】 为进一步加大内控制度的执行力度，降低风险，提高现场审计效率，山西石油通过建立具有较强操作性的风险控制模型，将发生概率大、危害程度高的控制点作为审计重点进行深入检查，使现场审计时间缩短了一半。江苏油田选择扬州石化有限公司加油站管理和油品销售流程等进行实质性测试，提出了完善内部控制的意见，促进了油田内控管理水平的提高。江汉油田开展了2个独立评审项目和1个综合评价项目，共检查业务流程46个，发现一些未有效执行控制点，有效地防范了经营风险，堵塞了管理漏洞。

（李青山）

工程投资审计

【概述】 2010年，审计部门以促进企业不断规范投资行为、提高投资效益为目标，开展工程及固定资产投资项目审计5 854项，除了查出违反工程投资管理的问题外，还促进增收节支12.95亿元。

（李青山）

【总部组织实施的工程投资审计】 总部对川气东送、榆济管道等12个重点工程项目进行在建跟踪和竣工决算审计，在查处有关问题的同时，专门对福建联合石化公司炼油乙烯工程项目的成功管理经验进行了深入系统的总结，形成专题报告报党组，促使这些管理经验得以传承和推广，有些还将被固化到公司管理制度和标准中，提升了审计效果。

（李青山）

【企业组织实施的工程投资审计】 企业审计部门前移审计关口，加强过程监督，在完成总部授权审计任务的同时，积极开展工程结算审计，全年审计工程预结算单8.19万份，促进增收节支12.81亿元，其中西北石油局、高桥石化、上海石化、广州石化、江苏石油、北京石油等32户企业工程投资审减额均超过1 000万元，不仅规范了工程管理，而且节约了投资成本。

（李青山）

财务收支审计

【概述】 2010年，审计部门以维护企业合法权益和促进企业严格财务管理、提高会计信息质量为目标，改进审计方法，深化财务收支审计工作，全年开展财务收支审计102项，促进增收节支2.49亿元。

（李青山）

【总部组织实施的财务收支审计】 总部在坚持各项审计监督工作都要从内控审计入手并以财务收支审计为基础的同时，进一步增强了服务全局、促进审计增值的意识和能力。如总部在7家科研单位的财务收支审计中，突破传统审计范围，对科研板块的管理现状、发展潜力和产销研结合等情况予以高度关注，出具的综合审计报告不仅充分肯定了科研单位前几年改革发展所取得的成绩，而且深入系统地揭示了科研单位在财务、科研管理及队伍建设方面存在的问题，引起公司领导的高度重视。

（李青山）

【企业组织实施的财务收支审计】 为了更好地提高审计效率、加强企业管理，巴陵石化采取财务收支审计和经济责任审计互为补充、财务收支与内控评价相结合的方式和办法，有重点、有针对性地规范了被审计单位的财务管理。江苏油田通过对审计间隔时间长、财务管理跨度大、资金使用分散和对外经营风险较大的部分二级单位进行财务收支审计，进一步核实了被审计单位财务收支的真实性、合法性及合规性。

（李青山）

涉外审计

【概述】 2010 年，审计部门以促进涉外企业(项目)管理、防范投资风险和维护资产安全为目标，逐步拓展审计范围，深化涉外审计工作。全年开展涉外审计 8 项，在查处有关问题的同时对好的管理经验进行了总结。

（李青山）

【总部组织实施的涉外审计】 总部通过对国际石油工程公司巴西子公司等境外企业(项目)的审计，揭示并反映了涉外企业(项目)在招投标管理、投资管理、资金管理等方面存在的问题及风险隐患。同时对成功的管理经验进行了深入系统的总结，形成专题报告报党组，促使这些管理经验得以传承和推广，有些还将被固化到公司管理制度和标准中，提高了审计效果。

（李青山）

【企业组织实施的涉外审计】 2010 年，胜利油田、国际石油勘探开发公司等企业通过开展海外项目管理审计，促进了海外市场的持续健康发展。此外，为了促进企业加强管理，年内全系统审计部门还围绕石化集团公司管理的重点环节，开展其他审计项目 554 项，进一步规范了企业的各项管理工作。

（李青山）

审计基础管理工作

【概述】 2010 年，审计部门以“五比五看”、“创先争优”活动为抓手，传承创新审计管理，审计监督和审计管理建标工作迈出了可喜步伐，审计工作“四化”建设取得新进展。

（李青山）

【大力宣贯和践行四大审计理念】 2010 年，总部明确提出了具有中国石化特色的“大审计”理念、审计“免疫系统”功能理念、审计监督与服务并重理念、审计增加价值理念，并将该四大审计理念融入审计计划、审计组织、审计监督、审计理论研讨等具体工作中，同时利用《审计简报》大力宣传引导，促使审计系统营造了浓厚的学理念、用理念氛围。

（李青山）

【审计计划管理和审计项目质量控制进一步加强】 2010 年，总部按照科学审计理念的要求，在审计项目安排上坚持围绕中心、服务大局，科学立项、把握重点、优化方案、加强协调，对涉及同一企业的多个审计项目，尽量做到一次进点、审多个项目、出多项成果，并开展了对计划执行的过程指导和动态管理。同时，总部狠抓审计项目实施全过程的质量控制，加大对示范审计项目的跟踪指导和过程控制力度，审计部门领导多次带队到示范项目的审计现场听取审计情况汇报，在编制实施方案、把控方向重点、准确问题定性等方面进行了指导把关，确保了审计项目的质量和效果。

（李青山）

【审计信息化建设取得新成效】 2010 年，总部完成了对 31 家企业辅助审计信息系统(AIS)应用达标的验收考核，累计达标企业已达 83 家，审计人员应用 AIS 的积极性大幅提高。创新开发了审计信息集成管理系统，将审计监督与审计管理工作高度集成。该系统的推广和使用将使审计流程更加标准、审计管理更加科学、审计考核更加便捷。

（李青山）

【审计制度体系建设进一步完善】 2010 年，总部新制定和修订了《审计计划管理办法》等 6 项管理制度；重新规划、梳理审计标准和程序管理、审计业务管理等 4 个大类、13 个小类 46 项制度，并对其中 31 项审计制度实施了标准化改造；及时维护、更新审计法规制度库，补充法规制度 101 项，清理 30 项。

（李青山）

【审计业务“双重管理”责任进一步落实】 2010 年，总部派出督导组对 21 家企业的审计工作开展了督导，在深入调研、检查的基础上，对企业审计工作取得的成效和存在的问题作出了客观公正的评价，并针对性地提出督导建议，有力促进了企业审计工作的加强。如河南油田接受审计督导后，将所属 10 个单位的审计科调整为审计处的派出机构，在业务上实行垂直一体化管理，做到了项目计划、质量标准、业务流程、质量管控、处理与处罚、成果运用“六统一”；管道储运公司将派出审计人员的工资、人事、组织关系全部纳入机关管理，并实行审计项目集中会审制度，提高了审计工作质量。

（李青山）

【审计队伍实战能力和综合素质明显提高】 2010

年，总部通过组织开展“以审代培”示范审计，加强了对审计领军人物和业务骨干实战能力的培养；通过举办10期不同层次、专业的培训班以及加强与审计署、国外大公司和中国石油、中国海洋石油等兄弟企业的业务交流等，开启了思路，提高了相关人员的履职能力；通过组织开展“五比五看”、“创先争优”等主题活动，审计人员的团队精神和业务创新能力不断增强；通过加强审计职业道德和廉洁自律教育以及建立健全审计工作回访机制，促进了审计部门和审计人员严格执行审计“八不准”规定，较好地落实了廉洁审计责任。围绕“风险导向审计实务探索”和“科学审计理念及其实务运用”等课题，紧密结合审计工作实际，进行深入研讨交流，有8篇论文在中国内审协会举办的全国风险导向审计理论研讨暨经验交流会上获奖，同时石化集团公司连续两年获组织奖，进一步提升了公司内审工作的影响力。

（李青山）

其他工作

【协调和配合国务院监事会工作】 2010年，审计部门认真做好协调配合国务院监事会等监管部门的监督检查工作，及时反映和协调解决有关问题，认真落实所提意见和建议，相关工作得到了国务院监事会等监管部门的肯定。此外，按照国务院国资委的统一部署和石化集团公司党组要求，扎实开展了“小金库”专项治理工作。

（李青山）

纪检监察

综　述

2010年，石化集团公司深入贯彻落实中央纪委、国务院国资委关于反腐倡廉建设的各项决策部署，坚持标本兼治、综合治理、惩防并举、注重预防的方针，按照党组提出的“抓源头、抓重点、抓关键、抓惩处”的要求，统筹推进教育、制度、监督、改革、惩处各项工作，党风建设和反腐倡廉工作取得了新的明显成效。

（纪　健）

惩防体系建设

【概述】 2010年，石化集团公司继续推进惩防体系建设，党组制定下发了《中国石油化工集团公司惩治和预防腐败体系建设2010年工作要点及任务分解》（中国石化党组〔2010〕43号），将57项任务分解到30个部门和单位。党组成员、纪检组组长王作然两次主持召开专题会，听取汇报，部署工作，确保各项任务落实到位。各有关部门、单位落实责任、团结协作，共同做好各项工作，取得了明显成效，惩防体系建设长效机制进一步形成。8月30日，石化集团公司牵头召开了中央企业惩防体系建设第三组第一小组交流研讨会，并被推举到第三组全体会议上进行发言交流。年底，认真开展了惩防体系建设自查工作。

（纪　健）

【反腐倡廉制度建设】 2010年，石化集团公司制定了煤炭采购管理和炼油自销产品销售管理两项《监督办法》；对11项《监督办法（试行）》进行了修订；纪检组、监察局会同有关部门派出10个督察组，对61家单位执行《监督办法（试行）》情况开展督察，发现问题206个，提出建议166条；制定了《关于进一步加强涉外经营廉洁风险防范的意见》，强化了“走出去”过程中的反腐倡廉工作；落实中央《关于进一步推进国有企业贯彻落实“三重一大”决策制度的意见》，组织研究修订石化集团公司“三重一大”决策制度实施办法。年内石化集团公司各单位围绕反腐倡廉重点部位和关键环节共制定制度1 201项，修订制度1 981项，进一步提高了反腐倡廉的制度化、程序化、科学化水平。

（纪　健）

【落实党风廉政建设责任制】 石化集团公司认真落实党风廉政建设责任制，组织研究修订实施办法，进一步明确石化集团公司领导班子及成员，直属单位、总部机关部门领导班子及成员的责任内容，对检查考核、责任追究提出要求。全年各级领导人员签订责任书2.9万余份，各级党政组织对5 400多个单位进行检查，考核1.37万人，责任追究134人，有效促进了党风建设和反腐倡廉各项工作任务的落实。

（纪　健）

【纪检监察调研】 纪检监察系统全年完成调研文章1 600余篇，其中《加强国有企业反腐倡廉制度建设从源头上预防和治理腐败》被中国监察学会和中央纪委监察部廉政理论研究中心评为优秀理论研究成果特等奖，《利用信息化手段推进业务公开工作探索》

被评为一等奖，并在中国监察学会第四届常务理事会上被交流；《积极探索规律　不断创新实践　努力提高国有企业反腐倡廉建设科学化水平》入选全国纪检监察系统提高反腐倡廉建设科学化水平理论研讨会交流材料。编发了《纪检监察调研成果和经验材料汇编》、《党纪政纪法规制度选编(十二)》和《文化与廉洁》。加强中国监察学会石化分会建设，召开第二次会员代表大会，总结安排了分会工作，选举产生了分会新的领导机构，修订完善了分会《工作规则》。

（纪　健）

【纪检监察干部队伍建设】　石化集团公司纪检监察系统认真开展"比学赶帮超"活动，确定15个单位为联系点，促进活动的扎实深入开展；大力宣传报道中原油田孙青春的先进事迹；组织收看电视剧《远山的红叶》，带动了纪检监察队伍素质能力的提升。加强教育培训，举办了监察处(科)长岗位资格、巡视工作、业务公开网上巡视、效能监察等培训班；召开了信访监督座谈会、纪检监察办公室主任会。加强纪检监察组织建设，贯彻落实《关于加强和改进中央企业和中央金融机构纪检监察组织建设的若干意见》，组织开展调研座谈，党组审议并下发了《关于进一步加强和改进纪检监察组织建设的实施意见》；加强纪检监察监督网建设，聘任兼职纪检监察专员(员)171名，其中86人领受任务，在一些重要工作中发挥了骨干作用。

（纪　健）

源头治理

【概述】　2010年，石化集团公司不断拓展从源头上防治腐败的工作领域，继续以业务公开为抓手，深化源头治理工作，以公开促民主、以公开促清廉、以公开促效益；加强对重点领域和关键环节的监管，进一步规范权力运行；认真开展工程建设领域突出问题专项治理工作，加大廉洁风险防范力度。

（纪　健）

【业务公开工作】　石化集团公司加强业务公开网上巡视人员队伍建设，总部组建了1个综合组和9个专业组，100家直属单位成立网上巡视组，配备专兼职网上巡视员778名，基本形成了上下联动、实时监控的网上巡视工作机制。加强业务公开信息系统的管理维护，精心组织实施；加大统计分析、筛选对比、预警提示、自定义展示等功能开发，确保业务公开见到实效。全年公开业务信息405万多条，涉及合同金额1.53万亿人民币、603.33亿美元。全年两级网上巡视组共发现问题1 507个，下发《函询通知书》64份。石化集团公司纪检组、监察局先后派出5个检查组，对10个重点问题进行调查，下发《整改建议书》6份，有力地促进了经营活动的公开透明、规范管理。

（纪　健）

【工程建设专项治理】　石化集团公司认真落实《中国石油化工集团公司工程建设领域突出问题专项治理工作实施方案》，重点对2008年以来投资立项、在建和竣工的总投资额超过3 000万元(含)的建设项目进行治理，共排查项目432个，发现问题848个。纪检组、监察局会同有关部门组成7个检查组，对25家单位的163个项目进行检查，促进了工程项目监管长效机制的建立。石化集团公司扩大内需项目建设和工程专项治理工作得到了中央扩大内需和工程专项治理检查组的充分肯定。

（纪　健）

【执行签订责任书(协议书)制度】　石化集团公司强化对物资装备、工程建设等重要经济活动的监督，修订完善《廉洁从业责任书(协议书)》，形成了6种版本(国内5种版本、国际交易1种版本)。根据责任书(协议书)等规定，全年清除有问题供应商40家、暂停资格14家、内部通报33家，有效减少了违规违纪行为的发生。

（纪　健）

领导人员廉洁自律

【概述】　2010年，石化集团公司各级领导人员述职述廉1.9万人次；实施领导人员任职廉洁谈话6 834人次、诫勉谈话883人次，纪委负责人同下级党政主要负责人谈话8 031人次；严肃处理领导人员违反廉洁从业规定的行为，287人次受到警示谈话、调离岗位、降职、免职等处理。

（纪　健）

【廉洁自律承诺活动】　按照党组的要求，石化集团公司在处级及以上领导人员中开展了廉洁自律承诺活动，102家单位举行廉洁自律承诺书签字仪式，6.74万人签订承诺书，其中党组管理的领导人员859人。活动中，共有3 500多个领导班子组织了廉洁自律专题学习，党政主要领导上廉政党课3 300多次，不少单位还实实在在地开展反腐倡廉培训、家庭助廉和警示教育活动，在干部职工中引起了较好反响。各级领导人员从严约束自己，认真落实党组提出的“不收、不送”要求，共上缴礼品礼金、有价证券、支付凭证折合人民币555.34万元，进一步营造了“以廉为荣、以贪为耻”的良好氛围。

（纪　健）

【党组巡视工作】 石化集团公司党组进一步健全巡视工作机构，成立巡视组第四组；调整充实巡视人员，举办巡视培训班，提高巡视人员的素质能力；改进巡视工作方法，重点加强对贯彻民主集中制、廉洁从业、选人用人情况的监督检查，发现了部分单位管理上的薄弱环节和个别领导人员身上存在的苗头性、倾向性问题。全年4个巡视组对24个单位、175名党组管理领导人员开展了巡视，提出意见和建议91条。党组领导先后6次听取巡视工作情况汇报，对解决有关问题提出了明确要求，巡视组及时向被巡视单位传达党组的要求，督促整改问题，有力地促进了领导班子、干部队伍建设和反腐倡廉建设，巡视工作的“政治体检”作用得到进一步发挥。

（纪　健）

反腐倡廉教育

【概述】 2010年，石化集团公司组织学习《中国共产党党员领导干部廉洁从政若干准则》、《国有企业领导人员廉洁从业若干规定》、《关于严格禁止利用中国石化资源和平台谋取私利的十条规定》等廉洁从业规定2 400多场次，16.7万人次参加，进一步构筑了领导人员拒腐防变的思想防线。

（纪　健）

【党性党风党纪教育】 石化集团公司认真学习贯彻《中国共产党党员领导干部廉洁从政若干准则》，党组下发通知，要求党员领导干部将该廉政准则作为入门课、必修课、安全课，加强学习，严格遵守，自查自纠，始终保持高尚的情操和良好的作风。举办第二期直属单位党政正职培训班，邀请中央纪委法规室、最高检职务犯罪预防厅有关领导作反腐倡廉讲座。石化集团公司党组书记、总经理苏树林到培训班讲课，提醒各级领导人员要时刻做到头脑清醒、明辨是非，自觉抵制声色犬马的诱惑，体现了党组对干部的关心和爱护。

（纪　健）

【廉洁文化建设】 石化集团公司纪检监察部门结合落实《企业文化建设纲要》，组织开展了廉洁文化建设研讨活动，纪检监察系统共撰写研讨文章1 400多篇；在胜利油田召开廉洁文化建设研讨会，党组成员、纪检组组长王作然出席并讲话，中央纪委一室、国务院国资委纪委有关领导到会讲话，12家单位作典型发言，深入探讨了创新“六进”工程、推动工作发展的思路和措施；加强反腐倡廉教育阵地建设，胜利油田党风廉政教育基地被中央纪委监察部命名为第一批50个“全国廉政教育基地”之一，是国务院国资委系统唯一受到命名表彰的基地。

（纪　健）

【警示教育】 石化集团公司向总部部门和各单位部分领导人员配发了《责任重于泰山》、《镜鉴》等读本，强化了领导班子和领导人员抓反腐倡廉建设的责任感和使命感。党组成员、纪检组组长王作然带队，组织总部机关、在京单位领导人员160人参观了全国检察机关惩治和预防渎职侵权犯罪展览。各直属单位广泛开展各类警示教育活动，组织参观监狱228次，1.65万人次参加；与检察机关联合举行预防职务犯罪活动168次，1.57万人次参加；组织旁听法院庭审59场，716人次参加，取得了较好成效。

（纪　健）

效能监察

【概述】 2010年，石化集团公司总部和各直属单位效能监察立项379项，完成294项；通过开展效能监察，提出管理建议4 844条，建章立制2 042项，避免，挽回经济损失4.67亿元。

（纪　健）

【统一立项效能监察】 按照党组的要求，石化集团公司对清理油田系统外协队伍，新建工程建设项目，新收购、建设加油站统一立项开展效能监察。

开展清理油田系统外协队伍效能监察。2010年5月召开清理外协队伍启动会，9月召开推进会，通报了《关于2008—2009年油田外委队伍清退情况的专项审计调查报告》，传达了党组领导的批示精神，进一步推动清退油田外协队伍工作。涉及的13家油田单位共清退外协队伍360支，外协费用有了较大下降，提出建议91条，下达效能监察建议书、决定书44份。

开展新建工程建设项目效能监察。各有关单位结合工程专项治理工作，注重围绕工程建设设计施工、物资采购招投标、安全、质量等加强监督检查。全系统 28 家单位立项，提出建议 263 条，下达效能监察建议书、决定书 78 份，建立、完善制度 229 项。

开展新收购、建设加油站效能监察。各有关单位围绕保市场、树品牌，加强了对新收购、建设加油站的监督管理，不断提高加油站建设水平。15 家单位立项，共提出建议 296 条，建立、完善制度 98 项(条)，避免、挽回损失 450.79 万元。

（纪　健）

【派驻督察】 石化集团公司对武汉 80 万吨/年乙烯项目实施了派驻督察。派驻武汉 80 万吨/年乙烯项目的督察组以工程建设“投资、合同、安全、质量、进度、廉政”6 个控制为重点，坚持全面监督与重点监督相结合、相关部门密切协作与独立开展工作相结合、监督与服务相结合、沟通与协调相结合的工作方法，共组织召开效能监察专题会 7 次、施工现场监察 35 次，发现问题苗头与不足 25 项，参加工程及物资采购招投标 62 次，提出建议 21 条。

（纪　健）

【重点督察】 石化集团公司对塔河炼油改造、天然气榆济管线建设、石家庄炼化油品质量升级、安庆炼化一体化项目等实施了重点督察。各有关单位发挥效能监察工作的优势和作用，节约项目投资，发现管理漏洞，纠正行为偏差，促进了重要项目建设的安全、廉洁、高效。塔河分公司炼油改造项目、天然气分公司榆济管线建设项目建成后运行良好，未发现违纪违法问题。

（纪　健）

【加强在新疆项目监督检查】 2010 年 12 月 1 日，石化集团公司召开加强在新疆项目监督检查工作视频会议，传达贯彻中央纪委、监察部“加强中央支持新疆发展政策落实情况监督检查工作座谈会”精神和中央书记处书记、中央纪委副书记何勇在座谈会上的重要讲话，部署石化集团公司加强在新疆项目监督检查工作。党组成员、石化股份公司总裁王天普出席会议并讲话，党组成员、纪检组组长王作然主持会议。会议要求各有关单位和部门充分认识加强在疆项目投资和开展监督检查的重要意义，认真落实党中央、国务院的重大决策和部署，坚持“抓源头、抓重点、抓关键、抓惩处”，采取有效措施，加大在疆项目监督检查力度，确保中央政策落实到位，为确保在疆项目取得实效、促进新疆跨越式发展和长治久安作出贡献。

（纪　健）

【召开效能监察工作会议】 2010 年 12 月 10 日，石化集团公司召开效能监察工作会议。国务院派驻中国石化监事会主席季晓南和中央纪委一室、国务院国资委纪委领导应邀出席会议并讲话。党组成员、石化股份公司总裁王天普出席会议并讲话，党组成员、纪检组组长王作然主持会议，党组成员、石化股份公司高级副总裁蔡希有出席会议并宣读石化集团公司效能监察表彰决定。会议全面总结 2007 年以来的工作，表彰了 42 个先进单位、67 个优秀项目、9 个优秀派驻督察组和 180 名先进个人，明确了下一阶段效能监察工作的目标和任务。

（纪　健）

执纪办案工作

【概述】 2010 年，石化集团公司各级纪检监察部门共受理群众来信来访和举报电话 1 460 件，同比下降 30.9%；立案 78 件，下降 37.6%，其中大案要案 46 件，下降 44.5%。全年纪律处分 96 人，刑事追究 40 人，组织处理 23 人。通过查办案件，为国家和企业挽回、避免了部分经济损失。

按照党组的要求，石化集团公司严肃查处了河南安阳石油分公司油品质量事故案件。石化集团公司认真剖析案件原因，不断严格内部管理，从油品外采、质量检验等多方面入手，进一步加强油品质量管理，向社会郑重宣布：“每一滴油都是承诺”，并将 4 月 7 日定为中国石化质量日，查办案件的治本功能得到了充分发挥。

（纪　健）

党建与思想政治工作

◇ 综述

◇ 党建工作

◇ 宣传思想工作

◇ 和谐企业建设

◇ 企业文化建设

◇ 社会公益

综　　述

2010年，石化集团公司认真贯彻党的十七大和十七届四中、五中全会精神，紧紧围绕石化集团公司工作大局，坚持以"推动企业发展，服务职工群众"为出发点，精心组织开展以"比学赶帮超"、强"三基"、除"四害"为主题的"创先争优"活动，切实加强基层党建思想政治工作，持续推进企业文化建设和机关作风建设，充分发挥工会、共青团等群众组织的桥梁纽带和生力军作用，为石化集团公司的持续有效和谐发展提供了思想保证、组织保证、文化支撑和精神动力。

（刘纯斌）

党建工作

【创先争优】 石化集团公司坚持以"比学赶帮超"、强"三基"、除"四害"为主题，以"正在干的事情"为中心，扎实开展"创先争优"活动。"创先争优"活动办公室坚持"长计划、短安排，周运行、月总结"的协调机制，每周召开1次碰头会，落实领导要求，沟通工作情况，发现存在问题，强化工作措施。明确了各直属企事业单位232名联络员，及时沟通基层活动开展情况，协调召开专题座谈会，研讨如何围绕中心工作更加有效地推进工作。选调了经验丰富、协调能力强的30名工作人员，组成7个调研督导组，在集中学习党组精神、部署具体任务、提出严格要求的基础上，历时20多天，深入63家企事业单位开展督导调研，共召开领导干部、机关人员、基层职工、劳模代表等不同层次的座谈会97个，参加座谈会1 900多人，现场查看井队、车间、站库等一线单位163个，确保企业紧扣主题开展活动。按照党组领导"一定要抓好典型"的要求，在征求总部机关10多个部门意见的基础上，提出2010年选树典型工作方案。充分利用赴基层调研督导的机会，督促企业围绕活动主题、细化选树条件，分层次抓好典型选树工作。各单位、各部门共推荐典型559个，从中重点筛选确定了220个。坚持"动态跟进、突出重点、立体宣传"的工作思路，通过开设专栏、发表评论员文章、编发简报等形式，加强对内对外宣传，展示活动成果，推广活动经验，营造了良好的舆论氛围。2010年活动开展以来，"创先争优"活动办公室共刊发评论员文章15篇，编发简报140期，在《中国石化报》编发稿件1 244篇，播报石化电视新闻428条；在中央"创先争优"活动简报刊载3期专报，在中央企业"创先争优"活动专栏和简报刊载中国石化信息13条，较好地引导了活动扎扎实实的开展。

（刘纯斌）

【基层党建】 石化集团公司通过召开座谈会和到基层调研等方式，指导和督促基层党组织和党员干部落实党内各项制度，发挥好战斗堡垒作用和先锋模范作用。配合"走出去"战略，建立完善境外党组织机构和党建工作管理制度。配合做好有关单位党委划归地方管理的相关衔接工作。召开安庆石化等单位党建质量体系颁证大会，持续推进基层党建工作创新。组织参加上海世博会石油馆工作的16名党员成立临时党支部，确保组织生活正常开展。举办了石化集团公司党建工作部门负责人培训班和基层党支部书记培训班，不断提高基层工作水平。修改完善《直属党委基层党组织工作暂行细则》，指导直属机关基层组织做好换届工作，推进直属机关党组织工作规范化。坚持抓好直属机关反腐倡廉建设，抓好来信来访的调查核实工作，落实石化集团公司2008—2012年惩防体系实施方案相关工作责任。先后举办3期直属机关入党积极分子培训班，对179名入党积极分子进行培训。

（刘纯斌）

【作风建设】 按照石化集团公司党组要求，开展"文明、敬业、高效、廉洁"机关人活动，向机关干部职工发出倡议书；组织举办了以"文明健康生活、高效快乐工作"为主题的趣味运动会。汇总并印发总部机关不文明现象7个方面27种，要求各部门抓好自查自纠；先后11次检查督促落实整改措施；召开机关作风建设推进会部署整改措施。印发了《中国石化机关员工文明礼仪行为规范》；召集19家企业座谈，交流、研讨贯彻落实情况；举办文明礼仪知识讲座，组织机关员工文明礼仪真人漫画秀创意摄影大赛，编辑完成《图说文明礼仪行为规范》初稿，宣传普及文明礼仪知识。组织举办了总部机关作风建设文艺节目汇报演出，集中展现机关文明礼仪建设成果，受到党组领导和干部职工的好评。通过机关作风建设，不文明现象得到有效治理，员工行为举止更加规范，展现了良好的精神状态。

（刘纯斌）

宣传思想工作

【理论学习教育】 石化集团公司各单位坚持把学习、

宣传、贯彻好中央精神和石化集团公司工作会议精神作为全年工作的首要任务。着眼于贯彻中央《关于推进学习型党组织建设的意见》，切实把学习作为政治责任和推进企业科学发展的根本途径，制定可行方案，强化工作措施，以辅导讲座、干部培训、学习研讨等多种方式抓好干部职工的日常学习。专题部署学习贯彻党的十七届四中、五中全会，“两会”和石化集团公司工作会议精神的学习。在总部机关发放党的十七届五中全会辅导材料、“两会”报告和辅导读本等4 300本，并先后组织4次辅导讲座，帮助机关干部职工学习领会精神；分别组织开展了“深入开展创先争优活动——纪念建党89周年”、文明礼仪、企业文化、庆祝国庆和党的十七届五中全会知识答题活动，包括党组领导在内的2万多人次参加了答题活动，引导基层学习的不断深入。全年各企事业单位组织各层次学习会、培训班、辅导报告会等1 500多场次、25万多人次。

（刘纯斌）

【形势任务教育】 石化集团公司各单位围绕贯彻石化集团公司工作会议精神，结合“比学赶帮超”、强“三基”、除“四害”和“每一滴油都是承诺”等重点工作安排以及重点工程建设，充分发挥报纸、电视等媒体作用，强化形势政策宣传，把党组的声音传递到基层和每名职工，引导干部职工认清国家、石化集团公司和本单位面临的形势任务，增强推进企业发展的信心和决心。编发《石化政工简讯》9期、信息门户稿件500多篇，同时编发形势任务教材帮助企业做好工作。全年各企业也结合各自发展实际，采取编写宣传材料、组织专题讲座等形式开展形势任务教育，共组织形势任务专题辅导报告960多场次（听众14万多人次），传递了压力，鼓舞了斗志，凝聚了力量。

（刘纯斌）

【社会主义核心价值观教育】 石化集团公司坚持用中国特色社会主义理论体系武装党员干部，教育职工群众，持续推进理想信念教育和文明道德建设。购发《七个“怎么看”——理论热点面对面·2010》等资料供职工学习。协调上海石油分公司和广东石油分公司在所属3 000多座加油站组织开展“迎世博迎亚运讲文明树新风·央企文明服务先行”活动，精心做好上海世博会和第26届亚运会保供服务宣传工作，受到国务院国资委领导充分肯定。组织开展“做文明有礼的中国人”网上签名寄语活动，倡导文明参观、文明观赛。配合开展油田企业文明和谐社区创建活动，切实把文明创建活动落实到基层、小区和家庭。推进在京直属单位与京郊开展城乡共建工作，激发职工群众讲文明、树新风、促和谐的积极性。

（刘纯斌）

【思想政治工作研究会工作】 按照“内容以当前为主、活动以基层为主、目的以应用为主”的原则，石化集团公司积极探索研究新形势下加强党建思想政治工作的新途径和新办法。组织召开4个片区研讨交流会，突破了企业各自为战、单打独斗的局限性，推进了企业之间的相互借鉴、相互交流，97家单位2010年提交论文180余篇。邀请中共中央组织宣传部、中国政研会专家对企业2009年报送的129篇论文进行评奖，编辑论文集推广成果。落实党组领导在视察Addax公司时对文化融合提出的要求，协调国际石油勘探开发公司、国际石油工程公司、胜利油田、中原油田等8家单位开展课题研究，并形成初步成果。组织力量研究攻关国务院国资委提出的“把群众工作优势转化为企业科学发展优势的探索与实践”等课题，对中宣部政研所提出的“加强改进国有和国有控股企业思想政治工作”等课题提出对策建议，受到了中宣部政研所领导的充分肯定。

（刘纯斌）

【选树先进典型】 2010年，石化集团公司紧紧围绕中心工作，大力选树和推广立足岗位、业绩突出的先进典型，充分发挥先进典型以点带面的示范和导向作用。在全国范围内，大力宣传推广了胜利油田高级技师代旭升先进事迹；精心组织开展“身边的榜样”——中国石化青年成长成才典型选树活动，选树宣传了100名先进青年典型和“青年成长成才典型十大标兵”；评选表彰川气东送建设工程先进典型，形成了“见红旗就扛、有第一就争”的生动局面。全系统有28名职工当选全国劳动模范，62个班组当选中央企业红旗班组（科室），62名职工当选中央企业先进职工，2个单位获中央企业红旗班组（科室）标杆称号，2名职工获中央企业先进职工标兵称号，青海石油分公司获全国抗震救灾英雄集体称号，江苏石油扬州分公司正谊加油站站长王文清入选中央文明办主办的“中国好人榜”。

（刘纯斌）

和谐企业建设

【企业民主管理】 石化集团公司各单位认真贯彻落实《关于建立和完善集团公司企事业单位职工代表大

会制度的指导意见》，建立完善职代会制度，积极推进厂务公开。坚持把民主管理与企业生产经营中带有全局性、关键性的问题结合起来，与职工关心的热点难点问题结合起来，与职工的切身利益结合起来，不断拓宽企业民主管理和民主监督渠道，促进了企业管理决策的科学民主、规范有序。2010 年组织召开直属机关工会主席会议，审议通过《中国石油化工集团公司机关及在京单位住房分配货币化实施方案》、国有企业监事会兼职监事（企业职工代表）人选和总部机关年金管理办法等。

（刘纯斌）

【帮扶救助】 石化集团公司始终坚持以“推动企业发展，服务职工群众”为出发点和落脚点，积极贯彻落实“以人为本”的人文关怀思想，突出职工的主体地位，真正把一切依靠职工、一切为了职工落到实处，与职工共享企业发展成果。按照“真困难、真帮助”的原则，认真抓好帮扶救助工作，切实关心困难群体的生活，保证了职工队伍的稳定，初步形成帮扶工作长效机制。2010 年春节和国庆期间，各单位帮扶救助特困职工、困难职工等各类人员共计 15.23 万人次，支出帮扶救助金（含实物折款）1.24 亿元，促进了企业稳定，得到了职工的普遍赞誉。

（刘纯斌）

【青年工作】 立足服务企业中心工作和服务青年成长成才，石化集团公司各级团青组织大力开展“青年岗位能手”、“青年文明号”等活动，取得了可喜成绩。全系统有 5 人获得全国青年岗位能手称号，向团中央推荐 1 个全国青年安全生产示范岗，向中央企业团工委推荐 6 个中央企业青年文明号和 3 名中央企业青年岗位能手。在“神华杯”第二届中央企业青年创新奖表彰大会上，石化集团公司申报的 11 项创新创效项目获得金银铜奖各 1 项、优秀奖 8 项。

（刘纯斌）

【文体活动】 石化集团公司着眼于振奋精神、陶冶情操，开展了丰富多彩的职工文化体育活动。组队参加了第四届全国体育大会，取得了 3 金、2 银、6 铜、1 人破世界纪录的历史最好成绩，并获体育道德风尚奖。协助中国文联组织一批文艺家深入川气东送工程一线进行采风创作和慰问活动，受到一线职工和地方群众的热烈欢迎。举办了第二届职工羽毛球比赛、第三届职工围棋和中国象棋比赛，组织了朝阳文学艺术奖美术类、书法类作品评选，开展了第四届职工文艺录像调演活动，组织举办了直属机关职工乒乓球、羽毛球、游泳等比赛，“祖国颂”摄影展等活动，活跃了职工文化生活，引导干部职工以良好的精神状态投入到工作中去。

（刘纯斌）

企业文化建设

【概述】 石化集团公司注重加强企业文化建设，大力宣传企业核心价值理念，构建团结、进取、积极向上的企业文化，建立开拓创新、团队协作和预防风险的意识，培育诚实守信的经营理念，积极推进文化融合，关心企业员工的日常生活和健康安全，打造以人为本的和谐氛围，增强了企业的凝聚力、向心力，为推动企业科学发展提供强有力的精神动力和文化支撑。

（刘纯斌）

【广泛宣传中国石化企业文化】 利用《中国石化报》、手机报等，以消息、评论员文章、专家访谈等形式，全方位宣传《中国石油化工集团公司企业文化建设纲要》（简称《纲要》）及落实情况，刊播稿件（新闻）300 余篇次。在总部信息门户开设“中国石化文化博物馆”，分 5 个展厅展示企业文化建设情况。在国务院国资委网站刊登了 5 篇展示中国石化企业文化建设新发展的宣传稿件，在人民网、新华网、《新华每日电讯》和《中国能源报》等媒体上积极宣传中国石化核心价值理念。收集整理各单位企业文化典型故事 900 多篇，着手编辑《中国石化企业文化故事集》，力求通过故事反映优良传统和时代精神，推广核心价值理念。

（刘纯斌）

【推动企业文化建设】 按照党组要在“形成齐抓共管合力上下真功夫”的要求，认真抓好各项措施的落实。专题组织举办企业文化培训班，培训 240 余人（含党组管理干部 84 人）；进行了多次企业文化辅导讲座。系统推进制度标准化改造，努力把核心价值理念融入中国石化特色管理模式。修订下发《中国石化视觉识别手册》，修订完善 2010 版《员工守则》，指导企业共同推进企业文化 VI 建设。中原油田、茂名石化等单位加强组织领导，明确工作责任，坚持把贯彻落实《纲要》与开展“创先争优”活动结合起来，与“走出去”战略结合起来，初步形成了广泛参与、万众争先的生动局面。胜利油田、江苏油田、燕山石化、扬子石化、福建石油 5 个单位案例被评为中央企业文化建设优秀案例。

（刘纯斌）

【创新企业文化宣传载体】 编纂印发3万余册《中国石油化工发展历程简明读本》，以27万字展现中国石化的发展历程，夯实企业文化建设基础。以“一看就明白”为目标，编印10万册《画说理念》，发放到包括“走出去”队伍在内的各基层单位，生动诠释企业文化核心价值理念。组织开展征文活动和DV短片大赛，编发《员工眼中的中国石化》1万余册，征集到DV短片131部，调动广大职工参与企业文化建设的积极性。在《音乐》杂志等媒体登载信息，征集“中国石化之歌”，共收到来自全国27个省区，涉及石油、铁路、航天等12个行业(石化系统内87家单位参与)的应征歌词作品8 700件，从中评出50首获奖歌词作品，并针对获奖歌词作品征集谱曲，已收到应征谱曲作品597件。

(刘纯斌)

社会公益

【概述】 2010年，石化集团公司在全球金融危机影响余波犹存、经营环境面临巨大挑战的情况下，积极支持、参与公益事业建设，时刻关注社会整体利益，在和谐社区建设、赈灾济危、扶贫援藏、赞助“健康快车”、捐资助学以及发展国家体育事业、推动全民健身等方面作出了积极的贡献。同时，根据国务院国资委的监管要求，严格执行《中国石化对外捐赠管理办法》，进一步加强了对外捐赠的预算管理和规范管理，推进对外捐赠工作更加规范有序、及时有效。

截至2010年底，中国石化累计向社会捐赠超过22亿元。石化集团公司持续赞助“健康快车光明行”活动，持续资助“春蕾计划”，积极参与扶贫援藏计划。2010年4月，石化集团公司获民政部颁发的2009年度中华慈善奖提名奖；6月，获中国红十字会颁发的中国红十字勋章；11月，获中华健康快车基金会颁发的唯一光明功勋特别奖。

(杨振刚)

【支援灾区】 爱心滋润旱区。2010年春，中国西南部云南、广西、贵州等省遭遇百年罕见的持续大旱，受旱面积近1亿亩(6.67万平方千米)。面对日益严重的旱情，石化集团公司积极帮助当地群众打井找水，送油送水，全力以赴支持和开展抗旱救灾工作，同时向云南、广西、贵州三省区发出慰问信并捐款1 500万元。

驰援玉树。2010年4月14日，青海玉树发生7.1级地震。灾情发生后，石化集团公司迅即启动应急预案，在第一时间积极投身青海抗震救灾工作。公司领导召开紧急会议安排部署抗灾保供工作，先后两次向玉树灾区捐赠1 500万元救灾资金，同时承担起灾区成品油无偿供应工作。灾区沿途的中国石化加油站开通了“绿色通道”，为抗灾车辆优先加油，免费供水供饭，保证抗震救灾车辆油品充足供应。同时，石化集团公司还加大资源调运力度，在计划供应量的基础上，每日增供2 000吨油品，全力确保灾区用油需求。

抗洪抢险。2010年入汛以来，中国先后出现多次大范围强降雨，福建、广西、广东、湖南、江西等地遭受严重洪涝灾害。中国石化在第一时间作出应急响应，启动应急预案，在开展抗洪自救的同时，积极调配企业资源，保障救灾油品供应，出力捐钱，全力保供。石化集团公司向湖南、江西两省共捐助600万元救灾款。

在海南遭遇49年来同期最强暴雨袭击后，中国石化在做好在琼企业生产自救的同时，保障海南成品油资源供应，细化保供措施，积极投入当地救灾保供工作。在文昌等救援群众现场，中国石化将油品配送到救援一线，为冲锋舟、运输车辆等提供加油服务。石化集团公司向海南灾区捐款800万元，支持灾区人民抗灾自救，重建家园。

舟曲救灾。2010年8月8日凌晨，甘肃舟曲发生特大山洪泥石流自然灾害，给人民生命财产造成重大损失。中国石化紧急部署救灾工作，迅速启动救灾应急预案，成立中国石化抗洪救灾油品保障小分队，前往灾区为一线现场救援车辆和大型机械设备免费提供油品保障，同时捐赠500万元用于舟曲灾区抗灾救援。

(杨振刚)

【支援贫困县】 2010年，中国石化以《中国农村扶贫开发纲要(2001—2010年)》为指导，重点支持基础设施建设，协助贫困县搞产业开发，加强劳务输出培训和帮助发展教育事业等。当年向安徽的颍上、岳西，湖南的泸溪、凤凰4个国家级贫困县投入1 180万元资金，持续提高当地“造血”能力。自2002年承担新一轮定点扶贫工作以来，中国石化在4个定点扶贫县累计投入扶贫及救灾资金1亿元。

2010年，中国石化向以上4个县投入助学资金200万元，共资助学生1 260人。自2008年设立中国石化助学金以来，石化集团公司在4个定点扶贫县累计资助贫困生3 784人。资助家庭贫困、学习成绩优秀学生，受到当地政府和学生及家长的热情欢迎，取得了很好的社会效益。收到了265封受助学生给中国石化的感谢信。

（杨振刚）

【支援西藏】 中国石化高度重视援藏工作，并为此建立了专项工作制度，成立了扶贫援藏专门领导小组和工作办公室，设立了专门账户管理扶贫援藏资金，实现了扶贫援藏工作的规范化、制度化、科学化。扶贫援藏的工作重点集中于关注民生、改善民生的基础性、公益性项目，从改善当地的生产生活条件入手，重点协助地方建设和完善了一批与农牧民生产生活息息相关的基础性、公益性设施，改善了基本生产生活条件，取得了较好效果，被国务院扶贫开发领导小组评选为中央国家机关定点扶贫工作先进单位。到 2010 年底，中国石化援藏 10 年来累计向西藏建设投入资金 1.36 亿元，其中 2010 年投入 2 583.4 万元。

2010 年，中国石化继续加大对班戈县的支持力度，班戈小学、牧民安居、牧区太阳能照明、教育培训等一批重大项目相继完成。当年在班戈县实施牧民安居工程项目涉及 10 个乡镇、86 个行政村，共计 1 026 户。2010 年，中国石化安排专门资金，为安居工程部分照明困难的家庭配套解决了 271 套集照明和观看电视为一体的太阳能照明设备；共培训教师 30 名、乡村义务人员 35 名、畜牧兽医 35 名、牧民群众 100 名。此外，中国石化还为新成立的消防中队购置消防车辆 1 台。

（杨振刚）

【资助“春蕾计划”】 2010 年，石化集团公司出资 597.6 万元继续资助四川、贵州、甘肃、湖南四省贫困地区的 9 960 名春蕾高中生完成高中学业。6 月，石化集团公司资助的第二批 3 320 名高中生参加了高考，其中 2 500 多名春蕾生考入全国各地高校。

（杨振刚）

【服务文化体育盛事】 中国石化在一如既往地为客户提供高品质的油品、加强回收治理和净化生活环境的同时，还对在国内举行的重大体育文化盛事提供重要的财力、物力及人力支持。其中，仅为上海世博会和广州亚运会服务的人数就达 6 000 余名。2010 年，中国石化还出资 700 万美元支持北京市申办 2015 年田径世界锦标赛，成为国际田联官方合作伙伴。

（杨振刚）

新闻与出版

◇ 新闻媒体

◇ 图书出版

新闻媒体

【概述】 截至2010年底，中国石化保持“三报、两刊、一台、一张复合网”的新闻媒体格局。各媒体每天直接生产20多万字的文字产品、10万字的网络产品、100多张图片产品、1个多小时的视频产品。

在2009年的基础上，中国石化的新闻媒体形式在2010年得到进一步丰富：11月8日，中国石化网络电视成功开通上线，中国石化拥有了自己的网络电视台，石化电视完成了从一档电视节目到一个电视台的转变。一份提供给外籍员工阅读的英文电子周刊——《中国石化周刊》(《SinopecWeekly》)于2010年开始筹办，计划在2011年推出。

2010年，《中国石化报》发行量13.2万份，比上年增加2 000份；《中国石化》杂志发行量2.2万份，比上年增加2 000份；《车友报》发行量75万份，与上年持平。

（庞　炜）

【《中国石化报》】 2010年，在新闻宣传方面完成了“12345工程”：①始终抓住“服务党组中心工作，服务职工群众”的主线，全心全意作好新闻宣传报道。②开展了“创先争优”和“我要安全”两大主题活动的大规模宣传报道，有力地推动了全公司广泛深入地开展该两项工作。③开展了“企业文化建设纲要”、“社会责任”和“典型人物”3项公司软实力的宣传报道，推出了代旭升、孙青春等一批人物。④开展了“川气东送”、“质量承诺”、“转变经济增长方式”和“走出去”4项重点专题的宣传报道。⑤开展了“油田增储上产”、“炼化调整优化结构”、“销售开拓市场”、“重点工程建设”和“科技改革创新”5项日常工作的宣传报道。此外，还集中宣传了8个工程设计施工单位、8家科研院所。

（庞　炜）

【《中国石化》杂志】 2010年，《中国石化》杂志以石化集团公司的中心工作为主线，做好全年重点宣传报道，做到了“期期有专题、月月有重点”。在全年12个专题策划中，力求注重特色、挖掘深度、写作灵活、扩大影响，如第一期的“七读集团公司工作会议精神”、第四期的“西南石化企业抗旱救灾”、第七期的“页岩气发展”、第九期的“川气东送”和第十期的“质量工作”专题均受到好评。

（庞　炜）

【中国石化网络电视】 2010年11月8日，中国石化网络电视成功上线运行，意味着中国石化拥有了自己的网络电视台。中国石化的电视节目时效性明显提高，播出覆盖面全面扩大，舆论影响力显著提升。中国石化网络电视开设了新闻资讯、油气天地、炼化空间、营销世界、科研工程、石化纵横、培训教育、文化娱乐、时尚生活9个频道以及直播、访谈、专题、播客4个服务专区。通过虚拟直播和点播，信息传递更为快捷，节目信息量更多，可视性大大增强。同日，电视节目《中国石化新闻》改版，节目名称改为《中国石化新闻联播》，改版后的节目由重大新闻(含总部要闻)、深度报道、企业新闻(新闻快递、简讯)、行业资讯4个部分组成。

（庞　炜）

【中国石化新闻网】 2010年，中国石化新闻网完成了“十一五”发展回顾、川气东送工程建设、中国石化“走出去”、转变发展方式、服务亚运会、非油品业务、成品油保供、支援农业“三夏”等50个重大专题的策划、制作。通过网上开设大家来挑错、质量竞赛等专题，配合《中国石化报》开展重大活动，加强了媒体联动，形成合力，扩大了影响。通过在新闻网稿件发布系统中增加视频模块，实现了新闻网的视频发布功能，使得新闻网的新闻表现形式基本完备。新闻网每天页面点击量超过55万，每天更新10万字以上信息。

（庞　炜）

【《中国石化新闻界》】 2010年，《中国石化新闻界》配合石化集团公司阶段性目标，每期组织1个专题研讨重点栏目，组织了新型写作、新闻摄影的新型表达、如何成为全能记者、探索新媒体发展、提升报道水平和开展“比学赶帮超”活动的专题研讨。该刊还组织了编采手记、石化荧屏、网络媒体和记者感言等16个栏目的稿件，充分体现了传递、研究、交流、展示等功能。

（秦桂屏）

【《中国石化手机报》】 2010年，《中国石化手机报》制作了川气东送建设工程、央企青年联合会、石化集团公司年度工作会议3个特刊。增加了读者互动内容。读者通过短信参与了安全生产图片挑错活动。通过广告宣传了中国石化网络电视。年内手机报发行扩容到9 500人，而且发行到22个海外单位的高级管理人员。9月开通了中国联通和中国电信的发行渠道，基本上实现了全网覆盖。

（庞　炜）

【《车友报》】 2010年，《车友报》坚持“两促一提升”（促成品油销售，促非油品业务发展，为提升中国石化品牌服务）的服务理念，通过报道广大车友喜闻乐见的内容，实现潜移默化地宣传中国石化的目的。全年对中国石化进行直接宣传的用版比重达40%。同时利用换版心的方式，为各石油分公司置换版心240块。对长城润滑油和海龙燃油宝开展有针对性的宣传报道。在为车友服务方面，加强了对车友声音的反映、对实用知识的介绍。为了扩大影响力，加强对加油站的宣传服务，年内自筹资金给2.3万座加油站每期寄送了1份《车友报》。全年出版《车友报·易捷汽车生活导刊》12期，覆盖20个省、市、自治区。

（庞　炜）

【中国石化团购网】 2010年，中国石化团购网继续与阳光保险进行合作，并在燕山石化成功举办了家装建材团购活动，受到石化员工的欢迎。12月22日与重庆长安汽车公司举行了中国石化员工团购汽车活动启动仪式。

（蔡廷永）

【中国石化新闻图片网】 2010年，中国石化新闻图片网作为中国石化报社内部网，整合了报社内部图片资源，发挥为各媒体提供新闻图片的功能；作为外网，发挥宣传中国石化形象的功能；作为图片档案库，发挥为石化集团公司留存图片档案资料的功能。全年为石化集团公司各类期刊、年报、社会责任报告等提供了上百幅图片，与全国专业报新闻摄影学会网、视觉中国网建立了交流渠道。截至年底，图片网签约的摄影师达到2 000多人，图片存储量达到12万张。

（章　铮）

图书出版

【概述】 石化集团公司图书出版范围主要涵盖石油和天然气勘探开发、石油炼制、石油化工、石油与石油化工产品、化工机械与设备、安全与环保、企业经营管理与企业文化等领域，出版各类学术专著、技术图书、专业词典等手册工具书、普及读物、行业标准、规范、各类职工培训教材及大中专教材等。石化集团公司图书出版工作以传承科学、服务石化、繁荣出版为主要任务，坚持把社会效益放在首位，积极扩大图书品种和规模，增强专业优势和核心竞争力，努力为促进中国石化科技进步，提高石油石化企业生产经营和管理水平服务。

2010年出版新书699种，重印书253种（部分书目见表1），出书总码洋1.03亿元，取得了较好的社会效益和经济效益。

（赵　怡）

【《普光高酸性气田开发》出版发行】 该书把油气田勘探开发的基础知识、理论计算应用于普光气田的开发实际，反映了中国酸性气田开发领域的新水平。该书既吸纳了国内外高酸性气田开发的成功经验，又反映了中国石化的最新科技成果，并重点概括了普光气田开发建设的系统工程技术，是科研攻关、工程实施的理论和经验的总结，是一部高酸性气田开发建设的实践篇。

（程天阁）

【《国际勘探经济、风险和合同分析》出版发行】 该书由美国资深国际油气合作咨询专家丹尼尔·约翰斯顿（Daniel Johnston）编著，中国石化石油工程技术研究院陆保平、尚会昌翻译。全书共16章，主要涉及国际石油现行财税制度现状分析、国际石油财税制度——产量分成合同、利润分配、财税制度设计以及一些实际合同案例等。作者在书中详细介绍了存在风险的地方以及如何规避风险，怎样才能签订一个满意的合同，在合同执行中怎样有效地去利用风险，并提出许多新颖的理论观点和方法。该书是作者多年工作经历的总结，可供从事石油勘探经济评价、财务分析及其相关专业的技术人员学习参考使用。

（程天阁）

【《润滑油脂行业应用指导手册》出版发行】 该书是一部实用手册，按照工业行业的特点，对汽车、冶金、船舶、工程机械、铁路、电力、金属材料加工压缩、制冷等行业的机械装备的原理和特性、运转环境和条件及如何选择使用润滑油剂进行了具体的描述。该书可作为润滑油剂技术开发人员、销售人员、管理人员及使用人员能够正确选择使用好设备润滑介质的参考。

（程天阁）

【《员工眼中的中国石化》出版发行】 该书由石化集团公司思想政治工作部组织编撰。通过石化员工的所忆所感和所历所悟，从不同的视角和侧面，反映了中国石化的发展变化和巨大成就，主题鲜明，题材广泛，贴近生活，感情真挚，具有较强的思想性、艺术性和可读性。全书共收集70篇文章。

（程天阁）

【《地质微生物学（第五版）》出版发行】 该书主要介绍了岩石、矿物及水体等微生物栖息环境；早期生命、微生物的起源和演化；地质微生物的生化过程，以及在碳、氮、硫、磷、锰等多种重要元素地质循环过程中的作用；专门用一章描述了地质微生物在化石燃料（甲烷、煤炭、石油等）形成和降解过程中的作用；引入了分子生物学研究方法及其相关成果。该书对地质学和矿物形成研究、微生物采油等资源勘探开发技术的研究具有重要意义。

（程天阁）

【《水平井压裂技术与进展》出版发行】 该书涉及水平井完井工艺、碳酸盐岩水平井分段酸压技术、水平井分段压裂工艺技术、水平井连续油管射孔、分段压裂工艺的应用、新型压裂液、支撑剂的应用、水平井分段措施管柱、压裂水平井产能预测方法、水平井水力喷射分段压裂、裸眼水平井酸压裂缝形态及效果评价等各个方面。反映了当前水平井压裂方面的成熟技术与最新进展，总结了相关经验，交流了技术，对进一步提高水平井压裂技术的应用水平起到了承前启后、引路出新的积极作用。

（程天阁）

【《“我要安全”故事集》出版发行】 该书共收集了70篇优秀小故事，小故事均为纪实性文体，围绕“我要安全”这一主题，以员工“讲身边人、说身边事”的亲身经历来突出反映了增强安全责任意识、强化安全生产监督管理、提高安全技能、规范安全行为的典型经验和做法，主题鲜明，题材广泛，贴近基层，具有较强的教育引导意义。可供各企事业单位的各级员工学习使用。

（程天阁）

【《原油蒸馏工艺与工程》出版发行】 该书系统地阐述了原油蒸馏工艺和工程技术诞生、发展和当前的状况；总结了蒸馏技术领域的科研成果、设计水平和生产实践经验。全书共18章，内容涵盖了石油炼制工业的发展与技术进步，原油与产品性质，原油预处理，蒸馏原理与计算，工艺流程及操作条件，轻烃回收，减压蒸馏工艺与设备，气—液传质过程与设备，热交换过程与设备，加热炉，流体输送，能量消耗与节能，腐蚀与防腐，过程控制及仪表，设备和管道布置，环保、健康卫生及开停工，技术经济分析，国外原油蒸馏技术的进展等诸多方面。可供石油炼制和石油化工领域从事科研、设计、建设、技术管理、生产操作的人员以及高等院校相关专业的师生阅读与参考。

（黄彦芬）

【《丁腈橡胶》出版发行】 《丁腈橡胶》是《合成橡胶技术丛书》的第四分册。该书共12章，全面、系统、详尽地介绍了丁腈橡胶的基本知识、生产工艺、加工应用等，以及丁腈橡胶的特殊品种，如粉末丁腈、羧基丁腈、聚稳丁腈、丁腈橡胶与聚氯乙烯的复合材料等。可供从事丁腈橡胶生产、科研、加工应用及改性行业的相关人员参考借鉴，也可作为大专院校相关专业师生的教学参考资料。

（任翠霞）

【《中国先进能源技术发展概论》出版发行】 该书由以“十一五”、“863”计划先进能源技术领域专家组专家为主编写，总结了国内“十五”、“十一五”先进能源技术的发展，着重反映近年来中国能源总量、总体发展的现状和趋势，反映国内外在洁净煤技术、可再生能源、氢能、核能利用分布式能源、节能、燃气轮机、温室气体减排等领域的发展现状和未来趋势，偏重于技术发展的总体现状、政府管理和推进政策、未来可能实现的趋势分析等，可为能源管理人员制定能源科技决策或规划、能源企业高管提供企业技术方向以及为学校教育等提供参考。

（韩　勇）

【《炼油与石化工业技术进展》（2010版）出版发行】

该书由中国化工学会秘书长、中国石油学会石油炼制委员会副主任委员洪定一担任主编。该书按当期炼油与石化工业技术热点分为炼油工艺与产品、化工工艺与产品、催化剂（三剂）、装备技术、装置运行与管理、安全与环保、节能减排等专栏，系统总结近年来各个领域的进展与成果。该书可作为国内炼油与石化领域的广大生产经营、管理、科研、设计与工程建设专业技术人员的参考书。

（田　曦）

【《新结构高性能多孔催化材料》出版发行】 该书以国家科学技术部《国家重点基础研究发展规划》“新结构高性能多孔催化材料创制的基础研究”项目研究

为背景，系统介绍了该项目所取得的创新性研究成果。该书各章节由承担项目研究任务的研究骨干负责编写，涉及多孔催化材料孔结构调变、催化功能化修饰、原位表征和理论模拟以及石油化工催化应用等内容，包括含骨架杂原子的亚纳米孔催化材料、多级复合孔催化材料、有机—无机杂化多孔催化材料、金属及氧化物修饰与组装的多孔催化材料、反应控制相转移及选择氧化多孔催化材料、催化材料原位动态谱学表征、催化新材料合成的分子设计与方法等方面的研究进展。

（任翠霞）

【《危险化学品安全技术大典(第Ⅰ、Ⅱ卷)》出版发行】 该书由中国石化安全工程研究院、国家安全生产监督管理总局化学品登记中心组织编写。该书针对危险化学品管理和技术人员必须掌握的有关信息，对每种化学品均列出标识、危害信息、理化特性与用途、包装与储运、紧急处置5项信息。该书反映了国内外危险化学品安全管理和技术的新进展，可作为危险化学品登记、编制安全技术说明书的参考书，亦是化工和石油化工行业从事设计、生产、科研、供销、安全、环保、消防和储运等工作的专业人员必备的工具书。

（潘向阳）

【《国外重大事故管理与案例剖析》出版】 该书分为6个部分，主要从国外重大安全事故处置策略、事故调查体制机制及分析技术与方法、事故指标体系及指标量化方法3个方面，分析了美国、日本、澳大利亚、英国等发达国家及部分发展中国家的管理实践经验，同时还详细分析了国外典型重大事故灾难案例，以便能更清晰地了解国外重大事故管理模式及其形成的历史背景。针对中国事故管理体系现状，从事故预防、事故处置、事故调查及事故(目标)控制4个角度，提出了提高事故管理水平的战略措施和政策建议。该书重点突出，结合实际，突出系统性和整体性，可供从事应急管理、事故调查与分析、安全管理的相关技术人员和管理人员使用。

（白　桦）

【《保护层分析——简化的过程风险评估》出版】 该书由美国化学工程师协会化工过程安全中心(CCPS)编写、中国石化安全工程研究院组织翻译。该书系统地介绍了保护层分析(LOPA)的基本原理及其发展历史，详细描述了LOPA分析的相关概念和分析过程，使用贯穿全书的两个案例对LOPA分析的过程及要点进行了展示，介绍了LOPA分析结果在不同领域的应用。附录中给出的LOPA分析表格及记录文档可作为读者进行LOPA分析的模板。该书可为读者提供半定量风险评估的有力工具，适用于高等院校、科研院所、政府部门及企业从事危害分析、风险评估、工艺设计及过程安全管理的人员。

（许　倩）

表1　石化出版社2010年重点科技图书目录

序号	书　　名	作　　者
1	当代石油和石化工业技术普及读本——加油站	贾约鹏　孟为民　编著
2	合成橡胶技术丛书·丁腈橡胶(第四分册)	曹湘洪　主编　张传贤　火金三　等编著
3	高等院校“十一五”规划教材·精细化工实验	刘　红　主编
4	新世纪的跨越——辽宁石油化工大学校史续篇(2000—2001)	宋焕斌　主编
5	风雨六十载　辉煌抚油人	宋焕斌　主编
6	中哈跨国原油管道计量站——运行、计量与交接	陈群尧　吴　浩　徐　鹏　编著
7	金属加工润滑技术的应用与管理	潘传艺　张晨辉　编著
8	重要石化设备监造大纲(上册)	中国石油化工集团公司物资装备部　编

续表

序号	书　　名	作　　者
9	石油化工工程质量监督案例(第一册)	张克华　主编　周　国　李建国　副主编
10	炼油装置应急知识问答丛书·常减压蒸馏装置应急知识问答	彭光勤　胡兆灵　张连生　主编
11	高职高专系列教材·市场营销学	赵忠芳　孙　伟　主编
12	精细有机化工产品生产技术手册(上下卷)	韩长日　宋小平　主编
13	油库安全丛书·油库设备应急抢修技术	蔺子军　王　丰　朱建成　张晓伟　编著
14	高等院校"十一五"规划教材·基础化学	杨立静　主编　曹东杰　郑艳芬　张春梅　副主编
15	基础化学学习指导丛书·结构化学学习指导	韦吉崇　等编著
16	高职高专系列教材·市场营销强化训练习题集	赵忠芳　孙　伟　主编
17	中国塑料工业年鉴. 2010	中国塑料加工工业协会　主编
18	炼油装置技术问答丛书·硫黄回收联合装置技术问答	禹晓伟　王百森　黄福泉　主编
19	高职高专系列教材·燃料油生产工技能鉴定培训教程	张远欣　杨兴锴　主编
20	数字化校园资源使用指南(第五版)	封红旗　主编　江一山　刘春林　金　耀　龚方红　副主编
21	高职高专系列教材·燃料油生产装置仿真操作	史文权　主编
22	现代物流与供应链系列教程·采购管理	甘　明　刘洪娟　杨　悦　编著
23	炼油化工"三剂"应用技术	何小龙　编著
24	石油化工职业技能培训教材·丙烯腈装置操作工	中国石油化工集团公司人事部　中国石油天然气集团公司人事服务中心　编
25	高分子材料概论(第二版)	王慧敏　等编著
26	新型化妆品实用配方与质量监控	白景瑞　滕长关　编
27	润滑剂添加剂手册	方建华　董　凌　王　九　陈波水　编著
28	炼油装置应急知识问答丛书·汽(煤、柴)油加氢装置应急知识问答	艾中秋　王　勇　主编
29	高等院校"十一五"规划教材·化工设计	刘荣杰　主编
30	食物养生宝典	廖康强　编著
31	油料火灾科学导论	杜　扬　编著
32	专家之路	中国石化集团公司人事部课题组　编著
33	中国先进能源技术发展概论	国家高技术研究发展计划("十一五""863"计划)先进能源技术领域专家组　编著
34	高等院校"十一五"规划教材·分析化学实验	邓桂春　主编
35	金属加工润滑剂(第二版)	周耀华　张广林　编著

续表

序号	书　名	作　者
36	石油石化物资供应管理	《石油石化物资供应管理》编委会　编
37	储运油品学	熊　云　许世海　刘　晓　范林君　杨延飞　编著
38	炼油与石化工业技术进展(2010)	洪定一　主编
39	第四届(2010)北京国际炼油技术进展交流会论文集	大会组委会　编
40	炼油企业技术与管理——中国海油惠州炼油专辑	吴　青　主编
41	加油站事故案例精编	黄　辉　沈巨川　尹成江　编著
42	原油评价标准试验方法	田松柏　主编
43	炼油厂油品储运技术及管理	王凤林　编著
44	成品油市场营销(第二版)	夏良康　编著
45	液体燃料的性质及应用	许世海　熊　云　刘晓　编
46	润滑脂性能及应用	蒋明俊　郭小川　编著
47	化学计量学方法及 MATLAB 实现	史永刚　粟　斌　田高友　等编著
48	阻燃高分子材料配方设计与加工	张玉龙　夏裕斌　主编
49	石油化工催化剂基础知识(第二版)	朱洪法　刘丽芝　编著
50	高职高专系列教材·普通话与口才实训教程	麻友平　主编　赵　敏　罗明焕　副主编
51	沥青生产与应用技术手册	《沥青生产与应用技术手册》编委会　编
52	石油化工产品生产工艺手册[美]	郭瓦力　李文秀　张　丽　等译
53	化工开发与工程设计概论	韩冬冰　王文华　赵　旗　编著
54	设备管理新技术应用丛书·全面规范化生产维护(TnPM)技术与应用	麦郁穗　刘静宇　徐保强　李葆文　主编
55	第十五届省(市、区)稠油开采技术论文集	陈　壁　夏庆龙　主编
56	石油化工原料与产品安全手册(第二版)	王广生　主编　张海峰　副主编
57	高等院校“十一五”规划教材·大学物理学习指导	刘凤智　王　莉　郭　红　主编
58	企业培训师工作指南(技能人员培训篇)	石惟理　主编　吕　英　刘冬琪　副主编
59	高等院校“十一五”规划教材·化工机械与设备概论	李　超　主编　陈叔平　副主编
60	高等院校“十一五”规划教材·过程设备设计力学基础	李国成　蒋文春　编著
61	海上油田精细地质建模	杜玉山　著
62	非洲大漠铸丰碑	中国石化阿尔及利亚管道项目管理部　编著
63	油气处理工艺及计算	李士富　编著
64	三次采出液处理技术及应用	董培林　寇　杰　曹学文　编著
65	工业锅炉技术	王振波　李国成　编著

续表

序号	书　　名	作　　者
66	石油化工仪表自动化培训教材·在线分析仪表(上下册)	《石油化工仪表自动化培训教材》编写组　编
67	第八次全国高校油气储运学术交流会论文集(2010 年)	蒋华义　主编
68	胜利钻井	胜利石油管理局　编
69	危险化学品安全技术大典(第Ⅰ卷)	张海峰　主编
70	油库工作数据手册	马秀让　主编
71	石油化工产品及试验方法行业标准汇编. 2010	中国石油化工股份有限公司科技开发部　编
72	水力旋流器技术与应用	庞学诗　编著
73	最优化方法	陈军斌　杨　悦　编著
74	《马克思主义基本原理概论》同步辅导	王玉莉　主编　杨绍辉　副主编
75	油库加油站风险辨识与管理	陈书耀　主编
76	石油产品行业标准汇编. 2010	中国石油化工股份有限公司科技开发部　编
77	普通高等教育"十二五"规划教材·石油化工装备成套技术	徐　岩　主编　李国成　宣征南　副主编
78	实用园林绿化技术指导	张光廉　柳耀平　主编
79	石油化工厂安全必读系列丛书·石油化工厂员工人身安全知识必读	朱以刚　编著
80	石油石化节能技术丛书·油田企业节能技术与实例分析	宗　铁　雍自强　主编
81	2010 消防科技与工程学术会议论文集	中国消防协会学术工作委员会　中国人民武装警察部队学院消防工程系　编
82	油气管道工程技术丛书·油气管道选材	王引真　熊　伟　王彦芳　等编著
83	现代工业安全	陈志刚　余志红　胡广霞　编著
84	中国石油化工集团公司劳动定员企业标准汇编	中国石油化工集团公司人事部　编
85	高等职业教育"十一五"规划教材·C 语言程序设计	张利群　苏金芝　王巍慈　编著
86	公共安全与应急管理丛书·突发事件应对法案例解读	王宏伟　编著
87	油气库站设计与建设	康　勇　编著
88	焊接残余应力的产生与消除(第二版)	宋天民　编著
89	高等院校"十一五"规划教材·文献检索与科技论文写作	黄军左　主编　周红军　李锦兰　副主编
90	高等院校"十一五"规划教材·压力容器安全工程	戴　光　魏安安　李　伟　李晓红　编著
91	润滑油应用与采购指南(第二版)	关子杰　钟光飞　编著
92	企业环境监测习题与解答	戴竹青　主编　许　谦　副主编
93	石油化工职业技能培训教材·仪表维修工	中国石油化工集团公司人事部　中国石油天然气集团公司人事服务中心　编

续表

序号	书　名	作　者
94	河南油田石油工程技术论文集	袁建强　主编
95	高等学校廉洁文化教程	钟俊生　主编　马振清　刘　明　副主编
96	石油石化节能技术丛书·公用工程系统节能技术与实例分析	官庆杰　主编
97	石油化工常用国内外金属材料手册	中国石油化工集团公司设备设计技术中心站　编著
98	ASME　B16.5　管法兰和法兰管件 NPS　1/2　至 NPS24　公制/英制标准(2009 版)	美国机械工程师学会　编著
99	炼油设备工程师手册(第二版)	中国石油和石化工程研究会　编著
100	危险化学品安全培训丛书·危险化学品事故处理与应急预案(第二版)	何光裕　王凯全　黄　勇　等编著
101	空气冷却器	赖周平　张荣克　编著
102	矿场油气集输与处理	郭揆常　主编
103	危险化学品从业人员安全培训教材	王　毅　刘　健　主编
104	北京市高等教育精品教材立项项目·石油化工工艺实践教程	靳海波　宋永吉　主编
105	高等院校"十一五"规划教材·自动控制原理	朱玉华　主编
106	危险化学品安全培训丛书·危险化学品设备安全(第二版)	王凯全　王新颖　编著
107	石油化工仪表自动化培训教材·集散控制系统及现场总线	《石油化工仪表自动化培训教材》编写组　编
108	制冷技术及应用	胡大鹏　陈淑花　主编
109	油气管道工程技术丛书·油气管道检测与评价	何仁洋　主编　修长征　副主编
110	炼油化工设备腐蚀与防护案例	胡安定　主编
111	职业安全健康监督管理手册	王　毅　刘　健　高室民　主编
112	危险化学品安全培训丛书·危险化学品安全经营、储运与使用(第二版)	王凯全　邵　辉　等编著
113	石化行业压力容器安全操作培训读本	石惟理　主编　于文军　景丽君　副主编
114	中国公民境外安全手册	刘　钰　卢万选　主编
115	危险化学品安全培训丛书·危险化学品安全评价方法(第二版)	王凯全　袁雄军　等编著
116	危险化学品安全培训丛书·危险化学品生产安全(第二版)	邵　辉　王凯全　编著
117	设备管理新技术应用丛书·石化装置风险管理技术与应用	林筱华　王庆锋　刘文彬　编著

续表

序号	书　　名	作　　者
118	风险管理原理与方法	邵　辉　赵庆贤　林　娜　等编著
119	管道检测技术问答	袁厚明　主编
120	润滑一点通	3E润滑科技实验室　编著
121	特种作业人员安全技术培训系列丛书·压力容器操作工安全技术	王　君　编著
122	地下油库应用技术	徐至钧　主编　杨　森　徐　卓　等编著
123	国外重大事故管理与案例剖析	陈国华　编著
124	危险化学品安全培训丛书·危险化学品安全管理(第二版)	赵庆贤　邵　辉　葛秀坤　编著
125	高等院校"十一五"规划教材·过程装备密封技术	郝木明　编著
126	石油化工设备维护检修技术(2009版)	本书编委会　编
127	职业健康安全管理体系实施过程危险源辨识与控制	陈　全　编著
128	特种作业人员安全技术培训系列丛书·金属焊接与切割作业人员安全技术	闫成新　编著
129	公共安全与应急管理丛书·突发事件应急管理基础	王宏伟　著
130	石油化工仪表自动化培训教材·旋转机械状态监测及控制系统	《石油化工仪表自动化培训教材》编写组　编
131	石油化工管道安装设计便查手册(第三版)	王怀义　主编
132	天然气应用与安全丛书·天然气集输与安全	刘　祎　主编
133	保护层分析——简化的过程风险评估[美]	白永忠　党文义　于安峰　译
134	原油电脱盐脱水技术	贾鹏林　娄世松　楚喜丽　著
135	石化企业消防安全丛书·消防器材与装备	张速治　于学顺　主编
136	石化企业消防安全丛书·危险化学品消防救援与处置	杨　健　主编
137	石化企业消防安全丛书·消防业务训练指南	董建新　主编
138	石化企业消防安全丛书·灭火救援安全技术	刘玉伟　主编
139	我身边的故事	李忠华　主编　周洪成　刘海章　郭玉成　副主编
140	热力发电厂节能减排实用技术问答	王和平　程绍兵　编著
141	石油污染土壤和油泥生物处理技术	祝　威　著
142	油页岩——石油的补充能源(英文版)	钱家麟　尹　亮　主编
143	烟花爆竹经营安全必读(第二版)	王凯全　主编
144	机械密封技术及应用	郝木明　编著
145	高等院校"十一五"规划教材·理论力学	穆建春　龙志勤　主编

续表

序号	书　名	作　者
146	标准化操作项目视频教程·地层测试工	中国石油化工集团公司人事部　组织编录
147	特种作业人员安全技术培训系列丛书·起重作业人员安全技术	谢　静　编著
148	特种作业人员安全技术培训系列丛书·电工安全技术	盖永革　编著
149	石油和石油产品试验方法行业标准汇编. 2010(上、中、下)	中国石油化工股份有限公司科技开发部　编
150	集约型一体化管理体系创建与实践	《集约型一体化管理体系创建与实践》编委会　编著
151	西南石油年鉴. 2010	《西南石油年鉴》编纂委员会　编
152	中国石化企业文化——画说理念	中国石化思想政治工作部(企业文化部)　编
153	中国石油化工集团公司年鉴. 2010	《中国石油化工集团公司年鉴》编委会　编
154	上海石化年鉴. 2010	上海石化志鉴编纂委员会　编
155	茂名石化年鉴. 2009	《茂名石化年鉴》编纂委员会　编
156	润滑专业技术词汇手册(汉英版)	《润滑专业技术词汇手册(汉英版)》编委会　编
157	中国石化润滑油公司志	《中国石化润滑油公司志》编纂委员会　编
158	西南石油年鉴. 2008	《西南石油年鉴》编纂委员会　编
159	江苏油田年鉴. 2009	《江苏油田年鉴》编辑委员会　编　毛凤鸣　主编
160	广州石化志(第四卷)	王连轩　王亚伟　主编
161	河南油田年鉴. 2009	河南石油勘探局年鉴编纂委员会　编
162	西南石油年鉴. 2009	《西南石油年鉴》编纂委员会　编
163	南化年鉴. 2009	中国石化集团南京化学工业有限公司《南化年鉴》编纂委员会　编
164	中原油田年鉴. 2009	中原油田史志编纂委员会　编
165	济南炼油厂志	《济南炼油厂志》编纂委员会　编
166	润滑油脂行业应用指导手册	赵　江　王　平　编著
167	石油化工职业技能培训教材·催化剂制造工	中国石油化工集团公司人事部　中国石油天然气集团公司人事服务中心　编
168	金牌风采录——2008—2009 年度中国石化股份公司油田企业第四届"五项劳动竞赛"活动	《金牌风采录》编委会　编
169	普光高酸性气田开发	何生厚　曹耀峰　编著

续表

序号	书　　名	作　　者
170	地质微生物学(第五版)［美］	王增林　王世虎　李希明　译
171	海洋石油工程技术论文(第一集)	中国石油学会石油工程专业委员会海洋工程工作部　编
172	提高注水开发效果工艺配套技术文集	吴　奇　主编
173	中国石化油气开采技术论坛论文集(2010)	中国石化油气开采技术论坛秘书处　编
174	水平井压裂技术与进展——2009 年水平井压裂技术研讨会论文集	李宗田　主编
175	镇泾油田低品位储量开发工程工艺	刑景宝　编
176	凝心聚力——基层党委书记的任务责任实践	李立宁　著
177	中国石油化工集团公司井喷事故案例汇编	中国石油化工集团公司石油工程管理部　编
178	海洋石油钻采工程技术与装备	廖谟圣　编著
179	汉俄石油石化科技大词典	《汉俄石油石化科技大词典》编委会　编
180	炼油工业技术知识丛书·油品分析技术基础	赵惠菊　编著
181	化学反应工程(第二版)［美］	靳海波　笋国华　宋永吉　译
182	水处理工程常用设备与工艺	蒋克彬　彭　松　陈秀珍　杨文斌　赵　挺　张秀敏　杨国艳　编
183	2010 年中国石油化工信息学会石油炼制分会北方组年会论文集	中国石油安全环保技术研究院　编
184	工业润滑油生产与应用	王先会　编
185	英汉双解证券词典(第 2 版)	陈　跃　主编
188	工业企业节水知识问答	常明旺　郝彦彬　岳鹏翼　编
189	高等院校"十一五"规划教材·钻井工程	龙芝辉　张锦宏　主编
190	北京市高等教育精品教材立项项目·精细化工反应工程基础	靳海波　主编　罗国华　程丽华　副主编
191	油田地面工程——采出液处理工艺与设备设计(第三版)［美］	马自俊　等译
192	石油石化工业用水节水实用技术	祁鲁梁　李永存　李本高　钟英竹　编著
193	石油化工企业生产运行与管理应用技术	刘德佳　马卫东　何晓林　吴炳乾　陈永明　主编
194	中国生活用纸年鉴．2010/2011	中国造纸协会生活用纸专业委员会　编
195	全国注册安全工程师执业资格考试辅导教材·安全生产法规与安全生产管理内容精讲与试题解析	全国注册安全工程师执业资格考试辅导教材编写委员会　编著

续表

序号	书　名	作　者
196	全国注册安全工程师执业资格考试辅导教材·事故案例分析内容精讲与试题解析	全国注册安全工程师执业资格考试辅导教材编写委员会　编著
197	全国注册安全工程师执业资格考试辅导教材·安全生产技术内容精讲与试题解析	全国注册安全工程师执业资格考试辅导教材编写委员会　编著
198	炼油装置技术问答丛书·催化重整装置技术问答(第三版)	李成栋　编著
199	企业图书馆发展的理论与实践	车俊铁　主编
200	长输管道储运技术	杨占品　著
201	石油和石化工业概述	本书编写组　编
202	一切为了油气安全——中国石化油气田及输油气管道安全保护工作优秀征文选编	中国石油化工集团公司安全环保局　编
203	高等院校“十一五”规划教材·现代设计方法	陶栋材　主编
204	石油企业供应商选择方法——范例推理技术及应用	赵　凯　编著
205	日照—仪征原油管道及配套工程	杨占品　主编
206	华北石油局第五普查勘探大队志	《华北石油局第五普查勘探大队志》编纂委员会　编

企事业单位

◇ 油田企业

◇ 炼化企业

◇ 油品销售企业

◇ 科研单位

◇ 设计施工单位

◇ 专业公司及其他单位

胜利油田

【概况】 胜利油田为中国石化集团胜利石油管理局(简称胜利石油管理局)和中国石油化工股份有限公司胜利油田分公司(简称胜利油田分公司)的统称，工作区域主要分布在山东省8个市的28个县(区)内，主体位于黄河下游的东营市。胜利油田本部位于东营市济南路258号。

胜利油田是在华北地区早期找油的基础上被发现并发展起来的。1961年4月16日，在山东省垦利县东营村附近打的华8井，首次见到工业油流，日产原油8.1吨，标志着胜利油田的发现。1998年，国家进行石油石化大重组，胜利油田由中国石油天然气总公司划归中国石化集团公司领导和管理。2000年5月，根据中国石化重组上市的整体部署，中国石化胜利油田有限公司挂牌成立，2006年1月变更为胜利油田分公司。

截至2010年底，胜利油田已找到不同类型油气田77个，累计探明石油地质储量50.42亿吨；投入开发油气田72个，累计生产原油9.89亿吨，累计生产天然气537.08亿立方米。

截至2010年底，胜利油田有二级单位59个，三级单位493个，四级单位3 522个。其中，胜利石油管理局有二级单位37个，三级单位267个，四级单位1 786个；胜利油田分公司有二级单位22个，三级单位226个，四级单位1 736个。

截至2010年底，胜利油田有正式职工144 439人，其中有高级技术职称的9 599人，中级技术职称21 785人。

胜利油田主要技术经济指标和主要生产建设指标见表1和表2。

(胡　林)

【新增三级储量过亿吨】 2010年，胜利油田油气勘探在东部老区和新疆西部两线展开。东部老区勘探取得了4个重大突破：①埕子口凸起北坡沙河街组勘探取得重大突破。埕东11(侧)井钻遇沙河街组扇三角洲地层油藏，试油日产油52.13立方米，打破了埕子口凸起30多年勘探徘徊的局面。②渤南洼陷中部沙四下勘探取得重大突破。罗68井钻遇沙四下亚段厚油层，试油日产油78立方米，证实了该层系具有巨大的勘探潜力。③东营南坡孔店组勘探取得重大突破。高94井钻遇孔店组厚油层，压裂试油日产油10.89立方米，揭示了博兴洼陷西部孔店组新含油层系，进一步拓展了博兴洼陷红层的勘探空间。④青东凹陷西坡超剥带勘探取得重大突破。青东17井钻遇沙四下亚段地层油气藏，试油获得15.6吨的工业油流，发现一个新的增储区带。在西部的准西地区新发现春风油田，年内建产能13.6万吨。全年新增预测石油地质储量1.43亿吨，新增控制石油地质储量1亿吨，新增探明石油地质储量1.12亿吨。新增探明储量连续28年保持在1亿吨以上，新增三级储量连续8年实现过亿吨。

(付大勇)

【发现春风油田】 2010年，胜利油田在新疆准西地区勘探取得重大突破，在该区探明石油地质储量1 038万吨，报经国家油气资源储量管理委员会认可，正式发现春风油田。该油田是胜利油田累计发现的第77个油田。

(边广治)

【原油产量连续15年保持稳产】 2010年，胜利油田新建(增)生产能力316.5万吨，其中新区新建能力136.5万吨，老区开发调整新增能力180.0万吨。全年生产原油2 734万吨，完成年度计划100%，原油产量已连续15年稳产2 700万吨以上。完成天然气工业产量5.08亿立方米，完成年度计划的101.6%。截至年底，全油田有油井25 399口，开井20 941口，累计产油9.91亿吨；有注水井8 184口，开井6 739口，水井利用率82.3%。主要开发指标得到改善，油田自然递减率15.99%、综合递减率7.04%、综合含水率90.87%。全年新增可采储量2 850.1万吨，连续14年实现储采平衡。

(胡　林)

【海上油田累计原油产量突破3 000万吨】 胜利海上油田包括埕岛油田和新北油田，分别于1993年和2006年投入开发。1996年海上原油产量突破100万吨，1999年突破200万吨，成为中国第一个200万吨级浅海大油田。截至2010年底，海上油田原油产量累计突破3 000万吨，达到3 162.3万吨，成为胜利油田增储上产的重要阵地之一。

(张建启)

【外拓市场成效显著】 2010年，胜利油田有14家二级单位、240支队伍进入国内19个省和10个国家的外部市场，实现收入113.83亿元，其中海外市场实现收入4亿美元。

(胡　林)

【4项科研成果获国家科技进步二等奖】 2010年，

胜利油田组织实施各类科研项目 342 项，其中国家级项目 27 项、石化集团公司项目 96 项；申请专利 236 项，其中发明专利 53 项，占总数的 22.5%，获得专利授权 210 项。“油藏保护性可持续开发的微生物采油调控技术及工业化应用”、“高含水油田优势通道定量描述与调控技术及工业化应用”、“海洋工程安全与防灾若干关键技术及应用”、“特低渗透油藏有效开发非线性渗流理论和开发方法及其工业化应用”4 项科研成果获国家科技进步奖二等奖。

（胡　林）

【国家重大科技专项研究取得新进展】 2010 年，胜利油田有 4 项国家重大科技项目研究取得新进展。①“渤海湾盆地精细勘探关键技术研究”取得新进展。该项目通过对盆地基础地质及油气富集规律研究，深化了油气成藏过程、运聚机制和评价方法的认识，重新认识了剩余油气资源潜力在盆地中的配置关系。该项目获国家专利 6 项，其中受理 5 项。②“高温高盐油田提高采收率技术研究”取得新进展。该项研究创新发展了驱油剂加合增效理论，研制了缔合聚合物、黏弹性颗粒驱油剂等 4 类耐温抗盐驱油化学剂，实现了缔合聚合物吨级工业化生产。该项目在孤岛中一区进行试验，增加可采储量 289 万吨，见到了很好的应用效果。③“渤海湾盆地东营凹陷勘探成熟区精细评价示范工程”项目取得新进展。该项目形成了以陆相地震沉积学为核心的高精度层序地层学分析技术，并攻关完成了油气成藏过程定量评价软件系统，经勘探实践，对东营凹陷示范区滩坝砂岩、砂砾岩扇体和浊积岩油藏的勘探给予了有力指导。④“低渗油气田高效开发钻井技术研究”取得新进展。该项研究形成了低渗透油气藏复杂结构井适应性评价方法、地质优化设计及产能评价技术、井身结构与井眼轨迹优化设计技术等配套技术。

（胡　林）

【高平 1 井施工创出多项纪录】 2010 年 3 月 15 日，由胜利油田黄河钻井四公司 70183 钻井队承钻的胜利油田重点探井——高平 1 井顺利完钻。该井设计斜深 4 108.30 米，垂深 929.00 米，井底水平位移 3 395.33米，位垂比 3.65 ：1，为超大位移井。该井实际完钻斜深 4 535 米，垂深 948.87 米，井底水平位移 3 814.30 米，水平段长 3 462.07 米，位垂比达 4.02 ：1，刷新了中国石化水平位移最大、水平段最长、位垂比最大等多项纪录，并创出全国陆上油田钻井位垂比最大纪录。

（张向东　葛建华）

【胜利 902 铺管船顺利下水】 2010 年 12 月 26 日，石化集团公司最大的铺管船——胜利 902 铺管船顺利下水。胜利 902 铺管船为胜利油田自行设计建造并具有自主产权的铺管作业工程船，设计总长 118.8 米、型宽 30.4 米，型深 8.4 米，总吨位约 1.45 万吨，于2010 年3 月 15 日正式开工建设。该船可进行水深为 100 米、最大管径为 60 英寸(约 1.52 米)的海底管线铺设作业以及海上结构物吊装等海洋工程作业。该船的建成投产将进一步提升胜利油田海工装备技术水平和市场竞争整体实力。

（王梅杰　方德峰）

【“陆相断陷盆地复杂油气藏地震响应定量模式及应用”获国家能源局科技进步三等奖】 该项目对复杂构造、地层及岩性等复杂油气藏开展了地震响应定量识别模式研究，建立了陆相沉积盆地复杂油气藏地震响应典型图集，以综合定量地震模拟为切入点，提高了复杂油气藏地震识别能力与描述精度，在陈家庄、埕岛地区、博兴南坡、胜坨地区、排 2 井区等多个区块取得勘探突破和进展，取得显著地质成果和经济效益。该研究成果创新突出、实用性强，在复杂油气藏地震精细模型定量研究应用方面达到国际领先水平。2010 年，该项目获国家能源局科技进步三等奖，并参加了第九届中国国际装备制造业博览会暨国家能源技术装备展览会。

（董　伟）

【获第 16 届全国企业管理现代化创新成果一等奖】 2010 年 1 月 10 日，第 16 届全国企业管理现代化创新成果评审揭晓，胜利油田报送的现代化管理成果——《大型油田提高基层建设水平的创优管理》获一等奖。该成果的主要内容是，在继承和发扬石油石化行业优良传统的基础上，导入以人为本管理理念、系统管理思想和创优管理方法，构建以“达标、创优、争银、夺金”为载体的梯次创优模式，通过制定科学完善的标准条件，引入争创机制，按照 PDCA 的管理流程持续改进，形成科学有效的管理体系，把基层单位建设成为学习力、文化力、竞争力优势明显，标准化、规范化、信息化建设水平不断提升的基层组织，推动企业科学和谐发展。

（胡　林）

【赴大连实施溢油回收抢险任务】 2010 年 7 月 16 日，按照中国石化指令，胜利油田派遣海洋石油船舶中心的胜利 212、胜利 502 和胜利 503 三艘专业溢油回收船和 87 名船员、应急队员，赴大连参加因输油管爆炸造成的海上溢油污染抢险任务。此次溢油抢险共进行21天，消耗吸油毡20.66吨、化学分散剂121.4吨，作业覆盖海域面积237平方千米。

（李海涛）

【全国网络媒体采访团到胜利油田采访】 2010年6月24日，由人民网、新华网等全国40多家主流网络媒体的100多名编辑记者组成的全国网络媒体黄河三角洲采访考察团到胜利油田采访。在油田期间，采访团先后到垦东12区块和科技展览中心进行实地参观和采访。此次全国网络媒体黄河三角洲采访考察由国务院新闻办公室网络新闻宣传局指导，山东省委宣传部、山东省人民政府新闻办公室、山东省网络文化办公室和山东省黄河三角洲高效生态经济区建设办公室主办。

（胡 林）

【韩来聚获中国石化科技创新功勋奖】 2010年，胜利油田油气工程首席高级专家、钻井院院长韩来聚获中国石化科技创新功勋奖，成为中国石化上游企业唯一获奖者。

（潘恩生）

表1 胜利油田主要技术经济指标 亿元

指标名称＼年份	2010	2009	2008	2007	2006	2005
工业总产值	1 200.68	962.87	1 410.97	1 066.81	1 110.26	928.76
工业增加值	921.80	650.55	1 127.97	757.45	739.43	661.35
资产总计①	1 553.95	1 334.08	1 129.30	1 017.47	907.07	807.46
流动资产	236.82	42.63	127.15	112.04	156.14	130.96
固定资产原值	2 601.56	2 383.46	2 185.92	1 951.35	1 590.93	1 481.40
固定资产净值	1 214.90	1 032.43	926.86	816.91	713.99	638.36
销售收入	1 279.00	1 236.99	1 443.88	1 100.81	1 103.49	967.61
实现利税	579.99	418.50	937.01	583.67	639.52	516.29
税金(费)	372.42	226.95	562.78	344.51	359.54	258.82
综合能耗/吨标煤·万元$^{-1}$						
管理局	1.07	1.03	0.76	0.80	0.74	—
分公司	0.35	0.36	0.36	0.35	—	—

①含油气资产。

表2 胜利油田主要生产建设指标

指标名称＼年份	2010	2009	2008	2007	2006	2005
原油产量/万吨	2 734.00	2 783.50	2 774.02	2 770.08	2 741.50	2 694.54
天然气产量/亿立方米	5.08	7.00	7.70	7.84	8.01	8.80
新增原油生产能力/万吨	316.50	304.00	300.08	368.00	385.07	313.70
新增天然气生产能力/亿立方米	—	—	0.43	0.50	0.42	0.76
新增探明石油地质储量/万吨	11 223	10 484	10 408	10 677	9 179	10 621
新增探明天然气地质储量/亿立方米	—	—	4.50	—	15.77	—
二维地震/千米	9 559	6 389	5 470	5 017	3 472	2 173

续表

指标名称＼年份	2010	2009	2008	2007	2006	2005
三维地震/平方千米	9 147	3 728	3 027	2 513	1 312	2 116
石油钻井/口	1 863	1 774	1 816	1 722	1 910	1 693
钻井进尺/万米	440.18	391.38	436.67	415.84	442.55	364.00
勘探投资/亿元	35.62	32.27	32.37	35.90	22.98	22.64
开发投资/亿元	136.95	205.70	150.64	128.20	85.48	68.18

中原油田

【概况】 中原油田为中国石化集团中原石油勘探局（简称中原石油勘探局）、中国石油化工股份有限公司中原油田分公司（简称中原油田分公司）的总称，主要从事油气田勘探开发、炼油与天然气深加工、石油工程技术服务等业务，勘探开发区域主要包括东濮凹陷、普光气田、内蒙探区。基地位于河南省濮阳市华龙区，占地面积 12.6 平方千米。

截至 2010 年底，中原油田国内油气资源勘探开采登记区块项目 48 个、总面积 5.31 万平方千米。探矿权登记区块 29 个、总面积 5.17 万平方千米，其中东濮凹陷登记探矿权 3 个、面积 5 294.48 平方千米；东濮凹陷外围地区登记探矿权 6 个，总面积 1.28 万平方千米；外部新区（内蒙、河北、四川）登记油气探矿权区块 20 个，总面积 3.36 万平方千米。采矿权登记项目 19 个、面积 1 412.12 平方千米，其中东濮凹陷登记采矿权项目 16 个、面积 1 012.95 平方千米，内蒙白音查干 2 个、面积 97.63 平方千米，四川普光 1 个、面积 301.53 平方千米。

1975 年 9 月 7 日，濮参 1 井喷出工业油气流，发现中原油田。1998 年，中原油田由中国石油天然气总公司划归中国石油化工集团公司管理。截至 2010 年底，中原油田有直属单位 62 个、机关处室 34 个、机关直属单位 20 个，用工总量 93 509 人，其中正式员工 61 593 人。全油田有专业技术人员 9 872 人（不含管理技术人员），其中具有高级技术职称的 805 人、中级技术职称的 4 063 人、初级技术职称的 2 946 人。中原油田总资产 681.24 亿元，固定资产原值 942 亿元、净值 499.55 亿元。

2010 年，中原油田新增探明油气地质储量 1 341 万吨，生产原油 272.51 万吨、天然气 47.09 亿立方米，加工原油 87.5 万吨。国内市场实现收入 75.1 亿元；海外市场新签合同额 7.5 亿美元、收入 7 亿美元，同比分别增长 19.7% 和 36%。全年创石化集团公司纪录 15 项，再次入选中国对外承包工程企业 23 强，国际承包商 123 强。

中原油田主要技术经济指标和主要生产建设指标见表 1 和表 2。

（吴宝英）

【东濮老区实现增储稳产】 2010 年，中原油田进一步增强东濮老区稳产基础，优选勘探方向，细化目标评价，实现老油田勘探由“块”到“带”的转变。加强构造—岩性油气藏勘探，在文东斜坡带探明油气地质储量 370 万吨，在卫城、文南、桥口等富油气构造带周边探明油气地质储量 520 万吨。加大新老区产能建设力度，建成产能 25.2 万吨，产能达标率 95.2%，注采配套率 80.5%；完成 10 个单元、500 个井组的注采调整，持续推进开发先导试验，水驱控制程度、储量动用程度分别提高 3.5 和 2.4 个百分点，油田含水率 89.5%，自然递减率 17.5%，老区油气产量保持平稳。

（黄　琥）

【普光气田全面投产】 2010 年，中原油田加强普光气田的生产组织管理与安全风险控制，完成主体工程开发井 39 口、投产 37 口，建成集气站 16 座；天然气净化厂 6 套联合装置、硫黄外输铁路专用线投运，形成年 100 亿立方米生产能力、120 亿立方米净化能力和 240 万吨硫黄生产能力，全年生产混合气 52.68 亿立方米。大湾区块开发井钻井及投产作业全面推进，矿区道路全部通车，隧道及集输工程按计划施工。普陆 1 井获工业气流，陆相滚动勘探取得突破。加强生产运行中的参数优化、腐蚀监控和性能测试，各项技术经济及环保指标均达到设计要求。3 月 29 日，普光气田顺利投产，标志着国家“十一五”规划重大项目——川气东送工程主要气源地建成，对优化国家能源结构，促进东西部经济发展具有重要意义。普光气田的开发模式成为中国气田开发建设样板。8月31日，普光分公司被中华全国总工会授予全国“五一”劳动奖状。

（黄　琥）

普光气田天然气净化厂中控室职工正在监控装置运行情况　（马洪山　摄）

【内蒙古探区勘探开发取得进展】 2010年，中原油田把内蒙古探区作为资源接替重点，坚持勘探开发评价一体化工作思路，取得探井有好显示、试油有新成果、研究有新进展的局面。在白音查干凹陷发现白云质泥岩缝洞型油藏，阿尔善组含油特征逐步清晰，新增探明石油地质储量106万吨。在查干凹陷精细解释三维地震资料388平方千米，多层系发现良好油气显示：巴一段控制石油地质储量609万吨，巴二段获工业油流，毛8块浅层稠油热采试验见效，合计探明油气地质储量344万吨。在二连新区探索油藏类型2种，评价准宝1北井、赛汉1南井、冀北宽1井等多个目标，并上报石化集团公司储备圈闭3个，勘探主攻方向逐步明确。

（黄　琥）

【居全球最大225家国际承包商第123位】 2010年，中原油田抓住国际石油工程市场回暖的机遇，围绕“大力实施三个优化，把握市场开发主动权”的指导思想，占领和扩大高端市场，拓展新市场，北非、中东、中亚、南亚、南美五大区域市场实现连片发展。截至年底，中原油田境外施工队伍119支，海外项目实现新签合同额7.5亿美元，累计开钻245口井，完井234口，钻井进尺突破40万米。8月30日，美国《工程新闻记录》(ENR)发布2010年度“全球最大225家国际承包商”排名，中原油田位居第123名，在国内54家上榜企业中列第23名，这是油田自2007年以来第四次获此殊荣。

（李　丽）

中原油田777钻井队在苏丹RUMAN-1井施工
（仝　江　摄）

【创中国煤层气井绳索取芯最深纪录】 TB-09井位于山西省临县克虎镇，是中澳煤层气能源技术有限公司部署的一口勘探评价井，设计井深2 200米。该井由中原油田钻井一公司中澳一队承钻。2010年11月2日开钻，11月27日完钻，完钻井深2 150米，12月2日交井。中澳一队在TB-09井施工中，分别在2 000.25—2 002.75米、2 050—2 050.5米和2 060.53—2 064.2米井段进行绳索取芯，取芯进尺6.67米，芯长1.75米，取芯收获率26.23%，其中在2 060.53—2 064.2米井段创中国煤层气井绳索取芯最深钻井纪录。

（汪中华）

【与美国哈里伯顿公司联合中标沙特钻井大包项目】

2010年，中原油田与美国哈里伯顿石油公司(Halliburton)联合中标沙特阿美石油公司南部GHAWAR油田钻井工程大包项目，合同工期5年，合同额1.1亿美元。按照合同分工，中原油田负责145口井的钻井施工，第一年完成25口井的施工任务。2010年3月1日，该合作项目第一口井——沙特UTMN-1703井开钻，该井设计井深2 729米，3月23日完钻，完钻井深2 231米。

（汪中华）

【启动马达加斯加钻井项目】 2010年6月30日，中原油田中标中国延长石油集团公司和中国保利集团公司联合开发的马达加斯加3口探井大包合同，合同金额3 280万美元，合同工期1年。3口探井位于马达加斯加3113区块，是Morondava盆地西部断裂带，由中原油田钻井二公司5301钻井队承钻，其中SKL-2n井设计井深4 450米、BKM-1井设计井深3 250米、

BKM－2井设计井深 2 950 米。9 月 30 日，SKL－2n井正式开钻，截至年底，完成钻井进尺 4 027 米。

（汪中华）

【首次与印尼国家石油公司合作】 印尼国家石油公司 Lirik 区块位于印度尼西亚苏门答腊岛，2010 年 10 月 8 日，中原油田中标该区块 3 口井的钻井项目，合同金额 150 万美元。其中，Molek－2 井由中原油田钻井三公司 3001 钻井队承钻，设计井深 1 600 米，主要钻探目的是探明该区块的含油气情况。11 月 4 日，Molek－2 井开钻。这是中原油田首次与印尼国家石油公司合作。

（汪中华）

【苏丹 6 区管道 EPCC 工程投产】 苏丹 6 区管道项目是中原油田与苏丹 ASAWER 油气公司合作项目，甲方是苏丹 6 区石油能源有限责任公司（Petro－Energy）。2009 年 11 月 14 日，中原油田中标苏丹 6 区管道 EPCC（设计、采办、施工、试运行）总承包项目，项目合同额 1.2 亿余美元，工期 14 个月，主要工作量：建首站和末站以及铺设管道 3 个部分。项目于 2010 年 1 月 15 日开工建设，12 月 27 日投产。

（汪中华）

【元坝 103H 井实现提速提效目标】 元坝 103H 井是石化集团公司西南油气分公司在元坝探区部署的第一口勘探开发一体化评价井，也是石化集团公司加快元坝地区勘探开发进程的提速井，该井设计井深 7 841米，设计斜导眼深度 7 072 米，是国内施工难度最大的一口超深水平井。该井由中原油田西南钻井公司 90102 ZY 钻井队承钻，2009 年 10 月 29 日开钻，2010 年 8 月 23 日顺利完成斜导眼施工任务。实际斜导眼完钻井深 7 050.74 米，斜导眼最大井斜 48.08 度，钻井周期 297.33 天，比原设计钻井周期缩短 58.24 天，比计划提速目标提前 8 天，全井生产时效 96.82%，纯钻时效 48.15%，机械钻速 2.05 米/时，实现石化集团公司钻井提速提效目标。

（汪中华）

【元坝 10 井被甲方评为优质工程】 元坝 10 井位于四川省苍溪县白驿镇，是石化集团公司勘探南方分公司部署在四川盆地川东北巴中低缓构造带北斜坡元坝区块的一口探井，设计井深 7 150 米。该井由中原油田西南钻井公司 70167ZY 钻井队承钻，2010 年 1 月 20 日开钻，11 月 9 日完钻，完钻井深 7 155 米，完钻周期 293.27 天。元坝 10 井是元坝探区首轮提速提效井中首个实现提速目标的井，较提速前同区块平均钻井周期缩短 121.1 天，较石化集团公司在元坝探区提出的完钻周期缩短 45.93 天，被甲方评为优质工程。

（汪中华）

【创川东北地区固井 5 项新纪录】 2010 年，中原油田创川东北地区固井新指标 5 项：元坝 6 井创川东北地区 13⅜″套管首次采用分级固井新纪录，元坝 6 井创川东北地区 7⅝″尾管固井套管下入最深6 902.16 米固井新纪录，元坝 10 井，创川东北地区单层套管固井水泥量 480 吨最大纪录，元坝 10 井创川东北地区 10¾″尾管固井套管下入最深5 228.12米固井新纪录，元坝 27 井创川东北地区入井水泥浆密度最高 2.4 克/厘米^3 纪录。

（汪中华）

【中原油田工程建设总公司被评为全国优秀施工企业】 中原油田工程建设总公司先后参加国家成品油储备库二五六处改扩建工程、天津 100 万吨/年乙烯工程、川气东送管道工程、普光气田天然气净化厂建设工程、沙特拉比格 1 000 万吨炼油厂建设工程、沙特延布高密度聚乙烯工程等多项重点工程建设，先后获国家级优质工程 7 项、全国优秀焊接工程 14 项，省部级优质工程 28 项。2010 年 5 月 25 日，中原油田工程建设总公司在中国施工企业管理协会第六届会员大会暨第 25 次年会上被评为 2009 年度全国优秀施工企业。

（汪中华）

【提前完成节能减排目标任务】 2010 年，中原油田做好管理节能、技术节能和工艺节能工作，健全节能目标责任考核体系，建立四级节能管理网络，将节能指标层层分解到位，严格执行季度通报、半年预考核，年终总考核兑现。加大节能减排工作投入，各单位从年度投资、成本及科研经费中安排相应的节能专项资金，执行油田“按照每消耗 1 吨标煤从成本列支 20 元用于节能技措”的规定，将资金用于节能技术改造、节能科研、先导性试验，节能示范工程。年内，油田采油四大系统综合能耗同比下降 12.2%，同比节能 7.6 万吨标煤，生活用水同比节约 15.5 万立方米。5 月，中原油田通过国家千家重点耗能企业节能目标责任考核，并以 99 分的成绩获河南省考核最高分，提前完成国家下达的“十一五”节能减排目标任务。

（李　丽）

【科技攻关取得重大进展】 2010年，中原油田增强科技支撑能力，勘探、开发、石油工程等各项技术取得重大进展。加强东濮凹陷高精度三维地震、成藏机制及富集规律研究，初步形成复杂断块油气藏勘探理论技术体系，攻关配套14项开发关键技术，逐步形成精细开发的技术系列；同时内蒙探区勘探开发技术攻关全面展开。加强普光气田安全开发关键技术研究，围绕国家科技重大专项形成理论2项、配套技术8项，编制专业技术规范4个，获得国家专利14项，确保高含硫气田安全高效开发。石油工程技术集成创新取得重要成果，深井高酸性礁滩相储层水平井测井技术达到国际先进水平，水力喷射压裂改造低渗油气藏见到较好效果，应用超高压喷射、欠平衡、气体钻井、泡沫钻井等技术，内蒙、西北、川东北地区实现提速提效。年内，中原油田有8项科技成果获2010年度石化集团公司科技进步奖，其中一等奖2项、二等奖2项、三等奖4项；7人获闵恩泽青年科技人才奖。

（李　丽）

中原油田钻井工程技术研究院油化所技术人员进行岩芯流动实验（仝　江　摄）

【2个国家油气重大专项通过石化集团公司验收】 2010年1月20日，中原油田承担的国家油气重大专项"高含硫气藏安全高效开发技术"和示范工程"四川盆地普光大型高含硫气田开发示范工程"通过石化集团公司专家验收组验收。专家验收组认为，2个项目取得的成果形成深层礁滩相气藏精细描绘技术、高含硫气藏气—液—固三相共存的相平衡模型，高含硫气井防窜防漏耐腐蚀胶乳水泥浆体系等9个主要技术创新点。中原油田通过项目攻关、引进吸收和集成创新，建立发展了高含硫气田开发理论，在开发地质、钻井、采气、集输、天然气净化、腐蚀控制、安全环保等方面取得重大突破，形成高含硫气藏安全高效开发配套技术及规范。中原油田在高含硫化氢、二氧化硫超深气田开发方面整体技术处于国际领先水平。

（李　丽）

【东濮凹陷精细勘探关键技术取得进展】 2010年，中原油田开展国家重大科技专项"东濮凹陷精细勘探关键技术"研究。通过应用高精度三维地震勘探技术，成功分辨10米断距断层和0.01平方千米的小断块；深化油气成藏条件、成藏机制及富集规律研究，初步形成东濮凹陷复杂断块群油气藏勘探理论体系；落实文濮结合部沙三中、马寨断层下降盘、桥口构造地堑带、文南地堑带4个百万吨级储量背景断块区，预计探明石油地质储量450万—500万吨；提出东濮凹陷北部构造低部位圈闭晚期成藏新观点，在文东斜坡带文203－58断块区落实规模探明储量，探明油气当量232万吨；对东濮凹陷中央隆起带物源展布方向有创新性认识，指导构造翼部岩性油气藏勘探，部署的濮深18井获日产20吨的稳定工业油气流，展现岩性油气藏的增储潜力。8月，东濮凹陷油气精细勘探项目获石化股份公司2009年度勘探重大发现二等奖。

（李　丽）

【世界首只仿生钻头试验成功】 为加快川东北地区油气勘探开发进程，解决须家河组地层的钻速慢和钻头寿命短等技术难题，2006年底，中原油田博士后科研工作站开始立项研究。2009年6月16日，从仿生工程学角度出发，研制出拥有自主知识产权的新型孕镶金刚石钻头——241.3毫米仿生石油钻头，标志着中国仿生石油钻头研制工作取得突破。2010年7月29日，仿生石油钻头在川东北地区元坝103井须家河组岩层试验成功，平均机械钻速0.77米/时，进尺16.1米，与同井、同地层相邻牙轮钻头相比，钻速提升19.7%，寿命提高3.88倍。

（李　丽）

【中原油田获全国优秀博士后科研工作站称号】 截至2010年底，中原油田累计引进博士后研究人员65人，在站45人，是河南省在站博士后人数最多的工作站。先后承担科研课题80余项，获国家专利12项、国家博士后科学基金资助18项、局级以上科技进步奖19项。年内，中原油田博士后工作站被评为河南省优秀博士后工作站，被人力资源和社会保障部评为全国优秀博士后科研工作站。

（李　丽）

【获石化集团公司管理现代化创新成果奖 15 项】 2010 年 8 月 30 日，石化集团公司发布第 19 届管理现代化创新成果评审结果，中原油田上报的 15 项成果全部获奖，其中一等奖 4 个、二等奖 6 个、三等奖 5 个，获奖总数及一等奖数量创历史新高。中原油田"走出去"战略的管理创新与实践、"三分开"工作在中原油田社会化服务板块的创新应用、建立适应集团企业发展的资金管理模式及"双建"工程管理体系的构建与实施获一等奖，其中"双建"工程管理体系的构建与实施是中原油田党建工作首次参加该项评审，并被推荐参加国家管理创新成果评比，获二等奖，同时被评为国家级优秀管理案例。

（李　丽）

【党建和思想政治工作富有成效】 2010 年，中原油田围绕学习实践科学发展观主题，以"比学赶帮超"和"双建"工程管理体系为载体，组织两级机关干部成立 205 个专项工作组，到基层开展蹲点帮扶。深入贯彻石化集团公司《企业文化建设纲要》，引导员工践行中国石化核心价值理念。开展争创工人先锋号、青年文明号等群众性创新创效活动，应用职工创新成果 817 项，采纳合理化建议 6 000 余条。开展"四好"领导班子创建活动，提升领导班子的整体功能和干部队伍的综合素质。落实《廉政准则》，统筹推进教育、制度、监督、惩处工作。深入实施精神文明建设"六大工程"，评选感动油田年度人物，倡树文明和谐新风尚。做好信访稳定工作，信访总量同比下降 22.9%。认真履行民主程序，油田和各单位召开职代会及联席会 195 次，审议或决定重大事项 723 件。加强厂务公开民主管理质量体系运行，落实职工的知情权和监督权，调动员工参与管理的积极性和创造性。年内中原油田继续保持全国文明单位称号。

（黄　琥）

表 1　　中原油田主要技术经济指标　　亿元

指标名称 \ 年份	2010	2009	2008	2007	2006	2005
工业总产值	312.42	218.94	308.76	264.30	248.27	200.50
工业增加值	134.55	94.63	116.76	99.81	120.36	79.93
资产总计	681.24	593.87	548.33	424.37	332.07	316.08
流动资产	117.87	64.86	70.92	76.02	92.83	87.77
固定资产原值	942.00	380.68	579.26	538.97	455.45	430.66
固定资产净值	499.55	162.51	220.71	208.17	199.34	194.51
销售收入	363.00	277.61	327.16	258.97	267.24	220.97
实现利税	46.95	2.28	75.28	39.80	56.68	35.05
税　金	49.69	34.38	54.79	27.03	29.72	17.48
综合能耗①/吨标煤·万元$^{-1}$						
中原石油勘探局	0.62	0.65	0.65	0.66	0.68	0.74
中原油田分公司	0.75	0.59	0.64	0.69	0.85	0.86

①2005 年以后执行的是 2005 年不变价。

表 2　　中原油田主要生产建设指标

指标名称 \ 年份	2010	2009	2008	2007	2006	2005
原油产量/万吨	272.51	288.94	300.30	305.00	310.57	320.01
天然气产量/亿立方米	47.09	9.26	10.61	14.80	16.40	16.61

续表

年份 指标名称	2010	2009	2008	2007	2006	2005
新增原油生产能力/万吨	23.73	25.30	28.00	28.91	28.70	29.48
新增天然气生产能力/亿立方米	76.00	0.81	1.25	1.43	1.60	1.60
新增探明石油地质储量/万吨	988.72	930.65	1 153.12	1 039.28	961.69	1 723.00
新增探明天然气地质储量/亿立方米	35.20	11.80	6.88	0	4.47	3.09
二维地震/千米	1 194.00	4 878.00	7 565.62	6 571.00	10 984.00	8 847.00
三维地震/平方千米	210.00	1 594.00	549.88	911.00	1 589.00	1 081.00
石油钻井/口(不含侧钻)	257	821	1 096	1 183	1 444	1 553
探　井	50	123	82	105	140	148
开发井	207	698	1 014	1 078	1 304	1 405
钻井进尺/万米	77.70	242.44	313.40	323.28	340.14	343.78
勘探投资/亿元	8.25	7.98	6.81	5.76	4.10	5.14
开发投资/亿元	27.22	25.23	25.42	23.37	33.71	21.23

河南油田

【概况】 河南油田为中国石化集团河南石油勘探局(简称河南石油勘探局)和中国石油化工股份有限公司河南油田分公司(简称河南油田分公司)的统称，其前身组建于1972年5月1日，1998年6月1日，由中国石油天然气总公司划归中国石油化工集团公司。2000年4月，河南石油勘探局和河南油田分公司分设分立。河南油田是以油气生产为主，集油气勘探、开发、炼油化工、施工作业、辅助生产和社会服务于一体的国有大型Ⅰ类企业，地跨河南省南阳、驻马店、平顶山、洛阳、周口、漯河、许昌，湖北省襄樊、枣阳和新疆巴音郭楞蒙古族自治州、奎屯市、伊犁地区12个市(州、区)。河南油田总部设在河南省南阳市宛城区油田五一村，其所属塔里木河南勘探公司位于新疆维吾尔自治区焉耆县县城西。截至2010年底，河南油田拥有探矿权区块14个、面积3.02万平方千米，采矿权区块9个、面积880.90平方千米。油气资源总量达20.21亿吨，已找到16个不同类型的油气田，累计探明石油地质储量3.37亿吨，探明天然气地质储量90.20亿立方米，已投入开发15个油气田，累计生产原油7 114.96万吨、天然气19.07亿立方米。

河南油田实行勘探局、分公司—二级厂(处)—矿(大队)—基层队(站)四级管理体制。截至2010年底，河南油田机关设27个职能处室。分公司下属12个二级单位，勘探局下属15个二级单位。共有103个矿(大队)、528个基层队(车间)、2 290个班组，其中地震队8个、钻井队46个、油建施工队11个。全油田有直属党委33个，基层党总支103个，党支部920个，党员1.93万人。有职工2.07万人(其中分公司1.07万人)，其中拥有教授级职称72人、高级职称1 823人、中级职称3 509人、初级职称2 781人，享受政府特殊津贴1人，石化集团公司有突出贡献的科技和管理专家7人，石化集团公司优秀青年知识分子13人，石化集团公司学术、技术带头人23人，河南省优秀专家2人。

河南油田主要技术经济指标和主要生产建设指标见表1和表2。

(韩　伟)

【原油产量重上200万吨】 2010年，河南油田以提高老油田采收率、增加可采储量为重点，加大滚动勘探开发力度，提高资源利用程度，增强油田稳产的物质基础。通过深化地质基础研究、工艺技术攻关、改善注水结构、老区调整挖潜，有力提升了油田开发水平。全年生产原油227万吨，其中新井产量 8.96 万吨，措施增加产量 18.54 万吨，老井自然产量 199.50 万吨。生产天然气 5 874 万立方米，其中气藏气 1 498 万立方米，溶解气 4 376 万立方米。新增可采储量 176.7 万吨，基本实现年度储采平衡。

（韩　伟）

【油气储量保持 11 年稳定增长】 2010 年，河南油田新增探明石油地质储量 1 056.83 万吨，新增探明含油面积 12.72 平方千米。泌阳凹陷毕店区块泌 359 井、泌 363 井等井区新增探明含油面积 8.76 平方千米，新增探明石油地质储量 514.05 万吨，石油技术可采储量 92.52 万吨。南阳凹陷白秋区块南 79 井、南 99 井和张 36 井等断块新增探明含油面积 3.96 平方千米，新增探明石油地质储量 542.78 万吨，石油技术可采储量 81.41 万吨；新增控制储量 821.16 万吨。泌阳凹陷王集地区 E 王 24 井、E 王 25 井等区块新增控制含油面积 10.17 平方千米，新增控制石油地质储量 821.16 万吨，石油可采储量 139.61 万吨；新增预测石油地质储量 870.86 万吨。焉耆盆地宝南区块宝 13 井井区新增预测含油面积 2.58 平方千米，新增预测石油地质储量 870.86 万吨。

（韩　伟）

【外部市场创收 18 亿元】 2010 年，河南油田不断加大市场开拓力度，取得了市场开发的战略性突破。在印尼测井市场首次中标，在叙利亚先后中标修井、物探、地面技术服务和建设项目。在国内首次进入煤层气物探市场，创收 750 多万元。实现了与东北油气分公司的合作，取得了 3 口井的工作量，实现产值 800 多万元。全年外部市场创收 18.43 亿元，完成年度计划的 102%。其中，国内外部市场完成合同额 12.69 亿元，国际市场完成合同额 5.74 亿元。河南油田获得河南省对外经济合作先进企业称号。

（韩　伟）

【特种蜡生产销售创佳绩】 2010 年，河南油田在精蜡化工方面制定实施一系列加强特色产品开发的措施，通过调整产品结构，最大限度地满足石蜡—润滑油系统的生产。研发了包裹剂Ⅲ型蜡、TC－1 抛光蜡、膨化炸药专用蜡、JLTR－1 调和蜡 4 种新产品，并实现了当年开发当年投产见效。全年工业化生产 26 个品种 60 个牌号的特种蜡。根据市场需求，多方运筹，重点突破，开发新用户 175 家，产品终端直销率达到 74%。全年特种蜡销售量达到 4.94 万吨，同比增加 35.81%。

（杨振明）

2010 年 9 月 8 日，河南油田南阳石蜡精细化工厂丙烷脱沥青消瓶颈改造工程空冷装置吊装现场（楼　琪　摄）

【科技创新取得新成果】 2010 年，河南油田共安排科技进步项目 149 项，其中石化集团公司科研项目 17 项，油田科研项目 132 项，项目开题率 100%。实现科技增油 10.8 万吨，科技增效 1.7 亿元。年内获得科技进步奖 108 项，其中省部级 10 项，油田级 98 项。“无机纳米材料可解堵堵水技术”获 2009 年度石化集团公司技术发明三等奖，“ZJ70/4500DBS 数字化交流变频钻机”、“河南油田稠油浅井套管钻井技术”、“西非重点盆地油气资源潜力及目标评价”获 2009 年度石化集团公司科技进步二等奖；“解决中性点不接地系统 VT 谐振问题的新技术”获河南省科技进步三等奖。申请国家专利技术 22 项，其中发明专利 5 项，实用新型专利 17 项；获得专利权 14 项。

（韩　伟）

【完成各项节能指标】 2010 年，河南油田加强基层节能管理，优化能源结构，实施降低采油系统单耗、降低注水（聚）系统单耗、降低注汽系统单耗、降低集输系统能耗、降低水电网损耗、降低炼化系统能耗、降低供暖系统能耗和降低生产辅助系统能耗 8 项节能工程，完成了 70 项节能技术措施项目，累计实现技术措施节能 1.05 万吨标煤，完成各项节能任务指标。全年分公司工业万元产值综合能耗为 0.72 吨标煤，比考核指标低 5.91%；吨油气综合能耗为 210.36 千克标煤，比考核指标低 0.39%；吨炼油综合能耗为 82.06 千克标油，比考核指标低 2.89%。勘探局工业万元产值综合能耗为 0.59 吨标煤，比考核指标低3.93%。

（韩　伟）

【实施降本增效项目化管理】 2010年，河南油田安排实施局级降本增效项目96个，继续开展“降本增效”劳动竞赛，对重点项目进行跟踪监督，有力地推进了项目的实施运行。全年累计实现降本增效3.33亿元，其中勘探局1.16亿元，分公司2.17亿元，确保了全年成本考核指标的完成。

（韩　伟）

【安全环保隐患治理】 2010年，河南油田投资4 718万元，完成了“油泥砂综合治理”、“井下作业处动力电源、变压器配置”、“水电厂双河变电站35千伏配电设备改造”等16项安全环保隐患治理项目。研究确定了油泥砂处置工艺和技术路线，实现了油泥掺烧燃煤锅炉的工业化应用，全年共处理油泥砂1.24万吨；为井下作业处配置了动力电源和变压器，解决了井场作业设备无配套电源、液压封井器远控装置无法使用等问题；更换了水电厂双河变电站35千伏配电设备，彻底解决了断路器渗漏油问题，极大地减少了断路器跳闸现象，增加了变电站的运行可靠性，消除了安全隐患。

（韩　伟）

【完成伊犁盆地地震攻关项目】 2010年，河南油田在伊犁盆地开展了65千米的二维地震和100千米的大地电磁测深联合攻关项目。按照“采集、处理、解释一体化”、“科研生产一体化”、“地震地质一体化”的模式，创新解决了近地表巨厚砾石层钻井工艺问题，提高了效率，降低了单位成本。初步探索了一套以伊犁盆地上古生界为主要勘探目的层的地震采集、处理方法。采用宽线施工、高覆盖、长排列、单深井大药量的作业方式获得了高品质的地震资料。共完成地震采集65千米。

（韩　伟）

【水平井工艺技术应用见成效】 2010年，河南油田研制了稠油水平井注采一次泵，将其现场应用于新庄新浅25区块6口水平井及井楼5口水平井，平均泵效达到55%，高于普通抽稠泵泵效29%的水平；针对张店油田南79断块边水活跃，在水平井完井时均采用避边水固井定向射孔，投产设计时加入了气锚，优化泵深，保证了有效沉没度，并在南79－平5井采用强启闭稀油水平泵，使泵效达60%以上。在该区块投产南79－平1井至南79－平7井共7口水平井，累计生产原油9 593.60吨。

（韩　伟）

【安深1井完钻】 安深1井是石化集团公司部署在河南泌阳凹陷安棚区块的一口重点风险探井，也是兼探页岩气的预探井。该井由河南油田钻井工程公司承钻，2010年8月28日完钻，完钻井深3 510米，钻井取芯进尺24.49米，取芯收获率97.63%，钻井周期64天，为河南油田非常规油气勘探积累了经验。

（杨振明）

【研制抗高温高密度固井隔离液】 2010年，河南油田研制出了具有冲洗和隔离双重功能、稳定性强和流变性好的抗高温高密度固井隔离液。该体系配制密度范围宽，耐温性较高，对钻井液的冲洗率达100%。现场应用10口井，有效解决了高密度、稳定性和流变性三者之间的矛盾，防止了油气水窜，确保了压稳地层和水泥环胶结质量。

（韩　伟）

【水电供应各项指标向好】 2010年，河南油田完成供水量1 699.6万吨，同比减少1.83%；完成供电量7.10亿千瓦·时，同比增加4.9%。电网损耗从2009年同期的7.30%降到6.64%，水网损耗从2009年同期的31.88%降到27.78%。电网故障跳闸由2009年的67条次下降到61条次。南阳石蜡精细化工厂获南阳市节水型企业称号。

（杨振明）

【道路运输管理显成效】 2010年，河南油田共完成货运量145.20万吨，货运周转量1.66亿吨·千米；完成钻井队搬迁212队次，井队搬迁合同履约率100%；井架、基础倒运203台(套)；抽油机93台(套)；作业队、试油队搬迁155队次；煤炭运输22.30万吨，其中生产用煤17万吨，居民冬季供暖用煤5.30万吨；西部外运原油6.5万吨。公共交通车发运9.75万趟次，客运正点正线率98%，旅客满意率86%。河南油田被南阳市授予2010年道路运输经营管理先进单位称号。

（韩　伟）

【3次启动一级应急行动】 2010年，河南油田修订发布了《河南油田重大突发事件应急预案》(包括综合预案和15个专项预案)并3次启动了一级应急行动。2月10日，恒山变电站供电的两条输电线路受

大风、冻雨影响发生相间短路，造成油田中心区大面积停电，油田启动电力事件应急预案，及时恢复正常供电；7 月 16—17 日，油田周边区域遭受暴雨袭击，三夹河流域大面积过洪，灾害波及第二采油厂、钻井工程公司等 6 个单位，油田启动防洪防汛应急预案，开展抗灾自救，迅速恢复生产；10 月 1 日，楼 71316 井发生井喷险情，油田启动井喷应急救援预案，使井喷得到及时控制。

（韩 伟）

【职工队伍建设深入开展】 2010 年，河南油田培训职工 1.40 万人，完成年计划的 118.6%；培训干部 7 891 人次，完成年计划的 113.8%。完成各级各类 153 个工种 4 679 人次的职业技能鉴定任务，其中初级工 1 613 人次、中级工 1 075 人次、高级工 1 962 人次、技师 15 人次、高级技师 14 人次。组织采油工、维修电工、石油金属结构制作工和电焊工参加石化集团公司职业技能竞赛人员选拔和集训，并在竞赛中获得了 1 枚金牌、4 枚银牌、1 枚铜牌。按照有关规定，两名取得优异成绩的劳务工被破格录用为企业全民合同工。

（韩 伟）

【综合治理保障油田稳定】 2010 年，河南油田开展打击涉油犯罪专项治理，共取缔土炼油炉 22 座，收缴被盗原油 610 吨、被盗生产物资 57 吨，依法处置村民阻拦施工事件 593 起，继续保持输油气长输管线"零"打孔和新增违章占压为零的工作目标，涉油案件比 2009 年下降 28%，生产治安秩序进一步好转。严打"两抢一盗"，开展学校、幼儿园及周边治安专项整治行动，加强油区道路交通管理，矿区社会治安保持稳定。

（韩 伟）

表 1　　河南油田主要技术经济指标　　亿元

年份 指标名称	2010		2009		2008		2007		2006		2005	
	勘探局	分公司	勘探局	分公司	勘探局	分公司	勘探局	分公司	勘探局	分公司	勘探局	分公司
工业总产值	42.51	108.84	39.02	69.48	41.72	106.90	36.02	84.59	29.00	83.43	12.67	67.84
工业增加值	16.61	63.60	13.85	32.98	12.49	64.64	11.61	50.12	10.22	41.88	4.25	35.15
资产总计	47.18	116.10	41.79	100.19	40.82	86.53	36.39	74.56	32.34	65.30	31.48	57.37
流动资产	11.41	21.41	10.81	7.29	12.76	7.29	11.46	6.98	13.46	6.25	14.18	6.28
固定资产原值	37.60	202.40	31.08	185.56	30.13	161.73	29.22	141.70	22.78	116.31	19.56	103.18
固定资产净值	28.77	83.68	24.21	84.09	22.66	71.76	20.78	62.30	15.76	55.51	13.43	47.81
销售收入	44.39	99.56	41.60	68.58	43.89	96.61	39.33	74.72	32.43	69.50	29.47	51.65
实现税费①	3.59	30.35	0.38	9.95	1.24	52.78	1.93	30.41	2.25	20.11	1.13	23.94
综合能耗/吨标煤·万元$^{-1}$	0.59	0.72	0.61	0.83	0.62	0.82	—	—	—	—	—	—

①2010 年起实现利税项变为实现税费。

表 2　　河南油田主要生产建设指标

年份 指标名称	2010	2009	2008	2007	2006	2005
原油产量/万吨	227.04	187.51	180.51	180.01	181.49	187.15
天然气产量/亿立方米	0.59	0.57	0.61	0.70	0.83	1.01
新增原油生产能力/吨	17.50	20.20	21.60	24.30	30.40	40.51
新增天然气生产能力/亿立方米	—	—	—	0.03	0.07	—

续表

指标名称 \ 年份	2010	2009	2008	2007	2006	2005
新增探明石油地质储量/万吨	1 056.83	1 049.38	1 064.66	828.29	845.53	810.77
新增探明天然气地质储量/亿立方米	—	—	—	—	—	—
二维地震/千米	600.00	1 317.00	300.00	—	—	161.14
三维地震/平方千米	400.00	243.27	363.62	196.87	154.67	261.43
石油钻井/口	241	251	289	253	329	393
探　井	63	61	36	39	51	57
开发井	178	190	253	214	278	—
钻井进尺/万米	39.37	29.31	34.58	32.01	38.25	34.65
勘探投资/亿元	6.19	6.05	4.55	3.30	2.60	2.88
开发投资/亿元	13.73	13.32	12.35	10.36	10.95	9.33

江汉油田

【概况】 江汉油田为中国石化集团江汉石油管理局(简称江汉石油管理局)和中国石油化工股份有限公司江汉油田分公司(简称江汉油田分公司)的统称，是以油气勘探开发为主，石油机械制造、石油工程和盐卤化工配套发展的国有特大型企业。江汉油田前身组建于1972年5月，1998年划归石化集团公司。油气生产区主要分布在湖北潜江、荆门、荆州、天门、仙桃、利川和山东寿光、广饶，陕西安塞、子长，重庆石柱等市县。截至2010年底，江汉油田有职工3.25万人，各类专业技术人员8 577人，其中具有高级技术职称的1 908人，中级技术职称的5 051人。资产总额243.44亿元，其中固定资产净值152.62亿元。

江汉油田主要技术经济指标和主要生产建设指标见表1和表2。

(罗秋林)

【油气勘探实现新突破】 2010年，江汉油田完成勘探投资8.47亿元；完成二维地震472千米、三维地震606平方千米；完钻探井43口，其中15口获工业油气流，钻探成功率34.88%；新增探明石油地质储量854万吨、控制储量625万吨、预测储量717万吨。老区勘探取得新进展。江汉盆地拖市地区新沟嘴组、江陵凹陷白垩系红花套组等多个领域发现含油新区块；八面河地区沙四段1砂组、草12井区孔店组、面19块沙三上、面138块沙四段等区域多层系勘探取得新成果；建南地区建111井须六段获日产2 674立方米工业气流，建志1井小河坝组试气获日产2万立方米工业气流。天然气新区勘探获得重大突破。兴隆1井长兴组射孔测试获日产51.7万立方米高产工业气流，隆盛1井茅口组射孔测试获日产20.6万立方米高产工业气流。这两口井的勘探成功，证实了涪陵—綦江地区二、三叠系台缘礁滩相带和裂缝性气藏具有良好勘探前景。河页1井钻遇页岩含气层，为评价中扬子地区页岩气勘探潜力提供了依据。

(罗秋林)

【油气产量任务全面完成】 2010年，江汉油田生产原油163万吨，其中江汉73.4万吨、八面河66.5万吨、坪北18万吨、荆州5.1万吨；生产天然气1.6亿立方米，增长0.14%；完成开发投资17.63亿元，新建原油产能22.36万吨。外销天然气1.24亿立方米，推价增收4 000万元。开发系统加强油藏评价和生产组织，深化老区精细调整，油气开发水平进一步提升。江汉油区积极应对暴雨洪涝灾害等不利因素影响，狠抓措施落实，精细动态调整，油藏评价发现和落实储量效果突出，原油生产总体运行平稳。八面河油区推进油藏分类开发，优化产能建设，加强注水工作，提高稠油开发效果，整体开发形势较好。坪北油田大力实施扩边挖潜，加快产能建设节奏，实现了持续稳产。荆州油区加大新动用区块开发力度，新区产能建设取得较好成效。建南气田加强南飞三、南长二段气藏评价和产能建设，天然气增产效果较好。

（罗秋林）

【石油工程收入利润持续增长】 2010年，江汉油田石油工程实现收入58.05亿元、增长11.5%，赢利1.78亿元、增长7.5%。外部市场创收33亿元、增长4.3%，其中海外市场收入11亿元、增长10.4%。工程技术服务系统国内外市场签履约情况良好，共获国内施工项目290个，新签海外工程技术服务合同10个，合计金额1.42亿美元。圆满完成巴西管道工程（北段）974千米管线设计、4条河流穿越、164千米标段施工任务，比合同工期提前6个月完工；厄瓜多尔、哥伦比亚钻修井市场初具规模，肯尼亚和阿根廷钻井、测井项目顺利实施，缅甸D区块井下测试项目试气获得成功，非地震施工队伍首次成建制走出国门，苏丹市场设计项目运营效果良好。

（罗秋林）

【机械制造生产经营回升向好】 2010年，江汉油田机械制造系统实现收入55.7亿元、增长4.86%，利润2.27亿元；完成出口交货值8.19亿元、增长15%。牙轮钻头市场占有率进一步提升，金刚石钻头国际市场收入大幅增长；"江钻"商标被认定为中国驰名商标，"江钻"牌牙轮钻头获石油和化学工业知名品牌称号，江钻股份公司获湖北省首届长江质量奖提名奖。第四石油机械厂新建俄罗斯、迪拜、印尼技术服务站，国际市场得到巩固，修理、检测劳务持续增长；大型结构件焊接生产线顺利投产。钢管厂提速改造后产能优势初步形成，"6S"现场管理成效明显。四机赛瓦公司精益生产取得较好效果，人均创收创效保持较高水平。第三石油机械厂新建10个国内售后服务站点，承揽了相关油田的压缩机包养和大修项目。

（罗秋林）

【盐化工实现扭亏为盈】 2010年，江汉油田切实抓好盐化工新上项目建设，全力扩销推价，强化精细管理，着力降本增效，全年实现收入5.68亿元，增长27.34%，赢利231万元。5 000吨精制漂粉精装置顺利投产，烧碱产量持续6个月过万吨。川气东送盐穴储气库建设项目中的王储1井、王储6井和王储8井溶腔运行状态良好，王储3井顺利完钻。

（罗秋林）

【安全环保和节能降耗工作扎实推进】 2010年，江汉油田加强HSE体系建设，深入开展"我要安全"主题活动，严格执行《安全生产禁令》，细化制定了江汉油田13个专业安全生产禁令，全员安全意识进一步增强。深化"两表一卡"安全管理制度，加强风险防控，HSE管理长效机制逐步完善。强化安全教育，对涉及井控、硫化氢防护和特种作业人员全部进行专项培训。加强应急体系建设，进一步完善了应急预案。年内，江汉石油管理局连续第五年获全国"安康杯"优胜企业称号。油田被评为石化集团公司安全生产先进单位、环境保护先进单位，获湖北省安全生产红旗单位称号。加大"三废"处置和工作环境保护力度，钻井、作业、采油污水实现了达标排放。大力开展节能技术改造，严格节能指标考核，油田万元产值综合能耗0.47吨标煤，比考核指标低1.04%。

（罗秋林）

【企业管理进一步精细和规范】 2010年，江汉油田大力推进目标化管理，完善了《经济责任制考核兑现办法》。强化全员成本目标管理，深入开展"投资、成本大讨论"活动，切实控制成本、深挖潜力。强化"三基"工作，基础管理进一步加强。资金集中管理上线运行平稳，会计集中核算扎实推进。深化业务公开，将影响油田投资、成本、效益的物资采购、工程建设项目及招投标等关键业务进行公开，规范相关程序，促进"阳光操作"。重点做好36个项目投资管理，加强过程控制，提高了投资效益。不断完善和拓展ERP系统功能，企业信息化管理水平进一步提高。深入推进质量管理，参与制定国家标准1项、修订行业标准5项，4个单位被授予全国实施卓越绩效管理模式先进企业称号。8项成果获石化集团公司企业管理现代化创新奖。强化现场督察，管好用好设备，油田被评为石化集团公司设备管理先进单位。严格市场准入，强化了内部建筑市场保护；加强效能监察，对钻井技术服务和物探资料处理外协队伍予以清退，油田被评为石化集团公司效能监察先进单位。企业内部审计监督和法律事务工作进一步加强。全面开展"小金库"自查自纠及专项治理，规范了经营行为。用工总量及人工成本等控制在考核指标以内，职工收入保持增长。三支人才队伍建设扎实推进，油田被授予全国企业职工教育培训先进单位、中央企业职工技能竞赛先进单位、石化集团公司岗位练兵先进单位称号。龙景庆获中华技能大奖。

（罗秋林）

【科技创新水平进一步提高】 2010年，江汉油田组织实施国家科技项目3项，承担中国石化科技项目23项，完成油田科技项目121项；申请国家专利36项，获得国家授权专利15项。地质勘探方面，深入开展中扬子志留系盆地特征及油气藏条件、江陵凹陷构造运动与油气富集规律、八面河地区沙河街组地层油藏分布规律等研究，提出了一批有利的勘探目标。油气开发方面，深化区块精细开发、岩性油藏滚动勘探开发等研究，老区调整挖潜取得较好成效。工程技术方面，小井眼侧钻井、高温高压射孔、超大液量酸压施工等重点工艺技术取得进展，为提高施工质量和速度提供了支撑。石油机械方面，3000型成套压裂机组通过国家重大专项立项评审；2500型大型数控成套压裂装备现场应用效果良好；海洋深水水下井口头系统及平台采油树系统进入样机试制阶段。

（罗秋林）

【维护稳定工作有力有效】 2010年，江汉油田进一步落实维稳责任制，坚持信访突出问题联席会制度和重大事项交办制度，油田8个专项化解小组共化解各类矛盾纠纷和突出问题135件，交办解决重大信访事项34项。组织开展覆盖油田各个层面、惠及困难群体的走访慰问和扶贫帮困活动，全年共慰问困难家庭3 087户次、慰问金额728.6万元，为困难家庭做好事办实事2 300多件；发放助学金56.5万元，资助困难家庭学子674人；为413名大病重病人员发放救助金166.6万元；为协解离职人员、离岗家属、职工遗属、残疾人、离退休职工发放慰问品、节日慰问金共计1 343万元。发放企业补贴1.19亿元，发放全民协解退休人员生活困难帮扶费2 603万元，发放失业金108万元，向湖北省申请拨付社保补贴、公益性岗位补贴、援企稳岗补贴等共计8 108万元。千方百计扩大就业、促进再就业，通过采取对外劳务输出、对内劳务派遣、就业培训、落实就业政策等措施，开辟就业渠道，全年新增就业再就业1 477人，油田被评为湖北省就业再就业先进单位。油田劳动家属在中国石化、湖北省率先被纳入社会养老保险统筹，1.02万名劳动家属参保，较好解决了油田劳动家属历史遗留问题。老住宅小区环境整治基本完成，新建了小区综合楼、停车场等便民设施，居民生活环境进一步改善。大力开展矿区美化绿化，全年植树12万株，新增绿地20多万平方米，绿化覆盖率达到37.9%，油田被评为全国绿化模范单位。7个小区通过石化集团公司文明和谐示范小区考核验收，油田获全国“五一”劳动奖状、全国模范职工之家和湖北省思想政治工作优秀单位称号。

（罗秋林）

【8项成果获企业管理现代化创新奖】 2010年12月中旬，江汉油田有8项成果获得石化集团公司第19届企业管理现代化创新成果奖。其中，“强化节能管理努力实现降本增效”获得一等奖，“实施国际化经营战略，努力打造江汉设计品牌”、“精细管理提高面138区块多轮次热采效果”、“应用目标管理确保侧钻井防砂施工效果”获得二等奖，“以三要素协同为基础，以项目群管理为平台，构建科学高效创新管理体制”、“应用撬装式注水工艺解决边远零散区块注水开发难题”、“高含水区块的地面简化模式”、“提升配电维护管理水平降低油井线路故障率”获得三等奖。2010年是江汉油田参加石化集团公司企业管理现代化创新成果评选获奖最多的一年。

（罗秋林）

【机构调整稳妥推进】 2010年5月18日，江汉油田将江汉油田分公司天然气勘探开发处更名为采气厂，下辖采气一队和采气二队；成立天然气勘探开发处（简称天然气处）和油气工艺处，作为分公司机关职能部门。天然气处下设4个科室，总定员12人，油气工业处下设4个科室，总定员14人。8月12日将松滋采油厂、江汉采油厂广华作业区九队、荆州勘察技术中心的业务和人员进行整合，组建成立江汉油田分公司荆州采油厂，下辖采油一队和采油二队，职工350人；成立机械研究院，作为江汉石油管理局下属二级单位。12月16日成立江汉油田分公司天然气新区建设项目部，下设生产、开发、工程、HSE、地面、综合6个办公室，定员20人；将钻井公司重新组建为钻井一公司和钻井二公司，钻井一公司主要负责江汉油田的勘探开发钻井以及国内南方地区勘探开发钻井市场，人员为2 966人，钻井二公司主要负责国内北方地区勘探开发钻井市场和国际市场，人员为1 391人。

（罗秋林）

表 1　　江汉油田主要技术经济指标　　亿元

指标名称＼年份	2010	2009	2008	2007	2006	2005
工业总产值	148.76	131.45	158.26	113.87	110.96	81.17
工业增加值	67.21	35.47	82.57	50.89	60.87	48.88
资产总计	243.44	210.89	185.29	153.31	125.72	114.37
流动资产	73.72	56.66	58.42	46.70	41.33	39.72
固定资产原值	277.65	249.87	219.10	191.04	150.27	134.91
固定资产净值	152.62	130.43	110.88	87.38	76.44	70.82
销售收入	200.53	178.93	203.39	155.16	119.06	96.46
实现利税	17.53	-0.78	44.23	21.53	29.65	20.12
税　金	19.82	11.87	26.24	10.87	8.83	5.48

表 2　　江汉油田主要生产建设指标

指标名称＼年份	2010	2009	2008	2007	2006	2005
原油产量/万吨	163.00	162.80	162.50	162.00	163.20	163.11
天然气产量/亿立方米	1.60	1.60	1.35	1.02	1.38	1.21
新增原油生产能力/万吨	21.34	22.17	21.11	20.17	23.37	25.32
新增天然气生产能力/亿立方米	0.19	0.24	0.20	—	0.48	0.39
新增探明石油地质储量/万吨	853.66	854.00	933.02	871.00	749.96	742.00
新增探明天然气地质储量/亿立方米	—	36.18	23.48	—	—	0.30
二维地震/千米	472.00	344.67	413.74	617.53	18.03	446.45
三维地震平方千米	606.39	493.41	280.00	1 246.76	580.79	330.98
石油钻井/口	316	295	323	231	247	221
探　井	43	35	29	33	32	39
开发井	273	260	294	198	215	182
注水井	26	19	29	13	19	16
钻井进尺/万米	64.43	61.39	64.88	52.64	47.04	45.56
勘探投资/亿元	8.47	6.94	5.89	4.05	3.39	3.17
开发投资/亿元	17.63	16.60	17.29	12.86	10.76	6.77

江苏油田

【概况】 江苏油田为中国石化集团江苏石油勘探局(简称江苏石油勘探局)和中国石油化工股份有限公司江苏油田分公司(简称江苏油田分公司)的统称，是以油气勘探开发为主，石油工程技术服务、石油炼制和盐卤盐硝开发生产综合发展的国有大Ⅰ型企业。江苏油田组建于 1975 年 4 月 23 日，1998 年 5 月划归中国石油化工集团公司。1998 年 11 月，安徽油田并入江苏油田。2001 年 1 月，设为江苏石油勘探局、江苏油田分公司。油田主要分布在江苏、安徽两省的8个地市17个县市76个乡镇。油田机关及主要科研单位设在扬州市。

江苏油田实行勘探局(分公司)、二级厂(处)、基层队(站)三级管理体制。2010年，共有二级厂(处)27个，主要专业队伍187支。年末在岗正式职工17 263人，长期合同工和直接使用非全日制用工1 375人。干部总数6 256人，其中具有高级技术职称的397人，中级技术职称的1 013人。资产总值163亿元，其中固定资产净值116亿元。

江苏油田油气勘探领域主要包括苏北盆地第三系、南华盆地阜阳地区、北部湾盆地徐闻区块、下扬子中古生界。截至2010年底，江苏油田分公司拥有油气勘查开采项目区块28个，区块总面积4.23万平方千米。其中，探矿权项目区块9个，面积4.15万平方千米；采矿权项目区块19个，面积922平方千米。共探明37个油气田，累计探明石油地质储量2.26亿吨，生产原油3 460.58万吨。

截至2010年底，江苏油田动用储量采油速度0.79%，剩余可采储量采油速度9.21%；动用储量采出程度15.93%，可采储量采出程度65.08%，老井自然递减率13.79%，老井综合递减率7.63%。

江苏油田主要技术经济指标和主要生产建设指标见表1和表2。

（唐富华）

【三级地质储量超额完成计划任务】 2010年，江苏油田设置8个勘探项目，完成勘探投资6.26亿元，地震采集动用4支地震队，完成三维地震满覆盖面积289.69平方千米，二维地震测线850.39千米；出站三维资料处理项目19块，满覆盖面积3 364.89平方千米，出站二维资料处理测线77条，剖面长度2 825.06千米。探井开钻43口，完井48口，进尺11.38万米。新井投入试油28口，完成试油交井26口39层，试获工业油流井19口。全年新增探明石油地质储量1 063万吨，含油面积9.70平方千米，技术可采储量180.80万吨；新增控制石油地质储量1 057万吨，含油面积10.88平方千米，技术可采储量165.60万吨；新增预测石油地质储量1 051万吨，含油面积8.76平方千米，技术可采储量218.50万吨。新增探明、控制、预测地质储量分别为中国石化年计划任务的118%、132%和105%。

（唐富华）

【原油产量连续17年保持稳定增长】 2010年，江苏油田滚动勘探开发完钻15口井，探明地质储量255万吨；新区产能建设完钻30口井，新建产能9.1万吨；老油田综合调整与治理共钻井112口井，新增产能15.47万吨；技术改造完钻和实施侧钻井40口，恢复产能2.2万吨；新投(转)注水井70口，年末注水井共开井584口，年注水量627万立方米，累积注采比0.65；实施开发先导试验，发展水平井技术应用，加强油田动态监测，加强油藏经营管理。全年生产原油171.01万吨，原油产量连续17年保持稳定增长。

（唐富华）

【石油工程保障能力持续增长】 2010年，江苏油田石油工程实现业务收入41亿元，保持良好发展态势。全年完成钻井进尺93.37万米，同比增加14.44%，比“十五”末增加67%；技术进步持续推进，有3项指标刷新石化集团公司石油工程纪录，近钻头地质导向、高精度三维地震资料采集、喷砂压裂、CFT套管测井等一批新技术的推广应用，使得石油工程技术速度更快、精度更高、效果更好，为油田增储上产打造了新的利器；施工质量持续攀升，地震现场处理剖面合格率100%，钻井井身质量优质率88.3%，井下作业一次成功率98.6%；装备条件持续改善，引进了428道地震仪、5 000米和4 000米电动钻机、5700测井仪等一批设备，装备水平和新度系数有了较大提高。

（唐富华）

【经营管理水平进一步提升】 2010年，江苏油田认真落实增产增效、优化增效、降本增效、减费增效措施，勘探局五项费用、分公司三大成本得到有效控制。坚持谨慎投资、珍惜投资、用好投资，不断加强项目论证，规范项目运行，强化项目后评估，投资质量和效益创出新水平。坚持推进全员成本目标管理，深化全面预算管理和资金集中管理，成本费用总体受控，财务精细化管理水平不断提升。进一步完善内部经营责任制，强化EVA考核理念，将精细管理目标纳入绩效考核体系，建立了经营业绩考核公示制度。不断强化监督制约机制，充分发挥内控、ERP、审计、法律事务和效能监察的“五把锁”功能，使经营活动全过程受控，促进经营管理步入科学化、标准化、规范化轨道。大力深化“达标创优”工作，深入开展“比学赶帮超”活动，共刷新石化集团公司纪录6项、油田纪录81项，油田获得29面红旗；在“创建金银牌基层队”和“五项劳动竞赛”活动中，油田获得27枚金牌、22枚银牌的历史最好成绩。

（唐富华）

【安全环保形势总体保持稳定】 2010 年，江苏油田树立“没有安全的进尺一米不要、没有安全的进度一刻不抢、没有安全的效益一分不拿、没有安全的项目一个不争”的安全理念，持续推进“我要安全”主题活动，层层落实安全环保责任制。发布了 HSE 管理手册和 32 个程序文件，推进了 HSE 作业计划书、岗位 HSE 作业指导书的编制与实施，保证了 HSE 体系落实到项目、班组和岗位；发布了《江苏油田安全文化手册》，组织了“我要安全大家谈”、“我与安全同行”、“辨隐患、促安全”等系列活动，“我要安全、我会安全、我能安全”的氛围更加浓厚；着力强化重点领域、关键环节，要害部位的安全监督，干部值查等三项制度有效落实，井控安全从制度、设计、装备、培训、监督等方面得到加强；全年共投入 4 000 多万元用于安全技术措施和隐患治理，物的本质安全水平进一步提高；大力推进清洁化生产，建设项目环境影响评价和环保“三同时”执行率 100%，全面完成了石化集团公司总部下达的考核指标；积极推广应用节能“四新”技术，进一步完善节能达标措施，万元产值综合能耗分公司同比下降 0.5%，勘探局同比下降 0.66%。

（唐富华）

【高邮凹陷复杂断块油藏断层控藏作用及勘探关键技术获石化集团公司科技进步一等奖】 （参见第 130 页）

【勘探开发一体化数据中心建成上线运行】 江苏油田勘探开发一体化数据中心及其业务协同平台项目分 3 期实施：2008 年完成录井、测井、钻井等专业的上线运行，2009 年完成了采油、注水、集输、井下作业等专业的二期工程，剩余专业的三期工程于 2010 年 12 月 9 日正式上线运行。该数据中心的成功上线运行，初步形成了基于勘探开发一体化数据中心的油田信息化技术架构，基本实现了油田测井、录井、钻井、采油、注水、井下作业、油气集输、地质研究、物探管理和生产管理等跨专业、跨单位的一体化协同作业和无缝信息资源共享。

（唐富华）

【中国石化首个元明粉项目开工】 2010 年 6 月，石化集团公司正式批复江苏石油勘探局，投资 2 亿元人民币，建设中国石化首个元明粉项目，设计年产 21 万吨元明粉、5 万吨工业盐，预期年销售收入 1 亿元以上。11 月 1 日，该项目在淮安市淮阴区赵集镇开工建设。作为集原料采集、加工、销售为一体的非烃类开发综合性项目，淮安元明粉项目既是油田培育新经济增长点的发展项目，也是造福当地人民的惠民工程，经济效益和社会效益十分明显。

（唐富华）

【和谐油田建设成效显著】 2010 年，江苏油田用心用情用力为职工群众办实事、做好事、解难事，扎实推进民生工程建设。用工结构调整工作稳妥推进，对符合条件的 103 名劳务工进行了劳动合同变更，同时调整了 4 200 多名劳务工薪酬待遇；随矿劳动家属参加基本养老保险社会统筹取得实质性进展，完成了 3 000 多名劳动家属参保申请工作；劳动家属重大疾病医疗救助办法出台实施，切实减轻了劳动家属的医疗负担；油田企业年金实施办法出台；职工住房分配货币化前期住房普查和建档工作全部完成；离退休职工政治、生活待遇有效落实；“两堂两室”建设切实加强，职工伙食补贴标准进一步提高。同时，着力构建信访综治长效机制，油田和谐稳定的局面进一步巩固。

（唐富华）

表 1　江苏油田主要技术经济指标　亿元

指标名称 \ 年份	2010	2009	2008	2007	2006	2005
工业总产值	82.69	64.25	99.75	77.76	73.61	70.47
江苏石油勘探局	21.44	19.68	20.00	17.16	14.36	23.37
江苏油田分公司	61.25	44.57	79.75	60.60	59.25	47.10
工业增加值	59.61	40.11	77.84	54.68	49.18	43.05
江苏石油勘探局	7.87	6.81	6.86	5.50	4.26	5.28

续表

指标名称＼年份	2010	2009	2008	2007	2006	2005
江苏油田分公司	51.24	33.30	70.98	49.18	44.92	37.77
资产总计	162.97	130.15	113.72	89.58	72.39	70.27
江苏石油勘探局	47.46	44.05	43.43	31.69	26.98	30.07
江苏油田分公司	115.51	86.10	70.29	57.89	45.41	40.20
流动资产	18.45	19.37	23.87	14.74	11.73	12.77
江苏石油勘探局	16.35	15.96	20.19	10.90	9.24	10.09
江苏油田分公司	2.30	3.41	3.68	3.84	2.49	2.68
固定资产原值	218.49	193.26	169.76	145.85	126.57	103.26
江苏石油勘探局	41.08	35.66	31.21	27.17	25.77	29.00
江苏油田分公司	177.41	157.60	138.55	118.68	100.80	74.26
固定资产净值	115.84	103.63	85.16	69.53	59.80	54.38
江苏石油勘探局	26.89	23.42	20.69	16.56	16.06	17.76
江苏油田分公司	88.95	80.21	64.47	52.97	43.74	36.62
销售收入	140.97	114.32	139.87	104.86	86.18	82.48
江苏石油勘探局	50.68	50.55	46.89	32.72	26.94	34.62
江苏油田分公司	90.29	63.77	92.98	72.14	59.24	47.86
实现利税	35.77	22.02	61.95	42.46	38.16	31.11
江苏石油勘探局	1.84	2.07	2.92	1.94	1.81	1.81
江苏油田分公司	33.93	19.95	59.04	40.52	36.35	29.30
税　金	20.19	12.37	29.55	17.69	9.65	7.81
江苏石油勘探局	2.37	2.00	2.78	2.71	2.21	2.33
江苏油田分公司	17.82	10.37	26.77	14.98	7.44	5.48
综合能耗/吨标煤·万元$^{-1}$						
江苏石油勘探局	0.46	0.46	0.46	0.47	0.49	—
江苏油田分公司	0.36	0.35	0.34	0.35	0.37	—

表 2　　　　　　江苏油田主要生产建设指标

指标名称 \ 年份	2010	2009①	2008	2007	2006	2005
原油产量/万吨	171.01	171.01	171.00	170.20	167.40	164.70
天然气产量/亿立方米	0.56	0.57	0.58	0.55	0.61	0.64
新增原油生产能力/万吨	24.57	26.30	26.18	24.60	24.50	26.20
新增探明石油地质储量/万吨	1 063.00	1 067.00	1 056.00	1 047.00	1 042.00	1 028.00
二维地震/千米	3 211.79	3 247.97	3 760.80	3 240.00	3 521.92	1 794.20
三维地震/平方千米	816.58	562.21	382.45	588.89	525.80	1 093.08
石油完井/口	380.00	323.00	311.00	266.00	278.00	252.00
探　井	93.00	77.00	77.00	49.00	53.00	47.00
开发井	287.00	246.00	234.00	217.00	225.00	205.00
钻井进尺/万米	93.37	81.59	76.45	63.98	62.84	55.90

①2009 年的数据重新调整。

新星石油公司

【概况】 中国石化集团新星石油有限责任公司(简称新星石油公司)是石化集团公司的全资子公司，本部设在北京市北四环中路 263 号，主要从事海外工程服务、地热资源开发利用、矿业开发等业务，产业分布在北京、广州、西安、咸阳、黄山等国内城市及埃及、尼日利亚、埃塞俄比亚、乍得、哈萨克斯坦、喀麦隆、安哥拉等国家，拥有中国外经贸部授予的进出口贸易、对外经济技术合作和对外承包工程经营资质。

新星石油公司前身是原地质矿产部石油地质海洋地质局，1996 年 12 月 7 日，以原地质矿产部石油地质海洋地质局及其所属石油系统的普查勘探、科研队伍为基础，成立了中国新星石油有限责任公司。2000 年 2 月 29 日，中国新星石油有限责任公司整体并入石化集团公司，更名为中国石化集团新星石油有限责任公司。2003 年 6 月，石化集团公司对新星石油公司重组调整。2006 年 12 月，重组后的新星石油公司整体进入中国石化集团资产经营管理公司。2009 年 4 月 1 日，新星石油公司正式划归石化集团公司上游板块，明确了以海外工程服务、地热资源开发利用、盐卤及二氧化碳等矿产资源开发为主经营的发展定位。

新星石油公司下设办公室等 16 个部门、广州公司等 7 个分子公司，控股中地海外建设集团公司、陕西绿源地热能源公司、陕西中地能源公司 3 家企业，参股中萨钻井公司 1 家企业。截至 2010 年 12 月 31 日，在职职工 349 人，离退休职工 719 人。

新星石油公司主要技术经济指标见表 1。

（何国良）

【超额完成年度生产经营任务】 2010 年，新星石油公司实现生产经营收入 56.64 亿元，完成年度指标的 113%。实现利润总额 3.76 亿元，完成年度指标的 125%，各项费用指标基本控制在石化集团公司下达的范围内，资产保值增值率达到 104.90%，资产总额达到 73.08 亿元。新签合同额 10.1 亿美元(按股比折算为 4.1 亿美元)，完成合同额 8.2 亿美元(按股比折算为 4.0 亿美元)。新增地热供暖面积 158 万平方米，完成年度计划的 143%。生产销售液体盐(折盐)7.33 万吨，同比增长 29%，完成全年预算的 122%。

（何国良）

【领导班子调整】 2010 年 7 月 14 日，石化集团公司党组和石化集团公司对新星石油公司领导班子进行了调整：詹麒任新星石油公司执行董事，范清勇任新星石油公司监事，刘世良任新星石油公司副总经理，高小茗任新星石油公司总会计师。免去张伯君的新星石油公司副总经理职务，任副局级调研员。11月29日，新星石油公司召开干部大会，石化集团公司党组成员、副总经理，股份公司副董事长张耀仓率人事部到会宣布石化集团公司党组关于新星石油公司领导班子调整决定：袁清任新星石油公司执行董事、总经理、党委副书记，徐向荣任新星石油公司党委书记、纪律检查委员会书记、工会主席人选，詹麒不再担任新星石油公司执行董事、总经理、党委副书记，调出另有任用。

（何国良）

【成功承办中国石化“低碳行动”媒体沟通会】 2010年1月23日，由石化集团公司办公厅主办、新星石油公司承办、雄县人民政府协办的中国石化“低碳行动”媒体沟通会在河北省雄县举行。人民日报、新华社、中央人民广播电台、中央电视台等媒体记者应邀出席媒体沟通会，并现场考察体验了地热供暖项目，到百姓家中感受供暖效果。

（何国良）

《关于组建中冰合资绿源地热能源开发总公司的框架协议》在冰岛签订

【中萨钻井公司“海洋一号”钻井平台命名仪式在大连举行】 2009年2月，中萨钻井公司投资建造的JU2000E－6钻井平台开工，2010年12月16日，该钻井平台建造工作基本结束，命名仪式在大连举行，埃及驻华大使里兹克先生为钻井平台命名为“BAHARI－1”（海洋一号）。海洋一号钻井平台是新星石油公司与埃及石油部所属的萨瓦石油公司合资成立的中萨钻井公司投资建造的第一座海上钻井平台，也是埃及第一座钻井平台。该钻井平台设计作业水深为122米，最大钻井深度9 145米，载员120人，对中萨公司从陆地走向海洋，实现跨越式发展具有重要意义。

（何国良）

中国石化“低碳行动”媒体沟通会在河北省雄县举行

【贺国强参加组建中冰合资公司框架协议签字仪式】

2010年6月9日，中共中央政治局常委、中央纪委书记贺国强以及冰岛外交部长Oessur Skarphedinsson出席了新星石油公司与冰岛绿源公司在冰岛外交部签订《关于组建中冰合资绿源地热能源开发总公司的框架协议》的签字仪式。协议的签订标志着中国石化与冰岛地热合作层次进一步提升，为新星石油公司地热项目的快速发展奠定了更好的基础。

（何国良）

【获得2009年中国节能减排领军企业称号】 2010年5月15日，中华环保联合会和中国企业报社共同举办了“第二届中国绿色产业经济论坛暨2009年中国节能减排功勋人物功勋企业推介活动”，新星石油公司凭借在地热资源开发利用领域的突出贡献获得2009年中国节能减排领军企业称号，公司总经理詹麒获得2009年中国节能减排功勋人物称号。

（何国良）

中萨钻井公司举行海洋一号自升式海上钻井平台下水仪式

【地热资源开发利用总体规划研究通过评审验收】 新星石油公司邀请国土资源部地质环境司、中国地调局水环部、中国地科院、中国地质大学(武汉)等部门及院校的评审专家，对中国地质大学(武汉)承担的"新星石油公司地热资源开发利用总体规划"研究项目进行评审。专家组认为，该项目提出了新星石油公司地热资源开发利用的综合战略，预测了地热产品在目标地区的市场前景和投资效益，对新星石油公司2010—2020年地热产品生产经营的规划指导目标明确、思路清晰、依据充分、内容翔实、发展定位合理，具有前瞻性，为新星石油公司实现超常规发展提供了依据。项目顺利通过验收。

(何国良)

【表彰"创先争优"先进集体及个人】 2010年6月30日，新星石油公司召开纪念建党89周年暨"创先争优"推进表彰大会，表彰了2009—2010年度新星石油公司先进基层党组织和优秀共产党员，授予机关第一党支部等7个党支部先进基层党组织称号，宫艳铭等20人优秀共产党员称号。

(何国良)

【创建和谐文明示范小区工作凸显成效】 2010年1—11月，新星石油公司深入开展了文明和谐示范小区创建活动，分别对新星石油公司北京基地、广州公司三水基地及德州离退休职工社区进行改造。改造后，各基地的社区事务管理、居民服务管理及公共维修服务得到了有效的改善。

(何国良)

【获石化集团公司"创先争优、与法同行"法律知识竞赛双奖】 2010年10—12月，新星石油公司组队参加石化集团公司组织的"创先争优、与法同行"法律知识竞赛活动。经过多轮角逐，新星石油公司获得团体优胜奖，员工李楠获个人金奖。

(何国良)

【肖新生等4人获喀麦隆骑士勋章】 中地海外建设公司喀麦隆杜阿拉城市供水项目是中国进出口银行支持的喀麦隆重点大型工程项目之一，合同总额9.5亿元。喀麦隆杜阿拉城市供水项目的实施，从根本上改善了当地居民的饮用水问题，有力地带动当地其他基础设施建设，改善了民生，受到了杜阿拉市市民的普遍欢迎。为表彰中方为项目实施作出的贡献和取得的成绩，喀麦隆能源与水资源部长 Ngako Tomino Michael 代表喀麦隆政府为中地海外建设喀麦隆公司经理肖新生以及陈茂旺、焦辉、文哲共4人颁发了喀麦隆骑士勋章。

(何国良)

【李志刚获中央企业先进职工称号】 2010年9月，国务院国资委下发了《关于表彰中央企业红旗班组(科室)和中央企业先进职工的决定》，对在中央企业班组建设和职工队伍建设工作中取得优异成绩的班组和职工进行表彰，新星石油公司埃及工程管理部经理、中萨钻井公司总经理李志刚获中央企业先进职工称号。

(何国良)

表1　**新星石油公司主要技术经济指标**　亿元

指标名称 \ 年份	2010	2009③	2008②	2007①	2006	2005
工业总产值	56.64	50.85	43.79	43.66	37.60	27.03
企业增加值	16.33	12.14	10.40	7.05	-2.00	3.22
资产总计	73.08	69.66	58.00	47.76	45.35	33.02

续表

年份 指标名称	2010	2009③	2008②	2007①	2006	2005
流动资产	54.79	51.77	42.72	35.68	29.73	18.94
固定资产原值	31.50	28.38	24.56	26.70	25.54	22.29
固定资产净值	12.38	11.47	8.80	9.97	10.39	8.64
销售收入	56.64	50.85	43.79	43.91	37.71	31.31
实现利税	8.46	6.67	5.72	4.48	4.66	1.75
税　金	4.70	4.63	1.63	1.84	1.45	1.30

①2007 年数据含泰州石化总厂、辽宁物装公司。

②2008 年数据不含泰州石化总厂、钦州国星公司，含辽宁分公司(原辽宁物装公司)。

③2009 年数据不含辽宁分公司。

上海海洋石油局
暨上海海洋油气分公司

【概况】 中国石化集团上海海洋石油局(简称上海海洋石油局)和中国石油化工股份有限公司上海海洋油气分公司(简称上海海洋油气分公司)位于上海，是石化集团公司下属主要从事海洋油气勘探开发及工程服务的上游油田企业。上海海洋石油局主要提供海洋钻井、海洋物探、船舶拖带、井筒服务、基地服务等海洋石油工程服务；上海海洋油气分公司主要在东海、南海、黄海等海域开展自营勘探，并承担海外油气资源勘探开发项目的评价研究，同时参与管理东海平湖油气田、西湖油气田的开发生产。

上海海洋石油局、上海海洋油气分公司的前身为地质矿产部上海海洋地质调查局，组建于 1973 年 4 月，1997 年 1 月整体归入中国新星石油公司，2000 年 3 月随中国新星石油公司整体并入石化集团公司，2002 年 7 月，分别直属石化集团公司和石化股份公司管理。2009 年，按照石化集团公司要求，上海海洋石油局、上海海洋油气分公司实行“一体化”管理。

截至 2010 年底，上海海洋石油局、上海海洋油气分公司设有 1 个党委，1 套行政领导班子，下设 18 个机关职能处室、6 个二级单位、6 个直属单位、3 个其他机构；拥有从业人员 1 618 人，其中经营管理人员 440 人，专业技术人员 533 人，具有高级专业技术职称 216 人。

截至 2010 年底，上海海洋油气分公司拥有勘查区块 27 个，所属探区主要分布在东海、南海等海域，自营和联合矿权区块面积 9.45 万平方千米。自营探区拥有石油总资源量 2.9 亿吨，天然气总资源量 5.2 万亿立方米；合作探区拥有石油总资源量 7.7 亿万吨，天然气总资源量 3.89 万亿立方米，探明地质储量 1 037 亿立方米气当量、控制地质储量 242 亿立方米气当量。

2010 年，上海海洋油气分公司生产份额原油 2.50 万吨、份额天然气 1.41 亿立方米；实现销售收入 1.43 亿元、投资收益 0.92 亿元，利润总额亏损 4.95 亿元，控制在中国石化总部下达的限亏指标内。上海海洋石油局、上海海洋油气分公司主要技术经济指标见表 1。

2010 年，上海海洋石油局被授予上海市 2008—2009 年度社会治安综合治理工作先进集体称号。

(林雪梅　张　珺)

【领导班子调整】 2010 年 7 月 18 日，上海海洋石油局、上海海洋油气分公司召开干部大会，石化集团公司党组成员，石化股份公司副董事长、总裁王天普宣布了对上海海洋石油局、上海海洋油气分公司领导班子调整的决定：聘任左文岐为上海海洋油气分公司总经理，解聘刘申叔上海海洋油气分公司总经理职务，办理退休手续；刘望军任上海海洋石油局副局长；刘振东任中共上海海洋石油局委员会副书记、纪律检查委员会书记，为上海海洋石油局工会主席人选；贾健谊、封瑞良、李上卿、王雯 4 人任中共上海海洋石油局委员会委员；免去刘申叔的中共上海海洋石油局委员会副书记、委员职务；免去赖敏的中共上海海洋石油局委员会副书记、委员、纪律检查委员会书记职务，任调研员。另根据工作需要，委派左文岐为上海石油天然气有限公司董事会董事、副董事长；刘申叔不再担任上海石油天然气有限公司董事会董事、副董事长职务。

（林雪梅　张　珺）

【“涠西区块风险探井井位论证”项目取得成果】 2010 年，南海北部湾盆地“涠西区块风险探井井位论证”项目取得重要阶段性研究成果，得到了石化股份公司领导的充分肯定。为完成“提出一批钻探目标”的任务，项目组开展了 550 平方千米三维地震重处理资料的构造解释、圈闭复查、落实工作，共落实 27 个构造圈闭，并在有利勘探区带——2 号断裂洼漕带划分出 3 个圈闭群，为井位部署提供了一批目标。

（林雪梅　张　珺）

【中挪签订联合研究协议】 2010 年 2 月 9 日，上海海洋油气分公司与挪威国家石油公司在北京签订了琼东南区块联合研究协议，双方将在联合研究过程中进行技术交流，完成二维、三维地震资料处理解释评价和资源技术与经济评估等。此协议的签订标志着中挪联合研究工作全面启动。

（林雪梅　张　珺）

【琼东南勘探评价取得成果】 2010 年，南海琼东南探区勘探评价取得成果。1 250 平方千米三维地震资料处理解释工作顺利完成，评价研究提出了 2 个具有良好油气勘探开发前景的重点构造带，新发现和重新落实了 16 个局部构造，确定了北礁 4 等构造是下一步勘探的重要目标。

（林雪梅　张　珺）

【东海南部中生界资源潜力评价项目取得初步研究成果】 2010 年，“东海陆架盆地南部中生界油气资源潜力评价”项目取得初步研究成果。该项目采用多域组合多次波衰减技术，较好地解决了中生界多次波强、不易压制的难题，提高了断裂和火成岩发育区的中生界地震资料信噪比和成像质量；首次开展了一体化的二维地震区域测线大网格的中生界构造和沉积基础地质编图工作，进一步明确了中生界分布和地质结构、沉积特征。研究认为东海南部中生界中下统烃源层系厚度大，成烃物质基础较好，具有较大的油气勘探潜力。该研究成果得到了国土资源部油气中心专家组的一致好评。

（林雪梅　张　珺）

【合作探区油气勘探取得突破】 2010 年，东海西湖合作探区平湖 11 井获重大油气突破，在花港组和平湖组发现了多套油气层，展示了“平湖外围找平湖”的广阔油气前景；平湖 10 井在宝石组再次发现油气层，证实了西湖凹陷勘探新领域；团结亭 3 井获高产油气流，展示了团结亭地区的良好勘探潜力。

（林雪梅　张　珺）

【澳大利亚 NT/P76 区块勘探项目开题设计通过审查】 2010 年，上海海洋油气分公司承担了海外海域项目——澳大利亚 NT/P76 区块年内 4 个勘探项目的开题设计，该设计通过了国际石油勘探开发公司组织的专家组的评审。设立勘探项目的主要目的是通过三维地震资料精细构造解释、重点圈闭储层和含油气预测以及圈闭远景资源量估算和综合评价，落实有利钻探圈闭和井位，为确定 2011 年度勘探部署建议奠定基础。

（林雪梅　张　珺）

【勘探三号钻井平台连创多项新纪录】 2010 年，勘探三号钻井平台实现全年 365 天满租金服务，并在南海的钻井施工中连续承钻多口高温高压井，创造了最大钻井深度 5 200 米、实测最大井底温度196°C、最大作业水深 188 米等多项石化集团公司海洋石油钻井新纪录。

2010 年，勘探三号平台井队获中央企业红旗班

1.6 万马力多用途工作船开工仪式　（蔡　强　摄）

组称号。

（林雪梅　张　珺）

【1.6万马力多用途工作船正式开工建设】 2010年7月28日，1.6万马力（1.19万千瓦）多用途工作船开工仪式在广州粤新船业集团公司生产车间举行。该船是国内在建同类船舶中设备最先进、自动化程度最高的船舶，建成后能满足海洋平台1 500米深水作业的需求，有效提升上海海洋石油局市场竞争力，向打造船舶铁军迈出了坚实的一步。

（林雪梅　张　珺）

【勘探六号平台正式列装上海海洋石油局】 2010年4月27日，勘探六号钻井平台下水仪式在新加坡隆重举行，12月1日，交船仪式在新加坡举行，船东方上海海洋石油局和建造方新加坡PPL船厂的代表分别在交接协议上签字。至此，建造长达两年的勘探六号钻井平台正式列装上海海洋石油局、上海海洋油气分公司，为实现海域油气新突破服役。

（林雪梅　张　珺）

勘探六号平台交船仪式　（陈树芳　摄）

【多缆物探船建造工作启动】 2010年12月8日，上海海洋石油局与中国船舶工业集团公司上海船厂多缆物探船（S8002）建造合同签字仪式在中国石化总部举行。多缆物探船的建造将全面强化上海海洋石油局海域地质资料采集和物探作业能力，同时有助于石化集团公司海域油气勘探作业和技术水平的提高，为石化集团公司加快实施资源战略提供坚强的保证。

（林雪梅　张　珺）

【《东海地质与矿产》出版发行】 由上海海洋石油局历时近4年整理编辑的《东海地质与矿产》一书于2010年6月由海洋出版社出版发行。该书是国内反映东海地质和涵盖矿产资源调查研究内容最为齐全的专著，对东海研究简史、水动力条件及周边地质，海底地形地貌、浅部和深部地层、地质构造、矿产资源、工程地质和灾害地质等方面都进行了详细论述和理论探讨，涉及领域广泛，内容新颖，具有较高的实用性和学术价值。

（林雪梅　张　珺）

【《上海海洋石油》报创刊】 2010年5月1日，《上海海洋石油》报创刊。中国石化报社及中国石化系统在沪企业分别致贺信表示祝贺。《上海海洋石油》报分为头版、专版、综合新闻及企业文化4个版面。

（林雪梅　张　珺）

【一海大队举行建队50周年庆典】 2010年6月22日，上海海洋石油局第一海洋地质调查大队（简称一海大队）建队50周年庆典大会隆重举行。中国科学院院士李廷栋、刘光鼎，工程院院士陈吉余，国土资源部勘察司副司长陈先达，石化集团公司顾问周佰修，上海海洋石油局领导左文岐、刘申叔以及中国地质调查局等单位200余人参加。

（林雪梅　张　珺）

【发现号物探船被授予全国青年文明号称号】 发现号于20世纪90年代进入国际市场，足迹遍布全球四大海域，2006年进军北极圈，创造了国内工程船舶高纬度海域作业的纪录，2010年前往墨西哥湾进行二维地震作业，以零缺陷通过美国PSC（港口国控制）检查。2010年3月16日，发现号物探船全国青年文明号授牌仪式在外高桥三海码头举行。

（林雪梅　张　珺）

发现号获全国青年文明号授牌仪式　（陈树芳　摄）

【结对帮扶崇明纯阳村】 2010年6月23日，上海海洋石油局党委与上海市崇明县三星镇纯阳村党支部签订结对帮扶工作协议。该次活动是落实党中央和上海市委加大城乡统筹力度，加快社会主义新农村建设部署的重要举措。上海海洋石油局认真贯彻上级党组织的精神，围绕结对帮扶目标任务，从帮扶对象最迫切需要解决的实际问题入手，通过资金援助、培训就业等形式和渠道，推进新农村建设。

（林雪梅　张　珺）

表 1　　上海海洋石油局、上海海洋油气分公司主要技术经济指标　　亿元

指标名称 \ 年份	2010	2009	2008	2007	2006	2005
工业(企业)增加值	3.67	4.13	1.68	3.90	4.30	1.98
上海海洋石油局	7.18	5.93	2.26	3.13	2.95	0.82
上海海洋油气分公司	-3.51	-1.80	-0.58	0.77	1.35	1.16
资产总计	85.16	68.18	53.21	53.22	50.82	47.92
上海海洋石油局	29.91	21.19	12.57	10.03	9.77	8.09
上海海洋油气分公司	55.25	46.99	40.64	43.19	41.05	39.83
流动资产	11.63	8.52	5.68	5.48	4.71	3.76
上海海洋石油局	3.41	7.09	4.00	3.79	3.83	3.01
上海海洋油气分公司	8.22	1.43	1.68	1.69	0.88	0.75
固定资产原值	33.27	16.59	15.09	16.02	15.08	12.08
上海海洋石油局	32.97	16.31	14.82	15.74	14.80	11.80
上海海洋油气分公司	0.30	0.28	0.27	0.28	0.28	0.28
固定资产净值	21.54	5.74	4.87	6.18	5.82	3.31
上海海洋石油局	21.47	5.66	4.76	6.09	5.69	3.14
上海海洋油气分公司	0.07	0.08	0.11	0.09	0.13	0.17
销售收入	10.02	11.37	10.78	9.86	7.67	5.89
上海海洋石油局	8.59	9.91	9.23	7.89	7.54	5.78
上海海洋油气分公司	1.43	1.46	1.55	1.97	0.13	0.11
实现利税	-2.69	0.73	0.39	-1.46	1.94	1.43
上海海洋石油局	2.13	3.85	3.20	1.42	0.84	0.50
上海海洋油气分公司	-4.82	-3.12	-2.81	-2.88	1.10	0.93
税　金	0.72	0.36	1.06	0.40	0.23	0.21
上海海洋石油局	0.63	0.29	0.97	0.29	0.22	0.20
上海海洋油气分公司	0.09	0.07	0.09	0.11	0.01	0.01
综合能耗/吨标煤·万元$^{-1}$	—	0.26	0.39	—	—	—
上海海洋石油局	—	0.26	0.39	—	—	—
上海海洋油气分公司	—	—	—	—	—	—

西南油气田

【概况】 西南油气田是中国石化集团西南石油局(简称西南石油局)和中国石油化工股份有限公司西南油气分公司(简称西南油气分公司)的统称,是石化集团公司油气生产企业之一。西南石油局是负责西南油气田基地管理与服务、石油工程技术服务的区域性法人经营实体,西南油气分公司是负责西南地区油气勘探开发业务的经营实体。队伍主要分布在四川、重庆、贵州、云南、广西、湖南等四省一市一区。总部机关设在四川省成都市提督街108号。

西南油气田的前身是组建于1976年的国家地质总局四川石油普查勘探指挥部,1997年1月整体归入中国新星石油公司,2000年3月随中国新星石油公司整体并入石化集团公司,并于2003年5月整体划归石化集团公司和石化股份公司直属。2007年3月,西南石油局和西南分公司与中南石油局、中南分公司、滇黔桂石油勘探局、南方勘探开发分公司整合重组,组成西南石油局、西南油气分公司、石油工程西南公司。2009年12月,西南石油局与石油工程西南公司整合重组为新的西南石油局。

截至2010年底,西南油气田下设27个职能处室,7个附属机构,39个二级单位;拥有正式职工9 883人,其中具有教授级高级职称的40人,高级技术职称的913人。

截至2010年底,西南油气田拥有矿权区块52个,面积2.19万平方千米,拥有天然气资源量4.79万亿立方米,石油资源量8 551.32万吨;累计提交天然气探明地质储量3 170.74亿立方米,可采储量1 385.20亿立方米。累计提交原油探明地质储量1 519.6万吨,标定可采储量170.7万吨。拥有油气井1 338口,集输气站300余座,各类输油气管线3 000余千米。共开井1 175口,日产气731万立方米,年产气27.16亿立方米,历年累计生产天然气307.85亿立方米。

西南油气田主要技术经济指标和主要生产建设指标见表1、表2和表3。

(罗兴平 魏凌琛)

【主要领导调整】 2010年11月24日,石化集团公司党组对西南油气分公司主要领导干部进行调整:甘振维任西南油气分公司总经理、西南石油局党委副书记,徐向荣不再担任西南油气分公司总经理职务。

(罗兴平 魏凌琛)

【油气勘探取得"1321"重要成果】 2010年,西南油气田按照"战略展开、战略突破、战略准备"三个层次部署,以深层勘探突破为重点,扩大深层,加快海相,巩固浅中层,准备新区,加强综合地质研究,优化勘探部署,取得了"1项重大突破、3项重要进展、2项重要发现、1项积极推进"的油气勘探成果。1项重大突破:川西海相新层系油气勘探取得重大突破,获得石化股份公司2010年度勘探重大突破奖;3项重要进展:川西深层新场须二、须四及中浅层油气勘探取得重要进展;2项重要发现:阆中海相、鸭子河构造须家河组勘探发现重要苗头;1项积极推进:积极推进了"新地区、新领域、新层系"的风险勘探。根据石化集团公司总部部署和要求,及时将年度探明储量提交的重点目标由大邑深层调整到新场须四,确保了三级储量任务全面完成。新发现圈闭14个,新增圈闭面积1 754平方千米。整体探明了新场须二气藏1 211.2亿立方米的规模储量,获石化股份公司2009年度勘探重大发现一等奖,为建设川西大气田夯实了资源基础。

(罗兴平 魏凌琛)

【气田开发攻坚战取得显著成效】 2010年,西南油气分公司围绕百亿气田建设开展的老区稳产"保卫战"和新区上产"攻坚战"取得显著成效。川西老井产量递减得到有效控制;新场气田加密开发,洛带、百色气田滚动扩边均获得良好产能;川东北河坝、元坝新区开发评价取得重要进展,实现了"中浅层硬稳定、须家河快上产、川东北快试采"的开发目标。全年实施天然气开发钻井47口,进尺12.25万米,新(增)建产能2.56亿米^3/年,完成投资17.02亿元;实施原油开发钻井1口,完成投资600万元;完成天然气产量27.16亿立方米,原油产量2.5万吨,分别完成年度计划的100.6%和100%;销售商品气25.85亿立方米,商品率95.18%。

(罗兴平 魏凌琛)

【开拓市场创历史最好成绩】 2010年,西南油气田坚持以市场为导向,以效益为中心,在抓好内部工程作业项目的同时,大力拓展国内国际石油工程市场,取得了市场空间快速拓展的佳绩。胜利、南方、东北和长庆、延长等国内石油工程市场继续巩固发展,西北市场发展迅猛,各专业同步快速增长,年创收达14亿元;国外石油工程市场发展势头强劲,共有24支队伍进入国外石油工程和技术服务市场,完成经营收入5.04亿元,实现利润4 988万元,同比大幅增长。

（罗兴平　魏凌琛）

【科技攻关取得丰硕成果】 2010年，西南油气田针对西南地区“三超”（超深、超高温、超高压）领域和复杂、裂缝性、有水气藏勘探开发难题，开展科技攻关并取得丰硕成果。开展系统集成并创新应用具有国际领先水平的3D3C勘探技术的攻关取得重大突破，较好地解决了川西深层致密裂缝型气藏优质储层预测、裂缝检测及含气性识别等问题，使勘探开发井的成功率由50%大幅提高到80%左右。针对天然气富集区预测、深层储层改造、超高压大型压裂、多层压裂、深井裂缝性储层保护、深井钻井提速、排水采气、水平井开发、难动用储量高效开发、低含硫气藏开采等工程工艺技术开展的攻关取得重大进展，水平井分段压裂技术实现井下工具国产化，达到国际同类技术指标。开展科研项目攻关成绩喜人，“三维三分量地震关键技术突破与深层致密大气田高效勘探”项目获国家科技进步二等奖，“川西致密碎屑岩天然气富集规律与勘探开发关键技术”项目获四川省科技进步一等奖。

（罗兴平　魏凌琛）

【开发气田首次突破16个】 2010年是西南油气田登记开采区块和开发气田数量最多的一年。共在四川省、重庆市和滇黔桂地区依法登记开采区块18个，面积1 182.82平方千米，截至年底，在从事油气开发及试采工作的21个气田中，已开发气田首次突破16个。

（罗兴平　魏凌琛）

【施工创石化集团公司多项纪录】 2010年3月22日，西南石油局固井公司在四川省达州市元坝重点勘探井122井339.7毫米固井施工中，一次性注入水泥浆440立方米，水泥用量580吨，刷新了其之前保持的330立方米的纪录，同时一次性注替量696立方米也创造了石化集团公司固井施工新纪录。4月24日，西南油气分公司对川西气田新沙21－2H井开展水平井四层分层压裂施工取得成功，共改造入地液量1 111.5立方米，加砂145立方米陶粒，创造了石化集团公司水平井加砂压裂一次施工层段最多、入地液量最大、加砂规模最大纪录。

（罗兴平　魏凌琛）

【川西深井钻井6口井实现提速目标】 2010年，西南油气田在川西地区完钻深井提速井10口，其中有6口井实现提速目标。通过提速活动的开展，一批国内外先进的钻井技术在川西深井得到应用，创造或刷新了多项川西地区钻井新纪录，并取得良好的综合效益，得到了石化集团公司的肯定和表彰。

（罗兴平　魏凌琛）

【官深1井超高密度钻井液成功应用】 2010年12月19日，西南油气分公司在官深1井三开2 955—3 700米井段成功应用密度2.77—2.86克/厘米^3（最高达到1.89克/厘米^3）的钻井液，储备的重浆密度高达3.0克/厘米^3，且保持良好的沉降稳定性，创中国石化钻井液密度最高纪录。此外，该井所用钻井液采用特殊加工的重晶石粉，创石化集团公司重晶石粉配制钻井液密度最高纪录。

（罗兴平　魏凌琛）

【元坝103H井超深水平井成功实施】 2010年，西南油气分公司在川东北地区施工的元坝103H井，在完成7 050.74米深的斜导眼施工后，进入水平段施工，截至12月31日，该井钻井深度7 382米，创下国内陆上垂深最深水平井施工纪录。

（罗兴平　魏凌琛）

【管理体制调整】 2009年12月至2010年上半年，根据石化集团公司关于调整完善西南地区上游企业管理体制的部署和要求，原西南石油局与石油工程西南公司整合重组为新的西南石油局，并与西南油气分公司实行“一套班子领导体制”。按照“统一生产指挥系统”的要求，调整了机关职能机构设置；完成了机关“三定”、竞聘上岗、人员分流、原石油工程西南公司资产账务清理、二级单位划转、法律手续变更等工作；按照组织程序，重新设立了勘探南方分公司党委和新的西南地区上游企业协调委员会。

（罗兴平　魏凌琛）

【改善经营管理建议工作初见成效】 2010年，西南油气田作为石化集团公司改善经营管理建议工作12家试点单位之一，及时成立了相应组织机构，制定了《改善经营管理建议实施细则（试行）》和试点工作实施方案及推进方案，及时召开试点工作推进会，迅速启动了改善经营管理建议立项申报、审批和推进实施等相关工作，投资计划管理不断加强，财务管理更加精细规范，装备管理和生产运行管理切实加强，法律事务管理和职能建设逐步规范完善。结合体制调整后的实际，对各方面管理制度进行了全面梳理，认真做好相关制度的修订完善工作，进一步提高了管理的制度化、规范化、科学化水平，较好地调动了广大干部职工参与经营管理的积极性，初步构建了推进该项工作持续深入开展的长效机制。

（罗兴平　魏凌琛）

【获石化集团公司安全环保先进单位称号】 2010年，西南油气田以“我要安全”、“平安工地”等主题活动为载体，以井控安全管理为重点，逐级落实安全生产责任，杜绝了重特大安全环保事故的发生，获石化集团公司安全生产先进单位、环境保护先进单位和“我要安全”主题活动先进单位3项称号。

（罗兴平　魏凌琛）

【获“川气东送”工程建设多项表彰】 2010年8月，中华全国总工会授予西南石油局广西钻井公司川东北项目部全国“五一”劳动奖状、西南油气分公司川东北采气厂采气六队全国工人先锋号称号、西南石油局广西钻井公司副经理韦谷运全国“五一”劳动奖章。

同日，石化集团公司授予西南石油局井下作业公司经理助理龙学、西南油气分公司川东北采气厂副厂长冯亮中国石化劳动模范称号，授予西南石油局重庆钻井公司70853XNC井队川气东送建设工程先进集体称号、李明君等22人川气东送建设工程先进个人称号。

（罗兴平　魏凌琛）

表1　　西南油气田主要技术经济指标　　亿元

指标名称＼年份	2010	2009	2008	2007	2006	2005
工业总产值						
西南石油局	40.33	—	22.80	25.80	8.56	6.13
西南油气分公司	31.75	27.49	27.12	25.53	17.92	12.96
工业增加值						
西南石油局	13.78	—	5.36	—	2.14	1.42
西南油气分公司	18.02	15.60	—	4.95	7.94	6.88
资产总计						
西南石油局	92.69	27.41	26.36	25.80	22.42	21.00
西南油气分公司	199.24	148.12	128.53	93.44	45.89	39.69
流动资产						
西南石油局	40.52	7.08	6.68	8.22	8.10	9.91
西南油气分公司	31.32	10.33	9.72	7.76	6.19	5.33
固定资产原值						
西南石油局	64.01	22.28	20.59	18.14	17.01	13.04
西南油气分公司	165.53	137.18	110.30	97.43	62.61	51.88

续表

年份 指标名称	2010	2009	2008	2007	2006	2005
固定资产净值						
西南石油局	41.59	15.26	14.43	12.40	11.76	8.09
西南油气分公司	81.16	65.89	60.49	54.69	38.35	32.27
销售收入						
西南石油局	74.55	23.87	22.04	25.81	15.78	12.50
西南油气分公司	31.78	27.62	27.12	25.53	17.92	12.96
实现利税						
西南石油局	3.17	1.00	—	0.19	1.56	1.44
西南油气分公司	-14.43	-6.68	-13.68	3.41	4.07	2.27
税　金						
西南石油局	5.07	1.77	—	2.12	1.01	0.99
西南油气分公司	1.41	1.32	-9.14	-0.45	1.05	0.55
综合能耗/吨标煤·万元$^{-1}$						
西南石油局	0.48	0.05	0.05	—	—	—
西南油气分公司	0.93	0.80	0.78	—	—	—

表 2　　西南石油局主要生产建设指标

年份 指标名称	2010	2009	2008	2007	2006	2005
完成二维地震采集量/千米	4 512	5 805	3 787	2 672	2 602	568
完成三维地震采集量/平方千米	2 060	2 271	1 543	2 796	653	661
完成钻井数/口	335	—	—	—	86	64
完成进尺数/万米	95.23	—	—	—	26.28	20.53

表3　　西南油气分公司主要生产建设指标

指标名称＼年份	2010	2009	2008	2007	2006	2005
原油产量/万吨	2.50	2.68	3.01	3.00	0.69	0.80
天然气产量/亿立方米	27.16	29.02	27.05	27.02	22.07	21.02
新增原油生产能力/万吨	1.90	—	0.30	0.05	—	—
新增天然气生产能力/亿立方米	2.56	4.74	0.03	4.95	1.05	1.92
新增原油地质储量/万吨	170.70	221.32	125.27	154.49	—	—
新增天然气地质储量/亿立方米	1 839.04	1 580.45	1 953.00	1 567.00	1 641.00	1 155.00
勘探开发投资额/亿元	39.51	35.56	33.72	36.99	14.16	11.45

西北石油局暨西北油田分公司

【概况】 中国石化集团西北石油局(简称西北石油局)和中国石油化工股份有限公司西北油田分公司(简称西北油田分公司)位于新疆维吾尔自治区，是石化集团公司上游油田企业之一，主要从事油气勘探开发和油气销售业务。总部机关设在新疆维吾尔自治区首府乌鲁木齐，在巴音郭楞蒙古自治州轮台县建立了前线生产指挥基地。主力油田——塔河油田位于塔里木盆地北部沙雅隆起阿克库勒凸起南部，地处库车县和轮台县境内。

西北石油局和西北油田分公司的前身是组建于1955年的华北地质局二二六队，1997年1月整体归入中国新星石油公司，2000年3月随中国新星石油公司整体并入石化集团公司，并于2003年6月整体划归石化集团公司、石化股份公司直属。2008年5月，西北油田分公司与勘探西北分公司整合重组，组合成新的西北油田分公司。

截至2010年底，西北石油局和西北油田分公司建有1个党委、2套行政领导班子(共10人)，下设21个机关职能处室、16个二级单位、6个直属单位；拥有职工3 873人，其中经营管理人员1 833人、专业技术人员1 231人，具有高级专业技术职称的522人。

截至2010年底，西北油田分公司拥有有效矿权区块44个，区块登记面积14.68万平方千米(其中勘查区块37个14.31万平方千米，开采区块7个0.37万平方千米)，全部分布在新疆维吾尔自治区的塔里木盆地；拥有油气远景资源量134.34亿吨油当量，其中石油75.45亿吨油当量、天然气58.89亿吨油当量；累计完成三级石油地质储量30.70亿吨油当量，其中探明石油地质储量12.76亿吨油当量、控制石油地质储量5.27亿吨油当量、预测石油地质储量12.67亿吨油当量。开发塔河、西达里亚、巴士托3个油气田及雅克拉、轮台S3-1、大涝坝3个凝析气田；拥有油气井1 117口，开井903口，其中自喷井309口、机抽井594口；累计生产原油5 042.99万吨、天然气107.47亿立方米。

2010年，西北油田分公司获国家西部大开发突出贡献集体和全国厂务公开民主管理工作先进单位称号。

西北石油局和西北油田分公司主要技术经济指标和主要生产建设指标见表1和表2。

(陈兰凤　王爱敏)

【领导班子调整】 2010年7月9日，石化集团公司党组对西北石油局和西北油田分公司领导班子作出调整，原国际石油勘探开发公司党委书记、副总经理刘中云任西北石油局局长、党委副书记，西北油田分公司总经理；原西北石油局局长、党委副书记，西北油田分公司总经理焦方正被调出另有任用。11月19日，石化集团公司党组又对西北油田分公司领导班子作出调整，原西北油田分公司副总经理甘振维被调出另有任用；调原中原油田副总工程师赵化廷任西北油田分公司副总经理。

(陈兰凤　王爱敏)

【油气勘探取得“1512”成果】 2010 年，西北油田分公司累计提交三级油气地质储量 3.07 亿吨油当量（探明石油地质储量 9 655.8 万吨、溶解气 40.02 亿立方米，控制石油地质储量 9 331.98 万吨、溶解气 109.57 亿立方米，预测石油地质储量 9 555.08 万吨、溶解气 62.98 亿立方米）。勘探工作取得 1 个突破、5 个发现、1 个重要进展、2 项进步。

1 个突破：部署在和田地区墨玉县境内的玉北 1 井在奥陶系测试获工业油气流，首次实现了麦盖提斜坡奥陶系碳酸盐岩领域导向性油气突破。

5 个发现：①部署在阿克苏地区库车县境内的桥古 1 井在白垩系和前中生界碳酸盐岩潜山钻遇多层良好油气显示，已在前中生界潜山试获工业油气流。②部署在阿克苏地区沙雅县境内的顺 7 井在奥陶系良里塔格组和鹰山组钻遇良好油气显示。③部署在喀什地区巴楚县境内的巴探 5 井、巴探 6 井在石炭系小海子组获得新发现，拓展了小海子组的勘探范围和领域。④部署在阿克苏地区库车县境内的大古 2 井在库车坳陷南斜坡中新生界大型地层超覆带钻遇良好油气显示，表明库车坳陷南缘中新生代地层岩性圈闭领域勘探前景广阔。⑤部署在喀什地区伽师县境内的玉 2 井在石炭系巴楚组生屑灰岩段发现良好油气显示，展示了巴什托以北地区上古生界良好勘探前景。

1 个重要进展：塔河油田立体勘探外扩取得重要进展，实现了托甫台南部地区奥陶系整体控制，扩大了塔河东南部盐下地区奥陶系的含油气面积，深化了于奇地区油气成藏规律认识，提升了塔河油田中新生界的油气勘探地位，特别是 S105－1 井在古近系试获工业油气流，证实了古近系为优质高效挖潜层系。

2 项进步：①亚肯北复杂地区地震成像技术取得进步。②碳酸盐岩目标处理技术取得进步。

（陈兰凤　王爱敏）

玉北 1 井大型施工现场

【油气开发持续增产】 2010 年，西北油田分公司油气开发工作坚持以持续增产为中心，不断加快新区产能建设和油藏评价步伐，强化老区综合治理力度，持续扩大注水规模，不断改善稳产基础，开发管理水平进一步提升。全年累计生产原油 700.02 万吨（老井自然产油 532 万吨，新井产油 98 万吨，措施增油 70 万吨），比上年增产 40.01 万吨；天然气 15.8 亿立方米，比上年增产 2.35 亿立方米；新增石油可采储量 1 678 万吨，储采平衡系数 2.36。

（陈兰凤　王爱敏）

【老区综合治理成效显著】 2010 年，西北油田分公司针对底水砂岩油藏进入含水快速上升阶段，碳酸盐岩油藏停产、低产井增加及高产井见水风险增大的严峻形势，确定了“四大治理方向”（停产低效井治理、含水快速上升区块治理、能量下降区块治理、凝析气藏治理），针对性地编制了 20 个区块的综合治理方案。方案共设计新井 44 口，安排措施 204 井次，新增或恢复注水 136 井次，工作制度调整、间开等优化 106 井次。截至年底，共部署新井 18 口，投产 16 口，年累计产油 6.36 万吨；实施措施 135 井次，增油 24.89 万吨。与治理前相比，20 个区块自然递减由上年底的 25% 降至 21.8%，综合递减由 16.7% 降至 11.0%，开井率由 79.2% 提高至 81.3%。

（陈兰凤　王爱敏）

【科技创新取得丰硕成果】 2010 年，西北油田分公司基础地质研究不断取得新认识，增储工程研究取得重要进展，开发关键技术研究应用不断深化。全年共承担各类科研课题 76 项，其中国家级课题 6 项、石化集团公司课题 14 项。年内取得石化集团公司科技进步奖 2 项；初评出西北油田分公司科技进步奖 22 项，技术革新与改造奖 21 项；获国家受理专利 33 项。“塔河油田奥陶系碳酸盐岩特大型油气田勘探与开发”项目获国家科技进步一等奖。

（陈兰凤　王爱敏）

【塔河油田 AD4 井生产原油 24.75 万吨】 西北油田分公司塔河油田 AD4 井地处塔里木盆地塔克拉玛干沙漠北缘地带，位于阿克库勒凸起西斜坡构造部位，属于十分典型的超稠油高含硫化氢井。该井于 2007 年 3 月 31 日投产，曾日产原油 1 048 吨，被誉为塔河油田第一口“日产千吨井”。截至 2010 年 3 月 31 日，AD4 井累计生产原油 24.75 万吨，成为塔河油田单井快速上产的典范。

（陈兰凤　王爱敏）

【西气东输工程输送天然气超8亿立方米】 截至2010年5月16日，西北油田分公司已向国家西气东输工程输送天然气总量超8亿立方米。西北油田分公司及时掌握下游用户用气情况，时刻关注外输阀组压力变化，根据库车鑫泰、大化公司的管网压力，调整西气东输机组气量。针对气温回升情况进行相关参数的精细调整，液化气产品中乙烷含量由12%降到10%，轻油饱和蒸汽压由85千帕降到80千帕，确保碳三收率稳定在96%、碳三以上收率稳定在96.4%左右。同时错开早、中、晚民用气高峰，在其他时段调整管网用气，增加西气东输供气量，确保日均输气在120万立方米以上。

（陈兰凤　王爱敏）

【塔河油田—库车重油外输系统扩建工程建成投产】 西北油田分公司塔库重油外输系统扩建工程包括新建雅克拉末站至库车末站的原油管线(管径355.6毫米×7.1毫米，设计输油规模200万吨/年)44.1千米、输油泵5台及消防、给排水等相关配套设施。2010年8月29日，雅克拉末站外输油头到达库车末站，标志着扩建系统投产成功。扩建投产后，雅库线外输能力将从原来的220万吨/年提升至500万吨/年，可有效满足西北油田分公司发展规划以及塔河分公司重质原油装置改质后500万吨/年的加工能力需求。

（陈兰凤　王爱敏）

【塔河油田首次引入远探声波测井技术获成功】 2010年3月25日，西北油田分公司在塔河油田TP28井6 705—6 805米井段首次应用远探测声波反射波成像测井技术获成功。现场数据显示，该技术能够探测获取井筒外3—10米范围的溶洞、裂缝、断层构造及地层界面信息，对碳酸盐岩储层评价具有重要意义，从而为塔河油田油气地质储量计算提供可靠依据。

（陈兰凤　王爱敏）

【大型压裂改造技术在塔河油田应用】 2010年3月28日，全国首例4 085吨大型压裂改造技术在塔河油田TK10424X井施工应用，施工规模刷新塔里木盆地纪录。TK10424X井是西北油田分公司继TK1078井后第二口大型复合压裂技术改造井，也是全国首例4 000吨以上大型压裂改造井。压裂施工采用2 993.72米+3½"酸压管柱作为施工管柱，使用14台2250型压裂车、2250型混砂车和2台供液车作为主要设备，经12小时持续施工，累计注入地层液量4 085立方米，累计加入支撑剂陶粒砂33.7吨，压裂过程中，最高泵入压力达83.7兆帕，最高排量达9.2米^3/分。

（陈兰凤　王爱敏）

【节能降耗效果明显】 2010年，西北油田分公司印发《2010年节能达标重点工作部署》，组织制定实施《节能树标、对标活动方案》，编制《节能、节水、节地及资源综合利用“十二五”规划》，开展“节能宣传周”、“节能减排答题”及“我为节能减排献一策”等宣传活动。全年油田累计耗能76.80万吨标煤(含天然气和原油损耗)。单位油气综合能耗92.99千克(标煤)/吨，比年度指标下降5.09%；万元产值综合能耗394千克标煤，比年度指标下降4.36%。能源实物量消耗：电力3 091万千瓦·时(外购电量)，原油27.37万吨，天然气2.72亿立方米，汽油1 427吨，柴油2 570吨，新鲜水172.5万立方米，单位油气生产用新鲜水0.208米^3/吨。

（陈兰凤　王爱敏）

【实事工程惠民利民】 2010年，西北油田分公司先后在南疆油田一线3个基地新建了办公楼、职工活动中心、分队办公室、食堂及职工公寓，完成了分公司乌鲁木齐河南东路小区职工公寓、新市区基地和西站基地职工食堂改造，以及北疆基地5个小区的监控系统工程，并对米泉生活基地、西北石油科研生产园区进行了整体规划。优先录用符合中国石化招生条件的职工子女应届毕业生33人，组织公开招聘职工子女派遣劳务工29人。提高了在职人员的倒休路费和交通费标准及离退休人员生活补贴，完成了“家属工”基本养老保障参保工作，慰问、帮扶职工410人次，发放慰问金64.37万元。解决答复职工意见、建议74条。

（陈兰凤　王爱敏）

表1　　西北石油局和西北油田分公司主要技术经济指标　　亿元

指标名称＼年份	2010	2009	2008	2007	2006	2005
企业增加值	197.13	116.32	195.39	130.18	108.85	65.91

续表

年份 指标名称	2010	2009	2008	2007	2006	2005
西北石油局	0.35	0.25	0.33	-0.05	1.04	1.19
西北油田分公司	196.78	116.07	195.06	130.23	107.81	64.72
资产总计	309.66	253.60	255.59	207.12	164.01	136.71
西北石油局	11.83	12.10	8.29	5.54	3.19	4.72
西北油田分公司	297.83	241.40	247.30	201.58	160.82	131.99
流动资产	35.11	16.45	14.24	11.14	17.75	18.44
西北石油局	2.28	2.88	1.77	0.58	1.07	2.44
西北油田分公司	32.83	13.57	12.47	10.56	16.68	16.00
固定资产原值	423.29	361.23	292.60	235.71	172.20	135.88
西北石油局	7.31	6.94	0.98	1.03	1.09	2.64
西北油田分公司	415.98	354.29	291.62	234.68	171.11	133.24
固定资产净值	202.72	183.85	200.53	167.30	125.99	102.77
西北石油局	6.62	6.66	0.72	0.74	0.74	1.65
西北油田分公司	196.10	177.19	199.81	166.56	125.25	101.12
总收入	212.09	140.28	205.35	143.99	128.13	84.32
西北石油局	0.34	0.10	0.06	0.27	2.97	6.19
西北油田分公司	211.75	140.18	205.29	143.72	125.16	78.13
实现利税	144.73	74.52	167.19	108.15	91.52	53.20
西北石油局	0.11	0.07	0.02	-0.08	0.56	1.75
西北油田分公司	144.62	74.45	167.17	108.23	90.96	51.45
税　金	64.91	17.20	57.64	24.62	15.32	5.18
西北石油局	0.09	0.07	0.02	-0.07	0.48	0.32
西北油田分公司	64.82	17.13	57.62	24.69	14.84	4.86

表2　西北石油局和西北油田分公司主要生产建设指标

指标名称 \ 年份	2010	2009	2008	2007	2006	2005
原油产量/万吨	700.02	660.01	600.13	536.25	472.00	420.00
天然气产量/亿立方米	15.80	13.45	12.72	9.53	8.71	5.20
新增原油生产能力/万吨	176.48	166.21	163.10	160.00	141.03	144.59
新增天然气生产能力/亿立方米	1.03	1.94	2.89	2.83	4.31	
新增探明石油地质储量/万吨	9 655.80	12 483.03	12 955.50	9 411.15	8 045.28①	9 692.31
新增探明天然气地质储量/亿立方米	40.02	5.25	16.03	74.16	90.42	201.90
二维地震/千米	5 243.00	4 892.00	8 229.00		—	847.00
三维地震/平方千米	1 858.00	1 302.00	1 106.00	1 741.00	1 378.00	1 364.00
石油钻井/口	193	191	185	160	143	119
探井(含侧钻)	36	47	44	40	39	34
开发井	157	144	141	120	104	85
钻井进尺/万米	114.49	107.92	108.31	86.92	77.55	69.30
勘探投资/亿元	26.62	25.96	25.31	22.19	17.75	15.46
开发投资/亿元	62.27	57.55	56.33	47.91	35.74	35.85
综合能源/吨标煤·万元$^{-1}$	0.39	0.41	0.43	—	—	—

①探明储量不包括凝析油和溶解气。

华东石油局暨华东分公司

【概况】 中国石化集团华东石油局(简称华东石油局)和中国石油化工股份有限公司华东分公司(简称华东分公司)是中国石化常规与非常规油气勘探开发的专业队伍，位于南京市建邺区江东中路315号中泰国际广场6号楼。华东石油局前身是江苏省石油勘探指挥所，成立于1970年5月6日。1997年1月归入中国新星石油公司。2000年4月随新星石油公司整体并入石化集团。2003年5月，华东石油局和华东分公司调整为石化集团公司直接管理。

截至2010年底，华东石油局和华东分公司共设有职能部门和党群工作部门26个，设有下属生产科研单位20个(其中华东石油局14个，华东分公司6个)，另设2个地区工作部，分别负责东北的勘探开发工作和西部石油工程作业队伍的管理。年末用工总量8 235人，其中正式工3 323人(其中华东石油局1 982人，华东分公司1 341人)，劳务工4 868人(其中华东石油局3 913人，华东分公司955人)，具有各类高级专业职称的387人、中级专业职称的608人。累计22人享受政府特殊津贴。

截至2010年底，华东分公司拥有苏北和下扬子油气勘探区块12个，总探矿权面积为1.92万平方千米。其中苏北油气勘查面积为1 211.89平方千米，下扬子中古生界油气勘查面积为1.79万平方千米。石油矿产开发权区块6个，面积约354.97平方千米。全年新增三级石油地质储量1 759.44万吨。华东分公司在山西、河南、安徽、宁夏、内蒙、贵州等地拥有非常规勘探区块47个，其中煤层气勘探区块有25个，区块总面积7.51万平方千米，含煤面积3.68万平方千米，煤层气资源量4.11万亿立方米。页岩气勘探区块22个，区块面积10.9万平方米，预测页岩气地质资源量6.75万亿立方米。

华东石油局和华东分公司主要技术经济指标和主要生产建设指标见表1和表2。

(廖志英)

【煤层气勘探取得重要突破】 2010年，华东分公司在和顺、延川南、织金3个有利区块完成二维地震采集工作量 1 364.19 平方米，实施钻井 36 口，完钻 36 口，完成进尺 3.44 万米，测试 25 井次，压裂 39 井次，排采 35 口井。经钻探在山西延川南和贵州织金 2 个区块实现了突破。延 1 井在延川南煤层 936.2—941.1 米井段获最高日产气 4 464 立方米，累计产气 23.96 万立方米，该煤层具有平面分布稳定、煤体结构简单、煤层厚度大、含气性好等特点，宏观煤层类型以亮煤为主，初步测算煤层气有利面积 490 平方千米，落实地质储量 350 亿立方米。织 2 井在织金区块煤层 407—408 米和 430.5—432.3 米井段分压合采，获最高日产气 2 802 立方米，累计产气 25.67 万立方米，该区块具有含水性弱、含气量大、地应力低、资源丰度高、煤层多、厚度大、压力高等特点，煤层气总资源量达 2 万亿立方米。

（朱杰平　廖志英）

【延川南区块致密砂岩气取得重要发现】 2010 年，华东分公司在延川南针对山西组 2 号煤层部署了煤层气探井延 3 井，该井在钻至石盒子组 983.4—987.6 井段时，发现明显气测异常，在进行压裂测试后，于 10 月 3 日点火成功，获日产气量 6 500 立方米，无阻流量 1 万立方米。延川南致密砂岩气显示活跃，经对已有 6 口井复查、解释、测试，有气层 11 层，累计视厚 41.99 米；差气层 27 层，累计视厚 110.22 米。砂体呈现纵向叠置、平面连续分布的特点，初步预测有利目标区面积 273.94 平方米，地质储量初步控制在 150 亿立方米以上。

（朱杰平　廖志英）

【页岩气选区评价和对外合作研究取得新进展】 2010 年，华东分公司对页岩气成藏因素、富集规律及控制因素进行了分析研究，初步建立了页岩气选区评价体系和方法。经选区评价全年提交了面积有 9.7 万平方千米 14 个区块的矿权登记建议，其中彭水、宣城 2 个区块 1.5 万平方千米获探矿权。4 月 16 日，华东分公司在安徽宣城部署物探工作，这是非常规项目首次采集页岩气物探资料。鉴于页岩气资源勘探程度低、技术不成熟，华东分公司加强了对外联合研究，与碧辟（BP）勘探阿尔法有限公司、雪佛龙公司分别签订了凯里、龙里区块联合研究协议，通过联合研究，对 2 个区块主体构造、页岩气埋藏深度、平面分布等情况取得了认识。

（朱杰平　廖志英）

【方深 1 井实施大规模压裂】 方深 1 井位于贵州省大方县境内，经钻井见良好页岩气显示，且井筒结构较简单，具备页岩气压裂施工条件。为做好此次压裂施工，2010 年 3 月起，华东分公司分别与雪佛龙、碧辟（BP）勘探阿尔法、斯伦贝谢、哈里伯顿等公司进行压裂技术交流，与国内外压裂专家共商压裂施工方案，并做好各项应急预案，制定压裂后返排、防硫化氢及井控措施。5 月 7 日，采用降阻水大型压裂工艺，使用光套管压裂，60 度相位角射孔，最高施工泵压 48.7 兆帕，共注入压裂液 2 121 立方米，加砂 270 吨，历时 5 小时对方深 1 井成功压裂，是国内首次进行页岩气井特大规模压裂施工。

（廖志英）

方深 1 井压裂现场　（黄宝平　摄）

【油气储量持续增长】 2010 年，华东分公司加强圈闭管理，坚持重点评价与甩开勘探相结合、研究与部署相结合，新增石油探明储量 454.93 万吨、石油控制储量 412.37 万吨、预测储量 892.14 万吨，新增石油三级储量 1 759.44 万吨，其中新增探明储量同比增长 39%，为历史新高。

（廖志英）

【下扬子黄桥地区上古生界油气勘探取得突破】 2010 年，华东分公司按照风险探井和老井复查的评价思路，运用老井复查与新老区勘探相结合、测试评价与油层识别相结合的工程工艺手段，变“以印支面储集体为目标层”为“以中生界砂岩、印支面储集体和龙潭组砂岩三套为目标层”，实现由单一目标层到立体目标层的转变，拓宽了勘探视野和领域。优选华泰 3 井龙潭组致密砂岩进行测试，经压裂该井日产油 1.2 万吨，提交预测储量 469.83 万吨，预测该带圈闭资源量 2 600 万吨，实现下扬子海相中、古生界第一口具有持续产能的工业油井的突破，改变了该区见油不见流的历史，具有成为华东分公司后备接替区的战略意义，并获中国石化勘探突破奖。

（张　淮　廖志英）

【叙利亚 OPC 钻井项目开工】 2009 年 2 月，华东石油局开始跟踪调研叙利亚 Oudeh Petroleum Company (OPC) 钻井项目。在一年多的时间里，经过现场调研、两次投标和多次技术澄清，于 2010 年 6 月 13 日接到叙利亚 OPC 公司钻井项目授标函和动迁令。7 月 20 日，钻探设备和生产物资被运离扬州港，7 月 23 日—8 月 26 日，施工人员分 4 批抵达叙利亚，在快速完成钻探设备港口清关、设备搬迁、现场安装和调试工作后，9 月 12 日在叙利亚北部哈塞克省施工现场隆重举行华东石油局叙利亚钻井项目开工仪式。该钻井项目是华东石油局海外一次性启动钻机最多的项目。

（廖志英　王红燕）

【8 项技术装置获国家实用新型专利授权】 2010 年，华东石油局鼓励职工在生产实践中发明创造，“一种可控恒压滴加加药装置”、“冷却水可控的岩芯取样机”、“索氏脂肪提取器节水装置”、“搅拌挖斗式挖掘机”、“高压气、液两相流流量测量装置”、“一种便携式油井产量计量装置”、“一种用于井口掺水的恒流水嘴装置”、“煤层气两用排采井口装置”8 项技术装备获国家实用新型专利授权，并凭借其实用性、可操作性，已在生产实践中广泛应用。

（廖志英）

【苏北华东探区深层油气成藏条件及目标评价项目通过验收】 该项目分析了深层泰州组—阜宁组段各层序的体系域构成特点，揭示出储集砂体在层序中的分布和发育规律，将华东深层划分为 10 个沉积体系，并在此基础上构建了层序体系域。建立了一套适合于苏北深层油气藏勘探的储层预测和构造研究体系。在苏北溱潼凹陷的草舍、祝庄、莫庄和海安凹陷张家垛及金湖石港断阶带等有利圈闭中，实施探井和评价井 7 口，其中 4 口获得工业油流，共提交探明储量 334 万吨，控制预测储量 579 万吨，成功率 57%。

（刘　伟　廖志英）

【HSE 体系运行取得实效】 2010 年，华东石油局、华东分公司以完善安全管理制度、防范风险为重点，以“我要安全”主题活动为推手，强化直接作业环节的安全环保监督检查，加大隐患排查治理力度，全年在西北、东北、江苏、山西及海外先后组织安全检查 9 次，共查出问题或隐患 1 020 个。完成石化集团公司 6 项安全隐患治理项目和 2 项环保治理项目，投资总额 610 万元；完成局、分公司隐患治理项目 15 项，投资总额 400.5 万元。修订编印了机关 240 个岗位“一岗一责”制度，完成了《石油行业煤层气钻井工程安全技术规范》的编制，并获国家石油行业安全标准化委员会审查通过。举办 4 期境外公共安全全员培训班，421 人参加了培训。确认职业病危害因素监测点 310 个，接触员工 1 497 人，在监测点设置检测结果告知牌和警示标识。为 4 222 人健康监护体检。全年未发生较大以上责任事故，无从业人员重伤及死亡事故，无重大环境污染及生态破坏事件。

（廖志英　赵军胜）

一级井控演练时抢修人员紧急关闭防喷器

（郑　鸿　摄）

【节能减排取得成效】 2010 年，华东石油局、华东分公司以“比学赶帮超”为平台，开展能耗运行效能“对标、追标、创标”活动，加强系统效率监测，提高系统运行和能源利用效率，精心实施节能技改项目，提高节能技改效果，推广应用节能新技术、新工艺、新设备，努力降低能源消耗。全年华东石油局实现工业万元产值（2005 年不变价）能耗 0.47 吨标煤，比年度指标低 1.05%，同比降低 1.26%，实现节能量 536 吨标煤。华东分公司工业万元产值（2005 年不变价）综合能耗 0.62 吨标煤，较年度指标低 0.48%，同比下降 4.61%。全年工业取水较计划减少 1 000 吨，二氧化碳排放较计划减少 51.7 吨，采油（气）废水实现零外排，节能减排取得成效。

（廖志英　李海燕）

【举办处级干部轮训班】 2010 年 10 月 27 日—12 月 1 日，华东石油局党委委托管理干部学院举办了 3 期处级干部轮训班，146 名处级干部参加了为期 10 天的培训。培训按“宏观视野和大局意识”、“创新思维和高效执行”、“结合实际与开阔思路”3个内容模块设定68课时，邀请知名专家和教授进行授课。这是华东石油局首次在京举办处级干部轮训班。

（廖志英）

【实施企业补充医疗保险】 2010年8月，华东石油局、华东分公司联合发文确定自2009年1月和7月，分别在驻宁外单位和驻宁单位实施《华东石油局、华东分公司企业补充医疗保险实施办法》。该办法的原则、范围和标准经四届一次职代会联席会议审议通过，是在职工参加城镇职工医疗保险的基础上，为解决职工看病就医负担较重问题的一项实惠职工的举措。

（廖志英）

【举办第11届文化体育节】 2010年6—10月，华东石油局举办第11届文化体育艺术节。活动丰富多彩，有反映企业发展变化的《企业者之歌》文艺汇演，有“我要安全”征文和知识竞赛，有“我的岗位，我的责任”演讲比赛，有“开创新能源，打造新华东”摄影比赛，有区域职工男子篮球赛。3 000多人次参与了活动，活动于10月19日闭幕。

（廖志英）

表1　**华东石油局和华东分公司主要技术经济指标**　亿元

指标名称 \ 年份	2010	2009	2008	2007	2006	2005
工业总产值	16.88	13.71	15.72	17.44	15.15	10.57
华东石油局	11.63	10.45	9.85	8.15	7.44	5.07
华东分公司	5.25	3.26	5.87	9.29	7.71	5.50
企业增加值	-1.45	5.23	9.24	10.17	6.92	6.23
华东石油局	6.83	6.31	6.33	4.54	3.23	2.76
华东分公司	-8.28	-1.08	2.91	5.63	3.69	3.47
资产总计	50.90	34.84	34.57	41.16	30.76	22.80
华东石油局	22.45	19.54	18.37	14.29	12.90	11.42
华东分公司	28.45	15.30	16.20	26.87	17.86	11.38
流动资产	18.23	8.55	13.73	9.78	8.38	7.31
华东石油局	8.79	7.63	10.81	8.17	6.90	5.93
华东分公司	9.44	0.92	2.92	1.61	1.48	1.38
固定资产原值	48.20	40.69	32.99	44.00	30.77	23.52
华东石油局	16.05	13.52	9.34	8.42	7.94	7.20
华东分公司	32.15	27.17	23.65	35.58	22.83	16.32
固定资产净值	24.25	19.19	17.27	28.74	19.49	14.01
华东石油局	11.79	9.58	6.09	5.30	5.13	4.79
华东分公司	12.46	9.61	11.18	23.44	14.36	9.22
销售收入	34.62	21.38	38.31	24.10	23.01	16.11
华东石油局	24.35	18.12	17.54	14.77	13.57	9.50
华东分公司	10.27	8.16	20.77	9.33	9.44	6.61
实现利税	-4.91	-2.18	2.83	4.38	2.60	2.47
华东石油局	1.90	1.89	2.23	1.72	0.87	0.71

续表

年份 指标名称	2010	2009	2008	2007	2006	2005
华东分公司	-6.81	-4.07	0.60	2.66	1.73	1.76
税金	1.77	1.81	3.59	3.22	1.56	0.82
华东石油局	1.44	1.24	1.51	1.43	0.75	0.29
华东分公司	0.33	0.57	2.08	1.79	0.81	0.53
综合能耗/吨标煤·万元$^{-1}$	0.78	1.12	1.05	0.37	0.4	0.40
华东石油局	0.47	0.48	0.48	—	—	—
华东分公司	0.31	0.64	0.57	0.37	0.40	0.40

表2　　华东石油局和华东分公司主要生产建设指标

年份 指标名称	2010	2009	2008	2007	2006	2005
原油产量/万吨	15.01	13.02	13.00	25.51	21.09	18.00
新增原油生产能力/万吨	6.03	4.06	3.07	11.41	13.30	5.80
新增探明石油地质储量/万吨	454.93	333.00	102.28	624.38	774.20	549.00
二维地震/千米	2 235.70	210.00	70.00	—	—	—
三维地震/平方千米	205.50	219.00	153.00	229.00	153.00	155.00
石油钻井/口	114	74	47	190	162	60
探井	57	38	18	19	20	19
开发井	57	36	29	171	142	42
钻井进尺/万米	23.39	16.27	18.25	44.03	40.31	13.73
勘探投资/亿元	8.01	3.91	3.00	1.89	1.73	1.48
开发投资/亿元	4.83	3.17	2.34	9.18	7.20	2.49

华北石油局暨华北分公司

【概况】 中国石化集团华北石油局（简称华北石油局）和中国石油化工股份有限公司华北分公司（简称华北分公司）的前身为地质部第二石油普查勘探指挥部，1997年并入新星石油公司，2000年，随新星石油公司并入石化集团公司，2002年5月，根据石化集团公司重组改制总体部署，华北石油局完成了上市、存续重组改制工作，2003年7月分别划归石化集团公司、石化股份公司直接管理并更为现名。

华北石油局和华北分公司机关总部位于河南省郑州市陇海西路199号。油气生产基地位于陕西省榆林市、内蒙古鄂尔多斯市、宁夏盐池县和甘肃省庆阳市。

截至2010年底，华北石油局和华北分公司共设1套党政领导班子（成员共6人），下设27个机关职能处室、18个二级生产单位、6个附属机构、5个派出机构。共有正式职工4 369人，劳务用工4 888人。

华北石油局主要从事石油工程施工业务，拥有钻井、测井、录井、固井、压裂等油气工程专业施工队伍208支，年钻井施工能力超过100万米，可承担全套油气勘探开发施工任务。工程队伍主要分布在国内的新疆、鄂尔多斯工区，以及四川、东北和国外的哈萨克斯坦、沙特等工区。

华北分公司主要从事油气勘探开发和销售业务。

截至2010年底，华北分公司拥有油气勘探开发区块16个，总面积2.84万平方千米。其中，鄂尔多斯盆地11个，合计面积2.49万平方千米；二连盆地4个，面积3 404.08平方千米；巴丹吉林盆地1个，面积102.10平方千米。年末累计拥有石油探明储量2 737万吨，三级储量合计2.79亿吨；累计拥有天然气探明储量4 015亿立方米，三级储量合计9 516.13亿立方米。

华北石油局和华北分公司主要技术经济指标和主要生产建设指标见表1和表2。

（张新悦）

【油气勘探指标顺利实现】 2010年新增石油探明储量1 087万吨、控制储量1 833万吨、预测储量1 944万吨，分别完成年度计划的108.7%、152.8%和138.9%；新增天然气探明储量287亿立方米、控制储量323亿立方米、预测储量551亿立方米，分别完成年度计划的143.5%、107.7%和183.7%。

（林彦兵　张新悦）

【油气产销指标顺利完成】 2010年，华北分公司完成原油产量12.5万吨，同比增长4.2%，完成天然气产量22.4亿立方米，同比增长14.1%，分别完成年度计划的100%和101.8%。原油商品率98.7%、天然气商品率97.4%，分别完成年度计划的100.7%和100.4%。全年新建天然气产能4.18亿立方米，产能建设达标率99.96%。

（林彦兵　张新悦）

【油气勘探取得丰硕成果】 2010年，华北分公司围绕新区突破和老区增储，通过深化新区评价部署、老区精细勘探，油气勘探取得“3项重大突破、3项重要进展、4个新发现和新进展”，石油储量快速增长，天然气探明储量提交初步实现走出大牛地的目标。

3项重大突破：①镇泾探区红河52井、红河55井分获21.2、13.8米^3/日的高产工业油流，多口井试获工业油流，基本明确了该区长9上部较优质特低渗油藏的发育规模，控制含油面积约95平方千米，资源量2 800万吨。②杭锦旗探区锦11、锦18、伊深1井试采成功，提交探明储量105亿立方米，锦29井钻遇良好含气显示。③定北探区定北10井试获稳产3.5万米^3/日工业气流，揭示了该区上古生界大型有利岩性圈闭气藏的存在。

3项重要进展：①大牛地气田大98井盒3段试获2.14万米^3/日的工业气流，奥陶系风化壳试获1.96万米^3/日的稳定气流，上石河子气层获得突破，山西组优质储量挖潜获得新发现。②麻黄山西探区通过滚动勘探，评价出宁东26—宁东14井区、宁东27—宁东39井区两个相对整装的延安组优质储量区。③彬长区块东北部泾河9井自然求产获9.8米^3/日的高产工业油流，泾河6井获工业油流，多口井钻遇延长组良好含油显示。

4个新发现和新进展：①红河37P1井试获最高日产25.9立方米的高产工业油流，锦26井自然求产获1.2万米^3/日的工业气流。②泾河3井长6层测试最高日产气2 471立方米，泾河9井延安组DST测试稳产天然气2 110米^3/日。③富县区块新富3井钻遇良好含气显示。④宁深1井古生界试获天然气流。

（林彦兵　张新悦）

【油气开发水平进一步提高】 2010年，华北分公司评价落实红河42井区长9油藏高产富集区和红河37井区长8油藏发育区，为镇泾油田2011年产能建设明确了目标。通过超前注水试验，深化了对镇泾长8油藏特征和注水开发规律的认识，初步确定了相应的开发方案和技术对策，为特低渗裂缝性油藏有效开发奠定了基础。宁平3、宁平5、宁平7井初试最高日产油分别达26.1、18.7和36立方米，形成了宁东油田延安组低渗透油藏水平井优化部署、跟踪调整、高效开发等方面较成熟的理论和技术体系。通过精细油藏描述，加强油水井动态监测分析，积极实施调整、躺停井治理和措施作业，充分挖掘油井产能，实现了定边油田的持续稳产。

（林彦兵　张新悦）

【天然气产能建设目标顺利实现】 2010年，开发直井平均单井配产1.01万米^3/日，优于方案设计。开发准备直井单井平均钻遇气层4.1层，单井气层平均厚度36.72米，已测试井平均单井配产1.12万米^3/日，创历年最高水平。大牛地、杭锦旗水平井提速提效取得重大进展。DP25H井钻井周期40.96天，锦26井钻井周期40.5天，DP23井预置管柱分五段压裂一次成功，压后无阻流量达到9.1万米^3/日，水平井工业化进程稳步推进。不动管柱分层压裂工艺的实施，使得开发井试气周期由之前的60天左右缩短到16天。截至年底，气田开发动用储量1 598亿立方米，可采储量811亿立方米，接入集、输气管网气井804口，开井778口，日产能力达到700万立方米，气田保有产能达到25亿立方米。

（林彦兵　张新悦）

【油气工程施工提速提效明显】 2010年，华北石油局第五普查大队50790HB钻井队鄂北创800米左右水平段长水平井钻井周期40.5天最短纪录，第五普查大队40837HB钻井队以3.93天刷新镇泾工区钻井周期最短纪录，第三普查大队50846HB钻井队以23.92天创位移1 000米以上定向井钻井周期最短纪录，井下HB－YL202压裂队以1天加砂压裂6层创气田水平井压裂施工最快纪录，西部70851HB钻井队以78.93天创塔河工区四级结构井钻井周期最短纪录。9 000米和1.2万米钻机在川东北工区提速取得阶段性先进记录。30支基层队获石化集团公司金银牌基层队称号，9人获石化集团公司优秀基层管理者称号。

（林彦兵 张新悦）

【顺利完成煤矿透水事故抢险任务】 2010年3月，按照国务院国资委和石化集团公司紧急通知要求，华北石油局迅速组织救援队参加内蒙古乌海骆驼山煤矿透水事故的抢险，顺利完成救援钻井施工任务。

（张新悦）

顺利完成骆驼山煤矿抢险任务 （马献珍 摄）

【持续推行HSE目标管理】 2010年，华北石油局和华北分公司制定《HSE观察管理规定实施细则（试行）》，全面深入宣贯《安全生产禁令》。设立HSE总监和副总监，成立督察站，修订《HSE监督检查管理规定》，强化HSE管理关口前移。将岗位风险、隐患排查及安全操作形成制度标准，实施模块化管理。加强员工培训，开展学练比、师带徒等活动提高员工素质，规范培训管理，严格取证工作。制定《HSE工作考核和奖罚暂行规定》，加大安全生产过程监督、奖惩和责任追究力度。设立“严管期”，层层签订HSE工作“军令状”，确保冬季安全生产。落实职业卫生防护“三同时”制度，建立职工卫生档案，科学保障员工身心健康。印发《水土保持工作管理办法》，污染防治工程运行良好，持续开展清洁生产，现场职业危害监测覆盖率达到100%，被石化集团公司评为环保工作先进单位。

（张新悦）

【科技创新和技术进步取得成效】 2010年，复杂岩性气藏描述技术、分区动用立体开发对策、多层合采建产技术和生产数字化管理等技术的应用实现大牛地致密低渗气田储量分类分级评价和持续经济有效开发。黄土塬三维地震精细储层预测技术、X射线荧光录井评价技术、高精度测井技术等的研究应用和多级压裂技术的试验攻关，为提高钻井成功率、提升油田开发效果提供了战略支撑。水平井井眼轨迹预测及控制技术、定录一体化技术、不动管柱分层压裂工艺等技术的应用促进了水平井的全面提速。空气钻井、氮气钻井等钻井工艺技术有效解决了川东北工区上部钻井的复杂问题，实现了提速提效。深井、高温、高压井储层改造技术多项指标达到国内领先水平，华北分公司发挥了塔河油田增储上产的主力军作用。年内10支基层队获石化集团公司石油工程油气发现奖。

（林彦兵 张新悦）

【部分中层领导岗位实行公开竞聘】 2010年10月，华北石油局和华北分公司开展部分中层领导人员岗位公开竞聘。根据《华北石油局、华北分公司中层领导人员公开竞聘暂行办法》，经笔试、管理情景模拟测试、无领导小组讨论、竞岗演说及答辩、考核等环节，最终8人获得任职。

（张新悦）

【信访稳定工作常抓不懈】 2010年，华北石油局和华北分公司坚持“信息主导稳定、重点决定成败、强势化解危机”和“慎微、慎初、抓小、抓早”的工作思路，着力构建维稳工作长效机制。加强检查督导，确保主要涉稳问题得到及时化解或缓解。超前进行风险评估，防止和避免住房货币化补贴、企业年金等工作中不稳定因素的出现。加强网络舆情监控和企地联动，变上访为主动下访，从源头化解矛盾。进一步完善干部联系困难户制度，关注不同群体尤其是弱势群体的利益诉求，党群干群关系进一步融洽。在“应保尽保”的基础上，局处两级困难户帮扶率达100%，新增特困户救助率达100%，“应保尽保”达100%。2010年，全局无群访事件和进京、进省上访人员，信访量同比下降36.9%，16个主要涉稳问题全部得到了化解或缓解。年内被评为石化集团公司信访稳定工作先进单位。

（林彦兵 张新悦）

表 1　　华北石油局和华北分公司主要技术经济指标　　亿元

指标名称 \ 年份	2010	2009	2008	2007	2006	2005
工业总产值	52.11	41.31	32.88	29.85	23.21	13.76
华北石油局	22.81	18.86	18.27	14.73	13.43	10.66
华北分公司	29.30	22.45	14.61	15.12	9.78	3.10
工业增加值	28.98	24.24	19.54	17.44	12.80	7.53
华北石油局	8.32	7.22	7.68	7.09	5.82	5.11
华北分公司	20.66	17.02	11.86	10.35	6.98	2.42
资产总计	125.19	110.46	110.79	93.06	67.44	46.39
华北石油局	28.82	27.41	26.30	17.93	15.45	11.95
华北分公司	96.37	83.05	84.49	75.13	51.99	34.34
流动资产	15.62	12.41	38.26	12.68	11.70	9.18
华北石油局	7.55	9.35	10.61	10.23	8.53	5.97
华北分公司	8.07	3.06	27.65	2.45	3.17	3.21
固定资产原值	152.89	130.59	23.94	97.18	66.09	43.00
华北石油局	27.50	24.07	20.40	13.75	12.06	10.57
华北分公司	125.39	106.52	3.54	83.43	54.03	32.43
固定资产净值	92.92	84.81	16.41	78.64	54.13	36.57
华北石油局	16.96	15.84	13.67	6.51	5.96	5.45
华北分公司	75.96	68.97	2.74	72.13	48.17	31.12
销售收入	63.50	52.06	48.51	36.25	29.21	18.18
华北石油局	28.44	24.07	21.68	18.74	17.47	13.48
华北分公司	35.06	27.99	26.83	17.51	11.74	4.70
实现利税	9.04	4.49	13.26	6.87	5.88	-0.57
华北石油局	2.30	2.12	3.29	1.39	1.13	0.83
华北分公司	6.74	2.37	9.97	5.48	4.75	-1.40
税　金	4.26	2.86	2.22	4.86	1.47	-0.67
华北石油局	1.65	1.85	1.42	2.12	1.67	1.43
华北分公司	2.61	1.01	0.80	2.74	-0.20	-2.10
综合能耗/吨标煤·万元$^{-1}$	0.485	0.48	0.48	—	—	—
华北石油局	0.47	0.48	0.48	—	—	—
华北分公司	0.50	0.48	0.47	—	—	—

表2 华北石油局和华北分公司主要生产建设指标

指标名称 \ 年份	2010	2009	2008	2007	2006	2005
油气产量/万吨	236.14	203.80	203.06	156.53	115.50	47.39
新增油气生产能力/万吨	43.60	125.00	21.96	43.20	48.80	102.41
新增油气探明储量地质储量/万吨	3 887.00	2 784.83	2 529.20	2 161.70	1 625.38	3 489.92
三维地震/平方千米	102.99	240.00	—	—	590.98	—
二维地震/剖面千米	2 325.30	560.30	750	523.15	1 258.55	1 844.33
油气钻井/口	245	223	149	218	206	283
探　井	75	72	18	23	20	28
开发井	170	151	131	195	186	255
钻井进尺/万米	68.39	17.82	38.47	60.32	55.94	80.71
勘探投资/亿元	7.02	6.25	2.61	2.91	2.29	2.51
开发投资/亿元	16.36	11.04	12.46	21.73	20.47	18.20

东北石油局暨东北油气分公司

【概况】 中国石化集团东北石油局(简称东北石油局)和中国石油化工股份有限公司东北油气分公司(简称东北油气分公司)是中国石化在东北地区唯一一支从事石油天然气勘探开发研究的专业化油公司，有员工2 059人，负责实施中国石化东北地区勘探开发一体化战略，加快实现油气资源发展目标。本部机关在吉林省长春市西安大路4936号。

东北石油局和东北油气分公司前身成立于1977年，2000年并入中国石化，2008年1月9日，中国石化将原东北分公司、东北石油局、勘探北方分公司、华东分公司吉林项目部腰英台油田重组为新的东北石油局暨东北油气分公司。

截至2010年底，东北油气分公司辖有油气勘查与采矿区块44个，总面积约11.1万平方千米，分布在黑龙江省、吉林省、辽宁省和内蒙古自治区。其中，油气勘查区块36个，勘查面积约11.04万平方千米，采矿区块8个，开采面积约625.52平方千米。油气总资源量22.34亿吨油当量。固定资产总额50.45亿元，固定资产净值23.43亿元。

东北石油局和东北油气分公司主要技术经济指标、东北油气分公司主要生产建设指标见表1和表2。

(王少双)

【领导班子调整】 2010年11月22日，东北石油局和东北油气分公司召开干部大会，由石化集团公司党组成员、石化股份公司高级副总裁王志刚宣布了石化集团公司党组对东北石油局、东北油气分公司人事任职决定：邢景宝任东北石油局局长、东北油气分公司总经理，雷清亮任东北石油局党委书记、纪委书记。

(王少双)

【油气勘探成果丰硕】 2010年，东北油气分公司加大老区隐蔽油气藏勘探和新区及“三新”领域勘探力度，加快勘探步伐，新区和老区均取得较好勘探成果。梨树断陷隐蔽油气藏勘探获重大突破，基本探明七棵树千万吨级优质储量整装油田；松南新区彰武断陷喜获油流，展现出松南断陷群广阔的勘探前景；长岭断陷火石岭组勘探获得重要进展，首次提交石油探明储量，丰富了松辽盆地含油层系；梨树断陷苏家屯次洼获得突破，拓展了北部斜坡的勘探领域；梨树断陷梨6井发现多套气层，开辟了东南斜坡储量接替阵地；昌图断陷泉1井钻遇良好油气显示，展示该断陷较大的勘探潜力。

(王少双)

【七棵树油田评建迅速】 2010年，东北油气分公司通过对高精度层序地层、物源体系、古地貌、隐蔽油气藏等的系统研究，提高了对梨树断陷成藏规律的认识水平，发现整装优质七棵树油田。在七棵树油田开发过程中推行勘探开发一体化工作，让勘探、开发、工程技术等部门有机结合，开发工作提前展开，加快滚动评价，使七棵树油田年内出方案、设计、建设并建产 4 万吨。

（王少双）

【十屋采油厂成立】 2010 年 1 月 28 日，东北油气公司将原采油一厂、三厂合并，成立十屋采油厂。十屋采油厂的组建，有利于解决东北油气分公司各采油厂小而散问题，进一步理顺了管理机制，强化生产组织，实现精细管理，提高生产时效，促进十屋地区的油气规模的扩大，进而推动东北油气分公司整体发展。

（王少双）

【腰英台油田实现自主管理】 2010 年 12 月 3 日，东北油气分公司召开理顺腰英台油田管理体制工作会，按照石化股份公司关于理顺腰英台油田管理体制的要求，强调适应新形势的发展，做好腰英台油田管理体制转变工作，全面完成对腰英台油田的接收，实现自主管理。

（王少双）

表 1　东北石油局和东北油气分公司主要技术经济指标　亿元

指标名称＼年份	2010	2009	2008	2007	2006	2005
工业增加值	2.45	0.95	2.89	1.27	1.47	1.40
东北油气分公司	2.45	0.95	2.75	1.14	1.21	1.21
东北石油局	—	0.14	0.13	0.26	0.19	0.16
资产总计	52.12	46.84	47.33	13.22	10.56	9.85
东北油气分公司	50.45	45.17	45.59	11.36	9.37	8.51
东北石油局	1.67	1.67	1.74	1.86	1.19	1.34
流动资产	7.10	3.08	2.30	1.93	1.18	1.69
东北油气分公司	6.73	2.19	1.43	0.97	0.89	1.32
东北石油局	0.37	0.89	0.87	0.96	0.29	0.37
固定资产原值	61.43	57.28	42.64	17.80	13.63	11.71
东北油气分公司	60.52	56.38	41.60	16.61	12.43	10.46
东北石油局	0.91	0.90	1.04	1.19	1.20	1.25
固定资产净值	23.96	25.16	29.30	10.29	8.81	7.84
东北油气分公司	23.43	24.60	28.65	9.51	7.97	6.95
东北石油局	0.53	0.56	0.65	0.78	0.84	0.89
销售收入	12.53	8.70	12.65	3.05	3.65	3.11
东北油气分公司	12.27	8.67	12.32	2.84	3.04	2.38
东北石油局	0.26	0.03	0.33	0.21	0.61	0.73
实现利税	-3.68	12.71	-1.66	-0.76	0.50	-0.48
东北油气分公司	-3.72	12.68	-1.91	-0.81	0.44	-0.55
东北石油局	0.04	0.03	0.25	0.05	0.06	0.07
税　金	0.24	0.75	0.31	0.27	0.15	0.07
东北油气分公司	0.24	0.75	0.24	0.24	0.08	0.01
东北石油局	—	—	0.07	0.03	0.07	0.06
综合能耗/吨标煤·万元$^{-1}$	0.62	0.65	0.49	—	—	—

表 2　　东北油气分公司主要生产建设指标

指标名称＼年份	2010	2009	2008	2007	2006	2005
原油产量/万吨	22.51	24.12	24.72	5.02	4.87	4.72
天然气产量/亿立方米	3.95	2.22	1.40	1.16	1.70	1.75
二氧化碳产量/万吨	3.40	4.25	3.84	3.71	4.76	3.37
新增原油生产能力/万吨	3.50	2.50	9.96	0.78	2.00	1.00
新增天然气生产能力/亿立方米	0.53	2.81	2.26	0.42	0.52	0.60
新增探明石油地质储量/万吨	634.55	788.30	1 875.93	674.76	536.00	—
新增探明天然气地质储量/亿立方米	42.99	126.85	51.05	—	—	61.68
二维地震/千米	1 719.00	2 111.00	1 456.19	—	—	—
三维地震/平方千米	213.00	490.00	661.61	196.00	—	15.00
石油钻井/口	74	103	282	50	57	47
探　井	30	30	32	16	8	10
开发井	44	73	250	34	49	37
钻井进尺/万米	17.37	22.27	62.00	9.85	9.40	9.02
勘探投资/亿元	6.27	8.37	8.04	1.77	0.76	0.67
开发投资/亿元	5.05	8.79	18.44	1.38	1.75	1.33

勘探南方分公司

【概况】 中国石油化工股份有限公司勘探南方分公司(简称勘探南方分公司)成立于2007年3月，位于四川省成都市高新区，由原南方勘探开发分公司和原中南分公司勘探研究、勘探管理及部分相关业务人员整合重组成立，为中国石化直属单位，业务上归口石化股份公司油田勘探开发事业部管理。

截至2010年底，勘探南方分公司有职工435人，其中博士研究生20人，硕士研究生45人，大学本科生230人；教授级高级职称人员8人，高级职称人员146人，党员254人。按照突出勘探核心业务和精干高效的原则，机关设置勘探处、物探技术处、井筒技术处、安全环保处等11个职能处室，设置环境保护管理中心、信息中心等4个机关附属机构，下设勘探研究院、外围工作部、区域勘探项目管理部、页岩气勘探项目管理部、物资供应中心5个二级单位和元坝工作部、通南巴工作部、川东南工作部3个派出机构。

勘探南方分公司全面负责中国石化南方新区风险勘探。勘探领域包括海相中、古生界和陆相中、新生界，工作范围横跨南方12个省市区，分布在从青藏高原到江汉平原的南方广大地区，探矿权面积达18.46万平方千米，资源量超过8.6万亿立方米。

截至2010年底，勘探南方分公司共发现大中型气田(藏)4个：普光气田、元坝气田(藏)、河坝气田(藏)、马路背气田，其中普光气田累计获得探明储量4 121.73亿立方米，元坝气田(藏)获得探明储量1 072.8亿立方米(通过中国石化内审)。马路背气田是中国石化在川东北探区发现的第一个陆相气田。

2005—2010年，勘探南方分公司累计新增探明天然气储量4 242.46亿立方米(含元坝内审1 072.8亿立方米)，累计新增控制天然气地质储量5 080.32亿立方米，累计新增预测天然气地质储量7 060.21亿立方米。

勘探南方分公司主要技术经济指标和主要生产建设指标见表 1 和表 2。

（侯玉梅）

【调整完善机构和职责】 2010 年，勘探南方分公司勘探主战场正式从川东北普光地区向川东北元坝和通南巴及川东南地区转移，为了加强现场管理、加快勘探步伐，勘探南方分公司及时调整完善组织机构，撤销原川东北勘探前线指挥部，1 月 7—8 日分别在四川省阆中市、通江县挂牌成立元坝工作部和通南巴工作部，12 月 1 日在重庆市梁平县成立川东南工作部，3 个工作部同步建立了相应党组织，实现了指挥靠前、决策靠前、监管到位、反应快速。

（侯玉梅）

【川科 1 井在马鞍塘组获高产工业气流】 2010 年 4 月 5 日，勘探南方分公司在川西地区的预探井川科 1 井在 5 600 多米深处的马鞍塘组试获天然气流，日产量 86.8 万立方米。这是该地区海相新层系马鞍塘组首次钻获高产工业气流，揭示了川西地区大面积分布的马鞍塘组海相地层良好的勘探前景。

（侯玉梅）

【页岩气勘探迈出实质性步伐】 2010 年 6 月 8 日，勘探南方分公司成立了页岩气勘探项目管理部，这是中国石化首个专门的页岩气勘探项目部。6 月 23 日，元坝 9 井东岳庙段页岩气常规测试日产天然气 3 500立方米，而后借鉴国外页岩气改造经验，采用大型加砂压裂测试工艺，在 4 110 米深处试获页岩气日产 1.15 万立方米，创造了国内页岩气井加砂压裂施工井深最深纪录。

（侯玉梅）

元坝 9 井页岩气大型加砂压裂施工现场

（唐瑞江　摄）

【兴隆 1 井完井常规测试获高产工业气流】 2010 年 6 月 18 日，勘探南方分公司部署在涪陵区块兴隆场礁滩岩性圈闭上的重点探井兴隆 1 井，在长兴组常规测试获日产天然气 51.7 万立方米，川东南台缘礁滩相勘探取得重大突破。专家认为，兴隆 1 井的成功，是继普光、元坝之后在海相勘探取得的又一重大突破，拓展了二、三叠系台缘相带的勘探范围，打开了川东南地区油气勘探新局面。兴隆 1 井还创造了“当年采集、当年论证、当年上钻、半年完钻”的南方勘探新速度。

（侯玉梅）

【元坝 204 井获高产工业气流】 2010 年 8 月 10 日，元坝 204 井在长兴组试获 126.46 万立方米工业天然气流，之后分别进行了 80 万米^3/日、60 万米^3/日、40 万米^3/日的试采作业，均获得稳定试采产量，是整个元坝区块的第一高产井。11 月 30 日，元坝 204 井飞仙关组二段测试获得日产 10.07 万立方米工业气流，揭示了该地区飞仙关组良好的勘探前景。

（侯玉梅）

【普光外围分 2 井获高产工业气流】 2010 年 9 月 26 日，勘探南方分公司部署在普光外围分水岭构造上的分 2 井在长兴组常规测试获日产天然气 58.5 万立方米，普光外围勘探取得重要进展，普光台缘礁滩相带勘探区域向西北继续扩大，进一步证实了普光外围勘探依然大有可为。

（侯玉梅）

【川东南綦江高陡构造勘探取得重大突破】 2010 年 10 月 30 日，勘探南方分公司对部署在川东南綦江高陡褶皱带隆盛潜伏构造高点的隆盛 1 井完井酸压测试，在海相地层茅口组获日产天然气 20.6 万立方米。隆盛 1 井是川东南探区继北部涪陵地区兴隆 1 井台缘礁滩相勘探取得重大突破之后，在綦江区块高陡构造带勘探取得的又一重大突破，揭示了川东南褶皱带的潜伏构造是有利的勘探目标。

（侯玉梅）

【川东北中浅层勘探取得重大突破】 2010 年，勘探南方分公司在川东北形成了多层系立体勘探的大场面：元坝西北部元坝 2 井、元坝 27 井在须二段试获工业气流，发现了须二段大面积低孔渗致密砂岩气藏；元坝中部断褶带元坝 4 井在须二段，元坝 3 井在须四段、珍珠冲段试获工业气流，表明元坝中部断褶带具有较好的油气成藏条件，测试表明为高产富集带，扩大了勘探领域；元坝2井在须三段钙屑砂岩气藏试获工业气流，取得了新层系、新类型勘探的突破；河坝104井在须四段测试获工业气流，取得了河坝场陆相地层的首次发现，证实元坝—仁和场—河坝场—马路背地区须四段具有相似的成藏条件，勘探潜力大；元坝9井千佛崖组测试获日产原油17.1立方米、日产气1.25万立方米，元坝地区中浅层首获工业油流；元坝12井、元坝2井及元坝9井3口井先后在雷口坡组试获工业气流，元坝6井、元坝22井、元坝122井、元坝10井、元坝21井及元坝29井等多口井在雷口坡组钻遇良好油气显示，展示了元坝地区雷口坡组岩溶储层良好的勘探潜力；为扩大元坝中浅层勘探成果，2010年内勘探南方分公司分两批部署实施了10口陆相专探井。

（侯玉梅）

【高能电子点火系统填补国内空白】 2010年7月27日，勘探南方分公司、北京理工大学、广汉市鑫合机械有限公司联合研制生产的高产天然气井高能电子点火系统通过石化集团公司安全环保局鉴定。该系统在点火能量、点火方式、放喷头结构、耐热管线等方面的设计和制造取得了新的突破，填补了国内放喷点火领域相关技术产品的空白，整体达到国际领先水平。

（侯玉梅）

【元坝探区钻井提速成果显著】 2010年，勘探南方分公司元坝探区钻井提速取得了阶段性重要成果。钻井周期大幅缩短，元坝提速已完钻5口海相井，平均井深7 120米，平均钻井周期379.83天，比石化集团公司确定的提速目标缩短了10.47天，比提速前开钻的14口井平均钻井周期缩短了131.71天。

（侯玉梅）

【新黑池1井成功实施多项钻井技术】 新黑池1井是勘探南方分公司部署在川东北通南巴构造带黑池梁构造上的一口重点海相探井，是第一口特殊井身结构试验井，肩负科研试验和勘探发现两大任务。2010年，该井成功试用勘探南方分公司研发的特殊井身结构，克服了地层倾角大、地下坚硬等特殊钻井难题。在钻进过程中，该井成功应用了多项钻井新技术。一开和二开运用空气钻井、空气雾化钻井新技术获得圆满成功，用空气雾化钻井新技术解决了地层日出水量150立方米的钻井技术难题；三开运用空气螺杆定向纠斜技术，确保了井身质量；四开运用PDC钻头加螺杆复合驱钻井新技术，提高了海相地层钻井速度。

（侯玉梅）

新黑池1井钻进过程成功实施多项钻井技术

（王孝祥　摄）

【4项成果获油气勘探突破与发现奖】 2010年，勘探南方分公司4项成果获石化集团公司油气勘探突破与发现奖，其中“川西海相天然气勘探”与“川东南礁滩相天然气勘探”获重大突破奖，“元坝地区长兴组天然气勘探”与“通南巴构造带天然气勘探”获重大发现二等奖。

（侯玉梅）

【两项科技成果获科技进步一等奖】 2010年12月11日，勘探南方分公司主持完成的“川东北地区大型气田勘探目标及关键技术”、勘探南方分公司与中国石化川气东送建设工程指挥部等单位合作完成的“川东北高温高压高含硫井试气工艺配套技术”两项科技成果获石化集团公司2010年度科技进步一等奖。

（侯玉梅）

【安全生产先进五连冠】 2010年，勘探南方分公司全面开展“我要安全”和“创建平安工地”活动，根据勘探前线管理模式的调整，及时完善了分公司安全环保监管体系；切实加强了井控安全监管和承包商的管理；继续加强了施工现场安全监管，持续保持了安全监管的高压态势；接受上级组织的安全环保检查5次。全年实现了无井喷事故、无从业人员死亡事故、无从业人员重伤事故、无重大火灾爆炸事故、无重大环境污染事故，钻井、试气废弃物妥善治理处置率达到100%，无急性中毒事故的HSE工作目标。连续第五年获得石化集团公司安全生产先进单位称号。

（侯玉梅）

【持续开展“创先争优”和“比学赶帮超”活动】 2010年勘探南方分公司将“创先争优”与“比学赶帮超”活动有机地结合起来，按“两类四层”的模式持续开展。在分公司内部，按部门(单位)和全体员工两个层次开展，月度小结、季度评比考核颁发流动红旗，年度评优表彰；在工程管理方面，按施工队和项目部两个层次开展，探区内钻井、试气、录井、测井、物探各施工单位、项目部参加评比，优胜单位每月挂流动红旗，对年度考核评比优胜单位进行重奖。年内胜利石油管理局西南石油工程管理中心等5家优胜单位、70176SL钻井队等13支优秀基层队获奖。

（侯玉梅）

【优秀人才获全国和总部表彰】 2010年8月31日，川气东送工程建设总结表彰大会在石化集团公司隆重召开。勘探南方分公司原川东北勘探前线指挥部获全国“五一”劳动奖状，盘昌林获全国“五一”劳动奖章，李文锦、雷鸣获中国石化劳动模范称号，孙坤忠、杨光玲、李仲远、袁卫国、郑茜、唐志、周加颜获川气东送建设工程先进个人称号。

（侯玉梅）

表1　　勘探南方分公司主要技术经济指标[①]　　亿元

指标名称＼年份	2010	2009	2008	2007	2006	2005
资产总计	35.73	35.12	30.38	64.42	27.64	11.64
流动资产	34.84	34.21	29.41	63.42	5.32	1.75
固定资产原值	2.20	2.10	1.88	1.73	1.68	1.35
固定资产净值	0.71	0.78	0.78	0.87	0.81	0.58
销售收入	28.00	24.12	29.74	66.80	—	—
实现利税	0.73	0.50	0.71	-2.31	-17.60	-9.44

①2005—2009年数据按新口径进行统计。

表2　　勘探南方分公司主要生产建设指标[①]

指标名称＼年份	2010	2009	2008	2007	2006	2005
新增天然气探明地质储量/亿立方米	405.10	537.76	630.66	251.85	1 050.02	1 367.07
新增天然气控制地质储量/亿立方米	1 472.67	907.62	1 683.10	1 035.35	2 164.35	418.85
新增天然气预测地质储量/亿立方米	1 737.58	1 235.39	2 323.07	3 060.03	917.19	389.16
二维地震/千米	1 599.04	2 654.56	319.00	3 735.00	4 920.00	1 862.00
三维地震/平方千米	803.66	1 839.46	631.00	3 080.00	1 713.00	874.00
新开钻井/口	21	9	18	24	15	16
完　井/口	10	17	21	16	7	10
钻井进尺/万米	11.60	6.05	10.00	12.59	9.68	3.68
勘探投资/亿元	27.82	22.94	25.84	45.03	26.74	10.38

①2005—2009年数据重新统计。

天然气分公司

【概况】 天然气分公司成立于2005年6月6日，是石化股份公司负责天然气工程建设、营运和天然气销售的专业化公司，是独立核算的经济实体和利润中心。2009年7月21日，设立天然气有限责任公司，与天然气分公司实行“一个机构、两块牌子”。天然气分公司主要职责为：负责中国石化天然气长输管道、LNG接收站、CNG加气母站、储气库等的建设和运行管理；负责长输管道沿线及LNG项目的市场开发和天然气销售；负责与长输管道沿线省份合资合作建设和运营省级管网、地市级管网以及拓展终端销售业务；负责管理区域性公司和合资公司。

天然气分公司成立以来，认真贯彻石化集团公司“天然气大发展”战略，按照“资源、管网、市场、效益”相统一的要求，完善了山东天然气管网，建设投运了川气东送和榆济等骨干输气管道，开工建设了山东LNG项目；制定了天然气发展市场战略和营销策略，建立了天然气三级销售网络，市场涉及环渤海、长三角、珠三角等主要经济发达地区。截至2010年底，天然气分公司拥有直属单位6个、合(独)资公司12个、工程项目经理部5个，管道4 546千米，用工总量2 632人，市场覆盖范围15个省(市)，年供气规模56.5亿立方米。

（杨延平）

【生产组织水平进一步提高】 2010年，天然气分公司以适应川气东送管道、榆济输气管道等大管道投产运行需要为工作重点，修订了相关生产管理制度，开展了生产设计编制工作，推广了场站“两书一表”，促进了基层生产作业标准化建设，提升了整体生产管理水平。完善计量管理体系，健全管理制度，加强人员培训，强化现场管理，计量输差控制在合理范围之内。规范巡护管理，实现了线路全覆盖、巡护无盲区。加大排查及治理力度，发生的208处第三方施工、81处违章占压都得到了及时有效处置。建立两级灾害防控机构，完善了灾害防控体系。特别是在川气东送管道处于投产试运第一年，深入推进生产调度、计量管理、管道保护、应急抢险等体系建设，及时开展“抓整改、治隐患”活动，加强世博会期间的生产运行和安全保卫，组织南京支线、江西支线投产，全力开展抗洪抢险，保障了管道安全、平稳、高效运行。着力抓好榆济输气管道试投产工作。认真编制投产方案、操作手册、应急预案，做好人员培训准备，开展应急演练，全线置换升压顺利完成，压缩机投产一次成功，冰堵问题得到有效解决，保证了市场平稳供应。

（杨延平）

【深入推进HSE工作】 2010年，天然气分公司制定了年度HSE工作计划和运行大表，签订了安全环保责任书，将HSE责任层层分解。实施要害部位领导承包制度，承包到位率100%。深化开展“我要安全”、“安全生产月”等活动，增强了职工的安全意识。修订完善公司《安全生产禁令》，组织开展了各类安全检查，及时整改安全隐患。强化了“三同时”监督管理，使HSE理念贯穿工程项目建设全过程。组织开展了“隧道安全管理、抗震减灾和地质灾害防御知识培训”、“安全生产管理人员再培训”等，共计培训100余人次。年内公司实现了安全无重大责任事故的目标。

（杨延平）

山东LNG项目开工奠基

【重点工程建设取得重大进展】 2010年，天然气分公司逐步完善项目管理体系，健全质量管理长效机制，提高了项目管理水平。强化榆济输气管道工程建设过程管理，重点抓好关键部位质量控制，采取“一对一”承包的方式，将管理重心放在现场，加强重点难点段的施工组织，提前实现了工程建设目标。

与巴布亚新几内亚签订了200万吨/年的LNG采购合同，山东LNG工程获国家核准并于9月10日正式开工建设。扬子CNG加气母站主体完工，控股收购了武汉CNG加气母站，完成了济南、聊城、安阳CNG加气母站施工图设计，指导督促合资公司建设收购了9座CNG加气母站。中原储气库已经开工建设；金坛储气库开展了基础设计编制工作。全年固定资产投资控制在石化集团公司总部下达的指标之内。

（杨延平）

【市场开发经营协调推进】 2010年，天然气分公司牢固树立天然气经营理念，积极应对市场竞争，努力拓展市场空间，天然气市场份额不断扩大，经营效益逐步提高。认真做好市场应急管理，加强上下游沟通衔接，保证了市场供应基本平稳。结合国家天然气价格调整政策，按照石化集团公司总部"扩量推价"要求，深入市场调研，克服多种困难，完成了川气东送和山东市场天然气推价工作。继续推进合资合作业务，完成了入股浙江省天然气开发有限公司和江西省投资燃气有限公司工作；与龙禹公司合资合作经营CNG加气母站；与山西能源集团签订了建设区域性煤层气（天然气）管网的合资合同。全年输销天然气56.5亿立方米。

（杨延平）

【企业管理水平得到提升】 2010年，天然气分公司从适应大发展的需要出发，进一步理顺管理体制和运行机制，全面加强基础工作，不断推进精细化、规范化管理。组建了榆济管道分公司，完成了山东天然气管网业务重组，调整了储气库、CNG加气母站建设管理体制，明确了责任主体。签订了年度经营目标责任书，优化了全面绩效管理。完善合同管理体制，注重"五五"普法教育，有序开展法律事务工作。修订经济往来和招投标管理制度，明确了各专业办公室的权限、职责，理顺了招投标管理。认真落实石化集团公司"三基"工作要求，组织召开了"创争"暨"三基"工作推进会，促进了工作落实。深化全面预算管理，提升资金运筹能力；推行全员成本目标管理，注重财税政策研究，强化财会基础工作，财务管理得到进一步加强。强化投资计划管理，保证了重点建设项目的实施。编制完成了"十二五"信息发展规划，实施了数据中心等3个信息化项目，石化集团公司"十条龙"项目——"川气东送管道工程技术"顺利出龙，实现了ERP应用达标目标。积极开展专业化分工、流程化操作等传统业务流程改造，不断加强物资供应和设备管理。以落实内控制度为主线，以促进加强精细管理和提高经济效益为目标，不断加大经营监督力度。加强和改进审计管理，AIS审计系统顺利通过达标验收；完成了13个审计项目，开展了"小金库"专项治理，达到了预期效果。制定了业务公开网上巡视方案，开展异地巡视监督工作。深入开展效能监察，配合石化集团公司总部完成了榆济输气管道效能监察工作。开展了工程建设领域突出问题专项治理，对13项重点内容进行了全面自查和问题整改。

（杨延平）

【职工队伍建设不断加强】 2010年，天然气分公司以适应天然气业务发展战略需要为中心，加大人才引进培养力度，优化内部人力资源配置，扎实做好职工队伍建设。围绕天然气销售及LNG、CNG、储气库等重点项目的实施，共引进人才64人，系统内借调52人；引进大学本科以上学历毕业生141人。先后举办了计量、应急、安全管理等培训班28次，培训1 350余人次；对140名新毕业大学生进行了入职教育；选拔24人参加了国外压缩机本体及控制系统培训。从内部先后调配180余人，确保了重点业务需要和新成立单位工作的顺利开展。制定了技能操作队伍建设实施意见、站长津贴管理暂行办法，强化技能培养、考核评价、岗位使用、竞争激励等措施，努力形成有利于技能操作人才成长的机制。

（杨延平）

【党建和思想政治工作得到强化】 2010年，天然气分公司紧紧围绕生产经营中心工作，深入开展"创先争优"、"比学赶帮超"等活动，普光首站被评为中央企业红旗班组，川气东送管道分公司被评为川气东送建设工程先进集体，济南管理区被评为石化集团公司银牌管理区。以加强民主集中制建设为重点，不断完善并严格执行议事规则和决策程序，进一步增强两级班子整体功能。强化形势任务教育，积极做好新闻宣传和企业文化建设工作；认真贯彻落实机关员工文明礼仪行为规范，制定了公司机关工作人员10项要求。大力开展反腐倡廉教育，认真落实党风廉政建设责任制，切实执行"三重一大"制度，抓好涉外经营活动、监督监察等廉政建设的重点工作，进一步搞好党风廉政建设；以调动广大职工群众积极性为目的，加强工会制度建设，努力为职工办实事，切实调动广大党员和职工群众的工作积极性，为确保公司各项工作目标的实现，提供了有力的组织保证和思想保证。

（杨延平）

管道公司

【概况】 中国石化集团管道储运公司(简称管道储运公司)暨中国石油化工股份有限公司管道储运分公司(简称管道储运分公司)统称管道公司，是中国石化从事油气储运的专业化管理企业，基地位于江苏省徐州市，创建于1975年2月17日，始称华东输油管线指挥部，1978年9月经石油工业部批准，改称华东输油管理局。1998年6月，石油、石化两大集团公司重组，成立中国石化集团管道储运公司。于2000年3月分立管道储运公司和管道储运分公司运行。

截至2010年底，管道公司管辖原油管道37条，全长6 132.24千米，油罐总罐容2 356.35万立方米，30万吨级原油码头7座，业务范围涉及北京、天津、河北、山东、江苏、河南、安徽、浙江、上海、湖北、湖南、江西、广西、广东14个省、自治区和直辖市，担负着胜利、中原、河南等油田的原油以及部分进口原油的输送任务，为燕山石化、齐鲁石化、上海石化、金陵石化、扬子石化、镇海石化、安庆石化、九江石化等20个长江中下游及华北、东南沿海地区的炼油、化工企业输转原油。资产总计458.10亿元，其中管道储运公司20.80亿元，管道储运分公司437.30亿元；在册职工7 736人，其中管道储运公司2 126人，管道储运分公司5 610人。

管道公司主要技术经济指标和管道储运分公司主要生产指标见表1和表2。

（张立辉）

【年输油量首次突破亿吨】 2010年，管道公司实现输油量1.03亿吨，同比增长了15.51%。其中，进口原油8 355.6万吨，同比增长23.15%；国内原油1 961.03万吨，同比下降8.63%。年输油总量首次突破1亿吨大关，成为管道公司发展的重要里程碑，占石化集团公司年原油加工总量的48.89%，原油管输比例进一步提升，作为油田和炼化企业“生命线”和“保障线”的作用进一步凸显。

（张立辉）

【原油码头接卸量创历史新高】 2010年，管道公司全面加强原油码头建设与管理，于3月29日和6月28日，分别与舟山港和日照港合资成立了舟山实华原油码头有限公司和日照实华原油码头有限公司。12月27日，日照原油码头首次靠泊油轮成功，标志着管道公司参与管理的又一座30万吨级原油码头投入运营。同时，积极推进原油码头安全年检工作，强化溢油应急能力建设，加强港务人员交流与培训，积极建设港务管理信息系统，码头管理水平显著提升。2010年接卸油轮503艘，同比增长27.3%，接卸原油8 821.5万吨，同比增长19.1%，再创历史新高。

（张立辉）

宁波大榭岛原油码头 （曹　军　摄）

【连续11年被评为安全生产先进单位】 2010年，管道公司以“争创安全年”为目标，以“我要安全”活动为抓手，深入落实HSE责任制，加大安全检查与隐患治理力度，强化应急、消防和环保管理，认真开展重点工程建设项目HSE流动红旗竞赛，积极推进职业健康工作，强“三基”、灭“首害”，确保了安全生产，连续11年被石化集团公司评为安全生产先进单位，连续2年被徐州市评为安全生产优秀单位。

（张立辉）

【管道保护工作成绩显著】 2010年，管道公司以建设平安管道为切入点，以上海世博会安保为契机，抓住《石油天然气管道保护法》正式实施的有利时机，紧紧依靠地方有关部门，进一步巩固和扩大管道保护成果。打孔盗油数量同比下降了 35.8%，协助警方抓捕盗油分子 242 人，缴获盗油车辆 53 辆，因打孔盗油造成的经济损失同比下降 32.5%，上海世博会期间没有发生破坏生产的治安案件，新乡、襄樊两个输油处率先实现了“零打孔”和“零占压”的目标，为保证中国石化原油大动脉的畅通作出了贡献。

（张立辉）

天津输油站消防演习现场 （牛　刚　摄）

【日照—仪征原油管道工程全面开工】 2010 年 3 月 26 日，日照—仪征原油管道工程在江苏淮安、金湖、东海三地同时开工，标志着该工程建设全面展开。日照—仪征原油管道工程是国家发改委 2009 年 5 月批准建设的石化集团公司重点工程，该工程由管道、码头和库区工程 3 个部分组成。其中，管道工程全长 390 千米，包括日照、东海、淮安、金湖和仪征 5 座站场建设，途经山东、江苏和安徽三省六市区，主要输送日照港上岸的进口原油。管道管径 914 毫米，设计年输量近期 2 000 万吨，远期 3 600万吨，是国内口径最大、自动化程度最高的一条原油管道。

（张立辉）

【天津原油商业储备基地工程开工】 2010 年 5 月 11 日，中国石化天津原油商业储备基地工程开工奠基仪式举行，标志着中国石化能源战略储备基地建设取得了新的进展。天津原油商业储备基地位于天津滨海新区南港工业区中部，占地面积约 1 026 亩（约 68.4 万平方米）。工程设计建设 32 座 10 万立方米原油浮顶储罐，总库容量 320 万立方米，主要接卸天津港上岸的进口原油。

（张立辉）

天津原油商业储备基地工程开工奠基仪式

（曹　军　摄）

【原油试验环道项目开工】 2010 年 8 月 8 日，管道公司原油试验环道工程建设项目在徐州经济开发区金桥公司举行开工仪式，标志着该工程进入全面建设阶段。原油试验环道工程是石化股份公司的重点科研工程项目，主要包括 2 座 200 立方米原油拱顶储罐、5 台输油泵机组、冷水机房、空压机房、综合试验楼、室内试验环道和 900 米室外环道等设施。该工程主要用于原油输送工艺试验和管道停输再启动、管道结蜡规律、不同土壤环境管道散热和土壤温度场分布规律等的研究工作。

（张立辉）

【内检测技术在管道公司首次投入工业应用】 2010 年 8 月 23 日，管道公司从鲁宁输油管道贾汪输油站发出的直径 720 毫米的管道变径检测器顺利抵达该次输油管道检测段终点——泗县输油站，标志着历时 4 年完成的输油管道内检测科研开发项目在管道公司首次投入工业应用，也标志着管道公司输油管道隐患治理进入实质阶段。管道内检测科研开发项目是由管道公司与沈阳工业大学于 2007 年合作研制开发的石化集团公司重点科研项目。通过该系统提供的数据分析报告，油气管输企业可以对所属管道在腐蚀、管材等方面的缺陷进行全方位了解，在此基础上对管材适用性、剩余强度及剩余寿命进行评价，为管道安全运行和科学维护提供了科学依据。

（张立辉）

【川气东送管道工程获全国优秀焊接工程一等奖】 2010 年 9 月 15 日，由管道公司负责组织建设的川气东送管道工程被中国工程建设焊接协会评为全国优秀焊接工程一等奖。川气东送管道工程由“一千五支”组成，管道全长2 170千米。管道施工采用了世界先进的焊接工艺，全线累计焊接20.54万道口，焊接一次合格率达到98.92%。其中，主干线1 639千米，累计焊接16.47万道口，经过严格的射线和超声波无损检测，焊接一次合格率分别为99.03%和99.61%，超过发达国家管道焊接一次合格率96%的平均水平，创造了国内管道建设史上射线和超声波无损检测一次合格率的新纪录。

（张立辉）

【X70钢级大口径厚壁直缝埋弧焊管、弯管国产化研制项目通过鉴定】 2010年4月1日，“X70钢级大口径厚壁直缝埋弧焊管、弯管国产化研制项目”通过专家鉴定，并获石化集团公司科技进步三等奖，被中国企业联合会、中国企业家协会列入中国企业新纪录。该项目成功研制开发了直径1 016毫米×17.5毫米、直径1 016毫米×21毫米、直径1 016毫米×26.2毫米X70直缝埋弧焊钢管用钢板、相应钢管及感应加热弯管用钢板、母管、弯管；制定了川气东送管道工程X70钢级直缝埋弧焊管用钢板、直缝埋弧焊钢管、弯管用钢板、弯管用直缝埋弧焊钢管、感应加热弯管5项技术规范。开发的管材、弯管成功应用于川气东送管道工程，川气东送管道工程所需的35万吨直缝埋弧焊钢管和7 113支弯管全部实现国产化，与进口同类产品相比，节约工程投资8亿多元，具有显著的经济效益和社会效益。该项目具有自由运作权，填补了国内空白，整体技术达到国际先进水平。

（张立辉）

【川气东送管道工程项目部获国家级表彰】 2010年8月31日，在北京举行的中国石化川气东送工程建设总结表彰大会上，以管道公司为主组建的川气东送管道工程项目部获全国“五一”劳动奖状，川气东送管道工程项目部鄂西分部获全国工人先锋号称号，川气东送管道工程项目部川渝分部经理朱绍平获全国“五一”劳动奖章。

（张立辉）

【“创先争优”活动深入推进】 2010年，管道公司党委以“做强石化管道，推进科学发展”为主题，以“四强四优”、“比学赶帮超”为主要活动内容，深入开展了“创先争优”活动，并把党的先进性建设贯穿于活动的始终。管道公司党委对活动进行了广泛宣传，认真动员，深入开展了学习型党组织的创建；对优秀党员、先进基层党组织的评选标准和评选方法进行了重新修订和规范，更加注重民主程序和群众参与，经民主推荐评选出20个先进基层党组织和15名优秀共产党员，并进行了表彰；党建“贯标”工作深入推进，新版党建工作标准发布，更侧重实用性和有效性；扎实开展了领导点评工作，点评成为各项工作的助推器。

（张立辉）

表1　管道公司主要技术经济指标　亿元

指标名称 \ 年份	2010		2009		2008		2007		2006		2005	
	公司	分公司	公司	分公司	公司	分公司	公司	分公司	公司	分公司	公司	分公司
工业总产值	16.40	60.07	18.42	49.38	20.00	48.51	25.46	44.70	20.18	38.78	16.47	29.86
工业增加值	3.79	18.78	4.11	21.26	3.99	13.27	3.96	17.49	1.99	11.61	2.32	10.42
资产总计	20.80	437.30	16.68	403.02	18.07	446.27	19.49	305.86	20.11	290.19	21.74	244.50
流动资产	13.05	206.08	8.91	179.64	10.66	222.13	12.34	90.31	12.81	118.22	14.22	95.59
固定资产原值	11.84	272.88	11.39	267.80	11.07	254.82	10.20	214.70	9.80	199.99	9.65	135.12
固定资产净值	7.63	183.27	7.57	186.34	7.56	180.94	7.17	149.25	7.08	143.87	7.13	87.83
销售收入	16.59	69.87	18.61	51.61	20.10	55.00	25.46	53.39	22.23	38.78	18.79	29.86
利润总额	0.36	-0.07	0.48	3.67	0.66	-2.18	1.28	3.89	0.34	0.92	0.06	2.51
税　金	0.62	3.73	0.85	2.95	0.65	2.43	0.56	3.26	0.54	1.96	0.80	1.86

表 2 管道储运分公司主要生产指标

指标名称 \ 年份	2010	2009	2008	2007	2006	2005
收油量/万吨	5 092. 69	5 541. 61	6 317. 40	5 941. 18	5 793. 67	5 486. 41
输油量/万吨	10 316. 63	8 931. 24	8 085. 84	6 656. 13	6 310. 83	5 532. 08
销油量/万吨	5 071. 78	5 631. 06	6 129. 27	5 948. 13	5 788. 71	5 391. 02
周转量/万吨·千米	5 291 303	4 867 380	4 576 746	4 361 649	3 770 164	2 690 966
原油总耗/万吨	4. 55	2. 67	2. 65	5. 62	7. 38	6. 64
电总耗①/万千瓦·时	123 161. 71	117 815. 62	109 681. 58	108 171. 46	92 605. 82	79 558. 86
煤焦轻油总耗/万吨	—	2. 32	2. 40	0. 31	—	—
蒸汽总耗/万吨	22. 37	19. 14	14. 89	9. 63	—	—
天然气总耗/万立方米	1 945. 27	2 190. 64	2 184. 23	1 136. 51	326. 79	27. 15
综合能耗/千克标煤·(万吨·千米)$^{-1}$	49. 78	56. 32	57. 36	127. 58	128. 20	154. 83

①2007 年之前综合能耗数据电单耗采用等价值进行折算，2008 年起综合能耗数据电单耗采用当量值进行折算。

燕山石化

【概况】 燕山石化是隶属于石化集团公司的特大型石油化工联合企业，前身为 1970 年成立的北京石油化工总厂，后曾更名为北京燕山石油化学总公司、中国石油化工总公司北京燕山石油化工公司、北京燕山石油化工集团有限公司。2010 年，燕山石化包括中国石油化工股份公司北京燕山分公司（简称燕山分公司）和中国石化集团北京燕山石油化工有限公司（简称燕化有限公司）。北京东方石油化工有限公司（简称东方石化公司）为燕化有限公司全资子公司，保定石油化工厂（简称保定石化厂）由石化集团公司划归燕化有限公司作为二级单位管理。燕山石化位于北京市房山区燕山岗南路 1 号，占地面积 40 平方千米。

燕山石化是中国第一家生产欧Ⅳ标准成品油的千万吨级炼油基地，是保证首都能源安全的骨干企业，每年为市场提供汽油、柴油、航空煤油以及润滑油基础油、石蜡、硫黄等多种产品。积极承担中国石化重大科研攻关项目，在清洁油品生产、节能减排、合成橡胶新胶种研发等关键领域达到了国内先进水平，形成一批国内“独一无二”、“数一数二”的特色高端产品。

截至 2010 年底，燕山石化在岗职工 14 803 人，其中经营管理人员 2 511 人，专业技术人员 2 077 人，技能操作与服务人员 10 215 人。拥有 63 套主要生产装置、68 套辅助生产装置，原油加工能力超过 1 000 万吨/年，乙烯生产能力超过 80 万吨/年，是中国石化重要的合成橡胶、合成树脂、有机化学品和高品质成品油生产基地。燕山石化本部可生产 94 个品种、431 个牌号的石油化工产品，东方石化公司可生产醋酸乙烯、丙烯酸及酯、丁辛醇等 5 个系列 37 个品种 145 个牌号产品。

燕山石化自建厂投产至 2010 年底，累计加工原油 2. 6 亿吨，生产乙烯 1 527 万吨，实现销售收入 7 345亿元，利税 876 亿元。

燕山石化主要技术经济指标和主要产品产量见表 1 和表 2。

（常伟晶）

【油品生产保障供应】 2010 年，燕山石化加工原油 1 099. 53 万吨，再次刷新历史纪录。全年生产汽油 247. 69 万吨，其中京标 Ⅳ 清洁汽油 182. 73 万吨；柴油 314. 54 万吨，其中京标 Ⅳ 清洁柴油 87. 77 万吨；航煤 116. 1 万吨、裂解料 232. 36 万吨、润滑油基础油 26. 53 万吨。保持安稳生产，完成 16 套炼油装置检修，是 1 000 万吨炼油改造装置开工 3 年以来首次检修，实现了检修不减产、指标不降低。炼油综合能耗、综合商品率、加工损失率等多项指标创历史最好水平。下半年，市场柴油供应紧张，燕山石化不惜牺牲企业效益，努力压减汽油和航空煤油，多产柴油。11 月，仅用 3 天时间紧急开起 1 套加工能力250万吨/年的蒸馏装置，比计划多投放5万吨柴油到北京市场。

（常伟晶）

【化工原料生产创多项纪录】 2010年，燕山石化通过加强管理，优化操作运行，狠抓装置平稳率考核，加强设备特护，保证了乙烯装置长周期运行，实现10万吨/年裂解炉运行周期89天的最长纪录，创造气体炉单台运行183天的全国最长运行纪录。二高压聚乙烯、低压聚乙烯、三聚丙烯、顺丁橡胶、SBS、苯酚丙酮等产品年产量创历史最好水平。全年生产乙烯97.19万吨，其中燕山分公司化工板块生产84.16万吨，东方石化公司生产13.03万吨。

（孙　明）

【技术研发取得进步】 2010年，产品结构调整成效显著，成功试产75#号航空汽油，开发超高分子量及超细纤维用聚乙烯专用料、高压电缆料、燃气管材料（黑、黄、橙三色料）、三元共聚聚丙烯、氢调高流动抗冲共聚聚丙烯、医用输液瓶及高档医用膜等新产品。超薄地膜聚乙烯、快速注塑用高流动聚丙烯、聚丙烯热灌装瓶等专用料填补国内空白。合成树脂专用料比例达到82.52%。“十条龙”项目进展顺利，汽油吸附脱硫项目实现关键设备国产化，完成国产吸附剂的工业试用，溴化丁基橡胶成套技术开发、20万吨/年丁烯歧化制丙烯成套技术及工业应用、超高压电缆料成套技术开发进展良好。重点技术开发有序进行，乙丙橡胶成套技术、6万吨/年釜式法LDPE成套技术、3万吨/年超高分子量聚乙烯成套技术、乙二醇节能新工艺、间苯二酚成套技术、新型裂解炉技术开发均取得重要进展。

（常伟晶）

【节能减排工作成效显著】 2010年，燕山石化狠抓节能降耗，参与石化集团公司总部同类装置竞赛的12套炼油装置和11套化工装置全部实现达标。全年炼油综合能耗为59.8千克（标油）/吨，乙烯燃料动力能耗为559.87千克（标油）/吨，分别同比降低3.97和17.38千克（标油）/吨，均创历史最好水平。2010年与2005年比，万元产值综合能耗下降44.42%。实施清洁生产、节水减排，2010年与2005年比，万元产值水耗降低66.63%，工业废水排放量降低67.02%，外排污水化学耗氧量降低70.28%，二氧化硫排放总量降低45.97%。回用污水先后回用于13个循环水场及2个热力车间，2010年回用水量697万立方米。全年燕山地区二级和好于二级的天数达298天，比北京城区多12天，已经连续4年好于北京城区。

（常伟晶）

燕山石化牛口峪污水处理水库

【推进信息化建设】 2010年，燕山石化按照“打造数字燕山，建设智能工厂”的目标，推进信息化建设，MES系统在中国石化率先做到“日平衡、日封账、日进ERP”，实现生产经营数据实时报送，月结日当天出具统计报表，每月首日出具主要会计报表。作为石化集团公司首批试点单位，燕山石化率先上线运行人力资源系统（SAP－HR），并成功实现薪酬过账。建立综合经营分析平台，新建设备与物资实时监控等系统，完善化工盈亏平衡分析等系统，将信息化与生产、管理、经营融合，形成决策层（领导驾驶舱）、经营管理层、生产运行层三层架构，建成了“全方位应用、全过程管理、全业务支撑”的信息化与工业化相互融合的应用体系。

（常伟晶）

【华美公司EVA装置投产】 2010年1月24日，北京华美聚合物有限公司6万吨/年乙烯—醋酸乙烯（EVA）装置顺利开车，生产出合格的过渡聚乙烯产品。6月1日，第一批EVA产品顺利产出，6月3日，第一批160余吨EVA（Elvax750）产品顺利包装下线。

（孙　明）

【国内首套溴化丁基橡胶装置开车成功】 国内首套年产3万吨溴化丁基橡胶装置于2007年7月6日通过石化集团公司专家组审查，2009年4月28日开始土建基础施工，2009年8月进入设备安装阶段，2010年2月开始“三查四定”工作，4月28日举行中间交接仪式，10月21日打通全流程，一次开车成功。试生产结果表明：拥有完全自主知识产权的溴化丁基橡胶生产技术可行，产品达到质量指标要求。

（孙　明）

【东方石化公司扭亏增盈】 2010年，东方石化公司着力控亏扭亏、挖潜增盈。乙烯等装置自北京奥运会停车后，于2010年1月实现冬季一次开车成功；有机化工厂搬迁到燕山后，各套装置运行平稳。东方石化公司各厂的综合损失率均降到1%以内，丁辛醇、EVA、第二聚乙烯(2PE)、甲酯、乙酯、三套丙烯酸(1AA、2AA、3AA)等多套装置创长周期运行历史最好水平。东方石化公司扭转持续18个月亏损的不利局面，全年实现营业收入58.81亿元，赢利3.25亿元。

（常伟晶）

【20万吨/年聚丙烯挤压造粒机组通过验收】 大型挤压造粒机组是集机械、电气、仪表和化工于一体，自动化程度较高的乙烯装置后处理关键设备。2010年5月20日，“十一五”国家级重大装备攻关项目，百万吨级乙烯工程成套设备——20万吨/年聚丙烯大型挤压造粒机组国产化项目在燕山石化通过现场验收，实现了国内大型挤压造粒机组从无到有的突破，使第一聚丙烯装置的生产能力由19吨/时提高到33吨/时，从根本上消除了第一聚丙烯装置原有3套造粒装置不能保障聚合装置高负荷生产的瓶颈，不仅提高了第一聚丙烯装置的生产能力，还有效解决了产品黑粒、色粒等质量问题。

（孙　明）

【三元共聚聚丙烯填补国内空白】 2010年，燕山石化三元共聚技术取得突破，实现批量生产，填补国内空白。开发了主要应用于流延膜领域的复合膜热封层的C5608、应用于BOPP热封层的F5006、应用于流延膜领域的镀铝膜热封层的C5908、应用于聚烯烃收缩膜领域的F5606等4个牌号的三元共聚聚丙烯，分别送用户使用和评价，主要指标均达到或超过了国外同类产品的水平。

（常伟晶）

【聚丙烯热灌装瓶专用料通过鉴定】 2010年10月22日，燕山石化与北京化工研究院开发的聚丙烯热灌装瓶专用料生产技术通过石化集团公司鉴定，此项技术填补了国内热灌装瓶用聚丙烯生产的空白。

（孙　明）

【保定石化厂被整体划入】 2010年5月10日，石化集团公司下发《关于调整保定石化厂管理隶属关系的通知》，将保定石化厂划归燕化有限公司作为其二级单位管理，中国石化集团资产经营管理有限公司不再直接管理保定石化厂，保留保定石化厂企业法人资格，调整基准日为2009年12月31日。

（常伟晶）

【燕山石化研究院划归北京化工研究院】 2010年3月16日，石化股份公司下发《关于燕山石化公司研究院整体划入北京化工研究院的通知》，将燕山石化研究院业务、资产、人员整体划入北京化工研究院，划转基准日为2009年12月31日，燕山石化研究院划转后名称变更为北京化工研究院燕山分院。4月28日举行北京化工研究院燕山分院、北京化工研究院燕山树脂所揭牌仪式。燕山石化研究院整体并入北京化工研究院，树脂所实行由北京化工研究院、燕山石化双重管理的管理模式。

（孙　明）

【合成橡胶业务重组】 2010年12月20日，燕山石化召开合成橡胶厂干部大会，宣布合成橡胶业务重组工作开始，成立橡胶系统专业化重组领导小组，全面启动合成橡胶厂专业化重组工作。合成橡胶厂划分为橡胶一厂、橡胶二厂。橡胶一厂主要有顺丁橡胶、丁苯、DMF抽提、乙腈抽提、三异丁基铝、丁基锂等装置，橡胶二厂主要有丁基橡胶、溴化丁基橡胶、MTBE合成、MTBE裂解等装置。

（孙　明）

【成立保障生产运行中心】 为加强燕山石化专业化重组后公用工程系统的保障运行能力，2010年2月3日，保障生产运行中心正式挂牌成立，实现了电网管理中心、热力厂、运保中心、水务中心、气体产品事业部5家单位的生产调度及值班长合署办公，实时监控生产信息，统一协调和指挥辅助系统生产，进一步增强了公用工程系统的服务和抗风险能力。

（常伟晶）

保运中心控制室　（于　凡　摄）

【燕山石化档案馆开馆】 2010年2月28日，燕山石化档案管理中心档案馆开馆并启动“燕山石化档案馆数字平台”管理系统。该馆是按照专业化管理、管控一体化要求建立的一座功能齐全、设施完备、集中统一管理内部档案资料、文献和图书的数字化档案馆，也是对燕山地区社区居民同步开放的一座大型综合图书馆。燕山石化档案馆于2009年8月建成，建筑面积1.80万平方米。该馆集图书报刊阅览中心、档案存储中心、数据中心、会议中心等功能于一体，档案存储能力49万卷。

（孙 明）

【举办燕山石化成立40周年纪念活动】 2010年7月20日，燕山石化成立40周年，隆重奖励7名倒班40年的优秀职工，为其颁发奖章，宣传事迹，树立重视基层、加强一线、尊重劳动的导向，激发职工勤奋工作、报效企业的工作热情。此外，燕山石化还通过整治区域环境，建设企业展览馆，编撰《燕山石化图志》及企业文化系列丛书，举行劳模事迹报告会、歌咏比赛、老领导座谈会等庆祝成立40周年，弘扬企业文化，凝聚力进一步加强。

（常伟晶）

【建立生产运行班组党支部】 2010年，燕山石化贯彻落实党的十七届四中全会精神和全国国有企业党建工作会议精神，在深入调研的基础上，研究制定了《燕山石化公司党委关于进一步加强和改进新形势下党支部工作的意见》，适应公司专业化管理变化，把在一个生产厂同一时间倒班的几个装置小班组合并为一个大的“横班”，在生产运行横班上设置党支部。成立51个生产运行班组党支部，对党支部书记和委员全部实行“公推直选”，产生51名生产运行班组党支部书记和184名委员，党支部书记兼任生产值班长，跟班运行，形成在生产运行岗位24小时不间断的基层党支部工作新模式，使党支部与生产现场零距离、党支部书记与一线职工群众零距离、支部活动与一线工作高度融合，“战斗堡垒”在一线24小时发挥作用。

（常伟晶）

表1 **燕山石化主要技术经济指标** 亿元

指标名称＼年份	2010	2009	2008	2007	2006	2005
原油加工量/万吨	1 099.53	1 079.06	1 064.83	859.24	793.60	796.87
工业总产值	763.16	588.18	687.58	540.38	497.95	560.60
燕山分公司①	682.02	545.59	640.73	467.20	427.63	278.42
燕化有限公司②	81.14	42.59	10.99	10.78	9.68	13.63
工业增加值	188.34	153.64	-1.70	62.61	51.76	78.17
燕山分公司	169.85	145.52	-9.22	47.59	41.48	1.07
燕化有限公司	18.49	8.12	2.08	3.68	2.28	7.17
资产总计	290.70	298.08	318.74	340.57	351.38	299.55
燕山分公司	194.15	200.84	188.78	193.84	223.24	67.44
燕化有限公司	96.55	97.24	58.41	64.21	59.69	47.43
营业收入	803.84	612.11	709.15	563.86	558.63	605.97
燕山分公司	708.55	555.35	644.90	474.97	463.56	287.35
燕化有限公司	95.29	56.76	23.74	25.74	34.47	47.75
实现利税	158.89	131.33	-26.96	31.61	24.36	41.94
燕山分公司	156.24	142.63	-21.79	30.84	23.13	0.59
燕化有限公司	2.65	-11.30	-0.97	-2.20	1.74	0.66
实现利润	46.62	30.01	-45.49	6.54	4.18	18.12
燕山分公司	46.07	42.50	-37.13	9.28	6.22	-7.66
燕化有限公司	0.55	-12.49	-1.86	-3.25	0.78	-0.43

①2006年后燕化股份公司并入燕山分公司，不另作统计。

②2006年后东方石化公司主要技术经济指标并入燕化有限公司，不另作统计。

表2 **燕山石化主要产品产量** 万吨

产品名称 \ 年份	2010	2009	2008	2007	2006	2005
燕山分公司						
汽　油	247.69	242.12	202.26	160.39	159.26	156.52
煤　油	116.10	111.61	85.23	36.39	11.60	12.36
柴　油	314.54	314.79	354.76	244.71	185.92	176.80
润滑油基础油	26.53	14.11	17.49	22.63	22.97	25.63
商品燃料油	33.60	27.52	39.66	40.62	57.35	60.44
裂解料	232.36	230.42	217.01	211.00	235.90	240.30
商品液化气	11.98	9.82	14.33	14.20	13.54	19.81
石　蜡	9.16	6.33	7.95	9.45	9.89	10.08
纯　苯	16.48	18.66	32.97	17.14	3.54	2.74
乙　烯	84.16	84.13	78.40	78.08	82.00	81.18
丙　烯	53.28	56.08	37.56	49.46	39.76	39.09
丁二烯	12.37	12.79	12.29	12.68	14.35	14.47
间二甲苯	3.79	3.43	4.00	4.25	3.59	3.03
苯乙烯	7.93	8.55	8.69	8.07	8.02	8.59
乙二醇	6.34	6.37	5.98	6.13	6.61	7.20
苯　酚	20.29	18.69	17.44	18.87	18.73	18.45
丙　酮	12.58	11.71	10.89	11.79	11.65	11.57
低密度聚乙烯	39.51	43.43	44.68	42.73	46.35	45.96
高密度聚乙烯	20.73	19.25	18.57	16.93	18.53	18.03
聚苯乙烯	5.17	5.58	5.30	4.69	4.73	5.33
聚丙烯	45.29	45.69	44.24	39.71	43.36	40.02
顺丁橡胶	14.70	14.36	14.41	13.41	13.66	13.17
SBS	9.22	9.09	7.91	8.80	8.62	9.10
丁基橡胶	3.56	4.03	4.40	3.69	3.98	3.90
间苯二甲酸	2.05	2.50	2.93	3.08	2.90	2.49
1－己烯	2.02	1.12	1.23	0.69	—	—
塑料制品	3.86	6.19	4.55	5.04	3.81	2.65
燕化有限公司						
发电量/万千瓦·时	55 467	52 923	48 900	41 682	26 373	28 066
乙　烯	13.03	—	7.04	16.01	16.82	17.75
聚氯乙烯	—	—	—	8.64	14.53	14.19
低压聚乙烯	2.51	2.22	1.58	2.42	2.29	2.35
EVA	4.40	—	2.19	4.61	4.50	4.52

齐鲁石化

【概况】 中国石油化工股份有限公司齐鲁分公司(简称齐鲁分公司)和中国石化集团资产经营管理有限公司齐鲁石化分公司(简称齐鲁石化分公司)统称齐鲁石化，是石化集团公司直属的拥有石油化工、盐化工、煤化工、天然气化工等加工工艺最为齐全的炼化企业之一，位于山东省淄博市临淄区南部，占地约20平方千米。齐鲁石化前身始建于1966年4月，第一个生产厂是胜利炼油厂，1983年7月划归中国石油化工总公司。

截至2010年底，齐鲁石化拥有固定资产原值401.22亿元，净值151.45亿元。拥有大型石油化工生产装置112套，炼油加工能力1 000万吨/年，乙烯生产能力80万吨/年，合成树脂110万吨/年，烧碱45万吨/年，橡胶17万吨/年，苯类产品45万吨/年，醇类产品43.5万吨/年，尿素48万吨/年，热电装机容量50万千瓦。可生产石油化工产品120多种，其中烧碱、聚氯乙烯产品被评为中国名牌。齐鲁石化设有直属单位25个，机关部门23个，直属机构9个，部门挂靠机构8个；用工总量35 067人，其中正式员工27 845人，劳务用工7 222人；共有专业技术人员5 480人，其中具有高级职称的1 235人，中级职称2 339人，初级职称1 370人。

齐鲁石化主要技术经济指标和主要产品产量见表1和表2。

(曹钰梅)

【主要技术经济指标创历史纪录】 2010年，齐鲁石化炼油轻油收率77.55%，综合商品率94.8%；原油加工损失率0.64%，储运损失率0.21%，综合能耗61.59千克(标油)/吨，同比降低0.08、0.03和5.39个单位。乙烯收率31.58%，双烯收率45.77%，同比提高0.37和0.52个单位；乙烯加工损失率0.32%，燃动能耗612.4千克(标油)/吨，同比降低0.17和45.85个单位。多项指标刷新历史纪录。

(曹钰梅)

【橡胶产量位居全国同行业第一】 2010年，齐鲁石化年产合成橡胶能力为27万吨的橡胶厂，生产合成橡胶34.63万吨，创出历史新纪录。产量占全国合成橡胶总产量的16%，占中国石化合成橡胶产量的27%，位居全国同行业第一。其中，12月生产负荷达到设计值的130%，创历史最好水平，实现内部利润6.33亿元。狠抓装置的经济运行，使顺丁橡胶装置的指标在中国石化排名升至第二，丁苯橡胶装置的指标在同行业处于先进水平。

(董孝诚　庞　炜)

5.5万吨/年乙腈抽提装置　(董孝诚　摄)

【节能减排成效显著】 2010年，齐鲁石化加工吨原油取水由2009年的0.73吨，降低到0.59吨，同比节水135万吨。加强循环水管理，努力提升循环水浓缩倍数，公司循环水平均浓缩倍数达到5.07，同比提高了0.4。11套节水减排装置全年回收水538万吨，同比增加137万吨。其中，2010年投用的热电厂废水深度处理回用装置产水89万吨，运行负荷率达到了73%。

是年，实现了工业水装置的稳定运行，工业取水量5 303万吨，工业水重复利用率97.9%。全年节约标油12万吨，同比减排工业废水126万吨、COD 135吨、二氧化硫1.7万吨，超额完成中国石化节能减排指标任务。消除“跑冒滴漏”，深度整治厂区化工异味，通过了石化集团公司的清洁生产审核。

(刘洪芝)

【严细管理增效 10 亿元】 2010 年，齐鲁石化设立了“确保、力争、奋斗”3 个台阶考核指标，用紧螺丝式的管理方式实现“管理出效益”。自 8 月后，大力组织增产高附加值产品，生产 97# 汽油、航煤、低凝点柴油和橡胶、丁辛醇、聚氯乙烯等价高利厚的产品，月月超额完成计划。5 个月出厂 97# 汽油 12 万吨；开通了航煤汽运出厂，航煤同比增产 3 万吨；四季度增产柴油 5.09 万吨，既保障了市场供应，又取得了良好的经济效益。全年橡胶、丁辛醇、聚氯乙烯实现了较好赢利，腈纶扭亏为盈。建立了“财务定价格，销售卖产品”的自销产品定价新机制，8—12 月液化气、硫黄售价连续获中国石化企业山东区域第一名，获得中国石化“比学赶帮超”产品销售金牌 3 枚，银牌 1 枚。规范对改制企业的扶持与关联交易，合理调整互供原料价格，避免效益流失。从 8 月扭转预算亏损赢利 2 100 万元开始，公司效益稳步上升；9 月实现利润 1.82 亿元，超过前 8 个月的利润总和；10 月实现利润 3.34 亿元，超过前 9 个月的利润总和。全年实现管理增效 10 亿元。

（曹钰梅）

【800 万吨/年常减压装置建成投产】 齐鲁分公司 800 万吨/年常减压装置安全隐患治理及节能技术改造项目总投资 6.69 亿元。2008 年 6 月项目全面启动；7 月 7 日基础设计批复；8 月 5 日装置开工建设。2010 年 1 月 29 日装置实现中间交接；3 月 27 日投油开车一次成功。装置建成投产后，可加工高硫高酸原油 670 万吨/年，加工胜利混合原油 130 万吨/年，成为齐鲁石化新的效益增长点。

（孙郑生）

800 万吨/年常减压装置 （孙郑生 摄）

【乙烯污水处理场达标升级改造项目投入运行】 齐鲁乙烯污水处理场担负着乙烯 17 套石化装置及配套生产装置的生产污水、生活污水及污染雨水的处理任务。为进一步提高污水处理场的出水水质，石化集团公司于 2009 年 9 月 27 日批复污水处理场达标升级技术改造工程总体设计，总投资 6 430.81 万元。改造的工艺流程分为高含盐和低含盐两个处理系统：低含盐系统设计处理规模为 1 000 米^3/时，于 2009 年 10 月开始施工建设，2010 年 2 月 1 日絮凝过滤单元建成并投入运行，3 月底 A/O 工艺具备中交条件，5 月初开始进水并调试运行。高盐系统设计处理规模为 1 200 米^3/时，8 月实现中交并投入运行。改造完成后，齐鲁乙烯污水处理场的总处理能力为 2 200 米^3/时，出水 COD、NH_3-N 达到 60 毫克/升和 6 毫克/升以下。12 月 10 日，项目通过山东省淄博市环保局竣工环境保护验收。

（齐海峰）

污水处理场 2 号生化一沉池 （张因春 摄）

【掀起“学茂名、赶先进”热潮】 2010 年，齐鲁石化根据石化集团公司党组大力开展“比学赶帮超”活动的要求，迅速掀起“学茂名、赶先进”热潮。8 月“走出去”，组织 10 余批 100 多人赴茂名石化登门求教，学习茂名石化的科学管理理念和先进经验，亲身感受茂名石化“心齐、风正、气顺、劲足”的氛围。9 月“沉下去”，公司领导带头学茂名见行动、下基层抓落实、保安全创效益，每位班子成员承包 1 个生产经营单位，每周现场调研指导不少于 2 天；加强工作督导，指导基层领导班子强化管理，带好队伍。10 月“请进来”，举办了“学茂名、赶先进”处、科级干部培训班，邀请茂名石化党政高级代表团前来授课，系统学习了茂名石化科学管理理念和优化生产经营管理、党建思想政治工作和队伍建设等方面的先进经验。通过对标茂名，学赶先进，公司上下清醒地认识到了自身存在的巨大差距，明确了“比学赶帮超”的目标和方向。

（曹钰梅）

【启动大规模培训工作】 齐鲁石化针对干部职工责任心缺失和管理能力、业务素质、操作技能缺失的问题，在全公司展开了“想不想齐鲁石化好”、“会不会干自己岗位的活”的大讨论。决定2010年11月—2012年6月组织实施大规模培训，对全部在岗员工进行轮训，目的是大幅度提升干部工人的思想素质、管理能力和操作技能，让干部职工学会管理、学会操作。截至2010年底，公司各单位共举办各类培训班2 623期，培训38 678人次，总课时数达18 991.5课时，其中处级干部授课时数为408课时，科级干部授课时数为3 045课时。在公司各主要生产厂大规模培训进入高潮时，非生产单位的大规模培训也陆续跟进，大规模培训的格局已经形成。

（曹钰梅）

【企业形象显著提升】 2010年，齐鲁石化开展了公司企业文化标识规范统一工作，对乙烯主干道、桓公路等主要路段370多处标识牌进行了更新，统一印制了公司领导、中层管理人员工作名片，规范了公司旗帜悬挂等内容，初步实现了公司形象识别系统的规范统一。按照石化集团公司《企业文化建设纲要》总体要求，集中对公司范围内不符合规范的各级各类标识、标牌、书籍等企业宣传品进行清理整顿，共完成标识清理4 000多处（点），整改4 000多处（点），更新工作证、通行证、工作名片、会议标牌、台账、办公用具标识等项目200多种（个），约1.5万件次；至年底，各单位工作牌证、导引标识、办公用具等标识基本清理整顿完毕。

（曹钰梅）

【建设和谐稳定企业】 2010年，齐鲁石化本着“不突破政策底线、不给上级添麻烦、不引起连锁反应”的原则，对困难群体加大了帮扶力度，建立了公司、厂、车间三级帮扶机制，开展了主题探访，开办了“爱心超市”，“三个不让”的承诺得到了有效落实。全年帮扶4 348人次，发放帮扶救助金624万元。稳妥实施了2004年以后困难协解人员再就业，提高了劳动家属生活困难补助标准，为离休干部发放了营养补助费，体现了组织的温暖。为充分调动生产一线员工的积极性，自9月1日起，调整夜班津贴标准，大夜班津贴由20元/个调整为35元/个，小夜班津贴由8元/个调整为15元/个；调整了工人技师待遇。

针对历史遗留问题多、部分群体频繁上访的情况，齐鲁石化坚持源头化解，主动解决问题。公司总经理李安喜直面群众，各级干部主动接访、约访10个不同群体的代表30次，倾听他们的诉求，宣讲上级政策，努力把问题解决在公司内部，实现了连续6个月“零进京”上访。

（曹钰梅）

【党群工作更加务实高效】 2010年，齐鲁石化大力开展“创先争优”活动，在全公司营造了“见红旗就扛、有第一就争”的良好氛围。精简了党群系统各种评比奖励活动，突出评比表彰促进生产经营与增产增效的作用，既压减了费用，又减轻了基层负担。坚持形式大于内容的活动不搞，职工群众不欢迎、上级领导不满意的事不做，在全公司各车间开展了学习罗志荣的活动，要求干好支部书记岗位的活，努力做到党支部“安全生产好、经济指标好、队伍精神状态好”，力争党员身边“无效益流失、无违章违纪、无安全事故、无非计划停工”。深入开展效能监察，强化纪检监督，强化重点领域和关键环节的监管，煤炭采购、炼化“三剂”采购、自销产品推价增效和规范与改制企业互供资源价格等专项效能监察取得了较好成效，堵塞了效益流失的漏洞。

（曹钰梅）

【姜能刚获全国劳动模范称号】 2010年4月，齐鲁石化炼油厂连续重整车间党支部书记姜能刚获全国劳动模范称号。

（王　濮）

表1　　齐鲁石化主要技术经济指标　　亿元

指标名称 \ 年份	2010	2009	2008	2007	2006	2005
原油加工量/万吨	1 049.05	1 006.14	1 002.97	1 055.35	1 036.77	1 003.10
工业总产值①	660.35	494.00	602.88	629.02	665.32	562.27
工业增加值	158.01	137.13	−8.00	100.73	53.10	72.07
资产总计	231.29	222.60	218.15	227.77	250.89	241.53

续表

年份 指标名称	2010	2009	2008	2007	2006	2005
流动资产	66.45	40.54	35.78	48.78	77.00	68.38
固定资产原值	401.22	384.83	374.31	357.12	353.51	343.51
固定资产净值	151.45	162.11	159.09	155.18	163.11	164.80
销售收入	684.35	518.40	625.55	673.13	675.29	577.24
实现利税	99.55	97.62	-29.96	67.25	41.88	47.49
税　金	94.80	87.27	14.00	31.00	25.66	23.32

①2007 年齐鲁股份公司注销，产值合计为齐鲁石化分公司、齐鲁分公司加齐鲁股份公司上半年现价数据；2008 年后为齐鲁分公司、齐鲁石化分公司之和。

表 2　　**齐鲁石化主要产品产量**　　万吨

年份 产品名称	2010	2009	2008	2007	2006	2005
汽　油	132.23	129.89	114.03	114.01	106.92	116.86
柴　油	394.14	386.69	405.04	407.69	405.94	403.96
煤　油	35.99	31.45	25.45	35.07	31.71	34.65
液化气	34.00	34.87	32.85	33.96	33.03	34.79
沥　青	41.35	36.59	18.91	32.46	28.81	18.91
合成橡胶	34.63	24.89	21.19	21.26	20.59	20.68
炼油催化剂	0	0	0	0	0	0
烧　碱	48.76	41.49	52.01	51.88	50.91	51.58
乙　烯	85.57	76.01	80.04	84.68	83.88	82.51
聚乙烯	47.79	43.32	45.19	48.83	48.61	47.15
聚氯乙烯	59.63	51.37	57.46	58.54	57.53	58.61
苯乙烯	21.00	19.64	20.04	21.96	21.25	20.53
丙烯腈	4.43	4.26	4.21	4.45	4.30	4.22
腈纶纤维	6.52	6.53	6.05	6.07	6.57	6.30
甲　醇	0	0	0	0	0	0.58
丁　醇	5.79	5.42	5.52	6.91	6.29	6.06
辛　醇	25.92	22.50	25.41	25.64	26.36	26.50
纯　苯	24.41	18.61	17.12	18.16	17.15	20.81
对二甲苯	3.90	4.72	6.21	7.10	6.83	6.94
邻二甲苯	5.30	3.70	4.13	4.09	4.34	4.26
苯　酐	3.43	3.33	3.48	3.42	3.77	3.47
甲基叔丁基醚	5.36	5.02	6.09	6.44	6.67	6.81
1-丁烯	1.76	1.83	2.24	2.32	2.43	2.39
发　电/亿千瓦·时	44.97	39.38	40.00	42.83	38.26	31.93

A股股票代码 A- SHARE STOCK CODE：601939.SH
H股股票代码 H- SHARE STOCK CODE：0939.HK

善建

Excelle
Preva

客户服务热线：95533　Customer Service Hotline：86-10-9553
www.ccb.com

中国石化燃料油销售有限公司

2010年6月5日，燃料油公司在北京举行揭牌仪式，集团公司有关领导出席。

2010年8月，股份公司高级副总裁章建华组织召开了燃料油产销衔接会议。

中国石化燃料油销售有限公司是中国石油化工股份有限公司的全资子公司，公司全面整合了中国石化所属生产企业和相关省市石油公司燃料油销售业务，负责中国石化燃料油业务的专业化经营和统一管理。公司本部设在北京，下设天津、山东、上海、江苏、浙江、福建、广东7家分公司和浙江舟山、新加坡2家全资子公司。公司于2010年5月27日注册成立，10月20日在新加坡注册成立全资子公司。

公司把为国内、国际航线船舶提供油品和服务当作核心业务，持续推进基础设施和营销网点建设，统筹运作两个市场、两种资源，加强专业团队建设，致力于建设成为世界一流的船加油公司。截至2011年7月份，公司已投用自营及合作国际航行船舶油品供应网点13个，可供油港口36个，规模港口覆盖率67%，国内营销网点27个，在用燃料油库容151.5万立方米、在用配送船只50余艘，营销和服务团队500余人。当前，公司国际航线船舶供应量和海外贸易量成倍增长，国内船加油市场迅速拓展，国内传统市场竞争优势得到巩固，公司发展势头迅猛。公司将进一步完善网络、拓展资源、树立品牌、建设团队，竭力为国内、国际船舶提供质优量足的油品和高效快捷的服务，促进中国船加油市场健康快速发展。

2011年7月13日，燃料油浙江分公司在舟山港顺利完成对“Stellar Daisy”号轮船5600吨供油任务。

作为世界五大独立能源贸易公司之一，摩科瑞能源集团有限公司是一家广泛活跃于全球能源市场的国际集团公司，总部位于瑞士日内瓦，主要从事原油及成品油、石油化工品、天然气、电力、煤炭、生物柴油、植物油和二氧化碳减排指标等能源产品的实货和衍生产品的交易。

在核心的能源贸易之外，集团还投资能源上游和下游的资产项目，包括阿根廷、加拿大、美国的油田项目，及欧洲和中国的石油仓储、码头项目，同时集团还在南非、印度尼西亚、哥伦比亚、俄罗斯大规模投资煤矿资产，并在德国和荷兰拥有生物能源的生产基地。

摩科瑞在国际能源市场上充分显示其充满活力、多元化及发展迅速的特色。集团在严格实施风险管控的前提下，根据客户的能源需求，通过灵活多变的定价公式和物流体系，为其设计个性化的解决方案。

目前，我们在中国设立了两家分公司——摩科瑞能源贸易（北京）有限公司和摩科瑞投资咨询（北京）有限公司，我们正在与中国的业务伙伴紧密合作，向中国供应能源产品，并共同投资包括仓储、码头在内的能源基础设施，从而为促进这一伟大国家的繁荣发展贡献力量。

Mercuria is a privately-owned international group of companie with the headquarter in Geneva, Switzerland. Mercuria is acti over a wide spectrum of global energy markets including cruc oil and refined petroleum products, natural gas (including LNC power, coal, biodiesel, vegetable oils and carbon emissions. is one of the world's five largest independent energy traders and has a longstanding sector expertise.

In addition to its trading core, Mercuria has upstream and downstream assets ranging from oil reserves in Argentina, Canada and the US, to oil and products terminals in Europe and China, as well as substantial investment in the coal minir industry in South Africa, Indonesia, Colombia, and Russia, ar bio fuels plants under construction in Germany and the Netherlands.

The company plays a dynamic, diversified and growing role i the global energy market. We provide our clients with customized solutions to their energy needs, using a creative flexible approach to pricing and logistics while maintaining st risk management controls.

Our two Chinese-based subsidiary companies, Mercuria Energy Trading (Beijing) Co., Ltd and Mercuria Investment Consulting (Beijing) Co., Ltd work with important Chinese counterparts to bring oils to China and invest in logistic projec in energy sector including oil storage facilities and terminals t help this great nation grow and prosper.

摩科瑞能源贸易（北京）有限公司
摩科瑞投资咨询（北京）有限公司
北京市建外大街2号银泰中心C座4703室
邮编：100022
电话：+86 10 8507 9800
传真：+86 10 8507 9899
www.mercuria.com

Mercuria Energy Trading (Beijing) Co. Ltd
Mercuria Investment Consulting (Beijing)
4703 Yintai Office Tower C
No. 2 Jianguomenwai Avenue
Beijing 100022, P.R. China
Tel: +86 10 8507 9800
Fax: +86 10 8507 9899
www.mercuria.com

上海石化

【概况】 中国石化上海石油化工股份有限公司(简称上海石化)位于上海市金山区，占地面积9.4平方千米，是集炼油、化工、塑料、化纤生产经营于一体，高度综合的现代化石油化工企业之一，也是中国第一家股票在上海、香港、纽约三地同时上市的股份制有限公司。上海石化前身为创建于1972年的上海石油化工总厂，1993年6月改制为上海石油化工股份有限公司，2000年10月更名为现名。

上海石化下设炼油事业部、烯烃事业部、芳烃事业部、化工事业部、塑料事业部、腈纶事业部、涤纶事业部和热电事业部以及物资供应公司、经营销售公司、储运部、公用事业公司、化工研究所、环保中心、水务公司、培训中心、新闻中心、计量所等单位，并由上海石化投资发展有限公司管理对外投资企业。截至2010年底，上海石化在册员工总数16 369人；具有一次加工原油1 400万吨/年(综合加工原油1 200万吨/年)、乙烯84.5万吨/年、有机化工原料322万吨/年、塑料树脂96万吨/年、合纤原料114万吨/年、合纤聚合物59万吨/年、合成纤维40万吨/年的生产能力。上海石化主要生产石油制品、中间化工原料、合成树脂及塑料制品、合纤原料及合成纤维等四大类产品。

上海石化主要技术经济指标及主要产品产量见表1和表2。

(万　军)

【原油加工量首次突破1000万吨】 2010年，上海石化通过炼油联合装置集中检修消缺、换剂，消除设备运行隐患；制定原油混配方案预测制度，合理设置不同品种原油混配比例，降低原料性质波动对装置加工负荷的影响；开展酸性气物料平衡预测，首次运用在线烧焦技术。全年常减压蒸馏、航煤临氢脱硫醇、中压加氢裂化、延迟焦化、硫黄回收等装置稳定、高负荷运行。截至年底，原油加工量累计达1 052.07万吨，同比增加20.13%。

(万　军)

【天然气综合利用主体项目投用】 2010年3月15日，上海石化1#制氢装置顺利投用天然气作原料，天然气综合利用主体项目开始投用。该项目2009年10月开工，投资1.95亿元，其中外汇76.32万美元。项目包括新建天然气管网系统、1#制氢装置适应性改造、1#延迟焦化装置气体处理改造和2#延迟焦化装置(扩建)气体处理改造，增加液化气脱硫醇设施及7套热媒炉改用燃料气改造。该项目的投用优化了上海石化燃料结构和资源结构，减少了二氧化硫对环境污染，降低了能耗。

(万　军)

【1#环氧乙烷/乙二醇装置选用高选择性催化剂获得成功】 2010年11月22日，1#环氧乙烷/乙二醇装置完成改造开车。该装置选用美国科学设计公司SD-400高选择性催化剂替代国产YS-7系列催化剂，经过催化剂驯化期、满负荷性能考核，环氧乙烷和乙二醇产能均达到100%负荷水平，各产品质量符合指标要求。乙烯单耗减少59千克/吨当量产量，单位能耗增加130千克(标油)/吨当量产量，标志着1#环氧乙烷/乙二醇装置选用高选择性催化剂获得成功。

(万　军)

【聚乙烯管道料YGH041T用于民用燃气管】 2010年6月9日，按照中国石化与华润集团协议，华润集团在其燃气管网建设工程中试点使用以上海石化生产的PE100管道料YGH041T为原料制成的燃气管。燃气管用于湖北潜江雅乐居小区燃气管网建设工程，管道长度为4 662米，压力等级为0.36兆帕。管道制造商河北沧州明珠管业有限公司和燃气管铺设施工单位江汉良机公司均对管材质量和外观表示满意。

(万　军)

【丙烯/1-丁烯无规共聚聚丙烯实现系列化生产】 2009年，上海石化成功研发丙烯/1-丁烯无规共聚聚丙烯工业化产品M850B，填补了国内空白。2010年5月，开发该系列产品M1200B和M1500B，初步实现产品系列化生产。11月，建立丙烯/1-丁烯无规共聚聚丙烯生产工艺流程数据模型，为该系列产品生产工艺包完善和新产品研发奠定基础。该系列产品具有优异的透明性和刚性、超低的正己烷可溶物含量，在食品包装领域有良好市场应用前景。截至年底，2 000多吨产品被投放市场，得到用户认可。

(万　军)

【50万吨/年蜡油加氢装置增设循环氢脱硫项目投用】 2009年6月18日，上海石化50万吨/年蜡油加氢装置增设循环氢脱硫项目开工，2010年6月2日完工，7月16日投用。该项目投资968.10万元，

由上海工程公司设计，上海金申工程建设监理有限公司监理，宁波工程公司、上海石化金艺工业建设有限公司等施工。该项目在保持原装置主体设备不变前提下，对原有循环氢脱硫系统作技术改造，达到降低装置氢耗目的。项目投用后，循环氢中硫化氢含量下降 7.25 个百分点，减轻了硫化氢对设备管线的腐蚀。装置氢耗下降 1.22 千克/吨，燃料气消耗下降 136.80 千克/时，装置能耗下降 1 100.84 吨(标油)/年，直接经济效益 970.54 万元/年。

（万　军）

【创建环境友好企业】 2008 年 8 月起，上海石化先后实施热电事业部锅炉脱硫治理、环保中心污水处理装置恶臭气体治理、新建 35 万吨/年催化重汽油加氢脱硫装置、增加火炬气回收能力、整治储运环节无组织排放、部分污水处理装置改造和新增挥发性有机物在线监测仪等环保项目，改善了上海石化区域环境质量。2010 年 11 月 8 日，在“中华环境友好企业”专家组现场评估中，上海石化环保设施稳定运转率达 95% 以上，废水、固体废弃物处理率为 100%，环境评价影响和“三同时”制度执行率达到 100%，各种污染物达到国家排放标准。上海石化被中华环保联合会授予中华环境友好企业称号。

（万　军）

【开展世博安保主题活动】 2010 年 3 月 1 日—12 月 31 日，上海石化开展“迎世博、保平安”主题活动，内容包括世博平安志愿者业务培训、安全巡检和“平安卫士”竞赛。其中，参加志愿者业务培训 1 808 人；开展储运码头应急演练、信息系统安全和有线电视安全播出等专业应急预案演练 6 080 人次；世博平安志愿者参与交通疏导 1 282 人次、治安巡逻 3.45 万人次、施工检修现场巡逻 1.77 万人次；全体保安人员参加“平安卫士”竞赛。上海世博会期间，上海石化未发生各类刑事案件，完成上级赋予的世博安保任务，实现了企业确定的世博安保工作目标，获上海市世博反恐工作先进集体称号。

（万　军）

【信息化建设稳步推进】 2009 年 10 月，上海石化启动生产执行系统(MES)项目，2010 年 4 月底完成 MES 系统设计、流程差异分析、用户权限审核、系统部署、模型配置、用户培训、报表开发、集成测试等工作，5 月 20 日，系统各模块分批投入试运行，8 月 23 日，系统上线运行，MES 运行支持体系同时成立。

上海石化作为中国石化数据仓库及合并报表系统(BW/BCS)项目第一批推广企业，2009 年 3 月开始调研，8 月启动实施，2010 年 1 月上线并轨运行。2010 年 9 月 29 日，上海石化人力资源管理(SAP-HR)系统正式上线运行，成为石化集团公司首家实现上线的单位。

（万　军）

【9 项高新技术成果转化项目退税逾千万】 2010 年，上海石化 9 项高新技术成果转化项目获 2009 年度上海市市级财政扶持资金(退税)1 103 万元。其中，高流动抗冲聚丙烯专用料(M2600R)和纤维级聚酯切片(工业丝专用)2 项成果转化项目经上海市高新技术成果转化服务中心评议，分别被列入 2009 年、2010 年上海市高新技术成果转化项目百佳。

（万　军）

【车用高结晶聚丙烯树脂专用料实现规模化生产】 2010 年，上海石化与上海金发科技发展有限公司合作研发的车用高结晶聚丙烯树脂专用料 M1280HS 产品实现规模化试生产 1 700 余吨。该专用树脂产品经上海市塑料研究所、上海乐来汽车分析测试公司、上海市高分子材料研究开发中心检测，其高刚性、高硬度、高耐热性等性能指标均能满足汽车内饰板、仪表盘和水箱等零部件制造要求，并获上海通用汽车有限公司、上海大众汽车有限公司和长安福特汽车有限公司认可。

（万　军）

【涡流纺用涤纶短纤维开发项目通过评定】 2010 年 12 月 8 日，1.33 分特涡流纺用涤纶短纤维开发项目通过中国石化评定。该项目通过聚酯—纺丝—后处理系统工艺调整，实施直接纺聚酯熔体输送、纺丝、后处理工艺优化技术，提高原丝均匀性，调整纤维内在结构性能；采用特殊添加助剂，改变油剂组分，改善纤维表面特性，符合高速涡流纺纱要求。用户试用结果表明，与普通涤纶短纤维相比，涡流纺用涤纶短纤维在纺纱加工中脱落物少、强力高、断头率低、弱丝量少，具有良好加工性能。该项目所开发产品和工艺技术具有创新性，达到国内领先水平，经济效益和推广应用前景良好。截至年底，已工业化试生产 170.39 吨，向市场销售 100.2 吨。

（万　军）

【新型中压旋风分离器投用】 2010 年 10 月 18 日，上海石化自主研制的新型中压旋风分离器在 4# 聚乙烯装置投用。该产品以整体锻件进料口取代拼接进料口、以对接焊结构取代搭接焊结构的制造工艺，有效解决了旋风分离器在中压段运行寿命问题，将使用周期延长1年以上，运行效率提高4倍以上。

（万　军）

【超净新技术取代溶剂萃取工艺取得成效】 2009年，上海石化在二步法溶剂净化装置成功应用基础上，新建一步法溶剂净化装置，采用具有除杂效率高、运行消耗低、减少三废排放等优势的超级净化膜处理技术，解决原有装置工艺流程长、质量控制复杂、化工料消耗和排污量大的问题。2010年，2套采用超净化技术日处理能力400立方米的纳滤膜装置经过不断调试完善工艺，除杂能力达到萃取工艺同等水平，运行稳定，满足硫氰酸钠溶剂净化系统运行和除杂要求，降低生产成本1 100万元。

（万　军）

【氰化钠出口直销实现零突破】 2010年9月16日，上海石化首批500吨氰化钠经上海洋山港通过海路直销俄罗斯，实现氰化钠产品出口直销零突破。全年出口直销氰化钠2 375.04吨。

（万　军）

【高光泽耐热聚丙烯技术获5项发明专利】 上海石化生产的高光泽耐热聚丙烯树脂产品具有表面光泽度高、耐热性强、硬度和强度大等特点，可广泛用于汽车零部件及电水壶、电饭锅、电熨斗、电吹风等产品制造领域。该产品2005年5月21日通过美国食品药物管理局测试，符合欧盟《关于限制在电子电器设备中使用某些有害成分的指令》的要求，产品综合性能达到国外同类产品先进水平。2010年5月26日，上海石化M800HS、M1200HS、M1600HS高光泽耐热聚丙烯树脂产品获5项发明专利。2010年生产高光泽耐热聚丙烯树脂产品6 400吨。

（万　军）

【金闵管线扩能改造项目完工】 上海石化金闵输送管线扩能改造项目于2010年3月16日开工，6月24日完工并投用，投资263.78万元，由上海众一石化工程公司设计，上海炼安工业设备安装公司、上海石化金艺工业建设工程公司、上海康宁企业发展公司施工。该项目新增1台汽柴油输送泵及相应工艺配管、仪表、电气、结构等配套设施。投用后，金闵管线汽柴油输送能力由120万吨/年增加至180万吨/年。

（万　军）

表1　上海石化主要技术经济指标　　亿元

指标名称＼年份	2010	2009	2008	2007	2006	2005
原油加工量/万吨	1 052.07	875.78	923.83	907.32	892.02	949.30
工业总产值①	698.01	437.20	552.12	550.50	448.84	421.29
工业增加值①	150.37	102.05	-53.32	77.25	48.97	66.82
资产总计②	291.58	304.58	279.33	304.94	280.56	271.02
流动资产	85.32	90.61	62.55	88.33	75.41	74.62
固定资产原值	389.00	388.09	359.30	356.66	325.00	338.78
固定资产净值	138.02	152.06	135.28	152.59	136.07	160.62
销售收入	775.91	517.23	603.11	554.05	514.79	469.44
利润总额	34.54	21.36	-80.22	21.21	9.25	21.37
所得税	7.36	5.10	-18.14	4.80	0.53	3.62

①工业总产值、工业增加值为上海石化主体企业数据。
②财务数据为上海石化合并报表数据。2007年起按石化集团公司口径统计。

表 2　　上海石化主要产品产量　　万吨

产品名称 \ 年份	2010	2009	2008	2007	2006	2005
汽　油	93.24	80.60	77.29	64.59	76.15	87.65
航空煤油	76.57	76.90	63.47	69.57	53.38	68.95
柴　油	367.59	280.26	341.87	292.91	274.21	319.94
乙　烯	97.29	92.77	88.56	86.94	96.03	96.24
丙　烯	52.32	48.76	48.73	45.59	51.77	52.30
纯　苯	43.78	28.25	23.92	27.44	28.03	26.39
对二甲苯	84.06	34.58	18.37	24.75	25.09	23.46
乙二醇	41.23	39.40	42.13	39.13	19.06	21.33
乙　醛	3.13	3.35	2.39	1.94	3.14	4.21
醋　酸	0.30	2.36	2.78	1.10	1.45	2.93
聚乙烯	45.30	43.96	41.75	40.80	45.15	43.88
聚丙烯	48.24	46.62	42.47	44.86	45.87	45.65
合纤单体	53.79	50.87	46.19	53.24	54.95	49.38
PTA	39.15	38.09	34.28	40.01	40.63	36.21
丙烯腈	14.64	12.78	11.90	13.23	14.32	13.16
合纤聚合物	64.32	59.97	58.55	63.19	60.45	59.58
聚乙烯醇	4.01	4.36	4.16	4.27	4.54	4.58
涤纶聚酯	60.31	55.61	54.39	58.93	55.91	55.00
合成纤维	25.36	24.13	23.77	24.76	26.25	29.05
涤　纶	8.72	8.06	8.52	8.90	10.38	12.36
腈　纶	16.64	16.07	15.25	15.86	15.87	16.14
丙　纶	—	—	—	—	—	0.55

上海赛科公司

【概况】 上海赛科石油化工有限责任公司（简称上海赛科公司）成立于2001年11月，是由石化股份公司、上海石化和碧辟（BP）化工华东投资有限公司分别按30%、20%、50%的比例出资组建的大型石油化工合资企业。公司位于上海化学工业区内，占地约204公顷（2.04平方千米）。

截至2010年底，上海赛科公司拥有年产109万吨乙烯、62万吨芳烃抽提、10.5万吨丁二烯、65万吨苯乙烯、30万吨聚苯乙烯、60万吨聚乙烯、25万吨聚丙烯、26万吨丙烯腈、28万吨废酸回收9套生产装置和动力中心、罐区、空压站、循环水场、污水处理站、变电站、地面火炬、聚合物仓库和行政管理区等公用工程和辅助设施，设有生产部、商务部、财务部、人力资源部、HSSE和质量部（健康/安全/保安/环境和质量）及其他职能部门等；拥有员工1 145人，其中生产部748人，商务部154人。

2010年，上海赛科公司没有发生任何可记录事故和损失工时事故。截至年底，累计连续安全运行天数达到531天，安全人工时达到965万小时。全年现场整体装置总利用率为97.15%，其中乙烯装置利用率为97.51%。聚乙烯21# 生产线、聚乙烯22#

生产线、聚丙烯、聚苯乙烯32#生产线、苯乙烯和丙烯腈(B生产线)等装置均创造了最长的连续运行周期。

2010年，上海赛科公司获得上海市商务委员会颁发的外商投资先进技术企业证书，中国人民银行上海分行授权单位授予的资信等级为AAA级证书，上海化学工业区管委会授予的2009年度上海化学工业区安全生产工作特别贡献奖和优胜单位、2009年度统计工作暨第二次科技普查综合评比一等奖等荣誉。公司副总经理韦森(Mark Wilson)被上海市人民政府正式授予2010年度上海市白玉兰纪念奖。

上海赛科公司主要技术经济指标和主要产品产量见表1和表2。

(周　光)

【公司人事变更】 2010年4月28日，上海赛科公司第33次董事会会议召开。董事会批准任命吴海君接替张志良，担任公司总经理职务，从2010年4月28日起生效。即日，张志良辞去上海赛科公司总经理职务，返回上海石化。

(周　光)

【聚烯烃22#生产线创造高负荷连续运行新纪录】 上海赛科公司聚乙烯22#生产线是铬系催化剂的高密度聚乙烯装置，2010年生产能力最大达50吨/时，是当初设计能力的125%。全年实现连续稳定运转达到335天的新纪录，刷新2008年10月实现的103天连续运行纪录。

(徐中强)

【聚烯烃产品年产销量首次突破100万吨】 2010年，上海赛科公司聚烯烃生产团队利用原有的设备，减少装置波动，通过挖潜增效，合理调整生产负荷等方法，有效实现了聚烯烃装置安全、稳定、高效的运行。同时面临大量新产能投放、市场竞争加剧的情况，通过积极调整销售策略，保证公司聚烯烃产品的产销平衡。全年聚烯烃产量和销量双双突破100万吨，其中生产实现106.34万吨，创造了新纪录；销量达到105.09万吨。

(何　栩)

【名列全球装置总能耗评比前茅】 2010年，上海赛科公司参加由所罗门公司(Solomon)组织的全球主要生产装置基准评价，寻找与国际领先水平的差距，持续挖掘自身潜力。全年上海赛科公司乙烯装置累计能耗仅为565千克标油，处于国内较好水平。在所罗门公司挑选的全球106家主要乙烯装置的评比中，上海赛科公司乙烯装置取得高附加值化学产品第一名、液体进料装置乙烯产能第一名，乙烯产能全球第二名、乙烯装置能耗全球第二名的好成绩。

(薛　锋)

【3.5万吨/年碳八馏分苯乙烯抽提项目开工建设】 3.5万吨/年碳八馏分苯乙烯抽提项目主要包括苯乙烯抽提装置和公用工程等辅助设施，总投资为2亿元。项目由上海工程公司负责设计，上海赛科公司负责项目管理。2010年11月10日，在上海赛科公司召开该项目桩基工程现场开工仪式及首次项目协调会。

(周　光)

【聚苯乙烯新产品获得专利申请】 2010年7月，由上海赛科公司研发的聚苯乙烯新产品“HIPS532高抗冲高光泽双峰聚苯乙烯材料”被成功列入上海市高新技术成果转化项目。该项目已申请高抗冲高光泽双峰聚苯乙烯材料及其制备方法的技术发明专利。截至2010年底，累计生产HIPS532共3.12万吨，投放市场后受到国内各大高中端生产厂家的青睐。

(虞佳丽)

【启用能源管理系统】 能源管理系统由美国艾斯本公司推出，主要内容是对工厂内各种公用工程系统进行有效的组织管理，并实时提出优化建议。2009年底，上海赛科公司启动能源管理系统的引进工作，2010年1月开始收集数据，6月完成系统安装测试，7月对主要用户进行了人员培训，9月完成了工厂测试，10月正式投用。根据能源管理系统的建议，已经降低碳九与碳十一混合油燃料的用量；对各工厂的低压蒸汽进行动态微调，保持低压蒸汽平衡；提高循环水排污水的利用率，至年底减少无机污水排放量12.60万吨。

(邹　兵)

【开展股东方首次联合审计】 2010年9月6—21日，中国石化审计局广州分局局长周新迁和BP方审计人员Alex Chan联合带队，对上海赛科公司进行了首次股东方联合审计暨经济责任审计。联合审计组对公司风险管理及内部控制、财务管理、投资及工程管理、销售业务管理、采购及存货管理、信息系统管理、安全和运行管理等方面进行了审查，与相关人员进行了会谈，并且查阅大量文件和原始记录。联合审计组出具的审计报告指出，从进一步控制风险，提高效益出发，上海赛科公司在监控体系、资金管理、商务管理、IT 系统管理等方面需要进一步加强。

（周　光）

【两个节能项目获得上海市节能技术改造奖励资金】　为了推进节能工作，2010 年，上海赛科公司大力开展节能技术改造项目，其中"苯乙烯装置加热炉增加吹灰器节能项目"和"乙烯装置气相裂解炉更换炉管节能项目"通过了上海市经济和信息化委员会组织的审核，并获得了总计 87.22 万元人民币的节能技术改造奖励资金的支持。

（卢　艺）

【顺利通过英国标准协会年度审核】　2010 年 5 月 10 日，上海赛科公司启动一体化管理体系的改进计划，积极推进管理体系的回顾、审核和持续改进等工作。英国标准协会(BSI)于 11 月 10 日组成审核组对上海赛科公司进行了 ISO 9001、ISO 14001 和 OSHAS 18001 贯标的年度监督审核。在为期 1 周的审核和现场检查中，审核组访谈高层管理人员，审核苯乙烯装置、聚苯乙烯装置、聚烯烃装置、公用工程、生产优化、工程服务、技术服务等生产部门以及法律事务部、信息技术部、行政部和工会等支持部门，无不符合项。上海赛科公司通过 2010 年度贯标监督审核，被授予的 ISO 9001、ISO 14001 和 ISO 18001 的证书继续有效。

（陆　渊）

【安保工作屡获殊荣】　2010 年 12 月，上海赛科公司被上海市公安局授予 2010 年度上海市企事业单位治安保卫先进集体称号，HSSE 和质量部保安组被上海化学工业区管委会授予世博安保先进集体称号，HSSE 和质量部门员工徐琰泓和天华化工机械及自动化研究设计院职工王建基被上海化学工业区管委会授予世博安保先进个人称号。

（徐志荣）

表 1　　上海赛科公司主要技术经济指标　　亿元

指标名称 \ 年份	2010	2009	2008	2007	2006	2005
工业总产值	291.77	164.20	224.31	241.65	220.36	130.06
工业增加值	47.08	20.30	15.37	49.21	46.21	4.38
销售收入	291.56	164.22	228.51	242.19	217.77	126.90
利润总额	28.24	7.02	-4.94	29.06	27.08	-7.48
综合能耗/吨标煤 · 万元$^{-1}$	1.58	1.91	1.43	1.40	1.43	1.83

表 2　　上海赛科公司主要产品产量　　万吨

产品名称 \ 年份	2010	2009	2008	2007	2006	2005
乙　烯	129.43	87.53	93.46	100.29	97.80	64.20
丙　烯	74.07	54.22	59.48	65.46	61.42	39.32
丙烯腈	29.32	24.02	24.89	27.94	25.38	15.85
苯乙烯	65.80	50.06	49.03	53.37	47.79	41.70
聚苯乙烯	27.84	21.73	19.94	25.14	19.85	10.85
聚乙烯	76.64	59.43	70.27	68.27	63.45	39.10
聚丙烯	29.70	23.83	26.90	25.57	24.22	17.68

高桥石化

【概况】 中国石油化工股份有限公司上海高桥分公司(简称上海高桥分公司)和中国石化集团资产经营管理有限公司上海高桥分公司(简称资产公司上海高桥分公司)统称高桥石化，地处浦东新区，西临黄浦江，北近吴淞口，占地4.2平方千米。高桥石化的前身上海高桥石油化工公司创立于1981年11月，是中国第一个跨部门、跨行业的特大型石油化工联合企业，1983年7月划归中国石化总公司。2000年1月，按照石化集团公司重组改制的统一部署，上海高桥石油化工公司下属炼油厂、化工厂、供销公司的主业部分分离，成立上海高桥分公司。2003年10月，高桥石化根据扁平化改革的要求，撤销了下属单位的工厂建制，实行事业部制管理模式。2007年4月，按照石化集团公司改革部署，上海高桥石油化工公司实施体制转换，工商注册成立资产公司上海高桥分公司。2010年8月，高桥石化改事业部制管理模式为作业部制管理模式。

截至2010年底，高桥石化拥有年原油加工能力1 250万吨，年化工产品生产能力100万吨，自备电厂具有装机容量19.5万千瓦；共有76套生产装置，可生产汽油、航空煤油、柴油、润滑油基础油、石蜡、合成橡胶、有机化工原料、合成塑料以及过氧化物等200余种产品。高桥石化机关设26个处室，下辖15个生产作业部(业务中心)及6个职能中心；职工总数6 244人，其中专业管理人员1 905人。

2010年，高桥石化炼油事业部设备动力部部长顾雪东被评为全国劳动模范。

高桥石化主要技术经济指标和主要产品产量见表1和表2。

(陈建浩)

【500万吨/年蒸馏装置建成投产】 2010年5月，高桥石化500万吨/年常减压蒸馏装置竣工，6月20日投产。该项目是高桥石化润滑油系统改造系列项目的“龙头”项目，装置占地面积1.4万平方米，总投资4.44亿元，设计生产能力为500万吨/年，装置由电脱盐、初馏、常压、减压、轻烃、原油换热网络、塔顶气压缩、稳定等部分组成。项目投产后，高桥石化的年原油综合加工能力达到1 250万吨。装置于2009年3月开工建设。

(陈建浩)

【40万吨/年酮苯脱蜡脱油装置建成】 2010年2月，高桥石化40万吨/年酮苯脱蜡脱油联合装置开工建设，11月12日建成。该项目是高桥石化润滑油系统改造系列项目之一，装置占地面积6 460平方米，总投资9 510万元，设计生产能力为40万吨/年，年开工时数8 400小时，由结晶、过滤、溶剂回收、干燥脱水、惰性气系统、冷冻系统等部分组成。

(陈建浩)

【25万吨/年加氢裂化尾油切割装置建成】 2010年8月，高桥石化25万吨/年加氢裂化尾油切割装置正式建成。该装置占地面积3 990平方米，总投资3 995万元，设计生产能力为25万吨/年，年开工时数8 400小时。装置于2009年6月开工建设，主要处理来自加氢裂化装置的尾油，主要产品为润滑油原料。

(陈建浩)

【10万吨/年苯酚丙酮装置扩建项目建成投产】 2010年3月，高桥石化10万吨/年苯酚丙酮装置扩建项目正式投产。该项目在原有6万吨/年规模上扩建而成，装置占地面积6 550平方米，总投资1.18亿元，设计生产能力为10万吨/年，年开工时数8 400小时。装置于2009年2月开工建设，12月建成。项目采用国内自主开发的硫酸分解工艺技术，主要原料为异丙苯，产品为苯酚、丙酮。

(陈建浩)

【80万吨/年连续重整—苯抽提装置动工建设】 2010年1月25日，高桥石化80万吨/年连续重整—苯抽提装置正式动工建设。该装置是高桥石化润滑油系统改造系列项目之一，由预处理、重整反应、催化剂再生、碳六馏分加氢、苯抽提、氢气提纯及配套的公用工程组成，主要生产高辛烷值汽油组分及混合二甲苯等产品，同时还生产含氢气体、拔头油、液化气、戊烷等副产品。装置的建成将提升高桥石化高标号汽油的生产和调和能力。

(陈建浩)

【首船符合欧Ⅴ标准的汽油出口香港】 高桥石化于2010年5月17日成功生产出硫含量符合欧Ⅴ标准的98# 汽油。6月5日，首船4 500吨欧Ⅴ标准98#汽油被运往香港。高桥石化成为国内首家生产供应香港欧Ⅴ标准98# 汽油的企业，该次出口也使香港首次用上国产的欧Ⅴ标准超低硫汽油。

(陈建浩)

【节能减排取得成效】 2010年，高桥石化围绕实现

"十一五"节能目标，深入开展节能宣传教育，加大对日常生产、办公活动中浪费能源现象的抽查、曝光、考核力度，落实高能耗装置限产措施。全年上市、非上市部分分别实现万元产值能耗 0.35 吨标煤和 1.03 吨标煤，比年度指标分别降低 11.05% 和 22.71%。通过加强管理、技术改进，提高资源利用效率，全年工业取水量同比下降 5.28%，工业废水排放量下降 6.46%，二氧化硫排放量下降 16.34%，COD 排放量下降 4.12%。

（陈建浩）

【实施管理体制扁平化改革】 2010 年，高桥石化围绕"管理体制扁平化、资源利用一体化、整体效益最大化"的总体目标，相继在销售、财务、水务、分析、储运、后勤等 18 个业务领域实施专业化重组，实行公司一体化管理；推进扁平化改革试点，检验作业部模式下相关业务运行的有效性、指挥管理的协调性、上下衔接的顺畅性以及应急处置的可靠性。8 月 8 日，扁平化管理体制正式运行，高桥石化由传统的公司—事业部—车间三级管理体制调整为公司—作业部两级管理模式。

（陈建浩）

【推进规范化、标准化建设】 2010 年，高桥石化组织开展了"规范行为树新风、标准管理立新功"主题活动。制定了《高桥石化职工行为规范》，明确了全体职工必须共同遵守的礼仪规范、语言规范、着装规范等，并通过开展征文、标兵评选等活动，加强宣传引导，强化了职工对规范养成的价值认同；从标准化管理中存在的突出问题入手，确立标准化管理实施项目，累计制定了 60 项工作、管理标准，进一步健全了公司制度体系。

（陈建浩）

【开展 HSE 督察工作】 自 2010 年 1 月 1 日起，高桥石化在全体正科级以上干部中开展 HSE 督察工作，200 余名督察人员采用"定点联系"的方式对 83 个装置、部位进行全面督察。督察人员由公司领导班子和机关各处室、基层各单位正科级及以上管理人员组成，其中处级及以上管理人员每月至少开展 1 次督察活动，正科级管理人员每月至少开展 2 次督察活动，督察人员完成督察后必须填写 HSE 观察卡。

（陈建浩）

【参与上海世博会活动】 上海世博会期间，高桥石化选派了 11 名礼仪人员参加石油馆礼仪接待，开展了"文明服务、文明观博、文明出行"的宣传教育，组织 512 人次劳动模范、生产一线班组长及部分离退休职工参观世博会。按照上海市政府要求，加强世博会期间安全、环保、维稳、反恐等工作，特约武警部队驻防重点油气罐，协调地方公安部门在生产区域门卫设置巡逻点，新增 100 多名保安队员充实门岗和巡逻队力量，投入 150 多万元完善监控设施，开展了"平安世博安全生产双百日"活动。

（陈建浩）

表 1　　高桥石化主要技术经济指标　　亿元

指标名称＼年份	2010	2009	2008	2007	2006	2005
原油加工量/万吨	1 067.00	1 049.43	1 016.06	809.89	931.04	1 006.55
工业总产值	600.37	457.19	559.27	416.01	417.41	362.29
炼　油	486.05	386.51	457.93	308.69	341.55	300.17
化　工	111.76	66.03	99.06	105.57	74.58	61.13
工业增加值	—	116.09	-58.28	21.07	2.18	11.40
资产总计	185.04	179.20	162.77	165.93	150.99	138.39
流动资产	68.63	67.20	47.32	52.59	70.84	42.57
固定资产原值	173.04	172.33	166.46	155.05	146.57	128.05

续表

指标名称＼年份	2010	2009	2008	2007	2006	2005
固定资产净值	76.22	80.25	83.13	80.22	79.31	66.98
销售收入	602.23	461.7	562.98	421.66	415.95	367.28
实现利税	116.85	107.90	-42.74	-5.78	-3.99	10.00
税　金	85.29	84.29	11.60	20.93	12.07	16.59

表2　　高桥石化主要产品产量　　万吨

产品名称＼年份	2010	2009	2008	2007	2006	2005
汽　油	166.43	179.43	167.59	146.51	172.00	175.80
煤　油	72.73	81.81	73.51	51.62	58.89	75.29
柴　油	406.02	402.37	406.11	310.56	365.12	397.91
石油芳烃	1.76	1.86	2.59	1.81	2.44	2.10
润滑油基础油	37.67	38.71	33.93	33.22	39.15	34.61
商品燃料油	12.52	8.38	18.65	22.32	21.70	47.83
石　蜡	11.64	11.72	14.76	14.21	14.05	13.20
石油焦	66.55	68.75	67.03	26.42	31.18	36.43
合成橡胶	16.90	16.59	24.97	26.40	18.83	16.02
顺丁橡胶	11.53	10.49	9.70	10.84	11.02	9.81
丁苯橡胶	5.37	5.95	6.30	7.63	1.11	—
丁苯乳胶①	0	0.15	8.97	7.93	6.70	6.21
丙　烯	11.76	12.18	13.22	12.26	13.63	16.02
丁二烯	0	0.88	1.97	3.56	2.98	2.88
苯　酚	21.28	13.52	17.18	20.62	20.25	16.20
丙　酮	13.20	8.39	10.76	12.83	12.61	10.06
ABS	16.62	14.24	13.50	13.37	—	—
发电量/亿千瓦·时	10.16	9.44	10.15	13.09	12.94	12.62
供热量/万吉焦	1 142.00	1 083.00	1 265.00	1 368.00	1 361.00	1 261.00
环氧丙烷	5.30	8.40	8.40	8.84	8.82	8.74
聚　醚	17.71	15.58	14.66	16.72	16.14	13.74
DCP	2.17	1.91	1.90	2.00	1.77	1.63

①2009 年起不含合资企业生产量。

金陵石化

【概况】 中国石油化工股份有限公司金陵分公司（简称金陵分公司）和中国石化集团资产经营管理有限公司金陵石化分公司（简称金陵石化分公司）统称金陵石化，占地面积 778.93 万平方米。金陵石化位于南京市东北郊，北依长江，南临京沪铁路和沪宁高速公路，与禄口国际机场有快速通道相通，水陆空交通十分便捷。

金陵石化前身始建于 1982 年 1 月，1998 年 7 月整体并入石化集团公司。截至 2010 年底，金陵石化下设 19 个职能处室、2 个工厂、10 个专业化管理单位、8 个生产运行部、2 个科级直属单位；职工总数 8 633 人，其中教授级高级工程师 5 人，具有高级专业技术职称的 285 人、中级专业技术职称 1 190 人。公司评聘专业技术专家 6 人、主任师 8 人、副主任师 21 人。公司遴选首席技师 3 人、选聘主任技师 11 人，具有高级技师资格 46 人、技师资格 392 人、高级工资格 2 374 人。资产总额 207.22 亿元。

金陵分公司主要从事石油炼制及石化产品的加工生产和销售，拥有炼油、水煤浆、芳烃、热电等 40 余套大型生产装置。原油加工手段齐全，生产技术力量雄厚，原油综合加工能力达 1 350 万吨/年；化工板块相继建成了水煤浆装置和年产 60 万吨对二甲苯联合装置；热电板块有 6 台 220 吨/时的燃煤锅炉（其中 2 台为循环流化床锅炉）和 20 万千瓦的发电机组。金陵石化分公司拥有 38 万吨/年烷基苯、10 万吨/年苯酐的生产能力，其中烷基苯产能位居亚洲第一。公司内部油、化、电一体化产业格局更加完备，综合竞争力进一步提升。金陵石化生产石油化工产品 70 多种，其中有 30 余种产品先后获国家、部、省及石化集团公司优质产品称号，产品除供应华东地区外，还远销全国各地，部分产品出口至韩国、朝鲜、日本、新加坡、香港等 30 多个国家和地区。

金陵石化主要技术经济指标及主要产品产量见表 1 和表 2。

（郭青玉）

【经营规模持续增长】 2010 年，金陵石化全年采购原油 1 374.31 万吨，重整料 10.34 万吨，混二甲苯 22.96 万吨，航煤组分油 17.79 万吨，辛醇 2.79 万吨，较好地满足了装置加工需要。完成原油加工量 1 347.60万吨，延续了原油加工规模逐年递增 100 万吨以上的良好势头，并首次达到公司装置的设计加工量。生产汽、煤、柴成品油 793.78 万吨，同比增加 50.38 万吨。大部分产品刷新了年度产量纪录。实现销售收入 717.62 亿元，增长 35.75%；利税 185.10 亿元，增长 14.87%，均创历史新纪录；公司整体赢利 15.86 亿元，7 家合资企业全部赢利，合计利润 1.86 亿元。

（郭青玉）

【技术经济指标全面进步】 2010 年，金陵石化积极开展降两耗、提指标和装置无泄漏、长周期运行、红旗炉竞赛等特色活动，在轻烃回收、火炬管理、污油回炼、装置热联合、提高加热炉效率等方面开展了大量工作，实现了炼油火炬气的回收，12 个炼油加工装置实现热联合，加热炉综合炉效达到 91.66%，提高 0.43 个百分点。原油储运损失率、原油加工损失率合计 0.50%，下降 0.37 个百分点。按预算口径还原，吨油完全费用和吨化工产品完全费用均低于考核指标。金陵石化分公司 5 项费用全面好于年度指标，万元产值综合能耗、炼油综合能耗创历史最好水平。

（郭青玉）

【油品质量升级改造工程开工建设】 2010 年 6 月 12 日，金陵分公司油品质量升级改造工程总体设计通过中国石化总部审查。12 月 9 日，项目环境影响评价报告获得国家环境保护部批复。年内，项目基础设计审查获批，长周期设备订货也已完成，土建施工全面展开。该工程总投资 51 亿元，主体工程包括新建 800 万吨/年常减压蒸馏、350 万吨/年催化裂化、10 万吨/年硫黄回收等 5 套装置，改造 13.5 万吨/年 MTBE 等 6 套装置。项目完成后，金陵分公司原油综合加工能力将由 1 350 万吨/年增加到 1 800 万吨/年，汽、煤、柴成品油总量增加到 1 109 万吨/年，乙烯用石脑油将增加 63 万吨/年。预计每年可新增销售收入 300 亿元。

（郭青玉）

油品质量升级改造工程开工建设 （徐 捷 摄）

【提前半年完成“十一五”节能任务】 截至2010年6月底，金陵分公司万元产值综合能耗为0.51吨标煤，同比降低0.06个单位；炼油综合能耗51.90千克(标油)/吨，同比下降1.86个单位；热电标煤耗352.83克(标煤)/(千瓦·时)；资产公司金陵石化分公司万元产值综合能耗为0.58吨标煤，同比降低0.04个单位。各项指标均达到了“十一五”规划单位国内生产总值能耗降低20%的目标要求。

（郭青玉）

【成功生产国Ⅳ标准汽油】 2010年9月18日，金陵石化在炼油运行一部OCTM装置上成功试生产出国Ⅳ标准汽油。12月9日，首次批量生产的1万吨国Ⅳ标准93[#]汽油顺利出厂，供应上海市场。

（郭青玉）

【烷基苯合资项目落户南京】 2010年9月15日，金陵石化分公司与台湾和桐化学第四度握手，投资设立的江苏金桐表面活性剂有限公司正式破土动工。该项目坐落于南京化学工业园区，设计年产烷基苯20万吨，总投资10亿元人民币，预计2012年上半年建成投产。

（郭青玉）

【川气东送金陵末站建成投产】 2010年11月5日，川气东送南京支线金陵末站建成中交，12月29日正式开通投产。该管道工程起点为川气东送南京支线靖安分输站，终点位于金陵石化生产区内，管线全长24.66千米，可以供应金陵石化天然气6.5亿—8亿米^3/年。

（郭青玉）

【江苏成品油管道(江南线)首站建成开通】 2010年8月2日，江苏成品油管道(江南线)金陵配套工程建成中交。11月23日，金陵石化开始输送柴油至栖霞油库，标志着江苏成品油管道(江南线)首站开通。江苏成品油管道(江南线)全长386千米，设计输送能力为300万吨/年，起点为南京栖霞油库南京首站，经南京、镇江、常州、江阴、无锡、苏州市，终点为苏州油库内的苏州末站，管道设计全线采用密闭输送工艺，顺序输送汽油和柴油。

（郭青玉）

【为江苏地区柴油保供贡献力量】 2010年四季度，金陵石化响应国家号召，充分挖掘内部潜力，开足马力增产柴油，日产量增长15%以上，共供应柴油113.56万吨，计划外增产11.52万吨，其中11月增产8.38万吨，居石化集团公司第一，对缓解周边市场柴油供应紧张，保障社会正常生产秩序起到了积极作用。

（郭青玉）

【烷基苯装置改造取得显著成效】 金陵石化烷基苯加氢精制分子筛脱蜡节能减排改扩建项目包括扩建130万吨/年加氢精制分子筛脱蜡装置，改造轻蜡产品的能力增至21万吨/年，配套建设3 000吨/年硫黄回收、氢气提纯、干气脱硫等系统，总投资3.7亿元，2010年8月16日实现高质量中交，10月9日建成后一次开车成功。装置处理量每月从7万吨增加到10万吨，单位产品加工费大幅降低，装置燃动能耗181千克(标油)/吨，下降明显，二氧化硫实现全部回收，达到节能降耗、减少污染物排放、提高产品产量和质量的目的。公司的航煤生产能力达到200万吨/年，成为国内最大的航煤供应商。

（郭青玉）

改造后的130万吨/年加氢精制分子筛脱蜡装置 （徐 捷 摄）

【产品开发取得新进展】 2010年，金陵石化贴近市场开展油品的深度开发，精制重烷苯产品首度实现外销。自主研发的 NDC－8 新型催化剂获得用户广泛认可，创造了良好的效益。NDC－10 催化剂的研制工作取得突破，即将进入工业化试验阶段。完成了"管式加热炉"、"烷基化装置的节能改造"、"脱氢装置的节能改造"3 项专利的编稿和申报工作。成功开发的新型增塑剂邻苯二甲酸二丙基庚酯(DPHP)成为企业新的效益增长点。

（郭青玉）

【进出口业务增效显著】 2010 年，金陵石化用好来料加工政策，适时做大进出口业务，全年完成原油来料加工 64.70 万吨，出口柴油 20.85 万吨、航煤 31.74 万吨，增效 8 654 万元；完成混二甲苯来料加工 3.31 万吨，出口对二甲苯 1.97 万吨，增效 2 576 万元；完成航煤一般贸易出口朝鲜 1.5 万吨，增效 150 万元。进出口业务合计增效 1.14 亿元。

（郭青玉）

【职业技能竞赛首获金奖】 2010 年 9 月 5 日，在石化集团公司 2010 年职业技能竞赛中，金陵石化选手夏银生获个人金奖第一名，余晟获个人银奖，公司代表队获得团体第二名，是金陵石化历年来参加石化集团公司职业技能竞赛取得的最佳成绩。10 月 12 日，在江苏省 2010 年度打造江苏消防铁军比武竞赛上，金陵石化消防支队获得企业专职队团体第三名，选手吴英华在徒手攀爬绳索比赛中获得第一名。

（郭青玉）

【质量管理再获佳绩】 2010 年，金陵石化 3 个 QC 小组获全国优秀 QC 小组称号，《降低二套苯酐装置原料单耗》论文获一等奖；2 个 QC 小组获江苏省优秀 QC 小组称号；1 个 QC 小组获南京市优秀 QC 小组称号。

（郭青玉）

表 1　　金陵石化主要技术经济指标　　亿元

指标名称＼年份	2010	2009	2008	2007	2006	2005
原油加工量/万吨	1 347.60	1 237.00	1 124.27	1 152.10	1 076.63	1 074.35
工业总产值	686.39	520.57	620.41	543.48	476.00	397.73
炼　油	607.29	437.88	524.69	445.54	413.98	347.11
化　工	76.64	78.10	92.68	86.90	55.55	44.43
化　肥	0	2.88	1.95	3.04	4.32	0.81
其　他	2.46	1.71	1.09	8.00	2.15	5.38
工业增加值	150.30	128.87	－17.19	51.33	14.81	19.39
资产总计	207.22	189.86	160.01	148.56	142.71	142.14
流动资产	91.49	76.31	47.13	47.78	55.28	55.67
固定资产原值	190.49	188.32	187.36	156.21	153.96	149.98
固定资产净值	97.83	103.15	98.66	73.68	77.84	78.08
销售收入	717.62	528.65	635.63	572.48	523.41	452.51
实现利税	185.10	161.14	－21.43	36.35	2.39	11.00
税　金	172.36	143.31	13.27	24.73	14.19	14.66
综合能耗/吨标煤·万元$^{-1}$	0.51	0.55	0.56	0.51	0.57	—

表2　金陵石化主要产品产量　万吨

产品名称＼年份	2010	2009	2008	2007	2006	2005
汽　油	215.21	188.76	144.26	128.80	115.76	134.83
煤　油	140.22	125.28	83.22	118.28	80.48	75.34
柴　油	438.35	429.36	429.00	405.93	442.31	456.37
溶剂油	3.50	5.11	4.29	7.18	7.54	7.28
石脑油	148.69	252.09	204.94	142.15	136.91	125.37
烷基苯料	64.58	60.10	42.54	45.47	37.70	30.57
商品燃料油	1.13	1.97	57.11	57.83	14.42	11.76
商品液化气	45.99	39.43	34.99	40.25	34.49	30.28
石油焦	113.75	103.45	88.64	97.73	89.31	79.82
沥　青	80.97	61.67	10.64	0.37	0	0
苯类合计	79.19	67.12	24.73	29.58	32.02	30.00
合成氨	0	10.02	6.65	10.51	14.70	3.08
尿　素	0	17.28	11.33	18.36	25.61	4.92
烷基苯	11.88	12.55	10.55	11.33	10.37	9.52
轻　蜡	15.28	13.11	11.64	12.53	11.81	10.70
苯　酐	8.62	8.31	6.65	9.64	8.91	8.38
增塑剂	4.08	3.68	5.32	7.65	6.30	4.89

茂名石化

【概况】 中国石油化工集团公司茂名石油化工公司、中国石化集团资产经营管理有限公司茂名石化分公司(简称资产公司茂名石化分公司)、中国石油化工股份有限公司茂名分公司(简称茂名分公司)统称茂名石化，位于广东省茂名市。茂名石化占地面积38平方千米，创建于1955年5月，是国有特大型综合石化企业，1983年整体并入中国石化总公司。

茂名石化拥有70套主要炼油、化工生产装置，1座动力厂，还有港口码头、铁路运输以及完善的管道、原油和成品油储存、海上原油接卸等储运设施。原油加工能力1 350万吨/年，乙烯生产能力100万吨/年。主要生产汽油、煤油、柴油、润滑油、溶剂油、石脑油、沥青、乙烯、甲苯、聚丙烯、乙二醇、苯乙烯、丁苯橡胶、SBS等30多类石油化工产品。

截至2010年底，茂名石化共设5个二级单位，21个机关处部室，5个直属单位，2个驻外机构，1个挂靠单位。职工总数10 774人，其中具有教授级职称的15人，具有高级职称的454人，中级职称的1 691人。固定资产原值345.33亿元。

茂名石化主要技术经济指标和主要产品产量见表1和表2。

(韩泉梅)

【领导班子调整】 2010年7月16日，石化集团公司党组调整茂名石化领导班子，余夕志任茂名石化公司总经理，兼任茂名石化公司党委副书记；石化股份公司聘任余夕志为茂名分公司总经理，聘任丘仲宜为茂名分公司副总经理；丘仲宜任茂名石化公司党委书记，不再任工会主席，仍任纪委书记，兼任茂名石化公司副总经理；李安喜不再担任茂名石化公司党委书记、总经理、分公司代表，调任石化集团公司总经理助理、齐鲁石化公司总经理。

(韩泉梅)

【成为中国石化同规模炼化企业效益排头兵】 2010

年，茂名石化始终咬紧"争当中国石化同规模炼化企业效益排头兵"的目标，以"做大总量、降本减费"为总要求，扎实开展"比学赶帮超"工作，全面深化精细化管理，在炼油 7 套装置和化工全面大修的情况下，加工原油 1 386.03 万吨、生产乙烯 98 万吨，分别超过年计划的 4.39% 和 6.67%，实现利润 46.06 亿元，居中国石化同规模炼化企业前列。

（韩泉梅）

【炼油产品质量升级改造工程环评报告获批复】 2010 年 12 月 9 日，茂名石化油品质量升级改造工程环境影响报告获得国家环保部批复。工程计划 2011 年 1 月中旬开工建设，预计 2013 年一季度全面建成投产。

（韩泉梅）

【百万吨乙烯改扩建工程收回全部投资】 截至 2010 年 6 月，茂名石化 100 万吨/年乙烯改扩建工程——64 万吨/年裂解装置及其配套装置，自 2006 年 9 月投产起，累计实现利税 72.09 亿元，超过了 71.96 亿元的投资总额，不到 4 年时间收回全部投资。

（韩泉梅）

【2# 高压聚乙烯装置创长周期运行世界最好水平】 截至 2010 年 3 月 13 日，茂名石化 2# 高压聚乙烯装置长周期运行达到 201 天，创造了巴塞尔工艺同类装置长周期运行世界最好水平，是国内同类装置平均运行周期的 3 倍，比自身之前最长周期延长了 99 天。最高负荷超过 37.5 吨/时，达到设计值的 120%。装置能耗连续两年名列中国石化同类装置第一。

（韩泉梅）

【降耗增效工作成效显著】 2010 年，茂名石化全面实施精细化管理，原油加工损失率在中国石化系统继续保持领先水平，实现加工损失率 0.43%，比上年降低 0.03 个百分点，减少物料损失 0.28 万吨，增效 1 260 万元。2 套裂解装置燃动能耗达 559.11 千克(标油)/吨，自 2# 裂解装置投产以来连续 4 年一直保持同行第一名。

（韩泉梅）

【2# 裂解装置在国内率先采用实气开车】 2010 年 1 月 31 日，茂名石化 2# 裂解装置大修后成功实施了实气开车，仅用 4.95 小时即产出合格乙烯，创造了国内同类装置开车的最短时间纪录，同比减少开车物料排放 946 吨，直接经济效益达 472 万元。

（韩泉梅）

【炼化一体化优化增效 10 多亿元】 2010 年，茂名石化全力推进炼化一体化系统性优化工作，利用科技手段，协调、推进新增重点优化项目的开展。通过充分利用优化领导小组会和优化办例会两个优化平台，推动了各单位、部门深入开展优化工作，落实优化措施和优化项目，全年优化增效 10 多亿元。

（韩泉梅）

【炼油 3 项技术经济指标创历史最好水平】 2010 年，茂名石化通过强化炼油生产全过程严格管理，优化生产方案，落实一系列优化措施，使炼油主要技术经济指标提升到一个新台阶。其中，可比综合商品率 95.57%，同比提高 0.5 个百分点；自用率 4.01%，同比降低 0.49 个百分点；加工损失率 0.41%，同比降低 0.02 个百分点。该三项指标同创历史最好水平。

（韩泉梅）

【纯苯下海扩能改造投用】 2010 年，茂名石化对纯苯下海系统进行扩能改造，纯苯的库存容量由原来的 4 000 立方米扩容至 9 000 立方米，卸车速度由原来的 32 吨/时提至 95 吨/时，实现了纯苯快卸多装的要求。全年苯下海 5.68 万吨，增加效益 207 万元。

（韩泉梅）

【新产品开发效益显著】 2010 年，茂名石化成功开发了高熔指抗冲聚丙烯 HHP10、高耐化学品和耐老化聚乙烯 HHM5502ST、星型沥青改性料 F411、重包装膜料 2520D、高压聚乙烯医用料 2420F、瓶用料 UT8012M、IBC 桶专用料 TR580M 等 7 个新产品。全年累计生产专用料及新产品 64.02 万吨，完成年计划 101.62%，增效 1.55 亿元。

（韩泉梅）

【"比学赶帮超"成绩优良】 2010 年，茂名石化全方位开展"比学赶帮超"活动，引导职工认清形势、正视差距，拉高标杆、事争第一。在石化集团公司"比学赶帮超"竞赛中，公司炼油板块共获得奖牌 147 枚，其中金牌 68 枚，位列金牌榜第三名；化工板块共夺红旗 73 面，其中有 5 个项目每月均夺得红旗。公司获石化集团公司岗位练兵、财务管理、效能监察和保密工作等 23 项先进单位称号。

（韩泉梅）

【向茂名灾区捐款 271 万元】 2010 年 9 月 21 日，受台风“凡亚比”影响，茂名市高州、信宜等地遭遇千年一遇特大暴雨，造成高州、信宜两地 26 个镇 51.7 万人受灾，死亡 89 人，经济损失巨大。茂名石化职工和职工家属迅速伸出援助之手，纷纷捐款献爱心，共向灾区捐款 271 万元。

（韩泉梅）

表 1 **茂名石化主要技术经济指标** 亿元

指标名称 \ 年份	2010	2009	2008	2007	2006	2005
原油加工量①/万吨						
茂名分公司	1 386.03	1 298.04	1 303.24	1 313.68	1 400.33	1 267.90
工业总产值						
茂名分公司	772.89	620.18	742.63	658.84	569.18	428.19
资产公司茂名石化分公司	11.83	10.92	11.01	10.87	4.69	4.28
工业增加值						
资产公司茂名石化分公司	2.53	4.00	2.59	4.37	3.59	1.58
资产总计						
茂名分公司	200.87	197.27	174.97	189.05	194.05	165.86
资产公司茂名石化分公司	53.70	55.10	52.80	52.36	53.20	49.37
流动资产						
茂名分公司	79.58	65.86	38.81	45.69	45.80	56.70
资产公司茂名石化分公司	14.21	14.65	13.44	12.78	2.27	5.23
固定资产原值						
茂名分公司	276.90	275.87	260.17	258.58	240.48	173.10
资产公司茂名石化分公司	68.43	68.98	68.53	68.15	67.54	67.32
固定资产净值						
茂名分公司	108.96	120.70	120.21	135.45	134.22	77.98
资产公司茂名石化分公司	34.43	30.79	37.96	39.76	41.48	43.30
销售收入						
茂名分公司	757.36	702.20	875.51	765.78	547.88	411.78
资产公司茂名石化分公司	24.98	23.74	24.30	23.96	20.40	42.19
实现利税						
茂名分公司	162.13	169.19	-3.16	72.37	19.86	32.87
资产公司茂名石化分公司	3.20	2.37	2.49	3.88	1.99	1.31
税金						
茂名分公司	117.49	123.34	27.93	34.28	26.67	25.56
资产公司茂名石化分公司	1.79	1.77	1.67	2.50	1.30	1.08

①2010 年原油加工量含凝析油。

表 2　　**茂名石化主要产品产量**　　万吨

产品名称 \ 年份	2010	2009	2008	2007	2006	2005
乙　烯	98.14	106.06	95.48	96.26	52.21	34.81
丙　烯	48.13	53.75	47.83	49.10	26.52	15.44
混合芳烃	50.68	56.35	50.74	51.18	28.44	18.06
三苯(化工)	40.61	43.06	38.27	39.13	23.25	13.24
三苯(炼油)	3.60	1.00	0.85	1.54	1.19	0.81
聚丙烯	49.50	55.64	47.36	50.37	25.85	15.06
线性聚乙烯	18.59	21.46	17.73	20.00	17.32	14.22
高密度聚乙烯	28.24	36.03	30.88	34.60	10.66	—
高压聚乙烯	37.48	38.85	33.87	27.12	11.71	10.94
丁二烯	12.78	14.72	13.28	14.09	7.75	4.28
甲基叔丁基醚	6.55	6.93	6.08	5.46	4.76	2.88
1－丁烯	1.56	2.00	2.08	1.95	1.68	1.01
乙二醇	6.61	3.66	8.33	9.22	10.24	8.51
环氧乙烷	8.12	5.64	4.73	5.30	2.75	1.77
苯乙烯	8.82	11.22	11.47	10.27	11.41	10.07
SBS 橡胶	8.44	10.28	8.62	7.54	7.34	5.37
液化气	68.81	61.72	66.36	64.68	58.06	51.26
石脑油	157.18	160.34	139.61	148.87	175.16	134.50
汽　油	210.52	209.82	219.18	195.03	179.27	164.12
高标号汽油	205.98	206.07	217.47	173.58	157.21	99.36
煤　油	124.07	127.89	107.15	123.70	121.18	127.67
柴　油	396.35	401.86	486.71	420.05	516.17	447.60
基础油	29.07	25.39	23.89	26.79	23.83	28.13
石　蜡	10.72	9.83	8.08	10.92	9.76	11.40
商品重油	1.06	10.61	34.80	47.55	22.04	38.49
沥　青	88.70	64.94	34.34	30.86	38.33	25.86
石油焦	60.04	60.39	76.49	72.51	65.20	41.32
硫　黄	11.35	10.62	13.64	13.09	14.7	11.73

镇海炼化

【概况】 中国石油化工股份有限公司镇海炼化分公司(简称镇海炼化)是中国石化旗下的特大型炼油化工骨干企业，位于浙江省宁波市。前身为始建于1975年的浙江炼油厂，1983年划归中国石油化工总公司。

截至2010年底，镇海炼化拥有2 300万吨/年原油加工能力、100万吨/年乙烯和200万吨/年芳烃生产能力、4 500万吨/年深水海运码头吞吐能力以及超过330万立方米的储存能力，形成了“大炼油、大乙烯、大芳烃、大码头、大仓储”的产业格局，是中国最大的炼化一体化企业，也是中国最大的原油加工基地、进口原油加工基地、含硫原油加工基地、成品油出口基地和重要的原油集散基地。镇海炼化主要生产各种规格的车用汽油、柴油、航空煤油、液化气、道路沥青、苯类、丁二烯、环氧乙烷、乙二醇、聚丙烯树脂、聚乙烯树脂等50多个品种的优质石油化工产品。镇海炼化在管理上实行以文本化管理为核心的“一体化管理体系”，同时积极推进ERP系统与业务流程管理系统、MES系统融合，致力建设一体化的生产经营管理辅助决策和办公平台，设15个管理处室(含党群部门)、8个业务中心、12个生产运行(专业)部，另有中国石化授权管理的杭州石化有限责任公司(简称杭州石化)等5家主要子公司。有在岗职工7 352人(含杭州石化)，其中具有高级职称的306人，中级职称863人，初级职称1 587人，各类专业技术人员超过30%。

镇海炼化主要技术经济指标及主要产品产量见表1和表2。

(庄美琦)

【100万吨/年乙烯工程开车成功】 2010年4月20日，镇海炼化100万吨/年乙烯工程龙头装置——乙烯裂解装置产出合格乙烯，标志着工程实现“安全、经济、一次开车成功”。自此，镇海炼化拥有2 300万吨/年炼油—100万吨/年乙烯生产能力，成功实现从炼油企业向炼化一体化企业转型，成为中国规模最大的炼化一体化企业；中国石化在优化战略布局、打造长三角产业集群、提升核心区位优势之路上迈出重要步伐；浙江省结束没有乙烯工业的历史。

(庄美琦)

【年度原油加工量突破2 000万吨】 截至2010年12月16日，镇海炼化年度原油加工量突破2 000万吨，创造出了中国炼油史上的新纪录。这是镇海炼化继2000年原油加工量突破1 000万吨后，再度跨上第二个千万吨的新台阶。

(庄美琦)

镇海炼化100万吨/年乙烯工程安全、经济、一次开车成功

【年度销售收入首次突破1 000亿元】 2010年，镇海炼化销售收入首次突破1 000亿元，达到1 061.12亿元，比上年增加42.91%，创出历史新纪录。

(庄美琦)

【年度道路沥青产销量突破100万吨】 2010年11月18日，镇海炼化道路沥青产销量累计突破100万吨，全年沥青产销量达到117.8万吨，创历史新高，占中国石化总产量的20%，发挥了中国石化沥青主力生产商的积极作用，成为国内首家沥青年产销量突破百万吨的生产企业。

(庄美琦)

【杭州石化赢利突破1亿元】 2010年，杭州石化赢利突破1亿元，扭亏为盈，结束连续5年亏损的历史。全年杭州石化累计加工原油75.14万吨，同比增长27.77%；生产白油5万吨，同比增长20.35%；实现营业收入46.67亿元，利税11.19亿元，利润1.15亿元。

(庄美琦)

【联合产销研中心成立】 2010年11月22日，镇海炼化、化工销售华东分公司、北京化工研究院产销研合作协议在镇海正式签约，标志着中国石化旗下三家优秀企业强强联合，开始管理、技术、营销一体化进程。协议具体规定了合作内容、合作方式等相关条款。协议规定，按照谁开发的技术谁拥有知识产权、合作开发的技术归三方所有的原则确定知识产权归属。

（庄美琦）

产销研合作协议签约仪式

【乙烯工程环境在线监测系统与镇海环保局联网】 2010 年 2 月，镇海炼化 100 万吨/年乙烯工程环境在线监测系统与宁波市镇海区环保局环境监控中心联网，并通过镇海区环保局检查。乙烯工程环境在线监测系统是工程的环保配套项目，由乙烯外排污水在线监测系统、乙烯动力中心烟气在线监测系统和乙烯厂界大气特征污染因子监测系统 3 个子系统组成。污水和烟气监测系统可对排放污水中 COD_{Cr} 等 4 项指标和烟气中二氧化硫等 5 项指标进行 24 小时全天候实时监控。由意大利引进的厂界大气特征污染因子监测系统，配有自动气象站，可监测环境空气中 35 种微量硫化物和挥发性有机物。

（庄美琦）

【成功生产世博会专用汽油供应上海市场】 沪 IV97# 车用汽油是上海世博会期间指定的车用汽油。根据中国石化统一安排，2010 年镇海炼化承担 5 000 吨沪 IV97# 车用汽油生产任务。通过科学合理的生产、出厂安排，5 月 29—31 日，两船共计 5 000 吨的沪 IV97# 车用汽油顺利出厂，供应上海世博会。沪Ⅳ97# 汽油产品质量指标要求高于普通国Ⅲ汽油标准，其中硫含量要求小于 50 毫克/千克、烯烃含量小于 25%。首批沪Ⅳ97# 汽油成功生产，对镇海炼化进一步提升产品品质、开拓市场具有重要意义。

（庄美琦）

【成功生产高熔体强度聚丙烯】 镇海炼化与北京化工研究院联合攻关的“高熔体强度聚丙烯树脂开发”课题是 2010 年石化集团公司“十条龙”攻关项目之一，项目通过催化剂体系和聚合工艺的改变，用聚合法直接生产高熔体强度聚丙烯，生产工艺属国内首创。2010 年 11 月 4 日，镇海炼化Ⅰ套聚丙烯装置成功转产高熔体强度聚丙烯树脂 HMS20Z 牌号产品，标志着镇海炼化聚烯烃新产品开发又迈出重要步伐。高熔体强度聚丙烯树脂主要应用于发泡、挤出涂布领域，并有逐步取代传统的 PS、ABS，向工程塑料发展的趋势。

（庄美琦）

【机械密封平均寿命创历史最高水平】 2010 年，镇海炼化动设备机械密封平均使用寿命达 1.57 万小时，比历史最高水平提高 35%，继续保持行业领先水平。

（庄美琦）

【业务流程管理系统投用】 2009 年 10 月，镇海炼化成立业务流程管理系统（BPM 系统）项目领导小组及工作小组，正式启动制度信息化建设，并以《职责划分手册》中的 260 项业务为基础，形成 2010 年度制度信息化开发计划。2010 年，镇海炼化首选“出差管理”这一使用频率高、覆盖面广、较具代表性的业务流程试点开发，取得经验后，逐步推广。截至年底，包括“出差管理”、“公文收发”、“物料领用和配送”等 47 个业务流程完成开发并上线投用，情况良好，表明镇海炼化在防范管理风险、堵塞管理漏洞、推动制度信息化建设方面取得突破性进展。与此同时，BPM 系统与 ERP、门户平台、中国石化邮件系统无缝集成，并通过电子印章系统确保重要业务在线安全运行。

（庄美琦）

【绩效监控与分析系统上线试运行】 2010 年 6 月 1 日，由镇海炼化自主组织建设的“镇海炼化绩效监控与分析系统”上线试运行。系统运用商务智能（BO）软件，分原料、生产、经营、管理 4 类，梳理了影响公司绩效的 318 个成本要素，确定了 220 项成本影响因素，通过多维分析引擎，对主要绩效指标进行监控分析。通过信息化手段设置差异容忍度、开展敏感性分析，实现各类异常的预警自动化，保证及时纠偏，促进降本增效。绩效监控与分析系统的推广应用，有助于镇海炼化财务信息系统实现由报表型向管理型、决策分析型转变，更好地为生产经营提供预警及决策支持，进一步提高全员成本管理水平。

（庄美琦）

【ASPEN ONE 试点项目通过验收】 镇海炼化 ASPEN ONE 试点项目是中国石化"十一五"重点信息化建设项目之一，包含运营管理、调度计划和离线油品调优、原油在线调和、油品移动、物料平衡和数据调理五大功能模块，覆盖镇海炼化 4 个处室、1 个中心、9 个基层运行部。项目于 2005 年底启动，2009 年 5 月成功上线并平稳运行。2010 年 7 月 9 日，石化股份公司组织专家对镇海炼化 ASPEN ONE 试点项目进行现场验收，一致同意其通过验收。

（庄美琦）

【实施"广播进操作室"】 2010 年 3 月，镇海炼化 CDMA 无线广播正式开播，标志着镇海炼化"广播进操作室"工作圆满完成，报纸、电视、网络、广播的"立体式"新闻宣传格局形成。镇海炼化 CDMA 无线广播每天播出 4 次，主要内容为中国石化新闻和镇海炼化新闻。

（庄美琦）

【获低碳经济发展突出贡献企业称号】 2010 年 10 月，镇海炼化被中华环保联合会评为低碳经济发展突出贡献企业，为唯一一家上榜的石油化工企业，公司总经理江正洪被授予低碳经济发展突出贡献人物称号。

（庄美琦）

【程锡平两破地掷球世界纪录】 北京时间 2010 年 11 月 12 日晚，在法国举办的世界女子大金属地掷球锦标赛单人连续抛击第二轮比赛中，镇海炼化职工程锡平以 48 投 45 中的成绩打破世界纪录，11 月 14 日，程锡平夺得单人连续抛击冠军。11 月 15 日，程锡平和温州运动员郭晓敏夺得双人连续抛击冠军并刷新世界纪录。

（庄美琦）

【傅海波捐献造血干细胞】 2010 年 3 月，镇海炼化职工傅海波在杭州成功进行造血干细胞捐献，挽救了 1 名青年白血病患者，成为公司中华造血干细胞库志愿者中第一位捐献者、镇海区捐献造血干细胞的第一人、浙江省第 50 位造血干细胞捐献者、全国第 1 558 位捐献者。傅海波被评为浙江省第三届红十字公益之星。

（庄美琦）

表 1　　镇海炼化主要技术经济指标　　亿元

指标名称 \ 年份	2010	2009	2008①	2007	2006	2005
原油加工量/万吨	2 159. 80	1 976. 16	1 997. 99	1 861. 25	1 750. 36	1 710. 14
工业总产值	1 031. 35	736. 65	942. 97	718. 61	684. 95	562. 69
工业增加值	243. 56	213. 32	-48. 90	77. 56	51. 78	72. 47
资产总计	389. 29	388. 14	278. 78	258. 83	174. 45	191. 09
流动资产	119. 25	79. 77	67. 96	89. 00	72. 77	90. 11
固定资产原值	353. 86	190. 69	180. 62	170. 29	167. 73	154. 08
固定资产净值	230. 56	81. 61	81. 76	85. 67	91. 70	86. 92
销售收入	1 061. 12	742. 52	943. 36	726. 89	691. 51	578. 34
实现利税	214. 34	193. 59	-16. 65	58. 67	39. 07	66. 09
税　金	160. 70	136. 37	24. 56	36. 86	25. 78	29. 77
综合能耗/吨标煤·万元$^{-1}$	0. 63	0. 47	0. 48	0. 53	0. 55	0. 59

①2008 年起为杭州石化并入后的数据。

表 2　　镇海炼化主要产品产量　　万吨

产品名称＼年份	2010	2009	2008①	2007	2006	2005
汽　油	304.86	320.82	285.77	246.06	241.67	288.00
航空煤油	154.56	146.08	129.41	150.89	123.43	130.97
柴　油	763.00	754.67	832.03	738.93	726.32	710.56
石脑油	232.06	118.84	136.44	133.70	121.11	96.16
燃料油	37.80	35.09	51.64	65.83	55.45	57.59
液化气	114.54	110.43	110.15	98.12	91.54	92.53
白色油	41.76	32.32	20.18	18.13	13.99	8.69
溶剂油	3.18	5.83	7.23	7.31	7.97	8.37
沥　青	117.80	85.63	45.12	47.87	55.56	46.14
丙　烯	62.49	34.74	34.38	28.25	28.36	26.99
聚丙烯	37.42	24.36	25.41	22.57	22.47	21.27
苯	28.93	16.60	22.03	21.99	21.52	15.97
甲　苯	12.92	8.82	12.57	13.23	10.26	5.48
混合二甲苯	6.28	6.83	8.77	6.28	1.87	0
邻二甲苯	16.03	15.87	15.21	15.73	15.12	13.12
对二甲苯	49.27	51.85	50.05	51.51	54.24	52.64
硫　黄	17.92	17.49	18.68	15.86	16.03	14.90
石油焦	120.65	117.91	124.19	92.74	87.30	76.83
尿　素	10.47	32.20	33.70	47.81	52.43	58.31
乙　烯	52.59	—	—	—	—	—
丁二烯	7.91	—	—	—	—	—
聚乙烯	19.81	—	—	—	—	—
环氧乙烷	4.53	—	—	—	—	—
乙二醇	30.01	—	—	—	—	—

①2008 年起为杭州石化并入后的数据。

天津石化

【概况】 中国石油化工股份有限公司天津分公司（简称天津分公司）和中国石化集团资产经营管理有限公司天津石化分公司（简称天津石化分公司）统称天津石化，是隶属于中国石化的国家特大型炼油、乙烯、化工、化纤联合企业，位于天津市滨海新区，东临渤海油田，南靠大港油田，占地面积 14 平方千米，与天津市区和塘沽新港有铁路、公路相通，与天津港南疆石化码头有输油管线相连。其前身为中国石化天津石油化工公司，成立于 1983 年 12 月 28 日，2000 年，分设为中国石化集团公司天津石油化工公司和中国石油化工股份有限公司天津分公司；2005 年，两个公司进行一体化重组整合，实现机构的统一管理；2007 年 5 月 22 日，注册成立天津石化分公司，10 月正式注销中国石化集团天津石油化工公司；2010 年 6 月，两个公司实行一体化管理。

中沙（天津）石化有限公司〔简称中沙（天津）石化〕成立于 2009 年 10 月 20 日，总投资 183.8 亿元，注册资本金 61.2 亿元，由中国石化和沙特基础工业公司各投资 50%，合资期限 30 年。中国石化授权天津石化对中沙（天津）石化行使股东权利。

截至 2010 年底，天津石化正式职工总数为 9 558人，资产总额 318.73 亿元。拥有炼油装置 23 套，化工装置 24 套，化纤装置 3 套；原油一次加工能力 1 550 万吨/年，综合配套加工能力 1 250 万吨/年，其他装置生产能力为：乙烯 120 万吨/年〔含中沙(天津)石化〕、对二甲苯 38 万吨/年、PTA34 万吨/年、聚酯 20 万吨/年、聚醚 8 万吨/年；原油储存能力 27 万立方米，拥有与主要生产装置相配套的装机容量 40 万千瓦、供水 10 万吨/日等公用工程系统。主要生产石油炼制、石油化工、石油化纤三大类产品，均具有较好的市场知名度，其中涤纶短纤维、3#喷气燃料为国优产品，“天仙”牌涤纶短纤维，“津港”牌轻柴油、车用汽油、3#喷气燃料，“大港”牌工业用纯苯被评为天津市名牌产品。

天津石化主要技术经济指标及主要产品产量见表 1 和表 2。

（王　进）

【温家宝、贾庆林、李长春视察天津石化 100 万吨/年乙烯项目】 2010 年 5 月 14 日，中共中央政治局常委、国务院总理温家宝视察了天津石化 100 万吨/年乙烯项目。温家宝在讲话中指出，天津百万吨乙烯项目坚持集约、先进、创新、环保、经济和国际化，符合中央关于调整结构和转变发展方式的要求。在激烈的国际竞争中，天津石化必须以新的技术、新的产品，努力建设一流的工程、确保一流的质量、坚持一流的管理、生产一流的产品，才能站得住脚。5 月 29 日，中共中央政治局常委、全国政协主席贾庆林考察天津石化 100 万吨/年乙烯项目。1 月 24 日，中共中央政治局常委李长春视察天津石化 100 万吨/年乙烯项目。

（王　进）

温家宝总理视察天津百万吨乙烯项目

【100 万吨/年乙烯 1 000 万吨/年炼油项目正式投入商业运行】 2010 年 1 月 16 日，中国石化天津 100 万吨/年乙烯 1 000 万吨/年炼油项目全面建成投产，5 月 11 日正式投入商业运行。

（王　进）

2010 年 5 月 11 日，天津百万吨乙烯千万吨炼油项目投入商业运行

【安全生产经营实现预期目标】 2010 年，在新装置全面投产运行、磨合调整，生产经营任务异常繁重的情况下，天津石化实现安全生产重大事故为零。原油加工量达到 1 149.48 万吨，生产汽煤柴 535.59 万吨，其中 93#汽油 41.98 万吨，占汽油总量的 59.55%，97#汽油 21.97 万吨，占汽油总量的 31.17%，优化了产品结构。生产乙烯 109.25 万吨〔含中沙(天津)石化〕，其他各类产品产量均创出历史新高。全年完成营业收入 808.56 亿元〔含中沙(天津)石化〕，实现利润 11.74 亿元(石化集团公司可比口径)，取得了历史性的突破，全面完成“十一五”目标任务。

（王　进）

【主要技术经济指标继续保持中国石化先进水平】 2010 年，天津石化以装置“安稳长满优”运行为中心，不断优化生产和操作，主要技术经济指标得到进一步提升。在石化集团公司 2010 年度排行榜上，炼油板块的费用降低率、高价值产品、ERP 应用 3 项指标获得金牌，炼油专业竞赛排名较 2009 年前进 28 位，为进步幅度最大的 2 家企业之一。聚乙烯、聚酯、短丝 3 套装置能耗，PET 耗 EG、涤纶耗 PET 位列 2010

年石化集团公司第一名。

（王　进）

【技术进步取得新成果】 2010 年，天津石化承担的石化集团公司级科研项目——国内首套芳烃5 000吨/年 PX 结晶中试装置顺利中交，全面进入生产准备阶段。石化集团公司“十条龙”项目——大型气相法聚乙烯成套技术、30 万吨/年 S-ACT 异丙苯成套技术顺利“出龙”。聚烯烃专用料比计划增产 211%，专用料比例同比提高 3.76 个百分点。MES 3.0 系统推广项目通过验收。申请发明专利 4 项、实用新型专利 1 项。

（王　进）

【天津石化第六次党代会圆满召开】 2010 年 11 月 26—27 日，中国共产党天津石油化工公司第六次代表大会隆重举行，会议认真总结了天津石化第五次党代会召开以来的党建工作情况，全面部署了今后 5 年天津石化党委工作的指导思想、总体目标、主要任务和具体措施，选举产生了中共天津石化公司第六届委员会和纪律检查委员会，为把天津石化建设成为具有较强竞争力的现代化石油化工企业提供了坚强的政治和组织保证。

（王　进）

【直属领导班子及中层领导人员的任期考核调整工作顺利完成】 2010 年，天津石化对 14 个直属单位领导班子、26 个机关部室、8 个中心单位和大项目经理部的共 159 人进行了考核，其中中层正职 51 人，中层副职 92 人、一体化转聘的高级主管(高级专家) 16 人。根据考核情况，结合岗位的设置和需求，优化配置了中层领导人员，共提拔 46 人，交流 21 人，调整岗位 78 人，按规定退出现岗位 4 人，免职 1 人。修订形成了《天津石化领导班子和领导人员管理暂行规定》等系列制度，干部管理进一步制度化、规范化。

（王　进）

【《天津石化企业文化手册》正式发布】 2010 年 9 月 1 日，天津石化举行第二届企业文化月启动暨《天津石化企业文化手册》发布仪式。该手册的发布是对天津石化企业文化建设成果的全面总结，是进一步加强天津石化企业文化建设的重大举措，是建设优秀企业文化、打造企业核心竞争力、助推企业科学发展的集中体现。作为宣传贯彻天津石化企业文化体系的重要载体，该手册对于凝聚职工意志、统一职工思想和行动、展示企业形象、推进和谐企业创建、建设具有较强竞争力的现代化石油化工企业具有重大意义。

（王　进）

【“四个环境”建设营造和谐氛围】 2010 年，天津石化本着“遵循政策、实际出发、量力而行、尽力而为、远近兼顾、左右平衡”的原则，以加强工作、生活、学习、文化“四个环境”建设为主线，在办公条件、职工食堂、班车线路、绿化等方面做了大量工作，维修了社区路面，开展了居民生活环境和单身职工宿舍的治理，完成了民用天然气和数字化电视的改造，加大了教育培训投入，强化了“职工之家”和“班组小家”建设。开展了以“真情服务进家，关怀相伴和谐”为主题的帮贫助困行动，入户慰问 349 个家庭，为 517 人办理了帮扶救助手续，全年发放帮扶救助金 1 300 多万元，帮扶救助 4 623 人。获全国模范劳动关系和谐企业称号。

（王　进）

【首次设立总经理嘉奖】 2010 年 12 月 21 日，天津石化总经理办公会议研究决定，设立总经理嘉奖。作为一项长效机制，该奖综合考虑生产经营难度、提升效率力度、增加效益贡献度，将年度一次性奖励与日常动态奖励有机结合，对工作业绩突出的公司二级单位、机关部室以及在单项重点工作中作出突出贡献的相关部门进行重点奖励。

（王　进）

【许红星、周利军当选全国劳动模范】 2010 年 4 月，天津石化总经理许红星、化工部大芳烃车间技术组组长周利军当选为全国劳动模范，并出席了 27 日在北京举行的全国劳动模范和先进工作者表彰大会。

（王　进）

【参加中国石化 2010 年职业技能大赛获佳绩】 2010 年 9 月，中国石化 2010 年职业技能大赛闭幕，天津石化选派的魏安庆、刘风松、郭春刚 3 名选手分获制氢装置操作工比武金、银、铜牌，并获团体第一名；温海龙、于洪亮分获乙烯装置操作工比武金牌和铜牌，创造了天津石化参加中国石化技能大赛的最好成绩。

（王　进）

表 1 **天津石化主要技术经济指标** 亿元

指标名称 \ 年份	2010	2009	2008	2007	2006	2005
原油加工量/万吨①	1 149.48	428.26	362.02	529.54	528.33	467.02
工业总产值②	582.03	182.53	197.83	248.08	237.15	194.53
工业增加值②	86.35	11.63	-34.75	13.26	10.52	14.76
资产总计	318.73	343.57	96.67	173.06	129.99	129.91
流动资产	153.70	62.25	28.65	51.52	39.15	39.24
固定资产原值	263.61	263.52	198.29	196.67	202.21	202.82
固定资产净值	118.49	126.46	54.88	63.05	99.49	109.14
销售收入	632.79	193.06	218.63	270.90	251.63	212.40
实现利税	71.77	-7.40	-72.69	-4.90	-6.40	-0.68
税　金	63.42	15.18	-1.64	11.50	10.90	9.06

①原油加工量不含原料油加工量。

②工业总产值和工业增加值均为天津分公司数据，不含存续部分、合资公司数据。

表 2 **天津石化主要产品产量** 万吨

产品名称 \ 年份	2010	2009	2008	2007	2006	2005
汽　油	70.49	42.21	32.74	47.09	43.50	50.74
煤　油	81.22	32.74	21.80	35.12	27.42	25.83
柴　油	383.88	156.57	148.10	211.25	235.98	202.42
化工轻油①	385.93	113.81	98.51	144.18	139.86	106.80
商品液化气	42.98	10.17	10.60	13.62	12.65	13.39
石油苯	35.67	10.70	11.24	16.51	15.50	12.87
对二甲苯	37.30	29.02	26.36	38.26	36.86	21.79
精对苯二甲酸	32.83	24.76	22.46	32.10	32.02	28.50
聚　酯	28.55	22.48	18.77	26.02	24.38	23.25
聚酯切片	16.17	12.73	8.04	8.72	5.59	3.36
涤纶短丝②	12.41	9.73	8.88	12.08	14.65	16.54
涤纶长丝③	—	—	1.91	5.06	3.99	3.12
聚醚多元醇	7.60	7.51	6.43	7.36	7.18	7.16
丙　烯	16.72	12.86	11.55	16.30	15.58	14.14
乙　烯	23.76	18.91	17.02	22.55	23.19	20.71
聚乙烯	14.49	11.46	10.21	14.25	14.60	12.92
聚丙烯	7.43	5.48	5.12	6.78	6.78	6.11
乙二醇	3.88	3.30	2.98	4.11	4.61	4.25
环氧乙烷	4.74	3.46	3.06	4.04	3.95	3.45

①化工轻油数据中含尾油产量。

②短丝产量中含新品短丝产量。

③2009 年涤纶长丝装置停产。

中沙(天津)石化有限公司

【概况】 中沙(天津)石化有限公司〔简称中沙(天津)石化〕是由石化股份公司和沙特基础工业投资公司以50 ∶50的股比共同出资设立的大型石油化工企业，主要业务包括乙烯及其衍生产品的生产、销售和研发，公司位于天津市滨海新区大港，占地面积约1.72平方千米，是中国环渤海地区最大的一家乙烯合资企业。公司于2009年10月20日正式注册成立，2010年5月11日正式投入商业运营。截至2010年底，公司下设12个管理部门，职工总数1 000余人。

中沙(天津)石化的100万吨/年乙烯项目总投资183.8亿元人民币，包括100万吨/年乙烯装置、65万吨/年裂解汽油加氢装置、30万吨/年高密度聚乙烯装置、30万吨/年线性低密度聚乙烯装置、4/36万吨环氧乙烷/乙二醇装置、45万吨/年聚丙烯装置、35万吨/年苯酚丙酮装置、20/12万吨/年丁二烯抽提和MTBE联合装置8套主生产装置，以及配套公用工程及辅助设施。

2010年，中沙(天津)石化胜利实现了新装置一次开车成功，以稳定生产为中心，稳步提升生产负荷，生产经营业绩达到预期。全年裂解原料加工量281.97万吨，生产各类产品537.49万吨，实现销售收入186.88亿元；实现利润6.55亿元。

中沙(天津)石化主要技术经济指标及主要产品产量见表1和表2。

（黄　璐）

【百万吨乙烯装置一次开车成功】 2010年1月16日，100万吨/年乙烯装置投料并生产出合格乙烯产品，圆满实现了一次开车成功目标，并成功创造了3项纪录：创造了建设速度最快的纪录，乙烯装置从土建施工到建成投产仅用了27.63个月；创造了在北方严寒冬季开车的纪录，战胜了59年一遇的极端恶劣天气带来的严峻挑战，安全顺利开车；创造了100万吨/年乙烯开车时间最短的纪录，乙烯装置从投料到生产出合格产品仅用了12.93小时，实现了高水平开车。

（黄　璐）

【组织架构建立并全面开展工作】 中沙(天津)石化自组建以来，按照董事会批准的组织机构框架，先后分两次组织了基层员工和管理人员的转移工作，2010年5月，人员全部到位，同时明确部门职责分工，形成了董事会、总裁班子、部门和装置四级组织架构。年内重点开展内部控制体系、市场化人力资源基础管理体系和信息化建设三大体系建设，并取得阶段性成果。全年制定各项管理制度148项，明确内控权限指引文件，建立岗位等级体系、绩效管理体系和薪酬激励体系，完成IT基础建设、门禁/e卡通、OA/门户/Exchange、MES、LIMS等系统建设。

（黄　璐）

【主要技术经济指标达到预期】 2010年，中沙(天津)石化各项技术经济指标持续改善，不考虑年初开车因素，乙烯收率30.57%，双烯收率46.03%，乙

中沙(天津)石化100万吨/年乙烯项目夜景　(黄士斌　摄)

烯损失率0.45%，乙烯能耗579.47千克(标油)/吨，进入国内同行业前列。

（黄　璐）

【正式启动聚碳酸酯项目】 26万吨/年聚碳酸酯项目是中国石化与沙特基础工业公司依托中沙(天津)石化在天津市滨海新区合资建设的项目，于2010年启动，5月委托中国石化工程建设公司开展聚碳酸酯项目可行性研究报告的编制，8月委托北京飞燕石化环保科技发展有限公司开展环境影响报告书的编制，9月同SABIC－IP公司开展技术附件谈判，10月完成聚碳酸酯项目市场咨询研究报告，11月完成技术附件的谈判。

（黄　璐）

表1　中沙(天津)石化主要技术经济指标　亿元

指标名称＼年份	2010
工业总产值	192.03
工业增加值	14.70
销售收入	186.88
利润总额	6.55

表2　中沙(天津)石化主要产品产量　万吨

产品名称＼年份	2010
乙　烯	85.49
丙　烯	43.27
LLDPE	24.28
HDPE	25.29
PP	31.72
环氧乙烷	3.20
乙二醇	34.64
丁二烯	16.97
1－丁烯	3.92
MTBE	11.09
苯　酚	13.37
丙　酮	8.32

【深入开展培训与开发体系建设】 2010年，中沙(天津)石化针对公司和员工个人实际需求，注重培训内容的针对性和效果的显现化，实施培训项目98个，累计培训3 981人次，累计培训课时6.01万小时，人均培训时间60小时。其中，重点开展了ERP、MES等公司重要管理体系实施的应用类培训，适应合资公司运营管理要求的变革管理(CAP)、涉外语言等管理类培训，乙烯高级技术研修等技术类培训，以员工技能短板和季度考核(考试)评估报告为导向的装置技能操作人员技能训练，举办了首届技能竞赛暨上岗证考(复)核。强化各类人员专业资格取证培训，各岗位员工持证上岗率达到100%。

（黄　璐）

扬子石化

【概况】 中国石化扬子石油化工有限公司(简称扬子石化有限公司)和中国石化集团资产经营管理有限公司扬子石化分公司(简称扬子石化分公司)统称扬子石化，位于长江中下游经济发达的南京市北郊，紧临“黄金水道”长江，与宁连、宁通、宁洛等多条高速公路及京沪铁路相连。其前身是成立于1983年9月的扬子石油化工公司。1998年，扬子石油化工公司实施资产重组，创立了以从事石油炼制及乙烯、芳烃等烃类及衍生物生产加工为主的中国石化扬子石油化工股份有限公司和以公用工程、物流为主业的中国石化集团扬子石油化工有限责任公司；2007年，前者收归石化股份公司所有，更名为扬子石化有限公司，后者转制为资产公司扬子石化分公司。2008年，扬子石化有限公司成功收购泰州石化和清江石化，产业链得到进一步延伸。

截至2010年底，扬子石化占地11.26平方千米；总资产286.40亿元；职工总数为10 762人，其中在岗经营管理/专业技术人员3 336人，具有高级及以上职称的504人，中级职称的1 512人；下设20个机关部(处)室、15个直属二级单位、2个全资子公司、1个控股子公司。扬子石化有限公司拥有800万吨/年炼油、65万吨/年乙烯、140万吨/年芳烃等45套大型石油化工装置，可生产聚烯烃塑料、聚酯原料、基本有机化工原料、成品油4类40多种产品，是国内最大的纯苯、对二甲苯、邻二甲苯、精对苯二甲酸、乙二醇、丁二烯和环氧乙烷生产商之一。扬子石化分公司拥有与石油化工生产相配套的36万千瓦发电能力、65万吨/日供水及2 800米^3/时污水、二级污水生化处理能力。

扬子石化主要技术经济指标和主要产品产量见表 1 和表 2。

（徐　杰　朱军涛）

【领导班子调整】 2010 年 4 月 14 日，石化集团公司党组成员，股份公司副董事长、总裁王天普和人事部领导到南京宣布了石化集团公司对扬子石化领导班子调整的决定：马秋林任扬子石化有限公司董事会董事长，王净依任中共扬子石化有限公司委员会、中共扬子石化分公司委员会、中共扬子石化—巴斯夫有限责任公司委员会书记；经总经理马秋林提名，董事会表决通过，决定聘任夏翔鸣任扬子石化有限公司副总经理。

（徐　杰　朱军涛）

【经营业绩达预期】 2010 年，扬子石化保持了生产经营总体稳定，完成了繁重的大修任务，取得了较好的经营业绩。扬子石化有限公司本部共投入原料 911.32 万吨，产出商品 823.13 万吨，生产“三烯”116.08 万吨，“三苯”135.73 万吨，塑料 87.87 万吨，聚酯原料 145.74 万吨；本部实现营业收入 492.11 亿元，利税 68.75 亿元，其中利润 19.91 亿元，合并报表营业收入（含清江石化、泰州石化）562.77 亿元，利税 88.86 亿元，其中利润 21.82 亿元；扬子石化分公司发电 21.9 亿千瓦·时，供水 1.02 亿吨，处理污水 1 921 万吨；实现营业收入 23.66 亿元，利税 3.29 亿元，其中利润 2.23 亿元。

（徐　杰　朱军涛）

【科技创新成果显著】 2010 年，扬子石化积极推进 PX 示范装置、合成气制乙二醇等重大科技项目，成功进行了对苯二甲酸加氢精制催化剂研究挂篮验证试验，百万吨级乙烯装置先进控制与优化技术、SST 非茂金属聚乙烯催化剂工业化研究两个国家科技支撑计划项目顺利通过国家科技部验收。年内，获国家级科技进步奖 2 项，石化集团公司级科技进步奖 3 项，省部级科技进步奖 3 项；申报专有技术 28 项；申请专利 41 项，授权专利 14 项，申请国外专利 4 项，创历史纪录。

（徐　杰　朱军涛）

【企业管理逐步深化】 2010 年，扬子石化细化深化“比学赶帮超”活动和各项管理改进，初步建立三层级六维度对标体系，制定 140 多项追标措施；提出改善经营管理建议 2 170 项，其中 22 项被确定为石化集团公司级改善建议；完成职业健康管理、产品销售和服务、物资采购等重要职能和业务流程优化重组；修订颁布 99 项一体化管理制度，完成 QHSE 体系整合并通过外审认证，全面完成物码转换和创 ERP 典型企业方案实施；制造执行系统（SMES）3 个模块成功上线，班组成本控制与绩效管理系统（CPMS）被推广到 36 个车间，公务出差、合同审批等专项审批系统实现与 OA 集成。年内在中国石化总部评比中，化工板块获红星 2 颗、红旗 44 面，炼油板块获金、银牌各 1 块。

（徐　杰　朱军涛）

【1 250 万吨/年炼油改扩建项目获国家批复】 2009 年，扬子石化 1 250 万吨/年炼油改扩建项目获江苏省发改委核准，2010 年 12 月 21 日，项目环境影响评价报告获国家环境保护部的正式批复同意，4 月 19 日启动。该项目位于扬子石化预留地，可研批复总投资 75.25 亿元，根据改造规划，扬子石化将新建 800 万吨/年常减压装置、200 万吨/年渣油加氢装置等 12 套新装置，改造 4# 柴油加氢精制装置、2# 硫黄回收装置等 4 套现有装置，同时关停 350 万吨/年常减压、80 万吨/年催化裂化、80 万吨/年延迟焦化装置等 5 套装置，对储运、公用工程和环保设施等进行配套建设或改造。项目预计 2013 年建成投产。

（徐　杰　朱军涛）

【聚乙烯管材料产品开发形成系列化】 2010 年，扬子石化开发的 YEM－4903T 经检测评价达到 PE100 等级水平，至此，扬子石化形成了 PE80、PE100、PE112 等级聚乙烯管材料产品系列化生产，进一步提升了聚乙烯管材料的品牌和质量，成为国内系列最全的聚乙烯管材料供应商。

（徐　杰　朱军涛）

【50 万吨/年合资醋酸装置建成投产】 2010 年 8 月 3 日，南京扬子石化碧辟乙酰有限责任公司 50 万吨/年醋酸装置打通全流程并产出合格产品，实现一次开车成功，标志着该装置建成投产。该装置采用了 BP 公司世界领先的甲醇低压羰基法醋酸合成（CATIVA）生产技术，具有原料消耗少、能耗低、产品竞争性强的特点。

（徐　杰　朱军涛）

50 万吨/年合资醋酸装置建成投产 （汤　伟　摄）

【33 万吨/年合成气装置建成投产】 2010 年 7 月 28 日，扬子石化新建 33 万吨/年合成气装置一次开车成功，并产出合格产品。该装置采用蒸汽转化技术工艺包，其转化炉单体规模居亚洲首位；分离单元冷箱采用甲烷洗涤深冷分离技术，是最复杂的深冷分离技术；年加工天然气 2.6 亿立方米，主产一氧化碳 25 万吨，副产氢气 3.68 万吨、羟基合成气约 8 万吨，是扬子石化碧辟醋酸合资项目的上游配套装置。

（徐　杰　朱军涛）

33 万吨/年合成气装置建成投产 （张　谦　摄）

【烟气脱硫装置全面建成投产】 2010 年 3 月 18 日，扬子石化热电厂 1#—4#炉烟气脱硫项目开工，12 月 28 日建成投产，标志着扬子石化实现了全部发电锅炉烟气脱硫、脱尘排放。该项目总投资 1.30 亿元，占地面积 5 600 平方米，是继 5#—9#炉烟气脱硫装置之后又一套使用玛苏莱氨法脱硫工艺的环保装置。烟气脱硫效率达到 95% 以上，脱硫后二氧化硫排放浓度小于 105 毫克/米^3（标准），烟尘排放浓度不超过 50 毫克/米^3（标准），性能指标进一步提高。该装置的投用，对改善扬子石化及周边的大气环境以及树立扬子石化良好的社会形象具有重要意义，并产生了较为显著的经济效益。

（徐　杰　朱军涛）

【获中央企业先进基层党组织称号】 2010 年，扬子石化党委把创建“四好”班子同“四强”党组织、“四优”共产党员争创活动紧密结合起来，积极探索党建管理新模式，创新党建活动载体，通过党员责任岗、党员品牌工程、党员攻关项目等，更好地发挥了党组织的政治核心作用、党支部的战斗堡垒作用和党员的先锋模范作用，为进一步增强扬子石化的活力、控制力和影响力提供坚强的政治保证和组织保证。6 月，经石化集团公司党组推荐，扬子石化有限公司党委被国务院国资委党委授予中央企业先进基层党组织称号。

（徐　杰　朱军涛）

【获中华环境友好企业称号】 扬子石化积极引入新理念、新技术、新方法，优化资源配置，优化装置运行，优化工艺操作，大力发展循环经济，持续推进了 5 轮清洁生产，打造了优良的生产生活环境，展现了国有特大型企业良好的社会形象。截至 2009 年底，扬子石化吨产品新鲜水用量、吨产品废水排放量、吨产品 COD 排放量与 2000 年比分别下降了 62.85%、69.39% 和 71.27%；工业废水达标率 98.92%；工艺废气、燃烧废气达标率为 100%；固废利用、处置率达 100%，原油加工损失率下降 0.31 个百分点，万元产值综合能耗下降 13.85%，综合商品率提高 1.22%。2010 年 6 月，扬子石化有限公司被中华环保联合会授予了中华环境友好企业称号。

（徐　杰　朱军涛）

【成功举行第七届职工运动会】 2010 年 11 月 6 日，扬子石化举行第七届职工运动会开幕式。扬子石化第七届运动会历时 9 个月，举行了包括田径、篮球、羽毛球、乒乓球、电子竞技、棋牌、太极等在内的 12 个大项 100 多个子项目的比赛，共有 30 支代表队约 1.5 万人次参加比赛。该次运动会繁荣了扬子石化企业文化，满足了职工精神需求，促进了扬子石化持续、有效、和谐发展。

（徐　杰　朱军涛）

【在石化集团公司职业技能竞赛中获 2 金 3 银】 2010 年 9 月 5 日，在石化集团公司 2010 年职业技能竞赛乙烯装置操作工、维修电工、制氢装置操作工 3 个工种技能竞赛中，扬子石化李军获乙烯装置操作工金牌，郑厚勇获维修电工金牌；徐霞、朱坤获乙烯装置操作工银牌，陈银萍获制氢装置操作工银牌；扬子石化代表队获乙烯装置操作工团体第三名，获维修电工、制氢装置操作工团体第七名。

（徐　杰　朱军涛）

表 1　**扬子石化主要技术经济指标**　亿元

指标名称 \ 年份	2010	2009①	2008	2007	2006②	2005
原油加工量/万吨	876.80	934.02	750.79	820.68	771.53	781.53
工业总产值	507.03	446.84	501.68	499.15	436.33	388.97
扬子石化有限公司	486.67	426.47	482.44	480.23	418.11	371.50
扬子石化分公司	20.36	20.37	19.24	18.92	18.22	17.47
工业增加值	88.84	106.94	-18.51	89.02	54.08	80.95
扬子石化有限公司	85.96	101.06	-20.76	71.76	47.95	74.53
扬子石化分公司	2.88	5.88	2.25	17.26	6.13	6.42
资产总计	286.40	310.11	257.30	322.41	285.34	251.55
扬子石化有限公司	225.32	242.65	192.95	251.76	219.43	183.64
扬子石化分公司	61.08	67.46	64.35	70.65	65.91	67.91
流动资产	117.09	141.10	81.44	141.55	108.46	95.43
扬子石化有限公司	101.90	121.29	61.88	127.92	95.37	82.32
扬子石化分公司	15.19	19.81	19.56	13.63	13.09	13.11
固定资产原值	330.09	315.30	313.01	306.06	301.79	266.20
扬子石化有限公司	285.66	271.74	269.32	263.45	257.10	220.63
扬子石化分公司	44.43	43.56	43.69	42.61	44.69	45.57
固定资产净值	106.37	103.80	113.26	118.64	125.02	100.90
扬子石化有限公司	86.18	83.37	91.73	96.54	101.16	75.64
扬子石化分公司	20.19	20.43	21.53	22.10	23.86	25.26
营业收入	586.43	517.68	618.57	622.92	552.15	469.14
扬子石化有限公司	562.77	494.57	596.56	595.60	495.15	397.76
扬子石化分公司	23.66	23.11	22.01	27.32	57.00	71.38
利　税	92.15	110.20	-26.21	69.66	40.93	66.23
扬子石化有限公司	88.86	104.26	-29.77	55.54	36.40	62.02
扬子石化分公司	3.29	5.94	3.56	14.12	4.53	4.21
税　金	65.11	67.53	12.94	24.44	15.29	23.16
扬子石化有限公司	64.05	65.92	11.33	22.48	13.08	20.99
扬子石化分公司	1.06	1.61	1.61	1.96	2.21	2.17
综合能耗/吨标煤·万元$^{-1}$						
扬子石化有限公司	1.37	1.38	1.40	1.49	1.55	1.61
扬子石化分公司	4.34	4.40	4.43	4.60	4.73	5.11

①2009 年开始，原油加工量包含清江石化和泰州石化。

②2006 年开始，财务数据为合并报表数据。

表 2 扬子石化主要产品产量 万吨

产品名称＼年份	2010	2009①	2008	2007	2006	2005
乙　烯	67.85	79.60	74.36	80.11	75.50	77.58
丙　烯	39.62	47.21	36.18	38.50	35.94	37.19
丁二烯	16.76	19.24	17.82	13.86	13.60	13.28
聚乙烯	49.09	56.06	52.32	54.78	50.84	50.68
聚丙烯	41.60	48.63	42.38	47.64	40.69	42.18
精对苯二甲酸	130.08	132.48	111.13	127.71	77.69	73.48
乙二醇	15.66	16.00	16.55	17.17	17.75	16.29
纯　苯	33.93	37.83	38.37	43.98	39.38	37.44
对二甲苯	83.58	87.03	75.60	91.43	77.09	59.25
邻二甲苯	18.22	20.75	16.27	26.28	19.23	22.16
环氧乙烷	9.90	11.76	8.99	11.27	11.02	10.15
柴　油	277.77	271.70	267.60	254.95	226.45	227.52
汽　油	53.91	94.81	43.52	40.30	34.40	39.77
丁苯橡胶	9.23	9.14	10.40	6.33	—	—

①2009 年开始，产品产量包含清江石化和泰州石化。

巴陵石化

【概况】 中国石油化工股份有限公司巴陵分公司(简称巴陵分公司)和中国石化集团资产经营管理有限公司巴陵石化分公司(简称巴陵石化分公司)统称巴陵石化，位于湖南省岳阳市云溪区和岳阳楼区，紧邻京广铁路、武广高铁、107 国道、京珠高速和随岳高速，西靠洞庭，北倚长江，厂区总面积 9.45 平方千米。其前身始建于 1969 年，由原岳阳石油化工总厂、洞庭氮肥厂、鹰山石化厂组成，是集油、化、纤、肥于一体的大型石化联合企业。下辖烯烃事业部、环己酮事业部、合成橡胶事业部、环氧树脂事业部、己内酰胺事业部、化肥事业部等 18 个直属单位，有固定资产原值 128 亿元，在岗职工 1.06 万人；主要生产装置包括年产 200 万吨炼油、6 万吨 MTBE、10 万吨环己酮、20 万吨 SBS(SIS)、2 万吨 SEBS、4 万吨顺丁橡胶、8 万吨聚丙烯、10 万吨烧碱、3.2 万吨环氧氯丙烷、5 万吨氯丙烯、4.5 万吨环氧树脂、14 万吨己内酰胺、60 万吨尿素、15 万吨硫酸、12 万吨双氧水、日耗煤 2 000 吨煤气化装置等；主要产品有汽柴油、MTBE、溶剂油/稀释剂、环己酮、SBS、SIS、SEBS、聚丙烯、顺丁橡胶、环氧树脂、氯丙烯、环氧氯丙烷、己内酰胺、尿素、双氧水等 50 多种 170 多个牌号，分别注册“巴陵牌”、“鹰王牌”、“芙蓉牌”和“白蓉牌”四大商标，产品远销 20 多个国家和地区，企业通过了 ISO 9000 质量体系、HSE 体系认证，是国内最大的锂系聚合物、环氧树脂、己内酰胺和商品环己酮生产企业。

2010 年，巴陵石化生产主要炼化产品 429 万吨，不含税销售收入 218 亿元，上缴各项税费 32 亿元。巴陵石化己内酰胺事业部羟胺肟化一班被评为中央企业红旗班组。

巴陵石化主要技术经济指标和主要产品产量见表 1 和表 2。

(缪跃明)

【领导班子调整】 2010 年 7 月 20 日，石化集团公司党组成员、股份公司高级副总裁戴厚良代表石化集团公司党组到巴陵石化宣布班子调整决定。任命原巴陵石化党委书记兼副总经理朱建民为巴陵石化总经理兼党委副书记；原巴陵石化副总经理李大为任巴陵石化党委书记兼副总经理；因年龄原因，免去张德明巴陵石化总经理、党委副书记职务。

（缪跃明）

【经济效益创历史纪录】　2010 年，巴陵石化累计生产主要炼化产品 429 万吨，同比增产 59 万吨，其中 SBS、己内酰胺、环氧树脂、商品环己酮等 11 种产品产量创历史新高。企业实现不含税销售收入 218 亿元，同比增加 71 亿元，增长 48%；整体赢利 4.12 亿元，同比增利 8.43 亿元，其中上市部分实际经营亏损 9 976 万元，同比减亏 7.31 亿元，自 2000 年重组以来首次超额完成石化集团公司总部下达的效益指标，非上市部分赢利 5.11 亿元，同比增加 1.12 亿元；累计上缴各项税费 32 亿元，同比增加 5.88 亿元。企业整体效益、非上市部分利润、上市部分减亏、上缴税费均创历史最好水平。

（缪跃明）

【主要技术经济指标提升】　2010 年，巴陵石化以“八创先八争优”为抓手，大力开展“比学赶帮超”活动，强化分析、考核与讲评，石化集团公司总部考核的利润、成本（费用）、经济增加值（EVA）3 项基本指标全面完成。炼油专业、合成橡胶专业、合纤和合纤聚合物专业、化肥专业均实现石化集团公司级达标。能耗方面，石化集团公司总部考核的上市和非上市部分万元产值综合能耗、节能总量，己内酰胺联合装置能耗，两个电厂供电煤耗等 7 项指标全部稳定降低，企业考核的 43 项指标有 35 项创历史最佳，实现节能降本 2.08 亿元，节约工业水 326 万吨，被评为石化集团公司节能先进单位。物耗方面，石化集团公司总部考核的 12 项指标全部稳定降低，其中 3 项领先国内同行，5 项进入石化集团公司先进行列，企业考核的 54 项指标有 35 项创历史最好纪录，累计节材降本 9 965 万元，其中原油加工损失率降至 0.5%，原油途耗 0.66%，同比降低 0.3 个百分点，己内酰胺耗苯、耗液氨每吨分别比石化集团公司总部考核指标低 13 千克、18.8 千克。产品质量稳定提高率 100%，己内酰胺优级品率已稳定在 90% 以上，溶剂油、SEBS 等质量明显改善。石化集团公司总部考核的费用、资金指标均控制在预算以内，节约财务费用 8 239 万元。

（缪跃明）

【安全局面实现根本转变】　2010 年，巴陵石化扎实开展“我要安全”主题活动，深入查找安全工作“短板”，从“三商”管理、火灾事故管理、环保管理等 7 个专题入手，逐项剖析问题、研究办法，提升本质安全水平。坚持“谁主管、谁负责”，层层落实 HSE 责任；扩大安全培训范围，加大培训力度，提升各层面人员的安全素养；实行准入控制、过程控制、结算控制“三步控制法”，强化“三商”管理；推行集中用火制度，坚持“6 个停职检查”，严防火灾事故；落实“一切非计划停工都是可以避免”的理念，强化非计划停工当量考核，非计划停工同比减少 65%；按照轻重缓急原则，制定三年隐患治理规划；引入检维修和工程建设第三方 HSE 监理，强化直接作业环节安全监管，建立承包商、分包商惩处退出机制，清退外来承包商 3 家；推行安全事故当量管理，将典型事故上升一级进行分析，并严格事故问责。通过努力，扭转了安全生产被动局面，杜绝了上报石化集团公司安全事故，公司级安全事故同比减少 92%，重新获得石化集团公司安全生产先进企业奖牌，被评为“我要安全”主题活动先进单位。同时，推进清洁生产，开展污污分治、清污分流工作，建设投用化肥污水处理等环保设施，加强排污监管，强化总量控制，废水排放达标率 93.59%，同比提高 2.33 个百分点，COD 排放总量同比减少 217 吨。

（缪跃明）

【发展建设项目有效推进】　2010 年，巴陵石化“五改七建一配套”一期项目及配套子项目共 20 项全部得到石化集团公司总部批复，累计批复投资 35 亿元；苯乙烯、特种环氧树脂、特种锂系聚合物建设和己内酰胺挖潜改造等重点项目全部开工建设，累计完成征地 286 亩（19.07 万平方米），热电锅炉烟气脱硫除尘隐患治理工程实现一次开车成功。己内酰胺苯加氢装置挖潜改造、丙烯直供改造等 16 个限下专项治理项目获石化集团公司总部批复，其中 SEBS 三釜凝聚改造、硫化氢尾气综合利用治理、合成氨变换系统节能降耗改造、原料煤混配系统改造、环氧树脂新循环水场等项目投入使用。

（缪跃明）

【科技创新成果明显】　2010 年，巴陵石化大力推进科学技术创新，反应挤出法合成透明高抗冲丁苯树脂中试研究顺利“出龙”，己内酯中试装置开车成功，SIS 加氢技术开发中试产品质量取得新突破，双酚 A 酚醛环氧树脂工业试验装置建成；开发出 SEBS、特种环氧固化剂等新产品新牌号 12 个，生产新产品 15.5 万吨；获授权专利 8 项，获国家、石化集团公司和省级科技进步成果奖 5 项，其中“环己酮氨肟化路线己内酰胺生产成套技术”和“含硫含碱废液过程减排新技术及在化工行业中应用”2 项获国家科学技术进步二等奖。

（缪跃明）

【废碱焚烧处理环保新装置投产】 2010年3月4日，巴陵石化新建的13万吨/年废碱焚烧处理环保装置投产。项目投资2 500万元，包括锅炉和电除尘两大部分，年处理废碱13万吨，回收固碱碳酸钠2.3万吨，副产蒸汽31万吨，为国内同类环保处理装置中产能最大，具有独立知识产权。

（缪跃明）

【年产12万吨苯乙烯装置开工建设】 2010年8月11日，巴陵石化12万吨/年苯乙烯项目动工建设。主装置区占地1.36万平方米，项目总投资4.96亿元，以乙苯为原料，采用国内开发的两级负压绝热乙苯脱氢、共沸热回收制苯乙烯技术，投产后年产苯乙烯12万吨，可满足下游化工装置对苯乙烯原料的需求。

（缪跃明）

【SEBS装置三釜凝聚改造投用】 2010年9月27日，巴陵石化合成橡胶事业部SEBS装置三釜凝聚改造投料开车成功，正式投入生产运行。这是继顺丁橡胶装置、20万吨SBS装置之后实施的又一三釜凝聚改造项目。新投用的凝聚首釜体积为40立方米，引用蒸汽循环利用技术，延长了环己烷凝聚时间，凝聚效果提升，蒸汽消耗、溶剂消耗大幅降低。

（缪跃明）

【年产5万吨特种环氧树脂及其配套扩建工程动工】 2010年9月28日，巴陵石化5万吨/年特种环氧树脂及其配套扩建工程开工建设。项目总投资6.44亿元，采用具有自主知识产权的特种环氧树脂生产技术。

（缪跃明）

【年产20万吨己内酰胺装置改扩建开工】 2010年10月18日，巴陵石化年产20万吨己内酰胺装置挖潜改造项目开工建设。该项目为中国石化岳阳地区炼化一体化项目巴陵石化"五改七建一配套"重要子项，总投资4.97亿元，采用具有自主知识产权的第二代己内酰胺绿色环保新技术，新建8万吨/年环己酮单元、7万吨/年环己酮肟单元、10万吨/年双氧水单元、并对整个流程进行填平补齐。项目建成将加快生产技术的升级换代。

（缪跃明）

【己内酯中试装置开车成功】 2010年11月19日，巴陵石化400吨/年ε-己内酯中试装置投料开车成功。项目投资超1 000万元，年产能为1 000吨。装置由巴陵石化自主研发，具有独立知识产权，是国内唯一己内酯工业生产装置。

（缪跃明）

【年产6万吨特种锂系聚合物装置开工建设】 2010年12月8日，巴陵石化举行年产6万吨特种锂系聚合物装置开工仪式。项目采用具有自主知识产权的特种锂系聚合物生产技术，新建1套国内单套产能最大的年产4万吨SIS装置和1套年产2万吨的SEBS装置及其配套工程，总投资4.93亿元。项目建设标志着巴陵石化锂系聚合物向特种化、高端化专业化发展迈出了重要的一步。

（缪跃明）

【"巴陵牌"液体环氧树脂在欧盟正式注册】 2010年12月，巴陵石化生产的"巴陵牌"双酚A二缩水甘油醚（液体环氧树脂）在欧盟正式注册成功，巴陵石化成为国内首家获得欧盟REACH法规正式注册的企业。

（缪跃明）

【民生工程稳步落实】 2010年，巴陵石化落实石化集团公司总部政策，实施企业年金制度，完成了非在职人员住房货币化补贴发放。适当提高了在岗职工预支考核奖，出台提高中夜班津贴标准及倒班年功奖相关政策，提高了一线职工收入。加大社区建设投入，对老区5条道路进行整修，完成了金盆、青坡小区生活水网和天乐山庄、樱花宾馆大学生公寓改造，对老区电气隐患、洞庭宾馆消防隐患进行治理；改造完善6个职工食堂，新建3个职工食堂；加大投入，增加了职工通勤车次；积极协调，做好医保移交地方、经济适用房建设前期工作。开展节日慰问、金秋助学、帮扶救助等活动，努力解决职工群众的实际困难，全年共发放慰问、救助金610万元。启动"3·5"爱心奉献日活动，募集资金191万元。

（缪跃明）

【企业关工委获先进集体称号】 2010年6月22日，巴陵石化关工委在中国关工委成立20周年暨全国关心下一代工作表彰会上获全国关心下一代工作先进集体称号。巴陵石化关工委常务副主任余瑞德获全国关心下一代工作先进工作者称号。

（缪跃明）

表 1 **巴陵石化主要技术经济指标** 亿元

指标名称 \ 年份	2010	2009	2008	2007	2006	2005
原油加工量/万吨						
巴陵石化分公司	183.21	165.86	180.14	176.31	169.03	171.92
工业总产值						
巴陵分公司	43.19	22.09	30.10	22.31	18.83	20.00
巴陵石化分公司	165.05	121.68	144.10	133.40	127.74	110.57
炼　油						
巴陵石化分公司	87.87	67.20	80.66	69.10	62.09	51.05
化　工						
巴陵分公司	37.00	2.88	25.77	21.07	16.81	16.37
巴陵石化分公司	68.66	54.48	55.04	57.43	55.09	50.38
化　纤						
巴陵分公司	—	—	—	0.02	0.95	0.43
化　肥						
巴陵分公司	5.87	19.21	4.33	1.22	1.07	3.20
其　他						
巴陵石化分公司	8.50	0	8.40	6.87	10.56	9.14
工业增加值						
巴陵分公司	4.77	0	0	-1.90	0	0
巴陵石化分公司	45.88	39.91	—	22.69	22.70	19.85
资产总计						
巴陵分公司	23.40	23.51	27.80	31.20	30.74	33.55
巴陵石化分公司	61.57	53.47	47.69	58.34	58.21	57.11
流动资产						
巴陵分公司	4.11	3.53	4.68	9.39	7.55	11.68
巴陵石化分公司	22.48	19.31	13.19	21.54	22.87	21.12
固定资产原值						
巴陵分公司	61.31	57.68	58.28	56.13	55.78	49.59
巴陵石化分公司	68.20	67.32	64.70	63.02	61.46	63.56
固定资产净值						
巴陵分公司	27.42	25.10	26.66	23.77	25.21	19.41
巴陵石化分公司	34.75	36.61	36.44	37.15	38.29	33.56
销售收入						
巴陵分公司	44.36	22.76	30.94	24.97	19.96	21.33
巴陵石化分公司	173.16	124.41	145.83	132.24	127.00	113.34
实现利税						
巴陵分公司	-23.43	-15.05	-8.19	-6.13	-6.51	-5.42
巴陵石化分公司	35.55	29.57	-1.99	14.17	15.10	11.92
税　金						
巴陵分公司	0.66	0.92	0.34	0.57	0.10	0.06
巴陵石化分公司	30.43	25.57	12.87	13.61	11.80	10.21

表2 **巴陵石化主要产品产量** 万吨

产品名称 \ 年份	2010	2009	2008	2007	2006	2005
巴陵石化分公司						
90#汽油	0	—	0	0.70	1.83	2.89
93#汽油	24.71	22.41	23.33	23.52	21.73	25.18
97#汽油	27.12	24.44	22.47	22.01	18.11	12.72
0#柴油	46.36	39.57	43.88	43.92	46.99	48.59
石脑油	9.25	6.06	9.77	4.94	7.30	7.23
液化气	20.47	18.55	19.06	19.80	18.86	18.87
干　气	4.47	4.22	4.99	5.70	5.41	4.89
丙　烯	10.21	9.82	10.25	10.99	10.24	10.29
烷基苯	0	2.59	3.14	3.63	3.48	3.44
油　浆	1.48	4.83	4.00	4.08	3.94	6.42
溶剂油	5.08	7.14	7.40	8.03	6.17	5.58
合成橡胶	23.14	20.95	16.42	19.22	17.76	15.98
顺丁橡胶	4.10	3.77	3.43	3.69	3.38	1.51
SBS 热塑弹性体	15.38	14.21	11.10	14.08	13.28	13.93
环氧树脂	4.04	4.11	3.73	3.35	3.06	2.34
环己酮	9.94	9.00	7.84	7.41	7.36	7.00
烧　碱	10.36	9.31	9.95	11.52	11.27	11.06
盐　酸	3.78	3.36	3.57	4.19	3.61	3.68
液　氯	8.40	7.61	8.12	9.36	9.21	8.84
聚丙烯	6.49	6.32	6.27	6.50	5.95	6.25
氯丙烯	5.18	4.60	4.55	5.31	4.64	6.25
环氧丙烷	0	0.21	0.63	0.60	0.76	0.78
环氧氯丙烷	2.13	2.15	2.18	2.78	2.44	2.32
巴陵分公司						
合成氨	25.94	18.55	21.13	7.64	0	8.90
尿　素	25.65	19.17	24.93	7.75	0	11.90
己内酰胺	19.29	13.81	13.62	11.73	10.24	9.14
绵纶纤维(原丝)	0	—	0	0.83	0.51	0.29
尼龙6切片	3.71	3.17	2.46	2.01	3.05	3.10
帘子布	0	0	0	0	0	0.08
硫酸铵	27.64	19.79	20.73	16.34	15.68	12.66
环己酮	9.36	7.15	7.51	7.55	6.89	7.05
双氧水	11.28	7.81	9.81	7.03	7.52	6.63
复合肥	0	0	0	0.85	0.78	1.20

长岭炼化

【概况】 中国石油化工股份有限公司长岭分公司(简称长岭分公司)和中国石化集团资产经营管理有限公司长岭分公司(简称资产公司长岭分公司)统称长岭炼化，坐落在湖南岳阳风景秀丽的洞庭湖畔，北临长江，南靠京广铁路，与武广高速铁路、107 国道、京珠高速公路相邻，水陆交通便利。

长岭炼化前身为长岭炼油厂，始建于 1965 年，1971 年 5 月建成投产。2000 年 4 月，按照石化集团公司整体重组改制的要求，炼油主业部分重组改制为长岭分公司，存续部分改制为中国石化集团长岭炼油化工有限责任公司(简称长岭炼化公司)。2007 年 5 月，长岭炼化公司改制为资产公司长岭分公司。截至 2010 年底，有正式员工 4 250 人，其中长岭分公司有正式员工 2 402 人，资产公司长岭分公司有正式员工 1 848 人。

截至 2010 年底，长岭分公司拥有炼油化工生产装置 25 套，原油加工能力 800 万吨/年，重油催化裂化能力 400 万吨/年，焦化处理能力 120 万吨/年，催化重整能力 70 万吨/年，聚丙烯生产能力 13 万吨/年。主要产品有汽油、柴油、石脑油、苯类、液化气、聚丙烯等 70 多种，有 17 种产品获省部级以上优质产品称号，其中出口轻柴油和 6# 抽提溶剂油获国家金质奖，石油甲苯、二甲苯和 120# 溶剂油等产品获国家银质奖，产品出厂合格率始终保持 100%。资产公司长岭分公司拥有 800 万吨/年的原油接转卸能力、40 吨/时改性沥青和 50/20(乳化/改性)吨/时改性乳化沥青生产能力，以及沥青中转与仓储、0# 柴油卸转、成品油水运出厂、液化气充装出厂、生产生活供水等业务。

2010 年，长岭炼化圆满完成了各项工作任务。长岭分公司连续第 11 年实现炼油专业达标。资产公司长岭分公司共接卸原料油 74.19 万吨，生产、中转、仓储沥青 13.36 万吨，液化气充装接卸 26.54 万吨；实现销售收入 4.01 亿元，亏损 1.53 亿元，比石化集团公司总部限亏指标减亏 343 万元。

长岭分公司主要技术经济指标和主要产品产量见表 1 和表 2。

(王毅平　易启明)

【油品质量升级改扩建项目南区装置开工试运一次成功】 长岭分公司油品质量升级改扩建项目总投资 57.04 亿元，近期原油加工量为 800 万吨/年，远期原油加工量 1 000 万吨/年，包括新建 8 套装置、改造 2 套装置，以及系统配套设施建设等，计划 2011 年 10 月建成投产。装置建设全部利用长岭已有土地，不新征土地，分南北两个区域布置。其中，南区面积 14.68 公顷(0.15 平方千米)，布置 8 套装置，包括新建 800 万吨/年常减压装置、280 万吨/年催化裂化装置、6 万吨/年硫黄回收装置、240 万吨/年汽柴油加氢精制装置、50 万吨/年气体分馏装置、120 万吨/年催化汽油吸附脱硫装置、产品精制装置以及原 50 万吨/年组合床催化重整装置就地改造为 70 万吨/年连续重整装置；北区面积 3.88 公顷(0.04 平方千米)，布置 2 套装置，包括 170 万吨/年渣油加氢装置、5 万米^3(标准)/时制氢装置。2010 年，长岭分公司完成项目建设投资 28.55 亿元，南区 7 套主体装置于 10 月 8 日全面实现中交，11 月 26 日开工试运一次成功，并生产出合格产品。其中 280 万吨/年催化裂化、240 万吨/年汽柴油加氢装置均创造了国内单套装置建设时间最短的业绩。

(王毅平)

长岭油品质量升级改扩建项目南区装置全景

【连续第七年获得石化集团公司安全生产先进单位称号】 2010 年，长岭炼化按照石化集团公司党组的安排部署，继续深入开展“我要安全”主题活动。注重直接作业环节的安全监管，在作业现场全面推行了“安全五分钟”活动和“看板管理”；扎实开展“两个识别”竞赛活动，共识别出不安全因素和行为 4 040条，及时进行了整改规范；注重安全和环保隐患治理，共投入资金 3 448 万元，对被列入石化集团公司总部计划的 16 项安全隐患进行了综合治理。公司连续第九年无上报石化集团公司事故，连续第七年被评为石化集团公司安全生产先进单位。

（易启明）

【RSDS－Ⅱ技术“出龙”】 第二代催化裂化汽油选择性加氢脱硫及轻汽油脱硫醇新工艺（RSDS－Ⅱ）是 2007 年石化股份公司“十条龙”攻关项目，由长岭分公司和石油化工科学研究院共同承担该项目的工业试验及攻关。通过长达 2 年的长周期工业运转试验，2010 年 12 月在中国石化总部组织的“十条龙”工作会议上，该项目正式“出龙”，为中国石化的汽油质量升级技术提供了多种选择路线，对于降低中国石化质量升级成本具有重要的意义。中国石化内部已有 15 套装置正在建设并应用该项技术。

（王毅平）

【SMES 顺利上线】 2010 年，根据油品质量升级改造工程需要，长岭分公司启动了 SMES 系统建设。该项目采用中国石化 SMES V3.0 软件平台，通过规范生产指令和油品移动操作流程，建立公司物料平衡模型，形成以班次物料平衡为基础的装置收率管理、油品库存管理、罐物料组分管理及加工损耗、储运损耗管理的运行平台和以企业核心数据库为主体的 SMES 数据平台。2010 年 4 月 21 日，召开了 SMES 项目建设启动大会，并于 11 月 22 日顺利上线，与油品质量升级改造项目开工同步运行。

（王毅平）

【沥青现场服务获好评】 2010 年，长岭炼化抓住国家高速公路和高速铁路建设快速发展的契机，先后承接了京沪、哈大、京石等高速铁路建设沥青现场服务，并获得了业主单位和石化集团公司的一致好评。

（易启明）

【社区环境不断改善】 2010 年，长岭炼化在石化集团公司总部的大力支持下，先后解决了岳阳生活小区生活饮用水发黄问题，解除了岳阳生活小区和长岭社区燃气系统安全隐患，投用了长岭社区电视监控系统和四化村新的供热采暖系统，启动实施了长岭社区第一期道路拓宽提质美化和中心文化广场改扩建工程，长岭社区环境不断改善，员工幸福指数不断提高。

（易启明）

【“创先争优”活动彰显成效】 2010 年，根据中央和上级指示精神，按照石化集团公司“创先争优”活动领导小组的部署和要求，长岭炼化坚持紧贴企业实际，紧贴中心工作，以“比学赶帮超”活动为载体，以强“三基”、除“四害”为主题，把深入开展“创先争优”活动贯穿到项目建设、安全生产、提升指标、加强基层组织建设、提升队伍素质、维护稳定、廉政建设等各项工作中，突出长岭特色，取得了较为明显的成效，各项主要技术经济指标有了明显提升，企业大局保持了和谐稳定。

（易启明）

表 1　长岭分公司主要技术经济指标　亿元

指标名称＼年份	2010	2009	2008	2007	2006	2005
原油加工量/万吨	405.75	404.25	442.84	453.47	417.51	447.10
工业总产值	199.26	167.37	205.06	180.87	162.24	147.69
炼　油	190.43	158.67	192.39	167.24	148.58	136.22
化　工	8.83	8.69	12.67	13.62	13.65	11.47
工业增加值	32.63	43.47	－24.81	5.48	－3.37	8.71
资产总计	67.89	31.27	25.31	26.47	35.30	35.65
流动资金	18.45	7.32	10.05	12.21	16.44	17.15
固定资产原值	45.90	44.57	43.23	41.93	41.70	40.19
固定资产净值	9.83	7.97	8.17	8.93	16.98	16.79
销售收入	194.77	166.68	205.55	181.04	164.42	141.81
实现利税	27.53	39.36	－17.05	－4.00	－6.07	3.88
税　金	32.15	35.87	5.81	7.54	5.15	8.20

表 2　　长岭分公司主要产品产量　　万吨

产品名称＼年份	2010	2009	2008	2007	2006	2005
汽　油	69.57	84.20	83.35	83.64	82.54	85.27
柴　油	171.32	165.45	187.28	184.72	169.87	180.05
航　煤	4.76	3.84	3.56	8.13	7.42	9.84
化工轻油	0	0	0	0	0	0
重　油	9.15	11.85	15.04	17.15	12.61	15.31
石油焦	33.91	30.01	31.91	31.26	27.50	30.91
三　苯	13.99	9.93	14.05	16.41	13.75	16.63
溶剂油	5.28	4.71	9.60	9.68	9.51	7.49
聚丙烯	9.59	11.21	12.23	13.72	13.10	12.81

仪征化纤

【概况】 中国石化仪征化纤股份有限公司(简称仪征化纤股份公司)和中国石化集团资产经营管理有限公司仪征分公司(简称资产公司仪征分公司)统称仪征化纤，位于江苏省仪征市，占地10平方千米。前身为仪征化纤工业联合公司，1978年筹建，1981年设立，1993年进行股份制改组，分为上市和非上市部分。1997年，仪征化纤工业联合公司整体加入中国东联石化集团公司。1998年，随中国东联石化集团公司整体加入石化集团公司。2000年，上市部分更名为中国石化仪征化纤股份有限公司，成为石化股份公司的控股子公司。2006年11月，非上市部分进行体制转换，更名为中国石化集团资产经营管理有限公司仪征分公司。

仪征化纤股份公司主要产品有聚酯切片、瓶级切片、涤纶短纤维、涤纶中空纤维和涤纶长丝。截至2010年底，拥有PTA生产装置2套，产能100万吨/年；聚酯聚合总产能170万吨/年。共有14条聚酯生产线，5条瓶级切片生产线，26条涤纶短纤维生产线，18条长丝生产线。下设PTA、聚酯、短纤、瓶片、长丝、长丝加弹、高纤7个主体生产中心，热电、动力、水务、物流、消气防5个辅助生产单位，销售服务、采购、技术3个专业单位，以及15个机关部室。有在岗正式职工7 115人，其中具有高级专业技术职称的328人，中级专业技术职称的532人，初级专业技术职称的451人。

资产公司仪征分公司下属4个生产单位、社区管理中心和2个管理部门。工程塑料(PBT)生产中心主要生产PBT，装置产能为2万吨/年；仪化东丽聚酯薄膜有限公司主要生产聚酯薄膜，产能2.31万吨/年；仪化博纳织物有限公司可生产聚丙烯织物6 000万米^2/年，人造草坪纱1 500吨/年；海南盛之业高新技术有限公司位于海口市港澳工业区，主要生产和销售瓶级聚酯切片，产能24万吨/年，自2010年1月1日起，由中国石化资产公司直接管理调整为由资产公司仪征分公司作为二级单位全面管理。截至年底，资产公司仪征分公司在岗正式职工463人，其中具有高级专业技术职称的23人，中级专业技术职称的77人，初级专业技术职称的58人。

仪征化纤主要技术经济指标和主要产品产量见表1和表2。

(于　岚)

【生产经营创新高】 2010年，仪征化纤股份公司全年生产PTA 104.12万吨，生产聚酯涤纶产品213.80万吨，PTA、聚酯装置产能利用率分别达到99.18%和96.65%；产销率99.67%，实现营业收入163.48亿元，赢利12.27亿元；产品质量“三率”优于计划值。连续11年被评为中国石化安全生产先进单位，第五次被评为中国石化环保生产先进单位。资产公司仪征分公司实现营业收入23.47亿元，赢利112万元，超额完成中国石化总部下达的目标任务。

(于　岚)

【节能减排成效明显】 2010年，仪征化纤实施了PTA 2#装置压力过滤机代替压力离心机改造，降低装置能耗3千克(标油)/吨，每年降低运行费用1 100多万元；完成聚酯14单元增容改造，装置产能提高到780吨/日，能耗降低6%；天然气替代燃油项目节约成本1.33亿元。全年主要物耗超额完成中国石化计划指标，好于同期指标。仪征化纤股份公司万元产值综合能耗517.6千克标煤，同比节约标煤2 823吨；主产品综合能耗同比下降2%，全面完成了节水减排目标任务。资产公司仪征分公司万元产值综合能耗131.2千克标煤，比中国石化考核指标低4.23%。

（于 岚）

【产品和技术开发取得成果】 2010年，仪征化纤聚酯专用料率85.61%，纤维差别化率82.05%，差别化产品比常规产品多增加毛利2.58亿元。FG620膜级专用切片优化工艺配方，进一步提质扩量；有光缝纫线升级产品FR211质量稳步提高，实现进口替代；开发了1.33分特织物专用料，实现批量生产销售；开发了牛仔布、医用弹力布等PBT长丝产品，产销量逐步扩大；开发了POY263/288单板生产技术，降低了生产成本；实施PBT装置30%增容改造，提高产能5 000吨，增加效益900多万元；通过优化工艺操作，薄膜2#线DFR产品合格率提高了3.3%；完成聚酯薄膜1#线薄型化改造，多创效益约4 000元/吨。

（于 岚）

【在建项目进展顺利】 截至2010年底，10万吨/年1，4－丁二醇项目完成场地平整、基础设计编制和长周期设备订货工作；6万吨/年PBT项目进入安装调试和开车准备阶段，四氢呋喃回收装置11月试生产成功；薄膜4#线项目和3 000吨/年高纤一期工程进入设备安装阶段，高纤二期工程可行性研究报告已上报中国石化总部审批；百吨级对位芳纶工业化试验项目经过技术改造，基本实现了装置稳定运行，千吨级工艺软件包开发顺利完成。

（于 岚）

【天然气项目建成投运】 仪征化纤经过1年多的工程建设，在2010年2月8日将天然气送到了生产中心热媒装置，标志着用天然气替代燃料油作为热媒炉燃料的重大技改项目正式建成投运。整个工程总投资4 600多万元，为22台燃油热媒炉增设了天然气燃烧系统，使热媒炉具备燃油或燃气的功能。每年可降低生产成本约1.33亿元，且节能减排效果十分明显。

（于 岚）

【新型高速纺涤纶短纤维原料填补国内空白】 2010年3月，使用仪征化纤高速自由端纺纱专用涤纶短纤维原料生产的产品被成功销往台湾等地区，标志着仪征化纤自主开发生产的高速纺短纤原料已填补了国内空白，提升了仪征化纤在纤维市场应用与推广方面的竞争力和影响力。

新型高速纺包括气流纺和涡流纺等纺纱技术，具有速度快、工艺流程短、纱线品质好、用工少、成本低等优势。仪征化纤历时1年，完成了实验室的试纺评价，并成功通过了小试和前期用户试纺，最终生产出用户满意的气流纺和涡流纺两种新型高速纺专用涤纶短纤维原料。该产品比常规普通涤纶短纤维可多创收650元/吨。

（于 岚）

【功能性聚酯专用料科研项目通过中国石化鉴定】 2010年4月13日，仪征化纤功能性聚酯专用料科研项目通过中国石化鉴定。鉴定组认为，饮用水桶用聚酯瓶片专用料BG803、CHDM改性共聚酯PG501及抗紫外瓶片BG802U产品实现了工业化生产，形成了具有自由运作权的成套工艺技术，为聚酯产品开拓了新的应用领域，整体技术达到国内领先水平。

（于 岚）

【细旦涤纶中空纤维项目通过中国石化鉴定】 2010年4月13日，仪征化纤细旦涤纶中空纤维项目通过了中国石化技术鉴定。鉴定组认为仪征化纤开发生产的棉形细旦和有硅细旦涤纶中空纤维的中空度、纤维横截面、中空圆环外壁闭合度均高于国内同类产品，整体技术达到了国内领先水平，质量稳定，加工性能良好，实现了产品工业化稳定生产，取得较好的经济和社会效益。

（于 岚）

【中国石化上海石油化工研究院仪征分院举行揭牌仪式】 2010年4月22日，中国石化上海石油化工研究院仪征分院揭牌仪式在仪征化纤举行。这是贯彻中国石化《关于设立石油工程技术研究院、北京化工研究院和上海石油化工研究院分院的通知》精神，优化科研资源，加强产销研结合，围绕主业，立足运用，强化攻关，充分发挥科技创新“推进器”作用的实际体现，也是仪征分院、上海石油化工研究院、仪征化纤科技事业发展中具有里程碑意义的历史性机遇。设立的分院实行两块牌子、一套机构运作，以企业为主、直属院为辅进行管理，各分院是石化集团公司科技研发的分支机构，是所属企业的技术支持中心。

（于 岚）

【**差别化短纤改造项目全面建成投产**】 仪征化纤差别化短纤改造项目由天津分公司4条闲置封存的1.5万吨/年涤纶短纤设备整体搬迁改建而成。2009年8月开工建设。该项目每年可新增1.33分特有光缝纫线6万吨、1.56分特水刺专用料1万吨。2010年4月26日最后一条生产线打通全流程，标志着差别化短纤改造项目4条生产线全面建成投产。与新建同等规模装置相比，该项目可节约投资近50%。

（于 岚）

【**生化污泥干燥无害化处理项目成功投运**】 2010年8月16日，仪征化纤生化污泥干燥无害化处理项目投料成功。该项目总投资500万元，日处理生化污泥50吨，实现了对生化污泥的低成本、无公害化环保处理，具有较好的综合社会效益、环保效益与投资经济效益。该项目利用东南大学能源与环境学院对生化污泥干燥处理专利的核心技术，充分利用仪征化纤现有设备的配套实际，处理生化污泥，干燥后送到燃煤系统处理。项目于2009年12月开工，建设周期较短，投运快捷。同时也达到了江苏省所有城镇生活污水处理厂和工业废水集中处理厂污泥在2010年底前全部实现规范化处置的要求。

（于 岚）

【**“百吨级对位芳纶装置成套技术开发”项目通过中国石化鉴定**】 百吨级对位芳纶工业化试验装置成套技术开发项目于2006年由仪征化纤组织实施，并被列入了2007年中国石化“十条龙”科技攻关项目。仪征化纤在芳纶聚合、纺丝、溶剂回收等成套工艺技术方面进行了大量的研发和攻关工作，在工业化放大设计、设备研制、市场开发等方面取得了有效进展，形成了具有自主知识产权的芳纶生产装置及成套技术，并通过了72小时生产运行考核。2010年10月27日，该项目通过中国石化组织的鉴定。

（于 岚）

【**中国石化在皖煤化一体化项目开工**】 2010年12月18日，安徽省中安联合煤业化工有限公司揭牌仪式暨煤化一体化项目开工典礼在淮南市隆重举行。中安联合煤业化工有限公司注册资本为40亿元，由石化股份公司与皖北煤电集团公司按各50%股权比例出资设立。项目由中国石化委托仪征化纤代为管理。煤化一体化项目设立1个有限责任公司，下设煤矿和煤化工2个分公司，首期工程主要包括建设年产400万吨朱集西煤矿、170万吨甲醇及制烯烃及衍生产品项目。

（于 岚）

煤化一体化项目开工 （刘玉福 摄）

【**大讨论活动取得成效**】 2010年8—12月，仪征化纤在全公司深入开展“解放思想拓思路、凝心聚力促发展”大讨论活动。大讨论活动分为“深入学习，统一思想”、“明确措施，推进落实”、“总结提高，建立机制”三个阶段。通过广泛深入开展大讨论活动，使广大干部职工提高了对仪征化纤发展的认识，初步完善了推动发展的管理体制和工作机制，促进了全年各项任务目标的实现。

（于 岚）

【**企业总体保持和谐稳定**】 仪征化纤落实以人为本、人文关怀的各项措施，加强职工培训、技能竞赛、劳动保护、健康体检、职业病防治等工作；改善食堂环境，提高餐饮质量，关心职工生活，做到真困难、真帮助；充实社区管理力量，加大社区综合整治力度，社区环境进一步改善；离退休服务和管理工作得到加强；加大对改制企业的扶持和管理力度，初步建立改制企业跟踪管理机制。

（于 岚）

表1 **仪征化纤主要技术经济指标** 亿元

指标名称＼年份	2010	2009	2008	2007	2006	2005
工业总产值						
仪征化纤股份公司	162.23	131.50	150.81	168.72	160.89	157.65
资产公司仪征分公司	22.81	6.10	7.83	8.09	9.85	10.49
工业增加值						
仪征化纤股份公司	34.55	21.82	6.56	18.53	17.45	16.63
资产公司仪征分公司	1.54	1.54	1.49	1.66	1.92	2.38
资产总计						
仪征化纤股份公司	104.68	89.03	84.17	98.77	101.16	99.85
资产公司仪征分公司	15.54	11.34	11.94	12.52	15.36	18.88
流动资产						
仪征化纤股份公司	60.14	38.05	38.43	42.68	38.76	28.26
资产公司仪征分公司	3.78	2.65	2.41	2.43	4.18	6.63
固定资产原值						
仪征化纤股份公司	131.72	128.95	123.61	123.38	130.37	140.64
资产公司仪征分公司	13.86	15.23	15.39	15.39	16.23	17.67
固定资产净值						
仪征化纤股份公司	34.13	36.96	38.71	48.32	59.01	64.95
资产公司仪征分公司	9.78	10.24	10.85	11.31	12.49	12.74
销售收入						
仪征化纤股份公司	163.48	132.25	152.24	171.76	170.28	157.99
资产公司仪征分公司	23.47	5.87	7.74	8.24	9.85	12.59
实现利税						
仪征化纤股份公司	19.96	7.18	-14.01	5.15	3.98	-5.14
资产公司仪征分公司	0.36	0.42	0.43	0.38	-5.34	-3.61
税　金						
仪征化纤股份公司	7.69	3.36	2.44	4.97	3.37	4.40
资产公司仪征分公司	0.35	0.38	0.41	0.39	0.43	0.54
综合能耗/吨标煤·万元$^{-1}$						
仪征化纤股份公司	0.52	0.52	0.53	—	—	—
资产公司仪征分公司	0.13	0.18	0.18	—	—	—

表 2　　仪征化纤主要产品产量①　　万吨

产品名称＼年份	2010	2009	2008	2007	2006	2005
涤纶产品产量	236.36	224.05	205.04	213.31	205.79	215.57
聚酯切片	104.64	108.69	100.28	104.16	100.17	94.52
瓶级切片	54.42	41.17	37.57	41.63	39.61	40.76
涤纶短纤维	55.39	51.16	50.05	44.76	50.54	49.27
中空纤维	5.55	5.27	5.18	5.28	5.23	5.55
涤纶长丝	15.26	16.32	17.15	17.48	17.32	21.78
加弹丝	6.65	6.71	—	—	7.27	9.24
PTA	104.12	102.33	98.79	102.49	100.30	97.05
PBT 树脂	2.40	2.32	2.30	2.43	2.41	1.96
四氢呋喃	0.11	0.12	0.11	0.12	0.12	0.12
聚酯薄膜	—	2.39	2.42	2.15	2.32	2.14

①从 2010 年 1 月起，仪化东丽公司数据不再计入，海南盛之业公司数据计入。

南京化工公司

【概况】　中国石化集团南京化学工业有限公司(简称南京化工公司)位于南京市六合区，占地面积 884.94 万平方米。南京化工公司的前身创建于 1934 年，是生产经营化肥、无机和有机化工原料、精细化工、化工机械、化学纤维 6 个大类 200 多个产品，并从事化工工程的科研、设计、制造、施工和安装的特大型化工企业，也是国内化肥、精细化工、纯碱和化工机械制造的基地之一。1998 年 7 月，随中国东联石化集团公司整体进入石化集团公司。2005 年 5 月 23 日，原南京化工公司与南京化工厂改革重组，成立新的南京化工公司。

截至 2010 年底，南京化工公司下辖 12 个运行部、3 个分公司、1 个子公司、1 个集体所有制托管单位，1 家参股合资公司。有全民正式职工 11 908 人，其中各类专业技术人员 2 469 人，专业技术人员中具有高级职称的 273 人(其中正高 2 人)，中级职称的 1 008 人。总资产 88.36 亿元。主要产品年生产能力：合成氨 26.5 万吨，硫酸 75 万吨，浓硝酸 22 万吨，硝酸铵 15 万吨，纯碱 120 万吨，苯胺 25 万吨，硝基苯 35 万吨，氯苯 12 万吨，硝基氯苯 15 万吨，烧碱 10 万吨，RT 培司 3 万吨，橡胶助剂 7.2 万吨，硫基复合肥 40 万吨，化工机械 1 万吨。

南京化工公司主要技术经济指标和主要产品产量见表 1 和表 2。　(潘　春)

【贺国强视察南京化工公司连云港碱厂】　2010 年 5 月 14 日，中共中央政治局常委、中央纪委书记贺国强在江苏省委副书记王国生等陪同下，专程到南京化工公司连云港碱厂视察。

(潘　春)

贺国强视察南京化工公司连云港碱厂

【多项指标创历史纪录】 2010年，南京化工公司实现工业总产值76.42亿元，实现销售收入82.84亿元，较上年分别增长35%和26%，均创历史最高水平。产销率100%，资金回笼率100%。24个主要产品产量有22个超上年同期水平，13个产品产量创历史纪录，其中苯胺产量突破20万吨，创造历史最高水平，取得显著经济效益。

（潘 春）

【新一轮发展加快推进】 2010年，南京化工公司10万吨/年苯胺、硝基苯、7#浓缩塔、扬子—南化氢气管输等装置相继建成并一次安全开车成功。脱硫项目、表面活性剂项目、环己酮废碱焚烧项目、9万吨/年制氢项目、硝基氯苯废水治理项目积极推进；氮肥老厂区的拆除基本完成。石油三采助剂先导试验装置建成试车，开拓了公司产品发展新领域。9万吨/年制氢及配套空分项目、2 000吨/年甲醇催化剂项目、2 000吨/年表面活性剂合成中试项目、10万吨/年环己酮项目4个限上项目得到石化集团公司批复，其中9万吨/年制氢及配套空分项目被列入2010年南京市新型工业化50个重点项目。

（潘 春）

【科研开发取得突破】 2010年，南京化工公司申请专利45项，获得专利授权15项，创历史最好成绩。“一种以铜锌为活性组分的催化剂的生产方法”获南京市优秀专利奖，“空间位阻胺脱硫脱碳系列溶剂的研究开发”获第七届中国国际专利与名牌博览会金奖。NCH6－2型催化剂实现国产化，NCH2型硝基苯加氢制苯胺催化剂投入工业应用，单程寿命创历史最高水平。

（潘 春）

【节能减排取得成效】 2010年，南京化工公司万元产值能耗2.05吨标煤，同比下降0.28吨标煤，全年节能23万吨标煤。考核的284项消耗比目标节约0.56亿元，同比降低0.68亿元。全年工业取水量6 439万吨，比目标节约211万吨，同比减少684万吨，工业水重复利用率93.3%，同比提高1.24%。工业废水排放量同比下降24.5%。

（潘 春）

【完成国内首台出口欧洲PTA蒸汽管干燥机制造】 2010年5月18日，南京化工公司化机厂和中国化工集团天华化工机械及自动化研究设计院为英国BP公司设计制造的PTA蒸汽管干燥机出厂庆典仪式在南京化工公司举行。该设备顺利通过了BP公司按照欧盟PED标准进行的最终验收。这一成果标志着中国制造业在向西方主要化工行业用户出口高技术、高附加值大型机械成套关键设备上取得了历史性突破，也标志着南京化工公司化机厂作为中国石化大型非标设备制造基地，在实施走出去发展战略上迈出了第一步。

（潘 春）

【与山西晋城兰花集团签署合作意向书】 2010年5月21日，南京化工公司与山西晋城兰花集团在上海签署了《合作发展煤化工一体化项目意向书》。该意向书计划在晋城地区建设集煤炭开采、煤化工一体化的现代煤化工项目。项目的实施将推动南京化工公司产业结构升级和转变发展方式。

（潘 春）

国产首台出口欧洲PTA蒸汽管干燥机出厂庆典仪式

【研究院被确定为全国企事业知识产权试点单位】 南京化工公司研究院积极组织实施技术创新工程，以专利制度来促进科技创新，截至2009年底，该院已申请专利213项，获专利授权133项，专利成果转化率达到了70%以上，在专利技术产业化方面走在了全国科研院所的前列。2010年5月被国家知识产权局确定为第四批全国企事业知识产权试点单位。

（潘 春）

【ERP 系统上线】 2010 年 9 月 9 日，南京化工公司 ERP 项目正式启动线上业务流程，标志着以财务为核心的 ERP 管理集成系统正式进入各个专业管理业务数据的补录和实时录入数据阶段。该系统通过对财务会计、生产计划、销售分销、物料管理、工厂维护等方面进行管理，实现物流、资金流、信息流“三流合一”的管理模式，增强企业管理的过程监督和控制力，实现企业管理水平和管理手段的提升和丰富。

（潘　春）

【中国石化内蒙古南化化工机械有限公司开工建设】 2010 年 6 月 25 日，中国石化内蒙古南化化工机械有限公司完成工商注册。9 月 28 日，该公司在鄂尔多斯苏里格经济开发区开工建设。该项目总占地 150 亩(10 万平方米)，一期工程占地 1.81 万平方米，将建成总长 192 米全钢结构联合厂房。厂房内天车最大吨位为 300 吨，可满足单台 600 吨设备整体出厂，600 吨以上设备可分段出厂、现场组对，压力容器年生产能力可达 4 000 吨。

（潘　春）

【长江上最大的重件码头启用】 2010 年 10 月 4 日上午，长江上可装卸单件重量最大的重件码头——南京化工公司 6#码头启用。由该公司化机厂制造的长 14.5 米、直径 5.67 米、重达 210 吨的云南云天化股份有限公司甲醇合成塔在该码头被顺利启吊装船。

（潘　春）

【集资房高层住宅项目开工建设】 2010 年 12 月 14 日，南京化工公司集资房高层住宅项目正式开工。该项目是南京化工公司职工建房史上首次建设高层住宅。该项目总用地面积 1.58 万平方米，共建设 2 栋高层(其中 1 栋 33 层，1 栋 34 层)及 1 栋 11 层的小高层建筑。总建筑面积 6.1 万平方米，住房面积 5.2 万平方米，地下车库 0.9 万平方米，总户数达到 712 户。预计 2013 年上半年全面竣工。

（潘　春）

【制成国内首台环氧乙烷反应器】 2010 年 12 月 20 日，南京化工公司化机厂制造的国产首台 6 万吨/年环氧乙烷反应器制成出厂。之前该设备在国内石化行业一直依赖进口。化机厂运用自主研发的制造技术，攻克格栅制造、管板堆焊防变形、格栅与管板、筒体组对精度控制等一系列难关，实现了国内石化关键装备国产化水平的新突破。

（潘　春）

表 1　　南京化工公司主要技术经济指标　　亿元

指标名称＼年份	2010	2009	2008	2007	2006	2005
工业总产值	76.42	56.72	56.19	72.48	64.40	65.80
工业增加值	17.13	12.18	10.76	14.28	16.34	13.48
资产总计	88.36	87.84	91.13	98.63	90.65	85.97
流动资产	22.13	18.92	19.56	26.55	24.76	24.92
固定资产原值	104.19	96.84	95.38	78.18	71.77	51.21
固定资产净值	65.24	61.96	64.74	51.49	48.11	28.83
销售收入	82.84	65.60	79.85	80.06	69.41	70.09
实现利税	0.22	-6.12	-1.70	-0.40	3.06	2.34
税　金	3.17	3.09	3.61	3.19	2.91	2.09
综合能耗/吨标煤 · 万元$^{-1}$	2.05	2.33	2.60	2.56	2.70	2.72

表2 **南京化工公司主要产品产量** 万吨

产品名称 \ 年份	2010	2009	2008	2007	2006	2005
硫　酸	58.77	46.38	34.70	48.95	51.85	51.33
浓硝酸	20.56	15.60	11.32	10.36	9.26	9.64
稀硝酸	86.87	67.64	59.27	60.03	59.06	51.81
盐　酸	21.95	19.18	11.08	18.06	15.19	19.03
磷　酸	4.95	4.22	2.41	4.08	4.46	6.50
烧　碱	8.77	7.89	5.07	5.59	5.38	5.15
纯　碱	106.10	102.30	116.23	117.61	106.09	100.04
氢　气	3.00	2.47	2.12	2.66	1.09	0.92
合成氨	18.72	21.69	15.44	16.84	13.33	15.22
硝酸铵	14.64	12.78	15.46	13.53	15.05	15.34
NPK复合肥	27.31	23.52	13.36	32.49	27.59	38.19
氯　苯	10.89	10.22	6.85	7.51	7.39	6.89
环已酮	6.47	4.94	3.96	4.37	0.09	—
苯　胺	20.97	16.16	15.55	19.53	17.07	10.31
环已胺	0.83	0.58	0.31	0.41	0.55	0.53
硝基苯	27.71	22.87	22.59	26.95	23.13	14.13
对硝基氯苯	9.39	8.77	5.73	6.33	6.27	5.90
邻硝基氯苯	5.11	4.71	3.09	3.66	3.49	3.23
RT培司	1.36	1.08	0.66	1.50	1.64	1.29
橡胶促进剂总量	0.12	—	0.02	0.47	0.49	—
防老剂RD	2.93	2.13	1.31	1.63	1.47	1.07
防老剂4020	1.44	1.16	0.75	1.48	1.38	0.81
防老剂4010NA	0.37	0.30	0.16	0.48	0.74	0.77
化工设备制造	1.38	1.68	1.48	1.05	0.88	1.29

福建炼化

【概况】 福建炼油化工有限公司（简称福建炼化）是由石化股份公司和福建省石油化学工业公司各出资50%合资建设的具有独立法人单位资格的大型炼油化工企业，位于福建省泉州市泉港区，紧靠全国四大良港之一的湄洲湾。其前身福建炼油厂始建于1989年1月。福建炼化下设7个机关处室、2家全资子公司、2家相对控股的大型中外合资公司（福建联合石化公司、福林气体公司）。本部职工总数170人，其中本科及以上学历人员94人。

福建联合石油化工有限公司（简称福建联合石化公司）是由福建炼化、埃克森美孚中国石油化工公司、沙特阿美中国有限公司按50%：25%：25%比例合资建设的大型石油化工企业，2007年3月成立，拥有1 200万吨/年炼油、80万吨/年乙烯裂解等23套炼油及化工联合装置，主要加工沙特原油，生产车用无铅汽油、轻柴油、聚乙烯、聚丙烯等50多个牌号的石化产品。

福建炼化林德气体公司（简称福林气体公司）由福建炼化与林德气体（香港）公司按50%：50%比例合资建设，2008年8月正式成立，2010年底正式投入商业运行，主要为福建炼油乙烯项目提供专业气体产品。

2010年，福建炼化共加工原油1 138.72万吨、生产产品950.86万吨、实现销售收入640.52亿元，实现税费83.85亿元，加工原油、销售收入、实现利润、上缴税费等指标创造了建厂以来的新纪录，取得了较好的社会效益和经济效益。福建炼化全年累计节能2.5万吨标煤，超额完成了当年任务；“十一五”期间累计节能8.7万吨标煤，完成公司“十一五”节能目标任务的126%。

福建炼化主要技术经济指标和主要产品产量分别见表1和表2。

（李　晟）

【福建炼油乙烯项目新建装置实现达标】 2010年是福建炼油乙烯项目投产后首个完整的生产年度，项目新建的18套炼油化工装置和原有炼油装置均保持安全、平稳、高负荷运行，炼油装置、乙烯装置、芳烃装置、聚乙烯装置负荷率分别达到91%、96%、98%和99%，各项技术经济指标全面达标。其中，项目新建乙烯装置乙烯平均收率32.31%、平均能耗577.29千克（标油）/吨、平均加工损失率0.44%，丙烯平均收率15.66%；芳烃装置平均能耗590.04千克（标油）/吨、加工损失率0.34%，达到国内同等规模装置的先进水平。

（李　晟）

福建联合石化公司70万吨/年芳烃联合装置

【推行HSE观察制度和HAZOP审查制度取得成效】 2010年，福建联合石化公司推行了HSE观察制度和生产装置危险及可操作性（HAZOP）审查制度。管理人员分成16个不同小组，每周对指定区域进行安全观察并形成观察报告，生产团队和支持团队负责消除安全隐患并形成反馈意见，将现场HSE观察常态化。全年共组织观察832组次，完成了轻烃回收、800万吨/年常减压等7套装置的审查工作。新装置运行期间，HSE观察和HAZOP审查制度在保障装置安全平稳运行和隐患治理方面发挥了重要作用，年内福建联合石化公司员工损失工时事故率和员工总事故率同比下降了0.3%和0.4%。

（李　晟）

【启动福建炼油乙烯“脱瓶颈”项目】 2010年3月2日，福建省人民政府和石化集团公司就加快推进海峡西岸经济区石化产业新一轮发展进行了会谈，双方决定尽快共同推进福建炼油乙烯“脱瓶颈”项目。12月9日，石化集团公司与福建省签订了共同启动福建炼油乙烯项目“脱瓶颈”项目的协议，项目计划投资人民币50亿元。福建联合石化公司已经启动项目前期准备工作。

（李　晟）

【福建炼油乙烯项目融资股东保证首次解除】 2007年，为保证福建炼油乙烯项目资金的需求，中国境内12家金融机构组成银团为项目提供约人民币300亿元（折40亿美元）资金贷款额度，福建联合石化公司的三方股东在项目建设初期按照股权比例分别对项目的贷款提供担保。2010年12月13日，福建联合石化公司符合了“福建炼油乙烯项目物理完工和满足资产抵押”等条件，项目融资银团贷款股东保证首次解除，其项目资产抵押登记工作和文件要求的规模、范围之大和复杂程度之深在国内尚属首例。股东保证首次解除后，三方股东只需按照股权比例对福建炼油乙烯项目50%的贷款提供股东担保。其中，福建炼化为福建联合石化公司提供的融资担保保证比例由原本的50%下调到25%，融资担保余额为67.58亿元，比年初减少73.78亿元。

（李 晟）

【福林气体公司全面投入商业运营】 2010年11月26日，福建联合石化公司与福林气体公司共同签署了《空分装置转移合同》及其配套的相关协议。2011年1月1日，按照合同规定，原属福建联合石化公司的2套4万米^3/时空气分离装置的资产及相应人员全部被转移至福林气体公司，并由福林气体公司负责运营管理。福林气体公司正式全面投入商业运营。

（李 晟）

【橡胶合资项目完成协议草签】 根据2010年3月2日福建省人民政府与石化集团公司会谈纪要精神，12月9日，福建炼化与福建省石化公司完成了合资建设橡胶项目协议的草签。项目包括1套10万吨/年丁苯橡胶装置、1套5万吨/年顺丁橡胶装置以及相关的配套公用工程装置，报批总投资12.13亿元，占地面积35.73万平方米。截至年底，项目共完成投资8.54亿元，主装置区土建约完成95%工程量，钢结构工程约完成90%安装工程量，约97%的设备已到货。

（李 晟）

【BW&BCS项目顺利启动】 为贯彻落实石化集团公司构建会计集中核算平台要求，进一步提高石化股份公司和福建炼化的财务管理、监督和控制能力，福建炼化启动了BW&BCS系统工作。公司成立了BW&BCS项目领导小组，负责对BW&BCS项目的开发、实施目标和组织项目投资等工作的领导和决策。3月15日，培训准备开始，8月3日，福建炼化BW&BCS系统正式运行。

（李 晟）

【康庆山获全国劳动模范称号】 2010年4月27日，福建联合石化公司生产部调度总经理康庆山获全国劳动模范称号，出席了在人民大会堂举行的表彰大会，受到了党和国家领导人的亲切接见。

（李 晟）

表1 福建炼化主要技术经济指标① 亿元

指标名称 \ 年份	2010	2009	2008	2007	2006	2005
原油加工量/万吨	1 138.72	704.28	310.96	352.33	375.03	348.40
工业总产值②	—	275.70	126.03	138.88	144.80	113.35
工业增加值	—	—	—	—	-1.91	3.50
资产总计	58.30	51.89	47.20	34.57	66.08	42.26
流动资产	7.92	7.80	7.34	9.00	44.91	22.67
固定资产原值	2.24	2.56	2.56	2.59	45.46	45.04
固定资产净值	1.41	1.34	1.44	1.53	14.68	16.74
吨油利润/元	—	—	—	—	-155.21	-50.71
销售收入	640.52	206.81	156.33	149.72	144.00	112.12
实现利税	6.40	2.07	-8.99	5.24	0.19	4.54
税 金	0.26	0.09	0.06	6.34	6.04	6.31
炼油综合能耗③/千克标油·吨$^{-1}$	74.01	90.15	79.78	—	—	—

①2008年起，资产总计、税金为福建炼化本部，其余指标包含福建联合石化公司；福建联合石化公司无工业增加值、吨油利润两项指标。

②分置运营后，福建炼化本部没有工业产品生产，无工业总产值，企业集团工业总产值未作统计。

③炼油综合能耗包括公用工程与储运系统的消耗。

表2　　**福建炼化主要产品产量**　　万吨

产品名称＼年份	2010	2009	2008	2007	2006	2005
汽　油	150.29	122.38	85.64	97.96	102.63	95.19
柴　油	388.52	258.83	109.81	134.52	155.89	147.70
航空煤油	96.45	32.35	5.10	5.39	5.83	5.31
灯用煤油	—	—	0.36	0.66	0.49	0.50
石脑油	265.78	12.56	14.20	17.78	15.01	11.60
液化气	25.74	30.83	21.52	22.02	22.05	19.69
燃料油①	0.98	11.42	27.95	8.31	7.31	17.40
溶剂油	—	0.51	1.09	2.36	2.44	2.21
石油焦	14.23	13.05	1.70	13.30	12.76	13.43
硫　黄	18.05	7.12	0.91	1.10	1.14	0.95
液　氨	—	0.05	0.05	0.07	0.07	0.07
丙　烯	57.33	24.41	9.51	9.94	10.25	9.93
聚丙烯	47.48	18.90	8.93	10.33	11.07	9.46
乙　烯	84.36	7.17	—	—	—	—
聚乙烯	87.29	20.07	—	—	—	—
对二甲苯	65.92	23.86	—	—	—	—
苯	33.11	10.10	—	—	—	—
丁二烯	13.10	3.17	—	—	—	—

①2008年燃料油产量含工业重油、船用馏分燃料油、工艺陶瓷燃料油和不锈钢固溶油。

广州石化

【概况】 中国石油化工股份有限公司广州分公司(简称广州分公司)和中国石化集团资产经营管理有限公司广州分公司(简称资产公司广州分公司)统称广州石化，是隶属于石化集团公司的特大型石油化工联合企业，厂区位于广州市黄埔区石化路，占地面积445.59万平方米。其前身是成立于1973年6月18日的广州石油化工总厂。

截至2010年底，广州石化共有在册职工5 422人，其中经营管理人员1 150人、专业技术人员676人、技能操作人员3 539人；设有17个职能部室、6个专业中心、9个作业部及2家全资或控股子公司；具备年加工原油1 320万吨、年生产乙烯22万吨能力，拥有30.5万千瓦装机容量的自备热电站以及原油码头和完善的长输管道；有主要装置54套；主要有33种石油化工产品出厂，其中石油产品有汽油、柴油、航空煤油、石脑油、重油、溶剂油、液化气、道路沥青、石油焦、硫黄、聚乙烯、聚丙烯、聚苯乙烯等19种，固体塑料产品有聚乙烯、聚丙烯、聚苯乙烯三大类14种共160多个牌号。

资产公司广州分公司主要技术经济指标见表1，广州分公司主要技术经济指标和主要产品产量见表2和表3。

(王新忠　曾淑华)

【领导班子调整】 2010年4月15日，广州石化党委书记陈晓文调任中科合资广东湛江炼化一体化项目筹备组组长；11月24日，石化集团公司对广州石化领导班子作出调整，冯建平任广州分公司党委书记，杨栋任广州分公司总经理兼党委副书记、资产公司广州分公司总经理，增补付建、周峰、李群友为广州分公司党委常委。

(王新忠　曾淑华)

【150万吨/年催化汽油吸附脱硫装置投产】 2009年2月28日，广州分公司150万吨/年催化汽油吸附脱

硫(S－Zorb)装置工程动工，11月30日实现中间交接；2010年1月10日，装置一次开车成功，产出硫含量低于10×10^{-6}的汽油产品，项目总投资2.9亿元，主要生产满足国Ⅳ油品标准的汽油。装置投运可改善广州石化现有装置产品结构，提高汽油产品质量。

（王新忠　曾淑华）

广州石化S－Zorb装置　（邓志伸　摄）

【MTBE扩能改造项目投产】　2009年12月15日，广州分公司MTBE装置扩能改造项目开工，2010年8月12日完成中间交接，9月3日投产成功。项目总投资3 228万元，占地面积790平方米，依托原有的MTBE装置，改造后装置生产能力由5.4万吨/年提升为9万吨/年，满足广州分公司对MTBE的需求并提高碳四资源的综合利用，提高汽油质量，具有明显的经济效益。

（王新忠　曾淑华）

【200万吨/年柴油加氢装置开工】　2010年12月15日，广州分公司200万吨/年柴油加氢装置开工，该项目主要对催化柴油、焦化柴油和加氢处理后的柴油进行改质，提升车用柴油质量、降低二氧化硫含量，包括新建200万吨/年柴油加氢改质装置、加氢二(B)装置改造两套主体工艺装置以及系统配套工程共7个单元，占地面积1.03万平方米，工程总投资概算7.07亿元，由中国石化洛阳工程公司设计，中国石化第四建设公司承建。

（王新忠　曾淑华）

【50万吨/年焦化汽油加氢装置投产】　2009年12月15日，广州分公司50万吨/年焦化汽油加氢装置工程动工，2010年8月30日实现中间交接，10月13日一次投产成功，产出合格的汽油产品。项目总投资7 103万元，是1 320万吨/年炼油总流程完善配套及环保治理项目，主要解决焦化汽油由于烯烃、硫、氮等杂质含量高导致产品稳定性差的问题，提升油品质量。装置成功投产，标志广州分公司生产的汽油产品可全部达到国IV标准。

（王新忠　曾淑华）

【140万吨/年延迟焦化装置成功投产】　2009年12月28日，广州分公司140万吨/年延迟焦化装置动工，2010年12月8日一次投料开车成功，实现工程中间交接与投料开车同步。项目总投资3.73亿元，是广州分公司炼油总流程完善配套及环保治理项目的主要组成部分。主要包括140万吨/年延迟焦化装置、产品精制装置、焦炭输送系统。装置投运可解决一、二次加工装置配套不完善，重油深加工能力不足问题，提升成品油和化工原料质量。

（王新忠　曾淑华）

140万吨/年延迟焦化装置成功投产　（邓志伸　摄）

【汽油产品质量升级】　2010年，广州分公司汽油产品全部达到国IV标准。8月1日起，正式向市场供应国IV车用汽油（国Ⅳ车用汽油标准硫含量为0.005%；锰含量0.0008克/升）。

（王新忠　曾淑华）

【环保治理取得新突破】　2010年，广州分公司自备热电站1#和2#煤粉锅炉降氮脱硝、油气回收、炼油污水场改造等6个环保治理项目全部建成投用，效果显著。全面完成石化集团公司下达的7项环保和节水考核指标，外排废水100%达标，COD排放量、二氧化硫排放量同比分别减少72.49%和36.8%，烟尘排放量减少84%。黄埔区全年空气质量保持优良等级。1月24日，广东省环保厅宣布取消对广州石化的环保信用红牌管制。

（王新忠　曾淑华）

【节能减排成效显著】 2010年，广州分公司在原油加工总量增大的情况下，实现年节能量累计达22.96万吨标煤，完成年计划的166.3%，节能减排取得显著成效。全年万元产值综合能耗0.74吨标煤，同比下降0.06吨标煤；炼油综合能耗60.70千克(标油)/吨，同比下降1.1千克(标油)/吨；原油加工损失率0.63%，同比下降0.07%；化工裂解损失率0.35%，同比下降5.4%；乙烯燃动能耗618.54千克(标油)/吨，同比下降23千克(标油)/吨；原油贮运损失率0.19%；加热炉、锅炉加权平均热效率90.79%，同比提高0.62个百分点；全年工业取水2 077万吨，炼油专业取水累计0.50吨/吨油，同比减少17.9%；化工专业取水累计19.14吨/吨，同比减少4.49%；工业水重复利用率97.72%；回收冷凝水291.5万吨，同比增加83.3万吨。

（王新忠　曾淑华）

【成立提升炼油专业绩效专家课题组】 2010年7月，广州分公司成立提升炼油专业绩效专家课题组。专家组主要针对提升炼油绩效、降低能耗、减少损失、改善产品结构、提升产品质量、增加效益等方面开展工作。至年底，提出原油资源、生产流程、产品结构3个方面优化改进措施145条，其中管理措施40条、技术措施105条，提升炼油绩效重点项目措施27项，部分措施落实工作已经启动，已完成可研项目5项，准备可行性研究15项。

（王新忠　曾淑华）

【推行装置模拟利润考核】 2010年4月1日，广州分公司开始在炼油、化工、动力3个专业的43套装置推行模拟利润考核。考核体系依托全面预算编制为预算指标编制基础，装置投入产出引入市场价格因素，独立核算形成各装置模拟利润指标，结合MES生产执行系统、ERP企业资源管理系统进行过程监控，以月度装置利润完成情况进行考评计奖，形成覆盖生产和管理过程的全流程绩效管理体系，全面反映装置整体绩效。考核体系实施后，装置模拟利润完成率逐月提高，由开始的43%提高到75%，年底有40套装置达到预算利润。

（王新忠　曾淑华）

【创新物资供应管理】 2010年2月，广州分公司自行开发的物资供应管理辅助系统投用，完成系统物码转换及ERP提升项目上线工作，实现责任主体占用库存资金自动分解、新增积压物资查询和合同闭环管理等功能，开创了石化集团公司物资供应信息化管理的先河，物质管理工作效率和管理水平得到提升。全年库存资金占用比上年下降20.23%，积压物资从年初1.06亿元下降到5 861.09万元；清理基建遗留积压物资及其他库龄10年以上库存积压物资4 965.09万元，根据库存积压物资的年限、质量状况、使用意向提出折价使用方案。截至年底，利用打折使用积压物资达1 200.16万元。是年，广州分公司被评为中国石化物资供应管理综合先进单位，获中国石化物资供应管理传统业务改造库存资金占用责任主体调整单项奖、物资储备和库存管理三等奖。

（王新忠　曾淑华）

【QC活动】 2010年，广州分公司共有注册QC活动小组288个，占班组数的80%，QC小组人数占职工总数的43.8%。年内，有2个小组获全国质量信得过班组称号，1个小组获广州市羊城杯，8个小组分别获广东省、广州市优秀QC小组称号，2个小组获中国石化QC小组活动一等奖。

（王新忠　曾淑华）

【科技成果】 2010年，广州石化"十条龙"科技攻关项目"100万吨/年超低压连续重整成套技术开发"、"炼油过程能量优化及低温热利用方案研究"、"回收炼厂1-丁烯成套工业化技术"等7个项目先后通过中国石化总部的鉴定或验收。"高熔指低密度聚乙烯瓶盖专用料DNDA-2020的研制"通过中国石化总部和广东省科技厅组织的科技成果技术鉴定，17个项目通过广州分公司级科技评定；"双程线性急冷锅炉高温热紧工具"和"一种分流气体进样装置"获国家实用新型专利权；9项成果在石化集团公司第19届管理现代化创新成果中获奖，其中"企业重点(关键)业务在线效能监察"获一等奖；完成高抗冲聚苯乙烯GH670、透明聚丙烯J733T、高熔指纤维料S960等新产品开发，完成高熔指抗冲共聚料J842等产品质量升级及改进。新开发产品受到市场认可，实现规模化生产。

（王新忠　曾淑华）

【信息技术与管理有效融合】 2010年，广州分公司通过建立装置模拟利润考核体系、作业部三基管理工作一体化平台、综合信息平台、合理化信息平台等，将信息化与管理理念及管理措施延伸到生产装置，有效整合ERP、TBM、MES数据，实现企业绩效考核闭环管理，装置成本效益达标率从65.12%上升到88.37%，工作效率提高80%以上，全年实现ERP达标率100%，完成ERP应用典型亮点31项，通过计算机网络实现对业务关键点、风险点、效益点的实时监控、预警和分析，得到中国石化总部专家的肯定，并被推荐为全国优秀管理成果。是年，被石化股份公司评为信息化水平A级单位。

（王新忠　曾淑华）

【网络完善项目成功投用】 2010年1月11日，广州石化网络完善项目正式启动，4月28日成功上线运行。该项目由中国石化总部投资建设和推进，主要以增强网络的可靠性和安全性，实现高效、稳定和覆盖全面的一体化多业务网络为目的。原网络架构和设备依托此项目进行改造升级，实现网络三层互联模型，采用国际领先的OSPF路由协议，增强网络的稳定性，网络核心层采用双核心技术等8个方面的优化提升，项目投运后，效果良好。

（王新忠　曾淑华）

【完成国家危险化学品应急救援演练任务】 2010年4月1日，全国危险化学品事故应急救援演练在广州石化成功举行。该次演练是广东省首次举办安全生产应急救援队伍展示和应急救援演练，是广州市有史以来最大规模的危险化学品事故应急救援演练。广东省、市、区和中央驻粤机构20多个部门和单位3 000多人、150多台装备、160多辆车辆及2架直升机参与演练。

（王新忠　曾淑华）

国家危险化学品应急救援演练　（余峻才　摄）

【《广州石化志》第四卷出版】 2010年2月，《广州石化志》第四卷由中国石化出版社出版发行。该志记述了2001—2005年的发展历程，采取续修的方式，记载了广州石化在生产、经营、改革发展等方面情况，设9篇28章及大事记、附录和后记，共541千字。

（王新忠　曾淑华）

表1　资产公司广州分公司主要技术经济指标　亿元

指标名称＼年份	2010	2009	2008	2007	2006	2005
工业总产值	1.46	1.34	3.11	1.35	3.42	2.15
工业增加值	0.17	0.35	0.50	-0.08	-0.21	-0.42
资产总计	6.56	6.96	7.04	13.04	13.83	13.24
流动资产	1.47	1.86	1.88	7.39	8.06	1.95
固定资产原值	6.21	6.01	5.95	6.50	6.54	7.28
固定资产净值	4.57	4.57	4.60	4.94	5.06	5.63
主营业务收入	2.21	2.06	29.20	22.52	20.02	17.50
实现利税	1.16	…	0.56	-0.01	1.43	0.65
税　金	0.33	0.41	0.51	0.41	0.32	0.35

表 2　　广州分公司主要技术经济指标　　亿元

指标名称＼年份	2010	2009	2008	2007	2006	2005
原油加工量/万吨	1 176.72	1 120.78	1 160.63	1 035.25	739.08	669.08
工业总产值	535.43	413.94	525.52	401.52	291.58	219.79
工业增加值	133.00	112.59	-46.64	20.15	8.41	22.73
资产总计	163.27	163.16	139.86	159.75	130.17	109.73
流动资产	67.71	69.98	43.96	69.2	44.33	40.97
固定资产原值	185.28	177.19	164.15	163.77	145.62	108.19
固定资产净值	81.68	81.78	74.26	81.66	72.55	41.45
主营业务收入	524.41	404.31	523.62	396.87	274.25	221.68
实现利税	107.72	90.76	-40.72	3.67	-3.33	14.30
税　金	165.56	75.57	12.45	17.14	11.67	11.16
综合能耗/吨标煤·万元$^{-1}$	0.74	0.80	0.74	0.85	0.95	0.99

表 3　　广州石化主要产品产量　　万吨

产品名称＼年份	2010	2009	2008	2007	2006	2005
汽　油	217.43	192.96	155.98	141.45	127.17	131.78
煤　油	114.86	94.21	81.45	81.11	43.07	28.61
柴　油	436.99	440.80	490.04	420.89	296.25	277.82
燃料油	15.64	35.83	60.98	42.06	35.66	34.05
液化气	42.27	44.47	42.28	39.47	29.48	25.53
沥　青	47.86	30.17	12.86	10.95	8.44	6.07
石油焦	72.27	66.44	73.54	62.22	41.81	28.64
乙　烯	22.46	22.50	21.98	21.06	19.57	21.36
聚乙烯	21.50	21.82	20.65	19.30	18.30	19.54
聚丙烯	21.03	19.67	20.32	18.42	18.28	17.69
聚苯乙烯	6.20	6.12	5.42	5.08	5.52	6.03

洛阳石化

【概况】 中国石油化工股份有限公司洛阳分公司（简称洛阳分公司）和中国石化集团资产经营管理有限公司洛阳分公司（简称资产公司洛阳分公司）统称洛阳石化，位于洛阳市东北郊的黄河北岸吉利区境内，是中国石化直属的特大型油、化、纤一体化石油化工企业。

洛阳石化的前身是国家第五个“五年计划”期间批准建设的500万吨/年燃料型炼油企业，1977年底开工建设，1984年部分建成投产。截至2010年底，洛阳石化生产系统主要有16套炼油生产装置、8套化纤化工生产装置以及相应的辅助动力系统和其他配套装置。洛阳石化资产总额94.53亿元。洛阳分公司下设行政部门17个，直属车间14个，资产公司洛阳分公司下设8个部门。洛阳石化有各类用工5 825人，其中正式职工4 210人。

洛阳石化主要技术经济指标和主要产品产量见表1和表2。

（王明堂　于　玲）

【生产经营总量再创历史新高】 2010年，洛阳石化累计加工原料油757万吨，同比增长6.8%；生产炼油商品712.5万吨，化工化纤商品75.2万吨。实现销售收入447亿元（洛阳分公司381亿元，多经改制企业66亿元），同比增长32.8%。上缴税金66.40亿元。加工量、销售收入和税金均创历史新高，全年有40项技术经济指标创历史最好水平。轻质油收率74.62%，比石化集团公司总部下达指标高0.62个百分点；综合商品率94.02%，同比提高0.87个百分点；加工损失率0.71%，同比降低0.07个百分点。原油储运损耗率0.33%，同比降低0.04个百分点。炼油单位完全费用196.44元，化工吨产品完全费用1 687.6元，按可比口径均完成了石化集团公司总部下达的指标。

（王明堂　于　玲）

【各项能耗指标明显改善】 2010年，洛阳分公司开展装置深度用能分析，实施装置间热供料，万元产值能耗0.62吨标煤；炼油综合能耗61.7千克（标油）/吨，同比下降2.8个单位，比石化集团公司总部考核指标低3.3个单位；化纤综合能耗205.8千克（标油）/吨，同比下降16.8个单位。全年节能量1.95万吨标煤，增效1 369万元。焦化装置、蜡油加氢装置能耗分别从开工初期的35.4千克（标油）/吨、12.5千克（标油）/吨降至25.4千克（标油）/吨和8.2千克（标油）/吨，步入行业同类装置先进行列。全年吨油取水量0.51吨，吨油污水排放量0.22吨，工业废水排放总量259万吨，COD排放总量255吨，环保指标保持了行业先进水平，连续5年获石化集团公司环境保护先进单位称号。

（王明堂　于　玲）

【石脑油催化重整成套技术开发与应用项目获国家科技进步一等奖】 2010年1月11日，中共中央、国务院在北京人民大会堂隆重举行国家科学技术奖励大会，洛阳分公司与洛阳工程公司、石油化工科学研究院、扬子石化、湖南建长石化、镇海炼化合作完成的“石脑油催化重整成套技术的开发及工业应用”成果获2009年度国家科学技术进步奖一等奖。

（王明堂　于　玲）

【洛阳石化首批黄岛路运进口原油到厂】 2010年7月3日，洛阳分公司首批43车、2 127.5吨进口原油经黄岛专列运输到厂，对洛阳分公司原油供应紧张有所缓解，保证企业的安全生产。

（王明堂　于　玲）

【军用3# 喷气燃料出厂】 随着油品质量升级的改造，2009年，洛阳石化打通航煤加氢流程，通过加氢反应、产品分馏等过程的调整和优化，7月10日，三联合航煤加氢装置开工一次成功，并生产出合格的军用3# 喷气燃料。2010年1月19日，该喷气燃料通过国家航空油料鉴定委员会组织的联合鉴定，5月11日出厂。

（王明堂　于　玲）

军用3#喷气燃料出厂仪式

【260万吨/年柴油加氢装置投产成功】 260万吨/年

柴油加氢装置是洛阳石化油品质量升级改造二期工程的核心项目，是保证企业柴油质量达到国Ⅲ标准和提高综合加工能力的关键装置，总投资为 4.59 亿元。2009 年 6 月开工建设。2010 年 9 月 16 日实现中交，10 月 15 日生产出合格的柴油和石脑油等产品，实现装置开车一次成功。260 万吨/年柴油加氢装置开工投产，标志着油品质量升级改造项目完工，企业跨入千万吨级炼厂行列，实现“三步走”战略目标。

（王明堂　于　玲）

14 万吨/年聚丙烯装置开工奠基仪式

【14 万吨/年聚丙烯装置开工奠基】 2010 年 12 月 18 日，洛阳石化新建 14 万吨/年聚丙烯装置开工奠基。该项目于 2008 年 2 月获得石化股份公司批复，2010 年 3 月装置换址后重新获得石化股份公司批复，11 月，项目基础设计通过石化集团公司总部审查。该项目建成后，洛阳石化的聚丙烯产能将超过 20 万吨/年，成为中国中部地区重要的聚丙烯化工生产基地，对进一步完善和发展化工生产，推动“十二五”生产结构调整，提高企业经济效益和整体竞争实力具有重要意义。

（王明堂　于　玲）

【党建工作不断开创新局面】 2010 年，洛阳石化党委认真贯彻落实党的十七届五中全会精神，贯彻落实石化集团公司党组党委要求，按照“围绕生产抓党建，抓好党建促生产”和“抓生产从思想入手，抓思想从生产出发”的工作思路，领导各级党组织，团结带领干部职工立足本职，扎实工作，保证中心任务的全面完成，进一步提升党建工作水平，洛阳分公司党委再次被河南省委授予五好基层党组织称号。7 月 8 日，中共洛阳市委、洛阳市人民政府作出决定，号召全市各部门、各单位向洛阳石化学习。

（王明堂　于　玲）

【进一步建设和谐企业】 2010 年，洛阳石化加强对职代会工作的领导，完善并严格执行两级职代会制度，高度重视提案办理工作。七届五次职代会上确立的 9 件提案、66 件建议全部得到落实。从解决与职工利益相关的问题入手，继续为职工办好 8 件实事，积极营造和谐企业的良好氛围。持续改善厂区社区条件和环境。落实维护稳定工作“十项机制”，解决关系职工群众切身利益的问题。企业实现赴北京、河南省、洛阳市集体零上访，连续 23 年获洛阳市信访稳定工作先进单位称号。

（王明堂　于　玲）

【洛阳石化建工集团成立】 2010 年 4 月 8 日，洛阳石化建工集团成立暨揭牌仪式举行，这是洛阳石化贯彻石化集团公司规范支持改制企业精神、落实“大洛阳石化”观念的又一项重要举措，对进一步推进洛阳石化改制企业改革重组，探索改制企业发展具有重要意义。洛阳石化建工集团是由洛阳工程公司、洛阳隆惠石化工程有限公司、洛阳三隆安装检修有限公司、洛阳炼化工程有限责任公司、洛阳石化工程设计有限公司、洛阳石化通达运输工程有限责任公司、洛阳金达石化有限责任公司 7 家工程建设及检维修改制企业共同成立，集石油化工工程设计，项目建设和管理，锅炉、压力管道、压力容器和大中型设备制造安装，机电仪安装，大型土石方工程、建筑装饰工程施工，石化产品生产销售及物流等为一体的大型企业集团，员工总数超过 4 000 人，总资产近 8 亿元。

（王明堂　于　玲）

洛阳石化建工集团成立暨揭牌仪式

表1 洛阳石化主要技术经济指标 亿元

指标名称＼年份	2010	2009	2008	2007	2006	2005
原料油加工量/万吨	757.00	709.00	545.00	603.00	605.00	493.00
工业总产值	378.31	292.70	257.33	256.77	251.97	184.26
炼　油	331.65	256.89	225.29	—	—	—
化　工	46.66	35.82	32.04	—	—	—
工业增加值	69.99	62.60	-47.39	3.31	-8.83	3.36
资产总计	94.53	91.75	81.31	80.66	76.21	75.06
流动资产	43.51	32.78	19.73	25.80	26.89	24.07
固定资产原值	143.34	137.22	115.09	112.94	111.32	105.46
固定资产净值	44.65	54.39	35.54	40.22	58.31	57.86
销售收入①	447.00	337.00	311.00	309.00	294.00	211.00
实现利税	45.07	54.74	-48.91	-6.92	-17.54	-2.01
税　金	66.40	51.79	6.29	8.56	7.95	5.35
综合能耗/吨煤·万元$^{-1}$	0.62	0.61	0.65	—	0.68	0.75

①包括资产公司洛阳分公司、多经改制单位。

表2 洛阳石化主要产品产量 万吨

产品名称＼年份	2010	2009	2008	2007	2006	2005
90#汽油	22.18	38.65	22.10	22.27	53.19	50.19
93#汽油	105.76	85.49	80.06	74.80	44.16	32.49
97#汽油	23.86	18.14	9.63	13.85	9.28	11.16
3#喷气燃料	56.93	41.66	25.68	32.44	21.18	16.95
分子筛料	4.40	8.23	19.32	23.43	25.00	18.75
0#柴油	228.38	230.13	154.66	156.35	184.26	133.12
-10#柴油	16.53	10.07	32.03	32.50	33.51	32.58
-20#柴油	1.96	—	—	0.69	0.75	—
4#燃料油		—	—	—	1.22	5.99
化工石脑油	32.24	26.76	19.00	23.78	24.28	19.60
溶剂油	2.50	3.67	0.83	1.29	2.64	1.94
商品重油	4.04	0.58	9.73	31.31	23.32	23.07
沥　青	30.24	27.94	19.15	20.32	19.69	10.69
液化气	42.01	38.81	30.29	32.57	33.55	29.37
丙　烯	13.97	14.45	9.07	9.88	9.71	8.79
丙　烷	0.03	0.03	0.03	0.15	0.43	0.06
硫　黄	3.22	2.49	1.51	1.30	1.27	1.11
液　氨	0.12	0.10	0.14	0.13	0.13	0.10

续表

产品名称＼年份	2010	2009	2008	2007	2006	2005
聚丙烯	9.14	8.26	6.61	9.45	9.14	9.64
聚丙烯(粉料)	—	—	—	—	1.51	1.64
双向拉伸薄膜	1.59	1.58	1.42	1.72	1.59	0.94
丙纶强力丝	—	—	—	—	0.71	0.63
纯　苯	10.59	9.86	7.69	12.58	12.77	10.42
对二甲苯	22.70	23.69	16.38	24.22	23.89	17.08
精对苯二甲酸	32.10	31.24	22.78	31.21	33.09	31.29
聚　酯	19.90	18.30	11.36	17.60	20.68	19.08
涤纶长丝	5.92	5.91	3.78	6.18	7.57	7.06
涤纶短纤维	9.98	7.92	3.80	6.29	10.17	9.23

安庆石化

【概况】 中国石油化工股份有限公司安庆分公司(简称安庆分公司)和中国石化集团资产经营管理有限公司安庆分公司(简称资产公司安庆分公司)统称安庆石化，始建于1974年7月，是安徽省最大的中央直属生产企业，也是中国石化在沿江中上游炼化企业当中唯一的“油、化、纤、电”一体化企业。截至2010年底，安庆分公司炼油综合配套能力为500万吨/年，拥有年加工原油550万吨的常减压装置、年加工能力140万吨的催化裂化装置、日处理煤2 000吨的壳牌粉煤气化装置以及年产33万吨合成氨、58万吨尿素、8万吨丙烯腈、7万吨腈纶、10万吨乙苯—苯乙烯等生产装置41套，拥有吞吐能力50万吨/年的化肥装船码头、20万吨/年的液态烃码头、全长13千米的厂内铁路专用线和1个工业编组站。资产公司安庆分公司拥有1台220吨/时、2台410吨/时、1台630吨/时燃煤锅炉和4台5万千瓦发电机组，以及吞吐能力760万吨/年的油品码头、80万吨/年的卸煤码头和日产24万吨的供水系统。企业固定资产原值118.23亿元，净值34.76亿元。

截至2010年底，安庆石化有作业部及二级单位12个，业务部及机关附属单位17个，管理部门19个。有正式职工6 140人，其中经营管理人员1 120人，各类专业技术人员1 971人，高、中级职称人员占技术人员比例达到64.1%，高级工以上占操作人员的比例达到66.5%。

安庆石化主要产品有以“双环”牌为主的油品、化肥系列，以“黄山”牌为主的化纤系列和以“双铃”牌为主的化工系列等各类优质产品40余种，其中“双环”牌汽油等15种产品获省优、部优称号，“双环”牌尿素、车用汽油、0# 轻柴油、液化石油气，“黄山”牌腈纶短纤维、腈纶毛条、工业用丙烯腈，“双铃”牌聚丙烯树脂、工业硫黄9种产品继续保持安徽名牌产品称号。

安庆石化主要技术经济指标和主要产品产量见表1和表2。

（张　强）

【领导班子调整】 2010年7月15日，石化集团公司党组对安庆石化的领导班子进行了调整：余夕志调任茂名石化公司总经理、党委副书记；王彪任安庆石化总厂厂长、分公司总经理，同时兼任党委副书记。

（张　强）

【全力提升生产经营业绩】 2010年，安庆石化克服了炼油板块后加氢运行和化肥长停检修带来的诸多困难，以及百年一遇特大暴雨的影响，狠抓装置优化运行，生产经营保持良好态势，全面超额完成全年生产经营目标任务。加工原油476.62万吨，同比增加24.07万吨，创历史新高，成品油、丙烯腈产量刷新历史纪录。尤其是四季度，积极落实石化集团公司总部增产增供柴油的部署，累计增供柴油3.21万吨，创效2 743.59万元，增供量及增效额位居沿江中上游炼化企业第一，有力地保证了周边市场柴油的供应。全年实现营业收入275.28亿元、实现税金近50亿元，合并报表赢利3.4亿元(剔除化肥资产减值因素)，创建厂以来最好水平。

（张　强）

【化工板块减亏扭亏取得阶段性成果】 2010年，化肥煤气化装置最长运行周期110天，实现第一阶段连续运行100天的攻关目标；全年生产丙烯腈8.64万吨，创丙烯腈装置生产历史新高；生产腈纶7.87万吨，实现赢利3.6亿元，创腈纶装置投产以来赢利最高水平；苯乙烯联合装置生产苯乙烯6.67万吨。化工板块全年实现整体赢利4 000万元(剔除资产减值)。

（张 强）

【“比学赶帮超”活动成绩显著】 2010年，安庆石化以一流企业和进步最大的企业为标杆，开展了以“比学先进、增强力量、争创一流”为主题的“比学赶帮超”活动。全年综合商品率、原油加工损失率、原油储运损失率、高标号汽油比例、炼油综合能耗等26项公司级指标刷新历史纪录，吨油利润、吨油完全费用(含自用)等关键技术经济指标均位居沿江中上游炼化企业首位。157项挖潜增效项目增效4亿元。扎实开展“强三基、除四害”活动，安全环保形势总体平稳，实现石化集团公司安全生产先进单位三连冠，并通过了国家安全生产标准化二级企业验收。切实履行“每一滴油都是承诺”的社会责任，产品实物质量稳步提升，完成了国Ⅲ汽油质量升级，产品质量综合顾客满意度达到96.45%，同比上升1.7个百分点，树立了中国石化产品的质量信誉及良好的企业形象。

（张 强）

【炼化一体化项目取得重大进展】 2010年1月12日，安庆石化炼化一体化项目环评获得国家环保部批复，1月18日开工建设，5月4日，“四通一平”工程开工仪式在炼油新区举行，标志着炼化一体化工程已进入施工阶段；10月30日和11月8日，工程总体设计和13万吨/年丙烯腈项目基础设计分别获得石化集团公司总部批复。炼化一体化项目全年完成投资7.6亿元。已建成投用的重整装置脱苯项目、4万吨/年硫黄回收装置、220万吨/年蜡油加氢装置和10万吨/年乙苯—苯乙烯项目顺利通过了安全设施竣工验收、职业卫生验收和环保验收。

（张 强）

【企业管理更加科学规范】 2010年，安庆石化按照石化集团公司关于“塑造中国石化管理模式”的总体部署，以塑造安庆石化管理子模式为主线，以管理标准化、信息化为切入点，开展了“管理提升年”活动，建立了一体化管理体系信息管理系统，启动了全面改善经营管理建议工作，完善了“确保、力争、奋斗”3个台阶的目标考核体系，积极推进全员成本目标管理，在企业内部形成了比指标、比管理、比作风、比业绩的良好氛围。企业先后有4项管理创新成果在安徽省获奖，有1项成果被评为第17届全国企业管理现代化创新成果二等奖，1项成果被评为全国优秀企业管理成功案例。

（张 强）

【烟气脱硫设施增设改造项目建成投用】 热电4#、5#炉增设烟气脱硫设施项目及3#炉烟气脱硫设施改造项目是国家环保部批复安庆石化炼化一体化项目环评的前提条件，同时也是国家环保部要求安徽省完成“十一五”减排任务的重要项目，并被列入国家环保部2010年重点督办项目。项目总投资1.07亿元，采用工艺先进、技术成熟的石灰石—石膏湿法烟气脱硫工艺。4#、5#炉增设烟气脱硫项目于6月30日全面投产，3#炉烟气脱硫设施改造于12月1日建成投用，提前1个月完成国家环保部的督办要求，创造了国内同类型烟气脱硫装置建设周期最短、系统调试最快、产出合格石膏最早等多项纪录。

（张 强）

热电4#、5#炉增设烟气脱硫设施项目及3#炉烟气脱硫设施改造建成投用

【“十一五”节能减排目标任务全面完成】 2010年，安庆分公司万元产值综合能耗为0.56吨标煤，比石化集团公司指标低0.24吨标煤，同比下降0.14吨标煤。资产公司安庆分公司万元产值综合能耗为3.67吨标煤，比石化集团公司指标低0.35吨标煤，同比下降0.25吨标煤。截至年底，安庆石化已全面完成国家及石化集团公司下达的“十一五”节能量、万元产值能耗以及主要产品能耗的考核指标。

（张 强）

【原油途储耗降至新低】 2010年，安庆石化大力推进原油降耗工作精细管理，狠抓各项降耗措施的落实，严格源头采样和化验分析两个关键点的控制，原油途储损耗率由2009年的0.29%下降到2010年的0.19%，创公司历史最好水平。

（张 强）

【焦化装置加工量突破设计值】 2010年，为克服焦化装置设备老化和原料残炭含量逐年升高的困难，安庆石化启动了特护方案，成立了特护小组，实行了专项考核，采取各种措施，优化生产操作，进一步提升焦化加工量，使焦化装置日加工负荷保持在4 200吨以上，全年完成150.86万吨加工量，突破150万吨装置设计值，创历史新高。

（张 强）

【首套全国产化壳牌煤气化装置开工烧嘴点火成功】 2010年6月12日，首台全国产化壳牌煤气化装置开工烧嘴（SUB）一次点火成功，实现了烧嘴国产化成功基础上的又一次新的突破。该设备是安庆石化与北京航天十一所共同研制开发的，相比在用的进口开工烧嘴，不仅在价格上具有明显的优势，而且烧嘴头部不锈钢喷嘴理论耐温达到1 300℃，较进口设备提高约400℃。

（张 强）

【焦化蒸汽凝结水回收系统投用】 总投资197万元的焦化蒸汽凝结水回收项目于2010年7月6日开工，10月30日正式投用，年回收蒸汽凝结水5 000余吨，每小时节约蒸汽达0.8吨。该项目采用国内回收工艺较先进、回收效果好、污染小的全自动凝结水回收设备，新增1座立式储罐（扩容罐），并增设2台凝结水闭式设备及相关配套的管道。项目投用后，焦化装置所有蒸汽加热的蒸汽凝结水以及装置管线伴热、仪表伴热的凝结水回收进入管网，节能减排效果显著。

（张 强）

【设备管理信息系统成功上线】 安庆石化是石化集团公司确定的2010年度第一批推广实施设备管理信息系统的企业。7月完成了35个推广流程及推广模板的介绍、关键用户培训、流程差异分析、CRP演示，进行单元测试、集成测试、角色测试、手册编写工作，对200多最终用户进行了培训。12月10日，设备管理信息系统上线，2011年1月1日全面投用。

（张 强）

【工程项目审核结算电子系统上线运行】 该系统为安庆石化与东海蓝帆科技有限公司共同开发，2010年1月1日上线试运行，8月13日正式通过审核验收，8月25日正式上线运行，实现了工程项目结算全流程网上编制、审核，强化了工程项目结算的过程跟踪、报表统计，实现了动态管理，提高了工程项目结算审核效率。

（张 强）

【化工助剂筛选及工艺条件优化研究项目通过省级鉴定】 该项目为安庆石化与华东理工大学合作开发，于2009年1月立项，2010年12月通过安徽省科技厅组织的技术鉴定。该项目针对加工原油的劣质化导致原油破乳装置工况不稳定、乳化现象严重的情况，在实验室建立1套化工助剂动态评价装置，筛选适合分公司原油特性的破乳剂，提高分公司脱后原油含盐合格率，具有设计简洁、控制先进、安全稳定、数据可靠等特点，能较好地模拟工业电脱盐装置，客观评价不同工艺条件下的电脱盐效果。

（张 强）

【党建和思想政治工作成果丰硕】 2010年，安庆石化深入开展“创先争优”活动，深化党建思想政治工作“1153”体系建设，以贯彻落实民主集中制为重点，启动党委巡视工作，开展炼化一体化项目效能监察和企检共建活动，业务公开、廉洁文化建设工作不断深化。2010年1月，安庆石化完成了党建工作质量管理体系认证，9月顺利通过年度审核，成为石化集团公司首个在直属企业层面建立党建工作质量管理体系的单位。以“四好”为目标，强化领导班子建设，将领导班子、干部考核纳入党委巡视工作中，完善领导人员竞聘环节，全面推行干部竞聘选拔，全年票决任命处科级领导人员54人。努力创建“学习创新型企业”，先后培训各类人员超过万人次，在石化集团公司组织的炼化板块ERP技能应用竞赛中，获得团体一等奖。认真落实人文关怀的各项措施，上调了职工住房公积金的缴存比例，启动了企业年金工作，层层落实信访维稳工作责任制，队伍保持稳定。企业先后获得全国“安康杯”优胜单位、中央企业红旗班组、石化集团公司安全生产、“三基”工作、设备、质量、财务、统计、效能监察、物资管理、法律事务、信息化建设等省部级以上荣誉40余项。

（张 强）

表1　　安庆石化主要技术经济指标　　亿元

指标名称 \ 年份	2010	2009	2008	2007	2006	2005
原油加工量/万吨	476.62	452.55	423.61	447.49	442.24	414.46
工业总产值①	262.95	208.39	212.07	190.44	177.73	147.88
炼　油	226.11	179.23	184.65	164.29	156.55	123.52
化　工	26.48	18.77	18.33	18.24	14.33	17.19
其　他	10.36	10.39	9.09	7.91	6.85	7.17
工业增加值	60.60	61.68	-23.15	15.90	-1.54	7.66
资产总计	62.44	65.35	61.97	62.05	62.28	61.52
流动资产	14.26	18.47	11.88	14.75	15.83	17.70
固定资产原值	118.23	117.24	103.06	100.68	95.18	89.44
固定资产净值	34.76	57.02	44.44	43.14	41.33	29.77
营业收入	275.28	214.82	221.17	197.41	185.19	150.89
实现利税①	53.32	51.36	-19.98	8.06	-6.99	-0.31
税　金	49.95	47.00	3.76	10.65	7.72	8.39

①2010年、2009年数据剔除化肥资产减值因素。

表2　　安庆石化主要产品产量　　万吨

产品名称 \ 年份	2010	2009	2008	2007	2006	2005
汽　油	96.97	97.49	87.69	89.37	86.89	85.98
柴　油	195.94	184.55	177.93	188.20	193.75	177.36
燃料油	12.32	16.57	13.13	13.41	8.07	8.30
原料油	40.98	30.02	29.92	33.88	40.26	33.91
液化气	34.05	33.26	30.80	32.93	31.82	29.78
石油焦	43.44	39.30	37.97	38.07	35.95	30.36
聚丙烯	3.71	4.00	3.56	3.85	3.27	3.84
合成氨	15.82	20.34	20.10	13.85	0.66	13.10
尿　素	22.80	29.82	27.62	17.70	0.27	18.06
丙烯腈	8.64	8.57	8.39	8.64	8.50	8.59
腈　纶	7.87	7.87	6.90	7.71	7.76	7.86
苯乙烯	6.67	1.72	—	—	—	—

荆门石化

【概况】 中国石油化工股份有限公司荆门分公司(简称荆门分公司)和中国石化集团资产经营管理有限公司荆门分公司(简称资产公司荆门分公司)统称荆门石化，位于湖北省荆门市掇刀区。荆门石化前身始建于1970年，1983年划归中国石油化工总公司，1998年11月更名为中国石化集团荆门石油化工总厂(简称荆门石化总厂)，2000年3月，企业重组改制成立了荆门分公司，2007年10月，荆门石化总厂注销，设立资产公司荆门分公司。企业占地面积11.67平方千米，辖区总人口3万多人。

截至2010年底，荆门石化下设31个直属单位，17个机关处室；职工总数为5 230人，其中各类专业技术人员890人，技术人员中具有高级职称的55人，中级职称的647人。

截至2010年底，荆门石化有生产装置43套，其中燃料油装置22套、润滑油装置13套、化工装置3套、综合利用装置5套，以及油品储运、水、电、汽、风等配套公用工程和能力为1 000吨/时的污水处理设施等，是石化集团公司系统内加工手段比较齐全、生产灵活性较大的炼油化工企业之一。荆门石化原油加工能力为600万吨/年，主要加工来自南阳油田和江汉油田管输进厂的原油，通过沿江管线和洪荆管线管输进厂的鲁宁原油、进口原油、海洋原油，以及通过铁路运输的西北原油，能生产燃料油、润滑油基础油、溶剂油、化工原料、石蜡、沥青、石油焦、液化气、聚丙烯9个大类100多个牌号的石油化工产品。

荆门石化主要技术经济指标及主要产品产量见表1和表2。

(周东平)

【加强技术改造与技术开发】 2010年，荆门石化实施重点技术改造项目5项，完成固定资产投资5.76亿元，主要有70万吨/年汽油加氢装置、5.5万吨/年MTBE装置、60万吨/年连续重整装置、3万吨/年硫黄回收装置等。全年完成技术开发项目23项，完成技术开发费632万元，主要有中高档橡胶填充油开发、糠醛抽出油的综合利用、汽柴油升级方案研究、润滑油规划方案研究、全厂加热炉系统优化、硫酸装置长周期运行攻关等项目。

(周东平)

【70万吨/年催化汽油加氢装置开车成功】 2010年1月，荆门分公司70万吨/年催化汽油加氢(RSDS－Ⅱ)装置投料试车一次成功，生产出符合国Ⅲ标准的汽油，实现汽油质量升级目标，有效降低了汽油产品中的硫含量，为优化生产、提高产品质量、拓展原油加工手段奠定了基础，将满足湖北及西部市场对国Ⅲ汽油的需求。该装置总投资1.38亿元，采用石油化工科学研究院RSDS－Ⅱ选择性汽油加氢技术。

(周东平)

70万吨/年汽油加氢装置

【5.5万吨/年甲基叔丁基醚装置投产成功】 2010年2月，荆门分公司5.5万吨/年甲基叔丁基醚(MTBE)装置投产成功。该项目委托武汉金中石化工程有限公司完成可行性研究报告，总投资3 300万元，建设周期为9个月，是在盘活闲置10万吨/年气体分离装置部分设施的基础上，采用混相床醚化反应加上催化蒸馏组合工艺，利用混合碳四生产MTBE产品。该装置建成投产后，不仅可以增产高辛烷值汽油调和组分、提高汽油产量，而且具有较强的赢利能力，同时将为碳二、碳三等轻烃资源的综合利用拉开序幕。

(周东平)

【原油加工量首次突破500万吨】 2010年，荆门石化加工原油503.88万吨，同比增长5.68%，创建厂40年来的最高纪录，在沿江炼化企业率先突破500万吨。

(周东平)

【举行60万吨/年连续重整等3套装置奠基仪式】 2010年5月，荆门石化举行60万吨/年连续重整、柴油质量升级措施、3万吨/年硫黄工程项目奠基仪式，受邀嘉宾及设计、施工、监理单位代表参加典礼并作发言。该项目对荆门石化进一步优化产品结构、升级成品油质量、节能降耗、降低成本、提高效益、保护环境具有重要意义。

(周东平)

60万吨/年连续重整装置奠基

【安居工程奠基】 2010年5月，荆门石化安居工程奠基。该工程是为解决企业职工住房困难，根据国家有关政策，利用企业自用土地组织职工集资合作建设的一项民生工程。工程总建筑面积33万平方米，小区容积率小于等于2，建筑密度小于等于20%，绿地率大于等于30%，并将配套建设3400平方米的公用设施。计划分两期建设住房3500套。

（周东平）

【举办建厂40周年庆祝活动】 2010年5月18日，荆门石化举行建厂40周年庆典，石化集团公司发贺电表示祝贺。省市有关领导及相关部门领导和曾在荆门石化工作过的老领导们应邀出席了庆典活动。

（周东平）

【办公类信息系统资源实现整合】 2010年，荆门分公司对企业信息门户系统、石化在线主页系统、智能办公信息系统、中国石化统一邮件系统、FTP文件传输服务系统5个办公类应用系统进行整合，统一以门户系统作为入口，减少了各系统之间重复功能损耗，避免重复设置关键用户，规范了办公流程，提高了办公效率，降低了办公成本，实现了协同办公和自动存档查阅。

（周东平）

【赞助湖北省第13届运动会】 2010年，湖北省第13届运动会在荆门举办，荆门石化获得中国石化总部授权，进行了赞助和宣传，并有选择地组队参加了相关运动项目，名列金牌榜第七位。

（周东平）

表1 **荆门石化主要技术经济指标** 亿元

指标名称 \ 年份	2010	2009	2008	2007	2006	2005
原油加工量/万吨	505.97	480.01	426.28	462.81	425.18	394.64
工业总产值	250.00	196.25	196.75	181.33	163.05	128.22
工业增加值	57.35	56.20	-21.09	8.55	-2.31	4.57
资产总计	43.72	41.03	37.56	34.72	34.01	40.25
流动资产	19.03	13.66	16.27	16.60	10.48	12.64
固定资产原值	60.17	58.12	54.22	51.94	52.47	55.94
固定资产净值	22.72	22.70	20.83	21.16	22.95	26.10
销售收入	262.69	207.15	208.98	196.61	175.42	144.76
实现利税	52.67	51.15	-15.32	5.36	-3.62	4.08
税　金	50.76	42.64	5.65	7.57	5.98	6.51

表 2　　荆门石化主要产品产量　　万吨

产品名称 \ 年份	2010	2009	2008	2007	2006	2005
汽　油	105.29	97.93	80.18	80.66	80.12	75.54
柴　油	179.91	173.83	168.43	193.41	176.32	164.17
煤　油	25.70	23.49	15.60	12.51	7.78	8.81
重　油	1.38	0.69	4.31	2.58	3.33	2.55
石　蜡	9.84	10.45	8.56	9.67	8.91	7.03
沥　青	17.10	15.55	7.07	6.40	6.57	2.88
石油焦	36.51	35.15	35.57	40.37	34.83	31.38
聚丙烯	13.30	13.39	12.28	13.02	13.70	13.61

四川维尼纶厂

【概况】 中国石化集团四川维尼纶厂(简称四川维尼纶厂)位于重庆市长寿区境内的重庆(长寿)化工园区，占地 5 050 亩(3.37 平方千米)。其前身于 1973 年由国家计委下达项目计划，1974 年破土动工，1979 年投料试生产，1983 年经国家竣工验收投产，同年整体进入中国石化总公司。主要生产装置分别从英、法、德、日等国引进。

截至 2010 年底，四川维尼纶厂是国内最大的以天然气为主要原料、生产化工化纤产品的大型联合企业，也是石化集团公司唯一的天然气化工企业，年耗天然气 9 亿立方米。主要装置生产能力为年产乙炔 7 万吨、甲醇 35 万吨、醋酸乙烯 20 万吨、聚乙烯醇 6 万吨、甲醛 5 万吨、醋酸乙烯—乙烯共聚乳液 6 万吨、液氨 20 万吨、维纶 2 万吨。主要产品在国际国内市场享有良好信誉。企业资产总值 71.60 亿元，资产负债率 30.18%；拥有在岗职工 3 314 人；下属 20 个部门，9 个车间；拥有扬子江乙酰化工有限公司、新疆维美化工有限公司、毕节中城能源有限责任公司 3 家合资企业。

2010 年，四川维尼纶厂完成固定资产投资 26.33 亿元，创历史新高。实现营业收入 28.93 亿元，同比增长 52.18%，实现利税总额 1.20 亿元，其中实现利润 5 181 万元，同比增长 384.86%，按照年初石化集团公司下达预算同口径计算，实现利润 2.52 亿元，圆满完成了石化集团公司下达的任务指标。扬子江乙酰公司实现收入 13.4 亿元，实现利润 1 919 万元，上缴税金 6 139 万元；新疆维美化工有限公司实现收入 2 亿元，实现利润 4 924 万元，上缴税金 2 389 万元。

年内四川维尼纶厂获得 2010 年度重庆市市长质量管理奖，该厂生产的甲醇产品获首批石化行业知名品牌产品称号。

四川维尼纶厂主要技术经济指标和主要产品产量见表 1 和表 2。

(张慧渊　罗雪飞)

【装置实现高负荷“安稳长满优”生产】 2010 年，四川维尼纶厂加工天然气 5.23 亿立方米(不含合资企业)，主线装置平均负荷 98.40%，为历史最好水平，生产装置经历了高负荷生产的严峻考验，主要产品产量创历史新高。获石化集团公司 2010 年度安全先进、环保先进、消防先进、“我要安全”主题活动先进集体荣誉，企业连续 17 年实现无重特大事故、无死亡、无污染事故。

(张慧渊　罗雪飞)

【醋酸乙烯产品获欧盟注册】 2010 年 11 月 20 日，石化集团公司应对 REACH 法规工作办公室通知，四川维尼纶厂醋酸乙烯产品在欧洲化学品管理局正式注册，聚乙烯醇产品拿到了出口欧盟的通行证，标志着四川维尼纶厂应对欧盟 REACH 法规获得成功。

（张慧渊　罗雪飞）

【技术创新再上新台阶】 2010年，四川维尼纶厂科研投入1 480.81万元，技改投入4 937万元，共开发新产品7个。申报国家专利24项，获得授权11项。“高性能维纶及其纺织品开发”获得中国纺织工业协会科技进步一等奖。“高强耐磨特种专用维纶”项目获石化集团公司科技进步二等奖，该维纶纤维具有高强、高伸、耐高温湿热加工和耐磨性能，经中国纺织工业协会鉴定，该维纶及其纺织品开发生产技术处于国际领先水平。

（张慧渊　罗雪飞）

【新产品产销取得新突破】 2010年，聚乙烯醇新产品和高附加值产品销量3.16万吨，VAE新产品销量2.60万吨，维纶新产品销量1.23万吨。三大主要品种的新产品和高附加值产品产量率60.30%，产值率70.19%，产销率94.19%，销售额7.81亿元，销售利润2.14亿元。新产品及高附加值产量率、产值率均实现历史新突破。

（张慧渊　罗雪飞）

【30万吨/年醋酸乙烯项目顺利推进】 2010年，四川维尼纶厂30万吨/年醋酸乙烯项目按照计划节点有序进行，10月30日，锅炉发电装置1#锅炉按计划点火烘炉一次成功；11月24日，项目总体试车方案通过审查；12月30日，醋酸乙烯、聚乙烯醇、乙炔、锅炉、空分及循环水6套装置中交。项目开工后已实现2 000万连续安全生产人工时，受到石化集团公司总部肯定。

（张慧渊　罗雪飞）

30万吨/年醋酸乙烯项目乙炔装置　（罗　林　摄）

【贵州煤化工项目进展顺利】 四川维尼纶厂的贵州煤化工项目是指在贵州省毕节地区织金县，以煤为原料建设60万吨醋酸项目、60万吨聚烯烃综合开发项目、40亿立方米煤制天然气项目，水矿集团公司与四川维尼纶厂在毕节共同投资设立的毕节中城能源有限责任公司负责该项目前期煤炭开采。2010年，毕节中城能源公司下属肥田煤矿已完成征地拆迁，启动部分建设项目。煤制醋酸项目完成可研报告，煤制聚烯烃项目完成可研报告并报国家发改委审批。12月26日，中国石化和贵州省毕节地区就该项目签订了战略合作框架协议。

（张慧渊　罗雪飞）

【新疆维美二期项目正式开工建设】 2010年12月3日，新疆维美二期项目——年产4万吨乙炔项目在新疆库尔勒破土动工。该项目总投资7.01亿元，占地面积4.23公顷(4.23万平方米)，年耗天然气3.32亿立方米，拟新建1套1.70万米^3/时(氧气)的空分装置、1套4万吨/年的乙炔装置以及配套辅助设施。

（张慧渊　罗雪飞）

【内部管理进一步加强】 2010年，四川维尼纶厂推动全面质量管理，广泛开展对标管理，掀起了“比学赶帮超”热潮。抓好改善经营管理建议工作，共收到518条建议，全面启动了第一批50条建议的实施。持续推进全员成本目标管理。

2月9日，ERP系统正式上线，企业计划、生产、销售、物资采购、设备检修、工程项目管理等业务被全部纳入ERP系统管理范畴。

（张慧渊　罗雪飞）

【和谐稳定工作上台阶】 2010年，四川维尼纶厂加大社区环境综合治理力度；做好将职工医保纳入重庆市统筹工作；建立完成职工个人住房补贴档案，向8 913名非在职人员发放了住房补贴7 637万元，非在职人员住房补贴发放率为94%；12月15日实施了企业年金制度。年内获石化集团公司2010年度稳定工作先进集体称号。

（张慧渊　罗雪飞）

表 1　　四川维尼纶厂主要技术经济指标①　　亿元

指标名称＼年份	2010	2009	2008	2007	2006	2005
天然气加工量/亿立方米	5.23	3.28	4.28	4.58	4.53	5.15
工业总产值	24.91	15.68	27.38	25.30	23.49	23.52
化　工	21.42	12.28	22.94	21.20	19.38	19.72
化　纤	2.39	2.49	3.92	2.82	2.40	2.28
其　他	1.10	0.91	1.15	1.28	1.71	1.52
工业增加值	6.14	5.21	12.66	14.33	9.92	9.28
资产总计	71.61	44.62	40.56	39.89	36.37	31.46
流动资产	60.08	44.96	12.32	13.07	10.88	5.48
固定资产原值	43.65	39.82	35.79	33.28	33.96	30.75
固定资产净值	19.04	16.47	13.44	13.36	15.42	13.20
营业收入	28.93	19.01	28.00	25.52	23.94	24.98
实现利税	1.20	1.23	6.87	9.23	6.89	6.35
税金及附加	0.69	1.12	2.36	2.39	1.86	1.78
综合能耗②/吨标煤·万元$^{-1}$	4.45	4.86	4.92	4.96	5.41	5.95

①数据不含合资企业，2005—2009 年数据有调整。

②按 2005 年不变价计算。

表 2　　四川维尼纶厂主要产品产量　　万吨

产品名称＼年份	2010	2009	2008	2007	2006	2005
甲　醇	32.97	18.84	26.64	29.66	28.30	34.12
醋酸乙烯	20.11	14.39	17.54	17.12	18.20	19.02
聚乙烯醇	6.15	5.33	5.93	5.69	6.02	6.15
醋酸乙烯—乙烯共聚乳液	5.19	4.90	5.60	4.85	4.91	3.38
维纶纤维①	1.29	1.25	1.48	1.57	1.52	1.56
液　氨	11.31	1.13	1.49	—	—	—

①2005 年为维纶短纤产量。

九江石化

【概况】　中国石油化工股份有限公司九江分公司(简称九江分公司)和中国石化集团资产经营管理有限公司九江分公司(简称资产公司九江分公司)统称九江石化，地处江西省九江市东郊，占地面积 4.2 平方千米。其前身九江炼油厂于 1977 年 6 月正式开工建设，1980 年 10 月建成投产，1991 年 10 月更名为中国石化九江石油化工总厂，1998 年 10 月更名为中国石化集团九江石油化工总厂。2000 年后，根据石化集团公司重组改制统一部署，分别设立了九江分公司和资产公司九江分公司，2007 年注销了九江石油化工总厂。

九江分公司主营业务有炼油、化工生产经营，具有 650 万吨/年原油加工能力和 10 万吨/年聚丙烯生产能力。截至2010年底，拥有固定资产原值67.21亿元，在岗职工总数2 302人，主要生产装置有：常减压、催化裂化、焦化、催化重整、加氢精制、气体分馏、沥青、甲基叔丁基醚、芳烃抽提、硫黄、聚丙烯装置等。主要产品有：汽油、煤油、柴油、燃料油、沥青、液化气、精丙烯、苯类、溶剂油、硫黄、焦炭、聚丙烯等42个品种、60多个牌号。

资产公司九江分公司主要业务有：供水、排水、石化社区服务(包括离退休管理、居委会)、教育培训、压力容器检测、保卫。主要生产能力：4 000吨/时的供水系统、1 000吨/时污水处理装置等。截至2010年底，拥有固定资产原值7.23亿元，在岗职工总数525人，涉及的生产、技术、安全环保等委托九江分公司相关职能部门管理。

截至2010年底，九江石化拥有在岗职工2 827人，其中具有高级职称的86人，中级职称的418人，初级职称的185人，下辖12个机关处室和26个直属单位。

九江分公司主要技术经济指标和主要产品产量见表1和表2。

(刘国强)

【领导班子成员调整】 2010年7月16日，石化集团公司人事部主任周世良代表石化集团公司总部宣布调整九江石化领导班子成员：覃伟中任九江石化总厂厂长、分公司总经理、九江石化总厂党委副书记(兼)；王治卿不再担任九江石化总厂厂长、分公司总经理、总厂党委委员，调上海石化工作。党委书记徐盛龙兼任总厂副厂长、分公司副总经理。赖万寿任九江石化总厂党委副书记、九江石化总厂工会主席人选，马新华任分公司总会计师。副总经理谢道雄任九江石化总厂党委委员。

(刘国强)

【全面完成生产经营任务】 2010年，九江石化炼油加工量和销售收入均创新高，完成炼油加工量473.19万吨(含原料油)，生产汽油108.07万吨，柴油190.85万吨，生产聚丙烯9.69万吨、尿素24.05万吨；实现销售收入234.37亿元、税费47.17亿元。账面利润－7.71亿元(未经审计)，其中炼油板块0.79亿元、化工板块－8.50亿元(含资产减值3.79亿元、日元汇兑损失1.01亿元、公允价值变动损失0.26亿元)；按年初预算体系还原后利润7.09亿元，其中炼油9.65亿元、化工－2.56亿元。资产公司九江分公司亏损0.67亿元。

(刘国强)

【装置运行安全平稳】 2010年，九江石化深入开展“我要安全”主题活动，细化石化集团公司《安全生产禁令》，制定并实施九江石化安全生产50条禁令。实行HSE观察制度，在施工单位中组织开展“平安工地”竞赛，全年避免未遂事件74起。加强设备管理，主要设备完好率为99.9%，仪表完好率为99.3%。全年实现安全生产“三大事故”为零，未发生报石化集团公司重大安全和环保事故。

(刘国强)

【90万吨/年汽油加氢装置开车一次成功】 九江石化90万吨/年汽油加氢装置总投资1.76亿元，于2009年5月25日开始现场桩基施工，2010年1月15日中交，1月31日开车一次成功并产出合格产品。它的建成投产，将有效降低催化汽油中的硫含量和烯烃含量，提高汽油质量，为社会奉献更多清洁产品。

(刘国强)

90万吨/年汽油加氢装置开车一次成功并产出合格产品 (汪光华 摄)

【化肥装置实现平稳停产】 2010年8月31日，九江石化化肥装置全面停产，产业结构实现重大调整，主业更加精干。该次停产化肥共安置正式员工200余人，清退劳务用工700余人，调整了6家相关改制企业业务，实现了生产稳定、队伍稳定和效益优化的目标。

(刘国强)

【煤焦代油改造项目开工建设】 2010年9月13日，九江石化煤焦代油改造项目开工建设。该项目总投资5.4亿元，建设期为2年。2月10日，九江石化与美国富斯特惠勒公司签订了2台220吨/时循环硫化床(CFB)锅炉商务合同。11月9日，九江石化与宁波工程公司签订该项目EPC总承包框架协议。

(刘国强)

【国Ⅲ车用柴油升级工程开工建设】 2010年9月27日，九江石化国Ⅲ车用柴油升级重要工程——150万吨/年柴油加氢、120万吨/年连续重整及25万吨/年苯抽提联合装置开工建设。该2套装置总投资近15亿元，将对企业产品质量、产品结构和经济效益再上新台阶发挥极其重要的作用。

（刘国强）

【设备管理系统正式上线运行】 九江石化是石化集团公司2010年设备管理信息系统（EM）建设首批4家企业之一。九江石化EM系统于2010年7月启动，12月7日上线运行。共收集功能位置、设备及设备特性值等系统主数据82万多条，完成了39个工作流程差异分析、演示、系统单元测试、集成测试、数据测试导入以及对180名最终用户的培训等工作。EM系统的正式运行标志着九江石化设备管理实现信息化。

（刘国强）

【油品质量升级工程获核准】 九江石化油品质量升级改造工程已被列入国务院制定并颁布执行的《鄱阳湖生态经济区规划》，并被列入江西省重点工程，该项目使用土地60.21公顷（60.21万平方米），总投资61.93亿元（不含增值税）。项目投产后，九江石化原油综合加工能力由500万吨/年扩改至800万吨/年。2010年9月1日，国家发改委正式授权委托江西省发改委核准九江石化油品质量升级改造项目。11月，项目正式获得江西省发改委核准。

（刘国强）

【节能减排效果明显】 2010年，九江石化坚持源头治理，有效控制了安全隐患、污染源和职业危害。通过加强“三废”治理和推进污油回炼，实现清洁生产。全年炼油外排废水达标率97.54%，同比提高0.84个百分点，化肥外排废水达标率99.36%，同比提高2.64个百分点；工业废水排放量459.16万吨，同比减排25.32万吨；吨原油外排废水量0.53吨，同比下降0.02吨；用水量减少200万吨；年外排工业废水COD排放总量373.38吨，同比减排35.23吨；工业水重复利用率98.2%；二氧化硫排放总量4 687吨，同比减排1 352吨；危险废物妥善处理率100%。

（刘国强）

【企业管理再上新台阶】 2010年，九江石化一体化管理工作实现优化运行。9月，公司顺利取得认证中心的监审证书。公司编撰的《集约型一体化管理体系创建与实践》一书由中国石化出版社出版发行，得到业内好评。开展改善经营管理建议及合同管理信息化进行试点工作。公司《石化企业全面合规风险管理》获得第17届全国企业管理现代化创新成果二等奖、江西省一等奖、石化集团公司二等奖。

（刘国强）

【和谐稳定局面得到巩固】 2010年，九江石化成功举办了庆祝投产30周年系列活动，包括座谈会、恳谈会、焰火晚会、大合唱等。继续保持江西省文明单位称号。圆满完成防汛抗洪任务。坚持以人为本，为职工办实事、解难题，抓好社区改造和建设，实施“绿化、亮化、美化”工程，基本建成了室内游泳馆，改造了石化影剧院，完成了南园和石化大厦广场改造、生活区道口增设信号灯等项目。解决了360户无房户职工住房问题，全面推进八里湖生活新区建设。住房分配货币化改革方案已经中国石化总部批准。完善了倒班工作餐并实施了白班职工工作餐。

（刘国强）

【卓越企业文化得以构建】 2010年，九江石化努力构建卓越企业文化，总结、提炼并积极践行“追求卓越，严细管理，真抓实干，勇创一流”的新时代企业精神。11月1日，启动并全面部署狠反“低老坏”工作，分辨识、制定高标准、整改提高3个阶段推进，努力打造“安全和谐、品质一流、快速发展、健康向上”的九江石化。

（刘国强）

表1 九江分公司主要技术经济指标 亿元

指标名称＼年份	2010	2009	2008	2007	2006	2005
原油加工量[①]/万吨	473.19	453.54	431.21	403.08	419.96	370.53
工业总产值	233.08	183.60	196.66	154.07	153.56	121.18
炼　油	217.07	170.66	175.96	134.32	129.63	99.79

续表

指标名称＼年份	2010	2009	2008	2007	2006	2005
化　工	11.79	8.99	16.58	15.40	15.89	14.77
化　肥	4.21	7.74	7.95	7.64	8.04	6.62
工业增加值	43.90	50.31	-25.03	8.88	0.10	8.69
资产总计	38.68	39.09	40.99	46.23	40.96	46.17
流动资产	12.15	11.12	9.94	13.53	10.02	14.96
固定资产原值	67.21	67.29	64.19	59.97	59.97	52.35
固定资产净值	18.44	22.90	26.17	26.27	29.46	24.83
销售收入	234.37	182.95	196.18	153.34	155.80	120.83
实现利税	38.50	45.93	-17.30	4.10	-5.99	3.06
税　金	46.89	46.61	6.70	7.29	6.80	6.50
综合能耗/吨标煤·万元$^{-1}$	0.60	0.77	0.88	0.87	1.01	1.07

①2005—2010年原油加工量含原料油分别为16.84万吨、6.64万吨、8.82万吨、22.06万吨、3.46万吨、4.75万吨。

表2　　九江分公司主要产品产量　　万吨

产品名称＼年份	2010	2009	2008	2007	2006	2005
97#汽油	6.35	3.62	4.97	3.29	2.91	4.76
93#汽油	92.58	83.44	71.18	66.20	60.68	54.93
90#汽油	9.14	9.50	10.27	11.84	23.27	26.41
柴　油	190.85	187.47	182.85	166.86	179.04	132.53
煤　油	—	—	0.07	1.25	1.57	4.67
3#航煤	—	—	—	0.43	0.50	1.70
燃料油	20.89	22.07	18.50	15.76	20.00	39.53
溶剂油	1.80	1.47	0.96	2.28	3.16	3.20
烷基苯料	—	0.18	1.20	1.70	—	0.40
液化气	24.27	22.75	25.12	24.25	25.27	26.90
沥　青	28.65	21.64	18.40	19.02	19.87	18.33
聚丙烯	9.69	10.32	11.33	11.33	11.56	12.57
苯　类	3.97	4.51	5.55	5.01	6.67	6.38
硫　黄	1.84	1.99	2.05	1.81	1.56	0.59
尿　素	24.05	46.68	46.00	44.68	54.26	44.96
石油焦	31.17	30.78	28.72	26.02	18.90	—

湖北化肥

【概况】 中国石油化工股份有限公司湖北化肥分公司(简称湖北化肥分公司)暨中国石化集团资产经营管理有限公司宜昌分公司(简称资产公司宜昌分公司)统称湖北化肥，位于湖北省枝江市，占地面积160万平方米。湖北化肥前身为湖北省化肥厂，生产装置是国家20世纪70年代引进的13套大型化肥装置之一，1974年10月动工，1980年1月投产，1983年7月1日整体并入中国石化总公司。截至2010年底，湖北化肥拥有30万吨/年合成氨、52万吨/年尿素的生产能力；下设18个部门和17个直属单位，职工1 316人。其中，各类专业技术人员220人，具有高级职称的有26人。主要生产装置有3台高压燃煤锅炉、2台2.5万千瓦发电机组，煤气化、空分、净化、合成氨、尿素装置等，另外有1条与焦柳线接轨的23千米专用铁路和工业编组站。

2010年，湖北化肥以天然气为原料组织生产，合成装置连续运行184天。先后获中国化工学会授予的2010年中国化肥质量信誉先进标兵单位、中国化肥工业支农排头兵企业和湖北省首届企业文化节“职工关怀奖”等荣誉称号。湖北化肥“长江及图”商标获中国驰名商标称号。

湖北化肥主要技术经济指标和主要产品产量见表1和表2。

（刘　焱）

【动力厂单台锅炉满负荷连续运行破历史纪录】 湖北化肥动力厂单台锅炉满负荷连续运行186天，创投运以来的最好纪录，上半年在石化集团公司规模以下热电专业竞赛中的排名由2009年的第八名上升到第二名。

（刘　焱）

【挖潜降本增实效】 湖北化肥通过三年来20余项大的节能降耗技术改造，取得预期效果。空分第二轮改造等4个项目投用后，实现年降本增效2 500万元。湖北化肥抓住煤炭采购和产品销售两个重点环节，实行采购、管理和使用全过程监督，提高煤炭采购性价比，使入厂煤与入炉煤热值差低于中国石化总部考核指标，动力煤标煤价格也低于周边企业平均价格，两项共节约采购资金1 000多万元；探索新的营销模式，建立直销点，实现了尿素产品全产全销，货款回笼率100%。湖北化肥还根据市场行情，调整尿素和合成氨产量比例，实行错峰用电等措施，实现降本增效1 600万元。

（刘　焱）

【建立服务三农直销站】 2010年3月12日，湖北化肥尿素产品在湖北省境内中国石化加油站建立直销站。这是湖北化肥与湖北石油因地制宜，利用加油站网点布局优势、企业品牌优势和客户资源优势联手服务三农的新举措。

（刘　焱）

【煤代油项目通过安全环保设施验收评审】 2010年12月，煤代油改造项目通过国家安监总局组织的安全设施竣工验收专家组审查和国家环保部组织的专家组环境保护验收评审。

（刘　焱）

【ERP信息系统应用水平提升】 2010年，湖北化肥新建企业信息门户，统一了中国石化电子邮箱，物料编码转换完成，PS上线运行。通过开展ERP应用技能及IT基础设施运行维护竞赛，提高解决ERP系统问题的能力，实现ERP应用达标和规范化管理。

（刘　焱）

【实施“三项培训”工程】 2010年，湖北化肥将员工培训列入企业重点工作，纳入基层单位绩效考核目标。完善培训基础工作，改善培训条件，提高培训效果；利用石化集团公司培训资源，实施“重点人才培训工程”和“关键岗位人才能力提升”工程；以内培为主，开展“全员素质提升”工程。全年共举办内部培训班257个班次，参加培训10 307人次，有8人被聘为中国石化煤气化技术专家，2人获得石化集团公司技术能手称号。

（刘　焱）

【修订完成319项管理制度】 截至2010年3月，湖北化肥按照塑造中国石化管理模式的要求，结合企业实际，对管理制度进行全面修订完善，完成三大类(生产、经营和党群工作)计319项管理制度汇编。

（刘　焱）

【开展“夺红旗，争优胜”活动】 2010年，湖北化肥开展“夺红旗，争优胜”活动。以绩效考核指标评分为依据，每月对各单位进行排名，年底进行综合评比表彰。在石化集团公司“创先争优”、“比学赶帮超”活动中，湖北化肥共获得7面红旗、35颗红星，在化工企业综合指标进步榜排名第三。

（刘　焱）

表1 **湖北化肥主要技术经济指标** 亿元

指标名称 \ 年份	2010	2009	2008	2007	2006	2005
工业总产值						
湖北化肥分公司	6.09	5.59	4.90	3.38	5.20	6.25
资产公司宜昌分公司	1.57	3.59	2.11	2.48	2.51	2.07
工业增加值						
湖北化肥分公司	-1.54	-2.90	-1.29	-2.16	-0.39	0.50
资产公司宜昌分公司	-0.09	0.98	-0.01	0.58	0.40	0.26
资产总计						
湖北化肥分公司	6.59	9.56	17.49	15.94	16.42	13.54
资产公司宜昌分公司	5.92	6.15	6.31	6.69	5.44	4.56
流动资产						
湖北化肥分公司	1.36	1.11	1.76	1.36	0.55	1.01
资产公司宜昌分公司	0.46	0.33	0.47	1.26	0.73	0.31
固定资产原值						
湖北化肥分公司	30.30	30.15	30.37	26.89	28.88	16.10
资产公司宜昌分公司	7.80	7.87	7.60	6.00	5.29	5.26
固定资产净值						
湖北化肥分公司	0.92	4.34	13.98	13.60	14.32	1.52
资产公司宜昌分公司	5.30	5.70	5.76	4.52	3.95	4.06
销售收入						
湖北化肥分公司	7.50	7.14	5.12	3.44	5.20	6.20
资产公司宜昌分公司	1.82	4.01	2.51	3.02	2.16	1.66
实现利税						
湖北化肥分公司	-7.20	-11.48	-4.07	-3.68	-1.60	0.08
资产公司宜昌分公司	-0.83	0.07	-0.81	0.08	-0.09	-0.11
税　金						
湖北化肥分公司	…	…	0.01	0.01	0.02	0.05
资产公司宜昌分公司	0.11	0.13	0.46	0.21	0.07	0.12
综合能耗/吨标煤·万元$^{-1}$						
湖北化肥分公司	7.86	9.04	10.99	—	—	—
资产公司宜昌分公司	3.18	3.06	3.28	—	—	—

表2 **湖北化肥主要产品产量** 万吨

产品名称 \ 年份	2010	2009	2008	2007	2006	2005
湖北化肥分公司						
合成氨	21.74	18.58	14.79	12.67	18.61	24.38
尿　素	30.64	31.74	21.29	18.78	28.33	36.79
资产公司宜昌分公司						
蒸　汽	134.98	242.99	177.92	254.61	204.00	201.16
电/亿千瓦·时	1.09	1.16	0.85	1.31	1.55	1.51

石家庄炼化

【概况】 中国石油化工股份有限公司石家庄炼化分公司(简称石家庄炼化分公司)和中国石化集团资产经营管理有限公司石家庄分公司(简称资产公司石家庄分公司)统称石家庄炼化，位于河北省石家庄市东南25千米。其前身为石家庄炼油厂，始建于1978年，1983年建成投产，1983年7月1日划归中国石油化工总公司。1997年采用局部改制方式，募集发起设立石家庄炼油化工股份有限公司，上市所筹集资金投入到当年河北省人民政府与中国石油化工总公司合资设立的石家庄化纤有限责任公司(简称石家庄化纤公司)，共同建设石家庄5万吨/年己内酰胺工程。石家庄化纤公司的股权几经变更，2009年3月成为石化股份公司的分公司。根据石化集团公司改革重组的统一部署，2006年注销石家庄炼油厂，注册成立资产公司石家庄分公司，2007年注册成立石家庄炼化分公司。2009年5月，根据“一企一制”的整体要求，石家庄化纤公司整体、资产公司石家庄分公司部分资产和人员被整合并入石家庄炼化分公司。

截至2010年底，石家庄炼化共设人力资源处、财务处、法律事务部、总务部等职能部门28个，一联合车间、酰胺化车间等基层单位42个；共有职工2 677名，其中具有高级职称的174人，中级职称的420人。

石家庄炼化分公司炼油部分主要包括500万吨/年常减压装置、200万吨/年催化裂化装置、80万吨/年焦化装置等20余套炼油生产装置，化工部分主要包括16万吨/年己内酰胺装置和2.5万吨/年锦纶装置；主要产品有汽油、柴油、航空煤油、己内酰胺、聚酰胺切片、硫酸铵、液化气、聚丙烯等24个品种。

石家庄炼化分公司主要技术经济指标和主要产品产量见表1和表2。

(马立亚)

【生产经营创历史最高水平】 2010年，石家庄炼化分公司实现销售收入231.48亿元，利税46.85亿元，均创历史最高水平，炼油、化工实现双赢利。炼油主要技术经济指标在石化集团公司排名进步明显，原油加工量首次跃上400万吨/年台阶，全年加工原油420.09万吨；化工己内酰胺产量突破10万吨大关，全年生产己内酰胺10.5万吨。老装置实现满负荷优化运行，新装置实现稳定运行。对组合工艺进行优化攻关，使产品质量明显改善，装置运行负荷稳步提升，技术攻关取得阶段性成果。

(马立亚)

【“我要安全”主题活动深入人心】 2010年，石家庄炼化分公司在基层开展了安全承诺、演讲比赛、安全操作视频制作等全员参与的活动，使“我要安全”主题更加鲜明、理念不断深化、成果逐步显现；强化直接作业环节的安全管理，狠抓承包商的HSE体系建设，促进了企业HSE工作全面推进，全年实现报石化集团公司五大事故为零的目标，连续4年被石化集团公司评为安全生产先进单位。

(马立亚)

【油品质量升级和原油劣质化改造工程全面启动】 2010年5月29日，石家庄炼化隆重举行了石家庄炼化油品质量升级和原油劣质化改造工程开工仪式，工程建设全面启动。该工程采用联合项目管理组(IPMT)建设管理模式，石家庄炼化分公司成立了项目管理组织机构，编制了项目管理手册，配合石化集团公司总部完成了项目总体设计审查，组织开展了多次项目协调会、设计协调会、设计审查会及招投标、项目详勘、重点项目监察等系列工作，各项工作稳步推进。

(马立亚)

油品质量升级和原油劣质化改造工程开工仪式 (石炼宣 摄)

【完成国Ⅲ汽油产品质量升级】 根据石化集团公司总部油品质量升级的工作部署，2010年2—3月，石家庄炼化分公司对汽油加氢装置进行了停工换剂，3月15日产出合格的国Ⅲ汽油，按期完成了汽油质量升级任务。

（马立亚）

【“比学赶帮超”活动成果显著】 2010年，石家庄炼化分公司构建了“比学赶帮超”的活动体系，制定了实施方案，营造了“见红旗就扛、有第一就争”、勇于超越自我的良好氛围。在石化股份公司“比学赶帮超”奖牌榜上，全年炼油部分获奖牌58枚，其中金牌2枚；化工部分获红旗4面、红星43颗。

（马立亚）

【全员质量意识明显提高】 石家庄炼化分公司认真贯彻落实石化集团公司质量工作会议精神，结合“柴油合格不好用”的市场反映，广泛深入开展“质量反思”活动，共收集反思总结文章164篇，围绕“质量方针、质量目标”、“每一滴油都是承诺”、“我为中石化品牌作贡献”等主题开展了大讨论，举办了“质量是企业的生命，每一滴油都是承诺”的千人签名活动，进一步增强了干部职工的质量意识和“质量第一，用户至上”的理念，质量管理水平明显提升。

（马立亚）

【全员成本管理意识增强】 2010年，结合石化集团公司总部要求，石家庄炼化分公司建立了全员成本目标三级责任体系和三级指标体系，制定了全员成本目标管理考核办法，注重培养成本意识，有效地推动了全员成本目标管理，提升了管理水平。在全员成本目标管理推动下，不断拓展工作思路，采取优化安全库存定额、供应商回购、加大废旧物资处理力度等措施，全年实现降低库存物资成本0.83亿元。

（马立亚）

【企业文化建设有序推进】 2010年，石家庄炼化分公司全面贯彻落实石化集团公司《企业文化建设纲要》，大力宣贯员工文明礼仪规范，开展了职工群众喜闻乐见的企业文化知识竞赛、文化故事大赛等活动，统一并提升企业形象标识，大力弘扬“尽职”文化理念，广泛宣传以“尽职、争先、求实、创新”为核心的新石炼精神，企业凝聚力进一步增强。

（马立亚）

企业文化故事大赛 （石炼宣 摄）

【职工队伍建设进一步加强】 2010年，石家庄炼化分公司圆满完成首轮职业化轮训，第二轮职业化轮训有序展开，进行职工培训、班组长培训、干部培训以及组织科技人员、劳模参观世博会，优秀共产党员到井冈山接受革命传统教育等系列活动，搭建了员工素质全面提升的平台，拓宽了职工视野，增强了归属感，丰富了“我与企业共成长”的内涵。

（马立亚）

【深入开展“创先争优”活动】 2010年，按照“创先争优”的统一部署，石家庄炼化分公司成立了“创先争优”活动领导小组，制定了活动方案，坚持周例会制度，明确三级点评制，注重典型引领，全年选树“比学赶帮超”、安全环保、和谐稳定等各类先进典型50余个。石家庄炼化分公司加大和谐大石炼建设力度，第17届职工运动会获得圆满成功，彰显了石炼人良好的精神风貌，开展了羽毛球、工间操等多种职工群众喜闻乐见的文体活动，进一步丰富了职工的业余文化生活；公司加大社区的投入，加强社区环境的整治力度，实现了生活区污水的达标排放，新建了部分社区、厂区停车位，职工工作和生活环境得到了明显改善。

（马立亚）

表 1　　石家庄炼化分公司主要技术经济指标　　亿元

指标名称 \ 年份	2010	2009	2008	2007	2006	2005
原油加工量/万吨	420.09	355.46	381.97	334.54	392.46	362.23
工业总产值	229.57	188.24[①]	180.38	134.32	148.28	118.75
工业增加值	50.11	33.59	-29.99	-3.04	-8.99	-1.66
资产总计	70.78	60.69	32.00	34.82	27.92	32.01
流动资产	28.85	22.92	15.27	20.28	14.57	18.91
固定资产原值	83.71	81.98	29.85	28.16	26.96	25.72
固定资产净值	23.94	24.58	13.07	12.70	12.86	12.63
销售收入	231.48	158.31	184.54	132.79	149.48	118.93
实现利税	46.85	24.90	-23.30	-5.56	-10.24	-1.93
税　金	42.19	29.07	4.82	4.07	5.15	4.90

①包括石家庄化纤公司数据。

表 2　　石家庄炼化分公司主要产品产量　　万吨

产品名称 \ 年份	2010	2009	2008	2007	2006	2005
汽　油	88.64	78.75	78.59	61.33	77.06	74.34
煤　油	4.31	7.05	12.10	11.14	13.15	11.94
柴　油	187.09	159.77	171.69	143.71	169.88	160.17
燃料油	6.87	3.31	5.74	5.31	7.77	6.95
液化气	20.95	19.63	19.86	17.49	20.03	16.94
硫　黄	1.87	1.43	1.42	1.32	1.57	1.42
精丙烯	9.69	8.47	8.65	7.78	9.43	7.68
聚丙烯	4.74	4.23	4.44	5.17	5.30	4.56
石油焦	26.50	23.48	22.42	24.25	22.80	17.67
己内酰胺	10.50	4.82	5.63	6.56	7.19	6.88
硫　胺	27.40	18.23	21.35	25.52	27.79	26.44
苯甲醛	0.57	0.33	0.40	0.44	0.46	0.31
切　片	2.14	1.47	1.78	2.33	2.43	1.80

济南炼化

【概况】 中国石油化工股份有限公司济南分公司(简称济南分公司)和中国石化集团资产经营管理有限公司济南分公司(简称资产公司济南分公司)统称济南炼化,其前身始建于1971年,1975年投产,1983年划归中国石化总公司,1998年留转至石化集团公司,2000年根据重组改制方案,企业进行主辅分离,主业即进入石化股份公司,成为济南分公司;辅业部分于2006年11月经过体制转换,成为资产公司济南分公司。

济南炼化位于山东省济南市历下区,占地面积2.4平方千米,距市中心11千米,地处胜利、中原两大油田之间,自备铁路与胶济线相连,厂区南北有济王路、309国道和济青高速公路,距济南遥墙国际机场15千米,地理位置优越,交通运输四通八达。

截至2010年底,济南炼化固定资产原值50.78亿元,具备500万吨/年原油综合加工配套能力,拥有常减压蒸馏、重油催化裂化、延迟焦化、汽油催化重整、柴油加氢精制、丙烷脱沥青、糠醛精制、酮苯脱蜡、白土补充精制、气体分馏、甲基叔丁基醚、聚丙烯等30余套主要生产装置,可生产汽油、煤油、柴油、液化气、石油焦、聚丙烯、硫黄、润滑油基础油等50余种产品,产品出厂合格率始终保持100%。截至2010年底,济南分公司职工人数为1 995人,其中各类专业技术人员602人(高级职称185人,中级职称304人);资产公司济南分公司职工人数为133人,其中各类专业技术人员46人(高级职称3人,中级职称17人)。

济南分公司主要技术经济指标和主要产品产量见表1和表2。

(邓顺平)

【7万吨/年环保型芳烃橡胶填充油工业示范装置建成投产】 该装置为国内首套工业放大装置,采用石油化工科学研究院研究成果,生产符合欧盟标准的填充油。装置于2010年10月30日建成中交,11月19日一次开车成功,产品质量达到设计标准,填补了国内环保型橡胶填充油工业化生产的空白,经济效益和社会效益显著。12月25日,产品顺利通过国际权威机构SGS上海分公司的检测,满足欧盟及其成员国德国的环保指标要求,达到国际先进水平。

(邓顺平)

【160万吨/年柴油加氢精制装置开工建设】 2010年8月16日,该装置基础设计获得石化股份公司批复;9月28日,在施工现场举行建设开工典礼。项目的主要建设内容包括新建160万吨/年柴油加氢精制装置,将120万吨/年柴油加氢精制装置改造为80万吨/年加氢改质装置。项目建成投产后,可使济南炼化的柴油产品全部满足国Ⅲ车用柴油质量标准,进一步优化企业生产运行,提升产品质量和市场竞争力。

(邓顺平)

【全厂大检修顺利完成】 2010年3月20日,济南炼化三年一次全厂停工大检修拉开帷幕。在完成常规检修任务的同时,该次检修还实施了安全环保、质量升级、防腐改造、节能降耗和挖潜增效等方面的技改技措项目,开展了石化系统内首套MZCC(新型多区协控重油催化裂化技术)工业放大试验项目改造,并为下一步发展的新项目建设提供系统甩头和接口预留。该次检修于5月9日结束,成功实现了"一次停好、一次修好、一次开好"的目标,并在安全环保、检修质量、节能降耗等方面创造了历史最好水平。

(邓顺平)

【"比学赶帮超"活动成效明显】 2010年,根据石化集团公司统一部署,济南炼化开展了"比学赶帮超"活动。活动的开展对推动企业各项工作发挥了积极作用,公司全年加工原料同比增长3.31%,实现了检修不减产;核心指标持续提升,达标任务全面完成,其中综合商品率同比提高0.52个百分点,原油储运损失同比降低0.04个百分点,原油加工损失率同比降低0.1个百分点,炼油综合能耗同比降低1.56个单位,销售收入首次突破200亿元大关。

(邓顺平)

【通过质量体系监督审核】 2010年11月2日,北京三星认证中心对济南炼化进行了质量管理体系2008版标准替代2000版标准的换版审核。11月5日,审核组一致同意,推荐济南炼化保持认证注册资格,审核顺利通过。

(邓顺平)

【举行安全事故应急救援预案演练】 2010年8月6日,山东省危化品重特大生产安全事故应急救援预案演练在济南炼化举行。省委常委、副省长王军民,省安监局、省消防总队、省公安厅等部门及化工专家参加演练。演习共分3个阶段:事故应急处置报告程序推演、企业实战演练、组织省级指挥演练。在企业实战演练阶段，济南炼化及时启动企业应急预案，迅速果断开展应急处置，圆满完成了企业实战演练任务，展示了良好的应急处置和救援能力。

（邓顺平）

表 1　济南分公司主要技术经济指标　亿元

指标名称＼年份	2010	2009	2008	2007	2006	2005
原油加工量/万吨	407.35	393.70	400.01	357.51	400.16	409.39
工业总产值	205.04	165.98	188.94	135.02	148.22	130.21
工业增加值	53.45	57.36	-12.02	1.09	-2.67	3.98
资产总计	34.98	29.88	25.07	29.62	25.36	30.37
流动资产	13.48	9.75	8.16	12.14	7.77	11.56
固定资产原值	47.18	46.57	40.31	39.41	38.34	38.03
固定资产净值	18.40	19.49	15.30	15.65	16.78	17.95
销售收入	208.66	167.34	188.94	133.90	148.18	131.43
实现利税	48.88	54.61	-7.51	-1.06	-5.40	2.88
税　金	44.66	43.31	5.92	5.53	5.71	6.15

表 2　济南分公司主要产品产量　万吨

产品名称＼年份	2010	2009	2008	2007	2006	2005
汽　油	104.19	106.56	105.27	82.83	97.47	102.34
柴　油	167.37	155.20	171.44	144.64	169.40	176.16
沥青料	15.18	19.27	1.24	13.17	13.75	13.13
商品重油	—	1.67	1.83	10.09	7.14	9.89
液化石油气	21.71	21.14	22.77	18.33	22.39	20.58
润滑油基础油	8.35	7.25	6.71	6.07	6.34	6.89
聚丙烯	9.10	9.68	10.87	9.30	11.15	10.23
化工轻油	16.98	4.48	8.61	13.96	12.85	10.91

武汉石化

【概况】　中国石油化工股份有限公司武汉分公司（简称武汉分公司）和中国石化集团资产经营管理有限公司武汉分公司（简称资产公司武汉分公司）统称武汉石化，是石化集团公司直属大型工业企业，前身为武汉石油化工厂，始建于1971年，投产于1977年。武汉石化炼油部分位于湖北省武汉市青山区，占地239公顷（239万平方米），北濒长江水道，水陆交通便利；化工部分即武汉80万吨/年乙烯项目（在建）位于洪山区建设乡八吉府地区，占地294.8公顷（294.8万平方米）。

截至2010年底，武汉石化共有在册职工3 738人，44个二级单位，包括25个处室、18个车间和1个待清理公司。有生产装置28套，原油一次加工能力850万吨/年。主要产品有汽油（90#、93#、97#、E90#、E93#、E97#）、灯用煤油、3#喷气式航空燃料油、轻柴油（0#、-10#）、石脑油、溶剂油（工业用轻质溶剂、120#）、烷基苯料、环烷酸、MTBE、专用重油（1#、2#、3#）、燃料油（30#、180#）、工业片状硫黄、石油焦、聚丙烯树脂（粉料、粒料）、苯、甲苯、二甲苯、石油液化气等25种产品。产品行销鄂、湘、川、渝等12个省区。

武汉石化主要技术经济指标和主要产品产量见表1和表2。 (任丽娜)

【原料油加工量、销售收入、上缴税金实现历史性突破】 2010年，武汉石化生产经营工作再创佳绩，全年加工原料油500.03万吨，首次突破500万吨；实现销售收入252亿元，首次突破200亿元，同比增加63.53亿元，增长33.71%；上缴税金55.1亿元，首次突破50亿元，同比增加17.17亿元，增长45.27%。

(任丽娜)

【全力保供市场】 2010年，武汉石化根据市场情况，不断优化生产方案，调整产品结构，在确保安全环保生产的前提下，努力做大加工总量，累计生产成品油340万吨，全力保证市场成品油供应。四季度，认真贯彻落实中国石化关于增产柴油紧急通知和湖北省武汉市政府保供紧急会议精神，迅速行动，积极研究部署增产柴油具体措施，在完成正常的生产配置计划的基础上，11—12月累计增产柴油2.69万吨，有效缓解了市场柴油需求紧张局面。加强内外部产运销衔接，确保了高负荷下产品顺利出厂和生产后路畅通。

(任丽娜)

【夯实安全生产基础】 2010年，武汉石化持续开展“我要安全”主题活动，进一步细化安全生产禁令，推进HSE观察。认真汲取“8·11”溺水亡人事故教训，严肃考核各类事故责任人，举一反三全面整改。从11月开始，在全公司大力开展隐患排查活动，公司领导及处室负责人带头下基层查隐患，通过现场调研、参加车间座谈和班组安全活动，与车间一道查找生产、设备、安全管理的各类隐患，督促帮助车间落实整改，确保了安全生产和年度生产任务的完成。

(任丽娜)

【炼油专业达标进步明显】 2010年，武汉石化结合开展“创先争优”、“比学赶帮超”活动，以能耗、加工损失等指标为突破口，不断深化达标管理，炼油专业指标全部实现达标并创历史最高水平，在中国石化33家炼化企业中进步率排名位居第七位，较2009年上升6位。其中轻收74.14%，比指标高2.64%；综合收率82.19%，比指标高1.69%；原油储运损失率0.23%，比指标低0.12%；加工损失率0.69%，比指标低0.03%；炼油能耗68.99千克(标油)/吨，比指标低1.01%；高价值产品收率82.19%，比指标高1.69%。

(任丽娜)

【完成2#焦化装置消除瓶颈适应性改造】 2010年，武汉石化精心组织实施2#焦化装置消除瓶颈适应性改造，10月2日—11月20日共完成了8个技改技措项目和116个检修项目，实现了“安全、文明、优质、正点、节约”的检修目标，开车一次成功。该项目投用后，2#焦化装置处理能力从120万吨/年提高到140万—150万吨/年，为完成全年生产任务打下了坚实的基础，并可有效降低能耗、提高轻收、提高经济效益。

(任丽娜)

【诞生“金城”操作法】 武汉石化焦化车间工人技师金城潜心钻研，成功地解决了长期困扰公司的焦化装置加热炉炉管结焦顽症，为公司安全平稳生产和降本增效作出了积极贡献。2010年，武汉石化将该办法命名为“金城”操作法，这是武汉石化建厂以来，继“袁汉国”电机工作法之后，第二个以工人名字命名的操作法。

(任丽娜)

【强化目标成本管理工作】 2010年，武汉石化按照中国石化总部的统一部署，持续推进全员成本目标管理，制定下发了《持续推进全员成本目标管理总体方案(试行)》，武汉分公司以“含自用燃料完全费用”为核心、资产公司武汉分公司4个专业板块以“单位产品完全成本”为核心建立了成本管理指标体系；修订了全面预算管理考核细则，层层分解年度预算指标，完善考核奖励机制；实现了6个大类主要生产装置在石化系统内的数据横向和纵向对比。通过不断深化“建标、对标、追标、创标”活动，使干部职工成本管理意识不断增强。

(任丽娜)

【全面启动“双八”工程建设】 2010年，武汉石化持续推进800万吨/年油品升级炼油改造二期工程和80万吨/年乙烯工程建设。2010年2月26日，炼油二期可行性研究获石化集团公司总部批复；8月2日，总体设计获批复；11月，基础设计获批复。53台长周期设备已完成订货30台。1#地场平、3#地围墙、设监中心还建、项目部临设已完成，人员已入驻。10月28日，炼油改造二期工程主体装置开始打桩，标志着该工程由前期准备进入现场施工阶段。

武汉乙烯项目56个主项基础设计已批复55个，232台超长及长周期设备已签合同158台(套)。现场办公临时设施及单身职工公寓建成投用，重件码头建成，56个主项中的38项进入现场实施阶段，开工率达67.9%。加强项目管理和制度建设，定期检查落实省市与中国石化总部共同签订的战略协议执行情况。中国石化总部派驻80万吨/年乙烯工程效能监察督察组，6月，武汉80万吨/年乙烯工程运行管理部成立。

(任丽娜)

武汉分公司炼油改造二期工程正式开工

【平稳实现“五班改四班”】 2010年，为了适应80万吨/年乙烯和800万吨/年炼油改造二期工程建设和开工需要，武汉分公司在充分调研的基础上，扎实制定方案，加强政策宣讲，将沿用多年的“五班三运行”的倒班方式调整为“四班二运行”，将富余人员抽调到乙烯和炼油二期工程的生产准备部。年内完成了气体加工、油品、综合、热电、供水、排水、油码头、空分、聚丙烯9个车间的“五改四”工作，共抽调143名操作人员到乙烯项目，较好地实现了倒班模式的转变，并确保了生产平稳过渡和职工队伍稳定。

(任丽娜)

【全面推进全员绩效考核工作】 2010年，武汉石化建立了公司对各职能部门、车间整体工作目标绩效考核标准，公司对各单位党政正职绩效考核标准，车间对班组长绩效考核标准；建立并实行车间周检查、旬考核制度。在试点的基础上，11月完成了对各单位绩效考核模块的编制，建立了绩效考核信息平台，为2011年信息平台全面上线运行打下了基础。

(任丽娜)

【维护企业稳定】 2010年，武汉石化加强热点和焦点问题的疏导和政策宣讲工作，积极为职工群众排忧解难，确保了企业和职工队伍稳定。按照石化集团公司总部的统一部署，建立了企业年金制度；全年共慰问帮扶协解人员1 488人次94万元；为协解未退休人员提供95个岗位；发放非在职人员住房货币化补贴2 882人，发放率98.9%。继续深入开展“三深入”活动，各级领导干部共走访座谈职工264人次，收集各类意见和建议115条，已完成整改102条。先后走访、慰问、帮扶、助学各类人员1 702余人次，送去慰问金142万余元。组织干部职工积极为玉树地震灾区捐款43万元，为甘肃舟曲灾区捐款20万元，为云南旱区孩子募捐1.5万元。年初职代会确定的“五件实事”全部按计划完成：“三室”改造、生活区屋面整治，均完成年初制定的工作计划；新购4辆空调客车已于7月30日正式投用；配合公司“五改四”工作，试行和推广免费夜宵配送；恢复职工健康疗养，年内已安排职工疗养568人次；二生活区澡堂改为离退休人员活动场所，年底已完成改建工程量的60%，对2 141名离退休职工进行了健康体检。

(任丽娜)

表1　　武汉石化主要技术经济指标　　亿元

指标名称＼年份	2010	2009	2008	2007	2006	2005
原油加工量/万吨	498.23	451.08	396.55	424.67	403.66	396.20
工业总产值						
武汉分公司	246.35	181.19	182.19	163.27	154.97	129.33
资产公司武汉分公司	2.59	2.94	2.97	2.78	6.70	7.67
资产总计						
武汉分公司	79.05	53.26	47.95	52.68	39.97	31.05
资产公司武汉分公司	5.48	5.83	5.89	4.79	7.08	8.30
流动资产						
武汉分公司	17.96	13.05	10.47	18.16	14.67	16.20

续表

指标名称 \ 年份	2010	2009	2008	2007	2006	2005
资产公司武汉分公司	2.47	2.80	2.81	1.55	2.64	3.99
固定资产原值						
武汉分公司	53.18	48.79	43.23	33.97	33.95	21.97
资产公司武汉分公司	7.26	6.97	7.10	6.86	7.40	7.78
固定资产净值						
武汉分公司	26.68	24.74	20.42	13.46	15.53	12.50
资产公司武汉分公司	2.96	2.85	3.01	2.88	3.33	3.65
销售收入						
武汉分公司	247.08	183.51	183.45	164.63	154.13	128.72
资产公司武汉分公司	4.47	4.59	6.15	10.79	17.92	18.39
实现利税						
武汉分公司	54.55	53.65	-16.12	4.14	-1.96	0.87
资产公司武汉分公司	-0.10	0.24	-0.12	0.94	-0.28	0.35
税金						
武汉分公司	52.02	45.62	3.47	7.31	6.25	5.82
资产公司武汉分公司	0.20	0.25	0.13	0.23	0.16	0.29
综合能耗/吨标煤·万元$^{-1}$						
武汉分公司	0.35	0.40	0.44	0.49	0.48	0.69
资产公司武汉分公司	2.33	4.30	3.80	3.49	1.48	—

表2 **武汉石化主要产品产量** 万吨

产品名称 \ 年份	2010	2009	2008	2007	2006	2005
汽油	124.51	113.94	92.36	94.03	97.42	103.07
煤油	—	—	—	—	—	—
柴油	194.79	183.34	170.48	180.92	171.87	162.68
航煤	20.52	8.51	—	—	—	—
化工轻油	16.49	12.31	8.14	8.22	4.30	8.48
燃料油	12.70	11.46	8.92	20.00	19.63	22.97
溶剂油	3.25	1.23	2.53	4.68	1.78	3.54
液化气	24.88	25.80	23.98	25.24	23.98	22.40
聚丙烯	11.21	11.48	11.41	13.10	12.90	11.90
硫黄	2.26	2.17	1.59	1.60	1.68	1.43
环烷酸	0.10	0.10	0.18	0.23	0.22	0.17
苯类	5.02	2.52	6.69	9.35	9.21	1.55
焦炭	40.80	38.56	31.43	27.70	28.96	29.89
MTBE	4.78	4.78	4.67	2.33	0.40	—
丙烷	1.33	0.96	0.86	0.92	0.62	0.27

中原石化

【概况】 中国石化中原石油化工有限责任公司(简称中原石化)是石化股份公司控股的石化企业，位于河南省濮阳市，占地2 599亩(173万平方米)。其前身于1987年经国家批准立项建设，1996年建成投产，1998年4月划归石化集团公司，2005年1月进入石化股份公司。截至2010年底，中原石化共有18万吨/年乙烯装置、20万吨/年聚乙烯装置、6万吨/年聚丙烯装置等8套化工生产装置。中原石化设置14个机关处室、11个生产车间。在册职工总数为1 244人。

中原石化主要技术经济指标和主要产品产量见表1和表2。

(李继增)

【实现产量增指标升】 2010年，中原石化认真贯彻落实科学发展观，努力克服原料价格居高不下、产品价格持续下滑带来的不利影响，紧紧围绕精细管理和项目建设两条主线，深入开展"创先争优"和"比学赶帮超"活动，各项工作取得新的进展。公司全年生产乙烯21.2万吨，聚乙烯22.4万吨，聚丙烯8.5万吨，纯苯3.7万吨，均实现力争目标，其中聚丙烯产量实现奋斗目标。乙烯产量同比增产6 200吨。在监控的24项指标中，14项优于上年，4项基本持平，其中乙烯收率35.17%，在中国石化化工板块排名第一，"双烯"收率49.62%，排名第二。

(李继增)

【ERP系统成功切换上线】 2010年1月7日，中原石化顺利完成物料编码转换项目，ERP系统实现切换上线，比计划提前2天。在物料编码转换项目中，还实施了PS项目管理模块和PM非生产维修板块的上线工作，使ERP涵盖的工作内容更加充实，工作流程进一步理顺、规范。

(李继增)

【连续6年获安全生产先进单位称号】 2010年，中原石化坚持"安全第一、预防为主、全员动手、综合治理"的方针，深入开展"我要安全"主题活动，实施HSE观察卡制度，细化落实《安全生产禁令》，编印发放《"我要安全"故事集》，持续开展隐患排查治理，加强MTO项目施工监管，确保生产运行安全和项目施工安全，加强门禁管理和生产装置分区管理，抓好现场隐患排查与治理，加强现场安全监督检查、强化污染源头的有效监控，积极开展清洁生产和资源综合利用，安全环保生产形势总体平稳。连续第6年被评为中国石化安全生产先进单位称号。

(李继增)

【设备缺陷闭环管理取得良好效果】 2010年，中原石化重视设备缺陷闭环管理，在中心控制室设立缺陷管理看板，设备管理部门每月对各车间设备缺陷闭环管理活动进行检查考核，对查出的缺陷视影响程度不同给予奖励，得到石化集团公司设备检查组的肯定。全年共发现缺陷2 365处，已整改2 317处，完成98%，促进了设备管理工作，确保了装置安全稳定生产。

(李继增)

中原石化仪表车间职工在现场解决隐患 (李继增 摄)

【60万吨/年MTO项目举行开工奠基仪式】 2010年4月16日，中原石化60万吨/年甲醇制烯烃(MTO)项目举行开工奠基仪式，标志着中国石化自主开发的MTO示范装置进入建设阶段。中原石化MTO项目包括新建60万吨/年(进料)甲醇制烯烃，新建10万吨/年聚丙烯装置，现有聚乙烯装置挖潜改造至26万吨/年。项目建成后，乙烯、聚乙烯、聚丙烯生产能力将分别达到24万吨/年、26万吨/年和16万吨/年，经济效益和社会效益明显。

(李继增)

正在建设中的中国石化首套 MTO 装置

【中国石化—河南鹤壁煤化一体化项目可研协调会召开】 2010 年 10 月 19—21 日，中国石化—河南鹤壁煤化一体化(180 万吨/年 MTO)项目可研工作协调会在鹤壁市召开。会议形成了该项目会议纪要，对项目名称和原料煤、燃料煤的来源、煤种及品质进行了确定；对所涉及的项目总图专业、储运专业、火炬专业、粉体专业、铁路、土建专业、给排水专业、供电专业、热工专业、环保专业、投资估算专业进行了分类要求。

（李继增）

【污水回用装置试车成功】 2010 年 6 月 6 日，中原石化污水回用系统联动试车成功，生产出合格水，并通过污水外送泵输送至循环水补充点。污水回用项目设计处理能力为每小时 180 立方米，每月节约新鲜水近 4 万吨，取得较好的经济效益和社会效益。

（李继增）

表 1　　中原石化主要技术经济指标　　亿元

指标名称＼年份	2010	2009	2008	2007	2006	2005
工业总产值	36.68	30.20	33.03	39.86	39.63	32.79
工业增加值	2.99	8.53	-3.30	7.98	8.08	8.28
资产总计	18.96	18.37	14.82	24.45	24.29	21.12
流动资产	5.95	9.43	5.18	13.89	9.81	6.82
固定资产原值	54.24	53.93	52.36	51.33	51.30	51.00
固定资产净值	18.52	18.95	18.37	18.62	21.45	24.76
销售收入	36.55	30.02	33.28	39.62	39.46	32.64
实现利税	1.22	5.31	-5.62	2.78	3.38	3.73
税　金	1.19	1.19	0.54	1.53	1.57	1.46

表 2　　中原石化主要产品产量　　万吨

产品名称＼年份	2010	2009	2008	2007	2006	2005
聚乙烯	22.38	21.71	18.48	22.48	22.78	20.46
聚丙烯	8.52	7.97	7.08	8.10	8.29	7.50
乙　烯	21.20	20.58	17.48	21.15	21.45	19.16
丙　烯	8.71	8.15	7.17	8.44	8.77	8.07
1#苯	11.84	11.39	10.06	11.05	12.37	12.55
商品量	0.02	0.00	0.00	—	—	0.40
2#苯	8.10	8.23	7.03	8.28	8.86	8.66
商品量	0.23	0.31	0.08	—	0.09	0.00
碳　四	4.52	4.50	4.33	5.30	5.68	5.06

续表

产品名称＼年份	2010	2009	2008	2007	2006	2005
商品量	0.90	0.45	1.74	1.43	2.00	2.38
碳　五	1.91	1.84	1.73	1.78	1.87	1.81
碳　六	1.26	1.17	0.02	0.00	—	0.00
碳　九	1.56	1.17	1.10	1.50	1.65	1.86
裂解焦油	2.18	2.20	1.59	1.86	1.91	1.94
1－丁烯	1.44	1.63	0.92	1.37	1.23	0.74
2－丁烯	1.39	1.43	0.92	1.34	1.45	1.18
甲基叔丁基醚	1.41	1.49	1.01	1.53	1.42	0.97
纯　苯	3.73	4.09	3.46	4.11	4.28	4.18
3#苯	2.79	2.62	2.23	2.97	3.29	3.35

沧州炼化

【概况】 中国石油化工股份有限公司沧州分公司(简称沧州分公司)暨中国石化集团资产经营管理有限公司沧州分公司(简称资产公司沧州分公司)统称沧州炼化，坐落于河北省沧州市北郊，占地面积1.8平方千米，地处胜利、中原、大港、华北四大油田之间，紧依京杭大运河、朔黄铁路、京沪铁路和京沪高速公路，地理位置优越，交通便利。沧州炼化始建于1971年，1975年10月建成投产，建厂初期生产规模50万吨/年，时称河北沧州石油化工厂。1984年1月1日，划归中国石油化工总公司，更名为中国石油化工总公司沧州炼油厂。2000年1月，按照石化集团公司统一部署，企业资产重组为上市部分沧州分公司和存续部分的沧州炼油厂。2007年8月，沧州炼油厂体制转换为资产公司沧州分公司。

截至2010年底，沧州炼化用工总量2 052人，其中上市部分1 431人，存续部分621人；有正式职工1 663人，其中上市部分1 186人，非上市部分477人。正式职工中，硕士、博士研究生学历18人，大学本科学历305人，专科学历342人。有各类专业技术人员490人，其中具有高级职称的101人，中级职称的264人。有职能处室21个，党群部门6个，基层单位10个；有党支部26个，党员736人。

截至2010年底，企业总资产33.47亿元，原油一次加工能力350万吨/年，可加工多种含硫、重质原油。主体装置有：350万吨/年常减压蒸馏装置、120万吨/年重油催化裂化装置、120万吨/年延迟焦化装置、80万吨/年汽柴油加氢精制装置、90万吨/年催化汽油吸附脱硫装置、15万吨/年催化重整装置、8万吨/年苯抽提装置、2万米^3(标准)/时焦化干气制氢装置、30万吨/年气体分馏装置、5万吨/年MTBE装置、6万吨/年小本体聚丙烯、2万吨/年硫黄回收装置，以及配套的蒸汽锅炉、发电机组、新水供应、污水处理、油品储运等设施。与日本东丽集团共同出资建设的1万吨/年二甲基亚砜项目已经开始建设。

沧州炼化主要产品有：汽油、柴油、溶剂油、聚丙烯、液化石油气、石油焦、硫黄、特种油基础料等。产品销往河北、河南、山东、山西、江苏、浙江、云南、广西等省区，产品合格率始终保持100%。

沧州炼化主要技术经济指标和主要产品产量见表1和表2。

（喻志浩　王海东）

【连续7年实现安全生产】 2010年，沧州炼化面对生产装置运行末期问题增多、多套装置边生产边施工、新装置冬季开工以及为期3个月的装置大修改造等诸多困难，及时分析安全形势，把握安全生产特点，深入贯彻执行《安全生产禁令》，扎实开展"我要安全"主题活动，严格落实安全生产责任制，加强设备管理和隐患排查，强化施工现场监督管理，深化安全管理"六个坚持"，全年未发生安全生产事故，继续保持了安全生产的良好局面。截至年底，沧州炼化已连续7年实现安全生产，连续5年被石化集团公司评为安全生产先进单位。年内被河北省安全生产委员会评为危险化学品安全生产明星企业。

（喻志浩　王海东）

【圆满完成装置大修和技术改造】　2010 年 7 月 25 日—10 月 23 日，沧州炼化实施了为期 3 个月的生产装置大修与技术改造。大修改造期间，定期召开大修改造调度会、项目协调会和各种专业会议，及时协调解决大修改造中的各类问题；各项目负责人紧盯施工现场，狠抓安全管理，严格落实检修方案，加强施工质量监管，严格控制项目进度，确保了各项大修改造任务按期完成。通过该次建厂以来工程量最大、大修改造项目最多、投资额最高的大修改造。沧州炼化改进了生产装置工艺，完善了设备，消除了安全隐患，为下一生产周期装置“安稳长满优”运行打好了基础；实施的样板炉改造、低温热回收、装置热联合等一系列节能改造项目，为进一步节能降耗创造了条件；干部职工的专业技术素质和技能水平都得到锻炼和提高。

（喻志浩　王海东）

【全面完成各项技术经济指标】　2010 年，沧州炼化针对装置末期运行、有效生产时间短、成品油市场变化大、国际原油价格不断攀升等不利因素，精心组织生产经营，强化装置运行末期的平稳生产，积极调整产品结构，力保市场供应。全年完成加工量 223.33 万吨，汽煤柴润及相应半成品总量 168.90 万吨，生产聚丙烯 2.19 万吨；轻质油收率 75.64%，综合商品率 93.68%，高附加值产品收率 84.43%，加工损失率 0.75%，综合能耗 62.98 千克(标油)/吨，原油储运损失 0.27%；全年销售收入合计 113.87 亿元，上市部分按石化集团公司总部给定条件还原计算赢利 2.29 亿元，非上市部分亏损 5 022 万元，全面完成了石化集团公司下达的生产经营任务。

（喻志浩　王海东）

【设备实现长周期平稳运行】　2010 年上半年，沧州炼化生产装置运行到三年一修的末期，动静设备发生泄露和故障几率增多，管理难度加大。公司进一步强化设备管理，加大现场管理力度，现场管理保持较高水平；坚持开展大机组“五位一体”特护活动，大机组实现平稳运行；强化各类专业检查，坚持实行班组日检、车间周检、公司月检的方式，对设备隐患进行全面排查，大力推广“巡检问题管理法”，促进了设备隐患的发现和整改；坚持抓好巡检、保养、抢修、备机、配件 5 个环节责任制的落实，加强日常维护和设备巡检，对关键设备实施特护，装置设备实现了长周期平稳运行。

（喻志浩　王海东）

【扎实做好环保工作】　2010 年，沧州炼化进一步落实各级环保职责，加强现场监督检查及分级控制管理，装置大修期间认真落实“三废”排放处置方案，杜绝乱排乱放，避免了环境污染事故发生。加大环保工作的日常检查考核力度，强化环保设施运行管理，环保设施实现平稳运行。全年外排工业废水达标率 100%，工业废水排放量为 64 万吨，COD 排放总量 54 吨，二氧化硫排放量 1 598.18 吨，吨油排水 0.28 吨，危险废物处理率 100%，全面完成了石化集团公司和河北省政府下达的环保考核指标。

（喻志浩　王海东）

【项目建设稳步推进】　2010 年是沧州炼化发展初见成效的一年。8 万吨/年苯抽提、90 万吨/年 S－Zorb 装置分别于 3 月 1 日和 3 月 4 日生产出合格国Ⅲ汽油，实现了预期目标。焦化技术改造项目在原有 50 万吨/年基础上新增一炉两塔，加工能力提高到 120 万吨/年，该项目于 10 月建成投产，解决了重油加工能力不足的问题。通过改造 30 万吨/年气分装置、新建 5 万吨/年 MTBE 装置，提高了轻烃加工能力，发挥了增加产品附加值、多产高标号汽油的作用。制氢装置扩能改造将产能从 1 万米^3/时提高到 2 万米^3/时，保证了柴油质量升级项目投产后氢气的用量。硫黄装置由 1 万吨/年扩能到 2 万吨/年，满足了 S－Zorb 和即将投产的柴油加氢及二甲基亚砜装置运行的需要，解决了酸性气体处理的问题。信息化建设进一步推进，完成了 SMES 和蒸汽管网优化等项目。在石化集团公司支持下，启动了产品质量升级及装置节能改造项目前期工作，为“十二五”期间的发展开了个好头。

（喻志浩　王海东）

【认真开展“创先争优”活动】　2010 年，沧州炼化按照石化集团公司党组的统一部署，认真组织开展了“创先争优”活动。成立了活动组织机构，精心制定了活动方案；召开班子会、党员大会、职工大会，厂报、电视开辟活动专栏，进行广泛动员；运用典型引路，促进了基层党组织建设；以“扛红旗、争第一”活动为抓手，扎实开展“比学赶帮超”活动；大力开展除“四害”活动，打牢企业发展基础；持续推进“三基”工作，开展“制度建设年”活动，促进精细化管理。“创先争优”活动期间，公司各党支部、各单位围绕主题，结合实际，突出特色，取得了很好的活动效果。全年公司吨油取水、吨油排水、高附加值产品收率 3 项综合指标及 17 项装置运行指标创公司历史最高水平；上市部分 13 个单位 23 个费用小项、存续部分 7 个单位 9 个费用小项位列费用节约第一，各项工作水平均有了进一步提高。

（喻志浩　王海东）

【企业保持和谐稳定】 2010 年，沧州炼化坚持推行民主管理，深化厂务公开，职代会提案得到较好的落实；坚持开展集中矛盾排查活动，积极处理和化解各类矛盾和问题；认真开展形势任务教育，坚持开展健康向上、特色鲜明、职工喜闻乐见的群众性文体娱乐活动，丰富职工的业余文化生活；大力开展帮扶救助、爱心捐助活动，对困难职工及家属及时给予救助；努力为职工办实事办好事，按照国家和石化集团公司相关政策，建立了补充医疗保险制度，启动了企业年金制度。公司继续保持和谐稳定。

（喻志浩　王海东）

表 1　　**沧州炼化主要技术经济指标**　　亿元

指标名称 \ 年份	2010	2009	2008	2007	2006	2005
原油加工量/万吨	223.33	293.88	293.94	265.92	300.11	295.35
工业总产值	115.60	122.98	139.78	105.01	112.46	98.17
资产公司沧州分公司	2.60	2.98	4.71	3.91	4.06	3.63
沧州分公司	113.00	120.00	135.07	101.10	108.40	94.54
工业增加值	16.52	18.45	-17.98	0.61	-6.84	0.99
资产公司沧州分公司	0.37	0.45	0.54	0.46	0.97	0.57
沧州分公司	16.15	18.00	-18.52	0.15	-7.81	0.42
资产总计	33.47	26.91	23.99	24.99	22.71	26.78
资产公司沧州分公司	3.43	3.60	3.47	3.63	3.46	4.78
沧州分公司	30.04	23.31	20.52	21.36	19.25	22.00
流动资产	15.71	10.49	6.79	10.64	8.66	11.33
资产公司沧州分公司	0.40	0.42	0.56	0.72	0.75	1.64
沧州分公司	15.31	10.07	6.23	9.92	7.91	9.69
固定资产原值	28.11	26.95	26.98	25.30	23.95	24.70
资产公司沧州分公司	0.50	4.78	4.91	4.58	4.10	4.42
沧州分公司	27.61	22.17	22.07	20.72	19.85	20.28
固定资产净值	12.28	11.29	12.59	12.52	12.90	14.55
资产公司沧州分公司	2.51	2.53	2.72	2.61	2.37	2.64
沧州分公司	9.77	8.76	9.87	9.91	10.53	11.91
销售收入	113.87	125.88	144.67	107.79	114.66	102.73
资产公司沧州分公司	2.96	5.12	8.10	6.47	7.81	7.98
沧州分公司	110.91	120.76	136.57	101.32	106.85	94.75
实现利税	14.22	32.364	-13.85	-1.76	-8.87	0.26
资产公司沧州分公司	-0.30	-0.09	-0.25	-0.08	0.06	0.21
沧州分公司	14.52	32.45	-13.60	-1.68	-8.93	0.05
税　金	22.42	28.30	1.71	4.06	4.00	3.80
资产公司沧州分公司	0.15	0.16	0.24	0.18	0.19	0.21
沧州分公司	22.27	28.14	1.47	3.88	3.81	3.59

表 2　　沧州炼化主要产品产量　　万吨

年份 产品名称	2010	2009	2008	2007	2006	2005
资产公司沧州分公司						
聚丙烯	2.19	3.06	7.26	3.35	3.63	3.48
液化气	—	—	—	—	—	0.03
干　气	—	—	—	—	—	0.06
硫　醚	—	0.14	0.36	0.19	0.47	0.47
新　水	37.24	65.39	278.00	211.44	249.18	306.62
氮　气	1.45	1.02	1.18	0.89	0.80	0.74
净化风/立方米	3 241.71	3 051.98	3 616.00	3 231.93	3 165.52	3 095.22
非净化风/立方米	4 753.44	5 976.56	5 933.00	4 969.22	5 419.35	5 664.03
沧州分公司						
汽　油	48.31	65.34	57.22	48.74	51.86	54.20
柴　油	98.23	132.24	139.97	126.42	148.86	140.31
溶剂油	0.75	1.99	0.76	0.84	1.05	1.67
沥　青	—	—	—	—	—	2.19
液化气	10.00	13.60	16.57	13.41	14.88	16.13
铝箔油料	6.42	7.32	6.79	5.69	6.64	6.79
石油焦	14.95	17.37	17.52	16.53	18.10	17.07
硫　黄	0.73	0.90	0.88	0.73	0.63	0.75

润滑油分公司

【概况】 中国石油化工股份有限公司润滑油分公司(简称润滑油分公司)于 2002 年 5 月 29 日正式挂牌组建，总部设在北京市海淀区新技术产业开发区。润滑油分公司总占地面积 142 万平方米，是国内最大的高档润滑油产销企业。截至 2010 年底，有正式职工 3 810 人，其中各类专业技术人员 1 569 人，高级专业技术人员 186 人，中级专业技术人员 714 人。

截至 2010 年底，润滑油分公司共设立分公司及石化股份公司托管参股企业 18 个，研究单位 2 个。其中，设立了润滑油北京分公司、重庆分公司、济南分公司、荆门分公司、茂名分公司、上海分公司、天津分公司、武汉分公司、燕化分公司、郑州分公司、滨海分公司、北京销售中心及北京研发中心、上海研发中心共 14 个直属单位；海外分公司 1 家即新加坡分公司；中外合资公司 3 个，包括上海海润添加剂有限公司、天津日石润滑油脂有限公司和天津长城协同油脂有限公司。润滑油分公司固定资产总额 25.95 亿元，调和生产能力为 165 万吨/年，包装油脂生产能力为 146 万吨/年。可生产润滑油共 20 个大类，700 多个品种。

润滑油分公司主要技术经济指标见表 1。

（姚建国）

【经营总量创历史新高】 2010 年，润滑油分公司经营总量达到 160 万吨，同比增长 23%，创历史最高水平。其中，中高档润滑油脂销售 132.7 万吨，同比增长 15%；高档润滑油脂 49.2 万吨，同比增长 23%；包装润滑油脂完成 126 万吨，同比增长 15%。

（姚建国）

【深化“我要安全”主题活动】 2010 年，润滑油分公司以科学发展观和安全发展理念为指导，以 6 个结合为切入点，将安全生产重点与公司生产经营、“比学赶帮超”活动、“安康杯”竞赛活动、HSE 管理体系、清洁生产审核及扎实开展“三基”工作有机结合起来，多措并举，取得了“我要安全”主题活动的圆满成功，被石化集团公司评为 2010 年度“我要安全”主题活动先进单位。

（姚建国）

【国际市场开发取得新成效】 2010年，润滑油分公司进一步加大对重点国际市场尤其是澳大利亚等市场的开发力度。4月，在澳大利亚召开了SINOPEC润滑油市场推广会，协助当地经销商开展市场推广。10月赞助TRIPLEFRACING车队参加V8赛事悉尼站比赛，并借此积极开展品牌宣传。SINOPEC品牌引起观众和当地媒体的广泛关注，品牌知名度和市场销量都得到明显提升。澳大利亚等市场的迅速发展，带动国际市场整体销量上升，同比增长超过40%。

（姚建国）

印有SINOPEC标识的V8赛车 （王京城 摄）

【船用油发展实现重大突破】 2010年，润滑油分公司签订了超过10艘的超大型油轮（VLCC）供油协议，极大提升了船用油的技术服务水平。在香港、新加坡和阿联酋富加拉现有供油网点基础上，积极筹备南非和美国的供油网点建设。11月，润滑油分公司代表中国石化与四大航运集团（招商局集团、中远集团、中海集团、中外运长航集团）签署润滑油合作协议，进一步提升了SINOPEC润滑油的应用比例。船用油的市场开拓和网络建设都取得了重大突破，销量同比增长40%。

（姚建国）

【启动网络销售】 2010年3月，长城润滑油官方旗舰店（http：//changcheng. mall. taobao. com/）正式开通，成为行业内首家由专业厂商经营的润滑油网购商店。网店主要经营长城高档汽机油、刹车液、防冻液、汽车化学品和小批量特种油品等。网店全年营业收入超过100万元。

（姚建国）

【长城润滑油品牌价值持续提升】 2010年6月28日，世界品牌实验室在京发布2010年中国500最具价值品牌排行榜，SINOPEC/长城润滑油品牌价值以143.76亿元人民币位列排行榜第52位，同比价值增长16.42亿元，位次提升2位，继续保持了在中国润滑油行业的领先地位。

（姚建国）

【中国石化成为中国航天事业首个战略合作伙伴】 2010年3月23日，中国航天事业战略合作伙伴签约暨中国航天基金会·长城润滑油航天学科奖学金设立仪式在京举行，中国石化成为中国航天事业首个战略合作伙伴。长城润滑油被中国航天基金会授予中国航天基金突出贡献奖，并与中国航天基金会联合设立航天学科奖学金。6月和10月，长城润滑油分别为第四颗"北斗"导航卫星和"嫦娥二号"卫星的成功发射提供润滑保障。

（姚建国）

【中国石化与汽车产业构建技术接轨平台】 2010年9月3日，中国汽车产业发展国际论坛在天津开幕。石化集团公司领导参加论坛并发表讲话。论坛期间，中国石化汽车行业技术合作中心与中国汽车技术研究中心宣布建立全面战略合作关系。润滑油分公司依托中国石化汽车行业技术合作中心的平台，积极与东风日产、奇瑞汽车和长安汽车等众多国内外汽车品牌建立良好的合作关系。

（姚建国）

中国航天事业战略合作伙伴签约仪式现场

（王京城 摄）

【自主研发的塑桶全自动上盖装置填补国内灌装领域技术空白】 2010年，润滑油分公司自主研发的20升塑桶全自动上盖装置试制成功并应用于北京分公司灌装生产线。该装置实现了圆底托盘送盖、托抓、吸盘和落盖的全自动化，最大上盖速度为700个/时。该装置应用PLC可编程控制技术，解决了吸盘真空度准确控制和传递扭矩方面的难题，填补了国内润滑油行业灌装领域的技术空白。

（姚建国）

【重庆分公司通过AS 9100认证】 AS 9100标准是由美国航空质量集团（AAQG）根据ISO 9000基本要求开发的针对航空航天及国防领域相关产业的专业标准，对风险控制、追溯性、稳定性和可靠性要求更高，是进入国际飞机制造商供应链必须达到的标准体系。2010年10月，润滑油重庆分公司通过AS 9100标准认证，成为国内润滑油行业中第一家通过AS 9100认证的企业，形成了包括SINOPEC Turbo Oil1#航空润滑油在内的航空润滑油品群，并送达美国SAEE－34认可实验室进行认可。

（姚建国）

【中国石化润滑油（新加坡）有限责任公司注册成立】 2010年5月12日，中国石化润滑油（新加坡）有限责任公司在新加坡注册成立。该公司将成为润滑油分公司拓展国际市场、扩大SINOPEC品牌国际化传播的重要平台。

（姚建国）

【润发公司实行体制改革】 2010年，润滑油分公司根据业务发展需要，完成对下属润发公司的体制改革。润发公司与北京分公司合并，保留润发机电安装有限公司现有经营资质；汽车养护品和润滑油销售业务并入北京销售中心，作为专项产品管理；施工安装和检维修、汽车连锁养护中心（连锁经营部）、中山润港公司由北京分公司负责管理。

（姚建国）

【创新党建服务企业发展】 2010年，润滑油分公司邀请新加坡经济发展局官员为党委理论学习中心组进行讲课和交流，使高管人员更新了国际化经营理念，扩展了视野；组织领导带队走访省市石油公司和重点大客户，开展与宝钢、柳钢、长安汽车等17家重点业务合作单位的党建互联共建活动，通过富有实效的党建和业务工作交流，架起双方管理、技术、市场等各方面密切沟通的桥梁，为大客户市场的维护和深度开发提供了帮助。

（姚建国）

【持续开展长城润滑油航天员体验营】 2010年7月13—16日，“长城润滑油·2010中国航天员体验营”活动在北京航天城举行。来自北京、广东、浙江、四川等10多个省市的近50名青少年近距离体验太空梦想，感受航天员的生活及训练。航天英雄杨利伟以及翟志刚、聂海胜、景海鹏等出席活动。

（姚建国）

【举行首届营销创新论坛】 2010年8月18—19日，润滑油分公司举办了以“创新、思变、赢动未来”为主题的首届营销创新论坛。从8家生产销售型分公司和北京销售中心上报的37项成果中遴选出来的15个项目课题在论坛上进行了演讲交流，内容涉及渠道管理、产品推广、内部管理、市场打假和服务管理等。其中，武汉分公司提出的打造长城润滑油的技术品牌、北京销售中心提出的建立B2C网络实体店、上海分公司提出的化学品外包等建设性方案引起高度关注。论坛评选出最具创新奖、最具价值奖和最具操作奖各2名，北京销售中心和茂名分公司获得组织奖。

（姚建国）

表1　　润滑油分公司主要技术经济指标　　亿元

指标名称 \ 年份	2010	2009	2008	2007	2006	2005
工业总产值①	154.40	129.15	120.49	114.82	101.19	62.89
工业增加值	15.14	21.40	3.23	10.60	7.20	5.65
资产总计	55.44	48.60	50.51	44.45	44.49	34.96
流动资产	36.11	31.39	32.03	25.52	31.67	22.47
固定资产原值	25.95	21.52	23.39	19.96	20.25	18.90
固定资产净值	12.88	12.99	12.07	9.83	11.38	10.75

续表

指标名称 \ 年份	2010	2009	2008	2007	2006	2005
销售收入	153.03	122.51	120.49	114.87	100.01	79.94
实现利税	7.24	14.11	-8.78	6.13	3.12	1.91
税　金	3.84	5.29	2.15	3.42	1.55	1.53
综合能耗/吨标煤·万元$^{-1}$	0.03	0.03	0.03	0.03	0.04	0.05

①2005 年指标按 2000 年不变价计算。

青岛石化

【概况】 中国石化青岛石油化工有限责任公司(简称青岛石化)位于山东省青岛市李沧区，占地 1 600 余亩(106.66 万平方米)。厂区临近环岛油港，1 条原油输油管线分别连接黄岛油库与东黄输油管线，另有 2 条汽、柴油输油管线连接青岛石油公司油库。自备铁路专用线与胶济铁路相连，厂外公路与济青、青银高速公路相接。

青岛石化前身始建于 20 世纪 60 年代，2000 年 12 月整体划转石化集团公司。2009 年 3 月，石化股份公司收购青岛石化股权，青岛石化被列入上市序列管理，更为现名。

截至 2010 年底，青岛石化资产总额为 54.48 亿元。在册职工总数为 1 366 人，其中在岗职工 1 240 人。原油加工能力为 350 万吨/年。生产装置主要包括 350 万吨/年常减压蒸馏、140 万吨/年重油催化裂化、160 万吨/年延迟焦化、100 万吨/年汽柴油加氢精制、60 万吨/年柴油加氢精制、60 万吨/年催化汽油选择性加氢脱硫、25 万吨/年催化重整、20 万吨/年及 15 万吨/年气体分馏、8 万吨/年苯抽提、7 万吨/年聚丙烯及汽油脱硫醇、2 万吨/年硫黄回收及溶剂再生、1.5 万米^3/时制氢、干气回收等 10 余套。产品主要有：汽油、柴油、石脑油、石油焦、船用燃料油、燃料油浆、石油液化气、车用液化气、丙烷、丙烯、聚丙烯、工业硫黄、纯苯等近 20 个品种。

2010 年，青岛石化经营业绩均创历史新高。原油加工量 352.05 万吨，生产汽油 78.43 万吨，生产柴油 153.68 万吨，生产化工轻油 5.81 万吨；生产船舶燃料油 20.26 万吨。实现销售收入 173.33 亿元，利润 4.17 亿元。

2010 年，石化集团公司将青岛石化管理规格调整为大Ⅰ型。2010 年末，青岛石化被青岛市政府授予青岛市工业经济超万亿领军企业称号。

青岛石化主要技术经济指标和主要产品产量见表 1 和表 2。

(丁　昊)

【安全环保工作扎实推进】 2010 年，青岛石化继续深化“我要安全”主题活动，严格落实安全生产责任制，全面排查隐患，加强直接作业环节及施工现场的安全管理，不断推动安全文化建设，保证了公司整体安全平稳态势。全年未发生上报事故，被石化集团公司评为 2010 年度 HSE 工作先进单位。

针对污水系统变化情况，积极分析原因，加强源头管理，严格控制、严格考核，较好地实现了全年环保目标。2010 年污水回用率 25%，净化水回用率 37%，重复水利用率 97.8%，工业废水排放达标率 98.7%，固体废物综合利用率 100%，环保设施运行率 100%。年内获得山东省危险废物规范化管理达标单位称号。

(丁　昊)

【科技创新取得新成果】 2010 年，青岛石化引导和鼓励广大技术人员提高原始创新、集成创新和引进消化吸收再创新能力。全年科技成果评审共申报各类科技成果 40 多项，涵盖了生产经营、安全环保、技改技措、节能降耗、新工艺、新技术、新材料、新设备高新技术应用等各层面，创造经济效益过亿元。由青岛石化和长岭分公司任组长单位的“满足欧Ⅴ排放标准的汽油生产技术开发及应用”课题被正式列为中国石化“十条龙”科技攻关项目，成为青岛石化第一个成功“入龙”的科研开发项目。

(丁　昊)

【开展“比学赶帮超”活动】 2010 年，根据石化集团公司的部署，青岛石化充分发动职工，认真开展了“比学赶帮超”活动。通过开展“金点子”合理化建议征集活动，充分调动各部门的积极性，集中全体员工的智慧，抓好内部管理，搞好装置高效经济运行，努力降本压费，挖潜增效，实现加工成本的降低。共征集“金点子”合理化建议120多项，经整理筛选采用“优化原油采购品种，为公司提供合理采购建议”、“多项举措并举降低催化装置催化剂单耗”等24项，粗略统计可为企业增效4 000多万元。企业成立生产优化办公室，根据装置的实际情况，按照“以二次加工装置高负荷，提高高附加值收率”的生产优化方案合理安排生产，提高综合商品率，降低自用率和损失率。同时搞好原油配置和产品结构优化，提高应对市场变化的能力。在石化集团公司开展的炼化企业“比学赶帮超”活动中，青岛石化取得了良好成绩，全年累计获得41枚奖牌，其中金牌9枚，银牌13枚，铜牌19枚，并在石化集团公司2010年度“比学赶帮超”活动中获得优胜单位称号。

（丁　昊）

【完善绩效考核管理】 2010年，青岛石化制定了《全员绩效考核管理办法》及《专业绩效考核奖励方案》，通过制定有效、客观的考核标准，完善激励约束机制，建立科学的专业绩效指标考核体系，对员工进行绩效评定，以进一步激发员工的积极性和创造性，提高员工工作效率和基本素质。企业在先试点的基础上，用工作效果和可比数据作为考核的依据，坚持基础考核与专项考核相结合、定量考核与定性考核相结合、过程考核与结果考核相结合，全面实施“严考核，硬兑现”的奖惩政策，确保考核结果有奖有罚，切实起到激励和约束作用。

（丁　昊）

【积极推进全员成本目标管理】 2010年，为贯彻落实石化集团公司《持续推进全员成本目标管理总体方案(试行)》，进一步提高企业成本管理水平，青岛石化制定了相应的实施方案，炼油六大装置全员成本目标管理对标体系与各车间进行了对接，通过“建标、对标、追标、创标”，充分调动全员工作积极性，降低原油储运损耗和加工损失，降低中间环节的损耗和跑损，自用率和损失率都同比下降。在石化集团公司2010年度全员成本目标管理综合考评中，青岛石化获得领先程度奖及贡献程度奖2个奖项。

（丁　昊）

【加强内部控制管理】 2010年，青岛石化根据石化股份公司内部控制管理的要求，修订并实施了2010版《内部控制手册》。坚持每季度组织各流程责任部门进行流程的穿行测试，对测试过程中出现的问题及时追踪整改。内控联合检查小组针对企业自2009年11月至2010年10月执行的内部控制手册中的32个流程进行综合检查评价及考核，并对检查发现的问题进行跟踪整改。

（丁　昊）

【进一步加强资金管理】 2010年，青岛石化严格控制各项资金余额，在满足生产经营和项目资金需要的前提下，不断提高资金的使用效率，全年财务费用实际支出较预算指标降低4 700万元。10月开始，通过在原油采购环节采用人民币跨境结算方式，全年累计降低原油采购成本160万元。全年收回已计提坏账准备的长期挂账320万元，经石化股份公司同意核销坏账损失1 858.41万元，超额完成了清欠指标。

（丁　昊）

【加强设备防腐专业化管理】 2010年，针对高酸原油腐蚀性强的特点，青岛石化加强防腐专业化管理，成立了防腐蚀工作组织机构，制定和完善了防腐蚀管理制度。在常减压、焦化等装置应用腐蚀在线监测技术，为防腐工作积累了实际经验和数据。青岛石化与青岛安全工程研究院合作，对6套生产装置进行了腐蚀适应性评估，与合肥通用机械研究所合作对4套生产装置进行定点测厚检测和腐蚀评估，提出了各装置的腐蚀薄弱环节和相应预防措施，根据腐蚀速率加大装置管线定点测厚检测频次，保证设备的本质安全。

（丁　昊）

【加强职业技能培训】 2010年，青岛石化组织开展了青岛市第11届职业技能大赛石化赛区燃料油生产工专业技能竞赛，公司48名选手参赛，其中8人获化学检验工、燃料油生产工2个工种的青岛市技术能手称号，1人获得燃料油生产工优胜选手、青岛市技能工人先锋称号。青岛石化被评为大赛贡献单位、优秀组织单位。

（丁　昊）

【领导班子调整】 2010年，石化集团公司党组、股份公司下发文件，对青岛石化领导班子成员进行调整。免去李守清的中共青岛石化委员会副书记、委员、纪律监察委员会书记职务，不再担任青岛石化监事、工会主席职务，任调研员；免去刘善忠的中共青岛石化委员会委员、青岛石化副总经理职务，任调研员。杨新法、徐春生、纪英顺、邹吉翼4人任中共青岛石化委员会委员，聘任纪英顺、邹吉翼为青岛石化副总经理。

（丁 旻）

【60万吨/年催化汽油选择性加氢脱硫项目建成投产】 2010年3月14日，60万吨/年催化汽油选择性加氢脱硫项目投料试车一次成功。项目投资1.39亿元(含中央专项投资600万元)，批复总投资1.36亿元，采用石油化工科学研究院研究开发的RSDS－Ⅱ技术，新建60万吨/年催化汽油选择性加氢脱硫装置，系统配套工程主要包括新建1万立方米汽油罐、改造氮气站、脱盐水站、锅炉房等。

（丁 旻）

表1　　青岛石化主要技术经济指标　　亿元

指标名称＼年份	2010	2009	2008	2007	2006	2005
原油加工量/万吨	352.05	136.30	234.91	250.71	245.46	198.39
工业总产值	172.67	53.39	108.96	97.33	92.60	64.47
工业增加值	43.90	15.11	－22.57	－3.22	－3.27	－2.01
资产总值	54.48	68.17	43.72	38.77	36.09	35.52
流动资产	19.35	27.29	11.74	17.24	14.54	14.50
固定资产原值	38.96	36.63	25.07	24.73	25.50	23.62
固定资产净值	26.24	26.20	16.52	17.59	18.56	18.07
销售收入	173.33	52.58	111.06	99.30	92.88	64.88
实现利税	40.84	10.35	－18.10	－2.61	－4.00	－0.62
税　金	36.64	11.98	3.91	3.57	3.32	3.00
综合能耗/吨标煤·万元$^{-1}$	0.33	0.37	0.33	0.39	0.52	—

表2　　青岛石化主要产品产量　　万吨

产品名称＼年份	2010	2009	2008	2007	2006	2005
93#汽油	75.78	36.21	49.30	45.33	38.10	26.82
90#汽油	0.37	1.41	6.52	11.21	19.12	21.86
97#汽油	2.28	0.01	—	0.94	—	—
0#柴油	140.10	44.08	81.04	78.79	81.95	66.82
－10#柴油	13.55	6.44	13.19	15.84	12.39	15.03
－20#柴油	0.03	1.00	—	—	—	—
石脑油	5.81	3.91	13.37	15.75	15.79	13.81
溶剂油	0.00	2.08	2.81	2.79	3.23	5.12
苯	0.93	0.00	0.60	0.77	0.70	—
混合苯	0.20	—	—	0.06	1.04	—
燃料油	21.61	14.26	25.74	28.67	26.90	17.61
硫　黄	1.09	0.32	0.63	0.74	0.75	0.50

续表

产品名称 \ 年份	2010	2009	2008	2007	2006	2005
液化气	18.67	7.89	14.82	17.51	17.32	10.39
车用液化气	3.63	1.50	2.62	2.11	1.17	1.07
丙　烯	1.44	0.64	2.07	2.52	4.42	4.70
聚丙烯	6.62	3.58	5.34	5.65	3.03	0.09
炼厂已烷	—	—	0.09	—	—	—

湛江东兴公司

【概况】 中国石化湛江东兴石油化工有限公司(简称湛江东兴公司)位于中国大陆最南端——广东省湛江市，厂区距离湛江港仅4.2千米，油轮可直靠港口30万吨级陆岸式油码头，成品油可通过西南和珠三角成品油管道直送西南三省和广东珠三角地区，地缘优势和港口优势得天独厚。厂区占地面积约74万平方米。截至2010年底，湛江东兴公司下设10个机关处室和11个基层车间，在职员工总数为695人。

湛江东兴公司属中外合作企业性质，主营业务为石油提炼加工和石化产品销售。其前身为私营炼油企业，2002年3月，经国务院和原国家计委批准同意，被石化集团公司收购。2008年，湛江东兴公司中外合作双方变更为石化股份公司和中国石化盛骏国际投资有限公司，合作权益比例变更为75%和25%，同时公司名称变更为现名。

截至2010年底，湛江东兴公司有500万吨/年常减压蒸馏、120万吨/年加氢裂化、50万吨/年连续重整、120万吨/年催化裂化、14万吨/年聚丙烯和2万吨/年硫黄回收等装置，以及配套的动力和油品储运系统。2010年，湛江东兴公司原油加工能力和销售收入均实现了跨越式增长，成为湛江市最大的工业企业。

湛江东兴公司主要技术经济指标及主要产品产量见表1和表2。

(徐启胜)

【安全生产工作取得硕果】 2010年，湛江东兴公司借开展"我要安全"主题活动的契机，紧密结合生产和现场实际，狠抓安全专业管理，细化了3类43条《湛江东兴安全生产禁令》，推行了"作业许可控制"，开展了"HSE观察"活动，对高风险作业环节实行"作业前HSE 5分钟讲话"，和全体员工签订了HSE承诺书，在MTBE现场组织了"平安工地"竞赛，开展了HSE领域的"比学赶帮超"活动。连续9年杜绝了上报安全环保事故和非计划停工事故，连续3年被评为石化集团公司安全生产先进单位。

(徐启胜)

【清洁生产工作持续改进】 2010年，湛江东兴公司清洁生产工作获得各级政府部门的高度肯定，并连续4年获得广东省环保信用绿牌。加强了对环保设施的运行维护，实施了中水回用项目，上线运行了二氧化硫在线监测系统。全年回用污水77万吨，回用汽提净化水64万吨。污水回用率82.6%，同比上升6.3个百分点。吨油耗水0.45吨，同比降低0.1个单位。吨油污水排放0.06吨，同比降低0.01个单位。外排废水达标率100%，危险废物妥善处理率100%。

(徐启胜)

【全年生产任务圆满完成】 2010年，湛江东兴公司根据炼油配套完善项目投产后的工艺流程和产品市场变化，坚持以催化为主线，深挖装置潜力，狠抓生产过程优化，精心组织装置生产，不断提高装置运行水平，圆满完成了全年的生产任务。全年累计加工原油485.39万吨，实现销售收入245.82亿元，赢利5.46亿元(还原后利润约为13.19亿元)，实现了历史性的突破，圆满完成了年初制定的生产任务。

(徐启胜)

【人民币跨境结算业务居石化集团公司前列】 湛江东兴公司在各商业银行的支持帮助下，积极拓展人民币跨境结算等筹融资渠道，成为湛江市首家使用人民币对外支付进口货款的企业，在确保公司生产经营正常支付的同时，使融资成本得到有效控制。截至2010年底，湛江东兴公司累计办理跨境贸易人民币结算21.65亿元，人民币跨境贸易结算工作进入石化集团公司和广东省先进行列。

（徐启胜）

【MTBE项目顺利建成投产】 为充分利用碳四资源，最大限度提升产品附加值，湛江东兴公司在2010年自筹资金近8 000万元新建了1套8万吨/年MTBE装置。该项目采用齐鲁分公司研究院的混相床—催化蒸馏组合工艺，于3月26日正式开工建设，11月20日实现中交，12月20日一次投料试车成功，装置运行平稳，产品质量合格。

（徐启胜）

【住房分配货币化改革稳步推进】 2010年，湛江东兴公司按照石化集团公司的统一部署，先后完成了653名在册正式职工、61名改制分流人员、20名退休职工共计734人的住房普查和建档工作，并制定了《住房分配货币化实施方案》。截至2010年底，第一批47名、第二批5名共52名非在职人员的住房补贴已经发放完毕。

（徐启胜）

【企业年金工作顺利实施】 2010年，为保障和适当提高职工退休后的生活水平，完善中长期激励机制，湛江东兴公司结合实际开展了企业年金工作。先后完成了数据采集、标准测算、风险分析，制定了《企业年金实施方案》和《实施企业年金制度的有关规定》，并在年底前完成了企业年金建账工作。

（徐启胜）

【对口扶贫工作取得新进展】 2010年，湛江东兴公司认真贯彻落实广东省委办公厅、广东省人民政府办公厅有关文件精神，采取“一村一策、一户一法”的综合扶贫措施，多方筹措资金81万元，帮扶雷州市白沙镇草白村和六余村110户324人，建设了北运菜基地、水稻种植、养猪、修建村级道路等7个项目，较好地促进了帮扶村的全面改善。

（徐启胜）

表1 湛江东兴公司主要技术经济指标 亿元

指标名称＼年份	2010	2009	2008	2007	2006	2005
原油加工量/万吨	485.39	331.91	386.12	371.35	377.26	293.15
工业总产值	246.78	145.10	189.29	135.20	115.79	85.55
资产总计	67.65	63.09	38.31	47.08	52.52	59.50
流动资产	31.90	24.96	13.18	26.47	29.44	37.61
固定资产原值	51.40	47.40	30.52	30.09	27.40	25.06
固定资产净值	30.76	29.75	15.07	16.56	16.82	17.13
销售收入①	245.82	138.93	192.99	131.51	114.05	83.83
实现利税	54.93	36.63	19.62	1.28	1.44	1.32
税　金	49.46	28.36	39.15	4.05	3.69	2.91

①销售收入均不含海外销售部分。

表2 湛江东兴公司主要产品产量 万吨

产品名称＼年份	2010	2009	2008	2007	2006	2005
汽　油	117.43	85.76	83.84	76.40	95.30	71.33
柴　油	245.35	173.93	210.39	191.27	182.16	149.86
化工轻油	9.61	3.73	12.11	15.08	17.61	1.91
芳　烃	14.54	8.68	4.26	2.61	—	—
聚丙烯	11.26	3.08	—	—	—	—
液化石油气	32.44	15.32	16.20	11.80	16.81	12.57
燃料油	21.19	17.49	37.87	37.80	41.75	31.69

北海分公司

【概况】 中国石油化工股份有限公司北海分公司(简称北海分公司)位于广西壮族自治区北海市区西南角，濒临北部湾，占地0.472平方千米，是石化股份公司在中国西南地区唯一的炼油企业。北海分公司前身北海石油化工厂于1989年由广西地方投资兴建，1991年5月建成投产。1993年1月，该厂产权转让给原中国石油天然气总公司滇黔桂石油勘探局。1998年5月随滇黔桂石油勘探局划入石化集团公司。截至2010年底，北海分公司在册员工总数479人，其中为项目建设引进专业技术人员57人。

北海分公司有60万吨/年常压装置、30万吨/年催化装置、8万吨/年气体脱硫装置。主要产品有93#和90#车用乙醇汽油组分油、0#柴油、4#轻燃料油、化工轻油、液化石油气、7#燃料油7个品种。2010年1—3月加工原油12.37万吨。

2010年3月，北海炼油异地改造石油化工(20万吨/年聚丙烯)项目土建开工。2010年4月1日，北海分公司老厂装置停产，北海分公司进入以项目建设为主的技术改造时期。

北海炼油异地改造石油化工项目位于北海铁山港区临海工业区，距北海市区约50千米，占地1.31平方千米。主要装置有500万吨/年原料预处理、170万吨/年催化裂化、120万吨/年延迟焦化、60万吨/年连续重整、260万吨/年柴油加氢、40万吨/年气体分馏、产品精制、50万吨/年催化汽油加氢、2×3万吨/年硫黄回收、20万吨/年聚丙烯10套装置。项目总投资66.36亿元(含聚丙烯项目)。截至2010年底，该项目累计完成投资25.72亿元，占总体批复投资的38.75%。累计完成土方300.2万立方米，混凝土15.3万立方米、桩基础5 569根，安装给排水管道63.95千米、工艺管道15千米，安装金属结构8 539吨、静设备87台。

北海分公司主要技术经济指标及主要产品产量见表1和表2。

(吴硕琼)

【北海炼油异地改造石油化工项目土建开工】 2010年3月3日，北海炼油异地改造石油化工项目土建开工仪式在北海市铁山港区项目厂址隆重举行。石化股份公司副总裁兼工程部主任张克华、北海市委书记王小东出席了开工仪式。北海炼油异地改造石油化工项目土建开工，标志着项目地下管网和地面设施大规模建设全面铺开。

(吴硕琼)

北海炼油异地改造石油化工项目土建开工
(刘志乾 摄)

【北海炼油异地改造石油化工项目筹备组班子成立】 2010年4月22日，北海炼油异地改造石油化工项目筹备组在北海召开了筹备组干部大会。会上，石化股份公司高级副总裁章建华宣布了筹备组班子成员的任命决定，任命闫宏、刘永胜、麦郁穗、张存民4人为北海炼油异地改造石油化工项目筹备组班子成员。4月23日，北海炼油异地改造石油化工项目筹备组召开全体职工大会，会上筹备组组长李永林传达了总部任命决定。

(吴硕琼)

【北海分公司老厂装置停产】 2010年4月1日，北海分公司60万吨/年常压装置、30万吨/年催化装置及其配套生产设施全面停产，北海分公司全体员工及其托管的西南石油局北海石油服务基地员工共352名全部被转到北海炼油异地改造石油化工项目建设中。

(吴硕琼)

大件设备吊装工作全面展开 (刘志乾 摄)

【项目基础设计工作全部完成】 北海炼油异地改造

石油化工项目基础设计工作于2009年8月开始。2010年3月2日，第一批原料预处理、延迟焦化、催化裂化、柴油加氢、催化汽油加氢5套装置的基础设计获得石化股份公司批复。3月30日，第二批连续重整、气体分馏、产品精制、硫黄回收4套装置的基础设计通过审批。4月26日，系统配套工程基础设计通过审批。9月14日，聚丙烯装置基础设计通过审批。12月15日，催化装置烟气脱硫装置基础设计通过审批。至此，北海炼油异地改造石油化工项目基础设计工作全部完成。

（吴硕琮）

【项目大型设备运输吊装工作全面展开】 2010年11月21日，北海炼油异地改造石油化工项目第一台大型设备——循环氢脱硫塔被运抵现场，11月30日完成吊装。12月20日，该项目直径最大、起吊重量最重的焦炭塔被顺利吊装。北海炼油异地改造石油化工项目大件设备吊装工作全面展开。

（刘志乾）

【邹才辉被授予全国劳动模范称号】 2010年，北海分公司常压车间主任、车间党支部书记邹才辉被授予全国劳动模范称号。4月27日，邹才辉出席了在北京人民大会堂隆重举行的2010年全国劳动模范和先进工作者表彰大会。

（吴硕琮）

表1 **北海分公司主要技术经济指标** 亿元

指标名称 \ 年份	2010	2009	2008	2007	2006	2005
原油加工量/万吨①	12.37	53.21	45.42	52.45	50.02	53.52
工业总产值	6.09	21.90	21.91	20.54	18.12	16.65
工业增加值	1.44	6.97	2.37	0.51	1.36	1.69
资产总计②	34.53	5.78	1.65	2.98	6.20	2.89
流动资产	8.56	1.47	0.88	2.14	1.37	1.41
固定资产原值	2.80	3.00	2.96	2.92	2.88	2.88
固定资产净值	0.13	0.68	0.72	0.87	1.00	1.16
销售收入	6.62	21.76	22.00	20.67	18.02	16.70
实现利税	1.54	6.61	1.56	0.16	1.07	1.70
税　金	2.62	7.80	2.95	3.11	2.86	2.64
综合能耗/吨标煤·万元$^{-1}$	0.57	0.42	0.40	0.40	0.41	0.44

①2010年生产3个月，2010年4月1日停产。

②2006年、2009年、2010年总资产含北海炼油项目资产。

表2 **北海分公司主要产品产量** 万吨

产品名称 \ 年份	2010①	2009	2008	2007	2006	2005
93#乙醇汽油组分	2.99	11.46	7.73	—	—	—
90#乙醇汽油组分	—	1.58	2.78	—	—	—
90#汽油	—	—	—	11.36	11.57	12.52
0#柴油	4.16	19.73	15.78	18.45	17.40	20.87
化工轻油	1.65	2.67	5.52	6.61	3.55	3.83
4#轻燃料油	0.93	2.58	3.69	5.12	4.21	3.42
溶剂油	—	3.41	—	—	1.03	0.14
液化石油气	1.28	4.96	3.98	4.68	5.39	5.30
干　气	—	0.56	0.37	0.51	0.44	0.33
7#燃料油	0.37	1.94	1.33	1.70	2.18	2.42

①为1—3月产量。

西安石化

【概况】 中国石油化工股份有限公司西安石化分公司(简称西安石化)位于古城西安渭水之滨，东临西安机场高速公路，主要从事石油炼制和道路沥青生产，是中国石化五大沥青生产基地之一。企业总占地面积约84万平方米，厂区占地78.55万平方米。截至2010年底，企业总资产19.60亿元。年加工原油能力为250万吨，有两大系列8套主要生产装置。一是以加工塔河重质原油为主的沥青生产装置，二是以加工长庆轻质原油为主的燃料油生产装置。主要产品有沥青系列产品(主要有70A、90A、110A、SBR改性沥青等)、汽油、柴油、液化石油气、丙烯等。

西安石化的前身始建于1967年，1998年2月8日并入中国新星石油公司，2000年3月1日随新星石油公司进入石化集团公司，2004年1月1日进入石化股份公司。

截至2010年底，西安石化下设10个机关处室，3个直属单位，8个附属单位，13个车间。企业在岗职工为1 089人，其中经营管理人员59人，专业技术管理人员274人，生产操作服务人员756人；具有高级及以上专业技术任职资格的14人，具有中级专业技术任职资格的91人，具有初级专业技术任职资格的260人；具有技师职业等级资格的12人，高级工195人，中级工264人，初级工132人。

西安石化主要技术经济指标和主要产品产量见表1和表2。

(张质朴)

【沥青产销量创新高】 2010年，西安石化不断加大沥青产品开发、生产及销售新牌号沥青的力度，挖潜增效做大沥青总量。4月27日，A2沥青装置投产，卷材搬迁装置正式运行。11月19日，新产品50#道路沥青用于天定高速公路，成为新的利润增长点，这是50#道路石油沥青首次在西部地区使用。全年西安石化生产沥青62.61万吨，其中高等级沥青46.18万吨，占沥青产量的73.77%，同比增长46.18%。沥青销量完成年度计划的111.96%，产销量再创历史新高，西安石化已成为国内重要的沥青生产基地。

(张质朴)

【增产成油品挖潜改造项目开始基础设计】 2010年10月，西安石化增产成品油挖潜改造项目可行性研究报告顺利获得批准，批复总投资2.01亿元，基础设计展开。该项目主要建设内容为：催化裂化装置由50万吨/年改造至80万吨/年；常压装置进行适应性改造，使其能力达到120万吨/年；配套改造精制系统、溶剂再生系统，火炬及储运设施及公用工程。项目的建成将有效提高二次加工能力，增加高附加值产品收率，年增产成品油近40万吨，保证陕西石油分公司油品供应。

(张质朴)

【汽油加氢装置及催化吸收稳定单元改造项目开工】 2010年4月10日，西安石化举行汽油加氢装置及催化吸收稳定单元改造项目开工仪式。此项目是西安石化首个油品质量升级改造工程项目，它的开工标志着油品质量升级改造工程全面转入施工建设阶段。

(张质朴)

【动力站项目建设实行EPC总承包】 2010年10月26日，西安石化与宁波工程公司签订了《西安石化分公司油品质量升级技术改造工程动力站项目工程建设EPC总承包框架协议》，项目进入实施阶段。锅炉、汽轮机、发电机等三大长周期设备技术交流工作展开，统筹进度节点计划。

(张质朴)

【安全环保总体稳定】 2010年，西安石化深化“我要安全”主题活动，细化出台57条安全禁令，进一步完善安全环保责任制和各项规章制度。通过强化教育培训，加强危险源(点)的监督和检查，重点突出抓“人、物、环境和管理”等一系列具体的事前预防工作。实施HSE观察活动，促进了标准化操作水平和安全意识的提高。对675项作业活动和891台设备进行了危害识别和风险评价，累计评审2010年度车间级环境因素547项。通过了石化集团公司HSE审核工作和管理体系外审，通过了石化集团公司清洁生产预评估和陕西省环保厅融资环保核查。

(张质朴)

【圆满完成装置检修工作】 2010年10月25日，常压装置按计划停工，标志着西安石化装置消缺停工检修全面展开。停工消缺检修涉及检修项目123项，主要工作量是催化再生器斜管、四旋更换；烟机更换转子，汽轮机更换气封，增压机更换油封，空压机检修；再生单动滑阀、待生塞阀重机和电液执行机构改造。西安石化成立了检修指挥部，明确了7个专业组的职责，抓好检修安全和施工质量两个关键，于 11 月 13 日按计划完成了装置检修任务，并实现一次开车成功。

（张质朴）

检修现场 （张质朴 摄）

【被授予省纳税信用 A 级纳税人称号】 2010 年 10 月 27 日，西安市国家税务局领导为西安石化颁发陕西省纳税信用 A 级纳税人奖牌。根据《国家税务总局纳税服务规范》等有关规定，西安石化在 2010 年、2011 年度内除专项、专案检查和金税协查外，可免除 2 年税务检查。

（张质朴）

【信息门户项目上线运行】 2010 年 11 月 25 日，西安石化信息门户项目上线。信息门户较原内部网增加了频道和相关链接，更贴合宣传应用实际，与总部信息门户管理接轨。前期，西安石化选派关键用户参加了培训，进行页面优化设置，对最终用户和访问者进行培训和试运行。

（张质朴）

【强化精细规范】 2010 年，西安石化对管理手册和程序文件修订换版，细化绩效考核，对 33 个部门分别制定了不同的考核项目。对安全生产、人身伤害、设备等事故、事件，追加考核管理部门的责任。对装卸车间和沥青研发中心部分岗位实行计件考核，提高了作业效率，火车装卸数量明显提高。

（张质朴）

【“创先争优”取得实效】 2010 年，西安石化紧紧围绕“比学赶帮超”和强“三基”、除“四害”的主题，广泛开展“创先争优”活动，形成立足岗位学先进、比学赶超争第一的氛围。在炼油事业部 12 项月度评价指标体系中，在吨油费用、ERP 应用、高附加值产品收率等指标上先后获得 2 金 2 银 4 铜。69 项节能降耗措施完成良好，增效 6 000 多万元。

（张质朴）

【党的建设进一步加强】 2010 年，围绕“推动科学发展、促进企业和谐、服务职工群众、加强基层组织”目标，西安石化扎实开展“创先争优”工作，调整党支部设置，进行了党支部换届，在职党支部由 13 个增加到 21 个，部分生产车间由原先两个以上车间联合成立党支部改为行政部门和支部的同步设置，13 个生产车间都成立了党支部。机关党支部设置从专业互补出发，将党群部门与生产、安全、技术等部门进行组合成立党支部。坚持分类、量化、讲评和考核排名，通过讲评促进互相交流，促进党支部工作持续改进和提升。

西安石化党委开门办活动，广泛吸纳群众参与，组织开展了 8 批拓展培训，共有 86 名党员、192 名群众参加，在职工中引起较好反响。

（张质朴）

表 1　　西安石化主要技术经济指标　　亿元

指标名称 \ 年份	2010	2009	2008	2007	2006	2005
原油加工量/万吨	174.17	168.89	155.66	177.27	166.32	165.00
工业总产值	76.79	60.85	63.99	61.65	58.34	48.04
工业增加值	11.82	14.25	-8.87	-1.57	-1.99	0.34
资产总计	19.60	15.89	13.84	18.58	16.17	15.39
流动资产	9.51	6.33	3.98	8.51	5.95	5.86
固定资产原值	12.66	12.13	12.02	11.67	11.62	10.66
固定资产净值	7.48	7.72	8.31	8.64	9.32	8.99
销售收入	76.33	60.72	65.05	61.05	58.17	47.97
实现利税	10.19	12.21	-8.69	-2.92	-2.72	0.08
税　金	11.54	11.31	1.51	1.85	1.83	1.62

表2　　西安石化主要产品产量　　万吨

产品名称＼年份	2010	2009	2008	2007	2006	2005
沥　青	62.61	52.59	30.58	32.52	38.27	32.64
汽　油	20.31	22.50	17.53	19.33	18.02	19.63
柴　油	45.61	44.96	40.29	47.47	44.12	43.05
液化气	4.82	4.63	5.70	6.48	6.37	6.25
丙　烯	2.17	2.58	2.31	2.63	1.73	—

塔河分公司

【概况】 中国石油化工股份有限公司塔河分公司(简称塔河分公司)地处昔日的“龟兹”古国，如今的新疆库车县，是石化集团公司在新疆唯一的炼化企业。

塔河分公司的前身是筹建于1993年的地方股份制企业——新疆塔里木油气化工有限公司(简称油化公司)。1996年6月，西北石油局对油化公司控股收购，1998年11月全资收购，使其成为西北石油局下属的国有独资法人企业，更名为新星实业(集团)公司塔里木石油化工分公司(简称塔化公司)。2003年，西北石油局新星实业(集团)公司所属单位管理体制调整，将塔化公司再次更名为西北石油局塔河油田石油化工厂(简称塔化厂)。2003年12月，塔化厂整体划转石化股份公司。2004年4月30日，石化股份公司正式批复设立塔河分公司，业务由石化股份公司炼油事业部管理，人事由石化集团公司西北石油局代管。2005年1月，石化股份公司首次任命塔河分公司领导班子，塔河分公司整体由石化股份公司直接管理。

截至2010年底，塔河分公司拥有炼油生产装置12套，原油加工能力500万吨/年，焦化处理能力260万吨/年，汽柴油混合加氢精制能力240万吨/年，A级沥青生产能力40万吨/年，催化重整能力15万吨/年，汽油异构化能力7万吨/年，硫黄生产能力4万吨/年。以加工塔河油田重质原油为主，可生产汽油、柴油、溶剂油、化工轻油、沥青、石油液化气、石油焦、硫黄、石油苯、燃料油等10余种产品，产品通过企业铁路专用线远销四川、贵州、云南、山西等17个省区。

截至2010年底，塔河分公司有领导班子成员7人，总经理助理、副总工程师、副总经济师各1人；下设10个机关处室、3个中心(直属单位)、8个车间。共有在册职工903人，其中教授级高级工程师2人，具有高级职称的8人，中级职称的53人，初级职称的178人；高级技师1人，技师18人，高级工247人，中级工345人，初级工76人。

塔河分公司主要技术经济指标和主要产品产量见表1和表2。

(刘希军)

【领导班子调整】 2010年12月2日，塔河分公司召开干部大会，石化集团公司人事部领管处处长张钧到会宣布了石化集团公司党组关于塔河分公司领导班子调整的决定：总经理王宏兼任塔河分公司党委书记；施利春任塔河分公司党委副书记、纪委书记，工会主席人选；免去裴春旺塔河分公司党委书记、委员，纪委书记职务，不再担任塔河分公司工会主席职务，调出另有任用。塔河分公司新一届领导班子由王宏、代长江、赵亚新、韩国卿、闫希华、丁智刚、施利春组成。

(刘希军)

【塔河重质原油改质项目开车一次成功】 塔河分公司350万吨/年重质原油改质项目于2009年4月20日开工建设，2010年6月30日实现中间交接，9月18日打通全流程，并产出合格产品，标志着项目开车一次成功。项目从开工建设到建成中交，仅用了14个月，投料开车时间比预计提前1个多月。该项目是石化集团公司“十一五”规划的重点建设项目之一，也是石化集团公司与新疆维吾尔自治区实施能源合作的重大成果，项目总投资29.75亿元(含外汇1 206万美元)，主要建设内容包括：新建140万吨/年延迟焦化、140万吨/年汽柴油加氢精制、2万米^3(标准)/时制氢及2万吨/年硫黄回收联合装置；改造7万吨/年异构化装置；改扩建配套的动力、储运、铁路专用线等辅助设施。

(刘希军)

350 万吨/年塔河重质原油改质项目中交仪式 （梁 瑛 摄）

【全面完成生产经营任务】 2010 年，塔河分公司加工原油 251.13 万吨，完成年计划的 104.64%，同比增长 22.01%。实现营业收入 97.25 亿元，利润 3.62 亿元(按年初预算还原为 6.67 亿元)，缴纳各种税费 16.39 亿元，利税突破 20 亿元。综合商品率 95.71%，优于达标指标 0.16 个百分点，位居石化股份公司炼化企业前列；轻质油收率 57.30%，优于达标指标 1.30 个百分点；加工损失率 0.64%，优于达标指标 0.09 个百分点；原油储运损失率 0.23%，优于达标指标 0.03 个百分点；综合能耗 47.99 千克(标油)/吨，优于达标指标 2.01 个单位；吨油完全费用 208.54 元，同比下降 8.74 元。

（刘希军）

【安全环保态势良好】 2010 年，塔河分公司深入开展“我要安全”主题活动，全面推广“HSE 观察卡”活动，增强全员安全意识，规范员工操作行为。狠抓直接作业环节监督管理，高度重视安全隐患苗头，严格管理，杜绝各类安全环保事故的发生。大力开展 350 万吨/年塔河重质原油改质项目建设“平安工地”竞赛活动，深化危害识别和风险评估，适时开展应急预案的学习与演练，确保项目建设工地安全受控。将清洁生产贯穿于整个生产的全过程、全系统，严格落实节水减排措施，持续实施环保治理项目，取得了良好的环境效益、经济效益和社会效益。全年吨油取水量 0.41 吨，同比下降 14.58%；吨油排水量 0.25 吨，同比下降 7.41%，吨产品 COD 排放量 0.023 千克，同比削减 14.81%。相继通过了石化集团公司清洁生产评估验收和新疆维吾尔自治区清洁生产审核验收。塔河分公司连续第二年被石化集团公司评为安全生产先进单位；加制氢车间获得新疆维吾尔自治区级青年安全生产示范岗称号。

（刘希军）

【强化“三支队伍”建设】 2010 年，塔河分公司强化“三支队伍”建设，促进队伍综合素质的提升。在经营管理人才培养方面，邀请燕山石化管理干部和镇海炼化专业技术干部，分别开展了企业管理技术讲座和挂职交流；选派 6 名副科级以上干部到管理干部学院参加培训；选送 16 人分别参加了石化集团公司炼油工艺、设备、安全、环保、人力资源、财务、ERP、物资供应等专业处(科)长岗位适应性培训。专业技术人员培训方面，选送 5 名骨干人才参加了各类技术深造培训班；充分利用项目开工专家资源，先后举办 9 场次工艺、设备技术讲座，407 人次参加了培训。技能操作人员培训方面，选送 320 人次参加了特殊作业工种的资格培训和继续教育培训；选派 3 名技能操作骨干参加了石化集团公司技师、高级技师培训班；开展了职业任职资格技能等级鉴定工作，共有 15 类工种 227 人参加了鉴定。结合新项目建设开工，开展了一系列有针对性的培训与考核，全年共举办项目培训班 300 余期，9 000 余人次参加了培训；对各车间参与项目开工的人员进行理论与现场操作考试，共有 389 人次参加，考核通过率达 98%。

（刘希军）

塔河分公司举行油地联合消防演习现场 （雷从营 摄）

【深入开展党建思想政治工作和企业文化建设】 2010年，塔河分公司深入开展"四强四优"活动和"创先争优"党内主题实践活动，强化了基层党组织和党员队伍建设，涌现出一批先进典型。以党性党风党纪教育为重点，强化廉政教育，与领导干部和重点岗位人员签订了"廉洁从业"承诺书，举办了领导干部廉政试卷答题，组织领导干部和关键岗位人员到沙雅监狱接受警示教育，增强了领导干部廉洁从业意识，提高了拒腐防变能力。注重企业精神和文化的培育，并不断强化和深化，提炼形成了"建设具有较强竞争力的新炼厂"的企业愿景和"奉献边疆、争创一流"的企业精神，激发了队伍的责任感，增强了队伍的凝聚力。

（刘希军）

中共塔河分公司第一次代表大会会场 （梁 瑛 摄）

【第一次党代会召开】 2010年7月1—2日，中国共产党中国石油化工股份有限公司塔河分公司第一次代表大会在塔河分公司召开。裴春旺受塔河分公司党委委托，向大会作了《以人为本，科学发展，凝心聚力，共建和谐，为建设具有较强竞争力的新炼厂而努力奋斗》的党委工作报告。大会选举产生了中共塔河分公司第一届委员会和第一届纪律检查委员会，中共塔河分公司第一届委员会由裴春旺、王宏、代长江、赵亚新、韩国卿、闫希华、丁智刚组成，中共塔河分公司第一届纪律检查委员会由裴春旺、冯兵、乔文清、杨宏伟、付德军组成。表决通过了中共塔河分公司第一次代表大会关于党委工作报告的决议和关于纪律检查委员会工作报告的决议。

（刘希军）

【推进和谐企业建设】 2010年，塔河分公司积极推进和谐企业建设，真心实意为职工办实事、办好事。建立完善了老职工体检管理规定，全年安排74名老职工进行专项体检，222名女职工进行了女职工体检；开展了全员心理健康讲座与疏导工作，有效促进了职工身心健康；按照"真困难，真帮助"的帮困原则，年内为3名困难职工家庭发放帮困救助金3.3万元，切实缓解了困难职工家庭的实际困难；全年对退休（内退）人员和生病住院职工进行了40余人次的慰问，为900余名职工送去了生日的祝福，安排52名职工享受了疗养政策；提高职工住房公积金缴纳比例至12%，推进了企业年金工作的落实；提高了退休人员的补助标准，出台了安置职工家属、子女就业新政，有效增强了企业的凝聚力、号召力。加快文体活动中心建设，并于2月12日正式投用。在办公、生活区域安装了120柱太阳能LED路灯，大大改善了职工生活条件。

（刘希军）

【职工业余文化生活丰富多彩】 2010年，塔河分公司组织开展了"振兴石化、奉献塔河"大型春节联欢晚会、庆"三八"文化体育系列活动、"庆五一、展风采、促和谐"系列活动、军企共建大型文艺慰问演出、"同喜同贺中秋国庆，同欢同乐开工成功"等系列活动，充分展示了塔河分公司广大干部职工昂扬向上的精神风貌和共建成果。动员广大职工自觉投身到全民健身活动中来，举办了第五届职工篮球联赛、迎新年长跑比赛，参加了库车县组织的纪念毛泽东诞辰117周年长跑等系列活动。全年参与系列活动人数达2 000余人次。年内塔河分公司获全国亿万职工健身活动月先进单位称号。

（刘希军）

表 1 **塔河分公司主要技术经济指标** 亿元

指标名称 \ 年份	2010	2009	2008	2007	2006	2005
原油加工量/万吨	251.13	205.82	192.70	196.47	185.70	180.75
工业总产值	99.26	64.71	68.92	57.41	50.76	39.92
工业增加值	23.20	22.23	-1.58	7.16	2.94	2.47
资产总计	45.34	30.67	22.16	19.33	18.09	18.96
流动资产	8.67	4.17	3.03	4.51	3.38	5.02
固定资产原值	40.52	18.34	17.76	17.75	16.05	13.91
固定资产净值	32.72	12.14	12.88	14.16	13.71	12.65
销售收入	97.25	65.29	69.84	58.15	51.40	39.77
实现利税	20.01	21.11	0.20	6.46	1.83	1.85
税　金	16.39	16.29	1.65	3.46	2.34	2.05
综合能耗/千克标油·吨$^{-1}$	47.99	50.77	53.65	56.13	58.62	58.90

表 2 **塔河分公司主要产品产量** 万吨

产品名称 \ 年份	2010	2009	2008	2007	2006	2005
汽　油	13.90	13.13	12.17	12.72	10.07	8.80
柴　油	108.62	91.86	90.70	90.09	80.03	83.25
溶剂油	—	0.73	1.55	0.60	0.60	0.80
石脑油	16.78	8.27	6.94	9.16	10.20	10.42
沥　青	36.74	36.30	28.46	25.58	29.10	30.19
重交沥青	18.51	19.34	13.48	20.62	3.78	2.89
石油焦	49.54	39.70	37.26	31.87	28.07	27.48
商品液化气	6.98	5.37	5.10	4.77	3.93	2.84
石油苯	0.20	0.09	0.23	0.26	0.15	0.13

海南炼化

【概况】 中国石化海南炼油化工有限公司（简称海南炼化）位于海南省西北部洋浦半岛的洋浦经济开发区，毗邻北部湾，位于新加坡—香港—上海—大阪国际海运主航线上，拥有天然的深水良港和避风港，地理和海运条件优越，同时享受保税港区、经济特区和开发区的全部优惠政策。海南炼化占地 2.5 平方千米，投资 116 亿元，成立于2003 年 10 月 31 日，原名海南实华炼油化工有限公司。2004 年 4 月 26 日，海南炼油项目奠基开工。2006 年 2 月 28 日，公司名称注册变更为中国石化海南炼油化工有限公司。2008 年 7 月 1 日，海南炼化项目通过中国石化总部组织的竣工验收，正式投入商业运营。

截至 2010 年底，海南炼化拥有原油综合加工能力 800 万吨/年，有 800 万吨/年常减压蒸馏、310 万吨/年催化原料预处理、280 万吨/年重油催化裂化和脱硫脱硫醇、60 万吨/年气体分馏、10 万吨/年甲基叔丁基醚、120 万吨/年连续重整、20 万吨/年异构化、120 万吨/年加氢裂化、6 万米^3（标准）/时制氢、200 万吨/年柴油加氢精制、30 万吨/年航煤加氢精制、8 万吨/年硫黄回收和溶剂再生、180 吨/时酸性水汽提、20 万吨/年聚丙烯、70 万吨/年航煤加氢和

8 万吨/年苯乙烯等 17 套炼油化工生产装置及相应的油品储运设施、公用工程系统，主要加工中东和非洲的进口原油，生产和销售各种规格的汽油、柴油、煤油、石脑油、苯、液化气、燃料油、聚丙烯、苯乙烯等石油化工产品。海南炼化采用全加氢型加工流程工艺，汽柴油产品全部达到欧Ⅲ标准，部分达到欧Ⅳ标准，产品主要销往海南、华南及西南等地区，部分汽油、柴油、航空煤油、车用液化气出口到港澳地区，自备的深水码头位于洋浦神头港区，共拥有包括 30 万吨级原油泊位、10 万吨级成品油泊位在内的 5 座泊位，年吞吐能力 2 530万吨。海南炼化还拥有总罐容 110 万立方米的原油和超过 90 万立方米成品、半成品储存能力及相应的输转设施。

2010 年 4 月 12 日，中共中央政治局常委、中央书记处书记、国家副主席习近平视察海南炼化

截至 2010 年底，海南炼化共设部门 11 个，生产单元 7 个，质量检验中心 1 个，港作中心 1 个，合资公司 1 个。有正式员工 590 人。

2010 年，海南炼化全年加工原料油 862.66 万吨，其中原油 847.49 万吨，生产各类产品 800.4 万吨，实现营业收入 413.3 亿元，工业总产值（现价）462.56 亿元，利税 113.55 亿元，完成投资 1.15 亿元。

海南炼化主要技术经济指标及主要产品产量见表 1 和表 2。

（胡　岗）

【习近平、贺国强视察海南炼化】 2010 年 4 月 12 日，中共中央政治局常委、中央书记处书记、国家副主席习近平在海南省委书记卫留成的陪同下，视察了海南炼化。习近平副主席在海南炼化展览厅听取了海南炼化负责人的情况介绍，视察了中心控制室，慰问了在岗员工。习近平副主席对海南炼化认真贯彻安全环保生产、节能减排、科学发展等理念表示高度赞赏，并指出以中国石化海南炼化为代表的石油化工已然成为洋浦经济开发区的一个重点产业，成为整个海南岛的支柱产业，要继续作为海南的一个支柱产业搞好发展。

2010 年 12 月 5 日，中共中央政治局常委、中央纪委书记贺国强在海南省委书记卫留成的陪同下视察了海南炼化。贺国强对海南炼化抓实安全环保生产、全力满足国内市场、实现持续科学发展等表示高度赞赏，指出海南炼化一定要充分利用好现有的资源和设施，做好依托，全力做好下一步发展，为海南省和洋浦经济开发区继续作出贡献。

（胡　岗）

【领导班子调整】 2010 年 11 月 22 日，石化集团公司党组成员、高级副总裁章建华到海南炼化，宣布裴春旺任海南炼化党委书记、纪委书记，王玉冰不再担任海南炼化党委书记，高宏波不再担任海南炼化党委副书记、纪委书记。

（胡　岗）

【原油加工量创历史新高】 2010 年，海南炼化有针对性地选择原油品种，解决制约高负荷运行的瓶颈，充分利用海外市场扩大来料加工出口成品油，深度挖掘装置潜能，千方百计扩大原油加工总量。在 1 月全月检修的情况下，全年完成原油加工量 847.49 万吨，创出历史新高，为公司取得较好效益、改善技术经济指标打下良好基础。

（胡　岗）

【技术经济指标创历史最高水平】 2009 年，海南炼化采取切实有效的措施，不断优化生产运行，各项调整落到实处，深入开展“比学赶超”竞赛，2010 年综合商品率达到 92.78%，轻油收率达到 80.53%，原油储运损失率 0.27%，原油加工损失率 0.65%，再创历史最好成绩。

（胡　岗）

【吨油利润连续两年位于炼油板块首位】 2010年，海南炼化加强全面预算管理，把实现效益最优化作为自觉追求，大力挖潜增效，全年实现利润28.42亿元，吨油利润继2009年后再次位于炼油板块第一名。

（胡 岗）

【圆满完成装置首次停工大检修】 2009年12月20日，海南炼化在投入商业运营39个月后迎来了首次全厂停工大检修。此次大修包括常规检修项目4 802项，限上技改项目4项，一般技改项目64项。经过41天的奋战，通过各部门单元与参检单位齐心协力，全部装置于2010年1月31日完成检修并一次开车成功。

（胡 岗）

检修现场

【70万吨/年航煤加氢装置建成中交】 2010年11月30日，海南炼化新建70万吨/年航煤加氢装置建成中交。该项目投资1.22亿元，2009年6月开工建设，其中罐区部分提前于2010年4月16日中交。70万吨/年航煤加氢装置的建成，为公司降低柴汽比、改善产品结构及建设航煤出口基地具有积极的意义。

（胡 岗）

70万吨/年航煤加氢装置

【连续两年获得石化集团公司安全生产先进单位称号】 2010年，海南炼化进一步强化安全意识，落实安全责任，深入开展"我要安全"主题活动，成功引入第三方安全监理单位，规范现场管理，消除"三违"行为，确保全年安全生产，实现特大环境污染事故、火灾爆炸和死亡事故为零，在石化集团公司HSE大检查中获优胜单位称号，连续两年获得石化集团公司安全生产先进单位称号，HSE绩效进一步提升。

（胡 岗）

【通过总部清洁生产预审核】 在2009年通过海南省清洁生产审核企业评估的基础上，海南炼化持续开展清洁生产工作，加大宣传培训力度，做到将清洁生产理念融入到日常工作中，于2010年11月通过石化集团公司总部清洁生产中心对海南炼化清洁生产工作的预审核。

（胡 岗）

【节能减排取得持续突破】 2010年，海南炼化把节能减排作为一项重点工作，采取切实有效的措施，不断优化生产运行，各项调整落到实处，节能减排效果明显，取得了重大突破。通过努力，2010年，炼油综合能耗64.70千克(标油)/吨原料，超额完成石化集团公司总部下达的67.50千克(标油)/吨原料的指标，吨油水耗0.49吨，吨油外排废水0.04吨，吨油电耗56.21千瓦·时，均创下历史最好水平。与2009年相比，炼油综合能耗降低4.73个单位；与原设计能耗相比，降低了20.10个单位，相当于节约标油超过16万吨。

（胡 岗）

【财务费用大幅降低】 2010年，海南炼化持续优化融资方式，努力降低财务费用。通过优化贷款结构，提前偿还了总计70亿元的长期贷款；拓宽融资渠道，首家成功开拓跨境人民币结算及寻找最优购汇方式支付原油货款，尽量使用银行承兑汇票，充分发挥原油增值税保函的作用，全年共节约财务费用1.61亿元。

（胡 岗）

【硫黄回收装置通过海南省资源综合利用认证】 海南炼化通过研究资源回收利用政策，积极沟通相关部门，2010年11月29日，硫黄回收装置通过海南省资源综合利用认定委员会的认证，于12月正式享受该优惠政策。该装置与新建12兆瓦回收蒸汽发电机组项目(2009年1月认证)一并享受增值税、所得税部分减征的优惠政策，每年可获得税收优惠1 000万元以上。

（胡 岗）

【科技开发取得较大突破】 2010年，海南炼化加大科技开发力度，强化科技创新，有效发挥“推进剂”作用。与中国石化工程建设公司(SEI)合作开发的“单系列大型化炼油技术集成开发与工业应用”项目获得2010年度国家科学技术进步二等奖；自主开发的催化裂化废催化剂做水泥项目完成小试、工业装置试验和专家评估，取得重大突破，达到批量工业化使用的条件；PX生产工艺国产化项目被列入石化集团公司“十条龙”攻关项目；全厂节能优化、硫分布模型研究等项目有效推进。

（胡　岗）

【“创先争优”活动取得丰硕成果】 2010年，海南炼化按照石化集团公司党组的部署和要求，以“比学赶帮超”活动为载体开展“创先争优”活动，将考核指标赶超目标分解落实到部门、单元和班组。当年原油加工量、工业总产值、营业收入、利税额均创出历史最高水平。在石化集团公司炼油板块“比学赶帮超”活动奖牌榜上，获26枚金牌、26枚银牌、16枚铜牌，其中生产任务、利润总额、吨油利润、高价值产品4个竞赛项目获得年度金牌，获石化股份公司炼油板块“比学赶帮超”活动优胜单位称号。

（胡　岗）

表1　　海南炼化主要技术经济指标　　亿元

年份 指标名称	2010	2009	2008	2007	2006
原油加工量/万吨	847.49	822.11	782.91	795.60	15.10
工业总产值	462.56	371.25	389.01	335.87	83.58
炼　油	443.63	354.28	367.51	313.69	77.54
化　工	18.93	16.97	21.50	22.18	6.04
工业增加值	57.52	51.13	-35.37	27.90	-3.37
资产总计	130.92	109.91	114.18	136.99	120.10
流动资产	57.04	27.75	29.30	46.74	19.83
固定资产原值	94.36	94.27	94.03	93.40	101.43
固定资产净值	67.02	73.53	79.69	85.09	99.17
销售收入	413.30	326.59	377.52	299.90	67.05
实现利税	113.55	111.41	-45.66	17.37	-12.36
税　金	85.13	71.37	7.93	18.12	2.64

表2　　海南炼化主要产品产量　　万吨

年份 产品名称	2010	2009	2008	2007	2006
90#汽油	—	—	—	3.83	9.57
93#汽油①	223.07	208.47	154.54	168.12	55.25
97#汽油①	40.16	55.83	89.51	66.71	0.85
0#柴油	345.98	341.38	344.87	359.06	94.70
石脑油	18.75	14.00	7.93	6.97	—
煤　油	41.13	35.43	31.06	32.78	3.43
苯	5.26	4.98	5.55	5.27	0.94
航煤组分油	3.45	—	—	—	—
燃料油	22.65	17.74	16.43	12.82	5.00
硫　黄	6.25	6.32	6.47	5.86	1.32
液化气	54.89	48.59	48.29	51.63	14.66
车用液化气	—	3.60	0.71	0.77	—
其他白油原料	14.00	7.68	—	—	—
聚丙烯	22.81	22.81	21.37	22.43	4.32

①93#汽油包括92#、95#，97#汽油包括98#。

青岛炼化

【概况】 中国石化青岛炼油化工有限责任公司(简称青岛炼化)系石化股份公司、山东省国际信托有限公司、青岛国信实业有限公司按85 ∶ 10 ∶ 5 的投资比例出资设立的特大型石油化工企业，2004 年 10 月 18 日注册成立。公司位于青岛经济技术开发区重化工园区，毗邻北方最大的天然深水良港，位置优越，配套完备，交通便捷。青岛炼化是中国石化系统内单套装置规模最大、体制机制最新、用工定员最少的炼化企业之一，按照两级扁平化管理组织架构设立10 个职能部门和9 个生产单元，截至2010 年底，共有在册正式职工 549 人。

青岛炼化一期 1 000 万吨/年大炼油项目是中国批准建设的第一个单系列千万吨级炼油项目，是中国石化调整国内炼化产业布局、打造环渤海湾炼化产业集群的重大战略举措。大炼油项目总投资 125 亿元，总占地 220 公顷(2.2 平方千米)，2008 年 5 月正式投产，工艺路线采用“焦化 + CFB 锅炉 + 催化”方案，主要加工进口高硫原油，拥有 1 000 万吨/年常减压、250 万吨/年延迟焦化、290 万吨/年催化裂化、150 万吨/年连续重整、330 万吨/年加氢处理、410 万吨/年柴油加氢、60 万吨/年气体分馏、20 万吨/年聚丙烯等 16 套工艺生产装置和相应的油品储运设施、公用工程系统，可年产成品油 708 万吨、化工产品 203 万吨，成品油质量达到欧Ⅲ甚至欧Ⅳ标准。

2010 年，青岛炼化加工原料油 1 013.48 万吨，生产各类商品 947 万吨，实现营业收入 453.65 亿元，实现利润 17.11 亿元，均创开工以来最高水平。各项技术经济指标全部达到石化集团公司总部考核标准，多项指标进入中国石化炼油板块前列，获炼油专业达标竞赛第一名。

青岛炼化主要技术经济指标和主要产品产量见表 1 和表 2。

(秦玉清　刘仕成)

【安全环保基础继续夯实】 2010 年，青岛炼化深入开展“我要安全”主题活动，狠抓安全环保基础性工作，创新安全教育模式，通过集中安全教育、案例教育、消气防运动会、HSE 知识竞赛等多种途径，培训 4 300 余人次；结合企业实际编制下发安全生产禁令 47 条，修订完成重特大事件总体应急预案及专项预案 14 项，并深入开展事故预案演练，提高了事故快速反应能力和协同作战能力；强化问题闭环整改，狠抓直接作业环节管理，大力开展隐患排查，使问题得到标本兼治；深入开展清洁生产工作，狠抓了污水达标排放和现场异味治理，通过了石化集团公司总部清洁生产现场预验收。青岛炼化获石化集团公司 2010 年度安全生产先进单位称号。

(秦玉清　刘仕成)

【节能降耗工作成效显著】 2010 年，青岛炼化不断优化资源配置，大力推进节能减排，通过投用和改造装置直供料流程，优化蒸汽、瓦斯、氮气平衡，开展技术攻关和“短平快”项目措施，2010 年炼油综合能耗降至 59.14 千克(标油)/吨，较 2009 年下降 8.9%，进入中国石化先进行列，能源密度指数(EII)排名跃居炼油板块第一位。青岛炼化获石化集团公司 2010 年度节能达标先进单位和山东省资源节约十佳典范企业称号。

(秦玉清　刘仕成)

【炼油专业达标勇夺榜首】 2010 年，青岛炼化以专业达标为抓手，强化生产组织和技术管理，不断提升各项技术经济指标。对照石化集团公司总部专业达标指标，精心组织和优化生产运行，实现了超额完成原油加工量、装置高负荷和长周期运行目标。公司在炼油板块的专业达标竞赛中成绩位列榜首，同类装置竞赛有 6 套生产装置进入前三名，其中 3 套排名第一。青岛炼化获炼油板块“比学赶帮超”优胜单位称号。

(秦玉清　刘仕成)

【全员成本目标管理全面提升赢利能力】 2010 年，青岛炼化以经济效益为中心，大力推进全员成本目标管理。采用 PIMS 测算优化原油采购，全年平均采购成本比石化集团公司总部同期均价低 0.975 美元/桶；进一步优化资金调度，提高资金使用效率，大幅度调整债务结构，年度财务费用比石化集团公司总部下达的指标少 2.1 亿元；以科学理性采购为原则，大力推行框架协议采购，网上采购达标率为 100%，节约采购资金 4 450 万元；以市场为导向大力调整产品结构，柴汽比同比下降 0.06 个单位，增产汽油类高附加值产品 11.14 万吨，实现增效 8 100 万元；狠抓降本增效措施的跟踪落实，全年实施降本增效措施 51 项，实现降本增效 4.69 亿元。

(秦玉清　刘仕成)

【设备管理水平稳步提高】 2010 年，青岛炼化设备基础资料维护进一步规范化，设备台账、技术档案工作得到加强；设备管理信息反馈步入常态化，设备管理信息网络系统初步建立，检维修计划和备件计划的编制准确性和执行力显著提高；积极应对高硫原油加工，全面落实防腐蚀措施，建立了腐蚀定点监测机制；组织攻关小组加强大机组维护管理，催化主风机、增压机、富气压缩机、加氢液力透平等43台大机组实现了长周期运行，聚丙烯挤压造粒机连续运行突破100天大关，1#CFB锅炉实现了连续运行230天的新纪录；坚持开展设备现场检查评比活动，完善维保单位管理模式，逐步落实表单式管理，切实提高了设备维护工作质量，确保了装置运行安全，全年主要设备完好率不低于99.9%，常规仪表完好率不低于99.81%，保持较高水平。

（秦玉清　刘仕成）

【产品结构进一步优化】 2010年，青岛炼化以市场为导向大力调整产品结构，多产多销高附加值产品，柴汽比同比下降0.06个单位；增产碳五、苯、混苯等汽油类高附加值产品11.14万吨，实现增效8 100万元；积极争取低凝柴油资源配置，同比多产多销低凝柴油38.33万吨，增效2.06亿元；积极开发聚丙烯新产品和专用料，完成了蒸煮膜和烟膜2个新产品的开发和推广应用，全年生产聚丙烯产品突破20万吨。

（秦玉清　刘仕成）

【人才队伍建设全面开展】 2010年，青岛炼化制定培训激励政策，重点推进全流程操作员的培训工作，不间断地开展岗位练兵、技术竞赛和岗位资格考核，充分调动生产运行人员立足本职、钻研技术、岗位成才的积极性，全流程操作员比例已经达20.1%。加大中基层领导干部、专业技术管理人员的培训力度。紧密结合技术改造、技术攻关和解决装置疑难问题，加强对年轻员工专业技术培训和传帮带，促进年轻员工快速成长成才。按培训需求组织公司内部培训班72项，参加石化集团公司举办的培训班147项，举办证书类培训17项。与中国石油大学(华东)合作举办硕士研究生班，选拔28名员工参加学习。认真做好苯乙烯单元新招聘员工赴海南、安庆的实习工作，制定和实施详细可行的培训计划，为装置顺利开工打下了坚实的人才基础。

（秦玉清　刘仕成）

【企业内部管理不断改进】 2010年，青岛炼化按照石化集团公司总体部署，全面开展标准化管理体系建设工作，对一体化体系进行了整体策划，建立了公司体系构架；完成了一体化管理手册和程序文件的编写，377项已识别的标准制度中129项修订后发布，552项标准工作流程完成梳理进入完善阶段；实验室认可体系、测量管理体系率先通过了中国合格评定国家认可委员会的现场评审。内控工作深入开展，修订发布了2010版内控手册，向石化集团公司总部组织申报了5项管理现代化创新成果，有4项成果获奖，其中2项二等奖、2项三等奖。年内通过了青岛市企业联合会的企业信誉评价。

（秦玉清　刘仕成）

【信息化建设迈上新台阶】 2010年，青岛炼化信息化建设取得重大进展。生产运营实时监控与优化系统4个模块上线；焦化、聚丙烯、催化、柴油加氢和加氢处理装置的先进控制(APC)项目开始试运行；为加强对体系文件的管理而引进的管理体系办公自动化系统也在9月正式上线运行。ERP系统应用水平稳步提高，2010年6月通过了石化集团公司ERP项目验收，11月通过了石化集团公司ERP应用达标现场测评。此外青岛炼化还在年内按时完成了石化集团公司统一实施的网络会议系统升级、统一邮件上线等一系列信息化项目。

（秦玉清　刘仕成）

【“创先争优”活动取得实效】 2010年，青岛炼化以推动企业发展、服务职工群众为落脚点，不断加强和改进新形势下企业党的建设，科学设置竞赛平台，结合企业中心工作深入开展“创先争优”、“党员树形象，员工提素质，管理上台阶”活动，充分发挥了党支部的战斗堡垒作用和党员的模范带头作用，增强了全体员工提高素质的自觉性和主动性，取得了“认识深、结合紧、措施实、效果显”的实践成果，被评为石化集团公司“创先争优”活动典型；大力推进强“三基”、除“四害”，巩固活动成果，打造过硬作风，针对极个别员工的违纪现象，开展员工作风大讨论活动，增强了员工遵章守纪的自觉性，职工队伍继续保持了昂扬向上、奋发有为的精神面貌。

（秦玉清　刘仕成）

【开展“五个一”廉洁自律主题教育活动】 2010年，青岛炼化在处级及以上党员领导干部中组织开展一次党委中心组廉洁自律专题学习、一次党政主要领导上廉政党课、一次警示教育、一次反腐倡廉培训、一次家庭助廉“五个一”廉洁自律承诺活动，并将承诺范围扩大到基层单位党政主要负责人和财务管理部等重要岗位人员。组织党员领导干部和重要岗位人员参观了青岛市警示教育基地；18 名副处以上党员干部在《中国石油化工集团公司处级以上领导人员廉洁自律承诺书》上签字，43 名重要岗位人员在《青岛炼化公司重要岗位人员廉洁自律承诺书》上签字，50 多名中(基)层干部和 60 多名机动工程部等部门工作人员家属签订了家庭助廉倡议书。

（秦玉清　刘仕成）

【职工工作生活条件进一步改善】 2010 年，青岛炼化坚持共谋科学发展，促进企业和谐，全心全意帮助职工办实事。全力做好企业年金制度实施工作，帮助职工建立补充医疗保险；职工住宅小区建成投用，新的职工更衣室和综合楼投入使用，办公室和操作室家具按新标准进行了更换，食堂改造项目开工建设，职工工作生活环境得到了进一步改善，提升了职工的归属感和向心力，营造出更加温馨和谐的工作、生活氛围。

（秦玉清　刘仕成）

表 1　　青岛炼化主要技术经济指标　　亿元

指标名称＼年份	2010	2009	2008
原油加工量/万吨	1 010.46	947.41	510.70
工业总产值	453.65	346.47	225.18
工业增加值	114.18	109.10	-47.93
资产总计	141.49	137.53	144.73
流动资产	28.52	21.61	20.57
固定资产原值	115.10	108.33	102.48
固定资产净值	95.97	96.97	98.31
销售收入	453.65	347.21	224.11
实现利税	102.75	99.70	-48.20
税　金	85.75	83.09	-1.68

表 2　　青岛炼化主要产品产量　　万吨

产品名称＼年份	2010	2009	2008
汽　油	250.56	239.67	122.51
柴　油	372.22	370.24	198.64
煤　油	50.70	36.58	12.39
液化气	75.75	72.08	35.25
石脑油	17.86	11.99	12.96
重芳烃	—	5.32	0.78
粗三甲苯	8.01	—	—
5#白油油料	0	0.80	0.49
商品石油焦	56.75	56.79	30.00
丙　烷	2.33	3.56	1.60
碳　五	16.44	9.07	1.29
纯　苯	5.25	3.79	1.18
混合二甲苯	26.40	24.06	5.68
MTBE	-1.00	0.36	0.57
硫　黄	16.73	16.00	7.99
聚丙烯	21.19	18.61	10.34

催化剂分公司

【概况】 中国石油化工股份有限公司催化剂分公司(简称催化剂分公司)于2004年12月29日在北京成立。催化剂分公司是集科研成果转化、生产组织优化、产品技术服务为一体的专业公司，对催化剂生产经营实行统一安排工业放大、统一生产计划、统一组织营销、统一发展规划、统一实施管理。

催化剂分公司本部位于北京市东城区安外大街58号，机关设置“11部1室”，即总经理办公室、财务资产部、人力资源部、企业策划部(法律事务部)、审计部、党群工作部(领导人员管理部)、纪检监察部、生产运行部(安全环保部)、发展计划部(工程管理部)、市场营销部(国际合作部)、技术信息部、物资装备部。拥有催化剂长岭分公司、催化剂齐鲁分公司、催化剂北京奥达分公司、催化剂北京燕山分公司、催化剂上海分公司、催化剂南京分公司、催化剂抚顺分公司、催化剂贵金属分公司8个全资单位，湖南建长石化股份有限公司、上海立得催化剂有限公司2个控股单位，以及托管单位中国石油化工科技开发有限公司。截至2010年底，催化剂分公司用工总量5 162人，拥有各类经营管理及专业技术人员1 325人，其中教授级高级工程师18人，高级职称人员225人，博士10人，硕士118人，并建有博士后工作站。

催化剂分公司是国内最大的炼油、化工催化剂生产商、供应商和服务商，能够生产炼油、化工和基本有机原料三大类催化剂。产品在满足国内市场需求的同时还远销欧洲、美洲、亚洲等国际市场。

2010年，催化剂分公司坚持“四化一建”(精细化管理、规范化运作、专业化服务、科学化发展，建设具有较强国际竞争力的跨国催化剂公司)的工作方针，对内搞好服务，对外开拓市场，真抓实干，攻坚克难，全面完成年初预定的目标任务。催化剂产、销量双双突破12万吨，出口量突破2万吨。

(王志丹)

【5万吨/年催化裂化催化剂联合生产装置一期工程全面达标达产】 2010年9月，催化剂分公司5万吨/年催化裂化催化剂联合生产装置一期工程经过5个多月的试生产，通过优化工艺、优化操作、整改隐患、消除瓶颈，实现了日产FCC催化剂用分子筛28吨、FCC催化剂100吨，达到年产分子筛9 000吨、FCC催化剂3.3万吨的设计指标。该工程是催化剂分公司成立以来建成的规模最大的催化剂生产装置，是几十年来FCC催化剂科技成果和生产经验的集成与结晶，是催化剂分公司持续有效发展的重要项目。该工程全面达标达产对满足国内外市场对FCC催化剂日益增长的需求具有重要意义。

(王志丹)

【S－Zorb项目试生产成功】 催化剂分公司S－Zorb项目是在积极配合石油化工科学研究院脱硫吸附剂工业放大试验的基础上，于2009年10月起对催化剂南京分公司原有1 000吨/年分子筛装置和1 000吨/年FCC助剂装置进行技术改造，改建为2 000吨/年S－Zorb脱硫吸附剂工业试验装置，2010年3月中旬完成了中交。3月23日，该项目主装置正式投料试车，生产出的产品经石油化工科学研究院评价，综合性能正常，工业试生产初步成功。该项目的试生产成功，加快了S－Zorb脱硫吸附剂国产化的步伐。

(王志丹)

【RAX－Ⅱ型MX吸附剂首次工业应用试验取得成功】 2009年12月—2010年2月，由石油化工科学研究院开发、催化剂分公司放大生产的RAX－Ⅱ型MX吸附剂，在中国石化自主建设的二甲苯吸附分离装置进行了首次工业试用，2010年2月28日，装置产出合格MX产品。装置标定结果表明，在100%进料负荷下，新吸附室产品MX平均纯度99.63%，平均收率95.8%，运行指标超过了预期值。RAX－Ⅱ型MX吸附剂首次工业应用试验取得成功，实现了中国石化自主完成吸附分离装置建设、吸附剂装填开工全过程的目标。

(王志丹)

【DCC催化剂首次进入印度市场】 2010年3月，催化剂分公司收到美国石韦公司发来的关于印度GGSRL公司DCC催化剂的正式订单，这是中国石化DCC催化剂首次进入印度市场。该次签订催化剂供货订单，使该公司成为催化剂分公司DCC催化剂继泰国IRPC公司、沙特Petro Rabigh公司后的第三家海外客户。

(王志丹)

【院士专家工作站获全国先进站称号】 2010年11月29日，在2009—2010年度全国“讲理想、比贡献”活动总结表彰大会上，催化剂分公司院士专家工作站被评为全国“讲理想、比贡献”活动先进院士专家工作站。该次大会由中国科协、国家发展和改革委员会、科学技术部和国务院国资委联合召开。

（王志丹）

【管理成果被评为全国优秀企业管理成功案例】 2010 年 1 月，在全国企业联合会和《企业管理》杂志联合举办的第四届全国优秀企业管理成功案例评选中，催化剂分公司“打造‘271’服务体系构建嵌入式价值链营销模式”管理成果被评为全国优秀企业管理成功案例。“271”服务体系是催化剂分公司历时 4 年多，在打造符合催化剂产业特点、具有自身特色的服务营销体系的实践中形成的具有较强创新性和自身特色的服务营销体系。

（王志丹）

【5 项管理成果获石化集团公司奖励】 2010 年，在第 19 届石化集团公司管理现代化创新成果评选中，催化剂分公司 5 项管理成果获奖，其中《聚焦收益改善——持续改善理论在危机环境下的创新应用》获得一等奖，《全方位对标赶标管理模式的创建与实施》和《“一对一”统计数据库实现质量管理信息化》获得二等奖，《法律风险评价控制体系的构建与实施》和《基于“一元细微激励”的执行力管理新模式》获得三等奖。

（王志丹）

【第二届中国石化化工催化剂国际技术交流会召开】 2010 年 9 月 15—18 日，由催化剂分公司联合科研单位主办的第二届中国石化化工催化剂国际技术交流会在苏州召开。这是催化剂分公司成立之后联合科研单位召开的第三次中国石化催化剂国际技术交流会，来自全球 17 个国家和地区的 190 多名代表参加了会议，其中境外公司 47 家、代表 120 余人。

（王志丹）

【与 3 家企业签订战略合作协议】 2010 年，催化剂分公司先后与洛阳工程公司、贵研铂业股份有限公司、宝塔石化集团 3 家企业签订了战略合作协议。按照协议，催化剂分公司将与洛阳工程公司就研发合作、技术成果推广应用等事项开展战略合作；与贵研铂业股份有限公司在失效贵金属催化剂回收、贵金属贸易、贵金属催化剂制备技术开发等领域展开全面合作；与宝塔石化集团在信息、技术、商务等多方面进行合作。战略合作关系的确立，为合作各方“平等互信、优势互补、互惠互利、共同发展”奠定了坚实基础。

（王志丹）

【成功举办第五届技术大比武】 2010 年 8 月 18—19 日，催化剂分公司第五届技术大比武(化工分析工)在催化剂齐鲁分公司成功举办，来自催化剂分公司下属 7 个分(子)公司的 21 名选手参加了比赛。比赛内容包括理论知识考核、技能笔试、分光操作和滴定操作 4 个部分，按照化工分析工高级工和国家职工资格等级三级及以上等级的工作要求，全面考察了参赛选手的专业知识和技术水平。

（王志丹）

【成功举办第四届活力文化节】 2010 年 9 月 28 日，催化剂分公司第四届活力文化节在上海金山成功落下帷幕。活力文化节期间先后举办了书画比赛、数码摄影比赛、廉洁文化征文比赛、游泳比赛、沙滩足球赛和文艺汇演等系列活动。该文化节充分展现了催化剂分公司员工乐观进取的精神风貌，谱写了“创新永远，活力永恒”企业文化新篇章。

（王志丹）

催化剂分公司第五届技术大比武

化工销售分公司

【概况】 为适应市场竞争需要，中国石化于 2005 年实施化工销售体制改革，将分散销售体制调整为集中销售体制，于同年 5 月在北京成立了中国石油化工股份有限公司化工销售分公司(简称化工销售分公司)。化工销售分公司是国内最大的石化产品供应商，截至 2010 年底，经营总量超过 1.5 亿吨，销售收入超过 1 万亿元。公司主要负责中国石化统销化工产品的经营销售、仓储、贸易及互供业务，为市场提供合成树脂、合成橡胶、合纤原料及聚合物、合成纤维、有机化工及中副产品等近 50 个品种 1 800 多个牌号的产品。截至 2010 年底，公司在北京、上海、广州、武汉和南京等地分别设立华北、华东、华南、华中和江苏5家区域分公司，分别负责各区企业化工产品销售工作，其中江苏分公司以仓储和零售为主。为实现销售和服务前移，更好地服务客户，公司在西安、沈阳、南京、杭州、汕头、泉州、昆明、长沙、成都等地设立了20多个经营部及代表处。拥有职工1 848人，其中具有高级职称的294人、中级职称的785人。

为进一步完善化工营销体制机制，充分利用国内外两种资源、两个市场，2009年4月，中国石化对化工内外贸业务进行整合重组，成立了化工销售有限公司，与化工销售分公司实行“一套班子，两块牌子”，使化工销售具备了从事进出口业务的资质，能够开展中国石化化工产品出口及所需原料进口业务和化工产品进出口代理业务，并将国际事业公司原从事化工产品进出口业务的人员和机构整体划转到化工销售有限公司。该公司境内5个经营部已作为对应区域分公司的进出口部，被全面纳入区域分公司一体化管理，在境外设有香港公司作为统一的进出口业务操作平台，在越南和中国台湾地区开设办事处。中国石化首次在台湾地区设立分支机构。

（于治宇）

【获石化集团公司特别贡献奖】 2010年，化工销售分公司紧盯市场、灵活应对、改进服务、完善网络、强化考核，有效化解了乙烯产能大幅增长的压力，获石化集团公司2010年度特别贡献奖。

（于治宇）

【经营总量突破3 600万吨】 2010年，化工销售分公司经营化工产品3 619万吨，同比增加21%，其中统销产品销量2 934万吨，同比增加611万吨，自营贸易量（含非统销出口）685万吨，同比增加21万吨；石化集团公司新投产的天津、镇海两大百万吨乙烯装置的产品顺利投放市场，实现全产全销；二次集中稳步推进，年内新增齐鲁、东方等10家企业100多万吨统销产品。进口量388万吨，同比增加28%，出口量108万吨，同比增加10%。

（于治宇）

【开展满意度调查】 为进一步提升服务水平，了解相关方满意度现状，做实“服务提升年”各项工作，2010年，化工销售分公司对客户、生产企业、物流供应商开展全方位问卷调查和访问活动，对2 691家客户、31家生产企业、204家物流供应商的调查数据进行了统计分析并形成了结论，为改进服务质量、提升服务水平提供了重要依据。

（于治宇）

【开展“服务提升年”主题活动】 2010年，化工销售分公司开展“服务提升年”主题活动，活动以“一本典型案例、两项评比表彰、三层有效提升、四个方面深化”为主线，统筹推进“四强四优”和“比学赶帮超”活动，促进公司营销管理和服务水平提升。

（于治宇）

【乙烯运输船完成首航】 为了化解国内大宗乙烯贸易的运输瓶颈，避免珍贵的乙烯资源廉价出口，保障国内乙烯产业链整体发展，中国石化与长航油运公司合资成立了上海长石海运有限公司，投资了中国首条低温乙烯全冷冻船“鹏顺”轮，打破国外贸易商在这一领域的长期垄断。2010年11月11日，“鹏顺”轮驶抵扬子石化码头，安全完成首次国内航行。

（于治宇）

“鹏顺”轮首航仪式

北京石油分公司

【概况】 中国石油化工股份有限公司北京石油分公司（简称北京石油分公司）是中国石化所属在京成品油销售企业，主营汽油、柴油、煤油、润滑油、燃料油和非油品业务，是北京成品油市场供应主渠道。

北京石油分公司前身是北京市属的石油集团有限公司，始建于1950年4月，1998年9月，成建制划转至石化集团公司。2000年2月，主营业务组成北京石油分公司。

截至2010年底，北京石油分公司共设有16个综合管理部门、6个经营管理部门和2个专属机构，拥有员工7 201人，其中正式职工1 816人，其他用工5 385人。拥有在营油库11座、总库容42万立方米，自营加油站 579 座，加油站网点占有率 54%，汽柴油管线 158 千米，航煤管线 98 千米，资产总额 101.3 亿元。

2010 年，北京石油分公司完成经营总量 597.3 万吨，同比增长 18.2%；成品油经营量 530.1 万吨，同比增长 12.1%，其中汽柴油经营量 447.5 万吨，同比增长 10.8%；市场占有率达 66.2%，同比提高 0.7 个百分点；零售经营量 269.4 万吨，同比增长 11.2%；直销经营量 155.3 万吨，同比增长 5%；航煤经营量 82.5 万吨，同比增长 20.1%；润滑油经营量 18.6 万吨，同比增长 52.5%；燃料油经营量 48.5 万吨，同比增长 141.3%；终端销售比重 94.9%；发展会员 58 万名，发行 IC 卡 150 万张，累计发卡 597 万张，持卡消费比例达 51%，同比增长 5.1 个百分点；非油品实现营业额 1.9 亿元，同比增长 66.1%，其中便利店营业额 1.8 亿元，完成年度计划的 123.8%；实现报表利润 7.2 亿元，完成年度计划的 110.8%。

北京石油分公司主要生产经营指标见表 1。

（钟春翔　毛　琳）

【零售销量实现恢复性增长】 2010 年 1 月 1 日，北京石油分公司在国内石油行业首家推出会员制客户管理，全年发展会员 58 万名，努力实现从“卖产品”向“卖服务”的转变。会员制客户管理除了为会员提供积分回馈、便利店购物优惠，还提供洗车、机票预订等 12 项增值服务。通过会员制客户管理，扩大了零售忠诚客户群体，稳定和提高了零售量。全年完成零售量 269.4 万吨，同比增长 11.2%。

（钟春翔　毛　琳）

【直批经营质量全面提升】 2010 年，以“稳定销量，优化结构，提高质量”为指导思想，北京石油分公司在努力做大经营总量的同时不断提高经营质量，全年新增直批客户 1 146 家，其中终端客户 488 家，新增终端销量 2 万吨。通过签订供销协议锁定社会加油站销量 2.3 万吨。全年新发展橇装站 30 座，实现销量 8.1 万吨。

（钟春翔　毛　琳）

【优化物流运行成绩突出】 2010 年，北京石油分公司在燕山石化设立资源协调办公室，将一次物流优化工作延伸到炼厂。面对上、下半年不同的资源形势，精心组织，合理安排，资源过剩时期充分挖掘库容潜力，保证炼厂后路畅通；资源紧张时期及时组织进货，保证市场供应。合理摆布资源，不断加强物流优化，全年吨油运杂费 18.06 元，较石化集团公司总部考核指标节约 0.1 元。

（钟春翔　毛　琳）

【加油站网络发展成效明显】 2010 年，依托石化集团公司与北京市政府签订的《合作发展协议》，北京石油分公司积极协调市政府相关部门，推进加油站发展建设。加大投资力度，全年投资 2.51 亿元，其中加油站投资 1.98 亿元。全年共发展加油站 21 座，通过土地招拍挂竞得加油站建设用地 1 宗。加强与区县政府合作，与房山区、亦庄开发区、平谷区签订了《合作协议》，为加油站发展建设创造了良好条件。北京石油分公司获得北京市政府认可，成为快速充电站建设经营的主体单位，43 座加油站被列入市规委第一批充电站建设规划；经石化集团公司批准，建成广泽桥和津塘兴顺 2 座充电示范站，两站即将投入运营。

（钟春翔　毛　琳）

【工程建设稳步推进】 2010 年，北京石油分公司共完成加油站形象改造 45 座，便利店形象改造 38 家，被评为销售系统加油站改造先进单位，世博和日坛两座加油站被评为优秀改造站。完成油库重大隐患治理项目 3 项。顺利建成平谷培训中心，完成康庄油库改造工程。环城成品油管线和航煤管线被评为石化集团公司优质工程，并于年底顺利通过北京市安全生产监督管理局安全验收。

（钟春翔　毛　琳）

【“比学赶帮超”活动成果丰硕】 2010 年，根据石化集团公司“比学赶帮超”活动总体安排，北京石油分公司成立活动领导小组，制定活动实施方案，与部门签订扛旗责任书；将“比学赶帮超”活动与绩效考核挂钩，加强激励引导；建立“比学赶帮超”月度分析会制度，及时分析活动开展情况，制定扛旗措施。全年共获得“比学赶帮超”活动红旗 87 面，其中石化集团公司管理类红旗 46 面，销售系统管理红旗 7 面、经营红旗 19 面、争光红旗 6 面，燃料油专业线红旗 9 面。获管理类红旗数量在销售系统名列前茅。

（钟春翔　毛　琳）

【人力资源管理水平全面提升】 2010 年，北京石油分公司以建设“国内领先、国际一流”的石油销售企业人力资源管理体系为目标，进一步深化完善人力资源管理改革，全面推进人力资源精细化管理。全年调整处级干部 57 人次，其中提拔 22 人次，轮岗交流 33 人次，行政降级 2 人；调整助理级干部 24 人次，其中提拔16人次，轮岗交流8人次。接收引进大学毕业生41名，其中研究生以上学历15名。招收劳务工大学毕业生10名作为加油站经理储备人才。率先在销售系统内推行专业技术岗位聘任制度，开辟专业技术人员晋升通道，完成69名专业技术人员的岗位聘任。积极开展人才对口交流，派出7名骨干人员到重庆石油分公司挂职，其中2人任中层副职，5人任经理助理；向其他区外公司、燃料油公司输送了27名青年骨干。建立起云岫培训中心、平谷培训中心、库站内部培训三级培训体系，全年共完成各级各类培训968期，培训人数达2.5万人次。

（李西芳）

【“三基”管理工作再上新台阶】 2010年，北京石油分公司共完成95项石化集团公司制度细化和411个岗位操作手册的编写。在石化股份公司2010年第19届企业管理现代化创新成果评审中，北京石油分公司“构建‘五位一体’督导管理体系，提升企业运营管理水平”成果获一等奖，“实施‘五结合、四统一’绩效考核，努力提升企业经营管理水平”、“构建‘三定一选’业务合作方式”2项成果获二等奖。在销售系统“强化经营管理年”活动中，获综合先进单位称号。

（钟春翔　毛　琳）

【数质量管理工作扎实推进】 2010年，北京石油分公司认真贯彻落实石化集团公司质量工作会议精神，通过抓好“质量月”活动等系列工作，构建起严谨的油品采购、运输、接卸、储存、销售全过程的数质量管理体系。在年内各级主管部门的抽查检验中，油品质量100%合格。顺利通过中启认证中心测量管理体系外部审核，成为中国石化销售系统和北京地区石油石化行业首家获得测量管理体系认证的企业。

（钟春翔　毛　琳）

【安全环保工作获得七连冠】 2010年，北京石油分公司积极开展“我要安全”和HSE领域“比学赶帮超”活动，坚持“强化制度建设、强化环保管理、强化应急管理、强化施工管理、强化隐患排查”等“五强化”，落实责任，细化措施，实现全年生产经营安全平稳运行，未发生一起上报等级安全事故。在石化集团公司设备工作会上，获2007—2010年度石化集团公司设备管理先进企业、先进基层单位和先进个人3项称号；全年共夺得石化集团公司HSE领域“比学赶帮超”活动红旗32面、金牌4枚(含1枚年度金牌)、银牌2枚、铜牌1枚，获得石化集团公司年度HSE领域“比学赶帮超”活动金牌单位和“创先争优”活动先进单位、安全环保先进单位等4项荣誉，连续7年被评为石化集团公司安全生产先进单位。

（钟春翔　毛　琳）

【财务管理创效能力明显提升】 2010年，北京石油分公司强化财务预算管理，提高资金使用效率；建立费用管理和绩效考核联动机制，强化费用管理部门责任意识，提高费用管理部门积极性；推行费用审批在线管理，实现费用控制关口前移，有效控制费用支出；提高资金管理能力，定期存款规模达25亿元，全年实现利息收入5 781万元，财务费用同比减少2 009万元；强化发票管理，规避税收风险；完善纳税管理，全年通过节税实现增效2 616万元；强化资产管理，缩小资产规模9 270万元。连续3年获石化股份公司财务决算先进单位称号，获石化集团公司财务达标竞赛优胜单位称号。

（钟春翔　毛　琳）

【ERP应用得到深化】 2010年，结合工作需要，北京石油分公司开发了ADM自动付油系统，试行了电子铅封系统。获石化集团公司ERP知识竞赛团体二等奖，4名参赛选手全部获个人二等奖。

（钟春翔　毛　琳）

【技能竞赛和技术比武活动成绩喜人】 2010年，北京石油分公司共有10个专业线参加了石化集团公司及销售系统职业技能竞赛和技术比武活动，物流储运调和工专业线获团体第一，信息IT应用、ERP应用2条专业线分获团体第二；个人夺得4枚金牌、8枚银牌、3枚铜牌。

（钟春翔　毛　琳）

【职工住房条件得到明显改善】 2010年，北京石油分公司圆满完成了大红门及腾退房、空置房的售房工作，解决343名员工的住房问题；高立庄职工住宅土地开发项目取得了初步进展；住房分配货币化改革工作有序推进。

（钟春翔　毛　琳）

【企业文化建设取得重要成果】 2010年，在多年发展积淀的基础上，北京石油分公司在成立60周年之际，在石化集团公司企业文化理论框架下提炼出具有自身特点的企业文化。企业发展愿景："把北京石油建设成为国内领先、国际一流的石油销售企业"，企业使命："为石化品牌增辉，为首都发展加油"，企业价值观："以人为本、和谐、共赢"，企业精神："忠诚、友爱、奋斗、创新"，企业作风："精益求精，谦虚谨慎，务实高效，乐观向上"，经营理念："规范诚信，服务至上，共同发展"。

（钟春翔　毛　琳）

【党建思想政治工作进一步加强】 2010年，北京石油分公司深入开展"四好"班子建设，通过组织培养教育和个人加强学习，领导干部的政治素质明显提高；加强民主集中制建设，严格执行"三重一大"民主决策制度，各级领导班子的科学决策能力进一步增强；坚持执行个人事项报告制度，实现了对领导干部的全面监督管理。不断加强组织建设，截至年底，共有党组织110个，专兼职党务干部117名，党员1 364名，合同工党员占公司在职党员总数的24%；全年发展党员80名，其中合同工党员48名。修订完善了《关于严格禁止领导干部和关键岗位人员利用中国石化资源和平台谋取私利的规定(暂行)》等制度，领导干部和关键岗位人员的廉洁自律意识明显增强；大力推进业务公开和效能监察工作，促进业务经营规范运行。坚持以职代会为主要形式的民主管理，全年共召开职代会4次，审议通过《员工奖惩管理办法》等8项涉及企业发展和职工切身利益的重大事项；健全工作网络，细化职责分工，切实做好信访稳定工作，全年受理职工群众各类信访案件171件，均做到及时妥善处理，成功化解2起群体信访事件，维护了企业安稳，形成了政令畅通、政通人和的良好局面。

（钟春翔　毛　琳）

表1　　北京石油分公司主要生产经营指标①

指标名称 \ 年份	2010	2009	2008	2007	2006	2005
成品油销售总量/万吨	530.10	472.80	378.10	395.30	359.10	332.60
零售量	269.40	242.30	271.40	266.20	255.80	225.80
销售收入/亿元	376.20	281.80	246.40	234.90	205.50	148.80
利　润/亿元	7.20	7.50	6.50	7.60	4.90	3.50
吨油费用/元	195.00	219.00	204.00	174.00	173.00	162.00
资产总额/亿元	101.30	65.60	59.60	57.30	52.30	50.10
加油站总数/座	579	577	573	570	561	552
在营油库数量/座	11	11	11	11	1	13

①2005—2009年数据按新口径重新统计。

天津石油分公司

【概况】 中国石油化工股份有限公司天津石油分公司(简称天津石油分公司)位于天津市南开区南京路338号，是石化股份公司直属销售企业，主要经营成品油、润滑油、燃料油的零售、直销、批发业务及其他非油品业务，是天津地区最大的成品油经营企业。公司前身为天津石油集团有限公司，始建于1950年10月，1998年6月上划石化集团公司，2000年4月改制为天津石油分公司。

截至2010年底，天津石油分公司设12个职能处室7个专业中心；有在岗员工4 852人，其中正式工1 390人、劳务工3 462人；资产总额51.96亿元；拥有加油站533座，油库4座。

2010年，天津石油分公司实现经营总量422.47万吨，同比增长11.1%。成品油销售300.1万吨，同比增长11%。实现营业收入249.55亿元，同比增长31.9%，考核利润3.99亿元。考核口径吨油费用193元，低于年度计划27元。新发展加油站104座，初步实现百站战略目标。

天津石油分公司主要生产经营指标见表1。

（安　宁）

【为达沃斯论坛加油】 2010年9月13—15日，世界经济论坛新领军者年会(第四届夏季达沃斯论坛)在天津成功召开，天津石油分公司所属的宾西路、解放南路、华苑3座加油站成为达沃斯论坛会议用车指定加油站，累计为590辆会议用车供油9.76万升。为会议提供优质油品和配套服务的同时，也向国内外友人展示了中国石化的靓丽形象，充分发挥了天津石油分公司在天津市场成油品供应主渠道的作用。

（安　宁）

【扩大加油卡售卡网点】 2010年，天津石油分公司与天津市邮政局合作，在和平区、河西区的4个邮政营业厅设立加油卡售卡网点，进一步扩充了发卡网点，方便了客户。

（安　宁）

【企业升级为大Ⅰ型】 截至2010年底，天津石油分公司连续数年保持经营总量快速增长，经营质量不断提升，经营效益不断提高，网络布局日趋优化，经营总量的增长率和费用水平处在系统先进行列，经天津市委同意、石化集团公司党组批准，企业类型由大Ⅱ型调整为大Ⅰ型。

（安　宁）

【网络建设取得突破性进展】 2010年，天津石油分公司紧紧围绕打造“生命工程”目标，坚持“寸土必争”的精神，推动重点协议和项目的落实，实现了网络建设新突破，发展加油站104座，其中新增加油站45座，储备53座，启动关停站6座。滨海新区范围已完成新增项目4个，高速公路范围落实项目5个，生态城范围内落实项目1个，临港工业区内落实项目1个，空港物流加工区落实项目1个。全年完成加油站形象改造39座，投资6 900万元。

（安　宁）

【“我要安全”主题活动扎实开展】 2010年，天津石油分公司全面落实制度建设、监督检查、隐患整改、宣传教育培训等关键措施，建立起了安全管理长效机制。以“我要安全”主题活动为载体，征集安全信息和HSE管理合理化建议、层层签订HSE责任书。加强未遂事故上报共享，投入783万元资金，完成了8项隐患整改工作。年内获石化集团公司安全生产先进单位称号。

（安　宁）

【科技攻关成果显著】 2010年，天津石油分公司加强科技攻关，稳步实施“加油站液位仪系统自动标定油罐容积表功能开发与应用”项目，其子项目加油站液位仪测漏研发通过了科技开发部技术鉴定，液位仪测漏浮子被授予实用新型专利。

（安　宁）

【非油品业务取得新进展】 2010年，天津石油分公司非油品业务主要经营指标快速增长，开设便利店310家、新建SK汽服项目4个、新建自营洗车房3个。便利店经营额不断提升，年营业额50万元以上的店已达37个，其中100万元以上的有11个；京哈高速新安镇服务区便利店营业额实现377万元，超额完成了销售任务，获得市级工人先锋号模范集体称号。

（安　宁）

【技术比武活动成绩优异】 2011年，天津石油分公司加大员工培训力度，年内共举办培训班306期，培训员工8 356人次；技能竞赛比武活动取得良好成绩，共获得6块奖牌，其中教育培训专业线获得1枚个人金牌，政工专业线、纪检监察专业线分别获得1枚个人铜牌，财务专业线获得1枚团体银牌、1枚个人金牌、1枚个人铜牌。成功承办了教育培训专业线决赛，公司获得优秀组织奖和2006—2010年竞赛比武先进企业称号。在石化集团公司信息系统管理部组织的信息基础设施运维及安全知识竞赛中获得个人4银1铜5块奖牌，团体获三等奖。

（安　宁）

【“比学赶帮超”活动成绩突出】 2010年，天津石油分公司积极开展“比学赶帮超”活动，面向员工征集评选出14条活动标语，广泛宣传，按照成品油零售量、直销量、便利店营业额、长城包装润滑油经营量、油库节能降耗5项指标，评选“五面红旗”、“八个方面标兵”、“八个方面优秀团队”，调动了广大员工参与活动的积极性，促进了各项经营管理目标的实现，在销售企业“比学赶帮超”活动中共夺得30面红旗。

（安　宁）

【档案工作达到AAA级标准】 2010年，天津石油分公司档案工作在石化集团公司办公厅组织的档案检查中获销售系统第一名。天津石油分公司综合档案室被天津市档案局认证为企业档案工作AAA级标准。

（安　宁）

表 1　天津石油分公司主要生产经营指标

指标名称 \ 年份	2010	2009	2008	2007	2006	2005
成品油销售总量/万吨	300.10	270.41	231.59	221.69	210.55	200.28
零售量	185.21	168.32	170.56	152.16	145.39	134.55
销售收入/亿元	249.55	189.17	158.54	123.90	114.72	92.99
利　润①/元	3.99	4.40	4.02	3.40	4.59	4.37
吨油费用②/元	193.00	179.00	207.00	194.00	145.00	142.00
加油站总数/座	533	493	487	479	589	576
自营加油站数	478	493	487	479	491	473
特许经营加油站数	0	0	0	0	98	103

①考核利润。

②考核口径吨油费用。

河北石油分公司

【概况】 中国石油化工股份有限公司河北石油分公司(简称河北石油分公司)本部位于河北省石家庄市。其机构前身成立于 1949 年，1998 年 6 月 27 日正式划归中国石油化工集团公司管理。2000 年 5 月 23 日，其主营业务重组成立河北石油分公司，其存续部分称中国石化集团河北石油有限责任公司。2006 年，中国石化集团河北石油有限责任公司更名为中国石化集团资产经营管理有限公司河北石油分公司。

河北石油分公司在全省 11 个省辖市设有分公司，拥有强大的资源保障体系和完善的经营网络体系。主要经营汽、煤、柴、润四大类成品油，销售区域覆盖河北省全境。截至 2010 年底，河北石油分公司拥有资产总额 77 亿元，19 座油库遍布于全省各主要交通枢纽和城镇，总容量达 66.25 万立方米；建有 17 条铁路专用线共 2.15 万米，连接炼油厂的输油管道 5.28 万米；拥有加油站点 2 012 个，销售网络覆盖全省城乡各地。

河北石油分公司主要生产经营指标见表 1。

(常文峰)

【业务经营再创历史新高】 2010 年，河北石油分公司紧紧围绕扩大经营规模，提高市场占有率的目标，顺应市场变化，加大资源调度，灵活开展营销，实现了经营量的突破和提升，不仅保障了市场供应，而且提高了创效水平，较好地履行了经济、政治和社会责任，得到了政府和社会各界的高度评价，获河北省十大最具社会责任企业奖。全年销售各类成品油 585.7 万吨，完成年度计划的 103%，同比增长 4.5%。其中轻油销售 576.7 万吨，同比增长 8.5%；润滑油销售 5.9 万吨，同比增长 13.1%。

(常文峰)

【资源统筹保障能力进一步增强】 针对部分地区资源供应不稳定、到货不均衡等情况，统筹安排配置、外采资源，加大内部物流调剂，实现了保供与增效相统一。全年购进成品油 577.1 万吨，其中配置资源 466.2 万吨，兑现率 100.7%；自采资源 110.9 万吨，完成计划的 105.8%。运用多种运输手段，弥补铁路运力不足，水运、公路运输量同比提高 2.6%。采取跨区配送、内部移库方式，调拨油品 91.4 万吨，有效解决了一次资源到货不均衡问题。适时启动应急预案，缓解了沧州炼化检修、部分油库停业改造带来的局部资源紧张状况。

(常文峰)

【零售市场份额进一步巩固】 2010 年，河北石油分公司深入开展区域市场研究，持续推进“三进一留”目标客户开发，全年新增客户 1.5 万个，增加销量 29 万吨。审慎开展点对点竞争，有效稳定零售量。因地制宜开展机出小额配送，实现增量 4.3 万吨。积极开展加油卡主题营销、交叉营销等活动，全年新增发卡量 95 万张，持卡消费比例达到 43.6%，同比提高 8 个百分点。继续实施“抓两头，促中间”策略，新培育万吨站 17 座、5 000 吨以上大站 25 座，800 吨以下小站减少 93 座。通过以上措施，实现了零售量恢复性增长，夺得石化股份公司零售增量年度进步红旗，并被评为零售管理劳动竞赛先进省公司。

(常文峰)

【直销批发创效能力进一步提高】 2010年，河北石油分公司建立差异化价格体系，灵活营销策略，提高增值服务水平，成功开发年需求500吨以上客户136家，实现增量16.7万吨。加强重点客户维护，定期走访、联谊，提高客户忠诚度，重点客户购油量同比增长20%。全年直销批发业务实现差价收入1.8亿元，创最好水平。

（常文峰）

【非油品业务发展进一步提速】 2010年，河北石油分公司运用灵活机制，积极开展“油非互动”、时令商品专题促销等活动，提前3个月完成了销售任务。调整采购机制，加大统采力度，统采比例提高了13个百分点。改进经营方式，优化品类结构，淘汰滞销商品5 096种，消化积压商品1 200万元，降低了经营风险。发挥区位优势，开发加油站广告位1 323个，实现收入237万元，全年非油品实现收入2.29亿元，同比增长72%。拓展服务功能，提升销售技巧，日均千元便利店达到221家。通过努力，获得石化股份公司非油品劳动竞赛一等奖。

（常文峰）

【网络控制力明显提高】 2010年，河北石油分公司积极探索网络发展新模式，协调联动，攻坚克难，新增重点区域加油站46座。特别是高速公路市场开发成效显著，先后取得了保阜、青兰、张石、唐承等21座高速公路加油站的经营权，占全省当年高速公路加油站招商总数的62%。各相关部门积极创造条件，加快签约站建设速度，全年建成高速公路加油站23座，居销售系统第二位。加大协调沟通力度，全年迁建加油站13座，已落实政策或达成意向25座，维护了网络的稳定性。

（常文峰）

【体制机制更加完善】 2010年，河北石油分公司推行经营片区团队管理模式，明确片区经理（助理）职能定位，团队合力得到有效发挥。完善物流、仓储、安全数质量和基建管理运行机制，物流实行一级管理，仓储实行属地化管理，安全数质量和基建管理机构分设，省地两级职能部门管理职责更加清晰。积极推进审计管理体制建设，组建4个审计分部，优化了审计部门设置和力量配置。

（常文峰）

【HSE管理更加规范】 2010年，河北石油分公司坚持“谁主管、谁负责”原则，细化安全生产禁令49条，签订《安全环保责任书》2 142份、《承诺书》1.3万余份，实现了安全责任无缝隙覆盖。持续开展“我要安全”主题活动，推行标准化操作，引导员工“上标准岗、干标准活、交标准班”。大力开展“平安工地”建设活动，加强施工现场过程控制。推进未遂事故共享和预案演练，参演人数达7.6万人次，员工应急处置能力普遍提高。全面排查隐患，加强专项治理，累计投入资金近3 000万元，设施设备状况得到明显改善。积极开展职业卫生工作，完成了14 011名员工的职业健康体检。在经营环境复杂、建设项目繁多的情况下，总体保持了安全运营。

（常文峰）

【数质量监控更加严密】 2010年，河北石油分公司认真践行“每一滴油都是承诺”的理念，各级数质量责任意识进一步增强。完善油品进、销、存和管输下载各环节质量规定和操作方法，全面开展油品数质量检查，共退回不合格油品4批次9 535吨，有效降低了经营管理风险。筹集资金400多万元，提升装备水平，推进质检室进档升级。开展油罐车容积检定、加油机计量和铅封普查活动，共检定油罐车131辆，检查加油站1 761座、加油机7 407台，合理控制了油品损耗。加大油库接卸、油品配送和销售环节的反盗油力度，严肃处理了一批违规违纪案件。

（常文峰）

【财务管理更加精细】 2010年，河北石油分公司建立量费联动、超销奖励的费用管理机制，引入全口径利润概念，完善费用预算考核体系，严格奖惩兑现，全年兑现奖励费用1 600多万元，充分调动了各级公司强化经营、提高效益的积极性。强化资金占用成本意识，细化资金考评项目，稳定上门收款渠道，确保资金及时上划，货币资金平均余额较石化集团公司总部下达指标低6 387万元。合理控制债权规模，加大清欠力度，三项债权期末净值较石化集团公司总部下达指标低6 613万元。积极推进资金集中管理系统上线运行，加强资金实时监控，有效规避了资金风险，全年未发生资金安全事故。加大资产处置力度，核销不良资产1.22亿元，资产处置净收入2 055万元，对外资产租赁收入1 223万元。

（常文峰）

【内控审计监督更加有力】 2010年，河北石油分公司积极开展管理和效益、经济责任、内控独立审计评价等专项审计，共查出问题178个，提出审计建议75条。加大工程项目预、决算审计力度，审减资金 1 626 万元，审减率 6.1%，节约了投资成本。细化内控业务流程，明确各控制点责任，调整 ERP 权限，对 135 个存在风险用户进行权限调整，风险点由原来的 8 713 个减至 2 807 个，降低了系统应用风险。

（常文峰）

【信息化建设与应用更加深入】 2010 年，河北石油分公司开发核心机房智能监控系统，更新加油卡系统前置盘阵，建成张家口异地灾备中心，推进地市公司内外网分离，信息系统安全性和稳定性得到较大提升。推广应用 3G 联网技术，全省 159 座偏僻站点实现无线通信。推进 OA 系统二次提升，增加 110 个流程，新增 1 891 个用户，实现了业务、财务流程和经营网点全覆盖。增加加油充值卡系统，开设充值卡销售网点 357 个，缓解了加油卡系统的运行压力。建立与总部统一的门户网站，对全省电视电话会议系统进行提升改造，更加适合企业经营管理需要。

（常文峰）

【干部队伍建设进一步加强】 2010 年，河北石油分公司深入开展“四好”领导班子创建活动，各级领导班子整体功能进一步增强，群众满意度不断提高。强化在职学习培训，持续开展技能鉴定和竞赛比武活动，积极搭建人才成长平台，促进三支人才队伍素质不断提高。在销售企业竞赛比武决赛中，获得银牌 2 枚、铜牌 3 枚；在石化集团公司组织的专项竞赛中，获得多项团体奖，个人获得 1 金 6 铜，5 人受到通报表扬。

（常文峰）

【党的建设不断深化】 2010 年，河北石油分公司完善地市公司纪检监察机构设置和人员配备，持续深化反腐倡廉教育，严格落实石化集团公司总部 11 项监督办法，扩展《十条禁令》适用范围，对领导干部、重点区域和关键环节的监督制约得到加强。大力推进业务公开及网上巡视，上传公开信息 2 881 条，规范了经营管理行为。深入开展效能监察，规范招投标工作程序，节约投资 248.6 万元，获得石化集团公司效能监察先进单位，招投标工作被评为优秀效能监察项目。以开展“四强”、“四优”活动为载体，健全制度，明确标准，加大考核，完成了 85 个基层党支部规范化建设目标任务，稳固了基层党组织发挥作用的基础。通过设立“党员示范岗”，开展党员夺旗争星活动，健全党内评优推先工作机制，引导广大党员立足本职工作，争做“四优”共产党员，有效发挥了共产党员的先锋模范作用。

（常文峰）

【“比学赶帮超”活动成效显著】 2010 年，河北石油分公司通过建标、对标，横比先进、纵比进步、全员参与，扎实推进“比学赶帮超”活动深入开展。强化考核，全程激励，共颁发各类红旗 212 面，兑现奖励薪酬 996 万元，营造了见贤思齐、争先恐后的工作氛围，促进了企业经营管理水平整体提升，夺得销售系统各类红旗 35 面，被评为销售企业“比学赶帮超”标杆单位。

（常文峰）

【和谐稳定局面愈加巩固】 2010 年，河北石油分公司落实稳定工作责任制，完善企地协调联动机制，全面排查化解矛盾，妥善处置各类不稳定问题。用心做好离退休服务和管理工作，积极创造有利条件，丰富精神和文化生活，离退休老干部政治和生活待遇得到较好落实。本着“真困难，真帮助”原则，推进困难职工帮扶救助工作规范化、常态化，累计发放帮扶救助金 803 万元，救助各类困难人员 3 587 人次，传递了组织温暖，维护了和谐稳定的良好局面。

（常文峰）

表 1　　河北石油分公司主要生产经营指标

指标名称＼年份	2010	2009	2008	2007	2006	2005
成品油销量总量/万吨	585.70	560.64	538.00	570.00	569.00	522.00
零售量	426.32	389.52	431.00	417.00	400.00	383.00
销售收入/亿元	384.70	311.68	317.00	278.38	264.65	206.00
利　润/亿元	5.80	5.10	11.00	7.60	9.31	7.79
成品油吨油费用/元	289.00	309.00	266.00	201.00	185.39	186.00
加油站总数/座	2 012	2 101	2 467	2 549	2 575	2 591

山西石油分公司

【概况】 中国石油化工股份有限公司山西石油分公司(简称山西石油分公司)本部位于山西省太原市万柏林区大王路8号，前身为成立于1951年的中国石油公司太原支公司，1998年整体上划石化集团公司，2000年10月重组改制为山西石油分公司，为中国石化在山西唯一的、也是全省最大的成品油销售企业，承担着成品油资源配置、供应任务，主营汽油、柴油、煤油、润滑油、燃料油。下辖11个市分公司、143个县(区)片区，实行人、财、物统一管理。截至2010年底，拥有正式职工4 407人，资产总额67.26亿元，在用油库14座，在营加油站1 706座。

2010年，山西石油分公司经营量达442.85万吨，同比增长9.1%；销售收入291.32亿元，完成利润4.35亿元，为年计划的104%。

山西石油分公司主要生产经营指标见表1。

（李志平）

【经营总量又创新高】 2010年，山西石油分公司以“比学赶帮超”活动为抓手，以“两个双千万”促销激励为动力，充分调动全员积极性。资源上，配置、外采两手抓；调运上，克服铁路、管输转储双重困难，优化流向，辅之以及时公路配送，努力保供拓市；经营上，对内建标考核、兑现奖惩，激发各市分公司争第一、扛红旗的动力，对外结合“油非互动”让利顾客，刺激消费；零售方面，努力提高加油站在营率，有序开展“优质服务月”、全员销售管理竞赛、国省道专项营销、重点客户营销、亲情营销等活动，加大IC卡宣传与发行力度、主打国企品牌，不断巩固发展忠诚客户；直销方面，巩固老用户，紧盯重点工程、重点项目和重点用户，新开发大西高铁等580多个客户，量价互动，灵活经营，扩大了市场占有率。润滑油销售通过主打品牌，专营店、经销商、加油站全方位扩销，辅以区域推介、轻润组合营销等措施，市场份额实现稳步增长。年内，成品油经营量414.5万吨，完成计划的108.2%，同比增长8.7%。其中，零售297.7万吨，完成计划的110.7%；直销批发116.8万吨，完成计划的102.5%。润滑油经营量3.56万吨，完成计划的101.8%，同比增长28.2%。燃料油经营量24.8万吨，完成计划的103.5%，同比增长14.1%。三项合计经营总量442.85万吨，完成计划的107.9%，同比增长9.1%，又创山西石油历史新高。

（李志平）

山西临汾石油分公司春耕保供 （李虎威 摄）

【非油业务实现新跨越】 2010年，山西石油分公司自上而下充实人员，细化了工作职责，明确了分工，完善了内控流程和考评细则，举办业务流程系统师资培训，实行分级采购结算办法，简化了供应商采购结算流程，提高了工作效率；专门购买了箱式货车，构建非油品物流配送体系，基本满足了全省系统的商品配送需要；从长远发展出发，在租赁太原江凯物流公司仓库作为过渡仓使用的同时，着手筹建太原省级中央仓和长治、临汾市级分仓；层层细化分解工作任务，推行全员、全网络销售，大力开发省内、省外两个市场，彰显特色，扩大影响，做大业务量；8月在晋城组织召开了非油品业务工作会议，进一步统一并强化了各单位对非油业务的认识，明确了目标与具体措施；总结推广晋城公司燃油宝营销经验，燃油宝销售保持了月均3万余瓶的销量。年内，非油网点建设快速推进，以汾酒、香烟、燃油宝、地方名优特绿色产品为重点的内外团购市场得到大力拓展，加之“比学赶帮超”活动的开展，促进非油业务取得跨越式发展。年内，便利店发展到487座，营业额达1.24亿元，完成计划的118.9%，同比增长189.7%。

（李志平）

【安全经营无事故】 2010年，山西石油分公司继续狠抓安全工作，进一步深化“我要安全”主题活动，各级、各岗位结合自身工作特点，创新形式，注重实效，组织开展了“安全生产月”、“应急预案演练周”、“双主题”自驾游等活动，深入推进安全文化建设，强化了全员主动安全意识；贯彻国家、石化集团公司及山西省安全问责精神，层层落实“谁主管，谁负责”的安全生产责任制，严格执行中国石化《安全生产禁令》；进一步强化对承包商、承运商的安全监督，加强安全预案的完善、培训和推演，提高了员工的应急处置能力；结合实际不断完善HSE管理体系，及时开展安全检查监督与培训，积极治理各类隐患。实现全年安全经营无事故，年内被石化集团公司评为安全生产先进单位。

（李志平）

【全面强化油品数质量管理】 2010年，山西石油分公司在省、市两级公司均成立数质量管理委员会，在市分公司设立了安全数质量科，将数质量工作纳入各单位年度工作考核范围；在原有1个A级质检中心、11个B级质检室、3个C级质检室的基础上，着手筹建晋北、晋南、晋东南及太原4个准A级质检室，加强了外采油品质量检验，对数质量管理提出明确要求；组织专门力量对市分公司的油品数质量工作进行了严格检查，先后两次开展加油机铅封和计量准确度拉网式检查，确保加油机铅封完好有效；贯彻石化集团公司总部油品外采管理精神，修订了《山西石油分公司外采成品油资源管理办法》、《外采供应商管理实施细则》，制定了《外采供应商月度考核办法》，进一步规范了外采管理；举办了由89名片区经理参加的数质量管理培训班，明确了岗位职责，进一步细化了各环节的油品交接管理。年内，在国家质量监督检验检疫总局组织开展的油品质量抽检中，太原、长治、晋城、临汾、运城5个市分公司的油品100%合格。

（李志平）

【提升零售管理】 2010年，山西石油分公司公司恢复县级公司称谓，先后配备片区经理助理55人、专职零售客户经理57人，加大县级市场的开拓力度；积极运作，强化了市场控制力；建立立体式、全方位的督察体系，将省市两级督察队员增加到45人，加大督察频率，扩大督察面，累计督察加油站6 615座次；聘请“神秘顾客”每月暗访系统内300余座加油站，占到在营站的20%以上，访问结果被纳入对各单位的绩效考核和“比学赶帮超”活动评比中；与《中国质量万里行》合作，将公司加油站列为质量万里行计量跟踪对象，大范围开展暗访检查，从各县片区选一座最佳加油站，授予其“中国质量万里行计量跟踪信誉单位”牌匾，主动接受监督，提高品牌信誉，扩大市场影响；制定《山西石油分公司加油站分类标准和考核细则》，增强管理针对性和时效性；向基层一线公布违规举报电话和信箱，及时发现问题并核实查处，不断改进工作。年内，先后对9名片区经理、36名加油站长给予免职处理和经济处罚，开除9名加油站长、23名加油员，零售管理整体水平得到提升。

（李志平）

【进一步强化队伍建设】 2010年，山西石油分公司进一步推进队伍建设，以全力打好竞赛比武收官之战为重点，以赛促学，学赛结合，进一步提升队伍整体素质，在比武决赛中夺得团体第二名，有12名选手在各专业线条决赛中获得金银铜牌及表彰奖励。以改善后备人才队伍知识结构为主线，加强员工培训和职业技能鉴定工作，在前三年取得成效的基础上，继续推进“百站百人”工程。年内选拔引进107名应届大学毕业生，为基层一线注入新活力，带动一线员工素质明显提升。以抓思想、抓作风、抓能力、抓制度、抓监督为主线，进一步加强“四好”班子建设。以中心组理论学习为龙头，支部学习为重点，个人自学为补充，通过集中学习、理论讲座、知识竞赛、专题辅导报告、“读一本书”、多媒体宣传等多种形式，进一步提高党员干部队伍、特别是领导干部的综合素养。上述举措为企业可持续发展提供了人才支撑。

（李志平）

【创新加强党建思想政治工作】 2010年，山西石油分公司创新载体，加强党建思想政治工作。省市公司机关干部关注基层，广泛调研，定点帮扶，进一步深入开展“四个一”主题实践活动，巩固和拓展了学习实践科学发展观活动成果。先后组织“探寻亮剑之源，弘扬亮剑精神”党日纪念、“我要安全”自驾游、红色之旅、右玉考察、职工文化论坛、个人生日与政治生日双祝福等活动，开展“比学赶帮超”、“创先争优”等活动，推进企业文化建设，促进党员干部党性观念进一步增强，思想、组织、作风、能力建设进一步提升。坚持“抓源头、抓重点、抓关键、抓惩处”的工作方针，落实领导干部《廉洁自律承诺书》，深化业务公开和廉洁文化建设，适时开展参观监狱等警示教育，进一步推进了党风廉政建设工作。继续落实各级维稳责任与措施，在坚持政策不变、原则不动摇的前提下，按照石化集团公司总部制定的原则开展有关帮扶救助活动，及时开展节日慰问、社会协调、捐赠救助和业务扶持等工作，促进稳定工作取得显著成绩，受到山西省委、省政府和石化集团公司党组的表彰。

（李志平）

表1　　山西石油分公司主要生产经营指标

指标名称＼年份	2010	2009	2008	2007	2006	2005
成品油销售总量/万吨	414. 50	381. 42	351. 49	324. 28	306. 32	289. 18
零售量	297. 70	261. 00	263. 77	239. 34	224. 60	210. 00
销售收入/亿元	290. 00	228. 00	232. 77	182. 31	163. 00	125. 65
利　润/亿元	4. 35	4. 70	10. 02	4. 50	3. 44	1. 83
吨油费用/元	308. 00	290. 00	297. 00	193. 00	175. 00	257. 00
在营加油站总数/座	1 502	1 400	1 386	1 419	1 406	1 375

上海石油分公司

【概况】　中国石油化工股份有限公司上海石油分公司(简称上海石油分公司)是中国石化直属大型销售企业。公司前身中国石油上海分公司创建于1953年10月，1998年9月成建制上划石化集团公司。2000年2月，按照石化集团公司整体重组、主辅分离、改制上市的要求，主营业务部分组建为上海石油分公司。上海石油分公司主营汽油、柴油、润滑油和其他石化产品的批发、零售、直销配送和仓储业务以及加油站汽车快修服务、快餐、便利店等非油品业务。

截至2010年底，上海石油分公司设有13个综合管理部门和6个专业中心。拥有加油站609座(按照登记证口径)，其中在营加油站572座。各类加油机2 243台、加油枪6 144把；地下储油罐2 578只、总容量8. 62万立方米。加油站液位仪459套。大小油库5座；发油平台7座、车位75个，储油罐163只。油品专用泊位14座，系泊能力10. 85万吨。铁路专用线1条长1 661米、鹤位48个；库外长输管线2条，总长55. 74千米；油气回收装置3套。用工总人数7 462人，其中正式职工2 000人，其他用工5 462人。

2010年，上海石油分公司完成经营总量496万吨，其中销售成品油439万吨，完成计划的106%。其中，零售323万吨，完成计划的94. 6%；直销82万吨，完成计划的113%。销售润滑油9. 75万吨，完成计划的108%。实现销售收入330亿元，报表利润10亿元，完成年度指标的154%；费用总额11. 44亿元，还原吨油费用179元，比考核指标减少11元；成品油吨油费用210元，比考核指标减少11元。

上海石油分公司主要生产经营指标见表1。

（徐若茵）

【稳定零售拓市场】　2010年，上海石油分公司开展了加油站管理竞赛和达标创星活动，以“比学赶帮超”、“一帮一结对子”等活动为抓手，通过制定管理办法、聘请社会特约监督员、招募义务监督员等措施，员工服务开口率由22%提高到94. 5%，客服中心在销售系统各省测试排名中名列第一。结合世博开展了“办卡充值送保险”、“免费道路救援”、“中石化—携程商旅专线”、“大客户回馈有礼”、“出租车专用加油卡”等多种形式的营销活动。年内上海石油分公司新增加油卡销售网点70座，销售加油卡75. 5万张，同比增长16. 15%，充值金额136. 4亿元，同比增长23. 92%，持卡消费比例46. 26%；实现小额配送16. 9万吨，同比增加183%。

（徐若茵）

【做实经营增效益】　2010年，上海石油分公司紧扣“服务世博，奉献世博”的主题，按照“两保三不降”的总体要求，开展多元化直销服务，优化考核办法和，新增直销客户185家，新增销量8. 84万吨；成品油批发量达34万吨，同比增长8. 5%。积极开展

"长城之路越走越宽"主题活动，新增润滑油客户313家，新增润滑油销量1.25万吨。加大对终端客户的拓展力度，在车用油方面，获得了海博出租供油的全部份额，开拓申龙客车和怡亚通两家终端客户，与强生出租公司达成合作意向；在船用油方面，加大与长航的深度合作力度，达成了对中海江苏江都造船基地12艘新造船长城润滑油供应的合作。

（徐若茵）

【发展非油品新业务】 2010年，上海石油分公司实现非油品营业额1.7亿元，完成年度指标的121%；开设便利店350座(新增便利店50座)，精品站69座；取得烟草专卖零售许可证104张；百万门店达29座。

（徐若茵）

【安全工作获殊荣】 2010年，围绕"世博安全"，上海石油分公司制定《世博安全保卫工作总体方案》，拟定HSE工作目标责任书，签订安全承诺书8 890份，签约率达100%；确保施工现场安全，制定《加油站现场施工安全管理规定》、《加油站综合改造施工安全禁令》和《加油站综合改造现场管理奖惩办法》；建立监督检查机制，收到油库和加油(气)站检查表607份，查出问题160项，共开展大规模安全自查、专项检查近100次，查出各类问题1 242项，完成整改率超过98%；组建了3 044人的平安志愿者服务大队，开展了2.98万人次的志愿者巡检。在HSE领域"比学赶帮超"活动8次评比中，上海石油分公司获得石化集团公司3次金牌和5次银牌、2010年度安全生产单位称号、环境保护先进单位称号和"我要安全"主题活动安全生产先进单位称号；上海市"五一"劳动奖状，被上海市委、市政府授予迎世博贡献奖——环境整治贡献奖和上海市平安单位称号。

（徐若茵）

【强化油品数质量管理】 2010年，上海石油分公司开展全员质量意识培训、加强实验室能力建设、完善投诉响应机制、推行二次配送地罐交接，对油品采购、储存、运输和销售等环节进行严格监管，配合市有关部门按时对加油机等计量器具进行强检，确保油品数质量100%合格，质量管理工作受到石化股份公司通报表扬。世博期间，上海石油分公司对油罐车油品改装验罐验车76车次、船舶验舱28船次；与承运商签订《世博安保数质量责任签约书》，通过中心调度室视频监控、GPS卫星定位和配备专门检查人员，对油罐车运行过程进行监控；成立督察队伍对加油机流量计的铅封和有效期内使用情况进行不定期抽检；配合国家质量监督检验检疫总局、石化集团公司、地方执法部门共抽查油品样品339个，经检验全部合格。

（徐若茵）

【完成世博保供任务】 2010年上海世博期间，上海石油分公司专门成立市场保供组，定期召开世博保供例会。世博期间共销售成品油221.8万吨，同比增长4.8%；组织配置资源入库210万吨，其中汽油105万吨，柴油105万吨。持续减少排放，圆满实现"绿色世博"。截至世博会结束，上海石油分公司供应"沪Ⅳ"汽柴油346万吨，其中汽油219万吨，柴油127万吨，共减少硫排量约3 803吨。

（徐若茵）

【做好世博接待工作】 作为中国石化驻沪企业上海世博会接待工作的牵头单位，上海石油分公司世博期间共接待来宾130批、1 305人次，协调有关单位接待来宾90批、800人次，并为全国人大代表、上海市人大代表等各方人士及中国石化系统自行参观员工共1 841批20 541人提供了世博会石油馆预约观展服务。上海石油分公司获上海市"五一"劳动奖状；被授予中国石油、中国石化、中国海洋石油联合参展上海世博会杰出贡献奖，3人获杰出贡献奖，4人获突出贡献奖，公司得到石化集团公司的充分肯定和上海市经济信息化委员会的通报表扬；总经理办公室被中共中央、国务院授予上海世博会先进集体称号；杨浦油库和8名员工被上海市委、市政府评为服务世博奉献世博先进集体和个人；8个班组获得上海市总工会颁发的工人先锋号称号。

（徐若茵）

【打造网络建设"生命工程"】 2010年，上海石油分公司共发展加油站19座(新建加油站10座，收购4座，租赁1座，收购联营方股权加油站4座)；完成虹桥枢纽、迪斯尼板块、商飞基地和大型居住社区等地区10座加油站的签约。办妥土地储备手续30宗，取得江湾新城、青浦工业园区、宝山工业区、金山工业区、川沙大型居住区等地区摘牌加油站土地9宗。参与"十二五"加油站专项规划的编制，将已签订意向的近40宗土地和已办理土地储备的近30宗土地信息纳入该规划的总量之中。投入资金4.16亿元，完成油气回收和提量改造加油站329座，便利店改造337座，自助加油站改造59座。完成了高桥污水改造项目、高桥油库油气回收项目、闵行油库2万立方米油罐扩建、5 000立方米油罐改造等工程，全年固定资产投资2.56亿元。

（徐若茵）

【财务管理得到加强】 2010年，上海石油分公司清理应收款项1 662万元，新增上门收款网点22个，实现上门收款全覆盖。进一步完善内控体系，细化33个具体业务流程。积极启动全员成本目标管理，增设18个项目指标，形成46个具体指标。加强股权管理，全年累计收回投资收益1.39亿元。

（徐若茵）

【积极推进信息化建设】 2010年，上海石油分公司深化ERP系统应用，提升OA系统功能，完成加油卡系统等级保护测评，建立充值卡系统，开发便利店中央仓项目，对主干网络进行升级改造，向全光纤数字网络逐步过渡。

（徐若茵）

【"三基"工作得到加强】 2010年，上海石油分公司组织开展一级管理体制的调研，顺利完成燃料油管理中心的整体划转工作。截至年底，上海石油分公司全面推广实施权证信息系统，全年解决19项历史遗留项目。签订各类经济合同1 928份，做到合同签订率、送审率、审核率达100%。处理各类诉讼及非诉讼纠纷案件13起，避免损失金额2 586.32万元。开展管理风险排查，形成风险评估报告14份，有效规避经营风险。上海石油分公司建立多层次检查工作机制，共签订廉洁从业责任书1 163份；业务公开和效能监察立项15项，避免经济损失1 028.29万元，受理信访举报15件次，同比增加50%。年内上海石油分公司被石化股份公司评为"强化经营管理年"活动综合管理先进单位和零售管理竞赛先进单位一等奖。

（徐若茵）

【审计监督得到加强】 2010年，上海石油分公司完成436个委托外审项目，同比增加24.57%，送审金额3.41亿元，审定金额2.99亿元，核减金额为4 187.16万元，平均核减率为12.27%；完成138个内审项目，送审金额为559.80万元，审定金额为538.38万元，核减金额为21.42万元，平均核减率为3.83%。开展加油站投资运营等专项审计，对加油站综合改造等296项结算项目进行审计，平均核减率为11.9%。

（徐若茵）

【加强员工教育培训】 2010年，上海石油分公司参办各类培训项目261项，参训人员13 797人次，培训总量18 486人·天。其中，选送专业技术人员、中高级管理人员参加中国石化、地方直属党委培训班118项，参训人员284人次；参加地方及岗位持证项目61项，参训人员2 683人次；完成集中内部自办项目82项，共计培训人员10 807人次。

（徐若茵）

【党群工作促和谐】 2010年，上海石油分公司组织中心组学习24次，组织党员教育培训达774人，占党员总数的99%。按照"围绕经济抓党建、抓好党建促经济"的指导思想，完成各类培训项目261项，参训人员1.38万人次，发展党员38名，其中劳务工党员18名。上海石油分公司获2010年度"安康杯"竞赛全国优胜企业称号，上海石油分公司团委被评为上海市五四特色团委。年内组织1 034名干部职工向玉树地震灾区捐款7.36万元；慰问困难党员9人，补助困难职工390人次共38.81万元；实施企业年金制度，稳步推进住房分配货币化改革，将关心职工的措施落到实处，有力促进了企业和谐稳定。

（徐若茵）

表1 上海石油分公司主要生产经营指标

指标名称 \ 年份	2010	2009	2008	2007	2006	2005
成品油销量总量/万吨	439.00	417.00	453.88	422.07	404.99	361.03
零售量	323.00	323.20	392.38	347.22	331.11	273.91
销售收入/亿元	330.00	277.00	301.00	251.00	229.00	176.00
利　润/亿元	10.00	10.48	9.94	6.33	6.70	2.43
吨油费用/元	179.00	151.00	153.00	169.00	150.00	157.00
在营加油站总数/座	572	591	583	573	547	558

江苏石油分公司

【概况】 中国石油化工股份有限公司江苏石油分公司(简称江苏石油分公司)位于江苏省南京市中山北路395号，主营油品销售。1953年，其前身中国石油公司江苏分公司成立，1997年加入中国东联集团有限公司，1998年整体划转石化集团公司并更为现名。

江苏石油分公司下设南京、无锡、徐州、常州、苏州、南通、连云港、淮安、宿迁、盐城、扬州、泰州、镇江、江阴14个区域分公司。拥有1家合资公司——中石化壳牌(江苏)石油销售有限公司。

截至2010年底，江苏石油分公司拥有总资产102亿元，在营加油站达2 100座，在营油库30座，成品油管线465千米；拥有各类用工总数19 238人，其中在岗正式工3 543人。

江苏石油分公司主要生产经营指标见表1。

(及　非)

【较好完成年度目标任务】 2010年，江苏石油分公司实现经营总量1 147万吨，其中成品油经营量1 085万吨，同比增长11.1%。实现零售817万吨，同比增长12.1%；直分销268万吨，同比增长8.3%；长城包装油7.96万吨，同比增长6%。当期利润19.2亿元，完成石化集团公司总部下达目标的135%。吨油费用208元，控制在石化集团公司总部下达的指标内。

(及　非)

【努力扩销增量】 2010年，江苏石油分公司加强市场研判，强化资源保障，以积极进攻的姿态开拓市场，在做实经营的基础上努力扩大经营规模，优化经营结构。零售整体竞争能力进一步提升，年末在营站达2 100座，日均零售量、持卡消费比重、陆上单站加油量、万吨站数量均创历史新高。直分销加强终端客户的开发和维护，实现终端直销量187万吨，同比增长23.5%。润滑油以技术服务为先导，以行业开发为重点，销售总量同比增长30%。

(及　非)

【非油品业务实现较快发展】 2010年，江苏石油分公司非油品推进软硬件同步建设，便利店数量增至1 462座，加强便利店商品质量、安全和损耗管理，较好地促进了非油品业务的健康发展。实现非油品销售收入3.95亿元，同比增长132.4%。

(及　非)

【全力发展新增网点】 2010年，江苏石油分公司进一步强化“生命工程”的意识，加快网络发展步伐，取得较好发展成果。基本实现“新增一百、改造一百、储备一百”目标。优化产权结构，抢占重点区域，控制投资成本。

(及　非)

【苏南管道建成投产】 2010年，经过16个月的艰苦努力，江苏石油分公司完成管线敷设393千米，新建和改造油库6座、站场6座，新建阀室10座，顺利实现苏南管道建成投产并于12月20日投油一次成功。该管道的投产为建立现代化成品油物流体系奠定了基础，较好地实现了“五大控制”目标。

(及　非)

【“我要安全”主题活动深入开展】 2010年，江苏石油分公司将企业经营管理的风险因素纳入“大安全”工作范畴，初步构筑了全方位的管理责任体系。编制了岗位安全标准化操作手册，细化《江苏石油分公司安全禁令》，深化未遂事故管理，强化全员安全意识。落实隐患治理和风险控制，不断提升本质安全。加强油库封闭管理和油站现场管理，全力做好世博安保工作。

(及　非)

【数质量管理进一步强化】 2010年，江苏石油分公司践行“每一滴油都是承诺”，开展质量管理专项整顿。重新梳理制定了轻油、润滑油、非油品和施工管理质量控制流程，抓好外采油品质量监管，确保出库油品100%合格。完善V20考核运行机制，加强重点环节和重点区域的数量管理，推行加油站随机盘点和管理人员校泵制度，组织加油机升级改造，进一步提升数量管理水平。

(及　非)

【局部调整经营管理体制】 2010年，江苏石油分公司推进了县片区经营管理体制的调整；探索中小油站管理新模式，完成426座加油站的委托管理；完成燃料油划转工作。

(及　非)

【不断提高财务管理水平】 2010年，江苏石油分公司加强财务管理，初步完善了资金和发票的风险控制体系，ERP、加油IC卡与金税直联开票工作完成试点，规范油站改造和资产处置的运作。顺利完成BW&BCS项目建设，成为销售企业首家100%通过

BO完成报表上报的单位。财务管理水平进一步提升，被石化股份公司评为财务管理标兵单位。

（及 非）

基层一线学习培训

【强化人才队伍建设】 2010年，江苏石油分公司完善处、科级人员管理和退出相关制度，建立中层干部后备人才库和动态调整机制。内外结合抓好培训，兼职讲师队伍建设和教材开发有了新突破。扎实开展岗位练兵活动，促进员工队伍素质的提升，被石化股份公司评为2006—2010年竞赛比武先进单位。

（及 非）

【以人为本关爱员工】 2010年，江苏石油分公司落实“真困难、真帮助”，坚持“零距离”服务离退休干部职工，全面落实政治、生活“两项待遇”；按照石化集团公司总部统一部署，组织住房普查和住房补贴测算，积极稳妥地实施劳务工住房公积金缴存和企业年金制度，并在企业力所能及的范围内创造条件关爱员工。企业文化建设和职工思想道德建设取得新进展，被评为江苏省精神文明建设先进单位。

（及 非）

表1 江苏石油分公司主要生产经营指标

指标名称＼年份	2010	2009	2008	2007	2006	2005
成品油销量/万吨	1 085.00	975.99	1 016.74	979.00	932.00	840.00
零售量	817.00	655.00	709.31	691.00	660.00	567.00
销售收入/亿元	742.00	546.27	600.49	484.29	442.32	337.85
利 润/亿元	19.20	17.47	19.45	17.01	18.57	7.07
成品油吨油费用/元	208.00	224.00	196.00	160.00	169.00	189.00
加油站总数/座	2 100	2 434	2 387	2 399	2 394	2 380

浙江石油分公司

【概况】 中国石油化工股份有限公司浙江石油分公司（简称浙江石油分公司）前身为中国石油公司杭州支公司，始建于1950年，1998年8月与省内各级石油公司一同成建制划转石化集团公司。2000年4月按照石化集团公司的统一部署实施重组，主营业务、资产、人员等划归石化股份公司，设立浙江石油分公司。

浙江石油分公司经营范围涉及石油、石油产品、天然气及其他化工产品的销售、储运等，并开展便利店、汽服、餐饮等油站配套服务。是浙江省内最大的成品油销售企业。

浙江石油分公司本部位于浙江省省会杭州市。截至2010年底，设有11个职能处室和6个专业中心（公司），下辖11个分公司，经营销售网点遍布浙江省城乡各地。储运设施完备，有定位成品油库29座，储油总容量130万立方米，拥有各类终端零售网点1 949座，已开通镇海—杭州、金山—嘉兴—湖州成品油长输管线。截至2010年底，浙江石油分公司资产总额153.36亿元，从业人员2.4万余人。2010年销售各类油品1 304万吨，商品销售纯收入为843亿元，各项经济指标连续多年位居中国石化销售系统前列。

浙江石油分公司主要生产经营指标见表1。

（边 炜）

【扎实物流支撑】 2010年，浙江石油分公司在仓储设施没有明显改善、调节空间有限的情况下，克服运力紧张、码头限制、镇杭管线饱和、恶劣气候影响等一系列困难，加强计划衔接，优化资源流向，既保障经营，又降本增效，成品油吞吐量同比增长14.3%。充分利用沿海储运资源，全年接卸外采油

218 万吨，为公司经营提供了扎实的物流支撑。

（边　炜）

【勇担保供责任】 2010 年，浙江石油分公司面对四季度严峻的保供形势，积极落实资源，妥善安排供应，主动协调政府部门和新闻媒体。在承担全省 80%以上零售供应量的情况下，市场供应紧而有序，供需矛盾逐步缓解，市场主渠道地位进一步彰显。保供工作得到了省委省政府领导的高度评价、石化集团公司总部领导的充分肯定，树立了良好的社会形象。

（边　炜）

【深化油品市场营销】 2010 年，浙江石油分公司以加油卡为载体，开展了 9 次主题营销活动，发卡 104 万张，累计有效卡保有量达 360 万张，持卡消费比例提升至 31.2%，建立了较稳定的零售客户群。全年实现零售量 849 万吨，同比增长 11.2%。积极开展“访百户、拓千家、盯万户”营销活动，加大了公交、重点工程等行业的开拓，全年新增工程用油客户 386 家，全省已拥有直销客户 2 万多家；同时开展形式多样的客户维系活动，稳定销量。全年实现直销量 274 万吨，同比增长 5.1%。围绕“品牌拓展与总体规模、市场份额与经营效益、客户维系与客户开拓”三个兼顾，提升了长城润滑油市场占有率和品牌的影响力，实现了量效双赢。全年销售润滑油 30.1 万吨，同比增长 2.4%，其中长城包装油 8.1 万吨，同比增长 3.3%；实现销售毛利 1 亿元；经营总量居销售系统第二，毛利额居销售系统第一。

（边　炜）

【加快非油品业务发展】 2010 年，浙江石油分公司完善了专业化经营、属地化管理、公司化运作的体制，努力把大店做大，小店做精，培育核心商品。全省日销售额 1 000 元以上的便利店已达 290 家，5 000元以上旗舰店 27 家，月销售额 5 万元以上的核心商品 98 个。全年实现便利店销售额 4.55 亿元，同比增长 118%，毛利率 15.4%。

（边　炜）

【巩固终端网络】 2010 年，浙江石油分公司采取与市、县、区政府战略合作、联营合建的方式，全力以赴争夺优质网点。全年共新增加油站立项 63 个，储备土地 38 宗，共建成投产加油站 29 座；建成加气站 3 座，在建 4 座，项目储备 10 个。不仅获得了全部新增高速公路加油站经营权，而且续签成功全部原租赁到期网点，继续保持了高速公路市场 100%的占有率。精心安排网点改造扩容，改善了站容站貌，提升了单站销量。对各市、县的经营部统一进行了装修，突出了品牌形象。甬绍金衢管道已全面开工建设，已完成进度 35%。甬台温管道项目前期各项工作正稳步推进。浙赣连接线、诸暨—桐庐管线已经取得省政府规划，同意开展前期工作，绍兴—杭州管线也取得了政府的规划意向。完成了浙江石油分公司“十二五”成品油管网规划。

（边　炜）

【强化安全监管】 2010 年，浙江石油分公司深入开展“我要安全”、强“三基”、除“四害”等主题活动。未遂事故报告制度向案例分析、经验共享的深层次推进，全年共享案例 328 份，积极采纳 2 条重大建议并在全省推广。对全省设施设备全面排查和治理，自筹资金对 112 个隐患项目进行了整改，确保了物的本质安全。加大了安全检查力度，督察、暗查常态化、制度化，对查出的问题严令整改。加强重点部位安全监管，在世博会期间，企业保持安全平稳运行。加强了应急预案培训和基层演练，提升了全系统的风险防范能力。公司被评为“我要安全”主题活动先进单位，连续 13 年被石化集团公司评为安全生产单位。

（边　炜）

【确保油品数质量合格】 2010 年，全省系统高度重视，积极贯彻“每一滴油都是承诺”的企业质量宗旨，加强源头把关，坚持每批自采油送省公司检验的做法，对采购、入库、出库、运输、销售各环节明确监管责任。多次开展油品数质量抽查、督察，检查覆盖面 100%，确保了销售油品 100%合格。加大了加油站的计量检定力度，保证加油数量准确，强化油品损耗管理，各项损益指标均优于石化股份公司的考核指标。在历次行政执法检查中，均未发生因油品数质量问题被查处或曝光的事件。

（边　炜）

【精细规范管理】 2010 年，浙江石油分公司以商品和资金为对象，以强化内控、深化 ERP 应用为主要手段，深入开展“强化经营管理年”活动，检查得分居销售系统第一。加强了审计监察力量，优化了合同管理，强化了法律监督，做到了过程受控、风险可控。梳理了管理制度，优化了业务流程，在满足市场开拓和保障供应的同时，有效规避了经营风险。全省网点 92%的资金实现上门收款、及时回笼，通过推广海上网点刷卡业务等措施，有效降低赊销和资金风险，年内未发生一起资金安全事故。推进全员成本目标管理，对部门责任体系、成本指标体系进行优化、细化，分板块、抓源头，强化预算考核作用，严格大宗物资招标程序，确保了各项费用支出控制在考核指标之内。建立ERP综合工作台与工作流，进一步提升了管理信息化水平，完善和规范了过程管理。创新了ERP潜在的应用功能，实现了多种形式的加油卡自助充值、油库自助提油，业务运行趋向智能化。年内2项管理创新成果获石化集团公司第19届管理现代化创新成果一、二等奖。

（边　炜）

【提升队伍素质】 2010年，浙江石油分公司充实调整了地市公司班子，民主选拔了省公司处级干部，滚动发展了后备干部。完善了支公司经理队伍，强化支公司经理职能履行。充实了一线队伍，逐步解决基层人才青黄不接的问题。建立了1个培训中心、91个基层培训站（库）、480名讲师队伍，自主开发38项课程，全年组织培训班1 843期，培训4.6万人次，基层员工年人均培训16.2课时。将培训和岗位练兵、技术比武活动紧密结合，促进各专业线人才素质的提升。在2010年销售企业职业技能竞赛活动中，公司再次获得团体总分第一，同时获2006—2010年销售企业职业技能竞赛先进企业称号。

（边　炜）

【加强企业党建】 2010年，浙江石油分公司积极创建学习型党组织，经验做法被编入《浙江省建设学习型党组织100个典型案例》。积极推进“四强党组织、四优党员”建设，实行党建目标考核通报排名，开展党员公开承诺、公开监督，发挥党员示范作用。扎实做好推优入党，全年发展党员182人，其中劳务工91人，3 000吨或10人以上的加油站中，有党员的比例达到89%。以宣贯落实《党员领导干部廉洁从政若干准则》和《关于严禁领导干部利用中国石化资源和平台谋取私利的若干规定》为重点，抓好副处以上干部和重要岗位的廉洁自律教育。深入开展效能监察，大力推进业务公开及网上巡视，公司被评为石化集团公司效能监察先进单位。公司党委被国资委授予中央企业先进基层党组织称号。

（边　炜）

【“创先争优”活动见成效】 2010年，浙江石油分公司大力开展“比学赶帮超”和“创先争优”活动，促进了各项工作齐头并进。在“比学赶帮超”活动中获74面红旗，居销售系统第一。全年评出628个先进集体、1 194名先进个人，选树了先进典型，宣传了经验事迹，激发了全员“讲奉献、比业绩”的热潮。

（边　炜）

表1　　浙江石油分公司主要生产经营指标

指标名称＼年份	2010	2009	2008	2007	2006	2005
成品油销量/万吨	1 219.00	1 083.00	1 104.00	1 092.00	1 026.00	947.00
零售量	849.00	763.50	838.00	780.00	722.00	611.00
销售收入/亿元	843.00	663.00	710.90	608.90	551.30	428.60
利　润/亿元	21.00	20.80	28.60	22.80	22.90	13.60
吨油费用①/元	187.00	173.00	181.00	161.00	149.00	158.00
在营加油站总数/座	1 963	1 911	1 905	1 889	1 820	1 807

①从2010年7月起不含燃料油。

安徽石油分公司

【概况】 中国石油化工股份有限公司安徽石油分公司（简称安徽石油分公司）前身中国石油公司安徽支公司成立于1952年，1998年划归石化集团公司，2000年底改制为安徽石油分公司。公司主营汽油、柴油、煤油、润滑油的储运、销售，兼营油库、加油站设施的设计、安装，以及经营燃料油、液化气、沥青、化肥等多种业务。

安徽石油分公司本部位于合肥市，截至2010年底，设11个管理部门、5个专业中心，下辖17个市级分公司；用工总量10 593人，其中正式职工3 601人；总资产66亿元，固定资产37亿元；拥有油库

24 座，库容总量 58 万立方米；铁路专用线 16 条，总长 1.86 万米；接卸油码头 9 座；在营加油站 1 427 座，销售网络覆盖安徽省城乡各地。

2010 年，安徽石油分公司经营总量 465.23 万吨，其中成品油纯销量 457.5 万吨，润滑油 4.16 万吨，燃料油 3.57 万吨。

安徽石油分公司主要生产经营指标见表 1。

（邢大金）

【量效再创历史新高】 2010 年，安徽石油分公司面对复杂的经营环境，紧紧围绕“两保三不降两提高”目标，积极顺应市场变化，灵活采取应对策略，促进量效均衡发展。面对市场资源尤其是柴油资源一度异常紧张的严峻形势，“讲政治、顾大局”，坚持保供与增效相统一，把握销售节奏，合理安排调运，全力保障市场供应，争取当期效益最大化。全年实现成品油经营总量 457.5 万吨，同比增长 5.2%；实现报表利润 6.75 亿元，考核还原利润 12 亿元，在销售系统居第三位，量效指标完成情况均创历史最高水平。

（邢大金）

【网络建设取得新进展】 2010 年，安徽石油分公司紧紧抓住中国石化与安徽省政府签订战略合作协议的机遇，全力推进 300 座取得规划预核准加油站的土地落实工作，继续加大社会重点部位加油站的收购、租赁力度，全面落实加油站“拆一还一”，积极推动加气站建设，网络布局进一步优化。全年取得 300 座规划预核准加油站建设用地 61 宗；新增加油站 110 座，其中社会重点部位加油站 77 座，获得石化股份公司网点发展质量年度红旗；被列入当地政府拆迁计划的 17 座加油站已落实 16 座的补偿方案，其中有 4 座实现了“拆一还二”；新建加气站 11 座，在建、在改油气合建站 7 座；年底全省系统在营加油站 1 427 座，营销网络进一步完善。

（邢大金）

【扎实开展“比学赶帮超”活动】 2010 年，安徽石油分公司根据石化集团公司统一部署，把开展“比学赶帮超”活动作为贯穿全年工作的一条主线，制定活动实施方案，认真落实月度、季度考核制度和视频通报制度，成效显著。全年在销售系统共夺得利润、网点发展质量、财务管理等 7 面年度红旗，排在销售系统前 6 位，并获石化股份公司标杆企业称号；11 位员工获“比学赶帮超”活动先进个人称号。

（邢大金）

【努力拓展非油品业务】 2010 年，安徽石油分公司进一步加大非油品业务的投入力度，着力打造“精品店”，进一步提升门店竞争力；建设中央仓进一步提升商品物流配送水平；严格招投标，进一步完善对省市两级非油品供应商的管理；推进便利店 POS 机设备联调上线，进一步提升非油品业务信息化水平；积极引进适销对路的商品，开展“油非互动”活动。多种举措促进非油品业务高速增长，截至年底，公司在营便利店 713 座，同比增长 89.6%，其中“POS 机”店 576 座，同比增长 51.6%。全年共实现非油品收入 2.58 亿元，同比增长 86.9%。

（邢大金）

【持之以恒抓 HSE 工作】 2010 年，安徽石油分公司认真贯彻落实石化集团公司 HSE 工作会议精神，逐级签订安全环保责任状和 HSE 承诺书，明确各级安全管理的义务和责任；通过举办安全消防知识讲座、推行《HSE 观察卡》等形式扎实开展“我要安全”主题活动；认真开展隐患治理工作，落实隐患治理责任制；严格执行承包商准入制度，加强监管，确保施工现场安全；认真开展职业病健康体检和作业场所职业病危害因素监测工作，共组织安排一线职工 7 618 人进行职业健康体检，除形改站、停业站、暂时歇业站外，对 1 112 座加油站和 23 座油库进行了职业病危害因素监测工作，检测完成率、合格率均为 100%。全年全省系统安全生产形势平稳，没有发生上报石化集团公司安全以及数质量责任等级事故，较好地实现了年初制定的安全工作目标，被石化集团公司授予安全生产先进单位和“我要安全”活动先进单位称号。

（邢大金）

【大力开展“强化经营管理年”活动】 2010 年，安徽石油分公司把“管理规范、经营安全”作为工作重点，大力开展“强化经营管理年”活动。全省系统逐级成立了组织机构，召开了动员大会，制定了实施方案，细化了措施，加强了业务监督，全员风险意识进一步增强，经营环境进一步优化。全年共印发活动专刊、简报 70 余期，召开专题会议 80 余次，细化措施 462 项，征集合理化建议 500 余条，梳理修订完善规章制度 240 余项，被石化股份公司评为强化经营管理年活动优秀组织单位，财务、安全、纪检 3 个专业线条获得专项管理先进单位称号。

（邢大金）

【持续强化内控管理】 2010 年，安徽石油分公司按照“抓机遇、打基础、重实质、求创新、见实效”的要求，将实质控制目的一致的资产公司7项业务融入到股份公司业务流程中，建立一体化内部控制管理体系；更新修订《实施细则》，夯实内部管理基础；细化签批权限，实现“授权有度、风险受控、操作规范、程序透明”；深化系统应用控制，实现管理业务全过程线上审批控制；全面整改ERP系统权限；分流程、分板块开展培训；进一步增强内控管理意识，推进内控管理与风险管理、ERP应用、制度建设等有机结合，切实发挥了内部控制为企业经营目标和发展战略提供合理保证的积极作用。

（邢大金）

【规范合同管理】 2010年，安徽石油分公司全面修订合同管理实施细则，进一步完善了制度，夯实了管理基础。制定并下发了《安徽石油合同审批流程信息化用户使用手册》（2010版），进一步明确了合同会签审批流程，严格了审批程序，加强了重大重要合同管理；开展了找差距、查问题、制定措施、防范风险工作，提出了问题，完善了管理，提升了水平；通过开展专（兼）职合同管理员培训和会议座谈等形式，努力打造专业人才队伍，提升合同管理员队伍素质；要求合同管理服从服务中心工作，切实发挥了合同管理在企业中的核心作用。

（邢大金）

【开展职业技能竞赛和技术比武活动】 2010年，安徽石油分公司继续开展以提高全体员工素质为目的的竞赛比武活动，认真制定实施方案，广泛宣传发动，加强督察指导，精心组织实施，圆满完成了初、复赛。初赛阶段组织了1 300人参加8条专业线的比赛，确保了参赛率和培训率100%；在决赛的8个项目中，公司取得3银9铜，政工和基建专业线均夺得团体第二名，创造了5年来夺牌数量最多的纪录，较好地实现了“争五保八”的奋斗目标。

（邢大金）

【落实捐资助学】 2010年，安徽石油分公司认真落实石化集团公司在安徽省捐资助学项目，严格对项目学校进行审核、规范资金拨付程序、加强对承包商和工程质量的监督，确保捐资助学工作进展顺利。截至年底，总计拨付捐资助学工程进度款8 000万元，其中2010年共支付2 000万元；已安排项目学校169个，其中107个已竣工，18个主体建设完工，另44个正在建设当中。同时，还承担了石化集团公司支持合肥市教育事业的捐赠项目，向合肥市捐资3 000万元，其中930万元用于希望工程项目，900万元用于合肥市幼儿园建设，300万元用于关注农村留守儿童，870万元用于关爱贫困大学生助学项目。

（邢大金）

【和谐企业建设呈现新局面】 2010年，安徽石油分公司进一步深化人文关怀，为一线员工配备基本生活设施，每月伙食补贴标准提高到150元，改善了一线员工的生活质量；积极稳妥地推进住房分配货币化改革，实施企业年金制度，发放帮扶救助资金590多万元，实现了“真困难、真帮助”；落实信访维稳工作责任，依托企地联动机制加强两会和世博期间重点人物的防控，按照“抓早抓小”的原则，采取变上访为送访的方法把矛盾化解在基层，全年到省市公司上访总批次、总人次同比分别下降11%和13%；重视源头治理，深入开展廉洁从业宣传教育，完善党风廉政责任制，建立健全业务公开网上巡视制度，积极部署效能监察，推动党风廉政建设和反腐败工作的深入开展，保障了企业和谐健康发展。

（邢大金）

表1　　安徽石油分公司主要生产经营指标

指标名称＼年份	2010	2009	2008	2007	2006	2005
成品油销量总量/万吨	457.50	431.50	431.10	414.36	360.72	312.84
零售量	313.00	280.00	312.27	292.04	227.48	203.70
销售收入/亿元	302.00	244.12	259.51	212.93	151.10	113.29
利　润/亿元	6.75	7.57	10.62	8.54	3.83	5.34
吨油费用/元	238.00①	280.00	233.00	226.00	192.00	224.00
在营加油站总数/座	1 427	1 599	1 544	1 483	1 486	1 470

①为石化集团公司还原后数据。

福建石油分公司

【概况】 中国石油化工股份有限公司福建石油分公司(简称福建石油分公司)的前身为福建省石油总公司，成立于1952年10月13日。1998年7月成建制划归石化集团公司。2000年3月，按照主辅业分离的原则，福建石油公司重组为中国石油化工股份有限公司福建石油分公司(上市公司)和中国石油化工集团公司福建石油总公司。2006年10月成立中国石化集团资产经营管理有限公司福建石油分公司(简称资产公司福建石油分公司)，12月注销福建石油总公司。2007年7月24日，公司主营业务和埃克森美孚中国石化有限公司、沙特阿美中国有限公司合资成立了中石化森美(福建)石油有限公司(简称中石化森美公司)，合资后，公司的主营业务划归中石化森美公司，根据不竞争条款，公司不再从事成品油经营业务。合资后，福建石油分公司的业务范围为润滑油经营、成品油管道运营管理以及联营企业的管理等。2009年，根据情况变化，福建石油分公司恢复了部分成品油经营业务，并与资产公司福建石油分公司合署办公。2010年4月，中国石化燃料油销售公司成立，公司的燃料油经营业务上划给燃料油销售公司。

福建石油分公司本部位于福州市鼓楼区中山路18号，设有8个职能处室、3个专业中心和管道项目经理部，下辖10个市级分公司。截至2010年底，在岗员工2 693人，其中正式工405人、劳务工2 288人；非全日制用工42人，内退职工464人，离退休职工2 274人，总资产76.97亿元。

福建石油分公司主要生产经营指标见表1。

(陈进鎏)

【中石化森美公司经营质量持续提升】 2010年，中石化森美公司继续巩固和保持在福建成品油市场的主渠道作用，市场控制能力不断增强，市场占有率为72.4%。销售首次突破500万吨大关，全年共销售成品油515.48万吨，完成计划任务的110.4%，同比增长21.4%，其中零售359.4万吨，完成计划任务的102.2%，同比增长11.5%；直销103.6万吨，完成计划任务的113.8%，同比增长14.2%；批发52.5万吨，完成计划任务的215%，同比增长262%。全年实现报表利润14.86亿元，完成计划任务的128%。品牌建设从软硬件两方面入手，创造“快捷、舒适、便利”的最佳客户体验。网点控制能力持续提升，在营站点较2009年增加26座，达到777座。全年完成120座加油站形象改造工程，按高标准、新设计、新形象改造的加油站已超过60%，累计达到510座，9个“旗舰客服中心”也投入运营。改造后的加油站形象靓丽，遍布全省，整个网络形象为之焕然一新，服务质量持续提升，得到了股东各方的高度赞赏，客户满意率从70%提升到90%以上。

(陈进鎏　余英奇)

【福建石油分公司经营业绩良好】 截至2010年底，福建石油分公司自有加油站数量已达到16座，重新恢复的成品油经营业务成为公司新的效益增长点，对于进一步巩固和扩大中国石化在福建境内的市场占有率起到了很好的补充作用，对自身的长远发展意义重大。润滑油中心通过积极开拓资源渠道，加强市场分析研判，准确把握进货时机，继续加大长城包装油销售力度，进一步优化经营结构，提高终端销售比例，强化经营管理等有效手段，较好实现了量效并进和保客户增销量。全年销售润滑油7.51万吨，在“比学赶帮超”活动中，润滑油中心全年获3面月度先进红旗。通过拓宽资源渠道、开发新产品新市场、开展合作销售、挖掘仓储潜力、扩大中转业务，化工经营在经营品种、经营地域、经营业绩上都实现了突破。全年化工产品销售量达3.25万吨，同比增长49%。

(陈进鎏)

【网点发展继续保持高速态势】 2010年，福建石油分公司继续加大力度打造“生命工程”，在2009年出台《福建石油分公司零售网络发展工作考核办法》后，2010年修订的办法更加明确省、市两级公司网络发展领导小组与工作小组的职责。省公司与各市公司签订年度网络发展目标责任书，加大网络发展工作的考核力度，同时加大经费支持，提高了市公司发展网络的积极性。在加油站续租、新租赁站点和新挂牌的土地竞拍上，加强与中石化森美公司的协调，商定统一对外的办法，形成合力，避免内耗。利用石化集团公司与福建省政府签订《关于进一步推进海峡西岸经济区石化产业的会议纪要》的有利时机，积极主动与政府职能部门、省高速公路管理部门沟通协调，得到大力支持，重点加油站的发展取得了明显成效。盘活闲置土地，将闲置的油库土地置换成加油站建设用地。通过以上措施，全年共发展加油站50座，超额完成石化集团公司总部下达的目标任务。

(陈进鎏)

【安全环保保持先进水平】 2010年，福建石油分公司始终坚持把安全生产放在各项工作的首位，层层落实安全生产责任制，省公司总经理与各市公司、专业中心共12个单位经理签订了《年度安全环保目标管理责任书》，全省系统共签订300多份三级安全生产责任书。积极开展"我要安全"主题活动，按照"突出重点，突破难点"的思路，抓好"三个强化"，通过活动共评出1个先进单位、2座先进油库、30个先进个人，并向石化集团公司推荐4名优秀员工参加"安全卫士"评选。推动HSE管理体系运行，将隐患治理和建设项目"三同时"管理、环保管理、职业卫生管理、HSE检查、事故管理6项内容纳入体系管理范围，组织各油库、中心对各类作业活动和主要设备设施进行了危害识别。开展了各类安全教育和专项培训，进一步增强了员工安全意识，提升了员工业务操作水平。同时加大隐患治理力度，加强油品数质量管理，完善油品化验室建设，开展加油机防作弊工作，开展油库"达标创优"活动，对油库管理制度进行了汇编，制定了油库工作岗位安全生产禁令；实行责任包干制，将全省在营的10座油库分片包干。年内没有发生上报石化集团公司的等级事故和重大环境污染事故，连续10年被石化集团公司评为安全生产先进单位，和中石化森美公司一起连续13年被省政府评为安全生产目标管理责任制考核先进单位。

（陈进鋈）

【联营企业监管水平不断提升】 2010年，福建石油分公司通过做好联营企业运营分析，实行预算控制，强化日常监管，及时收回对外投资收益。公司还及时为联营企业做好服务工作，积极沟通中石化森美公司，基本保证联营企业成品油供应，三家高速联营公司销售量同比有较大增长。同时协助高速联营公司安装了IC卡加油系统，提升了加油站的经营管理水平和品牌形象。特别是按照石化集团公司要求，主动协助做好联营企业ERP项目实施工作，经与股东方协商，11家联营并表单位接受并参与了该项推广工作。年内全省联营企业销售成品油44.82万吨，同比增长9.02%；销售液化气4.82万吨，同比增长6.55%；实现利润4 290万元，福建石油分公司可实现投资收益1 844万元，投资回报率7.46%。

（陈进鋈）

【福建成品油管道一期建设加快并投营】 截至2010年底，全线341.73千米、与福建炼化一体化工程配套的福建成品油管道项目一期工程已累计完成资本性支出12.49亿元，完成概算的79.19%，完成石化集团公司总部下达投资计划的99.35%。其中北线155千米已正式投入运营，南线186.73千米也已完成水联运并具备投油条件。年内管道北线正式投营，配套的泉港油库、兴闽油库、石湖山油库共接收油品46.97万吨，管道输送油品8.80万吨，地付发送油品38.80万吨并实现了安全生产。

（陈进鋈）

【员工队伍素质明显提升】 2010年，福建石油分公司通过规范任用程序，加大年轻干部选拔培养力度，通过集中培训、人才引进、绩效考核、竞赛比武、技能鉴定、竞聘上岗等工作，使各级管理人员的理念、能力、结构、素质有了初步改善和提高，广大基层一线员工的技能操作水平也有了较大提高。年内严格按照干部提拔程序，提拔了9名素质好、年纪轻、工作敬业、有发展潜力的管理人员担任中层管理人员。通过人才引进，解决省公司重要技术管理岗位青黄不接的问题，包括从合资公司、石化集团公司系统内以及大专院校引进急需专业人才。通过录用、聘用等形式引进研究生、本科生23人。外送员工参加中国石化关键岗位培训，组织企业内部岗位培训；举办各类培训班46期，培训各类员工1 300多人。首次组织实施加油站员工高级工技能鉴定，全年共有301名加油站员工通过高级工鉴定，1 823名加油站员工和油库操作工通过中级工、初级工鉴定。在全系统员工中开展了改善经营管理建议活动，对征集的建议按照"可行性、先进性、效益性"的原则进行评审，对积极参与者给予奖励。中石化森美公司还将改善经营管理建议工作纳入标准化"e"化平台，进一步规范了改善经营管理建议的收集、审核、上报、评审、奖惩等工作流程。2010年，共收到建议2 000多条，初步预计可产生年效益307.7万元，已取得实际效益183.2万元。

（陈进鋈 林海滔）

【党建基础工作扎实推进】 2010年，福建石油分公司进一步健全党建工作制度，加强和规范了公司内部流动党员的管理。制定并印发了《中石化森美（福建）石油有限公司内部流动党员管理办法（试行）》，使内部流动党员能够及时参加党的组织生活，接受党组织的教育、管理和监督。成立了输油管理处党总支，下设党支部4个，各市公司党委及时对部分党支部进行调整或重新设置。根据企业经营管理体制变化，先后有1个分公司党委和34个党支部进行了换届选举，对2个党支部进行了调整，新设10个党支部，使党支部的设置更加贴近实际，更加有利于党组织开展活动。各级党组织将发展党员的重点放在业务骨干、优秀团员以及思想进步、工作上进、业绩突出的一线员工身上，全年新增入党积极分子156名，预备党员转正127名，发展新党员111名。截至年底，公司共有在岗党员1 614名，占全体员工总数的15%，其中在各类管理岗位上工作的有1 017名，占全体党员总数的63%，党员队伍不论数量还是质量都得到了提高。

（陈进鎏　林海滔）

表1　　福建石油分公司主要生产经营指标[①]

指标名称＼年份	2010	2009	2008	2007	2006	2005
成品油销售总量/万吨	515.60	463.00	464.00	416.00	388.00	365.00
零售量	359.60	303.00	349.00	299.00	277.00	214.00
销售收入/亿元	349.29	255.08	289.80	231.66	221.20	177.60
利　润/亿元	14.87	12.99	19.98	8.82	8.07	4.27
费用总额/亿元	13.30	11.52	10.91	8.82	8.07	7.01
吨油费用/元	245.00	249.00	220.00	184.00	161.00	144.00
加油站总数/座	856	810	796	781	793	775

①本表数据含中石化森美公司。

江西石油分公司

【概况】　中国石油化工股份有限公司江西石油分公司（简称江西石油分公司）位于江西省南昌市洪都北大道102号，前身是成立于1950年10月的江西省石油总公司，1998年10月成建制划转石化集团公司，2000年2月主业重组改制为江西石油分公司，辅业组建中国石油化工集团江西石油总公司，2007年3月28日，辅业又转制为中国石油化工集团资产经营管理有限公司江西石油分公司（简称资产公司江西石油分公司）。

江西石油分公司主营成品油销售、储运及便利店等非油品业务，是江西省成品油供应主渠道。下辖12个地市分公司，在全省各县（区）设有97个零售片区，经营销售网点遍布江西省城乡各地。截至2010年底，江西石油分公司资产总额65.5亿元，固定资产原值42.7亿元；加油站1 145座，油库17座；码头通航点3个；九昌樟成品油管道230千米。

江西石油分公司主要生产经营指标见表1。

（吴　姗）

【领导班子调整】　2010年11月22日，江西石油分公司召开干部大会，石化集团公司党组成员、石化股份公司高级副总裁章建华一行到会宣布了石化集团公司党组关于江西石油分公司领导班子调整的决定：原中国石化集团国际石油勘探开发有限公司党委副书记、工会主席张玉春任江西石油分公司党委书记、纪委书记兼副总经理，江西石油分公司原总经理陈立国兼任党委副书记。

（吴　姗）

【强化营销策划提升经营质量】　2010年，江西石油分公司根据市场形势和政策环境的不断变化，全方位整合营销资源，成立市场营销策划领导小组，制定年度营销预案，将零售、直销、润滑油、非油品各环节有效结合，广泛开展轻润组合、油非互动、主题营销、节日营销等各类营销活动，取得明显效果。全年成品油销售408.6万吨，同比增长8.7%，完成中国石化总部年初下达任务（下同）的108.1%。其中，零售量同比增长6.5%，完成任务的103.1%；直销同比增长13.6%，完成任务的124.8%；燃料油同比增长44.3%，完成任务的174.9%；报表利润完成任务的118.5%。

（吴　姗）

【创新网络发展机制】　2010年，为了抓好“一放二管”政策落实，强化“守土有责、寸土不让”的意识，完善网络发展科学决策机制，江西石油分公司制定“与政府协调、与对手协同、策略竞拍”的上、中、下3种网点发展策略，成立网点决策与论证领导小组，对所有发展项目严格进行立项、可研、投资效益等审核、分析、决策，确保网点发展质量。以“辖区内、谁主管、谁负责、零容忍”为原则，制定《网点建设责任追究制》。全年发展加油站37座，改造加油站完成167座，重点部位加油站发展比例达89%。高速公路服务区加油站占有率100%。用占全社会51%的网点，占领了全省80%的零售市场，网络市场占有率保持中国石化销售系统第一，多次得到石化集团公司党组领导的表扬和肯定。

（吴 姗）

【开拓润滑油高层终端市场】 2010年，江西石油分公司积极推广专卖店—客户经理二位一体的管理模式，实现了从重总量向重品牌的转变，长城包装油占总量的比重大幅上升。落实“高层公关”策略，深化了与江铃、江铜、南昌公交等终端大客户的深层次合作，成功开发江铃OEM用油。2010年长城包装油销售2.4万吨，同比增长17.5%，完成任务的110.1%。

（吴 姗）

【全力推进非油品业务跨越式发展】 2010年，江西石油分公司为深入贯彻落实石化集团公司非油品业务工作会议“第三次战役”精神，将非油品业务作为主营业务发展。加快非油品网络发展，抓好重点非油品业务开发，江西石油分公司快速推进日用百货、海龙燃油宝、烟酒、加油充值卡、彩票、汽服、广告、加油卡进便利店等业务。持续推进便利店改造，提升易捷品牌形象。学习浙江石油分公司经验，加强和规范省、市公司两级商品采购和销售管理，严禁假冒伪劣商品进店。加快构建非油品仓储和商品物流配送体系。截至年底，便利店总数达到944座。

（吴 姗）

【全力以赴夺取防汛抗灾保供胜利】 2010年6月21日，江西省遭遇特大洪灾袭击，抚河干流右岸唱凯堤决口，14.43万人安全受威胁，江西防汛进入最危险关头。江西石油分公司的9座油库、85座加油站及管道受到经济损失共约1 780万元。面对灾情，江西石油分公司迅速行动，全体干部员工认真落实石化集团公司领导指示和江西省委、省政府的部署，迅速启动应急预案，奋起抗灾自救，确保了没有发生任何人身伤亡及安全环保事故。同时，全力配合地方政府开展抢险保供，认真履行社会责任，做到了“哪里有抗洪抢险，中国石化就将油送到哪里”，彰显了中国石化良好形象。为抢险救灾部队和机械车辆用油开通绿色通道，送油上堤、上船，共投入防汛抗洪小配送车127辆，并受中国石化总部委托向江西省捐款300万元。得到了中国石化总部领导和江西省委、省政府领导的表扬，受到了抚州、鹰潭等灾区群众和党委政府的称赞、感谢。

（吴 姗）

【积极应对成品油资源供应紧张】 2010年11月，江西石油分公司在中国石化总部的统一部署下，针对国内柴油市场偏紧的形势，认真落实中国石化总部提出的“五大保供措施”，紧急启动市场保供应急预案，结合江西市场的实际情况，积极采取多种有效措施配合江西省市政府做好市场保供工作，采取“开辟绿色通道”、“一机一证、凭证供应”、“送油到田间地头”等一系列保供措施，增资源、挖库存、优物流、保重点，较好保障了市场供应，有效维护了中国石化形象，履行了关键时期国有企业的政治责任和社会责任。

（吴 姗）

抚州石油公司抗洪救灾先锋队第一时间把油品送到了抚州唱凯抗洪第一线

【强化公共关系管理】 2010年，江西石油分公司提出“扬优成势”理念，抓住中国石化总部与江西省政府签订战略合作协议的重大机遇，要求加强联系，摆正位置，主动接受政府的领导，不断巩固“人和”优势。成立江西石油分公司公共关系活动领导小组，组建公共关系协调处（与经理办公室合署办公），制定《公共关系协调管理办法》，不断融洽与各级政府及相关职能部门的关系，争取当地政府在网点建设、企业发展等方面的大力支持。取得省政府及商务厅等支持，参与起草江西成品油分销体系“十二五”规划编制。

（吴　姗）

江西上饶石油分公司送油到田间地头

【创新加油站应急管理】 2010 年，为快速应对公司各类突发事件，完善突发事件应急响应机制，提高应急管理水平，江西石油分公司成立突发事件应急值班室，实行 24 小时值班，公布服务热线和突发事件应急报告电话，层层签订加油站管理禁令和责任追究承诺书，进一步明确了加油站权限、职责及事故追究责任界定、事故处理流程。制定《江西石油突发事件应急办法》，统一印制客户和解协议书，搭建省公司与基层单元组织的“直通车”，提高了基层单位应对各类突发事件的能力，提升了客户满意度。2010 年人工受理电话 3.04 万条，100% 得到有效处理。

（吴　姗）

【强化数质量管理】 2010 年，江西石油分公司吸取河南安阳质量事故教训，深入宣贯“每一滴油都是承诺”的社会责任口号，对加强成品油数质量管理进行全面多次动员布置。加强了质检室和质检队伍的建设，成立公司数质量检测中心，通过安装车辆 GPS 系统、落实卸油十步法、推广油品温度交接验收、规范接卸油程序、安装自动液位仪、开展加油机铅封和防作弊系统排查等有效方式，对各环节数质量进行全过程综合治理。确保每个环节数量、质量管理零风险，确保了销售油品 100% 合格。

（吴　姗）

【实现企业安全生产“五连冠”】 2010 年，江西石油分公司认真落实安全生产责任制，坚持“三保、两防、一禁”的工作思路，持续扎实开展“我要安全”主题活动。狠抓《安全生产禁令》、《安全纪律》的宣贯和落实，持续深化 HSE 体系建设；强调“比安全，重在严管，看隐患”，发动全员开展 HSE 观察，全年全省系统内共提出 HSE 观察建议 1 916 条，未遂事件 1 264 件；狠抓隐患排查治理和承包商安全监管及施工作业现场安全监管；加强了设备管理与养护；落实管道安保巡查措施，发挥警企联防机制，确保了管道安全运行；全力做好 6 月抗洪救灾抢险工作，确保了没有发生任何等级事故，在石化集团公司安全环保局每季度 HSE“比学赶帮超”活动中均获得铜牌。江西石油分公司连续 5 年被石化集团公司评为安全生产先进单位。

（吴　姗）

【承办销售公司储运工技能竞赛比武】 2010 年 4 月，按照中国石化总部的部署，江西石油技校进入了紧张的销售公司储运工技能竞赛比武筹备阶段，认真实施培训基地改造和储运工比武场地建设项目，实操竞赛场地从零开始设计建设，引进国内最先进的槽车接卸等技术。江西石油分公司在全省抽调百余名工作人员，为服务好考生、组织好考试做好充分的准备，圆满承办了 10 月 27 日石化股份公司储运工技能竞赛比武，展现了公司良好的精神面貌。

（吴　姗）

【形成较为完整的制度体系】 2010 年，江西石油分公司以“比学超帮超”和“强化经营管理年”活动为契机，进一步创新思维，制定完善了《经济合同首谈负责制》、《首验负责制》、《突发事件应急管理办法》、《公共关系管理办法》、《承包商安全违规违约处罚管理规定》等 120 项具有特色的重要规章制度，其中《经济合同首谈负责制》、《首验负责制》获得了石化集团公司管理创新二等奖。

（吴　姗）

【创新干部管理机制】 2010年，江西石油分公司认真贯彻落实石化集团公司干部工作会议和“1+7+1”文件精神，结合实际，制定了《江西石油处级与科级领导班子和领导人员管理暂行规定》等6个文件。推行“一岗多兼、一专多能”，培养复合型人才。重视基层经验，开展了全省三类人员素质测评、心理测验，选拔了84名具有基层经验的干部到片区一线，充实了基层管理力量。坚持正确的用人导向，在全省系统公开民主推荐选拔干部，推行“多数人在多数人中选人”，保证了干部工作的透明度、公开性和程序性，营造了风清气正、公平、公正、公开的选人用人氛围。

（吴 姗）

【重视员工心理健康管理】 江西石油分公司高度重视员工心理健康。2010年10月，针对市场转型期以及80、90后年轻员工增多的情况，省公司机关设立了心理咨询处（与政工办公室合署办公），设置专职心理咨询岗，随时为员工进行心理疏导，截至年底，处理全省系统内心理咨询19条。

（吴 姗）

表1 江西石油分公司主要生产经营指标

指标名称＼年份	2010	2009	2008	2007	2006	2005
成品油销售总量/万吨	408.60	375.90	368.00	339.00	333.00	311.00
零售量	307.20	288.50	284.00	257.00	244.00	211.00
销售收入/亿元	279.00	216.00	217.00	169.00	156.00	123.00
利 润/亿元	5.80	7.00	6.10	4.24	5.68	2.52
吨油费用/元	328.00	287.00	255.00	252.00	221.00	205.00
加油站总数/座	1 145	1 120	1 104	1 094	1 087	1 021
自营加油站数	1 142	1 116	1 100	1 090	1 067	1 021
特许经营加油站数	3	4	4	4	20	—

山东石油分公司

【概况】 中国石油化工股份有限公司山东石油分公司（简称山东石油公司）的前身山东省石油公司成立于1953年，1998年6月划归石化集团公司。截至2010年底，共有17个市公司，123个县公司（市片区），用工总量2万余人；有加油站2 637座，油库26座（库容量104万立方米）；固定资产原值90.8亿元。

山东石油分公司主营石油、天然气销售，天然气管道运输，润滑油、燃料油、沥青、其他化工产品（不含化学危险品）的销售、仓储及非油品业务。

作为成品油销售的主渠道，山东石油分公司承担着山东省成品油供应保障任务，是省内最大的成品油销售企业。2010年，销售成品油1 035万吨，实现销售收入707.99亿元，省内成品油市场占有率约为65%。

山东石油分公司主要生产经营指标见表1。

（宋 鹏）

【因势利导扩销增效】 2010年资源宽余时，山东石油分公司在油库销售环节，贴近市场、灵活定价，保证客户不丢，在零售环节，开展“点对点”竞争，加大小额配送力度；资源紧缺时，以柴油销售拉动汽油销售，并顺势开展油非、油卡、轻润促销活动，实现了量利齐升。合理调配柴油资源，力保“三秋”用油需求，其间组织资源41万吨，得到了各级地方政府及新闻媒体的好评。克服下半年外采柴油购销倒挂、销售亏损的困难，提前制定保供预案，严格执行成品油价格政策。四季度外采成品油 70 万吨，保证了市场的平稳供应，树立了良好的企业形象。加大资源外采力度，科学制定物流运程，有效压缩运营成本。针对大幅降温和雨雪冰冻天气，及时增加负号柴油销售比重。优化完善物流流程，增进与中国石油、地方炼厂的沟通合作，发挥了资源的效益最大化，确保利润应得尽得。

（宋　鹏）

【积极营销成效显著】 2010 年，山东石油分公司以开业营销、节日促销、新车送卡、润非组合促销等营销活动为手段，不断扩大零售量；以加油站管理竞赛、达标创星、优质服务月、“神秘顾客”暗访等为抓手，强化加油站现场管理，提高顾客满意度；加大加油卡推广力度，与移动、邮政、银行的合作日益密切，充值卡网上充值、进店消费、万商通联业务不断完善，全年发售加油卡 136.8 万张、充值卡 186.6 万张。开展优秀营销团队、先进客户经理评选活动，激发了营销人员的服务热情。积极开拓“县级、区外、地炼、汽油”市场，实现销量 103 万吨。对全省 9 109 家客户进行了分析调研，把握客户需求变化，及时调整营销重点。组织大客户走访联谊、黄金客户观摩上海世博会和广州亚运会等活动，累计固定客户用油 102 万吨。及时跟进全省 150 个新建重点工程建设，成功开发 107 家，月增销量 4 000 吨。强化与润滑油分公司的沟通协调，疏通进货采购渠道，合作成立润滑油技术服务团队，参与大客户的开发维护。区分产品特性，长城包装油侧重零售提高效益；非长城包装油量利兼顾，做大总量；散装油抓住时机，尽量做实。优化库存结构，提高进货准确率，并根据库存情况，适时组织产品促销。督导市石油公司因地制宜抓好门店销售，在营便利店 1 650 座，大店比重达 36.5%。加油卡、充值卡进店消费比例逐月上升，年末已达 8.9%。引导毛利率偏低的市石油公司及时调整经营重点，整体获利能力大幅提升，毛利率达到 15.7%。组织了国酒飘香、清凉一夏、节日促销、供应商产品推广等丰富多样的营销活动，销售规模持续扩张。

（宋　鹏）

【强化管理提高素质】 2010 年，山东石油分公司认真落实劳动定员贯标，推进人力资源管理信息系统建设。充分利用三级培训网络和视频会议系统，加大了对县石油公司经理、加油站站长等中坚力量的培训力度，丰富其管理科学知识。发挥基层培训网络作用，强化了一线员工解决实际问题的能力。全年共组织培训 1 969 期，培训员工 5.86 万人次。

（宋　鹏）

【基础管理不断夯实】 2010 年，山东石油分公司有序推进“强化经营管理年”活动，督促市石油公司落实好主要领导“走遍加油站”活动，累计到站检查 1 572次。积极探索中心站管理模式，组建小范围管理团队，带动经营管理水平整体提升，试点工作情况良好。客户服务中心深度参与零售管理，密切了机关与基层的联系。狠抓油品数量和质量管理，杜绝不合格油品入库。自主开发实施电子封签监管系统和射频铅封管理系统，实现了配送车辆的有效监控。督促加油机生产厂家落实升级改造方案 11 652 条，2006 年 9 月 8 日后出厂的加油枪全部升级改造完毕。发挥投诉举报热线的监督作用，切实维护消费者权益和企业信誉。开展 ERP 应用达标和典型企业培养，ERP 系统建设和深化应用稳步推进。实施了加油卡风险控制、发卡网点优化，加油卡系统平稳运行。顺利完成了非油品网络收款系统门店上线、办公自动化（OA）系统和电子账表册系统功能提升、省石油公司机关新办公楼信息机房搬迁、经营管理指挥系统建立等项目，信息支撑作用日益显现。

（宋　鹏）

【企业改革继续深化】 2010 年，山东石油分公司指导市公司制定中层及后备干部管理办法、加油站站长及后备站长管理办法，认真开展技能鉴定与职称评审，为员工发展提供了广阔的平台。严格把握政策基点，修订完善了系统内中层管理人员和科级干部退出现职管理办法。完成了烟台、聊城、德州、淄博、威海的非全日制用工安置，已安排上岗 445 人，缓解了一线员工的劳动强度，改善了加油站的工作环境，提高了协议解除劳动合同困难人员的收入水平，巩固了稳定工作的群众基础。认真研究整改中国石化总部加油站委托管理验收中反馈的问题，并结合前期托管站自查情况，制定了进一步规范加油站委托管理工作的实施意见。经过认真考察，新增 13 个符合条件的托管公司，完备了各类相关合同，已有 816 座加油站实施了委托管理。

（宋　鹏）

【体制机制日趋完善】 2010年，山东石油分公司重新明确省、市、县三级责权划分，优化调整县石油公司、市零售片区数量结构，强化县石油公司职责，加快县级市场的开发。根据市场发展需要，东营石油公司正式独立运行，增强了地区控制力。新建济南、烟台、临沂质检中心，形成了布局合理、功能完善的质检技术体系。配合完成燃料油体制改革工作，实现了人员、业务等的平稳交接。明确了管理机关与经营一线薪酬联动的考核机制，更加鲜明地体现了“薪酬向一线倾斜”的指导思想。适时调整考核重点，在柴油供应紧张的情况下，暂停了柴油以量为主的考核政策，按照月度计划兑现薪酬，运用考核杠杆，调动了一线员工增量创效的积极性。实施合资企业人员绩效考核办法，每月定期召开合资企业经营分析会议，促进其不断规范管理，提升经营水平。建立合资企业与省石油公司之间密切的日常工作沟通机制。做好鲁润股份公司资产回购协调，摸清了资产构成、相关证照及人员情况，指导制定了人员安置稳定预案，为实现资产的顺利交割和人员的稳妥安置奠定了基础。

（宋　鹏）

【优化网络主导市场】 2010年，山东石油分公司落实中国石化总部与山东省政府的战略框架协议，研究制定2010—2012年网络发展规划。年内新增加油站86座、加气站17座，改造加油站73座。认真梳理站点土地情况，对不适合建设加油（气）站的土地，协调地方政府置换新建站土地。已上报中国石化总部置换土地14宗，换入21座加油站和1处办公楼。全年共发现侵权社会加油站（车）129个，取缔率达100%；关停或拆除的24座加油站已落实政策14座。与山东高速集团实施战略合作，成立新的高速石化公司，整体租赁经营高速公路服务区加油站；与山东交运集团筹划成立合资企业，管理其所属加油站；与济南汇邦、德州高铁等公司达成协议，采取多种形式，投资建设加油（气）站，弥补了市场空白点，扩大了网络覆盖面。

（宋　鹏）

【“我要安全”活动深入开展】 2010年，山东石油分公司继续深化“我要安全”主题活动。认真落实安全责任制度，将HSE（健康、安全、环境）管理渗透到日常工作各方面，抓好安全设备检查和隐患排查。认真组织HSE大检查，针对查出的68个安全问题，明确整改责任，跟踪落实情况。开展平安工地竞赛活动，从施工人员审查、安全教育、现场监督等环节着手，施工现场管理得到进一步加强。

（宋　鹏）

【竞赛比武活动获佳绩】 2010年，山东石油分公司在中国石化总部8个专业线的竞赛比武决赛中，取得了2枚金牌、1枚银牌、4枚铜牌，油品储运专业线团体第三名的成绩。获2006—2010年中国石化销售企业竞赛比武活动先进企业称号。

（宋　鹏）

【加强党建思想政治工作】 2010年，山东石油分公司组织对员工思想状况进行调查摸底，坚持半年报告制度，及时把握员工思想脉搏，为开展思想政治工作提供了基础资料和决策依据。严格执行三重一大、民主生活会议制度，积极开展廉洁承诺活动，推进网上巡视和效能监察，坚持依纪依法办案，廉洁文化建设持续创新。组织开展思想信念教育、党风廉政教育、警示教育，筑牢了反腐倡廉的思想道德防线。业务公开系统线上运行良好，公开重点业务信息累计达37万条。

（宋　鹏）

【扎实做好信访稳定工作】 2010年，山东石油分公司严格落实主要领导第一责任制，加强企地联动，建立内外部排查预警网络。通过领导接访、干部下访、主管部门督导、信访部门跟踪督办等形式，形成了齐抓共管的工作合力。涉军问题实现新突破，共有206名协解军转干部被纳入了地方解困范围。对超出企业政策底线的诉求，注重思想教育和情绪排解，加大对非正常上访的依法处置力度。年内被中国石化总部评为信访稳定工作先进集体。

（宋　鹏）

【真心实意关爱员工】 2010年，山东石油分公司实施企业年金制度，提高员工生活保障。征集市石油公司关爱员工工作存在的问题和困难，分类汇总后督促有关部门整改落实。施行《关爱加油站员工工作实施细则》，解决了一线加油站采暖、防寒和员工就餐等问题。建立帮扶救助资金，帮扶困难员工3 500多人次，发放帮扶资金538.6万元，密切了党群干群关系。积极创建青年文明号，发挥了共青团的桥梁纽带作用。为离退休员工提供热心周全的服务，使其老有所乐、病有所养。

（宋　鹏）

表 1　　山东石油分公司主要生产经营指标

指标名称＼年份	2010	2009	2008	2007	2006	2005
成品油销售总量/万吨	1 035.00	986.00	875.00	882.00	875.00	778.60
零售量	702.80	664.00	681.00	633.00	628.50	562.40
销售收入/亿元	707.99	585.93	603.78	515.65	514.33	397.75
利　润/亿元	11.02	8.66	22.63	10.52	11.13	2.86
吨油费用/元	212.00	187.00	178.00	173.00	138.00	142.00
加油站总数/座	2 637	2 591	2 528	2 511	2 459	2 575
自营加油站数	2 505	2 460	2 528	2 511	2 459	2 323

河南石油分公司

【概况】 中国石油化工股份有限公司河南石油分公司(简称河南石油分公司)位于河南省郑州市，是石化股份公司在河南省的唯一成品油销售分支机构。其前身为1950年7月成立的中国石油贸易分公司郑州分公司，1998年划归石化集团公司，2000年5月31日，河南石油分公司在河南省工商行政管理局注册成立。截至2010年底，河南石油分公司共设15个综合管理部门和7个专业中心(部门)，下辖19个市分公司、110个县分公司及57个市级片区，共有正式员工5 113人，拥有在营加油站(点)4 025座，在用油库25座、库容89.75万立方米，铁路专用线23条，资产总额109亿元。

河南石油分公司经营范围为汽油、煤油、柴油、润滑油的批发和零售业务，燃料油、液化气、天然气、食品、卷烟、雪茄烟的零售，石油化工、化纤及其他化工产品、沥青的销售技术及信息的研究、开发、应用，日常百货销售、汽车清洗服务。

2010年，河南石油分公司购进成品油680.2万吨。全年完成经营总量706.6万吨，其中成品油679.7万吨；长城包装润滑油比重达到56.16%，终端销售比重达到93.7%；实现非油品业务营业额3亿元，累计开设“易捷”便利店1 205座(规模店)。

河南石油分公司主要生产经营指标见表1。

(韩　笑)

【加快网络发展】 2010年，河南石油分公司新增加油(气)站77座，其中高速公路、城市中心以及新规划区的优质加油站66座，改造加气站8座；以挖潜增量、品牌形象、“五小”建设、隐患治理、非油品经营“五结合”为原则，按照增量潜力大小顺序，加快推进加油站提量改造工作，全年完成加油站提量改造101座，新增新形象加油站170座。

(韩　笑)

【获石化集团公司财会人员素质达标竞赛金牌】 2010年4月，石化集团公司组织全系统财会人员开展为期7个月的素质达标竞赛活动，截至年底，共有77支队伍、1.97万名财会人员参加，竞赛内容涉及财会、税务、内控等，河南石油分公司以团体第一名的成绩获金牌。

(韩　笑)

【获安全生产先进单位称号】 2010年，河南石油分公司深入贯彻石化集团公司、石化股份公司HSE工作会议精神，以继续深入开展“我要安全”主题活动为主线，层层落实HSE责任制，开展隐患排查和治理，加大监督力度，强化教育培训，严格考核奖惩，保持HSE工作总体平稳。连续第10年获石化集团公司安全生产先进单位称号，并被河南省政府安全生产委员会授予2010年度河南省安全生产先进单位称号。

(韩　笑)

【信息系统应用不断深入】 2010年，河南石油分公司围绕信息化手段提升，深入推进以ERP为核心的经营管理平台、以加油卡系统为核心的站级应用平台和信息基础设施运维平台的建设工作，完成了中原分公司ERP、BW/BCS、资金集中管理、OA事务审批模块和“油非互动”等项目实施和提升，实现了ERP系统在河南石油分公司的全面上线，创新了零售、非油营销方式，信息化管理水平持续提升。

(韩　笑)

【认真抓好信访维稳工作】 2010年，河南石油分公司对外强化与省委省政府、公安厅等有关部门的沟通、合作与联动，完善省、市、县三级维稳工作体系和企地联动维稳机制，加大矛盾纠纷排查化解力度，对重点人员实施有效教育和稳控，深化企地联动维稳机制，及时排查化解各类群体矛盾，在重要敏感时期全省系统没有发生进京上访事件，被河南省委授予社会矛盾化解工作先进集体称号。

（韩　笑）

【技能竞赛和技术比武活动再获佳绩】 2010年，河南石油分公司按照石化股份公司统一部署，在全省系统开展职业技能竞赛和技术比武活动。在决赛中，河南石油分公司13名选手获4金、4银、5铜，列综合团体第四名；教育和培训线条获得综合团体第二名。河南石油分公司获2010年度销售企业职业技能竞赛和技术比武优秀组织奖、2006—2010年销售企业职业技能竞赛和技术比武先进企业奖。

（韩　笑）

【开展打假维权行动】 2010年10月27日，河南省工商行政管理局启动“保护商标专用权，促进中原经济区发展”专项执法活动，在全省范围内对“中国石化”等知名品牌实施专项保护。河南石油分公司积极配合，于12月31日前全面清理72座擅自使用或仿冒“中国石化”商标的社会加油站，净化了市场环境，营造良好的市场秩序。

（韩　笑）

【切实抓好党风廉政工作】 2010年，河南石油分公司坚持“标本兼治、综合治理、惩防并举、注重预防”的方针，抓源头、抓重点、抓关键、抓惩处，推动反腐倡廉建设进一步深化。实施领导干部廉政档案制度，开展警示教育，全省系统组织参观监狱1 345人次，387人次参与检察机关预防职务犯罪活动，44人次旁听法院庭审。业务公开工作成效显著，全年全省累计公示公开信息107 489条，公示总金额225亿元，全年人均登陆和浏览信息频次均在石化集团公司系统排名第一。

（韩　笑）

【温总理慰问中国石化“三夏”保供人员】 2010年6月9—10日，中共中央政治局常委、国务院总理温家宝来到河南省许昌等地实地查看小麦收割和收购情况，并亲切慰问中国石化送油下乡小分队成员和“三夏”保供志愿者服务台工作人员，对中国石化在“三夏”期间支农、惠农方面所做的工作给予称赞。

（韩　笑）

【绿博园中国石化展园获赞誉】 2010年9月26日，第二届中国绿化博览会在郑州绿博园开幕，中国石化展园通过4个雕塑展现中国石化上、中、下游和研发板块；展区采用中国石化塑胶地面和太阳能照明，整体呈现庄重、大气、环保、节能的建设理念。石化园（中国石化集团）获第二届中国绿化博览会室外展银奖和最佳设计奖，中国石化集团绿化委员会获优秀组织奖，石化集团公司和郑州石油分公司被评为中国绿化博览会先进工作单位。

（韩　笑）

【与周口市政府成立合资公司】 2010年7月23日，河南石油分公司与周口市人民政府合资成立的周口中石化投资经营有限公司正式运营，主要经营成品油、石化产品、天然气和非油品业务。合资公司的成立开创了中国石化在河南与地方政府合作的先河。

（韩　笑）

温总理亲切地与中国石化河南石油分公司送油小分队成员握手交谈 （马保迁　摄）

表 1　　河南石油分公司主要生产经营指标

指标名称＼年份	2010	2009	2008	2007	2006	2005
成品油销售总量/万吨	679.70	676.01	668.28	630.75	610.74	523.89
零售量	497.45	471.34	476.22	415.67	384.37	319.83
销售收入/亿元	454.01	386.54	389.23	309.13	286.57	208.12
利　润/亿元	7.01	8.04	6.41	3.07	4.44	0.66
吨油费用/元	307.00	280.00	261.00	257.00	297.00	191.00
在营加油站总数/座	4 025	3 962	3 682	3 963	3 738	3 598

湖北石油分公司

【概况】 中国石油化工股份有限公司湖北石油分公司(简称湖北石油分公司)位于湖北省武汉市，前身是成立于1953年的湖北省石油总公司。1998年7月整体划归石化集团公司管理，2000年4月按照中国石化整体重组上市要求，改制为湖北石油分公司。

湖北石油分公司是湖北省成品油销售的主渠道企业，主要经营成品油和天然气的销售、储运及便利店等非油品业务，经营服务网络覆盖湖北省所有地区，下辖武汉、宜昌、荆州等16家市州分公司。截至2010年底，湖北石油分公司资产总额74.4亿元，用工总量1.37万人，在营油库26座，加油站2 055座，成品油管道93千米，铁路专用线20千米，专用码头29座。

2010年，湖北石油分公司销售成品油513.08万吨，首次突破了500万吨大关，同比增长8%；销售长城包装油2.85万吨，燃料油39.84万吨。实现销售收入355亿元，报表利润5.4亿元。

湖北石油分公司主要生产经营指标见表1。

（张方涛）

【全力保供解油荒】 2010年10月，受需求增长、看涨囤积和系统外资源投放减少的影响，成品油特别是柴油供应压力大增，市场上出现加油站排队加油、部分加油站断档脱销的现象。湖北石油分公司在大量购进高价资源，坚持“不超价，不囤积，不惜售”的原则，努力加大市场投放，尽力保障市场平稳，确保各地区不出现区域性大面积、长时间的断档脱销现象。①努力争取中国石化总部支持，追加柴油配置计划4万吨，同时千方百计扩大自采，积极吸纳社会资源，弥补省内资源缺口。②提早启动油品保供应急机制，按照郊区保大站、重点站，市区保中心站、国道站、环线站的原则，在各地确定了保供站点，确保柴油供应。③将有限的资源向政府重点工程项目倾斜，优先保障公共交通、环卫、消防、医院等关系国计民生的重点行业用油；农忙时节做好农业机械、鲜活农产品运输的供应保障工作，采取计划单列、资源直供、送货上门等措施确保“三秋”农忙以及柑橘生产等需求。④严格纪律，加强督察，确保保供工作落到实处，杜绝惜售、借机牟利等违规行为发生。⑤加强柴油紧张时期的加油站现场管理。提前制定防矛盾纠纷预案，做好员工的“忍让”教育工作，引导员工做好优质规范服务和客户解释工作，维持加油站正常秩序。⑥做好宣传，弘扬中国石化讲政治、顾大局的良好社会形象，武汉、黄冈、襄樊等地的新闻媒体多次对公司保供工作进行了正面报道。

（张方涛）

【与各市州政府全面开展战略合作】 2010年，湖北石油分公司牢牢抓住2009年12月4日中国石化与湖北省政府签订战略合作协议的机遇，积极争取政府支持，全力落实和深化战略合作协议，不断完善和发展成品油销售网络。年内与湖北省全部17个市州直管县人民政府签订了战略合作协议，细化了省部协议内容，将543座加油(气)站建设目标进一步落实到了各市州县政府，明确市州公司加油站网络发展目标和具体建站地址；省市县三级公司与省市县人民政府分别建立三级沟通协调机制，及时解决加油(气)站建设过程中出现的问题。随着企地合作的不断深化，湖北石油分公司的成品油销售网络不断发展和壮大，各项服务功能不断完善和提升，市场占有率稳中有升。

（张方涛）

【网建工作全面提速】 2010年，湖北石油分公司完成投资和费用计划12.6亿元。全年发展加油(气)站240座，完成石化股份公司目标任务的393%；加油站改造170座，完成目标任务的121%；便利店改造138座，完成目标任务的173%；完成加油站以站代库项目改造17个。恩施铁路油库建设稳步推进，武汉—信阳(湖北段)的管道配套库孝感车站库、随州广水库可行性研究报告已获批，武汉—长岭管道配套库咸宁徐家湾油库扩建用地已摘牌。

(张方涛)

【非油经营加速发展】 2010年，按照中国石化总部“非油也是主业”的战略要求，湖北石油分公司加快发展非油品业务，打造“汽车生活的驿站”，大力开展“油非互促”活动，全省非油品销售额达到3.43亿元。①加大非油品硬件投入，全年投入2亿多元用于便利店建设和改造，截至年底，在营便利店达到1 200多座，得来速快餐店1座，全省市州城区、县市、高速公路、国道、省道、乡镇六位一体的营销网络已经成形。②建立和完善非油品经营管理体制，形成了“店面统一规划，商品统一采购，销价统一制定，财务统一核算，营销统一策划”的“五个统一”运营管理体制。③“油非互促”效果明显，加油站服务功能得到了扩展，店面形象不断改善，各种形式的“油非互促”活动不断，客户的满意度和忠诚度得到进一步提升，有效促进了成品油扩销增量。④商品和服务不断丰富，先后与麦当劳、可口可乐、贵州茅台、中粮集团等诸多国内外大型企业建立了长期战略合作伙伴关系，与100多家供应商签订了商品采购合同，“易捷”便利店经营商品涉及烟酒、饮品、副食、日用百货、汽车用品、报纸杂志、音像制品、保险、彩票、电话卡充值、化肥等领域，经销商品达到1万余种，满足广大消费者日益增长的消费需求。

(张方涛)

【中石化武汉公交石油有限责任公司挂牌成立】 2010年4月6日，湖北石油分公司与武汉公交集团、中国残联华夏文化集团在武汉举行合资合作意向书签字仪式；8月26日，三方正式签订合作协议，成立中石化武汉公交石油有限责任公司；12月6日，该公司正式挂牌成立，主要经营武汉公交8万吨成品油市场和武汉中心城区15个公交加油站。

(张方涛)

【连续7年被评为安全生产红旗单位】 2010年，湖北石油分公司不断深化“我要安全”主题活动和强“三基”、除“四害”。组织了《安全生产禁令》宣贯、“2+3+5”班前会活动、平安工地、HSE观察卡、安全拍档、岗位标准化作业、未遂事件分析共享、预案演练交叉纠错等一系列主题活动；积极开展隐患排查治理工作，对加油站罩棚、油库的老旧电气系统等进行了有效治理；强化加油站夜间安全管理，安装红外声光报警系统和罐区计量口防盗锁具；加强预案演练，提高员工应对突发事件的应急救援能力；以人为本，组织库站员工进行职业健康体检，对作业场所进行职业危害因素检测。2008—2010年，湖北石油连续3年被评为石化集团公司安全生产先进单位，年内获“我要安全”主题活动先进单位称号，2004—2010年连续7年被省政府授予安全生产红旗单位称号，下属十堰、黄冈石油分公司被省政府评为2010年度湖北省安全生产红旗单位。

(张方涛)

【随州、鄂州水上分公司成立】 2010年，为增强水上市场竞争力，湖北石油分公司对所属水上加油站资源进行整合，优化配置，改造升级，设立了湖北水上油站管理分公司，纳入省公司专业化管理体系。9月27日，为顺应行政管理体制要求，增强水上网点发展和市场控制力，经省公司党政联席会研究并请示中国石化总部同意，将原由孝感分公司管辖的随州分公司恢复为市州级分公司，将原由黄石分公司管辖的鄂州分公司恢复为市州级分公司，隶属于省公司。

(张方涛)

【“比学赶帮超”工作取得可喜成绩】 2010年，在石化股份公司开展的“比学赶帮超”活动中，湖北石油分公司获优秀组织奖第一名，并且分别获得非油品营业额、营业站净增数、网点发展速度、成品油吨油费用、数质量管理、宣传舆论、“三基”工作7面年度红旗(年度红旗数列销售企业第六名)。

(张方涛)

【顺利完成改善经营管理建议试点工作】 2010年5月，湖北石油分公司被中国石化总部确定为改善经营管理建议试点单位，并于5月21日启动试点工作。在实践中，建立了两级管理模式，制定完善了改善经营建议受理、评审、奖励、实施、评估、考核6个管理办法。工作中始终把握建议工作正确方向，积极推进建议实施，圆满完成石化集团公司改善经营管理建议试点工作任务。截至年底共收到建议2 296条，省、市(州)两级受理评审建议1 549条，获优秀建议奖建议411条，立项实施建议101条(石化股份公司实施1项，省公司实施7项，市州分公司实施93项)。湖北试点模式得到石化集团公司领导充分肯定，为石化股份公司在销售系统推广建议工作提供了较为成熟的系统管理参考模式。

(张方涛)

表1　湖北石油分公司主要生产经营指标

指标名称＼年份	2010	2009	2008	2007	2006	2005
成品油销售总量/万吨	513.08	474.49	468.00	460.00	437.00	401.00
零售量	391.88	357.50	369.00	336.00	323.00	285.00
报表利润/亿元	5.40	5.20	6.36	4.63	5.74	-2.10
吨油费用/元	288.00	284.00	245.00	236.00	213.00	214.00
加油站总数/座	2 055	1 925	1 853	1 801	1 823	1 814

湖南石油分公司

【概况】 中国石油化工股份有限公司湖南石油分公司(简称湖南石油分公司)位于湖南省长沙市湘春路113号。其前身为成立于1950年7月的中国石油公司长沙分公司，1998年整体上划石化集团公司，2000年根据中国石化重组上市改革要求，主营业务部分成立湖南石油分公司，辅业部分成立湖南省石油总公司，并分立运行。2006年10月，辅业部分转制更名为中国石化集团资产经营管理有限公司湖南石油分公司(简称资产公司湖南石油分公司)。2009年7月，资产公司湖南石油分公司与湖南石油分公司实行一体化管理。公司主营汽油、柴油、煤油、润滑油和燃料油的批发、零售、配送，非油品(烟酒、饮料、百货、食品、汽车用品、其他服务)销售业务。

截至2010年底，湖南石油分公司下辖15个分公司(包括14个市、州分公司和销售分公司)，共有员工12 918人，其中正式工4 325人，劳务工8 593人，具有高级职称的46人，中级职称的457人，初级职称的723人；资产总额97.14亿元，其中固定资产原值51.45亿元，净值35.67亿元；在营油库25座，铁路通槽点18个，铁路专用线18条，总长1.44万米，内河通航点5个；在营加油站1 508座，在营“易捷”便利店884座。

湖南石油分公司主要生产经营指标见表1。

(黄文胜)

【经营规模迈上新台阶】 2010年，面对资源从供大于求到供应紧缺两种截然不同的市场环境，湖南石油分公司密切关注市场变化，灵活调整经营策略，大力促销增量。全年共销售各类油品582万吨，同比增长15.2%，销售成品油524.52万吨，突破500万吨大关，同比增长11.1%，各类油品增量77万吨，创总量和增量双重历史纪录。

(黄文胜)

【非油品业务实现快速增长】 2010年，湖南石油分公司持续强化“非油品业务”的主业观念和专业化意识，大力开展全员全网络营销，全年新增“易捷”便利店404座，非油品实现营业额1.79亿元，销售毛利3 117万元，同比增长71%，获销售企业非油品先进省市公司评优评先三等奖，郴州、省销售分公司分别获石化股份公司重点商品销售和“易捷”精品店先进地市公司称号。

(黄文胜)

【经营质量有效提升】 2010年，湖南石油分公司优化经营结构，突出做大终端和效益好的品种，终端销售比重达97.4%，零售比重达到71.6%。借助柴油旺销拉动汽油销售，汽油销量同比增长13%，高标号汽油销售177万吨，同比增长20%。

(黄文胜)

【营销网络发展又好又快】 2010年，湖南石油分公司抢抓湖南“四化两型”发展机遇，盯紧高速公路服务区、省市中心城区、城市新区、重要风景名胜区、城区环线及县城等优质加油站，全面提速终端网络建设。潭衡郴娄成品油输送管道项目获中国石化总部立项批复，并被列入湖南省重点建设工程。全年加油站立项193座，新建竣工113座，新发展的加油站83%位于重点位置，自征自建比例达95%，加油站发展获销售企业专项奖励第一名。

（黄文胜）

【积极扩大加油卡营销】 2010年，湖南石油分公司优化完善加油卡网络设施，创新加油卡营销方式。全年新增发卡网点197个、联网加油站326座，联网站覆盖率达82%，同比提高27个百分点。积极争取湖南省公务车加油定点采购，定点加油单位占政府单位总数86%。开展各类营销活动强力促销加油卡，组织加油卡进社区39次。全年发行加油卡39.5万张，创历史新高。

（黄文胜）

【“强化经营管理年”活动凸显成效】 2010年，湖南石油分公司立足规范精细，突出风险防控，大力开展“强化经营管理年”活动，结合资金和经营风险等级评价，强化法制观念和维权意识，深化ERP销量控制、限期提货和信用管理等管控功能，共修订细化流程控制点72个，制定完善规章制度50多项，精细化管理显现明显效果。非油条线在中国石化销售系统率先制定《易捷便利店管理规范》，统一了全省业务账册表单。企管和监察条线获石化股份公司“强化经营管理年”活动单项先进。株洲分公司被石化股份公司评为零售管理先进单位。

（黄文胜）

【加强资产处置管理】 2010年，湖南石油分公司全面清查房产、土地、车辆等资产，建立实物资产信息数据库和数据平台，积极补办权证，大力盘活闲置资产，收回资产清理净收益1 347万元，实现租赁收入814万元，待用土地置换加油站用地16宗。

（黄文胜）

【深入推进“我要安全”主题活动】 2010年，湖南石油分公司大力推进实施作业过程HSE观察制度，开展“平安工地”竞赛，加强输油管道巡线巡查，强化安全教育、应急管理和预案演练，全员HSE意识和应对突发事件能力进一步增强，全年未发生任何大小安全事故，未造成任何人员伤亡和财产损失，被湖南省人民政府评为2010年度安全生产先进单位。815油库员工成功扑灭特大山火、郴州资兴片区高码加油站沉着处置歹徒持刀抢劫事件受到中国石化总部表彰。

（黄文胜）

【规范油品质量管理体系】 2010年，湖南石油分公司投入898万元购置质检仪器设备，升级A级质检室3个，培训化验员32名；严格审核供货商，分析和检验所有外采油品，全面开展质量专项检查；精心组织汽油升级置换，国家石油产品质量检验中心和石化股份公司共抽样85个，检验全部合格。

（黄文胜）

【油库自动化控制系统获石化集团公司管理现代化创新成果二等奖】 2010年，湖南石油分公司“油库自动化控制系统”项目通过石化股份公司科技开发部鉴定评审，并获石化集团公司管理现代化创新成果二等奖。湖南石油分公司先后投入500余万元，组织安全、信息、物流等部门通力协作，组织25名技术人员攻关，经过需求调研、方案设计、系统开发、整体测试和试运行等阶段，首先在株洲815油库投入正式运行，运行单位及客户整体反映良好。该项目集成ERP、物流配送和电子提单等信息管理系统，整合油库现场作业控制、流程管理、安全监控、设备管理等功能，最终实现了销售、配送和储运作业的一体化管理，可集中管控油罐计量、发油出库和客户自助提油等作业系统，有效防控经营管理风险，整体技术国内领先。

（黄文胜）

【积极推进小站委托管理】 2010年，湖南石油分公司严格遵循“精心准备、稳步实施、兼顾各方、实现三赢”的原则，采用个人公司受托模式为主和社会公司受托为辅的两种加油站委托管理模式，将487座符合条件的小站纳入委托管理改革范围并通过中国石化总部验收。截至年底，托管站销量有所增长，隐性用工法律风险得到有效控制，进一步提高了加油站经营管理水平和创效能力。

（黄文胜）

【竞赛比武取得丰硕成果】 2010年，湖南石油分公司大力开展教育培训活动，全省系统共举办培训班1 670期，培训3.40万人次。在石化股份公司举办的竞赛比武活动中，公司获综合团体第三名，财会人员ERP运用专业团体第一名、纪检监察管理专业团体第一名；个人获2金5银9铜。在石化集团公司举办的信息和法律竞赛中，分别获团体一等奖和二等奖，个人获3金1银1铜。

（黄文胜）

【深入推进企业文化建设】 2010年，湖南石油分公司以公司成立 60 周年为契机，大力开展“五个一”活动，加强企情教育，培育“阳光心态”，隆重表彰 30 个先进集体和 101 名先进个人，增强了全员自豪感、责任感和使命意识。

（黄文胜）

【积极担当国有企业社会责任】 2010 年，湖南石油分公司在中国石化总部支持下，先后向湖南洪涝灾区捐款 300 万元，向十一届省运会和郴州全国少数民族运动会分别赞助 100 万元和 10 万元，赢得了各级政府、社会各界的赞誉。

（黄文胜）

表 1　　湖南石油分公司主要生产经营指标①

指标名称 \ 年份	2010	2009	2008	2007	2006	2005
成品油销售总量/万吨	524.52	472.20	456.59	438.18	421.00	388.78
零售量	374.41	350.00	358.00	322.50	310.00	278.68
销售收入/亿元	369.32	281.00	279.44	234.30	215.29	167.53
报表利润/亿元	6.36	8.02	4.13	6.27	7.61	2.41
吨油费用/元	287.00	296.00	289.00	248.00	204.00	215.00
在营加油站/座	1 508	1 460	1 450	1 493	1 510	1 482
在营油库/座	25	23	23	30	38	48
资产总额/亿元	97.14	73.47	54.96	54.48	49.20	45.77

①2005—2009 年数据按照新口径重新统计。

广东石油分公司

【概况】 中国石油化工股份有限公司广东石油分公司（简称广东石油分公司）前身是成立于 1950 年 6 月的中国石油贸易公司广州分公司，1998 年 7 月，整体划归石化集团公司。2000 年 3 月重组为中国石油化工股份有限公司广东石油分公司和广东省石油企业集团公司，后者于2007 年 6 月转制为中国石化集团资产经营管理有限公司广东石油分公司。

截至 2010 年底，广东石油分公司下设 3 个专业中心、14 个综合管理部门、21 家地市级分公司、2 个直属单位。用工总量 29 218 人，加油站保有量 2 506座，在营油库 41 座，总容量 221 万立方米，资产总额 212 亿元。

2010 年，广东石油分公司销售油品 1 530.1 万吨，同比增长 11.1%。其中，成品油 1 495.6 万吨，同比增长 11.2%；润滑油销售 34.5 万吨，同比增长 8.5%。全年销售收入 1 048 亿元，同比增长 22.3%。实现报表利润 20.6 亿元。年内广东石油分公司被评为“广东省企业 500 强”第五位。

广东石油分公司主要生产经营指标见表 1。

（黎海琳）

【“三改八”体制改革】 按照石化集团公司总部统一部署，2010 年 7 月 1 日，广东石油分公司正式实行区域公司“三改八”体制改革，将原粤东、惠州、肇庆 3 家区域公司按照行政区划，拆分为粤东、潮州、揭阳、肇庆、云浮、惠州、河源、汕尾 8 家公司，加强了与地方政府的联系，拓展了市场和网络。下半年，8 家公司正品油销售同比增幅 18.7%，比全省平均水平高 8.1 个百分点，其中揭阳公司同比增长 40%；共新发展加油站 42 座。“三改八”取得了“3 + 5 > 8”的实效。

（黎海琳）

【梳理部门设置及人员定编】 2010 年，广东石油分公司对省公司本部各部门职能划分进行完善，整合后省公司本部设 3 个专业中心、14 个综合管理部门。按照“精简、高效、合理、对口”的原则，规范了 21 个市公司和 2 个直属单位机构设置，统一部门职能描述，完善职能职权划分，厘清管理边界，理顺对应关系。按照“充实经营、充实一线、留有余地、动态调整”的原则，对省市公司的编制进行了规范。

（黎海琳）

【建立“全预算”管理】 2010年，广东石油分公司推行“全面预算、全面考核”，调动市公司积极性。实行“年度预算、季度安排、月度执行、特事特办”的预算管理模式，年初全面分解下达市公司的量、利、费等指标，市公司可以根据实际，平衡好量、价、利关系，由“一事一报”改为在全年预算内安排，及时灵活地应对市场变化，建立起对市公司的“全预算”管理。

（黎海琳）

【非油品业务获双冠】 2010年，广东石油分公司把非油品作为主营业务，创新营销方式，持续开展营销，促进增量增效。紧抓重点商品销售，实现规模快速提升。建设精品示范店，带动全面提升。全年便利店营业额7.05亿元，同比增长145.6%，排名销售系统第一。

（黎海琳）

【全方位做大长城润滑油总量】 2010年，广东石油分公司加大终端直销力度，提升终端份额，优化整体布局，规范发展分销渠道，加大宣传力度，提高市场影响力，全年实现长城包装油销售8.7万吨，同比增加9.4%；终端销售比例达到66.2%，同比提高11.5个百分点。

（黎海琳）

【油品外采同比增长86.8%】 2010年，广东石油分公司灵活库存运作，优化库存结构，为扩销增量和保障供应打好基础。根据市场和经营决策的需要，紧盯大势，活用外采杠杆，灵活库存运作，优化品种结构，调剂品种余缺。全年共外采轻油293.7万吨，同比增长86.8%，为扩销增效和保障供应奠定了基础。

（黎海琳）

【零售量同比增长11%】 2010年，广东石油分公司落实了零售增量19项专项工作，加大资源、政策倾斜力度，根据市场态势，先后开展了水上、高速公路、国省道、国庆中秋等一系列营销活动，成效明显，参加营销活动的高速公路油站日均环比增量429吨，比活动前增加21.5%。设立29个24小时加油卡销售服务中心，设置了48个加油卡流动充值点，丰富加油卡功能，提升服务水平，全年累计发卡113万张，同比增长56%；持卡消费比例31.5%，同比增加2.4个百分点。

（黎海琳）

【探索新能源网点建设】 2010年，广东石油分公司及早介入新能源网点的建设，加快加气站和充电站的建设工作，深圳、佛山、广州、惠州等地区新能源网点建设工作取得初步成效，已建成4座油气混合站、2座油电综合服务站，4座加气站正在报建。

（黎海琳）

【建立和完善计质量监管体系】 2010年，广东石油分公司进一步加大损耗控制力度，建立和完善计质量监管体系，强化油品流转过程中的数量监督，打击油品偷盗行为和违规违纪行为，全年成品油总损耗率0.12%，同比下降0.01个百分点，其中零售损耗下降0.04个百分点。

（黎海琳）

【全力以赴服务亚运】 2010年，广东石油分公司作为广东省最大的成品油供应商，积极履行国有企业的社会责任，全力以赴服务广州亚运会。通过做好保供应、保安全、保质量、保蓝天，实现了供应零脱销、安全零事故、服务零投诉和加油站油库的环保指标提高的目标，顺利完成了亚运会和亚残运会的保供服务任务，受到了国务院国资委检查组的好评和广东省委省政府的高度评价。广东石油分公司广州珠江二加油站被国务院国资委命名为文明服务示范窗口。

（黎海琳）

表1 广东石油分公司主要生产经营指标

指标名称＼年份	2010	2009	2008	2007	2006	2005
成品油销量总量/万吨	1 495.60	1 345.30	1 452.00	1 429.00	1 332.00	1 285.00
零售量	1 043.40	934.30	1 111.00	1 048.00	954.00	825.00
销售收入/亿元	1 048.00	857.00	942.00	864.00	796.00	642.00

续表

指标名称＼年份	2010	2009	2008	2007	2006	2005
报表利润/亿元	20.60	20.78	29.62	22.72	21.02	11.72
报表吨油费用/元	255.00	247.00	239.00	195.00	163.00	142.00
在营加油站总数/座	2 232	2 164	2 111	2 075	2 049	2 045
自营加油站数	2 148	2 077	2 022	1 977	1 961	1 944
联营加油站数	84	87	89	98	88	101

广西石油分公司

【概况】 中国石油化工股份有限公司广西石油分公司(简称广西石油分公司)位于广西壮族自治区首府南宁市，前身是成立于1952年的广西壮族自治区石油总公司，1998年划归石化集团公司，1999年按照石化集团公司重组改制、主辅分离的原则，上划组建为广西石油分公司和中国石化集团广西石油总公司(简称广西石油总公司)，2009年，广西石油分公司整合上市、非上市部门职能，推进了一体化管理改革。

截至2010年底，广西石油分公司设15个职能处室和5个专业中心，下辖10个地级分公司和99个片区，主要经营汽油、柴油、煤油、润滑油和燃料油的批发零售以及加油站便利店非油品业务，控股管理广西辉煌石化公司、钦州鹰岭铁路公司、广西恒通石化公司，非控股联营广西高速石化公司、广西北投沿海石化公司。广西石油分公司共有正式员工3 233人，其中高级专业技术人员27人，中级专业技术人员372人。拥有加油站1 235座，在用油库16座。资产总额59.14亿元，其中固定资产原值36.45亿元、净值24.48亿元。全年完成固定资产投资7.74亿元，已占用资本投资回报率(ROCE)13.34%。

2010年，广西石油分公司购进成品油458.66万吨，同比增长6.93%；销售成品油460.63万吨，同比增长9.03%；其中零售量361.11万吨，同比增长8.35%；直销量84.58万吨，同比增长26.07%。销售长城包装润滑油2.06万吨，同比增长1.20%；销售燃料油6.03万吨。非油品业务实现销售收入1.89亿元，同比增长128%。全年实现销售收入306.08亿元，实现利税11.40亿元，利润6.68亿元。

广西石油分公司主要生产经营指标见表1。

（曾雅莉）

【成品油经营量实现新提高】 2010年，广西石油分公司抓住经济增长契机，以扩销创效为中心，积极开展“经营攻坚年”活动，通过夯实硬件基础、细化营销策略、抓好终端市场开发等措施，有效应对市场变化，在确保市场平稳供应的同时推动经营规模持续增长。加大加油站形象改造和IC卡联网改造力度，有效提升了加油站硬件水平和加油能力，全区在营单站销量同比增长5.31%。持续细化营销策略，形成站点分类、竞争分级的阶梯定价机制和“打柴不打汽、打大不打小、打远不打近”的竞争指导策略，取得销量持续增长和主导市场竞合的双重效果。全力拓展终端市场，通过攻关新增投资项目、加强重点客户维系走访、完善零售配送和直批网络等方式，锁定投资项目820个，新增优质客户1 180家，完成零售配送量同比增长19.1%，进一步增强了终端市场开拓能力。

（曾雅莉）

【非油品经营实现跨越式增长】 2010年，广西石油分公司强化非油品主业意识，通过加快非油品基础建设、创新营销方式、突出重点商品等措施，推动非油品经营规模实现跨越式增长。加快非油品基础建设，全年新开便利店700座、改造便利店182座、建设精品店85座，基本完成了城市市区、县城、国省道、高速公路、农村网点的全方位布局，打造了南宁竹溪站等一批日均营业额超4 000元的骨干网点，办理烟证811本，配备专职营业员262人。加大非油品营销力度，以重点商品销售为主攻方向，结合地域消费特点实行“一店一方案”，把握客户群体特点实行“单品单方案”，开展个性营销，总结出燃油宝组合销售、酒类体验推广等有效的营销模式，培育出香烟、燃油宝、高速公路服务区等新业务增长点，取得35家政府及大客户接待用酒供应权，培育百万元店24座，燃油宝与轻油零售量关联系数，茅台酒、长城葡萄酒销售额均排名销售系统前三。

（曾雅莉）

【实现挖潜增效过亿元】 2010年，广西石油分公司量效齐抓，突出创效重点，通过多种方式努力实现效益最大化。抓资源创效，全年完成外采资源53.54万吨，其中外采低于调拨价资源29.46万吨，节约采购成本7 459.67万元。抓汽油创效，保持汽油价格总体稳定，提高汽油赢利水平，全年汽油毛利总额同比增长8.7%。抓政策创效，取得减免土地使用税、抵扣多缴税款等政策支持，实现降本减费1 445万元。抓管理创效，通过清理闲置资产、拓宽上门收款渠道、降低POS机结算费率、公开招投标、物资统采、审计监督、效能监察等措施，挖潜增效近6 300万元。

（曾雅莉）

【研发运行市场信息监测系统】 2010年，广西石油分公司自主研发并运行了市场信息监测系统，标志着市场信息监测工作水平迈上了一个新台阶。该系统共包含综合新闻、价格监测、市场分析、预警信息、资源流动、市场需求、其他信息7个大类45个小项的监测网络，能够全面监测原油价格及成品油市场价格变动情况，及时掌握市场需求变化。市场信息监测系统为全区特别是基层一线提供了信息录入、共享的统一平台，有效解决了以往市场信息收集耗时长、层级多、反应滞后的难题，大大提高了市场信息监测效率，并实现市场信息高度共享，为企业提高经营决策水平发挥了重要指导作用。

（曾雅莉）

【上线推广加油充值卡业务】 2010年4月，广西石油分公司加油充值卡系统正式上线运行，至4月底全区发卡网点全部实现销售加油充值卡，有力促进了持卡消费。通过加大宣传力度、开展营销活动，加油充值卡推广效果理想，全年发行IC卡24.67万张，同比增长34.9%。

（曾雅莉）

【突出重点推进网络建设】 2010年，广西石油分公司积极开展“网建突破年”活动，突出发展高速公路等重要位置站点，网建工作取得新成效。全年获批立项规划点90座，落实加油站建设用地28块，新发展加油站58座，新站发展数量创新高，且城市市区、高速公路等重要位置站点比例达84%，进一步优化了网络质量。特别是充分运用与广西交通投资集团组建联营公司的合作优势，大力发展高速公路及进出口网点，全年共取得24座高速公路加油站经营权，其中“建设—经营—移交”（BOT）项目12座、广西交通投资集团联营公司项目12座，并获得广西高速公路管理局批复同意在广西交通投资集团新建高速公路进出口沿线建设74座加油站。

（曾雅莉）

新建成的广贺高速公路服务区

【组建东湾石化联营公司】 2010年3月，广西石油分公司下属钦州石油分公司与防城港市东湾交通有限公司共同出资组建了防城港市东湾石化有限公司，加快推进防城港市的经营和网建发展。防城港市东湾石化公司充分利用防城港市东湾交通有限公司的征地优势，在防城港市的等级公路上投资建设、经营加油站，成立以来已取得立项规划点2个，新建加油站1座，取得加油站用地4宗。

（曾雅莉）

【加大网点形象改造力度】 2010年，广西石油分公司全面推进加油站形象改造，着力打造优质终端。以提升网点质量为中心，全面优化改造选点，通过严格调研论证，选取了城市市区、县城中心以及省国道等重要位置共计123座站点进行形象改造，改造数量创历年之最。通过形象改造，加油站的整体形象、硬件水平和加油能力显著提升，改造站平均销量增幅达到22.87%。

（曾雅莉）

【全面加强安全数质量管理】 2010年，广西石油分公司深入开展“我要安全”主题活动，推进《安全生产禁令》细化、未遂事件分析、HSE观察等工作，建立HSE通报制度，加强安全专项检查和隐患跟踪治理，确保了企业总体安全。出台实施了《工程项目施工现场签证管理办法》，明确了工程签证内容、审核程序、审核期限等 7 个板块内容要求，建立安全开工令制度，逐项落实施工现场 HSE 危害识别及防护措施，强化施工全过程安全监管。加强油品数质量管理，严格践行"每一滴油都是承诺"，以外采资源质量监控为重点，严格执行外采质量承诺、油品出入库"双检测"及 A 级全指标检测等制度，严把进销存质量关。在第四季度广西全区车用成品油质量监督抽查中，广西石油分公司被抽查的油品 100% 合格。

（曾雅莉）

【加强全面风险管理】 2010 年，广西石油分公司积极开展"强化管理年"活动，加强全面风险管理，有效提高了企业风险防御能力和经营管理水平。前移风险管理关口，推进商客线条销售与资金不相容管理，完成 ERP 系统权限优化配置，修订完善制度 75 项，标注内控高风险控制点 183 个；加强全过程风险监控，组织油品外采、经营行为等专项检查，并将基建投资、物资采购等纳入风险管理范围。通过源头治理、过程监控、法律把关，完成"小金库"、内控风险、加油卡、非油品、法律尽职调查及合同文本等 10 个方面的检查和整改完善，提高了风险防控能力。

（曾雅莉）

【深化体制机制改革】 2010 年，广西石油分公司适应经营、网建发展及强化管理的需要，持续深化内部改革。完善物流管理体制，按照"物流配送统一优化，仓储业务两级管理"的要求，重新界定了物流、安全部门及地市公司的管理职责，进一步理顺物流条块管理关系。将发展基建处和 BOT 办公室整合为发展规划处，突出网建发展职能。撤销安全数质量处，设立安全设备管理处和质量计量科技处，进一步完善了部门职责划分。规范稳妥地推进小站委托管理、后勤管理改革，减少用工 691 人，较好地实现了减员分流与控制用工总量的目标。

（曾雅莉）

【全力服务抗灾保供】 2010 年，广西接连遭遇旱涝灾害，广西石油分公司认真履行国有企业的政治责任和社会责任，全力确保抗灾油品供应，成立抗灾先锋队、打井突击队、义务送水队，及时供应抢险冲锋舟、抢修塌方道路用油，开辟加油绿色通道 200 座次，供应抗灾用油 2.52 万吨。积极开展赈灾募捐，共计捐赠抗灾油品 38 吨，捐款捐物 16.4 万元。通过价格优惠、免费配送等方式，为灾区作出直接经济贡献近 1 700 万元。

（曾雅莉）

配送车为包茂高速塌方路段抢险运送油料

【深入开展"创先争优"活动】 2010 年，广西石油分公司大力开展"创先争优"、"比学赶帮超"活动，按照"优势项目争红旗，普通项目进上游，弱势项目求突破"的总体目标，开展班组销售竞赛、客户开发竞赛等全员营销活动，每月评比明星片区、明星加油站和销售能手等 18 个奖项，围绕经营量等 8 项指标评选公司月/季度红旗。通过开展全员营销和竞赛评先，努力做强优势项目，全年共获得销售系统红旗 33 面，其中年度红旗 4 面，月/季度先进红旗 8 面、进步红旗 16 面、争光红旗 5 面，获得非油先进省市公司一等奖、零售销售先进省市公司三等奖。

（曾雅莉）

【加强企业源头维稳】 2010 年，广西石油分公司注重加强源头维稳，实施了职工住房货币化，建立了企业年金、劳务工住房公积金等制度，补贴劳务工住房公积金 284 万元。将薪酬分配重点向基层倾斜，提高了一线员工收入水平，劳务工年收入同比增长 22.4%。抓好"真困难、真帮助"等工作，发放困难补助 183.4 万元，真正实现了企业发展成果惠及广大职工。

（曾雅莉）

表1　　广西石油分公司主要生产经营指标

指标名称 \ 年份	2010	2009	2008	2007	2006	2005
成品油经营量/万吨	460.63	422.47	405.37	360.37	318.78	307.28
零售量	361.11	333.28	347.77	304.37	275.36	255.80
销售收入/亿元	306.08	241.05	245.36	187.09	162.81	133.32
利　润/亿元	6.68	6.69	10.00	5.71	8.37	6.18
吨油费用/元	304.39	276.77	259.39	275.09	235.47	194.03
加油站总数/座	1 235	1 228	1 240	1 235	1 256	1 248

海南石油分公司

【概况】 中国石油化工股份有限公司海南石油分公司(简称海南石油分公司)位于海口市滨海大道163号。其前身中国石油公司广东省海南公司创建于1953年，1998年9月划转石化集团公司。2000年实行主、辅分离，主业成立海南石油分公司，辅业为中国石化集团海南石油总公司。2006年，海南石油总公司整体转制为中国石化集团资产经营管理有限公司海南石油分公司(简称资产公司海南石油分公司)。2009年9月，资产公司海南石油分公司划转海南石油分公司。海南石油分公司主营石油、天然气、成品油的批发零售，并经营石油化工、化纤及其他化工产品的销售，是海南省最大的成品油批发零售企业，负责海南全省的成品油供应，销售网络覆盖海南省陆、海两域。

截至2010年底，海南石油分公司资产总额20.16亿元，拥有油库4座，加油站289座；用工总量3 522人，其中正式职工724人，管理人员291人，各类专业技术人员67人，拥有中、高级技术职称的69人；共设有12个职能处室、7个专业中心、18个市县经营部，下辖海南经济开发有限公司。

海南石油分公司主要生产经营指标见表1。

(李春贻)

【各项经营指标稳步增长】 2010年，海南石油分公司完成经营总量141.8万吨，同比(下同)增长26.93%。其中，成品油经营量111.09万吨，增长13.45%，市场占有率达到82%，提高8.3个百分点；零售量82.52万吨，增长12.44%；直销量24.9万吨，增长60.36%。润滑油完成0.5万吨，增长21.95%。燃料油完成10.7万吨，增长134.2%。液化气完成19.5万吨，增长130.89%。非油品销售收入5 224.69万元，增长168.93%。实现利润1.81亿元，增长9.52%；吨油费用230元，比预算减少40元，其中成品油吨油费用284元，比预算减少6元。

(李春贻)

【多措并举加快网络发展】 2010年，海南石油分公司采取有效措施，加快网络发展。成立了专门领导机构和工作机构，出台网建奖励管理办法，全面开展选址布点和选点收购工作。将机关职能部门与各市县经营部网建指标分片挂钩考核，促使机关各职能部门发挥自身优势，协助市县经营部与地方疏通协调，市县经营部派专人跟踪，加强地方协调工作，落实各项审批手续；针对海口市内被定性为临时建筑的加油站面临随时拆除的情况，坚持“守土有责”，力争“不拆、少拆、缓拆”，对拆迁的站点严格落实“拆一补一、先建后拆、补偿到位”政策，公司领导亲自出面协调，海口地区加油站被拆除的状况得到初步改善。在加油站形象改造方面。相关职能处室派专人组成改造团队，优选具有发展潜力的站点，结合非油品需求，精心设计，加快改造进度，全年共改造加油站32座。此外，根据海南道路建设、新区开发、旅游景点新辟等情况，及时论证、调整拟建加油站布点，并全面了解跟踪落实。积极参与海南省“十二五”规划，力争主导海南“十二五”加油站、加气站及其他相关设施的规划布点，在规划布局上占住先机。

(李春贻)

【完善制度强化管理】 2010年，海南石油分公司取消了加油站零损耗管理，科学制定损耗率，实行奖罚有别的损耗管理制度，使基层员工自觉加强损耗管理，从根本上杜绝质量隐患；将接待费用集中由办公室、财务处管理，严格执行接待标准和审批程序，完善费用超支预警机制，一旦超预算指标则不予审批；完善招投标管理制度，制定实施细则和工作流程，建立工程建设和物资采购资源库，有效提高工程质量，缩短工期，节约投资成本；规范机关公务用车费用管理，对中层干部上下班及市内办事实行"限额包干，超支自负"，省内出差按实际出差里程支付相关费用，在极大调动机关管理人员深入基层的积极性的同时，节约了车辆费用，下半年车改费用降低 36.9%，节约 25 万余元。

（李春贻）

【突出考核激励作用】 2010 年，海南石油分公司重新审视现行体制和机制在新的市场形势下对经营发展的利弊，专门研究制定了各项考核制度，充分发挥考核的激励约束作用。通过调整机关工资考核权重，减少基本工资部分，提高效益工资比例，使经营效果与机关每个管理人员的效益工资挂钩，充分调动各方面、各层面的积极性，促使公司上下人人关心经营、围绕经营开展工作。对加油站由考核到站改为考核到人，在不降低基层工资收入的基础上，鼓励多劳多得，充分发挥每个员工的积极性和主动性。坚持"量价兼顾，成效最优"的原则，由联量考核向量价考核转变。将销量、价格到位率纳入考核范畴，既努力扩大市场，提高销量，又尽可能稳价推价，增加效益。

（李春贻）

【全员竞聘上岗】 2010 年 11 月，海南石油分公司组织机关干部职工竞聘上岗。该次竞聘上岗明确用人导向，变"伯乐相马"为"现场赛马"，得到全体员工的积极响应、支持和参与。共有 257 人分别参加了中层正职岗位、中层副职岗位、一般管理岗位的竞聘。通过笔试、演讲、民主测评、民主推荐、组织考察等环节，有中层副职晋升中层正职 7 人，一般管理人员晋升中层副职 5 人，办事员晋升主办 21 人，主办晋升主管 10 人，办事员晋升主管 4 人。

（李春贻）

【成功处理"问题油"事件】 2010 年 4 月底至 5 月初，海口部分车辆在私营加油站加油出现故障，相关媒体报道质疑中国石化油品质量。海南石油分公司立即启动舆论危机应急预案，成立应对领导机构和分类应对小组，积极反应，引导记者深入调查、客观报道，在中央电视台新闻频道连续播放海口"问题油"追踪报道，向全社会公布事件真相，同时及时自检，并配合质监部门组织检验。在中国石化油品合格结果公布之际，在国内权威媒体和热点网站发布通稿，大力正面宣传中国石化油品质量。把舆论危机逐步转为提升企业品牌形象、提高销量和扩大市场份额的机遇，取得了显著效果。其间，海南石油分公司成品油零售量同比增长 9.3%，其中汽油同比增长 24.7%。

（李春贻）

【保障抢险救灾油品供应】 2010 年 9 月 30 日—10 月 9 日，海南省遭遇史上持续时间最长、降雨量最多的暴雨袭击。面对灾害，海南石油分公司迅速反应，提前落实安全防范措施，及时启动防洪抗灾应急预案，组织人员奔赴抢险救灾第一线，帮助组织转移受灾职工群众，及时抢修受灾站点，紧急组织资源调运，确保加油站油品不脱销，确保全省抗洪救灾用油供应。

（李春贻）

表 1　　海南石油分公司主要生产经营指标①

指标名称 \ 年份	2010	2009	2008	2007	2006	2005
成品油经营总量/万吨	111.09	97.92	114.38	100.63	87.28	87.28
零售量	82.52	73.40	84.86	69.87	66.72	56.25
销售收入/亿元	87.02	60.59	74.65	57.91	46.82	35.06
利　润/亿元	1.81	1.65	2.25	1.98	2.08	0.61
吨油费用/元	230.00	282.00	182.00	228.00	212.00	223.00
加油站总数/座	289	284	281	267	246	231

①2007—2009 年部分数据按新口径重新统计。

贵州石油分公司

【概况】 中国石油化工股份有限公司贵州石油分公司(简称贵州石油分公司)位于贵州省贵阳市解放路21号，是贵州省最大的成品油经营企业。前身是成立于1951年3月的贵州石油总公司，1998年划归石化集团公司，2000年3月上划组建为贵州石油分公司和中国石化集团贵州石油总公司(简称贵州石油总公司)，正式分离运行。2006年10月，贵州石油总公司整体转制为中国石化集团资产经营管理有限公司贵州石油分公司(简称资产公司贵州石油分公司)。贵州石油分公司共设12个职能部门和4个专业中心，下辖9个市(州、地)分公司，主要经营汽油、柴油、煤油、润滑油、其他石化产品及非油品。资产公司贵州石油分公司设1个职能部门财务处，负责资产的运营和管理。

截至2010年底，贵州石油分公司共有正式员工2 098人，其中高级专业技术人员8人，中级专业技术人员146人。拥有在营加油站761座；油库10座，总库容24.8万立方米。资产总额59.23亿元，其中固定资产原值为21.86亿元、净值14.67亿元。全年完成固定资产投资9.25亿元，已占用资本回报率为17.66%，同比下降2.8%。

贵州石油分公司主要生产经营指标见表1。

(万　迪)

【经营与市场变化比速度】 2010年，国内成品油市场跌宕起伏，经历了数次起落，贵州石油分公司主动调整经营理念，与市场变化比速度，针对不同时期、不同地域、不同群体制定不同的“量、价”策略，最大限度地平衡了供需和量价两个主要矛盾。紧紧围绕石化集团公司总部提出的“两保三不降两提高”的工作目标，以“比学赶帮超”活动为契机，全省经营线条“抢客户、争份额、拓市场”，实现了经营性指标红旗数销售系统第一的好成绩，主要经营指标在销售系统19家企业中名列前茅：利润完成率第一、价格到位情况第一、日均赊销比第一、直销计划完成率第二、非油品计划完成率第二、经营总量计划完成率第三、零售计划完成率第三。

(万　迪)

【直销业务拓销上量】 2010年，贵州石油分公司主要领导亲自参与大客户维系工作，如宏福石化、中交集团等；稳定老客户队伍，在资源紧张时发挥企业保供能力强的优势，与新增客户签订长期购油合同，不断开发新客户，并通过组织客户游世博会等活动，提高了用户的忠诚度，稳定了客户群体；细分客户群体、紧贴市场，灵活调整量价关系，针对不同客户群体制定不同销售价格，实现了量增、价稳的经营成果。

(万　迪)

【零售经营促销售】 2010年，贵州石油分公司结合“创先争优”等活动特点，制定了“抓市场、抢份额、强激励、促发展”等活动方案，营造了“比学赶帮超”的良好氛围，有效激发了员工的销售热情；建立了客户中心电话查询、神秘客户暗访、省市两级督察等加油站强化管理工作。同时，开展促销技巧培训，提高了销售人员的营销技能，有效提升了加油站的销量。

(万　迪)

【提升持卡消费比例】 2010年，贵州石油分公司对睡眠卡的激活制定促销办法；对新卡发售采取组合营销，与非油品销售、移动充值卡等联合促销，分层次召开IC卡客户座谈会，上门促销等。全年发卡21.6万张，持卡消费比例上升到26%。

(万　迪)

【非油品业务全方位推进】 2010年，贵州石油分公司坚决贯彻石化集团公司总部非油品业务也是主营业务的思想，与油品经营同布置、同检查、同考核，使非油品经营逐步走上正轨。扩大经营品种范围，使营销商品达6 000余种，开展专题促销活动，便利店经营规模逐步扩大。全年非油品经营额达到1.25亿元，完成石化股份公司下达计划的166.7%，实现了非油品业务的快速发展。

(万　迪)

【润滑油销售再上台阶】 2010年，贵州石油分公司销售润滑油1.53万吨，长城包装润滑油1.44万吨，完成石化股份公司下达计划的110%；建立和完善了专业化润滑油客户经理队伍，年内新增长城润滑油终端行业用户128家，其中百吨以上大客户10家，增量达2 167吨；销售过程中，严格执行“零”赊销管理制度，规范经营，提高效益。

(万　迪)

【“网络先行”理念结硕果】 2010年，贵州石油分公司把网络建设作为企业发展的生命工程，全力推进“网络先行”的治企理念。一方面协调贵州省政府对贵州石油分公司500座加油站的规划，奠定了贵州石油“十二五”期间网络建设的基础，一方面积极向中国石化总部汇报，成功促成中国石化与贵州省人民政府签订战略合作协议，极大地改善了贵州石油分公司网络优化和布局的外部环境。进一步明确投资重点，对所有网点建设投资全部执行决策前的预评估制度，有效提高了决策的科学性。努力改善加油站形象，全年进行加油站形象改造50座，便利店改造72座，有力提升了企业的品牌形象。实现中国石化LNG加气经营业务零的突破，在贵阳市成功实现向社会车辆提供LNG加注服务，拓宽了企业的经营业务，为LNG加气站建设积累了建设和规范服务的经验。协助销售华南分公司成功实现贵阳—遵义成品油管道支线建设开工，为资源一次配送到贵州北部地区和进一步拓展区外市场提供保障。

（万　迪）

【首获石化集团公司安全生产先进单位称号】 2010年，结合“我要安全”主题活动，贵州石油分公司系统开展了安全知识、相关法律法规的宣传教育活动。在全公司范围内举办了“我要安全暨我心中的朝阳”系列演讲比赛，强化各级管理人员的安全责任，实现了“杜绝重特大事故，减少一般事故”的安全工作目标，全员的安全生产意识不断增强。通过加油站督察和年度以及重大节假日的安全检查，强化油库、加油站及施工作业现场的安全管理，及时发现和消除各种安全隐患和管理漏洞，确保了企业生产经营安全可靠。在石化集团公司HSE“六评比”中获得2枚铜牌、1枚银牌，首次获得了石化集团公司年度安全生产先进单位表彰，并再次获得了石化集团公司“我要安全”主题活动先进单位表彰。

（万　迪）

【确保各类油料100%合格】 2010年，贵州石油分公司从油品进货上加强监控，特别是外采油料，严把质量关，不定期对油库、加油站进行计量、质量抽查，检测600余个油样，进行自采油入库检查193批次，合格率达到100%。从油库源头抓起，集中打击二次运输过程中的偷盗油不法行为，取缔违法、违规运油车辆，确保油品不丢失，全年共查处汽车运输数质量问题13起，保证了加油站油品数量和质量。

（万　迪）

【狠抓企业管理】 2010年，贵州石油分公司深化全面预算管理，科学安排费用，着重针对经营管理实际问题来安排布置年度预算，经营管理费用严格执行先预算后支付。不断完善招投标管理，经营管理成本逐年下降，2010年共计进行招投标、询比价68项次，共计节约456万元。按照“零”赊销管理要求，对信用管理严格审批，将应收账款管理列入对各地市公司的考核内容，全年无一例新增欠款，日均赊销比在系统排名第一，清回欠款814万元。开展经理离任审计工作，整改了36项审计问题。开展了非油品经营调查、库存管理专项调查、加油站形象改造资金审计、网建资金审计、油库隐患治理项目审计、专项审计调查等，共计完成审计项目78个次。完成工程决(结)算审计项目61个，送审金额7 437万元，资金审减率8%，审减工程款602万元。ERP系统、IC卡系统、零售账表管理系统等进一步完善功能，办公OA系统功能进一步扩展，视频系统实现高清化，加油站现场监控系统得到逐步推广。

（万　迪）

【圆满完成“十一五”节能降耗目标任务】 2010年，贵州石油分公司在不断强化水电节能达标工作的基础上，狠抓各环节的损耗管理，完成了石化集团公司下达的“十一五”节能目标任务。

（万　迪）

【党建工作更贴近经营管理】 2010年，贵州石油分公司按照石化股份公司开展“比学赶帮超”活动的要求，充分发扬“见红旗就扛、有第一就争”的精神，开展了争创“四强”党组织、争做“四优”共产党员活动，丰富了“创先争优”活动内涵；推进“做精做强企业”前进步伐。油库、加油站一线共发展党员23名，其中劳务工12名，党组织进一步完善。

（万　迪）

表1　　贵州石油分公司主要生产经营指标

指标名称＼年份	2010	2009	2008	2007	2006	2005
成品油销量总量/万吨	268.18	238.99	217.21	195.11	177.11	158.43
零售量	208.78	189.11	182.62	157.74	146.06	115.24

续表

指标名称 \ 年份	2010	2009	2008	2007	2006	2005
销售收入/亿元	183.98	141.95	136.70	109.55	95.68	68.18
吨油费用/元	277.00	286.00	268.00	279.00	243.00	264.00
在营加油站总数/座	761	741	730	734	682	670
自营加油站数	753	741	730	734	682	666

云南石油分公司

【概况】 中国石油化工股份有限公司云南石油分公司(简称云南石油分公司)本部位于云南省昆明市拓东路45号，其前身云南省石油总公司建立于1952年7月，1998年6月整体划转石化集团公司，2000年2月，主营业务部分组成云南石油分公司。云南石油分公司主营汽油、柴油、润滑油、其他石化产品及非油商品的零售、直销和批发业务，是云南省内最具实力的成品油主渠道销售企业。截至2010年底，公司下设17个州市分公司、5个专业中心，拥有13座在营油库，1 100多座在营加油站，经营机构、网点遍布全省各地；用工总量为11 873人，其中在岗正式职工2 807人、劳务用工7 786人、非全日制用工1 280人；资产总额90亿元。

2010年，云南石油分公司成品油销量突破500万吨，同比增长16%；实现销售收入331亿元，同比增长34.8%；实现报表利润6.02亿元，为“十一五”画上了圆满句号。

(朱 植)

【成品油销量突破500万吨】 2010年，面对严峻市场形势和复杂局面，云南石油分公司坚决贯彻石化集团公司的决策部署，在提前1个月全面完成石化集团公司总部下达的各项指标的基础上，成品油销量超过500万吨，实现历史性突破，同比增长16%，增幅排名销售企业第二，其中零售量同比增长14.74%，增幅排名销售企业第一；直销量同比增长26.78%，增幅排名销售企业第三。

(朱 植)

【非油品业务继续保持快速发展】 2010年，云南石油分公司继续把非油品业务作为“一把手”工程和主业，加大投资力度，加快门店建设，全年新开门店184个，改造精品店89个；突出重点市场，充分发挥高速公路服务区整体功能，全年高速公路非油品营业额占全省非油品营业额的27%；加大云南山泉、香烟、燃油宝、开米系列、茅台酒和长城红酒等重点商品销售力度，5类重点商品销售额占便利店总营业额的58.9%；实行统进分销，源头控制，发挥规模效应，细分市场，分类定价，提高门店销售比例，注重发展质量，综合毛利率达26%，排名销售企业第一；加强内部管理，完善业务流程，规范非油收支渠道，加大督促检查力度，规范经营行为，确保了非油品业务健康快速发展。全年非油品营业额完成石化集团公司总部下达年度计划的149%，继续保持持续快速发展。

(朱 植)

【调整州市公司管理体制】 2010年2月，按照“改革回头看”的要求，在充分调研的基础上，云南石油分公司调整州市公司管理关系和机构设置，将原区域公司管辖的9个州市公司划由省公司直接管理，进一步激发了地州公司拓销扩市、强化管理、发展网络的积极性。调整后，地州公司恢复到按行政区划设置机构，改变了原来区域化管理幅度过大的状况，二级公司由原来的8个区域分公司增加到17个州市分公司，直接管理的州市分公司全年成品油经营量同比增长38%，高于全省系统平均15%的增幅，改革调整成效初步显现。

(朱 植)

【抗旱保供履行国有企业社会责任】 2010年上半年，云南省遭遇了百年不遇的特大干旱，面对严重旱情，云南石油分公司认真履行国有企业政治责任、经济责任和社会责任，通过积极组织资源，确定510多座加油站开辟抗旱加油绿色通道，送油到田间地头抗旱一线，全力以赴保证抗旱救灾及人民群众春耕生产用油供应；并对抗旱春耕用油采取让价销售和补贴运费的方式，直接让灾区群众得实惠。此外，在石化集团公司向云南省政府捐款500万元的情况下，云南石油分公司广大干部职工自发踊跃捐款195万元，以实际行动抗旱救灾献爱心，得到了地方党委政府和社会各界的充分肯定。

（朱　植）

【确保油品质优量足】 2010 年，云南石油分公司全面践行“每一滴油都是承诺”的社会责任，严格落实油品进、销、存各项管理制度和操作流程，切实加强了油品采购、验收、存储、运输和销售全过程管理，严把油品出入库关，坚决杜绝质量不合格的油品流入市场，确保油品质优量足，让消费者满意。全年未发生油品数质量上报事故，在国家和石化集团公司油品质量抽检中，合格率达 100%。

（朱　植）

【队伍建设成效明显】 2010 年，云南石油分公司继续坚持“以人为本，善待员工”的理念，关心员工、尊重员工、培养员工，继续开展“四好”班子、“四好”处室创建活动，着力加强干部队伍建设；全面推进库站培训体系建设，继续把加油站站长定位为“职业经理人”来培养，选派 300 名站长到江西培训，加大员工教育培训力度；严把入口关，规范劳务工招聘、管理和使用，重视大学毕业生的引进和跟踪培养；坚持正确的选人用人育人导向，畅通人才成长渠道；继续开展技能鉴定，技术比武再创佳绩，团体获得 1 金 1 铜，个人获得 2 金 2 银 3 铜，公司获得最佳进步奖和先进企业奖，为此项活动开展 5 年来的最好成绩。

（朱　植）

【深入开展“比学赶帮超”活动】 2010 年按照石化集团公司总部的统一部署，云南石油分公司围绕企业中心工作，开展了“比学赶帮超”活动，激发广大员工“扛红旗、争第一”的积极性，全力以赴拓市创效。在完成好“规定动作”同时，云南石油分公司结合自身实际，按照“先易后难、逐步扩展、全面涵盖”的原则建立了覆盖企业经营管理全过程的对标体系，并根据市场变化适时调整，定期考核，利用简报、内刊平台，抓好各类“标兵”、“标杆”的宣传，有效促进了企业经营及各项工作的开展。全年获得石化股份公司颁发的 57 面红旗，排名销售企业第三位。

（朱　植）

四川石油分公司

【概况】 中国石油化工股份有限公司四川石油分公司（简称四川石油分公司）是石化集团公司根据经营发展战略，在原中国石化销售川渝分公司基础上重组而成的国有大型企业，是中国石化集团的全资分公司，2010 年 1 月 17 日正式揭牌成立，本部设在成都。四川石油分公司集仓储、物流、销售、服务于一体，主要负责四川地区成品油零售、直销和批发以及车用天然气、润滑油、非油品销售等业务。

截至 2010 年底，四川石油分公司机关拥有处室 12 个，地市公司 19 个（除甘孜、阿坝外全部覆盖），员工总数 2 996 人；拥有油库 7 座、总库容 10.35 万立方米，车用压缩天然气母站 1 座，日产能 16 万立方米，在建简阳、泸州油库库容 23 万立方米；拥有加油站 228 座，加气站 23 座。

2010 年，按照石化集团公司党组加快区外油品销售企业发展战略，四川石油分公司先后与泸州、资阳、绵阳、凉山、成都、内江等地市州政府签订了战略合作协议，全年实现经营总量 167.83 万吨，同比增长 54%（与上年销售川渝分公司剥离后四川地区的数据对比，下同），终端销售量 119.3 万吨，终端销售比重 73%；压缩天然气销售 4 577 万立方米，同比增长 36%；非油品销售收入 2 682 万元，同比增长 132%；全年完成固定资产投资 20 亿元，新增库容 2.4 万立方米，新增加油站 78 座、加气站 16 座，西南成品油管线入川项目已经省政府批准开展前期工作。全年实现销售收入 104.91 亿元，利润总额 2 亿元。

四川石油分公司主要生产经营指标见表 1。

（赵　发）

【成品油资源瓶颈得到破解】 2010 年，四川石油分公司采取配置为主、外采为辅的策略，统筹用好两种资源，超量完成成品油购进，破解了四川成品油供给不足的瓶颈。全年兑现配置资源 111.51 万吨，同比增幅 32.09%，兑现率 98.87%，累计外采资源 48.12 万吨，同比增量 25.72 万吨，增幅 114.88%。综合运用铁路等多种调运方式，全力以赴组织资源进川，累计完成水铁联运 40.19 万吨，公路自提 3.65 万吨。加强与有关单位在资源代储代发业务上的合作，借用外库 10 万立方米，代储资源 53.6 万吨，代发资源 51.92 万吨。

（赵　发）

【经营质量显著提升】 四川石油分公司加强直分销客户的开发与维护，直销、批发客户达到 1 345 个和 766 个，分别新增客户 647 个、148 个。全年改造新形象站 56 座，新立、改造品牌柱 37 个，评定星级站 25 座，新增万吨站 8 座，万吨站达到 20 座。实施“油非互动”、点对点竞争、加油积分，灵活营销策略，零售纯枪量比重达79%，日均纯枪量11吨，同比增幅12.9%。IC卡联网加油站达到141座，发卡网点102座，累计发卡11.8万张，充值11.4亿元，持卡消费比例达26%。非油品新开便利店82座，便利店总数达到120座，建设知名快餐店1座，非油品销售收入2 682万元，同比增幅132%，综合毛利率23.7%，重点商品占13%。

（赵 发）

【简阳、泸州油库开工建设】 12月14日，四川石油分公司简阳20万立方米油库项目开工仪式在四川省简阳市新市镇桐子湾村隆重举行。简阳油库设计库容20万立方米，是中国石化销售系统最大的管道库，也是中国石化实现西南成品油管道入川之后的末端库，预计投资3亿元，将于2012年底竣工，简阳油库作为中国石化在四川地区的成品油主力配送油库，可辐射四川大部分地区，预计年下载成品油300万吨。成品油来自西南成品油管道贵阳分输泵站，资阳段管道全长45千米，将于2011年开工建设，投资超过1.5亿元。继简阳油库开工之后，同样作为西南成品油管线入川配套库之一的泸州油库也于12月23日在泸州市正式开工，设计库容3万立方米。

（赵 发）

【企业管理逐步完善】 2010年，四川石油分公司财务专业线引入区内先进的管理理念，实现财务各专业线系统化管理，结合管理中存在的突出问题，迅速出台了一系列针对基层网点的财务制度，加强财务日常监管，扭转了基层财务管理工作的被动局面，财务工作重心逐步由本部转为基层网点。信息部门完成了ERP系统调整和优化工作，对多项流程进行了再造，加强了对资金、关键业务等风险点的监控；通过不断挖掘业务需求，扩展信息基础平台，整合信息系统“孤岛”，加快了多项信息子系统的集成。零售专业线以“达标创星”为抓手，借鉴和挖掘系统内外经验，在加油站、便利店推行“一本手册”、“三块板”、“三张表”的管理模式。规范了网建工作流程，坚持“三重一大”集中决策制，全年召开投资领导小组会27期，审议议题305项，完善了合同、招投标、预算、资金和工程建设管理，审计、企管、零售、经营、财务部门全程介入投资发展工作，有效规避了投资风险。完善了绩效考核办法和组织，实现考核过程公开化、考核标准公平化、考核结果公正化。

（赵 发）

【队伍建设不断增强】 四川石油分公司成立后，按照石化集团公司总部“扩大区外影响力”的要求，在广泛调查研究的基础上，结合实际确立了“三个方向”、“三个突破”的工作思路和发展战略，坚持做到任务上“三个明确”、措施上“三个到位”、管理上“两手抓”、克难上“两个保证”，为企业发展明确了方向。在新的体制下，一年来组建了非油品、压缩天然气两个管理部门和10个地市公司，加强了地市公司班子和中层干部建设，提拔干部62人(从内部提拔33人、区外引进29人)，对地市公司班子动态评估，交流轮换岗位13人，从区内引入管理人员24人(油库人员、片区经理和站长20人)，从大专院校引进应届毕业生51人。

（赵 发）

【职业技能竞赛和技术比武创佳绩】 2010年，四川石油分公司以技能鉴定、技术比武为契机，以企业需求为导向，以管理人才培训、岗位适应性培训、基层关键管理岗位人员的轮训为重点，建立了职责明晰、体制健全的育才体系，有效提高了人才管理水平，在石化股份公司组织的竞赛比武中，财务、储运、信息条线多次获得团体和个人奖牌，四川石油分公司被评为综合团体第三名。全年投入教育培训费用237万元，培训1.26万人次。

（赵 发）

【企业总体保持和谐稳定】 2010年，按照“围绕经营抓党建、抓好党建促经营”的原则，四川石油分公司积极强化党组织建设，完善基层党组织12个，选拔政工干部8人。开展了红歌大赛、油品知识业余学习班等主题活动10多期，积极参与救灾捐资、扶贫援藏等活动，发挥了群团组织联系群众、凝心聚力的重要作用。重视解决员工实际问题，省公司组织慰问和资助员工66人次，发放帮扶资金19万元，加强机关、库站小食堂建设，实现“最好一餐在食堂”。创作了《比学赶帮超》等歌曲，传递“十大禁令”、“创先争优”等文化理念。切实加强宣传工作，60多篇文章、信息和电视新闻被石化集团公司总部采用，编发杂志12期、通联信息35期，印制了《客户手册》等多种宣传手册，各地市公司、库站还办起了报纸、板报，对内凝聚了人心，对外争取到支持，塑造了良好的企业形象。

（赵 发）

【获四川省委省政府表彰】 2010年5月8日，在四川省灾后恢复重建工作现场会上，四川省委省政府对 2009 年度销售收入超 50 亿元以上的 12 家中央在川大企业、大集团进行了表彰，四川石油分公司被授予“四川省 2009 年度上五十亿元台阶”殊荣。

（赵　发）

表 1　四川石油分公司主要生产经营指标①

指标名称 \ 年份	2010	2009	2008	2007	2006	2005
成品油销售总量/万吨	163.18	161.65	103.54	108.98	98.05	104.89
零售量	82.73	99.38	77.25	69.01	63.76	49.72
天然气销量/万立方米	4 577.46	4 944.16	3 164.63	3 000.00	1 207.87	1 140.00
销售收入/亿元	104.91	101.98	80.44	74.41	63.19	56.50
利　润/亿元	2.00	2.93	1.92	0.84	1.45	0.47
费用总额/亿元	3.78	4.37	3.69	3.37	2.88	3.03
加油站总数/座	228	262	249	225	220	138

①表中 2005—2009 年数据为四川石油分公司前身销售川渝分公司数据。

重庆石油分公司

【概况】　中国石油化工股份有限公司重庆石油分公司（简称重庆石油分公司）位于重庆市渝中区，其前身为中国石化销售有限公司川渝重庆分公司（简称销售川渝重庆分公司）。2009 年 12 月，石化集团公司根据新的经营发展战略，在原销售川渝重庆分公司基础上，重组成立了重庆石油分公司，管理规格为大Ⅱ型企业，主要负责重庆地区成品油零售、直销和批发以及车用天然气、润滑油、燃料油、非油品销售等业务。

重庆石油分公司实行“管理层次扁平、业务专业垂直、岗位权责清晰、市场反应灵敏”的经营管理体制和运行机制，集仓储、物流、销售、服务于一体。截至 2010 年底，重庆石油分公司下设 12 个部门，辖渝中分公司、三峡分公司、涪陵分公司、黔江分公司、永川分公司、綦江分公司 6 个区域分公司和惠通、渝辉、中南石油 3 个合资公司；共有员工 2 234人；资产总额 29.11 亿元；在营加油（气）站 185 座，其中高速公路在营加油站 49 座，占重庆高速公路在营加油站总数的 60%，在营油库 6 座。

2010 年，重庆石油分公司销售总量 112.8 万吨，同比增加 54.79 万吨，增幅 94.45%。其中，成品油同比增幅 91.82%；天然气同比增幅 189.23%。重庆石油分公司在重庆地区油气市场份额由 2009 年的 16% 上升到 27%，成为重庆油气资源主渠道供应商之一。非油品销售总额 2 673 万元，同比增幅 427%。全年实现销售收入 67.87 亿元。

重庆石油分公司主要生产经营指标见表 1。

（李国营）

【党委正式成立】　2009 年 12 月 9 日，石化集团公司党组以《关于成立中共中国石油化工股份有限公司重庆石油分公司委员会及有关领导人员任职的通知》文件，决定由陶振兴、江建华、李锡都、童辉涛 4 人组成中共中国石化重庆石油分公司委员会，陶振兴任党委书记、纪委书记。

（高吉发）

【明确“三个主业”定位】　2010 年 8 月，重庆石油分公司召开零售非油品工作会议，首次提出了“成品油是传统主业，天然气是特色主业，非油品是新兴主业”的“三大主业”新定位，为公司经营工作指明了新方向。

（高吉发）

【天然气销量创新高】　2010 年，重庆石油分公司新投产加气站 20 座，在营加气站总数达到 22 座；天然气销售量从 2009 年的 1 580 万立方米增加至 4 650 万立方米，销售量居中国石化销售系统第一位。

（高吉发）

【唐家沱油库投产运营】　2010 年 4 月 8 日，重庆石油分公司唐家沱油库试运行，6 月底正式投营。截至年底，成品油累计入库 134 船次，吞吐量 50 万吨。

油库运行以来，各项运行指标正常，接卸油和发油能力完全达到设计指标。

（高吉发）

【成立质检中心】 2010年7月2日，重庆石油分公司成立成品油质量监督检测中心，负责对全公司油品质量进行监督和管理。截至年底，投入450余万元购置质检仪器，采购含大辛烷值机在内的大型进口仪器6台，常规质检仪器19台，提高了油品质量检验分析能力。

（高吉发）

【队伍建设取得新成绩】 2010年，重庆石油分公司通过各种渠道引进急需人才，到人才市场、高校招聘专业人才和大学生，强化内部员工培训，加强了队伍建设。全年新增用工1 192人，员工总数达到2 234人。

（高吉发）

【培训工作成效显著】 2010年4月9日，重庆石油分公司成立了教育培训中心，专门负责公司员工培训相关工作。截至年底，依托教育培训中心，组织各级各类培训班260多期，培训人员3 500多人次，为公司各线条人才需求提供了保障。

（高吉发）

【工会正式成立】 2010年6月8日，经重庆市总工会批准，重庆石油分公司工会委员会正式成立。经民主选举，党委书记陶振兴当选为工会主席，宋仕春当选为工会经费审查委员会主任。各分(子)公司也相继成立了工会组织。

（高吉发）

表1 重庆石油分公司主要生产经营指标①

指标名称 \ 年份	2010	2009	2008	2007	2006	2005
成品油销量/万吨	108.05	56.33	32.03	36.48	33.97	32.50
零售量	51.63	36.95	26.21	26.89	26.48	20.14
销售收入/亿元	67.87	30.45	20.01	19.61	16.30	13.12
报表利润/亿元	0.45	0.24	-0.09	0.13	0.19	0.20
报表吨油费用/元	247.00	248.36	334.84	264.88	235.54	217.19
在营加油站总数/座	185	93	86	79	79	73
油库数/座	6	5	5	5	5	5

①2005—2009年数据为销售川渝重庆分公司数据。

陕西石油分公司

【概况】 中国石油化工股份有限公司陕西石油分公司(简称陕西石油分公司)是石化集团公司根据经营发展战略，在原中国石化销售西北公司和销售西北陕西分公司基础上重组而成的国有大型企业，是石化集团公司的全资分公司，2010年1月15日正式揭牌成立，本部设在西安。

陕西石油分公司集仓储、物流、销售、服务于一体，主要负责陕西地区成品油零售、直销和批发以及润滑油、燃料油、非油品销售等业务。截至2010年底，公司拥有机关处室10个，地市公司10个，员工总数2 590人。拥有加油站221座、油库4座。

2010年，陕西石油分公司实现成品油总销量127.23万吨，完成全年任务的123.5%。其中，汽油31.07万吨，柴油96.08万吨，柴汽比3.1 : 1，润滑油785吨；零售量40.33万吨，同比增长34.6%，完成全年任务的109%；直销量40.67万吨，同比增长71.2%，完成全年任务的127.1%；终端销量81万吨，终端比例63.7%；销售收入79.12亿元，同比增长124.7%；实现报表利润1 268万元，同比增加1 479万元，预计实现考核利润6 100万元。

（余　立）

【全力扩大区外影响力】 陕西石油分公司成立后，按照石化集团公司总部“扩大区外影响力”的要求，在深入调研的基础上，确立了“围绕一个中心，打造四个基础”的发展目标，为企业发展明确了方向。同时，发扬“亮剑”精神积极拓展网络，以“进攻”态势拓展市场，以“创先争优”、“比学赶帮超”、“强化管理年”等活动为抓手，努力营造全新的企业文化氛围，特别是对企业发展中存在的重点问题，积极向石化集团公司总部、省市政府汇报，坚持提倡走“正道”发展，得到了石化集团公司总部和省市各级政府的肯定和支持。2010 年 12 月 11 日，陕西省政府与石化集团公司签订了战略合作协议，为陕西石油分公司扩大市场影响力奠定了坚实的基础。在新的体制下，1 年内新成立地市公司 4 个，县级公司 8 个，销售网络覆盖省内全部 10 个地市。通过多种措施，积极拓展榆林、延安等新兴的高效市场，企业社会影响力和市场竞争力得到有效提高。

（余　立）

【市场占有率显著提高】 2010 年 5 月 12 日，石化集团公司与延长(石油)集团有限公司签订了 120 万吨/年的资源合作框架协议。陕西石油分公司以此为契机，采取“配置为主、外采为辅”的策略统筹资源购进，取得良好效果。全年累计兑现配置资源 63.7 万吨，同比增长 7.5%，兑现率 99%，累计外采资源 47.7 万吨，同比增长 443.9%；累计兑现资源考核奖励 5 361.72 万元。加强与国家物资储备局、社会单位在资源代储代发业务上的合作，借用外库 8 座，库容 10.67 万立方米，代储资源 19.14 万吨，代发资源 19.18 万吨，有效缓解了油品仓储瓶颈。截至年底，陕西石油分公司在陕西成品油市场的占有率已达到 14%。西安分公司、汉中分公司采取多种措施，分别完成年度经营计划的 99.13% 和 90.21%，其市场占有率分别达到 20% 和 42%。其他公司在当地的市场占有率也明显提高。

（余　立）

【经营质量显著提高】 2010 年，陕西石油分公司注重强化市场动态监控和经营分析，灵活运用“价格杠杆”，适时调控营销工作，增强了经营工作的主动性；加强直分销客户的开发与维护，新增直销客户 261 个、新增销量 4.11 万吨，新增批发客户 113 个、新增销量 22.4 万吨。截至年底，陕西石油分公司建立的直销和批发客户分别达到 785 个和 520 个。西安分公司加强直销客户开发和维护，完成下达目标任务的 100%；改造新形象站 11 座，新立、改造品牌柱 8 个，评定星级站 5 座，新增万吨站 3 座。咸阳分公司通过实施“油非互动”、点对点竞争、印发购物券、高速路营销等策略，日均零售量提升至 110 吨，同比增幅 550%，完成全年零售目标任务的 118.39%；新开便利店 13 座，便利店总数达到 16 座，非油品销售收入 245.8 万元，同比增加 3 205.9%，中国石化重点商品占 15.6%。汉中分公司通过高速路营销、团购促销、全员营销等措施，实现非油品销售收入 239.32 万元，完成计划任务的 299.15%。

（余　立）

【网络发展成效显著】 2010 年，油库建设方面，宝鸡阳平油库已竣工并进入试运营阶段；汉中褒河油库已经石化集团公司总部批复并开工建设；榆林自建油库已经石化集团公司总部批复，处于建审工作攻坚阶段；西安石化油库处于编制可研阶段，待与西安石化扩能改造同步实施；渭南蒲城油库已开始前期建审工作；延安油库已开始选址。加油站建设方面，西安分公司通过重点开拓规划新区和县级市场、“打包式”控股经营中联公司 11 座加油站等方式，全年新增加油站 43 座，有效提升了对省会核心市场的控制力；榆林分公司围绕榆阳、神木、府谷等高效市场快速拓展，获得省政府“十二五”规划项目 12 个，全年新增加油站 38 座；咸阳、宝鸡分公司积极推进与市政府的战略合作，深化与洁能、育才等规模型社会单位的整体合作，网建发展进入“快车道”；韩城有限公司、汉中有限公司两个合资公司重新启动，借助合作方的地缘、网络等优势，后续发展潜力巨大。截至 2010 年底，陕西石油分公司加油站建设共立项 214 座，签约 135 座，接收 108 座，加油站总数已达到 221 座。

（余　立）

【完善安全数质量管理体系】 2010 年，陕西石油分公司以“我要安全”活动为抓手，提升全员 HSE 和数质量意识。积极开展隐患排查和整改，加强施工现场安全管理，完成隐患整改项目 1 个。西安、汉中、安康、商洛等分公司分别在应对洪水自然灾害、油品市场保供、安阳事件影响等突发事件上，表现出了较高的应急处理能力。为践行“每一滴油都是承诺”，陕西石油分公司加大西安、宝鸡油库中心质检室的质检设备投入和检测力度，加强外采油品质量监控，全年抽检油样近 500 座次，在 4 次国家、省级油品质量抽查中全部合格，有力地维护了企业品牌形象，为拓展经营提供了保障。通过对保管损耗、二次物流、加油站油罐、加油机的专项整治、油罐标定、暗访监督等工作，各市公司零售损耗同比大幅下降。

（余　立）

【企业管理水平显著提升】 2010年，陕西石油分公司在“强化管理年”活动中，以内控为准绳，共修订、补充、完善和编制规章制度和流程规范122个，理顺了管理流程，获得石化股份公司优秀组织奖。完成了OA、非油品系统上线，ERP系统调整和优化工作，对多项流程进行了再造，加强了对资金、关键业务等风险点的监控；规范了网建工作流程，坚持“三重一大”集中决策制，全年召开投资领导小组会26次，评审项目214项，完善了合同、招投标、预算、投资和工程建设管理程序，审计、企管、零售、经营、财务部门全程介入投资发展工作，有效规避了投资风险。

（余 立）

【队伍建设上新台阶】 2010年，陕西石油分公司切实加强了地市公司班子和专业干部队伍建设，从区内公司、兄弟单位引进各类人才60余人，从高等院校引进应届毕业生29人。以技术比武、技能鉴定为契机，以企业需求为导向，以管理人才培训、岗位适应性培训、基层关键管理岗位人员的轮训为重点，加强培训站和师资队伍建设，初步建立了员工技能和职业培训体系，有效提高了员工培训水平。全年累计投入教育培训费用25.8万元，培训2 240人次。

（余 立）

【党群工作取得进展】 2010年，按照“围绕经营抓党建、抓好党建促发展”的原则，陕西石油分公司强化党组织建设，完善基层党组织（支部）13个，发展新党员及积极分子30余名；初步建立了公司系统的共青团、工会组织。通过两次召开干部大会、重温入党誓词，机关和各分公司积极参与救灾捐资、互帮互助等活动，充分发挥了党组织联系群众、凝心聚力的重要作用，营造了和谐的企业氛围。加强民主集中制建设，突出源头治理和业务公开，开展效能监察和专项审计项目9个。通过扎实开展“比学赶帮超”和“创先争优”主题活动，引导全员见红旗就扛、有第一就争，全年共获得石化股份公司竞赛红旗13面，评比下发竞赛红旗63面。

（余 立）

内蒙古石油分公司

【概况】 中国石油化工股份有限公司内蒙古石油分公司（简称内蒙古石油分公司）总部位于内蒙古自治区呼和浩特市成吉思汗大街26号。内蒙古石油分公司前身是中国石化销售有限公司西北内蒙古分公司。2009年12月，根据石化股份公司《关于印发〈区外油品销售企业管理体制调整方案〉的通知》，内蒙古石油分公司调整为石化股份公司直属企业，更名为现名，王红兵任公司总经理。公司主要在内蒙古地区从事成品油零售、直销和批发以及润滑油、燃料油、非油品销售等业务。

截至2010年底，内蒙古石油分公司本部设办公室、企管法律处、人力资源处、审计监察处、零售中心、经营管理处、财务资产处、安全数质量处、发展基建处、非油品业务处共10个职能处室，下设呼和浩特、巴彦淖尔（原临河分公司）、包头、鄂尔多斯、赤峰、乌海、乌兰察布、锡林郭勒、通辽、呼伦贝尔、阿拉善、兴安12个盟市分公司，拥有在营油库5座，加油站173座，资产总额16.43亿元，职工总数1 880人，其中正式工65人，劳务工1 815人。控股中国石化集团内蒙古石油销售有限责任公司（简称内蒙有限公司），内蒙有限公司本部设综合、财务、营销3个部门，下设有限赤峰分公司，参股包头有限公司，拥有在营油库2座，在营加油站8座，在册员工158人，资产总额5 705.58万元。

内蒙古石油分公司主要生产经营指标见表1。

（刘海燕）

【经营总量突破100万吨】 2010年，内蒙古石油分公司密切关注市场变化，加强资源调运，合理把握销售节奏，扩销拓市发展客户，全年完成经营总量100.42万吨，同比增加57.83万吨，增幅135.78%。其中，零售总量61.19万吨，同比增加29.89万吨，增幅95.50%；直销总量20.4万吨，同比增加15.2万吨，增幅293.1%；非油品销售额828万元，同比增加574万元，增幅226%。利润总额达到3 046.01万元，全面完成了全年的经营目标任务和利润指标。直接上缴地方各种税费8 386万元，同比增加4 781万元。

（刘海燕）

【实现资源保供】 2010年，为解决资源不足问题，内蒙古石油分公司积极协调石化集团公司总部、销售华北分公司和区内炼厂，加强资源调运，全年落实石化配置资源55.2万吨；大力开拓外采渠道，与延长石油集团销售公司和神华煤制油公司等供应商签订了成品油购销合同，全年共外采资源50.9万吨，外采量占资源总量的48%，其中外采延长集团和神华集团资源29.4万吨，一手资源占外采总量的57.8%，为确保完成全年经营指标作出了重要贡献；建立直销队伍，完善激励机制，制定了《直分销业务管理办法》、《直分销考核办法》，对开拓直销市场有成绩的客户经理进行奖励，直销客户由年初116户增加到354户。

（刘海燕）

【零售量突破60万吨】 2010年，内蒙古石油分公司按照"抓新开业站和低销站，培育万吨站，加强基础管理，实现整体提高"的工作思路，利用全员劳动竞赛，加强促销宣传，狠抓加油站现场管理，完善加油站服务功能，推行"神秘顾客"访问制度，成品油零售量达61.19万吨。全年实现万吨站5座，其中2万吨以上站2座，8 000—1万吨加油站5座，5 000—8 000吨加油站24座。单站平均销量5 200吨。

（刘海燕）

【非油品营业额突破800万元】 2010年，内蒙古石油分公司加快开店速度，增加经营品类，开展油品、非油品组合营销，做大经营规模。11月，内蒙古石油分公司成立非油品业务处，11月27日召开了全系统非油品工作会议，进一步统一了思想，理清发展思路，明确发展目标，为加快非油品业务发展指明了方向。截至年底，便利店数量已达到107座，全年实现营业额828万元。

（刘海燕）

【库容新增12.2万立方米】 内蒙古石油分公司将发展储运设施和营销网络作为公司的"生命工程"和"班子工程"，2010年成立了油库项目部、投运小组等，公司领导随时到油库施工工地现场办公解决实际问题，鄂尔多斯油库迁建工程6月中旬开工，历时4.5个月一次性建成，年底投用，创造了销售企业施工建设的最快纪录。4月整体收购锡林浩特2万立方米油库和5座加油站，根据需要扩容1.2万立方米，公司边经营边改造，扩容项目顺利投产。11月租赁包头3.8万立方米油库。至此，新增库容共计12.2万立方米，同时完成了乌海油库和临河油库立项审批，呼和浩特油库、集宁油库、赤峰油库的前期选址和可研编制工作。

（刘海燕）

【新开业加油站突破90座】 2010年，内蒙古石油分公司利用石化集团公司总部下放审批权限的有利政策，把网建任务指标分解给各分公司，制定严格的考核办法，硬兑现，调动了分公司发展网络的积极性。盟市分公司经理亲自抓网建，区公司加快项目考察、审批、设计、招投标和施工管理工作，制定了每月施工投产计划，进行督办催办。加大结转项目开业力度，结转项目中24座加油站投入运营。全年公司立项批复加油站155座，年底前投入运营加油站达94座。

（刘海燕）

【安全工作得到加强】 2010年，结合"我要安全"主题活动，内蒙古石油分公司制定下发了23项管理制度和74种台账。加大检查力度，全年共检查在用油库8座次，加油站75座次，查出各类问题658个，对查出问题实行闭环式管理，确保整改到位。加强现场管理，推行标准化作业，消除作业违章，共处理违章人员8人。强化直接作业环节管理，共办理各类作业票219份，完成105座加油站的施工作业。加强质量计量管理，认真贯彻落实石化集团公司质量工作会议精神，从源头控制油品质量，资源全部从中国石化供应商中进行外采。建成2个质检室和化验室，做到了外采油品车车化验；严把入库关，杜绝不合格油品入库，先后退回5批次不合格外采油品；对出库油品严格检验，加强运输环节和加油站质量监管。在全体干部员工的共同努力下，实现全年安全工作无事故。

（刘海燕）

【管理工作全面推进】 2010年，内蒙古石油分公司逐步建立完善规章制度体系，共修订下发各类规章制度103项，转发石化集团公司总部制度21项。财务工作以开展"全员成本管理"和"强化经营管理年"活动为契机，紧紧围绕拓市增量的经营战略，以财务管理为核心，加强资金集中管理，细化预算管理，做好每个月经济活动分析，增加了财务工作参与经营、服务经营的深度。加强法律事务管理，初步建立了专兼职合同管理员队伍，经过律师严格审核，全年共审批合同410份。提高信息化水平，完成了网络搭建和ERP拆分工作，形成总部—区分公司—盟(市)分公司三级网络架构。VPN系统、OA系统、便利店连锁经营管理系统先后上线，管理效率与管理水平显著提高。

（刘海燕）

【建立员工激励机制】 2010年，为调动全体干部员工发展网络、扩销拓市的积极性，制定了对各分公司、相关条线的绩效薪酬考核办法、网络建设考核奖惩办法、直分销考核奖励办法等制度。完善《加油站联量计酬管理规定》，实行加油站增量工资，提高一线员工劳保标准、伙食补贴标准和福利。实行地区差别工资，解决了鄂尔多斯地区加油员流失率高的问题。根据石化集团公司总部文件，分期分批为符合条件的720名劳务工缴纳了住房公积金。启动了企业年金的上缴工作，为全部正式职工上缴了企业年金。

（刘海燕）

【深入开展“比学赶帮超”活动】 2010年，内蒙古石油分公司通过深入开展“创先争优”及“比学赶帮超”等主题活动，全年获得石化集团公司月、季、年度红旗26面，获得油品销售企业“比学赶帮超”活动区外公司“标杆企业”称号，盟市分公司获“比学赶帮超”先进红旗122面。

（刘海燕）

表1　　内蒙古石油分公司主要生产经营指标①

指标名称＼年份	2010	2009	2008	2007	2006	2005
成品油销售总量/万吨	100.42	42.59	37.13	37.47	39.41	31.60
零售量	61.19	31.30	26.00	23.08	21.53	16.70
销售收入/亿元	62.89	23.66	21.55	18.09	18.01	12.27
利　润/万元	3 046.01	2 969.02	5 132.59	2 725.87	3 285.31	1 720.43
吨油费用/元	236.95	315.03	290.79	280.89	211.93	182.73
加油站总数/座	173	82	79	71	62	53
油库数/座	5	4	4	4	4	3
铁路专用线数	5	4	4	4	4	3

①指标均不含参股公司，2005—2009年为改制前数据。

宁夏石油分公司

【概况】 中国石油化工股份有限公司宁夏石油分公司（简称宁夏石油分公司）的前身是成立于2005年的中国石化销售有限公司西北宁夏分公司。2009年12月，按照石化集团公司关于区外销售企业体制调整安排，宁夏石油分公司正式成立，直接隶属石化集团公司管理。公司主营汽油、柴油、润滑油和其他石化产品的零售、直销配送、批发和仓储业务以及加油站便利店非油品业务。

截至2010年底，宁夏石油分公司下设综合处、经营管理处、零售中心、人力资源处、财务资产处、发展基建处、安全数质量处7个部门，拥有石嘴山分公司、吴忠分公司、固原分公司、中卫分公司4个分公司。在营加油站48座，石嘴山惠农油库1座。用工总量650人，其中正式职工32人。

（武　桐）

【生产经营取得长足进步】 2010年，宁夏石油分公司实现销售收入25.64亿元，同比（与上年改制前数据比较，下同）增长3.48倍；成品油销售41.85万吨，完成目标任务的209%，同比增长2.93倍，其中，零售14.91万吨、同比增长1.95倍，直销13.96万吨、同比增长2.94倍；吨油费用226元，控制在预算目标之内；非油品销售收入1 415万元，完成目标任务的7.9倍；发展加油站40座，在营站达48座，同比增长192%；建设了惠农油库，结束了宁夏石油分公司无自有油库的历史；实现了生产安全无事故的目标。

（武　桐）

【机构设置逐步完善】 2010年1月，宁夏石油分公司上报“三定”方案，获得石化股份公司人事部批复，综合处等共7个处（中心）及石嘴山、吴忠2个分公司相应成立。12月，固原、中卫分公司成立，进一步扩大了宁夏石油分公司经营网络。

（武　桐）

【战略合作进一步扩大】 2010年9月下旬，宁夏石油分公司与宁夏黄河中宁枸杞有限公司合资成立中石化宁夏易捷石化有限公司，与宁夏兴俊实业集团有限公司合资成立宁夏兴俊实业集团有限公司，与石嘴山市善道交通建设发展有限公司合资成立中石化石嘴山市常道石化有限公司，这三个合资公司的成立加快了宁夏石油分公司在宁夏的网络发展，以便销售具有当地特色的非油品主打产品。10 月，宁夏石油分公司与宁夏回族自治区消防总队签订军民共建合作协议，本着“合作互赢、优势互补、资源共享”原则，共同服务社会。年内通过合作引进了宁夏万盛生物科技有限公司在中宁县投资 1.5 亿元建设的枸杞精深加工及枸杞物流配送中心项目，易捷庄园科技公司投资 1.2 亿元建设 1 万亩枸杞种植基地，建立了稳固的枸杞产品加工基地。

（武　桐）

【企业管理工作得到强化】 2010 年，按照石化集团公司总部要求，宁夏石油分公司积极做好体制调整工作，协调公司党委划归自治区国资委党委代管，理顺了与当地党委的关系。制定并报批了《宁夏石油分公司体制调整实施方案》，招聘引进了一批急需的专业人员充实到管理岗位。制定出台了《地市分公司领导班子考核办法》、《主管考核办法》等制度，选拔作风正派、工作能力强的人员担任地市分公司和机关处室负责人，注重主管和站长队伍建设，树立了正确的用人导向。增加员工收入，稳定员工队伍，加油站员工流失率从 50% 下降到 20%。及时变更了企业有关证照，完成了与石化股份公司 ERP 和 OA 信息系统连接。制定出台了《宁夏石油公司绩效考核办法》等 51 项规章制度，初步建立起符合宁夏市场特点的管理体制和运行机制。通过健全制度、规范流程、明确权限、加强监督等措施，规范经营行为，防范经营风险，确保企业财产安全。组织开展了规范化服务竞赛、“神秘顾客”暗访等活动，提高加油站的服务水平。认真开展维权打假工作，清理假冒站 13 个，维护了正常经营秩序和企业形象。积极与天津石油分公司加强交流，对接帮扶计划，学习先进管理经验。加大员工业务培训，组织参加石化集团公司举办的各类培训班达 101 人次，举办加油站上岗培训班 4 期，培训员工 281 名，提高了员工业务素质。

（武　桐）

【安全数质量工作扎实开展】 2010 年，宁夏石油分公司扎实开展“我要安全”活动，强化员工安全质量教育，层层签订安全责任书，将安全责任落实到每个岗位和员工，确保了无安全事故的发生。定期不定期地开展安全检查，查隐患、抓整改、堵塞工作漏洞，杜绝“三违”现象，有效地防范了安全隐患。积极争取石化股份公司的支持，组建了质检队伍，筹建了化验室，有效防范质量安全工作存在的风险。加强外采源头管理、过程监控和阶段检查，对所有外采油进行检验，认真做好流量计、发油罐、业务系统数据核对工作，确保油品质优量足。

（武　桐）

【党建工作得到加强】 2009 年 12 月，中共中国石油化工股份有限公司宁夏石油分公司委员会成立。2010 年，相继成立 5 个党支部，加强基层组织和党员队伍建设。工会、团委等组织也陆续成立。选举产生基层党组织和群团组织负责人。开展理论中心组学习，加强党员教育监督管理，增强党员的党性意识。坚持“三重一大”决策原则，公司经营的重大决策、重大项目安排、大额度资金运作事项及重要人事任免都经过党政联席会和经理办公会集体研究讨论，报石化集团公司总部批准，实行集体领导、民主决策。

（武　桐）

【“比学赶帮超”取得佳绩】 2010 年，宁夏石油分公司在全销售系统开展的“比学赶帮超”活动中，获优秀组织奖并夺得 43 面月度红旗，夺得红旗总数在中国石化销售企业中排名第三，在区外销售企业中排名第一。吴忠四通加油站站长詹文荣获得优秀加油员标兵称号，黄河路加油站站长韩润玲获得优秀加油站站长称号，公司人力资源处楚杰获得优秀机关管理人员称号。

（武　桐）

销售华北分公司

【概况】 中国石化销售有限公司华北分公司（简称销售华北分公司）是中国石化所属油品销售事业部的派出机构，是中国石化大区销售企业之一，公司机关总部设在天津市。销售华北分公司的前身始建于 1950 年 3 月，隶属于商业部；1985 年 1 月成建制划归中国石化总公司；2010 年 11 月，管理规格定为大 Ⅰ 型企业。销售华北分公司主要负责华北地区六省市（北京、天津、河北、河南、山西、山东）、东北地区三省（黑龙江、吉林、辽宁）以及全国 20 多个省市的成品油资源组织和调运，并对华北区内重要储运设施实行统一管理，主要担负资源组织、物流优化、储运管理、统一结算、市场监管的职能。截至 2010 年底，销售华北分公司本部拥有职能处室 10 个，专业中心 2 个，基层单位 12 个，在华北区内炼厂设立 11 个办事处；职工总数 1 999 人，其中正式职工680人。销售华北分公司管理资产135亿元，拥有大区储备库3座，总库容60万立方米；成品油管道4条，全长2 953千米。2010年，销售华北分公司成品油经营总量3 934万吨，销售收入2 342.58亿元。自2006年起销售华北分公司连续5年列“天津企业百强”之首。

销售华北分公司主要生产经营指标见表1。

（马　楠）

【资源统筹能力实现新提高】 2010年，销售华北分公司把传统的“计划—资源—运行”管理模式调整为“资源—计划—运行”，实现区外资源连续供应，全年调区外资源同比增长87.54%，为区外公司扩销拓市提供有力支撑。建立产销企业月度运行例会制度，大区、炼厂、省市三方共同梳理分析运行问题，协调解决经营难点，提升运行组织掌控力。适时增加大区收储，缓解产销企业供需阶段性不匹配。做好负号油切换，缓解省市库存压力，节省成本5 096万元。认真分析航煤资源传统流向和运输结构，优化运输通路，全年华北区航煤供应达335万吨，同比增加32.93%。

（马　楠）

【管道油库运营实现新突破】 2010年，销售华北分公司完成了鲁皖二期与洛郑驻管道在郑州站连通、汤阴站越站管线改造、石太管道与鲁皖二期在石家庄站连通，实现了华北管网真正意义上的互联互通，为管网增输、流向优化奠定了基础。多措并举增加管道输量，开创了跨区域、跨管道的全新运行组织模式，创造了单月137.28万吨历史最高输转纪录。积极协调管道沿线省市公司，通过管输与其他运输方式联运，有效整合一、二次物流，扩大管道资源辐射半径。坚持中间站混油切割、优化高指标油品流向、质量潜力高的油品优先进管道和对不同质量潜力柴油实时跟踪，混油处理水平不断提升。石家庄储备库狠抓设备改造和技术改造，铁路罐车装载率同比提高3.03个百分点。天津储备库全年完成吞吐量459万吨，创历史新高。

（马　楠）

【管道保运能力得到新充实】 2010年，销售华北分公司理顺体制，规范流程，强化培训，初步建立起一个精干高效、反应快速的抢维修运行体系，全面实现外管道自主抢维修。强化警企联防、地企联防，积极探索管道泄漏报警系统与110报警系统联网等管道保护联防新模式。加大防腐层检漏排查，全年打孔盗油案件数下降36%，盗油暗阀主动发现率达到88%。开展输油站、派出所、村委会“三位一体”管道保护新机制试点工作，探索管道联防保护新思路，实现洛郑驻管道连续21个月零打孔。

（马　楠）

现代化的青岛储备库（刘玉姝　摄）

【企业安全根基进一步夯实】 2010年，销售华北分公司完成41项HSE管理制度制修订工作，构建逐级分解责任，层层传递压力，横向到边、纵向到底的层层包保格局。通过组织落实公司系统标准化操作法，规范操作行为；强化安全检查，加大隐患整改治理力度；推行HSE观察工作，提升全员自我约束能力；加大对用火、临时用电、进入受限空间等易发事故的直接作业环节的管理力度，降低作业环节安全风险。进一步完善应急预案，磨合应急联动机制，认真组织不同层面应急演练，全年组织应急程序演练274次，灭火预案操练108次，综合应急演练12次。

（马　楠）

【物流降费开拓新途径】 2010年，销售华北分公司将外采资源纳入华北大运行框架，用小资源推动大物流、护航大资源，实现资源兑现和物流降费双赢，全年完成资源串换 32.26 万吨，节约运费 3 836.74 万元。完善考核激励机制，华北区炼厂铁路罐车装载率达到 92.79%，同比提高 2.22%，增加运量 33.65 万吨，节省运杂费 3 180.26 万元。深挖铁路保价费降费新空间，全年节约保价费 330.99 万元，降幅 14.53%。加强物流优化分销计划再优化，全年节省运杂费 5 364 万元。开通跨区提油通道 4 条，跨区提油 5.99 万吨，节费 539.67 万元。

（马　楠）

石家庄—太原成品油管道外管道泄漏应急演练现场　（刘玉姝　摄）

【企业管控力得到新提高】 2010 年，销售华北分公司调整完善绩效考核体系，通过推行 360 度考核方式、落实《总经理奖励基金管理办法》，有效发挥考核的指挥棒作用。扎实做好动态“三基”检查管理机制，将存续部分纳入“三基”工作框架，80% 的班组经检查达到优秀。编制完成公司信息化建设三年规划，深化 ERP、OA 系统应用，初步实现流程表单化、表单信息化，在石化集团公司总部 ERP 深化应用“比学赶帮超”活动中夺得 4 面红旗。制定《突发事件信息管理办法》和《突发事件新闻应急处置预案》，规范突发事件对外宣传应急管理，建立突发事件媒体应对联动机制。实施 16 项强化管理重点课题，明确责任人和进度节点，强化督办，解决困扰企业运行的难题。

（马　楠）

【非上市企业发展拓展了新空间】 2010 年，悦泰公司优化营销模式、充实服务内涵、强化品牌经营，“海龙”燃油宝市场占有率不断提升，实现净利润 2 378 万元。加大研发投入，“海龙”紫燃油宝、摩托宝等新产品被成功推向市场，柴油车尾气处理液研发工作全面启动。金皇酒店坚持酒店经营与星评迎检相结合、整顿内外环境与提升服务品质相结合、硬件改造完善与软件制度建设相结合，顺利通过五星级酒店星评复查。金泽酒店对内理顺工作职责、完善工作制度，规范服务标准；对外加大营销工作力度，努力拓展市场，取得了较好经济效益和社会效益。

（马　楠）

【企业党群工作开创新局面】 2010 年，销售华北分公司深入推进开展“创先争优”和“比学赶帮超”活动。突出自身特点，设置争先红旗和标兵，为公司各项重点工作顺利开展鼓劲添力。围绕中心工作，加大效能监察力度，大力推进业务公开，积极构建惩防体系，为公司经营管理大局服好务。深入推进“五小”建设，改善基层员工工作生活环境，推进和谐企业建设，企业凝聚力进一步增强。

（马　楠）

表 1　　销售华北分公司主要生产经营指标

指标名称＼年份	2010	2009	2008	2007	2006	2005
成品油销售总量/万吨	3 934.00	3 428.31	3 227.91	2 754.22	2 637.95	2 519.33
销售收入/亿元	2 342.58	1 736.50	1 752.88	1 240.01	1 132.43	922.80
实现利税/亿元	44.36	40.76	55.92	47.36	46.71	7.48
利　润	33.89	31.97	48.95	38.23	37.41	5.15

销售华东分公司

【概况】 中国石化销售有限公司华东分公司(简称销售华东分公司)系国有大Ⅰ型企业(2010年11月19日调整)。办公场所为上海市长宁区愚园路819号，内部资本7.28亿。公司前身中国石油运销公司始建于1949年8月。1985年1月划归中国石油化工总公司。2002年10月更为现名。销售华东分公司资源管理辖区为江苏、浙江、福建和上海三省一市，主要履行资源组织、物流优化、储运管理、统一结算和市场监管等职能。

截至2010年底，销售华东分公司本部机关设办公室、财务资产处、经营管理处、管道油库处、安全数质量处、发展规划处、信息处、人力资源处、审计监察处9个职能处室和1个成品油调控中心；下设陈山油库、嘉兴输油处、南京输油处3个二级单位。有职工348人，其中正式工211人，劳务工137人；拥有高级职称的18人，中级职称的55人。

陈山油库主要承担华东区成品油储备和上岸油品的收储以及浙苏成品油管线首站等职能，总库容33.5万立方米，其中柴油20万立方米，汽油13.5万立方米；在营浙苏管线和苏南管线总长度为643千米。

2010年，销售华东分公司成品油销售总量3 398.29万吨，销售收入2 034亿元，成品油全口径管输量1 139.45万吨，同比增加22.72%，占区内供省市资源36.16%。

销售华东分公司主要生产经营指标见表1。

(王文东)

【全力以赴保炼厂后路畅通和市场供应】 2010年，销售华东分公司面对跌宕起伏的成品油市场形势，紧紧围绕保证区内生产企业后路畅通和稳定区内市场供应两条主线，沉着应对，稳扎稳打，资源收购与销售配置计划分别完成100.18%和100.22%；航煤销售429.23万吨，完成配置计划100.03%，同比增长11.63%，较好地实现了“配置计划完成100%”的工作目标。

(王文东)

【安全高效组织世博调运】 2010年上海世博会期间，销售华东分公司强化运力组织与调度运行，精心筛选出162条世博参运船舶，并从中挑选49条和6条船舶分别作为通过世博核心管制区运力和沪Ⅳ油品专用运输船舶。加大调运安检力度，世博期间，共安检运输船舶3 086艘次，其中涉世博黄浦江船舶1 876艘次，运量170万吨，通过黄浦江世博核心区域船舶922艘次，运量41万吨，确保了上海世博会期间成品油水路运输安全平稳运行。

(王文东)

【管道管理保持“三零”目标】 2010年，销售华东分公司继续加强成品油管道安全管理工作。加强警企联防合作，与浙江省公安厅，嘉兴市、湖州市、苏州市公安局多次召开安保交流会，与公安“110”开展联动，并由公司领导带队将《石油天然气管道保护法》宣传到管道沿线的老百姓；增加管道的巡线频率，及时消除在管道管理上的隐患，管道管理继续保持了“零占压、零打孔、零第三方施工破坏”的“三零”目标。

(王文东)

【铁路装载率大幅提高】 2010年，销售华东分公司加强与生产企业的协调，充分发挥办事处月度考核的引导作用，逐步建立起提高铁路装载率的长效机制。全年华东区平均铁路装载率同比大幅提高，3家生产企业铁路装载率达到93%以上，全年可节省运杂费近500万元，超额完成了年度工作目标任务。

(王文东)

【苏南成品油管道建成投用】 苏南成品油管道于2009年6月26日开工建设，于2010年10月21日进行了整体中交验收，12月17日建成投产，销售华东分公司通过远程调控组织投油，实现了一次投油成功的目标。苏南成品油管道是中国石化和江苏省政府的重点工程，管道起点为南京栖霞油库，终点为苏州通桥油库，途经南京、镇江、常州、江阴、无锡、苏州6个地区，并与浙苏管道连接成网，管道全长393千米。

(王文东)

【华东管网调控中心成功启用】 2010年12月20日，销售华东分公司管网调控中心正式启用，实现了浙苏管线、苏南管线两条成品油长输管道远程中控的目标。调控中心的启用开启了中国石化长三角地区能源储运设施建设新篇章，大大提高了大区公司对华东区市场变化的响应速度，增强了主导市场的能力，为保证长三角地区经济社会又好又快地发展发挥了重要作用。

(王文东)

华东管网调控中心正式启用

【物流配送能力不断提升】 2010 年，销售华东分公司以智能调度系统投用为契机，以运行调度例会机制建立为平台，进一步强化生产企业出厂运输组织和省市公司进销存动态平衡，通过信息系统实现了对运输计划的下达管理、对配送船舶的智能安排、对物流运行的全程监控、对省市公司分区域库存的动态分析，促进公司主动配送能力的进一步提高。

（王文东）

【档案管理实现网络电子化】 2010 年 6 月 20 日，销售华东分公司电子档案管理系统正式上线运行。系统采用 B/S 架构，具备档案收集、档案移交、信息发布管理、年报统计、基础信息管理、利用单管理、全文索引库管理、工作流审批、档案移交、数据维护、光盘制作、网上查询等功能。电子档案管理系统的实施应用加快了公司档案信息化建设的进程，使得单机、分散的档案信息管理现状得到了极大的改观，实现了电子档案存储及不同安全级别的检索利用，初步实现了档案信息的网络化管理目标。

（王文东）

【扎实推进“创先争优”和“比学赶帮超”活动】 2010 年，销售华东分公司坚持以“创先争优”活动统揽工作全局，把“创先争优”活动与提高工作效率、提高员工素质、推动管理创新相结合，不断推进公司改革发展。全年共编印“比学赶帮超”简报 13 期、“创先争优”简报 9 期，并结合大区公司特点，完善考核机制，制定《2010 年绩效考核及薪酬兑现办法》、《“比学赶帮超”及专项考核奖励办法》，按季（年）评出先进部门（单位）、先进基层组织。

（王文东）

【“我要安全”主题活动继续深化】 2010 年，销售华东分公司继续扎实推进“我要安全”主题活动，本部制定了 2010 年“我要安全”活动方案，各部门和单位也制定了具体实施细则。全年共编印“我要安全”主题活动《简报》15 期，征集“我要安全”文章 215 篇，“我要安全”主题活动进一步深入人心。

（王文东）

【成品油质检水平不断提高】 2010 年，销售华东分公司进一步完善质量管理体系，全面完成了化验室建设和设备调试，油品质量检验在中国石化总部组织的 24 家比对试验中取得总分第三名的成绩，成品油质检水平不断提高。

（王文东）

【联营业务稳步发展】 2010 年，销售华东分公司联营单位上海石化物资交易中心取得了良好的工作业绩。截至年底，交易中心会员单位总数为 185 家，创历史新高；各会员单位的销售额达 450 亿元，同比增长 87.5%，销售量达 820 万吨，同比增长 46.4%。中心全年经营收入实现 750 万元，管理费用支出、资金安全严格控制在可控范围内，较好地实现了董事会年初制定的经营管理工作目标。中心再次获得了上海市“重合同、守信用”单位和上海市合同信用 3A 企业称号。

（王文东）

【精神文明建设及舆论宣传工作再上新台阶】 2010 年，销售华东分公司在上海市文明办的指导下，加强领导，精心组织，创新载体，完善机制，转变机关工作作风，精神文明建设取得较好成效，被评为上海市文明单位，树立了良好的企业形象。公司着力加强舆论宣传工作，成立了通讯员队伍和网络评论员队伍，并对通讯员开展了业务培训。2 月 26 日，销售华东分公司《华东石销》报创刊，逐渐成为员工获取信息、交流观点的一个重要平台。

（王文东）

表 1 销售华东分公司主要生产经营指标

指标名称 \ 年份	2010	2009	2008	2007②	2006	2005①
成品油销售总量/万吨	3 398.29	3 324.31	3 557.36	3 318.98	3 853.68	3 849.42
销售收入/亿元	2 034.00	1 628.00	1 913.00	1 491.00	1 646.00	1 401.00
管输量/万吨(全口径)	1 139.54	928.00	764.00	577.00	601.00	517.00
油　库/座	1	1	1	1	—	
管　道/条	2	1	1	—	—	

①2005 年 1 月，销售华东分公司辖区调整为五省一市。

②2007 年 1 月，销售华东分公司辖区调整为江苏、浙江、福建和上海等三省一市。

销售华中分公司

【概况】 中国石化销售有限公司华中分公司(简称销售华中分公司)位于湖北省武汉市江汉区精武路39号，是石化集团公司的派出机构和区域物流中心，代表油品销售事业部履行区域市场经营管理和协调职责，发挥优化资源配置、调控市场资源、协调同业竞合关系的作用。销售华中分公司主要担负“产销衔接、资源平衡、运输协调、物流优化、沟通协调”的职能，同时负责辖区内荆门、武汉、巴陵、安庆、九江和长岭分公司成品油的收购，负责湖北、湖南、安徽、江西、四川、重庆 6 个省市的成品油供应，负责对华中、华东、华南、华北等地区的成品油跨区调拨，担负对部队、铁路、民航、交通、渔业等专项用户的成品油供应工作，并代表石化集团公司参与中石化长江燃料公司的经营和管理，负责长江水上成品油市场协调。

销售华中分公司前身成立于 1949 年 10 月 1 日，时名华中石油公司，随着国家政治经济形势的发展，原建制和机构经过多次演变。1985 年 1 月 1 日划归中国石油化工总公司，改名为中国石化销售公司中南公司。1998 年更名为中国石化销售中南公司。2006 年 10 月，根据石化集团公司区域调整精神，更为现名。截至 2010 年底，销售华中分公司机关设置办公室(政工办)、经营管理处、财务资产处、人力资源处(组织部)、管道油库处、安全数质量处、审计监察处、发展规划处、管道项目管理部 9 个处室，下设 6 个驻厂办事处、2 座油库。公司领导班子 4 人，总经理助理 1 人，副总工程师 1 人，中层干部 28 人；共有在册员工 147 人，其中大专、本科、研究生共 128 人，占职工总数的 87.1%；党员 134 人。

2010 年，销售华中分公司在全体干部职工努力下，较好地完成了各项指标和工作任务，取得了良好的经济效益。其中，费用总额 1 967 万元，比考核指标节约 1 514 万元，完成 57%；吨油运杂费 81.32 元，较考核指标节省 2.5 元；石化资源收购计划完成 1 582.78 万吨，完成 100%；成品油管道输油量完成 631.1 万吨，完成 105%；调区外资源量 156 万吨，完成 108%。

2010 年，销售华中分公司被中华全国总工会、国家安监局授予全国“安康杯”优胜企业称号，被湖北省国税局评为 2009 年度全省国税荣誉十强纳税人，被湖北省总工会授予“安康杯”优胜企业和二级企业工会、武汉市综合治理先进单位等称号，极大地提高了社会知名度和美誉度。

销售华中分公司主要技术经济指标见表 1。

(兰　珣)

【协调物流扩销增量】 2010 年，面对国际油价震荡走高、国内成品油市场跌宕起伏、区内市场消费先抑后扬、华中片区炼化企业停工检修频繁、总体资源投放不足、市场供需矛盾突出的外部环境，销售华中分公司紧紧围绕石化集团公司总部“两保三不降两提高”的要求，克服了市场竞争激烈、总体资源不足、铁路罐车有限、进川运力欠缺等多种不利条件，积极应对市场变化，加强资源统筹平衡，灵活调整物流运行策略，加大区外市场调运力度，有效地保证了华中省市资源稳定供应和生产企业后路畅通，实现了“增强区内市场控制力、扩大区外市场影响力”的经营目标。全年区内炼化企业原油加工量达到 2 526 万吨，同比增幅 6%；区内省市经营规模达到 2 171万吨，同比增幅 24%；航煤资源供应完成 51 万吨，同比增幅 42%；调区外资源 156 万吨，完成年度计划的 108%，同比增幅 62%。

（兰　珣）

【物流优化推动降本减费】 2010 年，销售华中分公司积极推进物流优化工作，切实降低物流费用。①抓住源头开展物流优化，降低一次物流费用。固化物流优化模式、减少汽油资源对流；广泛开展串换业务，从同物的串换延伸至不同物的串换，全年通过资源串换共节约运费 806 万元；加大管输力度，优化运行，管输完成 631.1 万吨，完成年度计划的 105.2%，同比增长 30.3%。②积极探索一、二次物流统筹优化工作，扩大物流优化范围，充分发挥管线作用，着重做好一、二次物流和油库在内的整体物流优化，合理匹配四种运输方式，实现费用最少、效率最高的配送服务。③继续巩固提高装载率成果，稳步推进区内各炼化企业罐车装载率达优。片区 6 家炼化企业平均装载率达到 93.68%，在大区公司中排名第一，其中武汉石化平均装载率达到 94.35%，位居中国石化炼化企业之首。全年共节约铁路罐车 3 776车，节约运杂费用 2 060.43 万元。

（兰　珣）

【武汉穿江成品油管道被评为优质工程】 2010 年，武汉穿江管道工程顺利通过防洪、水土保持等 6 项专项竣工验收并获批复，穿江管线及配套油库工程顺利通过了石化集团公司总部现场复核验收，被评为石化集团公司优质工程。全年武汉穿江成品油管道共输送油品 94 批次 82.6 万吨，其中汽油 30.16 万吨，柴油 52.44 万吨，油品质量合格率 100%，实现了管道的安全平稳运行。有效解决了武汉北区域成品油市场存在的油品运输不畅的问题，进一步提高对市场的调控能力，保证了市场的稳定。

（兰　珣）

【武汉储备库投油成功】 2010 年，销售华中分公司积极克服地方行政审批难度大、各方协调工作复杂、库区施工安全风险高等一系列困难，使大庄油库顺利通过消防验收，将润滑油罐区如期搬迁，实现了大庄油库柴油、汽油一次性投油成功。

（兰　珣）

【成品油管线扩容改造】 2010 年，武汉—广水管线、武汉—天河机场航煤管线及长株成品油管道首站扩容改造工程已先后获得石化集团公司总部批准、湖北省发改委的行政审批。武汉—广水管线各专项评价工作取得较大进展，7 项评价工作中的 6 项已获相关主管部门审批，路由规划工作基本完成，监理、线路安装、防腐等招标正在有序推进。

（兰　珣）

【企业管理水平得到提升】 2010 年，销售华中分公司通过合理分解预算，加强事中控制和事后考核，全年商流费用和管道成本实际支出 1 967 万元，比石化集团公司总部考核指标低 1 514 万元；不断加大资金过程监控力度，全年财务费用节约 1 131 万元；积极开展资产清查盘点，全年共核销资产 178 万元，资产报废计提减值准备 308 万元，资产结构进一步得到优化。顺利完成了华中片区产销企业 ERP 系统集成工作，实现了计划、物流信息实时传递；OA 系统二期提升系统上线运行；GPS 水运智能调度系统功能提升，从单纯的船舶监控系统逐步扩充成为船舶综合信息管理平台，建立大区公司机关、船务公司与驻厂办事处的三级船舶管理体系，实现了与华东 GPS 系统的互联互通，提高了船舶运行效率。建立专业质量管理队伍，认真开展“四查四看”活动，全面深入分析油品质量管理过程，查找漏洞，修订质量管理制度，使流程控制更加严密，操作和可追溯性更强。管输损耗率由年初的 4.5‰下降至 0.34‰。狠抓出厂保足量，紧盯运输堵漏洞，强化收卸监督促规范，数量管理取得了明显进步，全年水运一次物流综合损耗率同比降低 0.36‰。

（兰　珣）

【精神文明建设获表彰】 2010 年，销售华中分公司通过“四创一比”等创建活动的开展，提升了广大干部职工的文明意识和服务意识。11 月 8 日，公司通过湖北省最佳文明单位考核验收。公司被石化集团公司授予“比学赶帮超”活动优秀组织奖、铁路罐车装载率、财务管理、石化资源供应计划完成率 4 面年度先进红旗。

（兰　珣）

【自觉履行企业社会责任】 2010 年，销售华中分公司积极开展向四川玉树、甘肃舟曲受灾群众捐助活动，共筹得捐款 2.68 万余元。积极参加湖北省委统一组织的“城乡互联，结对共建”活动，与保康县店垭镇 3 个村结对共建，在村级党组织建设、制度建设和图书室建设等方面积极给予支持和帮助，深入开展“五个基本”创建活动，为 3 个村赠送科技图书共计 330 余册；走访慰问困难户，为他们送去慰问金等。

（兰　珣）

表 1　　销售华中分公司主要技术经济指标

指标名称 ＼ 年份	2010	2009	2008	2007	2006	2005
资产总额/亿元	34.40	27.56	31.49	36.34	20.93	23.37
成品油销售量/万吨	1 587.89	1 540.70	1 428.80	1 445.60	1 267.50	1 262.60
销售收入/亿元	993.00	813.00	807.00	702.30	579.00	487.00
利　润/亿元	56.05	43.30	39.00	30.90	20.00	5.40
税　金/亿元	25.90	21.42	14.70	16.39	10.70	3.48
吨油费用/元	81.32	71.30	69.15	73.87	63.61	67.62

石油勘探开发研究院

【概况】 中国石油化工股份有限公司石油勘探开发研究院(简称石油勘探开发研究院)是中国石化直属上游综合研究机构，成立于2000年。总部设在北京，京外设有西北分院(乌鲁木齐)、无锡石油地质研究所、合肥培训测试中心。其前身为20世纪60年代初原地矿部筹建的7家油气勘探研究单位，经过近50年的发展，石油勘探开发研究院已在油气勘探开发战略规划编制、海相层系碳酸盐岩油气成藏理论与资源评价、缝洞型碳酸盐岩油藏高效开发、特殊天然气藏开发、特殊储层预测、油气地球化学勘探、实验测试分析等方面形成了自己的特色和优势，石油地质实验测试中心和油气化探实验测试中心取得国家级计量认证。

石油勘探开发研究院承担国家石油勘探开发甲级工程咨询工作，是中国石化油气勘探开发及发展战略参谋部、勘探开发核心技术研发和技术服务部、油气勘探开发数据信息及地质资料中心。主要任务是国内外油气地质基础研究、海外新项目评价、海外重点项目的技术支持、海外油气发展战略研究及规划编制、国内上游战略规划与决策参谋服务、“三北一川”(西北、东北、华北、四川)地区油气增储上产技术支撑；承担国家及中国石化重大项目的科技攻关及牵头组织工作、石化股份公司油气勘探开发基础理论及应用技术研究、资源评价研究、规划部署研究；参与重大油气勘探开发科研项目和重大生产经营项目的设计审查、技术经济论证等工作。50年来，累计主持完成国家重点油气科技攻关项目、课题和省部级项目600余项，获国家级奖励53项，获省部级奖励486项。

截至2010年底，石油勘探开发研究院有各类员工1 042人，其中各类专业技术人员762人，中国工程院院士1人，国家“973”首席科学家2人，教授及教授级高工71人，高级工程师423人，具有博士学位的技术人员207人，并聘请多名中国科学院院士和中国工程院院士作为院高级科技顾问。石油勘探开发研究院是中国石化油田咨询中心和地质资料中心挂靠单位，是《石油与天然气地质》、《石油实验地质》等科技期刊的编辑、出版单位。

截至2010年底，石油勘探开发研究院总资产31.05亿元，其中固定资产原值7.89亿元，净值3.49亿元。

2010年，石油勘探开发研究院承担各类科研项目276项，重大科研项目完成率和优良率达90%；获省部级以上科技进步奖10项，申报石化集团公司科技成果鉴定15项；申报国家专利21项，其中发明专利18项，获得授权11项。

石油勘探开发研究院2010年主要科研成果获奖情况及2005—2010年专利申请与授权情况见表1和表2。

（张　杨）

【川东北地区大型气田勘探目标及关键技术获石化集团公司科技进步一等奖】 （参见第130页）

【中国石化油气勘探目标评价及决策系统获石化集团公司科技进步一等奖】 （参见第130页）

【普光气田产能建设关键技术获石化集团公司科技进步一等奖】 （参见第131页）

【中国石化川东北地区勘探开发建设工程系列标准制修订及应用获石化集团公司科技进步二等奖】 由石油勘探开发研究院和中国石化川气东送建设工程指挥部完成的“中国石化川东北地区勘探开发建设工程系列标准制修订及应用”项目，系统调研了国内外气田勘探开发建设标准，研究分析了标准的适应性。总结分析了川东北地区已有的勘探、钻井、测录井、采气、天然气集输等生产资料及施工经验，归纳出一套适合川东北地区施工的工程系列技术。针对高含硫化氢、高含二氧化碳气田特点，编制了 51 项中国石化企业标准，由石化集团公司批准并发布实施；根据现场应用情况，及时对 20 项标准进行了修订。分批次对参建单位的管理、技术骨干共 1 400 余人次进行了标准宣贯。该项目获 2010 年度石化集团公司科技进步二等奖。

（王　强）

【高含硫化氢/二氧化碳气田井筒流动规律与管材腐蚀研究获石化集团公司科技进步二等奖】 由石油勘探开发研究院、中国石油大学（北京）、中原油田分公司完成的“高含硫化氢/二氧化碳气田井筒流动规律与管材腐蚀研究”项目获石化集团公司科技进步二等奖。该项目研制了高含硫化氢/二氧化碳气井新型井口取样器，突破了成分检测技术；建立了高含硫化氢/二氧化碳气井多场耦合的多相流动模型，发展了酸性气田井筒多相流基础理论；研制开发了高含硫化氢/二氧化碳气田井筒流动规律分析预测软件；建立了高温高压高含硫化氢/二氧化碳以及元素硫共存条件下的腐蚀评价系列试验方法；在国内首次系统开展了高分压条件下的腐蚀试验，填补了国际标准在高硫化氢分压条件下的试验空白；运用腐蚀评价方法系统试验了井下及地面装备材料在实际工况下的耐蚀性能；掌握了碳钢、耐蚀合金在高温高压高含硫化氢/二氧化碳以及元素硫共存条件下的腐蚀特征，确定了影响腐蚀性能的主要环境因素、材料组织成分等冶金因素；建立了腐蚀速率预测图板。成为高含硫气田工程建设选材、材料组合与优化、材料供货技术条件等工程使用的重要理论与技术依据。

（王　强）

【搭建海外项目科技支撑体系】 为了贯彻落实石化集团公司党组对石油勘探开发研究院定位和工作任务调整的决定，2010 年 1 月 22 日，石油勘探开发研究院以原海外研究中心员工为主体，成立了生产管理部、海外油气战略研究所、项目评价研究所和重点项目技术支持中心。7 月 20 日成立了叙利亚项目技术支持部。调整优化了科研生产板块资源，初步形成了“核心层 + 紧密层”的海外业务支撑体系。

（张　杨）

【举行建院 10 周年科技论坛】 2010 年 9 月 19—20 日，石油勘探开发研究院举行建院 10 周年科技论坛，论坛的主题是“贴近生产加快创新”。金之钧作题为《贴近生产加快创新为建设国际一流研究院而努力奋斗》的报告，总结了建院 10 年来 7 个方面的成果，提出了“十二五”期间的工作目标。

（张　杨）

【注册成立中国石化石油勘探开发研究院有限公司】 2010 年 7 月 7 日，中国石化石油勘探开发研究院有限公司注册成立，石油勘探开发研究院继续保留，实行“分公司”和“子公司”双体制运行。7 月 9 日，石化股份公司下发文件，决定：金之钧任中国石化石油勘探开发研究院有限公司执行董事，谢晓安任监事；聘任金之钧为总经理，张鸣为副总经理（兼），钱基、何治亮、郑和荣、曲寿利、袁向春为副总经理，郑和荣为总地质师（兼），曲寿利为总工程师（兼），计秉玉为总工程师。

（张　杨）

【石油勘探开发研究院党政领导班子聘任调整】 2010 年 7 月 7 日，中国石油化工股份有限公司下发文件，解聘任玉林石油勘探开发研究院副院长职务。

（张　杨）

【部分机构调整和名称变更】 2010 年 4 月 2 日，石油勘探开发研究院决定：科研生产部更名为科研管理部；国际合作部并入生产管理部（挂外事办公室牌子）；基建办公室并入发展计划部；法律职责从院长办公室转到内控审计部（挂法律事务部牌子）；撤销技术市场部；地震资料处理解释中心更名为油气地球物理研究中心；油藏工程研究所更名为油田开发研究所。

（张　杨）

【荆州勘查技术研究中心划转江汉油田分公司】 2010 年 8 月 4 日，石油勘探开发研究院荆州勘查技术研究中心正式划转江汉油田分公司。

（张　杨）

【非常规能源技术支持部成立】 为了进一步做好非常规能源的勘探开发工作，2010 年 9 月 25 日，石油勘探开发研究院从下属部门天然气研究所抽调部分技术人员，成立了非常规能源技术支持部。

（张　杨）

**【海外油气新项目评价工作组和王毅获得国务院国资

委表彰】 2010年8月30日，石油勘探开发研究院海外油气新项目评价工作组被国务院国资委授予中央企业红旗班组(科室)称号，王毅被授予中央企业先进职工称号。

(张　杨)

表1　　石油勘探开发研究院2010年主要科研成果获奖情况

序号	项目名称	获奖名称	获奖等级
1	塔河奥陶系碳酸盐岩特大型油气田勘探与开发	国家科技进步奖	一等奖
2	川东北地区大型气田勘探目标及关键技术	石化集团公司科技进步奖	一等奖
3	中国石化油气勘探目标评价及决策系统	石化集团公司科技进步奖	一等奖
4	普光气田产能建设关键技术	石化集团公司科技进步奖	一等奖
5	中国石化川东北地区勘探开发建设工程系列标准制修订及应用	石化集团公司科技进步奖	二等奖
6	高含硫化氢/二氧化碳气田井筒流动规律与管材腐蚀研究	石化集团公司科技进步奖	二等奖
7	普光气田气藏精细描述技术及气藏工程研究	石化集团公司科技进步奖	三等奖
8	中国石化国际油价预测体系系统开发与建设项目	石化集团公司科技进步奖	三等奖

表2　　石油勘探开发研究院2005—2010年专利申请与授权情况　　项

年　份	国内申请数	国外申请数	国内授权数	国外授权数
2005	15	0	5	0
2006	13	0	9	0
2007	16	0	8	1
2008	17	0	9	3
2009	31	0	13	0
2010	21	0	11	0

石油工程技术研究院

【概况】 中国石化集团石油工程技术研究院、中国石油化工股份有限公司石油工程技术研究院统称石油工程技术研究院，成立于2009年，注册地北京市昌平区，是以井筒技术为主的石油工程技术研发机构，主要从事石油钻井、完井、测录井、测试、储层改造及海洋石油工程等专业技术的发展规划、攻关研究、技术支持、产品研发及推广应用。

石油工程技术研究院本部下设5个职能部门、7个研究所、3个中心，京外设有德州大陆架石油工程技术有限公司(德州所)、胜利分院和中原分院。截至2010年底，院本部有正式职工286人，其中大学本科以上281人；教授级高工34人，有高级职称的117人；国家级突出贡献专家2人，享受政府特殊津贴专家7人，“百千万人才工程”人选1人，省部级突出贡献专家3人，石化集团公司学术技术带头人11人。建有钻井模拟、钻井液、储层保护、固井完井、测录井、储层改造、岩石力学7个配套齐全的实验室；拥有岩石力学三轴应力仪、储层损害模拟实验装置、高温高压流变仪、静胶凝强度分析仪、钻井模拟实验台架等具有国际先进水平的实验仪器装备；拥有钻井、固井、完井、测录井等先进软件数十套。在山东德州、新疆轮台、四川阆中建有试验基地，配备有专业化的移动式实验室；通过了ISO 9001、ISO 14001、OHSAS 18001、SY/T 6276管理体系认证；创办有中文核心期刊《石油钻探技术》；是全国石油钻采设备和工具标准化技术委员会钻修井井下工具标准化工作部挂靠单位。

石油工程技术研究院定位于“一部两中心”，即中国石化的石油工程技术发展参谋部、石油工程高新技术研发中心、国内外石油工程技术支持中心。主要负责中国石化石油工程技术发展战略、规划、部署等研究工作；组织开展石油工程技术基础性、前瞻性和重大项目研究，组织石油工程相关装备、工具、仪器、仪表和软件开发及科研成果转化应用工作；归口管理中国石化石油工程技术信息、档案及技术标准的制(修)订研究工作；跟踪分析国外石油工程技术进展，协助中国石化进行高级工程技术人才培养工作；参与国内外油气勘探开发重大项目研究并提供工程技术支撑工作。

石油工程技术研究院在钻井地质环境因素描述、深井超深井钻井、巨厚盐膏层钻井、电磁波随钻测量、旋转冲击钻井、复杂地层防漏堵漏技术、高压油气井防气窜固井等石油工程关键技术领域形成了以复杂地质条件下深井超深井钻井技术为核心的特色技术系列。2010 年承担各类科技项目 149 项，其中国家级课题/专题 22 项，结题验收 33 项，2 项成果通过鉴定并达到国际先进水平，重大项目完成率和优良率达 100%。申报国家专利 25 项，发表学术论文 127 篇。深井提速、超深水平井钻井、高温高密度钻井液等 10 项技术取得重大进展和突破。

石油工程技术研究院 2010 年主要科研成果获奖情况及 2005—2010 年专利申请与授权情况见表 1 和表 2。

（刘爱顺）

【科研立项实现翻番】 2010 年，石油工程技术研究院新立项目 59 项，其中国家“973”项目 1 项，先导项目 20 项。新立项目不仅实现数量翻番，而且层次有较大程度的提升。

（马广军）

【国家项目成果获得多项突破】 石油工程技术研究院牵头组织了 1 项国家“863”项目和 2 项国家重大专项课题，2010 年圆满完成了 3 个项目的“十一五”攻关任务。其中，“超深井钻井技术研究”项目形成了超深井钻井工艺及工具、高温高密度钻井液及水泥浆等 13 个方面的创新成果，以塔河、普光、元坝等油气田为工程依托，缩短钻井周期 20% 以上，钻井成功率 100%；“海相碳酸盐岩井筒关键技术研究”课题形成了酸性环境套管强度设计、化学触变堵漏、胶乳防气窜水泥浆等 7 项创新成果，在塔河、川东北等试验区应用，钻井周期缩短 25% 以上；“中东中亚富油气区复杂地层深井钻完井技术”课题取得了高露点压力凝析气田气体钻井等 7 项技术突破，形成了针对沙特 B 区块和也门 1 区块的钻完井关键技术系列，取得了良好的经济效益。

（马广军）

【深井提速技术大幅加快油气开发】 2010 年，石油工程技术研究院针对元坝、川西等地区的深井提速技术难题，与油田企业和施工单位密切合作，通过研究攻关瓶颈技术、集成配套成熟技术、试验应用专项技术，显著提高了钻井速度。其中，在元坝地区通过优化井身结构，应用控压降密度、复合钻井及气体钻井等技术，提速井平均机械钻速 1.97 米/时，同比提高 0.54 米/时，平均钻井周期同比缩短 78 天；在川西地区，应用孕镶钻头配合高速涡轮及欠平衡钻井技术，平均钻井周期 256.91 天，较提速前缩短 76 天；在东北地区采用优选钻井参数、高效破岩工具等措施，5 口深井平均钻井周期 177.20 天，较提速前缩短 15.3%。

（马广军）

【超高密度钻井液技术应用成果显著】 2010 年，石油工程技术研究院自主开发的专用分散剂 SMS－19 和耐温耐盐降滤失剂 SML－4 解决了超高密度钻井液流变性及沉降稳定性的调控技术难题。使用该技术配制的 2.85—2.88 克/厘米^3 超高密度钻井液体系应用于官深 1 井，在正常泵压下顺利钻穿 3 套异常高压盐水层，创造了国内重晶石加重的最高钻井液密度纪录；自主研发的耐高温降滤失剂 PFL 解决了钻井液体系易高温老化、难控制失水等技术难题，实验室耐温能力达 240℃，保证了井深 6 010 米、井底温度 211℃的徐闻 X3 井的正常钻进。

（马广军）

【高密度/低密度水泥浆体系取得重大进展】 2010 年，石油工程技术研究院自主研发的耐高温缓凝剂 DH100 和防气窜降失水剂 DC200，室内测试耐温达 240℃，为解决川东北地区高压防气窜等固井技术难题奠定了技术基础。开发了密度 2.8 克/厘米^3 以上的超高密度水泥浆体系，解决了水泥浆流变性差、水泥石强度低的难题，在官深 1 井超高压固井中成功应用，隔离液与水泥浆密度均创国内纪录；开发了密度达到 0.8 克/厘米^3 低密度泡沫水泥浆体系，水泥石强度达到 14 兆帕，为解决低压易漏地层的固井难题提供了技术手段。

（马广军）

【EM－MWD 绝缘天线研发达到国际先进水平】 2010 年，石油工程技术研究院研究解决了困扰无线电磁波随钻测量系统(EM－MWD)测量深度和精度的井下钻杆天线绝缘及强度等关键技术难题，完成了井下仪器总成、地面接收机的优化改进及系统集成，加工了 2 套工业化样机，在大牛地气田 D66－129 等 2 口井进行了实钻试验，纯钻 245.8 小时，测量深度达 3 090 米，仪器性能稳定，主要技术指标达到了同类产品的国际先进水平。

（马广军）

【特种尾管悬挂器替代国外同类产品】 2010 年，石油工程技术研究院针对高压油气井固井环空气窜难题，研制了 9⅝" ×7" 超高压封隔式尾管悬挂器，该尾管悬挂器采用金属密封技术，密封能力从 50 兆帕提高到 70 兆帕，在伊朗雅达 F18 等 3 口井进行了应用；针对深井、超深井等特殊井身结构无配套尾管固井工具、尾管载荷高等固井难题，研制了超大尺寸尾管悬挂器，该尾管悬挂器额定载荷达到 2 800 千牛，最高密封能力 25 兆帕，耐温达到 120℃以上，替代了国外同类产品；为提高小间隙和不规则井眼的水泥浆顶替效率，研制了旋转尾管悬挂器，在胜利 CB11NC－1 井顺利实现了注水泥过程中旋转尾管作业，大幅提高了固井质量。

（马广军）

【成功研发出内嵌式卡瓦加工新工艺】 石油工程技术研究院自主研制的内嵌式卡瓦是内嵌式卡瓦旋转尾管悬挂器的关键零件。2010 年，在加工过程中，成功研制出“一次装夹，加工成型”的成套性多片卡瓦加工工装和工艺，解决了内嵌式卡瓦的加工难题。该加工工艺克服了内嵌式卡瓦立体形状复杂、多面加工精度高、卡瓦易受损、不利于装夹定位等技术难题，保证了内嵌式卡瓦的加工精度，符合设计要求和目的，使多功能旋转尾管悬挂器的研制工作顺利进行。

（马兰荣）

【重视学术交流活动】 在建院一周年之际，石油工程技术研究院举办了大型学术交流会，邀请 4 位院士和 30 多位知名专家来院进行学术交流与研讨；多种渠道邀请知名专家学者来院作 GMI 地应力技术、深井超深井优化设计及提高钻速技术、水平井特色技术、三维防碰绕障技术、大位移井技术等报告。承办了全国钻井技术研讨会暨第 10 届石油钻井院（所）长会议、全国钻井液学术年会、页岩气工程技术交流会等大型技术会议，120 余人次参加了国内外高层次学术交流活动。

（马广军）

【上游合作推进增储上产】 2010 年，石油工程技术研究院围绕中国石化油气发展战略和打造石油工程技术铁军的目标，积极发挥石油工程高新技术研发中心、国内外石油工程技术支持中心的职能作用，加强与各油田企业的合作，先后与中国石化西北分公司、华北分公司、东北分公司、西南油气分公司和华东分公司签订了战略合作协议，与国际石油勘探开发公司筹备共建共管“海外石油工程技术中心”。针对重点区块及重点井的工程技术难题与需求，提供强有力的技术支撑，积极推进科技成果转化和推广应用，形成了面向“三北一川一海”（西北、东北、华北、四川、海外）的技术支持与服务格局，为中国石化的增储上产作出积极的贡献。

（秦红祥）

【技术成果成功应用于生产实践】 2010 年，石油工程技术研究院积极将先进的科研成果推广应用到生产实践中去，解决现场实际难题，促进降本增效。在西北巴麦和塔河地区，开展了钻井提速、堵漏、固井等技术支持与服务，胶乳水泥浆固井技术服务 13 井次，固井质量合格率 100%、优良率 90%。在东北松南气田，承担了钻井提速和储层改造技术支持与服务，腰深 7 井应用欠平衡钻井技术，实现了边喷边钻，钻速提高 20.7%；SW8P1 水平井分段压裂后，日产油达 36 吨，较压前提高 8 倍以上。在四川及周缘地区，开展了钻井工艺、钻井液、固井和钻井信息技术支持，元坝、川西提速明显，超深水平井和官深 1 井施工顺利，复杂地层堵漏一次成功率 80% 以上。

（秦红祥）

【为海外油气勘探开发提供技术支持】 2010 年，为实现中国石化上游海外半壁江山的目标，石油工程技术研究院在伊朗针对雅达油田首批 3 口井的卡钻和固井质量等难题，指导了 F2、F18 等 5 口井的现场施工，钻井速度比邻井提高 1.92 倍，F2 井投产后日产原油 1 000 吨。在缅甸 D 区块开展了固井、堵漏、控压钻井等技术支持与服务，PATOLON－2ST 井应用控压钻井技术实现了边喷边钻，发现了油气层，测试日产量 9.8 万立方米，实现了缅甸地区勘探的新突破。在叙利亚提出了 Tishrine 油田的酸压增产技术方案，优选了酸液体系和酸压工艺，承担了 3 口井的分段酸压技术服务，其中已停产多年的 T191 井重建日产天然气 1 万立方米、日产油 15 吨的产能。

（秦红祥）

【国际市场开拓成果显著】 2010 年，石油工程技术研究院通过提高产品质量、优化服务、扩大宣传等系列措施，拓宽了科技产品的推广应用渠道，海外市场开拓效果显著。获得伊朗雅达一期项目 50 口井的尾管悬挂器和套管附件推广应用大额订单，取得古巴国家石油公司 30 套尾管悬挂器推广应用订单，成功中标伊拉克哈法亚项目和土库曼斯坦阿姆河油气田的悬挂器项目。

（郑晓志）

【人才引进队伍建设】 2010 年，石油工程技术研究院先后从中国石化系统内外引进技术骨干 50 人，接收 2010 年应届毕业生 45 人，员工队伍迅速壮大，人才队伍的年龄结构、知识结构和能力结构得到显著优化，队伍的整体水平和综合素质得到很大的提升，为该院的发展奠定了很好的基础。

（郭　崛）

【《石油工程院报》创刊】 石油工程技术研究院于 2010 年初创办了《石油工程院报》，坚持技术上求严谨，形式上求活泼，突破视觉束缚，彰显企业特色的原则，及时报道科研生产管理各项工作取得的进展和成果，对中国石化重点井徐闻 X3 井、官深 1 井、元坝地区钻井提速、电磁波随钻测量技术、特种固井工具的研制、伊朗雅达、叙利亚酸压、QHSE 认证、ERP 夺标等重点技术、重点项目、重点工程进行跟踪报道。开辟了“创先争优”、“比学赶帮超”、“我要安全”等主题活动专栏，特邀 10 位所长及部门负责人来“所长访谈”栏目做客。开展了“女性风采”、“我是工程院人”主题征文活动。《石油工程院报》已经成为全院内部信息交流和对外宣传的重要平台，得到了广大读者的好评。

（刘爱顺）

【ERP 系统顺利通过验收】 2010 年，在中国石化科研板块 ERP 应用开展“比学赶帮超”活动中，石油工程技术研究院共扛 6 次红旗。11 月，石油工程技术研究院 ERP 系统顺利通过石化集团公司总部验收，12 月，以超过 96 分的成绩顺利通过了中国石化总部的达标检查。从立项到通过达标检查不足一年半，创造了中国石化 ERP 建设史上的新纪录，得到中国石化信息主管部门的高度评价。

（赵金海）

【顺利完成 QHSE 建设与认证】 石油工程技术研究院将 QHSE 管理体系建设和认证定为 2010 年全院的重要工作任务之一。制定了周密的管理体系建设与认证工作计划，6 月 12 日完成体系文件并发布运行，11 月 24 日顺利通过认证审核。QHSE 体系的建立运行，增强了职工的质量、职业健康、安全和环境管理的意识，系统识别了全院质量控制、健康安全、环境管理等风险因素，疏理出各项业务链条的应有环节，提高了管理工作规范化、制度化、程序化水平。

（刘建立）

表 1　石油工程技术研究院 2010 年度科研成果获奖情况

序号	项目名称	奖项名称	获奖等级
1	抗高温高压耐腐蚀特种尾管悬挂器的研究	石化集团公司科技进步奖	二等奖
2	特种尾管悬挂器的研制	中国机械工业科学技术奖	二等奖

表 2　石油工程技术研究院 2005—2010 年专利申请与授权情况①　项

年　份	国内申请数	国内授权数	国外申请数	国外授权数
2005	5	1	0	0
2006	7	4	0	0
2007	11	1	1	0
2008	9	1	0	0
2009	10	0	0	0
2010	25	0	0	0

①石油工程技术研究院 2009 年 6 月前申请的专利均授权给其前身所属单位。

石油化工科学研究院

【概况】 中国石油化工股份有限公司石油化工科学研究院(简称石油化工科学研究院)位于北京市海淀区，其前身成立于1956年7月，是中国石化直属的综合性科研开发机构，主要从事石油炼制和石油化工技术领域的科学研究与开发、技术许可、技术服务、技术咨询和技术培训。围绕中国炼油工业发展的技术需求，重点开展具有全局性、前瞻性和重大战略意义的关键课题研究。科研业务领域包括：劣质原油与重油加工技术、清洁汽/煤/柴油生产技术、油化结合技术、芳烃生产技术、石油产品生产技术、石油化学品生产技术、替代燃料及相关技术、炼油技术应用基础研究、计算机信息技术应用以及分析测试等配套技术共10个方面。

截至2010年底，石油化工科学研究院下设17个研究部门，拥有炼油工艺与催化剂国家工程研究中心、石油化工催化材料与反应工程国家重点实验室、国家能源石油炼制技术研发中心、中国石化润滑油评定中心、中国石化水处理技术服务中心等机构；是全国石油产品标准化归口单位，是国家石油产品质量监督检验中心、中国石油学会石油炼制分会的挂靠单位，是《石油学报》、《石油炼制与化工》和英文版的《China Petroleum Processing and Petrochemical Technology》3个科技期刊的编辑、出版单位；下设研究生部和博士后流动站，拥有化学工艺、应用化学专业博士学位，化学工艺、应用化学、工业催化和化学工程专业硕士学位的授予权。职工总数为1 312人，各类技术人员962人。其中，中国科学院、中国工程院院士6人，教授级高级工程师105人，高级技术人员454人；博士207人，硕士247人。拥有近千套中小型炼油和石油化工试验装置及各种化学分析仪器，涉及石油炼制工艺、石油化工、精细化工和添加剂以及油品应用研究等领域。

截至2010年底，石油化工科学研究院共获得部级以上奖励的科技成果861项，国家级奖励120项，其中国家最高科学技术奖1项、国家技术发明一等奖2项、国家科技进步特等奖1项，国家科技进步一等奖6项。累计申请中国专利3 225项，获准授权1 890项；拥有专有技术440项；在32个国家和地区申请专利638项，获准授权340项。

石油化工科学研究院2010年度科研成果获奖情况及2006—2010年专利申请与授权情况见表1和表2。

（侯明铉）

【催化氧化新材料——空心钛硅分子筛获国家技术发明二等奖】 烃类选择性氧化是生产高附加值化学品重要过程。传统氧化工艺复杂、条件苛刻、选择性差、污染严重，开发清洁高效氧化新工艺的核心是催化材料。石油化工科学研究院经过近20年的研究，完成了实验室探索、小试、中试放大、工业试验和工业生产，首创了具有自主知识产权的独特的空心钛硅分子筛和分子筛原粉催化剂产品，解决了分子筛合成工艺和制造工程中多项工业放大难题，建成50吨/年生产装置，实现了空心钛硅分子筛和分子筛原粉催化剂工业化生产。与国外产品相比，转化率高9.8%，选择性高11.3%，为己内酰胺全套自主知识产权技术开发提供支撑。产品用于两套10万吨/年以上氨氧化工业装置以及苯酚羟基化、醛酮肟化和醇氧化等多个工业过程，为企业创造上亿元经济效益。该项目申请国内外发明专利32项，已获授权12项；获2010年度国家技术发明二等奖。

（侯明铉）

【含铂、锡的多金属重整催化剂及其制备与应用获第12届中国专利金奖】 在2010年11月13日召开的全国第12届专利奖颁奖大会上，以石油化工科学研究院为专利权人的“含铂、锡的多金属重整催化剂及其制备与应用”获得国家知识产权局和世界知识产权组织联合颁发的中国专利金奖，这也是1989年中国专利奖设置以来石油化工科学研究院获得的第五个专利金奖。该发明基于对两种金属中心和酸性中心作用的创新认识，提出了调控“金属—酸性”双功能的技术方案，实现活性中心的最佳匹配。依据该发明开发的催化剂及技术主要用于生产清洁汽油组分、芳烃和氢气，已在国内28套连续重整装置上成功应用，为企业创造了可观的经济效益。

（侯明铉）

【高含酸原油直接催化裂化脱酸成套工艺技术的开发及工业应用获首届国家能源局科技进步奖】 石油化工科学研究院针对高酸原油特性及腐蚀机理进行了系统的研究，突破常规地提出了高酸原油不经过常减压蒸馏分离，全馏分直接催化裂化，实现既脱酸又裂化的技术创新构思。经实验室小型、中型系统探索研究，开发出全馏分高酸原油直接催化裂化脱酸技术，并分别于2006年11月和2007年10月完成工业试验和工业应用。结果显示，采用高酸原油专用破乳剂和脱金属剂，电脱盐单元可提供含盐、含水和金属含量满足催化裂化直接加工的原料油；催化裂化单元可脱除高酸原油中石油酸达99.8%，液体产品中的酸度(值)与常规原油催化裂化的液体产品结果相当，可直接生产高价值石油产品和化工原料。在2010年7月举行的首届国家能源科技进步奖颁奖大会上，该项目获国家能源局2009年科技进步二等奖。

（侯明铉）

【国内首套环保型芳烃橡胶填充油工业示范装置开车成功】 芳烃橡胶填充油是轮胎橡胶生产中必不可少的填充辅料，欧盟2005/69/EC规定，自2010年1月1日起，不符合该标准的橡胶不得投放欧洲市场。为此，石油化工科学研究院与有关单位密切合作，开发了具有自主知识产权的ARE芳烃橡胶填充油抽提技术，2010年11月在济南分公司建成了1套7万吨/年环保型芳烃橡胶填充油工业示范装置，实现装置一次开车成功，生产出的环保型芳烃橡胶填充油通过国际权威机构检测，质量达到国际先进水平，标志着中国石化成功打破国外技术壁垒，为中国橡胶产品走向欧洲市场铺平了道路。

（侯明铉）

【固定床费托合成技术开发取得重大进展】 2010年10月，石油化工科学研究院开发的固定床费托合成技术及配套的催化剂用于镇海炼化3 000吨/年中试装置。该装置一次开车成功，产出合成油，表明该催化剂主要反应性能处于国内领先水平，标志着技术开发由实验室向工业应用迈出了关键的一步。费托合成是以氢气和一氧化碳为原料生产液体烃类和石蜡的技术，固定床费托合成技术具有产品无硫、无氮、无芳烃、重质蜡产率高的优点，被列入石化集团公司重大科研项目。石油化工科学研究院从2003年开始进入该研发领域，相继建成了多套固定床微反、中型、单管试验装置，完成了催化剂配方及评价方法、工艺条件考察、工业装置开工、风险控制等关键技术的开发。

（侯明铉）

【加氢技术再次中标台湾桃园炼厂】 2010年4月，石油化工科学研究院开发的渣油加氢处理RHT技术及系列催化剂中标台湾中油公司桃园炼厂第二套渣油加氢脱硫装置，这是继2009年9月渣油加氢催化剂首次登陆台湾桃园炼厂以来的又一次中标。该装置是台湾中油公司5套渣油加氢脱硫装置中工艺条件最苛刻的一套，其进料空速比一般渣油加氢装置高出近1倍，具有较强的示范作用。

（侯明铉）

【延迟焦化技术出口古巴】 石油化工科学研究院结合劣质原油和劣质渣油加工的实际需要，开发了含酸原油延迟焦化加工技术和劣质渣油延迟焦化加工技术，并实现了工业化。2009年，石油化工科学研究院与洛阳工程公司合作，共同参加了古巴西恩富戈斯炼油厂扩建项目230万吨/年新建延迟焦化装置技术许可项目的竞标并成功中标。2010年8月，中国石化正式与业主方签订了延迟焦化技术许可合同。至此，石油化工科学研究院开发的延迟焦化技术在国外的技术许可项目增加到3家。

（侯明铉）

【国家能源石油炼制技术研发中心正式获得授牌】 2010年7月，国家能源局组织的第二批22家国家能源研发(实验)中心的授牌仪式在北京人民大会堂隆重举行，“国家能源石油炼制技术研发中心”正式获得国家能源局授牌。该中心以中国石化为依托，以石油化工科学研究院的主力研究室为基础，围绕中国炼油工业发展的技术需要，重点开展具有全局性、前瞻性和重大战略意义的石油炼制技术领域关键课题研究，是国家能源局唯一以石油炼制技术为研究对象的国家级研发中心。

（侯明铉）

【李大东院士获2010年度何梁何利基金科学与技术进步奖】 2010年10月20日，何梁何利基金2010年度颁奖大会在北京钓鱼台国宾馆隆重举行，李大东院士获得科学与技术进步奖。李大东院士直接负责并组织开发了一系列具有国际先进水平的加氢技术和加氢催化剂，12个系列55个品种的加氢催化剂已成功应用于国内外232套工业装置，创造了重大的经济效益和社会效益。20世纪80年代，由他主持开发成功的具有世界领先水平的RN－1催化剂，解决了国内二次加工馏分油加氢精制的难题，并出口到意大利。

（侯明铉）

【开展与世界一流研发机构的全面对标】 2010年，石油化工科学研究院在“创先争优”活动中，认真开展了院和研究室两级与世界一流研发机构的全面对标分析，找差距，定目标，采取有效措施，提升核心竞争力。结合使命和定位，选取世界炼油和石油化工领域最大的技术专利商及国际知名石油公司所属研究院为参照，从知识产权、对外发表论文、技术许可及市场占有份额、成果转化与技术服务体系、人力资源、科研条件和装备等方面，进行综合对比分析，通过查找存在的主要差距，形成了指导“十二五”及长远发展的总体思路，进一步明晰了建设世界级研究院的目标、方向和措施。

（侯明铉）

表1　石油化工科学研究院2010年度科研成果获奖情况

序号	项目名称	奖项名称	获奖等级
1	单系列大型化炼油技术集成开发与工业应用(第三完成单位)	国家科技进步奖	二等奖
2	催化氧化新材料——空心钛硅分子筛	国家技术发明奖	二等奖
3	化工装置节水减排成套技术开发(第五完成单位)	石化集团公司科技进步奖	一等奖
4	含双孔结构Y型分子筛复合材料的催化裂化催化剂的开发与工业应用	石化集团公司科技进步奖	二等奖
5	氧化工艺安全操作和控制技术开发及工业应用(第三完成单位)	石化集团公司科技进步奖	二等奖
6	增强型降低催化汽油硫含量催化剂的开发及应用	石化集团公司科技进步奖	三等奖
7	塔河高矿化度油藏超稠油乳化降黏井筒举升技术创新与应用	石化集团公司科技进步奖	三等奖
8	新一代重整预加氢催化剂RS－30开发及工业应用	石化集团公司科技进步奖	三等奖
9	石油加工过程中的脱硫	石化集团公司科技进步奖	三等奖
10	劣质渣油延迟焦化成套技术开发与工业应用(第二完成单位)	石化集团公司科技进步奖	三等奖

表2　石油化工科学研究院2006—2010年专利申请与授权情况　项

年　份	中国专利		国外专利	
	申　请	授　权	申　请	授　权
2006	258	206	53	36
2007	262	150	57	36
2008	266	139	45	26
2009	317	183	75	22
2010	410	160	62	35

北京化工研究院

【概况】 中国石油化工股份有限公司北京化工研究院(简称北京化工研究院)的前身成立于 1958 年 6 月，是中国最早从事石油化工综合性研究的科研机构。曾先后隶属化学工业部、燃料化学工业部及石油化学工业部。1998 年 9 月转制进入石化集团公司。院本部位于北京市北三环内，占地面积 9.7 万平方米，建筑面积 6.8 万平方米。燕山分院位于北京市房山区向阳街道凤凰亭路 15 号，占地面积近 30 万平方米，建筑面积 6 万平方米。科学试验基地设在北京市通州区台湖镇，占地面积 17 万平方米，建筑面积 3.8 万平方米。截至 2010 年底，员工总数 1 213 人，其中专业技术人员占 66%，享受政府特殊津贴 8 人，博士 179 人、硕士 257 人、本科 350 人。

北京化工研究院形成了工业催化、有机合成、高分子聚合、塑料加工、合成橡胶、化工环保、化学工程、分析表征和科技信息等学科基础，以及乙烯技术、合成树脂、合成橡胶、有机与精细化工、化工环保等专业优势；设立了聚烯烃国家工程研究中心、橡塑新型材料合成国家工程研究中心、国家石化有机原料合成树脂质量监督检验中心、国家基本有机原料质量监督检验中心、国家化学建材测试中心和国家高分子材料与制品质量监督检验中心等全国性技术中心；创办了《石油化工》、《化工环保》和《石油化工快报》等学术期刊和行业性杂志。

北京化工研究院本部设有 14 个主要的研究室(所)和 1 个配套部门，拥有从事研究开发工作所需的配套设备和现代化分析测试仪器，建有石油烃类裂解、烯烃净化催化剂、有机合成催化剂、聚烯烃催化剂、环管聚丙烯中试、气相聚乙烯中试、改性塑料等几十套中试、模试装置及烯烃聚合评价装置。燕山分院设有 8 个专业研究室，拥有小试、模试和中试装置 80 余套，大型仪器 70 余台(套)，建立了恒温恒湿力学性能测试实验室、水处理药剂评定实验室、离子交换树脂评定实验室等。

北京化工研究院自 1964 年开始招收研究生，是国务院批准的首批硕士学位授予单位之一，共有材料学、化学工艺学、工业催化 3 个硕士学位授予点，设有博士后科研工作站。

2010 年度，北京化工研究院承担的中国石化科研项目中，获得石化集团公司科技奖励 13 项，其中技术发明二等奖 1 项，科技进步一等奖 3 项。申请中国专利 455 项，有 56 项中国专利和 24 项国外专利获得授权。

2010 年实现产品与技术出口总计 1 015.75 万美元，首次突破千万美元，创历史新高。

北京化工研究院 2010 年度主要科研成果获奖情况及 2005—2010 年专利申请与授权情况见表 1 和表 2。

(苗莲香)

【超重力技术用于炼厂干气脱硫化氢的工业应用获得石化集团公司技术发明二等奖】 (参见第 129 页)

【可激光打标用塑料的开发应用获得石化集团公司技术发明三等奖】 2010 年，由北京化工研究院与巴陵石化共同承担的中国石化“可激光打标用塑料的开发应用”项目获得石化集团公司技术发明三等奖。该项目采用北京化工研究院原创的纳米粉末胶分散技术，成功开发了一系列可用于激光打标的树脂塑料产品，基体包括聚乙烯、聚丙烯、ABS、聚苯乙烯、聚酯和聚碳酸酯等树脂，制备成本低于同类进口产品。该项目已申请发明专利 10 项。

(张师军)

【聚乙烯管材专用树脂和抗冲聚丙烯基础研究及工业应用获得石化集团公司科技进步一等奖】 (参见第 132 页)

【PE100 聚乙烯管材树脂和燃气管材专用料技术开发获得石化集团公司科技进步一等奖】 (参见第 132 页)

【化工装置节水减排成套技术开发获得石化集团公司科技进步一等奖】 (参见第 132 页)

【聚丙烯装置直接生产汽车保险杠专用树脂技术获石化集团公司科技进步二等奖】 2010 年，由北京化工研究院和扬子石化合作完成的“聚丙烯装置直接生产汽车保险杠专用树脂技术”项目获得石化集团公司科技进步二等奖。该项目通过对催化剂体系、聚合工艺条件、助剂配方的调控，掌握了聚丙烯分子结构、材料性能以及加工工艺参数之间的关系，在聚合装置上直接聚合生产出了刚性、韧性以及耐热性能平衡的汽车保险杠专用树脂。产品在汽车工业领域得到广泛应用，产生了良好的社会效益和经济效益。

(张师军)

【ND 催化剂在韩国晓星公司成功应用】 2010 年 9 月，北京化工研究院开发的 ND 催化剂在韩国晓星公司聚丙烯装置上成功进行了试应用，ND 催化剂切换及应用过程顺利，生产过程平稳，聚合物中的细粉显著少于国外同类催化剂，有利于装置长周期运行，所生产的聚合物产品刚性、韧性和抗冲共聚产品 J640、J740 各项性能指标均达到或超过该公司之前使用的催化剂。该次在晓星公司的成功应用，标志着 ND 催化剂已达到国际先进水平。

（宋文波）

【YS－8520 银催化剂的工业应用试验通过鉴定】 2010 年 9 月 20 日，由北京化工研究院燕山分院、天津分公司、燕山分公司和催化剂分公司共同承担的“YS－8520 银催化剂的工业应用试验”项目通过了中国石化组织的鉴定。YS－8520 银催化剂是燕山分院 2008 年研制的中等选择性银催化剂，2 月通过了中国石化组织的专家评议。同年燕山分院与天津分公司和催化剂分公司一起开展该催化剂的工业应用试验工作。2009 年 3 月一次开车成功。经过 18 个月的工业应用，该催化剂表现出较高的活性和良好的稳定性，平均选择性达到国外同类催化剂的先进水平。

（李雪莲）

【中国石化炼化企业污染源调查及治理方案研究通过鉴定】 2010 年 2 月，北京化工研究院承担的“中国石化炼化企业污染源调查及治理方案研究”通过中国石化组织的鉴定。该项目通过方案设计、集中培训、现场监测、企业质询、类比调查等方法，对中国石化所属 37 家炼化及储运企业污染源进行了调查与分析，共统计分析整理了水、气、声、固废等上百万个数据；对中国石化所属的 80 家企业危险废物的产生与处理处置情况进行了调查与分析，统计整理出危险废物现状调查报告。该项目的完成，摸清了中国石化污染源现状，提出了中国石化污染治理重点与整改建议，并依据掌握的企业污染状况建立动态污染源管理数据库，为中国石化污染源的矩阵式管理提供较强的技术支持。

（修　锐）

【炼油化工企业节水减排技术解决方案通过鉴定】 2010 年 1 月 22 日，由北京化工研究院承担的“炼油化工企业节水减排技术解决方案”项目通过中国石化组织的鉴定。该项目紧密结合中国石化节水减排形势，在炼油污水现场试验的基础上，针对济南分公司、西安分公司炼油污水的处理需求，开发了膜前预处理技术，选择的污水处理膜组件和技术科学合理，有效保证了膜技术的长期使用，形成了膜处理炼油污水的实用技术。该项目申请国家发明专利 5 项，具有自主知识产权，整体技术处于国际先进水平。该技术在济南分公司应用后，2008 年达标污水回用率达到 91%，两年反渗透产水 159 万吨；在西安分公司应用后，吨原料油排水由 2008 年的 0.40 吨降至 2009 年的 0.24 吨，具有显著的社会效益和较好的经济效益。

（栾金义）

【影响丙烯聚合催化剂性能的微量杂质研究通过鉴定】 2010 年 5 月 13 日，由北京化工研究院承担的中国石化科技开发项目“影响丙烯聚合催化剂性能的微量杂质研究”通过中国石化组织的鉴定。该项目紧密结合国内聚丙烯生产现状，采用现代仪器技术，研究建立了丙烯中 61 种类微量杂质的分析方法。杂质的检出限低，方法准确度和精密度高，可实现对聚合级丙烯的全面质量监控。该项目针对北京化工研究院开发的 N、DQ、ND 催化剂研究了丙烯中主要微量杂质对催化剂的影响，分别做出各杂质含量与催化剂活性及定向能力的对应曲线，使杂质对催化剂影响的认识水平由定性上升到定量。利用该项目研究技术，已经为十几家石化企业分析了上百个丙烯样品，及时帮助企业找出了聚合装置运转不正常及聚丙烯产品质量不合格的原因，减少了企业的损失。

（张　颖）

【高速高挺度 BOPP 生产技术开发通过鉴定】 2010 年 5 月 15 日，由北京化工研究院和茂名石化分公司共同承担的“高速高挺度 BOPP 生产技术开发”项目通过中国石化组织的鉴定。该项目通过对高速高挺度 BOPP 结构、相形态、结晶动力学及熔体流变行为等方面进行深入研究，提出了满足高分子熔体高速拉伸的分子结构，解决了 BOPP 高速生产的稳定性；采取在大分子上共聚 α－烯烃的方法，实现了既可以大幅度降低薄膜中的可溶物含量，提高薄膜模量，又能有效控制薄膜片晶厚度，使得薄膜片晶厚度分布均匀，实现了高速高挺度 BOPP 理论上和技术上的突破。该技术属世界首创，是北京化工研究院首个聚合物结构方面的专利成果，已获得中国和美国授权。

（于鲁强）

【NDQ 催化剂在 BOPP 膜料生产中成功应用】 NDQ 催化剂是北京化工研究院开发的拥有自主知识产权的二醇酯为内给电子体的新型球形催化剂。该催化剂具有聚合活性高、立构定向性好、聚合物分子量分布宽等特点。2010 年 6 月，在长盛石化公司的单环管聚丙烯工业生产装置上，采用 NDQ 催化剂试生产 1 500 吨 BOPP 膜料，整个过程装置运行平稳、催化剂聚合活性高、聚丙烯树脂性能指标控制稳定。实现了在单环管(反应器)装置上直接合成较宽分子量分布的聚丙烯树脂，较好地平衡了树脂料的加工和力学性能，缩短了工艺流程，满足了 BOPP 膜的各项生产需要。生产的 BOPP 膜料的加工性能和物理性能达到了双反应器装置上生产的水平。

（刘月祥）

NDQ 催化剂在 BOPP 膜料生产中成功应用

【燕山分院被整体划入北京化工研究院】 为推进科研资源优化配置、加强产销研结合、充分发挥科技创新"推进器"作用、统筹直属研究院和企业院(所)的研究资源、构建"直属院—分院"管理模式，石化集团公司决定把燕山分公司研究院业务、资产、人员整体划入北京化工研究院。2010 年 4 月 28 日，北京化工研究院燕山分院揭牌仪式在燕山分公司隆重举行。

（唐义森）

【3 家直属院挂牌成立】 为优化、整合科技资源，加快推进科技创新，进一步提升科技竞争实力，石化集团公司进行科技体制改革，提出了以企业为主、直属院为辅、行政和党群隶属关系及法律地位保持不变的管理模式，设立中国石化北京化工研究院燕山树脂所、齐鲁分院、扬子分院，并分别于 2010 年 4 月 28 日、4 月 23 日和 4 月 24 日挂牌成立。

（唐义森）

【改进型 YS－8520 银催化剂中标中国石油独山子石化】 2010 年 7 月 6 日，在中国石油独山子石化公司乙二醇装置用银催化剂招标会上，北京化工研究院燕山分院自主研发的改进型 YS－8520 银催化剂凭着性能和价格优势一举中标。

（李金兵）

燕山分院揭牌

【北京化工研究院工会获全国模范职工之家称号】 2010 年 6 月，从中华全国总工会得悉，北京化工研究院工会获全国模范职工之家称号。中国石化共有两家单位获此称号。

（梁晓云）

【科研管理部成立】 2010 年 5 月，科研管理部正式成立。这是北京化工研究院贯彻落实石化集团公司调整完善科技体制要求，建立"直属研究院—分院"管理模式，完善科研管理机制的重要举措之一。科研管理部成立后，将主要负责科技体制改革方案的研究、设计和组织实施；负责归口管理各分院，协调院内各相关部门、分院和分院所在企业的关系；负责以科研管理制度为主的内部制度管理；组织执行石化集团公司下达的绩效考核责任书；负责科研单位(含分院)和职能部门目标责任制考核及奖励管理工作；牵头负责"三基"工作管理和企业的统计工作。

（梁晓云）

【压力管道设计资质顺利通过复查】 2010 年 1 月 26—28 日，国家质量监督检验检疫总局委托中国石油和化工勘察设计协会对北京化工研究院持有的"特种设备(压力管道)设计许可证"进行了复查，评审专家对复查结果表示满意，批准该院继续持有该项资质。

（柴璐璐）

表1　北京化工研究院2010年度主要科研成果获奖情况

序号	项目名称	奖项名称	奖项等级
1	超重力技术用于炼厂干气脱硫化氢的工业应用	石化集团公司技术发明奖	二等奖
2	新型甲烷化催化剂的工业应用	石化集团公司技术发明奖	三等奖
3	可激光打标用塑料的开发应用	石化集团公司技术发明奖	三等奖
4	聚乙烯管材专用树脂和抗冲聚丙烯基础研究及工业应用	石化集团公司科技进步奖	一等奖
5	PE100聚乙烯管材树脂和燃气管材专用料技术开发	石化集团公司科技进步奖	一等奖
6	化工装置节水减排成套技术开发	石化集团公司科技进步奖	一等奖
7	聚丙烯装置直接生产汽车保险杠专用树脂技术	石化集团公司科技进步奖	二等奖
8	高性能聚丙烯珠光膜专用树脂开发	石化集团公司科技进步奖	二等奖
9	气相聚乙烯BCS－02淤浆进料催化剂工业应用试验	石化集团公司科技进步奖	三等奖
10	新型碳三液相选择加氢催化剂工业应用试验	石化集团公司科技进步奖	三等奖
11	工业裂解炉在线快速烧焦技术的开发及工业应用	石化集团公司科技进步奖	三等奖
12	丙烯中微量杂质分析技术开发及微量杂质对聚丙烯生产的影响研究	石化集团公司科技进步奖	三等奖
13	烯烃技术进展	石化集团公司科技进步奖	三等奖

表2　北京化工研究院2005—2010年专利申请与授权情况　项

年　份	国内申请数	国内授权数	国外申请数	国外授权数
2005	54	52	22	8
2006	69	50	32	17
2007	88	47	22	15
2008	107	54	27	12
2009	217	41	19	12
2010	455	56	46	24

抚顺石油化工研究院

【概况】 中国石油化工股份有限公司抚顺石油化工研究院(简称抚顺石油化工研究院)位于辽宁省抚顺市望花区，占地21万平方米，是石化股份公司直属科研机构。其前身创建于1953年4月，是国内最早建立的石油研究机构。经50余年的发展，已成为以石油临氢催化加工、生物化工、环境保护技术研究以及材料产品开发为核心专业领域的综合性科研开发基地。

抚顺石油化工研究院下设13个专业研究室(部、所)，设有中国实验室国家认可委员会认可的石油产品检验实验室、国家石蜡质量监督检验中心以及博士后工作站和硕士研究生工作站，是国家石油蜡类产品标准化归口单位和辽宁省精细石油化工重点实验室、辽宁省沥青材料工程技术研究中心的依托单位。石化股份公司环境监测总站、加氢技术情报站、石蜡科技情报站也设在该院。拥有中小型炼油及化工试验装置200余套，各类大型分析测试仪器200余台。图书馆实现了电子化，是中国东北地区最全的石油类中外文图书、期刊图书馆。

截至2010年底，抚顺石油化工研究院正式职工总数为704人，各类专业技术人员492人。其中，中国工程院院士 1 人，享受政府特殊津贴专家 10 人，教授级高级工程师 46 人，高级专业技术人员 200 人。共取得科技成果 300 多项，获国家科技进步奖和发明奖 21 项，已申请中国专利 2 057 项，申请国外专利 93 项，获国内外专利授权 1 146 项。

抚顺石油化工研究院 2010 年度主要科研成果获奖情况及 2005—2010 年专利申请与授权情况见表 1 和表 2。

（刘建宇）

【加氢装置技术分析及远程诊断系统投入运行】 该系统主要用于中国石化加氢装置操作情况的分析、诊断等，由生产运行概览、催化剂寿命、装置技术分析、专家诊断、技术交流和系统管理等模块组成。通过这些模块的集成，可为中国石化总部及各企业决策层提供综合性的生产信息，对各企业加氢装置的催化剂使用情况进行评估，实现日常运行评测、异常情况分析和评价以及诊断业务流程电子化，并为技术人员在线信息交流和技术资料共享提供平台。该系统可指导装置生产优化、提升故障诊断速度、提高技术服务响应效率，同时也提升了中国石化技术管理水平和效率。该项目获石化集团公司 2010 年度科技进步二等奖和中国石化第 19 届企业管理现代化创新成果三等奖。

（刘建宇）

【FC－32 灵活型加氢裂化催化剂工业应用取得成功】 为满足多产优质化工原料，尤其是低 BMCI 值、富含链烷烃的高质量乙烯裂解原料的需求，抚顺石油化工研究院开发了 FC－32 新一代灵活型加氢裂化催化剂。该催化剂以开环选择性好的改性 Y 型分子筛为裂化组分，以芳烃饱和能力强的金属钨—镍为加氢组分，采用新方法制备载体，使酸性组分和金属组分均能很好地在催化剂中分布，具有很高的机械强度和优异的催化性能。截至 2010 年底，FC－32催化剂已在 6 套加氢裂化装置上成功地进行了工业应用。应用结果表明，该催化剂具有加氢性能好、开环能力强、裂化活性适宜、目的产品选择性高、液体产品收率高、气体产率低、产品质量优等特点，能够有效转化原料油中的大分子烃类。在不同工艺条件下处理不同类型原料油，均可生产高芳潜重石脑油、优质超低硫清洁柴油和 BMCI 值低的蒸汽裂解制乙烯原料。催化剂活性、选择性、产品分布和产品质量均满足了不同企业实际生产的需要。

（刘建宇）

【FF－24 催化裂化原料预处理催化剂开发成功】 2010 年，抚顺石油化工研究院采用自主开发的调节催化剂活性中心技术研制成功 FF－24 催化裂化原料预处理催化剂。该催化剂具有孔结构合理、表面性质适宜等特点。该催化剂用于 260 万吨/年蜡油加氢装置，在精制蜡油硫含量小于 0.15% 的条件下，氢耗仅为 0.9%，表明该催化剂能在保持高脱硫活性的同时，有效控制氢气消耗，具有活性高、脱硫选择性强、运行稳定等特点。

（刘建宇）

【FDW－3 临氢降凝催化剂通过技术鉴定】 FDW－3 临氢降凝催化剂是抚顺石油化工研究院为满足北方油品市场对低凝柴油的需要而开发的，具有降凝活性高、目的产品选择性好、稳定性好等特点，可用于二次加工柴油和/或直馏柴油加氢降凝、加氢改质降凝及加氢裂化尾油临氢降凝等工艺过程。2003 年研发，2005 年投入工业应用。工业应用结果表明，使用该催化剂处理催化柴油/直馏柴油混合油，柴油凝点降低 30℃以上，处理加氢裂化尾油可使其凝点降低 50℃以上。2010 年 6 月 4 日，FDW－3 临氢降凝催化剂在北京通过了由石化股份公司组织的技术鉴定。技术鉴定会上，与会专家一致认为，FDW－3 催化剂制备工艺成熟可靠，产品重复性好，无特殊环保要求，建议进一步推广应用。

（刘建宇）

【PO/SM 废气催化氧化处理装置开车成功】 为降低装置的建设成本，实现 PO/SM 废气污染治理技术的国产化，中国石化组成了由镇海炼化、抚顺石油化工研究院、洛阳工程公司等单位参加的攻关团队，开展对“十条龙”攻关项目 PO/SM 废气催化氧化处理成套技术的工业应用研究。经过几年的攻关，成功地开发出具有完全自主知识产权 PO/SM 废气催化氧化处理技术。2010 年 6 月 16 日，镇海炼化 PO/SM 废气催化氢化处理装置一次开车成功。工业试验结果表明，催化氧化装置可以有效治理 PO/SM 废气污染，无论是单系列运转还是双系列同步运行，净化气中的非甲烷总烃、乙醛、苯、甲苯、氮氧化物等指标均符合国家排放标准。

（刘建宇）

【催化裂化再生烟气脱硫脱硝除尘技术取得阶段性成果】 2010 年，由抚顺石油化工研究院开发的催化裂化再生烟气脱硫脱硝除尘技术进行了工业侧线试验。试验结果表明，催化裂化再生烟气经该技术处理后，粉尘去除率93%以上，二氧化硫去除率99%以上，氮氧化物去除率95%以上，净化烟气中净化烟气粉尘和二氧化硫浓度均小于50毫克/米^3，逃逸氨低于3.5毫克/米^3，远低于国家和各地方标准。

（刘建宇）

PO/SM废气催化氧化处理装置 （王 新 摄）

【FYHG－DS超重力技术处理罐顶恶臭气体实现工业应用】 采用抚顺石油化工研究院开发的FYHG－DS超重力技术的反应器能够自吸气体，并通过高速离心液体流及定子整流机构的分割，将气体剪切破碎成微气泡并均匀分散于液体中，使气液两相间发生快速传质与化学反应，具有气液接触面积大、传质速度快、净化效率高等特点。该技术在成功应用于催化剂生产过程中氮氧化物废气的处理后，又进行了处理罐顶恶臭气体的工业试验。结果表明，采用FYHG－DS超重力技术处理罐顶恶臭气体，具有工艺流程短、占地少、投资省、运行费用低等特点，处理后硫化氢及氨的排放速率远远小于GB14554—1993《恶臭污染物排放标准》规定的排放限值。该技术已在多家企业的酸性水罐、碱渣罐、重污油罐等罐顶恶臭气体处理中应用，取得了很好的效果。

（刘建宇）

【中国石化环保统计台账管理信息系统正式启用】 抚顺石油化工研究院与辽宁石油化工大学合作开发的"中国石化环保统计台账管理信息系统"试运行两年后，于2010年1月开始在中国石化系统内全面推广使用。该系统依据新的指标体系完成，可为企业填报环保统计数据提供功能完整、高效、智能化的基于客户端/服务器结构体系的环保台账统计工作平台。其主要功能是以环保统计指标为基础，以环保统计管理为流程，通过科学、合理的监测手段和计算方法，由计算机系统完成中国石化各个下属企业环保统计台账数据库的建立，形成统计汇总报表，通过网络上传到石化集团公司环保统计系统，从而形成一套从基层生产企业到石化集团公司总部的计算机现代化管理网络，实现环保统计信息的网上传递和发布。

（刘建宇）

【加氢催化剂走出国门成绩斐然】 2010年，抚顺石油化工研究院的加氢催化剂海外推广工作成绩斐然，所开发的加氢催化剂以其优良的性能，在多个国家的公司竞标中成功中标，出口总量约200吨。其中，2个牌号的催化剂被国外某大公司评定为一级，并成为中国石化首次在国外超低硫柴油生产中应用的催化剂。

（刘建宇）

催化裂化烟气脱硝工业侧线试验装置 （李 勇 摄）

【发布HSE管理体系文件】 2010年7月1日，抚顺石油化工研究院颁布实施了《安全、环境和健康（HSE）管理手册》。该手册依据国家和中国石化相关规范、结合实际情况编写而成，是抚顺石油化工研究院开展HSE管理工作的纲领性文件和基本规范，也是全体员工进行HSE管理活动的行为准则。

（刘建宇）

【正式启用LIMS系统】 抚顺石油化工研究院的LIMS系统于2010年起正式启用。应用LIMS系统，使领导和技术人员能够实时了解每一个样品、每一个关键仪器的相关信息，充分利用资源、提高工作效率，规范科研数据的管理，并实现数据的长期保存、数据共享，满足数据再利用的要求。

（刘建宇）

表 1　　抚顺石油化工研究院 2010 年度主要科研成果获奖情况

序号	项目名称	奖项名称	奖项等级
1	单系列大型化炼油技术集成开发与工业应用	国家科技进步奖	二等奖
2	加氢装置技术分析及远程诊断系统开发	石化集团公司科技进步奖	二等奖
3	FC－32 灵活型加氢裂化催化剂研制及工业应用	石化集团公司科技进步奖	三等奖
4	高活性低成本 FCC 原料预处理催化剂 FF－24 的研制与工业应用	石化集团公司科技进步奖	三等奖
5	顺酐酯化、加氢生产 1，4－丁二醇催化剂研制及工业应用	石化集团公司科技进步奖	三等奖
6	FYHG－DS 超重力技术处理罐顶恶臭气体的研究及工业应用	石化集团公司科技进步奖	三等奖
7	FF－36 加氢处理催化剂的开发及工业应用	辽宁省科技进步奖	二等奖

表 2　　抚顺石油化工研究院 2005—2010 年专利申请与授权情况　　项

年　份	国内申请数	国内授权数	国外申请数	国外授权数
2005	117	139	1	5
2006	123	85	4	7
2007	125	78	5	4
2008	145	84	0	4
2009	305	97	7	2
2010	401	117	1	2

上海石油化工研究院

【概况】 中国石油化工股份有限公司上海石油化工研究院(简称上海石油化工研究院)位于上海市浦东新区。其前身创建于 1960 年 6 月，时称上海市石油化学研究所，1984 年归属于原中国石油化工总公司，1988 年更改用现名，是石化股份公司直属综合性研究开发机构。

截至 2010 年底，上海石油化工研究院共有员工 631 人，各类专业技术人员占 80%，其中中国工程院院士 1 人、国家级有突出贡献的专家 2 人，享受政府特殊津贴 9 人，“百千万人才工程”国家级人选 2 人、教授级高级工程师及高级工程师 174 人，博士 84 人，硕士 148 人；拥有中试小试装置(包括大型精密仪器)1 141 台(套)，其中 2010 年建设或改建中试小试装置 52 台(套)。2010 年末总资产 12.90 亿元。

上海石油化工研究院设 18 个研究部(室)、1 个催化剂评价中心及职能管理部门，是基本有机原料国家工程研究中心和全国石油化学标准化委员会的依托单位，设有经国家人事部批准的博士后科研工作站；附设有石化股份公司有机原料情报中心站、上海市石油化工产品质量监督检验站、上海市催化剂行业测试中心等技术支持机构。上海石油化工研究院主要从事石油化工研究开发，包括煤化工和基本有机原料催化剂和工艺技术、油田化学品、精细化工、功能高分子材料合成与加工等技术领域，涵盖了前瞻性探索研究、应用性基础研究、成套工艺技术及配套催化剂研究开发、工程化放大研究等。与联合化学反应工程研究所共同主办《化学反应工程与工艺》期刊，主办《石油化工快报(有机原料)》内部刊物和《石油化工期刊题录》数据库。

截至 2010 年底，上海石油化工研究院获得国家及省部级以上奖励的科技成果 247 项(国家级奖励 38

项），其中国家科技进步一等奖1项，国家技术发明二等奖2项，中国石化科技进步与技术发明一等奖28项。累计申请中国专利1 960项，授权中国专利921项；在20多个国家和地区申请专利48项215个号，授权专利68项，其中2010年度申请中国专利490项，授权中国专利133项。上海石油化工研究院2010年度主要科研成果获奖情况和2005—2010年专利申请与授权情况分别见表1和表2。

（潘 波）

【PTA加氢精制催化剂及反应工艺的开发与应用获国家科技进步二等奖】 2010年，由上海石油化工研究院和上海石化共同承担的“大型PTA生产关键技术加氢精制催化剂及反应工艺的开发与应用”获国家科技进步二等奖。该项目首创了一种性能优异的新型粗对苯二甲酸（TA）精制催化剂和高负荷、长周期稳定运行的加氢技术，突破了PTA生产或扩能改造的技术瓶颈，实现了PTA核心技术的国产化。PTA处理能力达到66吨/千克催化剂。该技术已在国内9家企业成功应用，占国内PTA企业数的50%。专家鉴定和工业实践证明，该技术综合性能达到国际先进水平，催化剂寿命和运行稳定性能达到国际领先水平。该项目已获6项中国专利，具有自主知识产权。

（潘 波）

【钛系聚酯催化剂的研制获中国石化技术发明二等奖】 （参见第129页）

【烯烃裂解制丙烯技术开发与工业试验通过鉴定】 2009年11月7日，由上海石油化工研究院与工程建设公司共同承担的中原石化烯烃裂解制丙烯（OCC）装置开车投料，运行平稳，产出合格产品。2010年5月通过了考核评定，12月，OCC技术开发与工业试验通过中国石化组织的技术鉴定。专家鉴定认为，该成套工艺技术流程合理，具有反应空速高、丙烯/乙烯选择性好、再生周期长等特点，总体技术指标达到国际领先水平，具有显著的经济效益和良好的推广应用前景。该项目已获授权中国专利40项，覆盖了催化剂、工艺及关键设备等，具有自主知识产权。

（潘 波）

【DOT－100重整油催化脱烯烃催化剂工业试验通过鉴定】 DOT－100重整油催化脱烯烃催化剂是一项芳烃领域的环保技术，主要用于替代芳烃联合装置中使用的白土，解决了白土频繁更换、用量大、填埋带来的环境污染问题，同时减轻了劳动强度，可实现精制工序长周期稳定运行。2010年3月30日—12月12日，DOT－100重整油催化脱烯烃催化剂在天津石化共运行8个多月，其寿命为白土的7倍多，表现出良好的反应性能。5月，该催化剂工业试验通过了中国石化组织的技术鉴定，鉴定表明该催化剂具有国际先进水平。

（潘 波）

【30万吨/年异丙苯成套技术顺利“出龙”】 由上海石油化工研究院开发的天津石化30万吨/年异丙苯成套技术项目是中国石化“十条龙”攻关项目之一，于2007年“入龙”，2009年8月，30万吨/年异丙苯装置中交，2010年2月14日投料开车一次成功，7月22日完成装置标定，异丙苯产量及各项技术指标均达到合同要求。丙烯单耗、苯单耗及能耗实现中国石化总部“十条龙”攻关预期目标。11月26日，该项目通过中国石化鉴定，顺利“出龙”。

（潘 波）

【5个分院揭牌】 根据《集团公司调整完善中国石化科技体制总体方案》精神与要求，以上海石油化工研究院为核心，构建以芳烃、碳一化工以及合纤原料为技术特色的研发中心，形成“直属院—分院”科研管理模式和分工明确、各有侧重的矩阵式科技管理体制。2010年4月22—27日，上海石油化工研究院天津分院、仪征分院、巴陵分院、川维分院和南化分院5个分院相继挂牌成立，迈出了调整完善科技体制机制的重要一步。分院行政隶属关系不变，科研业务由所在企业与直属研究院双重管理。

（潘 波）

【组建成立合成材料研究所】 根据中国石化对三大合成材料的要求，2010年10月22日，中国石化上海石油化工研究院合成材料研究所成立。上海石油化工研究院副院长兼总工程师杨为民兼任合成材料研究所所长，原高分子部主任周文乐任常务副所长，王坚任副所长。合成材料研究所主要开展合成纤维相关单体的催化剂和聚合工艺、成型加工等方面的研究、新产品开发及技术服务。

（潘 波）

【国内首套高通量分子筛合成与表征系统完成安装】 2010年12月，从美国FreeSlate公司引进的高通量分子筛系统在上海石油化工研究院完成了安装、调试，进入试运行阶段。该系统集成了机器人技术、微制造技术和软件技术等一系列技术，利用平行的实验手段，在单位时间内、单位人力条件下可以比常规技术完成更多的合成工作。该系统自动化程度高，每年可以合成2 000—3 000 个样品，可以大大加快分子筛催化材料的开发研究速度。试运行期间，上海石油化工研究院科技人员独立操作仪器，打通全部流程，并将对中国石化科研单位开放。

（潘　波）

高通量分子筛合成与表征系统　（腾加伟　摄）

【基本有机原料技术开发工程化基地建成投用】 上海石油化工研究院基本有机原料技术开发工程化基地位于上海市化学工业区，占地面积 250 亩（16.67 万平方米）。该项目于 2006 年 6 月立项，2007 年 3 月开工，2010 年 1 月试运行，10 月完成全部专业验收。11 月通过竣工审计确认，实际交付使用资产 3.28 亿元，其中固定资产 2.89 亿元、无形资产（土地）3 884.04 万元。

该项目主要包括分子筛工程化研究单元、新工艺中试研究单元、大型反应器冷模研究单元、600 吨/年甲苯歧化催化剂制备装置、1 200 吨/年苯乙烯催化剂制备装置以及基础配套设施，以上海石油化工研究院为主筹建，催化剂分公司协助筹建催化剂制备部分。

（潘　波）

【举办建院 50 周年庆典】 2010 年 11 月 18 日，上海石油化工研究院举办了建院 50 周年庆祝大会暨石油化工科技创新论坛。以“回顾历史，总结经验，凝聚人心，谋划未来”为主题，先后组织了 7 场学术交流会、“十二五”发展规划研讨会、老职工座谈会、青年学术论坛以及摄影展、院庆征文、演讲比赛等；在新展示厅集中展示了 50 年的辉煌历史和科研成果；制作了纪念画册、《科技成果汇编》、《科技学术论文汇编》，拍摄了电视专题纪念片。

（潘　波）

表 1　上海石油化工研究院 2010 年度主要科研成果获奖情况

序号	项目名称	奖项名称	奖项等级
1	大型 PTA 生产关键技术——加氢精制催化剂及反应工艺的开发与应用	国家科技进步奖	二等奖
2	丙烯和苯液相烷基化合成异丙苯 MP-01 催化剂	上海市技术发明奖	二等奖
3	钛系聚酯催化剂的研制	石化集团公司技术发明奖	二等奖
4	HAT-099 甲苯歧化与烷基转移催化剂开发及工业应用	石化集团公司科技进步奖	三等奖
5	增产 1-丁烯的烯烃异构化技术开发及工业应用	石化集团公司科技进步奖	三等奖

表 2　上海石油化工研究院 2005—2010 年专利申请与授权情况　　项

年　份	国内申请数	国内授权数	国外申请数	国外授权数
2005	141	118	0	4
2006	150	74	23	7
2007	138	60	15	5
2008	164	101	18	4
2009	217	91	28	6
2010	490	133	0	8

航天级润滑保护
长城润滑油
航天的伙伴　我们的伙伴

开发有限公司

AND PRODUCTION CORPORATION

中国石化集团国际石油勘探开发有限公司（英文简称：SIPC）是中国石化集团公司（SINOPEC）负责海外油气投资与经营作业一体化的专业全资子公司。多年来，SIPC始终坚持“竞争、开放、规范、诚信”的合作理念，实现了海外油气业务从无到有，从小到大的跨越式发展。在自身实力不断增强的同时，努力为社会提供能源，促进了项目所在资源国的社会经济发展，树立了中国石化良好的国际形象。

截至2010年底，SIPC的海外油气业务遍布全球20多个国家，有47个油气勘探开发合作项目，初步建成非洲、中东、南美、亚太、俄罗斯和中亚等主要油气合作区，基本形成了勘探开发、炼油化工与销售一体化的石油产业链，项目实施取得显著成果。公司海外权益油年产量达1840万吨。在此，谨向支持SIPC发展的海内外各届朋友表示衷心感谢！

看今朝，信心百倍。望未来，任重道远。SIPC将继续依托中国石化集团航母前行，坚持灵活多样、互利共赢的合作方式和能源资源品种多样化的原则，积极扩大和加强与世界各能源国、石油界、金融界同行的亲密合作，实现共同成长！

■ 节能减排、低碳生产，建设绿色环保工厂。2010年，茂名石化通过优化生产，生产装置达到良好运行状态，原油加工损失率大幅降低，外排工业废水综合合格率、废水处理率、废气治理率和废渣处理利用率均保持100%。

■ 打造中国石化炼化企业排头兵，把茂名石化建设成为世界一流的炼化一体化企业和石油化工产业基地。

地址：广东省茂名市双山四路9号大院　邮编：525000
电话：0668—2264248　传真：0668—2269317　网址：www.mpcc.com.cn

中国石化 天津石化

天津石化 TIANJIN PETROCHEMICAL

中国石油化工股份有限公司天津分公司和中国石化集团资产经营管理有限公司天津石化分公司合称为天津石化，是隶属于中国石化的国家特大型炼油、乙烯、化工、化纤联合企业，成立于1983年12月28日，位于天津市滨海新区，占地面积14平方千米，与天津市区和塘沽新港有铁路、公路相通，与天津港南疆石化码头有输油管线相连，具有发展国家大型石化基地的优越地理环境。

拥有的主要生产装置：炼油23套，化工25套，化纤3套；原油一次加工能力1550万吨/年，综合配套加工能力1250万吨/年，乙烯120万吨/年（含中沙石化），为华北地区大型的炼油基地、国内大型的乙烯生产基地。对二甲苯 38万吨/年、PTA 34万吨/年、聚酯20万吨/年、聚醚10万吨/年。主要产品有石油炼制、化工、化纤三大类，具有较好的市场知名度。

中沙（天津）石化有限公司（简称中沙石化）成立于2009年10月20日，总投资183.8亿元，注册资本金61.2亿元，由中国石化和沙特基础工业公司各投资50%，合资期限30年。中国石化授权天津石化对中沙石化行使股东权利。

百万吨乙烯及配套项目开工奠基

百万吨乙

百万吨乙烯装置区夜景

地址：天津市滨海新区（大港）北围堤路（西）160号 邮编：300271 电话：022-63806666 传真：022-259910

千万吨炼油项目建设现场

千万吨炼油装置区夜景

天津石化拥有完善的企业管理模式和素质优良的专业团队，QHSE一体化管理体系通过国家认证审核，建立了职责清、责任明、标准细，执行有力、形象统一的内在管理长效机制。

“十二五”期间，天津石化的总体发展思路是：坚持科学发展观，完善体制机制，改进管理方式，探索建立具有天津石化特色的精简高效的管理模式；以效益为中心，通过精细管理、真抓实干、技术进步，不断提升竞争能力和盈利水平；积极做好“十二五”新建及改造项目的规划和实施，调整优化装置结构、产品结构，实现可持续有效发展；不断加强队伍建设、企业文化建设、“四个环境”建设，做到主业突出、结构优良、管理科学、文化先进、环境友好、企业和谐，努力把天津石化建设成为“国内领先、世界一流的现代化石油化工企业”，实现“企业受尊重，员工受尊敬”。

建设现场

百万吨乙烯装置建成中交

百万吨乙烯项目中控室

中沙（天津）石化有限公司是中国石油化工股份有限公司和沙特基础工业公司以50：50的股比共同出资设立的大型石油化工企业，总投资183.8亿元人民币，位于天津滨海新区大港，公司于2009年10月20日注册成立，2010年5月正式投入商业运行。

公司的治理结构采用董事会领导下的总裁班子负责制，总裁班子负责公司的日常经营管理。公司下设12个管理部门和11个生产作业车间。

公司生产装置包括：100万吨/年乙烯装置、65万吨/年裂解汽油加氢装置、30万吨/年高密度聚乙烯装置、30万吨/年线性低密度聚乙烯装置、45万吨/年聚丙烯装置、4/36万吨环氧乙烷/乙二醇装置、35万吨/年苯酚丙酮装置以及20/12万吨/年丁二烯抽提/MTBE联合装置。

SINOPEC SABIC Tianjin Petrochemical Co., Ltd. (abbreviated as SSTPC) is a large-sized petrochemical enterprise jointly invested by SINOPEC and SABIC. Both sides hold 50% share each. The investment totaled RMB 18.38 billion. The company is located in Dagang of Tianjin Binhai New Area. The company is registed and established on Oct 20, 2009. The commercial operation was initiated in May 2010.

The company management structure is the president responsibility system under the leadership of board of directors. The presidents take responsibility for daily operating management. The company consists of 12 administrative departments and 11 production operation plants.

The production complex includes 1,000KTA ethylene plant, 650KTA pyrolysis gasoline hydrogenation unit, 300KTA HDPE plant, 300KTA LLDPE plant, 450KTA PP plant, 40/360KTA EO/EG plant, 350KTA phenol/acetone plant, and 200/120KTA butadiene extraction/MTBE combination unit.

地址：天津市滨海新区（大港）北围堤路（西）235号　邮编：300271

Add: #235 Beiweidi Road West, Tianjin Binhai New Area (Dagang), Tianjin 300271, China

传真（FAX）：+86(22)63809000　网址(Web Site): http://www.ss-tpc.com

西北石油局、西北油田分公司

西北石油局、西北油田分公司主要从事油气勘探开发和油气销售业务，其主力油田——塔河油田位于塔里木盆地北部沙雅隆起阿克库勒凸起南部，地处库车县和轮台县境内，现已成为国内领先、发展速度快、人均产值高，三级储量达34.17亿吨级的整装古生界海相碳酸盐岩缝洞型油气田，是中国石化第二大油田、国内陆上十大油田之一。2010年，生产原油700.02万吨、天然气15.8亿立方米。

多年来，西北石油人始终坚持“敢为人先、创先不止”的塔河精神，在勘探、开发、科技、管理等各个领域均取得辉煌成果。截至2010年底，西北石油局、西北油田分公司在塔里木盆地拥有37个油气勘查区块，勘查总面积达14.31万平方千米；拥有油气远景资源量134.34亿吨油当量，三级石油地质储量30.7亿吨油当量；投入开发的油气田6个；拥有总资产309.66亿元。

在加快发展的过程中，西北石油局、西北油田分公司始终高度重视党建、队伍建设，并不断取得新的成果。2010年荣获“国家西部大开发突出贡献集体”和“全国厂务公开民主管理工作先进单位”称号。

2010年7月24日，西北石油局局长、西北油田分公司总经理刘中云（中）深入塔河油田一线调研。

西北油田分公司集治安、消防、气防、抢险和应急医疗救护为一体的综合性专业化救援队伍，常年担任分公司生产区和油田周边社会治安重任。

玉北1井大型施工现场

塔河油田钻井施工现场

广州石化CFB炉控制室

中国石油化工股份有限公司广州分公司
中国石化集团资产经营管理有限公司广州分公司

广州石化厂区管线纵横、塔罐林立

广州石化焦化三装置

广州石化罐区一角

中国石油化工股份有限公司广州分公司（简称“广州分公司”）和中国石化集团资产经营管理有限公司广州分公司（简称“广州资产分公司”）合称广州石化，其前身广州石油化工总厂始建于1973年6月18日。

公司地处中国南方市场中心，拥有明显地缘经济优势。现厂区占地面积445万平方米，主要生产装置50多套，主要产品有汽油、柴油、航空煤油、液化气等60多种；固体塑料产品有聚乙烯、聚丙烯、聚苯乙烯三大类160多个牌号，产品在市场中享有盛誉。

经过30多年持续发展，现有原油综合加工能力1320万吨/年，乙烯生产能力22万吨/年，拥有惠州大亚湾15万吨级和30万吨级深水泊位原油码头各一座；拥有30.5万千瓦自备热电站。从1978年投产起至2010年底，累计加工原油1.60亿吨。

近几年公司累计投入16亿元进行环保设施建设，走出了一条技术含量高、资源消耗低、环境污染少的可持续发展道路。

公司先后被评为广东省文明单位、广东省企业文化建设先进单位、全国模范职工之家、全国先进集体、全国厂务公开先进单位、全国设备管理优秀单位，被喻为南粤大地上的一颗璀璨明珠。

2010年，公司发展规划取得新进展，全年完成投资11.44亿元，建成3套新装置，完成3套装置扩能改造。全年加工原油1177万吨，生产乙烯22.5万吨；实现工业总产值371亿元，营业收入524亿元；上缴税收108亿元。

目前，广州石化正加快发展的步伐，致力打造成为“国内领先，国际一流”的石油化工生产基地。

中国石化广州分公司
SINOPEC GUANGZHOU COMPANY

地址：广州市黄埔区石化路239号　邮编：510726
电话：020-62123888　传真：020-82396591

武汉石化 WUHAN SHI HUA

中国石油化工股份有限公司武汉分公司（简称武汉分公司）和中国石化集团资产经营管理有限公司武汉分公司（简称武汉资产分公司）统称武汉石化，是中国石化集团公司直属大型工业企业，前身为武汉石油化工厂，始建于1971年，投产于1977年。武汉石化位于湖北省武汉市青山区，占地239公顷，北濒长江水道，水陆交通极为便利。

2010末，武汉石化共有在册职工3738人，44个二级单位，包括25个处室、18个车间和1个待清理公司。现有生产装置28套，原油一次加工能力850万吨/年。主要产品有：汽油、灯用煤油、3#喷气式航空燃料油、轻柴油、石脑油、溶剂油、烷基苯料、环烷酸、MTBE、专用重油、燃料油、工业片状硫黄、石油焦、聚丙烯树脂、苯、甲苯、二甲苯、石油液化气等25种产品。产品行销鄂、湘、川、渝等12个省区。

2010年，武汉石化生产经营实现了“三大突破，两大进步”，即：原料油加工量501万吨，首次突破500万吨；销售收入252亿元，首次突破200亿元；上缴税金55亿元，首次突破50亿元；在中石化炼油板块内炼油达标进步率从2009年的13位进步到第7位；外排COD总量同比下降20%。

目前，武汉石化正全力推进80万吨/年乙烯和800万吨/年油品升级炼油改造项目建设。2013年上半年两大工程建成投产后，武汉石化将跨入千万吨级大型炼化一体化企业行列。到“十二五”末，炼油综合加工能力有望达到1000万吨/年，乙烯生产能力达到100万吨/年，主要技术经济指标争取达到世界先进水平。

武汉80万吨/年乙烯工程现场办公会

武汉分公司800万吨/年炼油改造二期工程开工

武汉石化第十四届第三次职代会

地址：湖北省武汉市青山区长青路特1号　邮编：430082　电话：027-86515662　传真：027-86595188

长辛店油库全景

中国石油化工股份有限公司北京石油分公司

中国石油化工股份有限公司北京石油分公司（以下简称北京石油）是首都成品油供应的主渠道，主营汽油、柴油、煤油、润滑油、燃料油和加油站便利店业务。公司成立于1950年4月，至今已走过61年发展历程。目前拥有在营油库11座，自营加油站581座，成品油输油管线183千米，总资产逾65亿元，员工7000余人。2010年经营总量597万吨，销售收入376亿元，实现考核利润8.5亿元。

多年来，北京石油秉承“规范诚信、服务至上、共同发展”的经营理念，坚持“以人为本、和谐、共赢”的企业价值观，持续深化体制改革，构建了“一级管理，一级核算”的经营管理新体制，积极进取，开拓创新，不断取得经营发展新的跨越。北京石油通过优质服务和提供清洁能源，展示了企业形象，履行了社会责任，出色完成了“北京奥运”和“60年国庆”服务保障任务，为促进首都经济社会健康发展作出了贡献。北京石油形成了服务优良、形象亮丽、布局合理、市场主导、创效较强、氛围和谐、文化鲜明的良好发展局面。

61年励精图治，61年追求卓越。如今的北京石油正处在加快发展的关键时期，站在新的起点，展望未来，我们满怀信心，充分发挥“窗口”作用、有效提升服务水平，为中国石化塑造良好形象，通过不懈努力，把北京石油建设成为“国内领先、国际一流”的石油销售企业。

生产经营科研综合楼

谋划发展

京石路加油站

便利店

中国石化集团第五建设公司

五建公司承建的兰州石化公司30万吨/年合成氨、52万吨/年尿素装置，为甘肃省农业建设作出突出贡献

五建公司为主体承建的沙特千万吨炼油项目

五建公司承建的上海赛科26万吨/年丙烯腈装置，获全国优秀焊接工程奖、中国石化优质工程奖

五建公司承建的神华包头煤化工有限公司30万吨/年聚丙烯装置

中国石化集团第五建设公司（简称第五建设公司）前身成立于1953年，1999年中国石化、石油实施重组后,正式定名为中国石化集团第五建设公司。2010年12月18日，在广州举行办公楼入驻仪式，正式迁驻广州。

第五建设公司是我国较早从事石油化工建设的大型施工企业，是中国石油化工集团公司直属大型综合性施工企业。持有化工石油工程施工总承包一级企业资质证书、对外承包工程经营资质证、化工石油设备管理安装专业、钢结构工程专业承包一级资质证书、职业健康安全管理体系认证证书、质量体系认证证书、安全环境与健康（HSE）管理体系认证证书,正在申报“石油化工工程施工总承包特级资质”。

第五建设公司现具备30亿元/年以上的施工生产能力。在大型设备吊装、大型传动设备（机组）安装、大型贮罐安装、大型DCS自动化集散控制系统安装与调试和特种材料焊接等“四大一特”方面，形成了独具特色的技术优势。先后已建成国内外大型石化装置450余套，积累了丰富的施工管理经验，尤其在承建炼油、聚烯烃、化肥、丙烯腈、动力装置、空分等装置方面有较好的业绩。

第五建设公司，下设17个机关处室，南京分公司、沙特分公司2个分公司和第一、二、三、四安装工程公司、机械电仪工程公司、机械化施工公司、储罐工程公司、海外工程公司等8个专业公司，以及物业管理公司、设计所，有33个项目部（其中国内31个、国外2个），分布在全国各地炼化企业和海外。有员工2965名。其中，正式职工2288名（各类管理人员1084名，在岗技能操作人员1204名）， 长期用工260人，劳务派遣工322人，临时用工95人。取得各类专业技术职称人员856人，获得国家一级、二级建造师86人。

第五建设公司大力开拓市场，科学组织施工，全面提升管理水平，各项工作迈上了新台阶，实现了跨越式发展，2010年完成施工产值21.36亿元，确保了安全生产，确保了人员队伍的稳定，保证了集团公司下达的主要经济指标和各项工作任务的顺利实现，公司获“全国优秀施工企业”等荣誉称号。

第五建设公司将把成绩作为新的工作起点和动力，以科学发展观统揽大局，坚持走市场国际化、管理现代化、经营集约化发展之路，内强素质，外树形象，为发展五建，振兴石化再立新功。

作为中国石化和德国巴斯夫合资的大型石化企业，我们深知在环境保护和社会发展方面所应承担的责任。通过采用先进工艺和清洁原料，我们持续改善环保措施，努力降低化工生产对环境的影响。作为一名企业公民，我们积极承担社会责任，诚实守信，造福社会。在取得持续的经济效益的同时，我们提倡责任关怀，坚持自然、社会和企业和谐的可持续发展。

扬子石化—巴斯夫有限责任公司
BASF-YPC Company Limited

欲了解更多公司信息，请访问公司网站 http://www.basf-ypc.com.cn

安全工程研究院

【概况】 中国石油化工股份有限公司青岛安全工程研究院(简称安全工程研究院)位于山东省青岛市，是中国石化直属的安全、环保和职业卫生科研机构。其前身为创建于1979年的化工部职业安全卫生研究院，1999年7月进入石化集团公司。2004年4月，国家安全生产监督管理总局依托安全工程研究院成立国家安全生产监督管理总局化学品登记中心，为国内危险化学品安全管理提供综合性技术支持。2007年7月，国家科技部依托安全工程研究院建设化学品安全控制国家重点实验室，是首批企业国家重点实验室之一。

安全工程研究院主要从事石油化工领域HSE科技研发、技术服务与专项培训工作。其中，科技研发包括危险化学品与危险化工工艺安全技术、化学品危险性分析测试、劣质原油加工装置设备腐蚀防护、过程控制与安全仪表技术、雷电灾害危害预防、静电危害预防、石化过程及工程风险评估技术、事故技术调查与事故模拟分析、应急救援、油气回收及销售企业技术支撑等；技术服务包括建设项目安全与职业病危害评价、在役装置(设施、设备)安全状况评估、作业环境监测检验、安全设施与安全仪表检测检验、HSE管理与信息化、HSE管理体系技术咨询与审核认证、工程项目及检维修HSE监理、应急救援技术咨询指导、安全质量标准化、隐患治理及产品推广等。

截至2010年底，安全工程研究院拥有与重点学科业务配套的资质(资格)13项。以保护层理念为指导，构建起危险化学品和工艺安全、装置设备完整性管理体系研究、过程控制与安全仪表技术研究、雷电静电危害控制技术研究与电气安全、HSE监测与产品安全检验、应急管理与措施、HSE管理与培训、石化过程及工程风险评估技术研究8个专业技术领域，成为中国石化乃至国家在安全、环保、职业健康领域重要的科技研发创新基地。

截至2010年底，安全工程研究院下设8个职能部门、14个研究室(中心)。全院共有员工367人，其中特聘院士2人，教授级高级工程师15人、高级工程师91人；引进海外博士后2人，博士25人，硕士115人；石化集团公司突出贡献专家4人，中国石化优秀学术技术带头人8人，各类国家级HSE领域专家30余人；中国石化优秀青年知识分子6人；具有注册安全工程师、安全评价师、职业危害评价师、环境影响评价师、注册计量师等执业资格的人员180余人。

2010年1月被评为石化集团公司安全生产先进单位和“我要安全”主题活动先进单位。

安全工程研究院2010年主要科研成果获奖情况及2005—2010年专利申请与授权情况见表1和表2。

(尚艳红　王新军)

【科研与技术服务齐头并进】 2010年，在研项目及任务达65项，其中新开项目43项，通过鉴定或评议项目23项；主持或参与制(修)订各类标准33项；申报专利31项，获得专有技术授权11项，发表论文、专著168篇(部)；获得石化集团公司科技进步二等奖2项，国家能源局科技成果二等奖1项；科研装备和条件进一步改善，全年完成科研装备项目投资1 600万元，新增30万元以上仪器设备25台(套)，新建硫化氢模拟实验室和加油站设备测试平台；编制完成《安全工程研究院“十二五”发展规划》。为中国石化上、中、下游板块65家企业提供腐蚀失效分析、油气回收等技术服务项目105项。

(尚艳红　王新军)

【危险工艺安全研究取得进展】 2010年，“化学品储运安全基础研究”和“危险化学品事故的遥测预警系统理论与方法”成功入围国家“973”项目计划，承担的长岭环氧丙烷工艺、川维醋酸乙烯装置等在研项目也取得了重要进展，研究成果成功应用于开工和生产过程。

(尚艳红　王新军)

【积极推进设备腐蚀科学研究及应用】 2010年，安全工程研究院明确了设备安全学科下的石化设备腐蚀与安全技术研究、长输管道安全保障技术研究、承压设备失效分析与安全评定技术研究、石化装置设备完整性管理研究4个分支专业组，建立了功能齐全的设备腐蚀与安全评估研究体系。根据高酸原油的酸分布以及装置设备和管线材质情况，采取高温部位超声波定点测厚、电感腐蚀探针在线监测和氢通量检测等办法，对设备和管线的腐蚀状况进行在线和离线相结合的腐蚀监检测，可实时掌握装置的腐蚀状况，有效保障装置安全运行。

(尚艳红　王新军)

【防雷防静电工作迈出新步伐】 2010年，安全工程研究院承担了“大型浮顶储罐成套防雷技术研究”、“石油库加油站综合防雷技术研究”、“己内酰胺装置安全运行指导系统与防静电对策研究”等课题，成果显著；先后完成了扬子石化、清江石化等多家企业的料仓静电隐患治理工作；7 月 5 日，石化集团公司印发《中国石化电涌保护器标准符合性认定管理办法》，明确安全工程研究院防雷防静电检测中心负责中国石化电涌保护器的标准符合性认定、工程抽检等工作，标志着该院安全工程学科在设备电器安全技术支撑与服务方面迈出了坚实的一步。

（尚艳红　王新军）

【风险评估技术得到推广应用】 2010 年，安全工程研究院先后对天津石化、齐鲁石化等 5 家企业的 7 套装置进行了危险与可操作性（HAZOP）分析，组织召开“煤气化工艺风险管理研讨会”、“HAZOP 标准研讨会”等学术会议，为中国石化推广 HAZOP 技术和工艺安全管理奠定了基础；编制完成的《中国石化炼油火炬安全运行管理指导意见》已成为炼厂火炬系统安全设计、运行管理和隐患治理的重要依据；完成上海石化等 10 家乙烯生产企业的 632 台液化烃球罐专项安全评估，编制完成《中国石化液化烃球罐区安全技术管理规定》；完成中国石化 216 条油气管道泄漏检测技术的调研与评估，建立了油气长输管道监测技术评估指标；完成四川维尼纶厂等 13 家企业 16 个中国石化总部重点监管隐患治理项目的后评估工作；承接和开展镇海炼化一体化、福建炼油乙烯一体化、管道储运分公司地下水封洞库等 87 项建设项目安全评价技术咨询，完成天津石化等 8 家中国石化企业全厂性安全现状评价工作。

（尚艳红　王新军）

【HSE 管理与服务获得成效】 2010 年，安全工程研究院通过归纳凝练各企业“我要安全”主题活动的成功经验，提出 14 条建议和措施，为推动石化集团公司“我要安全”活动的深入开展发挥了积极作用。该院开发的“HSE 观察”等行为安全管理工具，得到安全环保局的肯定并在齐鲁石化、镇海炼化等企业应用。通过组织实施石化集团公司 HSE 审核工作，完成对上海石化、中沙（天津）石化公司等企业的审核；完成巴陵石化和高桥石化装置停车检修 HSE 监理工作以及河南油田和镇海炼化应急指挥中心建设工作。9 月，中国石化 HSE 管理系统一期顺利通过验收，在中国石化总部和 5 家试点企业的运行状况良好，其他 89 家非试点企业也完成了 HSE 数据实时上报，初步实现了中国石化 HSE 管理的系统化、标准化和数字化。

（尚艳红　王新军）

【油气回收技术研发与应用】 2010 年 8 月 10 日—11 月 8 日，安全工程研究院采用自主研发的活性炭吸附油气回收技术，为广东石油分公司 17 座油库安装了油气回收装置，为中国石化节能减排的绿色承诺作出了贡献。11 月 11 日，中国石化油品销售事业部技术研发中心落户安全工程研究院，主要开展油气回收技术的研究。

（尚艳红　王新军）

【泄漏检测技术服务顺利开展】 2010 年，安全工程研究院先后对齐鲁石化、武汉分公司和高桥石化进行了停车前泄漏检测及检修过程的安全监测，为石化企业缩短检维修时间、减少检维修环节事故进行了很好的探索；开展了加油站埋地油罐泄漏快速检测技术研究，初步建立起快速定性检测方法和定量测定方法；并完成燕山石化、普光分公司等 11 家企业 6 200 台次报警器的检定工作。

（尚艳红　王新军）

【环境在线监测系统投用】 2010 年，安全工程研究院自主研发的中国石化环境在线监测系统投入应用，实现石化集团公司 24 家直属企业外排污染物实时数据上线。

（尚艳红　王新军）

【职业卫生评价与健康心理咨询得到认可】 2010 年，安全工程研究院先后承担完成扬子石化油品质量升级及原油劣质化改造项目、上海石化炼油改造工程、川气东送管道配套工程等多项大型石化项目的职业卫生评价工作。11 月 27 日，一次性通过了卫生部职业卫生技术服务机构（甲级）资质续展考核。开发了石化行业员工心理健康测评工具和方法，为管道公司及塔河分公司进行心理咨询服务，受到企业好评。

（尚艳红　王新军）

【三维数字化工厂系统成功应用】 截至 2010 年底，安全工程研究院共建立 8 套炼油装置、4 套化工装置、16 台炼油设备及 2 个罐区三维数字化模型，实现了工厂、装置、设备立体层次的数字化工厂三维展示。该院开发完成的“三维数字化工厂系统”在燕山石化和庆阳石化成功应用，研发的燕山石化“油罐区灭火三维仿真培训系统”填补了中国石化三维消防培训系统方面的空白。

（尚艳红　王新军）

【开办多类型 HSE 培训班】 2010 年，安全工程研究院组织举办了石化集团公司第三期企业负责人HSE培训班；开发了事故管理、炼油企业设备腐蚀与防护等培训项目；对销售企业地市公司安全主管经理、安全管理人员持证上岗、直属工程建设企业安全管理人员等进行专项培训；深入巴陵石化、南京化工公司、齐鲁石化开展培训活动，增强了培训的针对性和实效性。全年共举办各类培训班41期，培训学员2 600余人次。

（尚艳红　王新军）

【完成普光天然气净化厂开工安全监管任务】 2009年7月，安全工程研究院牵头组织有关企业专家成立安全监管工作组，对普光天然气净化厂6套联合装置、储运及公用工程进行安全监管工作。截至2010年底，共检查出影响净化厂开工的不符合项2 941项，编发91期安全工作简报，布设166个监测点，累计监测到33次泄漏，圆满完成各项监管任务，为工程顺利开工提供了保障，为石化集团公司重大高风险项目的开工、停工及检维修等关键环节的安全管理开创了一个新的管理模式，受到中国石化总部的肯定。

（尚艳红　王新军）

【新院区建设】 2010年8月13日，安全工程研究院竞拍得到位于青岛市崂山区的新院区建设用地土地使用权，竞得地块总面积61.95亩(4.13万平方米)。

（尚艳红　王新军）

【认证中心增加CNAS认可业务】 2010年1月20日，安全工程研究院认证中心通过了中国合格评定国家认可委员会(CNAS)的认可评定，获批增加3个类别的认可业务。截至年底，认证中心在EMS和QMS两个领域获得CNAS认可的业务范围分别扩大至14类和10类。

（尚艳红　王新军）

【“创先争优”等活动获肯定】 2010年，安全工程研究院以“四比四看三承诺”活动为载体，扎实有效开展“创先争优”和“比学赶帮超”活动。通过开展“四比四看三承诺”、选树先进典型、重温入党誓词、青年职工英语大赛、“创先争优”岗位成才交流报告会等系列活动，全院上下形成了学先进、赶先进、做先进，积极向上、努力工作的良好氛围，受到石化集团公司“创先争优”活动调研督导组的肯定。

（尚艳红　王新军）

表1　　安全工程研究院2010年主要科研成果获奖情况

序号	项目名称	奖项名称	奖项等级
1	高含硫原油直接催化裂化脱酸成套工艺技术的开发及工业应用	国家能源局科技进步奖	二等奖
2	氧化工艺安全操作和控制技术开发及工业应用	石化集团公司科技进步奖	二等奖
3	加工高酸原油成套防腐技术研究	石化集团公司科技进步奖	二等奖

表2　　安全工程研究院2005—2010年专利申请与授权情况　　项

年　份	国内申请数	国内授权数	国外申请数	国外授权数
2005	3	0	5	0
2006	3	0	0	0
2007	4	0	1	0
2008	4	0	5	0
2009	15	0	4	0
2010	31	0	11	0

管理干部学院

【概况】 石油化工管理干部学院(简称管理干部学院)是集石化集团公司党校、人才培训中心、信息技术培训中心和远程教育中心于一体的高层次人才培训基地。主要承担高层经营管理人才、高层次专业技术人才、国际化人才培训任务,在人才培训、基地建设、课程和教材体系建设、培训理论研究等方面发挥引领和示范作用。

管理干部学院于 1987 年正式成立。截至 2010 年底,管理干部学院设有综合办公室、组织人事部、财务部、教务部(对外交流合作部)、管理培训部(党校部)、专业技术培训部、国际化经营培训部(外语部)、远程培训部、科研部、信息资源部、编辑部和总务部 12 个部门。有正式教职工 170 人,其中博士 17 人、硕士 40 人,教授级职称 6 人、高级职称 49 人,专职教师 45 人、特一级教师 2 人、特二级教师 4 人。聘任客座教授 53 人,其他兼职教师 770 多人。

管理干部学院位于北京朝阳区立水桥北甲一号,占地 6.87 万平方米,建筑面积 5.17 万平方米,设有各类教室 53 间,宿舍 769 间,可同时容纳 829 位学员在校学习。另在朝阳区安翔北里设有分校区,可同时容纳 227 名学员在校学习。校园网络完善。学习资源中心馆藏印本文献 7.6 万多册,电子图书 2.4 万多册,磁带、多媒体光盘 900 多套。引进了中国知网、国研网、EBSCOhost、读秀学术搜索、网上报告厅等数据库及书生电子图书、亚博石化、石油化工要闻等电子期刊。建有管理干部学院学员论文库(690 册)、音视频资料库、外语类电子图书库(配有光盘的英语类图书)、培训专题数据库等特色资源。

管理干部学院主要承担 4 类培训任务:一是高层经营管理及后备人才培训,重点培训石化集团公司职能部门和直属企事业单位的领导干部、中青年后备干部及部分中层干部;二是高级专业技术人才培训,重点培训油气勘探开发、炼油化工、工程建设、科研、销售等领域的各类专家及青年骨干人才;三是国际化经营人才培训,重点培训国际勘探开发、国际石油工程、国际炼化工程、国际贸易等领域的经营管理、专业技术人员和外籍员工;四是培训者培训,重点培训各直属企业的培训管理人员和培训机构的专兼职骨干教师。

管理干部学院培训情况见表 1。

(陈红艳)

【完成培训任务】 2010 年,管理干部学院始终把培训工作放在首位,持续加大培训创新力度,努力提升培训的针对性和实效性,增强培训效果。截至年底,完成各类培训项目 240 个,班次 380 期,培训 16 411 标准人次;完成各类接待任务 25 期,共 1 137 标准人次。重点人才培训项目完成率、学员满意率均超过石化集团公司考核指标要求。

(陈红艳)

【持续提升培训的针对性和实效性】 2010 年,经营管理类培训通过深入调研培训需求、严抓项目开发质量、突出培训特色、完善培训班运行管理实施办法、加强专家指导等举措,确保了石化集团公司重点人才培训项目、关键岗位人才培训项目的顺利实施。专业技术类培训通过尝试导学和导课、引入模拟教学、开展每周课程回顾、创建班级文化、组织研讨企业在科技方面"走弯路"的案例、以"双赢"为主旨进行现场教学等措施,创新培训方式,进一步提升培训效果。语言类培训通过课程创新、营造学习环境和班级文化、加强培训基础规律研究等举措,持续推进培训创新。国际化经营类培训通过加强培训需求调研,拓宽师资聘请渠道,引进体验式、案例式、研讨式、现场教学等培训方式方法,不断提升培训效果。

(陈红艳)

【推进科研咨询和教材建设】 2010 年,管理干部学院完成了石化集团公司级科研项目 2 项,其中"中国石化培训课程体系建设"项目获石化集团公司科技进步三等奖。"中国石化培训规范化管理"、"中国石化培训品牌建设"、"中国石化国际化人才队伍建设"和"中国石化培训评估体系建设"4 个石化集团公司级科研项目均已取得阶段性研究成果。"企业国际化背景下的培训创新"、"引入竞争激励机制,推进全员岗位竞聘"、"体验式教学项目的研究与开发"3 项成果分获中国石化第 19 届管理现代化创新成果二、三等奖。《以能力建设为基础的现代培训》和《企业学习型组织建设指南》2 本著作 2 次再版发行,受到读者欢迎和高度评价。完成《西柏坡现场教学》教材和《中国石化专业技术人员英语学习参考用书》的编写。配合石化集团公司人事部,完成了河南油田、燕山石化等 10 家直属企业培训中心的重点培训项目评估。协助化工销售华南分公司完成学习型组织建设第三阶段工作。协助华东石油局开展岗位设计和岗位描述等方面的管理咨询工作。全年发表学术论文 52 篇,其中核心期刊 18 篇,有 7 篇论文入选第12届世界继续教育大会。编发4期《学报》、4期《石化人力资源管理》杂志和8期《培训简报》。

（陈红艳）

【进一步加强国际交流合作】 2010年，管理干部学院接待8个国外来访团组、13个国内来访团组，邀请外籍专家10人次来院讲课，派出18名骨干教师和中层干部出国培训、考察和学术交流，完成了30个团组569人次的出国（境）培训手续的办理工作。

（陈红艳）

【强化人力资源管理】 2010年，管理干部学院以领导班子自身建设为重点，全面加强基层组织、党员和干部队伍建设。全年组织中心组学习14次，主要领导讲授2次党课；积极配合石化集团公司完成对学院领导班子的调整；选送15名处级人员到中国井冈山干部学院培训，参加石化集团公司正处级干部培训班、党校班等；加强党支部建设，顺利完成9个党支部的换届改选工作；选送6名教师赴国际大公司和国际培训机构学习；安排5名教师下企业挂职和实习，促进教师真正参与到企业的生产经营过程之中；继续采取导师带徒、集体备课、参与项目等方法，加强对年轻教师和新进教师的培养；积极引进高层次人才，新招聘4名博士和1名硕士；积极推进石化集团公司师资库建设，初选出335名入围人选，进一步完善了师资库构架。

（陈红艳）

【全面提高管理水平】 2010年，管理干部学院跟踪研究国际先进水平，根据石化集团公司发展战略目标，提出了"三三"发展规划，明确了率先达到国际先进水平的三个阶段目标。适应培训工作发展需要，进一步规范培训管理，制定了《培训规程》和《培训项目方案审定办法》，认真落实培训质量监控与分析相关制度，进一步严格学员管理。加强了学院管理的制度化、规范化和信息化工作，修改完善制度4项，新增制度7项。努力探索学院特色管理模式，初步提出了"长短异"特色管理模式。进一步加强了财务管理工作，强化预算执行力，全面推进成本管理，加强资金集中管理信息系统应用，完善内控制度和体系。

（陈红艳）

【加快推进培训信息化和基础设施建设】 2010年，管理干部学院顺利实施中国石化远程教育系统建设项目，采购开发课件310门，制定了7项管理制度文件，组织了视频直播设备培训班和2次远程视频直播讲座；完成远程教育中心配套改造主体工作；完成信息资源规划项目，获得了专家小组的较高评价；启动综合管理信息系统建设工作，完成了项目招标，已组织进行系统开发。完成了水电计量系统改造、广场华灯二期改造、冷热水循环系统改造、综合楼空调系统改造等工程项目；更换学员宿舍电视机136台，配备了计算机61台；外网带宽从40兆升级到120兆；新栽种了古银杏树、大海棠树、大皂角树等18棵。

（陈红艳）

表1 **管理干部学院培训情况**①　　人次

项目＼年份	2010	2009	2008	2007	2006	2005
标准人次	16 411	18 691	—	—	—	—
人次	15 522	15 420	13 629	12 128	13 510	8 781

①自2009年起，统计口径变为标准人次，每人培训10天为1个标准人次。

工程建设公司

【概况】 中国石化工程建设公司（简称工程建设公司，英文缩写SEI）地处北京市朝阳区奥运商圈，是石化集团公司直属的、以炼油和化工工程设计为主体、可以实施工程建设总承包和工程项目管理的工程公司。公司主要从事炼油、化工等石化工程项目的设计、设备材料采购、施工管理、工程总承包、项目管理服务、工程监理、技术咨询、技术服务等工作。

SEI前身创建于1953年。截至2010年底，公司有正式员工2 170人，其中中国工程院院士2名，中国工程设计大师5名，教授级高级工程师70名，高级工程师、高级经济师等高级职称人员1 125名。

SEI拥有中华人民共和国对外经济合作经营资格证书、工程设计综合甲级资格证书、工程监理甲级资格证书、工程造价咨询单位甲级资格证书、工程咨询甲级资格证书、甲级环境影响评价证书、压力容器设计单位批准书、压力管道设计资格批准书等国家顶级资质，并取得了 ISO 9001 质量体系认证证书和 HSE 管理体系认证证书。

截至 2010 年底，SEI 拥有各项专利 193 项，其中有效授权 132 项，专有技术 108 项。年内获省(部)级以上各类科技进步奖励 31 项。具有用自主技术设计和建设千万吨级炼油和百万吨级乙烯工程的能力，在炼化一体化、技术国产化、管理科学化方面具有独特的优势。

2010 年，SEI 实现营业收入 155.2 亿元，实现利润总额 14.6 亿元，全年中交、开车投产的重点装置共 28 套，各项指标均创历史最好成绩。

SEI 主要生产经营指标和 2010 年开车、中交项目见表 1 和表 2。

（米元红　屈　波）

【获得 2010 年最具国际拓展力的工程设计企业第一名】 2010 年 12 月，在《建筑时报》和美国《工程新闻记录》杂志（ENR）联合举办的“中国承包商和工程设计企业双 60 强”排名中，SEI 位列 2010 年最具国际拓展力的工程设计企业第一名，并在工程设计企业工程总承包收入排名中名列第一。

（米元红　屈　波）

【再次名列全国勘察设计企业百强榜首】 2010 年，SEI 在住房和城乡建设部公布的全国勘察设计企业百强排名中名列榜首，在 ENR 公布的 2010 年全球最大的国际工程设计公司 200 强排名中名列第 37 位，在全球最大的国际工程承包商 225 强排名中从 2009 年的 94 位上升到第 69 位。

（米元红　屈　波）

【环己酮氨肟化路线己内酰胺生产工艺成套技术获得国家科学技术进步二等奖】 2010 年，1 月 10 日，2009 年度国家科学技术奖励大会在北京人民大会堂举行。由 SEI 和中国石化石油化工科学研究院、中国石化巴陵分公司、湖南百利工程科技有限公司、湘潭大学共同完成的“环己酮氨肟化路线己内酰胺生产工艺成套技术”获得国家科学技术进步二等奖。

（米元红　屈　波）

【科技创新取得丰硕成果】 2010 年，SEI 共获省(部)级以上各类科技进步奖励 31 项，有 28 项科研成果通过国家和石化集团公司的鉴定、评议和审查。

2010 年 SEI 项目获奖情况和通过鉴定的项目见表 3 和表 4。

（肖雪军）

【获石化集团公司管理现代化创新成果奖】 在石化集团公司第 19 届企业管理现代化创新成果评审中，SEI 有 3 项管理成果获奖，其中“四化管理模式的创建与实施”获一等奖，“国际 EPC 总承包项目风险管理”获二等奖，“和谐团队塑造在国有企业中的探索和应用”获三等奖。

（张秀东）

镇海 100 万吨/年乙烯装置　（杨　健　摄）

【党建工作有力有效】 2010 年，SEI 以建立保持党员先进性长效机制、开展深入学习实践科学发展观活动和“创先争优”活动为契机，紧密结合实际，以改革创新精神全面加强党的建设。开展了“深入群众促和谐，凝心聚力促发展”主题活动，进一步密切了党群干群关系，调动了员工积极性；开展“抓源头、促清廉”主题活动，加强警示教育，加强制度建设，推进效能监察和业务公开，反腐倡廉建设不断得以深化；强化组织建设，开展党员经常性教育和管理，党支部战斗堡垒作用和党员先锋模范作用得到充分发挥；深入开展宣传思想政治工作，开展形式多样的形势任务教育，进一步增强了干部职工的使命感和责任感；工会、共青团等群众组织的桥梁和生力军作用得到有效发挥。

（米元红　屈　波）

表1 工程建设公司主要生产经营指标

指标名称＼年份	2010	2009	2008	2007	2006	2005
资产总值/亿元	166.82	167.00	129.83	121.64	71.44	58.58
建设投资/亿元	365.32	360.85	259.05	124.97	121.28	111.15
主营业务收入/亿元	155.20	154.98	97.60	65.65	46.58	40.66
利　税/亿元	19.86	17.02	12.07	5.48	4.74	3.45
承接合同数量/项	75	145	154	42	56	61
授权专利数量/项	41	11	18	11	8	4

表2 工程建设公司2010年开车、中交项目

序号	项目名称	中交日期	开车日期
1	天津100万吨/年炼油乙烯项目45万吨/年聚丙烯装置		1月6日
2	广州分公司150万吨/年S-Zorb装置		1月10日
3	荆门分公司70万吨/年RSDS-II催化汽油加氢装置		1月12日
4	天津100万吨/年炼油乙烯项目100万吨/年乙烯装置		1月16日
5	普光天然气净化厂第三联合装置		1月20日
6	镇海100万吨/年乙烯项目65万吨/年乙苯装置(EB)	1月30日	6月10日
7	镇海100万吨/年乙烯项目28.5/62万吨/年环氧丙烷/苯乙烯装置(PO/SM)	2月6日	6月15日
8	镇海炼化100万吨/年乙烯工程30万吨/年聚丙烯装置		2月10日
9	齐鲁分公司90万吨/年S-Zorb装置		2月22日
10	海南炼化停工大检修		2月26日
11	沧州分公司90万吨/年S-Zorb装置		3月5日
12	普光天然气净化工程二期工程(后60亿立方米)第四联合装置		3月11日
13	燕山石化5万吨/年PIA(精间苯二甲酸)装置	1月30日	3月14日
14	镇海炼化100万吨/年乙烯工程16万吨/年丁二烯装置		4月8日
15	镇海炼化100万吨/年乙烯工程100万吨/年乙烯装置		4月20日
16	东方石化有机化工厂VAC装置		4月24日
17	镇海炼化100万吨/年乙烯工程70万吨/年裂解汽油加氢装置		4月26日
18	济南分公司140万吨/年催化装置MZCC		5月25日
19	普光天然气净化工程二期工程第五联合装置		6月10—12日
20	普光天然气净化工程二期工程第六联合装置		6月15—17日

续表

序号	项目名称	中交日期	开车日期
21	上海高桥润滑油系统改造项目 1#常减压蒸馏装置	5 月 16 日	6 月 22 日
22	镇海 100 万吨/年乙烯装置国产化 CBL－Ⅲ型 15 万吨/年裂解炉		7 月 27 日
23	沧州 2 万米^3(标准)/时制氢扩能改造项目	10 月 29 日	11 月 1 日
24	上海石化 1#乙二醇装置技术改造项目		11 月 22 日
25	沧州 120 万吨/年延迟焦化装置	10 月 5 日	11 月 23 日
26	辽阳石化公司 140 万吨/年连续重整—歧化联合装置	8 月 30 日	11 月 23 日
27	长岭分公司 120 万吨/年 S－Zorb 催化汽油吸附脱硫装置	8 月 20 日	11 月 26 日
28	中国石油乌鲁木齐石化公司 100 万吨/年芳烃联合装置	7 月 19 日	12 月 27 日

表 3　　工程建设公司 2010 年获奖情况

序号	项目名称	获奖名称	获奖等级	授奖单位
1	环己酮氨肟化路线己内酰胺生产工艺成套技术	科技进步奖	国家二等奖	中华人民共和国国务院
2	14 万吨/年己内酰胺成套新技术开发	科技进步奖	省部一等奖	中国石油化工集团公司
3	2 1/4Cr－1Mo－1/4V 材料开发及加氢反应器研制	科技进步奖	省部一等奖	中国机械工业联合会
4	49 万吨/年裂解汽油加氢技术开发	科技进步奖	省部二等奖	中国石油化工集团公司
5	大直径螺纹锁紧环高压换热器	科技进步奖	省部二等奖	中国石油化工集团公司
6	提高尾油质量的加氢裂化技术开发和应用	科技进步奖	省部二等奖	中国石油化工集团公司
7	丁基橡胶聚合釜国产化	科技进步奖	省部二等奖	中国石油化工集团公司
8	乙烯装置急冷系统大型设备国产化集成技术	科技进步奖	省部二等奖	中国石油化工集团公司
9	大型乙烯装置急冷系统关键技术与集成	科技进步奖	省部二等奖	天津市人民政府
10	生产高黏度优质润滑油的加氢处理成套技术	科技进步奖	省部三等奖	中国石油化工集团公司
11	催化裂化汽油吸附脱硫装置长周期稳定运行技术开发与应用	科技进步奖	省部三等奖	中国石油化工集团公司

续表

序号	项目名称	获奖名称	获奖等级	获奖单位
12	30 万吨/年聚丙烯装置环管反应器的开发	科技进步奖	省部三等奖	中国石油化工集团公司
13	大型石化装置分布式控制系统国产化应用攻关	科技进步奖	省部三等奖	中国石油化工集团公司
14	延迟焦化工艺与工程	科技进步奖	省部三等奖	中国石油化工集团公司
15	大型储罐建设用高强度钢板国产化研发应用	科技进步奖	省部三等奖	国家能源局
16	中国石化海南炼油化工有限公司 800 万吨/年炼油工程	优秀工程设计奖	省部一等奖	中国石油化工集团公司
17	中国石化青岛炼油化工有限责任公司 250 万吨/年延迟焦化装置	优秀工程设计奖	省部一等奖	中国石油化工集团公司
18	中国石化青岛炼油化工有限责任公司 1 000 万吨/年常减压蒸馏装置	优秀工程设计奖	省部一等奖	中国石油化工集团公司
19	茂名 100 万吨/年乙烯改扩建工程 64 万吨/年乙烯装置	优秀工程设计奖	省部一等奖	中国石油化工集团公司
20	黄岛国家石油储备基地工程	优秀工程设计奖	省部二等奖	中国石油化工集团公司
21	中国石化青岛炼油化工有限责任公司 320 万吨/年加氢处理装置	优秀工程设计奖	省部二等奖	中国石油化工集团公司
22	中国石化青岛炼油化工有限责任公司 290 万吨/年催化裂化装置	优秀工程设计奖	省部二等奖	中国石油化工集团公司
23	茂名 100 万吨/年乙烯改扩建工程 35 万吨/年高密度聚乙烯置	优秀工程设计奖	省部二等奖	中国石油化工集团公司
24	茂名 100 万吨/年乙烯改扩建工程 25 万吨/年高压聚乙烯装置	优秀工程设计奖	省部二等奖	中国石油化工集团公司
25	中国石油化工股份有限公司高桥分公司 20 万吨/年 ABS 装置	优秀工程设计奖	省部二等奖	中国石油化工集团公司
26	齐鲁 72 万吨/年乙烯装置改造	优秀工程设计奖	省部二等奖	中国石油化工集团公司
27	中国石油化工股份有限公司北京燕山分公司 200 万吨/年加氢裂化装置	优秀工程设计奖	省部三等奖	中国石油化工集团公司
28	石化建设工程造价管理应用软件	优秀计算机软件奖	省部二等奖	中国石油化工集团公司
29	全国工程建设标准化先进集体			中国工程建设标准化协会
30	武汉分公司油品质量升级炼油改造——120 万吨/年延迟焦化装置	优质工程奖		中国石油化工集团公司
31	扬子石化—巴斯夫有限责任公司二期改造项目申请报告	工程咨询成果奖	国家一等奖	中国工程咨询协会

表4　　工程建设公司2010年通过鉴定的项目(省部级)

序号	项目名称	鉴定时间	组织鉴定单位
1	15万吨原油储罐建造技术国产化研究	6月24日	科技开发部
2	20万吨/年大型裂解炉方案研究	8月17日	科技开发部
3	气相法聚乙烯专有设备和专有技术开发	9月3日	科技开发部
4	逆流移动床重整工艺包开发	8月3日	科技开发部
5	满足欧Ⅳ排放的RSDS-Ⅱ技术开发及工业应用	10月26日	科技开发部
6	24家企业加工劣质原油潜力研究分析	11月30日	炼油事业部、科技开发部
7	大厚度高性能抗硫化氢腐蚀钢板的研制	11月11日	物资装备部
8	20万吨/年大型裂解炉开发	12月23日	科技开发部
9	100万吨/年乙烯工艺技术开发	12月23日	科技开发部
10	30万吨/年气相法聚乙烯成套技术开发	12月23日	科技开发部
11	30万吨/年聚丙烯成套技术及工业应用	12月23日	科技开发部
12	气相法聚乙烯全流程生产监控软件包开发	9月14日	科技开发部
13	气相法聚乙烯新型冷凝工艺的开发	9月14日	科技开发部
14	大型气相法HDPE成套技术工艺包的开发	6月12日	科技开发部
15	裂解炉节能降耗技术应用及性能改进	8月17日	科技开发部
16	30万吨/年聚丙烯汽蒸器和分离器国产化	9月4日	科技开发部
17	20万吨/年大型挤压造粒机组的开发研制	5月20日	集团公司重大装备办公室
18	聚乙烯新型循环流化床的计算流体力学模拟	9月14日	科技开发部
19	面向乙烯流能耗指标数据融合技术研究与应用	11月14日	国家科技部
20	连续液相柴油加氢技术开发与工业应用	2月26日	科技开发部
21	芳烃吸附分离技术开发及示范装置建设	8月19日	科技开发部
22	多产轻质油的IHCC技术的工业应用	6月3日	科技开发部
23	柴油超深度加氢脱硫(RTS)技术工业应用	6月17日	科技开发部
24	散装硫黄储存与消防关键技术研究	6月4日	科技开发部
25	60万吨/年甲醇制烯烃(S-MTO)装置工艺包	4月27日	科技开发部
26	新型高效催化烟气轮机技术开发	7月29日	科技开发部
27	中国石化国Ⅲ车用汽油质量升级解决方案及实施	11月30日	科技开发部
28	大型油气田及煤层气开发	10月17日	国家项目验收组

上海工程公司

【概况】 中国石化集团上海工程有限公司(简称上海工程公司，英文缩写SSEC)，原名中国石化集团上海医药工业设计院(SPIDI)，位于上海市浦东新区张杨路769号，注册资本人民币2亿元。

SSEC的前身是上海医药工业设计院，成立于1953年，是国内最早从事石油化工、医药和化工工程设计的大型综合性设计单位之一。曾先后归属轻工业部、化工部、国家医药管理总局等领导，2000年12月整体划归石化集团公司。2002年，按照石化集团公司的部署，以上海医药工业设计院为核心，联合中国石化上海金山工程公司和上海高桥石化设计院进行重组，2003年4月更为现名。

SSEC主要业务领域分为三大类：石化、化纤、炼油化工等，医药化工和生物能源化工等，环保、电子、轻纺食品、天然气储运工程等。服务范围覆盖工程项目的规划咨询、项目建议书、可行性研究和基础工程设计、详细工程设计以及工程采购、工程总承包、工程项目管理、技术开发等。

SSEC持有石化、医药、化工、石油天然气、轻工纺织、建筑工程、建筑智能化、环境保护、环境评价、压力容器、压力管道、工程咨询、工程造价等10多项甲级设计资质，并持有工程勘察甲级证书和建筑业企业贰级资质证书，对药品生产符合GMP要求的工程设计具有专长。拥有国家住房与城乡建设部首批核发的工程设计综合甲级资质。2010年获得上海市高新技术企业和上海市创新型企业称号。

截至2010年底，SSEC先后取得ISO 9001、ISO 14001、GB/T 28001、HSE管理体系认证证书，拥有多项专利技术，建立了先进的万兆以太计算机办公网络，主办出版《化工设备与管道》、《制药机械》、《医药工程设计》3种技术刊物；有11个专业(部)室、2个辅助部门、13个管理部(室)、5个全资子公司；拥有在册员工1 128人，86%为从事工程设计和服务的工程技术人员。其中，国家级设计大师3名，高、中级职称人员近800人，各类执业资格人员200多人；硕士研究生及以上学历人员占总人数10%；高端人才逐年增加，具有教授级专业技术职称人数为18人。

2010年，上海工程公司营业总收入23.13亿元，营业总支出22.31亿元，实现利润总额8 200万元，超额完成了石化集团公司下达的指标；完成工程设计投资额86.48亿元，为预算指标的133%。全年完成各类项目188项。承建武汉乙烯HDPE、EO/EG项目被列为样板工程。

2010年，SSEC高级工程师、A级项目经理李碧云获中央企业先进职工称号，苯乙烯团队获中国石化优秀创新团队称号，SSEC再获企业信用评价AAA级，第八次获上海市优秀公司称号，第三次获上海市职工最满意企业称号。

上海工程公司主要生产经营指标和2010年主要完成项目见表1和表2。

(钱水根)

【系统内外经营成效显著】 2010年，上海工程公司全力以赴组织多方位工作，各条线积极开拓经营，先后争取到武汉石化EO/EG和北海炼油等EPC项目；通过跟踪重大项目、重要客户，争取到江苏禾源EO/EG、神华包头碳四分离、中煤和神华集团的甲醇制烯烃、聚烯烃等系统外项目；医药项目总承包取得突破，超额完成预定目标任务；海外沙特、越南、哈萨克斯坦等国项目投标取得进展，成功承接到哈萨克斯坦16.24亿美元的丙烷脱氢制丙烯、聚丙烯等石化工厂和沙特SABIC近2亿美元的聚酯项目的工程总承包合同。截至年底，新签合同额33.5亿元，比预期目标增加24%，其中海外及系统外合同额12.3亿元，比预期目标增加23%；设计服务合同额5.25亿元，比预期目标增加16.7%；PMC合同额5 348万元，比预期目标提高18.8%；医药合同额超过4 500万元，市场开拓成效显著。

(钱水根)

【提升项目管理水平显现成效】 2010年，上海工程公司继续深化PMIS集成管理应用，完善项目信息共享平台，统筹安排人力资源，规范外购劳务审批流程，完善项目目标责任书，实行项目动态预警机制，规范绩效衡量标准，各EPC项目推进“创先争优”、“五比五创”活动，强三基、除四害、创先进、争一流，努力打造具有SSEC特色的工程管理模式，项目管理水平全面提升，项目进度进一步加快，日照商储库、北海炼油、武汉乙烯等新一轮EPC项目按期开工，实现预定节点目标；天津石化、镇海炼化、神华包头等EPC项目取得“1+1”(做好一个项目，带来一个项目)效果；川维BDO、贵州煤基化醋酸及醋酸乙烯、湛江地下水封洞库、海南商储库、中国石化香港公司成品油库等实现计划节点目标，上海石化炼油改扩建基础设计、镇海炼化二期、连云港炼化等前期工作按时完成。

(钱水根)

【技术创新再攀高峰】 2010 年，上海工程公司新申报科技开发项目 26 项，年产 12 万吨节能型苯乙烯成套技术、30 万吨乙烯法醋酸乙烯、14 万吨釜式并联聚丙烯工艺包开发等 14 项课题获准立项，签订科技开发合同额 1 700 多万元；中国石化“十条龙”攻关项目〔30 万吨/年 S－ACT 异丙苯成套技术、汽油选择性加氢技术(RSDS－Ⅱ)开发〕顺利“出龙”；年产 15 万吨碳五分离工程技术开发及工业应用、30 万吨高密度聚乙烯环管反应器国产化工程技术研究、大型储罐设备基础计算机工程应用软件大型苯乙烯装置节能降耗工程技术开发等 12 项科技成果通过石化集团公司总部鉴定、审查和评议；30 万吨 S－ACT 异丙苯成套技术、汽油选择性加氢技术开发、30 万吨高密度聚乙烯环管反应器国产化工程技术研究等 8 项技术成果投入工业应用，受到石化集团公司总部、业主好评。年内公司被授予上海市创新型企业称号，新获专利申请号 32 项，获石化集团公司科技进步奖 2 项、省部级(含行业协会)奖 13 项。

(钱水根)

【承建神华包头煤化工项目产出合格产品】 2008 年 6 月 1 日起，上海工程公司承担中国神华集团包头煤化工有限公司 30 万吨/年聚丙烯、60 万吨/年 MTO 装置烯烃分离和烯烃罐区建设任务。2010 年 1 月 18 日，烯烃罐区率先中交，同年 5 月 28 日，聚丙烯装置、烯烃分离装置提前 2 天高标准中交，8 月 12 日、15 日分别开车一次成功，8 月 15 日产出合格聚烯烃产品，顺利打通了煤制烯烃全流程，世界上第一批约 450 吨用煤生产的聚烯烃产品货运出厂。

(钱水根)

【承建镇海炼化 EO/EG 装置开车一次成功】 上海工程公司 EPC 总承包镇海炼化 65 万吨/年 EO/EG 装置和污水处理装置，其中 65 万吨/年 EO/EG 装置为国内同类装置中最大，2008 年 3 月 3 日现场开工，2009 年 12 月 28 日装置中交，2010 年 4 月 18 日产出合格产品，实现安全、经济、一次开车成功。

(钱水根)

【承建扬巴二期项目提前建成投运】 上海工程公司承担扬巴项目二期改造 3 个部分设计：一是乙烯(EU)，包括乙烯装置老炉区、分离改、汽油加氢、芳烃抽提、废碱处理装置改造；二是 IOU(基础设施、界外工程)；三是下游装置(Area1)，包括 EO/EG 改造、新建 PEO(精环氧乙烷)、NIS(非离子表面活性剂)。2009 年 6 月 16 日，Area1 详细设计开工，扬巴二期改造进入实质性阶段。2010 年 4 月 16 日，装置部分完成设计，5 月 31 日，装置完成检修，提前机械竣工，6 月 18 日，一次开车成功，产出合格产品；同年 7 月 9 日，IOU 部分完成详细设计，年底，扬巴二期工程设计与工程服务圆满完成，为承接扬巴三期创造了条件。

(钱水根)

【扬子—碧辟 50 万吨/年醋酸装置开车成功】 2006 年初，上海工程公司受意大利德希尼布委托，承接 BP 醋酸装置基础设计、详细设计和施工服务设计。2010 年 8 月 3 日，南京扬子—碧辟 50 万吨/年醋酸装置方投料开车成功产出合格醋酸，装置进入正常运行阶段。

(钱水根)

【承建北海炼油项异地改造项目开工打桩】 在北海炼油异地改造项目中，上海工程公司承建 4 套炼油装置、1 套污水处理设施和储运区部分罐区及公用工程，工程概算约 2.27 亿元。2010 年 6 月 9 日，上海工程公司承建部分工程全面展开。

(钱水根)

【宁波禾元 EO/EG 装置设计开工】 宁波禾元 50 万吨/年 EO/EG 装置投资 18 亿元(人民币)，采用荷兰壳牌(SHELL)最新 EO 催化剂、工艺技术。2010 年，上海工程公司中标承建该装置，7 月 5—8 日，装置设计开工。

(钱水根)

【日照原油商业储备基地工程开工奠基】 上海工程公司 EPC 总承包中国石化日照原油商业储备基地工程，该工程由基地工程、输油站组成，基地工程建设 28×10 万立方米单盘式浮顶油罐，输油站建设 4×10万立方米原油罐和 1 座消防泵站。2010 年 6 月 26 日，该工程开工奠基，12 月 22 日，储罐进入安装。

(钱水根)

【承建上海石化 1 500 吨 PAN 基碳纤维项目开工】 上海工程公司承担该项目 3 000 吨/年原丝、1 500 吨/年碳纤维装置和配套工程改造设计。项目起步后，按时提交搬迁工程详细设计，出版桩基处理、氧化炭化装置桩位图，为实现工程主控点创造了条件。2010 年 12 月 20 日，1 500 吨 PAN 基碳纤维桩基处理开工。

（钱水根）

【获国家科学技术进步二等奖】 2010年1月11日，由上海工程公司与上海石油化工研究院、华东理工大学合作开发的“乙苯脱氢制苯乙烯关键技术轴径向反应器和新型催化剂研发及应用”获国家科学技术进步二等奖。在该成果开发研究中，上海工程公司承担苯乙烯生产技术国产化和工程放大技术研究，开发的乙苯脱氢制苯乙烯工程技术在国内14套装置推广应用，获得多项专利和专有技术，成为世界上苯乙烯生产技术几大专利商之一，为促进国内基本有机原料生产技术进步，发展壮大中国石化事业作出了重要贡献。

（钱水根）

【举办“科技创新与发展论坛”暨成果展】 2010年，上海工程公司以新起点、新高度、新发展为主线，以科技创新推动新发展为主题，举办“科技创新与发展”论坛暨成果展览会。5月18日，论坛开幕，以众多图片、文字、图表、音像、奖章奖杯等展示公司创建57年来特别是“十一五”以来重大科技创新成果，表彰优秀科技成果、优秀论文获奖人员，组织技术人员交流发言、专家讲座、优秀论文比赛。年底，论坛、成果展圆满结束。

（钱水根）

【质量控制持续有效】 2010年，上海工程公司技术评审被纳入项目管理范围，组织公司级评审12次、专业级评审121次；对在建工程质量动态管理，有效控制。年内构建质量案例库，收编工程案例50个，新编公司级标准348项，标准格式、表格、通用图、标准图等361项，参编上级标准31项，参与石化集团公司总部标准函审19项，会议审查13次。截至年底，神华包头、北海炼油、日照商储库、湛江水封洞库、武汉石化PE、EO/EG、扬巴二期等工程质量处于受控状态，北海炼油污水处理深基坑被评为样板工程。

（钱水根）

【海外人才培养取得新成果】 2010年，上海工程公司适应海外业务发展，加大海外项目人才培养选拔，经过考试，筛选100余名工程技术人员，其中36人被首批派往日本东洋、法国德希尼布、美国石伟（SWI）等公司，接受海外工程业务专业培训，100余人接受外语口语强化培训。

（钱水根）

【产学研设工作持续深化】 2010年，上海工程公司持续深化产学研设工作，采用“引进来、走出去”办法，引进浙江大学来公司开办“硕士研究生”班，华东理工大学到公司建立“全日制工程硕士”培养基地。首批16名优秀中青年骨干、核心人员入学浙江大学硕士研究生班深造；27名化工、医药、自动化、化工机械等专业资深高级人员担任华东理工大学全日制工程硕士生导师，经半年实践培训，首批16名工程硕士结束实习培训。

（钱水根）

【“三支队伍”构架基本形成】 2010年，上海工程公司继续实施“走高端、创特色、夯基础、保稳定”战略，适应建设国际型工程公司需要，实行分层次（基础层、骨干层、核心层）教育培训，逐渐形成了一批适合EPC、PMC要求的复合型项目管理人才，一批具有技术开发能力的研究型人才和一批具有技术应用能力、有组织管理行业内人力资源从事工程设计、工程建设能力的领军型人才。截至年底，公司核心层人员达260多人，骨干层人员达300余人，分别占总人数的30%、40%，为公司持续发展夯实了基础，为员工职业生涯发展提供了方向。

（钱水根）

【第二届职工体育节隆重闭幕】 2010年，上海工程公司以“团结、齐心、诚信、向上”为主题，举办了第二届职工体育节，体育节以讲诚信、负责任、“一家人、一条心、一股劲、一个目标”的企业精神，增强职工凝聚力、向心力，营造“团结、齐心、诚信、向上”的良好氛围，各协会负责过程管理、赛事组织，各专业室、项目组组织健身文体活动。其间，结合体育节，举办迎“七一”、迎国庆摄影展、桌球、乒乓球等竞技活动，颁布《企业文化手册》、举行“我与上海产业发展”征文赛、世博会知识竞赛、世博图片汇展，增强了员工体质和团队精神，促进公司和谐发展。截至年底，历时8个月的第二届体育节圆满结束。

（钱水根）

表 1　　上海工程公司主要生产经营指标

指标名称 \ 年份	2010	2009	2008	2007	2006	2005
主要业务收入/亿元	23.13	22.16	21.18	14.78	9.74	9.63
完成工程投资额/亿元	86.48	71.90	66.80	56.00	56.66	65.00
完成工程项目/项	188	184	221	239	294	226
授权专利/项	30	19	13	9	9	7

表 2　　上海工程公司 2010 年主要完成项目

委托单位	项目名称	完成日期	行业
礼来苏州制药有限公司	礼来苏州制药有限公司新厂扩建	1 月 20 日	医药
镇海炼化公司	100 万吨/年乙烯工程 65 万吨/年乙二醇装置 EPC 总承包	3 月 30 日	石化
镇海炼化公司	100 万吨/年乙烯工程(污水处理场)EPC 总承包	3 月 30 日	石化
高桥石化事业部	火炬搬迁项目详细设计	3 月 28 日	石化
上海石油化工股份有限公司	年产 1 500 吨 PAN 基碳纤维项目基础设计	3 月 30 日	化纤
沈阳三九药业有限公司	沈阳三九药业有限公司新建原料药生产项目	3 月 31 日	医药
武汉分公司	30 万吨/年 HDPE 装置基础设计	4 月 8 日	石化
四川维尼纶厂科技处	年产 1 万吨生物基乙烯高技术产业化示范工程——3 000 吨/年绝热床乙醇脱水制乙烯装置基础设计	5 月 30 日	化工
天津分公司	对二甲苯结晶分离中试装置	6 月 30 日	石化
扬巴公司	二期 IOU 详细设计	7 月 30 日	石化
管道储运公司工程处	湛江国家石油储备 500 立方米地下水封洞库基础设计	7 月 30 日	石化
神华包头煤化工有限公司	煤制烯烃项目 60 万吨/年 MTO 装置烯烃分离单元 EPC 总承包	9 月 25 日	煤化工
神华包头煤化工有限公司	煤制烯烃项目 30 万吨/年聚丙烯装置 EPC 总承包	9 月 25 日	煤化工
苏州诺华医药科技有限公司	年产 350 吨医药中间体及研发中心建设项目	9 月 10 日	医药
上海百迈博制药有限公司	上海百迈博制药有限公司建设项目环评	9 月 25 日	环评
扬巴公司	1 区 3 套工艺装置详细设计	10 月 30 日	石化
连云港正大华凌制药有限公司	连云港正大华凌制药有限公司科技开发中心项目详细设计	10 月 15 日	医药
青岛炼化有限责任公司	8.5 万吨/年苯乙烯详细设计	11 月 28 日	石化

续表

委托单位	项目名称	完成日期	行业
中国石油化工股份有限公司	2 000 吨/年耐温抗盐表面活性剂中试合成装置详细设计	11 月 29 日	石化
中国石油化工股份有限公司	中国石化 NaSCN 法碳纤维原丝中试改造	11 月 30 日	化纤
上海石化股份公司	炼油改造工程 170 万吨/年石脑油预加氢装置、5.5 万吨/年制氢装置、10 万吨/年 MTBE 装置基础设计	11 月 25 日	炼油
三九医药股份有限公司	三九医药股份有限公司生产基地项目施工图设计	11 月 30 日	医药
明治鲁抗医药有限公司	明治鲁抗医药有限公司引进新品种产品项目施工图设计	11 月 30 日	医药
管道储运公司	日照原油商业储备基地 280 万立方米罐及配套工程详细设计	11 月 30 日	石化
中国石化集团石油商业储备有限公司	日照—仪征原油管道及配套工程首站罐区 40 万立方米罐及配套工程详细设计	11 月 30 日	石化
扬子石化股份有限公司	扬子石化三轮乙烯及配套工程可行性研究	12 月 10 日	石化
四川维尼纶厂	60 万吨煤制醋酸可行性研究	12 月 15 日	煤化工
广州分公司	聚乙烯扩能改造项目可研	12 月 15 日	石化
江苏恒瑞医药股份有限公司	恒瑞豪森医药工业园项目	12 月 30 日	医药
扬子石化股份有限公司	合成气制乙二醇中试装置可研、工程设计	12 月 30 日	石化
中国石油化工股份有限公司	温州天然气(LNG)项目预可研	12 月 31 日	天然气
北海分公司	北海炼油异地改造 260 万吨/年柴油加氢、40 万吨/年气体分离、50 万吨/年汽油加氢、产品精制及部分配套公用工程详细设计	12 月 30 日	炼油

洛阳工程公司

【概况】 中国石化集团洛阳石油化工工程公司(简称洛阳工程公司)前身是石油部抚顺设计院，创建于1956 年 10 月，是集技术专利商与工程承包商于一体的高新技术企业，拥有国家颁发的工程设计综合甲级资质证书，为国家首批业务涵盖 21 个行业的工程咨询企业之一，已通过 QHSE 管理体系、ISO 10015 培训管理体系认证。

洛阳工程公司本部位于河南省洛阳市。截至2010 年底，在册职工 2 066 人，其中中国科学院院士 1 人，国家设计大师 3 人，享受政府特殊津贴的专家 25 人(含退休返聘人员)，教授级专业技术职务人员 59 人，高级专业技术职务人员 781 人，各类注册工程师 417 人；累计获国家级科技进步奖(含发明奖)35 项，国家级优秀设计奖 26 项，省部级科技进步奖(含发明奖)257 项，省部级优秀设计奖 76 项，拥有国内外授权的专利 370 项。

2010 年，洛阳工程公司完成工程设计投资额262.68 亿元，是年度目标的 119%，同比增长 15%；完成 EPC 建设投资 49.89 亿元，是年度目标的125%，同比增长 35%；实现营业收入 58.41 亿元，同比增长 14%；实现利润 10.57 亿元，同比增长 7%。

2010 年，洛阳工程公司承担前期项目 192 项，总体设计 17 项，工艺包设计 10 项，基础设计 208项，详细设计 290 项；共有 11 套装置、89 个系统工程按计划实现高标准中交，33 套装置及系统工程实现一次开汽成功；开展研发项目 107 项。其中，石化集团公司“十条龙”攻关项目 6 项、科技开发项目 37 项，公司自立科技开发项目 47 项；完成科技开发课题 45 项；通过省部级及以上立项课题 19 项；通过省部级及以上技术鉴定(评议)15 项；申报专利 109 项，获专利授权 36 项。超低压连续重整、MTO 等一批成果实现了推广应用。先后获国家科技进步奖 1 项、优秀设计金奖 1 项、国家优质工程银奖 1 项，石化集团公司优秀设计奖 6 项、科技进步奖 6 项、优质工程奖 5 项；年末资产总额 71.95 亿元(其中固定资产净值 2.78 亿元)；全年实现三个事故为零的安全生产目标。

洛阳工程公司主要生产经营指标、2010 年建成中交及投产工程项目分别见表 1 和表 2。

(李建永)

【青岛石化加工高酸原油适应性改造项目投料试车成功】 2010 年 1 月 5 日，青岛石化 100 万吨/年汽柴油加氢精制装置投料试车一次成功；10 日，160 万吨/年延迟焦化装置投料试车一次成功，标志着中国石化首座高酸原油加工基地——青岛石化加工高酸原油适应性改造项目全面投产。该项目于 2008 年 9 月 26 日开工奠基，2009 年 9 月 28 日建成中交，工程投资 15.2 亿元。洛阳工程公司承担项目总体设计任务，并承担 160 万吨/年延迟焦化和 100 万吨/年汽柴油加氢精制装置的工程总承包建设任务。

(李建永)

【北海炼油异地改造石油化工项目开工建设】 2010 年 3 月 3 日，总投资达 41.5 亿元的北海炼油异地改造石油化工项目土建开工，标志着该项目已进入全面实施阶段。洛阳工程公司承担了 500 万吨/年原料预处理、170 万吨/年催化裂化、120 万吨/年延迟焦化、60 万吨/年连续重整装置及部分系统单元的 EPC 总承包任务。

(李建永)

【塔河重质原油改质项目全面建成投产】 2010 年 6 月 30 日，洛阳工程公司承担 EPC 建设的塔河 350 吨/年重质原油改质项目建成中交，9 月 18 日打通全流程，生产出合格产品。该项目是中国石化“十一五”规划的重点建设项目之一，也是洛阳工程公司承担的一个全厂性 EPC 总承包项目。项目以加工塔河油田重质原油为主，总投资 31 亿元，主要由 220 万吨/年焦化装置、140 万吨/年汽柴油加氢精制装置等 5 套生产装置及配套公用工程系统组成，于 2009 年 3 月 26 日开工建设。

(李建永)

【哈萨克斯坦阿特劳炼油厂芳烃项目开工奠基】 2010 年 9 月 4 日，哈萨克斯坦阿特劳炼油厂芳烃项目开工奠基。该项目是哈萨克斯坦自独立以来石油化工领域最大的投资项目，也是中国石化炼化工程公司成立以来在境外承揽的第一个 EPCC 总承包项目。洛阳工程公司承担该项目主体建设。该项目由炼化工程公司于 2009 年 11 月 6 日签约，项目合同工期为 39 个月，合同金额达 10.4 亿美元，主要建设内容为 100 万吨/年连续重整装置和 50 万吨/年芳烃装置。

(李建永)

哈萨克斯坦阿特劳炼油厂芳烃项目开工奠基

【山东 LNG 项目开工奠基】 2010 年 9 月 10 日，中国石化首个 LNG 项目——山东 LNG 项目开工奠基仪式在山东青岛胶南市举行。该项目由接收站、码头工程和外输管线工程 3 个部分组成，分两期建设，其中一期工程总投资 96.6 亿元，建设规模为年接转 LNG 300 万吨，拟建设 3 座 16 万立方米储罐，1 个靠泊 8 万—27 万立方米 LNG 船的专用码头及接收站等配套设施，以及董家口—泊里—胶州—莱西、日照—临沂输气管道，外输管道共约 400 千米，设计年输气能力 40 亿立方米。洛阳工程公司承担该项目一期的总体设计。

(李建永)

【长岭分公司油品质量升级改造项目一期工程建成投产】 2010 年 11 月 26 日，洛阳工程公司承担设计的 800 万吨/年常减压和 240 万吨/年汽柴油加氢装置、实行 EPC 总承包的 280 万吨/年催化裂化装置相继打通全流程，生产出合格产品，平稳顺利地实现了一次投料试车成功，标志着长岭分公司油品质量升级改造项目一期工程(南区)全面建成投产。该项目是石化集团公司重点工程建设项目之一，也是洛阳工程公司作为总体院承担的一个重点工程建设项目。洛阳工程公司承担完成整个项目总体设计及800万吨/年常减压、240万吨/年汽柴油加氢装置、5万米^3(标准)/时制氢等装置及配套设施的工程设计，280万吨/年催化裂化、170万吨/年渣油加氢等装置的EPC总承包任务。

(李建永)

【九江分公司油品质量升级改造项目开工建设】 2010年9月27日，九江分公司油品质量升级改造项目开工建设。洛阳工程公司相继承担了150万吨/年柴油加氢、120万吨/年连续重整及25万吨/年苯抽提联合装置等项目的EPC建设任务。

(李建永)

【广州分公司140万吨/年延迟焦化装置建成投产】 2010年12月10日，洛阳工程公司EPC总承包的广州分公司140万吨/年延迟焦化装置成功产出第一塔焦，标志着该装置开车一次成功。该装置是广州石化炼油完善配套及环保治理项目，总投资3.73亿元，于2009年12月28日开工建设。

(李建永)

广州分公司140万吨/年延迟焦化装置

【金陵分公司油品质量升级改造项目开工建设】 2010年11月8日，金陵分公司油品质量升级改造工程开工建设。公司除了承担总体设计的任务外，还承担了800万吨/年常减压装置、350万吨/年催化裂化装置、180万/年渣油加氢装置3套装置的设计任务。

(李建永)

【"石脑油催化重整成套技术的开发与应用项目"获国家科学技术进步一等奖】 2010年1月11日，国家科学技术奖励大会在北京召开，洛阳工程公司与石油化工科学研究院、洛阳分公司等单位合作完成的石脑油催化重整成套技术的开发与应用项目获2009年度国家科学技术进步一等奖，成为该年度炼油领域唯一的获奖项目。

(李建永)

【"100万吨/年超低压连续重整成套技术开发"项目通过鉴定】 2010年12月9日，100万吨/年超低压连续重整成套技术开发项目在北京通过石化集团公司总部技术鉴定。鉴定委员会认为，超低压连续重整成套技术在重整反应器布置、再生器结构、再生气体脱氯技术和闭锁料斗控制系统等方面实现了技术创新，具有自主知识产权，达到国际先进水平。该技术运用于广州分公司新建100万吨/年连续重整装置，各项指标均达到或超过了"十条龙"攻关目标，建议大力推广应用。

(李建永)

【"液相循环加氢技术"通过鉴定】 2010年2月25日，采用洛阳工程公司开发的液相循环柴油加氢技术的九江150万吨/年和湛江160万吨/年工艺包通过了石化集团公司科技开发部组织的技术评审，为中国石化按国家要求尽快完成柴油质量升级奠定了坚实基础；5月27日，液相循环加氢(SRH)技术通过石化集团公司总部技术鉴定。与会专家认为：SRH技术不设置氢气循环系统，具有催化剂利用率高、裂解反应少、高压设备少、热量损失小等优点，与同等规模和目的产品的滴流床柴油加氢装置相比，装置投资和操作能耗均可节约20%；长岭工业示范装置应用结果表明，该技术安全可靠，达到了同类技术的国际先进水平，建议推广应用。

(李建永)

【"大型蒸馏装置高轻收深总拔低能耗成套技术"通过鉴定】 2010年5月28日，洛阳工程公司开发的大型蒸馏装置高轻收深总拔低能耗成套技术通过石化集团公司总部技术鉴定。鉴定委员会认为：该技术解决了长周期条件下提高轻质油收率、降低能量消耗及减压深拔等方面的技术难题，达到国内技术领先水平，建议推广应用。

(李建永)

【中国延迟焦化技术首次出口美洲】 2010年8月6

日，古巴 Cienfuegos 炼厂延迟焦化技术许可合同签订会暨工艺包开工会在京召开，标志着中国延迟焦化成套技术首次出口美洲。根据项目分工，洛阳工程公司承担了项目工艺包设计。

（李建永）

【4 项研发课题“入龙”】 2010 年 12 月 10 日，中国石化 2010 年度“十条龙”科技攻关工作会议在北京召开。洛阳工程公司承担的“100 万吨/年超低压连续重整成套技术开发”、“国Ⅲ油品质量升级”2 个项目顺利“出龙”，“STRONG 沸腾床渣油加氢成套技术开发及 5 万吨/年工业示范试验”、“60 万吨/年 PX 生产装置成套技术”、“满足欧 V 排放标准的汽油生产技术（OCT－ME）”、“FCC 再生烟气除尘脱硫脱硝工业化应用”4 个项目“入龙”。

（李建永）

【公司安全生产实现“三连冠”】 2010 年 1 月 14 日，在石化集团公司 HSE 工作会议上，洛阳工程公司被评为 2009 年度 HSE 管理先进单位，继 2007 年、2008 年之后连续第三年获此殊荣。

（李建永）

【入选 ENR“中国承包商和设计企业双 60 强”】 2010 年 12 月 9 日，由美国《工程新闻记录》（ENR）与中国《建筑时报》共同创办的 ENR 中国承包商和工程设计企业 2010 年度“双 60 强”排名揭晓，公司荣登榜单，其中在利润、净资产收益、人均营业收入、人均利润等排名上均居 60 强工程设计企业前 10 名。

（李建永）

表 1　洛阳工程公司主要生产经营指标　亿元

指标名称＼年份	2010	2009	2008	2007	2006	2005
资产总值	71.95	42.25	39.26	34.85	20.21	12.37
流动资产	68.69	39.28	36.97	32.75	18.47	10.42
固定资产原值	4.66	4.36	3.27	3.06	2.67	2.64
固定资产净值	2.78	2.59	1.94	1.84	1.66	1.69
建设投资	262.68	228.25	206.38	164.74	120.68	81.51
主营业务收入	58.41	51.04	41.70	31.67	16.04	13.91
实现利税	11.82	11.15	5.87	5.41	2.22	0.84
税　金	3.62	3.16	2.23	2.55	1.07	0.56
承接工程数量/项	717	557	557	490	395	397
授权专利数量/项	36	35	32	37	27	30

表 2　洛阳工程公司 2010 年建成中交及投产工程项目

序号	投产项目	中交、投产日期	备注
1	青岛石化公司 100 万吨/年汽柴油加氢装置和 160 万吨/年延迟焦化装置	1 月投产	工程总承包
2	九江 90 万吨/年汽油加氢装置	1 月投产	工程设计
3	齐鲁 600 万吨/年常减压装置	3 月投产	工程设计
4	正和集团股份有限公司 140 万吨/年 DCC 装置	4 月投产	工程设计

续表

序号	投产项目	中交、投产日期	备注
5	陕西煤化工工程中心有限公司煤制烯烃工程设计	5月投产	研发与设计
6	DMTO－Ⅱ工业化示范装置		
7	吉林石化2万吨/年硫黄回收联合装置	5月投产	工程设计
8	清江石化30万吨/年汽油加氢装置	6月投产	工程设计
9	镇海炼化I加裂扩能改造项目(280万吨/年加氢裂化扩能改造)	7月投产	工程设计
10	永坪50万吨/年催化装置MIP改造、120万吨/年催化装置内外取热器改造	7月投产	工程设计
11	神华包头煤制烯烃项目MTO装置	5月中交、8月投产	工程总承包
12	广西石化350万吨/年重催装置和4万米^3(标准)/时制氢装置	2月中交、8月投产	工程总承包
13	塔河分公司350万吨/年重质原油改质项目(2$^\#$延迟焦化装置、2$^\#$柴油加氢精制装置、2$^\#$制氢装置、2万吨/年硫黄回收装置等51个单元)	6月中交、9月投产	工程总承包
14	清江石化重催装置(MIP改造)	9月投产	工程设计
15	中化兴源石油储运(舟山)有限公司兴源96万立方米成品油罐区	10月投产	工程设计
16	洛阳分公司260万吨/年柴油加氢装置	10月投产	工程设计
17	吉林石化140万吨/年MIP－CGP催化装置、160万吨/年柴油加氢装置	11月投产	工程设计
18	江苏新海石化有限公司120万吨/年FDFCC重油制烯烃装置	10月投产	工程设计
19	大庆中蓝石化有限公司35万吨/年柴油加氢、汽油加氢装置	11月投产	工程设计
20	抚顺石化公司重油催化装置隐患治理改造工程	12月投产	工程设计
21	锦州石化公司130万吨/年加氢裂化装置	12月投产	
22	广州分公司140万吨/年延迟焦化装置	12月投产	工程总承包
23	长岭分公司800万吨/常减压装置、280万吨/年催化装置、240万吨/年汽柴油加氢装置	9月中交、11月投产	工程总承包
24	南阳石蜡精细化工厂10万吨/年汽油加氢芳构化装置	12月投产	工程设计
25	锦西石化公司二套催化隐患整改项目	11月投产	工程设计

宁波工程公司

【概况】 中国石化集团宁波工程有限公司(简称宁波工程公司，英文缩写 SNEC)是 2003 年经石化集团公司批准，由原中国石化集团兰州设计院和中国石化集团第三建设公司重组设立的国有独资公司，注册地为浙江省宁波高新区。

宁波工程公司是以技术为先导，设计为基础，工程项目承包和工程项目管理为主体，集科研开发、工程设计、设备制造、装置施工、开车服务和检维修服务于一体，拥有专利、专有技术，面向国内、国际两个市场，在能源、环保、石油化工和热能工程等领域提供咨询、设计、工程总承包、制造及专业施工总承包工程服务和管理服务的全能型工程公司。

宁波工程公司持有工程设计综合甲级资质证书、化工石油工程施工总承包一级资质证书，工程咨询、工程造价咨询、环境影响评价甲级资格证，压力容器设计、制造许可证，压力管道设计、安装许可证，锅炉安装、改造、维修许可证，对外承包工程经营资格证书等，并取得 ISO 9001 质量体系认证证书、GB/T 24001—2004 环境管理体系和 GB/T 28001—2001 职业健康安全管理体系认证证书。

截至 2010 年底，宁波工程公司设有 25 个职能和业务管理部门、7 个专业设计室、7 个专业公司或分公司等业务单位。在册职工 3 000 余人，其中国家级设计大师 2 人，教授级高级工程师 12 人，拥有高级职称的 253 人，中级职称的 580 人，各类注册工程师 300 余人。拥有 51 项专利、111 项专有技术，在天然气化工、石油化工、煤化工以及合成气化工等领域的设计处于全国领先地位；在管道钢结构工厂化预制、设备制造、大型储罐和长输管线施工、大型或特大型设备吊装方面构筑了强大的差异化竞争优势，是石化集团公司大型非标设备制造基地。

宁波工程公司主要生产经营指标和中交或完工的主要项目见表 1 和表 2。

(郑　渊)

【生产经营势头良好】 2010 年，宁波工程公司着力扩大市场份额，挖掘潜在市场，持续完善“四位一体”市场营销体系建设，全力开拓市场，取得了较好的成绩。全年共投标 298 项，中标 99 项；共签订工程承包合同 246 份，合同金额 35.5 亿元；全年完成营业收入 22.3 亿元，实现利润 1.2 亿元。同时实现降本减费 1 250 万元，应收款清欠收回 3.1 亿元，生产经营总体保持了良好势头。

(郑　渊)

【海外市场开发取得实质性进展】 2010 年 3 月 16 日，炼化工程公司正式委托宁波工程公司承担新加坡润滑油脂 EPC 总承包项目。11 月 4 日，宁波工程公司哈萨克斯坦 IPCI 项目部成立，正式进入透明估算(OBE)实施阶段，真正实现了“走出去”的目标，国内、国际业务并重的格局逐渐形成。

(郑　渊)

【神华包头煤制烯烃项目聚乙烯装置顺利中交】 由宁波工程公司 EPC 总承包的神华包头煤制烯烃 30 万吨/年聚乙烯(PE)装置于 2007 年 5 月开工建设，装置 2010 年 5 月 31 日顺利实现中交。该项目是全球第一个煤制烯烃项目。工程包括 180 万吨/年煤制甲醇装置、60 万吨/年 MTO(甲醇制乙烯加丙烯工艺)装置、30 万吨/年聚丙烯装置、30 万吨/年聚乙烯装置以及 22.4 万米^3(标准)(制氧气)/时空分装置等。该装置原料精制单元配管、挤压造粒框架获得业主样板精品工程称号，质量管理的业绩在业主评分中名列前茅，业主满意度达 98%；该项目仓库应用 MARIAN 系统进行材料控制，被业主评为神华包头煤制烯烃项目样板仓库。

(郑　渊)

【镇海乙烯项目多套装置相继投料试车成功】 2010 年，由宁波工程公司施工总承包的镇海乙烯工程多套装置相继投料试车成功。4 月 20 日，镇海乙烯“龙头”裂解装置生产出聚合级乙烯和聚合级丙烯产品，经检验全部合格。4 月 7 日，60 万吨/年芳烃抽提装置投料试车一次成功。4 月 9 日，16 万吨/年丁二烯抽提装置投料试车一次成功。

(郑　渊)

【焦炭塔制造创多项纪录】 2010 年 8 月 20 日，宁波工程公司承接设计、制造的出口印度爱莎公司的 6 台焦炭塔顺利完成，创造了中国石化设备制造单笔出口金额、单台体积、吨位最大的纪录。在设备制造中还大量应用了独自开发的专利、专有技术成果，并取得了非常好的效果，其中焦炭塔焊锥过渡段焊接工装的开发及成功应用大大缩短了制造工期和降低了生产成本。

(郑　渊)

【节能减排技术应用成果颇丰】 2010 年 1 月 17 日，

由宁波工程公司设计的中国石化河南油田南阳精蜡厂75吨/时煤粉锅炉烟气脱硫装置一次投料试车成功，出口烟气中的二氧化硫浓度低于每立方米100毫克，实现了达标排放；1月25日，由宁波工程公司设计的中国石化广州分公司100万吨/年重油催化裂化装置一氧化碳余热烟气除尘脱硫装置投料试车成功；2月26日，具有自主知识产权的“短程硝化反硝化处理高浓度有机废水技术”成功应用于催化剂长岭分公司，并于6月完成针对低氨氮废水处理的工业化示范装置。

（郑 渊）

【质量管理屡获殊荣】 2010年11月，经中国建筑业协会、全国工程建设质量管理优秀企业评审委员会审定，宁波工程公司首获2010年度全国工程建设质量管理优秀企业称号，成为石化集团公司唯一获奖企业。截至2010年11月底，公司承担项目的焊口一次合格率96.1%，焊接片子一次合格率98.7%，顾客满意度为96%。年内宁波工程公司承建的镇海国家石油储备基地项目获国家优质工程银奖，镇海炼化100万吨/年乙烯低温罐区项目获全国优秀焊接工程一等奖，金嘉湖成品油管道及配套油库工程2个项目获得了石化集团公司优质工程奖。

（郑 渊）

【改善经营管理建议试点成效显著】 改善经营管理建议工作是2010年石化集团公司塑造中国石化特色管理模式的一项重要内容。宁波工程公司作为炼化工程板块唯一一家试点企业，成立了改善经营管理建议工作委员会和4个改善经营管理建议专家评审组，深入钻研试点工作的各个环节，建立了试点工作例会制度、信息反馈制度、跟踪检查制度和考核制度，先后征集245条建议，立项55条，全年实现降本增效1 250万元，走在了系统内工程企业的前列。

（郑 渊）

【管理现代化创新成果再创佳绩】 2010年8月，宁波工程公司申报的4项管理现代化创新成果取得历史最佳成绩，其中“智慧型人才在工程公司中的优化管理与创新”获第19届企业管理现代化创新成果一等奖，“创新动态量化科学考核机制，用于业绩引导理性采购实施”和“全面推行EPC项目材料框架协议采购，提高采购效益”获二等奖，“优化工作流程，强化平台管理，提高材料全生命周期管理能力”获三等奖。

（郑 渊）

【和谐企业建设成果显著】 2010年，宁波工程公司坚持依法治企，深化和谐劳动关系，在依法实施劳动合同和集体合同制度、依法维护女职工特殊权益、建立职工互助保障机制等方面取得了明显成效。年内公司被评为浙江省创建和谐劳动关系先进企业，并保持浙江省文明单位、宁波市重合同守信用单位称号，福建省“五一”劳动奖状。

（郑 渊）

表1 **宁波工程公司主要生产经营指标** 亿元

指标名称 \ 年份	2010	2009	2008	2007	2006	2005
资产总值	28.30	27.03	28.11	24.42	18.39	17.78
设计投资额	73.11	64.22	99.04	88.23	38.84	27.45
主营业务收入	22.28	32.76	42.38	40.22	29.55	16.57
利 税	2.47	2.08	1.99	1.78	1.25	0.81
承接工程数量/项	310	274	238	241	226	216
工程总承包	5	12	9	8	9	3
工程设计	41	32	20	14	26	10
工程咨询	49	38	34	18	19	10
工程建设及制造	215	192	175	171	172	193
授权专利数量/项	14	3	2	3	2	7

表 2　宁波工程公司 2010 年中交或完工的主要工程项目

序　号	项目名称	中交或完工日期
一	EPC 总承包项目	
1	镇海炼化美国合成油装置	12 月
2	神华包头煤制烯烃项目聚乙烯装置	5 月
二	设计项目	
1	岳阳壳牌煤气化破渣机详设	4 月
2	石家庄炼化 42 单元升级改造烟气脱硫装置	6 月
3	西气东输二线乌石化公司供气支线——乌石化公司接气工程(二化肥原料适应性改造)工程设计	8 月
4	大庆炼化丙烯腈装置空气分布板大修	8 月
5	上海研发中心调和清污分流改造工程设计	9 月
6	天津分公司新建 2 台 420 吨/时 CFB 锅炉及配套工程方案设计	11 月
7	镇海炼化肥装置全供氢改造咨询	11 月
8	武汉乙烯空分合资项目可研报告	11 月
9	青岛炼化 CFB 炉出渣输渣系统改造详细设计	12 月
10	岳阳长岭低氨氮污水生化处理工程设计	12 月
11	茂名分公司动力厂新增超高压蒸汽管线项目	12 月
12	浙江天一锦纶科技有限公司差别化锦纶纺丝扩建项目环境评价	12 月
三	安装项目	
1	镇海炼化 100 万吨/年乙烯化工东区常压罐区工程	3 月
2	镇炼乙烯丁二烯、乙二醇水运出厂设施及低温罐之厂际外管安装工程	3 月
3	上海世博会燃料电池汽车加氢站工程	3 月
4	镇海炼化 100 万吨/年乙烯项目厂际外管工程	4 月
5	上海石化 2# 芳烃重整装置 EA－301 换热器检修工程	5 月
6	金润油库改扩建工程	6 月
7	宁波科元 7 万吨/年溶液丁苯橡胶联合装置 SBS 原料精制单元建造工程	6 月
8	镇海炼化部分装置物料直供项目	6 月
9	舟山石化装置停工大检修工程	6 月
10	上海石化 2# 炼油 2010 年上半年零星检修工程	6 月
11	上海石化 4# 炼油 2010 年上半年设备、管线检修工程	6 月
12	浙江大榭油库扩建储罐主体安装施工工程	7 月
13	镇海炼化 III 电站烟气脱硫装置改造工程	9 月

南京工程公司

【概况】 中国石化集团南京工程有限公司(简称南京工程公司，英文缩写SNEI)位于江苏省南京市江宁区，其前身始建于1954年，1998年更名为中国石化集团第二建设公司，2009年经石化集团公司批准，和中国石化集团南京设计院重组设立并更为现名。南京工程公司是石化集团公司直属企业，注册资本为人民币5.56亿元。

南京工程公司主营业务包括三大板块：以设计为先导，以煤及天然气化工、环境工程及清洁能源、硫磷及催化剂等无机化工、公用工程、石化产品深加工及精细化工等为主要领域的工程产品业务；以EPC、PMC为主要形式的工程总承包、工程管理、工程服务、工程咨询和工程监理业务；以“四大一特”(大型设备吊装、大型机组安装、大型储罐安装、大型DCS/ESD安装、特殊材质焊接)为核心的石化装置安装业务。

南京工程公司持有甲级工程总承包资质证书、化工石油工程总承包一级资质证书，有化工石化医药、建筑行业、建筑工程、环境工程、建筑智能化系统工程设计等甲级设计资质和化工、石化、医药、环境工程、建筑等甲级工程咨询证书，拥有压力管道、压力容器设计资质与制造及现场组焊许可证，一级锅炉安装许可证，特种设备安装改造维修许可证，美国机械工程师协会的ASME“U”钢印证，国外承包工程经营许可证，通过了ISO 9001：2000质量管理体系认证及安全、环境、健康管理体系(HSE)认证。全国硫酸与磷肥设计技术中心和全国化工粉体工程设计技术中心均设在南京工程公司。

截至2010年底，南京工程公司下设24个职能部门、10个专业设计室、5个专业工程分公司、3个设计分院、6个国内区域性分公司、1个海外分公司，在册职工总数2 377人，其中研发和专业设计、工程技术和项目管理人员1 893人，具有大专及以上学历1 898人，拥有中、高级专业技术职称1 007人，另外可根据需要调配协作单位专业管理人员及技术工人1万余人。

2010年，南京工程公司完成设计投资额101.5亿元，完成企业管理总产值33.2亿元(勘察设计合同额1.5亿元，总承包合同额8.3亿元，施工管理总产值23.4亿元)，实现利润5 000万元。

南京工程公司主要生产经营指标和完成的主要工程项目见表1和表2。

(王　健)

【举行揭牌仪式】 2010年7月20日，南京工程公司举行揭牌仪式。石化集团公司党组成员，股份公司副董事长、总裁王天普，江苏省副省长史和平以及南京市市长季建业等领导及200多名嘉宾出席了揭牌仪式。

(王　健)

南京工程公司揭牌仪式

【生产组织平稳运行】 2010年，南京工程公司执行国内外项目255个(设计项目146个，总承包项目19个，施工项目90个)，分布在国内15个省(自治区、直辖市)和国外沙特，全年完成项目163个。在设计方面，完成北海硫回收总承包项目详细设计、南京化工公司9万吨/年制氢项目初步设计、威顿达州80万吨/年硫黄制酸项目施工图等一批大中型工程设计项目。在总承包方面，已开始执行北海6万吨/年硫黄回收、武汉80万吨/年乙烯配套装置、江阴化工库改扩建、武汉乙烯聚丙烯装置(PC)、火炬系统(PC)、中海油惠州AA/AE(PC)等重点项目，实现了陕西金堆城、中国石油玉门炼化总厂加热炉节能改造、山东淄博博丰低温热能回收3个项目中交。在施工方面，执行施工项目90个，竣工47个。

(王　健)

【专利申请工作取得明显成效】 2010年，南京工程公司获得4项专利授权(实用新型专利3项，发明专利1项)，分别是一种高速离心泵流量调节及泵自动切换系统(授权日6月23日)、一种强制循环外加热闪蒸系统(授权日8月18日)、一种高效汽液分离闪蒸罐(授权日8月18日)、含氯硅烷的氯化氢气体生产高纯度浓硫酸(授权日12月20日)。全年完成专利申请3项，分别是一种灵活调节、节能型四合一重整加热炉(申请日10月27日)、一种高温空气贫氧燃烧管式加热炉(申请日10月27日)、卧式半错流填料脱硫洗涤(申请日12月21日)。

(王　健)

【获3项国家级技术奖项】 2010年9月15日，南京工程公司承建的重庆蓬威石化60万吨/年PTA主装置料仓工程被中国工程建设焊接协会授予2010年度全国优秀焊接工程一等奖。12月16日，南京工程公司承担的总承包项目拜耳异氰酸酯和聚醚项目MDI联合装置罐区工程被中国勘察设计协会授予第五届优秀工程总承包银钥匙奖。12月23日，南京工程公司施工总承包的镇海国家石油储备基地工程被国家工程质量建设质量奖审定委员会授予国家优质工程银质奖。

（王 健）

【4项工程获石化集团公司优秀工程设计奖】 2010年9月，南京工程公司承担设计的中国石化集团南化公司新建1.5万吨/年防老剂4020装置、中国石化集团南化大化肥原料改造项目、中国石化集团南化公司12万吨/年氯化苯装置、中国石化集团南化公司10万吨/年硝基氯苯装置4个项目获得石化集团公司优秀工程设计奖。

（王 健）

【5项工程获石化集团公司优质工程奖】 2010年10月20日，南京工程公司承建的中国石化福建炼化80万吨/年乙烯装置低温储罐项目、珠三角成品油管道及油库配套工程、广东小虎岛成品油储备库工程、金嘉湖成品油管道及配套油库工程、中国石化扬子增设10万吨/年丁二烯生产线项目5项工程获得石化集团公司优质工程奖。

（王 健）

【4项成果被评为石化集团公司管理现代化创新成果】 2010年9月2日，南京工程公司申报的“沙特工程项目风险管理”、“工程建设企业外派劳务队伍管理及群体事件防范”2项成果被评为石化集团公司管理现代化创新成果二等奖，“提升储罐类工程施工管理核心能力的管理创新”、“沙特项目经营责任制”2项成果被评为石化集团公司管理现代化创新成果三等奖。

（王 健）

【完成4项海外工程】 2010年1月31日，南京工程公司与台湾中鼎工程股份有限公司联合总承包的沙特卡扬70万吨/年乙二醇（EO/EG）工程实现中交。该项目于2006年11月开工，南京工程公司实际完成合同额1.12亿美元。4月21日，南京工程公司承建的沙特卡扬原油锅炉项目实现机械交工。该项目于2009年4月开工，实际完成合同额5 400万美元。6月10日，南京工程公司承建的沙特卡扬码头项目实现机械完工。该项目于2009年3月开工，实际完成合同额8 922万美元。7月25日，南京工程公司承建的沙特卡扬废水处理项目完工。该项目于2010年3月开工，实际完成合同额275万美元。

（王 健）

沙特卡扬70万吨/年乙二醇（EO/EG）装置

【召开海外工作5周年总结大会】 2010年8月16日，南京工程公司召开海外工作5周年总结大会。大会总结交流了南京工程公司5年来海外工作取得的经验和成绩，并对下一步更好地拓展国际化战略、干好海外工程进行了思考与展望。会上，南京工程公司向石化集团公司移交了《中国石化海外总承包项目程序文件》以及《中国石化海外工程管理制度汇编》等项目成果7册，共计40余万字。

（王 健）

【与南京工业大学签订《卓越工程师教育培养计划》】

2010年11月17日，南京工程公司与南京工业大学签订《卓越工程师教育培养计划》。该计划是贯彻落实《国家中长期教育改革和发展规划纲要》和《国家中长期人才发展规划纲要》的改革项目，由高校和企业共同设定培养目标，制定培养方案，共同实施培养过程。以强化工程能力与创新能力为重点，在企业建立国家级“工程实践教育中心”，学生在企业学习1年，通过工作实践进行毕业设计制作。目的是培养造就一大批创新能力强、适应经济社会发展需要的高质量各类型工程技术人才，为国家走新型工业化发展道路、建设创新型国家和人才强国战略服务。

（王 健）

【队伍建设成效显著】 2010年，南京工程公司连续24年获南京市重合同守信用企业，连续11年获江苏省重合同守信用企业称号，保持国家工商行政管理局颁发的全国守合同重信用企业称号；被评为2007—2009年度江苏省文明单位、南京市城市建设立功竞赛先进单位、南京市住建系统效能监察先进单位、石化集团公司效能监察先进单位、石化集团公司干部选拔任用制度知识竞赛优胜单位；公司工会获得全国模范职工之家、江苏省建设系统劳动保护工作示范工会等称号；工会女工委获得了南京市巾帼文明岗等称号，公司团委继续保持江苏省"五四"红旗团委标兵称号，另有多家单位(部门)、多人获得石化集团公司、江苏省和南京市的各项荣誉。

（王　健）

【举办首届职工文化艺术节】 2010年5月21日—12月31日，南京工程公司举办了首届职工文化艺术节。该届职工文化艺术节以广泛开展的群众性职工文艺活动为基础，先后举行了"春之歌"大型歌舞演出、"党的光辉"歌咏大会、职工卡拉OK大赛、"我要安全"演讲比赛、文明礼仪知识竞赛、职工纳凉系列活动、职工书画摄影作品展、职工田径运动会、女职工厨艺大赛、"九九重阳"歌舞表演等10多项大型文艺活动，为加强企业重组后的文化融合及企业精神文明建设发挥了积极作用。

（王　健）

表1　　南京工程公司主要生产经营指标①　　亿元

指标名称＼年份	2010	2009	2008	2007	2006	2005
资产总值	32.16	18.29	12.75	13.22	9.67	7.83
建设投资	101.50	50.88	—	—	—	—
主营业务收入	33.20	34.92	25.97	21.54	12.36	11.30
利　税	0.92	0.66	0.45	0.38	0.26	0.20
承接工程数量/项	255	119	90	88	85	80
授权专利数量/项	4	10	0	0	0	0

①2005—2008年为原第二建设公司数据。

表2　　南京工程公司2010年完成的主要工程项目

序　号	项目名称	竣工日期
一	总承包项目	
1	山东淄博博丰低温余热回收项目	4月
2	陕西金堆城20万吨/年硫铁矿制酸项目	6月
3	中国石油玉门炼化总厂加热炉节能改造改造项目	10月
二	设计项目	
1	江苏优利德KOH节能改造项目	1月
2	泰兴奥喜埃KOH改造项目	3月
3	南化公司硝基苯加氢装置更新改造项目	3月
4	张家港道康宁有机硅项目	5月
5	南化公司苯化工部苯胺精制扩能改造项目	5月
6	山东鲁南化肥厂10万吨/年醋酐项目	7月
7	扬子CO项目	7月
8	南化公司硝酸部硫酸法硝酸浓缩扩产项目	7月
9	宜昌东圣60万吨/年磷铵工程	9月
10	贵州开磷集团矿肥有限公司120万吨/年磷铵工程	9月
11	中国石化巴陵分公司硫化氢尾气综合利用项目	10月
12	陕西金堆城20万吨/年硫铁矿制酸总承包项目	11月
13	南化公司硝基苯扩能改造(10万吨/年硝基苯硝化、中和及水洗、硝基苯精制改造)	12月

续表

序　号	项目名称	竣工日期
三	施工项目	
1	沙特卡扬 70 万吨/年 EO/EG 装置	1 月
2	九江石化分公司 90 万吨/年汽油加氢装置	1 月
3	天津炼油乙烯一体化工程项目 4/36 万吨 EO/EG 装置	2 月
4	镇海炼化 100 万吨/年乙烯工程 PO/SM 装置	2 月
5	催化剂南京分公司 2 000 吨/年脱硫吸附剂装置	3 月
6	镇海炼化 II 加氢装置扩能改造工程	3 月
7	福建石狮佳龙石化有限公司 60 万吨/年 PTA 装置	3 月
8	沙特卡扬原油锅炉项目	4 月
9	扬巴 BCC 改扩建项目	5 月
10	沙特卡扬码头项目	6 月
11	清江石化 30 万吨/年汽油加氢项目	6 月
12	泰州石化酮苯改造装置	7 月
13	沙特卡扬废水处理项目	7 月
14	洛阳石化 260 万吨/年柴油加氢装置	9 月
15	江苏成品油管道苏锡常油库站场及管道工程	9 月
16	江阴汉邦石化 60 万吨/年 PTA 装置	10 月

第四建设公司

【概况】　中国石化集团第四建设公司（简称第四建设公司）位于天津市滨海新区大港世纪大道 180 号，占地 419 万平方米，是国有大型综合性工程建设企业。其前身始建于 1962 年 3 月 26 日，1998 年并入石化集团公司并改为现名。第四建设公司具备化工石油工程施工总承包一级企业资质，持有对外经济合作经营资格证书、压力容器、管道安装许可证、特种设备（压力容器）制造许可证、GB/T 19000—2008 质量管理体系、GB/T 14001—2004 环境管理体系和 GB/T 28001—2001 职业健康安全管理体系认证证书；可承包境外工程及境内国际招标工程，可进行上述境外工程所需的设备、材料出口，可对外派遣实施上述工程所需的劳务人员；拥有国际领先国内独有的 2 500 吨液压吊装系统和亚洲吊装能力最大的 1 600 吨履带吊车。具有年内实施投资额 100 亿元以上项目 2 项，投资额 60 亿元左右项目 8 项的代业主管理以及联合 EPC、工程物资代理采购管理、CM 管理和工程监理的业务能力；具有年内在建 10 套、新开 10 套、交工 10 套大中型石化、煤化工、风电、核电等生产装置和同时完成 10 套以上石化装置检修改造的施工管理能力；具有安装工艺管道 1 500 千米、安装设备 5 400 台/6 万吨、储罐制造和安装 3 万吨/150 万立方米、预制安装钢结构 4 万吨、敷设电气仪表电缆 7 600 千米、完成管理产值 50 亿元以上的综合施工管理能力。

按照“一个体系、矩阵管理、系统负责、项目集成”的管理思路建立管理模式，截至 2010 年底，第四建设公司共设置 17 个职能部处室；按照“四大一特”的专业特点，下设 10 个二级单位；在国内 10 个省、4 个直辖市、4 个自治区分布着 30 余个工程项目部，在沙特及阿联酋参与了两个国际工程的建设。

2010 年，面对复杂多变的经济形势和竞争激烈的市场环境，以及繁重艰巨的工作任务，第四建设公司两级领导班子团结带领干部职工，围绕“强化管理，增创效益”这条主线，统筹全局，把握机遇，克服困难，拼搏进取，生产经营、内部管理、改革发展、队伍建设、和谐稳定等各项工作都取得了良好的业绩。

第四建设公司主要生产经营指标和 2010 年完成的主要工程项目见表 1 和表 2。

（张文龙）

【市场开发成效显著】　2010 年，第四建设公司在确保系统内项目承揽份额最大化的同时，着力加强系统内外重点工程、重点行业及海外市场开发工作。年内共签订各类工程合同301份，承揽工程合同额33.23亿元，施工费22.54亿元，按施工费口径完成年度承揽任务计划的150.27%，为历年之最。其中，海外业务合同额6 272万美元，高端业务合同额5亿元，系统外合同额20.4亿元，系统外市场依存度达到61.39%。

（张文龙）

【施工生产高效组织】 2010年，长岭炼油改造、川维醋酸乙烯、沧州炼油改造、大庆中蓝石化等22项工程高标准中交，天津华能、福建腾龙、东莞浮宝、北海炼油、新疆庆华等工程顺利实施，扬子石化、天津炼油等9项检修改造工程按期完成。一批代业主管理项目取得良好成效，第四建设公司业务形态结构发生变化。全年实现管理产值30.26亿元，完成年度计划25亿元的121%，实现施工费收入7.56亿元。LNG储罐外罐液压顶升倒装技术开发获得成功，薄壁碳钢、不锈钢、钛管全自动焊接技术实现突破。全面贯彻落实石化集团公司《安全生产禁令》，深入开展“我要安全”主题活动，实现7个重大事故为零的目标。QHSE管理体系运行有序有效，已交工项目全部实现开车一次成功，扬子石化45万吨/年PTA装置获得国家优质工程银质奖；天津一体化乙烯工程中间罐区6台低温球罐焊接获得全国优秀焊接工程一等奖，乙烯装置高压管道焊接获全国优秀焊接工程优秀奖；福建炼化乙烯项目芳烃联合装置、西南成品油管道等6项工程获得省部级优质工程奖。

（张文龙）

第四建设公司承建的国内最大的川维30万吨/年醋酸乙烯项目 （王喜南 摄）

【赢利能力持续提升】 2010年，第四建设公司实现主营业务收入27.14亿元，实现利税9 458万元，按可比口径统计实现考核利润5 100万元，同比增长21.42%，再创历史新高。实现账面利润1 809万元，完成石化集团公司下达900万元年度指标的200%，超额完成第四建设公司十三届三次职代会确定的1 500万元利润奋斗目标任务。管理费用、财务费用、营业费用、人工成本“四费”指标完成石化集团公司下达的控制数。

（张文龙）

【内部管理不断加强】 2010年，第四建设公司进一步修订价格、指标、核算和考核四大管理规定，使公司经营管理体系更加科学完善；围绕全面实施企业内控制度，修订完善相关管理制度，经济责任得到有效落实；积极采取有效措施，加大重点、难点项目结算和索赔力度，结算效益明显；充分利用资金管理和业务处理手段的现代化、信息化，提升自身资金管理水平，促进自身资金运作的安全、规范、高效；细化成本费用控制，加大降本减费、挖潜创效力度，全年实现内部挖潜创效1 062万元；加强合同统一归口管理，从源头上防范经营活动中可能出现的法律风险；创新项目管理和施工组织模式，注重前期策划和过程控制，强化资源配置和方案优化效益；坚持房屋土地等资产集中统一管理，进一步盘活存量资产，显现资产效益；加强分包市场调研，改进完善分包管理，提高培育、储备、使用优质社会资源的能力，分包管理水平持续提升；全面施行企业管理信息集成系统和OA办公管理系统应用，信息化管理应用水平不断提高；积极推进框架协议采购工作，有效降低采购成本，年内节约采购资金1 037万元。加强限额领料管理，做好剩余物资回收利用，年内回收剩余物资1 894吨。

（张文龙）

【改革调整稳步实施】 2010年，第四建设公司持续完善管理流程再造、组织机构调整后续工作。在原有125个管理性文件的基础上，发布管理制度65项，完成QHSE管理体系作业文件中21个技术标准文件标准化版式工作，为公司新的管理制度体系的顺利运行奠定了基础；适应自身高端业务发展需求，完成天实监理公司QHSE体系的建立和取证工作，其资质升甲工作已报住房和城乡建设部待批；健全完善高端业务管理机构职能，在第四建设公司工程项目管理公司原有业务系统基础上，补充设置了设计管理与技术开发部、生产准备与开试车部等职能部门；抓住西部大开发历史机遇，满足自身业务发展需求，成立第四建设公司新疆分公司；与石化集团公司有关部门积极沟通，争取资金支持，积极稳妥推进住房分配货币化工作，按照石化集团公司总部统一部署顺利启动企业年金工作；与地方相关单位沟通协商，努力推进水、电、暖等物业管理职能的移交和完善，与天津华益物业公司签订供暖系统改造移交意向书，与天津市滨海电力分公司签订开元里供电系统改造移交框架协议。

（张文龙）

【高端发展态势良好】 2010 年，第四建设公司高端化发展在以往基础上呈现出更加良好的态势。管理高端上，以不断完善管理流程再造后续工作为切入点的各项管理工作的标准化、规范化、程序化、模块化效果更加显现，新的管理制度体系架构基本形成。业务高端上，天津滨海南港 80 万立方米油库，北海炼油异地改造，石家庄炼油质量升级及改造，燕山石化、武汉石化、天津石油分公司等代业主管理项目的承揽与实施，使得第四建设公司的高端业务呈现出系统内外齐头并进的良好态势，并使公司传统业务结构发生了较大的改变，业务结构的调整效果逐步得以显现。技术高端上，形成了支撑主业发展，具有自主知识产权和自身特点的专利、工法以及多个技术标准。装备高端上，在基本实现装备大型化、系列化，工装精细化、高效化的同时，高端装备的管理和应用水平得到有效提升。

（张文龙）

【队伍建设扎实推进】 2010 年，第四建设公司优化干部队伍结构、加大人才储备力度。选拔聘用中层管理人员 21 人，调整交流中层管理人员 119 人次，建立了 260 余人的中层后备干部队伍；围绕基本功训练，加大职工培养力度，举办各类培训班 164 期，培训人员 15 926 人次，组织参加全国和石化集团公司各项赛事，取得铆工竞赛金、银牌和焊工竞赛铜牌。

（张文龙）

表 1　第四建设公司主要生产经营指标　亿元

指标名称＼年份	2010	2009	2008	2007	2006	2005
资产总值	22.11	17.95	16.48	13.50	9.45	8.44
主营业务收入	27.14	28.35	26.70	18.87	9.63	8.41
利　润	0.18	0.21	0.26	0.18	-0.09	0.02
税　金	0.76	0.68	0.73	0.52	0.51	0.58
合同额	33.23	18.57	17.65	27.39	18.42	14.96
施工费	22.54	13.76	13.20	19.49	15.78	7.27

表 2　第四建设公司 2010 年完成的主要工程项目

序　号	项目名称	竣工日期
1	中国石化沧州分公司 90 万吨/年 S-Zorb 催化汽油吸附脱硫装置	1 月
2	沙特卡扬公用岛工程 K-080 项目	2 月
3	神华宁煤集团煤基烯烃项目管廊一标段工程	7 月
4	长岭分公司油品升级改造工程催化产品精制工程	7 月
5	神华宁煤集团煤基烯烃项目低温甲醇洗装置	8 月
6	沧州瑞兴化工有限公司 6 万吨/年二硫化碳项目(一期)建设工程	9 月
7	长岭分公司油品质量升级改造工程 280 万吨/年催化裂化装置	9 月
8	长岭分公司油品质量升级改造工程 240 万吨/年汽柴油加氢装置	9 月

续表

序　号	项目名称	竣工日期
9	大庆中蓝石化有限公司制氢、汽油加氢项目安装工程	10月
10	中国石化广州分公司140万吨/年延迟焦化装置	10月
11	川维30万吨/年醋酸乙烯项目建筑安装工程施工合同(第二标段)	11月
12	天津市陆港石油橡胶有限公司10万吨/年丁苯橡胶项目	12月
13	松南气田10亿立方米天然气产能建设地面工程总承包项目委托管理项目	8月
14	新疆塔河重质原油改制代业主管理项目	10月

第五建设公司

【概况】 中国石化集团第五建设公司(简称第五建设公司)的前身成立于1953年，1983年7月，随兰州化学工业公司一起划归中国石化总公司，1998年定名为中国石化集团第五建设公司。2010年12月18日，本部迁驻广州。第五建设公司是中国最早从事石油化工建设的大型施工企业，是石化集团公司直属大型综合性施工企业。持有化工石油工程施工总承包一级企业资质证书、对外承包工程经营资质证、化工石油设备管理安装专业、钢结构工程专业承包一级资质证书、职业健康安全管理体系认证证书、质量体系认证证书、安全环境与健康管理体系认证证书。

第五建设公司具备30亿元/年以上的施工生产能力。在大型设备吊装、大型传动设备(机组)安装、大型贮罐安装、大型DCS自动化集散控制系统安装与调试和特种材料焊接等“四大一特”方面，形成了独具特色的技术优势。先后建成国内外大型石化装置450余套，积累了丰富的施工管理经验，尤其在承建炼油、聚烯烃、化肥、丙烯腈、动力装置、空分等装置方面有较好的业绩。

截至2010年底，第五建设公司下设17个机关处室，南京分公司、沙特分公司2个分公司和第一、二、三、四安装工程公司，机械电仪工程公司，机械化施工公司，储罐工程公司，海外工程公司8个专业公司，以及物业管理公司、设计所，有33个项目部，其中国内31个、国外2个。

截至2010年底，拥有员工2 965名，其中正式职工2 288名(各类管理人员1 084名，在岗技能操作人员1 204名)，长期用工260人，劳务派遣工322人，临时用工95人；取得各类专业技术职称人员856人，获得国家一级、二级建造师资格86人。

第五建设公司主要生产经营指标和2010年完成的主要工程项目见表1和表2。

(王瑾瑾)

【市场开拓成效显著】 2010年，第五建设公司按照“突出品牌、服务炼化、发展节能、扩大海外”经营战略，坚持“两条腿”走路，国内、国外市场并重，积极开拓系统内外和海外市场，取得新进展、新突破。国内共组织投标161个，中标53个，中标额11.69亿元。其中，系统内中标35个，中标额8.99亿元；系统外中标18个，中标额2.7亿元。国内共签订合同269份，合同额12.4亿元。其中，系统内150份，合同额8.05亿元；系统外119份，合同额4.35亿元。海外市场先后参与投标7项，中标3项，中标额2.24亿美元，创历史最高水平。

(王瑾瑾)

【工程项目进展有序】 2010年，第五建设公司注重项目策划，科学编制施工计划，强化进度控制，加大考核力度，采取“以日保周、以周保月”的措施，确保了合同工期“后墙不倒”，保证了各项工程安全优质准点建成中交和达到形象控制点目标要求。共完成63个单位工程中交项目，其中新疆塔河重质原油改质项目、川维厂30万吨/年醋酸乙烯项目、长岭炼化炼油改造等石化集团公司重点项目顺利完成。完成沙特卡扬K80公用工程和沙特卡扬焚化炉工程2个海外机械竣工项目，按期实现沙特朱拜尔2 000万吨/年炼油项目开工。

(王瑾瑾)

【技术创新再创佳绩】 2010年，第五建设公司“离心式压缩机组安装工法中英文版动画开发”项目通过石化集团公司验收，完成“600吨无弯矩变长系列平衡梁”和“12Cr1MoV高压管道二氧化碳半自动气体保护焊”技术开发项目验收，完成“CFB 锅炉装置施工成套技术”、“IGCC 装置施工成套技术”、“聚丙烯装置施工成套技术”和“聚乙烯装置成套施工技术”4 项技术开发工作，完成国标、行标等 4 项技术编审报批和行内外 8 项标准审查。完成《CFB 锅炉施工工法》等 5 个工法申报石化集团公司级工法准备工作。完成“薄壁细长大型设备吊装方法”和“12Cr1MoV 高压管道二氧化碳半自动气体保护焊焊接工艺”2 项专利申报。

（王瑾瑾）

第五建设公司承建长岭炼化项目安装现场 （程龙根 摄）

【安全生产平稳运行】 2010 年，第五建设公司贯彻落实安全环保方针，逐级落实安全生产责任，细化《安全生产禁令》，完善《项目 HSE 管理考核实施办法》，实施《HSE 监控管理制度》，持续开展“我要安全”主题活动，强化了全员 HSE 意识教育，全面排查隐患，加大专项治理和现场监督检查力度，加强对分包队伍安全监督，突出抓传统继承、抓管理创新、抓新苗头、抓执行力、抓安全意识，保持了安全生产的平稳运行。全年先后组织各类人员安全培训 317 次、参加 8 257 人次，安排 HSE 人员外培 287 人次，开展专项检查 5 次，对查出的各类安全问题整改率 100%。公司在石化集团公司上半年 HSE 评比中获金牌单位称号，在石化集团公司安全环保大检查中位列施工板块第一。

（王瑾瑾）

【工程质量总体受控】 2010 年，第五建设公司通过建立健全两级质保体系和质量责任制，严格执行工程质量“确认制”，严把“三检制”，强化过程质量监督，大力开展质量大检查和质量创优活动，工程质量和服务质量总体良好，没有发生质量事故。对共检点检查 2 278 项，一次合格率 100%，焊接无损检测拍片 20 余万张，一次合格率 97.8%，2 项 QC 成果获全国工程建设优秀质量管理小组三等奖。

（王瑾瑾）

【改革工作积极稳妥】 2010 年 12 月 18 日，根据石化集团公司的战略部署，第五建设公司迁住广州。这是第五建设公司贴近市场、服务华南沿海企业的需要，是做精做强和实施“走出去”战略的需要，是企业发展的一个里程碑，具有重大的历史意义。按照石化集团公司实施企业年金计划的部署，制定了《企业年金实施办法》、《实施企业年金制度的有关规定》，完成了公司原有企业年金与石化集团公司年金计划衔接以及个人账户信息核对上报工作，企业年金计划稳步推进。

（王瑾瑾）

【精细管理不断强化】 2010 年，第五建设公司制定了内控制度文件修订、完善、发布、推行工作计划；认真编制年度《生产经营综合预算》；制定了《全员成本目标管理实施方案》和《对标评价工作实施细则》；完善了资金集中管理信息系统和会计集中核算平台；依托石化集团公司电子商务系统平台，实行“双线并控”运行机制；加强对设备统一管理，维护保养设备 1 565 台，保养率 100%；不断完善审计监督机制，加强审计工作，重点做好对工程项目的审计；制定完善“三基”工作管理办法、绩效考核管理等 8 个管理办法；做好内外网站分离和对外网站改版工作，大力推进工程软件和管理软件推广应用，网络基础设施进一步完善，OA 系统全面推行，视频会议、公文传输、信访管理、资金集中管理、业务公开、物资电子采购等上线系统运行平稳。按照经营承包责任制总体方案，实施日常奖金考核、发放和年度项目经营管理目标完成情况考核、兑现，有效激励和调动了各级人员参与经营管理、控制成本的积极性和创造性。

（王瑾瑾）

【队伍建设不断加强】 2010年，第五建设公司先后将278名临时聘用人员转为劳务派遣用工；以劳务派遣用工形式招收29名具有本科以上文化程度的职工子女；完成2010年应届大学生、复转军人接收、培训、分配等工作；举办各类培训班41期，培训人数1 629人次；对21个工种的1 400多名技能操作人员进行了初、中、高3个等级鉴定，对7个工种的147名技师进行了技能鉴定；选派13名职工参加了石化集团公司焊工技术比武和起重技术比武；完成2010年度职称外语考试和76人的职称评审工作；选派46名管理骨干参加了石化集团公司总部举办的国际项目管理、国际化经营技术人才英语等外培。

（王瑾瑾）

【群众组织作用凸显】 2010年，第五建设公司成立了艺术团，举办了庆十一“中国心、五建情”文艺汇演；组织开展了“比学赶帮超”劳动竞赛和现场慰问、职工“迎春长跑”、“五一”登山、“七一”书画展、“十一”摄影展、“元宵节”灯谜晚会、乒乓球比赛、羽毛球比赛、排球比赛、青年联谊会，以及参加了甘肃省第20届中老年地掷球、石化集团公司门球比赛等各类活动。深化了青年文明工程、青年人才工程建设和青工“双立”达标活动。工会和共青团群众组织的作用得到了充分发挥，企业凝聚力和向心力得到了进一步增强。

（王瑾瑾）

【党建工作扎实有效】 2010年，第五建设公司启动了干部考核评价体系，完成机关部门及专业公司9个领导班子、74名领导人员考核评议。认真开展“创先争优”和争创“四强”党组织、争做“四优”共产党员活动，合理调整基层党组织设置，加强组织发展、党员教育和管理工作，发展新党员25名，转正27名，评选公司级先进(模范)党支部10个、先进党小组14个、优秀(模范)共产党员121名、优秀党务工作者10名。落实“三重一大”制度，推进源头治理和廉洁文化“六进工程”，组织121名处级以上党员干部廉洁自律承诺，组织106名党员干部和重要岗位人员参观兰州市监狱警示教育基地，认真抓好效能监察工作，实现清欠工程款等1 080.06万元。

（王瑾瑾）

【和谐稳定局面良好】 2010年，第五建设公司加强内部治安综合治理，加强物业管理，认真落实“真困难、真帮助”政策，认真做好就业帮助、生活救助、医疗互助等排忧解难工作。先后与31个单位和项目部签订年度内部治安承包责任书，处理来信来访1 368人次，办理职工医疗保险手续813名，发放医疗保险金73.8万元，救济各类困难职工1 536人次，发放各类补助救济金358.1万元，对944名高龄退休职工进行慰问，发放慰问金9.4万元；安排协解人员再就业15名，保持了和谐稳定的局面。

（王瑾瑾）

【企业形象再度提升】 2010年，第五建设公司先后获得全国优秀施工企业、全国模范职工之家、甘肃省五星级诚信企业、甘肃省精神文明建设先进单位、甘肃省对外投资与经济合作先进单位、石化集团公司安全生产先进单位和石化集团公司外事工作先进单位等24项荣誉；承建的扬子45万吨/年PTA改造项目获国家优质工程银质奖，承建的洛阳分公司油品质量升级改造工程220万吨/年加氢处理联合装置、珠三角成品油管道及油库配套设施工程、广东石油小虎岛成品油储备库工程、扬子石油化工股份有限公司增设10万吨/年丁二烯生产线项目、福建炼油乙烯项目炼油包三装置、武汉分公司油品质量升级改造190万吨/年煤油—汽柴油加氢精制联合装置分别获石化集团公司优质工程奖。

（王瑾瑾）

表1　第五建设公司主要生产经营指标　亿元

指标名称＼年份	2010	2009	2008	2007	2006	2005
施工生产总值	21.36	20.34	16.76	12.05	9.00	7.12
资产总值	13.97	9.24	7.21	8.44	7.38	3.95
流动资产	9.96	6.09	4.58	5.01	3.93	2.13
实现利税	0.97	0.60	0.42	0.28	0.17	0.16
税　金	0.44	0.45	0.33	0.26	0.04	0.02

表 2　　第五建设公司 2010 年完成的主要工程项目

序　号	项目名称	竣工日期
1	广州石化烟气脱硫改造工程	1 月
2	海南莲花东加油站形象改造装修工程	1 月
3	海南莲花西加油站工程	1 月
4	上海石化 4# 芳烃新增蒸汽管道工程	1 月
5	神华包头第一、三循环水装置	2 月
6	海南黄金食品厂车间改造室外工程	2 月
7	海南昌江保良加油站工程	2 月
8	沙特卡扬 K80 公用工程	3 月
9	扬子环氧乙烷贮运站项目建筑安装工程	3 月
10	海南三都服务区(A/B 区)项目	3 月
11	宁夏 10 万立方米储罐制作安装工程	3 月
12	镇海炼化乙烯项目 2#、3# 锅炉工程	4 月
13	西安石化 30 万吨/年催化重整装置改造工程	4 月
14	镇海炼化乙烯项目 1# 锅炉工程	4 月
15	上海石化 4# 芳烃新增压缩机安装工程	4 月
16	青海盐湖一套空分装置	4 月
17	新疆塔河重质原油改质项目 2# 空压站安装工程	4 月
18	长岭炼化 150 万吨/年常减压拆除工程	5 月
19	扬巴二期 8 万吨/年 2-丙基庚醇装置(2PH)接甩头和改造工程	5 月
20	神华包头 30 万吨/年聚乙烯装置	5 月
21	扬巴Ⅱ期 2PH 停车检修项目	5 月
22	兰州原油储备现场临时供水系统工程	5 月
23	扬巴 2010 年装置大修服务项目	5 月
24	扬巴二期新建东堆场承包商驻场区域施工服务及 Z982.986 移位工程	5 月
25	新疆塔河重质原油改质项目动力站安装工程	5 月
26	神华包头 30 万吨/年聚丙烯装置	5 月
27	兰州原油储备现场临时供电系统工程	6 月
28	海南儋州宏河加油站工程	6 月
29	武汉石化 80 万吨/年乙烯项目水电改造工程	6 月
30	新疆塔河重质原油改质项目延迟焦化装置	6 月
31	新疆塔河重质原油改质项目柴油罐区安装工程	6 月
32	兰州石化生产运行库临时管线工程	7 月

续表

序　号	项目名称	竣工日期
33	海南马村油库零星工程	7月
34	广州石化3.6万吨/年MTBE扩能改造工程	8月
35	长岭炼化120万吨/年催化汽油吸附脱硫装置	8月
36	川维厂30万吨/年醋酸乙烯项目公用工程35千伏配电室	8月
37	海南万宁东沃加油站形象改造工程	8月
38	白银PVC项目干燥工程	8月
39	白银PVC项目冷冻站工程	8月
40	白银PVC项目循环水站工程	8月
41	扬子停车大检修项目	9月
42	长岭炼化6万吨/年硫黄回收装置	9月
43	上海化工园区优月仓储项目	10月
44	长岭炼化800万吨/年常减压装置	10月
45	宁波巨化化工科技有限公司20万吨/年消耗臭氧层物质(ODS)替代品原料(一期)6万吨/年甲烷氯化物项目	10月
46	南京源港精细化工有限公司8万吨/年碳五综合利用及3 000吨/年均三甲苯项目碳五分离装置	10月
47	上海赛科与第三方灌注站配套工程	10月
48	川维厂30万吨/年醋酸乙烯项目锅炉及发电装置烟气脱硫工程	10月
49	上海石化乙二醇技术改造项目	11月
50	沙特卡扬焚化炉项目	11月
51	广州分公司办公楼装修项目	11月
52	扬子热电厂1#—4#炉烟气脱硫项目2台吸收塔组对安装工程	11月
53	川维厂大检修项目	11月
54	扬子烯烃厂3台裂解炉改造项目	12月
55	广州石化140万吨/年延迟焦化装置	12月
56	川维厂储运铁路罐区安装工程	12月
57	茂名石化新增超高压蒸汽管线项目	12月
58	扬子水厂污水装置适应新标准改造工程	12月
59	海南东方八所加油站形象改造工程	12月
60	海南定安仙沟加油站形象改造工程	12月
61	海口综合经营管理用房建设项目	12月
62	川维厂30万吨/年醋酸乙烯项目全厂大件吊装工程	12月
63	川维厂30万吨/年醋酸乙烯项目锅炉及发电装置	12月

第十建设公司

【**概况**】　中国石化集团第十建设公司(简称第十建设公司)位于山东省淄博市临淄区，成立于 1970 年 10 月，原名山东省化学石油建设公司，1983 年并入中国石化总公司，更名为中国石化第十建设公司，1998 年 10 月改为现名。第十建设公司是石化集团公司直属的大型综合性施工企业，主要经营业务包括石油化工、炼油、煤化工、油气储运、医药、市政、环保、锅炉、电站等项目的施工总承包、工程总承包，以及大型设备运输、吊装、大型机械修理、工程项目监理等业务。第十建设公司拥有化工石油施工总承包一级企业资质证书，国外承包工程劳务合作经营许可证，中华人民共和国进出口企业资格证书，AR2 级、AR3 级压力容器制造许可证，A 类锅炉安装许可证，压力管道安装许可证，美国机械工程师协会(ASME)颁发的“U”和“S”授权证书及钢印，取得了 ISO 9001：2000 标准及 UKAS 双证证书，通过了国家职业安全卫生管理体系认证。

截至 2010 年底，第十建设公司下设安装、仪电、储运、重型机械施工、管道结构工程、项目管理等 15 个专业公司，3 个子公司以及 15 个机关处室、2 个后方单位。注册资金 3.25 亿元，固定资产原值 5.40 亿元，净值 2.78 亿元；正式职工 3 683 人，其中管理人员 2 063 人，具备高级职称的 115 人，中级职称的 475 人；机械设备总数 5 178 台(件)，其中 50 吨以上吊车 31 台。

2010 年，第十建设公司取得专利授权 10 项，获得省级技术中心资格认定。

第十建设公司主要生产经营指标和 2010 年完成的主要工程项目见表 1 和表 2。

(李　群)

【**市场开发取得重要成果**】　2010 年，第十建设公司参与国内投标报价 278 项，中标 100 项，承揽国内合同额 30.32 亿元；跟踪、参与境外投标报价 25 项，新签合同额 10.50 亿元。石化集团公司系统内承接到北海炼油异地改造催裂化装置及公用工程、长岭炼油改造乙苯、石家庄柴油加氢、中原石化 MTO、青岛炼化苯乙烯、燕山石化双酚 A、巴陵石化特种环氧树脂，以及茂名、曹妃甸、日照、北海原油储罐，日仪长输管道及内蒙、贵州、吉林石油分公司成品油库工程。石化集团公司系统外承接到大连逸胜 PTA 改造工程及大连保税区、新港、长兴岛等原油储罐项目，并承接到神华鄂尔多斯 CCS、国电宁夏煤气化、兖矿新疆醇胺联产、新疆伊犁煤制天然气和烧碱等煤化工工程，国内市场开发业绩继续保持稳步增长。境外方面，承接到沙特 WASEA 油库工程，签订完成了伊朗阿拉克炼油厂渣油加氢、哈萨克斯坦阿特劳芳烃等工程合同，海外市场开发取得新的突破。

(李　群)

【**工程施工任务全面完成**】　2010 年，第十建设公司施工生产规模和结构均发生较大变化，国内施工任务分布不均衡，境外项目资源组织难度大。通过强化项目管理，抓好资源统筹协调，加大现场管理和分包管理力度，深入开展“比学赶帮超”活动，第十建设公司全面完成了各项工程建设任务，实现总包产值 36.50 亿元，实现利润 2 011 万元。共建成高桥炼化常减压、齐鲁常减压、惠州加氢尾油、海南甲醇、华锦 ABS、新疆华泰离子膜烧碱、神华鄂尔多斯 CCS、沙特卡扬乙烯等 42 项工程。北海炼油、茂名商储库、青岛炼化苯乙烯、武汉乙烯、中原石化 MTO、国电宁夏煤气化、兖矿新疆醇胺联产、大唐内蒙煤制气、哈萨克斯坦芳烃、沙特 WASEA 等工程进展顺利。第十建设公司项目管理能力不断加强，“低、老、坏”问题得到有效遏制，强“三基”、除“四害”工作进一步深入，涌现出一大批先进个人、集体和样板工程，有力推动了施工任务的全面完成。年内第十建设公司获全国安装行业优秀企业称号。

(李　群)

【**新疆塔化工程顺利建成投产**】　塔河分公司塔河重质原油改质项目2009 年4 月16 日开工建设。第十建设公司作为该项目主战单位，承建了 140 万吨/年汽柴油加氢装置、2 万米^3(标准)/时制氢装置、2 万吨/年硫黄回收装置、7 万吨/年石脑油异构化装置改造及 25 个配套单位工程。工程建设中，第十建设公司认真落实各项工程建设保证措施，深入推进“比学赶帮超”活动，集中优势资源，克服了地理位置偏远、气候环境恶劣、物资运输难度大、乌鲁木齐“7 · 5”暴力事件等诸多因素的影响，顺利实现了项目 2010 年 6 月 30 日中间交接，9 月 18 日打通全流程，产出合格产品的目标，创造了建设周期短、施工质量优、安全无事故的良好成绩。

(李　群)

【**伊朗炼油工程进展顺利**】　第十建设公司联合中标承接了伊朗阿拉克炼油厂升级和扩能工程的重油催化裂化装置三旋工艺包安装、全厂大型设备吊装、480 万吨/年重油催化裂化装置(15 单元)和 360 万吨/年渣油加氢装置(14 单元)。2010 年，第十建设公司紧密结合联合体管理模式，顺利完成了全厂大型设备吊装任务，重油催化裂化装置、渣油加氢装置及三旋工艺单元安装总体进度受控，钢结构处于全面扫尾阶段，管道及设备安装、试压，电器仪表施工进入高峰。全年第十建设公司伊朗炼油工程项目累计实现54万安全人工时。

（李　群）

新疆塔化140万吨/年汽柴油加氢装置

（仪忠传　摄）

【经营管理严格规范精细】 2010年，第十建设公司持续推进严格、规范、精细管理，标准化制度体系逐步健全，系统管理与服务职能日趋完善，信息化管理手段广泛应用，经营管理各项工作水平不断提高，监督考评制约机制完善有效，企业内在素质和发展能力进一步增强。全年共完成国内工程结算收入32.67亿元、境外工程结算收入3.83亿元，清理应收账款6 158万元，节约物资采购资金1 694万元，依靠法律手段挽回或避免经济损失1 147万元，内部审计增收节支2 642万元，清理清退25家不合格分包商，清退注销90台违规外租车辆。与此同时，企业安全、质量管理总体受控，信息化建设与应用迈上新台阶，干部管理与人才队伍建设取得新成效。

（李　群）

【技术质量管理整合出成效】 2010年2月8日，第十建设公司实施了技术质量业务整合，开创了技术质量管理的新局面。通过开展质量管理巡视督察，第十建设公司工程技术质量总体水平有所提高。气保焊、实芯焊丝半自动下向焊打底等技术得到推广应用，普光气田特种管材焊评开发获石化集团公司科技进步二等奖、中施企协科学技术创新一等奖，取得专利授权10项，舟山国家石油储备基地项目获国家优质工程银质奖，中国石油独山子原油商储库工程获省部级优质工程奖。年内第十建设公司顺利取得省级技术中心资格认定，获“十一五”全国科技进步与技术创新先进企业称号。

（李　群）

【信息化建设取得良好效果】 2010年1月28日，第十建设公司成立信息管理中心，全面加速各类信息系统的建设、升级与应用。协同办公系统率先实现了网上审批、信息发布、知识共享、即时通信多项功能，共推广应用100余种网上审批流程和表单，办理业务审批7 000余次，发布信息700余条、新闻1 600余条，协同办公系统应用步入常态化、机制化的轨道。项目管理平台在石家庄炼化、燕山石化、青岛炼化、中原石化等6个重点工程项目初步试点，财务、经营、计划统计等报表统一上报得到规范，物资网上采购、财务集中核算实施了大规模上线培训和实际操作，视频会议手段得到广泛应用。通过积极开展信息化建设，实施网络一体化管理，为第十建设公司实施精细化管理提供了强有力的支撑。

（李　群）

【喜迎辉煌40周年厂庆】 2010年，第十建设公司广泛组织开展庆祝建厂40周年系列活动，制作发放《辉煌四十年》纪念邮册、编撰出版《辉煌历程》厂庆文集、制作播放《辉煌四十年》电视专题片、召开庆祝大会、表彰辉煌四十年功臣代表、文化活动周、召开系列座谈会等十大项目简朴热烈、有声有色，激发了广大干部职工的荣誉感和使命感，极大增强了企业凝聚力、向心力和加快发展的推动力。

（李　群）

【企业和谐发展局面良好】 2010年，第十建设公司广泛深入开展“比学赶帮超”工作与“创先争优”、“四强四优”活动，推进企业文化体系构建，保持和发扬了“铁军”作风，营造了良好的企业文化氛围。在两级机关认真贯彻落实《中国石化机关员工文明礼仪行为规范》，机关作风形象建设不断加强，工作效能和服务水平有新的提高。通过大力推进民主管理，深化厂务公开，干部职工参与企业管理的积极性得到增强。积极开展劳动竞赛和青年突击队竞赛活动，有力推动了重点工程建设。文明健康的文体活动丰富了职工群众的文化生活，群众性精神文明创建工作取得丰硕成果。和谐社区、文明社区、安全社区建设深入开展，增加职工收入、维护治安、帮困救助、完善社区和离退休服务、落实信访与稳定政策等均取得良好效果，企业和谐发展保持了良好的局面。

（李　群）

表 1　　**第十建设公司主要生产经营指标**　　亿元

指标名称 \ 年份	2010	2009	2008	2007	2006	2005
资产总值	18.99	14.91	13.95	12.45	12.54	9.27
主营业务收入	36.75	35.46	31.74	22.32	22.66	9.57
利　税	1.47	1.43	1.11	0.86	0.79	0.38
承接工程数量/项	38	23	32	22	23	22

表 2　　**第十建设公司 2010 年完成的主要工程项目**

序　号	项目名称	竣工日期
1	齐鲁石化 800 万吨/年常减压装置	1 月
2	滕州 36 万吨/年甲醇装置	1 月
3	新疆华泰 30 万吨/年离子膜烧碱装置	3 月
4	高桥炼化 2# 苯酚丙酮装置节能降耗改造工程	3 月
5	济炼常减压装置检修工程	4 月
6	沙特卡扬乙烯部分公用工程	4 月
7	神华包头 60 万吨/年 MTO 甲醇制烯烃装置	5 月
8	神华包头 60 万吨/年 MTO 烯烃分离装置	5 月
9	大连保税油库储罐工程	5 月
10	大连石化 2 台 10 万立方米油罐制安工程	6 月
11	宁夏宝塔石化 80 万吨/年催化装置	6 月
12	高桥炼化 1# 常减压蒸馏装置隐患治理及改造工程	6 月
13	新疆塔化 140 万吨/年柴油加氢精制装置	6 月
14	新疆塔化 2 万米^3(标准)/时制氢装置	6 月
15	新疆塔化 2 万吨/年硫黄回收等装置	6 月
16	神华宁煤 52 万吨/年甲醇制丙烯装置	8 月
17	神华宁煤气化装置	8 月
18	华锦 14 万吨/年 ABS 工程	8 月
19	惠州 40 万吨/年加氢尾油工程	9 月
20	舟山 6 台 10 万立方米储罐工程	9 月
21	海南 80 万吨/年甲醇装置	9 月
22	海南东方 48 兆瓦风电场工程	10 月
23	湛江东兴 8 万吨/年 MTBE 装置	11 月
24	神华 10 万吨/CCS 装置	12 月
25	川维 30 万吨/年醋酸乙炔工程	12 月
26	广东 353 油库 10 台储罐及配套建安工程	12 月

炼化工程公司

【概况】 中国石化集团炼化工程公司(简称炼化工程公司)成立于2007年7月，既是石化集团公司炼化工程板块的管理部门，又是一家从事国内外工程建设业务的专业公司，具有独立的法人资格。注册资金4亿元。按照“一面旗帜、一个品牌、统一对外”原则，对海外承包工程实行“统一品牌、统一市场、统一管理和统一经营”。

中国石化集团炼化工程板块包括5家工程公司和3家施工企业，分别是工程建设公司、上海工程公司、洛阳工程公司、宁波工程公司、南京工程公司、第四建设公司、第五建设公司、第十建设公司。

炼化工程公司总部设在北京。截至2010年底，公司下设办公室(党工办)、人事处(公共事务处)、计划财务处、法律事务处、企业管理处、招标处(招标公司)、市场开发处、项目管理处、中国建筑业协会石化建设分会。在境外设立了6个分(子)公司和3个代表处：中东(沙特)公司、哈萨克斯坦分公司、新加坡公司、阿布扎比分公司、俄罗斯分公司、尼日利亚公司、巴西代表处、科威特代表处和阿尔及利亚代表处。

2010年，炼化工程板块完成建筑业产值(含分包)149.98亿元、实现营业收入371.44亿元，完成利润28.48亿元，同比增加2.32亿元，新签海外项目合同额20.39亿美元，同比增长100%，成为2010年石化集团公司非上市部分效益最突出的板块，为中国石化持续有效发展作出了积极的贡献。

(范　聪)

【境外市场开发取得进展】 境外炼化工程市场开发工作着重于统筹组织资源，合理布局，加强技术合作(与专利商合作)、工程合作(与国际工程公司合作)、银企合作(与金融机构合作)等，充分利用中国走出去的融资政策支持，发挥“中国制造”的竞争优势和境外投资及工程技术服务的带动作用，大力推进设备材料出口，积极拓展高端业务市场。

坚持统一境外市场开发、统一炼化工程品牌的管理要求，健全“二元”市场开发体系；重点紧盯中东、中亚、东南亚、南美及非洲等目标市场，加强区域化营销策略研究及体系建设；着眼于融资项目、中国石化境外投资项目、中国石化具有境内优势并可以寻找到具有竞争力的国际工程公司作为合作伙伴的竞标项目；结合区域资源优势，筛选完全竞争性项目，提高项目的中标率与市场开发效率，研究重点项目的市场开发和投标报价策略，集中优势力量促突破，海外市场开拓呈现良好势头。截至2010年底，中标境外工程项目12个，合同总金额达20.39亿美元，其中EPC合同占81.76%，施工合同占18.1%，技术设计咨询服务合同占0.33%。

(何素珍)

【加强境外业务管理制度建设】 从规范市场开发的程序与办法入手，根据《中国石化境外炼化工程承包业务管理规定》，在4项管理办法执行基本顺畅的基础上，进一步理清工作节点，修订完成《中国石化境外炼化工程承包项目市场开发管理办法》、《中国石化境外炼化工程承包项目资审和投标报价管理办法》，《中国石化境外炼化工程承包项目合同管理办法》。重视经营月报和季度经营会议等日常工作，通过节点管理和过程控制，保障体系高效有序运行。

(何素珍)

【境外项目执行有序推进】 2010年，为保障海外项目执行，炼化工程公司加大了统筹协调力度，重点做好公共安全管理和分包商管理，加强项目前期策划，完善了境外炼化项目管理体系，同时继续推动公共资源平台和公共事务平台建设，全方位保证了炼化工程一体化优势切实得到发挥。全年在5个国家共执行19个承包合同，合同总额62亿美元。全年完成7个项目，分别是沙特卡扬乙二醇(EO/EG)项目、沙特延布HDPE项目、沙特卡扬码头和罐区项目、沙特卡扬原油锅炉项目、沙特卡扬K80项目、沙特卡扬苯酚焚化炉项目和沙特卡扬苯酚含盐污水处理项目。

(武滢滢)

【工程项目招标情况】 2010年，炼化工程公司共组织招标169项、260个标段，分别同比增长46.96%和78.08%，累计中标金额118.15亿元，同比增长113.65%。其中，EPC招标9项、21个标段，中标金额72.29亿元；工程监理招标22项、44个标段，中标金额2.00亿元；施工招标79项、116个标段，中标金额41.4亿元；采购等其他项目招标59项、79个标段，中标金额2.50亿元。招标涉及武汉80万吨/年乙烯、北海炼油异地改造、燕山润滑油和合成材料及橡胶、黄岛地下水封洞库工程4项重点工程建设项目以及武汉分公司、北京燕山分公司、中石化三菱化学聚碳酸酯(北京)有限公司、北海分公司、镇海炼化分公司、青岛炼化公司、天津分公司、润滑油分公司、催化剂分公司及催化剂北京燕山分公司、催化剂长岭分公司、催化剂齐鲁分公司、催化剂上海分公司、上海工程公司、黄岛国家石油储备基地有限责任公司、贵州石油分公司、广东石油分公司、机关服务中心、全国人大常委会办公厅机关办公楼项目管理部、北京中石井田工程建设有限公司 19 家单位和部门。

在项目评标工作中共调用评标专家库中的专家 719 人次。

（杨越强）

【境外机构设立】 根据属地国的法律要求，境外业务需要境外机构依托。2010 年先后完成哈萨克斯坦分公司、新加坡公司、尼日利亚公司的注册工作，对科威特合资公司的设立进行前期调研。

（秦占飞）

国际事业公司

【概况】 中国石化国际事业有限公司(简称国际事业公司)成立于 1984 年 6 月，2000 年 5 月成为石化股份公司的全资子公司。国际事业公司主要承担除原油、成品油、化工原料以外的进口物资采购业务和设备、材料、炼化产品的出口业务。

2010 年，根据业务发展需要对境内分公司进行了体制调整。截至年底，国际事业公司在境内拥有上海东上海石化实业有限公司 1 个参股公司，在北京、南京、上海(2 家)、宁波、重庆、天津、广东、武汉等地设有 9 家子公司，在美国、日本、德国、俄罗斯、阿联酋等国家设有 5 家境外子公司。为加大市场开拓力度，进一步加强境外营销网络建设，2010 年成立了日本公司新加坡办事处、俄罗斯公司哈萨克斯坦办事处、欧洲公司尼日利亚合资公司、中东公司伊朗办事处，国际事业公司的触角伸展到了更为广阔的市场领域。

（杨　洋）

【体制改革】 根据国家外汇管理局关于分公司不能办理出口收汇、核销、退税等业务的规定，针对海关总署规定分公司不能申请独立海关编码导致分公司大量空白单据需异地邮寄存在的丢失风险，经石化集团公司党组领导批准同意，将 12 家境内直属机构(国际事业公司境内分公司 7 家、物装公司全资子公司 5 家)精减改造为国际事业公司的 9 家全资子公司，解决了出口业务流程方面的体制障碍，进一步树立了境内公司的市场主体地位，为推动业务快速发展创造了条件。

（杨　洋）

【国际贸易】 2010 年以炼化产品和设备材料出口为重点，集中精力开拓国际市场，全年实现进出口 16 亿美元，其中进口 8.9 亿美元，出口 6.8 亿美元，第三国贸易 0.4 亿美元。

以资源和市场为导向，炼化产品进出口规模不断扩大。重点强化了与催化剂分公司、润滑油分公司和油品销售公司的沟通协作，进一步完善了催化剂、润滑油、石油焦进出口工作机制。同时深入企业，与茂名石化、燕山石化等企业统一了出口定价机制，炼化产品出口业务实现较快发展，取得了石油焦首次转口贸易、中国石化建筑沥青首次自营出口、中国石化催化剂首次出口美国市场的重大突破。

加大重点市场开拓力度，设备材料出口实现大幅增长。坚定不移地推行大客户策略，紧盯中东、俄罗斯、非洲、东南亚等目标市场和石化集团公司海外投资项目，加大重点市场开拓力度，取得了中国石化自有技术乙烯裂解炉首次出口马来西亚、天然气压缩机组首次出口非洲、高强度罐板首次出口伊朗、高技术绕管式换热器首次销往中国台湾等重大进展，全年出口设备材料 1.95 亿美元，比 2009 年的 1.1 亿美元增长了 77.3%。其中出口俄罗斯欧亚钻井公司 6 173 万美元，出口伊朗雅达项目 4 000 万美元，出口奥伦堡钻井公司 1 990 万美元，出口马来西亚裂解炉 1 300 万美元、出口伊朗国家石油公司高强度罐板 810 万美元。

（杨　洋）

【专业化经营】 在南京公司(南京阀门中心)、华东公司深入推进专业化经营的同时，重庆公司确立了以仪器类为主，专注于油气田仪器和科研院所仪器的专业化经营方向。宁波公司确立了以动设备为主，专注于机泵及其备件的专业化经营方向。天津公司确立了以化工原辅料为主，专注于润滑油添加剂等的专业化经营方向。

（杨　洋）

【人才本土化】 坚定不移地推进境外公司用工本土化，公开招聘熟悉当地文化和市场、具有营销经验的外籍员工，为境外公司迅速融入所在地区、开拓国际市场创造了条件。截至 2010 年底，境外公司员工共 64 人，其中本土化员工 30 人，达 47%。

（杨　洋）

国际石油勘探开发公司

【概况】 中国石化集团国际石油勘探开发有限公司(简称国际石油勘探开发公司，英文缩写 SIPC)成立于2001年1月，2003年7月重组，注册资本421.06亿元人民币。国际石油勘探开发公司是石化集团公司的全资子公司，代表石化集团公司统一行使上游对外投资合作并对海外项目实行统一经营管理，是石化集团公司从事上游海外投资经营的唯一专业化公司。

国际石油勘探开发公司设董事会和监事会，实行董事会领导下的总经理负责制。总部设有17个职能管理部门：办公室、人力资源部、发展计划部、财务资产部、法律合同部、公共事务部、企业管理部、资产运营部、勘探部、开发生产部、技术支持部、工程部、采办贸易部、HSE部、信息部(总值班室)、企业文化部(党群工作部、纪检监察部)和审计部。6个大项目：伊朗雅达油田开发项目部、Addax公司、安哥拉公司、俄罗斯UDM项目部、叙利亚公司和哈萨克斯坦公司。其他海外机构有：厄瓜多尔公司、加拿大公司、沙特公司、伊朗公司、也门公司、阿尔及利亚公司、苏丹公司、俄罗斯萨哈林公司、哥伦比亚公司、委内瑞拉公司、特多公司、巴西公司、加蓬公司、尼日利亚公司、缅甸公司、澳大利亚公司、印尼公司、西亚—北非大区公司、俄罗斯—中亚大区公司、拉美大区公司和西非—亚太大区公司。

截至2010年底，国际石油勘探开发公司在21个国家执行42个勘探开发项目。

(姜春辉　张　怡)

【连续两年获得特别贡献奖】 经过10年的海外开拓，国际石油勘探开发公司已成功进入非洲、中东、南美、亚太、俄罗斯—中亚、北美六大战略油气区，形成了海外油气资源战略基本布局。油气勘探取得多个重要成果，开发生产连年超额完成权益油产量任务，建成Addax公司、安哥拉公司、俄罗斯UDM项目部、叙利亚公司、伊朗雅达项目部等一批具有一定规模的海外油气生产基地。2010年连续第二年获得石化集团公司颁发的特别贡献奖。

(姜春辉　张　怡)

【新项目开发取得历史性好成绩】 2010年，国际石油勘探开发公司抓住国际金融危机蕴含的机遇，成功签约新项目9个，包括：加拿大Syncrude油砂9.03%权益，Repsol巴西公司40%权益，巴西石油公司Pama－3/Pama－8区块20%权益，哈萨克斯坦CIR公司50%权益，哥伦比亚Hupecol公司收购，安哥拉32区块10%、31区块2.5%权益，雪佛龙公司印尼3个区块18%权益和美国西方石油公司阿根廷资产收购项目，扩大了非常规油气资源的规模，拓展了石化集团公司在南美油气市场的规模。

(姜春辉　张　怡)

【油气勘探获多项成果】 2010年，国际石油勘探开发公司勘探工作获得“2项商业发现、1项重大突破、6项重要进展”。安哥拉15/06区块勘探已具备宣布商业发现的资源基础，哈萨克斯坦S区块“盐檐”构造评价勘探区预计2011年投入开发建设；Addax尼日利亚OML137区块获重大油气发现，提升了资产价值；也门71区块、缅甸D区块、加蓬G4－188区块、安哥拉17/06区块勘探获得新进展，哥伦比亚圣湖能源项目、苏丹3/7区滚动勘探取得新成果。

(姜春辉　张　怡)

【权益油产量持续增长】 2010年，国际石油勘探开发公司围绕老油田稳产、增产和新油田上产，强化执行、优化管理，在产项目完成了产量目标任务，厄瓜多尔安第斯、苏丹、加蓬、俄罗斯UDM、哈萨克斯坦FIOC及哥伦比亚圣湖能源等项目实现了超产。全年生产权益油1 839.66万吨，同比增长43.8%。Addax、俄罗斯UDM、哥伦比亚圣湖能源、苏丹3/7区等一批新油田投入开发，为产量持续增长奠定了基础。

(姜春辉　张　怡)

【HSE工作保持平稳】 2010年，国际石油勘探开发公司继续深入开展“我要安全”主题活动，加快了隐患治理和专项整改。以生产现场HSE管理为重点，强化HSE领导责任制，持续改进和完善HSE管理体系。吸取墨西哥湾漏油等境内外重大安全环保事故教训，落实了海上项目安全措施。加强了对重大公共安全预警信息的应急管理。开展全员公共安全培训，共培训人员720人。构建了员工健康网络管理平台。

(姜春辉　张　怡)

【各项管理工作水平持续提升】 2010年，国际石油勘探开发公司以提升国际化经营理念、构建特色管理模式为重点，完成了国家公司整合及总部、大项目、国家公司的职能调整，修订、制定了包括大项目管理办法在内的78项规章制度，初步构建了公司规章制度、业务流程和业务表单一体化的管理信息平台。

（姜春辉　张　怡）

【党建工作扎实有效推进】 2010年，国际石油勘探开发公司结合"创先争优"和"比学赶帮超"活动，深入开展"促发展、亮风采"和季度流动红旗评比活动。评选表彰了10个基层党组织、69名优秀共产党员和30名优秀党务工作者。翁行芳被评为中央企业优秀共产党员，蒋胜海被评为中央企业先进职工，加蓬公司被评为中央企业红旗班组。全年组织了"世界油气资源及海外勘探"、"解读台塑集团的成功经验和方法"、"BP墨西哥湾漏油事故分析"等讲座，将党委理论中心组学习与生产实践和管理提升紧密结合。认真开展业务公开和效能监察，对叙利亚公司、阿尔及利亚EPC项目、加蓬公司、尼日利亚公司、西亚—北非大区公司和伊朗雅达油田建设项目进行了业务督察，促进海外业务的规范运作。国际石油勘探开发公司被评为石化集团公司2010年效能监察先进单位，伊朗雅达项目被评为石化集团公司2010年效能监察先进项目。

（姜春辉　张　怡）

【国际化人才队伍建设取得新成果】 2010年，国际石油勘探开发公司以"人才国际化、雇员当地化"为原则，围绕"选、用、育、聚"4个环节，广开选人用人渠道。外派员工比例由2006年的40%降低到2010年的28%，国际员工和当地雇员比例分别由2006年的2%和58%提高到2010年的12%和64%。全年举办各类管理和专业技术培训班20余期，培训中外员工1 468人次。注重发挥外籍员工的作用，Addax公司原技术开发部经理罗伯特因表现优秀，被提拔为首席运营官。

（姜春辉　张　怡）

【企业文化建设和跨文化交流继续深入】 2010年，国际石油勘探开发公司组织全体员工观看《亮剑》、《奠基者》和《闯关东》，学习共和国石油工业奠基者的无私奉献精神，学习李云龙面对困难勇于挑战的"亮剑"精神，以"闯关东"的精神闯世界。以"为担当半壁江山重任而努力奋斗"为主题，举办了"青年论坛"演讲比赛和专业成果展示会。发挥企业文化"内聚人心、外铸形象"的作用，利用《国勘报》、宣传栏、内部网络等载体，宣传贯彻中国石化《企业文化建设纲要》和《员工守则》。组织Addax尼日利亚公司17名工会骨干人员和14名优秀外籍员工到中国学习培训，增进了外籍员工对中国石化的了解和认同，促进了跨文化融合，营造了和谐健康的国际化经营氛围。

（姜春辉　张　怡）

国际石油工程公司

【概况】 中国石化集团国际石油工程有限公司（简称国际石油工程公司）成立于2003年12月，注册资本金4亿元人民币，总部设在北京。作为石化集团公司的全资子公司，以从事国际石油工程承包和技术服务为主，对石化集团公司国际石油工程承包、技术服务和劳务合作业务实行归口管理和统一协调；承担自营国际石油工程承包、技术服务和劳务合作业务的经营管理责任。承包境外石油工程，对外派遣实施境外工程所需的劳务人员，负责国际石油工程承包项目下的设备、技术和材料出口工作及境外设备租赁、租购业务。

国际石油工程公司下设总经理办公室、企业文化部（纪检监察部）、人力资源部、财务部、法律合同部、计划经营部、审计部、钻井工程部、地面工程中心、海洋工程部、物探工程部、HSE部、物流管理部、装备管理部、信息管理部15个职能部门和厄瓜多尔子公司、哈萨克斯坦子公司、哈萨克斯坦东方明珠公司、沙特分公司、也门分公司、阿联酋子公司、阿布扎比分公司、伊朗分公司、伊朗德黑兰合资公司、伊朗KISH岛子公司、伊朗KISH岛合资公司、加蓬分公司、利比亚分公司、阿尔及利亚子公司、尼日利亚子公司、巴西有限公司、委内瑞拉子公司、哥伦比亚子公司、墨西哥子公司、墨西哥合资公司、俄罗斯子公司、苏丹子公司、苏丹合资公司、叙利亚分公司、科威特合资公司、阿根廷子公司、印度尼西亚子公司、哥伦比亚子公司、新加坡子公司等34个分（子）公司。

截至2010年底，国际石油工程公司员工总数为924人，其中中方员工468人，外籍员工456人。在中方员工中，有教授级职称的12人，高级职称的179人，中级职称的133人，其他58人，具有中高级职称的占87.6%；具有研究生以上学历的193人（其中博士研究生14人），本科学历259人，本科及以上学历的占96.5%。

国际石油工程公司海外合同额见表1。

（王倩倩）

【市场开发取得新进展】 2010年，国际石油工程公司新签合同额16.88亿美元，完成合同额14.25亿美元。新签合同额超过5亿美元的境外机构1个，沙特分公司新签合同额5.3亿美元；超过1亿美元的境外机构4个，科威特分公司新签合同额3.1亿美元，巴西有限公司新增工作量2.3亿美元，伊朗分公司新签合同额1.4亿美元，厄瓜多尔子公司新签合同额1.3亿美元；超过5 000万美元的境外机构2个，叙利亚子公司新签合同额7 622万美元，哈萨克斯坦子公司新签合同额7 211万美元。墨西哥、哥伦比亚、缅甸、加蓬、尼日利亚等老市场和阿根廷等新进入的市场都有新进展。国际石油工程公司全年新签钻井合同90个，合同额10.1亿美元；地面工程合同14个，合同额6.3亿美元；物探合同9个，合同额5 302万美元。

（王倩倩）

【项目实施总体运行平稳】 2010年，国际石油工程公司各境外机构始终狠抓项目启动管理、施工管理和收尾总结，新上项目按照合同要求提前或按时开工，施工过程控制不断加强，施工质量不断提高。沙特市场项目涉及钻井、物探、管道、路桥、场站等不同领域，通过与业主加强沟通，细化各项工作，除气井项目外均提前或按时开工，运行正常。科威特市场7部钻机全部顺利提前开钻，运转顺利，平均日费率达99.6%；8台修井机顺利启动运行。墨西哥油田综合服务项目钻修井效率不断提高，地质研究获得新成果，地质储量和工程量有较大增长。全长1 377千米的巴西GASENE天然气管道项目于2010年3月26日全线竣工，满足了业主提前完工的要求。阿尔及利亚水管线项目精心组织施工，积极运作管材调价补偿，确保项目按计划实施，全线主体基本完工，已进入试压阶段。

（王倩倩）

【海外投资项目工程服务进展顺利】 2010年，国际石油工程公司与国际石油勘探开发公司定期召开项目运行协调会，密切各个层面的沟通和联系，掌握项目投资及招标计划，及时解决项目执行中的问题。重点抓好伊朗雅达项目工程技术服务工作，参与并完成5个地面项目和12个井筒项目投标，中标并签约早期测井项目，启动2部钻机并按要求顺利开钻，已实施的6个井筒配套服务项目运行平稳。为厄瓜多尔、哥伦比亚、阿尔及利亚、加蓬、尼日利亚、叙利亚、缅甸、哈萨克斯坦等国投资项目提供工程技术服务。从项目投标、项目启动到项目实施各个环节，严格按国际石油勘探开发公司的要求，紧密配合，各项工作都有较大进展。

（王倩倩）

【对外合资合作进一步扩大】 2010年，国际石油工程公司联合国际知名石油工程公司及当地石油工程公司共同开发市场。在国际石油勘探开发公司伊朗雅达项目中，与Aker公司合作实施设计项目，与当地JahanPars、ODCC公司合作投标早期生产5个油田地面建设EPC项目。联合Seipem投标加蓬Addax油田地面建设EPC项目。与墨西哥Diavaz、尼日利亚Kaztec、哈萨克斯坦KGNT公司的合作也在不断深化。重视与国内企业合作。与中化集团勘探开发公司签署战略合作协议，商定由国际石油工程公司为其海外投资项目提供地质研究、开发方案编制、工程实施等一揽子服务，已在哥伦比亚项目上开始实施。推进投资参股海外企业工作。先后与10家国际公司就海洋工程合资合作进行洽谈。

（王倩倩）

沙特S62三维物探项目施工作业现场

【各项基础管理工作有效推进】 2010年，在系统管理上，国际石油工程公司专题研究了欧洲国家主权债务危机对国际石油工程市场的影响，组织召开了2010年度全系统国际石油工程业务经验交流会、物探市场开发研讨会，编制了国际石油工程业务“十二五”发展规划。修订完善石化集团公司《国际石油工程项目管理办法》和《国际石油工程项目分包及外部用工管理办法》。编写完成《国际石油工程管理实务》、《物探 HSE 手册》、《健康手册》及相关国家《税务手册》、《财税法律法规》、《通关要点》。各项系统管理工作规范有序运行。在海外业务管理上，国际石油工程公司认真总结科威特分公司的统一管理模式，结合实际逐步在石化集团公司海外石油工程系统中推广，部分境外机构已制定统一管理方案并组织实施。在内部管理上，国际石油工程公司完善经营承包管理与考核办法，坚持月度经济活动分析制度，实行动态考核和全过程跟踪管理。制定全员成本管理方案，推进会计集中核算，控制预算外开支。组织开展内控检查，确保公司各项业务严格按内控管理制度运行。开展了 2 项专项审计和 3 项审计调查，对 5 家境外机构进行了常规审计。合同签约与履行、索赔与反索赔管理达到常态化规范化要求，各类经济与劳务纠纷得到及时处理。研究制定公司信息化建设三年规划，改造公司 OA 办公系统，完成公司协同工作门户、项目诊断、内容管理和风险管理信息系统建设，完善相关管理体系和工作标准编制，初步建成国际大型工程项目集成管理平台。突出骨干团队建设，广开招聘渠道，加强员工综合能力培训、公共安全培训、外语培训等，及时为海外项目配备相关人员。

（王倩倩）

【中国石化集团巴西有限公司成立】 2010 年，石化集团公司将"中国石化集团国际石油工程有限公司巴西子公司"变更为"中国石化集团巴西有限公司"（简称巴西有限公司）。巴西有限公司是石化集团公司依照巴西有关法律设立的全资子公司，是石化集团公司在巴西的统一对外窗口和工作平台，统筹石化集团公司在巴西有关业务，承担石化集团公司南美代表处在巴西的职责，由国际石油工程公司托管。主要职能包括项目支持服务、公共关系协调、党群事务协调管理、公共安全和应急处理、信息收集与市场开发、外事及生活后勤支持、参与各涉外专业公司在巴西项目经营业绩的考核。

（王倩倩）

【进一步加强党建和企业文化建设】 2010 年，国际石油工程公司认真组织以"强三基、除四害"、"比学赶帮超"为主题的"创先争优"活动，结合国际化经营特点，制定国际石油工程公司《深入开展创先争优活动实施方案》。"创先争优"活动与拓展海外市场紧密结合，推动了海外石油工程服务业务的快速发展。认真组织党委理论学习中心组和党支部政治学习，开展"七一"爱国主义教育，组织党员干部参观董存瑞纪念馆，组织员工开展纪念建党 89 周年及"创先争优、与法同行"普法知识答题，组织员工参加常规拓展训练和野外安全技能训练。重视企业文化建设工作，充分发挥工会作用，组织丰富多彩的文体活动，推进员工尤其是中外员工沟通和融合。

（王倩倩）

沙特分公司全体中外员工欢聚一堂举办"Family Day"晚宴

【深入开展反腐倡廉工作】 2010 年，国际石油工程公司深入开展反腐倡廉教育，组织学习中央和石化集团公司有关纪律条规，组织工程建设领域预防腐败专题讲座，组织参观北京市反腐倡廉教育基地。签订《党风廉政建设责任书》，在处以上干部中开展廉洁自律承诺活动。召开公司领导班子民主生活会和党支部组织生活会，认真对照检查廉洁从业情况。纪检监察人员参与装备购置、项目招（投）标、投资决策等活动。开展效能监察工作，按石化集团公司要求开展"小金库"清查活动。

（王倩倩）

表 1　　国际石油工程公司海外合同额　　亿美元

指标名称 \ 年份	2010	2009	2008	2007	2006	2005
新签合同额	16.88	16.52	15.95	9.99	5.22	2.54
完成合同额	14.25	14.86	9.35	4.67	2.25	1.17

财务公司

【概况】 中国石化财务有限责任公司(简称财务公司)位于北京市朝阳区朝阳门北大街22号，是由原中国石油化工总公司独家发起，经中国人民银行批准于1988年7月8日成立，以加强集团资金集中管理和提高集团资金使用效率为目的，为石化集团成员单位提供金融服务的非银行金融机构。财务公司注册资本为80亿元人民币(内含6 000万美元)，其中石化集团公司出资40.80亿元，占注册资本的51%；石化股份公司出资39.20亿元，占注册资本的49%。

财务公司最高权力机构为股东会，实行董事会领导下的总经理负责制，董事长为法定代表人。财务公司有总经理兼党委书记1人，副总经理2人，党委副书记兼纪委书记、工会主席1人。总部设办公室、人事劳资部、风险控制(法律事务)部、经营管理部、财务会计部、稽核部、资金计划部、国际业务部、信贷部、投资银行部、结算部、信息部及金融研究开发部13个部室；京外设上海分公司、南京分公司、广州分公司、山东分公司、郑州分公司、武汉分公司、成都分公司、新疆分公司和天津分公司9家分公司。截至2010年底，财务公司共有员工314人，其中总部98人，分公司216人；拥有高级专业技术职称的49人，中级专业技术职称的101人；硕士研究生以上学历55人，大学本科学历220人。

财务公司可以经营《企业集团财务公司管理办法》中列举的15项业务，具体包括：对成员单位办理财务和融资顾问、信用鉴证及相关的咨询、代理业务，协助成员单位实现交易款项的收付，经批准的保险代理业务，对成员单位提供担保，办理成员单位之间的委托贷款及委托投资，对成员单位办理票据承兑与贴现，办理成员单位之间的内部转账结算及相应的结算、清算方案设计，吸收成员单位的存款，对成员单位办理贷款及融资租赁，从事同业拆借，经批准发行财务公司债券，承销成员单位的企业债券，对金融机构进行股权投资，有价证券投资，成员单位产品的消费信贷、买方信贷及融资租赁。此外，财务公司作为国内首家非银行金融机构结售汇业务试点单位，可以办理石化集团成员单位结售汇和外汇资金集中收付业务。经书面授权，可以集中为石化集团成员单位开立、变更、撤销银行账户。

2010年，财务公司实现营业收入17.90亿元，实现利润总额15.47亿元，年末资产总额1 126.11亿元，所有者权益133.98亿元，资本金充足率为29.82%，不良贷款率为0.18%。全年为石化集团公司降本增效、节约财务费用累计超过25亿元。

财务公司资产负债损益情况见表1。

(毛坤美)

【资金集中管理系统实现正式平稳运行】 2010年，在石化集团公司资金集中管理领导小组的领导下，财务公司深入推动资金集中管理系统上线，提升系统功能、性能，确保资金收付安全，实现了系统正式平稳运行。全年共1 763个银行分账户投入使用，广东、上海、天津、浙江、山东等省市中国石化加油站收款业务已上线运行；2月1日，内部封闭结算新系统正式投用，7月1日，配合石化股份公司完成TMS系统上线；实施专网终端接入控制、安装运行灾备系统，系统安全性进一步提升；全年结算资金进出总流量614.61万笔28.22万亿元，同比增加559.39万笔13.03万亿元，日常协议结算业务处理顺利；企业累计通过银行分账户收款499.23万笔1.16万亿元，付款70.81万笔1.26万亿元，达到了“收得进、分得清、付得出”的要求。

(毛坤美)

【筹融资平台优势进一步凸显】 2010年，财务公司加强与银行合作，新增综合授信近300亿元，拓宽市场融资渠道；收入计划准确率达63.5%，支付计划准确率达90.9%，资金计划及时性和准确率进一步提升；通过实时跟踪收支动态、合理安排付款顺序和头寸管理等措施，保证了资金支付的及时、安全。通过不断调整优化融资顺序、结构和方式等措施，降低融资成本，增加资金收益，全年累计从市场融入短期资金约1.5万亿元，增长11.4%，实现资金运作收益近亿元。

(毛坤美)

【存贷款、票据等业务有新亮点】 2010年，财务公司积极吸收企业存款和表外资金，存款日均余额310.74亿元，增加58%。全年委托贷款日均余额达654.13亿元，增长6%。继续做好结算贷款、循环贷款、透支贷款等日常贷款业务，满足石化集团公司资金管理形势发展的需要；全年中长期贷款与银团贷款日均余额66.69亿元，增长64%，有力地支持了企业生产经营和基本建设。积极开展票据业务，全年票据贴现日均余额113.19亿元，增长15%，有效满足了企业结算和降费的需要。

(毛坤美)

【外汇业务服务进一步拓展】 2010 年，财务公司进一步扩大系统外公司代理石化集团成员单位进口原油购汇业务，全年办理付汇 530.9 亿美元，增长 27.99%，售汇 457.31 亿美元，增长 26.19%；积极推动收结汇业务，全年办理收汇 77.8 亿美元，增长 33.45%，结汇 5.24 亿美元，增长 280%。结合企业购付汇需求适时调整交易策略，取得了较好的结售汇中间业务收益。加强跨境贸易人民币结算的相关研究，为更好地服务于石化集团公司国际化经营打下基础。

（毛坤美）

【投行、投资业务稳步发展】 2010 年，财务公司以财务顾问身份首次参与石化股份公司 200 亿元跨市场交易债券的发行工作，保证了发行的顺利完成，降低了石化集团公司整体融资成本。做好已发行 2 期金融债券的各项后续管理工作，并顺利完成首期 40 亿元金融债券的兑付工作。在董事会批准的投资范围内，规范运作，稳健操作，灵活调整投资结构，优化资产配置，提高固定收益品种投资比例，有效地控制投资风险，全年实现投资收益超 3 亿元。

（毛坤美）

【信息化建设有新成效】 2010 年，财务公司不断优化、升级资金集中管理系统，完善外汇数据采集及申报系统，建设投资业务管理系统，有效促进了合规经营、风险控制和效率提升。电子票据系统选型、开发工作完成，并正式上线使用，实现了票据业务里程碑式的进步。完成了“十二五”期间财务公司信息化规划草案。

（毛坤美）

【内部管理和风险防控能力不断增强】 2010 年，财务公司制定和完善《信息化工作管理办法（试行）》等 16 项业务和管理制度；修订形成 2010 年版《内部控制管理手册》，新增 3 个业务流程。严格授信管理和信贷审查，公司资产质量进一步提高；反洗钱、授权及法律事务工作持续推进，有效开展；不良资产清收、股权管理工作取得了新的成效。积极开展现场、非现场和专项稽核，完成对石化集团公司总部 2 个业务部门和 8 家分公司现场稽核、三项专项审计、三项离任审计以及小金库专项治理，内部稽核的监督、控制和服务功能得到进一步加强。以表单式凭证替代单笔回单的办法大幅度提高了会计工作效率；纳税管理、预决算管理、成本费用控制等工作有序开展。

（毛坤美）

【队伍建设稳步推进】 2010 年，财务公司制定实施《领导班子和领导人员管理暂行规定》、《专业技术岗位设置及聘任管理办法（试行）》、《员工培训管理办法》，推动干部管理、选拔聘用、员工培训等进一步制度化、科学化、规范化。以公开竞聘副处级岗位和高级专业技术岗位激活干部队伍活力，进一步加快优化领导班子和干部队伍结构，健全完善竞争性选拔任用机制；大力实施重点人才培训计划，普遍开展岗位培训和素质提升工作，推动员工立足岗位成长成才；进一步加大员工岗位交流力度，优化配置内部人才，增强人才队伍生机活力。

（毛坤美）

【“比学赶帮超”活动取得阶段性成果】 2010 年，财务公司按照石化集团公司党组关于大力开展“比学赶帮超”活动的部署要求，结合实际，深入开展了一系列“学习教育”、“建标创标”、“岗位大练兵”等“比创”活动，提出了建设一流能力、一流服务、一流管理、一流队伍、一流作风的“五个一流”目标要求和严细管理学炼化、精神作风学油田、优质服务学银行、开拓市场学销售的“四学四赶”学赶方向；完成了全部 117 个岗位指标和 12 个专业 57 个专业类指标的建立工作；组织了财会人员素质达标考核、系统录入准确率考核、财务知识竞赛、论文评比等活动；进行了合理化建议、岗位练兵、机关文明等先进集体和个人的评选，形成了人人参与、个个争先的良好氛围，“三基”工作、服务水平得到了进一步提升。

（毛坤美）

表 1　　财务公司资产负债损益情况　　万元

年份 指标名称	2010	2009	2008	2007	2006	2005
流动资产	9 596 751.69	10 290 447.98	11 030 239.01	9 662 581.31	8 112 886.24	6 557 259.17
长期资产	1 651 745.02	1 407 538.51	1 089 052.07	1 392 363.04	743 683.61	938 251.10
无形、递延资产	12 615.51	11 036.48	2 486.93	1 844.84	508.28	860.50

续表

年份 / 指标名称	2010	2009	2008	2007	2006	2005
资产总计	11 261 112.22	11 709 022.97	12 121 778.00	11 056 789.19	8 857 078.13	7 496 370.77
自营资产总额	5 373 889.32	5 674 148.03	6 048 431.42	4 566 570.46	3 601 770.22	2 824 242.75
流动负债	9 268 699.80	9 289 407.00	9 805 391.18	8 393 500.22	7 450 831.18	6 452 736.48
长期负债	652 657.78	1 087 793.28	1 269 113.04	1 279 353.19	692 130.33	627 068.21
所有者权益	1 339 754.64	1 331 822.69	1 047 273.79	1 383 935.78	714 116.61	416 566.08
实收资本	800 000.00	800 000.00	600 000.00	600 000.00	600 000.00	250 000.00
资本公积	165 762.53	275 676.32	111 182.06	561 476.52	1 888.55	37 889.55
盈余公积	93 041.27	81 313.39	69 351.20	58 154.35	46 831.62	42 238.09
未分配利润	224 102.81	119 163.72	212 271.81	128 763.95	44 022.16	78 363.68
负债及所有者权益	11 261 112.22	11 709 022.97	12 121 778.00	11 056 789.19	8 857 078.13	7 496 370.77
营业收入	178 973.36	167 331.82	232 562.81	172 305.67	159 153.99	134 645.86
营业支出	24 669.13	12 663.88	77 834.22	25 121.23	25 727.60	76 049.16
营业税金及附加	11 541.13	12 971.93	20 205.58	13 983.50	8 603.76	6 979.27
利润总额	154 737.22	155 828.69	154 850.38	147 193.02	72 489.07	58 728.64
净利润	117 875.80	120 054.65	113 632.46	100 254.56	47 554.92	37 942.22

百川公司
（机关服务中心、机关服务局）

【概况】 中石化百川经济贸易公司（中国石油化工集团公司机关服务中心、中国石油化工集团公司机关服务局）简称百川公司（机关服务中心、机关服务局），主要负责为石化集团公司和石化股份公司总部机关及专业公司提供后勤服务保障，是石化集团公司直属专业公司、全资子公司，由原中国石化总公司机关事务部发展演变而来，企业性质为全民所有制。

百川公司成立于1993年2月，注册资金3 000万元人民币，注册地址为北京市朝阳区朝阳门北大街22号，经营范围为：自有房产的经营管理和房屋修缮、汽车零配件、办公用品、劳保用品、洗衣服务等。

机关服务中心于1995年2月经原中国石化总公司正式批准成立，2002年11月经石化集团公司人事部、中央机构编制委员会办公室和国家事业单位登记管理局批准，成为事业单位法人，开办资金460万元，其宗旨和业务范围是：为石化集团公司机关办公与职工生活提供后勤服务，承办机关委托事项。机关服务局于2008年9月经石化集团公司批准成立，是石化集团公司机关行政部门。机关服务中心、机关服务局与百川公司是一套机构、三块牌子。

百川公司（机关服务中心、机关服务局）下设办公室、人力资源处、财务处、企业管理处、质量检查处、基建工程处、房产管理处、安全保卫处、设备工程处、服务处、餐饮处、供应处、交通处、医务处、外协工作处15个处室和实华饭店、国际旅行社、会议中心、和园景逸大酒店4个经营单位。承担着石化集团公司及其总部机关的10余项事务管理职能，包括房产管理、基建项目管理、办公用房分配和调整，石化集团公司“三委办”、献血办、房改办、土地办、医保办、交通安委办，总部职工体检、子女入学转学及共建学校联络等。

截至2010年底，百川公司固定资产净额6.19亿元，营业收入1.77亿元；机关服务中心固定资产净额7 106.8万元，主营业务收入2 115.5万元。百川公司(机关服务中心、机关服务局)共有正式职工306人(其中内退4人),劳务工1 044人。

(郭跃升)

【全面完成党组交付任务】 全力抓好石化集团公司党组所交付的各项任务,将党组的战略部署和对员工的人文关怀落到实处。完成了协和医院保健基地建设工作,北区工程、学术报告厅等工程进展顺利,后勤服务保障工作全面启动,受到了院方高度评价;人大办公楼项目经过3年的艰苦努力,圆满完成建设任务,得到了全国人大和石化集团公司领导的高度评价;小营办公楼改造项目按计划顺利推进;科研中心项目最终设计方案已经确定,开始进行初步设计等工作;积极参与第二届中国绿化博览会,并与相关单位一起高质量完成了中国石化展园项目的建设。在室外展评比中,中国石化园获银奖和优秀组织奖、优秀设计奖。按照党组领导要高度重视员工健康的指示精神,建立了员工网上健康管理平台,实现了健康管理信息化;提出员工健康体检年龄段重新划分的建议并获得党组批准,组织石化集团公司总部机关正式及劳务工体检2 803人,为急重症员工联系外院医疗服务500余人次。

(郭跃升)

【服务理念进一步提升】 坚持强化理念教育,重新梳理、进一步丰富理念内容,印制成册发到全体员工。广泛收集整理中心员工践行理念的好人好事,突出闪光点,精心编印了两辑理念案例。举办了"践行中心理念、落实服务承诺"知识答题活动,组织了以班组为单位的"理念上墙"活动,共制作展板160块,实现了理念教育日常化,提高了教育效果。积极了解服务对象需求,召开各类座谈会收集意见建议,并逐条落实整改,受到了各部门、各单位和直属党委的一致好评。秉承"每一滴油都是承诺"的理念,高标准制定服务承诺,并印发到总部大楼全体员工,全面加以落实,有力促进了服务水平的提高。

(郭跃升)

【队伍建设取得实效】 坚持狠抓领导干部队伍建设,大力开展"以成败论英雄"教育,坚持每项工作都以最终绩效为衡量标准,督促领导干部当好"头羊"。深入开展群众观教育,要求领导干部相信、依靠、关心群众,使领导干部的思想和工作作风有了较大提升。完善选人用人机制,全年共组织处级及以下管理岗位的竞聘8批次,有32名劳务工通过竞聘走上了管理岗位。完善薪酬制度,加大对一线重要岗位、特殊技能岗位薪酬的倾斜力度,提高了班组长岗位津贴,进一步激发了员工的工作热情。强化学习培训,举办新员工入职培训4批71人,组织各类骨干赴大庆油田学习109人,赴先进单位学习40人。举办管理知识讲座及各类业务培训活动11次,参加员工达400多人次。组织了餐饮、财务、维修、楼管、保安等各类技能竞赛,使员工业务技能有了较大提升。

(郭跃升)

【内部管理进一步强化】 大力开展"我要安全"主题活动,筹划组织了总部大楼28个部局883人参演的消防疏散演习,查出并处理消防设备问题729项,提高了员工安全防范能力,被评为石化集团公司维稳先进单位和北京市交通安全先进单位。进一步健全组织机构,强化制度执行,使各类事故隐患得到了有效处理。推广设备挂牌经验,落实设备管理责任,全年完成设备挂牌5 545件,维修维护3.17万次。与上年相比,总部大楼全年节约用电110万千瓦·时,节约用水1.43万吨。编制了各类物资的200多项验收标准,严把进货质量关,有效降低了采购成本。严格执行内控制度,开展全员成本目标管理,加强全面预算管理和日常审计管理,做到了"小金库"为零,获石化集团公司财务管理先进单位称号,新办公楼项目获石化集团公司效能监察优秀项目称号。

(郭跃升)

【内部氛围更加和谐】 大力开展"创先争优"和"比学赶帮超"活动,积极创新载体,有力促进了各项工作的开展。加强入党积极分子培养培训,2010年发展新党员9名(包括2名劳务工),为党组织输送了新鲜血液。以《机关服务报》为主要载体,充分发挥宣传工作的积极作用,全年共刊登各类文章388篇、图片205幅。召开了宣传工作会议,评选表彰了先进集体和个人,组织了47名宣传通讯员参加的培训班。认真落实"六必访谈"制度,及时上门慰问生病住院及各类困难员工及家属近200多人次,使员工感受到了企业温暖。组织员工为2名患病员工捐款4.67万元。充分发挥员工创造性,组织合理化建议活动,共征集建议523条。努力丰富员工文化生活,工会、共青团组织开展了团拜会、体育比赛、演讲比赛等丰富多彩的活动,组队参加了上级各类文体活动,取得较好成绩,其中作风建设文艺演出获一等奖,形成了内部健康向上的良好氛围。

(郭跃升)

联合石化公司

【概况】 中国国际石油化工联合有限责任公司(简称联合石化公司，英文缩写UNIPEC)是中国石化的全资子公司，为中国最大的贸易公司，主要承担中国石化的原油进口、成品油进出口、来料加工、天然气(LNG)进口、转口贸易及仓储物流等国际贸易。

联合石化公司下设办公室、财务部、审计部、纪检监察处、原油部、成品油部、天然气部、运输及执行部、计划信息部、风险控制部、发展部；在国内设有3个口岸分公司和1个合资公司：联合石化宁波分公司、联合石化青岛分公司、联合石化二连浩特分公司及中海油中石化联合国际贸易有限责任公司；在境外设立了5个子公司和1个代表处：联合石化亚洲有限公司、联合石化英国有限公司、联合石化新加坡有限公司、联合石化美洲有限公司、中石化冠德控股有限公司(香港上市红筹股公司)及联合石化越南代表处。

2010年，联合石化公司认真贯彻落实石化集团公司党组的战略决策和部署，大力推进实施资源战略、市场战略、一体化战略和国际化战略，紧紧围绕“保供、降本、做大、做强”国际贸易的宗旨，进一步强化了坚持大局意识、团队意识、服务意识和市场意识的“四个坚持”经营理念，开展“比学赶帮超”活动，发扬“亮剑”精神，开拓创新，创先争优，服务企业精细化，认真履行工作职责，较好地完成了各项目标任务，各项工作取得新的进展。

2010年，联合石化公司完成总贸易量2.09亿吨，首次突破2亿吨，其中原油贸易量完成1.89亿吨，同比增长28.13%；成品油贸易量完成2 032万吨，同比增长61.78%。全年实现贸易额1 145.22亿美元，其中第三方贸易额399.54亿美元，集团外销售收入508亿美元。

(葛韩华)

燃料油销售公司

【概况】 中国石化燃料油销售有限公司(简称燃料油销售公司)是根据石化集团公司统一部署，于2010年5月27日注册成立的燃料油经营专业化公司，是石化股份公司的全资子公司，负责燃料油的集中销售，主要经营范围为燃料油批发零售、仓储、加工调和，成品油批发零售、仓储及其他石油制品经营业务等。

燃料油销售公司本部位于北京，截至2010年底，设7个管理部门，下辖天津、山东、江苏、上海、浙江、福建、广东7个分公司和浙江舟山、新加坡2个全资子公司；用工总量472人，其中正式职工337人；总资产64.5亿元；拥有油库7座，库容总量27.5万立方米。燃料油经营网络覆盖国内重点港口。

2010年，燃料油销售公司经营总量1 041万吨，其中保税油经营量33万吨；销售收入2.06亿元，利润6 224万元。

(李登兴)

【平稳快速完成体制调整】 2010年，石化集团公司党组按照“扬长补短、扬长避短”的战略原则，调整燃料油经营管理体制，设立燃料油销售公司，提出“燃料油销售公司要提高中国石化在中国燃料油市场份额”的目标，确立燃料油业务的主业地位。燃料油销售公司研究制定石化资源集中销售方案和买断经营定价方案，将重质、轻质燃料油全部纳入统一配置，全面整合中国石化32家炼化生产企业和7家省市石油公司燃料油销售业务，实行买断经营、统一分配。燃料油公司于5月底完成注册，6月5日举行了揭牌仪式，7月1日正式运行，实现了全口径石化燃料油资源集中销售。

(李登兴)

【努力拓宽国内资源渠道】 2010年，燃料油销售公司不断拓宽资源渠道，努力突破资源瓶颈。加强产销衔接，确保了生产企业后路畅通；努力转变“搬砖头”的业务模式，加大入库销售力度，启动调和业务，开拓销售新渠道，提高石化资源经营能力和赢利能力，实现了“重质油顺价销售、轻质油多创效益”的目标。拓展外采渠道，扩大外采资源量，启动本部集中外采。推进燃料油生产基地建设，努力形成资源优势，镇海、海南等炼厂已被列入石化集团公司“十二五”燃料油生产基地规划。

(李登兴)

【全力落实“两保三不降两提高”目标】 2010年，燃料油销售公司克服市场消费结构发生重大变化、国内陆上市场需求逐步萎缩、市场竞争异常激烈的困难，全力扩大燃料油尤其是保税油销量，落实“两保三不降两提高”目标。将保税船加油确定为最重要的核心业务，利用浙江舟山公司保税油经营资质，展开保税油连锁经营，年底保税油经营规模达到9.5

万吨/月，舟山港保税油市场占有率达到56%；按照“资源统一组织、客户细分开发、网络设施共享”的原则，与中海船舶燃料油供应公司签署全面合作协议，在深圳、湛江、海南、日照、大连等港口共同开发保税油市场。将开拓地炼燃料油市场作为提高市场份额的重要手段，借助中国石化上中下游一体化优势积极介入，实现原油和燃料油搭配销售，供应地炼企业进口燃料油 92 万吨。转变经营方式，积极开拓终端市场，开发旗滨玻璃、台塑、江西铜业等客户，努力做实经营。

（李登兴）

【大力拓展海外贸易】 2010 年 8 月 25 日，燃料油销售公司正式注册成立新加坡子公司，认真研究海外业务运行机制和模式，依托海外贸易平台，统一组织进口资源，积极开拓新加坡当地船加油市场以及海外第三方贸易，新加坡子公司全年为国内组织资源 132 万吨，与壳牌、维多等一批跨国石油公司或掌握独特渠道及一手资源的供应商建立直接业务联系，为实现公司内外贸一体化、国际化发展奠定基础。

（李登兴）

【营销网络初具规模】 2010 年，燃料油销售公司结合市场格局和经营目标，研究制定生产基地、仓储设施、销售网点和配送船队的发展目标，大力发展营销网络。按照储备库、中心库、分销库 3 个层次，将改造老库、建设新库与租赁社会库统筹考虑，建设点线面结合、功能完善的仓储设施，为扩大业务提供支撑；启动南疆 3# 油库和滨江油库改扩建、普陀油库 500 吨级新建码头等重点项目，完成部分油库的适应性改造。相继开通舟山、宁波、上海、厦门、天津、广州、烟台以及长江沿线共 14 个港口 17 个保税油经营网点。在贴近终端市场的区域发展内贸船加油经营网点 22 个。

（李登兴）

【强化内部管理和风险控制】 2010 年，燃料油销售公司以推进制度化为切入点，明晰事权划分，对 77 个业务流程和控制节点进行了全面梳理，加快推进集制度、流程、表单、工作标准为一体的标准化运行体系建设。优化结算体系，将销售大区公司及省级石油公司职能集中在公司本部，减少结算层级；理顺结算流程，明确工作职责，确保内部结算简洁、高效。突出财务管理服务经营、保驾护航的作用，加快制度建设，做到了起步阶段有章可循、新兴业务平稳运行。开展全面分析，发掘亮点、找准不足、提出措施，推动了经营管理质量的提升；研究公司发展周期，总结公司发展特点，搭建了未来赢利模式框架。规范业务开展，理顺海外业务资金管理流程，制定套期保值管理办法，及时开展信用保险等风险控制手段，有效防控资金风险和经营风险。

（李登兴）

【加强安全数质量管理】 2010 年，燃料油销售公司认真落实“谁主管、谁负责”的安全生产责任制，逐级签订安全生产责任书，深化各级行政一把手安全责任把关制，强化安全教育，提高全员安全意识，组织开展全系统安全大检查，充分掌握公司安全管理现状，查找管理漏洞和安全隐患，制定整改措施；明确数质量管理责任，严把购进、调和、销售等关键环节数质量关，切实做好油库的数质量管理。全年安全生产形势平稳，未发生一起安全数质量事故、事件。

（李登兴）

【信息化建设取得初步成效】 2010 年，燃料油销售公司结合未来业务流程，将适应未来目标市场及经营模式的流程体系固化在信息系统中，形成了新型赢利模式下的信息系统支撑；历经 5 个月完成国内 ERP 系统开发并正式上线运行；完成本部办公楼综合布线系统、计算机网络系统、视频会议系统建设，依靠公司自身技术力量开发了临时公文传输系统。公司信息化建设取得初步成效，为提高管理效率创造了条件。

（李登兴）

【不断加强队伍建设】 2010 年，燃料油销售公司根据业务发展需要，确定用人标准，经过发布招聘公告、资格审查、考试面试、评委会集体讨论和公司班子会议研究等程序，从全系统择优选拔 35 名人员重点充实本部经营和专业技术力量，选拔 23 名生产企业员工组建驻厂办，为全面开展业务奠定基础。在全面考察的基础上，调整完善 7 家分公司领导班子，进一步优化干部结构。按照精简高效的原则，全面梳理本部部门及岗位职责，明确分（子）公司部门设置和党的组织，初步理顺工作机制。积极开展培训，组织各类专题培训班 7 期，培训 350 人次，提升了队伍素质。

（李登兴）

【深入开展“创先争优”活动】 2010 年，燃料油销售公司党委按照党中央和石化集团公司党组部署，深入开展以“比学赶帮超”活动为主要内容的“创先争优”活动。燃料油销售公司对下属企业经营规模、经营结构、创效能力等进行横向对比，每月对各分公司和省市公司的经营综合指标、保税油销售、网点建设等核心工作完成情况进行考核排队，发榜公布，传递工作压力，激发单位和员工“见红旗就扛、有第一就争”的拼搏精神，推动燃料油业务实现快速发展。公司结合成立时间较短的实际情况，着眼于建立高效、协调运行机制，采取有效措施，强“三基”、除“四害”，进一步夯实业务发展基础。

（李登兴）

【开展群众性文体活动】 2010年，燃料油销售公司坚持开展多种形式群众性文体活动，不断加强精神文明建设，营造和谐的企业文化氛围。组织全体员工收看专题片《反对邪教警钟长鸣——北京反邪教十年斗争警示录》，加强思想教育；公司职工和家属40多人进行集体活动，增进新员工之间的交流；本部员工观看2010年北京国际马拉松赛，开展“健康生活、快乐工作”迎金秋跳绳比赛；参加石化集团公司“争先创优，与法同行”法律知识竞赛并获得三等奖，组织员工参加石化集团公司在京直属单位羽毛球比赛等活动。

（李登兴）

【加强廉政建设】 2010年，燃料油销售公司按照“促进廉洁从业、强化作风建设、推动公司超常规发展”的思路，积极推进廉洁文化建设，深入开展廉洁自律承诺活动，组织干部职工参加警示教育156人次；抓源头、抓重点，围绕原料购进、产品销售等关键点，建立完善业务监督制度17项，堵塞管理漏洞，规范经营行为。

（李登兴）

燃料油销售公司揭牌仪式在北京国家会议中心举行 （李登兴 摄）

经济技术研究院

【概况】 中国石油化工集团公司经济技术研究院（简称经济技术研究院）的前身是成立于1971年的中国石油化学工业部规划设计院，1983年中国石油化工总公司成立后，更名为中国石化总公司规划院。1999年12月底，石化集团公司为加强发展战略、宏观经济与政策、市场营销以及科技信息研究，并为石化集团公司决策层提供决策咨询，决定将中国石化总公司规划院和原石化集团公司信息中心的经济技术信息研究部分合并，成立中国石油化工集团公司经济技术研究院，与中国石化咨询公司合署办公。

中国石化咨询公司（简称咨询公司）成立于1985年，1994年获国家认定的首批甲级工程咨询资格，是中国工程咨询协会的常务理事单位和国际咨询工程师联合会（FIDIC）正式会员，2004年获得承担国家发改委委托投资咨询评估任务的资格，是国内第一批获得该资格的35家咨询机构之一。2009年，经济技术研究院再次获得了承担国家发改委投资咨询的评估资质，并通过了北京市高新技术企业认证。

经济技术研究院内设机构13个。其中，管理部门6个，分别为：院办公室、党委办公室、财务处、人事教育处、经营部、行政处；业务处室共7个，分别为：发展战略研究所、经济政策研究所、市场营销研究所、信息研究所、评估部、基础部、上海咨询公司（节能技术服务中心）。另外，中国石油化工信息学会、中国工程咨询协会石化分会挂靠经济技术研究院，并依托经济技术研究院开展工作。

截至2010年底，经济技术研究院在职职工222人。其中，具有专业技术职务任职资格的191人，占职工总数的86%；拥有博士研究生10人，硕士研究生69人，教授级高级技术职称11人，高级技术职称86人。

2010年，面对国内外复杂多变的形势，经济技术研究院紧紧围绕石化集团公司的工作部署，全面贯彻落实“把握宏观走势，提出微观建议”、“保证中国石化的方向不走错”、“保证重大项目不定错”的要求，努力为石化集团公司党组决策服务、为石化集团公司战略发展服务、为生产经营优化服务、为投资决策服务，组织开展了一系列发展战略、产业经济与政策、市场预测、生产经营优化、投资项目评估和后评价、产业动态跟踪等专题研究工作。全年完成各类研究课题523项，其中重大研究工作114项，包括专题研究56项，咨询研究24项，评估工作24项。

经济技术研究院 2010 年度主要科研成果获奖情况见表 1。

（王　睿）

【战略研究】　2010 年，围绕石化集团公司长远发展，经济技术研究院重点开展并完成了“中国石化‘十二五’发展计划支撑性研究”、“三年滚动发展计划(2010—2012)的支撑性研究”、“中国石化如何保持并发挥炼油优势”、“中国石化如何巩固化工优势的战略研究”和“中国石化聚酯链中长期发展战略研究”等重点战略研究课题，为石化集团公司的战略制定提供了依据；持续开展了后金融危机时期的重大问题研究，及时提供了分析建议，完成了“2010 年以来全球石油石化领域并购机会分析”、“金融危机以来跨国石油石化公司炼化业务调整动向”、“参加建设沙特延布合资炼油项目的机会分析”、“康菲减持鲁克石油股权的情况研究”等后危机时代的机会研究等课题，为石化集团公司开展资本运作、实现跨越式发展提供决策参考；围绕四大战略的实施，完成了“中国石化发展煤基、生物基等非石油路线燃料及化工的战略研究”、“全球 LNG 资源与市场及中国石化对境外 LNG 资源可获得性分析”等资源战略，“中国聚烯烃市场环境分析及预测”等市场战略，“面向二十一世纪第二个十年炼化及煤/天然气一体化模式研究”等一体化战略，以及“海外油气资源勘探开发成本效益比较研究”等国际化战略课题研究。

经济技术研究院还积极参与国家的决策研究，重点完成了国家发改委委托的“全球凝析油资源分析”等 3 项、国家能源局委托的“我国炼油及替代燃料发展规划研究”等 6 项，以及财政部、国务院国资委和新华社委托的 3 项研究课题，及时向国家有关部门客观全面地反映中国石化的发展实际，为石化集团公司发展谋求良好的生产经营和发展环境。

（王　睿）

【产业研究】　在生产经营环境研究方面，经济技术研究院开展并完成了“东盟自贸区建设对中国石化产业的影响研究”、“2010 年关税实施方案对石油石化产业的影响及对策研究”等课题，同时充分发挥石化产业损害预警体系的作用，加强对重点产品的监测和预报，为石化集团公司开展反倾销等贸易救济提供了有力的决策支撑。

在应对重大突发事件研究方面，经济技术研究院重点完成了《BP 漏油事件影响系列研究》、《丰田汽车召回危机研究》、《对欧元区主权债务危机的初步分析》等一系列研究报告，为石化集团公司及时掌握形势发展提供支持。

在市场环境变化研究方面，经济技术研究院继续发挥“中国石化石油石化产品预测体系”和“中国石化国际油价预测体系”的分析预测功能，加强对浙江、江西、湖北等重点地区以及汽车等重点行业的调研，按年、季、月和周出版了《国际油价预测报告》、《主要石油化工产品市场预测》等相关报告，完成了《2011 年国际油价预测分析(年报)》、《2011 年主要石油化工产品市场预测报告》、《2011 年成品油市场预测报告》等研究报告。同时，加强市场动态分析，适时开展并完成了“国内汽车市场近况调研”、“电动汽车发展趋势及中国石化应对策略研究”以及“上海世博会对华东地区航煤市场影响分析”等专题研究。

在生产经营优化研究方面，经济技术研究院继续发挥炼油、乙烯绩效评价模型的作用，做好 2009 年石化集团公司炼油、乙烯绩效评价等长线服务工作；继续加强供应链优化模型的应用，重点完成了“2010 年原油现货优化长期支持优化模型”、“中国石化柴油质量升级方案”等研究工作，为石化集团公司生产经营优化提供有力支持。

在价税政策研究方面，经济技术研究院继续发挥“油价改革论坛”的专家作用，重点完成了“现行成品油价格机制影响分析与应对建议”、“原油进口放开的影响分析及建议”以及“油气资源税及石油特别收益金政策分析与建议”等研究课题，深入研究价税变化对中国石化的影响，向国家有关部门及时提出相关建议。

（王　睿）

【信息研究】　2010 年，经济技术研究院重点加强了对《每日要情》、《重要信息快报》、《石化要闻》、《石油化工参考》等信息报告质量和实效性的改进，增加了对重大事件、焦点事件的分析报道频次。同时，继续做好反映上游发展动态、炼油化工技术进展、替代能源发展、节能减排新技术进展，以及热点地区油气资源、经济和投资环境、石化工业发展的长线信息服务工作。

在对内对外信息服务方面，经济技术研究院扎实做好信息资源采集、借阅以及档案管理等基础服务工作，优化整合信息资源，积极开展信息资源共享，加快电子图书馆建设，提高信息资源利用率，信息加工利用不断迈上新台阶。通过举办交流会、研讨会等形式，与企业和石化集团公司有关部门共享研究成果；加快信息门户建设，将其建成展示经济技术研究院研究动态、交流共享信息的现代化平台；进一步拓展科技查新业务，全年完成科技查新百余项；图书分类管理、档案管理工作不断加强，信息服务水平不断提升；继续做好《中国石油石化产业年度报告》、《中国主要石油石化产品市场报告》、《世界石油和石油化工数据手册》等品牌报告，不断扩大报告影响力；《当代石油石化》再次获石化集团公司科技期刊二等奖，并继续入围石化集团公司科技核心期刊。

（王　睿）

【评估评价】 2010年，经济技术研究院累计完成了25项评估项目，涉及上报投资额237亿元，优化投资13亿元，占上报投资的5.5%。重点完成了“茂名分公司煤（石油焦）制氢气项目”、“巴陵分公司10万吨/年锂系聚合物柔性装置建设工程”等可研评估项目。在后评价方面，重点完成了“洛阳芳烃联合节能后评价”、“珠三角成品油管道项目后评价”等项目。在评估评价方法研究方面，重点开展了建立新指标、新方法的基础研究工作，主要包括：与发展计划部共同组织开展了“EVA（经济增加值）指标研究”，还开展了“主要生产装置技术经济指标研究”、“石油化工项目基准投资研究总体方案”等基础性研究，逐步建立起一套比较完整的基准装置、基准投资、基准成本、基准价格及基准参数的基准数据体系，为科学评估提供依据。

（王　睿）

【基础研究】 在基础建设方面，经济技术研究院两项重大基础工程——网络改造和数据库建设初见成效，陆续投入试运行阶段。进一步强化方法论研究，不断完善模型开发。重点开展了炼油企业绩效评价方法的提升与完善，构建起炼油企业绩效评价系统，完成了炼油企业绩效评价系统数据库建立等工作。针对新模型开发，正在加紧进行“乙烯装置绩效月度模型开发”、“芳烃绩效评价分析指标体系研究”、“烯烃装置绩效评价”、“总部集成模型优化”、“进口原油月度采购优化模型开发”、“中国石化对标分析体系”以及“CGE模型开发”等研究工作。

在加强内部管理方面，经济技术研究院按照石化集团公司信息门户统一建设的总体要求，结合数据库建设以及网络改造工程，充分整合信息资源管理平台，对办公自动化系统进行部分升级，进一步规范、梳理内部工作流程，并增加绩效分析以及合同会审功能，大大提高项目管理的工作效率。建立起经济活动分析会的工作制度，及时分析各项业务工作动态，协调解决各种问题，为落实工作责任、保障重点课题顺利开展搭建了平台。

（王　睿）

【人力资源管理】 经济技术研究院按照石化集团公司建设高素质“三支队伍”的要求，结合业务发展实际，针对“三支队伍”的不同特点，切实加强人才培养和人才队伍建设，开展的重点工作包括：研究制定了经济技术研究院中长期人才发展规划的具体目标和措施；科学制定员工培训计划，逐步建立起较为完善的业务培训体系，特别开展了强化全院专业技术人员的英语应用培训，进一步提高员工队伍的英语阅读基础和应用能力；积极推动员工参加外部培训，全年接受外部培训的员工达50余人次，并以选送2名研究人员作为访问学者等方式，加快国际化人才培养。按照石化集团公司领导人员管理规定，制定并下发了《经济技术研究院中层领导人员选拔任用管理暂行办法》，完成了中层干部的任期考核和中层后备干部、院领导班子副职后备人员和国际化后备人才的民主推荐和上报工作，进一步加强了中层领导干部队伍管理。2010年，经济技术研究院还着力加大与国内外研究机构开展学术交流的力度，邀请美国PFC能源咨询公司、剑桥能源研究会等国外公司以及国家发改委、能源局等国内专家，就能源形势、能源市场、化工市场、地缘政治、节能减排等重点领域开展了广泛而深入的学术交流，进一步增强学术氛围。

（王　睿）

【党建】 2010年，经济技术研究院认真贯彻落实石化集团公司关于深入开展“创先争优”活动的要求，精心筹备并召开动员会议，制定下发了《深入开展创先争优活动实施意见》，开展全体党员群众争优活动，通过编制刊发《学习园地》等多种形式，宣传先进事迹，营造积极向上的学术氛围，通过多出成果、出好成果，切实开展好争优活动。积极探索提高基层党建科学化水平，编写下发了《党建工作手册》，引导广大党员干部全面把握党的基层建设工作，自觉践行党的基层建设工作要求，扎实推进各项工作任务的落实。通过党委理论中心组学习、专题学习、辅助学习等形式，努力提高党建科学化水平。

（王　睿）

表 1　　经济技术研究院 2010 年度主要科研成果获奖情况

序号	项目名称	奖项名称	奖项等级
1	中国石化烯烃装置绩效评价模型	2010 年度石化集团公司科技进步奖	二等奖
2	中国石化化工生产计划与效益测算系统	2010 年度石化集团公司科技进步奖	二等奖
3	中国石化国际油价预测体系开发与建设项目	2010 年度石化集团公司科技进步奖	三等奖

石化报社

【概况】 中国石化报社（简称石化报社）位于北京东城区安外大街 58 号院，成立于 1988 年 7 月 1 日，是石化集团公司直属事业单位，经过 20 多年的发展，石化报社从最初仅拥有对开 4 版的一张周报，发展到拥有报纸、杂志、电视台、新闻网站、电子报、手机报的综合性现代新闻媒体单位。石化报社主办的媒体有 10 个，包括《中国石化报》、《车友报》、《中国石化手机报》、《中国石化》杂志、《中国石化新闻界》（内刊）、中国石化网络电视台、中国石化新闻网、中国石化新闻图片网、中国石化团购网和车友网。

石化报社实行社长负责制。截至 2010 年底，报社正式职工人数 97 人，其中拥有本科学历 49 人，硕士及以上学历 29 人，具有中高级技术职称的有 71 人，此外报社还有其他用工方式人员 72 人。下设 13 个部门，分别是总编室、新闻部、专刊部、周刊部、杂志部、电视部、网络新闻部、记者部、通联经营管理处、广告发行部（北京华夏实华广告中心）、人事财务处、综合办公室（党委办公室）、车友报。有驻企业记者站 118 个，其中驻省记者站 27 个；持有新闻出版总署记者证的记者 196 名；非持证但常年支持报社工作，发稿在 10 篇以上的通讯员有 500 多人。

石化报社主要报刊发行数量见表 1。

（庞　炜）

【中国石化网络电视开通】 2010 年 11 月 8 日，石化集团公司召开庆祝中国记者节暨开通中国石化网络电视视频会议。会上，石化集团公司党组成员、纪检组组长王作然与石化集团公司办公厅、思想政治工作部、信息系统管理部和石化报社的负责人共同为中国石化网络电视剪彩，标志着中国石化网络电视正式开通。

（庞　炜）

中国石化网络电视开通剪彩仪式　（程　阳　摄）

【推行新型写作和新型表达】 2010 年，石化报社各媒体重点在提高可读性、可视性上下功夫，大力推行了新型写作和新型表达。在文体、篇幅、标题、导语、段落、句式、叙述方式上，朝着“易读”、“悦读”和“简读”的方向改进。通过合理运用图片和电视语言，增强媒体的可读性和可视性。全体采编人员都开通了博客，通过写博客提高新型写作水平。

（庞　炜）

【取得较多荣誉】 2010 年，石化报社获首届中国现代行业传媒创新奖。在第六届全国安全生产新闻奖评选活动中，石化报社多部报刊、新闻摄影以及电视作品获奖，其中《带血的“天使”》获得报刊评论类三等奖，《我要安全》获得报刊系列报道（专栏）类二等奖；《确保国家重点工程安全生产》获得新闻摄影类三等奖；《皇觉寺断了香火续了平安》获得电视消息类三等奖，《徒弟的一天》获得电视专题类三等奖。在第 23 届全国专业报新闻摄影作品年赛中，石化报社 11 幅图片、1 个版面获奖，吕大鹏、陈维松获总编辑摄影奖，石化报社获组织奖。杨青获得第八届全国报业经营管理优秀个人称号。

（庞　炜）

【确定"十二五"期间的工作原则和目标】 2010年，经过集中研讨，石化报社明确了"十二五"期间报社的发展原则和目标，制定了立社宗旨、发展愿景、发展方针、发展重点、发展思路、发展保障、发展方向、经营方针、队伍建设和团队文化。

（庞　炜）

表1　石化报社主要报刊发行数量　万份

项目＼年份	2010	2009	2008	2007	2006	2005
《中国石化报》	13.20	13.00	10.20	9.50	9.50	10.00
《中国石化》杂志	2.20	2.00	1.70	1.50	1.50	1.60
《车友报》	75.00	75.00	72.00	62.00	62.00	61.90

石化出版社(展览办公室)

【概况】 中国石化出版社有限公司(简称石化出版社)是石化集团公司主管和主办的中央级科技出版社。其前身为经文化部批准于1984年12月成立的烃加工出版社，先后与原中国石化情报所、中国石化信息所、中国石化信息中心合署办公，1992年改名为中国石化出版社，1999年3月与原中国石化信息中心分离单列，成为中国石化直属独立的事业法人。2010年12月根据中央文化体制改革有关要求转制为企业，设立中国石化出版社有限公司。中国石化展览办公室(简称展览办公室)经石化集团公司批准成立，负责中国石化境内外展览业务。石化出版社、展览办公室是一套机构、两块牌子。石化出版社(展览办公室)实行总经理负责制，法人代表王子康。

截至2010年底，石化出版社(展览办公室)下设8个处(室)，有在岗正式职工62人，离退休人员8人，聘用人员30人。

石化出版社(展览办公室)主要出版石油勘探开发、石油炼制、石油化工、安全环保、企业文化与管理等方面的图书，以及相关的行业标准、辞典、手册工具书、石油及石化专业系统教材和职工培训教材的出版；负责石化集团公司年鉴、年报的编辑出版工作；负责承办石化集团公司暨股份公司在国内外举办的各种展览业务。石化出版社与国际知名的出版机构开展版权贸易和业务合作活动，引进国际石油化工、勘探开发等专业科技书籍的版权并组织翻译出版；坚持以为石油石化工业科技进步服务为宗旨，逐步摸索出一套具有新闻出版行业特色、适合出版社发展、规范而稳健的管理模式。

2010年，由石化出版社出版的《石油替代综论》获石化集团公司科技进步二等奖，《石油加工过程中的脱硫》和《烯烃技术进展》分获石化集团公司科技进步三等奖。

（李德亮）

【圆满完成7项展览任务】 2010年，展览办公室共组织完成大型展览任务7项，包括2010上海世博会石油馆、2010年中国国际石油天然气大会及展览会、第十届中国塑料交易会、第十二届中国塑料博览会、第九届中国国际装备制造业博览会暨国家能源技术装备展览会、2010(第十届)中国国际化工展览会和2010中国绿色产业和绿色经济高科技国际博览会。展览工作受到各级领导和广大观众以及展会组委会的好评。石化出版社(展览办公室)被中国石油、中国石化、中国海洋石油三大公司授予2010年上海世博会杰出贡献奖，被国务院国资委授予2010年上海世博会先进集体；被2010第十届中国塑料交易会组委会授予功勋单位称号；在第九届中国国际装备制造业博览会暨国家能源技术装备展览会上获最佳展示奖。展览业务处获中国石化直属机关文明处室称号。

（吴则光）

【圆满完成出版社转企改制工作】 2010年，石化出版社严格执行国家政策和石化集团公司工作部署，精心组织，规范操作，与中介机构认真核准数据，进行实物的实地盘点，正确使用会计估计和相关会计政策，扎实做好清产核资、资产评估、财务审计等各项工作，确保国有资产保值增值。同时，积极协调，主动与总部各部门、国务院国资委、国家工商总局、新闻出版总署、北京新闻出版局、中央编制委员会等单位的联系与沟通，督办各类文件的核准审批，稳妥办理事业单位注销、新设企业验资、公司注册成立、转企改制工作备案等各个环节工作，并于12月30日完成了出版社转企改制的全部工作。

（王　旭）

【联合举办国际炼油会议】 2010年3月24—25日，石化出版社和英国CrambethAllen出版公司在北京共同举办了“第四届(2010年)北京国际炼油技术进展交流会”。会议主题为能源效率、重原油加工、大型一体化联合装置和清洁燃料，旨在重点研究全球低碳经济下中国炼化企业如何应对当前形势，及时掌握国外炼油工业生产、经营及相关先进技术应用和发展趋势，协助和支持中国炼化企业及时了解国际先进技术、优化生产操作、促进节能降耗，切实提高经济效益，适应低碳经济时代的要求。会议邀请来自国内三大石油公司等炼化企业及美国、俄罗斯、德国、法国、加拿大等国著名专利技术公司的代表和专家就炼油行业现状和最新技术进展作专题报告。

（赵　怡）

【成功举办炼化技术进展交流会议】 2010年10月，石化出版社在浙江温州召开了“2010炼油与石化工业技术进展交流会”。会议主题为：研讨炼油化工企业当前热点问题，交流芳烃技术进展和石化补充资源新技术进展。该次交流会以《炼油与石化工业技术进展》一书为依托，特邀此书编委会、撰文专家以及来自三大石油公司等国内炼化企业及专利技术公司的代表和专家，就炼油行业发展状况和最新技术进展方面作专题报告。

（刘跃文）

【成功举办设备维护检修技术交流会议】 2010年6月18—19日，石化出版社在苏州召开了“2010石油化工设备维护检修技术交流会”。会议就企业普遍关心的现代设备风险管理、加工高硫高酸原油带来的设备腐蚀与防护技术、大型机组状态监测与故障诊断技术、在新形势下炼化企业设备维护检修模式探索、石化企业节能环保技术等进行了交流研讨。来自三大石油公司的设备管理部门、维护检修单位和设备制造企业的领导、专家和技术人员等近百名代表参加了会议。

（白　桦）

【加大市场营销力度】 2010年，随着图书出版全行业转企改制的全面推进，图书新品出版激增，市场竞争日趋激烈；网上书店日趋壮大，对传统实体书店造成冲击。针对这一形势，石化出版社采取灵活多样的形式，加大图书宣传和图书销售渠道推广。加强与一级实体书店的业务联系与合作，深入走访各实体书店，加大推销工作力度；积极与三大网上书店合作，根据不同图书品种的市场竞争情况，采取灵活的营销策略，确保网上书店的销售增长；加强对直接用户的宣传征订，使读者及时了解图书出版信息；加大了对销售业务员年中回款考核力度，确保图书账款及时回收。

（常大农）

【精细内部管理】 2010年，石化出版社以石化集团公司内控制度为主线，按照强化精细管理的要求，加强和完善制度建设，认真学习贯彻《员工守则》，并结合自身实际加以具体化，努力培育员工良好的职业素质和精神状态；从制度建设入手，深化细化各项管理措施，把精细管理的要求落到实处，梳理、修订和完善了一系列有关图书编审、印制、发行、储运等业务管理规章制度以及内部运行管理制度并汇编成册，下发至员工人手一册。

（李德亮）

【加强党建和思想政治工作】 2010年，石化出版社以“立足岗位作贡献，创先争优当表率”为实践载体，深入开展“创先争优”活动，积极推进“比学赶帮超”工作，努力形成比学习、比作风、比团结、比干劲、比业绩，初步形成人人争先、事事争优的良好局面。在各支部和全体党员的积极参与下，活动取得了初步成效，基层党组织的战斗力以及党员的先锋模范作用得到了进一步发挥，促进和带动了员工队伍的建设，整个队伍的精神状态和工作业绩都取得了新的进步。切实加强领导班子建设和干部队伍建设，努力提高政治业务素质和推动科学发展的能力。注重加强员工队伍的思想政治工作，在进行职能梳理、开展岗位竞聘以及制定实施企业年金方案等时期，扎实做好宣传解释和思想政治工作，确保了各项工作的顺利推进，维护了员工队伍的和谐稳定。充分发挥工会和共青团的桥梁和生力军作用，组织开展多种形式的群众性文体活动，增强了队伍的凝聚力和员工的荣誉感。黄爱锋、王蕾被评为中国石化直属机关文明个人，郝小凌被评为石化集团公司直属党委优秀共产党员和集团公司直属工会优秀工会干部，宋春刚被评为石化集团公司直属工会优秀工会积极分子，王子康获石化集团公司直属工会优秀职工之友称号。

（李德亮）

人 物

◇ 全国劳动模范

◇ 全国青年岗位能手

◇ 中国高技能人才楷模

◇ 第十届中华技能大奖获得者

◇ 全国技术能手

全国劳动模范

【焦方正】 男，1962年10月出生，籍贯陕西三原，汉族，博士研究生学历，中共党员，1983年7月参加工作，教授级高级工程师，石化股份公司副总裁、油田勘探开发事业部主任。焦方正2004—2010年任西北石油局局长、党委副书记，西北油田分公司总经理期间，带领西北油田广大职工迎难而上，油气勘探连续取得重大突破和重要进展。探明石油地质储量由2005年的6.02亿吨增长到2009年的10.36亿吨，发现并探明10亿吨级的、中国最大的特大型古生界海相碳酸盐岩油田——塔河油气田，实现了国内古生代海相碳酸盐岩油气勘探真正意义上的重大突破。塔河油田的产量从2004年的358万吨攀升至2009年的660万吨，成为中国陆上十大油田之一。焦方正2006年获新疆维吾尔自治区开发建设新疆奖章，2007年获全国"五一"劳动奖章。

（潘武龙）

【王立新】 男，1956年3月出生，籍贯山东德州，汉族，研究生学历，中共党员，1972年12月参加工作，教授级高级政工师，石化集团公司总经理助理，胜利石油管理局党委书记、局长。王立新主持胜利油田全面工作期间，带头深入学习实践科学发展观，精心谋划发展思路，提出胜利油田"百年创新，百年胜利"愿景目标，认真落实石化集团公司"三稳一保"阶段性目标要求。他牢固树立油气资源是油田生存之基、发展之本、效益之源的思想，坚持立足老区、加快新区，强化深层、开拓发展，胜利油田各项事业在应对挑战和战胜困难中稳步推进。连续7年实现三级储量过亿吨，连续27年探明石油地质储量超亿吨。开发上老区生产经营压力进一步缓解，开发指标持续改善。原油产量连续多年保持在2 700万吨以上，连续10年实现原油产量稳中有升，连续13年实现储采平衡。王立新当选第十一届全国人大代表，2007年获全国"五一"劳动奖章。

（潘武龙）

【王永健】 男，1960年1月出生，籍贯山东诸城，汉族，硕士研究生学历，中共党员，1982年2月参加工作，教授级高级工程师，石化集团公司总经理助理，北京燕山石油化工有限公司董事长、党委书记。王永健带领燕山石化广大干部职工，全力提升装置运行水平和技术经济指标，实现持续安全稳定生产，完成1 000万吨/年炼油系统改造，建成中国首个千万吨级欧Ⅳ标准油品生产基地，兑现了北京向国际奥委会的郑重承诺。5年间油品质量实现3次大跨越，达到世界先进水平，走完了发达国家十几年的油品升级之路。形成丁基橡胶等一批国内"独一无二"的特色产品，成功开发出"神舟"飞船和海军新型舰艇专用材料，合成树脂高附加值产品比例大幅度提高。积极落实北京市与石化集团公司部署，全力推进燕房合作，加快建设北京石化新材料科技产业基地，为首都石化产业聚集繁荣、现代制造业发展壮大作出了贡献。王永健2005年获北京市优秀企业家称号，当选中共十七大代表，2008年获首都劳动奖章，2009年获全国"五一"劳动奖章，2010年当选北京市劳动模范。

（潘武龙）

【李安喜】 男，1953年7月出生，籍贯山东淄博，汉族，研究生学历，中共党员，1978年8月参加工作，教授级高级工程师，石化集团公司总经理助理，齐鲁石油化工公司总经理、党委副书记。李安喜2004—2010年任茂名石化公司总经理、党委书记，茂名分公司代表期间，团结带领广大干部职工使茂名石化由亏损大户变成了赢利大户，由后进企业变成了全国国有企业先进典型。2005—2010年，茂名石化实现的利税为前50年利税总和的1.2倍。2007—2010年连续4年成为全国炼化企业效益排头兵。茂名石化百万吨乙烯改扩建工程仅用21个月提前建成投产，创出国内乙烯建设规模最大、国产化率最高、投资最省、建设工期最短的新纪录。2009年，茂名石化被评为全国国有企业十大典型之一。李安喜2007年获全国"五一"劳动奖章，2009年被评为广东省建国60年南粤杰出劳模。

（潘武龙）

【代旭升】 男，1955年4月出生，籍贯山东青岛，汉族，中专学历，中共党员，1972年12月参加工作，胜利油田分公司东辛采油厂采油二矿高级技师、胜利油田首席技能大师。代旭升把"多采知识才能多采油"、"咱们工人有技术才更有力量"作为自己一生的信条，30多年来始终坚持围绕油气生产开展技术革新，先后完成技术革新成果80多项，其中"移动式套管气回收装置"获国家科技进步二等奖，2项获国家发明专利，13项获国家实用新型专利，累计创造经济效益1亿多元。在油田的支持下，他创办了"工人技术创新协会"，一手抓培训，一手抓创新，已有在册会员1 000多人，推出创新成果200余项，年创经济效益上千万元。自主创办了胜利油田采油技能大师网，实施网上助学助教活动，对于网友在网上提出的问题，他总是认真解答，网站已成为青年工人请教疑难问题的“技术家园”。代旭升的徒弟们已研制成功了80多项革新成果，其中17项获国家实用新型专利，6人在全国技能竞赛中获奖，20人获得油田及油田以上技术能手称号。代旭升先后获全国“五一”劳动奖章、中华技能大奖、国家科学技术进步二等奖、中国发明创业奖等荣誉。2009年1月起享受国务院政府特殊津贴。

（潘武龙）

【王金铎】 男，1966年6月出生，籍贯山东寿光，汉族，博士研究生学历，中共党员，1990年7月参加工作，教授级高级工程师，胜利油田西部新区研究中心筹备小组成员、胜利油田石油地质高级专家。王金铎作为主要研究人员设计的王58、盐22等30余口探井获高产工业油气流，从而发现12个油气富集区块。他作为项目技术负责人研究完成的“胜利油田深化勘探地震关键技术与应用”和“胜利油区复杂油气目标精确地震勘探技术”2个项目投入应用后累计新增产值143.8亿元；他主持开展“储层综合评价技术在胜利史南地区的示范应用”项目研究，形成了适合浊积岩油藏勘探开发的地震综合评价配套技术，应用于生产，新建产能20.3万吨；他主持开展“济阳坳陷深层构造特征与演化研究”项目研究，并将成果应用于现场，新增石油控制储量7 000万吨。几年间完成省部级科研项目5项，承担国家级项目研究任务3项；发表论文34篇，专著3部；获省部级科技进步奖6项。王金铎2008年被评为中国石化劳动模范、中央企业劳动模范、山东省优秀党员，2009年获全国“五一”劳动奖章。

（潘武龙）

【邵均克】 女，1964年11月出生，籍贯山东成武，汉族，中专学历，中共党员，1988年7月参加工作，政工师，中原油田第一社区管理中心副主任、华苑公司总支书记兼针织二厂厂长。邵均克2002年9月创办了第一个就业项目——拖把厂，社区32名残疾人和5名特困家庭待业子女成为该厂第一批员工，走上了自食其力之路。2003年6月，成立手套加工厂，安置失待业人员137人，形成日产手套2 000多双的规模。通过几年努力，拖把生产车间由原来的40人增加到70人；在厂里食宿的残疾员工由原来的40人增加到80人。在邵均克创办的厂子里，残疾人占了员工总数的95%，不仅实现了第一社区的残疾人100%就业，还安排其他社区残疾人员40多名。她还积极组织就业培训和劳务输出，先后使200多名油田待业子女实现了就业。新华社、《光明日报》10余家大的媒体报道了她的事迹，称赞她是“平凡的岗位，光彩的事业；普通的工作，特别的贡献。”她先后获全国“五一”劳动奖章，中央企业劳动模范，中国石化劳动模范，河南省“五好”党员、“三八”红旗手等荣誉。

（潘武龙）

【郜向东】 男，1972年2月出生，籍贯河南唐河，汉族，高中学历，中共党员，1993年9月参加工作，助理政工师，河南油田分公司第二采油厂井楼油矿稠油联合站站长。郜向东创造性地推行了“分区、分时、定责”精细管理制度，实施了“三包三挂四强化”管理模式，在班组和职工中开展了“三佳三优”评比活动，建立了周检查、月考核、季评比的监督考核长效机制，实现了被动管理向主动管理的转变。针对罐存油泥沙处理难度大的难题，提出了“油泥沙固化处理燃烧再利用”的建议，并得到组织实施，几年间累计处理原油泥沙近3万立方米，实现了清洁生产。与同事一道开展“提高破乳剂脱水效果”技术攻关活动，年节约成本40余万元。实施合理化建议13项，创经济效益313多万元。开展技术革新14项，节约成本625多万元。郜向东2006年获河南省“五四”青年奖章提名奖，2008年被评为河南省劳动模范；他所在的稠油联合站2006年被中国石化评为五星级站库，2007年被评为全国青年安全生产示范岗，2008年被评为石化集团公司先进集体。

（潘武龙）

【龙景庆】 男，1966年9月出生，籍贯贵州景屏，苗族，大学本科学历，中共党员，1986年9月参加工作，江汉石油管理局测录井工程公司坪北项目经理部测井高级技师。龙景庆先后有4项技术绝活、20多项科研成果和仪器改造项目在实践中应用和推广。试验发明双侧向测井仪检修改进程序，成功实施JSC－801双侧向测井仪的改造，并将改造仪器与双侧向检修程序进行仪器配接，使测井一次成功率由原来的不足50%提高到96%以上，彻底改变测井野外施工队伍作业状况，减轻工人的劳动强度，既节约工时，又降低成本，每年为企业创造经济价值逾百万元，结束了江汉油田“单仪单测”的历史。结合生产实际参与和完成了HH2530测井仪器推广应用、复杂裸眼井中测井仪防阻解卡研究、自然伽马测井仪曲线质量改进、数控测井系统电极系板改造等一系列科研项目，并将成果运用于生产，使得平均每口井测井施工缩短 10 小时，1 个测井队 1 年可以多测 30 口井，增收节支 1 000 多万元，使生产效率成倍增长。龙景庆 2004 年被授予石化集团公司技术能手称号，2006 年被授予湖北省劳动模范及全国技术能手称号，2007 年获全国“五一”劳动奖章。

（潘武龙）

【华 伟】 男，1971 年 11 月出生，籍贯江苏兴化，汉族，硕士研究生学历，中共党员，1993 年 7 月参加工作，高级工程师，江苏油田分公司物探技术研究院副主任工程师。华伟带领项目组完成近 5 000 平方千米三维地震资料的勘探解释及地质综合评价研究工作，为江苏油田连续 14 年探明储量超千万吨作出了重要贡献。2009 年在苏北盆地高邮北斜坡东部地区发现瓦 18、瓦 19 油藏，获得控制储量 737 万吨。2007 年在永安地区发现的永 X33 井钻获油层 9 层 43 米、气层 3 层 7.5 米，试获 37.2 $米^3$/日的高产油流，2009 年利用高精度三维地震又在该区发现了 107 米油层的永 35 井。2007 年通过新技术、新方法的研究，探索陡坡带隐蔽油藏的首口探井——邵 14 井钻探取得突破，试油日产 50 多吨，随后发现的富 X126 井钻获油层 73.8 米/20 层，2008 年在该区钻探的邵深 1 井，2009 年钻探的邵 16、邵 18 井均获得成功。华伟先后获中国石化优秀青年知识分子、中国石化江苏油田劳动模范、中国石化劳动模范、中央企业劳动模范称号。

（潘武龙）

【姜能刚】 男，1971 年 2 月出生，籍贯山东淄博，汉族，大专学历，中共党员，1990 年 12 月参加工作，助理工程师，齐鲁分公司胜利炼油厂连续重整车间党支部书记兼生产副主任。姜能刚提出降低航煤抽出量、降低塔顶温度的操作方法，解决了加氢裂化装置生产军用柴油时遇到的难题，同时，将分馏塔进料温度降至 335℃左右，每小时节约瓦斯耗量 200 立方米，年增效达 100 多万元。在参加 260 万吨/年柴油加氢装置开工建设中，经过认真论证，利用增加外送蒸汽跨线，攻克了由于蒸汽进出装置不畅而影响循环机正常运行的难关，同时消除了蒸汽管线水击的安全隐患，减少了蒸汽排空所造成的浪费。开工后，又提出反应加热炉优化方案，解决了 120 个火嘴平稳燃烧问题，降低了燃料消耗。实施了封堵分馏加热炉停用火嘴、优化换热流程等多项技改措施，降低装置能耗 2 个百分点。姜能刚先后获厂级优秀党务工作者、中国石化劳动模范称号。

（潘武龙）

【金宏伟】 男，1974 年 11 月出生，籍贯上海，汉族，大学本科学历，中共党员，1994 年 7 月参加工作，工程师，上海石化腈纶事业部装置工艺组组长。金宏伟几年间先后提出合理化建议 25 条，被采纳 21 条；实施技术攻关 8 项，技术创新 3 项，其中直接参与的技术改造项目共计为企业增效 200 多万元。研究并撰写的《五效在线软测量的开发与利用》论文被评为上海市管理现代化创新成果三等奖。直接参与 V 系列项目改造，比计划周期提前了 1 周左右，每吨纤维成本下降 470 元，每年为企业增加经济效益约 1 300 万元。直接参与超级净化装置项目的实施，有效解决了生产过程中的问题，大幅降低各类消耗，年增效 400 万元。此项目获中国石化科技进步三等奖。2009 年参与腈纶二步法纺丝前上油工艺流程革新改造项目，为企业增效 179 万元，同时对五效蒸发装置出料方式、回收后处理等多项工艺技术进行大胆地优化创新，并一举获得成功，年增效 100 万元以上。金宏伟 2007 年被评为 2004—2006 年度上海市劳动模范，2009 年获全国“五一”劳动奖章。

（潘武龙）

【顾雪东】 男，1969 年 1 月出生，籍贯上海，汉族，硕士研究生学历，中共党员，1991 年 7 月参加工作，高级工程师，上海高桥分公司炼油事业部设备动力部部长。顾雪东在 S－Zorb 装置建设过程中，突破技术难关，克服时间紧、任务重等困难，确保了装置开工一次成功，兑现了公司为上海世博会提供高标燃油的承诺。他大胆应用绿色再制造设备修复技术对 2# 催化烟机蒸汽小透平转子、2# 酮苯 9# 机螺杆转子、1# 催化烟机轴承厢和汽封体、2# 加氢装置 K601B 气缸、延迟焦化装置的三位阀阀芯和上套筒等部位进行了修复，使其成功地运转，节省了大量的资金，给企业带来了可观的经济效益。针对航煤加氢装置氢压机 K5101 曾一度因故障被反复修理，频繁时达到“一日二修”，严重影响航煤产品正常生产的问题，他提出从系统上降低操作氢油比的建议并被成功实施，恢复了氢压机的正常运行，从而找到了降低设备修理费用与满足生产需要之间的平衡。顾雪东 2007 年获得上海市“五一”劳动奖章，2008 年获中央企业劳动模范称号。

（潘武龙）

【周 敏】 男，1965 年 5 月出生，籍贯江苏南京，汉族，大学本科学历，中共党员，1985 年 9 月参加工作，技师，金陵分公司炼油运行三部副主任。周敏提出的“进班时看脸色、工作时看情绪、吃饭时看胃口、说话时看神态”“四看”工作方法在全公司班组之间得到推广。在乳化沥青生产中，进口设备胶体磨皂液泵的对轮突然损坏，当时并无备件，眼看配置好的昂贵皂液即将失效，周敏召集设备管理人员紧急研究，采用加固手段将泵及时启运，挽回了损失。他发现每次有剩余皂液无法使用，利用率不高，便及时会同设备人员在皂液罐底部加接管线与泵入口相连，有效地提高了乳化沥青产量。周敏2006年获全国“五一”劳动奖章。

（潘武龙）

【王世东】 男，1969年7月出生，籍贯浙江宁波，汉族，大学本科学历，中共党员，1988年9月参加工作，高级技师，镇海炼化分公司炼油二部焦化装置运行支持组组长。王世东工作20多年来，刻苦钻研业务技能，从一名普通操作人员成长为本职岗位上的行家里手和装置专家，为2套焦化装置(350万吨/年)的“安稳长满优”运行作出了突出贡献，焦化装置已连续6年列中国石化同类装置达标竞赛第一名。作为项目组一名主要成员，他参与200万吨/年焦化装置扩能改造，装置一次开车成功，创造国内同类装置开车用时最短的纪录。针对焦化装置除焦时间长、故障率高等问题，通过查阅资料、比较验证，他提出使用新型切焦头的建议，年获经济效益上百万元。他还与技术、技能人员一起，在确保不超工艺指标的前提下，不断优化生产工况，每天可多消化渣油500吨，原油加工量可相应增加1 600吨/日，有力地促进了市场急需产品的增产。几年来，他先后提出合理化建议100多条，解决装置现场生产操作难题10多项。王世东2008年获中国石化劳动模范、中共浙江省直属机关工作委员会优秀共产党员称号，2009年获中央企业劳动模范称号。

（潘武龙）

【许红星】 男，1958年8月出生，籍贯天津大港，汉族，硕士研究生学历，中共党员，1982年2月参加工作，教授级高级工程师，天津分公司总经理、天津石化分公司总经理、中沙天津(石化)有限公司总裁，天津市第十五届人大代表、第九次党代会代表。许红星确立了把天津石化打造成“主业突出、结构优良、管理科学、文化先进、环境友好、企业和谐，成为具有较强竞争力的现代化石油化工企业”的愿景目标。坚持以开展“管理年”、“强化管理年”、“精细管理年”活动为抓手，全面落实“保安全、保市场、保稳定、增效益”的工作要求，企业保持了健康的发展态势。他带领全体干部职工，充分发扬项目建设“一家人、一个目标、一条心、一股劲”的团结精神、“5+2、白+黑”的奉献精神、有勇有谋的“亮剑”精神，完成天津石化100万吨/年乙烯及配套项目建成投产任务，创出国内同类装置建设速度最快、开车时间最短、在极端寒冷天气下开车成功等多项新纪录。许红星2007年获天津市优秀企业家称号，由他主持的“以特大型炼化一体化及科技创新为支撑的节水减排管理”和“以创建环境友好型石化企业为目标的环保管理”项目分获全国第14、16届企业管理现代化创新成果二等奖。

（潘武龙）

【周利军】 男，1973年11月出生，籍贯河北黄骅，汉族，大学本科学历，中共党员，1993年11月参加工作，技师，天津分公司化工部大芳烃车间技术组组长。周利军在大芳烃车间检修换剂工作期间，考虑到当时市场上产品俏销，减少1天检修时间就能增加300万的效益的情况，经过反复推敲，优化停车方案，带领工段职工细化操作环节，严格操作程序，比外方方案计划时间提前两天完成检修，使装置停车停出了新水平。2009年，周利军还带领技术组顺利完成“环丁砜脱氯”科研项目，有效解决了抽提装置中氯积累的问题，使大芳烃抽提装置的维修周期达到三年一修水平。他每年参与装置技术攻关10余项，创效1 000余万元。周利军2005年、2006年获中国石化青年岗位技术能手称号；2007年凭借“吸附室压降测量装置”、“降低装置3.5兆帕管线蒸汽消耗”等多项发明创造，当选天津市首批工人发明家，天津市有突出贡献技师；2008年获天津市劳动模范称号、“五一”劳动奖章。

（潘武龙）

【陈　旺】 男，1975年2月出生，籍贯湖南湘阴，汉族，大专学历，中共党员，1995年7月参加工作，助理工程师，巴陵分公司烯烃事业部一联合车间主任。2007年，陈旺组织实施“塔外搭桥”法在线解决塔板堵塞问题，项目成本仅为1.4万元，减少损失近800万。他将余热锅炉完全燃烧方式变为不完全燃烧方式，每小时可多产汽10吨，而没有投入一分钱的成本，这一运行模式已连续创效10年。装置投产初期，为解决沉降器结焦这一行业性的瓶颈问题，他和同事们采取改变旋风分离器连接方式、增加挡焦格栅、改变控制理念、编制长周期运行管理制度等措施，使沉降器运行周期从133天变为577天，使沉降器结焦问题得到了有效的解决。他提出及实施油浆系统的创新措施，使油浆系统从原来半年一修到无故障运行。建立完善的培训制度，“个性化系统培训提升职工素质”成果获岳阳市三等奖。2008年，“‘零缺陷’质量文化推进车间管理”被中国石化企协授予管理成果三等奖。他所在车间2009年获得省级青年文明号称号。

（潘武龙）

【吴全胜】 男，1973年12月出生，籍贯湖南岳阳，汉族，大学本科学历，中共党员，1998年7月参加工作，工程师，长岭分公司原油劣质化和油品质量升级改造工程项目管理部技术员。吴全胜针对120万吨/年催化汽柴油加氢装置换热器E－208管束因腐蚀两次被更换，且该管束内漏造成120万吨/年加氢装置产品质量不合格的问题，提出用抗氯离子腐蚀的08Cr2AlMo换热管代替之前的18－8换热管，有效地防止了换热器管束内漏造成的对成品柴油的污染，确保了油品质量合格，在一个检修周期内节约管束制造费用约130万元。吴全胜积极将这一从实践中总结出来的经验升华为理论，撰写的论文《加氢制氢联合装置E－208管束腐蚀失效原因分析》，在《石油化工腐蚀与防护》杂志发表。在投资60亿元的长岭分公司1 000万吨炼油改扩建升级项目的70万吨/年重整装置扩能改造中，他和同事们一起克服特殊材料短缺、生产厂家任务重、交货期短等困难，做到了既满足生产和技术要求又尽量节省投资，节约工程投资近600万元。吴全胜先后获中国石化劳动模范、中国石化优秀青年知识分子、中央企业劳动模范等称号。

（潘武龙）

【康庆山】 男，1968年7月出生，籍贯福建莆田，汉族，大学本科学历，中共党员，1988年8月参加工作，工程师，福建联合石油化工有限公司生产部调度经理。康庆山在汽柴油质量升级工作中，通过组织催化装置催化剂换型，应用MGD工艺将部分汽油中烯烃裂化成液化气；将焦化汽油催化改质，使加氢装置腾出能力，增设流程加工部分高含硫的直馏柴油。常规需要几千万投入才能解决的汽柴油质量升级问题几乎不花钱就解决了。到2008年，高标号汽油产率从40%增加到了80%，每年为公司创效几千万，丙烯每天增产60吨，年创效近亿元。2007年合资公司成立，他担任福建联合石化公司总调度经理，一边负责老装置的生产组织，一边参加炼化一体化新装置的开车准备。2009年初，在他的精心策划、组织下，老厂的燃料气和蒸汽被成功引入新厂区，他每天组织他的团队进行复杂的物料平衡、燃料平衡、蒸汽平衡和氮气平衡，既要保证老装置的平稳生产，又要满足新装置的开工需求，推进了一体化的开车进程。康庆山先后获福建省“五一”劳动奖章、中国石化十大杰出青年岗位能手、全国“五一”劳动奖章等荣誉。

（潘武龙）

【罗　莉】 女，1972年6月出生，籍贯重庆长寿，汉族，大专学历，中共党员，1993年9月参加工作，高级技师，四川维尼纶厂分检车间化学分析操作主管。罗莉对活性炭中醋酸锌含量的测定方法进行优化与改进，大大提高分析速度和效率。大胆应用新技术装备，对有关分析仪器进行精心调试和优化，特别是794型电位滴定仪与760自动进样器的联机应用，解决了分析时间长、出结果慢、误差大、工作效率低等难题。牵头组织并完成聚乙烯醇装置“醋酸乙烯合成技术改造”、“醋酸乙烯粗馏塔塔盘技术改造”、“聚乙烯醇三七塔塔盘技术改造”科研项目，使醋酸乙烯合成单列产量从年产3万吨提高到3.8万吨，改善原塔盘堵塞状况，延长塔盘运行周期，生产负荷提高20%。在30万吨/年VAC项目建设中，通过科研攻关提出了“电位滴定仪工作站改造”、“水分测试仪的联机使用”等10个合理化建议，完成了2个QC项目，为企业经济效益快速增长，为中国石化产品占领国内市场，走向国际市场作出了突出贡献。罗莉先后获全国“五一”劳动奖章、中国石化青年岗位技术能手、重庆市“五一”劳动奖章、重庆市“五一”巾帼奖、重庆市首届十大金牌工人和重庆市杰出技能人才等荣誉，2010年3月被石化集团公司确定为100名青年成长成才典型。

（潘武龙）

【王治卿】 男，1962年3月出生，籍贯河南原阳，汉族，博士研究生学历，中共党员，1983年7月参加工作，教授级高级工程师，九江分公司总经理。王治卿在“优化”二字上做文章，优化原油采购，优化装置运行，积极拓展市场，实现降本减亏。按照“产品质量达标、装置物料平衡、综合效益最优”的原则，多渠道优化原油资源，努力降低采购成本，使采购原油价格低于沿江石油石化企业平均价格。王治卿提出了“做大炼油、做好化肥、发展化工”新的发展思路，带领广大干部职工先后完成500万吨/年Ⅰ套常减压装置实施节能改造、90万吨/年汽油加氢装置工程建设，为社会提供新型清洁汽油，为企业创造良好的经济效益。大力支持农业生产，坚持保证市场化肥供应，确保了江西农业用肥的需要。王治卿2007年获江西省优秀厂长(经理)称号，2008年当选江西省石油和化学工业劳动模范，2009年获江西省优秀企业家称号。

（潘武龙）

【赵清泉】 男，1967年3月出生，籍贯河南辉县，汉族，大学本科学历，中共党员，1989年7月参加工作，工程师，中原石油化工有限责任公司聚丙烯车间主任兼党支部书记。赵清泉提出“反应器控制综合判定法”和《气相共聚单元进行均聚生产的方案》，大大提高了产品产量，连续几年生产超设计能力，累计超能力12万吨，按现价计算增加收入12亿多元，单耗、能耗指标连年创历史新高，累计增效5 000多万元。由他指导完成的技术攻关和技改技措项目近100项，使各项生产技术指标被连续打破，装置连续运行天数由40多天提高到310天。2003年和2004年无非计划停车，生产负荷不断提高。应用公式法对产量达标情况进行考核，并制定相关办法，同时将考核方法纳入横班月度经济责任制考核，进行优胜班组评比，极大促进了各班组的积极性，班产量、能耗均创历史最好指标。在管理上，他创造了“六到”工作法，即“存在的问题要想到，关键的部位要走到，反映的意见要听到，职工的成绩要看到，解决问题的办法和注意事项要说到，答应职工的事情要做到”，促进了各项工作任务的完成和管理水平的提高。他参与的项目2005年获中国石化科技进步奖三等奖，2006年获中国质量协会石化分会优秀QC成果一等奖；赵清泉2008年当选中国石化劳动模范。

（潘武龙）

【邹才辉】 男，1965年12月出生，籍贯广西北海，汉族，大专学历，中共党员，1989年9月参加工作，北海分公司常压车间主任兼支部书记。邹才辉被职工称为“常压活字典”、“常压定海神针”。针对生产中的瓶颈问题，他组织车间技术人员进行课题攻关，提高收率1.2个百分点，取得良好经济效益。在管理上，他本着大处着眼，小处着手的工作思路，上上下下算细账，条条块块挖潜力，加工费用同比节约100多万元。在日常工作中，他结合单位实际，充分发挥党员和骨干分子的先锋模范带头作用，挖掘职工中的闪光点，以身边先进职工的典型事迹教育广大职工干部，逐步探索并形成一套独具常压车间特色的思想政治工作新路子，使职工队伍始终保持高昂的工作热情，促进了安全生产和职工队伍稳定。邹才辉2005年当选广西壮族自治区劳动模范，2006年当选北海市保持共产党员先进性教育活动先进工作者，2008年当选中国石化环境保护先进工作者。

（潘武龙）

【郝国栋】 男，1959年2月出生，籍贯河北南皮，汉族，大学本科学历，中共党员，1982年2月参加工作，高级工程师，海南炼油化工有限公司副总经理。郝国栋作为筹备组成员、项目经理，在800万吨/年炼油项目建设期间，积极探索创新项目管理方法，确定“以我为主、强化协调，放权不放手、监督不干扰”的项目管理理念，组织领导项目管理部建立健全各项管理制度和监督考核办法，理顺工作程序，高标准建成项目并实现了全部15套生产装置及系统配套工程一次开车成功，且整体投产后即实现了连续39个月安全、平稳、高效运行，为国内炼油化工行业首例，为海南炼油项目顺利建成投产并实现投资省(节约5.13亿元)、质量优(获中国石化优质工程奖)、进度快(施工周期22个月)、安全无事故等目标作出了重大贡献。在项目建成投产后，在检维修等辅助业务依托社会资源实行市场化运作的新体制下，他带领设备管理人员经过调研论证，结合海南炼化特点首创了5家检维修单位分区域承包设备日常维护保养的新模式，不断提高设备管理水平，为企业整体建成并顺利投产后首个运行周期即实现连续39个月安全、平稳、高效运行，达到了炼化行业“三年一修”的先进水平并顺利完成首次停工检修作出了突出贡献。郝国栋2007年当选海南省劳动模范；他参与的成果获2008年中国石化科技进步一等奖和第17届管理现代化创新成果二等奖。

（潘武龙）

【江景星】 男，1951年4月出生，籍贯湖南浏阳，汉族，大学本科学历，中共党员，1969年2月参加工作，高级经济师，湖南石油分公司总经理。江景星针对成品油市场瞬息万变的情况，及时了解和把握市场动态，准确预测市场发展趋势，着力加强市场控制，使企业的成品油销量连年增长，2009年突破500万吨，市场占有率持续保持在83%以上。他提出“管好二千骨干、带动一万员工”，广泛开展“履行岗位职责，践行员工守则”长效机制建设，确立“按经济流向配置资源，按行政区划控制市场，按专业垂直重组机构，按精干高效设置岗位”的推进思路，实现了经营管理一体化、服务保障共享化、管理层次扁平化，提高了经营运作的效率，增强了区域市场的控制力。2007 年组织建成湖南省第一条输油管线——岳长株潭成品油管道，克服了成品油的运输瓶颈，增强了企业的社会竞争力和成品油保障力。2008 年初，湖南省遭受特大冰雪灾害，在中国石化为湖南省捐赠 500 万元的基础上，湖南石油分公司又捐赠油料、慰问金等价值 300 万元，赢得了省委、省政府的高度评价和社会各界的广泛赞誉。江景星 2005 年当选湖南工商界百位诚信人物，2008 年当选第 10 届湖南省政协常委，当选湖南省抗冰救灾模范。

（潘武龙）

【陈锦婷】 女，1964 年 4 月出生，籍贯广东顺德，汉族，初中学历，中共党员，1985 年 3 月参加工作，中级工，广东佛山石油分公司古楼加油站站长。陈锦婷从加油工到站长，一干就是 20 多年。为提高服务质量，她规定员工每天上班前 15 分钟到站，由班长集合本班人员集中操练规范的引车手势和训练规范服务用语，保证每个员工都能熟练掌握各项规范服务操作。为改变站容站貌，陈锦婷同员工一起擦拭加油机，还专门买了小刷子刷洗，确保不留卫生死角。为保持公共厕所卫生，她将原来每 2 个小时清洁 1 次改成每 30 分钟就清洁 1 次。经过努力，古楼加油站发生了巨大的变化，从一个销量小、站容站貌破旧、规范化服务不到位的“落后站”成为标准示范站。她尽心尽力为顾客利益着想，为顾客提供优质服务。不论是白天黑夜还是严寒酷暑，只要顾客一个电话，坚持把油送到顾客手上，小额配送车不够用，就用摩托车三轮车或租用农民车运油，配送量少则 20 升，多则 3 吨，从不间断。陈锦婷 2009 年当选全国女职工建功立业标兵，2006 年她所在加油站被评为中央企业学习型红旗班组。

（潘武龙）

【陶海行】 男，1959 年 11 月出生，籍贯江苏无锡，汉族，大学本科学历，中共党员，1977 年 7 月参加工作，工程师，化工销售分公司销售经理。陶海行 2005 年以来，面对销售体制的变化，带领华东区域有机化工产品销售团队，建章建制，理顺新体制下的工作流程，实现了平稳过渡。他勇于应对化工产品销售市场严峻形势的挑战，在竞争激烈的化工产品销售市场中不断取得新的成绩，产品年销售量增长 50%，市场份额不断扩大，市场控制力不断提高，市场话语权不断增强。从 2006 年开始大力推广有利于稳定销售的合约定价模式，采用合约价销售的比例已占到销售总量 80% 以上，奠定了 5 年多来有机化工产品得以稳定销售的基础。积极做好客户结构的优化整合工作，从战略上、策略上认真研究如何抓住大的客户，满足客户需求，逐步建立起稳定的销售渠道。在销售量逐年大幅提升的情况下，直销率已从集中初期的 70% 左右上升到 87%，大客户的销售量比例已经占到销售总量的 80% 以上，为中国石化的“生命工程”建设作出了突出贡献。陶海行 2008 年当选中国石化劳动模范，2009 年当选中国石化营销标兵。

（潘武龙）

全国青年岗位能手

【刘正文】 男，1982 年 8 月出生，籍贯内蒙古自治区乌兰浩特市，汉族，2004 年 7 月毕业于黑龙江科技学院化学工程与工艺专业，宁波工程公司工艺工程师，从事工程设计工作。参加工作 7 年以来，他通过不懈努力掌握了相关工程技术知识，积累了宝贵的工程设计经验。2006 年他开始参加中国石化齐鲁分公司达州化肥项目的设计工作，从预可行研究、可行性研究、基础设计、详细设计、施工建设、中交到开车成功，始终尽职尽责地奋战在项目一线，特别是在现场担任设计代表的一年多时间里表现突出。达州化肥搬迁利旧项目设计阶段他先后参与完成了天然气预脱硫、尾气回收二氧化碳、新增氨库及事故冰机、天然气一段蒸汽转化改造、空分装置改造等重大的技术方案改造工作；项目实施阶段，由于现场新旧材料的接点较多，利旧更新范围也随着检验的进行不断变化，同时设计界面较多，造成现场服务工作相当复杂繁琐，但他克服各种困难，对施工现场实际情况与设计不符的问题逐一仔细地排查，解决落实，为项目顺利推进和节省材料作出了贡献。2010 年刘正文被授予全国青年岗位能手称号。

（王　彬）

【温　涛】 男，1980 年 2 月出生，汉族，中共党员，硕士研究生学历。2001 年 7 月参加工作，现任江苏石油勘探局油建处工程部副主任。先后在油田、域外、海外 10 多个项目任技术总工、项目经理，经过在不同领域、不同环境项目的历练，掌握了在复杂条件下组织项目施工的过硬本领，成长为管理精、技术专的复合型人才，成为油建铁军队伍建设中的领军人物。10 年来，他带领队伍先后转战江苏、山东、四川等地，累计实现产值 1.3 亿元，创造效益近1 700万元。他先后总结、提炼出施工工法3项，填补了多项技术空白，其中通江河U型隧道管道施工操作法被命名为江苏油田六大操作法之一，并通过了国家专利局国家专利预审。在施工中，他特别重视安全环保、队伍稳定和质量控制，确保了10万余次炮爆破作业无事故；经受住了汶川大地震的考验，确保了设备和员工的安全；平均焊接一次合格率超过99%，打响了“江苏油田建设”的品牌。温涛先后被川气东送指挥部评为五好党员、建设功臣，被授予江苏油田十佳青年管理工作者、江苏油田劳动模范、江苏省十大杰出青年岗位能手、全国青年岗位能手等称号；由他领衔的项目部先后获得了川气东送项目先进基层队、江苏油田工人先锋号等荣誉。

（王　彬）

【陈　刚】 男，1985年1月出生，河北省吴桥县人，汉族，中共党员，2007年毕业于西南石油大学油气储运专业，大学本科学历，助理工程师，中原油田普光分公司采气厂普光采气区副经理。普光气田地下高酸介质对气田地面集输工程管材的抗腐蚀性、焊接工艺、技术、质量、检测等提出了非常严格的要求，为确保焊接质量和投产后的安全运行，陈刚经常利用业余时间查阅国内外相关标准和技术资料，虚心向现场国内外专家请教，向国内技术研究部门进行技术咨询，实现了普光主体地面集输工程管道建设、焊接工艺评定工作的顺利开展和圆满成功，使整个气田主体管道焊接合格率达到了100%。在后85亿米^3/年集输工程站场投产初期，为确保一号线7座集气站酸气联调一次成功，作为项目管理组长，他经常吃住坚守在生产一线，发现安全隐患生产问题立刻处理、整改，确保了普光主体投产试运的圆满成功。结合现场工作实际，他总结编制了近10万字的《高酸气田集气站场投产运行操作规范》，为气田后续站场顺利投产积累了经验。由于工作成绩突出，2010年9月陈刚被授予全国青年岗位能手称号。

（王　彬）

【金培发】 男，1982年4月出生，籍贯湖北省洪湖市，汉族，2005年7月毕业于长江大学土木工程专业，大学本科学历，河南油田油建工程建设有限责任公司第三安装分公司技术主管。大学毕业后一直扎根在外部工地的第一线，先后在川气东送管道鄂西段、北海等多个外部长输管道工程上担任总工程师。在川气东送管道工程鄂西段的施工中，他带领施工队伍高质高效完成了430米漆渡河流穿越、1 674米马口河隧道管线施工和隧道内管线的安装，实现了22天完成全长1 614米袁家湾隧道内管线运布管、管道组对焊接工作。他积极探索，克服了鄂西山区坡陡弯急、地质条件恶劣等不利因素，使用山地运管炮车、大坡度运管船、卷扬机与挖掘机配合运布管及组装平台技术，创新摸索出了山体隧道内轮式装载机运布管技术，并在鄂西山区段内率先实施了山区大口径管道气压试验，成功地运用Z30型装载机改装后进行大坡度隧道内运布管工作，极大地降低了施工难度，提高了工效，保证了项目顺利进行。2010年9月金培发被授予全国青年岗位能手称号。

（王　彬）

【赵红忠】 男，1981年2月出生，籍贯甘肃省陇南市，汉族，中共党员，副科长，毕业于兰州交通大学石化学院，大学本科学历，2003年6月参加工作，第五建设公司南京分公司施安部副科长，在四川维尼纶厂30万吨/年醋酸乙烯项目担任项目副经理兼项目总工程师。先后担任技术员、施工队技术组组长、项目总工程师、南京分公司施安部副科长，逐渐由一名普通的年轻技术人员走上了领导管理岗位。在从事技术、质量管理工作期间，共组织项目技术人员编制施工方案190份，组织技术人员进行QC攻关，编写QC成果2篇，分获公司一级和二级QC成果。借助MyExcel软件平台，成功开发了项目甲供材料管理软件、项目工艺管道配料管理软件、工艺管道焊接数据库管理软件，减少了大量重复录入工作，提高了项目管理工作效率，提升了项目管理水平。他坚持把“责任胜于能力，态度决定成败”的项目服务理念放在第一位，普光项目焊接工程射线检测一次合格率达到了98%，承建的川气东送普光净化厂工程被中国工程建设焊接协会评为全国优秀焊接工程，被国家质量奖审定委员会授予2010年度全国工程建设质量管理小组三等奖的称号。2010年赵红忠被授予全国青年岗位能手称号。

（王　彬）

中国高技能人才楷模

【代旭升】 （参见第512页）

第十届中华技能大奖获得者

【龙景庆】 （参见第513页）

全国技术能手

【汤海东】 男，汉族，1978 年 1 月出生，籍贯安徽颍上，技校文化，中共党员，1998 年参加工作，胜利油田电焊高级技师。他解决了许多焊接技术难题，参加了西气东输、鲁皖管道等 30 余项大型国内外工程施工任务；推行 STT 半自动焊接技术，1 000 多道焊口一次受检合格率都在 99% 以上，工效提高了 2 倍。他先后在局级、省部级组织的技能竞赛中取得优异成绩，并被授予石化集团公司技术能手、山东省技术能手等称号，在 2009 年全国工程建设系统第九届焊工职业技能竞赛中获得电焊工比赛第二名，2010 年被授予全国技术能手称号。

（丁新兴）

【卢建强】 男，汉族，1975 年 6 月出生，籍贯甘肃天水，大专文化，中共党员，1994 年参加工作，中原油田分公司采油技师。他先后自主完成技术创新成果 48 项，其中多项获奖，累计创造经济效益 3 000多万元。在《石油机械》等刊物发表论文 5 篇。他先后获石化集团公司劳动模范、技术能手、青年杰出创新创效奖，河南省“五四”奖章、河南省技术创新能手等荣誉，2010 年被授予全国技术能手称号。

（丁新兴）

【凌振忠】 男，汉族，1963 年 3 月出生，籍贯江西遂州，大专文化，中共党员，1981 年参加工作，江汉石油管理局焊接高级技师，湖北省职工焊接协会理事。他发明的“氢原子焊先进操作法”提高效率 50% 以上，获湖北省十大工人发明奖，累计创造经济效益 3 000 万元以上；创造了连续焊接牙掌掌尖 21.5 万件无废品的纪录。他先后获得湖北省“五一”劳动奖章、石化集团公司技术能手等称号，2007 年被评为湖北省技能大师，2008 年享受国务院政府特殊津贴，2010 年被授予全国技术能手称号。

（丁新兴）

【吴吉高】 男，汉族，1980 年 9 月出生，籍贯河南新郑，技校文化，中共党员，1997 年参加工作，江汉石油管理局数控车工高级技师。他的“大螺距螺纹加工法”解决了生产中的瓶颈问题，大大提高了加工效率，每年仅刀具就节约 10 多万元；3 项技术成果分别获得江汉油田科技攻关二、三等奖。2009 年他参加全国职工职业技能大赛数控车工决赛，获第三名，2010 年被授予全国技术能手称号。

（丁新兴）

【田　明】 男，汉族，1965 年 12 月出生，籍贯安徽六安，大专文化，中共党员，1985 年参加工作，江苏石油勘探局测试仪表高级技师。他先后完成创新成果 22 项，申请国家专利 2 项，创造经济效益 3 600多万元。他研制的“压力计过载保护器”获石化集团公司 2009 年技能创新成果一等奖，撰写了 21 篇技术论文在国家级刊物上发表，江苏石油勘探局以他的名字命名，成立田明劳模工作室。他先后获江苏油田技术能手、技能大师、石化集团公司技术能手等称号，2010 年被授予全国技术能手称号。

（丁新兴）

【罗　莉】 （参见第 516 页）

重要规章制度

◇ 中国石油化工集团公司法律纠纷管理办法

◇ 中国石油化工集团公司抗震减灾管理规定

◇ 中国石化对外宣传工作管理办法

◇ 中国石油化工集团公司设备管理办法

◇ 中国石油化工集团公司专利管理办法

◇ 中国石油化工集团公司工程质量监测管理规定

◇ 中国石化档案管理办法

◇ 中国石化视觉识别系统规范使用管理办法（试行）

◇ 中国石油化工集团公司优质工程管理办法

中国石油化工集团公司法律纠纷管理办法

（二〇一〇年一月四日　中国石化法〔2010〕1 号）

第一章　总　　则

第一条　为进一步加强和规范中国石油化工集团公司（以下简称集团公司）法律纠纷的管理，及时、有效地维护集团公司及所属企事业单位（以下简称各单位）的合法权益，根据国家有关法律法规，结合集团公司实际，特制定本办法。

第二条　本办法适用于以集团公司及所属各单位为当事人的法律纠纷。

第三条　法律纠纷实行发案单位负责制和法律纠纷管理机构归口管理制，建立统一制度、分类管理、分级负责、统筹协调的运行机制。

第四条　集团公司贯彻法律纠纷处理与防范并举，注重预防的工作方针，建立健全法律纠纷风险防范体系。

第五条　各单位应当按照本办法，结合其他相关业务规定，制定或修订相应的法律纠纷管理制度，报集团公司法律事务部（以下简称法律事务部）批准后执行。

第六条　以集团公司为当事人的法律纠纷或以各单位为当事人的重大、特殊法律纠纷，由法律事务部负责处理，纠纷涉及总部相关职能部门、事业部和各单位的，应配合法律事务部处理纠纷工作。

各单位发生的一般、重要法律纠纷，由各单位法律纠纷管理机构负责处理，纠纷涉及的相关业务部门应配合纠纷处理工作。

发案单位承担法律纠纷处理所产生的法律责任和费用，享有通过法律纠纷处理所获得的权益。

第二章　法律纠纷管理机构与职责

第七条　本办法所称集团公司法律纠纷管理机构包括法律事务部及各单位管理法律纠纷的机构。

法律事务部是集团公司法律纠纷的归口管理部门。

各单位法律纠纷管理机构是本单位法律纠纷的归口管理部门。

第八条　法律纠纷管理机构应配备具有律师资格、企业法律顾问资格或法律职业资格的专职企业法律顾问，或具有法律专业大专以上学历的工作人员，或在相应岗位工作满 3 年、经过专业培训具有法律专业知识的工作人员作为纠纷管理人员，负责处理法律纠纷事务。

第九条　法律事务部对法律纠纷的主要管理职责：

（一）宣传贯彻国家有关法律、法规和规章制度等。

（二）起草、修订集团公司法律纠纷管理制度，并负责组织实施。

（三）审批各单位的法律纠纷管理制度。

（四）指导、协调、监督、检查各单位的法律纠纷管理和法律纠纷案件处理工作。

（五）直接负责处理以集团公司为当事人的外部法律纠纷，以各单位为当事人的特殊、重大法律纠纷，以及各单位间发生的内部法律纠纷。

法律事务部可以授权各单位法律纠纷管理机构处理由法律事务部负责办理的法律纠纷，并全程跟踪管理。

（六）负责不良债权的法律审核及开展法律清收工作。

（七）负责选聘、联络代理法律事务部所承办外部法律纠纷案件的律师事务所和外聘律师，并监督其工作质量。

（八）负责所承办法律纠纷案件的分析总结，分析法律风险源，并出具法律建议书。

（九）建立各单位之间的法律纠纷处理互助平台。

（十）对集团公司、各单位的纠纷管理人员进行业务培训和工作指导。

（十一）负责集团公司法律纠纷的统计、汇总、分析。

（十二）其他法律纠纷的基础管理工作。

第十条　各单位法律纠纷管理机构对法律纠纷的主要管理职责：

（一）宣传贯彻国家有关法律、法规和规章制度等。

（二）贯彻落实集团公司法律纠纷管理制度，起草、修订本单位法律纠纷管理制度，经法律事务部审批后组织实施。

（三）负责处理以本单位为当事人的一般、重要法律纠纷，以及经法律事务部授权处理的法律纠纷。

（四）负责本单位内部法律纠纷的协调处理工作。

（五）负责选聘、联络代理本机构所承办外部法律纠纷案件的律师事务所和外聘律师，并监督其工作质量。

（六）负责所承办法律纠纷的总结，分析法律风险源，并出具法律建议书。

（七）负责本单位法律纠纷案件的归档及统计分析。

（八）协调、组织、指导下属单位法律纠纷案件的处理与管理工作。

（九）对下属单位法律纠纷管理人员进行业务培训和工作指导。

（十）负责其他法律纠纷的基础管理工作。

第十一条 法律事务部直接负责处理下列法律纠纷：

（一）以集团公司为当事人的外部法律纠纷。

（二）以各单位为当事人的特殊、重大外部法律纠纷。

（三）涉及各单位间的内部法律纠纷。

法律事务部在处理上述法律纠纷时，可以视情况授权各单位法律纠纷管理机构直接负责处理。

法律事务部在法律纠纷的处理过程中，可以要求发案单位指派本单位专职法律纠纷管理人员以及纠纷涉及的相关业务部门经办人员协助处理纠纷工作。

第十二条 各单位法律纠纷管理机构直接负责处理下列法律纠纷：

（一）以各单位为当事人的一般、重要法律纠纷。

（二）经法律事务部授权处理的法律纠纷。

（三）下属单位之间发生的内部法律纠纷。

第十三条 各单位发生或预计将发生重大或特殊法律纠纷时，应在案发5个工作日内或在提请诉讼、仲裁、听证、行政复议等法律程序前，填写《重大/特殊法律纠纷授权审批表》（见附件1），报法律事务部。经法律事务部审核，确定由法律事务部直接负责处理或授权发案单位负责处理。

第三章 法律纠纷分类

第十四条 集团公司对法律纠纷实行分类管理制度。

按照纠纷主体的不同，法律纠纷分为外部法律纠纷和内部法律纠纷。外部法律纠纷的受理与处理执行本办法第四章、第五章规定，内部法律纠纷的受理与处理执行本办法第六章、第七章规定。

按照纠纷性质的不同，法律纠纷分为特殊法律纠纷和普通法律纠纷。特殊和普通法律纠纷按管理权限执行本办法中有关审批授权及报告备案等规定。

第十五条 外部法律纠纷是指集团公司与系统外的境内外自然人、法人、行政管理机关及其他组织、单位之间发生争议，以诉讼、仲裁、调解、和解、听证、复议等方式谋求解决的纠纷。包括：

（一）民商事诉讼。

（二）民商事仲裁、劳动争议仲裁。

（三）行政争议听证、行政复议或行政诉讼。

（四）其他纠纷。

第十六条 内部法律纠纷是指集团公司与各单位之间及各单位之间因权利义务关系发生的纠纷。

第十七条 特殊法律纠纷是指涉及的法律关系较为复杂或对集团公司利益有重大影响、非经常发生的外部法律纠纷。包括：

（一）涉外诉讼、仲裁等法律纠纷。

（二）股权投资法律纠纷。

（三）证券票据法律纠纷。

（四）知识产权法律纠纷。

（五）不正当竞争、垄断法律纠纷。

（六）集体劳动人事争议。

（七）行政争议、复议或行政诉讼。

（八）健康、安全及环保法律纠纷。

（九）一审由高级人民法院受理的法律纠纷。

（十）可能引发集体性诉讼或系列诉讼的法律纠纷。

（十一）其他涉及集团公司重大权益或者具有重大影响的法律纠纷。

第十八条 普通法律纠纷是指除特殊法律纠纷外，一般由日常经营活动引起常见的外部法律纠纷，按标的额大小可分为一般法律纠纷、重要法律纠纷和重大法律纠纷。

（一）一般法律纠纷指标的额在100万元以下的普通法律纠纷。

（二）重要法律纠纷指标的额在100万元以上500万元以下的普通法律纠纷。

（三）重大法律纠纷指标的额在500万元以上的普通法律纠纷。

第四章 外部法律纠纷的受理

第十九条 法律纠纷管理机构主要通过以下3

种途径受理外部法律纠纷：

（一）接受司法机关、仲裁机构或行政管理机关送达的法律文书。

（二）法律纠纷对方当事人为协商解决纠纷，通过公函、法律意见书、律师函等非诉讼、仲裁方式向法律纠纷管理机构说明情况。

（三）集团公司一方的发案单位申报法律纠纷。

第一节　法律文书的签收

第二十条　本办法第十九条第（一）款规定的法律文书包括但不仅限于：起诉状、上诉状、应诉通知书、开庭传票、举证通知书、行政处罚预先告知书、行政通知书、行政决定书、仲裁通知书、仲裁申请书、判决书、调解书、各种裁定书、仲裁裁决书、执行通知书、协助执行通知书等。

第二十一条　法律文书具有很强的时效性、法律专业性，需要及时妥当处理，由法律纠纷管理机构负责签收送达人直接送达的法律文书。

送达人向集团公司其他管理部门、业务部门直接送达法律文书时，被送达单位应向送达人说明由法律纠纷管理机构负责签收法律文书。其他部门已签收或被留置送达（其他机构拒绝签收，但送达人将法律文书留置于其他机构）的，应在1个工作日内，向法律纠纷管理机构移交法律文书。

送达人邮寄送达法律文书时，公文收发单位应按照公文处理程序，及时批转法律纠纷管理机构。

第二节　对方要求协商处理法律纠纷的受理

第二十二条　法律纠纷对方当事人通过公函、法律意见书、律师函等非诉讼、仲裁方式向法律纠纷管理机构说明情况，寻求协商解决纠纷的，法律纠纷管理机构根据下述规定，决定是否受理。

经向发案单位初步调查落实纠纷事实情况，如果该纠纷与集团公司、各单位无关，或对方当事人的要求明显无事实或法律依据的，法律纠纷管理机构可向对方当事人说明情况，不予受理。

经向发案单位初步调查落实纠纷事实情况，如果该纠纷与集团公司、各单位有关，根据法律分析通过协商解决可能更有利于维护集团公司、发案单位权益的，法律纠纷管理机构应予受理，向发案单位出具法律意见书，协调、指导发案单位处理该纠纷，发案单位应对该法律意见书出具书面答复意见。

第三节　发案单位申报法律纠纷

第二十三条　集团公司、各单位在对外交往中发生纠纷时，一般应由发案单位先行出面协商解决。根据对方要求和解决纠纷的实际需要，法律纠纷管理机构应提供法律咨询服务或指派内部专职企业法律顾问、委派外聘律师协助谈判。发案单位应给予法律纠纷管理机构5个工作日以上的准备时间，情况紧急的除外。

第二十四条　发案单位在约束当事人双方权利义务的原有合同、协议等框架内，或虽不存在原有合同，但可能存在侵权或其他纠纷的情况下，经协商不能与对方达成一致，或认为不适宜采用协商方式，应以诉讼、仲裁方式解决法律纠纷时，发案单位应及时填写《法律纠纷申报表》（见附件2），向法律纠纷管理机构申报法律纠纷。

发案单位申报法律纠纷包括两种情况：作为责任人可能以被告、被申请人、第三人等身份参与诉讼或仲裁的；作为权利人准备以原告、申请人、第三人等身份参与诉讼或仲裁的。

第二十五条　发案单位作为责任人时，在知道或应当知道对方将要起诉/申请仲裁、或已经起诉/申请仲裁后当天向法律纠纷管理机构申报。发案单位作为权利人时，应在准备起诉或申请仲裁前申报。

法律纠纷管理机构应建立诉讼预警机制，定期出具法律建议书，提醒财务和业务部门及时催收债权或主张其他权利，确保不超过诉讼时效。对于即将超过诉讼时效的债权或其他权利，发案单位必须至少在时效届满前60个工作日向法律纠纷管理机构申报。

发案单位填写《法律纠纷申报表》时，应同时附送相关证据材料，如双方的主体资格证明等，并明确提出对法律纠纷的初步处理意见，如建议是否通过诉讼、仲裁等其他方式解决法律纠纷。

第二十六条　法律纠纷管理机构根据发案单位上报的《法律纠纷申报表》及相关材料，应在登记后5—10个工作日内，决定是否受理该法律纠纷，组织应诉或主张通过诉讼、仲裁等其他方式解决法律纠纷，或要求发案单位补充事实证据材料，并以法律意见书形式向发案单位通报处理意见。

重大、具有特别影响的法律纠纷，法律纠纷管理机构可适当延长作出决定的期限，根据集团公司的授权管理制度，报集团公司领导、各单位领导审批。

第五章　外部法律纠纷的处理

第二十七条　外部法律纠纷的处理由法律纠纷

管理机构负责，实行集体讨论，领导决策，承办人员负责制。

集体讨论是指法律纠纷处理方案应由法律纠纷管理机构通过集体讨论，报法律纠纷管理机构负责人批准，或由法律纠纷管理机构负责人确定建议意见，报有关领导批准。

承办人员负责制是指法律纠纷案件应由法律纠纷管理机构指定 1 名内部专职法律纠纷管理人员，根据确定的处理思路和方案，直接处理或全过程跟踪法律纠纷的处理，并及时向法律纠纷管理机构负责人汇报进展情况。

第二十八条 法律纠纷管理机构受理法律纠纷后即进入处理程序，其工作流程如下：

（一）指定承办人员，对重大法律纠纷的处理应成立工作小组。

（二）根据需要选聘律师。

（三）办理处理法律纠纷所需法律手续。

（四）调查取证，搜集证据材料，查询收集适用的法律、法规、规章、政策。

（五）承办人员、外聘律师提出法律纠纷初步处理方案。

（六）集体讨论后，法律纠纷管理机构负责人批准或报有关领导批准处理方案。

（七）承办人员、外聘律师起草、修改起诉状、上诉状、答辩状等法律文书。

（八）承办人员、外聘律师参加庭审、调解、听证会等法定程序。

（九）根据庭审、听证会等情况，提交代理意见，补充其他法律文书。

（十）被送达判决书、行政决定书或仲裁裁决书后，承办人员、外聘律师应及时形成结案报告和法律建议书，制作完成案卷。法律纠纷管理机构根据案情分析，决定是否通过上诉、复议申请或其他方式进入下一法律程序。

（十一）如进入下一法律程序，重复上述流程。

按本办法需要上报法律事务部的法律纠纷，须经法律事务部审核，并提出处理意见。

第一节 法律纠纷处理的准备

第二十九条 法律纠纷管理机构登记受理法律纠纷后，在 3 个工作日内提出初步处理意见，确定法律纠纷具体承办人员；按照集团公司有关规定和案情需要，决定是否外聘律师及选聘律师的方式，由法律纠纷管理机构确定律师人选或通过招标方式确定律师人选。

对于复杂、疑难案件，经集团公司领导或各单位领导批准，成立由法律纠纷管理机构牵头负责，有关专业部门、发案单位等参加的工作小组。

第三十条 法律纠纷承办人员的主要职责：

（一）就法律纠纷有关事宜展开调查取证，提出法律纠纷初步处理方案，提交集体讨论及法律纠纷管理机构负责人审批。

（二）起草选聘律师的招标文件，并起草或审核外聘律师起草的处理法律纠纷所需法律文书，如起诉状、复议申请、仲裁申请书、答辩状、代理意见、结案报告等。

（三）参加诉讼、仲裁庭审或听证等其他法律程序。

（四）在法律纠纷处理过程中或处理完毕后，总结分析所发现的单位经营管理漏洞，并出具法律建议书。

法律纠纷工作小组的主要职责：

（一）组织法律纠纷承办人员、外聘律师进行调查取证，形成代理思路，完善初步处理方案。

（二）解答法律纠纷涉及的技术等专业问题。

（三）讨论并审核处理法律纠纷所需法律文书，如起诉状、复议申请、仲裁申请书、答辩状、代理意见等。

第三十一条 有下列情形之一的，可以外聘律师处理法律纠纷案件：

（一）本单位缺乏处理相关法律纠纷案件的专职人员。

（二）本单位法律顾问不熟悉的疑难法律纠纷案件。

（三）根据国际惯例或开展涉外业务需要聘请律师处理的法律纠纷。

（四）本单位企业法律顾问不便或难以完成的。

外聘律师人选应根据专业水准、职业道德、工作效率、团队配合、费用等因素决定。

第三十二条 需要以招标方式确定外聘律师人选时，应拟定招标书和《委托代理协议》。

招标书内容一般包括但不限于：保密条款、案情简介、投标律师事务所进行案情分析需回答的问题、询价、联系方式。《委托代理协议》内容应符合本办法的有关管理规定。

委托外聘律师处理法律纠纷时，可以同时委托承办人员作为代理人。

第三十三条 委托外聘律师处理法律纠纷的，由承办人员具体负责与外聘律师的联络、协调，及时提供外聘律师开展工作所需资料，配合外聘律师调查取证，督促外聘律师履行《委托代理协议》规定的代理义务，监督外聘律师服务质量，考核外聘律师工作量，对纠纷处理全程进行及时、有效的跟踪。

外聘律师向法律纠纷管理机构指定的承办人员报告工作，并同时向法律纠纷管理机构外聘律师日常管理人员报送工作备案。

第三十四条 法律纠纷承办人员承办案件后，应及时办理授权委托书、法定代表人(负责人)身份证明、主体资格证明等参与诉讼、仲裁等法律程序必备的法律手续。

第三十五条 法律纠纷承办人员、外聘律师的授权委托书应载明授权的权限范围。根据实际情况选择确定一般授权或特别授权。

一般授权仅包括处理法律纠纷的程序性权利，如调查取证、参加庭审、听证、发表代理意见等。

特别授权包括处分实体内容的权利，如起诉，申请仲裁、听证、复议，和解、调解，承认、变更、放弃诉讼请求，反诉，上诉，执行等。

第二节 法律纠纷处理方案的确定

第三十六条 法律纠纷承办人员办理授权委托书等手续后，承办人员、外聘律师及工作小组应及时开展调查取证。调查取证的主要内容包括但不限于：

(一)主体资格调查。对方当事人是否具有参与诉讼的权利能力和行为能力。

(二)事实证据调查。合同、协议、往来函件、传真、证人证言、鉴定证明等反映纠纷事实的材料。

(三)法律依据调查。与纠纷相关的法律法规等。

完成上述调查取证内容的主要途径包括但不限于：

(一)查阅案卷。

(二)向发案单位的原业务经办人、其他知情人员了解纠纷有关情况，进行现场取证，取得有关证据资料。

(三)检索法律法规文库或向律师咨询。

(四)向工商管理等行政部门查询调取证据。

承办人员、外聘律师应准备调查取证的问题和资料清单，在进行现场取证前，将清单提交发案单位，发案单位应对现场取证予以积极配合。

承办人员应在每次调查、阶段性工作后编写工作备忘录或会议纪要，由法律纠纷管理机构负责人签发。

第三十七条 在调查取证的基础上，承办人员、外聘律师应形成法律纠纷初步处理方案。

初步处理方案应包括对案件事实的认识、涉及的法律法规、法律关系分析及下一步工作思路等内容。

第三十八条 承办人员、外聘律师形成法律纠纷初步处理方案后，提交法律纠纷管理机构进行集体分析讨论。集体讨论中应着重分析初步处理方案的可行性，探讨对方可能提出的反驳意见，形成法律纠纷处理方案，报法律纠纷管理机构负责人批准，或由法律纠纷管理机构负责人确定建议意见，报有关领导批准。

集体讨论的参与人员包括法律纠纷管理机构负责人、承办人员、外聘律师、工作小组其他成员；对于疑难、复杂法律纠纷，可邀请集团公司、有关单位的专业技术人员、管理专家、外聘专家等。

第三十九条 集团公司、各单位要主动通过诉讼、仲裁等方式解决法律纠纷，以执行为目标，加强可行性分析论证，深度挖掘包括动产、不动产、现金、存款、股权、无形财产、银行账号、不动产所在地、动产的存放场所、对第三人所享有的债权、一年期内所进行的财产变动情况等有利证据和财产线索。

第四十条 承办人员、外聘律师应按照集体讨论的最终意见，修正、补充、完善代理思路，进一步展开工作，充实证据，并在起诉状、答辩状、代理意见或其他法律文书中体现集体讨论的意见。

第三节 法律纠纷的和解、调解与裁决

第四十一条 承办人员、外聘律师可参与法律纠纷的自行和解谈判，并负责起草和解协议。

第四十二条 承办人员、外聘律师作为法律纠纷代理人，根据授权可在法院的主持下参与调解，并应在有关法律文书规定的时间参加诉讼、仲裁庭审或其他应出席的法律程序，未经法庭、仲裁庭或其他机构许可，不得缺席庭审，不得中途退庭。

根据庭审等情况，按照主审法官、仲裁员等要求或案情发展，承办人员、外聘律师应及时提交代理意见和补充所需材料，并依法及时提出鉴定、勘验、审计、评估等专业服务申请，依法及时向人民法院、仲裁委等裁决机构提出调查取证申请，以取得有利于我方的裁决。

第四十三条 法律文书生效后，在有利于发案单位的情况下，发案单位、相关业务部门、承办人员、代理人等应当积极提供执行线索，及时申请执行，实现法律文书确定的内容最终到位。

法律纠纷以执行完毕作为处理终结的标志。

第四节 阶段性结案的后续工作

第四十四条 收到法院判决书、裁定书、调解书、仲裁机构裁决书、行政决定书等表明阶段性结案的相关法律文书后，承办人员、外聘律师应于当日向法律纠纷管理机构负责人汇报，并在2个工作日内向法律纠纷管理机构报送结案报告和法律建议书，于5个工作日内整理案卷，报送法律纠纷管理机构。

第四十五条 案卷应包括但不限于以下材料：

（一）法律纠纷处理案卷封面，封面应包括双方当事人名称、案由、案卷编号、法律纠纷编号、承办人员、外聘律师、受案时间、结案时间、办理结果等项基本内容。

（二）案卷所附材料按类别排序的目录。

（三）委托手续、工作备忘录、会议纪要、案情分析报告、法律纠纷处理过程中对法律纠纷管理机构的汇报等其他文件。

（四）法律纠纷涉及的法律文书，如起诉状、上诉状、仲裁申请书、复议申请书、法院判决书、裁定书、调解书、仲裁机构裁决书、行政决定书、复议决定书等。

（五）法律纠纷处理中的主要证据资料，如合同、财务往来凭证、调查笔录、鉴定结论、主体资格证明等。

（六）结案报告和法律建议书。

第四十六条 结案报告主要包括但不限于以下内容：

（一）双方当事人的基本情况，如当事人的名称、住所及法定代表人（负责人），或自然人的姓名、年龄、工作单位、身份证号、住址等。

（二）案由。

（三）基本案情，包括双方的请求及陈述的事实理由。

（四）法律纠纷处理的代理经过及双方的主要证据情况。

（五）判决书、裁决书、行政决定书或其他结束本阶段法律纠纷法律文书的内容，包括法院、仲裁机构、行政机关等认定的事实及法律纠纷处理的结果。

（六）小结，包括对案件处理结果的认识、对法律纠纷下一阶段法律纠纷处理程序的建议，如是否上诉等。

第四十七条 法律建议书的内容主要是研究法律纠纷形成的原因，分析案件风险源，提出避免同类型法律纠纷发生的建议，为集团公司、各单位的有关管理机构提供参考意见。

第四十八条 法律纠纷管理机构根据结案报告及有关材料，在3个工作日内决定是否进入下一阶段法律纠纷处理程序。

每一阶段法律纠纷处理均应遵守本办法的前述规定。

第四十九条 诉讼案件的法律程序处理阶段一般包括一审、二审、执行、再审等；民商事仲裁的法律程序处理阶段一般包括仲裁、执行等；劳动仲裁的法律程序处理阶段一般包括仲裁、诉讼、执行等；行政争议的法律程序处理阶段一般包括听证、复议、诉讼、执行等。

第五节 法律纠纷处理互助平台

第五十条 各单位在法律纠纷处理过程中，如有以下情况，可以向法律事务部请求提供帮助：

（一）疑难法律问题或有代表性的法律问题，需要请国家有关机关给予解释的。

（二）在异地遇到困难，需要法律事务部或集团公司有关单位协助的。

（三）涉及专业问题，需要提供咨询意见的。

第六节 费用管理

第五十一条 集团公司、各单位应保证法律纠纷的办案费用，费用的核定和使用由法律纠纷管理机构负责。

法律纠纷处理费用包括：判决书等法律文书中确定由集团公司、各单位承担的责任；诉讼费、仲裁费、执行费等；律师代理费。

判决书等法律文书中确定集团公司、各单位应承担的责任由发案单位负担，确定的权益由发案单位享有。

诉讼费、仲裁费、执行费等是向法院、仲裁机构缴纳的专项经费，由发案单位负担。

发案单位按照《委托代理协议》的约定向律师事务所支付律师代理费。

第六章 内部法律纠纷的受理

第五十二条 各单位之间发生内部法律纠纷后，发案单位应首先自行协商处理，协商达不成一致时，纠纷任何一方可向法律事务部申请内部法律纠纷调解处理，并填写《内部法律纠纷调解处理申请表》（见附件3）。

内部法律纠纷未经法律事务部批准，不得通过诉讼、仲裁等方式解决。

调解处理按照本办法第六章、第七章关于内部法律纠纷的受理和处理规定办理。

各单位应当执行内部法律纠纷调解处理的处理结果。

第五十三条 法律事务部负责调解处理内部法律纠纷，组成调解处理小组，由主管领导担任组长。

内部法律纠纷涉及专业问题的，由法律事务部向有关专业管理部门进行咨询。

第五十四条 发案单位申请内部法律纠纷调解处理应当符合下列条件：

（一）申请人是与本纠纷有直接利害关系的当事人。

（二）有明确的被申请人。

（三）有具体的调解处理请求。

（四）有明确的事实依据。

（五）有自行协商的情况说明。

（六）本纠纷的内部法律纠纷调解处理结果不涉及集团公司以外第三人利益。

第五十五条 法律事务部收到申请书后，对于符合内部法律纠纷调解处理条件的，应当在 15 个工作日内将调解处理听证时间、地点、调解处理小组人员、联系方式等通知申请人和被申请人；不符合内部法律纠纷调解处理条件的，法律事务部应当在 15 个工作日内书面通知申请人不予受理并说明理由，或者要求其提交补充说明及证据材料。

第七章 内部法律纠纷的处理

第五十六条 法律事务部在查明事实、分清责任的基础上，遵循公平、公正的原则对内部法律纠纷进行调解处理。

第五十七条 内部法律纠纷调解处理的基本程序：

（一）被申请人提交答辩。

（二）调解处理听证。

（三）发案单位之间达成和解协议或调解处理小组出具调解处理意见。

（四）和解协议或调解处理意见的履行。

第五十八条 被申请人收到内部法律纠纷调解处理通知后，应在 15 个工作日内向法律事务部提交书面答辩意见和自己的主张，并附相关证据。

第五十九条 内部法律纠纷调解处理听证由调解处理小组组长主持。双方当事人必须派人参加，提出主张，提供相关证据，质证对方提出的证据，发表辩论意见或协商处理纠纷。调解处理小组应认真听取双方当事人的主张及理由，查验有关证据，做好调解处理笔录。

第一次听证之日起 3 个月内，调解处理小组应促成双方当事人达成和解协议或出具调解处理意见。

第六十条 调解处理小组应在听证时或听证后积极促使当事人达成和解协议。

和解协议由双方当事人签字盖章，当事人各持 1 份，法律事务部存档 1 份。

第六十一条 内部法律纠纷经听证调解处理后双方当事人不能达成和解协议的，由调解处理小组出具调解处理意见。

调解处理意见由调解处理小组组长签发。当事人各持 1 份，法律事务部存档 1 份。

第六十二条 各单位收到和解协议或调解处理意见后，应当自觉履行和解协议或调解处理意见规定的义务。

第八章 法律纠纷的报告备案与统计汇总

第六十三条 各单位应按照本办法有关规定，及时向法律事务部报告备案重要法律纠纷情况，定期向法律事务部报送本单位法律纠纷统计汇总情况。

法律事务部负责对所主办的法律纠纷进行统计汇总。

第六十四条 各单位发生的一般、重要法律纠纷，以及各单位为发案单位的重大、特殊法律纠纷，各单位法律纠纷管理机构必须落实专人，作为一项日常工作，将法律纠纷的有关情况，通过法律事务部信息门户网站的法律纠纷统计系统按要求及时填报和动态更新。

没有发生法律纠纷的，以零报告方式填报。

第六十五条 各单位发生的重要法律纠纷，法律纠纷管理机构应当自纠纷发生之日起 5 个工作日内填写《法律纠纷报告备案表》（见附件 4），加盖本单位公章后，报法律事务部备案。

法律事务部授权各单位处理的重大、特殊法律纠纷，各单位应当填写《重大/特殊法律纠纷月度动态》（见附件 5），在每月的 25 日前以传真和电子邮件方式上报法律事务部。各单位在结束每一个法律阶段程序后均应向法律事务部书面报送结案报告；遇有重大情况变化或需要法律事务部协调的，应及时报告。

第六十六条 各单位应当于每年 1 月底前向法

律事务部报送上一年度本单位《法律纠纷统计分析报告》，主要包括以下内容：

（一）法律纠纷的数量、金额、类型等基本情况。

（二）重大法律纠纷的处理情况。

（三）法律纠纷的特点和趋势分析。

（四）体会和启示。

（五）计划和建议。

第九章　法律纠纷基础管理

第六十七条　法律纠纷基础管理包括法律纠纷编号、法律纠纷登记、法律纠纷案卷管理、法律纠纷执行事务登记及案卷管理等基础性工作。

第六十八条　法律纠纷管理机构负责编制法律纠纷编号，同一法律纠纷在不同法律程序阶段均使用同一编号。

第六十九条　法律纠纷管理机构应建立法律纠纷登记台账。法律纠纷登记台账包括新接收法律纠纷登记台账和法律纠纷登记总台账。

法律纠纷登记台账主要包括：序号、法律纠纷编号、法律纠纷案卷编号、双方当事人名称、发案单位、标的额、承办人员、承办律师、审理机构、法律程序阶段、处理结果、法律文书号、登记时间、备注等。

对同一法律纠纷，新接收法律纠纷登记台账只在发案第一个法律程序阶段登记，其序号与法律纠纷编号一致。

对同一法律纠纷，法律纠纷登记总台账在每一个法律程序阶段均进行登记，其序号与案卷编号一致。

第七十条　法律纠纷实行案卷管理制度。

每一法律纠纷处理程序阶段结束后均要按照本办法第四十一、四十二条规定整理 1 份案卷；每份案卷均应有一个与法律登记总台账序号一致的案卷编号。

第七十一条　法律纠纷管理机构应建立法律纠纷执行事务登记台账，其主要内容包括：序号、双方当事人名称、法律文书名称及序号、法律纠纷编号、执行金额、登记日期、执行结果、备注等。

第七十二条　集团公司制定证据管理专项制度，规范法律纠纷处理过程中的证据管理行为，进一步提高集团公司证据管理水平。

第十章　法律纠纷管理的监督检查

第七十三条　各单位法律纠纷管理机构每年应当开展法律纠纷管理内部自查。每年 1 月底以前，完成上年度自查工作并形成书面总结向法律事务部报告。

第七十四条　法律事务部定期对各单位的法律纠纷管理情况进行监督检查。法律纠纷管理检查的重点：

（一）集团公司法律纠纷管理制度的贯彻落实情况。

（二）法律纠纷处理的管理情况。

（三）法律纠纷基础管理工作情况。

（四）重要、重大和特殊法律纠纷的处理情况。

第十一章　奖励和惩罚

第七十五条　凡在法律纠纷的处理管理过程中有下列情形之一，经法律纠纷管理机构考核，对有关单位和个人给予表彰和奖励：

（一）在法律纠纷处理过程中，为集团公司实际挽回或避免经济损失数额巨大的。

（二）在法律纠纷管理过程中，提出合理化建议，明显提高法律纠纷管理水平的。

（三）检举、揭发利用法律纠纷处理进行危害集团公司利益活动，经查证属实的。

第七十六条　有下列情形之一，给集团公司法律纠纷处理造成不利影响的，对有关单位给予通报批评：

（一）贯彻集团公司法律纠纷管理制度严重不力的。

（二）无正当理由，拒绝或故意延误协助处理法律纠纷的。

（三）不委托代理人参加纠纷解决程序，导致缺席判决、裁决的，或处理法律纠纷有其他重大失误的。

（四）处理重大、特殊法律纠纷时，未按照本办法规定报法律事务部审批、授权的。

（五）未按照本办法规定及时向法律事务部报送有关材料的。

（六）未按照本办法规定申请内部法律纠纷调解处理，自行通过诉讼或仲裁等法律程序解决内部法律纠纷的。

（七）未按照本办法规定，建立和保存案卷的。

（八）未按照本办法规定做好建立法律纠纷登记台账、执行事务登记台账等基础工作的。

第七十七条　集团公司内部法律纠纷承办人员有下列情形之一，损害集团公司利益或造成不利影响的，给予通报批评或行政处分：

（一）因重大疏忽造成对案件有重大影响的证据应收集而未收集的。

（二）未按照本办法规定贯彻集体讨论意见的。

（三）因疏忽错过诉讼时效或其他时限期日的。

（四）无正当理由未按时参加庭审等法律程序，或未经许可中途退庭的。

（五）超越授权委托权限或滥用授权委托权限的。

（六）在法律纠纷处理中，与对方或第三人恶意串通，损害公司利益的；

（七）丢失法律纠纷处理重要证据或法律文书的。

（八）未经批准，承办人员擅自放弃向第三人追偿权利的。

第十二章　附　　则

第七十八条　本办法由法律事务部负责解释。

第七十九条　本办法自印发之日起施行。

（附件略）

中国石油化工集团公司抗震减灾管理规定

（二〇一〇年一月十一日　中国石化安〔2010〕28号）

第一章　总　　则

第一条　为加强中国石油化工集团公司（以下简称集团公司）抗震减灾管理工作，依据国家《防震减灾法》等法律、法规要求，特制定本规定。

第二条　集团公司抗震减灾工作实行“预防为主、平震结合、常抓不懈”的方针，各项措施应与安全生产相结合，与各单位的发展规划相结合。

第三条　各企事业单位（以下简称各单位）应严格执行国家抗震减灾方面的法律、法规和标准规范以及集团公司有关规定，积极采用先进、可靠、成熟的抗震减灾技术，有效提高抗震减灾能力。

第二章　抗震减灾组织机构

第四条　各单位的抗震减灾工作应列入本单位安全生产目标责任制，并进行考核。

第五条　各单位应成立抗震减灾委员会（或相应的组织机构）和相应的管理机构，配备专（兼）职工程技术人员负责日常抗震减灾管理工作。

第六条　各单位应制定并实施本单位的抗震减灾规章制度，建立完整的抗震减灾工作档案，确保工作的连续性。

第七条　各单位和个人都有依法参加抗震减灾活动的义务和责任。

第三章　抗震减灾工作内容

第八条　各单位抗震减灾管理机构的职责是负责本单位抗震减灾年度计划和长远规划的编制及实施；新、改、扩建工程项目的抗震设防审查和监督；日常抗震减灾的宣传教育；组织有关部门和职工进行破坏性地震应急预案的演练；发生破坏性地震时，应及时向上级报告抗震救灾工作情况。

第九条　对新、改、扩建工程建设项目的工程场地地震安全性评价和抗震设防工作，应按照集团公司建设项目“三同时”和“抗震设防专篇”的管理规定执行；对现役不满足抗震要求的建（构）筑物和设备等，应按照国家和集团公司颁布的抗震设计规范要求进行抗震鉴定和加固。

第十条　各单位应编制抗震减灾规划，主要内容包括：

（一）指导思想、编制原则及规划总体目标。

（二）各单位抗震减灾工作体系建设。

（三）新、改、扩建工程的抗震设防和地震灾害预测。

（四）地震灾害的应急及救援工作体系建设。

（五）次生灾害的防范和震后救灾措施。

（六）日常抗震减灾的宣传教育等。

第十一条　各单位的抗震减灾管理机构，应重视并定期开展有针对性的抗震减灾宣传教育工作。

第十二条　各单位应编制《破坏性地震应急预案》（见《中国石化重特大事件应急预案》），每年应至少开展一次破坏性地震应急预案的演练活动。

第十三条　发生地震灾害后，应做好恢复生产前工程设施的严格检查，组织专业人员严格按照有关标准规范对建（构）筑物和设备进行鉴定，确认其抗震性能良好后方可使用。

第四章 附 则

第十四条 本规定自印发之日起施行，原《中国石化集团公司抗震减灾管理规定》(中国石化安〔2004〕553号)同时废止。

第十五条 本规定由集团公司安全环保局负责解释。

中国石化对外宣传工作管理办法

(二〇一〇年一月十五日 中国石化办〔2010〕35号)

第一章 总 则

第一条 为规范中国石油化工集团公司(以下简称集团公司)的对外宣传工作，建立覆盖全面、决策科学、运转有序、指导有力的对外宣传工作体系，及时、主动、准确、权威地宣传集团公司改革发展情况，建立并维护与媒体的良好关系，妥善应对突发事件新闻危机，塑造诚信、规范、负责任的企业形象，提升中国石化的品牌美誉度，为实现建设具有较强国际竞争力的跨国能源化工公司的愿景目标营造良好的外部舆论环境，根据国家有关新闻宣传工作的精神和要求，结合集团公司实际，特制定本办法。

第二条 对外宣传要按照“实事求是、促进发展、协同统一”的要求开展工作，紧紧围绕集团公司中心工作，坚持正面报道，坚持用事实说话。具体遵循以下原则：

(一)真实性原则。所涉及的信息须与事实相符。

(二)准确性原则。所涉及的信息须准确反映客观实际。

(三)完整性原则。所涉及的信息不应有任何可能产生误导的重大遗漏。

(四)时效性原则。应在法律法规和本办法规定的时间内报送或发布信息。

(五)主导性原则。加大正面宣传力度，对外发布信息要迅速及时，主动引导舆论，掌握话语权。

(六)一致性原则。就同一事件，同一部门或单位过去和现在报送、发布的信息内容须一致，不同部门、不同单位发布的信息内容须一致，向不同目标群体发布的信息须一致。

(七)合规性原则。对外发布的信息须符合有关法律法规的有关规定。

第三条 对外宣传工作应严格遵守保密规定，禁止对外发布或泄漏涉及国家、集团公司秘密的信息，未经批准禁止披露集团公司敏感信息。该类信息主要包括公司财务、油气储量、原料及产成品库存、重大人事变动、发展战略、重大资本运作、重大合资合作等。

第四条 本办法适用于集团公司、中国石油化工股份有限公司(简称股份公司)和中国石油化工集团资产经营管理有限公司(简称资产管理公司)总部(以下统称总部)、机关各部门、专业公司以及各企事业单位、股份公司各分(子)公司(含驻外机构和境外公司，以下统称各单位)。

第五条 集团公司、股份公司和资产管理公司的控股子公司及其所属公司结合自身实际情况参照本办法执行；境内外合资合作公司比照本办法执行。

第二章 组织领导及职责

第一节 组织架构及职责

第六条 集团公司设立对外宣传工作领导小组，由集团公司主管领导任组长，总部相关职能部门负责人为领导小组成员。其主要职责：

(一)制定集团公司对外宣传工作的整体规划。

(二)审定和修订对外宣传工作制度。

(三)审核对外宣传工作阶段性工作要点。

(四)研究确定重大突发事件新闻危机的应对方案。

(五)研究制定集团公司广告投放与宣传战略等。

第七条 对外宣传工作领导小组办公室(以下简称对外宣传办公室)设在集团公司办公厅。其主要职责：

(一)拟定集团公司年度对外宣传整体方案和计划。

(二)负责对外宣传策划、组织与实施。

(三)负责组织集团公司重大信息对外发布。

(四)负责集团公司新闻发言人和联络员的培训

与业务指导。

（五）负责与国家有关部门、中央媒体、大型商业网站以及境外重要新闻机构的日常沟通联络。

（六）负责集团公司舆情监测、研判及处置工作。

（七）完成对外宣传工作领导小组安排的其他工作。

第八条 对外宣传办公室根据工作需要，设立HSE、产品数量质量、海外业务等若干应急小组。应急小组成员由总部相关职能部门的有关负责人组成，其主要职责为处理涉及集团公司健康安全环保、产品数量质量问题及海外业务的突发性事件等。

各应急小组应制定各自的新闻危机处置工作流程。

第九条 集团公司总部各部门、专业公司以及各驻外代表处主要领导为本单位对外宣传工作第一责任人。其主要职责：

（一）协助和执行对外宣传办公室制定的年度对外宣传方案和计划。

（二）协助对外宣传办公室组织新闻发布会和专题采访活动。

（三）负责组织本单位信息收集、处理及传递，必要时直接对外发布信息。

（四）负责提供职责范围内的新闻线索、草拟对外发布的新闻稿件。

（五）负责及时通报突发事件，协助处理突发事件新闻危机。

第十条 各单位应指定 1 名主要领导或分管领导为本单位对外宣传工作第一责任人。其主要职责：

（一）负责本单位所在地对外宣传公共关系的协调。

（二）按照集团公司要求、结合本单位实际情况，规范对外宣传管理。

（三）组织本单位信息对外发布。

（四）负责本单位舆情监测、研判及处置工作。

（五）配合集团公司对外发布涉及本单位的重大信息。

第二节 新闻发言人制度

第十一条 集团公司实行新闻发言人制度。新闻发言人包括：

（一）集团公司领导班子成员，股份公司董事、监事及其他高级管理人员，总部各部门、专业公司及各单位指定的主要领导，各驻外代表处总代表。

（二）固定新闻发言人。总部及各单位任命、固定对外发布新闻的个人。

（三）临时指定的新闻发言人。根据总部或各单位实际工作需要，经公司领导或固定新闻发言人临时指定、授权对外发布信息的个人。

油田、销售等地域分布比较分散的单位以本办法为依据加强对外宣传管理，可授权下属单位的主要领导对外发言。未经授权，其他任何单位和个人不得代表集团公司或所属单位对外发布信息。

第十二条 上述第十一条中所规定的各类新闻发言人可代表本单位对外发言。其主要职责：

（一）代表本单位对外发布信息。

（二）按照审定的新闻发布内容，审阅新闻稿件，确定宣传口径，向媒体通报信息。

（三）正面、准确、有效地传播公司的声音，引导媒体正面宣传、报道公司情况，积极维护公司的良好形象和权益。

（四）组织涉及本单位的重大新闻宣传报道活动。

（五）做好本单位新闻危机处理工作。

（六）配合对外宣传办公室及各应急小组做好涉及本单位突发事件的新闻应对工作。

第十三条 总部及各单位应指定固定新闻发言人。集团公司总部各部门以及各驻外代表处可不设固定发言人，由对外宣传责任人履行本办法第十二条规定的新闻发言人职责，但应指定专人担任联络员，负责本单位所辖业务信息的收集、编排、传递，协助对外宣传责任人工作。

第十四条 总部各部门、各单位以及各专业公司、驻外代表处指定固定新闻发言人、联络员后，应将其个人相关信息报对外宣传办公室备案存档。

第三章 对外宣传

第一节 对外宣传的要求与内容

第十五条 各单位要高度重视对外宣传工作，加强对外新闻宣传整体策划，要善借大势，精选角度，加大正面宣传的力度；要巧用载体，上下协同，积极引导舆论，掌握宣传主动权。特别要注重四个方面的结合：

（一）硬性宣传与软性宣传相结合。根据现代传媒的特点和企业自身情况，合理安排广告投放和广告资源；充分利用和发挥广告投放的权益，使投入的广告资源充分发挥“软实力”的效果；同时，注重对媒体记者与社会公众进行相关科普知识的普及教育与宣传，促进与媒体、社会公众及利益相关方的交流。

（二）正面宣传与负面舆情疏导相结合。正面宣传要加强整体策划，始终把握党和国家工作大局，确保宣传主旨与中央精神一致，宣传重点与社会发展趋势合拍；在负面舆情疏导上，按照“发现要早、化解要快、处置妥当、防止蔓延”的原则，建立舆情监测、研判和新闻危机处置有效机制。

（三）传统媒体利用与现代媒体运用相结合。要巧用媒体，依靠中央和地方主流媒体，积极争取市场化媒体，注重引导网络媒体，积极探索一套整合多样媒体的使用策略，并逐步与媒体建立基于价值认同基础上的信任关系，形成长期合作，良性互动。

（四）对外宣传与对内宣传相结合。充分利用好对内宣传的成熟体系和人才队伍，对内对外宣传统一规划，统一报道，保持一致性，整体联动，形成合力。充分利用好各单位网站与自有媒体在对外宣传中的窗口和阵地作用，使其成为对外宣传和舆论引导的支撑。

第十六条 对外宣传的主要内容

（一）集团公司贯彻落实中央路线、方针、政策，执行国家法律法规的情况。

（二）集团公司重大决策、重大活动、重要会议、重要规章和文件可公开宣传的内容。

（三）集团公司授权对外披露的生产经营、改革发展、重大资本运作、合资合作、重大项目等所取得的成绩和重点工作进展情况等。

（四）有关公众利益和社会稳定的重大问题、重要活动以及社会公众关注的热点问题。

（五）集团公司履行社会责任的情况。

（六）集团公司发生安全事故、自然灾害、公共卫生等突发事件的处置情况以及采取的应对措施等。

（七）其他需对外宣传和发布的事项。

第二节 信息与新闻发布

第十七条 总部及各单位要根据集团公司对外宣传的要求与内容，结合本单位具体情况，针对媒体、客户、公众所关心的焦点问题，适时采用适当形式对外发布信息。其形式包括：举办新闻发布会；以企业新闻发言人名义发布公告、声明等；通过企业网站等媒体发布信息或组织记者采访报道；利用电话、传真和电子邮件回复记者问询等。

第十八条 对外宣传办公室负责组织有关单位进行公司级的信息和新闻发布。各单位负责涉及所辖业务及有关板块的信息和新闻发布。各单位召开新闻发布会应填写《新闻发布会申请表》连同相关新闻稿一并向对外宣传办公室报备。

第十九条 新闻发布须注意事项

（一）新闻主题要单一，内容简明扼要。

（二）会前充分准备相关材料和数据，并针对媒体或公众关心的敏感问题准备预案或应答。

（三）根据发布信息的重要程度确定所邀媒体范围，对受邀媒体要一视同仁。

（四）严格执行保密规定，维护国家安全，保护企业知识产权和商业秘密，防止泄密事件发生。

第三节 对外宣传公共关系

第二十条 总部及各单位要高度重视与政府新闻主管部门、新闻媒体等建立良好的合作关系，形成稳定、有效、快捷的传播沟通渠道。可通过举办媒体联谊会、新闻通气会以及邀请记者参加企业开放日活动等多种方式，加强与新闻媒体的沟通与交流。

第二十一条 对外宣传办公室及各单位均可接待媒体，就媒体关注事项接受采访。对于涉及集团公司全局性内容的采访，有关单位应向对外宣传办公室报批、备案。

第二十二条 对外宣传办公室负责与国家有关部门、中央媒体、大型商业网站以及境外重要媒体的沟通联络工作。

集团公司指定的各省市对外宣传工作牵头单位负责与所在地方政府相关职能部门及当地主流媒体的沟通联络工作。其主要职责：组织所在地集团公司所属单位定期召开对外宣传工作联席会，传达通报信息；负责收集和研判本地区的舆情动态；协助本地区集团公司所属单位进行负面信息和新闻危机处置；负责组织协调当地媒体相关采访活动。

第四章 信息的分类、收集与传递

第二十三条 总部及各单位应建立内部信息收集、传递与沟通机制，及时收集与本单位有关的信息，按日常信息、突发事件相关信息及专项信息进行分类处置。

（一）日常信息。主要包括日常生产经营情况；财务信息；价格政策；安全环保、科技进步、工程进展情况；重大油气发现；重大合同；重大合资合作；公益事业；涉及本单位及同类单位的媒体报道和舆情等。

（二）突发事件相关信息。是指在不可预见情况下发生的、经预判可能会引起大规模社会负面影响、对单位形象造成损害或影响正常生产经营秩序的事件所涉及的信息。主要包括：生产事故、金融财务、公共卫生、群体事件、涉外事件、媒体事件、竞争合作和自然灾害等类信息。该类信息具有紧迫性、威胁性、破坏性、传递性和不确定性等特征。

突发事件按照事件严重程度和影响范围分为公司级突发事件和单位级突发事件。

公司级突发事件是指经研究、判断可能对集团公司生产经营秩序或形象产生重大影响的突发事件，主要包括集团公司《重特大事件应急预案》中规定的重特大事件。单位级突发事件是指经研究、判断可能对各单位的生产经营秩序产生重大影响、尚不会影响集团公司整体的突发事件。

（三）专项信息。根据对外宣传工作需要，对外宣传办公室要求指定单位呈报的信息。

第二十四条 总部采用信息平台、电话、传真等方式实现信息沟通和传递。对外宣传工作系统信息平台与政务信息平台共享，设专人负责。各所属单位应及时对获得的信息进行整理、处置，研究判断信息的重要程度，通过适当形式传递。

（一）总部各部门、专业公司、各驻外代表处联络员和各单位新闻发言人负责收集日常信息，对信息进行分类、研判，并将潜在危机信息进行整理，填写《中国石化日常信息报送表》，及时载入信息平台，并进行相应处置。

（二）突发事件信息按突发事件性质、类别分级负责。

对外宣传办公室负责收集公司级的突发事件信息，及时进行研究、判断，并组织有关单位进行新闻应对准备。

各单位负责收集与本单位有关的突发事件信息，及时进行研究、判断。对于经研究、判断属于公司级的突发事件，应立即通知对外宣传办公室，填写《中国石化突发事件信息报送表》，标注“公司级”，并在 1 小时内通过信息平台报送有关资料，同时抄报总部有关事业部及业务归口管理部门；对于经研究、判断属于单位级的突发事件，应填写《中国石化突发事件信息报送表》，标注“单位级”，在知悉事件后 3 小时内通过信息平台将有关资料报送对外宣传办公室备案，同时抄报总部有关事业部及管理部门。在上报同时，要关注相关舆情，准备做好新闻应对。

（三）专项信息分为特急、急和普通三类等级。特急类信息要求有关单位接到后 1 小时内回复；急类信息要求有关单位接到后 3 小时内回复；普通类信息要求有关单位接到后 1 个工作日内或在限定时间内回复。

有关单位在接到专项信息呈报要求后，应迅速组织人员准备有关材料，并填报《中国石化专项信息报送表》，在规定时限内，通过信息平台或传真等方式报对外宣传办公室。

第五章　舆情监测、研判与引导

第二十五条 总部、各专业公司、驻外代表处及各单位应建立舆情监测、研判和处置机制，把握舆情走势，判断舆情风险，收集相关信息，进行分类处置。

第二十六条 舆情监测内容主要包括：互联网上发布与本单位有关的各类新闻、评论、视频等信息；政府发布的涉及石化行业相关政策且网络反响较大、反应激烈的信息；各大网站论坛、博客内有关本单位及行业内同类企业的言论；本单位突发事件引起的舆情反应等。

第二十七条 总部及各单位建立网络评论员队伍，形成网评员三级管理机制，统一指挥，协调调度，做好舆情应对工作。

第二十八条 舆情研判应根据舆情事件发生发展的规律及潜伏期、爆发期、持续期和衰退期四个阶段不同特点，判断舆情事件所处阶段和发展趋势，评估舆情风险，采取相应对策，必要时形成信息报对外宣传办公室。

第二十九条 做好舆情引导工作。针对网上负面新闻、评述、论坛、博客等，各单位要组织网络评论员进行及时跟评、发帖、转载，放大正面舆论的声音，稀释、中和、平衡负面舆论。必要时，可请第三方专家发表言论，正面回应，澄清事实。

第六章　新闻危机应对

第三十条 总部、各专业公司、驻外代表处及各单位应制定新闻危机的应急预案和处置流程规范，做好新闻危机应对与处置工作。

第三十一条 新闻危机处理应按照启动应急预

案、开展舆情监测、形成文字材料、开展新闻发布、保持媒体沟通、评估处理结果的程序进行。

（一）启动应急预案。对于涉及面较大、性质较严重的危机事件，要根据情况启动新闻应急预案，开展危机公关。

（二）开展舆情监测、研判并进行应对。根据危机事件所处潜伏期、爆发期、持续期、衰退期不同阶段，采取相应的应对措施。

（三）编制材料和应答口径。危机爆发后，要安排专人收集信息，收集媒体报道，认真分析研究，撰写情况说明，起草答问口径，做好新闻发布的文字材料准备工作。

（四）组织新闻发布。危机处理过程中要及时将情况向政府主管部门和新闻媒体通报。在危机爆发期要充分发挥新闻发言人的作用，采取适当形式发布消息，说明情况，回答记者问询，及时将企业对危机事件的想法、态度和采取的措施等告知社会。除总部和企业两级发言人发挥作用外，可根据情况，将熟悉情况、具备一定沟通能力的人员设为临时发言人，以便更好地回答记者问询。

（五）做好采访接待工作。发现媒体报道有误，应及时与有关记者取得联系进行更正。

（六）总结评估结果。新闻危机处置结束后，要及时组织相关人员总结新闻处置工作，评估处置结果，分析原因，查找不足，并修订完善应急预案。同时要持续关注媒体动态，防控相关不良舆情事件的发生和传播。

各单位有关危机处置情况和评估结果应报对外宣传办公室备案。

第三十二条 突发事件新闻危机的分级处置

对外宣传办公室负责公司级突发事件新闻危机处理工作。其中，涉及HSE、产品数量质量、海外业务的突发事件等，由相应的应急小组进行新闻危机处理；对于各单位上报的公司级突发事件，对外宣传办公室可督导有关单位进行新闻危机处置。

各单位负责对本部门、本单位生产经营秩序产生重大影响的单位级突发事件的新闻危机进行处置。

第三十三条 应对新闻危机应当注意的重点问题

（一）及时主动发布。积极主动开展新闻处置工作，不能心存侥幸、消极应对。要在第一时间选择权威媒体，发布真实情况，争取主动权，最大程度缩小虚假消息的传播范围。

（二）慎重发布结论。在发布信息时，要特别慎重发布突发事件的原因和结论，可采取滚动发布形式，不断补充最新情况，并及时更正错误信息。

（三）现场记者管理。要认真做好现场记者接待工作。根据需要，可适度调控现场采访记者数量，必要时可核发现场采访证件，无证记者不得进入现场。

（四）重视员工管理。要重视员工的日常性危机管理教育，加强新闻发布工作制度的培训，提高员工对信息和新闻发布归口管理等规定的认识。突发事件发生后，要及时告知员工归口管理的有关要求，积极引导员工与企业保持一致。

（五）随时应对不实报道。发生媒体不实报道后，要通过权威媒体及时主动澄清事实，驳斥谣言，以正视听。要开展舆情监测，收集不实报道传播情况，协调有关媒体更正不实报道。

（六）着力化解危机。危机处置过程中要坚持以人为本和公共利益优先的原则，把解决问题的措施和企业的诚意告知公众，着力塑造负责任的企业形象，最大程度降低负面影响。

第七章 培训与奖惩

第三十四条 对外宣传工作领导小组对集团公司对外宣传工作进行年度总结，对先进单位和优秀个人进行年度表彰，对因发生信息错报、漏报、瞒报、迟报和失实、失密给集团公司造成重大不良影响的单位和个人给予通报批评。

第三十五条 固定新闻发言人须参加培训并通过考核、认证后方可上岗，联络员要定期参加培训，相关培训考评情况记入新闻发言人、联络员管理档案。

油田、销售等地域分布比较分散的企业，要加强对授权对外发言人的管理，建立相应的培训、考评、管理制度。

第三十六条 各部门、专业公司、驻外代表处及各单位有关负责人、新闻发言人、联络员的年度考评结果，报各单位人力资源部门，作为全年工作绩效考评的一项参考指标。

第八章 附 则

第三十七条 本办法自印发之日起实行。

第三十八条 本办法由对外宣传办公室负责解释。

（附件略）

中国石油化工集团公司设备管理办法

（二〇一〇年六月十三日　中国石化生〔2010〕320号）

第一章　总　　则

第一条　为了加强设备管理工作，提高设备管理水平，保障设备安全经济运行，依据国家有关设备管理工作的方针、政策和相关法律、法规，制定本办法。

第二条　本办法适用于中国石油化工集团公司、中国石油化工股份有限公司、中国石化集团资产经营管理有限公司（以下简称集团公司）和所属生产、销售直属企业（以下简称企业），其他企业参照执行。

第三条　本办法中设备管理的对象是指用于油田勘探开发、石油炼制和石油化工生产、产品销售及其他生产运营的机械设备、工艺设备、动力设备、机修设备、起重运输设备、电气设备、仪器仪表、工业管道、工业建筑物和构筑物等。

第四条　设备管理应遵照国家有关设备管理工作的方针、政策和相关法律、法规，按照建立现代企业制度的要求，从技术、经济、组织等方面采取措施，对设备的实物形态和价值形态进行综合管理，做到产权清晰，权责明确，优化设备资产配置，保证设备资产的安全完好和经济有效使用，为企业生产经营奠定坚实的物质基础。

第五条　设备管理应当遵循以下原则：

（一）坚持对设备从规划、设计、选型、购置、制造、安装、使用、维护、修理、改造、更新直至报废的全过程管理的原则。

（二）坚持安全第一、预防为主，确保设备安全可靠运行。

（三）坚持设计、制造与使用相结合，维护与检修相结合，修理、改造与更新相结合，专业管理与群众管理相结合，技术管理与经济管理相结合。

（四）坚持可持续发展，保护环境和节能降耗。

（五）坚持依靠技术进步、科技创新，树立现代设备管理理念，推广应用科学技术成果，实现设备管理科学、规范、高效、经济。

第六条　设备是生产力的重要组成要素，是生产的物质技术基础，设备管理是企业管理的重要组成部分。

第七条　企业是设备管理的主体，负责设备的全过程管理，企业全体员工共同参与设备管理。企业应将设备管理经济技术指标纳入内部绩效考核指标体系，制定年度设备管理工作计划，定期检查和考核。

第八条　企业要贯彻以人为本的思想，发挥人的主观能动性，培养高素质、高层次的设备管理人员、检维修人员和运行操作人员，为完成设备管理任务和企业的生产经营目标奠定基础。

第九条　企业要建立健全设备管理机构与网络，设备管理要做到统筹规划、合理配置、择优选购、正确使用、精心维护、科学检修、适时更新改造，不断改善和提高企业技术装备水平，努力实现设备安全、环保、节能和系统效益最大化的目标。

第二章　管理机构和职责范围

第十条　集团公司设立设备管理领导小组，全面负责设备管理工作。集团公司分管设备领导任组长，总部有关部门负责人为设备管理领导小组成员。

设备管理领导小组的职责是：贯彻国家有关设备管理的方针、政策和法律、法规，制定设备管理的工作方针、目标，决策处理设备管理中的重大问题，审核批准设备管理工作计划和年终评比结果。

第十一条　设备管理领导小组下设办公室，负责设备管理的综合协调。办公室设在生产经营管理部，由分管设备管理工作的副主任兼任设备管理办公室主任。

设备管理办公室的职责是：

（一）负责传达、贯彻、落实国家有关设备管理工作的方针、政策和相关法律、法规。负责与国家有关部门联系，上报有关材料。

（二）负责落实设备管理领导小组的决策，负责设备管理工作的统一规划、综合协调，指导有关部门的设备管理工作。

（三）组织制定、修订集团公司、股份公司设备管理制度和标准；组织集团公司设备大检查工作和设备管理工作会议。

（四）负责牵头组织设备管理和设备隐患治理工作。

（五）组织中高级设备管理人才培训工作。

（六）负责落实设备管理领导小组交办的工作。

第十二条 工程部设备管理职责：

（一）负责限上检修改造项目的实施管理。

（二）负责限上检修改造项目设计单位的资质审查。

（三）负责企业和招标公司工程建设项目及检修改造项目招投标活动的指导管理，监督资质预审、发标、开标、评标、定标过程，监督中标项目合同签订。

（四）负责限上检修改造项目企业与检修改造施工队伍之间的组织协调，负责工程质量和施工安全监督。

（五）负责检维修标准定额的管理。

第十三条 物资装备部设备管理职责：

（一）负责集团公司工程项目及生产装置检维修所需设备和备件的采购及协调工作，保证工程项目及检维修所需设备和配件及时供应。

（二）负责集团公司设备及配件的集中储备和库存物资调度调剂工作，合理控制库存。

（三）负责国内外设备供应市场研究工作，为集团公司的工程项目提供设备采购相关信息。

（四）负责集团公司重大设备国产化攻关、研制的组织实施工作。

第十四条 集团公司总部有关职能部门应根据其职责范围，在相应环节各负其责，协助做好设备管理工作。

第十五条 石油工程管理部、油田勘探开发事业部、炼油事业部、化工事业部、油品销售事业部、资产公司（以下简称事业部、管理部）是分管业务范围内设备管理工作的主管部门，应明确1名领导成员分管设备管理工作，明确设备管理处室和职责。

事业部、管理部设备管理职责：

（一）贯彻执行国家有关设备管理工作的方针、政策和法律、法规，贯彻集团公司关于设备管理工作的要求，落实有关部署、安排。制定、修订分管业务范围内设备管理的制度、规程、标准、规定，制定主要设备管理工作的考核指标和考核管理办法。

（二）设备管理主要职责在事业部、管理部，负责管辖业务范围内设备综合管理、专业管理。提出设备中长期发展和更新改造规划建议或意见，制定年度设备管理工作计划并组织实施。

（三）负责设备更新和改造，对管辖业务范围内企业上报的设备年度更新和改造计划进行审查并提出建议，按照集团公司下达的年度和分批设备更新改造计划，监督检查计划执行情况。油田勘探开发事业部、石油工程管理部负责组织管辖业务范围内设备投资计划中重大关键装备的技术谈判工作，并组织技术经济论证以及后评估工作。

（四）负责设备更新和检维修管理；负责设备修理费使用管理。

（五）组织新技术、新工艺、新设备、新材料的推广应用，做好设备管理骨干人员技术培训工作，组织设备技术考察，提高设备管理水平，促进装备技术进步。

（六）在生产经营管理部的统一组织下，落实、参加设备大检查和设备管理考核评比工作。

（七）组织或参与对分管企业重大特大设备事故的调查分析，指导企业恢复生产并制定防范措施，参与事故处理。

（八）组织专家解决企业难以解决的重大设备技术问题，组织开展重大设备技术攻关。

（九）负责审查管辖业务范围内设备处置行为，并配合财务部门做好相应的账务处理工作。

（十）总结交流设备管理工作经验，组织学习和推广应用现代设备管理方法和先进技术。

第十六条 企业要加强设备管理工作领导，落实领导责任。企业应明确1名领导班子成员负责设备管理工作。根据工作需要，企业应设设备、电气、仪表副总工程师，协助分管领导负责设备技术管理工作。特大型、大一型炼化企业，应设专职设备副职领导。

企业应明确设备管理责任部门，配备精干高素质的设备管理专业人员并保持相对稳定，形成健全的设备管理组织体系。

大型和特大型企业宜建立三级设备管理体系，中小型企业宜建立二级设备管理体系，合理配备设备专业管理人员。基层单位应配备设备副职和一定数量的设备技术人员。

第十七条 设备管理应实行专业化管理，企业应掌握设备使用、维护、保养和检修的核心技术。企业设备管理部门负责制定检修、维护计划和材料、配件计划，负责检维修质量控制和验收，负责设备档案和检修维护资料的管理。

第十八条 企业设备分管领导主要职责：

（一）负责企业设备管理工作。贯彻执行国家有关设备管理的方针、政策、法律、法规和集团公司有关设备管理的标准、规范、制度，主持制定企业设备管理目标、规划和措施，综合协调、指导有关部门的设备、动力管理工作，决策处理企业设备、动力管理中的重大问题，审批企业设备、动力管理工作计划和定期的考核结果。

(二)依据国家有关法律、法规和集团公司的标准、制度等，负责组织编制本企业各项设备管理制度，并督促贯彻执行。

(三)协调组织主要生产装置停工检修、主要设备大修计划的制定和审批，并检查执行情况；负责审批重大设备更新计划。

(四)审查企业修理费、设备更新费使用计划，履行企业内部审批程序并报总部主管部门批准，组织实施，确保合理使用。

(五)组织或参与上报集团公司设备事故的调查分析和提出处理建议。

(六)参与企业重点基本建设、重大技术改造项目方案的审查和竣工验收。

(七)加强设备管理队伍建设，提出优化各级设备部门人员配备的建议，指导设备管理人员的技术培训，不断提高人员素质。

(八)负责推广应用新技术、新工艺、新设备、新材料，采用现代化设备管理技术，不断提高设备管理技术含量和设备管理内涵。

第十九条 企业依据本办法和企业的实际情况制定设备副总工程师、设备管理部门及相关部门职责。设备管理部门作为企业设备管理的归口部门，其职责范围应充分体现对设备的全过程管理，并发挥主导作用。

第三章 设备前期管理

第二十条 设备的前期管理是设备全过程管理中规划、设计、选型、购置、制造、安装、投运阶段的管理工作。必须重视设备的前期管理，明确责任主体。

第二十一条 设备规划是企业生产经营总体规划的组成部分，主要依据企业的生产经营发展方向、生产设备的运行可靠性、设备技术成果应用、安全生产、节能和环境保护要求、产品质量保证体系来确定。设备管理部门负责制定企业设备规划，并纳入企业总体发展规划。

第二十二条 企业设备管理部门要负责更新设备的设计审查，参加基建、技措等重大项目的设计方案论证和设计审查，在设备选型中应遵循标准化、系列化、通用化的原则，对设备的适用性、可靠性、维修性、安全环保性和经济性提出要求，并督促落实。坚持技术先进、经济合理原则，禁止选用国家明令淘汰的设备。

第二十三条 设备购置要坚持质量第一、性能价格比最优、综合成本最低的原则，按照集团公司有关设备采购管理的规定组织采购。加强国内外重要设备的监造，严格进厂设备的质量验收。购置的设备应有必备的维修配件。企业设备管理部门负责或参与主要设备的选型、签订技术协议及设备购置和进厂验收。

第二十四条 企业应建立设备供应商的评价考核制度，定期对供应商进行评价、考核。

第二十五条 企业必须选择具有相应资质的工程建设施工单位，审查安装施工方案，落实质量保证体系；设备安装执行相关规定和标准，按规定进行试运和调试；竣工验收后，按规定办理移交手续。企业设备管理部门负责或参与工程竣工验收、设备调试、竣工资料移交等项工作。

第二十六条 设备投产前，企业应组织技术人员和有经验的操作人员全面掌握设备的性能和使用维护方法，制定试运行方案和安全措施，并对操作人员进行专门的 HSE 教育和设备操作、维护技术培训，使其了解和掌握设备的安全技术性能。

第二十七条 企业要建立设备前期管理责任制，有关部门应对其在设备前期各阶段所承担的工作负相应的责任。

第四章 设备使用维护

第二十八条 企业应建立健全设备的使用、维护、安全管理制度，制定严格的设备操作规程和维护规程，严格执行巡回检查、维护保养等各项制度，建立设备隐患发现、分析、报告、处理等闭环管理机制。

第二十九条 企业对设备运保商实行合同管理，明确责任，建立考核制度，并严格考核。

第三十条 设备操作和维护人员上岗前必须经过系统的理论和实践培训，严格持证上岗。设备管理部门要监督检查关键设备、重点岗位操作人员的培训情况。

特种设备作业人员及其相关管理人员，按照国家《特种设备作业人员监督管理办法》的规定，经考核合格取得特种设备作业人员证，方可从事相应的作业和管理工作。

海洋石油特种作业人员应当按照国家有关规定，

经过专门的安全技术培训，考核合格取得特种作业操作资格证书后方可上岗作业。

第三十一条 岗位操作人员是设备运行和日常维护保养的责任者，必须遵守设备操作、维护制度和规程，严格控制操作指标，严禁超温、超压、超速等超指标运行。严格按照设备点检、巡回检查等管理规定和标准，进行设备维护和保养。

第三十二条 设备维修人员要严格按照设备点检管理规定、点检标准和设备维护检修规程对所管辖的设备进行维护和检修。委托承包商进行设备维护或运保的，必须明确相应维护或运保职责范围和考核标准。

第三十三条 企业加强设备故障和事故管理，建立设备故障和事故记录，制定主要设备事故应急预案，不断提高处理突发事故的能力。

第三十四条 企业重视大型机组、关键设备的特级维护，机械、电气、仪表、操作、管理专业应分别建立台账，做好记录，掌握设备运行特性和规律，减少故障和降低维修成本，提高设备安全性和经济性。

第三十五条 企业要制定并严格实行备用设备管理维护制度，坚持定期对备用设备进行检查和维护保养，确保设备处于完好备用状态。

第三十六条 企业要加强关键设备、需要监控运行和运行年限较长设备的管理，定期开展技术性能和安全可靠性评估，采取必要的防范措施，保障设备安全可靠运行，降低设备运行风险。

第三十七条 企业要制定活动设备回场检查制度，配备专职检验人员，定期做好设备回场检查，及时处理设备存在问题。

第三十八条 企业重视并做好设备防腐蚀工作。制定设备防腐蚀工作管理制度，设立设备防腐蚀专业技术岗位。要采用工艺、技术防腐等综合技术措施，预防设备腐蚀。

第三十九条 企业必须执行设备润滑（油水）管理制度，配备专业管理人员，严格执行设备润滑的“五定”、“三级过滤”。

第四十条 企业应配备高素质的专业技术人员主管故障诊断和状态监测工作，配备开展状态监测工作所需的仪器，积极开展设备状态监测和故障诊断，及时准确掌握设备运行状态，积累状态监测历史数据，总结探索设备故障停机规律，发现问题及时反馈和处理。

第四十一条 加强仪表自控设备管理工作。要建立仪表自动化管理、使用、维护、检修的责任制和规程并严格执行，提高仪表的完好率、使用率和控制率。要重视仪表自动化技术人员的技术培训，以适应仪表自动化技术进步和设备更新换代快的特点。

第五章 动力管理

第四十二条 动力（水、电、汽、风、氮等）是企业公用工程的重要组成部分。企业要明确动力管理职责，建立严格的责任制。

第四十三条 企业要加强动力设备的管理，做好公用工程的综合平衡，保证水、电、汽、风、氮等系统的安全平稳长周期运行和供应。

第四十四条 企业要优化动力系统的运行方式，制定事故状态下的应急措施，防止事故扩大，保证生产安全和重点生产部位的动力供应。

第四十五条 加强水质管理工作，确保工业水、循环水、脱盐水质量，不断改进水处理工艺，严格水处理药剂和离子交换树脂的管理，加强水处理设施的维护、保养和更新改造。企业必须高度重视节约用水，提高工业水重复利用率。

第四十六条 加强热电生产管理：

（一）建立健全专业管理体系，组织开展专业竞赛，不断提高技术经济指标和经济效益水平。

（二）参照电力行业有关规定和技术标准，做好技术监督工作。

（三）建立科学完善的可靠性管理网络和评价、指导、分析、预测系统，保证电力设备安全可靠运行。

（四）加强燃料管理，保证燃料质量，降低消耗和成本。

第四十七条 加强电气设备和运行管理：

（一）严格执行国家有关电力工业的技术法规和制度，以及集团公司有关规定、规程。

（二）企业电气设备及运行的管理，应以安全发、供、用电为中心，经济运行为重点。

（三）企业应完善、落实电气“三三二五”（三票、三图、三定、五规程、五记录）管理制度，并严格执行。

（四）企业应按照“统一调度，分级管理”的原则制定有关运行、调度、操作等各项规程，并严格执行。

（五）按照国家电力行业和集团公司有关标准、规程，做好电气设备的维护、检修和预防性试验。

（六）重视并做好继电保护及安全自动装置的运

行与维护，严格保护定值的管理，保证电力系统安全、可靠运行。

（七）做好防爆电气设备、接地与接零装置、电气安全用具管理，做好防过电压、防污闪、防小动物、防火、防雷、防冻、防洪和防震等管理工作。

（八）推广应用先进技术和设备。

第四十八条 加强蒸汽的产、供、用管理，保证蒸汽品质，合理使用蒸汽，做好尾汽、冷凝水的回用和余热利用。

第四十九条 加强工业用风和仪表用风的管理，严格控制仪表用风的露点、油、尘含量等指标，确保供风质量、压力。制定并严格执行空分装置安全运行制度，保证正常供氮、供氧。

第六章 设备修理和修理费管理

第五十条 设备修理是恢复设备技术性能的基本手段，是保障安全生产的重要措施，企业应制定具体的设备修理管理制度。

第五十一条 企业设备管理部门根据设备实际运行状况，结合生产安排，编制设备检修计划。

油田企业设备维修计划主要为年度综合修理计划和月度维修计划，由企业设备管理部门负责核定、汇总并监督实施。

炼化企业设备修理计划分为年度修理计划、装置停工检修计划和月度维修计划。炼化企业主要生产装置停工检修计划应按要求及时上报，并按计划进行停工检修。其他修理计划编制、审批下达由企业自行规定。

销售企业设备维修计划主要为年度综合修理计划。油库、加油站、输油管线（包括泵站）、车船年度综合修理计划由销售事业部负责审批并监督实施。

第五十二条 设备修理要执行日常维护与计划检修相结合，定期检测和状态监测相结合，推行基于风险的检测技术和以可靠性为中心的维修策略，坚持预防性维修方针，既要防止设备失修，又要避免过剩维修。

第五十三条 加强设备和装置检修全过程的管理，做好设备修理前的准备、修理过程的监控和修理后的验收，科学安排修理时间，降低修理成本。

第五十四条 加强检修质量管理，建立健全设备修理的质保体系。设备修理要严格执行检修计划，执行检修规程和检修技术标准，保证修理质量。使用单位可根据情况实施中间质量检查。主要设备大修和主要检修工程应由企业设备管理部门组织验收。

第五十五条 设备管理部门在检修结束后，开展检修项目的统计工作，组织编写检修技术总结，做好检修技术资料的归档。对重大检修项目，要进行技术经济分析。

第五十六条 企业要对进入其内部市场的检修单位进行资质认证及年度审验。特种设备的承修单位须有相应资质，修理内容应与资质相符。

第五十七条 企业设备管理部门负责组织制定和修订配件储备定额，物资供应部门和财务部门配合。

第五十八条 设备使用单位负责配件需求计划的编制，设备管理部门负责配件需求计划的汇总、审核。物资采购部门在平衡利用库存后按计划组织采购，在满足设备正常运行需要的基础上，合理储备配件。企业要做好配件修旧利废和改制代用工作，建立材料、备件购置计划及时性、准确性和采购材料、备件质量及储备的考核机制，建立设备及备件积压的考核制度。

第五十九条 加强设备修理费管理

（一）修理费使用范围为企业所属设备的修理、维护和检测所发生的费用。

（二）修理费管理的指导原则是坚持设备应修必修、修必修好，确保设备安全、可靠、经济运行的原则；坚持科学、规范、经济的检修，努力降低成本的原则；坚持对修理费使用进行严格管理、合理使用的原则。

（三）企业修理费应纳入企业年度财务预算管理。设备修理、更新支出应由财务部门严格区分资本性支出和费用性支出，规范核算和列支渠道。

（四）建立和完善设备修理规程和定额，并严格执行。

第六十条 企业设备管理部门是修理费使用的统一归口管理部门，应按年度修理费预算，统一平衡，合理使用，严格执行审批程序，并对修理费的使用情况进行分析。

企业财务部门协助设备管理部门按修理费预算做好修理费的控制工作。加强对修理费的核算，按设备管理部门确认的修理费用结算审核单及时入账。

第七章 设备更新改造

第六十一条 设备更新是指采用新设备替代技

术性能落后、安全、环保状况和经济效益差的原有设备。

设备改造是运用新技术对原有设备进行技术改造，以改善或提高设备的性能、效率，减少消耗及污染。

第六十二条 设备更新改造的原则：

(一)设备更新改造应当紧密围绕企业生产经营、产品开发和技术发展规划，有计划、有重点地进行。

(二)设备更新应着重采用技术更新的方式，改善和提高企业技术装备水平，达到优质高产、高效低耗、安全环保的综合效果。

(三)设备更新改造应进行技术经济论证，科学决策，选择最优方案，确保获得良好的投资效益。

(四)设备更新改造应充分考虑生产经营的必要性、技术的先进性和可行性、经济的合理性。

第六十三条 满足下列条件之一的设备可进行更新：

(一)使用年限已满，丧失使用效能，无修复价值的。

(二)因生产条件改变，已丧失原有使用价值的。

(三)使用年限未满，但缺乏配件无法修复使用的。

(四)毁损后无修复使用价值的。

(五)经论证，大修理后技术性能仍不能满足生产要求或虽然能满足生产要求，但更新更经济合理的。

(六)技术落后，不符合安全、环保、节能要求的。

(七)机动车辆符合国家有关报废规定的。

(八)国家明令淘汰和其他符合更新条件的。

第六十四条 企业必须按计划实施设备更新改造，为正常生产和可持续发展创造条件。企业设备更新改造投资计划管理必须纳入集团公司投资计划统一归口管理，按照投资决策程序及管理办法执行。企业设备管理部门负责设备更新改造计划的编制和实施。

第八章 设备处置

第六十五条 设备处置是对本办法所指设备进行盘盈、盘亏、毁损、报废、调拨、转让、清产拍卖、重组、捐赠及出租等处置行为。

第六十六条 设备处置应遵循国家和集团公司对资产处置的有关规定，根据资产产权和处置对象、资产额度、处置条件、处置时间、技术鉴定结果，按规定的审批权限和程序办理，以确保处置行为的合法性和规范性。

第六十七条 企业设备管理部门应会同财务部门定期对设备进行清查，对清查过程中发现的盘盈、盘亏设备，应当分析原因，提出处理意见，并按规定权限审批后，财务部门及时进行账务处理，确保账实相符。

第六十八条 企业设备管理部门负责组织对拟处置设备进行技术鉴定，根据生产需要，提出具体处置意见，按规定权限进行审批。

第六十九条 企业应对长期停用的设备予以封存，并定期进行维护、保养。

第七十条 企业重新使用闲置设备，必须经过全面的技术检验，符合技术要求，并经设备管理部门同意后方可使用。

第七十一条 为盘活存量设备，规范设备处置行为，企业应制定设备处置的具体办法。

第七十二条 为提高设备的利用效率，企业应加强闲置设备的调剂利用工作，定期发布闲置设备信息，最大限度地在集团公司内部调剂使用闲置设备。

第七十三条 企业应加强对因报废、修理、改造而拆除设备形成的废旧物资的管理，应按照规范的程序处置废旧物资。

第九章 设备综合管理

第七十四条 企业应根据设备在生产过程中的重要程度，按照关键设备、主要设备、一般设备进行分级管理，并明确设备分级后的管理权限，落实管理职责。

第七十五条 为便于管理和统计，按设备的特点和用途，进行设备分类。分类办法由集团公司制定下发。

第七十六条 要建立健全设备技术管理档案，做到“一台一档”，档案内容应涵盖设备技术文件、全过程管理动态文档；设备迁移、调拨时，其档案随设备移交；档案管理人员变更时，必须按档案管理办法组织交接。设备档案除国家、集团公司规定要求有纸质文件外，电子档案、资料与纸质档案、资料同样有效。

第七十七条 开展设备管理达标创优、专业劳动竞赛和设备管理、技术经验交流活动。定期进行检查、评比、总结。

第七十八条 集团公司根据石化行业发展要求，制定重大设备发展规划，组织企业积极开展国内外的科技交流与合作，统筹重大设备先进技术和管理理念的引进和消化；对企业自身难以解决的重大技术问题，组织国内专业院所、设计部门、制造单位、使用单位共同开展研发和技术攻关。

第七十九条 企业要结合本单位发展和安全生产要求，加强设备技术研究和开发，积极推广应用国内外先进设备技术成果，鼓励技术创新。要合理应用新技术、新工艺、新设备、新材料，解决生产经营过程中出现的设备技术问题和企业发展中遇到的设备技术难题，推进设备技术进步。

第八十条 加强设备信息化管理，按照统一规划、统一标准、统一设计、统一投资、统一建设、统一管理的原则，以 ERP 为基础建立网络化的设备管理信息体系，提高设备信息化管理水平。

第八十一条 企业有计划培养设备管理人员、专业技术人员和技能操作人员，开展多层次、多渠道、多形式的继续教育和岗位培训。

第八十二条 集团公司有关部门应制定设备管理主要技术经济指标并下发企业执行。

为全面了解和及时掌握设备技术状况，总部有关部门应按精简高效的原则制定设备报表，企业应及时认真填报。

第十章 设备安全环保和节能

第八十三条 企业必须遵守国家有关安全环保和节能的法律、法规和集团公司的有关制度，严格执行管理要求，努力实现设备本质安全，并符合环保和节能要求。

第八十四条 设备使用单位应当对设备作业人员进行设备安全环保、节能教育和培训，保证设备作业人员具备必要的设备安全环保和节能知识。设备作业人员在作业中应当严格执行设备的操作规程和有关的安全环保和节能规章制度。

第八十五条 特种设备及其安全附件、安全保护装置、海洋石油生产设施和环保设施的设计、制造、安装、使用、检验、维修、改造和报废，按照国家有关法律、法规和集团公司有关规定执行。

第八十六条 生产、储存、运输易燃易爆危险品的场所使用的设备，必须具备相应防爆性能。电气设备应定期进行检查和试验。

第八十七条 企业对设备上的安全装置应定期检验，不准擅自拆除或停用，并确保工作可靠。联锁自保设施应完好投用，特殊情况下拆除(恢复)时必须严格按程序审批，保障生产安全。

第八十八条 设备事故管理：

(一)设备事故管理按集团公司安全生产监督管理制度执行。发生设备事故须及时报上级设备主管部门。

(二)设备事故调查和处理按照“四不放过”的原则，认真分析，查清原因，根据设备损坏程度、事故性质和经济损失等情况，对责任人员严肃处理，并将事故记录存入设备档案。

第八十九条 遵守国家环境保护法规的各项要求，采取措施减少对环境的污染，鼓励采用新型环保设备。

第九十条 积极探索设备低耗高效运行的有效方法与途径，淘汰高耗低效的老旧设备，推广应用节能技术对设备进行技术改造，努力达到设备和工艺的最佳匹配，实现各类设备和系统的经济运行。

第十一章 检查与考核

第九十一条 集团公司每年组织一次设备大检查，开展企业设备管理工作创优活动。企业必须建立定期的设备检查制度和日常设备检查制度。

第九十二条 集团公司组织开展设备管理先进单位和个人的评选，并择优推荐全国设备管理先进单位和个人。

企业可结合实际进行设备管理先进单位和个人、维修能手、优秀操作人员的评选。

第九十三条 企业应结合实际情况，建立和完善设备管理考核奖惩制度。

第十二章 附 则

第九十四条 企业应根据本办法结合实际，制定本企业设备管理办法和专业管理制度。

第九十五条 本办法由集团公司生产经营管理部负责解释。

第九十六条 本办法自印发之日起施行。原《中国石油化工集团公司设备管理办法(试行)》(中国石化生〔2004〕931 号)和《中国石油化工股份有限公司设备管理办法(试行)》(石化股份生〔2004〕444 号)同时废止。

中国石油化工集团公司专利管理办法

（二○一○年六月十九日　中国石化科〔2010〕332号）

第一章　总　　则

第一条　为规范中国石油化工集团公司(以下简称集团公司)专利管理工作，充分利用专利制度，保护集团公司合法权益，鼓励职工发明创造，推动发明创造的应用，提高集团公司创新水平和市场竞争力，依据《中华人民共和国专利法》、《中华人民共和国专利法实施细则》等法律法规，特制定本办法。

第二条　本办法所称专利是指《中华人民共和国专利法》规定的发明、实用新型和外观设计专利及其他国家或地区法律规定的相关专利类型。

本办法所称专利权是指与申请专利的权利、专利申请权和专利权相关的一切权利。

第三条　本办法适用于集团公司及其所属各企事业单位(以下简称各单位)的专利管理工作。

第二章　权利归属

第四条　集团公司及各单位职工做出的职务发明创造，集团公司及各单位在科学研究、技术开发、工程设计、勘探开发、装备制造、施工建设、技术改造、生产实践、产品更新、储存运输、经营销售、信息技术应用、人才培养等活动中做出的发明创造，委托全资子公司、控股公司做出的发明创造，其专利权属于集团公司。

集团公司及各单位委托外单位或接受外单位委托做出或合作完成的发明创造，其专利权属于集团公司或按合同约定。

集团公司及各单位职工执行本单位任务，或主要利用本单位物质技术条件完成的职务发明创造，其专利权属于集团公司。集团公司及各单位职工做出的非职务发明创造，其专利权属于发明人或设计人。

第五条　集团公司及各单位派出参加各种合作的人员完成的职务发明创造，其专利权属于集团公司或按其约定。

第六条　来集团公司及各单位进修、合作、工作的人员及临时聘用的国内外人员在学习和工作期间做出的职务发明创造，其专利权属于集团公司或按其约定。

第七条　按合同或协议约定专利权共有的，要进一步约定其他权利共有人或完成开发方，未经集团公司书面同意，不得自行实施或许可他人实施该专利。合同或协议已有权利共有约定但未包括上述内容的，应与其他权利共有人或完成开发方积极协商，签订相应的补充协议。

第三章　管理和保护

第八条　集团公司专利管理工作遵循“产权集中、两级管理、注重保护、积极运用”的原则。

集团公司科技开发部(以下简称科技开发部)归口管理集团公司专利工作，其主要职责：

(一)负责制定集团公司专利发展战略、规划、计划和管理制度，并组织实施。

(二)负责集团公司专利申请、维持、放弃，专利权的许可、转让等事宜的评估和审批；管理专利工作经费，依法保护集团公司专利权益和专利技术。

(三)负责监督、指导各单位的专利管理工作，构建集团公司知识产权管理系统和平台。

(四)负责集团公司各单位年度专利考核指标的制定、考核，专利奖惩，调解、处理专利纠纷。

(五)宣传、普及《中华人民共和国专利法》，组织制定并落实专利人才培训和培养计划。

第九条　集团公司各单位应设立知识产权管理机构或专职岗位负责本单位的专利管理工作，其主要职责为：

(一)根据集团公司专利发展战略、规划、计划和相关制度，制定本单位的专利工作规划、计划和管理办法，并组织实施。

(二)负责本单位在基础研究、科研项目开发、工业试验、工业应用、生产、工程设计、工程建设、设备开发(制造)等发明创造中专利的挖掘，专利申请文本或技术交底书的撰写等工作；受集团公司委托，办理本单位专利的申请、维持、放弃和费用管理工作，负责本单位专利相关档案的管理工作。

(三)负责本单位所开发或外购技术的保护工作，对本单位所开发或外购技术进行知识产权法律风险分析。

(四)负责本单位专利工作的相关奖惩，调解处理本单位的专利纠纷；杜绝违反有关规定、合同(协议)约定导致集团公司专利相关权益受损，包括将职务发明作为非职务发明申请专利等情况的发生。

(五)按照有关法律法规和本办法的要求，负责办理涉及专利工作的其他事宜。

第十条　在科学研究、技术开发项目开题前，开发单位须对相关技术领域进行国内外专利文献和非专利文献的检索、分析，充分利用已有技术，提高研发起点，避免重复研究，促进技术创新。

第十一条　各单位应在技术创新、设计、生产、技改、建设、制造和应用等活动中持续跟踪相关技术发展动态，分析竞争对手的专利状况，努力创新突破，及时调整研究方向，防止重复研究，避免侵犯他人专利权；发现对中国石化未来发展构成威胁的专利申请，应积极查找已有技术证据，适时采取应对措施。

第十二条　各单位采用或部分采用自主开发技术，首次实施工业应用(含半工业试验、先导试验、工业试验)前，以及采用自主开发技术生产的新产品，首次投放市场前，技术提供方应将拟实施技术法律风险分析报告作为立项、许可和市场销售的依据之一报科技开发部审核。

第十三条　各单位在采用外购技术的项目立项前，须要求技术提供方提交技术知识产权法律风险分析报告，为防止购入无效、失效专利技术，合同签约前，各单位应对拟外购技术的所有相关专利、专利申请的法律状态进行核实并在本单位知识产权管理部门存档，同时报科技开发部备案；合同签约后，各单位负责定期查询其在中国的法律状况，规避专利权人在专利有效期内放弃专利权所导致的权利丧失风险。

第十四条　集团公司及各单位向境外许可技术、出售技术产品和装备等前，以及采用自主开发或外购技术、装备对外承揽项目前，承办单位需对出口国家或地区涉及该技术的相关专利和专利申请进行检索和法律风险分析，并提交集团公司境外许可技术知识产权法律风险分析报告报科技开发部审核。

第十五条　集团公司及各单位在对外签订技术、贸易合同及文件时，不得接受限制自身发展和改进引进技术的条款；在委托开发、培训、技术许可等合同中，应明确约定集团公司对所开发的发明创造享有专利权。对于在他人已有专利基础上进一步研发的委托开发项目，应在委托开发合同中明确约定新开发的知识产权权属。

第十六条　各单位应按照《科技开发部试验记录册管理办法》(石化股份科产权〔2007〕9 号)和有关档案管理规定，加强研发数据的记录和相应的档案管理，对已具备专利申请条件并适于采用专利形式保护的创新技术或产品，应适时申请专利，对未申请专利和已申请专利但尚未公开的发明创造，有义务对其内容和信息采取保密措施，并承担保密责任。

在取得专利申请号前(重要专利申请公开前)不得公开发表书面文字材料、公开使用、公开展示、销售产品、提供产品(样品、样机)等。在取得专利申请号后，方可进行项目验收(技术鉴定)、申报奖励。专利申请要求提前公开的，须经科技开发部书面同意。

第十七条　各单位应与涉密人员签订保密协议，明确规定本单位职工因调离和退休等解除劳动合同离开单位前，非本单位职工在结束学习、进修、合作研究和临时聘用离开单位前，须将全部技术资料、实验记录、材料、样品、产品、装备和图纸等交所在单位，持有相应证明文件方可离开，并对其内容、信息负有保密义务。明确职工在解除劳动合同之日起 3 年内，不得以自己或他人名义申请与原工作单位工作内容相关的专利。

第四章　专利申请与费用管理

第十八条　各单位应对所开发技术的市场前景和发展需要进行分析，并对其可专利性、是否适宜申请专利和专利申请策略等进行研究，对适宜申请专利的技术应适时办理专利申请手续。

申请国内专利时，发明单位须填报中国石化申请中国专利申报书，并提交中国专利申请信息表和代理人撰写的专利申请文本，报科技开发部审核。需要通过专利代理机构办理专利申请事宜的，须由科技开发部指定的专利代理机构办理。

第十九条　各单位在提出涉外专利申请前，应系统地进行现有技术检索、境外技术市场分析和专利申请策略研究，在取得国内专利申请号后 6 个月内，由中国石化第一发明单位向科技开发部提交中国石化申请涉外专利申报书，经审批后，由科技开发部指定的专利代理机构办理。

涉外专利申请需提出继续申请、部分继续申请、分案申请、继续审查、复审或上诉、延期申请要求的，由第一发明单位书面报科技开发部审批。

第二十条　被授予专利权后，各单位知识产权管理部门需将境内、外专利证书及授权文本正本交科技开发部存档，并将正本的扫描件上传至中国石化知识产权管理系统。

专利证书副本及与专利申请、审查、维持、放弃、许可等相关的原始资料由发明单位归档管理。

第二十一条 由集团公司所属单位纳入单位预算管理，并按照有关财务管理规定规范核算。

专利工作经费主要用于专利申请和维持、专利战略制定、专利技术调查分析和跟踪、对竞争对手的专利提出无效请求和就其专利申请提交公众意见、专利代理和培训、专家或法律咨询、维权和纠纷处理等事务。

第二十二条 集团公司与系统外单位共同拥有专利权的，在专利申请阶段涉及的全部费用和授权后的年费，均按照科技开发合同中相关知识产权条款或补充的知识产权协议，由各权利人按约定比例承担，涉外部分由各权利人按约定比例分别向代理机构支付。

第五章 专利实施与许可

第二十三条 专利技术实行有偿使用和转让。专利申请获得授权后，各单位未经集团公司书面授权，不得就该专利技术或专利产品进行许可。许可和转让事应严格按照《中国石油化工集团公司技术贸易管理办法》(中国石化科〔2008〕542 号)执行。

第二十四条 各单位向石化系统外(含境外)转让专利申请权(专利权)或以专利权出资、质押前，须向科技开发部提出书面报告，经审批后方可办理。相关合同须报科技开发部和法律事务部审核。

第二十五条 未经书面许可，所有职务发明创造的发明人、设计人不得自行实施或许可他人实施专利技术。

第二十六条 在专利申请获得授权前，所属单位不得在广告、技术交流、技术推广、产品销售、产品包装等宣传中，将未被授予专利权的技术或者设计称为专利技术或专利设计，将专利申请称为专利。

第六章 专利的维持或放弃

第二十七条 集团公司按专业领域设立由技术专家和知识产权专家组成的专利审查委员会，负责集团公司中国授权专利的维持或放弃，以及所有涉外专利申请提出、申请程序终止、授权后专利维持或放弃的审批工作。

第二十八条 对于已许可或工业应用的中国或涉外授权专利采取备案管理，不得擅自放弃。

每年 10 月 15 日—11 月 14 日由中国石化第一发明单位负责填报中国石化中国授权专利维持情况备案表和中国石化涉外授权专利维持情况备案表，报科技开发部备案登记。

第二十九条 对于尚未许可或工业应用的中国授权专利，发明专利自授权日起第 2 年，实用新型、外观设计专利自申请日起第 3 年，在每次付费维持期满前一年，由中国石化第一发明单位负责，向科技开发部提交中国石化中国授权专利维持/放弃意见表，报中国石化专利审查委员会审批，并根据审批结果缴纳专利年费。

第三十条 对于尚未许可或工业应用的涉外专利，授权后第 2 年起每次付费维持期满前一年，由中国石化第一发明单位负责，向科技开发部提交中国石化涉外授权专利维持/放弃意见表，报中国石化专利审查委员会审批，并根据审批结果缴纳专利年费。

第七章 奖 励

第三十一条 职工职务发明取得专利申请号后，各单位应对发明人、设计人给予奖励。

中国专利授权公告后，各单位应对发明人、设计人给予奖励。发明专利不少于 3 000 元/件，实用新型专利和外观设计专利不少于 1 000 元/件。

第三十二条 专利许可、转让或实施后，各单位可从新净增收益中给予职务发明人或设计人和在专利实施、推广、保护中作出突出贡献的有关人员适当奖励。

第三十三条 对技术创新、占领技术市场、防范风险、维护集团公司合法权益、制止侵权行为、挽回损失等方面取得实效并作出贡献的人员应当给予表彰和奖励。

第八章 法律责任及纠纷处理

第三十四条 违反本办法，给集团公司资产、经济利益造成损失者，视情节轻重给予责任人行政处分，并要求其赔偿经济损失，触犯法律的，由司法机关追究其刑事责任。

第三十五条 集团公司所属企业之间发生的专利纠纷、侵权、假冒专利行为，由科技开发部负责调解处理，当事人应友好协商解决。外部纠纷采取协商、协调、诉讼或其他方式解决。

第九章 附 则

第三十六条 本办法由集团公司科技开发部负

责解释。

第三十七条 本办法自应印发之日起执行，原《中国石油化工集团公司专利管理办法》(中国石化技字〔1998〕150 号)同时废止。

(附件略)

中国石油化工集团公司工程质量监测管理规定

(二〇一〇年七月二日 中国石化建〔2010〕369 号)

第一章 总 则

第一条 为进一步规范中国石油化工集团公司(以下简称集团公司)建设工程实体质量检验、检测工作，及时、准确反映建设工程实体质量状况，加大对建设工程质量的监管力度，提高科学决策水平，确保工程实体质量，特制定本规定。

第二条 本规定所称工程质量监测是指由专业工程质量监测机构(以下简称监测机构)受建设单位委托对建设工程实体质量进行的随机抽检；抽检的重点是主要设备、材料质量和已形成的工程实体质量。

第三条 本规定所称建设工程项目是指纳入集团公司投资实施计划的所有新建、扩建和改建的工程项目。

第二章 工程质量监测的委托与实施

第四条 建设单位根据工程项目具体情况，负责监测机构的委托工作；特殊情况下，可由中国石油化工股份有限公司工程部(以下简称工程部)或质量监督机构向建设单位推荐或指定监测机构。

第五条 监测机构条件

(一)被委托的监测机构须持有国家《特种设备检验检测机构核准证》B 级及以上资格证书，且注册资金不小于 1 000 万元，拥有与监测业务相配套的技术人员和仪器设备，近 5 年来有同类工程项目监测的相关业绩和工作经验。

(二)监测机构不得与工程项目的施工、检测、总承包、监理单位和设备材料供货单位有任何经济利益关系或从属关系(包括改制企业改制前的从属关系)。

(三)在同一个工程项目中已中标的检测单位不得承担该工程的监测业务。

第六条 监测委托合同

实施监测前，建设单位应与监测机构签订委托合同，明确配合监测工作的各方责任和义务，以及监测报告、不合格项整改等相关事宜。

第七条 建设单位的责任和义务

(一)负责办理监测机构的入场手续和监测工作实施过程中的相关手续。

(二)组织各有关单位为实施质量监测工作提供作业条件。

(三)提供实施监测工作所需要的工程技术资料、设计图纸、采购合同技术附件、工程进度及质量管理的相关文件、资料等。

(四)负责组织有关监测工作的技术交底。

(五)向监测机构提供各参建单位名录及联络方式。

(六)负责工程质量监测中不合格项的整改工作。

(七)向监测机构提供开展监测工作所必需的办公用房和相应通讯设施。

第八条 监测机构的责任和义务

(一)严格执行国家和行业标准规范，保证监测工作的客观性、公正性和真实性。

(二)按委托的检验、检测内容和要求编制质量监测实施计划，精心组织，认真完成各项监测工作。

(三)及时、客观地报告监测结果。

(四)严格遵守施工现场的安全管理和各项管理规定。

第九条 监理单位的责任和义务

(一)协助建设单位具体配合监测活动的实施，组织、协调各相关施工、检测单位为实施监测活动提供现场作业条件，配合完成相关监测工作。

(二)提供相关工程项目的进度报表和施工、检测过程的见证资料。

(三)协助建设单位组织对监测发现不合格项的整改。

(四)负责核查不合格项的整改情况并向监测机构报告。

第十条 总承包单位的责任和义务

(一)在监理单位的指导下组织、协调各相关施工、检测单位为实施监测活动提供现场作业条件，配合完成相关监测工作。

（二）向监测机构提供有关分包单位的相关技术文件、技术方案和资料。

（三）向监测机构提供相关的采购技术资料和技术附件。

（四）积极配合监理单位组织协调相关施工、检测单位对监测中发现的不合格项进行整改。

第十一条 施工单位的责任和义务

（一）为监测机构提供开展监测活动的必要条件，并配合完成相关的监测工作。

（二）向监测机构提供所承包工程的相关技术资料、工艺技术方案、施工组织设计、施工进度计划和见证资料等。

（三）对发现的不合格项及时制定整改措施和方案，按程序报批后认真整改。

第十二条 检验、检测单位的责任和义务

（一）积极配合开展工程质量监测工作。

（二）向监测机构提供实体质量检验、检测工作的见证资料、相关原始记录、报告(表)等。

（三）对发现的不合格项及时制定整改措施和方案，按程序报批后认真整改。

第十三条 监测报告

建设单位对监测机构的委托合同中应明确规定，监测实施过程中监测机构定期向委托单位和项目质量监督机构报告实际监测情况，重大质量问题同时报工程部或石油化工工程质量监督总站。

第十四条 不合格项的整改

监测机构对查出的严重不合格项，应在整改通知单中详细说明，建设单位负责组织整改。整改完毕后，建设单位向建设主管部门和监测机构报告整改情况，监测机构对整改结果进行确认，必要时进行复查。

第十五条 重大问题处理

监测实施过程中发现下列情况时，监测机构应及时通报相关单位，并向工程部报告，情节严重的由总部相关部门将责任单位记入黑名单。同时，监测机构应对同类产品供货质量或相关责任单位所有类似的工程实体质量或检验检测工作质量进行全面复查。

（一）设备、材料存在重大质量隐患的。

（二）施工或检验检测工作存在严重弄虚作假行为的。

（三）未按标准、规范要求施工以及检验检测，有重大危害性缺陷，给工程留下安全隐患的。

第十六条 监测工作结束后，监测机构应将监测资料汇总形成独立档案备查。

第三章 罚 则

第十七条 工程质量监测各相关责任单位不得阻碍监测工作的正常进行，违反本规定的，由总部相关部门记入不良记录档案，并予以通报；情节严重的，将追究当事人的相关责任。

第十八条 监测机构要对监测工作科学规划、认真组织、严格管理。违反本规定的，将给予严肃查处；对违反本规定的检验、检测人员视情节轻重给予经济处罚或行政处分，徇私舞弊情节严重的，追究相关责任人的法律责任。

第四章 附 则

第十九条 监测工作所用各类表格由工程部统一制定。

第二十条 本规定由工程部负责解释。

第二十一条 本规定自印发之日起施行。

中国石化档案管理办法

（二〇一〇年七月二十九日 中国石化办〔2010〕449号）

第一章 总 则

第一条 为进一步加强中国石化档案工作，推进档案工作创新提升，更好地为建设具有较强国际竞争力的跨国能源化工公司服务，依据《中华人民共和国档案法》和国家有关规定，特制定本办法。

第二条 本办法所称档案是指中国石化各单位决策部署、生产经营、企业管理、工程建设、技术开发等工作中形成的，对公司具有保存价值的，不同形式、不同载体的历史记录。

第三条 各单位的档案是中国石化有形与无形资产及生产要素的重要组成部分，是确保国有资产保值增值的有效载体，受国家法律保护，各单位依法享有管理、使用和处置的权利，并负有保护义务。

第四条 档案工作是公司生产经营、改革发展和企业管理的重要基础，是维护公司权益，传承公司历史文化的一项重要事业。各单位要加强档案工作领导，明确分管领导，及时研究解决档案工作的重大问题；要建立健全档案管理机构，明确管理职责和要求；要将档案工作纳入企业发展规划、计划及经济责任考核；要以现代管理理念、管理方法和先进技术手段不断提升档案管理水平，适应公司生产经营、改革发展和管理的需要。

第五条 中国石化档案工作实行统一领导、分级管理的原则，各单位不同类别、不同形式、不同载体的档案实行集中统一管理，以确保档案的完整与安全，促进档案的开发与利用。

第六条 中国石化档案工作总体目标：紧紧围绕建设具有较强国际竞争力的跨国能源化工公司的目标，做好核心档案、驻外机构档案管理，努力推进档案信息化建设及开发利用工作，为公司生产经营、改革发展、管理和传承历史提供支撑。

第七条 中国石化档案工作基本要求：

（一）提升创新能力。积极探索档案管理的新思路、新方法，由传统管理方式向开放、主动、服务管理方式提升。

（二）提升科学规范水平。做到管理有法可依、有章可循，推进档案管理文本化、制度化、标准化建设。

（三）提升服务能力。坚持管理与服务并重，在不断加强档案资源建设的同时，努力开发档案信息资源为公司发展提供优质服务。

（四）提升信息化管理水平。积极推进档案信息化及电子文件管理，努力实现档案服务的数字化、网络化。

（五）提升综合管理能力。进一步加强员工档案、驻外机构档案、声像档案、专门档案的管理。

（六）提升开发能力。由日常提供利用向深度开发、专题编研转变。

（七）提升专业化管理水平。努力实现档案人员学历、年龄、专业的合理配备。

第八条 档案开发与利用是档案工作的主题，是档案工作发展的动力源泉，是创新提升的重中之重。档案开发与利用要注重加强核心档案资源的保护能力，服务企业决策的信息提供能力，企业重要权益的保障能力，生产经营、工程建设、技术改造和重大活动的支持能力，改革发展历程的反映能力，先进企业文化的传承能力，企业员工正当权益的保护能力等方面的建设。

第九条 档案信息化是公司信息化的组成部分，是公司电子文件（信息资源）有效管理的保障，是档案科学管理、提升服务水平的重要基础。档案信息化建设要纳入公司信息化建设规划，建立与公司发展要求相适应的档案信息管理平台，实现档案信息资源采集自动化、存储数字化、管理网络化、服务人性化的专业管理模式，建立和完善档案信息管理标准规范，努力提高档案信息管理与服务水平。

第二章 档案机构及其职责

第十条 各单位应设立与本单位管理要求相适应的档案机构，大型油田和具备条件的大型炼化企业应设立综合档案馆，其他油田、炼化、销售企业和科研、设计施工、专业公司、事业单位应设综合档案室，加强档案集中统一管理与档案工作指导的监督能力；新建单位、驻外机构（项目部）等暂不具备设立综合档案室的应设专职档案管理岗位。档案人员、档案管理设施设备要适应档案库藏管理与开发利用的需要。要建立健全档案管理体制和管理网络，确保档案管理与公司生产经营管理同步。

第十一条 各单位档案部门要适应公司管理体制，统一管理上市、非上市及合资、合作、驻外机构形成的档案，并采取全宗分类管理。

第十二条 中国石化档案工作在国家档案局、国资委的监督和指导下，由办公厅负责宏观协调、指导和监督管理。

第十三条 各单位档案部门的主要职责：

（一）贯彻执行上级档案工作的法律、法规和政策措施。

（二）适应公司发展要求，建立健全档案工作规章制度，完善档案工作流程，制定岗位职责及考核管理措施。

（三）指导业务部门文件材料的形成、积累和整理归档工作，研究制定具有本单位特点，覆盖全面、分类准确、指向清晰、操作性强的归档范围，落实归档要求，推进核心档案资源建设。

（四）统一管理本单位的档案和有关重要资料，

积极开展档案统计、库房管理、安全检查、查询服务等工作。

（五）围绕中心开展档案开发利用工作，积极为企业历史研究、生产经营支持和决策管理、企业文化提供档案编研成果。

（六）组织实施档案信息化建设，管理本单位档案管理系统，并不断完善系统功能，负责电子文件的收集与管理工作。

（七）指导、监督专项工作（重大活动、工程、科研等）及合资合作、驻外机构（项目）的档案工作，组织开展专项工作档案验收。

（八）组织档案业务培训，不断提高档案人员的理论水平和专业素质。

第十四条 档案人员应忠于职守，遵纪守法，具备较高的政治水平和专业知识。各单位应选拔政治素质高、事业心强、大局意识强的优秀人才到档案领导岗位，保持档案队伍年龄、专业化的合理结构，适当配备信息技术和主营业务专业技术人员从事档案工作，以适应公司档案事业发展的需要。

所学专业为非档案专业的人员上岗前须获得档案专业培训上岗资格，档案人员享受专业技术人员同等待遇。

第三章 档案管理

第十五条 凡是反映本单位法律权证、重大决策部署、规划、计划、生产经营管理、员工管理、技术研发、油气勘探与工程建设、设备与产品管理、销售与市场管理等活动形成的具有保存价值的文件材料（指不同形式、不同载体的记录），均按照归档要求向本单位档案部门移交，实行集中管理。任何部门和个人不得私自保存、擅自销毁或据为己有。

重点加强文书、专有技术、合同协议、权证、财务、工程建设、勘探开发等核心档案的收集管理。

第十六条 实行“谁形成，谁归档”的归档整理制度。各业务部门（项目部、临时机构）要把文件材料归档整理工作列入工作计划，将文件材料形成、积累和整理工作纳入管理范围和岗位职责。

归档文件材料应为工作留存的原件。需归档的文件材料形成时应做到字迹工整、图样清晰，使用签字笔或蓝黑、碳素墨水、墨汁等耐久性好的书写材料。

第十七条 各类档案的整理及质量要求，执行《归档文件整理规则》（DA/T 22—2000）、《科学技术档案案卷构成的一般要求》（GB/T 11822—2008）、《科学技术研究课题档案管理规范》（DA/T 2—1992）、《会计档案管理办法》（财会字〔1998〕32号）、《中国石油化工集团公司声像档案管理规定》、《中国石化集团企业档案分类规则（试行）》、《干部人事档案材料收集归档规定》、《中国石油化工股份有限公司地质资料管理办法》、《中国石油化工集团公司合同管理规定》等国家和中国石化颁发的有关标准、规范。

第十八条 工程、科研、信息化项目档案的形成、归档等要求，分别执行《国家重大建设项目文件归档要求与档案整理规范》（DA/T 28—2002）、《石油化工工程建设项目交工技术文件规范》（SH/T 3503—2007）、《中国石油化工集团公司专利管理办法》、《中国石油化工集团公司专有技术管理办法（试行）》和《中国石化信息技术项目验收管理办法》等规范、标准。

由几个单位共同完成的工程、科研、信息化项目，由建设（主办）单位保存全套档案，设计、施工、监理、协作等单位保存本单位承担任务的档案正本。

第十九条 产品（科研）成果鉴定、建设项目竣工验收、设备开箱等活动严格执行国家及中国石化有关规定，档案部门负责相关档案的收集管理工作，按照《重大建设项目档案验收办法》（档发〔2006〕2号）、《国有企业文件材料归档办法》（档发〔2004〕4号）、《石油化工建设工程项目竣工验收规定》（SH/T 3904—2005）和《中国石油化工集团公司科学技术成果鉴定管理办法》、《中国石油化工集团公司建设项目档案验收办法》，认真做好公司固定资产投资项目档案资料的验收工作。

档案资料不完整、不准确、不符合质量要求的，不得以行政命令强行签字验收；申报科研成果、工程项目、产品创优评奖，须由档案部门对归档材料审核后方可申报。

第二十条 驻外办事处、工程项目部等境外机构形成的各类档案按照《中国石油化工集团公司驻外机构档案管理规定（试行）》执行。

第二十一条 贯彻落实电子文件归档管理的有关政策法规，研究解决本单位各类电子文件归档管理措施办法，建立相应的管理制度，落实电子文件归档管理责任，确保公司各类电子文件管理真实可靠、齐全完整。

具有法律凭证性的电子文件，归档时须保存一套与其对应的纸质文件，做好重要电子档案的异地备份，确保电子文件安全。

第二十二条 因机构撤并或企业重组改制、承包、租赁、兼并、破产等产权关系变化时，对原有档案和处理产权关系形成的档案必须妥善保管。档案归属问题，按照国家档案局《国有企业资产与产权变动档案处置办法》和集团公司《关于加强改制分流中档案处置工作的意见》等规定办理。

第二十三条 档案库房应符合《档案馆建设标准》(国家档案局编制，2008 年 2 月建设部、发改委发布)的要求，配置必要的保管设施及现代化管理设备，采用先进技术及方法，建立档案安全应急预案，确保档案安全。

第二十四条 涉及国家秘密和中国石化商业秘密的档案密级划定、变更和解密，严格按照中国石化商业秘密保护相关规定办理。

第四章 档案开发利用

第二十五条 提供利用档案应严格执行档案借阅制度，遵守国家《保密法》和中国石化商业秘密、知识产权保护的管理规定。

第二十六条 提供利用档案应以电子档案或复制件代替原件，档案复制件载有档案部门负责人签名或档案部门印章标记的，具有与档案原件同等的效力。

第二十七条 采用先进技术手段，为档案查询利用提供便捷的检索阅览服务，积极推进档案数字化进程，努力提升档案高效快捷的服务能力。

第二十八条 增强服务意识。树立全局思维、战略思维、前瞻思维的服务意识，掌握了解公司发展大局及生产经营管理情况，超前预测、超前谋划，积极为中心工作、重点工作做好档案服务；树立创新服务意识，积极探索档案服务的新思路、新方法。

第二十九条 加强开发利用。要结合专项工作、重点工作编制便捷的专题档案目录；深入开发档案信息资源，积极编制企业资质、宣传、成就、史志等实用价值高的编研成果，为公司发展提供优质高效的服务。

第三十条 重大决策部署、地质勘探、研发技术、人事、纪检监察等档案资料的利用，要严格遵守保密管理规定，设定利用权限，严格审查登记制度。

第三十一条 对中国石化利益、稳定和国家安全有影响的档案(含复制件)，其利用和对外公布要按照中国石化有关规定办理。

第五章 奖励与处罚

第三十二条 有下列事迹之一的，由有关部门和所在单位给予表彰和奖励：

(一)认真执行档案工作法规、政策，在监督指导工作中做出显著成绩或同违反档案法律、法规行为作斗争表现突出的。

(二)在档案收集、整理、保管、统计、鉴定、开发利用工作中做出显著成绩或在档案面临危险时抢救档案有功的。

(三)在征集档案方面成绩显著或将个人收藏的重要、珍贵的档案捐赠给本单位的。

(四)在档案保护、档案现代化管理及档案学术研究上做出重要贡献的。

(五)长期从事档案工作成绩显著的。

第三十三条 有下列行为之一的，视情节轻重，由本单位或上级单位参照国家、中国石化有关规定给予通报、处分、经济处罚；构成犯罪的移交司法机关依法追究刑事责任：

(一)不按规定建立档案工作和档案管理制度，或档案保管条件不当危及档案安全造成档案损失的。

(二)发现档案破损、变质、丢失、泄密等情况，未及时采取措施造成档案损失的。

(三)不按规定将应归档文件材料向本单位档案部门移交或据为已有的。

(四)涂改、伪造、盗窃、抢劫档案或擅自提供、抄录、公布和损毁本单位档案的。

(五)出卖本单位档案或非法携运禁止出境档案及档案复制件的。

第六章 附　　则

第三十四条 本办法适用于集团公司各企事业单位、股份公司各分(子)公司，中国石化控股企业参照本办法执行。

第三十五条 本办法由办公厅负责解释。

第三十六条 本办法自印发之日起施行。原《中国石油化工集团公司档案管理办法(试行)》(中国石化厅〔2001〕54 号)同时废止。

中国石化视觉识别系统规范使用管理办法

（试 行）

（二〇一〇年八月二十六日 中国石化办〔2010〕502号）

第一章 总 则

第一条 为加强中国石油化工集团公司、中国石油化工股份有限公司（以下简称中国石化）的视觉识别系统规范管理，提升品牌形象，促进业务发展，结合中国石化实际情况，特制定本办法。

第二条 本办法所称视觉识别系统规范（VI），是指中国石化标识应用于生产、经营、会议、展览、广告、包装等不同环境中的各种视觉形象设计。

第三条 视觉识别系统规范使用实行统一规范、分级管理。

第四条 《中国石化视觉识别手册》由中国石化制定并统一印发。

第五条 本办法适用于中国石化及中国石化所属各企事业单位、各分（子）公司、合资合作单位、各驻外机构（以下统称各单位）。

第二章 管理机构和职责

第六条 中国石化成立品牌管理领导小组，由一名党组领导任组长，相关部门负责人为小组成员。品牌管理领导小组是视觉识别系统规范管理工作的决策机构，其主要职责：

（一）研究制定有关品牌建设与管理的重大议题和制度；

（二）审议中国石化视觉识别系统规范；

（三）审批中国石化视觉识别系统规范许可使用申请的具体范围。

第七条 品牌管理领导小组办公室设在办公厅，协助品牌管理领导小组落实具体工作，其主要职责：

（一）拟定中国石化视觉识别系统规范，制定相关规章制度；

（二）组织开展《中国石化视觉识别手册》的发布和推广；

（三）面向社会宣传中国石化视觉识别系统规范；

（四）负责各单位视觉识别系统规范使用的审批、备案、培训、监督和考核；

（五）完成品牌管理领导小组交办的相关工作及其他有关中国石化视觉识别系统规范使用的工作。

第八条 法律事务部负责协助品牌管理领导小组办公室做好下列工作：

（一）中国石化商标注册、变更、许可、转让、维权等工作；

（二）中国石化视觉识别系统使用涉及相关法律纠纷咨询、指导和处理工作；

（三）监督、检查商标的使用与管理工作。

第九条 外事局负责协助品牌管理领导小组办公室做好中国石化境外机构视觉识别系统规范使用的管理工作。

第十条 思想政治工作部负责结合企业文化建设纲要的宣传贯彻，协助品牌管理领导小组办公室组织开展中国石化视觉识别系统规范使用的宣传贯彻工作。

第十一条 各事业部负责协助品牌管理领导小组办公室做好职责范围内的视觉识别系统规范使用与管理工作。

第十二条 各单位负责按照品牌管理领导小组办公室及各事业部的要求，做好职责范围内的视觉识别系统规范使用与管理工作，指导下属单位规范使用视觉识别手册。

第三章 使用与管理

第十三条 中国石化标识使用范围包括：

（一）办公、会议、展览、生产、经营、服装、环境等场合；

（二）对外广告宣传活动；

（三）办公品、礼品、促销品；

（四）加油站、终端店面等；

（五）产品包装；

（六）其他涉及标识应用的场合。

第十四条 拥有自有企业标识的单位，必须统一使用中国石化标识（1年过渡期），严格按照《中国石化视觉识别手册》规范执行，原没有自己标识的企业，不再另行设计，统一使用中国石化标识。

第十五条 若系统外单位使用中国石化标识必须报品牌管理领导小组办公室审批，未经审批，任何单位和个人均无权使用或许可其他单位和个人使用中国石化标识。

第十六条 合资合作单位依据股权比重，双方协商后规范使用中国石化标识。

第十七条 各单位在办公、生产、经营、会议等场合尤其是对外宣传活动中应在明显位置标注中国石化标识。

第十八条 各单位在签订涉及中国石化视觉识别的对外合资合作合同时，要明确标识的使用等相关事宜。

第十九条 各单位要明确专人负责本单位视觉识别系统规范的使用和管理。

第二十条 各单位根据自身情况制定本单位的视觉识别手册及管理办法，并报办公厅及相关事业部备案，备案内容包括图案、文字、设计理念、设计时间等。

第二十一条 各单位使用视觉识别系统规范及制作带有中国石化标识的物品时，要严格遵守相关的法律规定，严格执行《中国石化视觉识别手册》所规定的内容，不得改变其标准色、文字、图形、字母及其组合，对《中国石化视觉识别手册》之外的项目，由各单位报办公厅及相关事业部备案后，方可制作使用。

第二十二条 各单位应加强对中国石化视觉识别系统规范使用的管理，妥善保管标识注册、许可、使用等相关文件、图片资料。

第二十三条 各单位应妥善保存、使用《中国石化视觉识别手册》，不得复制、转借、丢失。

第二十四条 品牌管理领导小组办公室定期对各单位进行培训，各单位应对其下属单位进行再培训。

第二十五条 中国石化商标的管理、使用、许可等工作按照《中国石油化工集团公司商标管理办法》和《中国石油化工股份公司商标管理办法》执行。

第四章 保护与奖惩

第二十六条 各单位应当强化视觉识别系统规范使用的维权意识，发现侵犯行为应及时向法律事务部报告，利用行政及司法手段维权。

第二十七条 品牌管理领导小组办公室每年对各单位视觉识别系统规范使用情况进行抽查，主要内容包括：

（一）视觉识别系统规范建设情况；

（二）标识使用是否符合《中国石化视觉识别手册》规定；

（三）视觉识别系统规范使用档案管理情况。

第二十八条 品牌管理领导小组办公室对中国石化视觉识别系统规范使用情况实行年度考核，对管理工作成绩显著的单位和个人给予表彰，对违反本办法规定，未经授权擅自许可他人使用的单位，一经发现立即予以纠正并进行通报批评，对品牌形象造成不良影响的，追究相关单位责任。

第五章 附 则

第二十九条 原《关于印发使用石化集团公司形象识别手册的通知》（中国石化〔1998〕厅字7号）和《关于印发使用中国石油化工股份有限公司企业形象识别手册的通知》（石化股份发〔2000〕126号）的相关内容由《中国石化视觉识别手册》替代。

第三十条 本办法由办公厅负责解释。

第三十一条 本办法自印发之日起试行。

中国石油化工集团公司优质工程管理办法

（二〇一〇年十月十六日 中国石化建〔2010〕578号）

第一章 总 则

第一条 为不断提高中国石油化工集团公司（以下简称集团公司）工程建设管理水平、推动工程建设企业强化工程质量管理和项目管理，规范工程建设项目创优工作，依据国家相关法规和政策、国家级优质工程相关管理办法和集团公司有关规定，特制定本办法。

第二条 集团公司设“中国石油化工集团公司优质工程奖”作为系统内工程建设质量最高奖项，每年评审一次。工程企业管理部是集团公司优质工程相关工作的归口管理部门，中国建筑业协会石化建设分会配合工作。

第三条 集团公司优质工程的范围和规模

同时满足以下规定的工程方可纳入集团公司优

质工程的创优和申报评审范围。

（一）在中国境内的集团公司系统内工程或国家有关部门委托集团公司进行建设管理的系统外工程。

（二）列入国家、集团公司固定资产投资计划的各类工业工程、公用工程、装置或独立的建、构筑物等。工程应为完整体系并具有独立使用能力和使用功能。

（三）项目投资规模在5 000万元以上（含5 000万元），施工产值在2 000万元以上（含2 000万元）。

第四条 集团公司实施工程过程创优管理，凡符合本办法第三条规定的、以取得集团公司优质工程奖及以上级别工程质量奖为目标开展创优活动的工程，为创优工程。

第二章 创优工程计划管理

第五条 每一创优工程须编制工程创优计划。创优主体单位（一般为建设单位、工程总承包单位、施工总承包单位）负责工程创优计划的编制并组织实施。

每一创优工程只能确定一个创优主体单位，两个及以上单位联合承建创优工程时，须自行协商确定其中一家为创优主体单位。

第六条 工程创优计划应有明确的创优工程范围、创优目标和具体实施措施。计划涉及的业务领域一般应涵盖勘察、设计、采购、施工、试车保运、监理等。计划内容一般应包括创优工作组织结构及职责，创优工作体系及流程，质量、技术、安全、施工现场、资源配置及分包、环保、社会责任等。

工程创优计划中应有明确的科技和管理创新目标及实施措施。

第七条 工程创优计划须建立包括总体计划和分解计划在内的计划体系。总体计划由创优主体单位编制，其他参建单位依据总体计划编制分解计划。

第八条 工程创优总体计划原则上在项目开工后或合同签订后3个月内编制完成，并报工程企业管理部备案。分解计划编制完成时间由创优主体单位根据项目实际确定。

第三章 创优工程过程评价管理

第九条 每一创优工程原则上进行不少于2次的过程评价。

第十条 过程评价主要依据国家有关法规、标准、规程，集团公司有关规定、标准，工程创优计划的要求等。对同时创国优的工程，还应依据国优相关规定进行过程评价。

第十一条 过程评价主要内容为项目创优工作的总体情况检查评价、项目质量行为检查评价和必要的实体质量检查评价，涉及勘察、设计、采供、施工、监理等方面。主要包括：创优计划编制分解及实施情况，创优组织体系、质量保证体系建立和运行情况，部优（国优）规定性指标和基础性文件资料具备情况，反映参建单位质量行为的各类文件、记录、报告，工程实体观感及工程影像，必要的工程实体实测实量及试验，科技、管理创新的实施情况等。

第十二条 过程评价采取自我评价和外部评价两种方式

（一）自我评价由创优主体单位组织。每次自我评价结束后15日内，创优主体单位须将评价意见报工程企业管理部备案。

（二）外部评价由工程企业管理部组织。具体实施由工程企业管理部委托专家组在工程现场进行，或结合集团公司对项目建设开展相关大检查时进行。

（三）以专家组形式进行的过程评价，具体检查内容由专家组参照本办法第十一条规定，在过程评价前向创优主体单位书面提出；与集团公司相关大检查相结合的过程评价，具体评价内容为大检查内容。

（四）外部评价完成后15日内，创优主体单位须将专家组书面评价意见或大检查结论性意见报工程企业管理部备案。

第十三条 对创国优的工程，集团公司（工程企业管理部）组织的过程评价与国家级行业协会组织的过程评价不重复进行。

第十四条 各类有关过程评价的资料须存档管理。

第四章 优质工程奖申报管理

第十五条 申报条件

（一）申报单位应为创优主体单位。

（二）参建单位由申报单位一并上报，申报单位在上报参建单位前应征得该参建单位的意见。

（三）申报参建单位数量不限，但集团公司系统外单位（除改制分流单位）须同时满足以下条件：

1. 企业资质不低于一级或甲级；

2. 在2亿元以下施工产值的项目中，完成施工产值15%及以上；在2亿元及以上施工产值的项目中，完成施工产值3 000万元及以上。

（四）申报优质工程涉及的工程建设企业须取得

国家或地方有关部门颁发的相关许可证书、企业资质证书等，其资质等级应与申报或参建工程规模相适应。

（五）申报优质工程须按照本办法规定，制定并实施了创优工程计划，进行了过程评价检查并按时备案。

（六）申报优质工程须符合国家和行业设计标准、规范，并有相应的证明资料。建在城市规划区内的工程必须符合城市规划要求。

（七）申报优质工程单位工程合格率应为 100%，安装单位工程优良率 90% 以上，焊接一次合格率 96% 以上，投料试车一次成功。

（八）申报优质工程在建设过程中未发生重大质量事故和四级（含）以上重大安全事故。

（九）申报优质工程是已实现竣工验收的工程（含中间交工 6 个月以上的工程）。申报时限为自竣工（中间交工）完成日至申报截止日 5 年内（含申报年度）。

（十）已参加过省部级优质工程奖评审的工程不再申报。

（十一）受到省、部级及以上主管部门通报批评或资质降级处罚的单位，自处罚之日起，3 年内不得申报。

第十六条　申报程序

（一）每年 4—6 月份，工程企业管理部下发有关申报优质工程奖的通知。

（二）申报单位按通知要求填写、汇编《中国石油化工集团公司优质工程奖工程申报表》及相关资料报工程企业管理部。

第五章　优质工程奖评审管理

第十七条　集团公司优质工程奖评审工作分为工程资料初审、工程现场复查、优质工程奖审定 3 个阶段。

第十八条　工程资料初审由工程企业管理部组织专家组具体实施。专家组由具有高级专业技术职称、熟悉工程专业知识和优质工程管理的专家 3—5 人组成。专家组对工程资料初审后，提出申报工程是否合格的书面意见并填制申报工程初审表和工程初审总结表报工程企业管理部。

第十九条　申报工程经初审合格后方可进行工程现场复查。

第二十条　工程现场复查

（一）工程现场复查由工程企业管理部组织专家组具体实施。专家组由具有高级专业技术职称、熟悉工程专业知识和优质工程管理的专家组成。每个项目现场复查专家组由 3—4 人组成。

（二）工程现场复查工作包括：

1. 听取申报单位及参建单位关于工程建设和创优情况的书面汇报。

2. 观看工程影像资料。

3. 检查工程现场。

4. 听取申报单位和参建单位以外的相关单位对工程管理、安全、质量、效益等情况的评价意见。

5. 查阅工程有关资料。

6. 现场复查情况讲评。

（三）现场复查完成后，专家组须提出书面复查意见并经专家组长和申报单位代表签字确认后报工程企业管理部。

第二十一条　优质工程奖审定

（一）优质工程奖的审定机构是集团公司优质工程奖审定委员会（以下简称审定委员会），其组织成立和换届工作由工程企业管理部负责。

（二）审定委员会由总部有关工程建设管理部门的人员、直属企业分管工程建设工作的领导和有关专家组成，设委员 13—15 人，其中 1 人为主任委员。主任委员和委员实行按届聘任制，每届聘期 4 年，可连聘。

（三）工程企业管理部将工程现场复查意见送审定委员会审查。审查可采取会审或函审方式，委员表决确定集团公司优质工程奖获奖工程，获奖工程须取得三分之二及以上委员的同意。

第二十二条　国优工程推荐由工程企业管理部负责，委托中国建筑业协会石化建设分会负责有关的具体组织协调工作。

第六章　奖　　惩

第二十三条　对获得集团公司优质工程奖的工程，集团公司将行文公布，并授予奖牌、证书。

第二十四条　获得集团公司优质工程奖的单位及有关人员享有集团公司及国家相关奖项、荣誉的优先推荐权。

第二十五条　集团公司优质工程奖获奖单位可对参与工程项目建设，并有突出贡献的人员给予物质和精神奖励。

第二十六条　申报评审过程中若发现申报单位弄虚作假，则终止后续工作并通报批评；评审人员若弄虚作假，则取消参加评审工作的资格并通报批评。

第二十七条　获奖单位授奖后，如发现与优质工程相关规定不符者，取消荣誉并给予通报批评。

第七章 附 则

第二十八条 本办法由集团公司工程企业管理部负责解释。

第二十九条 本办法自印发之日起实施。原《中国石油化工集团公司优质工程奖工程评审办法》(中国石化〔2004〕建施字106号)同时废止。

（附件略）

统计资料

◇ 中国石油化工统计

◇ 世界石油化工统计

中国石油化工统计

表1 石化集团公司主要经济指标

项目 \ 年份	2010	2009	2008	2007	2006	2005
工业总产值(现价)/亿元	14 792. 16	10 418. 68	12 591. 48	10 657. 88	9 765. 19	7 923. 80
实现利税总额/亿元	3 477. 19	2 738. 89	1 219. 19	1 586. 18	1 390. 34	1 099. 57
利　润	1 052. 16	816. 91	263. 97	757. 14	672. 35	557. 36
年末职工总数/万人	62. 23	61. 92	62. 49	63. 57	66. 62	70. 19
工资总额/亿元	361. 57	322. 07	309. 18	285. 53	231. 80	221. 79
主营业务收入/亿元	19 478. 70	13 754. 31	14 470. 85	12 079. 66	10 646. 67	8 230. 12
资产总值/亿元	14 852. 41	12 888. 90	10 448. 49	9 955. 71	8 641. 15	7 298. 53
固定资产原值	8 167. 15	7 430. 34	6 629. 84	5 917. 18	7 905. 34	7 043. 35
固定资产净值	4 570. 03	4 157. 70	3 653. 80	3 375. 56	4 466. 51	3 876. 27
负债总值/亿元	8 516. 37	7 375. 17	5 637. 16	5 420. 28	4 777. 92	3 847. 03
流动负债	4 924. 58	4 600. 24	3 570. 99	3 482. 71	2 980. 60	2 441. 74
非流动负债	3 591. 79	2 774. 93	2 066. 16	1 937. 56	1 797. 31	1 405. 27

表2 石化集团公司主要产品产量占全行业比重 万吨

项目 \ 年份	2010	2009	2008	2007	2006	2005
原　油	4 256. 08	4 241. 55	4 180. 28	4 108. 04	4 016. 74	3 927. 07
全行业	20 301. 40	18 990. 20	19 505. 00	18 632. 00	18 477. 00	18 135. 00
占全行业/%	20. 96	22. 34	21. 43	22. 05	21. 74	21. 65
天然气/亿立方米	125. 00	84. 68	83. 00	80. 03	72. 70	62. 85
全行业	944. 80	843. 10	803. 00	692. 40	585. 50	493. 20
占全行业/%	13. 23	10. 04	10. 34	11. 56	12. 42	12. 74
原油加工量	21 296. 59	18 823. 49	17 753. 05	17 067. 76	16 118. 07	15 324. 57
全行业	42 286. 80	37 286. 40	34 718. 03	32 986. 11	30 713. 59	29 457. 07
占全行业/%	50. 36	50. 48	51. 13	51. 74	52. 48	52. 02
汽煤柴润总量	12 680. 33	11 588. 58	10 947. 24	10 051. 31	9 461. 65	9 134. 14
全行业	26 134. 30	23 737. 90	21 534. 02	20 119. 19	18 789. 98	17 996. 99

续表

项目＼年份	2010	2009	2008	2007	2006	2005
占全行业/%	48.52	48.82	50.84	49.96	50.35	50.75
汽　油	3 638.89	3 490.00	3 010.36	2 701.58	2 545.98	2 511.49
全行业	7 675.30	7 301.00	6 359.49	5 999.57	5 591.45	5 405.34
占全行业/%	47.41	47.80	47.34	45.03	45.53	46.46
煤　油	1 242.17	1 039.43	798.69	832.01	635.40	662.90
全行业	1 714.70	1 487.70	1 165.23	1 159.57	969.13	988.56
占全行业/%	72.44	69.87	68.54	71.75	65.56	67.06
柴　油	7 655.61	6 925.92	7 017.48	6 384.54	6 161.58	5 822.34
全行业	15 887.40	14 190.70	13 324.74	12 336.67	11 648.04	11 061.58
占全行业/%	48.19	48.81	52.67	51.75	52.90	52.64
润滑油	143.66	133.24	120.70	133.18	118.70	137.40
全行业	856.90	758.50	684.56	623.38	581.36	541.51
占全行业/%	16.77	17.57	17.63	21.36	20.42	25.37
乙　烯	918.95	671.33	635.94	669.39	633.10	549.63
全行业	1 426.58	1 077.20	998.26	1 027.80	940.50	755.53
占全行业/%	64.42	62.32	63.70	65.13	67.32	72.75
塑　料	1 339.80	1 090.73	1 025.87	1 062.65	957.92	858.14
全行业	4 360.90	3 686.70	3 222.40	3 083.34	2 593.71	2 150.23
占全行业/%	30.72	29.59	31.84	34.46	36.93	39.91
合成橡胶	129.04	117.33	108.39	106.65	90.79	84.30
全行业	310.00	277.60	253.47	218.21	195.84	166.08
占全行业/%	41.63	42.27	42.76	48.87	46.36	50.76
合成纤维原料	597.47	506.56	472.01	523.41	452.13	407.56
全行业	1 373.80	1 171.50	1 086.68	1 013.23	809.82	750.03
占全行业/%	43.49	43.24	43.44	51.66	55.83	54.34
合成纤维聚合物	325.91	304.90	266.97	291.07	284.70	277.76
全行业	1 358.50	1 302.20	1 153.01	1 148.96	890.28	870.38
占全行业/%	23.99	23.41	23.15	25.33	31.98	31.91

续表

项目＼年份	2010	2009	2008	2007	2006	2005
合成纤维	140.57	131.40	127.44	143.82	152.26	160.07
全行业	2 852.70	2 457.90	2 175.18	2 176.03	1 877.66	1 663.73
占全行业/%	4.93	5.35	5.86	6.61	8.11	9.62
合成氨	119.10	135.15	124.16	114.38	109.06	124.31
全行业	4 963.20	5 084.70	4 944.99	5 091.90	4 894.60	4 616.90
占全行业/%	2.40	2.66	2.51	2.25	2.23	2.69
氮肥（折合氮100%）	71.14	92.95	89.48	86.33	88.79	97.18
全行业	4 521.10	4 688.30	4 263.24	4 217.31	3 782.34	3 575.91
占全行业/%	1.57	1.98	2.10	2.05	2.35	2.72
尿　素（实物量）	122.34	175.22	164.86	156.46	160.91	177.96
全行业	5 470.22	5 903.04	5 769.59	5 432.12	4 846.30	4 228.60
占全行业/%	2.24	2.97	2.86	2.88	3.32	4.21

注：2010年原油加工量统计包含重质油、凝析油，2005—2009年相关统计数据口径相应进行了调整。2005—2009年全行业数据有变动。

表3　　石化集团公司与全行业石油产品分品种产量　　万吨

项目＼年份	2010	2009	2008	2007	2006	2005
原油加工量						
石化集团公司	21 296.59	18 823.49	17 753.05	17 067.76	16 118.07	15 324.57
全行业	42 286.80	37 286.40	34 718.03	32 986.11	30 713.59	29 457.07
汽煤柴润总量						
石化集团公司	12 680.33	11 588.58	10 947.24	10 051.31	9 461.65	9 134.14
全行业	26 134.30	23 737.90	21 534.02	20 119.19	18 789.98	17 996.99
汽　油						
石化集团公司	3 638.89	3 490.00	3 010.36	2 701.58	2 545.98	2 511.49
全行业	7 675.30	7 301.00	6 359.49	5 999.57	5 591.45	5 045.34
煤　油						
石化集团公司	1 242.17	1 039.43	798.69	832.01	635.40	662.90
全行业	1 714.70	1 487.70	1 165.23	1 159.57	969.13	988.56
柴　油						
石化集团公司	7 655.61	6 925.92	7 017.48	6 384.54	6 161.58	5 822.34

续表

项目＼年份	2010	2009	2008	2007	2006	2005
全行业	15 887.40	14 190.70	13 324.74	12 336.67	11 648.04	11 061.58
润滑油						
石化集团公司	143.66	133.24	120.70	133.18	118.70	137.40
全行业	856.90	758.50	684.56	623.38	581.36	541.51
溶剂油						
石化集团公司	51.08	68.82	62.12	91.32	103.52	109.52
全行业	168.20	144.30	118.79	133.45	159.76	175.80
燃料油						
石化集团公司	411.66	414.05	656.53	826.02	729.33	794.30
全行业	2 115.40	1 894.80	2 292.87	2 433.05	2 264.71	2 416.69
商品量						
石化集团公司	315.33	320.15	512.96	629.28	514.62	543.37
全行业	848.03	769.55	1 012.90	1 149.34	958.82	1 024.06
石　蜡						
石化集团公司	45.93	43.12	45.23	50.67	49.49	49.57
全行业	130.92	131.57	152.00	162.73	157.34	163.50
石油焦						
石化集团公司	1 267.44	1 105.04	1 034.18	848.70	754.46	646.36
全行业	1 610.43	1 424.54	1 379.91	1 191.56	1 098.02	968.51
石油沥青						
石化集团公司	611.53	473.08	285.99	332.17	350.43	282.50
全行业	2 617.80	2 372.20	1 523.26	1 433.15	1 238.07	1 037.92
洗涤剂原料						
石化集团公司	37.65	33.01	14.97	18.06	17.00	15.63
全行业	59.73	51.50	39.16	40.99	44.93	43.51
化工轻油						
石化集团公司	3 512.18	2 696.37	2 329.03	2 411.77	2 339.46	2 152.55
全行业	5 245.32	4 068.71	3 364.49	3 501.65	3 302.70	2 916.25
商品原料油						
石化集团公司	689.51	647.04	596.53	618.14	551.35	543.55
全行业	1 023.77	933.06	908.23	920.36	865.11	766.22

注：2010 年原油加工量统计包含重质油、凝析油，2005—2009 年相关统计数据口径相应进行了调整，2005—2009 年全行业数据有变动。

表 4　石化集团公司与全行业有机化学品分品种产量　万吨

项目 \ 年份	2010	2009	2008	2007	2006	2005
乙烯						
石化集团公司	918.95	671.33	635.94	669.39	633.10	549.63
全行业	1 426.58	1 077.20	998.26	1 027.80	940.50	755.53
丙烯						
石化集团公司	752.97	633.65	613.08	616.83	564.75	504.98
全行业						
丁二烯						
石化集团公司	122.93	86.72	83.39	84.30	76.69	73.99
全行业						
纯苯						
石化集团公司	352.15	248.81	224.20	247.12	224.63	190.73
全行业	553.10	466.00	418.27	416.76	347.72	307.95
甲苯						
石化集团公司	107.96	58.91	68.80	80.18	84.14	62.12
全行业						
二甲苯						
石化集团公司	163.69	89.79	73.51	72.64	96.11	75.48
全行业						
烷基苯						
石化集团公司	11.88	12.55	10.55	29.99	29.41	26.62
全行业						
对二甲苯						
石化集团公司	402.31	297.73	193.24	237.27	223.99	189.21
全行业	517.51	355.47	264.13	314.18	278.89	223.35
苯乙烯						
石化集团公司	163.68	109.94	109.94	114.17	108.72	101.34
全行业						

续表

项目 \ 年份	2010	2009	2008	2007	2006	2005
苯　酐						
石化集团公司	12.05	11.64	10.13	13.06	12.68	11.85
全行业						
精甲醇						
石化集团公司	32.97	19.71	28.47	31.48	30.54	37.90
全行业	1 574.30	1 247.50	1 115.22	1 058.53	758.54	568.77
丁　醇						
石化集团公司	21.69	21.22	21.38	24.76	20.21	11.78
全行业						
辛　醇						
石化集团公司	44.21	42.11	42.45	42.71	40.67	37.67
全行业						
苯　酚						
石化集团公司	54.97	32.22	34.62	39.49	38.98	34.65
全行业						
丙　酮						
石化集团公司	34.10	20.11	21.65	24.62	24.26	21.64
全行业						
甲　醛						
石化集团公司	2.26	3.42	5.36	5.90	7.79	7.84
全行业						
乙　醛						
石化集团公司	3.13	3.35	2.39	5.72	6.90	10.85
全行业						
醋　酸						
石化集团公司	0.30	2.36	2.78	5.70	5.59	35.82
全行业	383.90	296.80	254.05	163.41	143.81	137.11

注：2009 年全行业数据有变动。

表 5　　石化集团公司与全行业合成纤维及原料分品种产量　　万吨

项目＼年份	2010	2009	2008	2007	2006	2005
合成纤维原料						
石化集团公司	597.47	506.56	472.01	523.41	452.13	407.56
全行业	1 373.80	1 171.50	1 086.68	1 013.23	809.82	750.03
精对苯二甲酸						
石化集团公司	338.28	328.90	289.44	333.53	283.81	266.54
全行业					563.44	514.75
己内酰胺						
石化集团公司	29.34	18.41	19.31	18.29	17.96	16.01
全行业			29.03	30.24	29.04	21.14
丙烯腈						
石化集团公司	57.03	49.63	49.40	54.26	52.5	41.82
全行业					104.11	93.02
乙二醇						
石化集团公司	170.76	104.80	108.64	114.24	97.86	83.19
全行业					125.64	110.08
合成纤维						
石化集团公司	140.57	131.40	127.44	143.82	152.26	160.07
全行业	2 852.70	2 457.90	2 175.18	2 176.03	1 877.66	1 663.73
锦　纶						
石化集团公司				0.01	0.51	0.29
全行业	161.80	144.10	112.04	96.60	82.79	72.04
涤　纶						
石化集团公司	107.68	99.10	94.07	106.03	112.77	119.73
全行业	2 513.40	2 154.30	1 924.97	1 925.61	1 614.21	1 441.12
腈　纶						
石化集团公司	31.02	30.48	31.43	35.67	36.94	36.91
全行业	65.80	69.20	55.44	80.16	81.62	78.39
维　纶						
石化集团公司	1.29	1.25	1.48	1.57	1.5	1.48

续表

项目 \ 年份	2010	2009	2008	2007	2006	2005
全行业	5.70	4.70	5.48	4.25	4.33	4.00
丙　纶						
石化集团公司	0.58	0.57	0.46	0.55	0.55	1.67
全行业	33.80	27.90	26.02	29.64	24.66	23.11
其　他(全行业)	72.20	57.70	51.23	39.77	70.05	45.07

注：2006 年、2009 年全行业数据有变动。

表 6　石化集团公司与全行业塑料、合成橡胶分品种产量　万吨

项目 \ 年份	2010	2009	2008	2007	2006	2005
塑　料						
石化集团公司	1 339.80	1 090.73	1 025.87	1 062.65	957.92	858.14
全行业	4 360.90	3 686.70	3 222.40	3 083.34	2 593.71	2 150.23
聚乙烯						
石化集团公司	620.03	476.96	446.95	450.33	411.31	354.65
全行业	985.80	766.60	758.66	686.04	599.29	520.93
聚丙烯						
石化集团公司	520.19	440.48	407.18	412.94	366.17	339.89
全行业	916.80	807.50	742.36	708.41	584.15	518.49
聚苯乙烯						
石化集团公司	69.22	62.99	58.31	63.91	57.48	49.50
全行业	155.30	110.90	96.08	118.82	112.18	102.75
聚氯乙烯						
石化集团公司	59.63	51.37	57.46	67.18	72.06	72.79
全行业	1 130.10	1 015.50	824.62	930.99	823.86	668.3
合成橡胶						
石化集团公司	129.04	117.33	108.39	106.65	90.79	84.30
全行业	310.00	277.60	253.47	218.21	195.84	166.08
顺丁橡胶						
石化集团公司	35.57	33.35	32.41	33.08	32.86	29.56
全行业			41.89	43.82	45.26	40.06

表 7　中国原油与石油产品进口数量与金额

产品名称	2010 年		2009 年		2008 年		2007 年		2006 年		2005 年	
	数量/万吨	金额/百万美元	数量/万吨	金额/百万美元	数量/万吨	金额/百万美元	数量/万吨	金额/百万美元	数量/万吨	金额/百万美元	数量/万吨	金额/百万美元
原　油	23 931. 14	134 935. 82	20 378. 89	88 895. 58	17 889. 30	128 959. 90	16 317. 55	79 683. 68	14 518. 03	66 398. 08	12 708. 32	47 860. 53
成品油	1 214. 24	9 774. 38	1 248. 07	7 550. 56	1 694. 34	18 274. 95	933. 28	7 003. 80	836. 25	5 947. 29	534. 80	3 196. 98
汽　油	0. 01	0. 45	4. 44	25. 27	198. 70	2 295. 61	22. 70	178. 47	6. 09	39. 50	0. 00	0. 12
石脑油	290. 70	2 119. 56	265. 12	1 478. 91	77. 27	554. 91	106. 81	696. 15	63. 92	353. 88	34. 90	190. 25
溶剂油	3. 29	36. 48	1. 93	20. 28	3. 67	36. 43	2. 35	21. 56	2. 10	18. 79	2. 26	14. 51
其他汽油馏分	8. 54	76. 85	2. 88	26. 20	1. 47	20. 91	0. 81	11. 64	0. 59	8. 36	0. 62	7. 36
煤　油	486. 81	3 506. 46	576. 22	3 220. 79	624. 91	6 423. 96	500. 03	3 453. 39	562. 15	3 774. 54	328. 86	1 857. 59
轻柴油	179. 88	1241. 58	183. 68	922. 71	624. 75	6 810. 05	162. 24	1 215. 69	70. 52	408. 94	53. 68	265. 77
润滑油、脂	36. 47	785. 52	25. 32	514. 24	26. 64	574. 65	23. 09	448. 09	22. 57	399. 26	20. 94	321. 60
润滑油基础油	208. 54	2 007. 47	188. 48	1 342. 16	136. 93	1 558. 43	115. 25	978. 81	108. 31	944. 02	93. 53	539. 79
燃料油	2 301. 43	10 956. 99	2 400. 35	8 586. 23	2 160. 09	11 249. 33	2 411. 61	8 982. 93	2 800. 36	9 581. 57	2 610. 06	7 726. 40
石　蜡	4. 49	73. 55	2. 54	49. 23	2. 97	49. 44	2. 85	40. 23	3. 34	38. 88	4. 08	36. 68
石油沥青	409. 89	2 202. 97	333. 44	1 214. 75	322. 78	1 362. 09	356. 50	1 102. 68	343. 08	1 112. 94	318. 04	643. 99
石油焦	363. 54	672. 08	329. 67	333. 47	92. 13	290. 07	75. 22	160. 78	81. 01	98. 53	63. 32	68. 78
液体石蜡	2. 31	28. 72	2. 78	30. 58	1. 61	25. 77	1. 56	18. 74	1. 85	18. 55	1. 65	13. 38
液化石油气	319. 63	2 258. 99	409. 15	2 040. 83	260. 02	1 956. 45	405. 46	2 479. 19	535. 64	2 902. 59	616. 84	2 837. 22

表 8　　**中国原油与石油产品出口数量与金额**

产品名称	2010 年		2009 年		2008 年		2007 年		2006 年		2005 年	
	数量/万吨	金额/百万美元	数量/万吨	金额/百万美元	数量/万吨	金额/百万美元	数量/万吨	金额/百万美元	数量/万吨	金额/百万美元	数量/万吨	金额/百万美元
原　油	304. 22	1 661. 45	518. 40	2 217. 20	373. 34	2 748. 71	382. 92	1 654. 38	633. 72	2 736. 98	806. 69	2 696. 01
成品油	1 696. 89	12 428. 97	1 641. 63	9 315. 87	976. 41	9 609. 39	1 171. 18	7 684. 20	979. 64	6 172. 94	1 170. 69	5 782. 29
汽　油	517. 09	3 769. 98	494. 31	2 828. 67	203. 55	1 849. 01	464. 22	2 822. 52	350. 54	2 085. 15	563. 28	2 690. 10
石脑油	86. 64	629. 23	85. 47	494. 15	151. 37	1 312. 08	173. 89	1 138. 69	157. 31	900. 46	177. 96	794. 75
溶剂油	0. 53	5. 74	0. 41	4. 07	0. 38	4. 78	0. 73	5. 99	0. 42	3. 87	0. 27	1. 93
其他汽油馏分	0. 00	0. 00	0. 00	0. 01	—	0. 01	—	—	0. 04	0. 27	0. 01	0. 02
煤　油	604. 77	4 495. 06	594. 49	3 435. 36	533. 05	5 573. 50	448. 03	3 123. 76	371. 12	2 512. 52	268. 66	1 524. 33
轻柴油	467. 27	3 272. 32	450. 71	2 351. 48	62. 86	554. 52	66. 03	406. 46	77. 58	467. 07	147. 51	677. 09
润滑油、脂	12. 23	184. 52	10. 83	164. 83	12. 45	189. 63	9. 12	117. 67	7. 84	90. 91	6. 22	58. 31
润滑油基础油	8. 37	72. 11	5. 41	37. 30	12. 75	125. 86	9. 16	69. 11	14. 79	112. 69	6. 79	35. 75
燃料油	989. 51	4 603. 11	862. 45	3 225. 29	724. 58	4 029. 18	378. 03	1 445. 97	258. 07	892. 47	229. 99	623. 81
石　蜡	52. 36	703. 39	54. 85	541. 01	61. 51	768. 79	62. 25	550. 24	62. 82	525. 48	75. 52	487. 06
石油沥青	14. 98	84. 15	8. 17	41. 35	1. 59	9. 48	0. 71	3. 22	1. 45	7. 07	3. 81	6. 05
石油焦	195. 20	578. 73	139. 99	305. 92	179. 79	687. 63	159. 24	293. 80	236. 55	332. 59	205. 23	253. 65
液体石蜡	0. 04	0. 46	0. 03	0. 19	0. 05	0. 76	—	—	0. 01	0. 08	0. 03	0. 18
液化石油气	91. 69	658. 08	84. 89	442. 95	67. 53	524. 11	33. 81	218. 49	15. 13	85. 14	2. 70	17. 48

表 9 中国主要石化产品进口数量与金额

产品名称	2010 年		2009 年		2008 年		2007 年		2006 年		2005 年	
	数量/万吨	金额/百万美元	数量/万吨	金额/百万美元	数量/万吨	金额/百万美元	数量/万吨	金额/百万美元	数量/万吨	金额/百万美元	数量/万吨	金额/百万美元
一、初级形状合成树脂与塑料	2 390. 34	43 543. 16	2 381. 23	34 784. 65	1 770. 16	34 039. 65	1 896. 90	32 347. 50	1 806. 63	27 062. 23	1 821. 98	23 741. 40
1. 聚乙烯	735. 81	9 742. 51	740. 88	8 276. 01	449. 66	6 870. 72	453. 44	6 025. 06	489. 18	5 783. 31	526. 00	5 482. 05
低密度聚乙烯	138. 40	2 036. 46	134. 89	1 577. 31	70. 82	1 153. 64	77. 26	1 062. 97	93. 18	1 097. 76	110. 98	1 207. 31
高密度聚乙烯	349. 57	4 442. 79	385. 90	4 247. 99	231. 26	3 510. 68	209. 12	2 799. 71	241. 95	2 896. 93	244. 58	2 511. 80
2. 聚丙烯	386. 81	5 173. 85	416. 24	4 560. 21	278. 89	4 012. 81	307. 01	3 862. 96	294. 47	3 316. 69	302. 33	3 020. 14
3. 聚苯乙烯	115. 20	1 660. 95	118. 47	1 445. 16	115. 15	1 654. 09	132. 37	1 733. 72	131. 91	1 474. 78	142. 15	1 440. 80
可发性聚苯乙烯	7. 59	105. 21	7. 75	97. 63	8. 52	119. 98	10. 96	139. 27	12. 07	132. 83	14. 13	143. 97
其他聚苯乙烯	107. 61	1 555. 74	110. 72	1 347. 53	106. 62	1 534. 11	121. 41	1 594. 44	119. 85	1 341. 95	128. 02	1 296. 84
4. ABS 共聚物	216. 94	4 216. 29	216. 79	3 397. 30	195. 19	3 627. 63	217. 27	3 616. 22	201. 47	2 886. 84	198. 70	2 579. 32
5. 聚氯乙烯	151. 12	1 626. 33	195. 52	1 597. 70	112. 68	1 256. 63	130. 39	1 277. 68	145. 21	1 272. 41	166. 13	1 416. 07
纯聚氯乙烯	129. 74	1 295. 70	171. 54	1 300. 08	86. 08	888. 78	101. 43	921. 74	114. 70	939. 67	130. 75	1 070. 37
未塑化聚氯乙烯	12. 51	156. 79	16. 71	166. 66	17. 65	206. 40	18. 37	186. 49	19. 75	184. 18	24. 38	213. 24
已塑化聚氯乙烯	8. 87	173. 84	7. 27	130. 97	8. 95	161. 45	10. 58	169. 44	10. 76	148. 56	10. 99	132. 46
二、合成橡胶及胶乳合计	156. 53	4 268. 16	146. 80	2 991. 14	120. 19	3 341. 03	141. 35	2 841. 88	130. 35	2 378. 55	108. 92	1 797. 20
1. 丁苯橡胶	34. 84	738. 53	36. 26	582. 21	31. 99	636. 34	45. 53	688. 44	46. 46	649. 72	37. 26	462. 18
丁苯胶乳	7. 91	118. 20	4. 37	58. 08	6. 00	79. 15	9. 65	96. 41	10. 04	79. 66	12. 23	97. 28
2. 顺丁橡胶	11. 37	266. 10	16. 88	254. 00	10. 57	256. 18	13. 66	238. 86	10. 01	161. 72	8. 56	131. 64
3. 丁基橡胶	4. 06	162. 52	5. 31	184. 55	6. 44	298. 45	6. 38	208. 71	6. 07	187. 87	6. 47	180. 40
4. 氯丁橡胶	2. 15	72. 95	1. 62	50. 15	1. 85	60. 19	1. 86	56. 41	2. 00	50. 61	2. 28	48. 34
5. 丁腈橡胶	8. 42	168. 99	8. 24	131. 69	8. 80	184. 50	9. 36	155. 10	9. 14	136. 95	9. 86	143. 80
6. 异戊二烯橡胶	1. 57	48. 62	1. 14	27. 06	1. 22	35. 58	1. 46	31. 04	1. 08	20. 79	1. 13	17. 94
7. 乙丙橡胶	8. 23	222. 88	9. 01	198. 82	5. 96	158. 69	5. 09	116. 38	3. 73	82. 42	3. 59	75. 12

续表

产品名称	2010 年		2009 年		2008 年		2007 年		2006 年		2005 年	
	数量/万吨	金额/百万美元	数量/万吨	金额/百万美元	数量/万吨	金额/百万美元	数量/万吨	金额/百万美元	数量/万吨	金额/百万美元	数量/万吨	金额/百万美元
8. 其他合成橡胶	85.90	2 587.58	68.34	1 562.66	53.36	1 711.10	58.01	1 346.93	51.87	1 088.48	39.76	737.77
其他胶乳	0.78	13.42	0.67	9.92	1.00	16.00	0.82	11.32	0.99	13.75	0.87	11.40
三、合成纤维	76.92	2 368.18	75.37	1 822.85	72.43	1 933.42	101.72	2 366.56	119.44	2 541.93	142.57	2 794.28
1. 锦　纶	21.13	846.60	20.70	630.17	21.11	694.26	23.74	726.26	28.15	820.74	26.45	717.34
长　丝	20.00	767.94	19.78	576.18	19.77	625.21	22.60	665.67	26.65	755.98	25.10	662.58
短纤维及纤维条	1.14	78.66	0.92	53.99	1.34	69.05	1.14	60.59	1.50	64.76	1.35	54.76
2. 涤　纶	31.57	649.19	32.51	576.18	32.62	620.82	45.40	761.91	53.47	827.35	64.17	945.84
长　丝	17.39	425.93	17.57	365.18	18.42	401.34	25.71	484.42	27.18	486.18	29.55	522.69
短纤维及纤维条	14.19	223.26	14.94	202.00	14.20	219.48	19.68	277.49	26.29	341.17	34.62	423.15
3. 腈纶短纤维及纤维条	19.64	556.81	18.01	378.44	14.56	372.87	28.07	633.45	33.71	687.54	46.46	878.16
4. 丙　纶	0.72	21.01	0.72	17.11	0.81	20.10	0.89	20.59	0.81	19.30	0.89	16.54
长　丝	0.39	12.52	0.35	9.14	0.51	11.74	0.57	13.20	0.54	13.66	0.48	8.88
短纤维及纤维条	0.33	8.50	0.37	7.97	0.30	8.36	0.32	7.39	0.27	5.64	0.41	7.66
5. 氨纶长丝	1.88	163.25	1.72	135.00	1.55	128.97	1.66	135.98	1.66	121.20	2.80	176.29
6. 其　他	1.96	131.32	1.71	94.95	1.78	96.40	1.96	88.37	1.63	65.81	1.80	60.11
长　丝	0.80	63.52	0.82	43.05	0.75	41.29	0.99	45.79	0.95	39.88	1.11	41.84
短纤维及纤维条	1.16	67.79	0.89	51.90	1.03	55.11	0.97	42.58	0.68	25.93	0.69	18.27
四、制成肥料	709.64	2 562.85	404.36	1 984.63	618.65	3 475.33	1 167.59	2 902.09	1 127.61	2 482.46	1 395.15	3 048.95
尿　素	1.33	3.04	3.88	7.77	0.01	0.10	0.05	0.27	3.75	5.98	7.10	12.73
五、有机化学品												
(一)乙烯、芳烃												
乙　烯	81.54	943.54	97.46	813.18	72.12	937.12	50.98	603.57	11.74	138.75	11.14	102.92

续表

产品名称	2010年		2009年		2008年		2007年		2006年		2005年	
	数量/万吨	金额/百万美元	数量/万吨	金额/百万美元	数量/万吨	金额/百万美元	数量/万吨	金额/百万美元	数量/万吨	金额/百万美元	数量/万吨	金额/百万美元
纯　苯	19.72	182.07	62.19	292.09	32.80	320.71	24.87	256.68	29.77	245.32	25.51	214.94
甲　苯	82.93	701.86	79.09	512.07	27.36	246.46	44.46	379.47	56.71	464.31	80.60	560.75
混合二甲苯	0.31	2.93	0.48	4.21	0.83	5.96	0.69	5.71	1.05	10.89	3.37	21.48
邻二甲苯	65.85	697.49	67.28	562.47	43.76	485.86	55.84	611.30	43.01	428.68	32.93	258.53
对二甲苯	352.72	3 660.93	370.53	3 489.08	340.35	4 142.78	290.31	3 336.49	184.02	2 105.37	160.79	1 438.40
苯乙烯	368.71	4 410.43	364.59	3411.21	281.08	3 708.44	310.15	4 141.54	234.30	2 671.77	281.20	2 989.83
乙　苯	1.41	14.56	0.21	2.14	—	0.03	0.23	2.85	0.04	0.51	0.94	11.77
（二）主要有机原料												
甲　醇	518.95	1 530.24	528.80	1 139.56	143.39	518.96	84.50	260.43	112.73	303.90	136.03	335.06
丁　醇	86.47	1 208.61	69.28	596.43	41.54	549.52	46.98	657.71	38.57	419.83	43.53	362.27
辛　醇	47.34	778.07	47.00	494.81	27.94	462.37	28.34	448.52	25.57	305.18	29.37	283.19
醋　酸	5.89	22.68	29.82	114.52	30.46	188.77	49.91	308.36	70.68	360.16	54.20	346.22
苯　酚	62.40	119.82	57.33	441.00	36.64	522.01	45.69	681.59	28.46	325.59	29.13	319.93
丙　酮	75.22	632.86	55.13	350.42	36.50	354.65	48.18	426.60	39.59	275.50	33.74	259.06
丁　酮	2.98	35.66	4.34	34.38	4.99	64.04	8.76	89.12	9.45	84.19	12.10	111.50
（三）主要合成纤维原料												
乙二醇	664.41	5 769.54	582.81	3 525.98	521.64	5 339.37	480.18	4 853.47	406.13	3 427.73	400.03	3 527.29
对苯二甲酸	664.16	6 243.49	625.61	5 007.97	594.06	5 325.02	698.82	6 142.05	700.43	6 151.19	649.13	5 209.26
尼龙66盐	0.35	7.44	1.50	23.23	1.25	27.98	2.06	45.23	1.28	25.57	1.73	33.32
丙烯腈	44.58	905.42	45.10	498.78	28.52	550.77	43.55	722.31	32.45	464.49	31.64	401.32
己内酰胺	63.14	1 560.21	60.13	978.38	45.01	1 084.27	47.25	1 100.97	44.46	884.74	49.31	1 072.78
聚酯切片	23.74	334.11	24.96	275.87	22.82	315.51	29.42	366.81	19.30	234.27	12.98	143.74

表 10

中国主要石化产品出口数量与金额

产品名称	2010 年		2009 年		2008 年		2007 年		2006 年		2005 年	
	数量/万吨	金额/百万美元	数量/万吨	金额/百万美元	数量/万吨	金额/百万美元	数量/万吨	金额/百万美元	数量/万吨	金额/百万美元	数量/万吨	金额/百万美元
一、初级形状合成树脂与塑料	387.63	7 678.64	296.65	4 994.63	379.07	7 014.51	382.40	6 324.90	277.04	4 352.17	188.63	3 067.26
1. 聚乙烯	15.81	229.06	6.19	86.38	6.68	111.50	6.04	83.92	3.96	53.92	5.73	65.15
低密度聚乙烯	7.88	123.03	2.40	37.23	1.70	29.65	1.56	26.66	1.48	21.73	1.78	22.18
高密度聚乙烯	6.10	79.72	3.06	41.20	3.99	66.85	3.79	48.99	2.00	26.06	2.65	29.59
2. 聚丙烯	8.29	135.41	4.48	67.60	4.17	71.99	3.11	48.63	2.62	40.93	2.25	34.11
3. 聚苯乙烯	35.83	503.81	27.49	317.76	32.34	507.26	30.80	467.18	18.84	257.34	12.58	155.40
可发性聚苯乙烯	32.96	447.43	25.89	290.40	29.44	455.02	27.54	421.74	14.94	207.78	7.38	92.66
其他聚苯乙烯	2.86	56.39	1.60	27.36	2.90	52.24	3.26	45.44	3.90	49.55	5.20	62.73
4. ABS 共聚物	5.50	119.05	4.98	88.47	4.33	86.54	3.24	63.75	1.96	34.17	1.42	23.39
5. 聚氯乙烯	26.58	282.73	27.56	257.24	64.63	705.19	75.30	678.37	49.94	385.70	14.96	124.51
纯聚氯乙烯	22.46	220.43	23.95	206.91	60.72	647.59	71.17	629.64	46.03	349.01	11.86	93.74
未塑化聚氯乙烯	0.52	7.23	0.63	7.16	0.58	7.30	1.29	11.80	1.46	11.37	0.65	5.21
已塑化聚氯乙烯	3.59	55.07	2.89	43.17	3.34	50.30	2.84	36.93	2.44	25.32	2.45	25.56
二、合成橡胶及胶乳合计	23.68	587.66	10.41	222.18	9.56	270.33	8.14	180.11	7.95	151.27	9.14	165.52
1. 丁苯橡胶	9.39	215.86	4.18	78.93	2.54	60.34	2.34	37.33	2.47	36.15	2.59	38.45
丁苯胶乳	0.54	7.30	0.33	3.48	0.30	3.95	0.22	2.19	0.33	3.24	0.26	2.58
2. 顺丁橡胶	2.24	55.25	1.37	23.41	2.31	61.46	1.30	22.59	2.21	36.16	3.47	53.74
3. 丁基橡胶	0.16	7.06	0.32	8.69	0.08	3.53	0.39	10.31	0.28	7.22	0.85	23.15
4. 氯丁橡胶	0.42	13.66	0.25	8.91	0.60	27.09	0.81	31.23	0.63	17.26	0.09	2.03
5. 丁腈橡胶	1.14	16.98	0.09	2.09	0.12	3.39	0.21	3.89	0.29	5.10	0.15	3.55
6. 异戊二烯橡胶	0.07	2.32	0.07	2.08	0.25	7.75	0.08	2.11	0.11	3.36	0.06	1.92

续表

产品名称	2010年		2009年		2008年		2007年		2006年		2005年	
	数量/万吨	金额/百万美元	数量/万吨	金额/百万美元	数量/万吨	金额/百万美元	数量/万吨	金额/百万美元	数量/万吨	金额/百万美元	数量/万吨	金额/百万美元
7. 乙丙橡胶	0.15	3.90	0.22	3.96	0.30	5.41	0.19	2.13	0.13	1.28	0.14	1.22
8. 其他合成橡胶	10.11	272.64	3.91	94.11	3.36	101.36	2.82	70.52	1.83	44.74	1.78	41.45
其他胶乳	0.06	0.88	0.06	0.78	0.01	0.19	0.06	1.25	0.03	0.69	0.02	0.48
三、合成纤维	168.47	3 418.56	125.47	2 164.31	152.82	3 124.99	130.03	2 626.39	87.63	1 632.19	61.00	1 126.96
1. 锦　纶	15.42	648.75	12.30	425.28	12.52	517.97	11.34	418.96	10.09	353.79	8.23	294.26
长　丝	14.99	605.22	12.01	399.29	12.06	467.95	11.04	398.51	9.69	336.40	7.88	269.55
短纤维及纤维条	0.43	43.53	0.29	25.99	0.46	50.02	0.30	20.45	0.40	17.39	0.35	24.71
2. 涤　纶	141.81	2 275.78	104.12	1 383.62	126.66	2 058.75	105.11	1 588.52	69.38	985.22	47.08	670.49
长　丝	83.40	1 550.52	63.83	966.78	81.07	1 481.65	64.11	1 108.56	40.02	666.31	26.08	445.66
短纤维及纤维条	58.41	725.27	40.29	416.84	45.59	577.10	41.00	479.96	29.37	318.91	21.00	224.83
3. 腈纶短纤维及纤维条	0.44	12.55	0.51	11.48	1.00	25.24	0.25	6.39	0.25	6.33	0.21	4.33
4. 丙　纶	1.73	39.07	1.36	28.69	1.72	41.81	1.64	37.52	1.39	24.98	1.17	19.22
长　丝	1.26	29.52	0.99	22.66	1.31	33.65	1.20	30.21	0.87	16.83	0.68	12.03
短纤维及纤维条	0.47	9.56	0.37	6.03	0.41	8.16	0.44	7.31	0.52	8.15	0.49	7.19
5. 氨纶长丝	3.88	271.93	2.89	183.96	2.89	226.16	3.21	301.05	2.33	155.90	0.77	55.21
6. 其　他	5.19	170.48	4.29	131.28	8.03	255.06	8.48	273.95	4.19	105.97	3.54	83.45
长　丝	2.19	80.19	1.90	60.18	4.43	132.58	4.67	168.16	1.02	26.65	0.62	17.05
短纤维及纤维条	3.00	90.29	2.39	71.10	3.60	122.48	3.81	105.79	3.17	79.32	2.92	66.40
四、制成肥料	1 614.09	5 395.62	885.36	2 601.99	927.51	4 339.13	1 337.04	3 705.82	529.23	1 148.39	446.40	989.14
尿　素	702.58	2 094.65	337.91	902.06	435.97	1 632.20	525.40	1 479.69	136.73	326.58	157.06	361.50
五、有机化学品												
(一)乙烯、芳烃												

续表

产品名称	2010年		2009年		2008年		2007年		2006年		2005年	
	数量/万吨	金额/百万美元	数量/万吨	金额/百万美元	数量/万吨	金额/百万美元	数量/万吨	金额/百万美元	数量/万吨	金额/百万美元	数量/万吨	金额/百万美元
乙　烯	3.35	33.82	1.54	14.22	1.42	20.42	4.97	53.98	12.87	137.31	8.21	61.24
纯　苯	11.97	101.42	27.81	214.13	6.94	71.22	5.61	53.46	18.99	152.90	1.62	14.13
甲　苯	1.02	8.49	0.81	5.84	0.21	2.36	0.21	2.16	0.26	2.41	0.17	1.26
混合二甲苯	0.64	3.42	0.03	0.46	0.32	3.62	0.01	0.14	0.01	0.13	0.06	0.65
邻二甲苯	0.00	0.01	0.00	0.00	0.75	9.45	0.00	0.01	0.30	2.59	0.08	0.09
对二甲苯	20.97	218.62	33.33	312.41	44.79	541.69	25.20	279.74	9.78	110.48	6.29	56.94
苯乙烯	1.13	13.85	0.79	5.15	0.21	3.43	0.02	0.56	0.59	7.27	1.25	13.52
乙　苯	0.03	0.75	0.01	0.10	0.01	0.18	0.00	0.09	0.01	0.08	0.03	0.05
（二）主要有机原料												
甲　醇	1.24	4.24	1.38	3.82	36.78	177.12	56.27	224.84	19.00	66.39	5.45	14.49
丁　醇	0.56	8.06	0.46	6.09	0.57	8.86	0.40	5.11	0.42	5.05	0.39	5.29
辛　醇	0.48	7.79	0.67	6.35	0.23	4.36	0.16	2.64	0.16	1.82	0.14	1.62
醋　酸	21.75	94.04	6.49	30.62	2.34	15.36	13.79	73.09	2.82	16.57	3.50	20.92
苯　酚	4.04	65.38	0.91	10.39	0.11	2.59	0.04	1.19	0.04	0.88	0.12	2.09
丙　酮	0.08	1.38	0.06	0.66	0.05	0.75	0.07	0.81	0.05	0.53	0.04	0.41
（三）主要合成纤维原料												
乙二醇	0.50	7.88	0.67	7.16	2.94	37.27	0.21	4.41	0.09	2.17	1.23	10.85
对苯二甲酸	0.43	4.96	0.13	1.06	2.40	26.94	0.01	0.20	0.00	0.06	0.01	0.05
尼龙66盐	0.01	0.20	0.00	0.15	0.01	0.19	0.00	0.00	0.00	0.03	0.00	0.01
丙烯腈	0.00	0.00	0.00	0.00	0.60	10.54	0.20	2.60	5.19	67.57	3.19	38.36
己内酰胺	0.06	1.06	0.16	3.26	0.20	4.56	0.00	0.09	0.00	0.21	0.20	4.43
聚酯切片	77.72	976.35	67.96	701.18	95.78	1 303.71	102.06	1 274.85	76.92	899.95	56.99	648.36

世界石油化工统计

表 1　世界部分国家(地区)人均国民生产总值　美元

国家(地区)＼年份	2010	2009	2008	2007	2006
美　国	47 084	46 436	46 716	45 790	44 155
日　本	43 161	39 727	38 443	34 254	34 023
德　国	40 542	40 873	44 471	40 079	35 271
法　国	39 459	42 312	45 982	41 523	36 546
意大利	33 866	35 084	38 309	35 494	31 496
英　国	36 083	35 165	43 089	44 693	38 850
加拿大	46 060	39 599	42 031	40 222	38 440
澳大利亚	41 423	42 279	47 498	39 098	37 434
荷　兰	47 128	47 918	52 322	46 041	40 168
挪　威	84 879	79 090	94 359	81 111	66 960
西班牙	30 452	31 774	35 204	31 846	28 108
瑞　士	67 236	64 708	64 011	55 035	51 036
瑞　典	48 755	43 654	52 057	48 584	42 552
新加坡	43 327	36 534	37 600	35 160	30 084
泰　国	4 679	3 894	3 869	3 851	3 187
马来西亚	8 519	6 975	7 221	6 807	5 780
印度尼西亚	3 039	2 349	2 254	1 918	1 634
韩　国	20 757	17 078	19 115	19 983	18 341
印　度	1 477	1 122	1 068	1 042	817
菲律宾	2 132	1 745	1 847	1 640	1 382
南　非	7 280	5 350	5 685	5 833	5 381
墨西哥	9 580	8 144	10 211	8 486	8 052
巴　西	10 710	8 114	8 400	6 859	5 660
中　国	4 393	3 687	2 912	2 485	2 034
中国香港	31 879	30 747	30 862	29 845	27 071

资料来源：世界银行历年《世界发展指标数据库》。

表 2 **中国国民经济主要指标** 亿元

项目＼年份	2010	2009	2008	2007	2006
年底总人口/万人	133 972	133 474	132 802	132 129	131 448
工业增加值	160 030	135 240	130 260	110 535	91 311
农林牧渔业总产值	69 320	60 361	58 002	48 893	40 811
国内生产总值	397 983	340 903	314 045	265 810	216 314
固定资产投资	278 140	224 599	172 828	137 324	109 998
进出口总额/亿美元	29 728	22 075	25 633	21 737	17 604
出口	15 779	12 016	14 307	12 178	9 689
进口	13 948	10 059	11 326	9 560	7 915
财政收入	83 080	68 518	61 330	51 322	38 760
财政支出	89 575	76 300	62 593	49 781	40 423

资料来源：历年《中国统计摘要》。

表 3 **中国货物进出口贸易额居世界的位次** 亿美元

位次	2010 年		2009 年		2008 年	
	国家（地区）	贸易额	国家（地区）	贸易额	国家（地区）	贸易额
1	美国	32 460	美国	26 610	美国	34 670
2	中国	29 730	中国	22 080	德国	26 710
3	德国	23 360	德国	20 520	中国	25 610
4	日本	14 630	日本	11 320	日本	15 440
5	法国	11 270	法国	10 260	法国	13 170
6	荷兰	10 890	荷兰	9 450	荷兰	12 080
7	英国	9 630	英国	8 310	意大利	10 960
8	意大利	9 320	意大利	8 150	英国	10 900
9	韩国	8 910	比利时	7 210	比利时	9 470
10	中国香港	8 430	韩国	6 870	加拿大	8 740
11	比利时	8 010	中国香港	6 810	韩国	8 570
12	加拿大	7 890	加拿大	6 460	俄罗斯	7 640
13	新加坡	6 630	新加坡	5 160	中国香港	7 630
14	俄罗斯	6 480	西班牙	5 080	西班牙	6 700

续表

位次	2010年		2009年		2008年	
	国家（地区）	贸易额	国家（地区）	贸易额	国家（地区）	贸易额
15	墨西哥	6 090	俄罗斯	4 960	新加坡	6 580
16	西班牙	5 570	墨西哥	4 720	墨西哥	6 150
17	印　度	5 390	印　度	3 990	中国台湾	4 960
18	中国台湾	5 260	中国台湾	3 790	印　度	4 710
19	澳大利亚	4 140	瑞　士	3 290	阿联酋	3 910
20	阿联酋	4 050	澳大利亚	3 190	澳大利亚	3 870

资料来源：世界贸易组织历年新闻发布会。

表4　中国原油产量居世界的位次　万吨

位次	2010年		2009年		2008年	
	国　家	产　量	国　家	产　量	国　家	产　量
1	俄罗斯	50 900	俄罗斯	49 575	俄罗斯	48 800
2	沙特阿拉伯	40 100	沙特阿拉伯	39 600	沙特阿拉伯	44 500
3	美　国	27 450	美　国	26 685	美　国	24 500
4	中　国	20 275	中　国	18 865	伊　朗	19 500
5	伊　朗	18 500	伊　朗	18 625	中　国	19 000
6	加拿大	13 700	墨西哥	13 025	墨西哥	14 000
7	墨西哥	12 875	加拿大	12 650	阿联酋	13 080
8	伊拉克	11 800	伊拉克	12 000	加拿大	12 850
9	委内瑞拉	11 150	阿联酋	11 354	伊拉克	11 825
10	阿联酋	10 810	委内瑞拉	10 850	委内瑞拉	11 750
11	尼日利亚	10 325	挪　威	10 125	科威特	11 600
12	巴　西	10 250	科威特	10 050	挪　威	10 625
13	科威特	10 150	巴　西	9 750	尼日利亚	9 700
14	挪　威	9 250	尼日利亚	9 050	安哥拉	9 350
15	安哥拉	8 950	安哥拉	8 950	巴　西	9 075
	世界合计	360 548	**世界合计**	352 513	**世界合计**	364 831

资料来源：美国历年《油气杂志》。

表5 　　**中国炼油能力居世界的位次** 　　万吨/年

位次	2010年		2009年		2008年	
	国家	能力	国家	能力	国家	能力
1	美国	89 346	美国	88 817	美国	86 898
2	中国①	34 030	中国	34 030	中国	32 230
3	俄罗斯	27 155	俄罗斯	27 142	俄罗斯	27 142
4	日本	23 649	日本	23 118	日本	23 454
5	印度	20 002	印度	14 178	韩国	13 033
6	韩国	13 608	韩国	13 508	德国	12 088
7	德国	12 088	德国	12 053	意大利	11 686
8	意大利	11 686	意大利	11 686	印度	11 278
9	沙特阿拉伯	10 400	沙特阿拉伯	10 400	沙特阿拉伯	10 400
10	巴西	9 541	加拿大	10 196	加拿大	10 147
11	加拿大	9 510	法国	9 918	法国	9 931
12	法国	9 219	巴西	9 541	巴西	9 541
13	英国	8 831	英国	9 331	英国	9 288
14	墨西哥	7 700	墨西哥	7 700	墨西哥	7 700
15	伊朗	7 255	伊朗	7 255	伊朗	7 255
	世界合计	441 148	**世界合计**	436 117	**世界合计**	428 018

①根据国内统计，2010年底中国常压蒸馏能力已达5.9亿吨/年。

资料来源：美国历年《油气杂志》。

表6 　　**中国乙烯生产能力居世界位次** 　　万吨/年

位次	2010年		2009年		2008年		2007年	
	国家（地区）	能力	国家（地区）	能力	国家（地区）	能力	国家（地区）	能力
1	美国	2 759.3	美国	2 755.4	美国	2 849.2	美国	2 879.3
2	中国①	1 297.8	中国	1 177.8	沙特阿拉伯	940.0	日本	726.5
3	沙特阿拉伯	1 195.5	沙特阿拉伯	1 070.0	中国	734.8	中国	698.8
4	日本	726.5	日本	726.5	日本	726.5	沙特阿拉伯	680.0
5	德国	574.3	德国	575.7	德国	575.7	德国	575.7

续表

位次	2010年		2009年		2008年		2007年	
	国家（地区）	能力	国家（地区）	能力	国家（地区）	能力	国家（地区）	能力
6	韩国	563.0	韩国	563.0	韩国	563.0	韩国	563.0
7	加拿大	553.1	加拿大	553.1	加拿大	553.1	加拿大	553.1
8	伊朗	473.4	伊朗	473.4	伊朗	473.4	荷兰	397.5
9	中国台湾	400.6	中国台湾	400.6	荷兰	396.5	中国台湾	362.1
10	荷兰	396.5	荷兰	396.5	中国台湾	362.1	巴西	350.0
11	巴西	350.0	巴西	350.0	巴西	350.0	俄罗斯	349.0
12	俄罗斯	349.0	俄罗斯	349.0	俄罗斯	349.0	法国	337.3
13	法国	337.3	法国	337.3	法国	337.3	英国	285.5
14	印度	331.5	英国	285.5	英国	285.5	印度	251.5
15	泰国	317.2	新加坡	278.0	印度	251.5	比利时	246.0
	世界合计	13 485.4	**世界合计**	13 297.4	**世界合计**	12 665.3	**世界合计**	11 957.5

①中国2010年实际乙烯生产能力大于表中所列数据，已达1 495.5万吨/年。
资料来源：美国历年《油气杂志》。

表7　　中国合成纤维生产能力居世界位次①　　万吨/年

位次	2010年		2009年		2008年		2007年	
	国家（地区）	能力	国家（地区）	能力	国家（地区）	能力	国家（地区）	能力
1	中国	3 310.9	中国	3 115.1	中国	3 030.7	中国	2 789.00
2	印度	419.8	印度	422.1	印度	374.7	印度	371.10
3	中国台湾	261.6	美国	218.3	美国	231.2	美国	278.41
4	美国	215.6	中国台湾	216.2	中国台湾	227.7	中国台湾	266.91
5	韩国	170.5	韩国	167.3	韩国	163.9	韩国	166.26
6	印度尼西亚	141.1	印度尼西亚	139.9	印度尼西亚	135.9	印度尼西亚	145.90
7	泰国	114.5	泰国	105.1	日本	120.2	日本	119.28
8	日本	95.0	日本	98.1	泰国	92.8	泰国	102.70
9	土耳其	84.5	土耳其	80.5	土耳其	88.1	土耳其	97.52
10	巴基斯坦	72.1	巴基斯坦	74.6	巴基斯坦	73.1	巴基斯坦	77.10
11	马来西亚	48.4	马来西亚	48.4	马来西亚	48.8	独联体	48.70

续表

位次	2010年		2009年		2008年		2007年	
	国家（地区）	能力	国家（地区）	能力	国家（地区）	能力	国家（地区）	能力
12	独联体	44.4	独联体	44.6	独联体	44.6	马来西亚	48.40
13	越南	34.4	巴西	33.1	巴西	33.6	巴西	39.12
14	巴西	33.5	墨西哥	26.8	墨西哥	27.3	墨西哥	33.30
15	墨西哥	26.6	越南	26.2	伊朗	23.1	伊朗	23.60
	世界合计	5 337.7	**世界合计**	5 086.1	**世界合计**	5 027.4	**世界合计**	4 924.83

①合纤中不包括聚烯烃纤维；西欧无分国别生产能力统计，故西欧各国未排位；中国数据与实际有出入。
资料来源：美国历年《纤维公报》。

表 8　　中国合成纤维产量居世界位次①　　万吨

位次	2010年		2009年		2008年		2007年	
	国家（地区）	能力	国家（地区）	能力	国家（地区）	能力	国家（地区）	能力
1	中国	2 790.8	中国	2 313.0	中国	2 201.2	中国	2 128.35
2	印度	311.7	印度	297.8	印度	226.2	印度	245.02
3	中国台湾	220.6	中国台湾	189.9	中国台湾	192.8	中国台湾	238.38
4	美国	184.8	美国	161.5	美国	191.8	美国	231.69
5	韩国	156.7	韩国	130.1	韩国	135.9	韩国	147.90
6	印度尼西亚	116.3	印度尼西亚	111.1	印度尼西亚	108.1	印度尼西亚	112.40
7	泰国	90.7	泰国	84.2	日本	77.1	日本	90.31
8	日本	70.4	日本	57.0	泰国	72.8	泰国	82.68
9	土耳其	67.5	土耳其	55.1	土耳其	63.0	土耳其	76.93
10	巴基斯坦	47.7	巴基斯坦	52.6	巴基斯坦	48.4	巴基斯坦	54.65
11	马来西亚	37.6	马来西亚	34.2	独联体	33.6	独联体	33.82
12	独联体	33.0	独联体	28.9	马来西亚	31.2	马来西亚	33.60
13	巴西	29.7	巴西	26.5	巴西	27.9	巴西	32.09
14	越南	23.0	伊朗	20.4	墨西哥	19.1	墨西哥	27.47
15	伊朗	21.7	墨西哥	17.7	伊朗	17.9	伊朗	18.73
	世界合计	4 419.7	**世界合计**	3 777.1	**世界合计**	3 668.6	**世界合计**	3 807.75

①合纤中不包括聚烯烃纤维；由于西欧无分国别产量统计，故西欧各国未排位；中国数据与实际有出入。
资料来源：美国历年《纤维公报》。

表9　中国合成橡胶产量居世界位次　万吨

位次	2010年		2009年		2008年		2007年	
	国家（地区）	产量	国家（地区）	产量	国家（地区）	产量	国家（地区）	产量
1	中国	313.7	中国	285.6	美国	316.5	美国	269.7
2	美国	232.2	美国	196.2	中国	199.3	中国	221.5
3	日本	157.8	日本	126.4	日本	167.8	日本	165.5
4	韩国	121.9	韩国	144.9	俄罗斯	144.3	俄罗斯	120.9
5	俄罗斯	115.4	俄罗斯	104.2	韩国	121.0	韩国	108.0
6	德国	93.5	德国	65.5	法国	71.6	德国	90.1
7	中国台湾	63.8	中国台湾	55.5	中国台湾	57.4	法国	65.1
8	法国	56.8	法国	51.4	德国	55.0	中国台湾	60.0
9	巴西	41.6	巴西	38.5	巴西	47.8	巴西	40.0
10	英国	23.8	泰国	20.5	意大利	36.8	英国	31.8
11	意大利	23.7	意大利	20.0	墨西哥	28.0	意大利	23.5
12	泰国	20.0	英国	17.0	英国	25.6	墨西哥	20.4
13	墨西哥	19.0	荷兰	16.6	比利时	19.5	荷兰	19.4
14	波兰	15.1	墨西哥	16.0	泰国	19.4	泰国	15.7
15	荷兰	14.9	波兰	11.2	加拿大	15.0	波兰	11.6
	世界合计	1 400.2	**世界合计**	1 216.8	**世界合计**	1 389.9	**世界合计**	1 358.3

资料来源：国际橡胶研究集团（IRSG）历年《橡胶统计公报》。

表 10 **世界石油探明储量** 亿桶

国家(地区) \ 年份	2010	2009	2008	2007	2006	2010 年份额/%	2010 年储采比/%
美　国	309	284	305	294	299	2.2	11.3
加拿大	321	332	286	277	171	2.3	26.3
墨西哥	114	117	119	122	129	0.8	10.6
北美合计	743	733	709	693	599	5.4	14.8
阿根廷	25	25	26	26	20	0.2	10.6
巴　西	142	129	126	126	122	1.0	18.3
哥伦比亚	19	14	14	15	15	0.1	6.5
厄瓜多尔	62	65	38	43	47	0.4	34.1
秘　鲁	12	11	11	11	11	0.1	21.6
特立尼达和多巴哥	8	8	8	8	8	0.1	15.6
委内瑞拉	2 112	1 723	994	870	800	15.3	①
其他中南美国家	14	14	14	13	13	0.1	28.9
中南美合计	2 394	1 989	1 232	1 112	1 035	17.3	93.9
阿塞拜疆	7	70	70	70	70	0.5	18.5
丹　麦	9	9	8	11	12	0.1	9.9
意大利	1	9	8	8	7	0.1	25.0
哈萨克斯坦	398	398	398	398	398	2.9	62.1
挪　威	67	71	75	82	85	0.5	8.5
罗马尼亚	5	5	5	5	4	③	14.8
俄罗斯联邦	774	742	790	794	795	5.6	20.6
土库曼斯坦	6	6	6	6	5	③	7.6
英　国	28	31	34	36	39	0.2	5.8
乌兹别克斯坦	6	6	6	6	6	③	18.7
其他欧洲和欧亚大陆国家	24	22	21	21	22	0.2	17.5
欧洲与欧亚大陆合计	1 397	1 369	1 422	1 437	1 444	10.1	21.7
伊　朗	137	1 376	1 376	1 384	1 375	9.9	88.4
伊拉克	115	1 150	1 150	1 150	1 150	8.3	①
科威特	1 015	1 015	1 015	1 015	1 015	7.3	①
阿　曼	55	56	56	56	56	0.4	17.4
卡塔尔	259	268	273	274	152	1.9	45.2
沙特阿拉伯	2645	2 646	2 641	2 642	2 643	19.1	72.4
叙利亚	25	25	25	25	30	0.2	17.8
阿联酋	978	978	978	978	978	7.1	94.1

续表

国家(地区) \ 年份	2010	2009	2008	2007	2006	2010年份额/%	2010年储采比/%
也门	27	27	27	28	29	0.2	27.7
其他中东国家	1	1	1	1	1	③	9.3
中东合计	7 525	7 542	7 541	7 553	7 427	54.4	81.9
阿尔及利亚	122	122	122	123	123	0.9	18.5
安哥拉	135	135	135	90	90	1.0	20.0
乍得	15	9	9	9	9	0.1	33.7
刚果共和国	19	19	19	19	19	0.1	18.2
埃及	45	44	43	41	37	0.3	16.7
赤道几内亚	17	17	17	18	18	0.1	17.1
加蓬	37	37	32	20	21	0.3	41.2
利比亚	464	443	437	415	415	3.4	76.7
尼日利亚	372	372	362	362	362	2.7	42.4
苏丹	67	67	67	66	64	0.5	37.8
突尼斯	4	6	6	6	7	③	14.6
其他非洲国家	23	6	6	6	6	0.2	44.2
非洲合计	1321	1 277	1 256	1 175	1 172	9.5	35.8
澳大利亚	41	42	42	42	42	0.3	19.9
文莱	11	11	11	12	11	0.1	17.5
中国	148	148	155	155	163	1.1	9.9
印度	9	58	58	55	57	0.7	30.0
印度尼西亚	42	44	37	44	43	0.3	11.8
马来西亚	58	55	55	54	42	0.4	22.2
泰国	4	5	5	5	5	③	3.6
越南	44	45	47	34	33	0.3	32.6
其他亚太国家	13	13	11	9	10	0.1	11.3
亚太合计	452	422	420	408	405	3.3	14.8
世界总计	13 832	13 331	12 580	12 379	12 082	100.0	46.2
经合组织	914	908	889	883	798	6.6	13.5
欧佩克	10 684	10 294	9 558	9 347	9 055	77.2	85.3
非欧佩克②	1 887	1 809	1 744	1 750	1 745	13.6	15.1
前苏联	1 261	1 229	1 278	1 281	1 282	9.1	25.6
欧盟	63	63				0.5	8.8

①大于100年。

②不包括前苏联。

③小于0.05%。

资料来源：历年《BP世界能源统计》。

表 11 **世界各国(地区)石油产量**①　万吨

国家(地区) \ 年份	2010	2009	2008	2007	2006	2005	2010/2009 增长/%
美　国	33 911	32 533	30 510	31 147	31 179	31 021	3.2
加拿大	16 278	15 573	15 674	15 891	15 127	14 521	4.3
墨西哥	14 628	14 747	15 738	17 301	18 308	18 706	-0.8
北美合计	64 816	62 854	61 922	64 339	64 614	64 247	2.5
阿根廷	3 251	3 378	3 412	3 488	3 576	3 622	-3.8
巴　西	10 572	10 036	9 395	9 040	8 917	8 469	5.3
哥伦比亚	3 991	3 413	3 055	2 761	2 749	2 714	16.9
厄瓜多尔	2 521	2 521	2 623	2 649	2 777	2 756	③
秘　鲁	690	638	529	507	513	494	8.2
特立尼达和多巴哥	650	680	686	729	838	826	-4.3
委内瑞拉	12 658	12 478	13 163	13 386	14 506	15 469	1.4
其他中南美国家	664	709	699	709	702	713	-1.6
中南美合计	34 996	33 851	33 561	33 269	34 578	35 061	3.5
阿塞拜疆	5 088	5 065	4 469	4 275	3 247	2 240	0.5
丹　麦	1 216	1 289	1 404	1 520	1 667	1 837	-5.8
意大利	511	457	524	586	577	612	11.7
哈萨克斯坦	8 165	7 798	7 205	6 872	6 611	6 302	4.4
挪　威	9 856	10 832	11 423	11 879	12 869	13 822	-9.4
罗马尼亚	429	445	474	505	500	544	-4.7
俄罗斯	50 513	49 425	48 849	49 131	48 053	46 999	2.2
土库曼斯坦	1 069	1 020	1 020	980	807	952	2.8
英　国	6 297	6 800	7 219	7 675	7 658	8 467	-7.7
乌兹别克斯坦	366	446	481	493	541	545	-17.8
其他欧洲和欧亚大陆国家	1 819	1 900	2 031	2 165	2 137	2 178	-7.0
欧洲与欧亚大陆合计	85 329	85 478	85 097	86 080	84 667	84 497	-0.4
伊　朗	20 323	20 235	20 979	21 208	20 984	20 039	0.9
伊拉克	12 044	12 185	11 931	10 530	9 815	8 949	0.6
科威特	12 247	12 131	13 725	12 958	13 316	13 010	0.6
阿　曼	4 096	3 815	3 599	3 546	3 671	3 854	5.9
卡塔尔	6 569	5 787	6 084	5 361	5 063	4 877	13.5
沙特阿拉伯	46 777	45 947	51 531	49 315	51 457	52 621	0.7
叙利亚	1 914	1 870	1 984	1 959	2 075	2 331	2.7
阿联酋	13 079	12 056	13 948	13 587	13 833	12 896	3.5

续表

国家(地区) \ 年份	2010	2009	2008	2007	2006	2005	2010/2009增长/%
也门	1 245	1 405	1 442	1 584	1 835	2 010	-7.9
其他中东国家	171	170	148	144	144	224	0.6
中东合计	118 465	115 636	125 370	120 191	122 193	120 808	1.7
阿尔及利亚	7 767	7 762	8 562	8 611	8 620	8 647	-0.3
安哥拉	9 074	8 744	9 221	415	320	295	3.8
乍得	640	619	669	754	804	909	3.5
刚果共和国	1 505	1 414	1 289	1 145	1 353	1 305	8.1
埃及	3 504	3 526	3 464	3 411	3 304	3 390	-0.6
赤道几内亚	1 357	1 520	1 791	1 799	1 773	1 758	-10.8
加蓬	1 223	1 143	1 177	1 148	1 160	1 170	6.5
利比亚	7 746	7 708	8 619	8 601	8 561	8 012	0.5
尼日利亚	11 521	9 914	10 531	11 418	11 923	12 540	16.2
苏丹	2 394	2 413	2 371	2 251	1 956	1 867	1.5
突尼斯	377	406	421	462	325	351	-4.7
其他非洲国家	710	387	266	419	332	351	-8.0
非洲合计	47 818	45 926	48 807	48 846	47 371	46 713	4.2
澳大利亚	2 384	2 365	2 381	2 379	2 286	2 335	8.9
文莱	839	817	853	946	1 077	1 006	2.5
中国	20 300	18 900	18 973	18 666	18 368	18 084	7.1
印度	3 888	3 540	3 608	3 733	3 737	3 624	9.8
印度尼西亚	4 780	4 897	4 908	4 742	5 187	5 497	-0.3
马来西亚	3 212	3 322	3 428	3 419	3 381	3 678	-3.1
泰国	1 382	1 365	1 339	1 265	1 178	1 120	0.9
越南	1 796	1 680	1 545	1 649	1 783	1 908	6.9
其他亚太国家	1 360	1424	1 089	1 070	988	924	-4.7
亚太合计	39 941	38 309	38 124	37 869	37 984	38 173	4.9
世界总计	391 365	382 054	392 882	390 594	391 407	389 498	2.2
经合组织	86 466	86 011	86 409	89 920	91 053	92 767	0.2
欧佩克	162 326	157 467	175 825	168 126	163 266	162 554	2.5
非欧佩克②	163 292	160 195	154 359	160 016	168 159	169 203	1.9
前苏联	65 748	64 392	62 698	62 451	59 982	57 742	2.0
欧盟	9 262	9 871					-6.5

①包括原油、页岩油、油砂和天然气液体，不包括从煤制取的液体燃料。

②不包括前苏联。

③少于0.05%。

资料来源：历年《BP能源统计》。

表12 **世界各国石油消费量**[①] 百万吨

国家(地区) \ 年份	2010	2009	2008	2007	2006	2005	2010年份额/%
美国	850	842.9	884.5	943.1	938.8	944.6	2.0
加拿大	102	97.0	102.0	102.3	98.8	100.1	5.4
墨西哥	87	85.6	90.0	89.2	86.9	87.8	-1.2
北美合计	1 040	1 025.5	1 076.6	1 134.7	1 124.6	1 132.6	2.1
阿根廷	26	22.3	24.2	23.5	21.1	20.1	8.5
巴西	117	104.3	105.3	96.5	92.1	83.6	9.3
智利	15	15.4	16.8	16.0	11.4	11.9	-6.0
哥伦比亚	11	8.8	10.7	10.3	10.3	10.4	4.1
厄瓜多尔	11	9.9	9.3	8.1	8.1	6.6	5.0
秘鲁	8	8.5	7.9	6.6	7.5	6.4	3.6
特立尼达和多巴哥	2						4.4
委内瑞拉	35	27.4	32.5	26.8	26.1	25.4	4.7
其他中南美国家	57	59.4	63.6	64.1	59.8	58.8	-1.0
中南美合计	282	256.0	270.3	252.0	236.5	223.3	5.0
奥地利	13	13.0	13.4	13.5	14.2	14.2	0.2
阿塞拜疆	3	2.8	3.3	4.5	4.7	5.1	4.0
白俄罗斯	7	9.3	7.7	7.0	8.0	6.7	-29.3
比利时/卢森堡	35	38.5	41.3	41.2	41.0	39.5	4.8
保加利亚	4	4.4	5.4	5.4	5.0	5.0	-25.6
捷克共和国	9	9.7	9.9	9.9	9.8	9.9	-5.0
丹麦	9	8.2	8.9	9.3	9.5	9.1	2.0
芬兰	10	9.9	10.5	10.6	10.6	11.0	4.9
法国	83	87.5	92.2	91.3	92.8	93.1	-4.7
德国	115	113.9	118.3	112.5	123.5	121.5	1.1
希腊	18	20.2	21.4	21.6	22.1	20.9	-8.7
匈牙利	7	7.3	7.7	7.6	7.4	7.0	-5.2
爱尔兰共和国	8	8.0	9.0	9.4	9.3	9.4	-5.0

续表

国家(地区) \ 年份	2010	2009	2008	2007	2006	2005	2010年份额/%
意大利	73	75.1	80.9	83.3	85.7	86.3	-2.7
哈萨克斯坦	12	12.0	10.9	10.6	10.6	10.0	3.2
立陶宛	3	2.9	3.1	2.9	2.8	2.7	3.0
荷兰	50	49.4	46.5	48.5	49.6	49.6	0.9
挪威	11	9.7	9.8	10.1	10.0	9.8	3.5
波兰	26	25.5	24.9	24.3	23.1	21.9	3.9
葡萄牙	13	12.9	13.7	14.4	16.8	15.3	-1.6
罗马尼亚	9	9.9	10.6	10.8	10.5	11.3	-1.4
俄罗斯	148	124.9	130.4	125.9	128.5	130.0	9.2
斯洛伐克	4	3.9	4.3	3.8	3.9	3.5	-0.3
西班牙	75	72.9	77.1	78.7	78.1	78.8	-1.6
瑞典	15	12.3	14.5	16.8	14.9	15.1	-0.1
瑞士	11	12.3	12.1	11.3	12.6	12.2	-7.1
土耳其	29	28.8	32.3	31.1	28.5	30.0	1.7
土库曼斯坦	6	5.2	5.5	4.7	5.2	4.9	3.6
乌克兰	12	14.0	15.5	15.3	15.0	13.9	-13.2
英国	74	74.4	78.7	78.2	82.2	82.9	-1.0
乌兹别克斯坦	5	4.9	5.5	5.8	6.9	7.8	2.8
其他欧洲和欧亚大陆国家	28	27.6	29.2	27.7	26.5	24.3	-0.7
欧洲与欧亚大陆合计	923	913.9	955.5	949.4	970.1	963.3	0.1
伊朗	86	83.6	83.3	77.0	79.3	78.4	1.0
以色列	11						-2.2
科威特	18	19.2	15.3	14.0	14.0	14.4	2.8
卡塔尔	7	8.2	4.6	4.1	4.4	3.8	18.1
沙特阿拉伯	125	121.8	104.2	99.3	92.6	87.2	7.1
阿联酋	32	21.8	22.9	22.0	19.7	18.3	8.4
其他中东国家	80	81.7	76.6	77.0	70.2	69.2	3.8
中东合计	360	336.3	306.9	293.5	280.1	271.3	4.6

续表

国家(地区) \ 年份	2010	2009	2008	2007	2006	2005	2010年份额/%
阿尔及利亚	15	14.9	14.0	12.0	11.5	11.2	-0.1
埃　及	36	33.7	32.6	30.6	29.1	29.2	5.4
南　非	25	24.3	26.3	25.8	23.2	24.9	2.7
其他非洲国家	79	71.2	62.3	69.8	66.7	64.0	2.6
非洲合计	155	144.2	135.2	138.2	130.5	129.3	3.0
澳大利亚	43	42.7	42.5	42.2	40.3	39.7	0.8
孟加拉国	5	4.5	4.6	5.0	4.1	4.0	0.4
中　国	429	404.6	375.7	368.0	349.8	327.3	10.4
中国香港	16	14.0	14.5	16.9	13.2	13.8	15.2
印　度	155	148.5	135.0	128.5	120.3	115.7	2.9
印度尼西亚	60	62.0	57.4	54.4	48.7	55.3	0.7
日　本	202	197.6	221.8	228.9	235.0	244.2	1.5
马来西亚	25	21.4	21.8	23.6	23.0	22.0	3.3
新西兰	7	6.8	7.3	7.0	7.2	7.0	0.1
巴基斯坦	21	20.6	19.3	17.9	18.4	17.4	-0.6
菲律宾	13	12.1	13.4	13.9	14.4	14.7	0.1
新加坡	62	52.1	49.9	47.4	44.0	42.2	10.9
韩　国	106	104.3	103.3	107.6	105.3	105.5	2.5
中国台湾	46	46.6	50.1	52.5	52.5	41.6	4.7
泰　国	50	44.2	36.7	43.0	44.3	45.6	0.5
越　南	16						10.4
其他亚太国家	14	24.1	30.0	28.4	27.3	21.1	0.9
亚太合计	1 268	1 206.2	1 183.4	1 185.1	1 148.0	1 116.9	5.3
世界总计	4 028	3 882.1	3 927.9	3 952.8	3 889.8	3 836.8	3.1
欧　盟	662	670.8	702.6	703.9	706.3	700.4	-1.1
世界经合组织	2 114	2 072.7	2 179.8	2 249.0	2 259.0	2 270.7	0.9
前苏联	202	184.1	189.5	183.8	188.3	186.3	4.6

①国内需求加国际航空燃料、船用燃料、炼厂燃料和损失。

资料来源：历年《BP 能源统计》。

表 13 **世界天然气探明储量** 万亿立方米

国家(地区) \ 年份	2010	2009	2008	2007	2006	2005
美 国	7.7	6.93	6.73	5.98	5.93	5.45
加拿大	1.7	1.75	1.63	1.63	1.67	1.59
墨西哥	0.5	0.48	0.50	0.37	0.39	0.41
北美合计	9.9	9.16	8.87	7.98	7.98	7.46
阿根廷	0.3	0.37	0.44	0.44	0.42	0.50
玻利维亚	0.3	0.71	0.71	0.74	0.74	0.74
巴 西	0.4	0.36	0.33	0.36	0.35	0.31
哥伦比亚	0.1	0.12	0.11	0.13	0.12	0.11
秘 鲁	0.4	0.32	0.33	0.36	0.34	0.33
特立尼达和多巴哥	0.4	0.44	0.48	0.48	0.53	0.55
委内瑞拉	5.5	5.67	4.84	5.15	4.30	4.32
其他中南美国家	0.1	0.07	0.07	0.07	0.07	0.17
中南美合计	7.4	8.06	7.31	7.73	6.88	7.02
阿塞拜疆	1.3	1.31	1.20	1.28	1.35	1.37
丹 麦	0.1	0.06	0.06	0.12	0.08	0.07
德 国	0.1	0.08	0.12	0.14	0.16	0.19
意大利	0.1	0.06	0.12	0.09	0.16	0.17
哈萨克斯坦	1.8	1.82	1.82	1.90	3.00	3.00
荷 兰	1.2	1.09	1.39	1.25	1.35	1.41
挪 威	2.0	2.05	2.91	2.96	2.89	2.41
波 兰	0.1	0.11	0.11	0.11	0.10	0.11
罗马尼亚	0.6	0.63	0.63	0.63	0.63	0.63
俄罗斯	44.8	44.38	43.30	44.65	47.65	47.82
土库曼斯坦	8.0	8.10	7.94	2.67	2.86	2.90
乌克兰	0.9	0.98	0.92	1.03	1.10	1.11
英 国	0.3	0.29	0.34	0.41	0.48	0.53
乌兹别克斯坦	1.6	1.68	1.58	1.74	1.87	1.85
其他欧洲和欧亚大陆国家	0.3	0.44	0.44	0.43	0.45	0.46
欧洲和欧亚大陆合计	63.1	63.09	62.89	59.41	64.13	64.01
巴 林	0.2	0.09	0.09	0.09	0.09	0.09
伊 朗	29.6	29.61	29.61	27.80	28.13	26.74
伊拉克	3.2	3.17	3.17	3.17	3.17	3.17
科威特	1.8	1.78	1.78	1.78	1.78	1.57

续表

国家(地区) \ 年份	2010	2009	2008	2007	2006	2005
阿　曼	0.7	0.98	0.98	0.69	0.98	1.00
卡塔尔	25.3	25.37	25.46	25.60	25.36	25.78
沙特阿拉伯	8.0	7.92	7.57	7.17	7.07	6.90
叙利亚	0.3	0.28	0.28	0.29	0.29	0.31
阿联酋	6.0	6.43	6.43	6.09	6.06	6.04
也　门	0.5	0.49	0.49	0.49	0.49	0.48
其他中东国家	0.2	0.06	0.05	0.05	0.05	0.05
中东合计	75.8	76.18	75.91	73.21	73.47	72.13
阿尔及利亚	4.5	4.50	4.50	4.52	4.50	4.58
埃　及	2.2	2.19	2.17	2.06	1.94	1.89
利比亚	1.5	1.54	1.54	1.50	1.32	1.49
尼日利亚	5.3	5.25	5.22	5.30	5.21	5.23
其他非洲国家	1.2	1.27	1.23	1.21	1.21	1.20
非洲合计	14.7	14.76	14.65	14.58	14.18	14.39
澳大利亚	2.9	3.08	2.51	2.51	2.61	2.52
孟加拉国	0.4	0.36	0.37	0.39	0.44	0.44
文　莱	0.3	0.35	0.35	0.34	0.34	0.34
中　国	2.8	2.46	2.46	1.88	2.45	2.35
印　度	1.5	1.12	1.09	1.06	1.08	1.10
印度尼西亚	3.1	3.18	3.18	3.00	2.63	2.76
马来西亚	2.4	2.38	2.39	2.48	2.48	2.48
缅　甸	0.3	0.57	0.49	0.60	0.54	0.50
巴基斯坦	0.8	0.91	0.85	0.85	0.80	0.96
巴布亚新几内亚	0.4	0.44	0.44	0.44	0.44	0.43
泰　国	0.3	0.36	0.30	0.33	0.30	0.35
越　南	0.6	0.68	0.56	0.22	0.40	0.24
其他亚太国家	0.4	0.36	0.39	0.37	0.34	0.37
亚太合计	16.2	16.24	15.39	14.46	14.82	14.84
世界总计	187.1	187.49	185.02	177.36	181.46	179.83
欧　盟	17.1	2.42	2.87	2.84	2.43	2.57
经合组织国家	170.0	16.18	16.63	15.77	15.90	14.95
前苏联	2.4	58.53	57.00	53.53	58.11	58.32

资料来源：历年《BP 能源统计》。

表 14 **世界天然气产量** 亿立方米

国家(地区) \ 年份	2010	2009	2008	2007	2006	2005
美 国	6 110	5 934	5 822	5 459	5 241	5 257
加拿大	1 598	1 614	1 752	1 837	1 870	1 855
墨西哥	553	582	549	462	434	395
北美合计	8 261	8 130	8 123	7 758	7 544	7 506
阿根廷	401	414	441	448	461	456
玻利维亚	144	123	139	135	112	104
巴 西	144	119	139	113	115	114
哥伦比亚	113	105	91	77	73	68
秘 鲁	72	—	—	—	—	—
特立尼达和多巴哥	424	406	393	390	350	290
委内瑞拉	285	279	315	285	287	289
其他中南美国家	29	70	72	61	48	35
中南美合计	1 612	1 516	1 589	1 508	1 445	1 356
阿塞拜疆	151	148	147	103	63	53
丹 麦	82	84	101	92	104	104
德 国	106	122	130	143	156	158
意大利	76	74	84	89	110	120
哈萨克斯坦	336	322	302	273	239	235
荷 兰	705	627	675	645	619	629
挪 威	1 064	1 035	992	897	876	850
波 兰	41	41	41	43	43	43
罗马尼亚	109	109	115	116	121	129
俄罗斯	5 889	5 275	6 017	6 074	6 121	5 980
土库曼斯坦	424	364	661	674	622	588
乌克兰	186	193	187	190	191	188
英 国	571	596	696	724	800	880
乌兹别克斯坦	591	644	622	585	554	557
其他欧洲和欧亚大陆国家	100	95	103	110	109	98
欧洲和欧亚大陆合计	10 431	9 730	10 873	10 757	10 729	10 611
巴 林	131	128	134	115	111	99
伊 朗	1 385	1 312	1 163	1 119	1 050	870
伊拉克	13	—	—	—	—	—
科威特	116	125	128	126	129	97

续表

国家（地区）\ 年份	2010	2009	2008	2007	2006	2005
阿　曼	271	248	241	241	251	175
卡塔尔	1 167	893	766	598	495	435
沙特阿拉伯	839	775	781	759	737	695
叙利亚	78	58	55	53	55	54
阿联酋	510	488	502	492	474	466
也　门	62	—	—	—	—	—
其他中东国家	35	45	41	55	56	34
中东合计	4 607	4 072	3 811	3 558	3 359	2 925
阿尔及利亚	804	814	865	830	845	878
埃　及	613	627	589	465	448	347
利比亚	158	153	159	152	148	117
尼日利亚	336	249	350	350	282	218
其他非洲国家	178	195	185	107	82	70
非洲合计	2 090	2 038	2 148	1 904	1 805	1 630
澳大利亚	504	423	383	400	389	371
孟加拉国	200	197	173	163	152	142
文　莱	122	114	121	123	123	120
中　国	968	852	761	693	586	500
印　度	509	393	306	302	318	304
印度尼西亚	820	719	697	667	740	760
马来西亚	665	627	625	605	602	599
缅　甸	121	115	124	147	134	130
巴基斯坦	395	379	375	308	307	299
泰　国	363	309	289	259	243	214
越　南	94	80	79	77	70	52
其他亚太国家	173	136	141	131	69	73
亚太合计	4 932	4 384	4 112	3 915	3 771	3 601
世界总计	31 933	29 870	30 656	29 400	28 653	27 630
欧　盟	1 749	1 712	1 903	1 919	1 900	1 997
经合组织国家	11 598	11 272	11 366	10 933	10 785	10 794
前苏联	7 579	6 949	7 937	7 902	7 793	7 603

资料来源：历年《BP 能源统计》。

表 15 **世界天然气消费量** 亿立方米

国家(地区) \ 年份	2010	2009	2008	2007	2006	2005
美 国	6 834	6 466	6 572	6 529	6 197	6 335
加拿大	938	947	1 000	940	966	914
墨西哥	689	696	672	541	541	496
北美合计	8 461	8 109	8 244	8 010	7 703	7 745
阿根廷	433	431	445	441	418	406
巴 西	265	203	252	220	211	202
智 利	47	33	26	44	76	76
哥伦比亚	91	87	82	77	73	68
厄瓜多尔	5	5	6	3	3	2
秘 鲁	54	35	34	27	18	16
特立尼达和多巴哥	220	—	—	—	—	—
委内瑞拉	307	297	324	285	287	289
其他中南美国家	56	255	263	249	221	183
中南美合计	1 477	1 347	1 430	1 345	1 306	1 241
奥地利	101	93	95	89	94	100
阿塞拜疆	66	77	93	83	96	88
白俄罗斯	197	161	192	194	196	189
比利时/卢森堡	194	173	170	169	170	168
保加利亚	26	25	33	31	30	32
捷克共和国	93	82	87	89	85	85
丹 麦	49	44	46	46	51	50
芬 兰	39	36	40	41	43	40
法 国	469	426	442	419	452	450
德 国	813	780	820	827	872	859
希 腊	37	34	42	40	32	25
匈牙利	109	101	120	118	125	134
爱尔兰共和国	53	48	50	48	45	39
意大利	761	716	777	778	771	790

续表

国家(地区) \ 年份	2010	2009	2008	2007	2006	2005
哈萨克斯坦	253	196	206	198	202	178
立陶宛	31	27	32	38	33	32
荷　兰	436	389	386	372	383	395
挪　威	41	41	44	43	44	45
波　兰	143	137	139	137	137	136
葡萄牙	50	43	46	43	41	30
罗马尼亚	133	136	145	164	170	173
俄罗斯	4 141	3 897	4 202	4 388	4 321	4 051
斯洛伐克	56	56	57	59	55	59
西班牙	344	346	390	351	334	323
瑞　典	16	12	10	10	8	8
瑞　士	33	30	31	29	30	31
土耳其	390	321	360	351	305	274
土库曼斯坦	226	198	190	219	189	166
乌克兰	521	470	597	646	664	729
英　国	938	865	939	914	908	946
乌兹别克斯坦	455	487	487	456	432	440
其他欧洲和欧亚大陆国家	157	140	171	168	147	153
欧洲和欧亚大陆合计	11 372	10 586	11 439	11 557	11 463	11 219
伊　朗	1 369	1 317	1 176	1 118	1 051	885
以色列	53	—	—	—	—	
科威特	144	134	128	126	129	97
卡塔尔	204	211	198	205	195	159
沙特阿拉伯	839	775	781	759	737	695
阿联酋	605	591	581	432	417	404
其他中东国家	441	429	407	353	364	270
中东合计	3 655	3 456	3 271	2 994	2 893	2 510

续表

国家(地区) \ 年份	2010	2009	2008	2007	2006	2005
阿尔及利亚	289	267	254	244	237	241
埃　及	451	425	409	320	287	255
南　非	38	—	—	—	—	—
其他非洲国家	271	248	286	271	233	216
非洲合计	1 050	940	949	835	758	712
澳大利亚	304	257	235	251	286	257
孟加拉国	200	197	173	163	152	142
中　国	1 090	887	807	673	556	470
中国香港	38	25	26	30	24	22
印　度	619	519	414	402	397	366
印度尼西亚	403	366	380	338	396	394
日　本	945	874	937	902	846	811
马来西亚	357	315	307	283	403	349
新西兰	41	40	38	37	37	36
巴基斯坦	395	379	375	308	307	299
菲律宾	31	33	35	34	26	30
新加坡	84	97	92	66	66	65
韩　国	429	338	397	370	342	333
中国台湾	141	113	128	118	119	107
泰　国	451	392	374	354	306	299
越　南	94	—	—	—	—	—
其他亚太国家	53	132	136	150	121	89
亚太合计	5 676	4 966	4 853	4 478	4 385	4 069
世界总计	31 690	29 404	30 187	29 219	28 508	27 496
欧　盟	4 925	4 599	4 901	4 819	4 674	4 712
经合组织国家	15 462	14 391	14 943	14 543	14 198	14 168
前苏联	5 968	5 591	6 096	6 319	6 211	5 959

资料来源：历年《BP 能源统计》。

表 16　　世界原油加工能力前 30 名的国家(地区)　　万吨/年

名　次	国家(地区)	炼厂数	平均规模	总加工能力	焦化	催化裂化	催化重整	加氢裂化	加氢处理	润滑油
1	美　国	129	693	89 346	13 608	28 589	15 239	8 344	66 093	1 068
2	中　国	54	630	34 030	858	2 940	765	925	2 543	95
3	俄罗斯	40	679	27 155	467	1 654	3 207	285	10 204	439
4	日　本	30	788	23 649	679	4 935	3 566	908	23 573	201
5	印　度	21	952	20 002	933	2 517	222	828	1 178	44
6	韩　国	6	2 268	13 608	105	1 060	1 146	1 528	5 852	245
7	德　国	15	806	12 088	582	1 746	1 745	1 012	9 463	75
8	意大利	17	687	11 686	248	1 608	1 239	1 516	5 860	127
9	沙特阿拉伯	7	1 486	10 400	0	518	831	669	2 319	0
10	巴　西	13	734	9 541	634	2 526	105	0	1 337	106
11	加拿大	17	559	9 510	314	2 392	1 526	1 019	6 262	16
12	法　国	13	709	9 219	0	1 960	1 255	359	6 262	193
13	英　国	10	883	8 831	355	2 224	1 460	180	5 934	127
14	墨西哥	6	1 283	7 700	1 051	1 903	1 201	0	4 352	88
15	伊　朗	9	806	7 255	0	175	708	683	861	104
16	新加坡	3	2 262	6 785	0	400	630	647	3 321	241
17	中国台湾	4	1 638	6 550	281	1 090	495	125	3 161	81
18	委内瑞拉	5	1 282	6 411	797	1 159	213	0	1 832	64
19	西班牙	9	706	6 358	336	957	846	658	3 871	51
20	荷　兰	6	1 007	6 043	228	517	647	989	3 887	61
21	印度尼西亚	8	632	5 059	179	507	400	499	110	0
22	科威特	3	1 560	4 680	396	180	200	578	2 767	0
23	乌克兰	6	733	4 399	122	351	622	36	1 481	3
24	阿联酋	5	773	3 866	0	172	111	155	746	0
25	澳大利亚	7	541	3 786	0	1 175	735	92	2 536	0
26	比利时	4	925	3 702	0	665	454	0	3 243	0
27	埃　及	9	403	3 631	216	0	268	168	977	24
28	土耳其	6	595	3 571	0	145	282	269	1 246	31
29	伊拉克	9	354	3 188	0	0	378	371	1 372	50
30	阿根廷	10	314	3 135	502	706	244	85	825	39
	世界合计	662	666	441 148	25 354	73 345	49 511	27 085	213 527	4 189

注：由桶/日历日折合为吨/年的换算系数：常压蒸馏 50，焦化和热加工 55，催化裂化 50，催化重整 43，加氢裂化 50，加氢处理 47，润滑油 53。资料来源：美国《油气杂志》2010 年 12 月 6 日。

表 17 **世界最大的炼厂** 万吨/年

名次	公司名称	总加工能力	名次	公司名称	总加工能力
1	帕拉瓜纳炼油中心(委内瑞拉法尔孔)	4 700	12	Hovensa 股份公司(维尔京群岛圣克鲁瓦)	2 500
2	SK 公司(韩国蔚山)	4 085	13	科威特国家石油公司(科威特艾哈迈迪港)	2 330
3	GS 加德士公司(韩国丽水)	3 750	14	壳牌东方石油有限公司(新加坡布库姆岛)	2 310
4	信任工业有限公司(印度贾姆纳加尔)	3 300	15	BP 公司(美国得州得克萨斯城)	2 256
5	埃克森美孚炼制与供应公司(新加坡裕廊/亚逸查湾岛)	3 025	16	Citgo 石油公司(美国路州莱克查尔斯)	2 200
6	信任工业有限公司(印度贾姆纳加尔)	2 900	17	马拉松石油公司(美国路州 Garyville)	2 180
7	韩国双龙精油(S - Oil)公司(韩国釜山)	2 825	18	壳牌石油公司(荷兰佩尔尼斯)	2 020
8	埃克森美孚炼制与供应公司(美国得州贝敦)	2 803	19	中国石化(中国浙江镇海)	2 015
9	沙特阿美石油公司(沙特拉斯坦努拉)	2 750	20	沙特阿美石油公司(沙特拉比格)	2 000
10	台塑石化股份有限公司(中国台湾麦寮)	2 700	21	沙特阿美—美孚(沙特延布)	2 000
11	埃克森美孚炼制与供应公司(美国路州巴吞鲁日)	2 518			

资料来源：美国《油气杂志》2010 年 12 月 6 日。

表 18 **世界最大的 25 家炼油公司** 万吨/年

名次	公司名称	总加工能力	名次	公司名称	总加工能力①
1	埃克森美孚公司(美国)	28 915	14	伊朗国家石油公司	7 255
2	英荷壳牌集团公司	22 546	15	新日本石油公司	7 116
3	中国石化②	19 855	16	俄罗斯石油公司	6 465
4	英国石油公司(BP 公司)	16 625	17	鲁克石油公司(俄)	6 085
5	康菲公司(美国)	13 891	18	马拉松石油公司(美国)	5 940
6	雪佛龙公司③(美国)	13 778	19	莱普索 - YPF 公司(西班牙/阿根廷)	5 525
7	委内瑞拉国家石油公司	13 390			
8	瓦莱罗能源公司(美国)	13 083	20	科威特国家石油公司	5 425
9	中国石油②	13 075	21	印尼国家石油公司	4 965
10	道达尔公司(法国)	12 255	22	阿吉普石油公司(意大利)	4 520
11	沙特阿美石油公司	12 165	23	太阳石油公司(美国)	4 125
12	巴西国家石油公司	9 985	24	SK 公司(韩国)	4 085
13	墨西哥国家石油公司	8 515	25	FlintHills 资源公司(加拿大)	4 083

①包括各公司在其合资企业中的份额能力。

②2010 年底中国石化集团和中国石油集团炼油能力分别达 2.46 亿吨/年和 1.58 亿吨/年。

③包括其在加德士公司中拥有的份额能力。

资料来源：美国《油气杂志》2010 年 12 月 6 日。

表 19　　**世界主要国家(地区)乙烯生产能力**　　万吨/年

国家(地区)	生产能力	(国家)地区	生产能力
美　国	2 759.3	阿联酋	60.0
中　国①	1 297.8	委内瑞拉	60.0
沙特阿拉伯	1 195.5	印度尼西亚	60.0
日　本	726.5	南　非	58.5
德　国	574.3	挪　威	55.0
韩　国	563.0	捷克共和国	54.4
加拿大	553.1	土耳其	52.0
伊　朗	473.4	澳大利亚	50.2
中国台湾	400.6	奥地利	50.0
荷　兰	396.5	保加利亚	40.0
巴　西	350.0	利比亚	35.0
俄罗斯	349.0	阿塞拜疆	33.0
法　国	337.3	埃　及	33.0
印　度	331.5	芬　兰	33.0
泰　国	317.2	葡萄牙	33.0
英　国	285.5	尼日利亚	30.0
新加坡	278.0	斯洛伐克	22.0
卡塔尔	252.0	以色列	20.0
比利时	246.0	塞尔维亚与黑山	20.0
意大利	217.0	白俄罗斯	19.3
马来西亚	172.3	乌兹别克斯坦	14.0
科威特	165.0	阿尔及利亚	13.3
西班牙	143.0	哈萨克斯坦	13.0
墨西哥	138.4	哥伦比亚	10.0
罗马尼亚	84.4	克罗地亚	9.0
阿根廷	83.8	北朝鲜	6.0
波　兰	70.0	智　利	4.5
匈牙利	66.0	瑞　士	3.3
乌克兰	63.0	希　腊	2.0
瑞　典	62.5	**合　计**	13 845.4

①中国 2010 年实际乙烯生产能力大于表中所列数据，已达 1 495.5 万吨/年。
资料来源：美国《油气杂志》2011 年 7 月 4 日。

表 20 **世界主要国家(地区)的乙烯产量** 万吨

国家(地区) \ 年份	2010 年	2009 年	2008 年	2007 年	2006 年
美国	2 397.6	2 245	2 255	2 540	2 443
加拿大/墨西哥	569	594	573	639	646
北美合计	2 966.5	2 839	2 828	3 179	3 089
南美合计	445	422	408	443	436
西欧合计	2 004	1 880	1 999	2 153	2 189
东欧合计	532	449	520	514	493
日本	667	677	688	773	772
韩国	713	702	707	678	609
中国	1 356	1 052	1 000	1 027	941
中国台湾	412	364	362	251	280
其他亚太国家	1 132	945	951	1 026	834
亚太合计	4 280	3 740	3 708	3 755	3 436
中东合计	1 917	1 582	1 357	1 243	1 161
世界总计	12 328	11 182	11 033	11 462	10 975

资料来源：美国《油气杂志》2011 年 7 月 4 日。

表 21 **世界最大 10 座乙烯生产装置** 万吨/年

名次	公司名称	装置地点	生产能力
1	台塑	中国台湾麦寮	293.5
2	诺瓦化学公司	加拿大艾伯塔省若夫尔	281.2
3	阿拉伯石化公司	沙特朱拜勒	225.0
4	埃克森美孚化学公司	美国得克萨斯州贝敦	219.7
5	雪佛龙菲利普斯化学公司	美国得克萨斯州斯威尼	186.5
6	陶氏化学公司	荷兰泰尔讷曾	180.0
7	英力士(Ineos)烯烃和聚合物公司	美国得克萨斯州巧克力拜尤	175.2
8	等星化学公司	美国得克萨斯州 Channelview	175.0
9	延布石化公司	沙特延布	170.5
10	Equate 石化公司	科威特舒艾拜	165.0

资料来源：美国《油气杂志》2011 年 7 月 4 日。

表 22　　**世界最大 10 家乙烯生产商**[①]　　万吨/年

名　次	公司名称	装置数	装置总能力	权益能力
1	沙特基础工业公司	15	1 339.2	1 027.4
2	陶氏化学公司	21	1 304.5	1 052.9
3	埃克森美孚公司	19	1 251.5	855.1
4	壳牌集团	13	935.8	594.7
5	中国石化[②]	13	757.5	727.5
6	道达尔公司	11	593.3	347.2
7	雪佛龙菲利普斯化学公司	8	560.7	535.2
8	利安德巴塞尔公司[③]	8	520.0	520.0
9	伊朗国家石化公司	7	473.4	473.4
10	英力士(Ineos)	6	465.6	428.6

①截至 2011 年 1 月 1 日。

②据国内统计，中国石化股份乙烯权益能力为 740 万吨/年。

③含联营公司等星化学。

资料来源：美国《油气杂志》2011 年 7 月 4 日。

表 23　　**世界主要国家(地区)丙烯产量**　　百万吨

国家(地区) \ 年份	2010	2009	2008	2007	2006
美　国	14.1	12.9	14.2	16.1	15.9
加拿大/墨西哥	1.1	1.3	1.3	1.5	1.6
北美国家合计	15.1	14.2	15.5	17.6	17.5
南美合计	3.0	2.7	2.7	2.8	2.8
西欧/东欧合计	17.2	14.8	16.2	17.3	17.3
前苏联	1.6	1.6	1.6	1.7	1.5
日　本	5.8	5.6	5.7	6.3	6.1
韩　国	5.7	5.6	5.1	4.8	4.6
中国台湾	3.0	2.9	2.8	2.8	2.1
中　国	11.9	9.3	9.3	9.2	8.6
南　亚	5.1	4.3	4.1	4.2	4.2
亚洲国家合计	34.3	27.7	27.0	27.3	25.6
中东/非洲/印度合计	9.8	8.4	6.8	5.7	5.1
世界总计	77.0	69.4	69.8	72.4	69.8

资料来源：2011 年日本《化学经济》第 3 期增刊。

表 24 世界各国(地区)2010 年苯产量 万吨

国家(地区)	产　量	国家(地区)	产　量
美　国	631.0	**欧洲合计**	926.0
加拿大	76.0	**中东/非洲合计**	280.9
北美合计	718.0	中　国	624.8
巴　西	92.0	印　度	85.9
中南美合计	108.0	日　本	440.0
法　国	52.7	韩　国	443.0
德　国	213.2	泰　国	119.0
英　国	68.2	新加坡	65.2
意大利	50.4	中国台湾	149.0
西班牙	76.2	马来西亚	23.8
比荷卢	253.4	**亚太合计**	1 989.9
西欧合计	728.3	**世界总计**	4 023.0
中东欧合计	197.7		

表 25 世界各国(地区)2010 年 EO/EG 产量 万吨

国家(地区)	EO 产量	EG 产量	国家(地区)	EO 产量	EG 产量
美　国	263.6	132.2	中　国	272.7	218.0
加拿大	106.5	139.1	印　度	71.6	90.8
北美合计	402.8	301.2	印度尼西亚	15.7	19.2
中南美合计	27.9	18.7	日　本	67.6	42.0
法　国	16.9	0.0	韩　国	98.6	113.9
德　国	84.7	15.9	马来西亚	38.5	36.5
英　国	0.0	0.0	新加坡	65.6	82.0
比荷卢	115.6	63.9	中国台湾	174.9	219.2
西欧其他国家	14.8	3.5	泰　国	24.3	27.5
西欧合计	232.0	83.3	**亚太合计**	830.0	849.8
中东欧合计	54.5	48.2	**世界总计**	2 141.6	2 008.0
中东合计	589.4	704.9			

表 26 **世界各国(地区)2010 年苯乙烯产量** 万吨

国家(地区)	产　量	国家(地区)	产　量
美　国	412.1	**中东合计**	239.4
加拿大	72.1	澳大利亚	0.0
墨西哥	5.5	中　国	356.5
北美合计	489.7	印度尼西亚	23.3
中南美合计	54.0	日　本	285.3
比荷卢	211.6	韩　国	273.1
法　国	58.5	马来西亚	19.5
德　国	78.5	新加坡	95.0
意大利	48.0	中国台湾	182.8
西班牙	36.2	泰　国	46.0
英　国	3.6	**亚太合计**	1 281.4
西欧合计	436.5	**世界总计**	2 584.3
中东欧合计	83.3		

表 27 **世界各国(地区)2010 年氯乙烯单体产量** 万吨

国家(地区)	产　量	国家(地区)	产　量
美　国	734.2	**中东/非洲合计**	149.9
加拿大	0.0	澳大利亚	0.0
墨西哥	19.0	中　国	975.8
北美合计	753.2	印　度	86.2
中南美合计	87.0	印度尼西亚	49.9
比荷卢	114.1	日　本	300.0
法　国	102.9	韩　国	154.8
德　国	148.6	马来西亚	35.0
挪　威	34.4	新加坡	0.0
英　国	25.5	中国台湾	185.0
西班牙	42.4	泰　国	81.0
西欧其他国家	13.3	**亚太合计**	1 875.5
西欧合计	481.2	**世界总计**	3 508.0
中东欧合计	161.2		

表28 **世界各国2010年LDPE、HDPE、LLDPE产量** 万吨

国家(地区)	LDPE产量	HDPE产量	LLDPE产量	国家(地区)	LDPE产量	HDPE产量	LLDPE产量
美　国	611.4	284.0	442.0	**中东/非洲合计**	571.9	217.8	406.5
加拿大	147.0	19.8	172.0	澳大利亚	16.5	8.5	10.0
墨西哥	18.1	27.0	19.0	中　国	298.7	228.0	394.0
北美合计	776.5	330.8	633.0	印度尼西亚	27.0	—	22.0
中南美合计	136.5	86.7	107.3	日　本	96.0	88.0	68.0
比荷卢	130.0	111.0	46.0	韩　国	197.0	93.7	115.0
法　国	48.0	58.0	58.0	马来西亚	49.0	45.0	7.8
德　国	156.5	88.0	52.5	新加坡	40.0	22.5	30.0
意大利	37.0	40.0	38.0	中国台湾	55.0	43.7	28.0
西班牙	25.5	41.5	39.0	泰　国	129.0	36.7	68.6
其他西欧国家	56.8	103.3	51.5	**亚太合计**	1 058.7	579.3	834.2
西欧合计	453.8	441.8	285.0	**世界总计**	3 188.2	1 793.4	2 296.0
中东欧合计	174.3	128.5	20.0				

表29 **世界各国(地区)2010年聚丙烯产量** 万吨

国家(地区)	产　量	国家(地区)	产　量
美　国	720.9	**中东/非洲合计**	579.0
墨西哥	48.0	澳大利亚	28.0
北美合计	768.9	中　国	930.0
巴　西	150.0	印　度	249.4
中南美合计	236.0	印度尼西亚	57.5
比荷卢	240.0	日　本	250.0
法　国	107.0	韩　国	375.0
德　国	210.0	马来西亚	48.0
意大利	57.0	新加坡	72.0
英　国	39.0	中国台湾	123.1
西班牙	65.0	泰　国	144.0
其他西欧国家	69.5	**亚太合计**	2 269.0
西欧合计	787.5	**世界总计**	4 851.1
中东欧合计	182.7		

表 30　　世界各国(地区)2010 年聚苯乙烯产量　　万吨

国家(地区)	产　量	国家(地区)	产　量
美　国	234.0	**中东合计**	30.7
加拿大	2.4	澳大利亚	0.0
墨西哥	35.2	中　国	414.0
北美合计	271.6	印　度	36.9
中南美合计	66.3	印度尼西亚	7.3
比荷卢	84.0	日　本	87.5
法　国	59.8	韩　国	103.5
德　国	61.7	马来西亚	13.0
意大利	21.8	新加坡	24.9
英　国	7.0	中国台湾	85.0
西班牙	11.4	泰　国	28.5
其他西欧国家	44.0	**亚太合计**	808.8
西欧合计	289.7	**世界总计**	1 538.5
中东欧合计	71.4		

表 31　　世界各国(地区)2010 年聚氯乙烯产量　　万吨

国家(地区)	产　量	国家(地区)	产　量
美　国	592.0	**中东/非洲合计**	120.3
加拿大	19.5	澳大利亚	13.0
墨西哥	48.0	中　国	1 060.0
北美合计	659.5	印　度	120.0
中南美合计	144.3	印度尼西亚	56.0
比荷卢	81.5	日　本	165.1
法　国	117.0	韩　国	143.9
德　国	145.0	马来西亚	25.0
意大利	0.0	新加坡	0.0
英　国	46.0	中国台湾	132.1
西班牙	42.0	泰　国	80.0
其他西欧国家	45.5	**亚太合计**	1 823.6
西欧合计	477.0	**世界总计**	3 373.5
中东欧合计	135.8		

表 32 **世界各国(地区)2010 年 ABS 产量** 万吨

国家(地区)	产　量	国家(地区)	产　量
美　国	40.8	中　国	200.8
墨西哥	11.0	印　度	8.5
北美合计	51.8	印度尼西亚	2.0
中南美合计	0.0	日　本	38.0
比荷卢	27.0	韩　国	135.0
德　国	5.9	马来西亚	35.8
意大利	4.2	中国台湾	140.0
西班牙	6.3	泰　国	13.3
西欧合计	43.4	**亚太合计**	574.6
中东欧合计	5.0	**世界总计**	679.6
中东合计	4.8		

表 33 **世界主要国家(地区)合成纤维生产能力**① 万吨/年

国家(地区)	2011 年 3 月			2010 年 3 月			2009 年 3 月		
	长　丝	短纤维	合　计	长　丝	短纤维	合　计	长　丝	短纤维	合　计
欧　洲									
西　欧	69.3	76.8	146.1	65.9	80.8	146.7	88.3	102.6	190.9
独联体	19.8	24.6	44.4	20.6	24.0	44.6	18.9	25.7	44.6
罗马尼亚	0.6	3.5	4.1	0.6	3.5	4.1	0.6	3.0	3.6
斯洛伐克	2.2	0	2.2	2.2	0	2.2	6.0	0	6.0
波　兰	2.8	3.6	6.4	2.6	4.6	7.2	3.6	4.6	8.2
美　洲									
美　国	133.2	82.4	215.6	134.8	83.5	218.3	144.6	86.6	231.2
加拿大	17.4	0	17.4	17.2	0	17.2	18.2	0	18.2
巴　西	14.4	19.1	33.5	14.0	19.1	33.1	14.4	19.2	33.6
墨西哥	16.0	10.6	26.6	16.2	10.6	26.8	16.5	10.8	27.3
亚　洲									
中　国	2 142.1	1 168.8	3 310.9	1 973.2	1 141.9	3 115.1	1 889.2	1 141.5	3 030.7
中国台湾	181.9	79.7	261.6	144.8	71.4	216.2	157.5	70.2	227.7
韩　国	101.9	68.6	170.5	99.8	67.5	167.3	97.3	66.6	163.9
印　度	275.2	144.6	419.8	279.2	142.9	422.1	230.1	144.6	374.7
印度尼西亚	86.4	54.7	141.1	85.4	54.5	139.9	83.4	52.5	135.9
巴基斯坦	10.1	62.0	72.1	12.6	62.0	74.6	8.6	64.5	73.1
泰　国	55.5	59.0	114.5	55.1	50.0	105.1	51.3	41.5	92.8
土耳其	33.5	51.0	84.5	34.0	46.5	80.5	39.0	49.1	88.1
日　本	48.4	46.7	95.1	48.7	49.5	98.1	54.6	65.6	120.2

续表

国家(地区)	2010年3月			2009年3月			2008年3月		
	长 丝	短纤维	合 计	长 丝	短纤维	合 计	长 丝	短纤维	合 计
伊 朗	11.6	13.9	25.5	11.4	13.7	25.1	9.4	13.7	23.1
沙特阿拉伯	2.2	2.5	4.7	2.2	2.5	4.7	2.0	2.5	4.5
非 洲									
南 非	0	2.4	2.4	0	3.4	3.4	0	4.6	4.6
世界总计	3 310.2	2 027.5	5 337.7	3 104.6	1 981.5	5 086.1	3 011.1	2 016.3	5 027.4

①合纤中不包括聚烯烃纤维，西欧无分国别生产能力统计，中国数据与实际有出入。
资料来源：美国历年《纤维公报》。

表34　　世界主要国家(地区)合成纤维产量①　　万吨

国家(地区)	2010年			2009年			2008年		
	长 丝	短纤维	合 计	长 丝	短纤维	合 计	长 丝	短纤维	合 计
欧 洲									
西 欧	57.9	65.9	123.8	49.9	62.9	112.8	61.0	77.0	138.0
独联体	13.8	19.2	33.0	11.0	17.9	28.9	15.0	18.6	33.6
波 兰	1.9	2.4	4.3	2.2	3.7	5.9	2.6	4.2	6.8
美 洲									
美 国	117.4	67.4	184.8	97.5	64.0	161.5	111.5	80.3	191.8
加拿大	14.8	0	14.8	12.5	0	12.5	12.2	0	12.2
巴 西	12.5	17.2	29.7	11.2	15.3	26.5	11.5	16.4	27.9
墨西哥	10.7	8.6	19.3	9.8	7.9	17.7	11.8	7.3	19.1
亚 洲									
中 国	1 859.7	931.1	2 790.8	1 480.8	832.2	2313.0	1 402.6	798.6	2 201.2
中国台湾	151.2	69.4	220.6	125.8	64.1	189.9	133.5	59.3	192.8
韩 国	94.5	62.2	156.7	80.6	49.5	130.1	83.9	52.0	135.9
印 度	206.7	105.0	311.7	194.7	103.1	297.8	143.4	82.8	226.2
印度尼西亚	71.3	45.0	116.3	70.2	40.9	111.1	66.1	42.0	108.1
日 本	36.2	34.2	70.4	26.6	30.4	57.0	39.3	37.8	77.1
马来西亚	28.1	9.5	37.6	26.3	7.9	34.2	23.1	8.1	31.2
巴基斯坦	7.5	40.2	47.7	7.4	45.2	52.6	6.5	41.9	48.4
土耳其	26.0	41.5	67.5	19.7	35.4	55.1	25.6	37.4	63.0
泰 国	45.3	45.4	90.7	40.4	43.8	84.2	35.8	37.0	72.8
伊 朗	9.2	12.5	21.7	8.6	11.8	20.4	6.2	11.7	17.9
沙特阿拉伯	1.4	1.9	3.3	1.9	2.0	3.9	1.9	2.1	4.0
非 洲									
南 非	0	1.7	1.7	0	2.7	2.7	0	3.8	3.8
世界总计	2 805.4	1 614.3	4 419.7	2 310.4	1 466.7	3 777.1	2 223.8	1 444.8	3 668.6

①合纤中不包括聚烯烃纤维，西欧无分国别产量统计，中国数据与实际有出入。
资料来源：美国历年《纤维公报》。

表35　世界主要国家(地区)合成橡胶生产能力[①]　万吨/年

国家(地区)	ESBR	SSBR	顺丁橡胶	异戊橡胶	乙丙橡胶	丁基橡胶	丁腈橡胶	氯丁橡胶	SBC	合计
美　国	67.5	43.0	61.7	9.0	37.6	27.5	4.2	10.0	32.9	293.4
北美合计	67.5	43.0	61.7	9.0	37.6	42.5	4.2	10.0	32.9	308.4
阿根廷	5.4	—	—	—	—	—	0.2	—	—	5.6
巴　西	26.2	2.5	9.0	—	4.0	—	1.1	—	3.8	46.6
墨西哥	12.0	5.5	1.5	—	—	—	3.0	—	4.0	26.0
拉美合计	43.6	8.0	10.5	—	4.0	—	—	4.3	7.8	78.2
比利时	—	—	—	—	—	13.5	—	—	—	13.5
保加利亚	—	—	—	—	—	—	—	—	—	0.0
捷　克	9.5	—	—	—	—	—	—	—	—	9.5
法　国	4.5	15.0	12.0	—	8.5	5.6	15.5	—	8.7	69.8
德　国	11.8	10.7	13.6	—	7.0	—	1.1	10.0	9.5	63.7
意大利	12.0	—	8.0	—	8.5	—	3.3	—	9.0	40.8
荷　兰	—	—	—	—	16.0	—	—	—	1.8	17.8
波　兰	12.2	—	—	—	—	—	0.8	—	—	13.0
罗马尼亚	—	—	—	—	—	—	—	—	—	0.0
俄罗斯	46.9	4.0	24.0	51.2	2.0	25.3	5.2	—	3.5	162.1
塞尔维亚	4.0	—	—	—	—	—	—	—	—	4.0
西班牙	—	—	—	—	—	—	—	—	12.0	12.0
土耳其	—	—	—	—	—	—	—	—	—	0.0
英　国	7.5	3.0	8.0	—	—	11.0	1.5	—	—	31.0
欧洲合计	108.4	32.7	65.6	51.2	42.0	55.4	27.4	10.8	44.5	438.0
伊　朗	4.0	—	2.5	—	—	—	—	—	—	6.5
南　非	3.5	0.9	4.7	0.4	—	—	—	—	—	9.5
中东和非洲合计	7.5	0.9	7.2	0.4	—	—	—	—	—	16.0
中　国	85.5	17.2	66.6	—	5.5	4.5	16.0	9.0	66.0	270.3
印　度	1.0	—	7.3	—	1.0	—	2.0	—	—	11.3
印度尼西亚	6.0	—	—	—	—	—	—	—	—	6.0
日　本	32.5	18.6	29.1	8.6	17.1	10.5	8.5	15.0	16.3	156.2
韩　国	51.6	1.0	31.2	—	11.2	—	12.3	—	14.0	121.3
中国台湾	10.0	2.0	10.4	—	—	—	3.0	—	28.4	53.8
泰　国	7.2	—	12.2	—	—	—	—	—	—	19.4
亚太合计	193.8	38.8	156.8	8.6	34.8	15.0	41.8	24.0	124.7	638.3
世界总计	420.8	123.4	301.8	69.2	118.4	112.9	77.7	44.8	209.9	1 478.9

①生产能力不含胶乳。2003年起开始包括苯乙烯类热塑性弹性体的生产能力。中国数据与实际有出入。

资料来源：国际橡胶研究集团(IRSG)《橡胶统计公报》2011年4—6月。

表 36　　世界主要国家(地区)合成橡胶产量①　　万吨

国家(地区) \ 年份	2010	2009	2008	2007	2006	2005
加拿大	13.6	10.6	13.4	13.2	11.5	6.4
美　国	232.2	196.2	231.4	269.7	260.6	236.6
阿根廷	4.9	5.2	4.9	5.5	6.0	5.5
巴　西	41.6	38.5	44.4	40.0	41.8	41.6
墨西哥	19.0	16.0	19.8	20.4	18.6	18.2
奥地利	0.4	0.4	0.5	0.5	0.5	0.5
比利时	13.0	10.4	9.4	10.7	10.7	10.6
捷　克	9.5	8.2	10.5	11.1	10.0	9.2
法　国	56.8	51.4	64.5	65.1	66.4	65.5
德　国	93.5	74.3	74.2	90.1	86.5	85.5
意大利	23.7	20.0	22.0	23.5	23.5	23.3
荷　兰	14.9	16.6	17.6	19.4	19.2	18.6
波　兰	15.1	11.2	11.4	11.6	10.8	9.9
西班牙	10.1	8.6	10.1	10.0	10.8	8.5
英　国	23.8	24.8	26.8	31.8	30.5	34.4
保加利亚	0.0	0.0	0.8	2.2	3.2	3.0
罗马尼亚	0.0	0.0	0.0	0.0	0.2	1.0
俄罗斯	115.4	97.1	113.9	120.9	121.9	144.6
土耳其	0.0	0.0	0.0	2.4	2.3	2.4
前南斯拉夫	2.4	1.8	3.5	2.9	2.6	2.3
南　非	7.2	5.9	7.8	7.2	6.7	7.8
澳大利亚	0.0	0.0	0.0	0.0	0.0	0.7
中　国	313.7	285.6	232.5	221.5	181.3	163.2
印　度	11.0	10.2	9.7	10.1	10.1	9.6
印度尼西亚	4.5	4.0	4.8	4.8	4.6	4.7
伊　朗	5.8	6.2	5.8	7.2	7.2	7.0
日　本	157.8	130.3	165.1	165.5	160.7	162.7
韩　国	121.9	114.9	97.0	108.0	84.8	77.0
马来西亚	8.6	4.9	3.8	6.7	5.2	5.1
中国台湾	63.8	60.6	58.9	62.7	60.0	57.5
泰　国	20.0	19.0	18.5	15.7	15.6	14.0
世界总计	1 400.2	1 226.1	1 274.1	1 337.6	1 262.9	1 215.1

①以上生产能力不含胶乳。2003 年起开始包括苯乙烯类热塑性弹性体的生产能力。中国数据与实际有出入。

资料来源：国际橡胶研究集团(IRSG)历年《橡胶统计公报》。

表 37 **世界主要国家(地区)合成橡胶消费量** 万吨

国家(地区) \ 年份	2010	2009	2008	2007	2006	2005
加拿大	19.3	15.8	16.4	20.0	21.6	22.6
美　国	173.2	144.8	173.4	192.9	200.1	200.2
阿根廷	7.3	5.9	6.4	7.1	6.8	6.5
巴　西	53.1	44.5	53.3	47.7	42.5	40.5
智　利	2.7	1.6	2.4	2.4	2.4	2.7
哥伦比亚	2.2	2.2	2.5	2.6	3.0	2.8
墨西哥	14.4	12.5	14.9	16.2	15.4	14.5
委内瑞拉	2.7	2.6	3.1	4.0	4.2	3.7
奥地利	1.4	1.3	1.4	1.7	2.3	2.8
比利时/卢森堡	10.9	8.0	9.5	10.7	10.7	10.6
捷　克	10.9	9.6	13.8	13.0	12.1	11.1
丹　麦	1.3	1.2	1.2	1.2	1.4	1.5
芬　兰	1.3	1.5	3.0	3.1	2.5	2.4
法　国	30.6	27.9	31.6	31.6	31.1	35.5
德　国	55.5	45.0	53.0	59.9	63.5	63.5
匈牙利	5.1	3.5	5.3	4.8	3.8	3.7
意大利	20.3	16.9	23.8	25.5	25.5	24.2
荷　兰	8.9	8.0	11.1	10.6	8.6	9.0
波　兰	15.9	14.3	17.5	19.8	19.1	15.9
葡萄牙	6.6	4.0	5.3	5.1	5.1	5.2
斯洛伐克	5.8	4.7	6.5	6.6	6.3	5.6
斯洛文尼亚	3.9	3.6	4.4	4.6	4.3	3.9
西班牙	21.9	18.2	25.6	25.8	26.2	25.4
瑞　典	3.2	3.2	3.9	4.3	7.8	7.0
英　国	14.3	13.3	14.7	16.9	20.1	22.2
白俄罗斯	5.0	4.9	5.5	5.9	5.8	5.2
罗马尼亚	5.1	3.5	3.9	6.0	2.7	2.7
俄罗斯	47.2	44.5	50.0	59.7	57.2	56.8
土耳其	22.1	17.4	21.7	19.5	17.7	14.7
乌克兰	4.3	3.8	5.7	7.4	7.3	8.4
南　非	7.3	5.8	7.0	6.4	6.0	6.5
澳大利亚	3.1	3.1	4.6	4.1	4.4	4.5
中　国	447.9	423.0	343.0	353.7	303.7	258.0
印　度	40.4	32.1	29.1	29.0	26.4	23.3
印度尼西亚	18.2	14.7	13.9	13.3	13.1	13.5
日　本	98.0	83.4	113.8	116.2	117.1	115.6
韩　国	33.0	27.8	32.9	34.7	36.4	34.4
马来西亚	16.3	12.9	12.5	12.3	11.2	9.6
中国台湾	33.5	26.2	26.0	31.0	30.3	28.0
泰　国	32.4	22.1	19.5	22.4	21.9	17.0
世界总计	1 385.8	1 194.1	1 261.6	1 324.3	1 266.8	1 189.5

资料来源：国际橡胶研究集团(IRSG)历年《橡胶统计公报》。

表38 世界主要国家(地区)合成橡胶进口量 万吨

国家(地区) \ 年份	2010	2009	2008	2007	2006	2005
加拿大	26.8	22.3	26.8	31.4	33.6	38.2
美国	57.4	44.2	59.6	54.9	60.7	68.2
阿根廷	2.3	2.6	2.4	4.3	3.8	3.6
巴西	22.7	19.7	20.5	20.0	17.2	16.1
智利	2.7	1.7	2.4	2.4	2.4	2.7
哥伦比亚	2.3	2.2	2.6	2.6	3.0	2.8
墨西哥	11.4	9.3	10.9	12.2	10.9	11.0
秘鲁	1.6	1.4	1.3	1.2	1.1	1.1
委内瑞拉	2.7	2.6	3.2	4.0	4.2	3.7
奥地利	2.3	3.5	4.1	7.2	7.5	7.8
比利时/卢森堡	41.2	34.3	40.4	41.7	40.0	40.3
捷克	10.9	8.8	11.3	11.0	10.7	9.5
丹麦	1.5	1.3	1.3	1.3	1.6	1.6
芬兰	2.4	2.1	4.2	5.0	4.3	3.9
法国	34.3	26.7	31.8	37.4	36.8	38.7
德国	55.6	42.0	51.5	56.7	51.8	54.5
希腊	1.6	1.5	1.7	1.5	1.6	1.2
匈牙利	7.0	4.3	6.1	4.9	3.8	3.7
爱尔兰	0.5	0.3	0.4	0.4	0.3	0.8
意大利	28.8	24.7	31.9	34.8	31.5	30.3
荷兰	16.3	17.9	20.5	22.4	20.2	19.2
波兰	18.9	15.7	18.7	21.0	19.8	15.3
葡萄牙	6.8	4.4	5.4	5.3	5.2	5.2
斯洛伐克	5.8	4.1	6.5	6.6	6.3	5.6
斯洛文尼亚	3.9	3.6	4.4	4.6	4.3	3.9

续表

年份 国家(地区)	2010	2009	2008	2007	2006	2005
西班牙	29.3	21.1	29.4	26.9	26.1	24.8
瑞　典	4.4	4.0	5.5	5.4	5.5	4.6
英　国	13.6	10.5	13.0	15.1	18.3	19.9
保加利亚	0.8	0.7	0.7	0.3	0.4	0.4
罗马尼亚	5.8	4.1	4.0	5.3	2.7	2.1
俄罗斯	5.5	3.8	5.9	6.0	6.1	5.9
瑞　士	2.7	1.9	1.9	2.2	2.1	2.0
土耳其	23.4	18.2	20.7	17.9	15.9	12.7
乌克兰	4.3	3.8	5.7	7.4	7.3	8.4
前南斯拉夫	2.8	1.1	1.3	1.6	1.5	1.1
南　非	2.3	1.9	2.6	2.7	2.1	2.0
澳大利亚	3.5	3.3	4.8	4.3	4.6	4.3
中　国	157.7	147.8	120.3	140.9	127.5	105.8
印　度	29.5	21.7	21.0	18.6	16.7	12.3
印度尼西亚	21.8	19.0	19.0	12.3	11.9	13.3
日　本	18.1	14.5	22.2	20.5	19.1	19.4
韩　国	16.1	13.4	14.1	13.4	13.6	13.0
马来西亚	20.9	18.2	13.2	24.5	20.4	14.3
新西兰	0.5	0.6	2.8	1.0	1.5	1.4
巴基斯坦	3.2	1.5	1.6	2.2	2.1	2.1
菲律宾	1.0	1.6	3.2	3.6	2.9	1.9
斯里兰卡	2.5	2.0	2.4	2.5	2.4	1.6
中国台湾	14.2	10.5	12.8	13.0	14.1	13.1
泰　国	28.7	20.8	11.3	23.9	21.3	19.1
世界总计	810.9	708.1	740.9	782.1	758.3	724.3

资料来源：国际橡胶研究集团(IRSG)历年《橡胶统计公告》，中国数据有出入。

表 39 **世界主要国家(地区)合成橡胶出口量** 万吨

国家(地区) \ 年份	2010	2009	2008	2007	2006	2005
加拿大	16.7	14.4	20.0	20.7	19.9	22.0
美国	116.4	97.6	115.7	131.6	125.0	110.5
阿根廷	2.3	2.6	2.4	2.7	3.0	2.6
巴西	11.2	13.7	11.5	14.8	16.5	17.2
墨西哥	16.0	12.8	15.8	16.5	14.2	14.6
比利时/卢森堡	52.4	40.6	43.4	46.2	45.5	40.5
捷克	9.5	7.4	7.9	8.2	8.5	7.7
法国	35.8	33.8	43.1	48.8	71.8	68.6
德国	79.7	62.7	72.6	77.5	74.9	74.7
意大利	25.0	22.4	23.0	22.9	30.5	30.5
荷兰	22.2	26.8	27.1	31.2	30.8	28.8
波兰	18.2	13.2	12.5	12.0	11.5	9.3
西班牙	11.2	9.5	11.3	10.2	10.6	7.8
瑞典	1.2	0.8	1.6	1.6	1.4	1.2
英国	23.1	23.2	29.3	30.0	28.7	32.1
保加利亚	0.3	0.2	0.8	2.0	2.6	2.5
罗马尼亚	0.7	0.5	0.7	0.1	0.2	0.4
俄罗斯	73.7	63.5	70.0	67.2	70.8	63.7
土耳其	1.3	0.8	1.1	0.7	0.5	0.4
前南斯拉夫	2.3	1.7	2.6	3.2	2.9	2.6
南非	2.2	2.1	2.9	3.4	2.9	3.2
澳大利亚	0.4	0.2	0.2	0.2	0.1	0.5
中国	23.4	10.5	9.8	8.7	8.3	9.4
印尼	1.4	1.6	1.7	3.9	3.3	3.1
伊朗	2.8	2.9	2.8	2.4	2.4	2.4
日本	78.1	64.4	52.3	53.1	49.3	52.5
韩国	105.0	100.5	78.2	79.7	62.0	55.6
马来西亚	7.3	5.7	5.3	5.9	4.7	4.8
中国台湾	44.6	44.4	45.6	44.7	43.9	42.6
泰国	16.6	17.2	4.8	18.2	15.0	12.6
世界总计	810.9	708.1	740.9	782.1	758.3	724.3

资料来源：国际橡胶研究集团(IRSG)历年《橡胶统计公告》，中国数据与实际数据有出入。

表 40 世界主要国家(地区)原油进口量 万吨

国家(地区) \ 年份	2010	2009	2008	2007	2006	2005
美 国	45 610	44 285	48 716	50 157	50 273	50 070
加拿大	2 887	3 911	3 461	4 875	4 229	4 650
墨西哥	37	46	201	51	—	—
中南美洲	2 087	2 508	3 044	4 220	3 366	3 270
欧 洲	46 515	51 328	54 221	54 225	53 358	52 470
前苏联	①	92	0	9	—	—
中 东	1 126	700	1 099	582	1 011	1 020
北 非	1 231	1 839	1 645	890	907	890
西 非	6	—	91	340	290	290
东南非洲	505	2 186	2 540	2 562	2 564	2 730
大洋洲	2 902	2 282	2 444	2 727	2 507	2 430
中 国	23 456	20 349	17 881	16 317	14 580	12 710
印 度	16 203	14 579	12 769			
日 本	18 479	17 651	20 318	20 506	20 864	21 040
新加坡	3 986	4 630	5 453	5 117		
其他亚太国家①	22 547	22 858	23 104	35 786	39 310	36 950
世界总计	187 574	189 247	196 988	198 364	193 256	188 520

①少于 5。

资料来源：BP 历年《世界能源统计》。

表 41 世界主要国家(地区)原油出口量 万吨

国家(地区) \ 年份	2010	2009	2008	2007	2006	2005
美 国	141	221	692	613	268	190
加拿大	9 910	9 650	9 644	9 355	8 884	8 180
墨西哥	6 784	6 385	7 283	9 100	9 752	9 740
中南美洲	13 121	12 886	12 380	11 516	11 686	10 960
欧 洲	1 929	2 311	1 405	2 911	2 922	3 810
前苏联	31 797	34 198	31 134	31 669	27 461	26 760
中 东	82 868	82 213	89 501	85 955	88 463	86 290
北 非	11 256	11 114	13 071	13 547	12 821	12 260
西 非	22 122	21 228	22 301	23 435	22 646	20 870
东南非洲	1 622	1 477	1 700	1 918	1 115	1 240
大洋洲	1 618	1 285	1 370	1 542	658	720
中 国	203	469	372	362	964	670
日 本	0	10	0	2	—	—
印 度	32	0	0			
新加坡	209	235	200	81	—	—
其他亚太国家①	3 966	4 019	4 649	4 406	4 450	4 630
其他国家	—	1 548	1 282	1 950	1 172	2 200
世界总计	187 578	189 247	196 988	198 364	193 256	188 520

①2005 年数据含新加坡，2007 年及以前数据含印度。

资料来源：BP 历年《世界能源统计》。

表 42　　入选世界 500 强的炼油类公司　　亿美元，名

行业排名		公司名称	所属国家	500 强排名		营业收入	净利润	总资产	股东权益	员工人数
2011	2010			2011	2010					
1	1	壳　牌	荷　兰	2	2	3 781. 52	201. 27	3 225. 60	3 225. 60	97 000
2	2	埃克森美孚	美　国	3	3	3 546. 74	304. 60	3 025. 10	1 468. 39	103 700
3	3	BP	英　国	4	4	3 089. 28	-37. 19	2 722. 62	949. 87	79 700
4	4	中国石化集团	中　国	5	7	2 734. 22	76. 29	2 253. 88	765. 39	640 535
5	5	中国石油集团	中　国	6	10	2 401. 92	143. 67	3 991. 01	2 117. 93	1 674 541
6	6	雪佛龙	美　国	10	11	1 963. 37	190. 24	1 847. 69	1 050. 81	62 196
7	7	道达尔	法　国	11	14	1 860. 55	140. 01	1 928. 26	810. 57	92 855
8	8	康　菲	美　国	12	17	1 849. 66	113. 58	1 563. 14	685. 62	29 700
9	9	埃　尼	意大利	23	24	1 317. 56	83. 68	1 769. 17	687. 03	79 941
10	10	巴西国家石油公司	巴　西	34	54	1 200. 52	191. 84	3 086. 83	1 814. 94	80 492
11	19	JX 控股	日　本	58	136	959. 64	36. 40	755. 49	198. 46	24 691
12	11	委内瑞拉国家石油	委内瑞拉	66	56	883. 61	43. 13	1 419. 40	665. 56	80 000
13	12	挪威国家石油	挪　威	67	74	876. 46	63. 02	1 106. 78	377. 89	30 300
14	14	鲁克石油	俄罗斯	69	93	860. 78	90. 06	840. 17	591. 97	150 000
15	13	瓦莱罗能源	美　国	70	84	860. 34	3. 24	376. 21	150. 25	20 313
16	15	SK	韩　国	82	104	784. 35	5. 70	678. 19	66. 37	52 377
17	16	马来西亚国家石油	马来西亚	86	107	768. 76	174. 79	1 450. 26	871. 45	41 623
18	17	莱普索 YPF	西班牙	94	114	704. 56	62. 16	907. 41	323. 89	43 298
19	18	印度石油	印　度	98	125	688. 37	17. 19	371. 97	129. 12	36 109
20	20	马拉松石油	美　国	99	144	684. 13	25. 68	500. 14	237. 71	29 677
21	21	泰国国家石油	泰　国	128	155	599. 30	26. 21	414. 59	162. 94	9 015
22	22	信诚工业	印　度	134	175	589. 00	42. 35	689. 66	345. 58	22 661

续表

行业排名		公司名称	所属国家	500强排名		营业收入	净利润	总资产	股东权益	员工人数
2011	2010			2011	2010					
23	23	俄罗斯石油	俄罗斯	179	211	463.04	104.00	938.29	545.35	159 771
24	27	出光兴产	日　本	232	277	371.96	7.09	303.87	49.55	8 201
25	30	TNK - BP	俄罗斯	234	318	368.81	58.15	331.26	176.05	50 000
26	28	GS 控股	韩　国	237	300	365.70	6.99	250.13	42.84	22 500
27	25	太阳石油	美　国	251	266	354.53	2.34	132.97	30.46	10 252
28	26	赫　斯	美　国	262	267	346.13	21.25	353.96	166.89	13 776
29	35	Suncor 能源	加拿大	267	385	342.51	34.67	706.35	369.65	12 076
30	29	巴拉特石油	印　度	271	307	341.02	3.59	150.01	34.43	14 654
31	32	奥地利石油天然气集团	奥地利	311	333	308.91	12.19	354.26	121.83	31 398
32	33	印度斯坦石油	印　度	335	354	285.93	3.74	155.81	297.89	11 250
33	36	PKN Orlen 集团	波　兰	346	398	277.03	7.86	173.26	73.26	22 040
34	38	台湾中油	中　国	349	434	275.70	5.08	226.13	92.06	14 871
35	34	科斯莫石油	日　本	357	373	271.06	3.38	190.61	38.18	6 366
36	31	西班牙石油集团	西班牙	368	324	261.50	8.40	153.97	76.32	11 814
37	39	台塑石化	中　国	409	452	237.34	13.00	15 501.1	8 389.4	5 604
38	40	墨菲石油	美　国	414	454	233.45	7.98	142.33	82.00	6 227
39	-	哥伦比亚国家石油公司	哥伦比亚	444	-	217.43	42.21	359.11	215.81	6 744
40	-	Mol 匈牙利油气公司	匈牙利	468	-	207.99	5.00	216.49	69.26	32 394
41	-	Petroplus	瑞　士	471	-	20.47	-1.12	67.70	20.04	2 575
42	-	Tesoro	美　国	481	-	202.53	-0.29	87.32	32.15	5 261
43	37	昭和壳牌石油	日　本	498	407	195.58	1.82	147.14	29.48	5 696

表 43　**世界最大的 50 家石油公司综合排名(按前 6 项指标综合测算)**

排名		公司名称	国有比例/%	石油储量/亿吨	天然气储量/亿立方米	石油产量/万吨	天然气产量/亿立方米	炼制能力/万吨·$年^{-1}$	油品销量/万吨	营业收入/亿美元	总资产/亿美元	利润/亿美元
2009	2008											
1	1	沙特阿拉伯国家石油公司	100	369. 7	77 928	48 565	754	11 870	15 841	3 180	—	—
2	2	伊朗国家石油公司	100	192. 6	296 111	21 080	1 313	7 830	9 563	583. 32	—	—
3	3	美国埃克森美孚公司	—	16. 3	19 258	11 935	958	31 355	29 328	2 844. 71	2 333. 23	192. 80
4	4	委内瑞拉国家石油公司	100	295. 4	50 661	15 850	419	15 175	11 803	749. 96	1 496. 01	29. 20
5	5	中国石油天然气集团公司	100	30. 7	28 208	13 800	738	14 565	8 322	1 781. 44	3 258. 52	102. 61
6	6	英国石油公司(BP)	—	14. 7	12 779	12 675	877	13 330	26 859	2 414. 45	2 359. 68	165. 78
7	7	英荷壳牌集团	—	8. 0	13 891	8 400	877	18 195	28 087	2 789. 69	2 921. 81	125. 18
8	9	美国雪佛龙公司	—	9. 8	7 376	9 360	516	10 790	14 846	1 635. 27	1 646. 21	104. 83
9	8	美国康菲公司	—	8. 8	6 866	8 080	535	14 510	13 569	1 392. 88	1 525. 88	48. 58
10	9	法国道达尔集团	—	8. 0	7 452	6 905	509	12 970	16 498	1566. 88	1 831. 06	117. 80
11	11	墨西哥国家石油公司	100	16. 4	3 388	14 550	466	8 550	7 916	865. 49	1 020. 04	-72. 49
12	14	俄罗斯天然气工业股份公司	50	13. 4	185 924	4 185	4 613	4 405	3 308	996. 53	2 764. 45	245. 28
13	12	科威特国家石油公司	100	142. 2	18 125	12 500	151	5 545	4 321	502. 19	—	—
14	13	阿尔及利亚国家石油公司	100	15. 8	45 052	8 420	757	2 280	2 473	475. 98	782. 43	39. 52
15	15	巴西石油公司	32. 2	14. 4	3 129	10 560	257	10 805	11 488	951. 40	2 002. 70	155. 04
16	16	俄罗斯石油公司	75. 16	25. 3	8 165	10 910	127	5 355	4 229	469. 38	832. 32	65. 14
17	17	俄罗斯鲁克石油公司	—	15. 3	5 176	7 890	142	5 745	7 556	683. 76	790. 19	70. 11
17	18	马来西亚国家石油公司	100	11. 0	32 689	3 535	640	2 240	3 527	625. 00	1 257. 00	116. 00
19	19	阿布扎比国家石油公司	100	73. 9	34 830	7 015	263	2 500	1 501	291. 00	—	—
20	20	意大利埃尼集团	30. 3	4. 8	5 055	5 035	452	3 735	4 147	1 176. 45	1 684. 52	60. 90
21	21	尼日利亚国家石油公司	100	31. 2	31 432	185	149	2 225	1 081	232. 80	—	—
21	22	卡塔尔石油总公司	100	15. 0	182 638	4 840	643	1 000	744	454. 12	—	—
23	26	埃及石油总公司	100	2. 5	13 133	2 210	313	3 630	3 372	69. 82	—	—
23	23	伊拉克国家石油公司	100	161. 0	31 687	12 410	12	4 000	2 874	426. 86	—	—
25	24	利比亚国家石油公司	100	45. 9	11 327	6 110	113	1 900	1 857	215. 58	—	—

续表

排名		公司名称	国有比例/%	石油储量/亿吨	天然气储量/亿立方米	石油产量/万吨	天然气产量/亿立方米	炼制能力/万吨·年$^{-1}$	油品销量/万吨	营业收入/亿美元	总资产/亿美元	利润/亿美元
2009	2008											
26	25	中国石化股份有限公司	75.84	3.9	1 908	4 125	85	22 795	11 625	1 967.12	1 287.69	90.31
27	27	挪威国家石油公司	70.13	3.0	5 139	5 335	459	1 555	2 345	746.36	969.33	29.36
28	29	俄罗斯苏尔古特油气公司	—	10.5	2 945	5 960	136	2 145	1 789	331.12	417.88	35.83
29	28	西班牙莱普索 YPF 公司	—	1.2	1 910	2 185	272	6 295	5 493	681.08	832.49	21.74
30	30	印度尼西亚国家石油公司	100	2.0	5 044	870	110	4 965	5 794	279.64	—	17.40
31	31	印度石油天然气总公司	74.14	5.9	4 276	3 310	280	975	420	221.55	283.76	40.17
32	32	美国马拉松石油公司	—	1.7	771	1 370	99	5 940	6 287	490.49	470.52	14.63
33	32	阿曼石油开发公司	60	4.1	5 191	2 115	168			135.55	—	—
34	43	俄罗斯秋明 BP 公司	—	7.5	895	4 200	62	1 940	1 528	349.91	294.48	49.73
35	34	乌兹别克斯坦油气公司	100	0.7	14 725	465	561	1 100	379	55.08	—	—
36	41	哈萨克斯坦国家油气公司	100	8.2	3 761	1 880	43	1 720	990	107.64	347.13	12.91
37	36	阿塞拜疆国家石油公司	100	4.9	5 097	855	73	1 995	438	139.59	—	—
38	48	中国海洋石油总公司	66.41	2.3	1 688	2 550	68	1 205	990	306.80	758.82	36.34
39	42	美国戴文能源公司	—	1.7	2 765	1 205	274			76.31	296.86	-24.79
40	66	印度信诚工业有限公司	—	0.1	2 112	105	146	6 200	5 699	442.92	559.03	48.15
41	38	美国阿帕奇公司	—	1.5	2 208	1 450	182			86.15	281.86	-2.92
42	47	英国天然气公司	—	1.0	3 166	910	286			163.91	418.64	33.94
43	40	叙利亚国家石油公司	100	3.5	2 802	1 035	58	1200	899	260.00	—	—
44	49	俄罗斯 Novatek 公司	—	0.8	11 532	340	323			28.32	64.01	8.19
45	44	美国西方石油公司	—	3.3	1 460	2 445	97			156.40	442.29	29.15
46	44	美国安纳达科石油公司	—	1.4	2 199	1 170	229			83.43	501.23	-1.35
47	42	美国阿美拉达赫斯公司	—	1.4	799	1 465	71	1 250	2 158	293.85	294.65	7.40
48	38	加拿大自然资源公司	—	4.2	900	1 590	128			86.94	391.04	13.96
49	46	奥地利石油和天然气集团	31.5	0.9	806	860	84	2 650	1 852	252.98	306.94	7.97
49	64	加拿大 Suncor 能源公司	—	4.6	479	1 950	41	2 165	1 551	221.28	664.81	10.13

资料来源：美国《石油情报周刊》2010 年 12 月 6 日。

附 录

◇ 科技成果获奖名单

◇ 企事业单位名录

◇ 法规性文件一览表

附录 1

科技成果获奖名单

表 1　　获 2010 年度国家技术发明奖项目

项目名称	主要完成单位	主要完成者
二　等　奖		
1. 催化氧化新材料——空心钛硅分子筛		林　民　朱　斌　舒兴田　汪燮卿　沈　刚　李　斌

表 2　　获 2010 年度国家科技进步奖项目

项目名称	主要完成单位	主要完成者
一　等　奖		
1. 塔河奥陶系碳酸盐岩特大型油气田勘探与开发	中国石油化工股份有限公司西北油田分公司 中国石油化工股份有限公司石油勘探开发研究院	翟晓先　焦方正　漆立新　朱建国　陈惠超　窦之林　韩革华　杨　坚　宗　铁　张希明　常志远　鲁新便　云　露　李江龙　顾　忆
二　等　奖		
1. 三维三分量地震关键技术突破与深层致密大气田高效勘探	中国石油化工股份有限公司西南油气分公司	蔡希源　唐建明　杨克明　张永刚　徐向荣　李显贵　徐天吉　马昭军　黄　跃　张　虹
2. 单系列大型化炼油技术集成开发与工业应用	中国石化工程建设公司 中国石化海南炼油化工有限公司 中国石油化工股份有限公司石油化工科学研究院 中国石油化工股份有限公司抚顺石油化工研究院	刘家明　孙丽丽　李国梁　赵伟凡　李　浩　郑立军　韩剑敏　戴立顺　胡长禄　马庚宇
3. 大型 PTA 生产关键技术——加氢精制催化剂及反应工艺的开发与应用	中国石化上海石油化工股份有限公司 中国石油化工股份有限公司上海石油化工研究院	畅延青　林　菘　杨毓莹　林永明　陈大伟　陈筱金　张少钢　费公权　钱　斌　马学明
4. 高含水油田优势通道定量描述与调控技术及工业化应用	中国石油大学(华东) 中国石油化工股份有限公司胜利油田分公司胜利采油厂 大庆油田有限责任公司第四采油厂 中海石油(中国)有限公司湛江分公司 中国石油大学(北京)	戴彩丽　冯其红　赵福麟　高国强　王业飞　康万利　薄启炜　姜汉桥　谢培勇　张　东

续表

项目名称	主要完成单位	主要完成者
5. 油藏保护性可持续开发的微生物采油调控技术及工业化应用	华东理工大学 中国石油化工股份有限公司胜利油田分公司 中国石油天然气股份有限公司华北油田分公司	牟伯中 李 阳 董 范 杨世忠 汪卫东 罗承建 刘金峰 王增林 宋社民 杜荣光
6. 特低渗透油藏有效开发非线性渗流理论和开发方法及其工业化应用	北京科技大学 中国石油大学(华东) 中国石油天然气股份有限公司吐哈油田分公司勘探开发研究院 大庆油田有限责任公司采油工程研究院 中国石油化工股份有限公司胜利油田分公司采油工艺研究院	朱维耀 姚 军 孙玉凯 刘 合 王世虎 张玉广 李爱芬 宋洪庆 宋书君 鞠 岩
7. 海洋工程安全与防灾若干关键技术及应用	中国海洋大学 中国石化集团胜利石油管理局	李华军 刘德辅 张 建 史宏达 蒲高军 王树青 文世鹏 梁丙臣 刘锦昆 李安夏
8. 稠密多相流动与化学反应耦合体系的节能减排关键技术及应用	东南大学 中国石化扬子石油化工有限公司 南京钢铁股份有限公司 国电科技环保集团山东龙源环保有限公司 中环(中国)工程有限公司	肖 睿 钟文琪 孙克勤 金保昇 卫 达 廖东海 孟令杰 陆 勇 束长好 章名耀
9. 重油催化裂化后反应系统关键装备技术开发与应用	中国石油大学(北京) 中国石油天然气股份有限公司辽河石化分公司 中国石油化工股份有限公司九江分公司	卢春喜 时铭显 徐春明 高金森 张永民 杨启业 郝希仁 相养冬 蔡 智 孙国刚
10. 超大加氢反应器研制及工程应用	中国第一重型机械集团公司 中国石化集团洛阳石油化工工程公司 中国石化工程建设公司 中国石油化工股份有限公司镇海炼化分公司 中油抚顺石化设备检测监理研究中心	刘恩清 邵建雄 张文辉 陈崇刚 仇恩沧 黎国磊 余良俭 丁舍庚 殷凤春 蔡连重

表3　获2010年度石化集团公司技术发明奖项目

项目名称	主要完成单位	主要完成者
一　等　奖		
1. 自动垂直钻井系统	中国石化集团胜利石油管理局	赵金洲　吕官云　韩来聚　孙启忠　李作会　马清明　孙　峰　吴仲华　刘新华　陈　威　王义峰　孙正贵
二　等　奖		
1. 胜利油田强化泡沫驱提高采收率技术	中国石油化工股份有限公司胜利油田分公司	孙焕泉　王增林　李振泉　郭兰磊　王其伟　张　莉　曹绪龙　宋新旺　赵　滩　杨明岭
2. 超重力技术用于炼厂干气脱硫化氢的工业应用	中国石油化工股份有限公司北京化工研究院 福建联合石油化工有限公司 北京化工大学	李振虎　赵力平　郭　锴　覃志平　王庆明　陈建峰　郝国均　但　鑫　戴　伟　谢卫东
3. 钛系聚酯催化剂的研制	中国石油化工股份有限公司上海石油化工研究院 中国石化上海石油化工股份有限公司	周文乐　郁剑乙　郁培龄　徐　浩　熊金根　王良生　章瑛虹　王　迪　吕晓渊　周　芬
三　等　奖		
1. 新型甲烷化催化剂的工业应用	中国石油化工股份有限公司北京化工研究院 中国石化中原石油化工有限责任公司	戴　伟　王家纯　王秀玲　郑庆阳　郭彦来　张义亭　王　翀　张有东
2. 可激光打标用塑料的开发应用	中国石油化工股份有限公司北京化工研究院 中国石油化工股份有限公司巴陵分公司	王小兰　张师军　高彦杰　程立泉　张　薇　尹　华　张丽英　黄　彬

表4　获2010年度石化集团公司科技进步奖项目

项目名称	主要完成单位	主要完成者
一　等　奖		
1. 高邮凹陷复杂断块油藏断层控藏作用及勘探关键技术	中国石油化工股份有限公司江苏油田分公司	毛凤鸣　陈莉琼　李亚辉　刘启东　叶绍东　陈　军　唐建伟　张春峰　张雅君　肖秋生　梁　兵　刘玉瑞　李鹤永　李储华　卢黎霞

续表

项目名称	主要完成单位	主要完成者
2. 川东北地区大型气田勘探目标及关键技术	中国石油化工股份有限公司勘探南方分公司 中国石油化工股份有限公司石油勘探开发研究院 中国石油化工股份有限公司西南油气分公司	郭旭升 郭彤楼 马永生 胡东风 黄仁春 尹正武 蒲 勇 陈祖庆 唐瑞江 钱 勤 魏志红 彭 劲 冯明刚 孙建国 黎 平
3. 中国石化油气勘探目标评价及决策系统	中国石油化工股份有限公司石油勘探开发研究院	蔡希源 何治亮 徐旭辉 蔡利学 武明辉 刘超英 翟中喜 赵宏宇 邹 伟 郭宝申 徐向华 肖席珍 程 喆 秦伟军 张海君
4. 川东北高温高压高含硫井试气工艺配套技术	中国石化川气东送建设工程指挥部 中国石油化工股份有限公司勘探南方分公司 中国石化集团胜利石油管理局 中国石油化工股份有限公司西南油气分公司	曹耀峰 沈 琛 唐瑞江 李真祥 黎 洪 李文锦 赵祚培 瞿 佳 胡东风 龙 学 代俊清 李爱山 王绍光 刘殷韬 蒋人义
5. 普光气田产能建设关键技术	中国石油化工股份有限公司中原油田分公司 中国石油化工股份有限公司石油勘探开发研究院 中国石化集团胜利石油管理局 西南石油大学	孔凡群 曹耀峰 王寿平 刘一江 沈 琛 曾大乾 陈惟国 刘传喜 姜贻伟 李明志 孙晓春 毕建霞 王卫红 张庆生 赵开良
6. 稠油热采油藏非达西渗流机理研究及工业化应用	中国石油化工股份有限公司胜利油田分公司	毕义泉 李振泉 孙建芳 吴光焕 邓玉珍 蒋 龙 赵红雨 周 燕 王 锋 束青林 戴 涛 陈 亮 韦 涛 李伟忠 吕振峰
7. 大型蒸馏装置高轻收深总拔低能耗成套技术	中国石化集团洛阳石油化工工程公司 中国石油化工股份有限公司广州分公司	陈建民 梁永超 李和杰 黄新龙 徐光明 陈建坡 刘标铭 秦如意 王辰涯 畅广西 张海燕 王洪彬 王少锋 田宏斌 姚 嫔
8. 聚乙烯管材专用树脂和抗冲聚丙烯基础研究及工业应用	中国石油化工股份有限公司北京化工研究院 中国科学院长春应用化学研究所 复旦大学	乔金樑 何天白 杨玉良 王良诗 杨德才 邱 枫 郭梅芳 姬相玲 唐 萍 施红伟 杨小牛 冯嘉春 张京春 苏朝晖 卢红斌
9. 15 万吨/年碳五分离装置工业化成套技术开发	中国石化上海石油化工股份有限公司 中国石化集团上海工程有限公司	郭世卓 沙 裕 唐 豪 凌 镭 孙春水 杨兆银 赵金男 谢家明 陈国忠 葛春方 孙荣华 周 崎 吕世军 宋建平 李 勇

续表

项目名称	主要完成单位	主要完成者
10. PE100聚乙烯管材树脂和燃气管材专用料技术开发	中国石油化工股份有限公司北京化工研究院 中国石化扬子石油化工有限公司 中国石油化工股份有限公司北京燕山分公司 中国石油化工股份有限公司化工销售分公司	王良诗　华　炜　徐振明　魏若奇 赵丽梅　姚小利　阚　林　华　晔 陈　钶　房　琳　徐　焕　景政红 俞星明　赵起超　吴晓音
11. 化工装置节水减排成套技术开发	中国石油化工股份有限公司北京燕山分公司 中国石化股份有限公司天津分公司 中国石油化工股份有限公司茂名分公司 中国石油化工股份有限公司齐鲁分公司 中国石油化工股份有限公司石油化工科学研究院 中国石油化工股份有限公司北京化工研究院	李本高　栾金义　李跃龙　王玉祥 张继美　任志峰　张　晗　张绍光 李晨光　赖锡敏　李正琪　傅晓萍 王　崈　潘咸峰　董文忠
12. 散装硫黄储存与消防关键技术	中国石化工程建设公司 公安部天津消防研究所 中国石油化工股份有限公司中原油田分公司	孙丽丽　李　浩　张　力　郝爱玲 焦玉清　周家祥　白　岩　王俊彪 倪照鹏　余齐杰　陈瑞金　兰宦勤 王树国　王　维　陈　平
二　等　奖		
1. 抗高温高压耐腐蚀特种尾管固井工具研制	中国石油化工股份有限公司石油工程技术研究院	吴姬昊　丁士东　秦金立　张金法 朱和明　郑晓志　王建全　郭朝辉 姜向东　周仕明　陈志峰　初永涛
2. 三维观测系统设计分析评价技术	中国石化集团中原石油勘探局	周明非　碗学俭　符力耘　王广智 张松平　郭立杰　葛雪钦　杨　波 张宝君　王广平　卫　东　马　峰
3. 南方海相碳酸盐岩储层测井解释及评价	中国石化集团江汉石油管理局	李春梅　袁明前　冯爱国　杨运洲 汪绍卫　仲艳华　廖　勇　关红梅 姚效玉　高　敬
4. 济阳坳陷第三系储层预测模式优化集成	中国石油化工股份有限公司胜利油田分公司	韩文功　张建宁　谭明友　刘书会 潘兴祥　于正军　冯德永　李红梅 张云银　张金伟　王立歆　王　鑫
5. 断陷盆地早期充填层系成藏要素与油气富集	中国石油化工股份有限公司胜利油田分公司	王永诗　宋国奇　杨显成　冀登武 李文涛　刘惠民　林会喜　王文林 毕彩芹　宋来亮　刘军锷　张奎华

续表

项目名称	主要完成单位	主要完成者
6. 盐家地区深层砂砾岩油藏地质模型与勘探实践	中国石油化工股份有限公司胜利油田分公司	王永诗 高永进 运华云 操应长 鲁国明 周德志 田美荣 耿 斌 李家强 罗红梅 赵铭海 王洪宝
7. 成岩过程中的耗水作用与油气成藏	中国石油化工股份有限公司胜利油田分公司	张善文 张守鹏 石砥石 王伟庆 卓勤功 李保利 张守春 银 燕 李 博 郗凤琨 陈 菁 解玉宝
8. 油藏综合地球物理技术应用先导试验	中国石油化工股份有限公司胜利油田分公司	王延光 韩文功 单联瑜 夏吉庄 王洪宝 林松辉 王 慧 毕丽飞 刘洪文 王玉梅 王秀玲 吕德灵
9. 塔河油田缝洞型油藏注水提高采收率技术	中国石油化工股份有限公司西北油田分公司	窦之林 鲁新便 胡文革 涂兴万 黄咏梅 刘学利 马旭杰 杨 敏 苏江玉 荣元帅 李新华 吴 涛
10. 高含水期防偏磨延长油井免修期技术	中国石油化工股份有限公司胜利油田分公司	张 煜 田仲强 王民轩 魏 斌 程正全 张广卿 姜 东 陈 军 马代鑫 王志敏 张俊清 李新华
11. 井下光纤传输视像检测系统配套技术	中国石油化工股份有限公司胜利油田分公司	张全胜 田玉刚 叶金胜 伊伟锴 郝金克 王志敏 吴柏志 杨 斌 张 峰 李玉宝 温盛魁 杨 慧
12. 长水平段水平井钻井技术	中国石化集团胜利石油管理局	唐志军 闫振来 邢景宝 牛洪波 周延军 薛玉志 吴仲华 张海花 彭志刚 郑峰辉 唐洪林 曲晓红
13. 鱼骨状水平井钻井技术	中国石化集团胜利石油管理局	李作会 孙铭新 耿应春 史建刚 刘新华 王 涛 张建涛 左红军 张佃宾 王爱国 李公让 肖红兵
14. 高含 H_2S/CO_2 气田井筒流动规律与管材腐蚀研究	中国石油化工股份有限公司石油勘探开发研究院 中国石油大学(北京) 中国石油化工股份有限公司中原油田分公司	石在虹 陈长风 李孟涛 郑树启 王步娥 黄雪松 苏建政 盛建明 史爱萍 戈 磊 杨立红 陈立强

续表

项目名称	主要完成单位	主要完成者
15. 井下智能分层开采与测控技术	中国石油化工股份有限公司江汉油田分公司	朱晓荣 谢小辉 汪团员 李仁忠 别香平 邹　皓 伍铁英 荣　莽 黄仲尧 石玉民 程　滢 代理震
16. 含双孔结构Y型分子筛复合材料的催化裂化催化剂的开发与工业应用	中国石油化工股份有限公司石油化工科学研究院 中国石油化工股份有限公司催化剂分公司 中国石化湛江东兴石油化工有限公司	周继红 吴潮汉 陈振宇 韦国有 张执刚 朱莫惠 任　飞 李明罡 袁海亮 高永灿 徐铭英 张久顺
17. 加氢装置技术分析及远程诊断系统开发	中国石油化工股份有限公司抚顺石油化工研究院 石化盈科信息技术有限责任公司	曹东学 曾榕辉 李　鹏 陈尧焕 赵玉琢 彭　派 马艳秋 刘冀一 方　乐 于韶飞 张朝俊 曹春清
18. 高强耐磨特种专用维纶	中国石化集团四川维尼纶厂 中国人民解放军总后勤部军需装备研究所 四川大学	李海英 施榈梧 叶光斗 何　云 赵　彬 唐　庆 康正周 黎　园 邢　海 冷　平 刘建华 梁明江
19. 聚丙烯装置直接生产汽车保险杠专用树脂技术	中国石化扬子石油化工有限公司 中国石油化工股份有限公司北京化工研究院 中国石油化工股份有限公司化工销售分公司	吴鹏鸣 张师军 周立进 邹　浩 钱建忠 李　峰 赵起超 宋文波 马良海 尹　华 殷大斌 房　琳
20. 高效酸团微萃取技术开发与应用	中国石油化工股份有限公司石家庄炼化分公司 清华大学	骆广生 潘九海 吕阳成 曹志广 王文生 王仲霞 王志侃 苏　华 徐建鸿 李　辉 王　凯 郭　锐
21. 氧化工艺安全操作和控制技术开发及工业应用	中国石油化工股份有限公司青岛安全工程研究院 中国石油化工股份有限公司巴陵分公司 中国石油化工股份有限公司石油化工科学研究院 中国石油化工股份有限公司石家庄炼化分公司	牟善军 谢传欣 李永祥 瞿亚平 石　宁 徐　伟 仪志宏 胡合新 廖　洪 张海峰 孙　峰 吴　巍
22. 高性能聚丙烯珠光膜专用树脂开发	中国石油化工股份有限公司北京化工研究院 中国石油化工股份有限公司茂名分公司	于鲁强 邓世强 张丽英 林　国 盛建昉 周　兵 张师军 柳迎才 宋文波 宋怡静 尹　华 陈志雄

续表

项目名称	主要完成单位	主要完成者
23. 烯烃装置绩效评价系统模型开发	中国石油化工集团公司经济技术研究院	段国华 周若洪 刘延军 何祚云 刘然冰 赵晓军 刘灵丽 刘 易 闵 剑 王 华 邵 伟 陈柏华
24. 加氢裂化装置防腐成套技术	中国石化股份有限公司天津分公司 中国石油化工股份有限公司青岛安全工程研究院	禹小伟 李春树 张海峰 牟善军 刘小辉 王百森 王志刚 李贵军 杨 维 孙文军 郭 雷 刘国新
25. 普光气田工程特种管材焊接工艺评定开发	中国石化集团第十建设公司 中国石油化工股份有限公司中原油田普光分公司 胜利油田胜利勘察设计研究院有限公司	魏家斌 吴忠宪 王鹏雁 陈茂斌 张桂红 唐元生 葛春玉 郭 强 张分电 王召民 刘 华 付国强
26. 30 万吨/年高密度聚乙烯环管反应器国产化工程技术开发	中国石化集团上海工程有限公司 中国石化股份有限公司天津分公司	鲁传坤 王 斌 冯成红 俞海洪 高云忠 张显峰 陈柯达 李碧云 林 衡 刘桂斌 钱小燕 吴娟英
27. FCC 专用设备开发	中国石化工程建设公司 中国石油化工股份有限公司荆门分公司 西北工业大学 无锡市石油化工设备有限公司 中国石油化工股份有限公司石家庄炼化分公司 南京金陶耐磨管道有限公司	闫 涛 李贵华 张荣克 戴 敏 李进贤 刘晓欣 周小新 宰章伟 赵思珍 汪 柯 陈步学 程建民
28. 隔膜密封式高压换热器研制	中国石化工程建设公司 抚顺机械设备制造有限公司 兰州兰石机械设备有限责任公司 中国石油化工股份有限公司武汉分公司	王金光 范兆辉 陈建玉 李炎生 黄勇力 刘凤芝 王文利 贾长青 许 伟 胡希海 杨 锋 曾 勇
29. 石油替代综论	中国石化集团洛阳石油化工工程公司 中国石化出版社	陈俊武 李春年 陈香生 黄志华 张正威
30. 中国石化信息系统基础平台的开发和建设	石化盈科信息技术有限责任公司	李剑峰 孙 维 杨衍岐 许 基 吴占奎 姜晓阳 徐 斌 宋昊爽 罗益民 李彩萍 刘 茂 穆 莉
31. 中国石化川东北地区勘探开发建设工程系列标准制修订及应用	中国石油化工股份有限公司石油勘探开发研究院 中国石化川气东送建设工程指挥部	曹耀峰 刘汝山 沈 琛 彭国生 付 伟 杨玉坤 王敦则 李 燕 廖成锐 李维然 万智民 刘殷韬

续表

项目名称	主要完成单位	主要完成者
32. 中国石化化工生产计划与效益测算系统	石化盈科信息技术有限责任公司 中国石油化工集团公司经济技术研究院	张红荣　孙丽华　于百双　张刘军 张宁海　刘　伟　高礼杰　王　燕 许晓波　王友平　周海涛　牛彦红
33. 大规模集群资源管理系统优化与应用	中国石油化工股份有限公司胜利油田分公司	单联瑜　丛龙水　李战强　董　涛 邢占军　尚新民　侯树杰　孙世为 郭见乐　段　淼　孙友凯　徐　辉
三　等　奖		
1. 东濮凹陷北部三叠系油气成藏控制因素技术	中国石油化工股份有限公司中原油田分公司	焦大庆　国殿斌　苏　惠　刘亚洲 高　平　张金报　常振恒　蒋飞虎 王萍霞
2. 泌阳凹陷中南部深化勘探研究	中国石油化工股份有限公司河南油田分公司	王　敏　罗家群　林社卿　张永华 邱荣华　曾　兴　朱景修　刘桂兰 何　斌
3. X 射线荧光随钻录井技术	中国石油化工股份有限公司华北分公司	陈英毅　何国贤　朱根庆　周天顺 李春山　王晓阳　谢元军　周武杰 张晋元
4. 马王庙地区 NEWS 油气综合解释系统应用研究	中国石油化工股份有限公司江汉油田分公司	张三元　李铭华　罗忠辉　袁娟梅 石良钦　王　奕　付宜兴　郑爱萍 黄　倩
5. 剩余油检测的电磁阵列新方法试验	中国石化集团江汉石油管理局	黄　飞　陈孝雄　严良俊　王友胜 苏朱刘　刘保林　陈清礼　蒋剑平 谢兴斌
6. 高温高压井测量关键仪器及工艺技术研究	中国石化集团胜利石油管理局	都振川　黄明泉　胡　文　邱维清 蒋　莉　刘　伟　商桦甸　孙　梅 宋　凯
7. NEWS 在胜利探区岩性油气藏储层预测、油气识别中应用	中国石油化工股份有限公司胜利油田分公司	王志高　汪彩云　李　敏　李长红 乔玉雷　赵延江　毕俊凤　张云银 宋传春
8. 南方复杂山地地震采集方法试验研究	中国石化集团胜利石油管理局	宋玉龙　胡立新　于富文　杨德宽 何京国　段卫星　许效坤　张在武 时兴文

续表

项目名称	主要完成单位	主要完成者
9. 采油工区地震噪音产生机理分析及压制技术研究	中国石油化工股份有限公司胜利油田分公司	刘成斋 单联瑜 王 鑫 王成礼 王立歆 吕小伟 刘洪文 李国林 张光德
10. 塔河超深井有杆泵举升工艺技术研究与应用	中国石油化工股份有限公司西北油田分公司	甘振维 林 涛 赵海洋 李 炜 张志宏 邓洪军 杨映达 刘 榧 张建军
11. 中浅层复杂砂砾岩、浊积岩有效开发关键技术	中国石油化工股份有限公司胜利油田分公司	刘显太 时佃海 武 刚 周涌沂 刘维霞 孙志刚 汪 勇 温志峰 李 靓
12. 总口地区敏感性低渗透油藏开发技术研究	中国石油化工股份有限公司江汉油田分公司	徐玉珍 孙 健 姚凤英 张旭东 刘万琴 王立军 陈秀兰 黄亚杰 冉福强
13. 文卫古结合部油气滚动勘探开发	中国石油化工股份有限公司中原油田分公司	邓瑞健 国殿斌 袁 杰 胡晓辉 冯 英 张天增 李保田 陈 洁 王永钢
14. 特超稠油过热蒸汽热采新技术研究与应用	中国石油化工股份有限公司河南油田分公司	张 毅 方 云 张建国 高孝田 李仁多 岳 慧 聂惟国 郭勤良 胡 荣
15. 普光气田气藏精细描述技术及气藏工程研究	中国石油化工股份有限公司石油勘探开发研究院	刘传喜 王卫红 魏水建 王秀芝 宋传真 冯 琼 曾 平 穆 林 孙 兵
16. 高邮凹陷中东部地区滚动开发油藏评价技术	中国石油化工股份有限公司江苏油田分公司	周方喜 钟思瑛 林 波 胡 斌 熊光勤 杨新明 陈 刚 薛成刚 李红昌
17. 文明寨极复杂断块油田高含水期稳产技术	中国石油化工股份有限公司中原油田分公司	吴旭光 徐仁起 张晓萍 吕新华 左代容 潘远基 周文耀 王志敏 郎惠杰
18. 川东北高压高产高含硫气井测试优化设计	中国石油化工集团公司西南石油局	龙 学 吴方益 张朝举 吴建军 唐祖兵 李 晖 马旭川 曹学军 李 伟
19. 提高普光气田开发井钻井速度技术	中国石化集团中原石油勘探局	孙清德 张克勤 胡群爱 舒尚文 王中华 李铁成 周祥林 李伟廷 侯树刚

续表

项目名称	主要完成单位	主要完成者
20. 劣质渣油延迟焦化成套技术开发与工业应用	中国石化工程建设公司 中国石油化工股份有限公司石油化工科学研究院 中国石化青岛炼油化工有限责任公司 中国石油大学(华东)	李出和　申海平　袁志祥　李　卓 范启明　冯大勇　张伟乾　马　力 肖　梅
21. 增强型降低催化汽油硫含量催化剂的开发及应用	中国石油化工股份有限公司石油化工科学研究院 中国石油化工股份有限公司沧州分公司 中国石油化工股份有限公司催化剂分公司	王　鹏　宋安太　邱中红　于大平 魏晓丽　张剑秋　冯文辉　周　岩 龚剑洪
22. FC－32 灵活型加氢裂化催化剂研制及工业应用	中国石油化工股份有限公司抚顺石油化工研究院 中国石化股份有限公司天津分公司 中国石化上海石油化工股份有限公司	杜艳泽　石友良　柳　荣　张　德 王凤来　任　靖　苏跃军　夏文女 关明华
23. 新一代重整预加氢催化剂 RS－30 开发及工业应用	中国石油化工股份有限公司石油化工科学研究院 中国石油化工股份有限公司荆门分公司 中国石油化工股份有限公司催化剂长岭分公司	夏国富　何宗付　张太龙　习远兵 陆　明　李　坚　余战兴　张润强 周孟璠
24. LS－981 多功能硫黄回收催化剂的研制及工业应用	中国石油化工股份有限公司齐鲁分公司	达建文　刘爱华　陶卫东　刘剑利 许金山　王建华　张义玲　张光华 郝国杨
25. 满足欧Ⅳ排放柴油车配套润滑油 CI－4 的开发及应用	中国石油化工股份有限公司润滑油分公司	朱和菊　李万英　张春辉　孟雪梅 余　磊　马淑芬　郭剑峰　王向阳 李剑锋
26. 高活性低成本 FCC 原料预处理催化剂 FF－24 的研制与工业应用	中国石油化工股份有限公司抚顺石油化工研究院 中国石油化工股份有限公司金陵分公司	彭绍忠　赵日峰　张学辉　姜　虹 陈雷震　刘雪玲　杨占林　杜　平 白振民
27. HAT－099 甲苯歧化与烷基转移催化剂开发及工业应用	中国石油化工股份有限公司上海石油化工研究院 中国石化股份有限公司天津分公司 中国石油化工股份有限公司镇海炼化分公司	孔德金　冷家厂　胡江青　郭宏利 李保军　张江洪　杨德琴　侯　强 黄朝晖
28. 钠法漂粉精生产工艺优化研究及应用	中国石油化工股份有限公司江汉油田分公司	吴楼涛　吴效光　赵楚成　杭加兵 贺　黎　朱国华　刘春华　黄修权 明其发

续表

项目名称	主要完成单位	主要完成者
29. 裂解炉用线性急冷锅炉开发	中国石油化工股份有限公司齐鲁分公司 天华化工机械及自动化研究设计院	李金科　周文鹏　张松龙　徐红兵 康　翼　张　建　肖世猛　安发亮
30. 回收炼厂 1 - 丁烯资源成套工业化技术	中国石油化工股份有限公司广州分公司 山东齐鲁石化工程有限公司 中国石油大学(北京)	杨　栋　周　鹏　姜立良　徐伟强 唐旭东　魏爱珍　李敬胜　程佩双 周广林
31. 气相聚乙烯 BCS - 02 淤浆进料催化剂工业应用试验	中国石油化工股份有限公司广州分公司 中国石油化工股份有限公司北京化工研究院	杨　栋　王洪涛　杨平身　闫力欣 曾芳勇　周俊领　陈卓立　傅　捷 陈玉龙
32. 增产 1 - 丁烯的烯烃异构化技术开发及工业应用	中国石油化工股份有限公司上海石油化工研究院 中国石化中原石油化工有限责任公司	刘俊涛　李龙章　钱宏义　张义亭 朱志焱　李贵生　何　志　孙双印 王万民
33. 混合碳二碳三气加氢前脱砷催化剂的工业应用研究	中国石化上海石油化工股份有限公司 上海化工研究院	余泰伟　陈　勇　李建龙　王一冠 叶晓峰　张利军　沈　伟　徐建伟 黄　伟
34. 1 000 吨/年水性环氧树脂工业试验及混凝土改性研究	中国石化集团资产经营管理有限公司巴陵石化分公司 湖南大学	张　晖　唐光斌　肖　华　徐伟箭 李楚新　任六波　李婧婧　夏新年 庄宏清
35. 塔河高矿化度油藏超稠油乳化降黏井筒举升技术创新与应用	中国石油化工股份有限公司石油化工科学研究院 中国石油化工股份有限公司西北油田分公司	秦　冰　赵海洋　李本高　张志宏 罗咏涛　黄　云　王振宇　陈朝刚 李海军
36. 顺酐酯化、加氢生产 1，4 - 丁二醇催化剂研制及工业应用	中国石油化工股份有限公司抚顺石油化工研究院 东营胜利中亚化工有限公司	乔　凯　刘振华　张　雷　霍稳周 袁胜华　陈荣欣　张宝国　张艳侠 王春梅
37. Innovene 工艺 PE 催化剂工程放大及工业化应用研究	上海化工研究院 上海立得催化剂有限公司	肖明威　叶晓峰　蔡祥军　张　辉 彭晓琪　鲍　宁　余世炯　耿瑜宏 张永波
38. 新型碳三液相选择加氢催化剂工业应用试验	中国石油化工股份有限公司北京化工研究院 中国石化股份有限公司天津分公司	戴　伟　张世忠　卫国宾　齐东升 穆　玮　贾世敏　郭彦来　陈德明 彭　晖
39. 过氧化二异丙苯成套技术工艺包开发	中国石化集团上海高桥石油化工公司	杨建平　万湜尘　陈为群　顾　亮 王　卫　顾　荣　孙中平　徐荣福 谭永生

续表

项目名称	主要完成单位	主要完成者
40. 利用环吹风技术生产多孔细旦 POY 产品	中国石油化工股份有限公司洛阳分公司	刘玉来　王华平　刘可非　赵惠雁　牛志义　房传兴　焦冬梅　王朝生　张玉梅
41. 内置预分离复合式飞灰过滤器的研究与开发	中国石油化工股份有限公司安庆分公司 西安热工研究院有限公司 中国石化集团宁波工程有限公司	盛　新　许世森　郑明峰　李继炳　郜时旺　杨俊岭　成　雷　任永强　韩启元
42. 工业裂解炉在线快速烧焦技术的开发及工业应用	中国石油化工股份有限公司北京化工研究院 中国石油化工股份有限公司北京燕山分公司 中国石油化工股份有限公司茂名分公司 中国石化上海石油化工股份有限公司	王国清　金宗贤　杜志国　宋立臣　邱　华　杜学军　张永刚　齐东峰　王红霞
43. 硅烷交联聚乙烯管材专用树脂的开发	中国石油化工股份有限公司北京燕山分公司	王力刚　赵丽梅　陈　钶　景政红　谷凤来　万小侠　王彦荣　李震先　汤　明
44. 丙烯中微量杂质分析技术开发及微量杂质对聚丙烯生产的影响研究	中国石油化工股份有限公司北京化工研究院	张　颖　马　晶　陈　松　张天一　宋　阳　李思睿　赵亚婷　彭人琪　赵自忠
45. 气相氢调法 K7726H 聚丙烯专用料的研制	中国石油化工股份有限公司北京燕山分公司	赵唤群　赵丽梅　成卫戌　王小涓　袁春海　郭　锐　田正昕　王丽新　李卫华
46. 阴极保护在线监控专家系统开发	中国石油化工股份有限公司管道储运分公司 青岛雅合科技发展有限公司	陈少春　仲维滨　孙　旭　孙　勤　向秀平　杨文新　姚建平　南双祥　高　巍
47. X70 大口径厚壁直缝埋弧焊管、弯管国产化研制	中国石油化工股份有限公司管道储运分公司	高河东　唐　诚　郭振学　马秋荣　王卫东　王景克　王　月　曹　胜　姚艳梅
48. FYHG－DS 超重力技术处理罐顶恶臭气体的研究及工业应用	中国石油化工股份有限公司抚顺石油化工研究院 中国石化股份有限公司天津分公司 中国石油化工股份有限公司安庆分公司 中国石油化工股份有限公司九江分公司 中国石油化工股份有限公司塔河分公司 中国石油化工股份有限公司武汉分公司	回　军　刘忠河　赵景霞　张伟远　韩建华　宋　杰　陈建国　刘学东　王　刚

续表

项目名称	主要完成单位	主要完成者
49. 热管除氢技术开发及应用研究	岳阳长岭设备研究所有限公司 中国石油化工股份有限公司长岭分公司	周丽纯 刘 群 文志成 颜祥富 李志强 王海清 龚普林 陈学兵 吴时骅
50. 加热炉节能技术改造方案的优化	中国石化股份有限公司天津分公司	王百森 李春树 高海山 刘春旺 孙全胜 钱广华 郭拂娟 常 乐 彭乾冰
51. 油罐汽车密闭装油及其配套设施的研究	中国石油化工股份有限公司江西石油分公司 新昌德力石化设备有限公司	罗春平 李 辉 蒋晓华 张新凯 彭玫瑜 王 璠 白志奇 郑勇辉 周叶兴
52. 大型储罐设备基础计算机工程应用软件开发	中国石化集团上海工程有限公司	应付钊 胡 敏 何国富 王江义 陈柯达 夏庭海 方 强 章 健 潘跃明
53. 中国石化化工销售物流运行管理系统	中国石油化工股份有限公司化工销售分公司 石化盈科信息技术有限责任公司 上海博科资讯股份有限公司	李富芳 罗 莉 陈永凯 许高阳 索寒生 刘陈宇 徐万春 杨 颖 陆伟荣
54. 胜利油田东辛采油厂集输与注水系统生产优化	中国石油化工股份有限公司胜利油田分公司	陈锡坤 肖 波 荣启宏 李 琳 于宗吉 杨 军 史文东 董 琰 邴绍强
55. 测井微机解释系统(3.0 版)	中国石油化工股份有限公司河南油田分公司	王 卫 李光军 王慧萍 马平生 吕和军 吴建军 杨春文 刘正锋 吴海忠
56. 烯烃技术进展	中国石油化工股份有限公司北京化工研究院 中国石化出版社	张 勇 宋芙蓉 赵以新 戴 伟 张明森 李正琪 赵 怡 王国清 李东风
57. 中国石化国际油价预测体系系统开发与建设项目	中国石油化工集团公司经济技术研究院 中国国际石油化工联合有限责任公司 中国石油化工股份有限公司石油勘探开发研究院	柯晓明 侯 晖 宋 磊 田春荣 曲岩松 姜 林 舒朝霞 杨 晨 姜志华

续表

项目名称	主要完成单位	主要完成者
58. 中国石化润滑油标准体系研究	中国石油化工股份有限公司润滑油分公司	张　华　刘　红　孔吉霞　李万英　刘庆廉　宗　明　李　谨　梁国军　马永革
59. 中国石化管理、技术和技能人才培训课程体系	石油化工管理干部学院	亓玉台　林　骞　周志明　谭忠阁　冯少伟　梁文俊　王立志　陈　清　李　芳
60. 石油加工过程中的脱硫	中国石油化工股份有限公司石油化工科学研究院 中国石化出版社	石亚华　夏国富　刁九华　赵　怡　杨永坛　习远兵　陶志平　戴立顺　牛传峰
61. 化工产品质量评价方法	中国石油化工股份有限公司茂名分公司 北京桑兰特科技有限公司	安晓春　韩俊仙　王　勇　田　华　邵世钦　薛小英　宋怡静　戴亮亮　钟东标

附录 2

企事业单位名录

序号	单位名称	地址	邮政编码	电话	传真	董事长/经理（厂长）
1	中国石化集团胜利石油管理局 中国石油化工股份有限公司胜利油田分公司	山东省东营市济南路 258 号	257001	(0546)8552074 (0546)8555313	(0546)8552074	孙焕泉
2	中国石化集团中原石油勘探局 中国石油化工股份有限公司中原油田分公司	河南省濮阳市中原路 277 号	457001	(0393)4822172 (0393)4822301	(0393)4828300 (0393)4821230	孔凡群
3	中国石化集团河南石油勘探局 中国石油化工股份有限公司河南油田分公司	河南省南阳市宛城区	473132	(0377)63830011	(0377)63830011	李联五
4	中国石化集团江汉石油管理局 中国石油化工股份有限公司江汉油田分公司	湖北省潜江市广华寺江汉路 1 号	433124	(0728)6502051 (0728)6502074	(0728)6502784	张召平
5	中国石化集团江苏石油勘探局 中国石油化工股份有限公司江苏油田分公司	江苏省扬州市文汇西路 1 号	225009	(0514)87762001	(0514)87761111	朱　平
6	中国石化集团新星石油有限责任公司	北京市海淀区北四环中路 263 号	100083	(010)82335150	(010)82335152	袁　清
7	中国石化集团上海海洋石油局 中国石油化工股份有限公司上海海洋油气分公司	上海市浦东新区商城路 1225 号	200120	(021)68360385	(021)68369284	左文岐
8	中国石化集团西南石油局 中国石油化工股份有限公司西南油气分公司	四川省成都市青羊区提督街 108 号	610016	(028)86755566	(028)86750066	薛万东/甘振维
9	中国石化集团西北石油局 中国石油化工股份有限公司西北油田分公司	新疆乌鲁木齐市长春南路 466 号中国石化西北石油科研生产园区	830011	(0991)3166579	(0991)3166583	刘中云
10	中国石化集团华东石油局 中国石油化工股份有限公司华东分公司	江苏省南京市建邺区江东中路 315 号中泰国际广场 6 号楼	210019	(025)58777022	(025)58822349	方志雄

续表

序号	单位名称	地址	邮政编码	电话	传真	董事长/经理（厂长）
11	中国石化集团华北石油局 中国石油化工股份有限公司华北分公司	河南省郑州市陇海西路199号	450006	(0371)68629220	(0371)68612902 (0371)86002220	周荔青
12	中国石化集团东北石油局 中国石油化工股份有限公司东北油气分公司	吉林省长春市西安大路4936号	130062	(0431)87958809	(0431)87974693	邢景宝
13	中国石油化工股份有限公司天然气分公司	北京市西城区安德路甲67号	100011	(010)51586658	(010)51586668	高爱华
14	中国石油化工股份有限公司勘探南方分公司	四川省成都市高新区二环路南四段九号高新之心大厦	610041	(028)85164709	(028)85164600	郭旭升
15	中国石化集团管道储运公司 中国石油化工股份有限公司管道储运分公司	江苏省徐州市泉山区翟山新村	221008	(0516)83454204	(0516)83888434	高河东/钱建华
16	中国石化集团北京燕山石油化工有限公司 中国石油化工股份有限公司北京燕山分公司	北京市房山区燕山岗南路1号	102500	(010)69342295	(010)69342736	王永健/罗强
17	中国石化集团资产经营管理有限公司齐鲁石化分公司 中国石油化工股份有限公司齐鲁分公司	山东省淄博市临淄区桓公路15号	255408	(0533)7180777	(0533)7180406	李安喜
18	中国石化上海石油化工股份有限公司	上海市金山区金一路48号	200540	(021)57943336	(021)57942267	戎光道/王治卿
19	上海赛科石油化工有限责任公司	上海市化学工业园区西河路	201507	(021)37990088	(021)67250866	王治卿
20	中国石化集团资产经营管理有限公司上海高桥分公司 中国石油化工股份有限公司上海高桥分公司	上海市浦东大道3000号	200129	(021)58711001	(021)58712207	张　涌

续表

序号	单位名称	地址	邮政编码	电话	传真	董事长/经理（厂长）
21	中国石化集团资产经营管理有限公司金陵石化分公司 中国石油化工股份有限公司金陵分公司	江苏省南京市栖霞区甘家巷街 388 号	210033	（025）58989319 （025）58989322	（025）85592004 （025）85410220	赵日峰
22	中国石化集团茂名石油化工公司 中国石油化工股份有限公司茂名分公司	广东省茂名市双山四路 9 号大院	525000	（0668）2264248	（0668）2269317	余夕志
23	中国石油化工股份有限公司镇海炼化分公司	浙江省宁波市镇海区	315207	（0574）86444813	（0574）86270077	江正洪
24	中国石化集团资产经营管理有限公司天津石化分公司 中国石油化工股份有限公司天津分公司	天津市滨海新区（大港）北围堤路西 160 号	300271	（022）63806666	（022）25991000	许红星
25	中沙（天津）石化有限公司	天津市滨海新区（大港）北围堤路西 235 号	300271	（022）63809017	（022）63809000	许红星
26	中国石化集团资产经营管理有限公司扬子石化分公司 中国石化扬子石油化工有限公司	江苏省南京市沿江工业开发区新华路 777 号	210048	（025）57782200	（025）57784389	马秋林
27	扬子石化—巴斯夫有限公司	江苏省南京市六合区新华东路 8 号	210048	（025）57770888	（025）58569811	马秋林
28	中国石化集团资产经营管理有限公司巴陵石化分公司 中国石油化工股份有限公司巴陵分公司	湖南省岳阳市云溪区	414014	（0730）8492348	（0730）8481456	朱建民
29	中国石化集团资产经营管理有限公司长岭分公司 中国石油化工股份有限公司长岭分公司	湖南省岳阳市云溪区	414012	（0730）8452002 （0730）8452003	（0730）8451824	侯勇/李华

续表

序号	单位名称	地址	邮政编码	电话	传真	董事长/经理（厂长）
30	中国石化仪征化纤股份有限公司	江苏省仪征市长江西路1号	211900	（0514）83231505	（0514）83233880	卢立勇
31	中国石化集团南京化学工业有限公司	江苏省南京市六合区葛关路189号	210048	（025）57765017	（025）57792812	袁建宁
32	中国石化福建炼油化工有限公司	福建省泉州市泉港区	362800	（0595）87976106	（0595）87976047	陆　东
33	中国石化集团资产经营管理有限公司广州分公司 中国石油化工股份有限公司广州分公司	广东省广州市黄埔区石化路239号	510726	（020）62121666 （020）62121089	（020）82399045	杨　栋
34	中国石化集团资产经营管理有限公司洛阳石化分公司 中国石油化工股份有限公司洛阳分公司	河南省洛阳市吉利区	471012	（0379）66992309	（0379）66991882	魏文波/赵振辉
35	中国石化集团资产经营管理有限公司安庆分公司 中国石油化工股份有限公司安庆分公司	安徽省安庆市石化四路20号	246002	（0556）5381717	（0556）5378299	王　彪
36	中国石化集团资产经营管理有限公司荆门分公司 中国石油化工股份有限公司荆门分公司	湖北省荆门市白庙路	448039	（0724）2271440	（0724）2211539	江寿林
37	中国石化集团四川维尼纶厂	重庆市长寿区晏家街道维江路36号	401254	（023）68974061	（023）68974009	徐正宁
38	中国石油化工股份有限公司九江分公司	江西省九江市滨江东路228号	332004	（0792）8493204	（0792）8617006	覃伟中
39	中国石化集团资产经营管理有限公司宜昌分公司 中国石油化工股份有限公司湖北化肥分公司	湖北省枝江市迎宾大道15号	443200	（0717）4212089	（0717）4212660	杨华章

续表

序号	单位名称	地址	邮政编码	电话	传真	董事长/经理（厂长）
40	中国石化集团资产经营管理有限公司石家庄分公司 中国石油化工股份有限公司石家庄炼化分公司	河北省石家庄市东郊石炼路 1 号	050032	（0311）80862314	（0311）80861234	毕建国
41	中国石化集团资产经营管理有限公司济南分公司 中国石油化工股份有限公司济南分公司	山东省济南市工业南路 26 号	250101	（0531）88832203	（0531）88983622	吕亮功
42	中国石化集团资产经营管理有限公司武汉分公司 中国石油化工股份有限公司武汉分公司	湖北省武汉市青山区长青路特 1 号	430082	（027）86595153 （027）86595156	（027）86595188	崔光磊
43	中国石化中原石油化工有限责任公司	河南省濮阳市胜利西路	457000	（0393）4471067	（0393）4416227	周文飞/张西国
44	中国石化集团资产经营管理有限公司沧州分公司 中国石油化工股份有限公司沧州分公司	河北省沧州市交通北大道 50 号	061000	（0317）3552247 （0317）3552095	（0317）3552688	李　敏
45	中国石油化工股份有限公司润滑油分公司	北京市海淀区安宁庄西路 6 号	100085	（010）62949873	（010）62917732	宋云昌
46	中国石化青岛石油化工有限责任公司	山东省青岛市李沧区滨海路 8 号	266043	（0532）66762212	（0532）84816954	王英彬
47	中国石化湛江东兴石油化工有限公司	广东省湛江市霞山区湖光路 15 号	524012	（0759）2606603	（0759）2606888	吴惜伟
48	中国石油化工股份有限公司北海分公司	广西北海市铁山巷区 4 号路	536016	（0779）8525233	（0779）8525233	李永林
49	中国石油化工股份有限公司西安石化分公司	陕西省西安市未央区建章路北段 6 号	710086	（029）84320086	（029）84320522	李少平

续表

序号	单位名称	地址	邮政编码	电话	传真	董事长/经理（厂长）
50	中国石油化工股份有限公司塔河分公司	新疆库车县天山路东 573 号	842000	(0997)7979009	(0997)7979016	王　宏
51	中国石化海南炼油化工有限公司	海南省洋浦经济开发区	578101	(0898)28820068	(0898)28820099	王玉冰
52	中国石化青岛炼油化工有限责任公司	山东省青岛经济技术开发区千山南路 827 号	266500	(0532)86915971	(0532)86915988	王树德
53	中国石油化工股份有限公司催化剂分公司	北京市东城区安外大街 58 号	100011	(010)84273208	(010)84287023	谈文芳
54	中国石油化工股份有限公司化工销售分公司	北京市朝阳区朝阳门北大街 22 号	100728	(010)59966916	(010)59760728	李成峰
55	中国石化炼油销售有限公司	上海市长宁区延安西路 728 号 22 层	200050	(021)60863300	(021)52381680	刘清华
56	石化盈科信息技术有限责任公司	北京市东城区东四十条甲 22 号南新仓商务大厦 A 座 1208	100007	(010)84191188	(010)64096335	潘欣荣
57	中国石油化工股份有限公司北京石油分公司	北京市朝阳区静安里 12 号楼	100028	(010)64651695	(010)64678612	刘雄华
58	中国石化集团资产经营管理有限公司天津石油分公司 中国石油化工股份有限公司天津石油分公司	天津市南开区南京路 338 号石油大厦	300100	(022)27201390 (022)27201588	(022)27201391 (022)27201555	于忠国
59	中国石化集团资产经营管理有限公司河北石油分公司 中国石油化工股份有限公司河北石油分公司	河北省石家庄市槐安东路 106 号	050021	(0311)87182016	(0311)87182888	杨槐青

续表

序号	单位名称	地址	邮政编码	电话	传真	董事长/经理（厂长）
60	中国石油化工股份有限公司山西石油分公司	山西省太原市万柏林区大王路 8 号	030024	（0351）6197559	（0351）6197567	韩烈火
61	中国石化集团资产经营管理有限公司上海石油分公司 中国石油化工股份有限公司上海石油分公司	上海市黄浦区中山东一路 24 号甲	200002	（021）63219490	（021）63210762	杨　棣
62	中国石化集团资产经营管理有限公司江苏石油分公司 中国石油化工股份有限公司江苏石油分公司	江苏省南京市中山北路 395 号	210003	（025）58808888	（025）58803729	吕建华
63	中国石化集团资产经营管理有限公司浙江石油分公司 中国石油化工股份有限公司浙江石油分公司	浙江省杭州市河坊街 58 号	310009	（0571）87805026	（0571）87818822	徐祥燕
64	中国石油化工股份有限公司安徽石油分公司	安徽省合肥市屯溪路 188 号	230009	（0551）2212611	（0551）2212900	邬国庆
65	中国石化集团资产经营管理有限公司福建石油分公司 中国石油化工股份有限公司福建石油分公司	福建省福州市中山路 18 号	350003	（0591）87821534	（0591）87821534	郝国强
66	中国石化集团资产经营管理有限公司江西石油分公司 中国石油化工股份有限公司江西石油分公司	江西省南昌市洪都北大道 102 号	330046	（0791）8512992 （0791）8512247	（0791）8511107	陈立国
67	中国石化集团资产经营管理有限公司山东石油分公司 中国石油化工股份有限公司山东石油分公司	山东省济南市经十路 13777 号 9 栋中国石化山东石油大厦	250014	（0531）85856666 （0531）85857777	（0531）85856789	冯东青
68	中国石油化工股份有限公司河南石油分公司	河南省郑州市郑东新区正光路 16 号	450016	（0371）87520290	（0371）87520299	田中山

续表

序号	单位名称	地址	邮政编码	电话	传真	董事长/经理（厂长）
69	中国石油化工股份有限公司湖北石油分公司	湖北省武汉市解放大道 606 号	430030	（027）68837017	（027）68837100	邹晓瑜
70	中国石油化工股份有限公司湖南石油分公司	湖南省长沙市湘春路 113 号	410005	（0731）84841848	（0731）84841801	江景星
71	中国石化集团资产经营管理有限公司广东石油分公司 中国石油化工股份有限公司广东石油分公司	广东省广州市体育西路 191 号中石化大厦	510620	（020）38084715 （020）38084662	（020）38084701 （020）38084617	夏于飞
72	中国石化集团资产经营管理有限公司广西石油分公司 中国石油化工股份有限公司广西石油分公司	广西自治区南宁市青秀区桃源路 67 号石油大厦	530021	（0771）5322886	（0771）5323338	吴健雄
73	中国石油化工股份有限公司海南石油分公司	海南省海口市滨海大道 163 号	570311	（0898）68680801	（0898）68680909	徐天民
74	中国石油化工股份有限公司贵州石油分公司	贵州省贵阳市南明区解放路 21 号	550002	（0851）5986622	（0851）5985810	何建新
75	中国石油化工股份有限公司云南石油分公司	云南省昆明市拓东路 45 号世博大厦	650011	（0871）3115099	（0871）3115210	高忠宝
76	中国石油化工股份有限公司辽宁石油分公司	辽宁省沈阳市崇山东路 51 号	110032	（024）86859479	（024）86859479	纪　波
77	中国石油化工股份有限公司四川石油分公司	四川省成都市人民南路一段 86 号城市之心 7 楼	610016	（028）86203022 转 8003	（028）86203122	肖崇昆
78	中国石油化工股份有限公司重庆石油分公司	重庆市渝中区青年路 38 号国贸中心 32 楼	400010	（023）63106333	（023）63106320	江建华

续表

序号	单位名称	地址	邮政编码	电话	传真	董事长/经理（厂长）
79	中国石油化工股份有限公司陕西石油分公司	陕西省西安市莲湖区北大街29号中天大厦10层	710003	(029)87257390	(029)87257202	焦德才
80	中国石油化工股份有限公司内蒙古石油分公司	内蒙古呼和浩特市新城区成吉思汗大街26号日新大厦A座9楼	010051	(0471)5289806	(0471)5289808	王红兵
81	中国石油化工股份有限公司新疆石油分公司	新疆乌鲁木齐长春南路466号中石化西北石油科研生产园区B区	830011	(0991)3163087	(0991)3163086	马安生
82	中国石油化工股份有限公司吉林石油分公司	吉林省长春市西安大路699号中银大厦B座11层	130061	(0431)88409576	(0431)88409576	袁德成
83	中国石油化工股份有限公司黑龙江石油分公司	黑龙江省哈尔滨市南岗区长江路368号7层	150090	(0451)82352653	(0451)82353759	田凤林
84	中国石油化工股份有限公司青海石油分公司	青海省西宁市海湖路26号	810008	(0971)6317090	(0971)6317257	谭莫羡
85	中国石油化工股份有限公司甘肃石油分公司	甘肃省兰州市南昌路1716号11楼	730030	(0931)8870625	(0931)8833795	张宏彦
86	中国石油化工股份有限公司宁夏石油分公司	宁夏银川市金凤区庆丰街396号鼎城商务中心	750002	(0951)5019251	(0951)5019813	王志坤
87	中国石油化工股份有限公司西藏石油分公司	西藏拉萨市城关区娘热路13号	850000	(0891)6820269	(0891)6820269	史东斌
88	中国石化销售有限公司华北分公司	天津市华苑产业园区榕苑路11号	300384	(022)23059524	(022)23059522	耿　勇
89	中国石化销售有限公司华东分公司	上海市长宁区愚园路819号	200050	(021)62119325	(021)62119327	陈国瑞

续表

序号	单位名称	地址	邮政编码	电话	传真	董事长/经理（厂长）
90	中国石化销售有限公司华中分公司	湖北省武汉市江汉区精武路 39 号	430022	（027）65798017	（027）65798015	聂时榜
91	中国石化销售有限公司华南分公司	广东省广州市天河区体育西路 191 号中石化大厦 A 塔 39 楼	510620	（020）38083999	（020）38083939	濮志梁
92	中国石油化工股份有限公司石油勘探开发研究院	北京市海淀区学院路 31 号	100083	（010）82312089	（010）82312089	金之钧
93	中国石化集团石油工程技术研究院 中国石油化工股份有限公司石油工程技术研究院	北京市朝阳区北辰东路 8 号	100101	（010）84988003	（010）84988966	路保平
94	中国石油化工股份有限公司石油物探技术研究院	江苏省南京市卫岗 21 号	210014	（025）68109938	（025）68109900	曲寿利
95	中国石油化工股份有限公司石油化工科学研究院	北京市海淀区学院路 18 号	100083	（010）62310806	（010）62311290	龙　军
96	中国石油化工股份有限公司北京化工研究院	北京市朝阳区北三环东路 14 号	100013	（010）64211993	（010）64228661	张　勇
97	中国石油化工股份有限公司抚顺石油化工研究院	辽宁省抚顺市望花区丹东路东段 31 号	113001	（0413）6429543	（0413）6429551	方向晨
98	中国石化集团资产经营管理有限公司上海石油化工研究院 中国石油化工股份有限公司上海石油化工研究院	上海市浦东北路 1658 号	201208	（021）68462737	（021）68462283	顾松园

续表

序号	单位名称	地址	邮政编码	电话	传真	董事长/经理（厂长）
99	中国石油化工股份有限公司青岛安全工程研究院	山东省青岛市市南区延安三路 218 号	266071	(0532)83786202	(0532)83861318	张海峰
100	石油化工管理干部学院	北京市朝阳区立水桥北甲 1 号	100012	(010)51201203	(010)51201206	亓玉台
101	中国石化工程建设公司	北京市朝阳区安慧北里安园 20 号	100101	(010)64975658	(010)64975660	刘家明
102	中国石化集团上海工程有限公司	上海市浦东新区张杨路 769 号银河大厦	200120	(021)58354214	(021)58358142	吴德荣
103	中国石化集团洛阳石油化工工程公司	河南省洛阳市中州西路 27 号	471003	(0379)64887749	(0379)64857177	闫少春
104	中国石化集团宁波工程有限公司	浙江省宁波市高新区院士路 660 号	315103	(0574)87975589	(0574)87975199	邵建雄
105	中国石化集团南京工程有限公司	江苏省南京市江宁区科建路 1189 号	211100	(025)87117318	(025)85561051	向文武
106	中国石化集团第四建设公司	天津市滨海新区大港世纪大道 180 号	300270	(022)63862214	(022)25990156	肖　刚
107	中国石化集团第五建设公司	广东省广州市荔湾区中山七路 81 号	510145	(020)28348109	(020)28348169	田建军
108	中国石化集团第十建设公司	山东省淄博市临淄区建设路 29 号	255438	(0533)7501143	(0533)7501126	樊继贤
109	中国石化国际事业有限公司	北京市朝阳区朝阳门北大街 22 号	100728	(010)59966049	(010)59760629	蒋振盈

续表

序号	单位名称	地址	邮政编码	电话	传真	董事长/经理（厂长）
110	中国石化集团国际石油勘探开发有限公司	北京市海淀区北四环中路 263 号	100083	(010)82310862	(010)82310841	张耀仓/周玉琦
111	中国石化集团国际石油工程有限公司	北京市西城区安德路甲 67 号	100120	(010)51586500	(010)51586550	刘锦信
112	中国石化财务有限责任公司	北京市朝阳区朝阳门北大街 22 号	100728	(010)59966700	(010)59760508	李春光/张保龙
113	中石化百川经济贸易公司	北京市朝阳区朝阳门北大街 22 号	100728	(010)59960505	(010)59960901	崔国旗
114	中国国际石油化工联合有限责任公司	北京市朝阳区朝阳门北大街 22 号	100728	(010)59966528	(010)59966528	戴照明
115	中国石化燃料油销售有限公司	北京市朝阳区北辰西路 8 号北辰世纪中心 B 座 15 层	100101	(010)84370678	(010)84370234	张国强
116	中国石油化工集团公司经济技术研究院（中国石化咨询公司）	北京市朝阳区安外小关街 24 号	100029	(010)52826100	(010)52826200	李希宏
117	中国石化报社	北京市东城区安外大街 58 号	100011	(010)84273230	(010)84271822	周恒友
118	中国石化出版社有限公司	北京市东城区安外大街 58 号	100011	(010)84278950	(010)84289982	王子康

附录 3

法规性文件一览表

序号	标　　题	文件字号
	石化集团公司	
1	关于印发《中国石油化工集团公司法律纠纷管理办法》的通知	中国石化法〔2010〕1 号
2	中国石油化工集团公司关于加强 3G 移动终端使用保密管理的通知	中国石化密〔2010〕2 号
3	关于印发《工程质量监察人员资格管理暂行办法》的通知	中国石化重建办〔2010〕4 号
4	关于印发《中国石化集团资产经营管理有限公司应收款项管理实施细则（试行）》的通知	石化资产财〔2010〕13 号
5	关于印发《中国石油化工集团公司节能与达标工作考核奖励办法（试行）》的通知	中国石化生〔2010〕22 号
6	关于印发《中国石油化工集团公司信访稳定工作考评暂行办法》的通知	中国石化办〔2010〕24 号
7	关于印发《中国石化对外捐赠管理办法》的通知	中国石化办〔2010〕25 号
8	关于印发《中国石油化工集团公司事故隐患治理项目管理规定》的通知	中国石化安〔2010〕27 号
9	关于印发《中国石油化工集团公司抗震减灾管理规定》的通知	中国石化安〔2010〕28 号
10	关于印发《中国石化物资供应管理绩效考核办法》的通知	中国石化物〔2010〕33 号
11	关于印发《中国石油化工集团公司宣传工作管理办法》的通知	中国石化办〔2010〕35 号
12	关于印发《海（水）上船舶交通运输安全管理规定》的通知	中国石化安〔2010〕47 号
13	关于印发《火工器材安全管理规定》的通知	中国石化安〔2010〕48 号
14	关于印发《关于严格禁止领导干部利用中国石化资源和平台谋取私利的十条规定》的通知	中国石化人〔2010〕50 号
15	关于印发《中国石化内部结算纠纷仲裁办法》的通知	中国石化财〔2010〕64 号
16	关于印发《中国石油化工集团公司原油商业储备管理办法》的通知	中国石化生〔2010〕68 号

续表

序号	标　题	文件字号
17	关于印发《中国石油化工集团公司原油商业储备库工程建设项目委托管理细则》的通知	中国石化生〔2010〕69 号
18	关于印发《中国石油化工集团公司原油商业储备库日常运行管理细则》的通知	中国石化生〔2010〕70 号
19	关于印发《中国石油化工集团公司原油商业储备库运作管理细则》的通知	中国石化生〔2010〕71 号
20	关于印发《中国石油化工集团公司商业储备原油运作管理细则(暂行)》的通知	中国石化生〔2010〕72 号
21	关于印发《中国石油化工集团公司信息标准代码管理办法》的通知	中国石化信〔2010〕76 号
22	关于印发《中国石化金融衍生品业务管理办法》的通知	中国石化财〔2010〕85 号
23	关于印发《中国石化参加各类学会、协会理事会管理办法(试行)》的通知	中国石化办〔2010〕93 号
24	关于印发《中国石油化工集团公司党组管理的领导人员异地交流若干规定(试行)》等 3 个文件的通知	中国石化党组〔2010〕93 号
25	关于印发《油气田地面建设安装工程工程量清单计价规则》的通知	中国石化建〔2010〕99 号
26	关于印发《中国石油化工集团公司一般物资采购供应业务监督办法》的通知	中国石化监〔2010〕119 号
27	关于印发《中国石油化工集团公司工程建设项目业务监督办法》的通知	中国石化监〔2010〕120 号
28	关于印发《中国石油化工集团公司国际石油工程业务监督办法》的通知	中国石化监〔2010〕121 号
29	关于印发《中国石油化工集团公司国际石油勘探开发业务监督办法》的通知	中国石化监〔2010〕122 号
30	关于印发《中国石油化工集团公司资本支出业务监督办法》的通知	中国石化监〔2010〕123 号
31	关于印发《中国石油化工集团公司财务业务监督办法》的通知	中国石化监〔2010〕124 号
32	关于印发《中国石油化工集团公司财务公司业务监督办法》的通知	中国石化监〔2010〕125 号
33	关于印发《中国石油化工集团公司炼油自销产品销售业务监督办法(试行)》的通知	中国石化监〔2010〕126 号
34	关于印发《中国石油化工集团公司煤炭采购业务监督办法》的通知	中国石化监〔2010〕127 号

续表

序号	标　　题	文件字号
35	关于印发《中国石油化工集团公司新增建设用地管理实施细则》的通知	中国石化财〔2010〕128 号
36	关于转发国土资源部《关于印发地质勘查资质监督管理办法的通知》的通知	中国石化油〔2010〕140 号
37	关于印发《HSE 观察管理规定(试行)》的通知	中国石化安〔2010〕172 号
38	关于印发《中国石化油品销售企业改善经营管理建议实施细则(试行)》的通知	中国石化企〔2010〕241 号
39	关于印发《中国石化炼化企业改善经营管理建议实施细则(试行)》的通知	中国石化企〔2010〕242 号
40	关于印发《中国石化炼化工程企业改善经营管理建议实施细则(试行)》的通知	中国石化企〔2010〕243 号
41	关于印发《中国石化油田企业改善经营管理实施细则(试行)》的通知	中国石化企〔2010〕244 号
42	关于印发《总部机关中央文件管理工作规定》的通知	中国石化办〔2010〕272 号
43	关于印发《中国石化重要设备材料监造管理办法》的通知	中国石化物〔2010〕278 号
44	关于印发《总部机关会议音、视频材料归档管理规定》的通知	中国石化办〔2010〕280 号
45	关于印发《中国石化对标评价工作指导意见》的通知	中国石化企〔2010〕286 号
46	关于印发《中国石化审计培训管理实施办法》的通知	中国石化审〔2010〕290 号
47	关于印发《中国石化工程建设标准管理办法(试行)》的通知	中国石化建〔2010〕295 号
48	关于印发《安全技术科研项目管理规定》的通知	中国石化安〔2010〕296 号
49	关于印发《中国石油化工集团公司特别贡献奖管理办法》的通知	中国石化企〔2010〕298 号
50	关于印发《进口原油一程接卸与计量管理规定(试行)》的通知	中国石化生〔2010〕305 号
51	关于印发《中国石化专业技术职务任职资格评审工作规定》的通知	中国石化人〔2010〕312 号
52	关于印发《中国石化专业技术职务任职资格评审组织建设管理办法》的通知	中国石化人〔2010〕314 号
53	关于印发《中国石油化工集团公司仪表设备管理规定》的通知	中国石化生〔2010〕317 号
54	关于印发《中国石油化工集团公司电气设备及运行管理规定》的通知	中国石化生〔2010〕318 号

续表

序号	标　　题	文件字号
55	关于印发《中国石油化工集团公司炼化企业机泵管理规定》的通知	中国石化生〔2010〕319 号
56	关于印发《中国石油化工集团公司设备管理办法》的通知	中国石化生〔2010〕320 号
57	关于印发《中国石油化工集团公司专利管理办法》的通知	中国石化科〔2010〕332 号
58	关于印发《中国石油化工集团公司证据管理规定》的通知	中国石化法〔2010〕343 号
59	关于印发《海上石油作业安全管理规定》的通知	中国石化安〔2010〕356 号
60	关于印发《中国石化电子公文运行管理办法》的通知	中国石化办〔2010〕358 号
61	关于印发《中国石油化工集团公司工程质量监测管理规定》的通知	中国石化建〔2010〕369 号
62	关于印发《中国石化电涌保护器标准符合性认定管理办法(试行)》的通知	中国石化生〔2010〕370 号
63	关于印发《中国石油化工集团公司重点实验室管理办法》的通知	中国石化科〔2010〕373 号
64	关于印发《中国石油化工集团公司优秀创新团队评选管理办法》的通知	中国石化科〔2010〕374 号
65	关于印发《中国石油化工集团公司科技项目后评估管理办法(试行)》的通知	中国石化科〔2010〕438 号
66	关于印发《中国石油化工集团公司科技项目退出管理办法(试行)》的通知	中国石化科〔2010〕439 号
67	关于印发《中国石油化工集团公司审计项目计划管理办法》的通知	中国石化审〔2010〕442 号
68	关于印发《中国石化机关员工文明礼仪行为规范》的通知	中国石化政〔2010〕445 号
69	关于印发《未遂安全环保事件管理规定(试行)》的通知	中国石化安〔2010〕448 号
70	关于印发《中国石化档案管理办法》的通知	中国石化办〔2010〕449 号
71	关于印发《中国石化总部机关督查催办工作规则》的通知	中国石化办〔2010〕463 号
72	关于印发《中国石化政务信息工作规则》的通知	中国石化办〔2010〕464 号
73	关于印发《中国石化油田化学剂和炼油化工三剂委托检验及区域检验管理办法(试行)》的通知	中国石化科〔2010〕475 号
74	关于印发《企业年金管理办法》的通知	中国石化人〔2010〕490 号

续表

序号	标　　题	文件字号
75	关于印发《中国石油化工集团公司水务专业竞赛管理办法（试行）》的通知	中国石化资〔2010〕492 号
76	关于印发《中国石化经济责任审计工作联席会议制度》的通知	中国石化审〔2010〕494 号
77	关于印发《中国石化视觉识别系统规范使用管理办法（试行）》的通知	中国石化办〔2010〕502 号
78	关于印发《中国石化持续推进全员成本目标管理考评奖励办法（试行）》的通知	中国石化企〔2010〕506 号
79	关于印发《中国石油化工集团公司石油工程队伍资质认证管理规定》的通知	中国石化工〔2010〕511 号
80	关于印发《液氨生产使用储存运输安全管理规定》的通知	中国石化安〔2010〕515 号
81	关于印发《中国石化外购原油交接计量监督管理办法（试行）》的通知	中国石化科〔2010〕530 号
82	关于印发《中国石油化工集团公司劳动保护费用及个体劳动防护用品管理规定（试行）》的通知	中国石化安〔2010〕539 号
83	关于印发《中国石油化工集团公司保密工作管理办法》的通知	中国石化办〔2010〕548 号
84	关于印发《中国石油化工集团公司商业秘密保护规定》的通知	中国石化办〔2010〕549 号
85	关于印发《中国石化科技创新功勋奖管理办法》的通知	中国石化科〔2010〕552 号
86	关于印发《中国石化标准化制度体系建设方案》的通知	中国石化企〔2010〕566 号
87	关于印发《中国石化业务流程体系建设指导意见》的通知	中国石化企〔2010〕567 号
88	关于印发《中国石化全员绩效考核管理指导意见》的通知	中国石化企〔2010〕569 号
89	关于印发《中国石油化工集团公司优质工程管理办法》的通知	中国石化建〔2010〕578 号
90	关于印发《油气长输管道安全管理规定》的通知	中国石化安〔2010〕598 号
91	关于印发《中国石化直属单位及总部机关部门领导班子任期绩效考核管理暂行办法》的通知	中国石化企〔2010〕603 号
92	关于印发《中国石油化工集团公司 HSE 标识规范》的通知	中国石化安〔2010〕634 号
93	关于印发《中国石油化工集团公司液化烃球罐区安全技术管理暂行规定》的通知	中国石化安〔2010〕635 号

续表

序号	标　　题	文件字号
94	关于印发《中国石化改善经营管理建议管理办法(试行)》的通知	中国石化企〔2010〕737 号
95	关于印发《中国石化中介机构聘用管理办法》的通知	中国石化企〔2010〕758 号
96	关于印发《中国石化国家科技重大专项实施管理办法》的通知	中国石化科〔2010〕762 号
97	关于印发《中国石化质量管理办法》的通知	中国石化科〔2010〕763 号
98	关于印发《中国石化质量事故管理规定》的通知	中国石化科〔2010〕764 号
99	关于印发《中国石化直属研究院分院管理办法(暂行)》的通知	中国石化科〔2010〕765 号

石化股份公司

1	关于印发《中国石油化工股份有限公司法律纠纷管理办法》的通知	石化股份法〔2010〕4 号
2	关于印发《中国石油化工股份有限公司事故隐患治理项目管理规定》的通知	石化股份安〔2010〕12 号
3	关于印发《中国石油化工股份有限公司抗震减灾管理规定》的通知	石化股份安〔2010〕13 号
4	关于印发《化工产品来进料加工管理办法(试行)》的通知	石化股份生〔2010〕15 号
5	关于印发《海(水)上船舶交通运输安全管理规定》的通知	石化股份安〔2010〕22 号
6	关于印发《火工器材安全管理规定》的通知	石化股份安〔2010〕23 号
7	关于印发《中国石油化工股份有限公司信息标准代码管理办法》的通知	石化股份信〔2010〕29 号
8	关于印发《中国石油化工股份有限公司炼油产品顾客服务管理办法》的通知	石化股份炼〔2010〕41 号
9	关于印发《中国石油化工股份有限公司化工专业分类指标考核实施细则(试行)》的通知	石化股份化〔2010〕51 号
10	关于印发《油气田地面建设安装工程工程量清单计价规则》的通知	石化股份建〔2010〕56 号
11	关于印发《中国石化催化剂投资项目管理流程(试行)》的通知	石化股份科〔2010〕74 号
12	关于印发《中国石油化工股份有限公司进口原油代理业务监督办法》的通知	石化股份监〔2010〕77 号
13	关于印发《中国石油化工股份有限公司成品油外部采购业务监督办法》的通知	石化股份监〔2010〕78 号

续表

序号	标　　题	文件字号
14	关于印发《中国石油化工股份有限公司一般物资采购供应业务监督办法》的通知	石化股份监〔2010〕79 号
15	关于印发《中国石油化工股份有限公司成品油直销及分销业务监督办法》的通知	石化股份监〔2010〕80 号
16	关于印发《中国石油化工股份有限公司化工产品销售业务监督办法》的通知	石化股份监〔2010〕81 号
17	关于印发《中国石油化工股份有限公司工程建设项目业务监督办法》的通知	石化股份监〔2010〕82 号
18	关于印发《中国石油化工股份有限公司资本支出业务监督办法》的通知	石化股份监〔2010〕83 号
19	关于印发《中国石油化工股份有限公司财务业务监督办法》的通知	石化股份监〔2010〕84 号
20	关于印发《中国石油化工股份有限公司炼油自销产品销售业务监督办法（试行）》的通知	石化股份监〔2010〕85 号
21	关于印发《中国石油化工股份有限公司煤炭采购业务监督办法（试行）》的通知	石化股份监〔2010〕86 号
22	关于印发《HSE 观察管理规定（试行）》的通知	石化股份安〔2010〕107 号
23	关于印发《炼油事业部管输进口原油采购确认实施细则》的通知	石化股份炼〔2010〕158 号
24	关于印发《中国石油化工股份有限公司企业信息化水平评价暂行办法》的通知	石化股份信〔2010〕162 号
25	关于印发《石油焦买断定价办法（试行）》的通知	石化股份炼〔2010〕167 号
26	关于印发《中国石化炼化企业 ERP 系统应用达标考评细则（2010 版）》的通知	石化股份信〔2010〕194 号
27	关于印发《安全技术科研项目管理规定》的通知	石化股份安〔2010〕199 号
28	关于印发《中国石化工程建设标准管理办法（试行）》的通知	石化股份建〔2010〕219 号
29	关于印发《中国石油化工股份有限公司科技项目分类管理办法（试行）》的通知	石化股份科〔2010〕229 号
30	关于印发《中国石油化工股份有限公司专利管理办法》的通知	石化股份科〔2010〕230 号
31	关于印发《海上石油作业安全管理规定》的通知	石化股份安〔2010〕244 号

续表

序号	标　题	文件字号
32	关于印发《中国石油化工股份有限公司工程质量监测管理规定》的通知	石化股份建〔2010〕249 号
33	关于印发《中国石化集中销售燃料油买断定价管理办法(试行)》的通知	石化股份财〔2010〕282 号
34	关于印发《中国石油化工股份有限公司合成材料新产品产业化管理办法(试行)》的通知	石化股份化〔2010〕319 号
35	关于印发《中国石油化工股份有限公司合成材料产品结构调整考核与奖励办法(试行)》的通知	石化股份化〔2010〕320 号
36	关于印发《中国石油化工股份有限公司合成材料新产品产业化管理工作考核与奖励实施细则(试行)》的通知	石化股份化〔2010〕321 号
37	关于印发《中国石油化工股份有限公司审计项目计划管理办法》的通知	石化股份审〔2010〕324 号
38	关于印发《液氨生产使用储存运输安全管理规定》的通知	石化股份安〔2010〕373 号
39	关于印发《中国石油化工股份有限公司石油工程市场准入管理办法》的通知	石化股份工〔2010〕374 号
40	关于印发《中国石油化工股份公司劳动保护费用及个体劳动防护用品管理规定(试行)》的通知	石化股份安〔2010〕390 号
41	关于印发《油气长输管道安全管理规定》的通知	石化股份安〔2010〕421 号

索　引

◇ 主题词索引

◇ 表题索引

主题词索引

使 用 说 明

1. 本索引引用主题词分析索引法编制。除“大事记”外，年鉴内容均在标引和检索范围内。

2. 本索引按汉语拼音音序排列。具体如下：以英文字母开头的，排在最前面；汉字标目则按首字的音序、音调依次排列，首字相同时，则以第二个字排序，并依次类推。

3. 在索引中，索引标目之后的数字表示主题内容所在年鉴正文的页码；英文字母 a、b 分别表示左、右两个栏目。

4. 为反映索引款目间的逻辑关系。对于二级目录，采取在上一级标目下缩两格的编排形式予以体现，之下的索引款目仍按上列排序方法依次排列。

A

C

D

E

F

G

J

K

M

N

P

Q

T

W

X

Y

Z

表 题 索 引

使 用 说 明

1. 本索引采用表题索引法编制。年鉴中所有表题均在标引范围内。

2. 本索引基本上按汉语拼音音序排列。具体如下:以数字开头的,排在最前面;汉字标目则按首字的音序、音调依次排列,首字相同时,则以第二个字排序,并依次类推。

3. 在索引中,索引标目之后的数字表示主题内容所在年鉴正文的页码。

0~9

A

B

C

D

F

G

H

J

K

L

M

N

Q

R

S

T

W

X

Y

Z

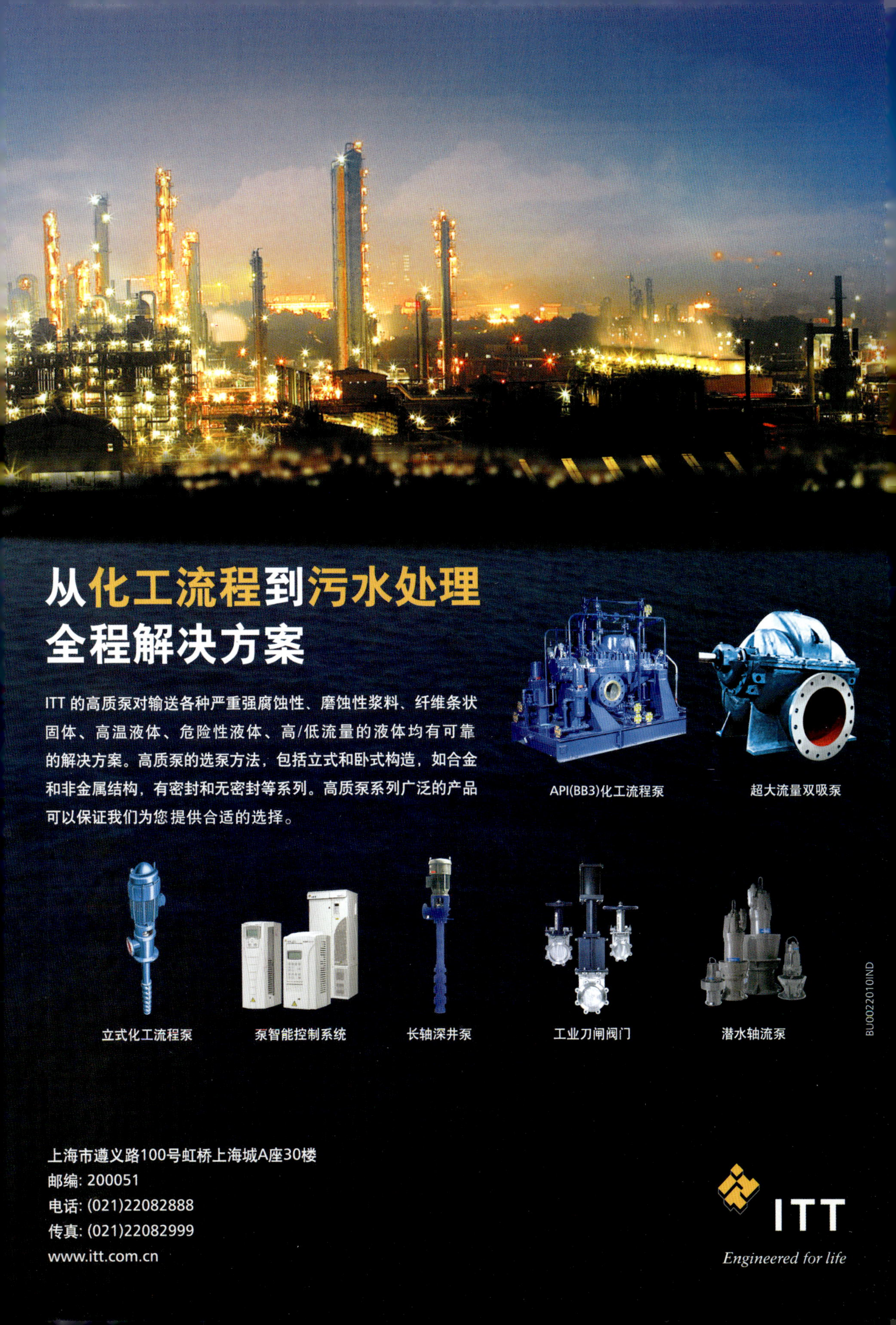
从化工流程到污水处理
全程解决方案
ITT 的高质泵对输送各种严重强腐蚀性、磨蚀性浆料、纤维条状固体、高温液体、危险性液体、高/低流量的液体均有可靠的解决方案。高质泵的选泵方法，包括立式和卧式构造，如合金和非金属结构，有密封和无密封等系列。高质泵系列广泛的产品可以保证我们为您提供合适的选择。
API(BB3)化工流程泵
超大流量双吸泵
立式化工流程泵
泵智能控制系统
长轴深井泵
工业刀闸阀门
潜水轴流泵
BU0022010IND
上海市遵义路100号虹桥上海城A座30楼
邮编: 200051
电话: (021)22082888
传真: (021)22082999
www.itt.com.cn
ITT
Engineered for life

百年经验，专业领先
FLOWSERVE

Herbert Smith
史密夫律师事务所

Herbert Smith in association with
Gleiss Lutz and Stibbe

史密夫律师事务所成立与1882年，是一家总部位于英国的国际律师事务所，拥有超过1400名律师，其中包括约250名合伙人。本所与知名德国律师事务所Gleiss Lutz以及荷兰和比利时律师事务所Stibbe有着正式的连盟，并与世界其他国家及地区的律师事务所持续着稳定和良好的合作关系，从而能够为我们的客户提供全面和优质的法律服务。

史密夫律师事务在国内及国际法律服务业建立了良好的声誉，并在公司及企业融资，兼并和收购，国际诉讼及仲裁，纠纷解决，金融，投资基金，能源，项目，基建，税收等领域中居于优先的地位。能源领域更是本所的专长。

本所的亚洲业务

自从史密夫律师事务所于1982年在中国香港设立亚洲办事处以来，本所在亚洲的业务范围扩展到新加坡、曼谷、北京和东京，在雅加达亦设有联营办事处。现时本所在亚洲共有400多名员工，其中包括190多名律师。

本所的北京办事处早于1999年成立，多年来与中国有关部门和国有企业建立了稳固的联系，见证中国优秀企业的成长及与国际资本市场的接轨。本所的北京办事处曾与许多领先的国有企业和金融机构有紧密的合作关系，包括中国工商银行，中国建设银行，华能国际电力，神华股份等几十家国内大型企业的海外上市项目。作为为数不多几家较早获批准在中国开设第二个办事处的国际律师事务所之一，我们于2003年4月正式成立上海办事处。这是我们在亚洲设立的第七家办事机构，也反映了我们对于亚太地区长期和坚定的承诺。

与中国石化的合作

中国石化是中国优秀国有企业的一员。多年以来，我们与中国石化紧密合作，建立和延续这稳固的合作关系，并作为法律顾问协助中国石化成功地完成了一系列具有里程碑意义的项目。

为卓越的客户提供“卓然”的服务！

上海卓然工程技术有限公司

SHANGHAI ZUORAN ENGINEERING TECHNLOGY CO., LTD

公司愿景

● **目标**：将卓然打造成为世界一流的工业炉制造及零部件供应基地

● **发展战略**：以化工裂解炉和转化炉的整体模块化制造为产业发展主导方向，联合国际品牌和技术进行新炉建造和旧炉改造，拥有自主技术，立足中国，走向世界。

卓然轨迹

2008年，与中石化国际事业公司合作，完成大规模乙烯装备出口项目——出口泰国MOC100万吨/年乙烯裂解炉项目（8台炉）

2009年，中石化扬子石化年产33万吨一氧化碳转化炉项目，采用整套装置工厂模块化制造，也是目前国内产能领先的合成气转化炉

2010年，葡萄牙Galp 90,000Nm³/h制氢转化炉项目，是全部采用国产材料和制造技术的出口装备。

2010年，国内大型甲醇装置供货合同——重庆卡贝乐85万吨/年甲醇装置项目

2011年

- 中石化上海石化8万标制氢转化炉项目
- 中石化九江石化加热炉项目
- 中石化青岛项目

资质

- 国家压力容器制造资质认证 Grade A1 A2
- 余热锅炉制造资质认证 Grade A
- 压力管道制造资质认证 Grade B
- ASME S/U 钢印授权证
- 劳氏认证（LRQA）ISO 9001/14001、OHSAS 18001三大体系认证

MOC100万吨/年乙烯裂解炉项目是中石化国际事业公司和卓然合作的第一个出口项目。该套装置已于2010年2月试车成功，迄今正常运转超13个月。SCG公司的领导高度肯定了MOC项目中石化与卓然供货设备的质量稳定、交货及时。为表达对中石化与卓然在此项目供货上的卓越表现，SCG为中石化和卓然颁发了年度的项目荣誉证书。

期待与您携手书写明日辉煌……

上海卓然工程技术有限公司

Shanghai Zuoran Engineering Technlogy Co., Ltd

上海市长宁区虹桥临空经济园区临新路268号5A座

5A Building，Lane 268 Linxin Road，Hongqiao Linkong Business Park，Changning District，Shanghai

邮编（ZIP）：200335

电话（TEL）：86-21-5115 9966

传真（FAX）：86-21-5115 9977

E-mail：szet@szet.com.cn

上海化学工业区

SHANGHAI CHEMICAL INDUSTRY PARK

上海化学工业区位于杭州湾北岸，规划面积29.4平方千米，是以石油化工及其衍生产品制造为主的现代化产业基地，主要发展石油化工和天然气化工系列产品、精细化工产品、合成新材料和综合性深加工产品。按照统一规划，纳入一体化管理的金山分区重点发展化工物流、化工检维修和化工品交易等产业，奉贤分区重点发展精细化工、化工机械装备和高分子材料等产业。

2010年是“十一五”发展计划的最后一年，上海化工区经济运行和各项工作实现平稳良好发展，主要经济指标完成情况较上年大幅增长。全年，化工区（包括金山、奉贤分区）共完成销售收入870.7亿元，工业总产值806.3亿元；引进项目投资7.1亿美元，完成固定资产投资66.2亿元；区内注册企业实现利润65.7亿元，实缴税金44.8亿元；万元产值能耗0.868吨标准煤。截至2010年底，化工区累计批准项目总投资168.9亿美元，累计完成固定资产投资915.3亿元。

化工区被评为“国家新型工业化产业示范基地”，被联合国开发计划署、联合国环境规划署等授予“环境友好型城市动议示范项目”称号，被批准创建国家生态工业园区。

上海联合异氰酸酯装置

上海天原华胜烧碱装置

拜耳聚碳酸酯装置

高桥石化年产10万吨丁苯橡胶装置

生态湿地

工业气体

公共管廊

液体化工品码头

上海赛科乙烯装置